James Hoffmann

DER KAFFEEATLAS

DIE GANZE WELT DES SPITZENKAFFEES

Hallwag

James Hoffmann

Hallwag

Hallwag

DER KLEINE
JOHNSON
WEINFÜHRER *2016*

Gesamtredaktion: Margaret Rand

Hallwag

Die englische Originalausgabe ist unter dem Titel »Hugh Johnson's
Pocket Wine Book 2016« beim Verlag Mitchell Beazley, einem Imprint
von Octopus Publishing Group Ltd., Carmelite House, 50 Victoria
Embankment, London EC 4Y 0DZ, erschienen.
www.octopusbooks.co.uk

© Octopus Publishing Group Limited 1977–2015
First edition published 1977
Revised editions published 1978, 1979, 1980, 1981, 1982, 1983,
1984, 1985, 1986, 1987, 1988, 1989, 1990, 1991, 1992, 1993, 1994,
1995, 1996, 1997, 1998, 1999, 2000, 2001, 2002, 2003, 2004,
2005, 2006, 2007, 2008, 2009, 2010, 2011, 2012, 2013, 2014, 2015
All rights reserved

37., neu überarbeitete, ergänzte und aktualisierte Ausgabe, 2015,
auf der Grundlage der 39. Originalausgabe, 2015

Übersetzung aus dem Englischen: Renate Haen, Martin Waller,
Britta Nord, Reinhard Ferstl, Susanne Vogel
Projektleitung: Anne-Sophie Zähringer
Herstellung: Markus Plötz
Redaktion: Werkstatt München · Buchproduktion
Satz: Anja Dengler, Werkstatt München
Umschlaggestaltung: independent Medien-Design,
Horst Moser, München
Umschlagfoto: © Getty Images / Angelika Schwarz

Printed and bound in China

Anzeigenmarketing: MCM Mediacenter GmbH, München
Tel.: 089/928096-0
www.mcm-mediacenter.de

Copyright © 1978, 2015 GRÄFE UND UNZER VERLAG GmbH
Grillparzerstr. 12, 81675 München

HALLWAG ist ein Unternehmen des GRÄFE UND UNZER VERLAGS,
München, GANSKE VERLAGSGRUPPE
www.hallwag.de

Alle deutschen Rechte vorbehalten

ISBN 978-3-8338-4827-8

Entdecken Sie kulinarische Genussmomente auf www.messerspitzen.de

GRÄFE
UND
UNZER

Hallwag

Ein Unternehmen der
GANSKE VERLAGSGRUPPE

Inhalt

Zum richtigen Gebrauch

Bei den meisten Stichwörtern besteht die erste Zeile aus folgenden Kurzinformationen:

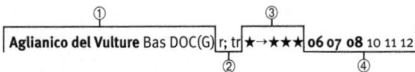

①		③	
Aglianico del Vulture Bas DOC(G)	r; tr	★→★★★	06 07 **08** 10 11 12
	②		④

① **Weinname** und Gegend des betreffenden Landes, aus der der Wein stammt (Hinweise auf Landkarten im Buch).

② Welche Farbe der Wein hat; ob er trocken, lieblich oder süß ist; schäumend, in verschiedenen Formen vorkommt (und welcher die größte Bedeutung zukommt).

r	rot	**tr**	trocken*
rs	rosé	**lbl**	lieblich
w	weiß	**s**	süß
br	braun/bernsteingelb	**sch**	schäumend
( )	in Klammern gesetzte Angaben bedeuten relativ bescheidene Produktionsmengen		
*	steht hier keine Angabe, wird von einem trockenen Wein ausgegangen		

③ Allgemeiner Qualitätsstand; eine freilich nur grobe Einstufung aufgrund des derzeitigen Ansehens, wie es sich aus dem Preis ergibt.

★	einfache Qualität für jeden Tag
★★	überdurchschnittlich
★★★	bekannt, berühmt
★★★★	erstklassig, anspruchsvoll, teuer
★ usw.	farbige Sterne erhalten Weine, die nach meiner Erfahrung in der jeweiligen Preisklasse besonders gut sind; das gilt für gute Alltagsweine ebenso wie Luxuskreszenzen.

④ Der Jahrgang: Angegeben sind die empfehlenswerten neueren Jahrgänge, zusammen mit einer Einschätzung, ob sie bereits trinkreif sind (Ziffer in **fetter** Schrift) oder ob sie sich bei weiterer Lagerung noch entfalten (normale Schrift). Bitte beachten Sie aber, dass die Entwicklung eines Weins vielen Faktoren unterliegt und auch anders verlaufen kann als erwartet. Sind sowohl rote als auch weiße Weine angegeben, so ist der Rotwein gemeint, wenn nicht ausdrücklich anders erwähnt.

08	usw.	allgemein erhältliche, empfohlene Jahrgänge, die sich für weitere Lagerung eignen
09'	usw.	nach Angaben der jeweiligen Erzeuger besonders gut ausgefallener Jahrgang
06	usw.	genussreifer Jahrgang
04	usw.	2016 bevorzugt zu genießender Jahrgang
(14)	usw.	vorläufige Bewertung

Deutsche Weinjahrgänge werden nach einem anderen System geführt. Näheres siehe Seite 207.

Sonstige Abkürzungen

BV	baldiger Verbrauch, d. h. möglichst jung zu trinken
oJ	ohne Jahrgangsangabe auf dem Etikett. Bei Champagner eine einheitlichen Geschmack garantierende Mischung mehrerer Jahrgänge

Weitere, länderspezifische Abkürzungen befinden sich am Anfang des jeweiligen Kapitels.

Erzeuger- oder Weinnamen in Farbe kennzeichnen Hugh Johnsons persönliche Favoriten.

KAPITÄLCHEN verweisen auf eigene Einträge im selben Kapitel oder im Abschnitt »Rebsorten«, S. 13–26.

Zur Ausgabe 2016

Kann es zuviel Auswahl geben? Wenn die Auswahl in Ihre Tasche passen soll, sicher. Selbst mit meinem Abkürzungssystem schaffen wir es nicht mehr, die ganze Breite der Weinwelt zwischen diese beiden Buchdeckel zu pressen. Von allen Produkten der Landwirtschaft und der Kunst hat nur Wein die Eigenart, dass jeder, der ihn erzeugt, seine Bemühungen durch ein neues Etikett unverwechselbar machen möchte. Das führt auch zu ausgesprochen merkwürdigen Ergebnissen – ich frage mich, wer sich beispielsweise von Splattered Toad (zermatschte Kröte) angesprochen fühlt (zu finden auf Seite 427). Tatsächlich sind Einfallsreichtum und Originalität von immer zahlreicheren Erzeugern ein Unterthema dieser Seiten. Es werden nämlich immer mehr.

In meinem letztjährigen Vorwort schrieb ich, dass wir das Zeitalter der Divergenz erreicht hätten. Während die Mainstream-Rebsorten in den Mainstream-Weinbergen unbeeindruckt und unangefochten einfach immer weitermachen, hat man anderswo schon begonnen auszuscheren. Erzeuger versuchen sich an Trauben, von denen noch nie jemand gehört hat, und in Regionen mit unbekanntem Potenzial; sie bereiten Weine auf höchst eigenwillige Weise und füllen sie in seltsame Behälter ab; sie gehen das Risiko ein, auf Schwefel zu verzichten, der immer das Antiseptikum Nummer eins des Weins war.

Wie kommt es, dass Erzeuger heute die Konventionen einfach über Bord werfen können? Weil die Märkte sehr aufmerksam sind: Die Verbraucher sind der Punktwertungen müde; welche Poesie liegt denn in 92/100? Konsumenten möchten Geschichten. Originalität sticht Typizität – zumindest in den Köpfen vieler, meist junger Weintrinker. (Und die Sommeliers, eine wachsende Macht, brauchen den belebenden Sauerstoff der Neuheit.)

Ich spitze immer gern die Ohren, wenn »normale« Leute über Wein sprechen. Was für den Massenmarkt zählt, sind ja nicht wir Leser von Weinbüchern. Wir haben uns schon entschieden. Kürzlich wurde ich Zeuge eines kurzen Wortwechsels in der Küche eines walisischen Bauernhauses. Jemand geht einkaufen: »... und wir brauchen noch Weißwein« – »Sauvignon oder Pinot gris?« Wein und sogar die Frage, welche Rebsorte, haben sich inzwischen in einer Kultur festgesetzt, in der so etwas vor fünf oder sechs Jahren noch ziemlich ausgefallen geklungen hätte. Jetzt ist es in den Tante-Emma-Läden angekommen.

Und es gibt neue Versuche, Wein zu beschreiben. Weinfachleute und Kritiker spielen mit den Grenzen der Sprache. Das ist ihr Beruf, es gefällt ihnen – und sie erlauben sich Freiheiten. Der erste Mensch, der sich traute, »mineralisch« zu sagen, um einen schwer fassbaren Geschmack oder Eindruck in Worte zu fassen, fand das selbst wahrscheinlich eher grenzwertig. Denn auch wenn man den Geschmack von Chablis seit alters her als »steinig« bzw. »nach Steinen« beschreibt, denkt niemand ernsthaft, er würde nach Steinen schmecken (oder überhaupt wissen, wie Steine schmecken).

Doch inzwischen sind gewagte Metaphern üblich geworden. Weinbars und Restaurants drucken neben jeden Weinnamen lange Aneinanderreihungen von überzogenen Halbwahrheiten. Sauvignon blanc, das wissen wir nun alle, schmeckt nach Gras, Nesseln, grüner Paprikaschote und/oder Stachelbeeren, nach Holunderblüten, manchmal nach Erbsen oder (von überreifen Trauben) nach Melonen. Es gibt noch drastischere Beschreibungen, die mit Katzen zu tun haben. Und »Mineralität« schlägt sowieso alles, mehr sogar noch als »Terroir«. Jeder Wein hat seine Klischees, so wie die Zutatenliste, die ein Gericht auf der Speisekarte noch viel bedeutender erscheinen lässt. Warum ist das ein Problem? Weil es unrealistische Erwartungen weckt. Und es stimmt auch nicht: Schließlich ist es ein Glas Wein, das Sie bestellen, und nicht eine Auswahl vom Gemüsemarkt.

Insgesamt habe ich es über all die Jahre vermieden, mehr Aufmerksamkeit auf eine Region, ein Land oder ein Kapitel dieses Buchs zu lenken als auf andere. Jeder kauft seine Weine unter seinen eigenen Bedingungen und mit eigenen Prioritäten. Dieser Tage gehen, egal wo, die meisten Weinerzeuger auf vergleichbare Weise vor und verfügen über dieselben Quellen technischer Informationen (und werden von ähnlichen Supermarktkäufern besucht). Ausnahmen sind die kleinen Betriebe, die unter dem Radar bleiben – Winzerfamilien, die in Panik geraten würden, wollte jemand bei ihnen palettenweise Wein ordern. Wenn überhaupt, dann räumt dieses Buch solchen Erzeugern Priorität ein, eher jedenfalls als den Yellow Tails.

Der goldene Euro-Regen

Erderschütternde Bewegungen sind selten. Abgesehen von der Expansion in der Neuen Welt hat der rasanteste Fortschritt der letzten Jahrzehnte in den Weinbauländern im Mittelmeerraum stattgefunden, eine Folge der Zuwendungen der Europäischen Union. Die unzähligen Millionen Euros, die in den Süden Europas geschaufelt wurden, fielen auf bemerkenswert fruchtbaren Boden. Spanien und Portugal waren, önologisch betrachtet, zuvor hoffnungslose Fälle gewesen. Italien hatte weitaus vielfältigere Traditionen, Rebsorten, Terroirs und Fähigkeiten; verschiedene Regionen kamen mit unterschiedlichen Geschwindigkeiten voran. Doch niemand wird behaupten, dass diese »Transfers« nicht gut investiert gewesen wären. Die Autobahnen und Flughäfen, die damit gebaut wurden, bringen die Leute aus dem Norden schneller in die Sonn und das Gemüse und Obst schneller in den Norden. Der Lebensstandard ist überall gestiegen. Und, besonders wichtig in der Weinwelt: Alle Regionen wurden gezwungen, ihre Alleinstellungsmerkmale zu überprüfen. Viele gingen dann dazu über, Cabernet Sauvignon, Chardonnay und die anderen Selbstläufer anzubauen, um sozusagen einen Fuß ins globale Geschäft zu bekommen.

Damit begann, wie ich letztes Jahr schrieb, das Zeitalter der Ampelographen. Wie kommt es überhaupt, fragen Sie jetzt vielleicht, dass es Hunderte von verschiedenen Rebsorten gibt? Jede Sorte ist eine von Menschen erschaffene Kreation – oder besser eine Auswahl, die vermehrt und geschützt werden muss. Wer um alles in der Welt hatte in den langen Jahrhunderten, die von unaufhörlicher Arbeit für wenig bis gar keinen Lohn geprägt waren, die Zeit und Geduld, sie auszusortieren? Es gibt darauf keine richtige Antwort, höchstens eine Art landwirtschaftlicher Evolution, die mit dem Tempo einer Gletscherdrift unter unendlich vielfältigen natürlichen Bedingungen stattfand. (Italien ist dafür das beste Beispiel; die Bedingungen zwischen den Alpen und Sizilien sind eine Wundertüte der Umweltverhältnisse.) In den meisten alten Weinbergen hat eine wilde Mischung mehr oder weniger erfolgreicher Reben überlebt – einige davon sind noch nicht einmal identifiziert. Die ungeheure Aufgabe, sie in Archiven und Rebschulen zu sortieren und einzuordnen, kam nur langsam voran – bis plötzlich der DNA-Test auf der Bildfläche erschien.

Wenn ich nun doch ein Land der besonderen Aufmerksamkeit anempfehle, dann ist es Griechenland – und zwar nicht wegen seiner anscheinend endlosen Misere. Bis der goldene Euro-Regen kam, war griechischer Wein primitiv. Um seinen Geschmack zu beschönigen wurden sogar Rosinen hinzugegeben. Den meisten Sterblichen war er zudem unbegreiflich. Die Entdeckung seiner potenziellen Klasse war die größte Überraschung überhaupt, und die praktisch unbekannten einheimischen Traubensorten gehören heute zu unseren spannendsten neuen Ressourcen.

Der Streit um den Alkohol

Zu alkoholstarke Weine gehören seit fast zehn Jahren zu meinen Lieblingsfeinden. Man hätte – bis heute – sagen können, dass das ja eine reine Frage des persönlichen Geschmacks ist. Ich habe einen traditionellen Gaumen. Ich trinke Wein zur Erfrischung und als Begleiter zum Essen; fast immer bei Tisch (und zu den meisten Mahlzeiten). Wenn andere ein stärkeres Gebräu bevorzugen, eher wie ein Cocktail, dann sei es eben so. Doch in den letzten Jahren hat hier ein Wandel stattgefunden, weniger beim Alkoholgehalt selbst als bei der Diskussion darüber. Erst jüngst ist es allgemein üblich geworden, ihn neben dem Preis zu nennen; 15 Vol.-% ist in einigen Märkten ein starkes Verkaufsargument, doch wie lange noch?

Dieses Jahr findet in Kalifornien eine Konferenz darüber statt, wie man den Alkoholgehalt wieder dorthin bekommt, wo er einmal war – zwischen 12 und 13 Vol.-%, anstatt zwischen 14 und 15 Vol.-%. Das ist alles andere als einfach. Die Kritiker haben sich ebenso wie ihr Publikum durch simple Konzentration an der Nase herumführen lassen: tintendunkle Weine, die den Gaumen in Schockstarre versetzen. Vollgas ist einfach, Harmonie schwierig.

Es ist leichter, sich für eine späte Lese zu entscheiden, um hohe Zuckerwerte zu bekommen, als den genauen Zeitpunkt herauszufinden, an dem alle Komponenten im Gleichgewicht sind. Viele Erzeuger wählen wahrscheinlich auch eine technische Lösung: weiterhin spät lesen und dann einen der neuen Tricks anwenden, um einen Teil des Alkohols in der Kellerei zu entfernen. Manche werden einfach Wasser zugeben, was ja sogar nachvollziehbar ist.

Kann es zu viel Auswahl geben? Einige der besten Winzer beharren darauf, überhaupt nicht auswählen zu können: Ihr Weinberg sagt ihnen, was zu tun ist, und das ist, häufig genug, ihn sich selbst zu überlassen. Wir Konsumenten müssen uns durch einen Schneesturm von Alternativen kämpfen, der uns sehr wohl so weit bringen kann, dass wir ernsthaft Hilfe brauchen. »Zu wissen, wonach man sucht« ist ein wohlfeiler Rat, hilft aber nicht weiter. »Den eigenen Geschmack zu kennen« ist besser, und noch besser ist, »aufrichtig damit umzugehen«. Und doch müssen wir alle herumprobieren, um zu erfahren, was es überhaupt gibt. Nach diesem Grundsatz stellen wir letzten Endes auch dieses Buch zusammen.

Im nächsten Jahr wird die 40. (englische) Ausgabe erscheinen. Ich habe zur selben Zeit angefangen wie die Star-Wars-Filme und die Concorde. Welches andere Gebiet ist in diesen Jahren so stark expandiert und hat so viele Verbesserungen erfahren wie die Welt des Weins?

Hugh Johnson

Der Jahrgang 2014

Das Wort, das Europas Winzer am häufigsten für 2014 gebrauchten, war »herausfordernd«. Das bedeutet eine Menge abgekauter Fingernägel, viel Zeit fürs Lesen der Wetterberichte und viele sehr fest gedrückte Daumen. Zuverlässige Quellen bestätigen, dass es tatsächlich möglich ist, die Daumen zu drücken und gleichzeitig an den Nägeln zu kauen.

Burgund erlebte einen warmen Vorfrühling und einen flotten Start in die Saison, doch dann hagelte es Ende Juni an der Côte de Beaune – das dritte Jahr in Folge. Anne Parent in Pommard sagte, es sei wie ein Maschinengewehrangriff gewesen. Auch Beaune, Volnay, Meursault und Santenay wurden getroffen.

In **Bordeaux** rettete ein warmer September das Jahr nach einem kühlen Sommer. Die Cabernet-Sorten reiften gut, und Merlot hat da ja sowieso selten ein Problem. Die Tannine sind voll und weich, doch obwohl man mit Fug und Recht von einem guten Jahrgang sprechen kann, reicht er doch nicht an 2010 heran, auch wenn einige Erzeuger uns das glauben machen wollen.

In **Italien** sorgte das schlechte Wetter für die kleinste Gesamternte seit 64 Jahren; mengenmäßig am schlechtesten erging es dem äußersten Norden und dem äußersten Süden. Schuld war der nasse Juli, der 73 Prozent mehr Regen brachte als sonst. Die Qualität ist jedoch gar nicht mal schlecht, insbesondere Sizilien brachte exzellente Weiße hervor.

In **Portugal** litt die Douro-Region unter wechselhaftem Wetter; am 3. Juli verwüstete ein Sturm mit heftigem Regen Feldwege und verursachte einen Erdrutsch, der das Auto eines Kellermeisters zerstörte. Mehrere Tage war laut Paul Symington das Wasser des Douro goldgelb gefärbt von all dem herabgespülten Mutterboden. Danach besserte sich das Wetter, und wäre der September warm und stabil gewesen, hätte es einen durchweg großartigen Jahrgang geben können. So aber ist die Qualität unterschiedlich: Ein paar brillante Weine wurden erzeugt, aber nicht überall.

Die Rieslinglagen in **Deutschland** konnten im September gut zehn Tage genießen, die deutlich besser als üblich waren, was immer ein gutes Zeichen ist. Doch dann begann der Regen, und an der Saar gab es Hagel. Der Säuregehalt ist hoch; für Mosel und Saar ist es kein Jahr für trockene Weine.

In **Österreich** folgte auf die Trockenheit im April der nasseste Mai seit 1820 und ein allgemein kühler Sommer. Selbst der September zeigte sich unwillig. Durch gute Weinbergpflege und strenge Traubenauslese ist aber frischer, pfeffriger Grüner Veltliner zustande gekommen, wenn auch in geringeren Mengen. Der Muskateller litt unter dem Regen, ebenso wie die Roten.

Nur in **England** gab es ausschließlich gute Nachrichten. Das schöne Wetter hatte sich diesmal nach Norden verzogen, und ein exzellenter englischer Sommer ergab exzellente Schaumweine.

In **Kalifornien** folgte ein extremes Ereignis dem nächsten. Das Erdbeben am 24. August im Süden Napas richtet einen Schaden von ca. 80 Millionen Dollar an, doch binnen zweier Wochen waren 99 Prozent der Kellereien wieder im Geschäft. Dann hagelte es. Und trotzdem – und auch trotz der anhaltenden Dürre in Kalifornien – melden die Kellereien in Napa gute Qualität.

Am anderen Ende des Landes war das Wetter an den **Finger Lakes** genau entgegengesetzt: später Frühling, späte Lese und dazwischen Regen. Doch der September riss alles heraus und sorgte für schöne Weine; insbesondere die Rieslinge sehen wunderbar aus.

2013 unter der Lupe

Nach dem winzigen 2012er-Jahrgang in **Burgund** und einem Sommer 2013, in dem Hagelkörner in der Größe von Golfbällen die Weinberge zerfetzten, ist es tröstlich zu sehen, dass die Weine des Jahrgangs 2013, so wie sie jetzt in die Geschäfte kommen, ziemlich gut sind, auch wenn es erneut ein kleiner Jahrgang war. Chablis allerdings hatte Mühe, sich von den schweren Regenfällen im September zu erholen, hier ist die Qualität durchwachsen. Nach etwas Herausragendem muss man lange suchen. Dafür sehen die Weißen der Côte d'Or blendend aus: konzentriert, mit intensivem Geschmack, feiner Balance und Rasse – einfach wunderbare Weine voll salziger Mineralität. Die Roten sind hübsch: mittelgewichtig und von mittlerer Lebensdauer. Manche haben die Kraft für jahrelange Alterung, die meisten aber sind ideal für Genießer, die keine Lust haben, ihren Wein jahrzehntelang im Keller verschwinden zu lassen.

Es ist ein uneinheitlicher Jahrgang mit ziemlich unterschiedlicher Qualität. Einige Rotweine zeigen sich geschmeidig und seidig, andere sind – jetzt in ihrer Jugend – ein bisschen sehr rank und schlank. Doch wenn sie dann einmal auf Flaschen abgefüllt werden, sollten sie eigentlich ein gutes Stück mehr Charme entwickelt haben. Alle duften ganz wunderbar. Die Unterschiede im Stil rühren von den Wetterverhältnissen während der Lese her: Wer wegen des nasskalten Septembers Krankheiten befürchtete und früh erntete, riskierte hohe Säurewerte und magere Tannine, wer aber wartete, riskierte Fäulnis und noch mehr Stürme – und beides traf ein. So oder so war es ein Tanz auf Messers Schneide. Manche begannen mit der Lese in der dritten Septemberwoche, manche waren erst Ende Oktober fertig.

Probieren Sie die Rotweine nach Möglichkeit, bevor Sie sie kaufen, und halten Sie sich an die guten Winzer. Die Preise sind in etwa auf dem Niveau von 2012 geblieben. Man hat in Burgund gesehen, wie Bordeaux infolge seiner Preispolitik Vertrauen verloren hat, und möchte da nicht folgen.

Bordeaux auf der anderen Seite weigerte sich immer noch anzuerkennen, dass es ein Problem hatte. Obwohl 2013 geringe Erträge brachte, obwohl es selbst nach dem fürchterlichen Sommer einige gute Weine gab und obwohl einige Preise sanken (jedoch weder tief genug noch bei genügend Erzeugern: Man kann nicht einfach schnell die Preise senken, sonst wirken die alten Jahrgänge plötzlich überteuert) – die Weine verkaufen sich nicht besonders gut. Ja, die meisten Châteaux mit den großen Namen konnten ihre Weine absetzen, doch das Gros des Jahrgangs war bei Redaktionsschluss immer noch im Besitz der Weingüter. Die Jahrgänge 2011 und 2012 befanden sich großteils in den Händen der Négociants von Bordeaux, jenem inneren Kreis von Kaufleuten, die anschließend Ihren Weinhändler vor Ort beliefern. Vielleicht ist dies ein gutes Jahr, um nach Frankreich zu fahren und sich auf den Foires aux Vins, den Weinmessen der Supermärkte umzusehen, denn dort verhökern die Négociants irgendwann ihre Lagerüberschüsse. Kennzeichen der Rotweine ist eine ziemlich schlanke Frische. Reichhaltigkeit ist dagegen schwer zu finden, wenngleich es sicher einige gute, duftende, großzügige Gewächse gibt. Besser sind die trockenen Weißen, die sich frisch und expressiv präsentieren; auch einige sehr schöne Sauternes-Weine sind zu finden.

Die Verschnitte in Bordeaux fallen zuweilen untypisch aus: gar kein Merlot (Châteaux Margaux) oder mehr Merlot als üblich (Châteaux Palmer); an der südlichen **Rhône** wiederum ist weniger Grenache im Verschnitt als sonst, dafür mehr Syrah – die Weine zeigen sich meist leicht zugänglich, unkompliziert und ansprechend. Trotz geringer Erträge sind sie nicht übermäßig tanninstark, sondern haben eine schöne Frische. Rotweine aus dem Norden sind souverän und elegant, möglicherweise seriöser als die aus dem Süden. Die Weißen sind aus beiden Teilen sehr gut.

Wenn Sie aber wirklich erfolgreiche 2013er-Weine suchen, dann schauen Sie nach **Österreich**. Grüner Veltliner und Riesling aus dem Kamptal, dem Kremstal und der Wachau sind umwerfend gut. Wie überall war es ein uneinheitliches Jahr. Die Blüte zog sich drei Wochen hin, was eine ungleichmäßige Reifung mit sich bringt, und wie Fred Loimer berichtete, gab es Trauben, in denen nur drei oder vier Beeren normal groß waren, der Rest winzig. Auch der Ertrag war gering, denn neben dem schwachen Blütenansatz gab es späten Frost, dann Hagel. Die Weine sind konzentriert, reif, saftig und rassig. Trinken Sie sie jung, oder tun Sie das, was die Österreicher nicht tun, aber tun sollten: Kellern Sie sie ein!

Auch in **Deutschland** wurde wenig produziert, doch was da ist, sieht gut aus. Es ist nicht wirklich ein Jahr für Kabinett-Weine: Wer früh las, war meist weniger erfolgreich als jene, die warteten, deshalb sind Weine mit höherem Zuckergehalt (obwohl es keine Jahr für Edelfäule war) in diesem Jahrgang vorzuziehen. Halten Sie sich an Spätlesen und Auslesen, wenn Sie diesen Stil mögen; außerdem gibt es sehr gute, rassige Große Gewächse für alle, die trockenen Riesling bevorzugen.

Auf der anderen Seite des Äquators war das Jahr in **Chile** eher kühl: Der Sauvignon blanc wirkt ein wenig unreif, doch der spät reifende Carmenère ist frisch und gut. In **Argentinien** verlangsamte ein kühler Frühling die Traubenreifung und gab der Qualität der Rotweine einen guten Schub. In **Australien** war die Situation genau umgekehrt: ein heißer bis sehr heißer Sommer sorgte für reichhaltige Weine. Manchmal verdankt sich deren Frische mehr der Kellerei als dem Weinberg, aber so ist nun mal das Showbusiness.

Alternativen gefällig?

In diesem Buch geht es nicht nur darum, neue Weine zu entdecken; manchmal müssen auch alte, fast vergessene Weine wiederentdeckt werden. Dann bereitet es besonderes Vergnügen, neue Verbindungen zu finden, neue Ähnlichkeiten, die die Weine in andere Zusammenhänge stellen. Mit der Perspektive ändert sich alles.

Sie mögen Frascati – probieren Sie Aligoté

Frascati ist seit jeher ein Lieblingswein in Rom, manchmal geschmäht, doch mit einem hübschen, frischen Sauerrahmgeschmack und erfrischender Leichtigkeit. Die gleichen Noten von Sauerrahm begegnen uns beim Aligoté wieder – das ist die zweite Weißweintraube in Burgund und hat mit Bourgogne Aligoté und Bouzeron eigene ACs. Rechnen Sie mit mehr Gewicht und mehr Biss als beim Frascati.

Sie mögen leichten Chardonnay, probieren Sie Orvieto

Chardonnay hat sich in den letzten Jahren geändert: Eiche ist out, Feinheit ist in. Wenn Sie ein Fan der neuen, leicht nussigen, frischen Chardonnays mit ihrem Hauch Sahne und der subtilen, eleganten Frucht sind – die an vielen Orten der Welt bereitet werden, von Australien bis Südfrankreich –, dann dürfte Orvieto interessant für Sie sein. Erstklassiger Orvieto kann die beflügelnde Qualität eines Vouvray haben, doch auch einfachere trockene Versionen zeigen eine funkelnde Frische und belebende Mineralität, die sie mit modernem, ohne Eiche ausgebautem Chardonnay teilen.

Sie mögen trockenen Muscat, probieren Sie Malagousia

Trockener Muscat kann enorm aromatisch sein, mit delikater Struktur und Aromen von Rosen, vielleicht Basilikum, vielleicht Zitrusfrüchten. Die griechische Sorte Malagousia, die mehr und mehr als eine der großen Spezialitäten Griechenlands angesehen wird, hat eine seidige Textur und eine gewisse Deftigkeit, die zum Rosen-, Basilikum und Zitrusaroma hinzukommt. Sie kann gut in Verschnitten sein, meist zusammen mit säurereicheren Sorten. Greifen Sie zu, wenn Sie eine Flasche sehen.

Sie mögen australischen Riesling, probieren Sie Godello

Australischer Riesling aus dem Clare oder Eden Valley zeichnet sich durch einen intensiven Geschmack nach Limettensirup (Lime Cordial) aus, dem in den besten Exemplaren eine salzige Mineralität zur Seite steht. Godello ist eine Traube von hoher Qualität aus Nordwestspanien, die in den 1970er-Jahren vor dem Aussterben gerettet wurde und rassige Weine liefert, runder als Albariño, mit einer seidigen, an Viognier erinnernden Textur und konzentrierten Aromen von reifen Limetten und Pfirsichen.

Sie mögen Weine der nördlichen Rhône, probieren Sie Bairrada

Syrah von der nördlichen Rhône ist bekannt für seine Säure, seine pikanten Kräuteraromen in Kombination mit schwarzen Oliven und eine gewisse Steinigkeit im Geschmack – wie ein Lecken am Felsen. Dieselben Kräuter – und oft auch die Steinigkeit – findet man im portugiesischen Bairrada, einem Wein, der in den letzten Jahren eine Art Wiederauferstehung gefeiert hat. Durch bessere Bereitungsmethoden und ein achtsameres Arbeiten im Weinberg entstehen wunderbar komplexe, überraschende Rotweine von der säure- und tanninstarken Baga-Traube. Die Familie Pato sind dabei die Stars.

Sie mögen jungen Syrah, probieren Sie Lambrusco
Der Syrah, von dem wir hier sprechen, ist nicht der komplexe, tiefgründige Wein der nördlichen Rhône, sondern eine leichtere Variante, die jung zu trinken ist, vielleicht aus Chile oder Neuseeland. Es sind fröhliche, vergnügliche, säurebetonte Gewächse voller Düfte blühender Hecken. Und das führt uns direkt zum Lambrusco, diesem treuen Begleiter von Retro-Partys – der jetzt neu bewertet wird und sich als köstlich erweist: perlender schwarzroter Wein mit magentafarbenem Schaum, alkoholarm, säurereich und mit einer fruchtigen Süße, die alles ausgleicht. Und die blühenden Hecken duften auch aus ihm. Ein Klassiker mit Prosciutto.

Sie mögen Rotweine des Languedoc-Roussillon, probieren Sie chilenischen Carignan
Auf traditionellen Rebsorten basierende Rote aus dem Languedoc-Roussillon (im Gegensatz zu Cabernet Sauvignon und Konsorten) enthalten oft etwas Carignan. Bisher hatte diese Traube kein besonderes Renommee, doch das hat sich nun geändert, insbesondere, wenn der Wein von alten Buschreben stammt, die ihm tiefgründige, volle Aromen von Zwetschgen, Erde und Kräutern verleihen. In Chile gibt es einige sehr alte Carignan-Weinberge, und heutzutage werden auch ein paar reinsortige Weine bereitet, die sich durch tiefgründige Beerenfrucht und dieselbe erdige Kräuterwürze auszeichnen.

Sie mögen Merlot, probieren Sie Zinfandel
Zinfandel hat den Ruf, fantastisch schwere, marmeladige Weine zu liefern, und einige entsprechen dem auch. Aber nicht alle. Es gibt jede Menge leichteren Zinfandel mit reifer, süßer Frucht, Noten von Blau- und Brombeeren und einem Schuss Pfeffer. Das trifft auf nicht wenige Rotweine zu, aber Merlot-Liebhaber werden die seidige Textur und die Toffee-Noten von Zinfandel erkennen, die mit relativ wenig Säure einhergehen. Beide Trauben sind enorm vielseitig und können je nach Herkunftsort ganz unterschiedlich schmecken, aber ich denke, dass Merlot-Aficionados Freude daran haben, ein wenig auf Entdeckungsreise zu gehen.

Rebsorten

In den vergangenen zwei Jahrzehnten vollzog sich allenthalben ein grundlegender Wandel, von dem nur die Weinländer mit der längsten Tradition ausgenommen waren. Mit einem Schlag wurden die Namen einer Handvoll Rebsorten zur geläufigen Bezeichnung für die verschiedenen Weine. In den alten Weinländern dagegen, insbesondere in Frankreich und Italien, bezeichnet man alle seit Langem renommierten Weine weiterhin mehr oder weniger genau nach ihrem Herkunftsgebiet, weniger nach der Traube, aus der sie gekeltert wurden.

Gegenwärtig liegen die beiden Bezeichnungsmöglichkeiten im Wettstreit miteinander. Am Ende dürfte sich die Herkunftsbezeichnung gegenüber der Rebsorte wieder durchsetzen, zumindest für Qualitätsweine. Im Augenblick allerdings ist die Traubensorte und ihr Geschmack für viele Weinfreunde der einfachste und wichtigste Bezugspunkt – ungeachtet der Tatsache, dass der Geschmack oft durch die Eichenholzkomponente nicht unerheblich verändert wird. Käme es nur auf das Traubenaroma an, dann wäre dieses Buch um einiges schmaler.

Gleichwohl spielt die Traubensorte eine wichtige Rolle, und darüber Bescheid zu wissen kann helfen, neue Geschmacksnuancen zu entdecken und Vergleiche zwischen den Regionen anzustellen. Daher ist auch der zuerst in Kalifornien entstandene Begriff »sortenreiner Wein« sinnvoll, unter dem man Wein versteht, der grundsätzlich aus nur einer Traubensorte bereitet wurde.

Bei mindestens sieben Sorten – Cabernet Sauvignon, Pinot noir, Riesling, Sauvignon blanc, Chardonnay, Gewürztraminer und Muscat – sind Geschmack und Duft so eindeutig, dass sie zu internationalen Unterscheidungskategorien geworden sind. Dasselbe gilt für Merlot, Malbec, Syrah, Sémillon, Chenin blanc, Pinot blanc, Pinot gris, Silvaner, Viognier, Nebbiolo, Sangiovese, Tempranillo ... Hier nun folgen die besten bzw. beliebtesten Rebsorten

ANMERKUNG: Alle Verweise auf Rebsorten und deren Synonyme in anderen Kapiteln dieses Buchs beziehen sich auf dieses Kapitel.

Trauben für Rotwein

Agiorgitiko (Aghiorgitiko) Griechische Sorte; ursprünglich aus der Nemea-Region, heute aber fast überall angebaut. Vielseitig und köstlich, von weich und charmant bis dicht und alterungswürdig. Unbedingt probieren.

Aglianico Süditalienische Traube, aus der u. a. der Taurasi bereitet wird: dunkle, tiefgründige Weine, derzeit sehr in Mode.

Aragonez Siehe TEMPRANILLO.

Auxerrois Für Rotwein siehe MALBEC. Die weiße Auxerrois hat einen eigenen Eintrag bei den Trauben für Weißwein.

Băbească Neagră Die traditionelle »schwarze Großmuttertraube« aus der Moldau-Region liefert rubinrote Weine mit leichtem Körper.

Babić Rotweinsorte aus Dalmatien, wächst in steinigen Lagen an der Küste bei Šibenik. Enormes Potenzial für hohe Qualität.

Baga Portugiesische Rotweintraube (Bairrada). Dunkel, tanninreich – großes Potenzial, aber schwierig im Weinberg.

Barbera Weit verbreitete Rebsorte in Italien, am besten im Piemont. Viel Säure, wenig Tannin, Kirschfrucht. Weine gibt es von seriös mit Barriqueausbau bis halbsüß und perlend. Auch in Kalifornien und Australien in Mode; vielversprechend in Argentinien.

Blauburger Österreichische Kreuzung von BLAUEM PORTUGIESER mit BLAUFRÄNKISCH. Einfache Weine.

Blauburgunder Siehe PINOT NOIR.

Blauer Portugieser Mitteleuropäische Sorte, v. a. in Deutschland (Rheinhessen, Pfalz, meist für Rosé), Österreich, Ungarn. Leichte, fruchtige Rotweine, die in ihrer Jugend leicht gekühlt getrunken werden. Nichts zum Einkellern.

Blaufränkisch (Kékfrankos, Lemberger, Modra Frankinja) Im österreichischen Mittelburgenland weit verbreitet. Mittelschwere Weine mit pfeffriger Säure, einer charakteristisch salzigen Note sowie Beeren- und Eukalyptusaromen. Häufig mit CABERNET SAUVIGNON oder ZWEIGELT verschnitten. Heißt in Deutschland Lemberger, in Ungarn Kékfrankos, in Slowenien Modra Frankinja.

Boğazkere Tanninreiche türkische Sorte, liefert körperreiche Weine.

Bonarda Mehrdeutiger Name. Im italienischen Oltrepò Pavese nennt man so die Croatina und erzeugt milden, frischen roten Frizzante und Stillwein aus der Sorte. In der Lombardei und der Emilia-Romagna ist es ein Synonym für die Uva rara. Wieder anders im Piemont. Bonarda aus Argentinien kann beides sein – oder etwas ganz anderes. Großartig ist keine.

Bouchet Anderer Name für CABERNET FRANC in St-Émilion.

Brunello Anderer Name für SANGIOVESE, großartig in Montalcino.

Cabernet franc Die geringere der beiden in Bordeaux angebauten Cabernet-Sorten; herrscht jedoch in St-Émilion vor. Übertrumpft CABERNET SAUVIGNON an der Loire (Chinon, Saumur, Champigny und Roséwein), in Ungarn (Tiefe und Komplexität in Villány und Szekszárd) und oft in Italien. Viele Reben in Nordostitalien, die man für Cabernet franc gehalten hatte, entpuppten sich als CARMENÈRE. Überall auf der Welt in Bordeaux-Verschnitten mit Cabernet Sauvignon und MERLOT verwendet.

Cabernet Sauvignon Traube mit großem Charakter, langsam reifend, würzig, kräuterduftig, gerbstoffreich, Aroma von Schwarzen Johannisbeeren. Die Hauptsorte im Médoc; liefert meist auch die besten kalifornischen, südamerikanischen und osteuropäischen Rotweine. Verträgt sich gut mit Shiraz in Australien. Wird nahezu überall angebaut und leitete etwa in Italien eine Weinrenaissance ein. Spitzenweine brauchen Zeit zum Reifen. Cabernet Sauvignon gewinnt in Verschnitten z. B. mit MERLOT, CABERNET FRANC, SYRAH, TEMPRANILLO, SANGIOVESE usw. Liefert außerdem aromatischen Rosé.

Cannonau Sardische Form der GRENACHE: meist sehr gut und stark.

Carignan (Carignane, Carignano, Cariñena) Weine von alten Reben mit geringem Ertrag sind überall von Südfrankreich bis Chile schwer in Mode; am besten in Corbières: tiefgründig und lebhaft. Bei hohem Ertrag flach und harmlos. In Nordafrika, Spanien (als Cariñena) und Kalifornien verbreitet.

Carignano Siehe CARIGNAN.

Cariñena Siehe CARIGNAN.

Carmenère Eine alte Rebsorte aus Bordeaux, jetzt ein Star in Chile (dort »Carminjer« oder auch »Carminaire« ausgesprochen) für volle, tiefe Weine. Wird auch in Bordeaux wieder beachtet.

Castelão Siehe PERIQUITA.

Cencibel Siehe TEMPRANILLO.

Chiavannasca Siehe NEBBIOLO.

Cinsault (oder Cinsaut) Bedeutend in Südfrankreich; sehr gut bei niedrigen Erträgen, sonst Massenprodukt. Erbringt guten Rosé. Elternteil von PINOTAGE.

Cornalin du Valais Schweizer Spezialität mit großem Potenzial, v.a. im Wallis.

Corvina Dunkle, würzige Traube, eine der besten im Valpolicella-Verschnitt. Die noch dunklere Corvinone ist eine eigene Rebsorte.

Côt Siehe MALBEC.

Dolcetto Liefert im Piemont süffige, milde, trockene Rotweine. Heute groß in Mode.

Dornfelder In Deutschland, Teilen der USA und England angebaute Sorte, die angenehm leichte, einfache, in der Regel rustikale dunkle Weine erbringt. Die Rebfläche in Deutschland hat sich seit dem Jahr 2000 verdoppelt.

Fer Servadou Kommt nur in Südwestfrankreich vor; besonders wichtig in Marcillac, Gaillac und St-Mont. Duftet nach Beeren und Gewürzen.

Fetească neagră »Schwarze Mädchentraube«. Die rote Fetească hat das Zeug dazu, Rumäniens Paradestück zu werden. Kann tiefgründige, körperreiche Rotweine mit viel Charakter ergeben. Zunehmende Anbauflächen.

Frühburgunder Alte deutsche Mutation von Spätburgunder (PINOT NOIR), die man vor allem an der Ahr findet, aber auch in Franken und in Württemberg, wo man sie verwirrenderweise als Clevner kennt. Nicht so säurereich wie Pinot noir.

Gamay Die Beaujolais-Traube: sehr leichter, duftiger Wein, jung am besten, außer in den teilweise sehr guten Beaujolais-Crus (siehe Frankreich), die 2–10 Jahre alt werden können. Wird an der Loire, in Zentralfrankreich, in der Schweiz und in Savoyen angebaut. Kalifornischer Napa Gamay ist in Wirklichkeit Valdiguié (Gros Auxerrois).

Gamza Siehe KADARKA.

Garnacha Siehe GRENACHE.

Garnatxa Siehe GRENACHE.

Graciano Die spanische Sorte zählt zu den traditionellen Rioja-Zutaten. Veilchenaroma, tanninreich, schlanke Struktur, ein wenig wie Petit Verdot. Im Anbau schwierig, doch immer mehr in Mode.

Grenache (Cannonau, Garnatxa, Garnacha) Weit verbreitete, blassfarbige, kraftvolle Traube, die bei den *terroiristes* jetzt extrem beliebt ist, da sie den Lagencharakter sehr gut ausdrückt. Auch gut für Rosé und Vin doux naturel. Wird in Südfrankreich, Spanien und Kalifornien angebaut und bildet die Hauptingredienz des mächtigen Priorat. Weine von alten Reben erfreuen sich in South Australia höchster Anerkennung. Meist in Verschnitten mitverarbeitet. Heißt Cannonau in Sardinien, Garnacha in Spanien, Garnatxa auf Katalanisch.

Grignolino Italienische Sorte; liefert im Piemont guten Alltagswein.

Kadarka (Gamza) Erbringt in Osteuropa würzige, leichte Rotweine. Wurde in Ungarn v. a. für Bikavér wiederbelebt.

Kékfrankos Ungarisch für BLAUFRÄNKISCH.

Lagrein Norditalienische Sorte: dunkel, bitter im Abgang, volle Pflaumenfrucht. DOC in Südtirol (siehe Italien).

Lambrusco Ertragreiche Sorte in der unteren Po-Ebene, erbringt lebendigen, lieblichen, perlenden, ausgesprochen italienischen Rotwein.

Lefkada Wiederentdeckte autochthone Sorte aus Zypern, von besserer Qualität als Mavro. Wird wegen ihrer aggressiven Tannine meist verschnitten.

Lemberger Siehe BLAUFRÄNKISCH.

Malbec (Auxerrois, Côt) In Bordeaux in geringem Maß angebaut, in Cahors (als Auxerrois) und besonders in Argentinien verbreitet. Dunkler, dichter, gerbstoffreicher, aber fleischiger Wein mit echtem Qualitätspotenzial. Exemplare von hoch gelegenen Weinbergen aus Argentinien sind das Allergrößte. So kommt Cahors wieder in Mode.

Maratheftiko Dunkle zyprische Traube mit Qualitätspotenzial.

Mataro Siehe MOURVÈDRE.

Mavro Zyperns meistangebaute dunkle Traube, aber nur passable Qualität. Am besten für Rosé geeignet.

Mavrodaphne Griechische Rebsorte, die üblicherweise für gespritete Süßweine verwendet wird, wörtlich »schwarzer Lorbeer«. Eine Spezialität der Region Patras, wird aber auch auf Kefallonia angebaut. Trockene Versionen werden immer häufiger erzeugt und sind sehr vielversprechend.

Mavrotragano Nahezu ausgestorbene, nun aber auf Santorini wiederbelebte erstklassige griechische Traube.

Mavrud Gilt als Bulgariens beste Rebsorte, in Thrakien heimisch und spät reifend. Bringt alterungsfähige dunkle Rotweine mit Pflaumenaroma hervor.

Melnik Bulgarische Traubensorte aus der gleichnamigen Region. Dunkle Weine mit angenehm dichtem Sauerkirschcharakter, die gut altern können.

Mencía Schlägt derzeit Wellen im spanischen Bierzo. Aromatische Weine mit stahligen Tanninen und viel Säure.

Merlot Die Traube hinter den großen, duftigen, pflaumenwürzigen Weinen von Pomerol und (zusammen mit CABERNET FRANC) von St-Émilion; unabdingbar im Médoc. Merlot ergibt in Kalifornien, Washington, Chile und Australien weiche und starke (Mode-)Weine; leichtere, häufig gute Tropfen kommen aus Norditalien (in der Toskana teils Weltklasse), der italienischen Schweiz, Slowenien, Argentinien, Südafrika, Neuseeland usw. Die Anpassungsfähigkeit tut ihr nicht immer gut, manche Weine können auch ziemlich mies sein. Schmeckt grün, wenn sie nicht ganz reif ist. Sehr verbreitet in Osteuropa, v. a. in Rumänien.

Modra Frankinja Siehe BLAUFRÄNKISCH.

Modri Pinot Siehe PINOT NOIR.

Monastrell Siehe MOURVÈDRE.

Mondeuse Vorkommen in Savoyen; dunkle Farbe, gute Säure. Mit SYRAH verwandt.

Montepulciano Die dunkle Rotweintraube ist vorherrschend in den italienischen Abruzzen und bedeutend entlang der Adriaküste von den Marken bis in den Süden Apuliens. Die gleichnamige bekannte toskanische Stadt hat nichts mit der Traube zu tun.

Morellino Synonym für SANGIOVESE in der südtoskanischen Maremma, v. a. Scansano.

Mourvèdre (Mataro, Monastrell) Ein Star in Südfrankreich (z. B. Bandol) Australien (alias Mataro) und Spanien (alias Monastrell). Exzellente dunkle, aromatische, tanninstarke Traube, die sich gut in Verschnitten macht. Erfreut sich auch in South Australia und Kalifornien wachsender Beliebtheit.

Napa Gamay Identisch mit der südfranzösischen Sorte Valdiguié. Nichts, worüber man ins Schwärmen geraten könnte.

Nebbiolo (Spanna, Chiavennasca) Eine der besten roten Trauben Italiens für Barolo, Barbaresco, Gattinara und Valtellina. Intensiv, edle Frucht, volles Bukett, stahlige Tannine – gewinnt durch jahrelanges Altern.

Negoramaro Wörtlich »schwarzer Bitterer«. Apulische Traube mit Zeug entweder zu Qualität oder zu Quantität.

Nerello mascalese Sizilianische Rotweinsorte mit Charakter, Potenzial für Eleganz.

Nero d'Avola Dunkelrote Traube aus Sizilien, deren Qualitätsniveau von großartig bis industrielle Massenerzeugung reicht.

Nielluccio Korsische Sorte; säure- und tanninreich. Gut für Rosé.

Öküzgözü Türkische Rebsorte, die weiche, fruchtige Rotweine liefert. Oft mit BOĞAZKERE verschnitten, so wie man in Bordeaux MERLOT mit CABERNET SAUVIGNON verschneidet.

País Spanische Pionier-Traube auf dem amerikanischen Kontinent. Rustikale Weine; einige Erzeuger geben sich jetzt mehr Mühe.

Pamid Traube für leichten, weichen Alltagsrotwein aus Bulgarien.

Periquita (Castelão) In Portugal verbreitet, insbesondere um Setúbal. Nach der beliebten (eingetragenen) Marke von Fonseca ursprünglich Periquita genannt; der offizielle Name ist aber Castelão. Liefert feste Rotweine mit Himbeeraroma, im Alter entwickeln sich Feigen- und Teernoten.

Petite Sirah Traube für rustikale, tanninreiche dunkle Weine, glänzt in Kalifornien in Verschnitten mit ZINFANDEL. Vorkommen auch in Südamerika, Mexiko und Australien. Hat nichts mit SYRAH zu tun.

Petit Verdot Ausgezeichnete, aber schwierige Traube im Médoc, weltweit in CABERNET-Gebieten angepflanzt, um Duftigkeit beizusteuern. Wird meist verschnitten, es gibt aber auch einige sehr gute sortenreine Weine, v. a. in Virginia.

Pinotage Südafrikanische Kreuzung (PINOT NOIR x CINSAULT). Genoss mal mehr, mal weniger Ansehen, wird bei Spitzenerzeugern aber besser. Auch guter Rosé. »Coffee Pinotage« ist leicht süß, mit Espressonote und hat ein junges Publikum als Zielgruppe.

Pinot Crni Siehe PINOT NOIR.

Pinot Meunier (Schwarzriesling) Die dritte Traube der Champagnerproduktion, von manchen verachtet, von den meisten verwendet. Hat weniger Säure als PINOT NOIR, deshalb unverzichtbar für den Verschnitt. Wird an vielen Orten angebaut und entweder weiß oder als Schaumwein vinifiziert, gelegentlich sogar (z. B. Württemberger Schwarzriesling) als stiller Rotwein. Samtrot ist eine lokale Württemberger Variante.

Pinot noir (Spät- oder Blauburgunder, Modri Pinot, Pinot Crni) Die große Burgundertraube der Côte d'Or hat in Bukett, Geschmack und Fülle nicht ihresgleichen. Neuere Bemühungen in Deutschland zeitigen exzellente Ergebnisse. Sehr gut auch in Österreich, v. a. im Kamptal, im Burgenland und in der Thermenregion. Leichte Weine in Ungarn, durchschnittlich und leicht bis mittelgewichtig in der Schweiz (alias Clevner). Ausgezeichnete Ergebnisse in Sonoma, Carneros und an der Central Coast (Kalifornien), in Oregon, in Ontario, im Yarra Valley und in den Adelaide Hills (Australien), in Tasmanien, auf der Südinsel Neuseelands (Central Otago) und in Südafrika (Walker Bay). Auch in Chile ein paar sehr hübsche Weine. Neue französische Klone lassen auf Verbesserungen in Rumänien hoffen. In Slowenien liefert sie als Modri Pinot die wohl besten Roten des Landes. Die besten Ergebnisse in Italien kommen aus dem Nordosten, Richtung Süden nimmt die Qualität zunehmend ab. PINOT BLANC und PINOT GRIS sind Mutationen von Pinot noir.

Plavac Mali (Crljenak) Kroatische Rotweintraube, verwandt mit ZINFANDEL. Gutes Potenzial für hochklassige und langlebige Weine, kann aber auch sehr alkoholstark und stumpf ausfallen.

Primitivo Süditalienische Traube, aus Kroatien stammend, die ausladende, rustikale Weine ergibt. Der Name bedeutet nicht »primitiv«, sondern »früh reifend«. Jetzt in Mode, da Primitivo genetisch identisch ist mit ZINFANDEL – ursprünglich hießen die beiden Sorten wohl Tribidag.

Refosco (Refošk) Etliche italienische DOCs, v. a. in den Colli Orientali. Ergibt tiefe, hocharomatische, lagerfähige Weine, v. a. in wärmerem Klima. Dunkel, säurereich. Die Refošk in Slowenien und weiter östlich ist genetisch nicht identisch, schmeckt aber ähnlich.

Refošk Siehe REFOSCO.

Rubin Bulgarische Kreuzung (NEBBIOLO x SYRAH), pfeffrig und körperreich.

Sagrantino Italienische Sorte mit Hauptvorkommen in Umbrien; liefert kräftige Weine mit Kirschnote.

Sangiovese (Brunello, Morellino, Sangioveto) Die wichtigste Rotweintraube der Toskana und Mittelitaliens. Nicht einfach im Anbau, doch wenn man sie richtig behandelt, ergibt sie vorzügliche, langlebige Weine. Vorherrschend in Chianti, Vino Nobile, Brunello di Montalcino, Morellino di Scansano und verschiedenen feinen IGT-Weinen. Auch in Umbrien (z. B. Montefalco und Torgiano) und jenseits des Apennin in der Romagna und in den Marken zu finden. Weniger gut geht es ihr in den wärmeren, niedriger gelegenen Weinbergen an der toskanischen Küste oder in anderen Gegenden Italiens (obwohl sie fast allgegenwärtig ist). Auch in Australien interessant.

Sangioveto Siehe SANGIOVESE.

St. Laurent Dunkle, geschmeidige und hocharomatische österreichische Spezialität. Kann leicht und saftig, aber auch tiefgründig und strukturiert sein. Auch in der Pfalz anzutreffen.

Saperavi Die wichtigste Rotweinsorte Georgiens, der Ukraine usw. Wird gern mit CABERNET SAUVIGNON verschnitten (v. a. in Moldawien). Das enorme Potenzial wird leider nur selten umgesetzt.

Schiava Siehe TROLLINGER.

Schwarzriesling Württemberger Name für PINOT MEUNIER.

Sciacarello Korsische Sorte mit Kräuter- und Pfeffernote; nicht sehr tanninstark.

Shiraz Siehe SYRAH.

Spanna Siehe NEBBIOLO.

Spätburgunder Name für PINOT NOIR in Deutschland.

Syrah (Shiraz) Die große Traube der Rhône erbringt tanninreichen, pfeffrigen, purpurroten Wein, der sich superb entwickeln kann. In Australien als Shiraz von großer Bedeutung. Unter beiden Namen in Chile und Südafrika immer besser, wunderbar in Neuseeland (v. a. Hawke's Bay). Sehr weit verbreitet.

Tannat Gerbstoffreiche Traube mit Himbeerduft, die fest strukturierten Rotweinen aus Südwestfrankreich wie Madiran oder Tursan Kraft verleiht. Auch für Rosé. In Uruguay jetzt ein Star.

Tempranillo (Aragonez, Cencibel, Tinto fino, Tinta del País, Tinta Roriz, Ull de Llebre) Die aromatische, feine, früh reifende Rioja-Traube heißt in Katalonien Ull de Llebre, in La Mancha Cencibel, in Ribera del Duero Tinto fino, in Kastilien Tinta del País, am Douro Tinta Roriz und in Südportugal Aragonez. Wird jetzt auch in Australien angebaut. Groß in Mode; erbringt elegante Weine in kühlem, mächtige in heißem Klima. Die Trauben reifen früh, die Weine können lange altern.

Teran (Terrano) Naher Verwandter der REFOSCO; wächst vor allem auf Kalkstein (Karst) in Slowenien und andersrum.

Teroldego Rotaliano Die beste einheimische Rebsorte des Trentino erbringt anspruchsvollen, gehaltvollen Wein; insbesondere auf dem flachen Campo Rotaliano.

Tinta Amarela Siehe TRINCADEIRA.

Tinta del País Siehe TEMPRANILLO.

Tinta Negra (Negramoll) Bis vor Kurzem Tinta Negra Mole genannt. Die meistangepflanzte rote Rebsorte in Madeira, sehr produktiv und Hauptbestandteil der billigeren Madeira-Weine. Kommt jetzt in Colheitas zu ihrem Recht (siehe Kapitel »Port, Sherry und Madeira«).

Tinta Roriz Siehe TEMPRANILLO.

Tinto fino Siehe TEMPRANILLO.

Touriga Nacional Rote Traube der Spitzenklasse für Port; am Douro mehr und mehr auch für blumige, stilvolle Tischweine verwendet. Bei der australischen Touriga handelt es sich in der Regel um dieselbe Sorte, die kalifornische kann auch Touriga Franca sein.

Trincadeira (Tinta Amarela) Sehr gute rote Traube im Alentejo (Portugal) für würzige Weine. Am Douro als Tinta Amarela bekannt.

Trollinger (Schiava, Vernatsch) In Württemberg beliebte hellrote Traube, in Südtirol Vernatsch/Schiava genannt. Umfasst eine ganz Gruppe von Rebsorten, die nicht unbedingt miteinander verwandt sind. In Italien lebhafte, schmissige Weine.

Vernatsch Siehe TROLLINGER.

Xinomavro Griechenlands Antwort auf NEBBIOLO; der Name bedeutet »säuerlich schwarz«. Dient als Grundlage für Naoussa, Rapsani, Goumenissa und Amindeo. Auch etwas stiller und schäumender Rosé. Hervorragende Qualität, jahrzehnte haltbar. Wird auch in China ausprobiert.

Zinfandel Vielseitige, fruchtige Sorte aus Kalifornien mit (manchmal metallischem) Brombeeraroma. Kann strukturiert und überaus üppig geraten und hält sich dann jahrzehntelang, wird aber auch weiß bzw. hellrosa *(blush)* gekeltert und ist dann üblicherweise süß und marmeladig. Genetisch identisch mit der süditalienischen PRIMITIVO.

Zweigelt (Blauer Zweigelt) Kreuzung aus BLAUFRÄNKISCH x ST. LAURENT; in Österreich beliebt für aromatische, dunkle, geschmeidig-samtige Weine. Wird auch in Ungarn und Deutschland angebaut.

Trauben für Weißwein

Airén Sorte für Massenweine aus La Mancha, Spanien; bei guter Bereitung frisch.

Albariño (Alvarinho) Spaniens schicke und teure Sorte liefert Weine mit guter Säure und Aprikosenduft. Hervorragend in Rías Baixas, taucht aber zunehmend auch anderso auf. Wird nicht überall dem Hype gerecht, der um sie gemacht wird. Ebenso gut in Portugal als Alvarinho mit aromatischem Vinho Verde, v. a. in Monção and Melgaço.

Aligoté Die zweitwichtigste weiße Traube in Burgund. Scharfer, jung zu trinkender Wein; mit Cassis (Schwarzem Johannisbeerlikör) zum Kir gemixt, ist er hervorragend. Die Sorte ist auch in Osteuropa, v. a. in Russland, verbreitet.

Alvarinho Portugiesisch für ALBARIÑO.

Amigne Schweizer Spezialität mit Tradition im Wallis, die auf insgesamt 43 ha angebaut wird, v. a. in Vétroz. Körperreiche, schmackhafte Weine, oft mit etwas Restsüße, manchmal sehr trocken.

Ansonica Siehe INSOLIA.

Arinto Portugiesische Traube, die in Bucelas sehr aromatische, zitrusduftige Weine erbringt und, v. a. im Alentejo, Verschnitten Spritzigkeit verleiht.

Arneis Aromatische Traube aus Nordwestitalien mit Apfel-/Pfirsicharoma, die hohe Preise erzielt. Im Roero (Piemont) wurde eine DOCG für sie eingerichtet, in den Langhe eine DOC.

Arvine Seltene, aber exzellente Schweizer Spezialität aus dem Wallis (auch Petite Arvine genannt). Wird trocken oder süß ausgebaut und bringt frische, elegante Weine mit langem, leicht salzigem Abgang hervor.

Assyrtiko Sorte aus Santorini (Griechenland); eine der besten Weißweintrauben des Mittelmeerraums mit schöner Balance von Kraft, Mineralität, Extrakt und kräftiger Säure. Potenziell langlebige Weine, die die Welt erobern könnten …

Auxerrois Roter Auxerrois ist ein Synonym für MALBEC, während weißer Auxerrois eher wie eine fettere, würzigere Version von PINOT BLANC wirkt. Im Elsass häufig für Crémant verwendet; kommt auch in Deutschland vor.

Beli Pinot Siehe PINOT BLANC.

Blanc fumé Siehe SAUVIGNON BLANC.

Boal Siehe BUAL.

Bourboulenc Ergibt, ebenso wie die seltene Rolle-Rebe, einige der besten Weine des Midi.

Bouvier Indigene österreichische aromatische Traubensorte, besonders gut für Beeren- und Trockenbeerenauslesen; wird selten trocken ausgebaut.

Bual (Boal) Liefert hochwertigen süßen Madeira, weniger voll als Malmsey.

Carricante Italienische Sorte, Hauptzutat im Etna Bianco. Gewinnt wieder an Boden.

Catarratto Die ertragreiche Weißweintraube ist in ganz Sizilien anzutreffen, v. a. im Westen in der DOC Alcamo.

Cerceal Siehe SERCIAL.

Chardonnay (Morillon) Die weiße Traube von Burgund und der Champagne, jetzt weltweit allgegenwärtig – z. T. auch, weil sie so leicht an- und auszubauen ist. Auch eine Mâcon-Villages-Gemeinde heißt so. Die Mode für überholzte Karamellbonbon-Versionen ist glücklicherweise vorüber. In der Steiermark Morillon genannt.

Chasselas (Fendant, Gutedel) Schweizer Rebsorte (ursprünglich aus dem Waadtland). Im Geschmack neutral, aber je nach Terroir mit starkem lokalem Charakter, der von elegant (Genf), finessenreich-vollmundig (Waadt) bis zu kräftig-rassig (Wallis) reicht. Im Wallis wird sie Fendant genannt. Fast ein Drittel der Schweizer Weine sind von Chasselas, die Traube wird jedoch mehr und mehr von anderen Sorten verdrängt. Heißt Gutedel in Deutschland und wird v. a. in Südbaden angebaut. In anderen Gegenden meist eine Tafeltraube.

Chenin blanc Die großartige weiße Traube an der mittleren Loire (Vouvray, Layon usw.) ergibt trockenen bis lieblichen (sogar süßen) Wein, doch stets mit reichlich Säure. Wurde in Südafrika früher Steen genannt und erbringt dort viele gewöhnliche, im Bestfall aber sehr edle Weine. In Kalifornien kann sie sich gut schlagen, doch macht man sich dort nicht die Mühe.

Cirfandl Siehe ZIERFANDLER.

Clairette Schwach säurehaltige Sorte; in Südfrankreich wichtig und in vielen Verschnitten zu finden. Verbesserte Weinbereitungsmethoden wirken sich positiv aus.

Colombard Leicht fruchtige, angenehm säuerliche Traube, aus der man in Südafrika, Kalifornien und Südwestfrankreich Alltagsweine bereitet, oft in Verschnitten.

Dimiat Stark duftende bulgarische Sorte, die trocken oder halbtrocken ausgebaut oder zur Destillation verwendet wird. Hat weit mehr Synonyme, als eine Traube je braucht.

Ermitage Schweizer Name für MARSANNE.

Ezerjó Sinngemäß etwa »tausend Segnungen«. Ungarische Rebsorte mit scharfer Säure.

Falanghina Die historische italienische Traube aus dem kampanischen Bergland erbringt gute, dichte, aromatische trockene Weißweine.

Fendant Siehe CHASSELAS.

Fernão Pires Siehe MARIA GOMES.

Feteascǎ albǎ/regalǎ Rumänien hat zwei Weißweinsorten namens Feteascǎ, beide mit leichtem, an MUSCAT erinnerndem Aroma. Feteascǎ regalǎ, eine Kreuzung aus Feteascǎ albǎ und GRASǍ, besitzt mehr Finesse und eignet sich gut für Spätleseweine. FETEASCǍ NEAGRǍ ist eine Rotweinsorte.

Fiano Qualitätstraube, ergibt im süditalienischen Kampanien würzige Weine mit Pfirsichnote.

Folle blanche (Gros Plant) Viel Säure, wenig Aroma, ideal für Branntwein. Heißt in der Bretagne Gros Plant, in Armagnac Picpoul, obwohl keine Verwandtschaft mit der echten PICPOUL besteht. Auch in Kalifornien angesehen.

Friulano (Sauvignonasse, Sauvignon vert) Norditalienische Traube für frische, pikante, subtil florale Weißweine, am besten in den Gebieten Collio, Isonzo und Colli Orientali. Hieß früher Tocai friulano. Im benachbarten Slowenien Sauvignonasse genannt, ebenso in Chile, wo die Sorte lange mit SAUVIGNON BLANC verwechselt wurde. Der ehemalige Tocai aus Venetien heißt jetzt Tai.

Fumé blanc Siehe SAUVIGNON BLANC.

Furmint (Šipon) Ausgezeichnete, charaktervolle Rebe, das Gütezeichen Ungarns sowohl als Hauptraube im Tokajer als auch in lebendigen, kräftigen Tafelweinen, die manchmal mineralisch, manchmal mit Aprikosennote und manchmal beides sind. In Slowenien unter der Bezeichnung Šipon. Auch in Rust in Österreich trocken und süß ausgebaut.

Garganega Die beste Traube im Soave-Verschnitt, auch in Gambellara. Spitzenweine, v. a. süße, altern vorzüglich.

Garnacha blanca (Grenache blanc) Die weiße Ausgabe der GRENACHE/Garnacha, sehr verbreitet in Spanien und Südfrankreich. Säurearm; kann recht harmlos, aber auch überraschend gut ausfallen.

Gewürztraminer (Traminac, Traminec, Traminer, Tramini) Eine der ausdrucksvollsten Trauben, identisch mit SAVAGNIN; ausgesprochen würzig, erinnert an Rosenblüten, Gesichtscreme, Litschis und Grapefruit. Die Weine sind oft voll und weich, selbst wenn sie trocken ausgebaut sind. Am besten im Elsass; auch gut in Deutschland (Baden, Pfalz, Sachsen), Osteuropa, Australien, Kalifornien, im pazifischen Nordwesten und in Neuseeland. Kann als »Traminer« (oder Varianten davon) etikettiert relativ unaromatisch ausfallen. Trockene Versionen in Italien heißen Traminer aromatico. Außerhalb deutschsprachiger Länder oft ohne Umlaut »Gewurztraminer« geschrieben.

Glera Glanzloser neuer Name für die Prosecco-Traube; Prosecco nennt man ab sofort nur noch den Wein, nicht mehr die Rebsorte.

Godello Erstklassige Rebsorte in Nordwestspanien; erbringt intensive, mineralische Weine. Im portugiesischen Dão heißt sie Verdelho, ist aber nicht verwandt mit der echten VERDELHO.

Grasă (Kövérszőlő) Rumänische Sorte; der Name bedeutet »fett«. Anfällig für Botrytis. Die wichtigste Traube in Cotnari, kann herrliche Süßweine hervorbringen. Wird im ungarischen Tokaj unter dem Namen Kövérszőlő angebaut.

Graševina Siehe WELSCHRIESLING.

Grauburgunder Siehe PINOT GRIS.

Grechetto Alte Rebsorte aus Mittel- und Süditalien mit gutem Ruf für lebendige, stilvolle Weine. Wird verschnitten oder (in Orvieto) sortenrein verwendet.

Greco In Süditalien tragen einige Weißweinsorten den Namen Greco (wahrscheinlich griechischen Ursprungs), was aber nicht bedeutet, dass sie verwandt sein müssen. Bekannt ist v. a. der Greco di Tufo mit anregenden Pfirsicharomen. Greco di Bianco wird aus halbgetrockneten Trauben gewonnen. Als dunkle Version gibt es auch Greco nero.

Grenache blanc Siehe GARNACHA BLANCA.

Grignolino Italienische Sorte für gute Alltagsweine im Piemont.

Gros Plant Siehe FOLLE BLANCHE.

Grüner Veltliner Das Flaggschiff unter Österreichs Weißweinsorten kann sich bemerkenswert vielfältig geben: von einfachen, pfeffrigen Alltagsweinen zu Kreszenzen mit großer Komplexität und überraschendem Alterungspotenzial. Kommt hier und da auch in anderen Ländern Mitteleuropas vor und zeigt nun selbst in Neuseeland sein Potenzial.

Gutedel Siehe CHASSELAS.

Hárslevelű Die »Lindenblättrige« ist die zweite wichtige Traubensorte im Tokajer, aber weicher und pfirsichfruchtiger als FURMINT. Gut auch in Somló und Eger.

Heida Schweizer Name für SAVAGNIN.

Humagne Schweizer Spezialität, älter als CHASSELAS, die frische, dralle, nicht sehr aromatische Weine liefert. Humagne rouge, ebenfalls im Wallis verbreitet (und immer beliebter), ist nicht mit ihr verwandt, sondern identisch mit Cornalin d'Aoste; Cornalin du Valais ist wieder etwas anderes.

Insolia (Ansonica, Inzolia) Sizilianische Weißweintraube, heißt an der Toskanaküste Ansonica. Frische, rassige Weine im Bestfall. Für Süßweine werden auch halbgetrocknete Trauben verwendet.

Irsai Olivér Ungarische Kreuzung zweier Trauben für Tischwein, ergibt aromatische Weißweine, die an MUSCAT erinnern und jung zu trinken sind.

Johannisberg Schweizer Name für SILVANER.

Kéknyelű Wenig ertragreiche, aromareiche Traube für einen der besten ungarischen Weißweine. Hohes Potenzial für feurigen, würzigen Wein.

Kerner Recht erfolgreiche deutsche Kreuzung. Reift früh und liefert blumige (manchmal etwas aufdringliche) Weine mit guter Säure.

Királyleányka Ungarische Sorte; erbringt sanfte, frische Weine (z. B. in Eger).

Kövérszőlő Siehe GRASĂ.

Laski Rizling Siehe WELSCHRIESLING.

Leányka Ungarische Sorte (»Mädchentraube«); erbringt weiche, blumige Weine.

Listán Siehe PALOMINO.

Loureiro Die nach ALVARINHO beste Vinho-Verde-Traube ergibt zart blumige Weißweine. Kommt auch in Spanien vor.

Macabeo Siehe VIURA.

Malagousia Wiederentdeckte griechische Rebsorte für wunderbar aromatische Weine.

Malmsey Siehe MALVASIA. Der süßeste Madeira-Stil.

Malvasia (Malmsey, Malvazija, Malvoisie, Marastina) Keine einzelne Varietät, sondern gleich eine ganze Gruppe von Rebsorten, die nicht unbedingt miteinander verwandt sind oder auch nur Ähnlichkeiten aufweisen. In Italien, Frankreich und überall auf der iberischen Halbinsel vertreten; die Weine können rot oder weiß, still oder schäumend, kräftig oder mild, süß oder trocken, aromatisch oder neutral sein. Die slowenische bzw. kroatische Version Malvazija istarka (in Kroatien manchmal auch Marastina genannt) liefert knackige und leichte Weine, aber auch reichhaltige Gewächse, die in Eiche ausgebaut werden. Das Wort »Malmsey« (der süßeste Madeira-Stil) ist eine Verballhornung von Malvasia.

Malvoisie Siehe MALVASIA. Der Name wird in Frankreich für verschiedene Sorten verwendet, darunter BOURBOULENC, Torbato und VERMENTINO. Im Wallis nennt man den PINOT GRIS so.

Manseng, Gros/Petit Traube für wunderbar würzige, florale Weine aus Südwestfrankreich. Der Schlüssel zu Jurançon. Liefert auch ausgezeichnete Spätlesen und Süßweine.

Maria Gomes (Fernão Pires) Portugiesische Traube für reif-aromatische, leicht würzige Weißweine aus den Regionen Bairrada und Tejo.

Marsanne (Ermitage) Neben ROUSSANNE die Hauptweißweintraube an der nördlichen Rhône (Hermitage, St-Joseph, St-Péray). Auch in Australien, Kalifornien und (als Ermitage blanc) im Wallis mit Erfolg angebaut. Milde, volle Weine, die sehr schön altern.

Melon de Bourgogne Siehe MUSCADET.

Misket Bulgarische mild-aromatische Traubensorte; Grundlage der meisten Weißweine des Landes.

Morillon In einigen Teilen Österreichs der Name für CHARDONNAY.

Moscatel Siehe MUSCAT.

Moscato Siehe MUSCAT.

Moschofilero Hochwertige griechische Traube mit Rosenduft, hellroter Schale und kräftiger Säure. Liefert eher alkoholschwache Weine, meist weiß, es gibt aber auch ein paar Rosé-Versionen sowie Schaumwein.

Müller-Thurgau Liefert aromatische, jung zu trinkende Weine. Die süßen Varianten können gut sein, die trockenen dagegen sind oft nichtssagende, derbe Wässerchen. In Deutschland v. a. in der Pfalz, in Rheinhessen, an der Nahe, in Baden und in Franken verbreitet. Hat sich in Italien (Trentino–Südtirol, Friaul) einige Meriten verdient. Wird in der Schweiz manchmal noch (inkorrekt) Riesling x Sylvaner genannt.

Muscadelle Verleiht manchem weißen Bordeaux (v. a. Sauternes) besondere Würze. Wird im australischen Victoria (zusammen mit MUSCAT, mit dem keine Verwandtschaft besteht) für Rutherglen Muscat verwendet.

Muscadet (Melon de Bourgogne) Erbringt leichte, sehr trockene, erfrischende Weine mit einem Hauch von Meer in der Gegend um Nantes (Bretagne). Als Melon de Bourgogne auch in Teilen Burgunds anzutreffen.

Muscat (Moscatel, Moscato, Muskateller) Diese Sorte existiert in vielen Varianten, am besten ist Muscat blanc à petits grains (alias Gelber Muskateller, Rumeni Muškat, Sarga Muskotály, Yellow Muscat). Die weit verbreiteten, leicht erkennbaren, ausdrucksvollen Trauben werden meist zu bukettreichen, süßen Weinen verarbeitet, oft auch gespritet (z. B. Vin doux naturel in Frankreich). Wunderbar dunkel und süß in Australien. In Spanien süß, z. T. sehr gut. Ungarischer Muskotály ist meist Muscat Ottonel, nur in Tokaj, wo Sarga Muskotály vorherrscht, bringt er (in kleinen Mengen) Duft in den Verschnitt. Gelegentlich (z. B. im Elsass, in Österreich und in Teilen Süddeutschlands) auch trocken ausgebaut. Süßer Muscat vom Cap Corse kann vorzüglich sein. In Norditalien als Moscato leichter Schaumwein.

Muskateller Siehe MUSCAT.

Narince Türkische Sorte; frische und fruchtige Weine.

Neuburger Lange vernachlässigte österreichische Traube, anzutreffen v. a. in der Wachau (elegante, blumige Weine), in der Thermenregion (körperreich, breit) und in den nördlicheren Teilen des Burgenlands (kräftig, voll).

Olaszriesling Siehe WELSCHRIESLING.

Païen Siehe SAVAGNIN.

Palomino (Listán) Die wichtigste Traube für Sherry. Kaum eigener Charakter, es kommt alles auf die Bereitungsmethode an. Liefert unter dem Namen Listán auf den Kanarischen Inseln trockenen Weißwein.

Pansa blanca Siehe XAREL-LO.

Pecorino Keine Käsesorte, sondern ein verführerischer trockener Weißwein (IGT Colline Pescaresi) von der gleichnamigen Sorte, die vor Kurzem noch fast ausgestorben war.

Pedro Ximénez (PX) Wird für süße, braune Sherry-Stile (reinsortig unter dem eigenen Namen) sowie für Montilla und Málaga verwendet. Auch auf den Kanaren, in Argentinien, Australien, Kalifornien und Südafrika angebaut.

Picpoul (Piquepoul) Südfranzösische Traube; am bekanntesten ist der sortenrein von Piquepoul blanc bereitete Picpoul de Pinet. Sollte säurereich sein. Picpoul noir hat eine dunkle Schale.

Pinela Lokale slowenische Sorte für subtile, säurearme, jung zu trinkende Weine.

Pinot bianco Siehe PINOT BLANC.

Pinot blanc (Beli Pinot, Pinot bianco, Weißburgunder) Cousin des PINOT NOIR. Ähnelt CHARDONNAY, ist aber milder im Charakter. Leicht, frisch, fruchtig, kaum aromatisch, jung am besten. Gut für italienischen *spumante*, im Nordosten potenziell exzellent, v. a. in hohen Lagen in Südtirol.

Weit verbreitet. Heißt in Deutschland Weißburgunder und glänzt dort v. a. im Süden, da er rassiger ausfällt als Chardonnay.

Pinot gris (Pinot grigio, Grauburgunder, Ruländer, Sivi Pinot, Szürkebarát) Als Pinot grigio in Norditalien extrem beliebt, selbst für Rosé – charaktervolle Spitzenweine können aber exzellent sein (Südtirol, Friaul). Billige Versionen sind nur dies: billig. Großartig im Elsass für würzige, körperreiche Weißweine. Heißt in Deutschland Ruländer (süß) oder Grauburgunder (trocken); die besten Weine kommen aus Baden (v. a. vom Kaiserstuhl) und der Südpfalz. Szürkebarát in Ungarn, Sivi Pinot in Slowenien (charaktervoll, aromatisch).

Pošip Kroatische Sorte v. a. auf der Insel Korčula. Recht charaktervoll, Zitrusaroma, hohe Erträge.

Prosecco So hieß früher die Traube, aus der Prosecco gemacht wird. Heute muss man sie GLERA nennen.

Renski Rizling Rheinriesling. Siehe RIESLING.

Rèze Sehr seltene alte Sorte aus dem Wallis, die für *Vin du Glacier* verwendet wird.

Ribolla gialla/Rebula Säurehaltige Weine mit Charakter; in Italien v. a. aus dem Collio, in Slowenien traditionell aus Brda. Kann sehr gut sein, selbst wenn sie auf exzentrische Weise bereitet wird.

Rieslaner Deutsche Kreuzung zwischen Silvaner und Riesling; bekannt für geringe Erträge und schwierige Reifung, inzwischen sehr selten geworden (weniger als 50 ha). Erbringt in Franken und der Pfalz gute Auslesen.

Riesling italico Siehe WELSCHRIESLING.

Riesling (Renski Rizling, Rhine Riesling) Die großartigste, vielseitigste Weißweintraube, im Stil völlig anders als CHARDONNAY. Riesling bietet eine Fülle von Duft- und Geschmacksnoten – die Bandbreite reicht von stahlig bis üppig, doch immer mit positivem Grundton – und hat viel mehr Alterungspotenzial als Chardonnay. Großartig in allen Stilrichtungen in Deutschland; kraftvoll und stahlig in Österreich; Noten von Limettensirup und gerösteten Früchten in South Australia; reichhaltig und würzig im Elsass; vielversprechend am deutschen Stil ausgerichtet in Neuseeland, dem Staat New York und dem pazifischen Nordwesten der USA; mit Potenzial in Ontario und Südafrika.

Rkatsiteli In Osteuropa, Russland und Georgien sehr verbreitete Sorte, winterhart und säurereich, liefert daher auch bei schlechter Weinbereitung zum Teil noch einigermaßen akzeptable Ergebnisse. Wird auch im Nordosten der USA angebaut.

Robola Erstklassige Traube aus Griechenland (Kefallonia) mit blumigem Aroma. Nicht mit RIBOLLA GIALLA verwandt.

Roditis Rosafarbige Traube, die vorwiegend Weißwein liefert, in ganz Griechenland verbreitet. Bei niedrigen Erträgen gute Ergebnisse.

Roter Veltliner Österreichische Sorte, nicht verwandt mit dem GRÜNEN VELTLINER. Es gibt auch Frühroten und (nicht verwandten) Braunen Veltliner.

Rotgipfler Einheimische aromatische Traubensorte der österreichischen Thermenregion. Ergibt im Verschnitt mit ZIERFANDLER lebendige, üppige, aromatische Weine.

Roussanne Rhône-Traube von echter Finesse, die man jetzt auch in Kalifornien und Australien antrifft. Kann viele Jahre altern.

Ruländer Siehe PINOT GRIS.

Sauvignonasse Siehe FRIULANO.

Sauvignon blanc Erbringt sehr ausdrucksvolle, aromatische Weine mit Noten von Gras bis hin zu tropischen Früchten – pikant in Neuseeland, oft mineralisch in Sancerre, reifer in Australien; gut auch in Rueda (Spanien), Österreich, Norditalien (Isonzo, Piemont, Südtirol), dem chilenischen Casablanca-Tal und Südafrika. Wird in Bordeaux mit SÉMILLON verschnitten. Kann herb ausfallen oder auch herzhaft (und manchmal ganz schrecklich). Sauvignon gris ist eine weniger aromatische Version mit rosafarbener Schale und noch unerforschtem Potenzial.

Sauvignon vert Siehe FRIULANO.

Savagnin (Heida, Païen) Die Traube des Vin jaune aus Savoyen, deren aromatische Spielart der GEWÜRZTRAMINER ist. In der Schweiz als Heida, Païen oder Traminer bekannt. Körperreiche, säurebetonte Weine.

Scheurebe Deutsche Traube mit Grapefruitduft, wahrscheinlich eine Kreuzung aus RIESLING X SILVANER. In der Pfalz sehr beliebt, besonders für Auslesen und darüber. Als trockener Wein manchmal krautig, nur voll ausgereift gut.

Sémillon (Semillon) Verleiht dem Sauternes seine Fülle, ist aber immer weniger von Bedeutung für Graves und andere trockene weiße Bordeaux-Weine. Grasig, wenn nicht voll ausgereift, kann aber auch weichen, trockenen Wein mit großem Alterungspotenzial liefern. In Australien (wo man sie ohne Akzent schreibt) hervorragend; in Neuseeland und Südafrika vielversprechend.

Sercial (Cerceal) Die portugiesische Traube liefert den trockensten Madeira. Als Cerceal (ebenfalls portugiesisch) scheint man dieselbe Sorte zu bezeichnen, aber auch noch einige andere.

Seyval blanc In Frankreich gezüchtete Hybride aus französischen und amerikanischen Reben. Sehr widerstandsfähig, angenehm fruchtig. Im Osten der USA und in England ziemlich erfolgreich, von den dogmatischen Richtlinien der Europäischen Union jedoch nicht für »Qualitätswein« zugelassen.

Silvaner (Johannisberg, Sylvaner) Kann in Rheinhessen und der Pfalz exzellente Ergebnisse hervorbringen, besonders aber in Franken mit ihren pflanzlich/erdigen und mineralischen Noten. Liefert im Wallis als Johannisberg sehr guten, kraftvollen Wein. Im Elsass die Sorte für die leichtesten Weine.

Sipon Siehe FURMINT.

Sivi Pinot Siehe PINOT GRIS.

Spätrot Siehe ZIERFANDLER.

Sylvaner Siehe SILVANER.

Tămâioasă românească Zur MUSCAT-Familie gehörige rumänische »frankincense«-Weißweintraube mit exotischem Aroma und Geschmack.

Torrontés Eine ganze Reihe von Trauben wird so genannt, die meisten haben einen aromatischen, floralen, manchmal etwas seifigen Charakter. Eine Spezialität in Argentinien, auch in Spanien anzutreffen. Jung zu trinken.

Traminac Alias Traminec. Siehe GEWÜRZTRAMINER.

Traminer In Ungarn auch Tramini. Siehe GEWÜRZTRAMINER.

Trebbiano (Ugni blanc) Die wichtigste weiße Sorte der Toskana, kommt aber in verschiedenster Gestalt in ganz Italien vor. Erhebt sich selten über die Masse, außer im toskanischen Vin Santo. Einige gute trockene Weißweine unter den DOCs Romagna und Abruzzo. Trebbiano di Soave und Trebbiano di Lugana – alias VERDICCHIO – sind nur entfernt verwandt. Wird in Südfrankreich als Ugni blanc und in Cognac als St-Émilion angebaut. Liefert meist dünnen, neutralen Wein, gut für Verschnitte geeignet. Bräuchte mehr Sorgfalt beim Anbau.

Ugni blanc Siehe TREBBIANO.

Ull de Llebre Siehe TEMPRANILLO.

Verdejo Die Traube von Rueda in Kastilien kann feinen, langlebigen Wein erbringen.

Verdelho In Australien hervorragende Qualität (körperreich und ausdrucksvoll); selten, aber gut (und mittelsüß) auf Madeira.

Verdicchio Liefert den potenziell guten, muskulösen trockenen Wein gleichen Namens im östlichen Mittelitalien.

Vermentino Italienische Traube, die lebhafte Weine mit ordentlicher Textur und guter Alterungsfähigkeit ergibt. Hat Potenzial.

Vernaccia Steht für viele Trauben in Italien, die nicht miteinander verwandt sind. Vernaccia di San Gimignano ist frisch und lebhaft, Vernaccia di Oristano eher sherryähnlich.

Vidal Fränzöische Hybridrebe; verbreitet in Kanada für Eiswein angebaut.

Viognier Die Rhône-Traube ist gerade groß in Mode. Die besten Exemplare stammen aus Condrieu, danach kommen die immer noch aromatischen Weine aus dem Midi. Auch in Kalifornien, Virginia, Uruguay und Australien bereitet man gute Versionen.

Viura (Macabeo, Maccabéo, Maccabeu) Die häufigste weiße Sorte Nordspaniens, weit verbreitet in Rioja und den katalanischen Cava-Gebieten. Wird auch jenseits der Grenze in Südwestfrankreich angebaut. Gutes Qualitätspotenzial.

Weißburgunder Deutscher Name für PINOT BLANC.

Welschriesling (Graševina, Laski Rizling, Olaszriesling, Riesling italico) Liefert leichte und frische bis süße und volle Weine in Österreich; in Osteuropa allgegenwärtig, wo einige bemerkenswert gute trockene und süße Weine aus ihr bereitet werden. Mit RIESLING nicht verwandt.

Xarel-lo (Pansa blanca) Traditionelle katalanische Traube, zusammen mit Parellada and MACABEO für Cava verwendet. Neutral, aber sauber. Charaktervoller (mit Noten von Limettensirup) als Pansa blanca in Alella.

Xynisteri Die meistangebaute Weißweintraube Zyperns. Kann recht schlicht geraten und wird meist jung getrunken; in Höhenlagen liefert sie allerdings frische, ansprechende, mineralische Weine.

Zéta Ungarische Kreuzung von BOUVIER und FURMINT, die einige Winzer für ihren Tokaji Aszú verwenden.

Zierfandler (Spätrot, Cirfandl) In der österreichischen Thermenregion vorkommende Weißweinsorte, oft mit ROTGIPFLER zu aromatischen, gewichtigen Weinen mit Orangenschalenduft verschnitten.

Wein und Speisen

Soll sich das Essen nach dem Wein richten oder eher umgekehrt? Normalerweise geht natürlich das Essen vor, weshalb in diesem Kapitel Speisen aufgeführt sind, zusammen mit den Weinen, die uns dazu geschmeckt haben. Für ganz besondere Kreszenzen ist die Liste ab Seite 41 gedacht.

Gibt es Regeln? Stellen Sie selbst welche auf, wenn Sie wollen, aber wählen Sie nie Speisen oder Weine, von denen Sie nicht wissen, ob Sie sie mögen. Was Sie aber mögen, egal, was es ist, passt aller Wahrscheinlichkeit nach dann auch zusammen. Was gar nicht geht, haben Sie schnell herausgefunden (öliger Fisch mit tanninstarkem Wein etwa), aber die meisten Sachen funktionieren im Zeitalter der seidigen Tannine, in dem wir heute leben. Essigsaure Salatsaucen ruinieren allerdings alles, auch den Salat. Selten verkehrt ist es, vom Hellen zum Dunklen und vom Trockenen zum Süßen vorzugehen. Aber nun zu den einzelnen Empfehlungen:

Vor dem Essen – einen Aperitif

Herkömmliche Aperitifs sind entweder Schaumweine (am besten ist Champagner) oder gespritete Weine (z. B. Sherry in Großbritannien, Holland oder Skandinavien, Port in Frankreich, Wermut in Italien usw.). Einfach ein Glas leichten Wein vor dem Essen zu trinken ist nie verkehrt.

Eine Warnung: Meiden Sie Erdnüsse, denn sie zerstören das Aroma des Weins. Auch Oliven sind für viele Weine zu pikant; sie verlangen nach Sherry oder einem Martini. Essen Sie zu Champagner stattdessen Mandeln, Pistazien oder Walnüsse, einfache Kartoffelchips oder Käsegebäck.

Vorspeisen

Aïoli Zu so viel Knoblauch braucht man einen Durstlöscher. Junger weißer Rhônewein, Rosé aus der Provence, Verdicchio oder Sauvignon blanc von der Loire. Und natürlich Marc oder Grappa – für die Courage!

Antipasti Für den Klassiker mit Schinken, Oliven und eingelegtem Gemüse: trockener oder halbtrockener Weißwein aus Italien (Arneis, Soave, Pinot grigio, Vermentino, Grechetto) oder ein leichter, aber griffiger Rotwein, z. B. Vapolicella. Auch Fino Sherry.

Artischocken *Mit Sauce hollandaise:* Ein voller, frischer, trockener Weißwein, z. B. Pouilly-Fuissé oder ein Erstes Gewächs aus Deutschland.
Mit Sauce vinaigrette: Ein ausdrucksvoller, trockener Weißwein, z. B. ein neuseeländischer Sauvignon blanc, ein Côtes de Gascogne oder ein moderner Grieche (ein vier Jahre alter Malagousia, um genau zu sein). Oder junger roter Bordeaux bzw. Côtes du Rhône.

Auberginenpüree (Melitzanosalata) Frischer Sauvignon blanc aus der Neuen Welt, z. B. aus Südafrika oder Neuseeland, oder ein moderner trockener griechischer bzw. sizilianischer Weißer. Auberginengerichte aus dem Ofen brauchen einen kräftigeren Roten: Shiraz, Zinfandel, einen aus Sizilien – oder tatsächlich türkischen Wein.

Austern *Gegart:* Puligny-Montrachet oder ein guter Chardonnay aus der Neuen Welt. Champagner passt zu allen Austern.
Roh: Champagner oJ, außerdem Chablis, Muscadet, weißer Graves, Sancerre – oder Guinness. Manzanilla passt hervorragend.

Avocado *Mit Riesengarnelen:* Trockener bis halbtrockener oder etwas säuerlicher Weißwein, z. B. Pfälzer oder Rheingauer Kabinett, Grüner Veltliner,

Riesling aus der Wachau, Sancerre, Pinot grigio, australischer Chardonnay (ohne Eichennote) oder ein trockener Rosé. Oder Chablis Premier cru.

Mit Mozzarella und Tomaten: Frischer, aber reifer Weißwein: Soave, Sancerre, griechischer Weißwein.

Carpaccio *Vom Lachs:* Chardonnay oder Champagner.

Vom Rind: Hierzu passt fast jeder Wein, auch ein Roter. Ein Toskaner ist eine gute Wahl, aber auch ein feiner Chardonnay oder ein Jahrgangs- oder Rosé-Champagner.

Vom Thunfisch: Viognier, kalifornischer Chardonnay oder neuseeländischer Sauvignon blanc.

Ceviche Australischer Riesling oder Verdelho, Sauvignon blanc aus Chile, Torrontés.

Chorizo Nicht einfach. Fino ist am besten; oder Riesling bzw. Grüner Veltliner aus Österreich.

Crostini Ein trockener Weißer aus Italien, z. B. Verdicchio oder Orvieto, oder einfacher Morellino di Scansano, Montepulciano d'Abruzzo, Valpolicella, Manzanilla.

Dim-Sum Klassischerweise: chinesischer Tee. Zum Vergnügen: Pinot grigio oder Riesling, auch ein leichter Pinot noir. Bei Rotweinen sind weiche Tannine der Schlüssel: reife Rote passen überraschend gut. Bardolino, Rioja oder ein leichter Wein von der südlichen Rhône sind ebenfalls Kandidaten. Sonst Champagner oJ oder guter Schaumwein aus der Neuen Welt.

Eierspeisen Siehe auch Soufflé. Nicht einfach: Mit den meisten Weinen vertragen sie sich nicht, gute Tropfen werden sogar ruiniert. Viognier, v. a. australischer, ist beachtlich. Zu Rührei trinke ich allenfalls Champagner – v. a. am Wochenende.

Œufs en meurette: Ein Geniestreich aus Burgund; die Eier in Rotweinsauce verlangen natürlich nach einem Burgunder.

Wachteleier: Blanc-de-Blancs-Champagner, Viognier.

Fischterrine oder Fischsalat (inkl. Krebse) Braucht etwas Feines. Trockene Pfälzer Riesling Spätlese, Grüner Veltliner, Chablis Premier cru, Sonoma Chardonnay oder Manzanilla.

Forelle, geräuchert Sancerre, kalifornischer oder südafrikanischer Sauvignon blanc, Rully oder Bourgogne Aligoté, Chablis oder Champagner. Oder ein Riesling Kabinett aus Deutschland.

Gänseleberpastete Süßwein. In Bordeaux Sauternes. Anderswo wird Pinot gris Spätlese, Riesling, Vouvray, Montlouis, Jurançon moelleux oder Gewürztraminer bevorzugt. Für Feinschmecker: Tokaji Aszú 5 Puttonyos. Trockener Amontillado kann vorzüglich sein. Zu warmer Gänseleberpastete alter Jahrgangschampagner. Auf keinen Fall Chardonnay, Sauvignon blanc oder irgendein Rotwein.

Garnelen, Krabben oder Scampi Muscadet ist ok, besser aber einen feinen, trockenen Weißwein: Burgunder, Graves, neuseeländischer Chardonnay, Riesling aus Washington, der Pfalz oder Australien. Auch feiner, reifer Champagner. (Cocktailsauce richtet den Wein zugrunde.)

Gemüseterrine Nicht gerade ein großartiger Partner für feinen Wein. Modern ist chilenischer Chardonnay; Chenin blanc oder Vouvray sind besser.

Guacamole Mexikanisches Bier. Oder kalifornischer Chardonnay, neuseeländischer Sauvignon blanc, trockener Muscat, Sherry.

Hering, grün oder Matjes Junger Genever, Aquavit aus Skandinavien oder kühles Bier. Wenn es unbedingt Wein sein soll: Muscadet.

Kaviar Eiskalter Wodka; körperreicher Champagner (z. B. Bollinger, Krug). Cuvée Anna-Maria Clementi von Ca' del Bosco. Keine rohen Zwiebeln dazugeben!

Lachs, geräuchert Trockener, aber ausdrucksvoller Weißwein, z. B. Manzanilla Sherry, Condrieu, Elsässer Pinot gris, Chablis Grand cru, Pouilly-Fumé, Pfälzer Riesling Spätlese, Jahrgangschampagner. Wodka, Aquavit.

Makrelen, geräuchert Zu ölig für Wein. Manzanilla, trockener Vinho Verde oder Schnaps, Pfefferwodka, Grasovka. Bier. Oder schwarzer Tee.

Mayonnaise-Vorspeisen Verlangen nach kräftigem Kontrast. Weißwein von der Côte Chalonnaise (z. B. Rully) eignet sich gut. Oder probieren Sie neuseeländischen Sauvignon blanc, Verdicchio, eine Spätlese trocken oder provençalischen Rosé.
Mit Hummer: Pfälzer Riesling Erstes Gewächs, Chablis Premier cru.

Mezze (eine Auswahl warmer und kalter Gemüsegerichte) Ein Heimspiel für Fino Sherry.

Mozzarella mit Tomaten und Basilikum Siehe auch Avocado. Ein frischer italienischer Weißwein (z. B. Soave, Südtiroler). Vermentino aus Ligurien oder südfranzösischer Rolle.

Pasta Rot- oder Weißwein, je nach Sauce.
Mit Fleischsauce: Montepulciano d'Abruzzo, Salice Salentino, Malbec.
Mit Pesto: Barbera, Vermentino aus Ligurien, neuseeländischer Sauvignon blanc, ungarischer Furmint.
Mit Sahnesauce: Orvieto, Frascati, Greco di Tufo. Junger Sangiovese.
Mit Seafood (z. B. Muscheln): Verdicchio, Soave, weißer Rioja, Cirò, Chardonnay ohne Holznote.
Mit Tomatensauce: Chianti, Barbera, sizilianischer Rotwein, Zinfandel, südaustralischer Grenache.

Pastrami Elsässer Riesling, junger Sangiovese, St-Émilion.

Pastete *Hühnerleber:* Ein pikanter Weißer (Elsässer Pinot gris oder Marsanne) oder milder Roter (leichter Pomerol, Volnay, neuseeländischer Pinot noir). Auch Amontillado Sherry. Zu kräftigeren Pasteten (Entenleber usw.) passt Châteauneuf-du-Pape, Cornas, Chianti Classico oder guter weißer Graves.

Pipérade Rosado aus Navarra, der Provence oder dem Midi. Oder trockener australischer Riesling. Wenn's Rotwein sein soll: Corbières.

Prosciutto (auch mit Melonen, Birnen oder Feigen) Gehaltvoller trockener bis halbtrockener Weißwein: Orvieto, Grechetto, Grüner Veltliner, Furmint-Tokajer, australischer Semillon, Jurançon Sec.

Risotto Je nach Geschmacksrichtung: *Mit Gemüse (z. B. Primavera):* Pinot grigio aus dem Friaul, Gavi, recht junger Semillon, Dolcetto, Barbera d'Alba.
Mit Steinpilzen: Feinster reifer Barolo oder Barbaresco.
Nero: Voller trockener Weißer: Viognier oder sogar Corton-Charlemagne.

Rohkost Leichter Rot- oder Roséwein: Côtes du Rhône, Minervois, Chianti, Pinot noir. Oder Fino Sherry, Elsässer Sylvaner bzw. Pinot blanc.

Salate Jeder trockene und appetitanregende Weißwein.
Hinweis: Essig in Salatsaucen zerstört das Aroma des Weins. Will man einen guten Wein zum Essen trinken, sollte der Salat mit Wein oder etwas Zitronensaft angemacht werden.

Schellfisch, geräuchert, Mousse oder Brandade Hierzu passt ein körperreicher, ausdrucksvoller trockener Weißwein, u. a. Chablis Grand cru oder Chardonnay aus Sonoma, Südafrika oder Neuseeland.

Schinken, roh oder luftgetrocknet Siehe auch Prosciutto. Elsässer Pinot gris Grand cru oder guter, frischer weißer italienischer Collio. Zu spanischem Pata Negra oder Serranoschinken Fino Sherry oder Tawny Port.

Schnecken Rote von der Rhône (z. B. Gigondas, Vacqueyras) oder weißen St-Véran oder Rully. Im Midi nehme man einen Weiß-, Rosé- oder Rotwein der Gegend zu Petits gris. Im Elsass Pinot blanc oder trockener Muscat.

Soufflé Hierzu gehört ein ★★★-Wein. Zu allen Soufflé-Arten passt Champagner, insbesondere Jahrgangschampagner.

Fischsoufflé: Trockener Weißwein: Burgunder, Bordeaux, Elsässer, Chardonnay usw.

Käsesoufflé: Reifer roter Burgunder oder Bordeaux, Cabernet Sauvignon (nicht aus Chile oder Australien) usw. Oder feiner weißer Burgunder.

Spinatsoufflé: Schwierig zu Wein. Mâcon-Villages, St-Véran, Valpolicella.

Spargel Sowohl grüner als auch weißer Spargel sind leicht bitter und deshalb schwierig zu Wein; es muss also ein ausdrucksstarker Tropfen sein. Riesling ist immer einen Versuch wert, Rheingau-Riesling ein Klassiker. Sauvignon blanc verstärkt den Spargelgeschmack. Australischer Semillon ist besser als Chardonnay, der wiederum besser zu zerlassener Butter oder Sauce hollandaise passt; ansonsten Elsässer Pinot gris, auch trockener Muscat oder Jurançon Sec.

Tapas Perfekt ist kalter, frischer Fino Sherry, der die ganze Bandbreite an Geschmacksrichtungen der warmen und kalten Speisen abdeckt. Auch Sake.

Tapenade Manzanilla oder Fino Sherry oder jeder leicht scharfe, trockene Weißwein oder Rosé.

Tarama/Taramosalata Rustikaler, markanter Weißwein aus dem Süden, auch Retsina. Fino Sherry passt gut. Ebenso ein Marsanne von der Rhône. Die milde Supermarktversion eignet sich gut für feine, delikate Weißweine oder Champagner.

Tempura Die Japaner mögen dazu Chardonnay mit Säure und Eichennote. Ich bevorzuge Champagner.

Tortilla Rioja Crianza, Fino Sherry oder weißer Mâcon-Villages.

Wurstwaren/Salami Junger Beaujolais-Villages, Loire-Rotweine (z. B. Saumur), Pinot noir aus Neuseeland oder aus Oregon. Lambrusco oder junger Zinfandel. Junge argentinische oder italienische Rote. Auch weißer Bordeaux und leichter Chardonnay (z. B. Côte Chalonnaise) können passen.

Ziegenkäse, warm (z. B. in Salat) Die Klassiker: Sancerre, Pouilly-Fumé oder Sauvignon blanc aus der Neuen Welt.

Kalt: Chinon, Saumur-Champigny oder Rosé aus der Provence. Oder ein kräftiger Roter: Château Musar, ein Grieche, Türke oder auch australischer Shiraz-Schaumwein.

Meeresfrüchte & Fischgerichte

Aal, geräuchert Riesling aus dem Elsass oder aus Österreich. Oder Tokaji Furmint, Fino Sherry, Jahrgangschampagner. Schnaps.

Barsch, See- Weißburgunder aus Baden oder der Pfalz, aber auch jeder andere delikate Weißwein eignet sich gut, z. B. trockener Clare-Riesling, Chablis, weißer Châteauneuf-du-Pape. Aber je kräftiger der Fisch gewürzt ist, desto aromareicher sollte der Wein sein: mit Ingwer, Frühlingszwiebeln usw. etwa ein gehaltvoller Riesling, nicht unbedingt trocken.

Brandade Chablis Premier cru, roter Sancerre oder Neuseeländer Pinot noir.

Curry Allgemeiner Begriff für eine Vielzahl von Geschmacksrichtungen. Chili hebt das Tannin hervor, deshalb brauchen Rotweine geschmeidige, entwickelte Tannine. Ein fruchtiger, nicht zu trockener Rosé könnte passen. Sauer-scharfe Gerichte (mit Tamarinde, Tomate usw.) brauchen säurehaltige Weine (vielleicht Sauvignon blanc), milde, sahnige eher solche mit guter Textur (trockener Elsässer Riesling). Am besten aber ist immer noch Sherry: Fino mit Fisch, Palo Cortado oder trockener Amontillado mit Fleisch. Und ein Glas Wasser: eine Offenbarung.

Fisch im Salzmantel Ein körperreicher Weißer oder Rosé: Albariño; aus Sizilien, aus Griechenland, aus Ungarn, Côtes du Luberon, Minervois.

Fisch in Beurre blanc Bester Muscadet *sur lie*, Sémillon/Sauvignon-blanc-Verschnitt, Chablis Premier cru, Vouvray, Albariño, Rheingauer Riesling.

Fischpastete (mit Sahnesauce) Albariño, Soave Classico, Riesling Erstes Gewächs, spanischer Godello.

Fish and Chips, Fritto misto, Tempura Chablis, weißer Bordeaux, Sauvignon blanc, Pinot blanc, Gavi, Fino, Montilla, Koshu, Sake, Tee; oder Champagner oJ bzw. Cava.

Forelle, gegrillt oder gebraten Delikate Weißweine, z. B. Mosel (v. a. von der Saar oder Ruwer), Elsässer Pinot blanc, Fendant.

Garnelen *Mit Knoblauch:* leichter, trockener Weiß- oder Roséwein.

Mit Gewürzen (auch scharf, mit Chili): Hier ist etwas mehr Körper nötig, aber keine Eichennote: trockener Riesling ist gut.

Mit Mayonnaise: Menetou-Salon.

Glattbutt Sehr delikater Fisch, geeignet z. B. für feinen alten Puligny.

Graved Lachs Sercial Madeira (z. B. 10 Jahre alter Henriques), Amontillado, Tokaji Furmint.

Heilbutt Siehe Steinbutt.

Heringe, gebraten, gegrillt Ein kantiger Weißwein, der dem ausgeprägten Geschmack des Herings entgegenwirkt: Rully, Chablis, Bourgogne Aligoté, Weißwein aus Griechenland, trockener Sauvignon blanc. Oder Cidre.

Hummer *Kalt mit Mayonnaise:* Champagner oJ, Elsässer Riesling, Chablis Premier cru, Condrieu, Mosel Spätlese oder ein lokaler Schaumwein.

Mit reichlich Sauce: Jahrgangschampagner, feiner weißer Burgunder, Graves Cru classé, sogar Sauternes, ein deutsches Großes Gewächs, auch Pfälzer Spätlese.

Jakobsmuscheln Am besten halbtrockene Weißweine.

Auf asiatische Art: ein Neuseeländer Chardonnay, Chenin blanc, Verdelho, Godello oder Gewürztraminer.

Gegrillt oder sautiert: weißer Hermitage, Grüner Veltliner, weißer Pessac-Léognan, Jahrgangschampagner oder Pinot noir.

In Sahnesauce: Deutsche Spätlese, Montrachet, erstklassiger australischer Chardonnay.

Kabeljau, gebraten Eine gute, neutrale Grundlage für feine trockene bis halbtrockene Weißweine, z. B. Chablis, Meursault, Corton-Charlemagne, Graves Cru classé, Grüner Veltliner; Kabinett oder Großes Gewächs aus Deutschland; oder auch ein guter, eher leichter Pinot noir.

Black cod mit Misosauce: Pinot noir aus Neuseeland oder Oregon, Meursault Premier cru oder Rheingauer Riesling Spätlese.

Kedgeree (anglo-indisches Fischgericht) Volle Weißweine, auch schäumend: Mâcon-Villages, südafrikanischer Chardonnay, Grüner Veltliner, ein deutsches Großes Gewächs oder (zum Frühstück) Champagner.

Kipper (kalt geräucherter Hering) Eine gute Tasse Tee, vorzugsweise Ceylon (mit Milch, ohne Zucker). Scotch? Trockener Oloroso ist überraschend gut.

Krabben (Krebse) Krabben und Riesling sind füreinander gemacht.

Mit Chili und Knoblauch: Ein eher kraftvoller Riesling, vielleicht ein Großes Gewächs oder einer aus der Wachau.

Chinesische Art, mit Ingwer und Zwiebeln: Deutscher halbtrockener Riesling (Kabinett oder Spätlese); Tokaji Furmint, Gewürztraminer.

Cioppino: Sauvignon blanc. An der amerikanischen Westküste trinkt man Zinfandel. Auch kalifornischer Schaumwein.

Kalt angemacht: Spitzenriesling von der Mosel, trockener Elsässer oder australischer Riesling, oder Condrieu.

Mit Schwarzer-Bohnen-Sauce: Kräftiger Barossa-Shiraz oder Syrah.

Softshell crabs: Chardonnay, Albariño oder deutsche Spitzen-Riesling-Spätlese.

Thailändische Crabcakes: Ausdrucksvoller Sauvignon blanc (von der Loire, aus Südafrika, Australien, Neuseeland) oder Riesling (deutsche Spätlese oder aus Australien).

Lachs, sautiert oder gegrillt In Mode ist Pinot noir, doch Chardonnay ist besser. Merlot oder leichter Bordeaux sind auch nicht übel. Am besten ist feiner weißer Burgunder: Puligny- oder Chassagne-Montrachet, Meursault, Corton-Charlemagne, Chablis Grand cru; oder Grüner Veltliner, Condrieu, Chardonnay aus Kalifornien, Idaho oder Neuseeland, Rheingau-Riesling (Kabinett/Spätlese) oder aus Australien.
Lachsklößchen: Ähnliche, aber weniger große Weine.
Siehe auch Graved Lachs.

Lamproie à la Bordelaise (Neunauge) Großartig mit fünf Jahre altem St-Émilion oder Fronsac. In Portugal auch Douro-Rotweine.

Makrelen, gegrillt Weiße mit kräftiger Säure: Sauvignon blanc aus der Touraine, Gaillac, Vinho Verde, weißer Rioja, englischer Weißer. Oder Guiness.

Meeräsche Verdicchio, Rully, Chardonnay ohne Eichenwürze.

Meerbarbe, Rote Eine Verwandlungskünstlerin, passt sich sowohl guten Weiß- als auch Rotweinen an, v. a. Pinot noir.

(Mies)Muscheln Muscadet *sur lie,* Chablis Premier cru, Chardonnay ohne Eichennote.
In Curry: Mittelsüßer Wein; Elsässer Riesling.
Gefüllt, mit Knoblauch/Petersilie: Siehe Vorspeisen/Schnecken.

Paella, mit Schalentieren Körperreicher Weißwein oder Rosé, Chardonnay ohne Eichennote. Oder den lokalen spanischen Rotwein.

Rochen, in brauner Butter Würziger Weißwein, z. B. Elsässer Pinot gris, oder sauberer, einfacher Wein wie Muscadet oder Verdicchio.

Sardellen, mariniert: Die Marinade verträgt sich mit kaum einem Wein. In Salade niçoise vielleicht provencalischer Rosé.

Sardinen, frisch gegrillt Sehr trockener Weißwein, z. B. Vinho Verde, Muscadet, moderner griechischer Wein.

Sashimi Die Japaner präferieren körperreichen Weißwein (Chablis Premier cru, Elsässer Riesling) zu weißem Fisch, Pinot noir zu rotem. Beide brauchen Säure, weshalb ein säurearmer Wein nicht passt. Einfacher Chablis ist vielleicht ein bisschen dünn. Wenn Sojasauce dabei ist, passt ein tanninarmer Roter (wieder Pinot). Ansonsten Sake (oder Fino). Auf Champagner wären Sie sicher selbst gekommen.

Schalentiere Trockener Weißwein zu gekochten Schalentieren, vollere Weine zu gehaltvollen Saucen. Riesling ist die Traube der Wahl.
Zu einem Meeresfrüchteteller: Chablis, Muscadet, Picpoul de Pinet, Pinot bianco aus Südtirol.

Schellfisch Reichhaltige trockene Weißweine: Meursault, kalifornischer Chardonnay, Marsanne oder Grüner Veltliner.

Schnapper Sauvignon blanc, wenn orientalische gewürzt; Rhône-Weißwein oder provençalischer Rosé mit mediterranen Aromen.

Schwertfisch Körperreicher, trockener lokaler Weißwein (und warum nicht auch Rotwein?), aber nichts Besonderes.

Seegurke Das einzige chinesische Fischgericht, zu dem Rotwein besser passt als Weißwein. Vor allem die Sauce bestimmt den Geschmack. Ein komplexer Wein mit seidiger Textur wird benötigt: reifer Pinot noir oder Barolo, ebenso erstklassiger Rioja oder Bordeaux.

Seehecht Sauvignon blanc oder sonst ein frisch-fruchtiger Weißwein, z. B. Pacherenc du Vic-Bilh, Tursan, weißer Navarra.
Kalt mit Mayonnaise: Feiner Chardonnay.

Seeohr (Abalone) Trockener bis halbtrockener Weißwein, z. B. Sauvignon blanc, Meursault, Pinot grigio, Grüner Veltliner.
Chinesisch: Mindestens Jahrgangschampagner. Oder Elsässer Wein.

Seeteufel Ein üppiges, aber neutrales Gericht; alles kommt auf die Sauce an: vollaromatischer Weiß- oder Rotwein, je nachdem.

Seezunge, Scholle u. Ä. *Gegart, gegrillt oder gebraten:* Ideal zu feinen Weinen: weißer Burgunder und Gleichrangige.

Mit Sauce: Je nach den Zutaten der Sauce; säuerlich-trockene Weine bei Tomatensauce; ziemlich reichhaltige Tropfen für sahnigere Varianten.

Skandinavische Küche Skandinavische Gerichte sind oft mit Dill, Kümmel und Kardamom gewürzt und verbinden süße und scharfe Noten. Ein Wein dazu braucht Säure und genug Gewicht: Godello, Verdelho, australischer, Elsässer oder österreichischer Riesling. Eingelegter/fermentierter/roher Fisch stellt eine größere Herausforderung dar: Bier oder Aquavit. Siehe auch die Einträge für geräucherten Fisch usw.

Steinbutt Gehaltvoller trockener Spitzenweißwein, z.B. Meursault, Chassagne-Montrachet, Corton-Charlemagne, reifer Chablis oder sein kalifornisches, australisches bzw. neuseeländisches Äquivalent); reife Rheingauer, Mosel- oder Nahe-Spätlese oder Auslese (nicht trocken); Condrieu.

Sushi Wird meist schon mit scharfem Wasabi zubereitet. Trockener deutscher QbA oder einfacher Chablis passen gut, aber auch Champagne Brut oJ. Nichts mit zu deutlicher Frucht. Ansonsten natürlich Sake und Bier.

Tagine, mit Couscous Nordafrikanische Aromen brauchen gehaltvolle Weißweine – aus Österreich oder von der Rhône – oder frische, neutrale Weiße, die nicht mit ihnen konkurrieren. Vorsicht mit Eichennoten. Viognier oder Albariño können gut passen.

Thunfisch, gegrillt oder sautiert Wird am besten nicht ganz durchgebraten mit leichtem Rotwein serviert: Cabernet franc oder Pinot noir. Junger Rioja ist auch eine Möglichkeit.

Zander Exquisiter Fisch, verlangt feinsten Wein: weißer Spitzenburgunder, Elsässer Riesling Grand cru oder edler Mosel. Oder Chasselas aus der Schweiz (Dezaley, St Saphorin).

Fleisch, Geflügel & Wild

Barbecue Passende lokale Weine kommen aus Australien, Südafrika, Chile oder Argentinien. Rote brauchen Tannin und Kraft.

Asiatisch (Limette, Koriander usw.): Rosé, Pinot grigio, Riesling.

Chili: Shiraz, Zinfandel, Pinotage, Malbec, chilenischer Syrah.

Fisch mit Öl, Zitrone, Kräutern: Sauvignon blanc.

Orientalisch (Kreuzkümmel, Minze): Frischer trockener Weißwein, Rosé.

Tomatensaucen: Zinfandel, Sangiovese.

Bœuf Stroganoff Massiver Rotwein: Barolo, Amarone della Valpolicella, Priorat, Hermitage, Zinfandel Spätlese, sogar Saperavi aus Georgien oder Negru de Purkar aus Moldawien.

Bratenreste, Kalte Besser ein sehr aromatischer Weißer als Rotwein. Sehr gut passen Mosel-Spätlese, Hochheimer oder Weine von der Côte Chalonnaise und aus dem Beaujolais. Reste von kaltem Braten mit dem Rest aus der Champagnerflasche hinunterzuspülen ist einfach herrlich.

Bratwurst In England trinken wir jungen Malbec aus Argentinien (jedenfalls einen Roten) oder London Pride (britisches Ale).

Boudin blanc Chenin blanc von der Loire; falls mit Äpfeln serviert: trockener Vouvray, Saumur Savennières; ohne Äpfel: reifer roter Côtes de Beaune.

Boudin noir (Blutwurst) Sauvignon blanc oder Chenin blanc aus der Gegend, insbesondere an der Loire. Oder Beaujolais Cru, v.a. Morgan. Oder ein leichter Tempranillo. Oder Fino.

Cajun-Küche Fleurie, Brouilly oder Sauvignon blanc aus der Neuen Welt.

Gumbo: Amontillado.

Cassoulet Rotwein aus dem Südwesten Frankreichs (Gaillac, Minervois, Corbières, St. Chinian, Fitou) oder Shiraz. Am besten ist jedoch ein Wein aus Fronton, ein Beaujolais Cru oder junger Tempranillo.

Chili con Carne Junger Rotwein: Beaujolais, Tempranillo, Zinfandel, argentinischer Malbec, chilenischer Carmenère.

Chinesische Speisen *Kanton-Art:* Roséweine oder trockene bis halbtrockene Weißweine (Riesling Kabinett von der Mosel oder trockene Spätlese) sind oft für chinesische Menüs geeignet. Riesling sollte nicht zu trocken sein; Gewürztraminer wird zwar häufig vorgeschlagen, passt aber selten – kantonesisches Essen verlangt Säure vom Wein. Trockener Schaumwein (v. a. Cava) passt zur Textur. Rotweine können passen, wenn sie reife Komplexität und seidige Fülle haben. Junge Tannine wirken ebenso katastrophal wie überholzte Extraktmonster. Pinot noir ist erste Wahl, probieren Sie auch St-Émilion (★★) oder Châteauneuf-du-Pape. Zu chinesischer Küche biete ich im Übrigen häufig Weiß- und Rotwein gleichzeitig an. Pekingente verträgt fast alles. Champagner löscht den Durst.
Shanghai-Art: Reichhaltiger und öliger als kantonesisches Essen, passt weniger gut zu Wein. Es ist nicht so scharf, enthält aber mehr Essig. Deutsche und Elsässer Weißweine, vielleicht ein bisschen süßer als für kantonesische Gerichte. Bei den Roten ist reifer Pinot noir wieder am besten.
Szechuan-Art: Verdicchio, Elsässer Pinot blanc oder sehr kaltes Bier. Auch hier kann reifer Pinot noir passen, sollte aber seidige Tannine haben.

Choucroute garnie (Schlachtplatte) Elsässer Pinot gris, Pinot blanc, Riesling oder Bier.

Confit d'oie/de canard Junger, tanninreicher roter Bordeaux, kalifornischer Cabernet Sauvignon und Merlot sowie Priorat nehmen diesem Gericht die Schwere; Elsässer Pinot gris oder Gewürztraminer passen ebenso.

Coq au vin Roter Burgunder. Der Idealfall ist eine Flasche Chambertin im Gericht und zwei auf dem Tisch.

Currys Siehe Indische Küche.

Eintopfgerichte Burgunder wie Nuits St-Georges oder Pommard, aber eher einfacher; andernfalls kräftiger, geschmacksintensiver Rotwein, z. B. junger Côtes du Rhône, Toro, Corbières, Barbera, Shiraz, Zinfandel o. Ä.

Ente oder **Gans** Gehaltvoller Weißwein: Pfälzer Spätlese oder halbtrockener Elsässer Grand cru; gut reife Rotweine mit Wildaroma wie Morey-St-Denis, Côte Rôtie oder Pauillac. Mit Orangen oder Pfirsichen ist Sauternes zu empfehlen, aber auch Monbazillac bzw. Riesling Auslese. Darüber hinaus reifer, körperreicher Jahrgangschampagner, der sich zudem überraschend gut mit Rotkohl versteht.
Wildente: Ausdrucksstarker, üppiger Rotwein, z. B. Hermitage, Bandol, kalifornischer oder südafrikanischer Cabernet Sauvignon, australischer Shiraz – am besten Penfolds Grange, wenn man ihn sich leisten kann.
Mit Oliven: Spitzen-Chianti oder ein anderer Toskaner.
Gebratene Entenbrust sowie Confit mit Puy-Linsen: Madiran, St-Émilion, Fronsac.

Fleischbällchen Würzige, mittelschwere Rotweine: Mercurey, Crozes-Hermitage, Madiran, Morellino di Scansano, Langhe Nebbiolo, Zinfandel, Cabernet Sauvignon.
Orientalisch (scharf): Einfacher, rustikaler Rotwein.

Frankfurter Würstchen Deutscher oder New Yorker Riesling, Beaujolais oder leichter Pinot noir. Ansonsten Budweiser.

Grillgerichte Siehe Barbecue.

Gulasch Aromatischer junger Rotwein: ungarischer Kékoportó, Zinfandel, Tannat aus Uruguay, Morellino di Scansano, Mencía, junger australischer Shiraz. Oder trockener Weißwein aus Tokaj.

Hamburger Junger Rotwein: australischer Cabernet Sauvignon, Chianti, Zinfandel, argentinischer Malbec, chilenischer Carmenère oder Syrah, Tempranillo. Oder echte Cola (nicht »Light« oder »Zero«).

Hammel Der Geschmack ist intensiver als bei Lamm, das Fleisch wird immer durchgebraten. Hier ist ein robuster Rotwein angeraten – und auf jeden Fall erstklassig: reifer Cabernet Sauvignon oder Syrah. Eine gewisse süße Fruchtnote (z. B. Barossa) passt gut.

Hase Hasenpfeffer verlangt nach einem vollduftigen Rotwein: nicht zu reifer Burgunder oder Bordeaux, von der Rhône (z. B. Gigondas), Bandol, Barbaresco, Ribera del Duero oder Rioja Reserva. Dasselbe gilt für Hasenrücken oder -ragout mit Pappardelle.

Huhn, Perlhuhn, Pute, gebraten So gut wie jeder Wein, auch bester trockener bis halbtrockener Weißwein und feiner alter Rotwein (v. a. Burgunder). Welcher Wein am besten passt, entscheidet die Sauce. Siehe auch Tandoori Chicken.

Hühnchen Kiewer Art Elsässer Riesling, Collio, Chardonnay, roter Bergerac.

Indische Küche Hier gibt es viele Möglichkeiten; eine neue Entdeckung war, wie gut trockener Sherry zu indischen Speisen passt. Wählen Sie einen einigermaßen gewichtigen Fino zu Fisch und einen Palo Cortado, Amontillado oder Oloroso zu Fleisch, je nach Schwere des Essens. Die Schärfe ist kein Problem, und die Textur passt auch. Ansonsten lieblichen Weißwein, gut gekühlt: Orvieto abboccato, südafrikanischen Chenin blanc, Elsässer Pinot blanc, Torrontés, indischen Schaumwein, Cava oder Champagner oJ. Rosé passt im Prinzip immer. Tannin – Barolo, Barbaresco bzw. andere geschmacksintensive Rotweine wie Châteauneuf-du-Pape, Cornas, australischer Grenache bzw. Mourvèdre oder Amarone della Valpolicella – betont die Schärfe. Sauer-scharfe Gerichte brauchen einen säurehaltigen Wein.

Japanische Küche Auf Textur und Balance kommt es an, die Aromen sind sehr delikat. Guter reifer Schaumwein passt ebenso wie reifer trockener Riesling: Säure, etwas Körper und Komplexität sind gefragt. Fleischgerichte mit viel Umami freunden sich mit leichten, geschmeidigen Roten wie Beaujolais oder reifem Pinot noir an. Der intensive Geschmack von Yakitori braucht ähnliche Rote in einer lebhaften, fruchtigen, jüngeren Version. Siehe auch Sushi, Sashimi (Fischgerichte).

Kalbfleisch, gebraten Gut für feine alte Rotweine, die im Lauf der Zeit vielleicht ein wenig Aroma verloren haben, z. B. Rioja Reserva. Oder deutscher bzw. österreichischer Riesling, Vouvray oder Elsässer Pinot gris.

Kalbsbries Ein reichhaltiges Gericht, also ein großer Weißwein: Rheingau-Riesling, Silvaner Spätlese aus Franken, Elsässer Grand cru Pinot gris oder Condrieu, abhängig von der Sauce.

Kaninchen Lebendiger, mittelschwerer, junger italienischer Rotwein, etwa Aglianico del Vulture; Chiroubles, Chinon, Saumur Champigny oder Rosé-wein von der Rhône.
Mit Pflaumen: Mächtigerer, gehaltvollerer, fruchtigerer Rotwein.
Als Ragout: Mittelschwerer Rotwein mit genug Säure.
Mit Senf: Cahors.

Kebab Kräftiger Rotwein, z. B. ein moderner griechischer Wein, Corbières, chilenischer Cabernet Sauvignon, Zinfandel oder Barossa-Shiraz. Viel Knoblauch wird von Sauvignon blanc gemeistert.

Koreanische Küche Fruchtbetonte Weine scheinen am besten mit dem kräftigen, scharfen Geschmack koreanischer Speisen zurechtzukommen. Probieren Sie Pinot noir, Beaujolais oder Valpolicella, wichtig ist die Säure. Oder nichtaromatische Weiße: Grüner Veltliner, Silvaner, Vernaccia. Ich trinke allerdings Bier.

Kohl, gefüllt Ungarischer Cabernet franc oder Kadarka; Côtes du Rhône-Villages; Salice Salentino, Primitivo und andere würzige Rotweine aus Süditalien. Oder argentinischer Malbec.

Lamm, gebraten Traditionell einer der besten Partner für sehr guten roten Bordeaux oder entsprechenden Cabernet Sauvignon aus der Neuen Welt.

In Spanien feinster alter Rioja, Ribera del Duero Reserva oder Priorat, in Italien ebensolcher Sangiovese.

Lammkoteletts, -chops: Wie oben, aber etwas weniger fein.

Langsam geschmorter Braten: Ideal für Spitzenrotweine, allerdings mit weniger Tannin als für rosa gebratenes Fleisch.

Lammkeule: Junger roter Burgunder, z. B. Santenay. Crozes-Hermitage. Montefalco Sagrantino.

Leber Junger Roter: Beaujolais-Villages, St-Joseph, italienischer Merlot, Breganze-Cabernet-Sauvignon, Zinfandel, Priorat, Bairrada.

Kalbsleber: Roter Rioja Crianza, Fleurie. Oder eine mächtige Pfälzer Riesling-Spätlese.

Moorhuhn (Grouse) Siehe Wildgeflügel – aber hauen Sie dabei auf den Putz.

Moussaka Rot- oder Roséwein, z. B. griechischer Naoussa, Sangiovese, Corbières, Côtes de Provence, Ajaccio, junger Zinfandel, Tempranillo.

Nieren Rotwein: St-Émilion oder Fronsac; Nuits-St-Georges, Cornas, Barbaresco, Rioja, spanischer oder australischer Cabernet Sauvignon, Rotwein vom Douro.

Ochsenbrust, geschmort Ein wunderbar zartes, schmackhaftes Fleisch, das den besten Rotweinen schmeichelt: Vega Sicilia, St-Émilion. Am besten körperreich.

Ochsenschwanz Ziemlich gehaltvoller Rotwein: St-Émilion, Pomerol, Pommard, Nuits-St-Georges, Barolo, Rioja Reserva, Priorat oder Ribera del Duero, kalifornischer oder Coonawarra-Cabernet-Sauvignon, Châteauneuf-du-Pape, mittelschwerer Shiraz, Amarone.

Osso buco Geschmeidige, tanninarme Rotweine: Dolcetto d'Alba oder Pinot noir. Auch trockener italienischer Weißwein wie Soave.

Paella Junge spanische Weine: Rote, trockene Weiß- oder Roséweine, z. B. Penedès, Somontano, Navarra oder Rioja.

Pot au feu, Bollito misto, Cocido Rustikale Rotweine aus dem jeweiligen Heimatland; Sangiovese di Romagna, Chusclan, Lirac, Rasteau, portugiesischer Alentejo oder spanischer Yecla bzw. Jumilla.

Rindfleisch *Gebraten:* Hierzu passt jede Art von feinem Rotwein. Vielleicht Amarone? Siehe auch im Folgenden die Bemerkung zu Senf.

Gekocht: Rotwein, z. B. Bordeaux (Bourg oder Fronsac), Roussillon, Gevrey-Chambertin oder Côte Rôtie. Gut ist auch weißer Burgunder aus dem mittleren Segment, z. B. Auxey-Duresses. Senf lässt tanninreiche Rote sanfter erscheinen, Meerrettich ruiniert Ihren Geschmackssinn – aber manchmal muss man eben Opfer bringen.

Geschmort: Stämmige Rote: Pomerol oder St-Émilion, Hermitage, Cornas, Barbera, Shiraz, Napa-Cabernet-Sauvignon, Ribera del Duero, roter Douro.

Saté Shiraz aus dem McLaren Vale oder Elsässer bzw. neuseeländischer Gewürztraminer. Mit der Erdnusssauce hat es kein Wein leicht.

Schinken, gekocht Weichere rote Burgunder, z. B. Volnay, Savigny, Beaune, Chinon oder Bourgueil; lieblicher deutscher Weißwein, z. B. Riesling Spätlese; Furmint aus Tokaj oder tschechischer Frankovka; ein leichter Cabernet Sauvignon (z. B. aus Chile) oder Pinot noir aus der Neuen Welt. Schinken und Sherry sind eine göttliche Kombination. Siehe auch Schinken, roh oder luftgetrocknet, unter Vorspeisen.

Schweinefleisch, gebraten Eine kräftige, neutrale Grundlage für leichte Rote oder reichhaltige Weiße. Aber ein ★★-Wein sollte es schon sein, z. B. ein Médoc. Zu portugiesischem Spanferkel trinkt man Bairrada-Garrafeira, zu chinesischen Schweinefleischgerichten Pinot noir.

Schweinebauch Langsam gegart und sehr zart, benötigt er einen Roten mit ausreichend Tannin oder Säure, vielleicht einen Italiener: Barolo, Dolcetto oder Barbera. Sonst Loire-Rotwein, leichter argentinischer Malbec.

Shepherd's Pie Zum typisch britischen Hackfleisch-Kartoffelpüree-Auflauf ist das einzig Wahre Bier oder trockener Cidre. Ansonsten ist ein robuster Roter am ehesten angemessen, z. B. Sangiovese di Romagna.

Singapur-Küche Teils indisch, teils malaysisch, teils chinesisch. Sehr kräftige Geschmacksnoten, nicht einfach mit Wein. Halbtrockener Riesling ist einen Versuch wert. Zu Fleischgerichten reife, geschmeidige Rote: Valpolicella, Pinot noir, Dornfelder, Merlot ohne Holznote oder Carmenère.

Steak *Bistecca alla fiorentina:* Chianti Classico Riserva oder Brunello. Je roher das Steak ist, desto klassischer sollte der Wein sein, je durchgebratener, desto mehr passt ein süßer/kräftiger Tropfen aus der Neuen Welt. Argentinischer Malbec ist ideal für Steaks auf argentinische Art (d. h. komplett durchgebraten).

Filet, Ribeye oder Tournedos: Jeder gute Rotwein, v. a. Burgunder (doch zu Sauce béarnaise keinen alten Wein, dann ist ein Spitzen-Pinot-noir aus der Neuen Welt besser).

Koreanisches Yuk Whe (das weltbeste Steak Tatar): Sake.

Pfeffersteak: Eher junger Roter von der Rhône oder Cabernet Sauvignon.

Tatar: Wodka oder leichter junger Roter: Beaujolais, Bergerac, Valpolicella.

T-Bone: Strukturreicher Rotwein wie Barolo, Hermitage, australischer Cabernet Sauvignon oder Shiraz, chilenischer Syrah.

Steak and Kidney Pie Roter Rioja Reserva oder gereifter Bordeaux.

Tafelspitz Zu diesem erstklassigen gekochten Rindfleischgericht der Wiener Küche ist Grüner Veltliner Pflicht.

Tagine (nordafrikanisches Schmorgericht) Hier gibt es enorme Unterschiede, doch mit einem fruchtigen jungen Roten fährt man meist gut: Beaujolais, Tempranillo, Sangiovese, Merlot, Shiraz. Amontillado ist die Entdeckung des Jahres.

Huhn mit eingelegten Zitronen und Oliven: Viognier.

Tandoori Chicken Riesling, Sauvignon blanc oder junger roter Bordeaux, auch leichter, gekühlter Roter aus Norditalien. Ebenso Cava oder Champagner oJ, oder aber Palo Cortado oder Amontillado Sherry.

Taube Pinot noir passt perfekt; sonst junger Rhône-Wein, argentinischer Malbec, junger Sangiovese. Oder probieren Sie eine Silvaner Spätlese aus Franken.

Thai-Küche Ingwer und Zitronengras passen zu pikantem Sauvignon blanc (Loire, Australien, Neuseeland, Südafrika) oder Riesling (Spätlese oder aus Australien). Die meisten Currys mögen aromatische Weiße mit einem Hauch Süße wie Gewürztraminer.

Vitello tonnato Körperreicher Weißwein, v. a. Chardonnay; oder leichter Rotwein (z. B. Valpolicella), kühl serviert.

Wachtel Carmignano, Rioja Reserva, reifer roter Bordeaux, Pinot noir. Oder ein milder Weißer wie Vouvray oder St Péray.

Wild Mächtige Rotweine, u. a. Mourvèdre – reinsortig wie aus Bandol oder in Verschnitten. Rhône-Wein, Bordeaux, Gimblett Gravels (Neuseeland) oder kalifornischer Cabernet Sauvignon eines reifen Jahrgangs; auch voller Weißwein, z. B. Pfälzer Spätlese oder Elsässer Pinot gris. Zu Wild mit süß-scharfer Beerensauce probieren Sie einen deutschen Riesling Großes Gewächs oder einen chilenischen Carmenère oder Syrah.

Wildgeflügel *Jung, gebraten:* Der beste Rotwein, den man auftreiben kann, aber nicht zu schwer.

Ältere Exemplare in der Kasserolle: Rotwein, z. B. Gevrey-Chambertin, Pommard, Châteauneuf-du-Pape, St-Émilion Grand cru classé, Rhône-Wein.

Gut abgehangen: Vega Sicilia, ein großer Roter von der Rhône, Château Musar aus dem Libanon.

Zu kaltem Geflügel: Reifer Jahrgangschampagner.

Wildpastete *Kalt:* Guter weißer Burgunder, Beaujolais Cru oder Champagner. *Warm:* Rotwein: Pinot noir aus Oregon.

Wildschwein Spitzen-Toskaner oder Rioja, neuseeländischer Syrah.

Zunge Ausladender Rot- oder Weißwein, besonders italienischer. Auch Beaujolais, Rotwein von der Loire, Tempranillo sowie voller, trockener Rosé.

Vegetarische Gerichte

Siehe auch Vorspeisen.

Bärlauch Nicht einfach. Am ehesten ein neutraler Weißer mit guter Säure.

Blumenkohl kommt immer mehr in Mode.

Geröstet, gebraten etc.: Richten Sie sich nach den (meist kräftigen) Geschmacksnoten und probieren Sie österreichischen Grünen Veltliner, Valpolicella, neuseeländischen Pinot noir.

Mit Käse überbacken: Frischer, aromatischer Weißwein: Sancerre, Riesling Spätlese, Muscat, Albariño, Godello. Beaujolais Villages.

Couscous mit Gemüse Junger Rotwein mit Biss: Shiraz, Corbières, Minervois; oder gut gekühlter Rosé aus Navarra oder Somontano. Auch ein robuster Roter aus Marokko.

Fenchelgerichte Sauvignon blanc (Pouilly-Fumé oder aus Neuseeland), Sylvaner oder englischer Seyval blanc oder auch ein junger Tempranillo.

Fermentierte Speisen Siehe auch Choucroute garni, koreanische Küche. Kimchi und Miso sind Teil vieler asiatischer Speisen. Hier wird generell Frucht und Säure benötigt. Zu vegetarischen Gerichten mit erkennbarer Süße passt vielleicht ein Elsässer.

Kohl Üblicherweise Teil eines umfangreicheren Gerichts, also richten Sie sich nach den Hauptaromen. Ein junger, fruchtiger Roter passt meist: Merlot, Malbec, Shiraz.

Kürbis in Ravioli/Risotto Körperreicher, fruchtiger, trockener oder halbtrockener Weißwein: Viognier oder Marsanne, halbtrockener Vouvray, Gavi, südafrikanischer Chenin blanc.

Linsengerichte Ein stämmiger Roter: Corbières, Zinfandel oder Shiraz.

Dhal mit Spinat: Schwierig. Am besten ein leichter, weicher Roter oder Rosé – und keineswegs ein Spitzengewächs.

Makkaroniauflauf, mit Käse überbacken Wie für überbackenen Blumenkohl.

Mediterranes Gemüse, gegrillt Brouilly, Barbera, Tempranillo oder Shiraz.

Nudeln und Pasta, überbacken Vegetarisch gefüllte Lasagne, Cannelloni oder Pasticcio bieten großen Weinen Raum zur Entfaltung, etwa sehr feinem rotem Toskaner, aber auch Bordeaux oder Burgunder.

Paprika oder Auberginen, gefüllt Lebhafter Rotwein: Nemea, Chianti, Dolcetto, Zinfandel, Bandol, Vacqueyras.

Pilze Viele Rote passen ganz ausgezeichnet, z. B. Pomerol, kalifornischer Merlot, Rioja Reserva, Spitzen-Burgunder oder Vega Sicilia. Für Pilze auf Toast nehmen Sie Ihren besten Bordeaux. Zu Steinpilzen schmecken am besten Ribera del Duero, Barolo, Chianti Rufina, Pauillac, St-Estèphe oder Gimblett Gravels (Neuseeland).

Ratatouille Kräftiger junger Rotwein: Chianti; Cabernet Sauvignon aus Neuseeland, Merlot, Malbec, Tempranillo; junger roter Bordeaux, Gigondas oder Coteaux du Languedoc.

Rote Bete Hat eine Note, die auch roter Burgunder zeigt. Bleiben Sie dabei.

Als Gratin mit Ziegenkäse: Sancerre, Bordeaux, Sauvignon blanc.

Seetang Hängt ab vom Kontext. Siehe auch Sushi. Die Jodnote passt gut zu Grünem Veltliner oder Riesling aus Österreich.

Spanakopita Junger griechischer oder italienischer Rot- oder Weißwein.

Vegetarische Gerichte (scharf) Siehe indische bzw. Thai-Küche (Fleisch).

Wurzelgemüse Süßkartoffeln, Möhren usw., oft zusammen mit Roter Bete, Knoblauch, Zwiebeln usw. haben jede Menge Süße. Rosé ist der Wein der Wahl, v. a. einer mit etwas Gewicht aus Spanien, Italien, Südamerika.

Zwiebel-/Lauchtarte Fruchtiger, trockener bis halbtrockener Weißer: Elsässer Pinot gris oder Gewürztraminer, Riesling aus Kanada, Australien oder Neuseeland, Jurançon. Oder Cabernet franc von der Loire.

Desserts

Apfelkuchen, -strudel oder -tarte Süßer Weißwein aus Deutschland, Österreich oder von der Loire, Tokaji Aszú oder kanadischer Eiswein.

Blätterteig Delikater süßer Schaumwein, z. B. Moscato d'Asti oder halbtrockener Champagner.

Birnen in Rotwein Port. Oder probieren Sie Rivesaltes, Banyuls oder Riesling Beerenauslese – in jedem Fall aber davor eine Pause.

Crème brûlée Sauternes oder Rheinwein-Beerenauslese bzw. bester Madeira oder Tokajer. (Mit Früchten: einfacherer Süßwein.)

Crèmes und **Puddings** Sauternes, Loupiac, Ste-Croix-du-Mont oder Monbazillac. Siehe auch Schokoladen-, Kaffee-, Rumdesserts.

Crêpe Suzette Süßer Champagner, Orange Muscat oder Asti Spumante.

Eiscreme und Sorbet Gespriteter Wein (australischer Liqueur Muscat, Banyuls), Pedro Ximénez.

Erdbeeren *Mit Sahne:* Sauternes oder ähnlicher süßer Bordeaux, Vouvray moelleux oder Jurançon Vendange tardive.
Walderdbeeren (ohne Sahne): Mit rotem Bordeaux (sehr erlesen ist Margaux) übergießen.

Himbeeren (ohne Sahne, wenig Zucker) Sehr gut zu feinen Rotweinen, die selbst eine Himbeernuance besitzen: junger Juliénas, Regnié.

Kaffeedesserts Süßer Muscat, australischer Liqueur Muscat, Tokaji Aszù.

Karamell-Mousse-/Parfait, salzig Riesling Spätlese, Tokaji Aszú.

Käsekuchen Süßer Weißwein (Vouvray, Anjou) oder Vin Santo – nichts zu Spezielles.

Kuchen und **Gebäck** Bual- oder Malmsey-Madeira, Oloroso oder Cream Sherry. Siehe auch Schokoladen-, Kaffee-, Rumdesserts.

Meringen Recioto di Soave, Asti oder bester reifer Jahrgangschampagner.

Nüsse Feinster Oloroso Sherry, Madeira, Jahrgangs-Port oder Tawny (ideal für Walnüsse), Tokáji Aszú, Vin Santo, Moscatel de Setúbal.
Salziges Nussparfait: Tokaji Aszú, Vin Santo.

Orangengeschmack, Desserts mit Versuchsweise alter Sauternes, Tokaji Aszú oder kalifornischer Orange Muscat.

Panettone Jurançon moelleux, Riesling Spätlese, Barsac, Tokaji Aszú.

Rumdesserts (Baba, Mousse, Eiscreme) Muscat – vom Asti bis zu australischem Likörwein, je nach Schwere des Desserts.

Schokoladendesserts Kräftige Geschmacksnoten sind gefragt: Bual, kalifornischer Orange Muscat, Tokaji Aszú, australischer Liqueur Muscat, 10-Year-Old Tawny oder sogar junger Vintage Port, Asti für leichte, luftige Mousse. Versuchen Sie auch volle, reife Rote: Syrah, Zinfandel, vielleicht sogar Shiraz-Schaumwein. Banyuls, wenn man es etwas schwerer mag. Médoc nimmt es auch mit schwarzer Bitterschokolade auf, Amarone macht aber mehr Spaß. Oder guter Rum.
Schokoladen-Olivenöl-Mousse: 10 Jahre alter Tawny, oder wie für Bitterschokolade oben.

Soufflés, süß Sauternes oder Vouvray moelleux; süßer (oder reichhaltiger) Champagner.

Tiramisù Vin Santo, junger Tawny, Muscat de Beaumes-de-Venise, Sauternes oder australischer Liqueur Muscat.

Trifle Sollte bereits reichlich mit Sherry getränkt sein.

Trockenfrüchte Banyuls, Rivesaltes, Maury. Tokaji Aszú.

Zabaglione Leichter, goldener Marsala, edelfauler australischer Semillon oder Asti.

Zitronengeschmack, Desserts mit Für Nachspeisen wie Tarte au Citron bietet sich süßer deutscher oder österreichischer Riesling an, aber auch Tokaji Aszú – je saurer, desto süßer.

Wein & Käse

Der Glaube, dass die Kombination von Wein und Käse eine göttliche Fügung sei, hält einer objektiven Prüfung nicht stand. Feine Rotweine werden von kräftigen Käsesorten geradezu erschlagen, nur herbe oder süße Weißweine behaupten sich. Trotz gewisser Ausnahmen sollte man sich an folgende Prinzipien halten: Je härter der Käse ist, desto tanninhaltiger darf der Wein ist. Und je cremiger der Käse ist, desto mehr Säure benötigt der Wein – vor Süße müssen Sie sich allerdings nicht scheuen. Käse wird durch seine Konsistenz und die Beschaffenheit seiner Rinde klassifiziert. Sein Aussehen gibt daher schon einen Hinweis darauf, welcher Wein zu ihm passt. Im Folgenden einige Beispiele; ich versuche immer, mir etwas Weißwein für den Käse aufzuheben.

Frischkäse ohne Rinde: Rahmkäse, Crème fraîche, Mozzarella, Mascarpone (ohne Blauschimmel) Leichter, lebhafter Weißwein wie Chablis, Bergerac, Entre-Deux-Mers; oder Rosé Anjou oder Rhône-Wein; auch sehr leichter, sehr junger und sehr frischer roter Bordeaux, Bardolino, Beaujolais.

Hartkäse, gewachst oder geölt, oft mit Spuren von Käseleinen – Gruyère, Manchego und viele andere spanische Käsesorten, Parmesan, Cantal, Comté, alter Gouda, Cheddar und traditioneller englischer Käse Hier lässt sich kaum eine allgemeine Regel aufstellen. Gouda, Gruyère sowie einige spanische und englische Käsesorten harmonieren gut mit feinem roten Bordeaux oder Cabernet Sauvignon sowie großen Shiraz-Weinen. Kräftige Käse indessen verlangen nach weniger edlen Weinen, vorzugsweise lokalen Erzeugnissen. Der rote holländische Mimolette oder der Beaufort passen zu einem feinen, reifen Bordeaux. Oder zu Tokaji Aszú. Sie können aber auch Weißwein probieren.

Blauschimmelkäse Die Süße von Sauternes (oder Tokajer), insbesondere wenn er alt ist, ergänzt sehr gut den hohen Salzgehalt von Roquefort. Eine klassische Kombination ist auch Stilton mit Port: eher junger Vintage oder Tawny. Gehaltvoller alter Oloroso, Amontillado, Madeira, Marsala und andere gespritete Weine passen zu den meisten Blauschimmelsorten.

Käse mit natürlicher Rinde (insbesondere Ziegenkäse) und blaugrauem Schimmel. Die Rinde schrumpft im Reifungsprozess und ist manchmal mit Asche bestreut (z. B. St-Marcellin) Sancerre, Valençay, leichter frischer Sauvignon blanc, Jurançon, Savoie, Soave, italienischer Chardonnay.

Weichkäse mit flaumiger Rinde, reiner weißer Rinde, pasteurisiert oder rot gesprenkelt: Brie, Camembert, Chaource, Bougon (Ziegenmilch-»Camembert«) Voller trockener weißer Burgunder oder Rhône-Wein zu weißem, noch nicht reifem Käse; zu reifem, kräftigem, fruchtigem Käse passt kraftvoller, fruchtiger St-Émilion, aber auch junger Shiraz/Syrah oder Grenache aus Australien bzw. von der Rhône.

Würziger Weichkäse mit gewaschener oder klebriger orangeroter Rinde: Langres, reifer Epoisses, Maroilles, Carré de l'Est, Milleens, Münsterkäse Lokale Rotweine, besonders zu Burgunder-Käse; lebhafter Languedoc,

Cahors, Côtes du Frontonnais, Bairrada sowie Wein aus Korsika, Süditalien oder Sizilien. Auch kräftige Weißweine, v. a. elsässischer Gewürztraminer oder Muscat.

**Halbweicher Käse mit graurosa, dicker Rinde: Livarot, Pont l'Evêque, Reblo-
chon, Tomme de Savoie, St-Nectaire** Kräftiger weißer Bordeaux, Chardonnay, Elsässer Pinot gris, trockener Riesling, süditalienischer Wein,
alter weißer Rioja, trockener Oloroso Sherry. Die stärksten Vertreter dieser
Käsesorten sind tödlich für fast jeden Wein. Probieren Sie Marc oder
Calvados.

Feinste Genüsse zu edelsten Tropfen

Bei ganz besonderen Gewächsen geht es oft eher darum, das passende
Gericht zum Wein zu finden, und nicht – wie sonst üblich – umgekehrt. Die
folgenden Anregungen sind weitgehend an gastronomische Gepflogen-
heiten und neuere Experimente angelehnt und beruhen im Übrigen auf eigenen Stu-
dien. Die empfohlenen Gerichte dürften besonders edlen Tropfen zu gebüh-
render Geltung verhelfen.

Rotweine

Amarone Klassischer Begleiter in Verona ist Risotto all'Amarone oder *pastis-
sada*. Wenn aber Ihr Metzger nichts mit Pferdefleisch am Hut hat, geht
auch in noch mehr Amarone langsam geschmorte Rinderhaxe.

Barolo, Barbaresco Risotto mit weißen Trüffeln; Pasta mit Wildsauce (z. B.
Pappardelle alle lepre); Steinpilze; Parmesan.

Roter Burgunder von der Côte d'Or Achten Sie auf Gewicht und Textur, die mit
zunehmendem Alter leichter und samtiger werden. Auch der Charakter des
Weins ist von Bedeutung: Nuits ist erdig, Musigny blumig, großer Romanée kann exotisch sein, Pommard gilt als stämmig. Mit Brathähnchen und
Kapaun ist man immer auf der sicheren Seite; Perlhuhn braucht schon etwas kräftigere Weine, und bei Reb- oder Waldhuhn und Schnepfe müssen
sie zunehmend gehaltvoll und pikant sein. Alternativen: Hase und Reh.

Große, alte rote Burgunder Der klassische Begleiter ist ein Käse: nicht gereifter burgundischer Époisses. Ein wundervoller Käse – aber eine schreck-
liche Vergeudung feiner, alter Weine.

Lebhafter jüngerer Burgunder Ente oder Gans, möglichst fettarm. Alternative:
Faisinjan (in Granatapfelsaft gegarter Fasan). Oder Räucherschinken.

Roter Bordeaux

   Sehr alt, leicht und zart (z. B. Jahrgänge vor 1959) Lammkeule oder -kar-
   ree, gebraten, mit einer Spur Kräuter (jedoch nicht mit Knoblauch) gewürzt; Entrecôte; einfaches gebratenes Rebhuhn; Kalbsbries.

   Vollreife große Jahrgänge (z. B. 59 61 82 85) Lammschulter oder -rücken,
   gebraten, mit einer Spur Knoblauch; Rippenstück, gebraten, oder Rump-
   steak, gegrillt.

   Reif, aber immer noch lebhaft (z. B. 89 90) Lammschulter oder -rücken
   (inkl. Nieren) mit reichhaltiger Sauce. Rinderfilet mit Sauce *marchand de
   vin* (mit Wein und Knochenmark). Beef Wellington passt nicht, Blätterteig
   stumpft den Gaumen ab.

   Auf Merlot-Basis Rindfleisch (wie oben), insbesondere reichhaltiges Filet,
   oder gut abgehangenes Wild.

Große Syrah-Weine wie Hermitage, Côte Rôtie, Grange; oder ein Vega Sicilia
Rindfleisch (wie die herrliche füllige, wunderbar zarte, extrem langsam
gegarte Ochsenbacke, die ich bei Vega Sicilia bekommen habe), Wildbret;
gut abgehangenes Wild, Mark auf Toast; englischer Käse (v. a. Farm-Ched-

dar der besten Art), aber auch Hartkäsesorten aus Ziegen- und Schafsmilch wie die englischen Sorten Berkswell oder Ticklemore.

Rioja Gran Reserva, Pesquera usw. Kräftige Braten: Wildschwein, Hammel, Hasenrücken, Spanferkel.

Großer Vintage Port oder Madeira Pecan- oder Walnüsse. In England sind ein Cox-Orange-Apfel und ein Keks die klassische Begleitung.

Weißweine

Beeren- und Trockenbeerenauslese Gebäck, Pfirsiche, Renekloden. Rhabarber-, Stachelbeer-, Quitten- oder Apfeldesserts.

Feinster weißer Burgunder (Le Montrachet, Corton-Charlemagne) oder gleichwertiger Graves Kalbsbraten; Hähnchen aus artgerechter Haltung, das unter der Haut mit Trüffeln oder Kräutern gefüllt ist; Kalbsbries; Felchen mit gehaltvoller Sauce (z.B. Steinbutt) oder Kammmuscheln wie oben. Auch Hummer oder Wildlachs.

Sehr guter Chablis/weißer Burgunder/Chardonnay Fisch mit weißem Fleisch, gegrillt oder nach Müllerin-Art. Am besten Dover-Seezunge, Steinbutt oder Heilbutt; in Butter gewendeter Glattbutt kann vorzüglich sein. Seebarsch ist zu zart; Lachs geht, gibt den feinsten Weinen aber nicht viel.

Condrieu, Château-Grillet oder Hermitage blanc Sehr leichte Nudelgerichte mit Kräutern und jungen Erbsen oder Dicken Bohnen. Auch ein sehr milder, zarter Schinken.

Elsässer Grand-cru-Weine

    Riesling Forelle blau, Räucherlachs, Choucroute garni.

    Pinot gris Kalbfleisch, gebraten oder gegrillt. Oder ein Trüffelsandwich: Eine ganze Trüffel in Scheiben schneiden, auf ein mit gesalzener Butter bestrichenes Sandwich legen, alles in Frischhaltefolie wickeln und über Nacht kalt stellen. Dann im Ofen toasten.

    Gewürztraminer Käsesoufflé (Münsterkäse).

    Vendange tardive Gänseleber oder Tarte Tatin.

Sauternes Einfaches, mürbes Buttergebäck, weiße Pfirsiche, Nektarinen, Erdbeeren (ohne Sahne). Keine tropischen Früchte. Sautierte Gänseleber. Château d'Yquem empfiehlt Austern und sogar Hummer. Ein Versuch mit (Blauschimmel-)Käse ist zu empfehlen. Rocquefort ist der Klassiker, braucht aber einen kraftvollen Wein.

Feinster Vouvray moelleux usw. Buttergebäck, Äpfel, Apfelkuchen.

Tokaji Aszù (5–6 Puttonyos) Gänseleberpastete, Desserts mit Früchten, Cremespeisen und sogar Schokolade können wundervoll dazu sein.

Alter Jahrgangschampagner (kein Blanc de Blancs) Als Aperitif oder zu kaltem Reb- oder Waldhuhn bzw. Schnepfe. Die entwickelten Aromen eines reifen Champagners machen die Kombination mit Essen erheblich einfacher als bei einem jungen, straffen Wein. Warme Foie gras kann sensationell gut passen. Scheuen Sie sich nicht vor Knoblauch oder sogar indischen Gewürzen, aber lassen Sie Chili weg.

    Spät degorgierte alte Weine besitzen eine besondere Frische plus Tertiäraromen. Probieren Sie Trüffel, Hummer, Jakobsmuscheln, Krebs, Bries, Schweinebauch, Kalbsbraten, Huhn.

Technische Weinsprache

Alkoholgehalt (vorwiegend Ethanol) Er wird in Volumenprozent (Vol.-%) angegeben, d. h. in Prozent des Gesamtflüssigkeitsvolumens. Tischwein enthält in der Regel zwischen 12,5 und 14,5 Vol.-%; zu viele Weine erreichen heute sogar bis zu 16 Vol.-%.

Alte Reben ergeben einen intensiveren Geschmack. Der Begriff ist aber gesetzlich nicht definiert: manche *vieilles vignes* sind ca. 30 Jahre alt, doch 50 oder mehr Jahre sollten es schon sein, um ernst genommen zu werden.

Amphoren Das Gärgefäß von vor 7.000 Jahren feiert gerade fröhliche Urständ: Amphore öffnen, Trauben einfüllen, Amphore wieder verschließen und in sechs Monaten wiederkommen. Das Ergebnis kann wunderbar sein oder einfach nur scheußlich.

Barriques Kleines (225 l) Eichenfass, das in Bordeaux und dem Rest der Welt für die Gärung und/oder Reifung von Wein verwendet wird. Je neuer das Holz, umso stärker wirkt sich der Eicheneinfluss auf Geruch und Geschmack aus; französische Eiche wirkt subtiler als amerikanische. Die Mode, alle möglichen Weine mit neuer Eiche zu erschlagen, ist vorbei. Heute wird Eichenholz rund um den Globus wieder mit viel mehr Fingerspitzengefühl eingesetzt.

Bio/öko Beim biologischen/ökologischen Weinbau (die Begriffe werden gleichbedeutend verwendet) sind die meisten chemischen Produkte im Weinberg verboten. Ein als Biowein etikettierter Wein darf nur in geringem Umfang geschwefelt werden und muss von biologisch angebauten Trauben erzeugt sein.

Biodynamisch Diese Methode des Weinbaus verwendet Präparate aus Kräutern, Mineralien und organischen Stoffen in homöopathischen Mengen und richtet sich auch nach den Mondphasen sowie den Bewegungen der Planeten. Klingt wie Hokuspokus, doch einige Spitzenerzeuger schwören darauf.

Biologischer Säureabbau (BSA) Inkorrekt auch malolaktische oder Zweitgärung genannt, findet der BSA nach der alkoholischen Gärung statt: Die scharfe Apfelsäure wird in die mildere Milchsäure umgewandelt. Sowohl Rot- als auch Weißweine können dabei komplexer werden. Wird in heißen Gegenden, wo der Säuregehalt von Natur aus gering und daher kostbar ist, meist vermieden.

Mikrooxidation heißt eine weit verbreitete Methode, den Wein während der Reifezeit kontrolliert mit Sauerstoff in Kontakt treten zu lassen. Sie macht den Geschmack weicher und hilft, den Wein zu stabilisieren.

Mineralisch Ein Verkostungsbegriff, der mit Vorsicht verwendet werden sollte: als Beschreibung für kreidige/steinige/salzige Eigenschaften eines Weins in Ordnung; oft aber falsch verwendet, um zu implizieren, dass Mineralien aus dem Boden in den Wein gelangt seien. Das ist unmöglich.

Naturwein Es gibt keine feste Definition für diese Art Weine, hat aber auf jeden Fall mit ökologischem oder biodynamischen Weinbau zu tun sowie mit minimalen Eingriffen in der Kellerei und so wenig wie möglich bis gar keiner Zugabe von SO_2. Die Weine können exzellent und charakterstark sein – oder oxidiert und/oder schmutzig. Hat manchmal ein bisschen was von des Kaisers neuen Kleidern.

Orangefarbige Weine sind tanninhaltige, auf den Schalen und womöglich in Amphoren vergorene Weißweine. Vorsicht: Wie bei den Naturweinen gibt es gute und weniger gute.

pH-Wert Das Maß für die Säure: je niedriger der pH-Wert, umso schärfer ist die Säure. Im Wein beträgt der pH-Wert normalerweise 2,8 bis 3,8. In heißen Ländern kann ein zu hoher pH-Wert zum Problem werden. Ein niedriger pH-Wert ergibt eine bessere Farbe, wirkt schädlichen Bakterien entgegen und lässt mehr freies, konservierendes SO_2 zu – ist also im Allgemeinen ein gutes Zeichen.

Restsüße ist der nach Beendigung oder Unterbrechung der Gärung im Wein verbliebene Gesamtzucker, gemessen in Gramm pro Liter (g/l). Trockener Wein hat fast keine Restsüße, ein oder zwei Gramm können aber die Ausgewogenheit verbessern helfen.

Säure kommt im Wein in nichtflüchtiger und in flüchtiger Form vor. **Nichtflüchtige Säuren** sind v. a. Wein-, Apfel- und Zitronensäure aus der Traube sowie Milch- und Bernsteinsäure aus der Gärung. Die Säure kann von Natur aus vorhanden oder (in warmen Klimata) künstlich zugesetzt sein. Die wichtigste **flüchtige Säure** ist Essigsäure, die bei Sauerstoffkontakt von Bakterien gebildet wird. Ein Hauch an flüchtiger Säure ist unvermeidlich und kann die Komplexität erhöhen. Zu viel davon, und es gibt Essig. Gesamtsäure nennt man die Summe aus flüchtigen und nichtflüchtigen Säuren.

Schwefeldioxid (SO_2) gibt man dem Wein bei, um Oxidation oder andere Fehlentwicklungen bei der Weinbereitung zu verhindern. Ein Teil des SO_2 verbindet sich mit dem Zucker und ist also »gebunden«. Nur »freies« SO_2 wirkt konservierend. Der Trend weltweit geht dahin, weniger SO_2 zu verwenden. Ganz darauf zu verzichten ist mutig bis tollkühn.

Tannine (Gerbstoffe) sind ein wesentlicher Bestandteil der meisten Rotweine und auch einiger Weißer. Sie stammen aus den Traubenschalen und -kernen und sind deshalb auch in Weißweinen zu finden, die in Amphoren vinifiziert wurden. Rotweinerzeuger konzentrieren sich auf reife, seidige Tannine, indem sie bei der Traubenlese mehr auf die Tanninreife achten als auf den Zuckergehalt. Das kann man auch übertreiben.

Terroir Die Grundidee (und der Begriff) stammen aus Frankreich: Boden, Klima, Ausrichtung zur Sonne und Höhenlage verleihen im Zusammenspiel jedem Weinberg einen eigenen Fingerabdruck. Je kleiner und besser das betreffende Gebiet ist, umso mehr gewinnt das Terroir an Bedeutung. Hohe Erträge, überreife Trauben, stark interventionistische Weinbereitung usw. tendieren dazu, das Terroir zu verschleiern. Mehr Kellermeister reden darüber, »das Terroir auszudrücken«, als es tatsächlich zu tun.

Toastwürze rührt von der Anröstung des Fasses auf der Innenseite her. Eine starke Anröstung verleiht dem Wein eine deutlichere Toastnote und karamellähnliche Geschmacksnuancen.

Die richtige Temperatur

Nichts tut einem Wein beim Servieren so wohl oder weh wie die Temperatur. Weißwein schmeckt unweigerlich flach und langweilig, wenn er zu warm ins Glas kommt, und Rotwein zeigt enttäuschend wenig Duft und Geschmacksfülle, wenn er zu kalt ist. Nachstehend sollen einige Hinweise auf die richtige Serviertemperatur für verschiedene Weine gegeben werden.

Links	°C	Rechts
	20	
	19	
Zimmertemperatur	18	Die besten Rotweine, besonders Bordeaux
	17	
Roter Burgunder	16	
	15	Chianti, Zinfandel, Côtes du Rhône
Beste weiße Burgunder, Port, Madeira	14	
	13	Alltagsrotweine
Ideale Kellertemperatur	12	Leichtere Rotweine, z. B. Beaujolais
Sherry	11	
	10	
Champagner Trockener Weißwein Fino Sherry, Tokaji Aszú	9	Rosé, Lambrusco
	8	
Kühlschranktemperatur	7	
	6	
	5	Die meisten süßen Weißweine, Schaumweine
	4	
	3	
	2	
	1	
	0	

Übersichtstabelle der Weinjahrgänge

Diese Tabellen sollen ein allgemeines Bild der in den Hauptanbaugebieten erzeugten Qualitäten vermitteln und als Anleitung dienen, ob ein Wein getrunken oder noch aufbewahrt werden sollte. Verallgemeinerungen sind unvermeidlich.

⌣ jetzt trinken	Y muss noch länger lagern
♙ kann jetzt mit Genuss getrunken werden, bessere Weine lohnen jedoch weitere Aufbewahrung	⌓ meiden
	o nicht gut
	10 am besten

	Deutschland		Italien		Spanien
Jahrgang	Rhein	Mosel	Piemontesischer Rotwein	Toskanischer Rotwein	Rioja
2014	5–6 Y	6–7 Y	6–7 Y	6–7 Y	7–8 Y
2013	6–7 Y	5–6 Y	6–7 Y	6–8 Y	6–8 Y
2012	7–8 ♙	7–8 ♙	7–9 Y	7–9 Y	7–9 Y
2011	8–9 ♙	8–10 ♙	6–7 Y	5–8 Y	7–8 Y
2010	6–8 ⌣	6–8 ♙	8–9 Y	7–8 Y	7–8 ♙
2009	7–9 ♙	6–8 ♙	7–9 ♙	7–8 ♙	8–9 ♙
2008	6–8 ♙	6–8 ♙	7–9 ♙	7–8 ♙	7–8 ♙
2007	8–9 ⌣	8–9 ⌣	7–9 ⌣	8–9 ♙	6–7 ⌣
2006	6–7 ⌣	6–9 ⌣	8–9 ⌣	7–10	6–7 ⌣
2005	8–10 ♙	8–10 ♙	6–8 ♙	5–9 ♙	7–8 ♙
2004	6–8 ⌣	6–8 ⌣	7–9 ♙	7–9 ♙	7–9 ⌣
2003	6–9 ⌣	6–9 ⌣	6–8 ⌣	6–8 ⌣	6–7 ⌣
2002	7–8 ⌣	7–8 ⌣	5–6 ⌣	5–6 ⌣	6–7 ⌣

	Australien		Champagner	Portwein
Jahrgang	Shiraz	Chardonnay	Jahrgang	Jahrgang
2014	8–9 Y	7–8 ♙	2014 6–7 Y	2014 6–9 Y
2013	6–8 Y	7–8 ♙	2013 7–8 Y	2013 5–7 Y
2012	6–9 Y	6–9 ♙	2012 6–7 Y	2012 7–8 Y
2011	6–8 Y	7–9 ♙	2011 6–7 Y	2011 8–10 Y
2010	7–8 ♙	7–8 ♙	2010 6–7 Y	2010 6–8 Y
2009	7–9 ♙	7–8 ♙	2009 8–10 Y	2009 7–9 Y
2008	7–8 ♙	7–8 ♙	2008 8–9 Y	2008 7–8 Y
2007	7–8 ♙	7–8 ♙	2007 6–7 ♙	2007 8–10 Y
2006	7–8 ♙	7–8 ♙	2006 7–9 ♙	2006 6–7 ♙
2005	7–9 ♙	7–9 ⌣	2005 7–8 ♙	2005 7–8 ♙
2004	6–8 ♙	6–8 ⌣	2004 8–9 ♙	2004 7–8 ♙
2003	5–7 ⌣	5–7 ⌣	2003 6–7 ♙	2003 8–9 ♙

	Kalifornien		Neuseeland		Südafrika
Jahrgang	Cabernet	Chardonnay	Rotwein	Weißwein	Rotwein
2014	7–8 Y	6–8 ♙	7–9 Y	6–8 ♙	6–8 Y
2013	8–9 Y	8–9 ♙	7–9 Y	7–9 ♙	8–9 ♙
2012	7–9 ♙	8–9 ♙	7–8 ♙	7–8 ♙	7–8 ♙
2011	6–9 ♙	7–8 ♙	6–7 ♙	6–7 ♙	6–8 ♙
2010	6–8 ♙	6–8 ♙	7–9 ♙	7–9 ♙	7–9 ♙

Frankreich

Vintage	Roter Bordeaux		Weißer Bordeaux		Elsass
	Médoc/Graves	Pom/St-Ém	Sauternes & süß	Graves & trocken	
2014	7–8	6–8	8–9	8–9	7–8
2013	4–7	4–7	8–9	7–8	8–9
2012	6–8	6–8	6–7	7–9	8–9
2011	7–9	6–9	8–10	7–8	5–7
2010	7–10	6–10	8–10	7–9	8–9
2009	7–10	7–10	8–10	7–9	8–9
2008	6–9	7–10	6–7	7–8	7–8
2007	5–7	6–7	8–9	8–9	6–8
2006	7–8	7–8	8–9	8–9	6–8
2005	9–10	8–9	8–10	8–10	8–9
2004	7–8	7–9	5–7	6–7	6–8
2003	5–9	5–8	7–8	6–7	6–7
2002	6–8	5–8	7–8	7–8	7–8
2001	6–8	7–8	8–10	7–9	6–8
2000	8–10	7–9	6–8	6–8	8–10
1999	5–7	5–8	6–9	7–10	6–8
1998	5–8	6–9	5–8	5–9	7–9
1997	5–7	4–7	7–9	4–7	7–9
1996	6–8	5–7	7–9	7–10	8–10

Frankreich Fortsetzung

Jahrgang	Burgund			Rhône	
	Côte d'Or rot	Côte d'Or weiß	Chablis	Rhône (N)	Rhône (S)
2014	6–8	7–9	7–9	7–8	6–8
2013	5–7	7–8	6–8	7–9	7–8
2012	8–9	7–8	7–8	7–9	7–9
2011	7–8	7–8	7–8	7–8	6–8
2010	8–10	8–10	8–10	8–10	8–9
2009	7–10	7–8	7–8	7–9	7–8
2008	7–9	7–9	7–9	6–7	5–7
2007	7–8	8–9	8–9	6–8	7–8
2006	7–8	8–10	8–9	7–8	7–9
2005	7–9	7–9	7–9	7–8	6–8
2004	6–7	7–8	7–8	6–7	6–7
2003	6–7	6–7	6–7	5–7	6–8
2002	7–8	7–8	7–8	4–6	5–5
2001	6–8	7–9	6–8	7–8	7–9

Beaujolais 14, 11, 10. Crus länger haltbar. Mâcon–Villages (weiß) 14, 12 jetzt trinken. Loire (süße Weine aus dem Anjou und der Touraine) beste neuere Jahrgänge: 10, 09, 07, 05, 02, 97, 96, 93, 90, 89; Bourgueil, Chinon und Saumur-Champigny: 14, 10, 09, 06, 05, 04, 02. Obere Loire (Sancerre, Pouilly-Fumé): 14, 12. Muscadet BV.

Frankreich

Die folgenden Abkürzungen werden
im Text verwendet:

Beauj	Beaujolais
Bg	Burgund
Bx	Bordeaux
Champ	Champagne
El	Elsass
H-Méd	Haut-Médoc
Lang	Languedoc
Lo	Loire
Méd	Médoc
N-Rh	Nördliche Rhône
OF	Ostfrankreich
Prov	Provence
Rh	Rhône
Rouss	Roussillon
Saut	Sauternes
Sav	Savoyen
S-Rh	Südliche Rhône
SWF	Südwestfrankreich
ZF	Zentralfrankreich
AC	Appellation Contrôlée
Ch.	Château
Dom.	Domaine

**Die dunklen Flächen bezeichnen
die Weinbaugebiete**

Le Havre

Caen

Brest

LOIRE

Loire

Nantes
Muscadet

Anjou-
Saumur

La Rochelle

BORDE

Médoc

Bordeaux
Pome
St-Em
Er
Du
Graves

Sauternes
Côtes d
Marma
Buz

Tursan
Côte
St-M
Mac
Jurançon

Biarritz

Frankreichs größte Stärke als Weinland ist seine Vielfalt. Weinliebhaber mögen der stetig steigenden Preise wegen der Bordeaux-Crus müde werden und stattdessen gen Rhône blicken, sie mögen zunehmend fasziniert sein von der Kleinteiligkeit Burgunds (und dann angesichts der Preise ebenso nervös werden), sie mögen sich dem Süden und der Fülle an Innovationen in der Provence und dem Languedoc zuwenden – und doch sind sie immer noch in Frankreich. Sie wechseln von einem Stil zum andern und entdecken Regionen, die so unterschiedliche Gewächse hervorbringen, dass man in einem ganzes Jahr lang ausschließlich französische Weine trinken könnte, ohne dass Langeweile aufkommen würde.

Bei der Weinauswahl richten wir Verbraucher uns immer weniger nach der Appellation als vielmehr nach dem Erzeuger. Wirkt Frankreich deswegen altmodisch? Kein bisschen, denn eine wachsende Zahl von Erzeugern denkt ganz genauso: Sie arbeiten innerhalb des Appellationssystems, wenn ihnen dieses zupasskommt, und außerhalb, wenn das nicht der Fall ist. Insbesondere im Süden ist es gang und gäbe, dass ein Erzeuger einige Weine

Frankreich

Calais
Lille
Reims
CHAMPAGNE
Paris
Straßburg
ELSASS
Marne
Orléans
Loire
Chablis
Pouilly-
Fumé
Dijon
Sancerre
...raine
Côte d'Or
BURGUND
JURA
Saône
Cher
Côte Chalonnaise
Geneva
Mâconnais
Bugey
Dordogne
Beaujolais
Lyon
SAVOYEN
NÖRDL. RHÔNE
Côte Rôtie
Condrieu
St-Joseph
Grenoble
Cornas
Hermitage
Crozes-Hermitage
...rac
SÜDL. RHÔNE
Rhône
Cahors
Côtes du
Rhône-Villages
Gigondas
Beaumes-de-Venise
Châteauneuf-du-Pape
...WESTEN
Tarn
Gaillac
Côtes du Frontonnais
LANGUEDOC
Nizza
Minervois
St-Chinian
Montpellier
PROVENCE
...louse
Corbières
Bandol
Marseille
...SSILLON
Fitou
Rivesaltes
Perpignan
Mittelmeer
Banyuls

Bastia
KORSIKA
Ajaccio

innerhalb und einige außerhalb der Appellation herausbringt. Und wer nun meint, das Appellationssystem sei ohnehin zu restriktiv, dem sei gesagt, dass ohne dieses System die traditionellen lokalen Rebsorten in den 1980er- und 1990er-Jahren mit Stumpf und Stiel ausgerottet und umfassend durch Cabernet und Chardonnay ersetzt worden wären. Heutzutage betrachtet man dieses Vermächtnis an indigenen Sorten als Segen – und als etwas, worauf die Neue Welt bei der Suche nach neu anzubauenden Sorten und neuen Geschmacksrichtungen zurückgreifen kann. Wenn Sie auf Novitäten aus sind, war und ist Frankreich die erste Wahl.

Verweise können sich auch auf das Kapitel »Die Châteaux von Bordeaux« beziehen.

Neuere Jahrgänge klassischer französischer Weine

Roter Bordeaux

Médoc/roter Graves Bei manchen Weinen ist Flaschenalterung wünschenswert, bei diesen aber unerlässlich. Kleinere Gewächse aus leichteren Jahrgängen brauchen nur 2–3 Jahre, aber selbst einfache Weine aus großen Jahrgängen können über 15 Jahre hinweg noch gewinnen; die großen Kreszenzen solcher Jahrgänge profitieren sogar von der doppelten Zeit.

2014 Der Altweibersommer brachte die Rettung. Cabernet Sauvignon mit guter Säure und Nachhall. Gut bis sehr gut hinsichtlich Qualität wie Quantität und klassisch im Stil.

2013 Der schlechteste Jahrgang seit 1992. Grauenhafter Frühling mit Regen und Fäulnis. Ungleichmäßige Erfolge klassifizierter Gewächse; einige gute Weine haben sich herausgeschält.

2012 Launisches Wetter, kleine Ernte. Cabernet Sauvignon reifte nicht überall aus. Frühreifer, fruchtbetonter Stil. Seien Sie wählerisch.

2011 Ein schwieriges Jahr: trockener Frühling, kühler Juli, Regen, Hitze, Fäule. Die Rettung war der Altweibersommer. Unterschiedliche Qualität, aber besser als ihr Ruf. Klassische Frische mit moderatem Alkoholgehalt. Bescheidene Crus sind jetzt trinkreif.

2010 Herausragendes Jahr. Großartiger Cabernet Sauvignon mit tiefdunkler Farbe, Konzentration, fester Struktur. Entsprechende Preise. Wird sich Jahre halten.

2009 Hervorragendes Jahr, als »das großartigste« beworben. Strukturierte Weine mit überbordender Frucht. Unbedingt probieren! Jetzt zugänglich, können aber auch eingelagert werden.

2008 Viel besser als erwartet; frische, klassische Geschmacksnoten. Der Cabernet Sauvignon reifte in der Herbstsonne. Hat Alterungspotenzial.

2007 Miserabler Sommer, schwieriges Jahr, nur wenige Weine werden gut altern. Seien Sie wählerisch.

2006 Cabernet Sauvignon hatte Schwierigkeiten bei der Reifung; die Besten sind zart, schmackhaft, nervig und können alt werden. Schöne Farbe und Säure. Ab jetzt trinkreif.

2005 Reichhaltige, ausgewogene, für lange Lagerung geeignete Weine: ein hervorragender Jahrgang. Heben Sie die großen Namen noch auf.

2004 Gemischte Ergebnisse; die Spitzenweine nach klassischer Art sind aber gut. Jetzt trinken.

2003 Der heißeste Sommer seit Beginn der Wetteraufzeichnungen. Cabernet Sauvignon kann grandios sein (St-Estèphe, Pauillac). Im besten Fall wuchtig (aufheben), im schlechtesten Fall unausgewogen (austrinken). Die meisten bald trinken.

2002 Bei sorgfältiger Auslese einige gute Weine. Jetzt bis 2018 trinken.

Ältere gute Jahrgänge: 2000 1998, 1996, 1995, 1990, 1989, 1988, 1986, 1985, 1982, 1975, 1970, 1966, 1962, 1961, 1959, 1955, 1953, 1949, 1948, 1947, 1945, 1929, 1928.

St-Émilion/Pomerol

2014 Mehr Regen als im Médoc, weshalb Merlot unterschiedlich ausfällt. Sehr guter Cabernet franc. Alles in allem zufriedenstellender Jahrgang.

2013 Merlot mit schwieriger Blüteperiode (deshalb winzige Ernte) und Fäulnis. Mäßiger bis schwacher Jahrgang.

2012 Dieselben Bedingungen wie im Médoc. Früher gelesener Merlot fällt ein klein wenig besser aus.

2011 Ebenso schwierig wie im Médoc. Guter Cabernet franc. Pomerol schneidet womöglich am besten ab. Nicht links liegen lassen.

2010 Ausgezeichnet. Abermals kraftvolle Weine mit hohem Alkoholgehalt. Viel Konzentration dank kleiner Beeren.

2009 Erneut ausgezeichnet. Kraftvolle Weine (mit viel Alkohol), doch offenbar ausgewogen. In St-Émilion zog Hagel den Ertrag einiger Güter in Mitleidenschaft.

2008 Ähnlich wie im Médoc. Dass die Erträge sehr gering waren, war der Qualität zuträglich, die überraschend hoch ist. Ab jetzt trinkreif, aber den Besten sollte man noch Zeit lassen.

2007 Das gleiche Bild wie im Médoc. Die Lese fand zu sehr unterschiedlichen Zeitpunkten statt (Abweichungen von bis zu 5 Wochen). Ausgesprochen durchwachsen und nichts, was sich lang einlagern ließe.

2006 Zur Lese Regen und Fäulnis. Der früher reifende Pomerol war erfolgreich, gemischte Qualität in St-Émilion und den Satelliten.

2005 Bedingungen wie im Médoc. Überall ein Erfolg. Ab jetzt trinkreif.

2004 Der Merlot in Pomerol ist oft besser als 2003. Guter Cabernet franc.

2003 Der Merlot litt unter der Hitze, aber der Cabernet franc ist hervorragend. Sehr gemischter Jahrgang, St-Émilion-Spitzenweine vom Plateau gut. Die meisten müssen jetzt getrunken werden.

2002 Probleme mit der Reife und mit Fäulnis. Mittelprächtig bis gut. Trinkreif.

Ältere gute Jahrgänge: 2001, 2000, 1998, 1995, 1990, 1989, 1988, 1985, 1982, 1971, 1970, 1967, 1966, 1964, 1961, 1959, 1953, 1952, 1949, 1947, 1945.

Roter Burgunder

Côte d'Or Die Rotweine von der Côte de Beaune sind meist früher ausgereift als die gewichtigeren Kreszenzen von der Côte de Nuits. Die leichteren Weine, z. B. Volnay und Beaune, sind am frühesten trinkreif, am längsten brauchen die Grands crus z. B. von Chambertin und Musigny. Aber auch der beste Burgunder ist jung ansprechender als gleichwertiger roter Bordeaux.

2014 Erleichterung bei den meisten Erzeugern nach einer ordentlichen Ernte, obwohl Beaune, Volnay und Pommard wieder unter Hagel zu leiden hatten. Die Weine dürften bei mittlerer Dichte ansprechend und gesund ausfallen.

2013 Erneut furchtbarer Hagelschlag an der Côte de Beaune: Für roten Volnay, Pommard, Beaune und Savigny sieht es heikel aus. Kleine Ernte an der Côte de Nuits; wer spät las, wurde mit fein duftenden Weinen belohnt.

2012 Sehr geringe Ausbeute an feinen Weinen an der Côte de Nuits aufgrund katastrophaler Blüteperiode. Noch übler an der Côte de Beaune nach vielfachem Hagel. Sehr üppige, trotzdem erstklassige Weine.

2011 Einige Parallelen zu 2007: Auf einen mittelmäßigen Sommer folgte eine frühe Lese, allerdings sorgten diesmal dickere Schalen für mehr Struktur im Wein. Abermals geringe Erträge. Wird jetzt langsam zugänglich.

2010 Viel besser als erwartet. Frische, klassische Rotweine, die beständig an Format gewinnen. Feingliedrige Klassiker. Jetzt bis 2030?

2009 Schöne, reife, füllige Rotweine, die noch vor den 2005ern zugänglich werden. Wirken in ihrer Jugend gerade etwas unbeholfen. Hüten Sie sich vor überreifen Versionen. Jetzt bis 2030?

2008 Wer Pilzkrankheiten vermeiden konnte, brachte schöne Weine mit frischer Struktur hervor. Sorgfältig auswählen. Die Besten sind Pinots in Reinform. Jetzt bis 2025.

2007 Kleine Ernte; attraktive, intensiv duftende Weine, allerdings ohne echte Dichte. Côte de Beaune fällt ziemlich gut aus. Jetzt bis 2020.

2006 Ein ansprechendes Jahr an der Côte de Nuits (weniger Regen); die Weine besitzen genug Kraft, um sich mittelfristig zu entfalten. Côte-de-Beaune-Rotweine sollten ab jetzt getrunken werden. Die Besten halten bis 2025.

2005 Der beste Jahrgang seit mehr als einer Generation. Die Spitzengewächse müssen noch lagern. Halten Sie sich einstweilen an die einfacheren (Village-)Weine. Ansonsten 2018–2040.

2004 Leichtere Weine, einige sehr hübsch, andere ziemlich unangenehm krautig. Die meisten jetzt trinken.

2003 Die Rotweine kamen mit der Hitze besser klar als die Weißen. Muskulöse, reichhaltige Weine; die besten sind außergewöhnlich, die anderen alkoholstark und mit kurzem Abgang. Keine Eile bei Spitzengewächsen.

2002 Mittelgewichtige Weine von großer Klasse, ansprechende frische Note. Zeigen jetzt, was in ihnen steckt. Aber nichts überstürzen. Jetzt bis 2027.

Ältere gute Jahrgänge: 1999, 1996 (noch lagern), 1995, 1993, 1990, 1988, 1985, 1978, 1971, 1969, 1966, 1964, 1962, 1961, 1959 (reif).

Weißer Burgunder

Côte de Beaune Anders als noch vor 20 Jahren werden weiße Burgunder heutzutage nur selten für eine lange Lagerung bereitet. Spitzengewächse sollten aber nach wie vor bis zu 10 Jahre von einer Alterung profitieren.

2014 Ertrag in ordentlichem Umfang, Begeisterung allenthalben. Die Weine werden ganz sicher ansprechend sein, die besten klassisch und konzentriert.

2013 Der Hagel im Juli verschonte die Weißweine. Wer früh las, brachte konzentrierte, lebhafte Weine hervor. Spät gelesene Versionen sollte man meiden.

2012 Sehr geringe Erträge nach katastrophaler Blüteperiode und darauffolgendem Hagel, später annehmbares Wetter. Die Weine sind sehr intensiv, manche fein, andere allerdings auch plump.

2011 Großer Ertrag; feines Material für gewissenhafte Erzeuger, einige fleischige, schön ausgewogene Weine – aber die Versuchung, es mit der Ernte zu übertreiben, war groß. Sind früh attraktiv und trinkreif.

2010 Aufregende Weine mit schönem Frucht-Säure-Spiel; der Regen im September vernichtete einen Teil der Ernte. Meursault- und Corton-Charlemagne-Gewächse sind erstklassig. Jetzt bis 2020.

2009 Vollständige Ernte, gesunde Trauben. Die Weine sind auf alle Fälle bezaubernd, aber ob sie genug Säure für eine Reifezeit haben? Auf früh gelesene Exemplare trifft das zu, die anderen sollten jetzt getrunken werden.

2008 Geringe Ernte; reife Aromen, dennoch viel Säure. Die meisten Weine erreichen jetzt ihren Höhepunkt, Spitzengewächse halten sich bis 2020.

2007 Ansprechend knackig-frische Weine – wer spät las, erzielte die besten Ergebnisse. Die meisten sind jetzt trinkreif.

2006 Reiche Ernte und charmante, aromatische Weine. Jetzt austrinken.
2005 Kleiner, aber hervorragender Ertrag. Dichte, konzentrierte Weine. Einigen fehlt es noch an Anmut, mit dem Trinken daher noch warten. Hin und wieder leichte Oxidationserscheinungen.
2004 Aromatische, manchmal kräuterwürzige Weine. Bald trinken.

Mit Weißweinen aus dem Mâconnais (Pouilly-Fuissé, St-Véran, Mâcon-Villages) verhält es sich ähnlich, sie sind aber nicht so lange haltbar und zeichnen sich mehr durch Frische als durch Fülle aus.

Chablis. Grands crus aus Jahrgängen mit Kraft und gutem Säuregehalt entwickeln sich bis zu 10 Jahre superb, Premiers crus entsprechend kürzer, aber auch sie brauchen mindestens 3 Jahre.

2014 Potenziell hervorragender Jahrgang; frühe Lese, glückliche Winzer.
2013 Kleine Erträge, späte Ernte, Fäulnisprobleme. Gemischtes Ergebnis, einige wunderbare Weine.
2012 Die Erträge waren nicht ganz so unbedeutend wie an der Côte d'Or, aber dennoch zu gering. Wer früh las, erhielt ungemein konzentrierte, klassisch strenge Gewächse. Regen führte bei all jenen, die später lasen, zu weichen, säurearmen Weinen.
2011 Frühe Ernte mit großen Erträgen und reizvollen Weinen. Ähnlich wie 2002. Trinkreif jetzt bis 2022.
2010 Die Lese erfolgte zur selben Zeit wie an der Côte d'Or, die Resultate waren hervorragend. Feiner Jahrgang mit körperreichen, kraftvollen Weinen von mineralischer Säure. Ein großartiges Jahr für klassischen Chablis. Trinkreif jetzt bis 2030.
2009 Volle, zugängliche Weine. Die besten können noch im Keller bleiben, die anderen jetzt trinken.
2008 Hervorragend. Eine geringe Ernte erbrachte kraftvolle, fruchtig-saftige Weine. Die Grands crus werden sich noch weiter entfalten, die anderen jetzt austrinken.

Beaujolais

2014 Schöner Ertrag, hervorragendes Potenzial.
2013 Späte Ernte mit gemischten Ergebnissen.
2012 Winziger Ertrag, Existenzkampf, aufgegebene Weinberge.
2011 Der dritte Volltreffer in Folge! Kultivierte, klassische, sehr schön zu trinkende Weine.
2010 Kompakt und konzentriert, reift jetzt aus.
2009 Wunderbar reichhaltiger Jahrgang, der für neu erwachtes Interesse an Beaujolais gesorgt hat.
2005 Konzentrierte Weine; die besten lohnen weitere Lagerung.

Südwestfrankreich

2014 Nach einem kühlen Winter kam der Sommer erst nicht so recht in Gang, doch schließlich folgte strahlender Sonnenschein. Lässt Großes erwarten.
2013 Gute Erntebedingungen führten zu einigen ordentlichen Weinen nach einer ansonsten verheerenden Saison.
2012 Hagel, Frost und kühle Witterung bis Mitte Juni verringerten den Ertrag, doch was erzeugt wurde, ist gut.

2011 Gute Weine, allerdings tendieren Cahors und Madiran zu Übertriebenheit. Erstklassige Weißweine.

2010 Der Altweibersommer sorgte überall für eine schöne Ernte. Guter Jahrgang, kann jetzt getrunken werden.

2009 Verlässliche Weine, die man jetzt trinken sollte.

2008 Mittelmäßiger Jahrgang. Wurde ganz zum Schluss einigermaßen durch Sonnenschein gerettet.

Midi

2014 Ein schwieriges Jahr mit Hagelschlag in La Clape und Minervois und sintflutartigem Regen im September. Frühzeitige Lese war daher der Schlüssel zum Erfolg.

2013 Einige hübsche Weine, die sich anmutig entfalten, doch schlugen sich nicht alle Gebiete gleichermaßen gut.

2012 Geringe Quantität bei guter Qualität. Die Weine sind ab jetzt schön zu trinken.

2011 Recht frische Weine dank des eher kühlen Sommers, mit schöner Ausgewogenheit. Qualität und Quantität sind gut.

2010 Schöne Qualität; geringere Erträge als sonst wegen der sommerlichen Dürre. Die Weine sind jetzt köstlich.

2009 Kühler Frühling, heißer, trockener Sommer. Exzellente Qualität, die Weine sind jetzt wunderbar zu trinken.

Nördliche Rhône

2014 Fruchtfliegenbefall, eingeschränkte Erträge und Rotweine mit viel Frucht, die mit der Zeit an Tiefe gewinnen können. Sehr gute, frische, ausgesprochen gehaltvolle Weißweine.

2013 Sehr gute Rotweine mit Körper und Frische, die 15–20 Jahre vor sich haben. Außergewöhnliche Weiße, v. a. Hermitage, Saint-Joseph, Saint-Péray.

2012 Sehr guter Jahrgang für Hermitage und Côte Rôtie. Frische Rotweine, die sich jetzt schön entfalten und mindestens 15 Jahre halten werden. Weiße mit Stil und Frische, v. a. Condrieu.

2011 Jahrgang mit mittelschweren Weinen; tadellos in Crozes-Hermitage, gut in Hermitage und Cornas. Die Côte-Rôtie-Weine brauchen noch Zeit. Besser als 2008. Die frischen Weißen sind zufriedenstellend.

2010 Wunderbar. Herrliche Frucht, Ausgewogenheit, Frische und Flair bei den Roten, die ein langes Leben vor sich haben. Côte Rôtie ist so gut wie 1978. Sehr guter Condrieu und andere volle Weiße.

2009 Hervorragende Weine mit viel Sonne im Gepäck. Einige tiefgründige, reichhaltige rote Hermitage- und sehr volle Côte-Rôtie-Weine. Die besten Crozes- und St-Joseph-Abfüllungen altern gut. Recht mächtige Weiße, die lagern können.

2008 Verregneter Jahrgang, Spitzenwinzer schlugen sich am besten. Gute, saubere Weiße. Rotweine halten sich 8–12 Jahre.

2007 Weine von gelungener, ansprechender Tiefe mit gutem Reifepotenzial. Die besten haben eine Lebenserwartung von 18 und mehr Jahren. Gute Weißweine.

2006 Reichhaltige, zufriedenstellende Weine, v. a. Côte Rôtie. Alkoholstarker Condrieu.

2005 Großteils hervorragender Jahrgang; die Tannine erfordern noch Geduld. Volle Weiße, die jetzt schön zu trinken sind.

2004 Mittelgewichtige und geschmeidige, aber feine Weine, v.a. der Côte Rôtie. Herrliche Weiße; die Hermitage-Abfüllungen halten sich noch eine ganze Weile.

Südliche Rhône

Diese mächtigen Weine brauchten früher Jahre, bis sie halbwegs zugänglich waren. Doch das ändert sich: Inzwischen können Sie sogar einen Châteauneuf-du-Pape aus dem vorigen Jahr trinken – wenn Sie's so richtig üppig mögen.

2014 Ein feuchter Sommer brachte Fäulnis mit sich. Halten Sie sich an die renommierten Erzeuger – sie haben den Großteil ihres Leseguts entsorgt. Die Weine werden Freude schenken, aber Zeit brauchen. Guter Weißweinjahrgang.

2013 Leicht zugängliche, vergnügliche, frische Rotweine, kaum Grenache. Châteauneuf-du-Pape kann tiefgründig sein, am besten von alten Reben. Gutes Preis-Leistungs-Verhältnis beim Côtes du Rhône. Sehr gute Weiße.

2012 Die Rotweine sind voll, dunkel und überaus fruchtbetont, mit schönen Tanninen. Die Weißen geben feine Essensbegleiter ab.

2011 Geschmeidig, mild, recht früh trinkreif. Die roten Côte-du-Rhône-Weine bieten ein gutes Preis-Leistungs-Verhältnis.

2010 Überragender Jahrgang. Exzellente, körperreiche, ausgewogene Rote. Ein Spitzenjahr für Châteauneuf-du-Pape. Weine von klarer Frucht und gut eingebundenen Tanninen. Tiefgründige Weiße mit langem Abgang.

2009 Volle, sonnenverwöhnte, dicht gewirkte Rotweine. Trockenheit sorgte bei einigen für gebackene Noten und körnige Tannine. Roter Châteauneuf-du-Pape von ausgereifter Frucht, konzentriert und daher langlebig. Solide Weiße.

2008 Heikler Jahrgang; 12–15 Jahre Lebensdauer. Halten Sie sich an die großen Namen. Sehr gute, lebhafte Weißweine.

2007 Sehr guter Jahrgang: Sortenreine Grenache-Weine sind mächtig und intensiv, aber lecker. Herausragender Châteauneuf-du-Pape von Spitzenerzeugern.

2006 Unterbewertet; fruchtige, aromatische Châteauneuf-du-Pape- und Gigondas-Weine: zugänglicher als 2005, weniger süß und mächtig als 2007. Gute, volle Weiße, ideal zum Essen.

2005 Ein Jahrgang, der sich langsam entfaltet. Straff gewirkte, seriöse, konzentrierte Weine, die sich lange halten werden: erstklassiger Châteauneuf mindestens 20 Jahre. Die körperreichen Weißen haben sich schön entwickelt.

2004 Gut, aber uneinheitlich. Châteauneuf mineralisch und verführerisch. Gigondas im Idealfall mit körniger Textur und tiefgründig. Sind ab jetzt gut zu trinken. Gute, komplexe Weiße, die man demnächst austrinken sollte.

Champagne

2014 Gute Blüteperiode im Juni, dann ein sehr nasser August, gefolgt von einem heißen, trockenen September. Feine Weine in der nördlichen Montagne, an der Côte des Blancs und in Aube. Ansonsten ist die Qualität uneinheitlich, Pinot Meunier fällt schwächlich aus. Der Schlüssel zum Erfolg war der Lesezeitpunkt.

2013 Das Gegenteil von 2012. Für Chardonnay ein vielversprechender Jahrgang; Pinot noir mit gemischterem Ergebnis, aber glorreiche Ausnahme in Aÿ. Die Region Aube trafen Hagel und Regen.

2012 Kleiner Ertrag von hervorragendem Pinot noir und Meunier, womöglich der beste seit 1952. Chardonnay konnte weniger glänzen.

2011 Nichts für Jahrgangschampagner der großen Häuser, aber attraktiver Chardonnay von Spitzenerzeugern (J.L. Vergnon, Veuve Fourny, Lancelot-Pienne, A. Margaine)

2010 Dürre, Regen, Fäule. Chardonnay ist teilweise okay, Pinot noir nicht.

2009 Reife, Charme, Eleganz und perfekte Ausgewogenheit. Steht im Schatten von 2008, kann aber ebenso fein sein.

2008 Einer der drei besten Jahrgänge seit 2000. Klassische Balance von kraftvoller, ausgewogener Frucht und herrlich reifer Säure. Reicht zumindest an 2002 heran.

2007 Der zunächst unterschätzte Jahrgang zeigt jetzt klassische Reintönigkeit und Eleganz. Überragender Champagner von Roederer sowie vom Winzer Rodolphe Péters aus der Einzellage Chétillons (Le Mesnil).

Ältere gute Jahrgänge: 2004, 2002, 2000, 1996, 1995, 1992, 1990, 1989, 1988, 1982, 1976.

Loire

2014 Nach dem nassen, kühlen Sommer retteten der schöne September und der überwiegend gute Oktober den Jahrgang. Ausgewogene trockene Weiße und reife Rote, allerdings von einem abermals geringen Ertrag, abgesehen von der Region Obere Loire (Centre), die u. a. die AC Sancerre umfasst. Hervorragender Muscadet.

2013 Sehr schwieriger Jahrgang voller Herausforderungen. Geringer Zucker-, hoher Säuregehalt. Einige ansprechende Weine, die früh trinkreif sind. Im Anjou konnte ein wenig Süßwein erzeugt werden.

2012 Ein sehr schwieriger Jahrgang mit geringen Erträgen infolge von Frost und verbreitetem Mehltaubefall. Hohe Qualität bei Melon de Bourgogne und Sauvignon blanc, aber nur wenig Süßwein.

2011 Ein Jahr, in dem das Wetter verrückt spielte. In der Muscadet-Region trat Fäule auf. Sehr uneinheitliche Qualität. Einige feine Süßweine in Anjou.

2010 Sehr schön ausgewogene trockene Weiß- und großartige süße Anjou-Weine. Die Roten sind oft besser als 2009. Beträchtliches Alterungspotenzial.

2009 Im Allgemeinen sehr gut. Bei einigen Sauvignon-blanc-Weinen ist der zu hohe Alkoholgehalt problematisch.

2008 Sehr gesunde Trauben mit hohem Säuregehalt. Rote mit gutem Alterungspotenzial und exzellente trockene Weiße, v. a. Chenin blanc; Süßweine machte der nasse November zunichte.

Elsass

2014 Ein Jahr der Herausforderungen mit einem nassen August. Der strahlend schöne, warme September bürgt für einige feine trockene Weiße.

2013 Feine, frische, mineralische Weine mit eleganter Säure. Ein Riesling-Jahr.

2012 Kleiner Ertrag, konzentrierte Weine im trockenen Stil des Jahrgangs 2010.

2011 Runde, fruchtige Weine mit Charme und Aroma für baldigen Genuss.

2010 Sehr geringer Ertrag. Exzellente, meist trocken ausgebaute Weine, die man lange einlagern kann.

2009 Großartiger Pinot gris und Gewürztraminer; einige feine Spätlesen.

2008 Trockene, frische Weine: Der Riesling ist ein großes Vergnügen, v. a. von Weinbach und Trimbach.

2007 Heiß im Frühling, nasskalt im Sommer, sonnig im Herbst: reife Trauben. Austrinken.

Abymes Sav w ★ BV – Hügeliger Bereich bei Chambéry; leichter, milder AC Vin de Savoie von der Jacquère-Traube mit alpinem Charme. SAVOYEN hat eine ganze Reihe solcher lokalen Crus.

AC oder AOC (Appellation Contrôlée)/AOP Staatliche Herkunfts- und Produktionskontrolle (aber nicht für Qualität!) für das Gros der französischen Spitzenweine; etwa 45 % der Gesamtmenge. Wird sukzessive in AOP (Appellation d'Origine Protégée) umbenannt – was der Wahrheit deutlich näher kommt als »Contrôlée«…

Ackerman Lo r rs w; (tr) (s); (sch) ★→★★ Großer, ins gesamte Loire-Gebiet expandierender Négociant und die erste Schaumweinfirma in SAUMUR; auch 8 Genossenschaften sind beteiligt. Zur Ackerman-Gruppe gehören zudem Rémy-Pannier, Donatien Bahuaud und Monmousseau.

Agenais SWF r rs w ★ BV – IGP aus dem Departement Lot-et-Garonne. Bekannter als die Weine sind die – ebenfalls IGP-geschützten – Dörrpflaumen aus Agen, doch bieten Erzeuger wie die DOMAINES du Boiron, Lou Gaillot und Campet immerhin Besseres als die langweiligen Genossenschaften.

Alain Chabanon, Domaine Lang ★★★ Führender Erzeuger in MONTPEYROUX. Besonders empfehlenswert sind Campredon, L'Esprit de Font Caude sowie Le Merle aux Alouettes auf MERLOT-Basis. Der weiße Trélans wird von VERMENTINO und CHENIN BLANC bereitet.

Allemand, Thierry N-Rh r ★★★ 90' 91' 93 94' 95' 98' 99' 00' 01' 02 03 04 05' 06' 07' 08 09' 10' 11' 12' 13' 14 – Die 5-ha-DOMAINE in CORNAS wird ökologisch bewirtschaftet und hält den Einsatz von Schwefel gering. Charaktervolle, tiefgründige Weine mit rauchiger Frucht: Spitzengewächs ist der komplexe, langlebige Reynard (20 Jahre und mehr), der Chaillot ist früher zugänglich.

Alliet, Philippe Lo r w ★★★→★★★★ 02 04 05' 06 08 09' 10' 11 12 13 (14) – Top-CHINON-Erzeuger und BORDEAUX-Fan mit sortenreinem CABERNET FRANC. Zu den CUVÉES zählt der Tradition VIEILLES VIGNES von 50 Jahre alten Reben auf Kiesboden. Zwei Steillagen unmittelbar östlich von Chinon liefern den L'Huisserie und den Coteau de Noiré.

Aloxe-Corton Bg r w ★★→★★★ 99' 02' 03 05' 06 08 09' 10' 11 12' 14 – Weinort am Nordende der CÔTE DE BEAUNE; berühmt für seine GRAND-CRU-Lagen CORTON und CORTON-CHARLEMAGNE, die PREMIER-CRU- und Village-Weine sind weniger interessant. Wenn Überextraktion vermieden wurde, können die Roten ansprechend sein. Beste Erzeuger sind die Domaines Follin-Arbelet, Comte Senard, des Terregelesses und TOLLOT-BEAUT.

Alquier, Jean-Michel Lang r w – Herausragender Erzeuger in FAUGÈRES. Weißer Verschnitt Les Vignes du Puits (MARSANNE/ROUSSANNE/GRENACHE BLANC), außerdem Les Pierres Blanches (SAUVIGNON BLANC) sowie die roten CUVÉES Les Premières von jüngeren Reben und Maison Jaune sowie ein nobler SYRAH von alten Reben und Les Bastides auf GRENACHE-Basis. Nicht zu verwechseln mit der Dom. Alquier seines Bruders Fréderic.

Alsace Grand cru El w ★★★→★★★★ 00 05 06 07 08' 09 10 11 12 13' 14 – AC nur für die 51 besten Lagen (ca. 1.600 ha, 800 ha in Produktion) und vier »edle« Trauben: RIESLING, PINOT GRIS, GEWÜRZTRAMINER und MUSCAT. Zu den neuen Produktionsvorschriften zählen ein höherer Mindestreifegrad und das Verbot der Chaptalisierung. Außerdem sind neuerdings spezifische Regelungen für jeden einzelnen Cru gestattet.

Amirault, Yannick Lo r ★★→★★★ 03 05' 06 08' 09' 10' 11 12 13 14 – Der bescheidene Yannick und sein Sohn Benoît zählen zu den Toperzeugern in BOURGUEIL (20 ha) und ST-NICOLAS-DE-BOURGUEIL (10 ha). Spitzen-CUVÉES: La Petite Cave und Les Quartiers aus Bourgueil sowie La Mine aus St-Nicolas.

Ampeau, Robert Côte d'Or w – Domaine in MEURSAULT, die ihre Weine ungewöhnlicherweise erst dann zum Verkauf freigibt, wenn sie wirklich trinkreif sind.

Angerville, Marquis d' Côte d'Or r w ★★★★ Der Superstar in VOLNAY mit biologisch-dynamischem Anbau: legendärer Clos des Ducs (MONOPOLE-Lage) sowie erstklassiger Champans und Taillepieds. Das neue Projekt im Jura (Dom. du PÉLICAN) sollte man im Auge behalten.

Anglès, Château d' Lang ★★★ Eric Fabre, früher Kellermeister von Ch. LAFITE ROTHSCHILD, hat das traditionelle alte Weingut in LA CLAPE umgemodelt und ist fasziniert von MOURVÈDRE. Erzeugt werden Classique (rot, rosé, weiß) im BORDEAUX-Stil und in Eiche ausgebauter roter und weißer *grand vin*.

Anjou Lo r rs w; (tr) (s); (sch) ★→★★★★ Region, aber auch übergeordnete AC an der Loire, die ANJOU und SAUMUR beinhaltet und oft besser ist als ihr Ruf. Das Spektrum der trockenen CHENIN-BLANC-Weißweine reicht von leichten Alltagstropfen bis zu feinen Weinen mit Alterungspotenzial. Unter den Roten findet man z.B. den AC Anjou GAMAY, den fruchtigen Anjou Rouge auf CABERNET-FRANC-Basis und die alterungsfähigen, aber tanninstarken ANJOU-VILLAGES, der auch CABERNET SAUVIGNON enthält. Daneben der meist trocken ausgebaute SAVENNIÈRES, der leicht süße bis üppige COTEAUX DU LAYON (Chenin blanc), trockene und liebliche Rosés sowie Schaumweine. Die Erzeugnisse der AC Anjou sind sehr unterschiedlich, bieten aber oft ein sehr gutes Preis-Leistungs-Verhältnis. Halten Sie sich bei den Süßweinen an 2010 und 2011 oder warten Sie auf 2016.

Anjou-Coteaux de la Loire Lo w; lbl s ★★→★★★ 02 05' 07' 09 10' 11' (14) – Kleine AC (38 ha) ganz im Westen der AC ANJOU für süße CHENIN-BLANC-Weißweine, die weniger voll, aber nerviger sind als COTEAUX DU LAYON. Erzeuger: v.a. Doms. Delaunay, Fresche, Musset-Roullier und Ch. de Putille. Wenige Weine in den Jahrgängen 2012 und 2013.

Anjou-Villages Lo r ★→★★★ 05' 06 08 09' 10' 11 12 13 (14) – Höherwertige und noch weiter an Qualität zulegende AC für Rotweine (v.a. CABERNET FRANC/CABERNET SAUVIGNON, aber auch einige reinsortige Weine von Cabernet Sauvignon) aus dem Herzen der AC ANJOU. Die Tannine sind mitunter heftig, die Spitzenweine aber zum Ausgleich vergleichsweise preiswert. Erzeuger: v.a. Bergerie, Branchereau, Brizé, CADY, Clos de Coulaine, Philippe Delesvaux, Ogereau, Ch. PIERRE-BISE, Sauveroy und Soucherie. Der Unterbereich Anjou-Villages-Brissac liegt im selben Gebiet wie COTEAUX DE L'AUBANCE; Erzeuger hier v.a.: Bablut, Dom. de Haute Perche, Montgilet, Princé, Richou, Rochelles, Ch. de Varière.

Apremont Sav w ★★ BV – Einer der besten Weinorte in SAVOYEN für frische Weißweine von der Jacquère-Traube aus Berglagen sowie guten CHARDONNAY. Empfehlenswerter Erzeuger: Pierre Boniface.

Arbin Sav r ★★ Dunkler, lebhafter Rotwein aus MONDEUSE-Trauben, vergleichbar mit einem CABERNET SAUVIGNON von der Loire. Trinkreif in 1–2 Jahren; ideal zum Après-Ski.

Arbois Jura r rs w; (sch) ★★→★★★ Verschiedene gute, urwüchsige Weine, die tatsächlich ihr Terroir verraten; Spezialität: VIN JAUNE. Beste Erzeuger: Stéphane Tissot und Jacques Puffeney (geht in den Ruhestand, sichern

Sie sich daher die Kellerbestände!). Guter Crémant-Schaumwein von der lokalen Genossenschaft Fruitière Vinicole d'Arbois. Köstlicher PINOT-NOIR-artiger Poulsard, der von der gleichnamigen Traube bereitet wird.

Ariège SWF r rs w ★ **11 12** (14) – Die traditionsreiche Region südlich von Toulouse ist mit ihrer Vielzahl an Rebsorten und der interessanten Qualität auf dem Weg zu einer Renaissance. Die DOMAINE Les Coteaux d'Engraviès (★★) führt die kurze Liste der Erzeuger an.

Arjolle, Domaine de l' Lang ★★★ Bedeutendes Gut in den CÔTES DE THONGUE. »Z« steht für ZINFANDEL und »K« für CARMENÈRE; außerdem originelle Verschnitte sowie Weine von konventionelleren LANGUEDOC-Rebsorten.

Arlaud Côte d'Or ★★★ Führender Erzeuger in MOREY-ST-DENIS. Das gesamte Angebot zeigt Klasse, angefangen vom BOURGOGNE Roncevie bis hin zu den Grands crus CHARMES-CHAMBERTIN und CLOS DE LA ROCHE. Die junge Generation hat das Gut wiederbelebt und sich auf alte Tugenden besonnen, z. B. wird jetzt mit dem Pferdepflug gearbeitet.

AOP und IGP: Was tut sich in Frankreich?

Die europaweite Einführung der Bezeichnungen AOP (Appellation d'Origine Protégée) und IGP (Indication Géographique Protégée) heißt, dass diese Begriffe nun auf den Etiketten zu finden sein können. AOC wird weiterverwendet werden. Aus Gründen der Einfachheit und Kürze wird in diesem Buch aber nur noch der Ausdruck IGP für alle ehemaligen VINS DE PAYS verwendet.

Arlay, Château d' Jura r w; s ★→★★ Großes Weingut in tüchtigen Händen. Zu den Weinen zählen sehr guter VIN JAUNE, VIN DE PAILLE, PINOT NOIR und MACVIN.

Arlot, Domaine de l' Côte d'Or r w ★★→★★★ Einstmals berühmter Vertreter der Ganztraubenvergärung (bis 2010) – der Stil hat sich unter der neuen Leitung allerdings geändert. Wird jetzt stärker von AXA kontrolliert. Betörend duftender NUITS-ST-GEORGES und Clos des Fôrets St-Georges, außerdem VOSNE-ROMANÉE Les Suchots und ROMANÉE-ST-VIVANT. Die raren Weißen sind ebenfalls sehr gut.

Armand, Comte Côte d'Or r ★★★ Einziger Besitzer des großartigen Clos des Épeneaux in POMMARD sowie anderer Weinberge in AUXEY und VOLNAY. Seit 1999 in Topform. Ökologischer Anbau. Die neue Gutsleitung (seit 2013) verspricht Kontinuität.

Aube Champ – Südlicher Ausläufer der CHAMPAGNE (auch Côte de Bar genannt). Sehr guter PINOT NOIR (**09 10** 14).

Aupilhac, Domaine d' Lang – Das einstige Pioniergut in MONTPEYROUX hat inzwischen etliche Nachahmer gefunden. Sylvain Fadat bevorzugt CARIGNAN und CINSAULT sowie LANGUEDOC-Klassiker.

Auxey-Duresses Côte d'Or r w ★★ **99' 02' 03** 05' 06 07 08 **09' 10' 11** 12 14 – Ort der CÔTE DE BEAUNE-Villages im Tal hinter MEURSAULT. Die Rotweine sind heute intensiver im Duft und strukturierter, ohne allzu rustikal auszufallen; die ansprechenden mineralischen Weißen sind vergleichsweise preiswert. Beste Beispiele (rot): COMTE ARMAND, COCHE-DURY, Gras, MAISON LEROY (Les Boutonniers), Prunier; (weiß): Lafouge, Leroux, ROULOT.

Aveyron SWF r rs w ★ IGP BV – Wild romantische Landschaft, ursprüngliche Weine, die Heimat von Roquefort und MARCILLAC sowie seltener Rebsorten wie z. B. Négret de Banhars. Nicolas Carmarans und Patrick Rols (beide ★★) erzeugen »natürliche« Weine, eher den üblichen Standard bieten die Domaines Bertau und Pleyjean.

Avize Champ – Ort der Côte des Blancs mit feinem CHARDONNAY. Exzellente Winzerweine, v. a. von Selosse, Agrapart und der großartigen Genossenschaft Union Champagne.

Aÿ Champ – Hochgeschätzter Ort für PINOT NOIR, Heimat von BOLLINGER. Mischung aus Négociant- und Winzerweinen, die teils in Fässern bereitet werden: z. B. von Claude Giraud, dem einflussreichen Meister der Argonne-Eiche. Der (nicht in Holz ausgebaute) Noirs d'Aÿ von Gosset-Brabant ist der Inbegriff von Reintönigkeit.

Ayala Champ – Wiederbelebtes Champagnerhaus in AŸ im Besitz von BOLLINGER. Schöner BRUT Nature Zéro Dosage, ideal zu Austern. Fantastische Prestige-CUVÉE Perle d'Ayala (**08' 09** 12 13 14). Präzises, rassiges, geradliniges Geschmacksprofil.

Bachelet Bg r w ★★→★★★★ Weitverbreiteter Familienname in Burgund. Exzellente Weißweine kommen von B.-Monnot (MARANGES), Jean-Claude B. (ST-AUBIN) und von B.-Ramonet (CHASSAGNE). Am anderen Ende der CÔTE D'OR erzeugt Denis B. alkoholstarken GEVREY-CHAMBERTIN.

Bandol Prov r rs (w) ★★★ **96 97 98 99 00 01 02 03 04 05** 06 07 08 09 10 11 12 13 – Kompakte AC an der Küste mit den besten Weinen der PROVENCE: hervorragende, in Eiche ausgebaute Rote mit enormem Alterungspotenzial, vorwiegend von MOURVÈDRE mit GRENACHE und CINSAULT; elegante Rosés von jungen Reben und ein wenig Weißwein von CLAIRETTE, UGNI BLANC und gelegentlich SAUVIGNON BLANC. Spitzenerzeuger: u. a. Ch. La Bastide Blanche, Ch. La Bégude, Dom. du Gros'Noré, Dom. Lafran Veyrolles, Dom. de la Laidière, Ch. Mas de la Rouvière, Ch. Pibarnon, Ch. Pradeaux, Dom. La Suffrène, Dom. de Terrebrune, Dom. TEMPIER, Ch. Vannières.

Banyuls Rouss br; s ★★→★★★ Charaktervolle, köstliche VINS DOUX NATURELS, hauptsächlich von alten GRENACHE-Reben (GRAND CRU reift 2 Jahre und länger, was aber keine große Rolle spielt). Neuere Jahrgangsweine ähneln im Stil Ruby Port, überzeugender sind aber die jahrelang gereiften traditionellen RANCIOS. Sie erinnern an feinen alten Tawny Port oder sogar an Madeira. Am besten sind die DOMAINES du Mas Blanc (★★★), la Rectorie (★★★), de la Tour Vieille (★★★), Coume del Mas (★★), Vial Magnères (★★), Les Clos de Paulilles und Dom. Madeloc. Siehe auch MAURY.

Baronne, Château la Lang ★★★ Familiengut in CORBIÈRES im Bereich Montagne d'Alaric. IGP Hauterive (weiß); außerdem Corbières Les Lanes, Les Chemins, Alaric und sortenreiner CARIGNAN Pièce de Roche von 1892 gepflanzten Reben.

Barrique In Bordeaux (und Cognac) gebräuchliche Bezeichnung für ein Eichenfass mit 225 l Inhalt. Kommt weltweit zum Einsatz, doch die Allerweltsbegeisterung für die exzessive Verwendung neuer Eiche flaut gnädigerweise allmählich ab. Die Frucht überlagerndes Holz wirkt heutzutage altmodisch.

Barsac Saut w; s ★★→★★★★★ **88' 89' 90' 95 96 97' 98 99' 01' 02 03' 05' 07' 09' 10' 11'** 12 13 (14) – Nachbar von SAUTERNES mit ähnlichen edelfaulen Weinen von tiefer liegenden Kalksteinböden: frischer und nicht so kraftvoll. Schnitt im schwierigen Jahr 2012 besser ab als Sauternes. Spitzenweine von CAILLOU, CLIMENS, COUTET, DOISY-DAËNE, DOISY-VÉDRINES, NAIRAC.

Barthod, Ghislaine Côte d'Or r ★★★→★★★★ Duftende, feine Weine, die dennoch Tiefe und Konzentration mitbringen. Eindrucksvolle Reihe von neun PREMIERS CRUS in CHAMBOLLE-MUSIGNY, etwa Les Baudes, Charmes, Cras und Fuées.

Bâtard-Montrachet Côte d'Or w ★★★★ **99' 00 02' 04'** 05' **06 07' 08' 09'** **10 11** 12 13 14' – GRAND CRU (12 ha) unterhalb von MONTRACHET selbst. Grandiose, stämmige Weißweine, denen man Zeit geben sollte. Sie sind kraftvoller als die Gewächse aus den Nachbarlagen BIENVENUES-BÂTARD-MONTRACHET und CRIOTS-BÂTARD-MONTRACHET. Ausschau halten nach: BACHELET-Monnot, J.-M. BOILLOT, CARILLON, FAIVELEY, GAGNARD, Louis LATOUR, LEFLAIVE, Leroux, MOREY, Pernot, Ramonet, SAUZET, VOUGERAIE.

Baudry, Domaine Bernard Lo r rs w ★★→★★★ 05 06 08 **09'** 10' **11 12 13** (14) – 30 ha auf Kies und Kalkstein. Durchweg erstklassige CHINON-Weine: Weiße von CHENIN BLANC, Rosés und Rote auf CABERNET-FRANC-Basis, u. a. früh trinkreifer Les Granges, strukturierter Les Grézeaux, Clos Guillot und Croix Boissées. Ökoweinbau mit Handlese. Bernard verabschiedet sich in den Ruhestand, Sohn Mathieu übernimmt die Leitung.

Baudry-Dutour Lo r rs w; (sch) ★★→★★★ 03 05' **06** 08 **09'** 10' **11 13** (14) – Größter Erzeuger in CHINON; zum Besitz zählen u. a. Ch. de St-Louans und Ch. de la Grille (seit 2013 mit Besucherzentrum). Verlässliche Qualität von leichten, jung zu genießenden Alltagsweinen bis hin zu alterungswürdigen Roten. 2014 wurde erstmals ein rosé Schaumwein herausgebracht. Aufgrund des Hagelschadens im September 2014 verlegte man sich vorwiegend auf Rosé.

Baumard, Domaine des Lo r rs w; tr s; sch ★★→★★★ tr 03 05' **06 07'**; s 08 09 **10 11** 13 (14) – Umstrittener Erzeuger in ANJOU, v. a. mit Weißweinen von CHENIN BLANC, u. a. SAVENNIÈRES (Clos St-Yves, Clos du Papillon), QUARTS DE CHAUME und Clos Ste-Catherine. Befürwortet Kryoextraktion (Tiefgefrieren der Trauben zur Konzentration des Zuckergehalts). Florent Baumard erlitt 2014 eine demütigende Niederlage vor Gericht, das seine Anfechtung der Vorschriften für Quarts de Chaume GRAND CRU abschmetterte.

Baux-de-Provence, Les Prov r rs w ★★→★★★ **07 08 09 10 11** 12 13 14 – Weinberge an den spektakulären Bauxit-Abbaustellen der Alpilles rund um den Ort Les Baux, dessen Beliebtheit bei Touristen die Gefahr einer gewissen Selbstgefälligkeit mit sich bringt. Weißweine von CLAIRETTE, GRENACHE, Rolle und ROUSSANNE, Rote von CABERNET SAUVIGNON, SYRAH und Grenache. Meist ökologischer Anbau. Mit Abstand bester Erzeuger ist die Dom. de TRÉVALLON mit ihrem Cabernet Sauvignon/Syrah-Verschnitt. Weitere Erzeuger: Mas de la Dame, Ch. d'Estoublon, Dom. Hauvette, Ch. Romanin, Mas Ste Berthe, Dom. des Terres Blanches, Dom. de Valdition.

Béarn SWF r rs w ★→★★ r **12** (14); rs w BV – Ländliche Provinz im Norden des Baskenlands. Am besten sind die Roséweine der AOP. Gute Rotweine erzeugen Dom. de la Callabère und Dom. Lapeyre und Guilhemas (beide ★). Außerdem Weißweine von der seltenen Sorte Raffiat de Moncade. Gute Genossenschaft in Bellocq (★).

Beaucastel, Château de S-Rh r w ★★★★ 78' 81' 83 85 88 89' 90' 94' 95' 96' 97 98' 99' 00' 01' 03' 04 05' 06' 07' **08** 09' 10' 11' 12' 13' 14 – Seit Langem ökologisch bewirtschaftetes CHÂTEAUNEUF-Spitzengut mit alten MOURVÈDRE- und 100 Jahre alten ROUSSANNE-Reben. Gehört zur ausgezeichneten Firma Famille Perrin an der südlichen Rhône (Weinberge teils in eigenem Besitz, teils gepachtet), die mit Maison Nicolas Perrin auch ein Handelshaus an der nördlichen Rhône betreibt. Rauchige, komplexe, manchmal rustikale Weine mit dunkler Frucht, die in den ersten beiden Jahren oder aber erst nach 7–8 Jahren getrunken werden sollten. Die letzten Jahrgänge sind weicher ausgefallen. Erstklassig der rote Hommage à Jacques Perrin mit 60% Mourvèdre. Wundervoller Roussanne Vieilles Vignes (alte Reben), 5–25 Jahre haltbar. Geschliffener roter CÔTES DU RHÔNE Coudoulet de Beaucastel (Lebensdauer 8 Jahre und mehr). Sehr gut und authentisch sind Famille Perrin CAIRANNE (preiswert), GIGONDAS, RASTEAU

Frankreich

und VINSOBRES. Gut ist auch der Ökowein Perrin Nature Côtes du Rhône (rot und weiß). Siehe auch TABLAS CREEK im Kapitel »Kalifornien«.

Beaujolais r (rs) (w) ★ BV – Einfache Appellation der großen Region Beaujolais, deren leichte Weine jetzt auch unter dem Etikett COTEAUX BOURGUIGNONS vermarktet werden können. Hat wirtschaftlich schwer zu kämpfen. Weine aus den Hügeln um den Ort Le Bois d'Oingt können hervorragend sein.

Neuzugänge in der Beaujolais-Fraktion

Das BEAUJOLAIS ist eine der größeren unter den dynamischsten Anbaubereichen in Burgund und nach wie vor relativ erschwinglich. Sogar so erschwinglich, dass viele CÔTE-D'OR-Erzeuger dort Land erwerben: JADOT und Thibault LIGER-BELAIR in MOULIN-À-Vent, BOUCHARD, DROUHIN und LAFARGE in FLEURIE sowie Louis BOILLOT in BROUILLY. Andere sondieren gerade das Terrain …

Sie können sich aber auch an Neuzugänge halten wie Julie Balagny und Julien Sunier in Fleurie oder P.-H. Thillardon in CHÉNAS oder Richard Rottiers in Moulin-à-Vent.

Beaujolais Primeur (oder **Nouveau)** Beauj – Ist eher ein Ereignis als ein Getränk. Der BEAUJOLAIS des neuen Jahrgangs wird im Schnellverfahren bereitet, damit er am dritten Mittwoch im November um Mitternacht freigegeben werden kann. Sollte sehr fruchtig und süffig sein, kann aber auch säuerlich und/oder alkoholstark ausfallen.

Beaujolais-Villages Beauj r ★★ **12 13 14** – Wein der mittleren Kategorie zwischen einfachem BEAUJOLAIS und den zehn »Crus« (z. B. MOULIN-À-VENT), der oft allzu simpel ausfällt. Am besten schneiden die Gemeinden Beaujeu und Lantigné ab – es lohnt sich, auf die Freigabe dieser Weine zu warten.

Sie möchten gern in Beaujolais Nouveau baden? Schauen Sie mal nach Japan: www.yunessun.com.

Beaumes-de-Venise S-Rh r (rs) (w) br ★★ r **07' 09' 10' 11** 12' 13; Muscat BV – Gemeinde der CÔTES DU RHÔNE südlich von GIGONDAS, berühmt für VIN DOUX NATUREL von der MUSCAT-Traube. Der v. a. als Aperitif oder zum Dessert servierte Wein hat Aromen von Trauben und Honig und sollte sehr kalt getrunken werden. Feine Versionen bieten z. B. die Doms. Beaumalric, Bernardins (moschusartig, traditionell), Durban (reichhaltig), Fenouillet (lebhaft), JABOULET, Pigeade (frisch, sehr gut), VIDAL-FLEURY und die Genossenschaft. Auch ausdrucksstarke, griffig texturierte Rote (Dom. Cassan, Fenouillet, Ferme St-Martin, Durban, St-Amant, Ch. Redortier), die in sonnenreichen Jahren am besten ausfallen und 2–3 Jahre lagern sollten. Die einfachen Weißen (ein wenig trockener MUSCAT und VIOGNIER) und beschwingten Rosés sind Côtes-du-Rhône-Weine.

Beaumont des Crayères Champ sch – Genossenschaft an der Côte d'Épernay, deren Grande Réserve oJ auf PINOT-MEUNIER-Basis vorbildlich ist. Der Jahrgangschampagner Fleur de Prestige ist sein Geld mehr als wert (**04 06 08' 09** 12'). Außerdem großartige Cuvée Nostalgie (**02' 06 08**) auf CHARDONNAY-Basis und seit Kurzem Fleur de Meunier Brut Nature (**08**).

Beaune Côte d'Or r (w) ★★★ **02'** 03 **05'** 07 **08** 09' **10' 11** 12 14 – Die historische Weinhauptstadt Burgunds ist der Sitz der HOSPICES DE BEAUNE und klassischer Weinhändler wie BOUCHARD, CHAMPY, CHANSON, DROUHIN,

JADOT, LATOUR und Remoissenet. Aber auch junge Anwärter wie Gambal, Lemoine, Leroux und Roche de Bellène sind hier ansässig. Es gibt keine GRAND-CRU-Lagen, aber einige anmutige, duftende PREMIER-CRU-Rotweine, z. B. aus Bressandes, Cras, Teurons und Vignes Franches, kraftvollere Gewächse aus Grèves. Zunehmend wird auch Weißwein erzeugt: Am besten ist der CLOS DES MOUCHES von Drouhin.

Becker, Caves J. El r w ★→★★ Das Gut wird ökologisch bewirtschaftet und ist jetzt auch zertifiziert. Stilvolle Weine, u. a. der herrlich ausgewogene, mineralische GRAND CRU Froehn, den es als GEWÜRZTRAMINER und RIESLING (**08 10'** 13 14') gibt.

Bellet Prov r rs w ★★ Winzige AC, deren 48 ha innerhalb Nizzas liegen, doch wird der lokale Wein dort kaum beachtet. Die Weißweine von der Rolle-Traube sind überraschend langlebig und köstlich; von den Sorten Braquet und Folle noire werden leichte Rote bereitet (BV). Nur eine Handvoll tapferer Erzeuger hält die Stellung: Ch. de Bellet (am ältesten), CLOS St-Vincent, Collet de Bovis, Les Coteaux de Bellet, Dom. de la Source und Toasc.

Bellivière, Domaine de Lo r w; s ★★→★★★ 05' 07 08 09' 10' 11' 13 (14) – Die DOMAINE mit 13 ha verstreut liegenden Parzellen wird von Christine und Eric Nicolas geführt und biodynamisch bewirtschaftet. Sie erzeugen schön präzisen CHENIN BLANC aus JASNIÈRES und den COTEAUX DU LOIR sowie pfeffrigen roten Pineau d'Aunis.

Bergerac SWF r rs w; tr s ★→★★★ 09' 10 11 12 (14) – An BORDEAUX grenzende AOP mit denselben Rebsorten, aber deutlich niedrigeren Preisen. Die trockenen und süßen Weißweine werden meist von SÉMILLON bereitet, die Roten überwiegend von MERLOT. Empfehlenswerte Erzeuger: Clos des Verdots und La Tour des Gendres (beide ★★★), außerdem die Domaines du Cantonnet, Jauberie und Jonc Blanc sowie die Châteaux Thénac (Fleur de Thénac) und Tour de Grangemont (alle ★★). Weitere Erzeuger siehe die Sub-AOPs MONBAZILLAC, PÉCHARMANT, ROSETTE und SAUSSIGNAC.

Berlioz, Domaine Gilles Sav – Die führende DOMAINE in CHIGNIN erzeugt hervorragende Weißweine, darunter makellose Chez l'Odette (von der Jacquère-Traube) und vollerer ROUSSETTE DE SAVOIE El Hem (»Wundermann«), benannt nach einem befreundeten Anwalt.

Berthet-Bondet, Domaine Jura – Der frühere Bürgermeister von CHÂTEAU-CHALON erzeugt klassischen VIN JAUNE und außerdem schöne Vertreter der Rebsorten CHARDONNAY und Trousseau.

Bertrand, Gérard Lang r rs w ★★ Ambitionierter Winzer, inzwischen einer der größten im MIDI: Villemajou (im CORBIÈRES-Cru Boutenac), Laville-Bertou (MINERVOIS-LA LIVINIÈRE), Dom. de l'Aigle (LIMOUX), Cigalus (IGP Hauterive) und la Sauvageonne (TERRASSES DU LARZAC). Aushängeschild ist Ch. l'Hospitalet (LA CLAPE), neu der ehrgeizige Clos d'Ora (Minervois-La Livinière)

Besserat de Bellefon Champ sch – Champagnerhaus in Épernay, das sich auf sanft schäumende Weine (nach Art des früheren CRÉMANT) spezialisiert hat. Gehört zu Lanson-BCC. Bietet respektable Qualität zu moderaten Preisen.

Beyer, Léon El r w ★★→★★★ Erzeuger intensiver trockener Weine, die häufig 10 Jahre und mehr Flaschenreife brauchen. Erlesener RIESLING Comtes d'Eguisheim (08' 10 13 14') aus der GRAND-CRU-Lage PFERSIGBERG, was aber nicht auf dem Etikett steht. Ideale Weine für die gehobene Küche, die sich auf den Karten vieler Sternerestaurants finden. Ernst zu nehmender PINOT NOIR (10' 12).

Bichot, Maison Albert Bg r w ★★→★★★ Bedeutendes Handelshaus mit eigenem Anbau, das zunehmend eindrucksvollere Weine in einem kraftvollen, recht eichenholzwürzigen Stil erzeugt. Die besten stammen von den eigenen DOMAINES wie LONG-DEPAQUIT (CHABLIS), Clos Frantin (NUITS-ST-GEORGES) und Pavillon (BEAUNE).

Bienvenues-Bâtard-Montrachet Côte d'Or ★★★→★★★★ 02' 04 05 06 07 08 09 10 11 12 13 14' – Die einen Tick leichtere und früher reifende Version des BÂTARD-MONTRACHET mit zugänglicher, cremiger Textur. Am besten von CARILLON, FAIVELEY, LEFLAIVE, Pernot und Ramonet.

Billecart-Salmon Champ – Das Champagnerhaus in Familienbesitz hat einen neuen finanzkräftigen Partner gefunden und erzeugt in Holzfässern vergorene hervorragende Jahrgangs-CUVÉES. Ausgezeichneter Clos St-Hilaire Blanc de Noirs (**96 98 99 00** 02'), NF Billecart (**99 00 02' 04** 06 08' 12'), erstklassiger BLANC DE BLANCS (**08'**), BRUT (**04**) und sehr preiswerten Extra Brut oJ (★★). Die Cuvée Sous Bois wird ausschließlich in Eiche vinifiziert. Erlesene Cuvée Elisabeth Salmon Rosé (02; ★★★★).

Bize, Simon Côte d'Or r w ★★★ Das vorbildliche Weinangebot des 2013 verstorbenen Patrick Bize reichte von AC BOURGOGNE (rot und weiß) über eine Vielzahl feiner SAVIGNY-LÈS-BEAUNE-Abfüllungen bis hin zu LATRICIÈRES-CHAMBERTIN. Die Qualität ist unverändert geblieben.

Blagny Côte d'Or r ★★→★★★ 99' 02' 03' 05' 08 09' 10' 11 12 13 14 – AC-Gemeinde auf einem Hügel oberhalb von MEURSAULT und PULIGNY-MONTRACHET. Die recht strengen Roten sind aus der Mode gekommen, seit die Winzer die Weinberge mit CHARDONNAY neu bestocken, um PREMIER CRU Meursault-Blagny zu erzeugen. Die besten Rotweinlagen sind Pièce sous le Bois, Sous le Dos d'Âne und La Jeunelotte. Beste Rotweinerzeuger: Matrot, Martelet de Cherisey.

Blanc de Blancs Ein Weißwein nur aus weißen Trauben, insbesondere bei CHAMPAGNER. Eine Bezeichnung für den Stil, nicht für Qualität.

Blanc de Noirs Weißwein aus roten Trauben (oft mit rosigem Schimmer); insbesondere CHAMPAGNER. Im Stil üblicherweise reichhaltig, manchmal sogar plump.

Blanck, Paul et Fils El r w ★★→★★★ Erzeuger in Kientzheim mit riesigem Angebot. Die feinsten Gewächse stammen von den 6 ha des GRAND CRU Furstentum (RIESLING, GEWÜRZTRAMINER, PINOT GRIS) und von der Grandcru-Lage SCHLOSSBERG (großartiger Riesling; 06 08' 10 12 13). Außerdem guter PINOT BLANC.

Blanquette de Limoux Lang w; sch ★★ Sehr preisgünstiger Schaumwein aus einem kühlen hügeligen Gebiet südwestlich von Carcassonne, älter als CHAMPAGNER. Wird von 90 % Mauzac mit ein wenig CHARDONNAY und CHENIN BLANC bereitet. Die Gewächse der AC Crémant de Limoux sind eleganter. Die große Genossenschaft produziert unter dem Etikett Sieur d'Arques; weitere Erzeuger: Antech, Delmas, Laurens, RIVES-BLANQUES, Robert.

Blaye Bx r ★→★★ **05'** 06 08 09' 10' 11 12 (14) – Bezeichnung für die besseren Rotweine (Ertragsbeschränkung, höhere Pflanzdichte, längere Reifung) aus der AC BLAYE → CÔTES DE BORDEAUX.

Blaye – Côtes de Bordeaux Bx r w ★→★★ **08 09' 10' 12** (14) – AC am rechten Ufer der Gironde, hauptsächlich für – in der Regel preiswerte – Rotweine und wenige trockene Weiße. Die früheren Premières Côtes de Blaye tragen seit 2008 diese Bezeichnung. Die besten CHÂTEAUX: Bel Air la Royère, Cantinot, Gigault (CUVÉE Viva), Haut-Bertinerie, Haut-Colombier, Haut-Grelot, Jonqueyres, Monconseil-Gazin, Mondésir-Gazin, Montfollet, Roland la Garde, Segonzac, des Tourtes. Für Weißweine: Ch. Charron und die Genossenschaft Cave des Hauts de Gironde.

Boeckel, Domaine El – Das größte Gut im malerischen Mittelbergheim erzeugt vorbildlich mineralische Weine, darunter großartigen RIESLING, v. a.

Clos Eugénie (**05** 10'), außerdem SYLVANER GRAND CRU Zotzenberg (**12**) voll aromatischer Komplexität und Klasse.

Boillot Côte d'Or r w – Verschiedene Erzeuger gleichen Nachnamens in Burgund. Feine Rot- und Weißweine mit Eichennote finden Sie bei Jean-Marc in POMMARD (★★★), mächtige Weiße und moderne Rote bei Henri (★★→★★★★; Dom. und Négociant in MEURSAULT), bei dem mit Ghislaine BARTHOD verheirateten Louis (★★★) in CHAMBOLLE-MUSIGNY sowie dessen Bruder Pierre in GEVREY-CHAMBERTIN (★★→★★★★).

Boisset, Jean-Claude Bg r w – Überaus erfolgreiche, in den vergangenen 50 Jahren entstandene Handelsgruppe. Exzellente Weine vom eigenen Weingut Dom. de la VOUGERAIE. Die neuesten Errungenschaften waren der Ankauf der Marke Vincent GIRARDIN und des Erzeugers Henri Maire im JURA. Außerdem Unternehmungen in Kanada, Kalifornien (familiäre Verbindungen zu Gallo) sowie in Chile und Uruguay.

Boizel Champ – Hervorragender gereifter BLANC DE BLANCS oJ und Vorzeigeprodukt Joyau de France (**02' 04 06 08 12'**), Joyau Rosé (**02' 04 06 09** 12) sowie Grand Vintage BRUT und CUVÉE Sous Bois. Schöne Qualität zu sehr günstigen Preisen.

Bollinger Champ – Großartiges klassisches Champagnerhaus, in Höchstform bei neueren Jahrgängen, z.B. Grande Année (**96 97 00 02' 04 05** 08' 09). PINOT NOIR wird viel Beachtung geschenkt, fein ist der Grande Année Rosé (**02 04 05**); außerdem sehr guter Rosé oJ. Luxusmarken: R.D. (**00 02**) zum Einlagern, VIEILLES VIGNES Françaises (**02**) und der La Côte aux Enfants aus AŸ (**09'** 12'). Neuer Kellermeister. Siehe auch LANGLOIS-CHÂTEAU.

Bonneau du Martray, Domaine Côte d'Or r ★★★ w ★★★★ Wegweisender Erzeuger von CORTON-CHARLEMAGNE; brillant mineralische Weine, die noch für lange Lagerung konzipiert sind. Kleine Mengen von feinem rotem CORTON.

Bonnes-Mares Côte d'Or r ★★★→★★★★★ **90' 91 93 95** 96' **98 99'** 00 **02'** 03 05' **06 07 08** 09' 10' 11 12' 13 14 – GRAND-CRU-Lage zwischen CHAMBOLLE-MUSIGNY und MOREY-ST-DENIS, die ein wenig von der wilderen Art Letzterer hat. Robuste, langlebige Weine, weniger duftend als MUSIGNY. Spitzenerzeuger: BOUCHARD PÈRE ET FILS, Bruno CLAIR, Drouhin-Laroze, DUJAC, Groffier, JADOT, MUGNIER, ROUMIER, de VOGÜÉ, VOUGERAIE.

Bonnezeaux Lo w; s ★★★→★★★★ 89' 90' 95' 96' 97' 03' 05' 07' **09** 10' 11' (14) – Herrlich voller, praktisch unendlich haltbarer CHENIN-BLANC-Wein von einer nach Süden ausgerichteten Spitzenlage in den COTEAUX DU LAYON, für den weniger strenge Vorschriften gelten als für QUARTS DE CHAUME. Erzeuger: v.a. Ch. de Fesles, Ch. les Grandes Vignes, Dom. du Petit Val, Ch. de Varière. Lassen Sie die Finger von den 2012ern, und da auch 2013 ein schwieriger Jahrgang war, warten Sie lieber auf 2014.

Bordeaux r (rs) w ★→★★ **09' 10' 12** (14) – Riesige, alles umfassende AC für Bordeaux-Weine (unter der fast die Hälfte der Produktion der Region läuft). Unterschiedliche, aber in der Regel wiedererkennbare Qualität. Die meisten Markenweine (DOURTHE, MOUTON CADET, SICHEL) fallen in diese Kategorie. Empfehlenswert: Chx. Bauduc, BONNET, Reignac, Tire Pé, Tour de Mirambeau.

Bordeaux Supérieur Bx r ★→★★ **08 09' 10' 12** (14) – Eine Stufe über der einfachen AC BORDEAUX, mit vorschriftsmäßig etwas höherem Alkoholmindestgehalt, geringeren Erträgen und längerer Reifezeit. Das Gros der Produktion sind Erzeugerabfüllungen. Beständige Qualität von: Chx. de Camarsac, de Courteillac, La France, Grand Village, Grée-Laroque, Landereau, Parenchère, Penin, PEY LA TOUR (Réserve), Pierrail, Reignac, THIEULEY.

Borie-Manoux Bx – Erstklassiges Weinhandelshaus mit eigenen Gütern in BORDEAUX: u.a. Chx. BATAILLEY, BEAU-SITE, HAUT-BAGES MONPELOU, TROTTE VIEILLE und DOM. DE L'EGLISE. Außerdem gehört MÄHLER-BESSE jetzt zum Besitz.

Bouchard Père et Fils Bg r w ★★→★★★★ Größter Weinbergbesitzer an der CÔTE D'OR mit Sitz auf Ch. de Beaune. Gute Weiße v.a. aus MEURSAULT und von GRANDS CRUS, z.B. CHEVALIER-MONTRACHET. Aushängeschilder unter den Roten sind BEAUNE Grèves Vigne de L'Enfant Jésus und VOLNAY Caillerets Ancienne Cuvée Carnot. Die einfachen Weine sind passabel. Wie auch die burgundischen Erzeuger William FÈVRE (CHABLIS) und Villa Ponciago (BEAUJOLAIS) im Besitz von HENRIOT.

Bouches-du-Rhône Prov r rs w ★ IGP in der Gegend um Marseille. Einfache, (hoffentlich) fruchtige Rotweine von Lokalrebsorten sowie CABERNET SAU-VIGNON, SYRAH und MERLOT.

Bourgeois, Henri Lo r w ★★→★★★ 05 06 07 08 10 11 12 13 (14) – Höchst beeindruckender SANCERRE-Winzer und -Händler. Das exzellente Sorti-ment umfasst Weine der ACS POUILLY-FUMÉ, MENETOU-SALON, QUINCY, COTEAUX DU GIENNOIS, CHÂTEAUMEILLANT und der IGP Petit Bourgeois. Die Spitzengewächse entwickeln sich mit dem Alter oft sehr schön: MD de Bourgeois, La Bourgeoise (rot und weiß), Jadis, Sancerre d'Antan. Erzeugt auch im neuseeländischen Marlborough Rot- und Weißwein unter dem Namen Clos Henri.

Die Erzeugung einer Flasche einfachen jahrgangslosen Champagners mit 15 Monaten Hefesatzlagerung kostet 7,50 € pro Flasche.

Bourgogne Bg r (rs) w ★★ 05' 09' 10' 11 12' 13 14; w 10' 11 12 13 14' – Umfassende AC für Burgund; die Qualität reicht von Massenerzeugnis-sen bis zu preiswerten Schätzen aus Orten in Randlagen der CÔTE D'OR, ein Spitzentipp für Schnäppchenjäger. Manchmal wird der Unterbereich, z.B. CÔTE CHALONNAISE, Haute Côtes oder eine lokale Möchtegernappel-lation wie Chitry, Tonnerre, VÉZELAY usw. an den AC-Namen angehängt. Die Hauptrebsorten sind PINOT NOIR und CHARDONNAY, aber auch herab-gestufter BEAUJOLAIS Cru kann als Bourgogne etikettiert werden (und wird als Bourgogne GAMAY verkauft).

Bourgogne Passe-tout-grains Bg r (rs) ★ Keine alte burgundische Rebsorte, sondern ein Verschnitt von PINOT NOIR (über 30%) und GAMAY. Oft an-sprechend von Gütern der CÔTE D'OR, z.B. CHEVILLON, Clavelier, LAFARGE, ROUGET. Sollte 1–2 Jahre lagern.

Bourgueil Lo r (rs) ★★→★★★ 96' 03 05' 06 08 09' 10' 11 13 (14) – Dyna-mische AC (1.400 ha) mit hocharomatischen roten TOURAINE-Weinen und mächtigen, duftenden Rosés auf CABERNET-FRANC-Basis. Gute Jahrgän-ge können 40 Jahre und mehr altern. Erzeuger: v.a. Yannick AMIRAULT, Audebert, Dom. de la Butte, Dom. de la Chevalerie, Courant, Gambier, Herlin, Lamé Delisle Boucard, Minière, Nau Frères, Omasson. Siehe auch ST-NICOLAS-DE-BOURGUEIL.

Bouscassé, Château SWF r w ★★★ 05' 06 08 09 10 11 12 (14) – Die Schalt-zentrale von Alain BRUMONT in MADIRAN. Die Weine fallen teilweise noch strenger aus als sein Château MONTUS. Großartig ist der PACHERENC DU VIC-BILH auf Basis der Weißweinsorte Courbu.

Bouvet-Ladubay Lo w; sch ★→★★★ Großer Erzeuger von SAUMUR-Schaum-wein, im Besitz des indischen Konzerns United Breweries. Chef im Haus ist der dynamische Patrice Monmousseau. Am besten ist die Cuvée Trésor (weiß und rosé). Außerdem Stillweine, hauptsächlich aus ANJOU-Saumur. Im Haus finden auch Kunstausstellungen statt.

Bouzereau Côte d'Or r w ★★→★★★ Klopfen Sie in MEURSAULT an irgendeine Tür, und Sie haben gute Chancen, dass Ihnen ein Bouzerau öffnet. Die besten Weißweine erzeugen Jean-Baptiste (Dom. Michel Bouzereau), Vincent Bouzereau und Bouzereau-Gruère & Filles.

Bouzeron Bg w ★★ Ort an der CÔTE CHALONNAISE mit der einzigen auf ALIGOTÉ-Weine beschränkten AC. Das Potenzial ist größer und das Regelwerk strenger als für Weine der einfachen AC BOURGOGNE. Gut sind Briday, FAIVELEY, Jacqueson, am besten ist die Dom. A. et P. de Villaine.

Bouzy Rouge Champ r ★★★ 95 97 99 02 09 12 – Roter Stillwein aus dem für PINOT NOIR berühmten Ort, ähnelte früher einem sehr leichten Burgunder, ist mittlerweile aber intensiver (Klimawandel?). Sehr gut sind die Weine aus dem Clos Colin (★★★).

Brocard, J.-M. Chablis w ★★→★★★ Vater Jean-Marc begründete in und um CHABLIS ein florierendes Unternehmen, Sohn Julien hat biodynamische Anbaumethoden eingeführt – eine erfolgreiche Verbindung von Geschäftssinn und Qualität. Kosten Sie den Chablis Domaine Sainte Claire.

Brouilly Beauj r ★★ 09 11 12 13' 14' – Der größte der zehn BEAUJOLAIS-Crus: solide, abgerundete Weine mit leicht fruchtigem Tiefgang, die früh zugänglich, aber auch 3–5 Jahre haltbar sind. Spitzenerzeuger: Ch. de la Chaize, Chermette, Dubost, Lapalu, Michaud, Piron.

Brumont, Alain SWF r w ★★★ Beherrscht mit seinen sehr langsam reifenden Schwergewichten La Tyre, Ch. Montus und Ch. Bouscassé den MADIRAN-Markt – ungeachtet des Trends zu leichter zugänglichen Weinen. Der Torus (★) ist weicher und fruchtiger. Preiswert sind die IGP-Weine (★), herausragend die trockenen und süßen PACHERENC-DU-VIC-BILH-Gewächse (★★★).

Brut Champ – Bezeichnung für klassischen trockenen Schaumwein. In den letzten Jahren haben die meisten Champagnerhäuser die *dosage* (Zusatz von Süße) reduziert.

Brut Ultra/Zéro Bezeichnung für knochentrockene CHAMPAGNER (ohne *dosage*) – auch als Brut Nature bekannt –, die jetzt mit unterschiedlichem Erfolg wieder in Mode sind. Brauchen Reife, alte Reben und ein Maximum an Sorgfalt.

Bugey Sav r rs w; sch ★→★★ BV – Subalpine AC für leichte Schaum-, Perl- und Stillweine von Roussette (Altesse) und CHARDONNAY (gut). Am besten aus Montagnieu; auch Rosé de Cerdon, vorwiegend aus GAMAY.

Burguet, Alain Côte d'Or r ★★→★★★ Alains Söhne Eric und Jean-Luc erzeugen leckeren GEVREY-CHAMBERTIN – besonders empfehlenswert ist der Mes Favorites – und haben auch einige Négociant-Weine im Angebot, z. B. CHAMBERTIN-CLOS DE BÈZE.

Buxy, Vignerons de Bg r (rs) w ★→★★ Führende Genossenschaft mit anständigem CHARDONNAY und PINOT NOIR. Der bei Weitem größte Lieferant für Weine der AC MONTAGNY.

Buzet SWF r (rs) (w) ★★ 12 (14) – BORDEAUX-Wein mit Gascogne-Touch. Die nach Macht strebende Genossenschaft (★) dominiert die AOP, während die unkonventionelle, ökologisch arbeitende, unabhängige Dom. du Pech (★★★) die Riege der traditionelleren Erzeuger anführt, u. a. Ch. du Frandat, Dom. Salisquet und Ch. de Salles (alle ★★).

Cabernet d'Anjou Lo rs; lbl ★→★★ Zarter lieblicher Rosé, in Frankreich sehr beliebt. Bemerkenswert, wenngleich selten sind die lagerfähigen alten Jahrgänge (★★★). Heute ist der Wein früh trinkreif. Erzeuger: Ch. PIERRE-BISE, Bablut, CADY, Chauvin, Clau de Nell, Grandes Vignes, Ogereau, de Sauveroy, Varière.

Cadillac – Côtes de Bordeaux Bx r ★→★★ 05' 08 09' 10' 12 (14) – Langgestreckter, schmaler, hügeliger Bereich am rechten Ufer der Garonne, gegenüber von GRAVES. War Teil der früheren AC Premières Côtes de Bordeaux. Mittelschwere, frische Rotweine, die trockenen Weißen sind als AC BORDEAUX Blanc etikettiert. Am besten von: Alios de Ste-Marie, Biac, Carignan, Carsin, Clos Chaumont, Clos Ste-Anne, Le Doyenné, Grand-Mouÿs, Lezongars, Mont-Pérat, Plaisance, Puy Bardens, REYNON, de Ricaud und Suau.

Cady, Domaine Lo r rs; s; sch ★★→★★★ tr 03 04 05' 07; s 09 10' 11' 13 (14) – Sehr gute Winzerfamilie in St Aubin de Luigné in ANJOU mit trockenen Weißen, halbtrockenen Rosés und herrlich süßem COTEAUX DE LAYON und Chaume. Die große Stärke sind die Süßweine.

Cahors SWF r ★★→★★★ 01' 05' 06 08 09' 10 11 12' (14) – AC ausschließlich für Rotwein von 70 % MALBEC, der einst für seine fast schwarze Farbe berühmt war. Trotz aller Bemühungen um Typizität ist der Stil heute das A und O. Leichtere, fruchtigere Versionen bieten die CHÂTEAUX Clos Coutale, Les Ifs und Paillas (alle ★★). Wuchtigeres liefern Ch. Chambert (★★★), die Chx. Armandière, La Coustarelle, Croze de Pys, Gaudou sowie DOMAINE de la Bérengeraie und Clos Troteligotte (alle ★★). Langlebige Weine im traditionellen Stil kommen von den Gütern Clos de Gamot (★★★; Cuvée Vignes Centenaires und Clos St-Jean; Letzerer ★★★★) und Clos Triguedina; einen moderneren Stil pflegen Ch. du CÈDRE, Clos d'Un Jour, Lamartine, La Périé, Dom. du Prince und La Reyne (alle ★★★) sowie La Caminade, Les Croisille und Eugénie (alle ★★). Mit Abstand am besten ist die Kult-Domaine Cosse Maisonneuve (★★★★).

Cailloux, Les S-Rh r (w) ★★★ 78' 79' 81' 85' 89' 90' 95' 96' 98' 99 00' 01 03' 04' 05' 06' 07' 09' 10' 11' 12' 13 – Die 18-ha-Domaine in CHÂTEAUNEUF-DU-PAPE erzeugt elegantere, tiefgründigen, blumigen GRENACHE – fröhliche, handwerklich bereitete Rote zu sehr günstigen Preisen. Die kostspielige, edle CUVÉE Centenaire wird aus den ältesten Grenache-Reben (von 1889) bereitet. Außerdem Weine unter dem Etikett Domaine André Brunel (z. B. roter CÔTES DU RHÔNE Est-Ouest) und der Marke Féraud-Brunel Côtes du Rhône (ordentlich).

Cairanne S-Rh r rs w ★★→★★★ 05' 06' 07' 09' 10' 11 12' 13 14 – Endlich haben die Rot-und Weißweine der Gemeinde Cru-Status erhalten und rangieren damit oberhalb der Kategorie CÔTES DU RHÔNE-VILLAGES. Breites Spektrum an guten Qualitätserzeugern, charaktervolle Weine mit dunkler Frucht, Kräuternoten und rauchigen Tanninen. Besonders empfehlenswert: Alary (stilvoll), Ameillaud (fruchtig), Armand, Brusset (tiefgründig), Escaravailles (mit Flair), Féraud-Brunel, Grosset, Hautes Cances (traditionell), Oratoire St Martin (klassisch), Famille Perrin, Présidente, Rabasse-Charavin (ausdrucksstark) und Richaud (großartige Frucht). Außerdem aromatische Weiße, die gut zum Essen passen.

Canard-Duchêne Champ – Champagnerhaus im Besitz von Alain THIÉNOT. Jahrgangschampagner BRUT (07 08' 09 12 13), Prestige-Cuvée Charles VII und CUVÉE Léonie (★★). Die Cuvée Authentique aus Ökoanbau ist besser geworden. Das beste Preis-Leistungs-Verhältnis bieten die Jahrgangsweine.

Canon-Fronsac Bx r ★★→★★★ 01 03 05' 06 08 09' 10' 11 12 (14) – Kleine Enklave in FRONSAC, recht ähnliche Weine. Die besten sind reichhaltig, voll, fein strukturiert und in der Regel preiswert. Empfehlenswerte CHÂTEAUX: Barrabaque, Canon Pécresse, Cassagne Haut-Canon La Truffière, La Fleur Caillou, GABY, Grand-Renouil, Haut-Mazeris, MOULIN PEY-LABRIE, Pavillon, Vrai Canon Bouché.

Carillon, Louis Côte d'Or w ★★★ Klassischer Erzeugerbetrieb in PULIGNY-MONTRACHET, jetzt unter den beiden Brüdern aufgeteilt: Jacques setzt die alte Tradition fort, François ist ehrgeiziger und hat neue Rebflächen für sich erschlossen. Erstklassige Quelle für PREMIERS CRUS, z. B. Combettes, Perrières und Referts. Die Rotweine sind weniger interessant.

Cassis Prov (r) (rs) w ★★ BV – Angesagter Küstenort östlich von Marseille, bekannt für leckere trockene Weiße auf der Basis von CLAIRETTE und MAR-SANNE, z. B. von CLOS Ste-Magdelaine, Dom. de la Ferme Blanche, Font-creuse, Paternel. Die Winzer kämpfen mit den Grundstücksmaklern, deshalb sind die Preise hoch.

Castillon – Côtes de Bordeaux Bx r ★★→★★★ 03 04 05' 08 09' 10' 12 (14) – Seit 2008 gültiger Name für die früheren Côtes de Castillon. Reizvoller Anbaubereich östlich von ST-ÉMILION – ähnliche Weine, in der Regel aber weniger füllig. Neuankömmlinge haben hier kürzlich kräftig investiert. Spitzenerzeuger: de l'A, d'AIGUILHE, Alcée, Ampélia, Joanin Bécot, Cap de Faugères, La Clarière-Laithwaite, Clos l'Eglise, Clos Les Lunelles, Clos Puy Arnaud, Côte Montpezat, Montlandrie, Poupille, Robin, Verniotte, Veyry, Vieux Château Champs de Mars.

Cathiard Côte d'Or r ★★★ Seit den 1990er-Jahren erzeugte Sylvain Cathiard strahlende, duftende Weine von Lagen in VOSNE-ROMANÉE (v. a. Les Malconsorts) und NUITS-ST-GEORGES (v. a. Murgers). Unter Sohn Sébastien, der das Gut seit 2011 leitet, geraten die Weine womöglich präziser, aber nicht mehr so offenkundig verführerisch.

Cave Kellerei; auch jede beliebige Weinfirma.

Cave coopérative Genossenschaftskellerei. Auf Betriebe dieser Art entfällt mehr als die Hälfte der französischen Weinerzeugung. Etliche Genossenschaften sind gut geführt und ausgestattet, mit Weinen, die ihren Preis wert sind, doch aufgrund der Wirtschaftskrise müssen viele Betriebe aufgeben.

Cazes, Domaine Rouss r rs w; s ★★→★★★ Der größte Erzeuger von Ökoweinen im ROUSSILLON, noch immer familiengeführt, inzwischen aber im Besitz von AdVini, verbindet Tradition mit Innovation. Wegbereiter der IGP-Weine von MERLOT und CABERNET SAUVIGNON; der Le Canon du Maréchal enthält nun auch SYRAH, und Le Crédo ist jetzt wie Ego und Alter ein CÔTES DU ROUSSILLON-VILLAGES. Außerdem Collioure sowie vollendet gereifter RIVESALTES namens CUVÉE Aimé Cazes. Weine aus BANYULS kommen vom Gut Les Clos de Paulilles. Tolles Preis-Leistungs-Verhältnis.

Cèdre, Château du SWF r w ★★→★★★ 06 08 09' 10 11 12 (14) – Einer der am meisten bewunderten modernen CAHORS-Weine. Le Prestige (★★; seit 2006 umbenannt in Ch. du Cèdre) reift schneller als die eichenwürzigen Spitzengewächse. Außerdem erzeugen die Brüder Verhaeghe einen köstlichen weißen VIOGNIER (IGP).

Cépage Rebsorte. Siehe Gesamtverzeichnis Seiten 13–26.

Cérons Bx w; s ★★ 05' 07 09' 10 11 13 (14) – Wenig bekannte, an SAUTERNES angrenzende AC für Süßweine, die jedoch weniger intensiv sind: z. B. Ch. de Cérons, Ch. CHANTEGRIVE, Ch. Grand Enclos.

Chablis w ★★→★★★ 08' 10' 11 12' 13 14' – Schlanker, aber anmutiger CHARDONNAY (sofern ertragsreduziert und nicht zu eichenholzwürzig) aus dem nördlichen Burgund. Mein Standardweißwein, wenn er ordentlich bereitet wurde.

Chablis Grand cru Chablis w ★★★→★★★★ 00' 02' 05' 06 07' 08' 09 10' 11 12' 13 14' – Ein kleiner Block von Weinbergen an einem Steilhang am Nordufer des Flusses Serein. Der üppigste CHABLIS, ebenso zum Einlagern gemacht wie die feinen Weißen der CÔTE DE BEAUNE, braucht Reife, um Mineralität und individuellen Stil zu entwickeln. Lagennamen: Blanchots (blumig), Bougros (einschließlich Côte Bougerots), Les CLOS (in der Regel am besten), Grenouilles (würzig), Les Preuses (voll), Valmur, Vaudésir (mit der nicht klassifizierten Enklave La Moutonne).

Frankreich

Chablis
Nirgends findet der alles und alle erobernde CHARDONNAY einen besseren Ausdruck als in den vollen, aber straffen, klaren, mineralischen Weinen, die er auf den schweren Kalkböden in CHABLIS hervorbringt. Die besten Erzeuger machen wenig oder keinen Gebrauch von neuen Eichenfässern, um die deutliche Prägung durch Rebsorte und Terroir nicht zu überdecken: Barat, Bessin*, Samuel Billaud*, Billaud-Simon*, Boudin*, J.-M. BROCARD, J. Collet*, D. Dampt, V. DAUVISSAT*, B. Defaix, Droin*, DROUHIN*, Duplessis, Jean DURUP, FÈVRE*, Geoffroy, J.-P. Grossot*, LAROCHE, LONG-DEPAQUIT, Dom. des Malandes, L. Michel*, Christian MOREAU*, Picq*, Pinson*, Piuze, RAVENEAU*, G. Robin*, Servin, Temps Perdu, Tribut, Vocoret. Einfacher Chablis ohne Zusatzbezeichnung ist oft dünn; am besten sind PREMIER CRU und GRAND CRU. Die Genossenschaftskellerei La CHABLISIENNE hat einen hohen Standard (v. a. Grenouille*) und viele verschiedene Etiketten. (* = herausragend)

Chablisienne, La Chablis r w ★★→★★★ Hinter so manchem CHABLIS-Etikett verbirgt sich diese tatkräftige Winzergenossenschaft – eine große Nummer im Chablis. Die Weine sind durchweg solide, am besten ist der GRAND CRU Château Grenouilles.

Chablis Premier cru Chablis w ★★★ 00' 02' 05' 07' 08' 09 10' 11 12' 13 14' – Höherpreisig als einfacher CHABLIS, aber lohnend. Die besseren Lagen an sanften Hügeln, mit eher blumigen Weinen vom südlichen Serein-Ufer (Côte de Léchet, Montmains, Vaillons) und gelber Frucht vom Nordufer (Fourchaume, Mont de Milieu, Montée de Tonnerre).

Chaize, Château de la Beauj r ★★★ Eine Sehenswürdigkeit im BEAUJOLAIS: prachtvolles CHÂTEAU mit schönen Gartenanlagen, das seit sieben Generationen im selben Besitz ist. 99 ha zusammenhängende Rebfläche in BROUILLY.

Chambertin Côte d'Or r ★★★★ 90' 93 95 96' 98 99' 01 02' 03 05' 06 07 08 09' 10' 11 12' 13 14 – 13 ha (bzw. 28 ha inklusive CHAMBERTIN-CLOS DE BÈZE) bringen Burgunds gebieterischsten Wein hervor: erstaunlich dicht, opulent, langlebig und teuer. Nicht alle Erzeuger genügen diesem Anspruch; empfehlenswert sind BOUCHARD Père et Fils, Charlopin, Damoy, DROUHIN, DUGAT-Py, Dom. LEROY, MORTET, PRIEUR, Rémy, ROSSIGNOL-TRAPET, ROUSSEAU und TRAPET.

Chambertin-Clos de Bèze Côte d'Or r ★★★★ 88 89 90' 93 95 96' 98 99' 01 02' 03 05' 06 07 08 09' 10' 11 12' 13 14 – Darf unter den Namen des benachbarten CHAMBERTIN verkauft werden. Ähnlich großartige Weine, mit samtiger Textur, vielleicht ein wenig zugänglicher in der Jugend. Am besten von: Bruno CLAIR, Damoy, DROUHIN, Drouhin-Laroze, FAIVELEY (v. a. Les Ouvrées Rodin), Groffier, JADOT, Prieuré-Roch, ROUSSEAU.

Chambolle-Musigny Côte d'Or r ★★★→★★★★ 90' 93 95' 96' 98 99' 02' 03 05' 07 08 09' 10' 11 12' 13 14 – Der Inbegriff der Eleganz an der CÔTE DE NUITS: Duft und seidige Textur bieten Gewächse aus den PREMIER-CRU-Lagen Les Amoureuses, Les Charmes, Cras und Fuées, während die Weine aus den GRAND-CRU-Lagen BONNES-MARES und MUSIGNY majestätisch ausfallen. Die Superstars unter den Erzeugern heißen BARTHOD, Groffier, MUGNIER, ROUMIER und de VOGÜÉ, empfehlenswert sind aber auch Amiot-Servelle, Bertheau, Digioia-Royer, DROUHIN, Felettig, HUDELOT-Baillet und RION.

Champagner Schaumwein von PINOT NOIR, PINOT MEUNIER und/oder CHARDONNAY aus der 33.000 ha großen Champagne, 150 km östlich von Paris, hergestellt nach der MÉTHODE CHAMPENOISE. Schaumwein anderer Herkunft – so gut er auch sein mag – darf sich nicht Champagner nennen.

Champagne Le Mesnil Champ – Erstklassige Genossenschaft im großartigsten GRAND-CRU-Dorf für CHARDONNAY. Hervorragende CUVÉE Sublime (**04 08'** 11' 12 13') von besten Lagen und beeindruckende Cuvée Prestige (**05**). Günstig.

Champs-Fleuris, Domaine des Lo r w rs; s ★★→★★★ **05' 08 09'** 10 11 12 13 (14) – 43-ha-DOMAINE mit schönem, preiswertem SAUMUR Blanc, SAUMUR-CHAMPIGNY (u. a. fruchtig-saftiger Audace mit Schraubverschluss), feinem CRÉMANT (z. B. Prestige Zéro) und saftigem COTEAUX DE SAUMUR namens CUVÉE Sarah.

Champy, Maison Bg r w ★★→★★★ Altes Weinhandelshaus (1720), seit 2013 mit neuen Eigentümern. Stütze des Hauses sind die Rebflächen in BEAUNE und der Umgegend von CORTON, einschließlich jenen der früheren Dom. Laleure-Piot.

Chandon de Briailles, Domaine Côte d'Or r w ★★→★★★ Bekannt für feine, leichtere, aber bukettreiche Rotweine, v. a. PERNAND-VERGELESSES, Île de Vergelesses und CORTON Les Bressandes. Stilistisch durch biologisch-dynamischen Anbau, jede Menge Stiele im Gärbottich und den Verzicht auf Eiche beim Ausbau gekennzeichnet. Einige Weine werden ohne Schwefelzusatz bereitet.

Chanson Père et Fils Bg r w ★→★★★ Ein altbekannter Name in BEAUNE, der jetzt für gute Qualität und faire Preisgestaltung steht. Probierenswert sind sämtliche roten und weißen Beaune-Weine, v. a. aber der rote Clos des Fèves und der weiße CLOS DES MOUCHES. Außerdem großartiger weißer CORTON-Vergennes.

Der Preis für Weinbergland in der Champagne? Um die 2 Mio. €/ha.

Chapelle-Chambertin Côte d'Or r ★★★ **90' 93 95 96' 98 99'** 01 02' 03 05' **07 08** 09' 10' 11 12' 13 14 – 5,2 ha Anbaufläche in der Nachbarschaft von CHAMBERTIN; feingliedrige, weniger fleischige Weine. In kühleren Jahren sehr gut. Spitzenerzeuger: Damoy, Drouhin-Laroze, JADOT, ROSSIGNOL-TRAPET, TRAPET, Tremblay.

Chapoutier N-Rh ★★→★★★★ Redegewandter, ökologisch orientierter Winzer/Weinhändler, ursprünglich v. a. für HERMITAGE. Stilvolle Weine, viele davon CUVÉES aus kleinen, ertragsarmen Parzellen: füllige CHÂTEAUNEUF-GRENACHE-Weine, z. B. Barbe Rac, Croix de Bois (rot), CÔTE RÔTIE La Mordorée; rote Hermitage-Weine L'Ermite (hervorragend) und Le Pavillon (tief, zupackend), weiße Hermitage-Weine Cuvée de l'Orée und Le Méal. Außerdem ST-JOSEPH Les Granits (rot und weiß). Von der nördlichen Rhône kommen komplexe reinsortige MARSANNE-Weißweine. Preiswerter Crozes Meysonniers. Auch Besitzungen in den COTEAUX D'AIX-EN-PROVENCE, CÔTES DU ROUSSILLON-VILLAGES (guter Dom. Bila-Haut) und in RIVESALTES. Michel Chapoutier hat auch im ELSASS Weinbergbesitz, darüber hinaus Joint Ventures in Australien (v. a. Domaine Tournon und Terlato & Chapoutier mit feinen, duftenden Weinen) und in Portugal.

Charbonnière, Domaine de la S-Rh r (w) ★★★ **95' 98 99' 00 01' 03 04 05' 06' 07'** 09' 10' **11'** 12' 13' – Von Schwestern geführtes fortschrittliches 17-ha-Gut in CHÂTEAUNEUF-DU-PAPE. Verlässliche Standardweine, bemerkenswerter, authentischer Mourre des Perdrix; auch Hautes Brusquières, L'Envol (neu) und VIEILLES VIGNES. Schmackhafter, frischer Weißer und authentischer roter VACQUEYRAS.

Champagnererzeuger für 2016

Armand (Arnaud) Margaine Führender Winzer und Kellermeister in Villers-Marmery; am bekanntesten ist sein CHARDONNAY aus Montagne de Reims: robust, aber mit anhaltender Finesse – einer der besten. Fantastischer Club Blanc de Blancs (**08 09 10 11** 12'). Großartiges Preis-Leistungs-Verhältnis.

Fleury Pere et Fils Vater des biologisch-dynamischen Anbaus in Aube (seit 1989) und immer noch der Beste. Hübscher Sonate (**09**), PINOT NOIR (**09**) und hervorragender Jahrgangsrosé (**09'**), ganz zu schweigen vom BLANC DE BLANCS, darunter auch noch PINOT-BLANC-Bestände.

J.-L. Vergnon Schönes restauriertes Gut in Le Mesnil mit exquisiten Cuvées Extra Brut (ausschließlich Chardonnay), v. a. Confidence (**06 08' 09** 11').

Jacques Selosse Der bekannteste Winzer von Avize zeigt sich in Bestform mit zwei vorzüglichen Champagnern: Le Mesnil Les Carelles (**99 04**) und Ambonnay Le Bout du Clos (**02**).

Jean-Luc Lallement Außergewöhnlicher Winzer in Verzenay mit muskulösem und doch erlesen-raffiniertem BLANC DE NOIRS. Den überragenden 2012er gibt's ab 2020. Auch großartiger Rosé.

Lancelot-Pienne Zurückhaltender Spitzenerzeuger in Cramant mit ausgefallenen, nicht in Eiche ausgebauten Chardonnay-CUVÉES. Exquisit sind Marie Lancelot (**08**) und Perceval.

Lilbert et Fils Der Abkömmling einer Spitzen-Domaine in Cramant führt seine Grand-cru-Champagner (Chardonnay) zu noch höheren Höhen: großartige Reinheit der Aromen, großartige Vitalität. Vorbildlicher Cramant Grand cru (**04 06 08** 13).

Michel Loriot Spitzenwinzer auf dem Hügel von Festigny im Marne-Tal. Subtiler, ausbalancierter PINOT MEUNIER, ausladender Chardonnay.

Nicolas Maillart Innovation mit Achtung vor der Tradition ist das Markenzeichen dieses bemerkenswerten Erzeugers in Écueil (Montagne). Umwerfender Pinot noir Les Francs de Pied (**05 08'**) von wurzelechten Reben.

Veuve Fourny Aufgehender Stern in Vertus an der Côte des Blancs: Extra Brut (**02' 08'**) und hervorragender Einzellagenwein Clos du Faubourg Notre Dame (**00 02 04' 08'**).

Vilmart Der Winzer in Rilly-la-Montagne war einer der Ersten, die in den 1990er-Jahren zur Fassvergärung zurückkehrten. Seit damals eilt Laurent Champs dank seiner meisterlichen Beherrschung des Holzes von Erfolg zu Erfolg, z. B. mit dem reichhaltigen und dennoch subtilen Coeur de Cuvée (**06 08 09**). Auch brillanter Rosé.

Chardonnay Nicht nur eine Weißweintraube, sondern auch der Name eines MÂCON-VILLAGES-Weinorts; daher Mâcon-Chardonnay.

Charmes-Chambertin Côte d'Or r ★★★ 90' **93 95 96' 98 99'** 01 **02' 03** 05' **06 07 08** 09' 10' 11 12' 13 14 – Weinberg mit 31 ha einschließlich der Nachbarlage MAZOYÈRES-CHAMBERTIN, von mittlerer GRAND-CRU-Qualität. Die besten Weine zeigen Noten von lebhafter, tiefgründiger Schwarzkirschfrucht, haben eine opulente Textur und einen angenehmen Abgang. Probieren Sie ARLAUD, BACHELET, DUGAT, DUJAC, Duroché, Jouan, LEROY, Perrot-Minot, Roty, ROUSSEAU oder VOUGERAIE.

Chassagne-Montrachet Côte d'Or r w ★★→★★★★ w 02' 04 05' 06' 07 08' 09' 10 11 12' 13 14' – Großes Dorf am Südende der CÔTE DE BEAUNE. Die GRANDS CRUS sowie z. B. die Lagen Blanchots, Caillerets und Romanée liefern großartige Weißweine. Die besten Rotweine kommen von den Lagen CLOS St-Jean und Morgeot, die anderen fallen rustikaler aus. Probieren Sie von den Erzeugerfamilien Coffinet, COLIN, GAGNARD, MOREY und Pillot; erstklassig sind die Domaines MOREAU, Niellon, Ramonet (auch die Roten) sowie Ch. de la Maltroye. Allerdings wird zu viel mittelmäßiger Weißwein von Anbauflächen erzeugt, die für Rote besser geeignet wären.

Château Bezeichnung für ein Weingut, egal ob groß oder klein, gut oder mittelmäßig, v. a. in BORDEAUX gebräuchlich (siehe Kapitel »Die Châteaux von Bordeaux«). Im wörtlicheren Sinn Schloss oder großes Haus. In Burgund herrscht der Ausdruck DOMAINE vor.

Château-Chalon Jura w ★★★ Kein Weingut, sondern eine AC und eine Ortschaft mit einzigartigem trockenem gelbem, sherryähnlichem Wein von der SAVAGNIN-Traube. Entwickelt Flor (siehe Kapitel »Port, Sherry und Madeira«) bei der mind. 6 Jahre dauernden Reifung im Fass. Wahnsinnig teuer im Vergleich zum oft besseren Sherry. Nach der Abfüllung genussreif, hält sich aber ewig. Eine Kuriosität, doch großartig von Spitzenerzeugern: BERTHET-BONDET, MACLE, Mossu.

Château-Grillet N-Rh w ★★ 91' 95' 98' 00' 01' 04' 05 06' 07' 08 09' 10' 11 12' 13 – Frankreichs kleinste AC mit amphitheaterförmigem 3,6-ha-Weinberg auf lockerem Sand-Granit-Boden. Seit dem Erwerb durch F. Pinault (siehe Ch. LATOUR, siehe S. 148) im Jahr 2011 sind die Weine moderner geworden, und die Preise steigen rasant. Der VIOGNIER gibt sich jetzt glatter, weniger stechend und muskulös und dafür etwas zurückhaltender: ein subtiler, großzügiger Wein, den man dekantieren und bei Kellertemperatur trinken sollte, am besten zu innovativer Küche (in einem hübschen Restaurant).

Châteaumeillant Lo r rs ★→★★ BV – Neue 86-ha-AC (seit 2010) südwestlich von Bourges. Von GAMAY und PINOT NOIR werden leichte Rote (75 % der Produktion), VIN GRIS und Rosé (zusammen 25 %) erzeugt. Sortenreiner Pinot noir ist albernerweise nicht mehr zugelassen. Empfehlenswerte Erzeuger: BOURGEOIS, Chaillot, Geoffrenet-Morval, Rouzé und Siret-Courtaud.

Châteauneuf-du-Pape S-Rh r (w) ★★★ 78' 81' 83 85 88 89' 90' 95' 96 98' 99' 00' 01' 03' 04' 05' 06' 07' 08 09' 10' 11 12' 13 – Gebiet bei Avignon mit rund 45 Weingütern, die die besten Weine erzeugen (die Qualität der anderen 85 ist gemischt bis dürftig). Verschnitte von bis zu 13 roten und weißen Rebsorten, angeführt von GRENACHE, plus SYRAH, MOURVÈDRE und Counoise. Die warmen, aromatischen, gut texturierten, langlebigen Gewächse sollten fein, schön abgerundet und reintönig sein, doch gibt es zu viele süße, schwere, schlicht süffige Weine (wie Robert Parker sie liebt). Kleinere, traditionelle Betriebe bieten oft ein gutes Preis-Leistungs-Verhältnis (großartig im Jahr 2010), während Prestigeweine von alten Reben (schlimmstenfalls späte Lese, Ausbau in neuer Eiche, 16 % der Produktion) häufig zu teuer sind. Die Weißen sind frisch und fruchtig oder robust; die besten halten sich 15 Jahre. Bekannteste Namen: Chx. de BEAUCASTEL, Fortia, Gardine (angenehm modern, auch Weiße), Mont-Redon, La NERTHE, RAYAS (einzigartig, fantastisch), Sixtine, Vaudieu; Doms. de Barroche, Beaurenard, Bois de Boursan (preiswert), Bosquet des Papes (preiswert), les CAILLOUX, Chante Cigale, Chante Perdrix, CHARBONNIÈRE, Charvin (Weine mit Terroircharakter), Cristia, Font-de-Michelle, Grand Veneur (eichenwürzig), Marcoux (großartiger VIEILLES VIGNES), Pegaü, Roger Sabon, Sénéchaux (modern), VIEUX TÉLÉGRAPHE, Henri Bonneau,

Clos du Caillou, Clos du Mont-Olivet, CLOS DES PAPES, Clos St-Jean (süffig), P. Usseglio, Vieux Donjon.

Chave, Domaine Jean-Louis N-Rh r w ★★★★ 85' 88' 89' 90' 91' 94 95' 96 97 98' **99'** 00 **01' 03' 04** 05' **06'** 07' **08** 09' 10' 11' 12' 13' 14 – Erstklassige familiengeführte Domaine im Herzen von HERMITAGE mit ausgeklügelten Verschnitten von besten, vorwiegend westlich ausgerichteten Hanglagen. Klassische, fruchtstrotzende, geschmeidige, langlebige Rotweine (in letzter Zeit üppiger), gelegentlich auch teurer Cathelin. Sehr gute Weiße (v. a. von MARSANNE), manchmal auch fantastischer VIN DE PAILLE. Tiefgründiger, reichhaltiger roter ST-JOSEPH (2009 wurden die Dom. Florentin und neue Weinberge zugekauft), fruchtige Abfüllung St-Joseph Offerus unter der Marke J.-L. Chave sowie solider Hermitage (rot und weiß), den Chave als Négociant vertreibt.

Chavignol Lo – Malerisches Dorf in SANCERRE mit den beiden berühmten Steillagen Les Monts Damnés und Cul de Beauju. Der ton- und kalkhaltige Boden bringt körperreiche, mineralische Weiß- und Rotweine mit mind. 10 Jahren Reifezeit hervor; v. a. von Boulay, BOURGEOIS, Cotat, DAGUENEAU, Thomas Laballe, Yves & Pierre Martin, Alphonse Mellot und Paul Thomas. Die Weißen passen perfekt zum AOP-Ziegenkäse *Crottin de Chavignol*.

Chénas Beauj r ★★★ **09' 11'** 12 13 **14'** – Der kleinste der BEAUJOLAIS-Crus liegt zwischen MOULIN-À-VENT und JULIÉNAS, ist aber weniger bekannt. Wer fleischigen Wein mag, wird hier zu moderaten Preisen fündig. Probierenswert von: Aufranc, DUBŒUF, LAPIERRE, Pacalet, Piron, Thillardon (ein kommender Star), Trichard und der Genossenschaft.

Chevalier-Montrachet Côte d'Or w ★★★★ **99' 00'** 02' 04 05' **06'** 07' 08 **09' 10** 11 12 13 14' – Geografisch ein wenig oberhalb von MONTRACHET, im Hinblick auf die Qualität ein wenig unterhalb, bringt nichtsdestotrotz strahlende, kristalline Weine hervor, die sich lang halten, aber häufig auch früh zu genießen sind. Spezial-CUVÉES aus der Lage Les Demoiselles von JADOT und LATOUR, aus La Cabotte von BOUCHARD. Spitzenerzeuger ist LEFLAIVE. Ebenfalls empfehlenswert: Dancer, Niellon, SAUZET.

Cheverny Lo r rs w ★→★★ 08 09' 10 11 13 14 – AC an der Loire bei Chambord. Trockene, rassige Weißweine von SAUVIGNON BLANC und CHARDONNAY; leichte Rote, vorwiegend von GAMAY und PINOT NOIR (auch von CABERNET FRANC, CÔT). Reichhaltiger, langlebig und faszinierend ist der Cour Cheverny, reinsortig von der Lokaltraube Romorantin. Empfehlenswerte Erzeuger: Cazin, Clos Tue-Bœuf, Gendrier, Huards, de Montcy, Philippe Tessier sowie die Doms. de la Desoucherie, du Moulin, Veillox und Villemade.

Chevillon, R. Côte d'Or r ★★★ Spitzenerzeuger in NUITS-ST-GEORGES mit fairen Preisen. Die Weine sind in geschmeidigem, sinnlichem Stil bereitet, von den besten Lagen, etwa Les St-Georges, Cailles und Vaucrains, fallen sie indes strukturierter aus.

Chidaine, François Lo (r) w; tr s; sch **08'** 09 **10'** 11 13 (14) – Biologischdynamisch arbeitender Erzeuger von sehr präzisen MONTLOUIS- und VOUVRAY-Weinen, v. a. im trockenen und halbtrockenen Stil. Besitzt auch den altehrwürdigen Clos Baudoin (Vouvray). Die Weine von Rebflächen bei Chissay im Cher-Tal sind als AC TOURAINE etikettiert. Große, neue Kellerei; war allerdings 2012 von Frost, 2013 von Hagel (Vouvray) betroffen. Die Vinothek La Cave Insolite in Montlouis gehört ebenfalls dazu.

Chignin Sav w ★ BV – Leichter, weicher Weißwein aus Jacquère-Trauben. Für Sommertage in den Alpen. Am besten und lebhaftesten ist Chignin-Bergeron (ROUSSANNE).

Chinon Lo r rs (w) ★★→★★★ 96' 97 03 05' 06 08 09' 10' 11 12 13 14' – AC mit 2.300 ha; Rabelais ist der Schutzheilige. Leichter bis gehaltvoller CABERNET FRANC aus der TOURAINE; 10 % der Produktion entfallen auf Rosé. Spitzenjahrgänge halten sich 20 Jahre und mehr. Auch einige trockene CHENIN-BLANC-Weiße, teils in Eiche vergoren. Erzeuger: ALLIET, BAUDRY, BAUDRY-DUTOUR, Ch. de la Bonnelière, Ch. de Coulaine, Couly (Pierre & Bertrand), Couly-Dutheil, Grosbois, Pain, Dom. de la Noblaie, Dom. de l'R, J. M. Raffault. Die 2014er sind hervorragend, allerdings war der Ertrag gering. Sieben westlich von Chinon gelegene Gemeinden sollen 2017 in die AC aufgenommen werden.

Chiroubles Beauj r 11' 12 13' 14 – Sehr kleiner BEAUJOLAIS-Cru in den Hügeln oberhalb von FLEURIE; frischer, fruchtiger, seidiger Wein für baldigen Verbrauch (1–3 Jahre). Erzeuger: Cheysson, Coquelet, DUBŒUF, Fourneau, Métrat, Passot, Raousset, Trenel.

Chorey-lès-Beaune Côte d'Or r (w) ★★ 05' 08 09' 10' 11 12 14 – Angenehmer, erschwinglicher Burgunder aus der Nachbarschaft von BEAUNE. Tollot-Beaut ist der führende Betrieb. Weitere Erzeuger: Arnoux, DROUHIN, JADOT, Loichet.

Chusclan S-Rh r rs w ★→★★ 09' 10' 11' 12' 13 – Eine der CÔTES DU RHÔNE-VILLAGES mit der überdurchschnittlichen Genossenschaft Laudun-Chusclan, die neben guten, klar konturierten Weißen und unkomplizierten Rosés auch zugängliche Rote erzeugt. Die besten Rotweinmarken der Genossenschaft sind Dom. de l'Olivette (Chusclan), Femme de Gicon (CÔTES DU RHÔNE) sowie LIRAC. Ferner voller Ch. Signac (am besten ist Chusclan, mit Alterungspotenzial) und Dom. La Romance sowie Spezial-CUVÉES von André Roux. Die meisten jung trinken.

Clair, Bruno Côte d'Or r rs w ★★★→★★★★ Erstklassiges Gut an der CÔTE DE NUITS mit geschmeidigen, subtilen, aromatischen Weinen: preiswerter MARSANNAY, La Dominode von alten Reben (SAVIGNY), CLOS ST-JACQUES und Cazetiers (beide GEVREY-CHAMBERTIN) sowie überragender CHAMBERTIN-CLOS DE BÈZE. Unter den Weißen am besten sind die MOREY-ST-DENIS- und CORTON-CHARLEMAGNE-Gewächse.

Clairet Bx – Sehr heller Rotwein, fast Rosé. BORDEAUX Clairet ist eine AC. Erzeuger: Ch. Fontenille, Ch. Penin, Ch. Turcaud.

Clairette de Die N-Rh w; tr lbl; sch ★★ oJ – Unterschätzter MUSCAT-Schaumwein mit Feuerstein- oder (besser) lieblicher Note aus dem Voralpenland. Auch trockener CLAIRETTE-Weißwein, 3–4 Jahre haltbar. Erzeuger: Achard-Vincent, Carod, Jaillance (preiswert), Poulet et Fils (Terroircharakter), J.-C. Raspail.

Clape, Auguste, Pierre und Olivier N-Rh r (w) ★★★→★★★★ 89' 90' 95' 97 98' 99' 00 01' 02 03' 04' 05' 06' 07' 08 09' 10' 11' 12' 13' 14 – Die Könige von Cornas. Netzwerk von zentral gelegenen, erstklassigen SYRAH-Rebflächen in CORNAS, viele alte Reben. Tiefgründige, beständige Rotweine mit fantastischem Körper und nachklingenden Tanninen, die mind. 6 Jahre zur Entfaltung brauchen und 25 Jahre alt werden können. Schön fruchtig ist der Renaissance von jüngeren Reben. Außerdem guter CÔTES DU RHÔNE, VIN DE FRANCE (rot) und ST-PÉRAY.

Clape, La Lang r rs w ★★→★★★ Kleines Gebiet von Kalksteinhügeln an der Küste bei Narbonne, einst eine Insel. Warme, würzige Rotweine. Die ursprünglichen herben, salzigen Weißen altern erstaunlich gut. AC-Status und Klassifikation zum LANGUEDOC-Cru stehen bevor; siehe COTEAUX DU LANGUEDOC. Gute Erzeuger: Chx. d'Anglès, Camplazens, l'Hospitalet, Mire l'Etang, Moyau, La Négly, Pech-Céléyran, Pech-Redon, Ricardelle, Rouquette-sur-Mer und Mas du Soleila.

Climat Bg – Burgundischer Ausdruck für Einzellage, z. B. MEURSAULT Tesson oder BEAUNE Grèves.

Clos Ein prestigeträchtiger Ausdruck; einzelnen, meist umfriedeten Weinbergen vorbehalten, die sich oft in einer einzigen Hand befinden. In Burgund, der Champagne und im ELSASS häufig anzutreffen.

Clos de Gamot SWF r ★★★ 00 01' 02' 04 05' 06 08 09' 10' 11 (12) – Die Familie Jouffreau erzeugt von ihren im 19. Jh. angepflanzten Reben exemplarischen MALBEC. Die CUVÉE Vignes Centenaires (★★★), die nur in den besten Jahren bereitet wird, und der Clos St-Jean (★★★★) von der Hügelkuppe überdauern auf bewundernswerte Weise heutige Cahors-Moden.

Clos de la Roche Côte d'Or r ★★★ 90' 93' 95 96' 98 99' 01 02' 03 05' 06 07 08 09' 10' 11 12' 13 14 – Wohl der feinste GRAND CRU von MOREY-ST-DENIS. Die Weine besitzen ebenso viel Grazie wie Kraft und sind eher aromatisch als opulent. Brauchen viel Zeit zur Entfaltung. Sehr empfehlenswert von DUJAC und PONSOT, aber auch von Amiot, ARLAUD, Castagnier, LEROY, LIGNIER und ROUSSEAU.

Um die 100 Millionen Euro hat LVMH 2014 angeblich für 8,66 ha in der Grand-cru-Lage Clos des Lambrays hingeblättert.

Clos des Lambrays Côte d'Or r ★★★ 99' 02 03 05' 06 09' 10' 11 12' 13 14 – GRAND-CRU-Lage in MOREY-ST-DENIS, auf die die DOMAINE du Clos des Lambrays praktisch ein Monopol hat. Sie baut den Wein nach früher Lese in würzig-stämmigem Stil aus – ganz im Gegensatz zum benachbarten CLOS DE TART. Da das Gut seit 2014 im Besitz des Luxusgüterkonzerns LVMH ist, könnten die Preise steigen.

Clos des Mouches Côte d'Or r w ★★★ 02 05' 09' 10' 11 14' – Grandiose PREMIER-CRU-Lage in BEAUNE, deren Ruhm DROUHIN begründet hat. Würzige, denkwürdige Weiß- und Rotweine, die beständig gut sind. Empfehlenswert auch von BICHOT und CHANSON. Kaum bekannte Weinberge gleichen Namens existieren auch in SANTENAY (Clair, Moreau, Muzard) und MEURSAULT (Germain).

Clos des Papes S-Rh r w ★★★★ 89' 90' 95 98' 99' 00 01' 03' 04' 05' 06' 07' 08 09' 10' 11 12' 13' – Stets erstklassiges CHÂTEAUNEUF-DU-PAPE-Gut der Familie Avril mit absichtlich sehr gering gehaltenen Erträgen. Gehaltvolle, komplexe, neuerdings mehr auf Prunk ausgelegte und saftigere Rotweine (v. a. von GRENACHE und MOURVÈDRE; trinkreif mit 2–3 Jahren oder erst nach mind. 8 Jahren) sowie komplexe großartige Weiße (sechs verschiedene Rebsorten), denen man Zeit schenken sollte und die zu feinen Speisen getrunken werden sollten. Halten 5–18 Jahre.

Clos de Tart Côte d'Or r ★★★★ 99' 01' 02' 03 05' 06 07 08' 09 10 11 12' 13 14 – GRAND CRU in MOREY-ST-DENIS; der Wein hat unter Gutsleiter Sylvain Pitiot (1996–2014) qualitativ, aber auch preislich erheblich zugelegt. In weniger guten Jahren oft am spannendsten.

Clos de Vougeot Côte d'Or r ★★★→★★★★ 90' 93' 96' 98 99' 01 02' 03' 05' 06 07 08 09' 10' 11 12' 13' 14 – Gefeierter GRAND CRU an der CÔTE DE NUITS, unter viele Besitzer aufgeteilt. Manchmal von höchster Feinheit, v. a. mit zunehmendem Alter. Stil und Qualität des Weins hängen vom Können, von den Ideen und Techniken des Erzeugers sowie der Lage am Hang ab. Spitzenerzeuger: DROUHIN, EUGÉNIE, FAIVELEY, GRIVOT, GROS, HUDELOT-Noëllat, JADOT, LEROY, LIGER-BELAIR, MÉO-CAMUZET, MONTILLE, MUGNERET, Ch. de la Tour, Vougeraie.

Clos du Mesnil Champ – Von dem berühmten ummauerten Weinberg des Champagnerhauses KRUG in der GRAND-CRU-Lage Le Mesnil kommen besonders langlebige, reintönige CHARDONNAY-Jahrgangs-CUVÉES: Die 92er und 95er sind jetzt perfekt (halten aber mindestens noch bis 2020), die 2000er sind sehr gut und die 2003er ein Wunder an Frische.

Clos du Roi Côte d'Or r ★★→★★★ Die beste Parzelle des GRAND CRU CORTON; außerdem der beste PREMIER-CRU-Weinberg in MERCUREY, ein weniger guter in BEAUNE und eine Spitzenlage in MARSANNAY. Der König hat üblicherweise gut gewählt.

Clos Rougeard Lo r w; (s) ★★★★ 03 04 05' 06 07 08 09' 10' 11 12 13 (14) – Die legendäre DOMAINE erzeugt unter der Leitung von Charly und Nady Foucault Weine mit Alterungspotenzial und großer Finesse: SAUMUR-CHAMPIGNY, SAUMUR Blanc und COTEAUX DE SAUMUR.

Clos St-Denis Côte d'Or r ★★★ 90' 93' 95 96' 98 99' 01 02' 03 05' 06 07 08 09' 10' 11 12' 13 14 – GRAND CRU in MOREY-ST-DENIS. Der Wein ist in der Jugend üppig und gewinnt mit zunehmendem Alter an seidiger Textur. Empfehlenswerte Erzeuger: ARLAUD, Bertagna, Castagnier, DUJAC, Jouan, Leroux, PONSOT.

Clos Ste-Hune El w ★★★★ Die Spitzenabfüllung von TRIMBACH aus der GRAND-CRU-Lage ROSACKER (06 08' 10' 12 13' 14) ist womöglich der großartigste RIESLING aus dem ELSASS – ein feiner, zunächst verschlossener Wein, der 5–10 Jahre und mehr Flaschenreife braucht (prachtvoll: **89**). Komplex und mineralisch ist dagegen der Clos St-Urbain (Vulkangestein) von ZIND-HUMBRECHT, dem anderen Prätendenten auf den Riesling-Thron.

Clos St-Jacques Côte d'Or r ★★★ 90' 93 95 96' 98 99' 01 02' 03 05' 06 07 08 09' 10' 11 12' 13 14 – PREMIER-CRU-Hanglage in GEVREY-CHAMBERTIN mit perfekter Südostausrichtung. Erstklassige Erzeuger: CLAIR, ESMONIN, FOURRIER, JADOT und ROUSSEAU. Wuchtige, samtige Weine, die oft höher eingeschätzt werden als viele GRANDS CRUS.

Clovallon, Domaine de Lang ★★★ Als IGP-Weine Haute Vallée de l'Orb werden der PINOT NOIR Les Pomarèdes und der weiße Verschnitt Aurièges erzeugt, außerdem AC FAUGÈRES Presbytère und Montfaletie (beide ★★★) unter dem Namen Mas d'Alezon.

Coche-Dury Côte d'Or r w ★★★★ Die ausgezeichnete DOMAINE in MEURSAULT wird von Jean-François Coche und seinem Sohn Raphaël geführt. Außergewöhnliche Weißweine von ALIGOTÉ bis CORTON-CHARLEMAGNE sowie sehr schöne Rotweine. Machen sich rar.

Colin Côte d'Or r w ★★★ Führende Erzeugerfamilie in CHASSAGNE-MONTRACHET und ST-AUBIN. Die neue Generation erregt Aufsehen, v. a. Pierre-Yves Colin-Morey (hervorragende Weiße) und Dom. Marc Colin. Auch die Söhne von Michel Colin-Deléger, Bruno und Philippe, haben probierenswerte Weine zu bieten.

Collines Rhodaniennes N-Rh r w ★★ Die IGP an der nördlichen Rhône hat Charakter und Qualität zu bieten: Rote von Granithanglagen mit klarer Frucht zu sehr günstigen Preisen. Können auch Lesegut von jungen Reben der CÔTE RÔTIE enthalten. Von den neueren Weinbergen (Schiefer) in Seyssuel kommen tiefgründige, aber teure Weine mit Feuersteinnote. Vorwiegend von SYRAH (die besten), plus MERLOT und GAMAY. Die Weißen werden von der Kleinausgabe eines CONDRIEU VIOGNIER angeführt, dazu CHARDONNAY. Rotweine von: Bonnefond, L. Cheze, J.-M. Gérin, Jamet (sehr gut), Jasmin, Monier-Pérreol, M. & S. Ogier und S. Pichat. Weißweine von: Alexandrins, Barou, Y. Cuilleron, Perret (sehr gut) und G. Vernay (sehr gut).

Collioure Rouss r rs w ★★ Zwillingsappellation von BANYULS für Tischweine; die meisten Güter erzeugen beides. Kraftvolle Rotweine, meist GRENACHE, von terrassierten Steilhängen oberhalb der malerischen Stadt. Auch Rosé, Weißwein auf der Basis von GRENACHE BLANC und seit 2002 VIN GRIS. Spitzenerzeuger: Le Clos de Paulilles, Coume del Mas, Madeloc, Dom. du Mas Blanc, Dom. de la Rectorie, Dom. La Tour Vieille, Dom. Vial-

Magnères sowie die Genossenschaften Cellier des Templiers und Banyuls l'Etoile.

Comté Tolosan SWF r rs w ★→★★ IGP-Weine aus ganz Südwestfrankreich, meist BV. Ch. de Cabidos (★★★) mit dem köstlichen süßen PETIT MANSENG, der Dom. de Moncaut (ganz und gar JURANÇON, außer im Namen) und die wegweisende Dom. de RIBONNET mit Weinen aller Farben (beide ★★) ragen weit aus der Masse mittelmäßiger Erzeuger heraus.

Condrieu N-Rh w ★★★ 08' 09 10' 11' 12' 13 14 – Blumiger Weißwein von Granithängen aus der Heimat des VIOGNIER mit mineralischen bis moschusartigen Aromen von Aprikose und Pfirsich. Die Besten sind kühl, reintönig und präzise und passen wie kaum ein anderer Weißer zu Spargel; bei den weniger guten Exemplaren ist zu viel Eiche, Süße und Alkohol im Spiel. 75 Winzer mit unterschiedlicher Qualität (sehr gut 08, charmant 10). Führende Erzeuger: Benetière (Charakter), CHAPOUTIER, Y. Cuilleron, DELAS, Faury (v. a. La Berne), Gangloff (großartige Stilistik), GUIGAL (wuchtig), F. Merlin, Niéro, A. Perret, C. Pichon, ROSTAING, G. Vernay, F. Villard.

Corbières Lang r (rs) (w) ★★→★★★ 07 08 09 10 11 12 13 14 – Die größte AC des LANGUEDOC mit der Cru-Lage Boutenac. Die Weine sind so vielfältig und verwegen wie die Landschaft mit ihren Lagunen an der Küste und den sonnengedörrten, zerklüfteten Bergen. Empfehlenswerte Erzeuger: CHÂTEAUX Aiguilloux, Aussières, la BARONNE, Borde-Rouge, de Cabriac, Les Clos Perdus, Lastours, Ollieux Romanis, Les Palais, Pech-Latt, la Voulte Gasparets und die DOMAINES Grand Arc, Grand Crès, Fontsainte, Serres-Mazard, Trillol, Vieux Parc, Villemajou und Villerouge sowie Clos de l'Anhel. Genossenschaften: Camplong und Castelmaure.

Cornas N-Rh r ★★★ 78' 83' 85' 88' 89' 90' 91' 94' 95' 96 97' 98' 99' 00' 01' 02 03' 04 05' 06' 07' 08 09' 10' 11' 12' 13' 14 – SYRAH in Spitzenqualität von der nördlichen Rhône. Tiefgründiger, fruchtstrotzender, mineralisch getönter Wein, den man z. T. jung (mit lebhafter Frucht) trinken kann, meist jedoch mind. 5 Jahre einlagern muss. Der Jahrgang 2010 ist umwerfend. Spitzenerzeuger: Allemand (Top 2), Balthazar (traditionell), M. Barret (Biowein), Clape (ist der Maßstab), Colombo (neue Eiche), Courbis (modern), Delas, J. & E. Durand (rassige Frucht), G. Gilles, JABOULET (CUVÉE St-Pierre), Lemenicier, V. Paris, Tardieu-Laurent (Eichenausbau), Dom. du Tunnel, Voge (Eiche).

Corton Côte d'Or r (w) ★★★ 90' 95 96' 98 99' 01 02' 03' 05' 06 07 08 09' 10' 11 12' 13 14 – 160 ha klassifiziert als GRAND CRU sind viel zu viel – nur wenige Corton-Spitzenlagen wie CLOS DU ROI, Les Bressandes und Le Rognet verdienen diese Einstufung tatsächlich, andere erbringen eher mittelmäßige, weichere Weine. Empfehlenswerte Erzeuger: d'Ardhuy, BONNEAU DU MARTRAY, BOUCHARD, CHANDON DE BRIAILLES, Dom. des Croix, Dubreuil-Fontaine, FAIVELEY, Camille Giroud, MÉO-CAMUZET, Dom. de la ROMANÉE-CONTI (seit 2009), Senard, TOLLOT-BEAUT. Gelegentlich auch Weißwein, etwa von den HOSPICES DE BEAUNE, der jedoch weniger interessant ausfällt als CORTON-CHARLEMAGNE.

Corton-Charlemagne Côte d'Or w ★★★→★★★★ 99' 00' 02' 03 04 05' 06 07' 08 09' 10' 11 12' 13 – Potenziell strahlender GRAND-CRU-Weißwein aus Burgund, stilistisch zwischen MONTRACHET und CHABLIS Grand cru angesiedelt. Wächst auf den nach Südwesten und Westen ausgerichteten Kalksteinlagen des Corton-Bergs, dazu kommt ein östlicher Streifen um den Gipfel herum. Intensive Mineralität und großes, allerdings häufig ungenutztes Alterungspotenzial. Spitzenerzeuger: BONNEAU DU MARTRAY, BOUCHARD, COCHE-DURY, FAIVELEY, HOSPICES DE BEAUNE, JADOT, P. Javillier, LATOUR, Rapet, Rollin, VOUGERAIE.

Costières de Nîmes S-Rh r rs w ★→★★ 07' 09' 10' 11 12' 13 – Anbaugebiet an der südlichen Rhône südwestlich von CHÂTEAUNEUF-DU-PAPE mit hohem Qualitätsanspruch und ähnlich steinigen Böden. Die Roten (GRENACHE, SYRAH) entfalten sich schön und bieten ein gutes Preis-Leistungs-Verhältnis. Am besten von den CHÂTEAUX Grande Cassagne, Mas des Bressades, Mas Carlot, Mas Neuf, Mourgues-du-Grès, de Nages, d'Or et des Gueules, Roubaud sowie den DOMAINES M. Kreydenweiss, Petit Romain, Tardieu-Laurent und du Vieux Relais. Dazu gute, lebhafte Rosés sowie stilvolle Weiße (ROUSSANNE). Die 2012er und 2013er sind schon in der Jugend schön zu trinken.

Coteaux Bourguignons Bg ★ BV – Die seit 2011 vorwiegend für Rote (GAMAY, PINOT NOIR) geltende AC ersetzt die AC BOURGOGNE GRAND ORDINAIRE. Sie wird v. a. für schwer verkäuflichen einfachen BEAUJOLAIS (weder von Hanglagen noch »aus Burgund«) in Anspruch genommen, der unter diesem »schickeren« Namen eine Aufwertung erfährt. Auch geringe Mengen Weißwein von ALIGOTÉ, CHARDONNAY, MELON DE BOURGOGNE, PINOT BLANC und PINOT GRIS.

Coteaux Champenois Champ r (rs) w ★★★ BV (Weißwein) – Die AC für die Stillweine der Champagne, z. B. BOUZY. Jahrgänge wie bei CHAMPAGNER. Die Rotweine gewinnen im Zuge des Klimawandels und besserer Weinbaupraktiken (v. a. 09 12') an Qualität.

Coteaux d'Aix-en-Provence Prov r rs w ★★ Ausgedehnte AC ohne echte Identität in den Hügeln um Aix und in der in der Nähe gelegenen Ebene nördlich des Étang de Berre. Bunter Rebsortenmix mit Trauben sowohl aus BORDEAUX als auch dem MIDI. Am besten sind die Rotweine, v. a. von den CHÂTEAUX Bas, Beaupré, Calissanne, Revelette, Vignelaure sowie den DOMAINES les Bastides, les Béates, la Realtière. Siehe auch LES BAUX-DE-PROVENCE.

Coteaux d'Ancenis Lo r rs w; (s) ★→★★ 13 14 meist BV – AOP zwischen Nantais und ANJOU. Erzeugt werden v. a. trockene, halbtrockene und süße Weißweine von CHENIN BLANC sowie alterungswürdiger Malvoisie; außerdem leichte Rotweine und Rosés, v. a. von GAMAY plus CABERNET FRANC und CABERNET SAUVIGNON. Empfehlenswert: Athimon et ses Enfants, Guindon, Pléiade, Quarteron.

Coteaux de Chalosse SWF r rs w ★ BV – Bescheidene IGP-Weine aus Les Landes von lokalen Rebsorten, beliebt in den Restaurants der Region. Die jetzt mit TURSAN fusionierte Genossenschaft beherrscht die Produktion.

Coteaux de Glanes SWF r rs ★★ BV – Die Ségalin-Traube verleiht den Verschnitten von MERLOT und GAMAY der örtlichen Genossenschaft zusätzlichen Pep.

Coteaux de l'Ardèche S-Rh r rs w ★→★★ Bergiges Gebiet westlich der Rhône mit vielfältigem, in der Regel preiswertem Angebot. Neue Erzeuger und frische, z. T. in Eiche (buh!) ausgebaute Rote sowie VIOGNIER (z. B. Mas de Libian, CHAPOUTIER) und MARSANNE. Die besten Rotweine sind von SYRAH bereitet, außerdem GAMAY (oft von alten Reben) und CABERNET SAUVIGNON (Serret). Burgunderartigen, verhaltenen Ardèche-CHARDONNAY erzeugt Louis LATOUR. Empfehlenswert: DOMAINES du Colombier, Favette, Flacher, Grangeon, Mazel und Vigier sowie Ch. de la Selve.

Coteaux de l'Aubance Lo w; s ★★→★★★★ 89' 90' 95' 96' 97' 02 03 05' 07' 09 10' 11' 13 (14) – Kleine AC für Süßweine von CHENIN BLANC. Von sanfteren Hügeln (südlich der Loire bei Angers), nerviger und allgemein weniger üppig als COTEAUX DU LAYON, ausgenommen SÉLECTION DE GRAINS NOBLES. Oft recht günstig. Erzeuger: v. a. Bablut, Haute-Perche, Montgilet, Ch. Princé, Richou, Rochelles, Ch. la Varière. Der Jahrgang 2014 ist vielversprechend.

Coteaux de Saumur Lo w; s ★★→★★★ 03 05 07' 09 10' 11 (14) – Süßer CHENIN BLANC aus von Hand gelesenen Trauben, der an COTEAUX DU LAYON erinnert, aber zarter, zitrusfruchtiger und nicht so reichhaltig ist. Erzeuger: v. a. CHAMPS-FLEURIS, CLOS ROUGEARD, Régis Neau, Targé, Vatan. Der Jahrgang 2014 zeigt Potenzial.

Coteaux des Baronnies S-Rh r rs w ★ BV – IGP-Wein an der Rhône, dessen Rebgut auf hoch gelegenen Hängen inmitten von Weideland östlich von VINSOBRES spät ausreift. SYRAH (am besten), MERLOT, CABERNET SAUVIGNON und CHARDONNAY (gut und günstig) sowie GRENACHE, CINSAULT usw. Besser werdende einfache Rotweine; auch frischer VIOGNIER. Probierenswert sind die DOMAINES Le Mas Sylvia, du Rieu-Frais und Rosière.

Coteaux du Giennois Lo r rs w ★→★★ BV – Kleine AC (196 ha) nördlich von POUILLY mit verstreut liegenden Weinbergen von Cosne bis Gien. Der zitrusfruchtige SAUVIGNON BLANC (von 103 ha) wirkt wie ein kleiner Bruder des SANCERRE oder POUILLY-FUMÉ und kann sehr gut sein. Leichte Rotweine, die durch das gesetzlich festgelegte Verschnittrezept GAMAY/PINOT NOIR nicht eben begünstigt sind. Am besten von: Émile Balland, Jean Marie Berthier (v. a. L'Inédit), BOURGEOIS, Catherine & Michel Langlois, Paulat, Treuillet, Villargeau.

Coteaux du Languedoc Lang – Das LANGUEDOC ist ein sehr großes Gebiet, und nicht alle ACS besitzen eine ausgeprägte eigene Identiät – orientieren Sie sich lieber an den Erzeugern. Zu den Subregionen zählen Quatourze, Pézenas, Grès de Montpellier, Cabrières und St-Saturnin, wo in der Regel Languedoc-Sorten kultiviert werden. In den kleinen Bereichen abardès und Malepère trifft BORDEAUX auf MIDI. Die ebenfalls sehr kleine AC CLAIRETTE du Languedoc erzeugt traditionsreichen Weißwein.

Coteaux du Layon Lo w; s 89 90 95 96 97 02 03 05' 07' 09 10' 11 13 (14) – Das Kernstück von ANJOU, mit süßem, im Bestfall fast unendlich haltbarem CHENIN BLANC von variierendem Süßegrad, doch stets wundervoller Säure. Sieben Orte können ihren Namen vor die AC setzen, wobei Chaume als PREMIER CRU klassifiziert ist. Spitzenappellationen: BONNEZEAUX, QUARTS DE CHAUME. Erzeuger: Baudouin, BAUMARD, Pierre Chauvin, Delesvaux, des Forges, Guegniard, Juchepie, Ogereau, Ch. PIERRE-BISE, Pithon-Paillé. Lassen sie die 2012er (Starkregen im Oktober) links liegen und warten Sie auf den vielversprechenden Jahrgang 2014.

Coteaux du Loir Lo r rs w; tr s ★→★★★ 05' 07 08 09' 10' 11 13 (14) – Der Loir ist ein von Norden kommender Nebenfluss der Loire; das dazugehörige Weinbaugebiet mit den Appellationen Coteaux du Loir und JASNIÈRES ist nicht von großer Bedeutung, aber dynamisch. Stahlige, feine, präzise bereitete Weine von CHENIN BLANC, dazu GAMAY, pfeffriger, gelegentlich schäumender Pineau d'Aunis sowie Grolleau (rosé), CABERNET und CÔT. Spitzenerzeuger: Ange Vin, Dom. de BELLIVIÈRE, Breton, Le Briseau, Fresneau, Gigou, Janvier, Les Maisons Rouges, de Rycke. Die Erträge 2013 waren klein, aber gut; der Jahrgang 2014 zeigt Potenzial.

Coteaux du Lyonnais Beauj r rs (w) ★ BV – Kleinere AC des BEAUJOLAIS. Als Primeur-Weine am besten.

Coteaux du Quercy SWF r rs ★ 09' 10 11 12 (14) – AOP für Weine auf CABERNET-FRANC-Basis. Die Genossenschaft bietet gute Alltagsweine für den Winter (halten sich ein paar Jahre) und wird nur geringfügig übertroffen von der DOMAINE du Merchien (IGP; ★★) sowie Dom. d'Aries, Dom. de Guillau und Mystère d'Éléna der Dom. de Revel (alle ★). Gute Begleiter zu Eintöpfen und Wild.

Coteaux du Vendômois Lo r rs w ★→★★ BV – AC (150 ha) mit 28 Gemeinden zwischen Vendôme und Montoire im Loir-Tal. Am typischsten ist der VIN GRIS von der Pineau-d'Aunis-Traube, die auch den regionalen roten

Verschnitten ihre pfeffrige Eigenart verleiht; außerdem CABERNET FRANC, PINOT NOIR und GAMAY. Weißweine von CHENIN BLANC und CHARDONNAY. Erzeuger: Brazilier, Patrice Colin, Dom. du Four à Chaux, Dom. J. Martellière, Dom. de Montrieux (Émile Hérédia) und CAVE du Vendôme-Villiers.

Coteaux et Terrasses de Montauban SWF r rs w ★→★★ BV – Der IGP-Bereich wurde nahezu im Alleingang von der DOMAINE de Montels geschaffen, die ein breites Spektrum an preiswerten Weinen bietet. Gänzlich das Monopol hat sie allerdings nicht – probieren Sie Dom. Biarnès und Mas des Anges (beide ★).

Coteaux Varois-en-Provence Prov r rs w ★→★★ **08 09 10** 11 12 13 14 – Übersehene AC, eingezwängt zwischen den größeren Appellationen COTEAUX D'AIX und CÔTES DE PROVENCE. Liefert Rotweine mit warmem Charakter sowie frische Rosés hauptsächlich von südlichen Rebsorten. Ist dabei, ihr Potenzial umzusetzen, v. a. mit SYRAH. Empfehlenswert: Chx. la Calisse, Miraval (im Besitz von Brad Pitt und Angelina Jolie), Doms. les Alysses, des Aspras, des Chaberts, du Deffends, du Loou, Routas, Trians.

Côte Chalonnaise Bg r w; sch ★★ Weinbaugebiet unmittelbar südlich der CÔTE-D'OR-Weinberge mit leichteren und nicht ganz so teuren Weinen. Aus BOUZERON kommen Weiße von der ALIGOTÉ-Traube, aus Mercurey und GIVRY strukturierte Rote und interessante Weiße, aus Rully leichtere Weine beider Farben und aus MONTAGNY eher schlanker CHARDONNAY. Der Region fehlt trotzdem noch ein richtiges Zugpferd.

Côte de Beaune Côte d'Or r w ★★→★★★★ Die südliche Hälfte der CÔTE D'OR, aber auch ein eigenständiger AC-Bereich auf der Hügelkuppe oberhalb von BEAUNE. Empfehlenswert: DROUHIN.

Côte de Beaune-Villages Côte d'Or r ★★ 09' 10' 11 12 14 – Rotweine aus den geringeren Gemeinden der Südhälfte der CÔTE D'OR. Selten aufregend und kaum noch im Handel.

Côte de Brouilly Beauj r ★★ 09' 11' 12 13' 14 – Die seitlichen Berghänge oberhalb von BROUILLY bringen einen der reichhaltigsten BEAUJOLAIS-Crus hervor, dessen Ruf den der Brouilly-Weine eigentlich überflügeln sollte, was aber gemeinhin nicht der Fall ist. Probieren Sie: J.-P. Brun, L. Martray, Ch. Thivin.

Die Weinberge an der Côte d'Or sind Weltkulturerbe-Kandidat der UNESCO.

Côte de Nuits Côte d'Or r (w) ★★→★★★★ Die nördliche Hälfte der CÔTE D'OR. Vorwiegend Rotwein: MARSANNAY, FIXIN, GEVREY-CHAMBERTIN, MOREY-ST DENIS, CHAMBOLLE-MUSIGNY, VOUGEOT, VOSNE-ROMANÉE, NUITS-ST GEORGES.

Côte de Nuits-Villages Côte d'Or r (w) ★★ 05' 09' 10' 11 12' 13 14 – Eine neuere AC für das äußerste Nord- und Südende der CÔTE DE NUITS; oft sehr preiswerte Weine. Langsam kommen Einzellagenabfüllungen auf den Markt. Probieren Sie: Ardhuy, BACHELET, Chopin, Gachot-Monot, Jourdan oder Loichet.

Côte d'Or Bg – Departementname, gilt für den mittleren und Hauptteil der burgundischen Weinberghänge, bestehend aus der CÔTE DE BEAUNE und der CÔTE DE NUITS. Der Name wird auf Etiketten nicht verwendet, außer für die geplante AC BOURGOGNE Côte d'Or, die in Kürze eingeführt werden soll.

Côte Roannaise Lo r rs ★★ 11 12 13 14 – Dynamische Qualitäts-AC auf den niedrigeren Hängen der hohen Granithügel westlich von Roanne. Schöner, saftig-fruchtiger GAMAY, teilweise durchaus ernst zu nehmen. Erzeuger: Désormiere, Fontenay, Giraudon, Paroisse, Plasse, Pothiers, Sérol, Vial. Auch IGP-Weißwein Urfé von CHARDONNAY und zunehmend VIOGNIER.

Frankreich

Côte Rôtie N-Rh r ★★★→★★★★ 78' 85' 88' 89' 90' 91' 95' 98' 99' 00 01' 03' 04 05' 06' 07' 08 09' 10' 11 12' 13' 14 – Der feinste Rhône-Rotwein, v. a. VON SYRAH plus etwas VIOGNIER; stilistisch vergleichbar mit Burgunder. Duftet nach Veilchen, ist reintönig, komplex und sehr fein mit zunehmendem Alter (nach 5–10 oder mehr Jahren). Sensationell und sehr langlebig ist der Jahrgang 2010. Beste Erzeuger: Barge (traditionell), Bernard, Bonnefond (Eiche), Bonserine (im Besitz von GUIGAL), Burgaud, CHAPOUTIER, Clusel-Roch (Ökoanbau), DELAS, Duclaux, Gaillard (Eiche), Garon, J.-M. Gérin (Eiche), Guigal (langer Eichenausbau), Jamet (herrlich), Jasmin, Levet (traditionell), M. & S. Ogier (Eiche), Dom. de Rosiers, ROSTAING (fein), J.-M. Stéphan (Öko), VIDAL-FLEURY (La Chatillonne).

Côtes Catalanes Rouss r rs w ★★→★★★ IGP des ROUSSILLON, die einen Großteil des Gebiets abdeckt, deren Qualität aber weit über AC-Status hinausgeht. Hier findet man spannende Innovationen. Insbesondere alte GRENACHE- und CARIGNAN-Reben gibt es in Hülle und Fülle, und die Weine sollte man unbedingt probieren. Am besten von: Doms. of the Bee, Casenove, Gérard GAUBY, L'Horizon, Jones, Matassa, Padié, Olivier Pithon, La Préceptorie Centernach, le Soula, Soulanes, Treloar, Vaquer.

Côtes d'Auvergne ZF r rs (w) ★→★★ Meist BV – Kleine AC (von den 50.000 ha im 19. Jh. sind nur 400 ha übrig geblieben); überwiegend GAMAY, aber auch etwas PINOT NOIR (der nicht reinsortig ausgebaut werden darf) und CHARDONNAY. Die besten Roten profitieren von 2–3 Jahren Reife. Beste Gemeinden: Boudes, Chanturgue, Châteaugay und Madargues (Rotwein) sowie Corent (Rosé). Erzeuger: Maupertuis, Cave St-Verny, Sauvat.

Côtes de Bordeaux Bx ★ Überflüssigerweise 2008 eingerichtete AC für Rotwein, die den bereichsübergreifenden Verschnitt von Lesegut aus CASTILLON, FRANCS, BLAYE and CADILLAC (früher Premières Côtes de Bordeaux) gestattet. Winzer, die die Identität bestimmter Terroirs bewahren wollen, unterliegen nun strengeren Auflagen, dürfen aber Namen wie Cadillac, Castillon usw. der AC-Bezeichnung voranstellen. BLAYE → CÔTES DE BORDEAUX und FRANCS → CÔTES DE BORDEAUX erzeugen auch etwas trockenen Weißwein. Die AC CÔTES DE BOURG gehört nicht zur neuen Appellation. Probierenswert: Ch. Réaut.

Côtes de Bourg Bx r w ★→★★ 04 05' 08 09' 10' 12 (14) – Von der AC CÔTES DE BORDEAUX unabhängige AC für solide, aromatische Rot- und einige trockene Weißweine vom östlichen Gironde-Ufer, in der Regel preiswert. Spitzen-CHÂTEAUX: Brulesécaille, Bujan, Civrac, Falfas, Fougas-Maldoror, Grand-Maison, Grave (Nectar VIEILLES VIGNES), Haut-Guiraud, Haut-Macô, Haut-Mondésir, Macay, Martinat, Mercier, Nodoz, Roc de Cambes, Rousset, Sociondo.

Côtes de Duras SWF r rs w ★→★★★ 11' 12 (14) – AOP zwischen Bordeaux und Bergerac. Die langweilige Genossenschaft wird mühelos überflügelt von den Ökobetrieben Nadine Lussau, Mont Ramé, Mouthes-les-Bihan und Petit Malromé (alle ★★★), gefolgt von Les Cours, Les Hauts de Riquet, Mauro-Guicheney und La Tuilerie la Brille (alle ★★). Der Süßwein von Ch. Condom Perceval (★★★) ist nach wie vor überragend. Zu den älteren Betrieben zählen Domaines Les Allegrets, Chater, Grand Mayne und de Laulan (alle ★★).

Côtes de Gascogne SWF (r) (rs) w ★★ BV – Die PRODUCTEURS PLAIMONT und v. a. die 900-ha-DOMAINE du Tariquet (beide ★★) dominieren die Produktion der süffig-unkomplizierten IGP-Weißweine. Kleinere Erzeuger: u. a. DOMAINES d'Arton, Chiroulet, Haut-Campagnau, de Ménard, de Millet, de Pellehaut, de St Guilhem (alle ★★) sowie Doms. des Cassagnoles, de Joÿ, de Laballe, de Lauroux, de Magnaut, de Papolle und St-Lannes. Die Roten sind nicht ganz so erfolgreich, aber die rote CUVÉE Sanglier der Dom. de Sédouprat (★) ist nicht zu verachten. Bestes Erzeugnis: Armagnac.

Côtes de Millau SWF r rs w; ★ BV – Die IGP im Tarn-Tal wird von der guten Genossenschaft und Norman Fosters Viadukt beherrscht. Probieren Sie die Weine guter unabhängiger Erzeuger wie z. B. Dom. du Vieux Noyer (★).

Côtes de Montravel SWF w; s ★★ 09 **10** 11' **12** (13) – Die Sub-AOP von BER-GERAC erzeugt Weine, die nicht trocken, aber auch nicht pappsüß sind. Reizvolle, wenngleich aus der Mode gekommene Weine im Aperitif-stil (vorwiegend von SÉMILLON), die hervorragend zur lokalen Foie gras passen.

Côtes de Provence Prov r rs w ★→★★★ r **07 08 09 10 11** 12 13 14; rs w BV – Die große AC steht hauptsächlich für Roséweine, deren Qualität immer besser wird (fast nirgendwo sonst wird Rosé so ernst genommen). Auch angenehme Rote, sowohl von CABERNET als auch Sorten des MIDI, dazu kräuterwürzige Weißweine. Unterbereiche sind SAINTE-VICTOIRE, Fréjus, La Londe und seit Kurzem Pierrefeu. Führende Erzeuger: u. a. Castel Roubine, Commanderie de Peyrassol, DOMAINES Bernarde, de la Courtade, Léoube, Gavoty (großartig), des Planes, Rabiéga, Richeaume und de Rimauresq, CHÂTEAUX d'Esclans, Ste-Rosaline und de Selle sowie Clos Mireille. Siehe auch COTEAUX D'AIX, BANDOL, COTEAUX VAROIS.

Côtes de Thongue Lang r rs w ★★ rs w BV – Dynamischste IGP-Region von HÉRAULT im Thongue-Tal mit experimentellen Verschnitten und sortenreinen Weinen. Die besten Roten kann man einlagern. Erzeuger: DOMAINES Arjolle, les Chemins de Bassac, la Croix Belle, des Henrys, Monplézy.

Côtes de Toul El r rs w ★ BV – Sehr leichte Weine aus Lothringen, v. a. VIN GRIS.

Côtes du Brulhois SWF r rs (w) ★→★★ 11 12 (14) – Muntere AC bei Agen, deren Rotweine den Rosés und Weißen vorzuziehen und so »schwarz« sind wie CAHORS-Gewächse; sie müssen etwas TANNAT enthalten. Die gute Genossenschaft kooperiert mit den unabhängigen Erzeugern Dom. des Thermes, Dom. du Bois de Simon (beide ★★), Ch. La Bastide, Dom. de Coujétou-Peyret und Dom. du Pountet (alle ★).

Côtes du Forez Lo r rs; (sch) ★→★★ BV – Vielversprechende AC am Oberlauf der Loire im Massif Central mit Rotweinen und Rosés von GAMAY. Wichtigste Erzeuger: Bonnefoy, Clos de Chozieux, Guillot, Mondon-Demeure, Stéphane Réal, Verdier/Logel und Les Vignerons Foréziens. IGP-Weißweine von CHARDONNAY, PINOT GRIS und VIOGNIER, in Zukunft auch von CHENIN BLANC.

Côtes du Jura Jura r rs w; (sch) ★★→★★★ 99' 00 03' 05' 06 09 10 11 12 14 – Wiederbelebter Anbaubereich für die weißen Sorten CHARDONNAY und SAVAGNIN mit verschiedenen Stilen: von frisch und fruchtig bis kontrolliert oxidativ, darunter VIN JAUNE. Leichte, helle Rotweine von PINOT NOIR, Poulsard und Trousseau. Empfehlenswerte Erzeuger: Ch. d'ARLAY, BERTHET-BONDET, Bourdy, Dom. LABET, PIGNIER, RATA-POIL. Wachsender Absatzmarkt in Skandinavien und den USA.

Côtes du Rhône S-Rh r rs w ★→★★ 09' 10' 11' 12' 13 – Die breite Basis der südlichen Rhône mit rund 170 Weinbau treibenden Gemeinden. Zwischen erfreulichen, handwerklich erzeugten Qualitätsweinen (Tendenz steigend) und Massenwein klafft eine große Lücke. Inzwischen wird mehr Wert auf lebhafte Frucht gelegt. Vorwiegend GRENACHE, aber auch SYRAH und CARIGNAN. Die 2013er sollte man jung trinken. Die Vaucluse schneidet am besten ab, gefolgt von GARD (Syrah).

Côtes du Rhône-Villages S-Rh r rs w ★→★★ 07' 09' 10' 11' 12' **13** – Körperreiche, unmittelbar ansprechende Rotweine von 7.700 ha, darunter die 18 renommiertesten Orte der südlichen Rhône. Die besten Gewächse geizen nicht mit würziger dunkler Frucht und sind preiswert; die Grundlage bildet GRENACHE, dazu kommen SYRAH und MOURVÈDRE. Auch Weißweine von steigender Qualität, meist von VIOGNIER und ROUSSANNE zusammen mit CLAIRETTE und GRENACHE BLANC – gut zum Essen. Siehe auch CAIRANNE, CHUSCLAN, LAUDUN, SABLET, ST-GERVAIS, SÉGURET (Qualität), VISAN (wird besser). Seit 2005 gehören auch die Gemeinden MASSIF D'UCHAUX (gut), PLAN DE DIEU (robust), PUYMÉRAS und SIGNARGUES dazu, seit 2012 auch Gadagne (bei Avignon). Beachtenswerte Erzeuger: Ch. Fontségune, Ch. Signac und die DOMAINES Aphillantes (Charakter), Aure, Cabotte (Ökoanbau), Coulange, Coste Chaude, Grand Moulas, Grand Veneur, Gravennes, Jérôme, Montbayon, Mourchon, Pique-Basse, Rabasse-Charavin, Réméjeanne, Renjarde, Romarins, Ste-Anne, St-Siffrein, Saladin, Valériane, Vieux Chêne, Viret (international) sowie Mas de Libian, CAVE Estézargues und Cave RASTEAU.

Spitzenerzeuger der Côtes du Rhône

CHÂTEAUX La Borie, La Couranҫonne, Fonsalette (wunderschön), Grand Moulas, Hugues, Montfaucon (auch Weißwein), St-Estève, Trignon (u. a. VIOGNIER); Winzergenossenschaften CAIRANNE, RASTEAU, CAVE Estézargues; DOMAINES Bramadou, André Brunel (stilvoll), Chaume-Arnaud, Charvin (Terroir, sehr gut), Clos des Cîmes, Combebelle, Coudoulet de BEAUCASTEL (Rotwein mit Klasse), Cros de la Mûre (preiswert), M. Dumarcher (Ökoanbau), Espigouette, Ferrand (füllig), Gourget, Gramenon (Ökoanbau), Haut-Musiel, Janasse (alte GRENACHE-Reben), Jaume, Manarine, Famille PERRIN, Réméjeanne (auch Weißwein), Romarins, Rouge-Bleu (saubere Ökoweine), Soumade, Vieille Julienne (klassisch), Mas Poupéras; DELAS FRÈRES, DUBŒF, GUIGAL (sehr preiswert).

Côtes du Roussillon-Villages Rouss r ★★ **07 08 09 10 11** 12 13 14 – 28 Ortschaften im besten Teil des ROUSSILLON, dominiert von Genossenschaften und den Vignerons Catalans. Unabhängige Erzeuger mit guter Qualität: Bila Haut, la Cazenove, CAZES, des Chênes, Clos des Fées, Clot de l'Oum, GAUBY, Ch. de Jau, Mas Crémat, Modat, Piquemal, Rancy, Roc des Anges, Thunevin-Calvet. Die einfache AC Côtes du Roussillon liegt näher an Perpignan, erzeugt einfache wärmende Rote und wird noch mehr von Genossenschaften beherrscht. Siehe auch CÔTES CATALANES.

Côtes du Tarn SWF r rs w ★ BV – Der IGP-Bereich, geografisch in etwa identisch mit GAILLAC, wird von Erzeugern oft für Weine genutzt, die nicht den AOP-Vorschriften entsprechen. Probieren Sie den halbtrockenen SAUVIGNON BLANC oder von Dom. D'en Ségur und die Bioweinreihe Lou von Les Vignes du Garbasses (beide ★★).

Côtes du Vivarais S-Rh r rs w ★ **12 13** Großteils BV – Die AC liegt im Hügelland der Ardèche westlich von Montélimar. Die süffigen Weine auf GRENACHE- und SYRAH-Basis werden definitiv immer besser; zudem gibt es robustere, in Eiche ausgebaute Rote. Beachtenswerte Erzeuger: Gallety (am besten), Mas de Bagnols und Vignerons de Ruoms (großes Sortiment, dazu preiswert).

Coulée de Serrant Lo w; tr s ★★★ **95 96 97 98 99 02 03 04 05 07 08** 10' 11 12 13 (14) – Historische, steile, mit CHENIN-BLANC bestockte MONOPOLE-Lage im Herzen der AC SAVENNIÈRES. Die Weine waren eine Zeit lang nicht auf der Höhe, doch seit Tochter Virginie Joly die Gutsleitung übernommen hat, geht es wieder aufwärts. Die Weine sollten nicht gekühlt und rechtzeitig vor dem Servieren dekantiert werden. Alte Jahrgänge sind bisweilen sehr fein.

Courcel, Domaine de Côte d'Or r ★★★ Führendes Gut in POMMARD mit den Spitzen-PREMIERS-CRUS Rugiens und Les Epenots, außerdem interessante CUVÉE Croix Noires. Die feinen, blumigen Weine durchlaufen eine Ganztraubenvergärung und altern schön.

Crémant Bedeutete früher »Perlwein« in der Champagne und heißt dort jetzt *demi-mousse* oder *perle*. Seit 1975 AC für Schaumweine hoher Qualität nach der klassischen Methode aus BORDEAUX, Burgund, dem ELSASS, Die, dem Jura, LIMOUX und von der Loire. Auch Luxemburg verfügt über eine Crémant-Appellation.

Crépy Sav w ★★ BV – Leichter, milder Weißwein nach Schweizer Art vom Südufer des Genfer Sees; *crépitant* bedeutet leicht perlend.

Criots-Bâtard-Montrachet Côte d'Or ★★★ 02' 04 05 06 07 08 09 10 11 12 13 14' – Mit nur 1,57 ha die kleinste Lage der MONTRACHET-Familie. Die Weine sind nicht ganz so konzentriert wie ausgewachsene BÂTARD-MONTRACHET-Gewächse, aber im schönsten Sinne reintönig und sinnlich. Empfehlenswerte Erzeuger: Belland, Blain-GAGNARD, Fontaine-Gagnard.

Crozes-Hermitage N-Rh r w ★★ 05' 07 09' 10' 11' 12' 13' 14– Mit SYRAH bestockte, vorwiegend flache Weinberge in der Nähe des Flusses Isère sowie Lagen auf Granithängen bei HERMITAGE. Lebhafte Weine mit dunklen Frucht-, Lakritze- und Teernoten, die meist jung zu trinken (nach 2–5 Jahren). Die Besten (einfache CUVÉES) sind ideale Begleiter bei Grillabenden und Partys; eichenholzwürzige Exemplare von alten Reben sind teurer. Spitzenerzeuger: Belle, Les Bruyères (mächtige Frucht), Y. Chave, Chapoutier, Dom. du Colombier, Dom. Combier (Ökoanbau), Ch. Curson, Darnaud, Delas (Tour d'Albon und Le Clos sehr gut), Dumaine (Öko), des Entrefaux (Eiche), Fayolle Fils und Fille (stilvoll), A. Graillot, Hauts-Chassis, Lises (fein), Mucyn, de Thalabert von JABOULET. Weißweine (von MARSANNE) jung trinken; die letzten Jahrgänge sind sehr gut. Gutes Preis-Leistungs-Verhältnis.

Cuve close Abgekürztes Verfahren der Schaumweinherstellung im Tank. Die Bläschenbildung im Glas kommt schneller zum Stillstand als bei der traditionellen Methode.

Cuvée In einer *cuve*, d.h. in einem Bottich enthaltener Wein. Sonst auch Allerweltswort, bei CHAMPAGNER z. B. Bezeichnung für »Verschnitt« und erstgepresste Weine. Bezeichnet oft einfach einen »Posten« Wein.

Dagueneau, Didier Lo w ★★★→★★★★ 02 03 04 05' 07 08' 09' 10 11 12 13 (14) – Der beste Erzeuger von POUILLY-FUMÉ, Vorbild für brillant und präzise bereiteten SAUVIGNON BLANC. Sohn Louis-Benjamin und Tochter Charlotte haben nach Didiers Tod die Gutsleitung übernommen und beeindrucken mit überaus sorgfältiger Weinbereitung – der Gipfel ist die umwerfende Kellerei. Spitzen-CUVÉES: Pur Sang und Silex. Außerdem SANCERRE Les Monts Damnés aus CHAVIGNOL sowie JURANÇON.

Dauvissat, Vincent Chablis w ★★★★ Unbeirrbarer Bio-Erzeuger von großartigem klassischem CHABLIS, der in alten Fässern, insbesondere den lokalen, 132 Liter fassenden *feuillettes* ausgebaut wird. Sehr langlebige Weine, vergleichbar mit denen seines Cousins RAVENEAU. Am besten sind Les Fôrets, Preuses, Séchet und Les Clos. Ebenfalls probierenswert sind die Weine von Fabien Dauvissat.

Degré alcoolique Alkoholgehalt, d. h. Volumenprozent (Vol.-%).

Deiss, Domaine Marcel El r w ★★★ Biologisch-dynamisch arbeitendes Elsässer Weingut in Bergheim, das v. a. Verschnitte aus Lesegut von oft gemischt bestockten Einzellagen bereitet. Nicht durchweg gelungen. Bester Wein: RIESLING Schoenenbourg (08 10 12 14').

Frankreich

Delamotte Champ BRUT; Blanc de Blancs **02 04** 06 08; CUVÉE Nicolas Delamotte – Kleines Haus mit feinen CHAMPAGNERN (vorwiegend von CHARDONNAY) in Le MESNIL. Sehr guter schäumender, nach der Saignée-Methode erzeugter Rosé. Wird zusammen mit SALON von LAURENT-PERRIER geleitet. Gilt als Salon-Gewächs des kleinen Mannes, übertrifft ihn aber manchmal (etwa 1985, 2002 und 2004).

Delas Frères N-Rh r rs w ★→★★★ Handelshaus an der nördlichen Rhône mit überaus verlässlicher Qualität von (teils im eigenem Besitz befindlichen) Lagen in CONDRIEU, CROZES-HERMITAGE, CÔTE RÔTIE und HERMITAGE. Spitzengewächse: Condrieu (CLOS Boucher), Côte Rôtie Landonne, Hermitage Domaine des Tourettes (rot), M. de la Tourette (weiß), Les Bessards (rot; sehr fein, rauchig, langlebig, Terroircharakter). Besonders empfehlenswerte Rotweine von der südlichen Rhône: Dom. des Genêts (VACQUEYRAS), St-Esprit (CÔTES DU RHÔNE). Die Weißen fallen in letzter Zeit leichter aus. Im Besitz von ROEDERER.

Demi-sec »Halbtrocken«, eher lieblich (z. B. bei CHAMPAGNER).

Derenoncourt, Stéphane Bx – Führender international tätiger önologischer Berater; ein Autodidakt. Terroir, Frucht und Ausgewogenheit stehen bei ihm im Mittelpunkt. Hat in Castillon mit der Domaine de l'A ein eigenes Gut.

Deutz Champ Brut Classic oJ; Rosé oJ; Brut **04** 06 07 – Eines der besten unter den kleineren Champagnerhäusern, im Besitz von ROEDERER. Sehr trockene, klassische Weine. Spitzenreiter: die CHARDONNAY-CUVÉE Amour de Deutz (**04 06** 08); relativ neu ist der Amour de Deutz Rosé (06). Grandiose Cuvée William Deutz (**02**). Bezieht sein Traubengut mit Umsicht aus erstklassigen GRAND-CRU-Lagen.

Dirler-Cadé, Domaine El – Hervorragendes Gut in Bergholtz. Der ausgefallene MUSCAT GRAND CRU Saering von alten Reben besticht durch Tiefe und wohlgeformte Eleganz (08 **12** 14).

Domaine In Burgund und in ländlichen Gegenden gebräuchliche Bezeichnung für Weingut.

Dom Pérignon Champ 02' (superb) **03** (eine Überraschung) **04** 06 08'; Rosé **02 04** 06 08' **12'** – Luxusmarke von MOËT & CHANDON mit ungemein beständiger Qualität. Cremiger Charakter, v. a. nach 10–15 Jahren Flaschenreife, aber in der Jugend recht straff. Der Oenothèque (7, 16, 30 Jahre und länger in der Flasche gereift, aber erst kürzlich degorgiert) heißt jetzt Plénitude P1, P2 (**98**), P3 (**70**) usw., je nach Jahrgang.

Dopff au Moulin El w ★★★ Alteingesessener Spitzenerzeuger in Familienbesitz in Riquewihr. Ausgewogene Klasse zeigen die GEWÜRZTRAMINER GRAND CRU Brand und Sporen (**10'** 11 12 13 14); außerdem schöner RIESLING SCHOENENBOURG (**10' 12** 13' 14) und Sylvaner de Riquewihr. Wegbereiter des CRÉMANT d'Alsace; empfehlenswert sind die CUVÉES Bartholdi und Julien. Spezialist für klassische trockene Weine, die jetzt wieder gefragt sind.

Dourthe, Vins et Vignobles Bx – Großes Handelshaus und Winzer mit breit gefächertem, qualitätsorientiertem Angebot: gut v. a. Chx. BELGRAVE, Le BOSCQ, LA GARDE. Aus ST-ÉMILION kommt der immer besser werdende Grand Barrail Lamarzelle Figeac. Die gut bereiteten einfachen BORDEAUX-Weine heißen PEY LA TOUR und Dourthe No. 1 (v. a. der Weiße) und bieten verlässliche Qualität.

Drappier, André Champ – Großartiges familiengeführtes Champagnerhaus in der Region AUBE. Voller, von Pinot noir dominierter Champagner oJ, BRUT ZÉRO, ungeschwefelter Brut *sans souffre* (★★), Millésime Exception (**04 06** 08 09), herrliche Prestige-CUVÉE Grande Sendrée (06 **09'**), dazu Cuvée

Quatuor (von vier Rebsorten) und superbe ältere Jahrgänge in Magnum-flaschen (**82 85 95**).

DRC Côte d'Or – Siehe ROMANÉE-CONTI, Domaine de la.

Drouhin, Maison Joseph Bg r w ★★★→★★★★ Zu Recht renommiertes Handelshaus und Erzeugerbetrieb in BEAUNE; der Weinbergbesitz wird durchweg ökologisch bewirtschaftet, auch die Lagen für die Weißweine Clos de Mouches und MONTRACHET Marquis de LAGUICHE (beide Beaune). Rotweine mit besonders üppigem Bukett, vom hübschen CHOREY-LÈS-BEAUNE bis hin zu majestätischen GRAND-CRU-Gewächsen wie Musigny und GRANDS-ÉCHEZEAUX. Auch die Domaine Drouhin Oregon (DDO) gehört zum Besitz; siehe Kapitel »Vereinigte Staaten«.

Dubœuf, Georges Beauj r w ★★→★★★ Der berühmteste Name im BEAUJO-LAIS, Schöpfer des weltweiten BEAUJOLAIS-PRIMEUR-Hypes. Riesiges Angebot an CUVÉES und Crus, außerdem MÂCON-Weißwein.

Dugat Côte d'Or r ★★★ Die Cousins Claude und Bernard (Dugat-Py) erzeugen jeweils ausgezeichnete, tieffarbige GEVREY-CHAMBERTIN-Weine bzw. -Marken. Geringe Mengen, v. a. aus GRAND-CRU-Lagen, gesalzene Preise (v. a. Dugat-Py).

Dujac, Domaine Côte d'Or r w ★★★→★★★★ Erzeuger in MOREY-ST-DENIS mit einer außergewöhnlichen Reihe von sieben GRANDS CRUS: v. a. CLOS ST-DENIS, CLOS DE LA ROCHE und ÉCHEZEAUX. Die Weine sind von eher heller Farbe, aber mit intensiver Frucht sowie Rauch- und Erdbeernoten, da die Stiele mit eingemaischt werden; in den vergangenen Jahren fielen sie etwas dunkler und dichter aus. Dom. Triennes in den COTEAUX VAROIS gehört ebenfalls zum Besitz.

Dureuil-Janthial Bg r w ★★ Die Leitung des Spitzenguts in RULLY liegt in den fähigen Händen von Vincent Dureuil-Janthial, der frische, ausdrucksstarke Weiße und fruchtig-muntere Rote bereitet. Kosten Sie den Maizières (rot und weiß) oder den weißen PREMIER CRU Meix Cadot.

Durup, Jean Chablis w ★★ Riesiger CHABLIS-Erzeuger, dessen Dom. de l'Eglantière und Ch. de Maligny nun durch Heirat mit der Dom. Colinot in IRANCY vermählt wurden.

Duval-Leroy Champ – Dynamisches Champagnerhaus an der Côte des Blancs mit Weinbergen in Familienbesitz. Guter, gefälliger Fleur de Champagne oJ, feiner Blanc de CHARDONNAY (**04 06 08**) und exzellente Prestige-CUVÉE Femme de Champagne (**96' 04**). Neue Abfüllungen von Einzellagen bzw. aus einzelnen Gemeinden, v. a. Authentis Cumières (**04 06 09 11** 12').

Échezeaux Côte d'Or r ★★★ **90' 93 96'** 99' 02' **03** 05' **06 07 08** 09' 10' 11 12' 13 14 – GRAND CRU neben CLOS DE VOUGEOT. Mittelschwere Weine, die bisweilen aber einen außergewöhnlich nuancenreichen Geschmack und überwältigende Nachhaltigkeit besitzen. Am besten von: Arnoux, DRC, DUJAC, EUGÉNIE, GRIVOT, GROS, Lamarche, LIGER-BELAIR, Mongeard-MUGNERET, MUGNERET-Gibourg, ROUGET und Tremblay.

Ecu, Domaine de l' Lo (r) w; tr; (sch) ★★★ 09' 10' 11 **12 13** 14' – Feiner biologisch-dynamisch erzeugter MUSCADET-SÈVRE-ET-MAINE (v. a. die CUVÉE Granite) und GROS PLANT. Fred Niger Van Herck, der tatkräftige Partner Guy Bossards, zieht sich allmählich in den Ruhestand zurück. Guter CABERNET FRANC und Pinot noir. Der Wein wird teilweise in Amphoren ausgebaut.

Edelzwicker El w ★ BV – Leichter Weißweinverschnitt. Gut sind Ch. d'Ittenwiller und der Gentil von HUGEL.

Eguisheim, Cave Vinicole d' El r w ★★ Tadellose Elsässer Winzergenossenschaft mit sehr fairen Preisen: feine GRANDS CRUS Hatschbourg, HENGST, Ollwiller und Spiegel. Zum Besitz gehört auch Willm. Spitzenmarke WOLFBERGER. Am besten: Grande Réserve (**09 10 11** 12), Sigillé und Armorié. Guter CRÉMANT und PINOT NOIR (v. a. 10' 11).

> **Elsässer Entwicklungen**
> In Sachen intelligente, flexible Entwicklung können sich die Champagne und Burgund ein oder zwei Scheiben vom ELSASS abschneiden, was die Klassifizierung von Spitzenlagen angeht. Jeder der 51 elsässischen Crus kann sich nun seine eigenen Bestimmungen verordnen. Darüber hinaus wird PINOT NOIR wohl in absehbarer Zeit der Riege der für Grands crus vorgeschriebenen »edlen Rebsorten« beitreten, und SYLVANER, das Aschenputtel unter den weißen Trauben, wird vielleicht bald folgen.

Elsass El (r) w; (s); (sch) ★★→★★★★ 04 05 06 **08' 09 10'** 11 12 13 14 – Region an den geschützten Ostausläufern der Vogesen mit aromatischen, fruchtigen, sehr vollen und normalerweise trockenen Rheinweinen, die der jeweiligen Rebsorte Rechnung tragen. Bei den Süßegraden ist das Spektrum groß, doch liegt der Schwerpunkt jetzt wieder auf trockenen Versionen. Werden meist mit der Nennung der Rebsorte etikettiert (PINOT BLANC, RIESLING, GEWÜRZTRAMINER). Altern gut 5–10 Jahre (ausgenommen Pinot blanc und MUSCAT), die GRANDS CRUS noch länger. Auch guter, preiswerter CRÉMANT. Der einst schwächliche Pinot noir wird immer besser (v. a. **10**). Siehe auch VENDANGE TARDIVE, SÉLECTION DE GRAINS NOBLES.

Entraygues et du Fel und **Estaing, Vins d'** SWF r rs w ★→★★ BV – Kleine Zwillings-ACS im Departement Aveyron. Meist am besten sind die prickelnd-erfrischenden CHENIN-BLANC-Weißweine. Empfehlenswert von Dom. Méjanassère (★★) und – fülliger – von Nicolas Carmarans (★★), zu dessen AOP-Weinen jetzt auch Rote von der Sorte FER SERVADOU zählen. Nicht entgehen lassen sollte man sich die Roten, v. a. La Pauca, und den hervorragenden Rosé von Laurent Mousset (★★).

Entre-Deux-Mers Bx w ★→★★★ BV – Oft preiswerter trockener weißer BORDEAUX aus der Gegend zwischen Garonne und Dordogne. Die besten CHÂTEAUX: BONNET, Castenet-Greffier, Fontenille, Haut Rian, Landereau, Lestrille, Marjosse, La Mothe du Barry (v. a. French Kiss), Nardique-la-Gravière, Sainte-Marie, Tour de Mirambeau und Turcaud.

Esmonin, Domaine Sylvie Côte d'Or r ★★★ Reichhaltige, dunkle Weine von voll ausgereiften Trauben, u. a. seit 2000; jede Menge Eiche und Stiele. Beachtlicher weißer GEVREY-CHAMBERTIN VIEILLES VIGNES und CLOS ST-JACQUES. Cousin Frédéric betreibt das Gut Estournelles St-Jacques.

Etoile, L' Jura w; tr (s); sch ★★ Unterbereich des Jura, bekannt für stilvolle Weißweine, u. a. VIN JAUNE, ähnlich wie CHÂTEAU-CHALON, und guten Schaumwein. Spitzenerzeuger ist Philippe Vandelle.

Eugénie, Domaine Côte d'Or r (w) ★★★→★★★★★ Der neue Name für die einstige Dom. Engel, die François Pinault 2006 von Ch. LATOUR kaufte. Bietet nun beeindruckende Weine zu ebensolchen Preisen. Am besten sind CLOS VOUGEOT und GRANDS-ÉCHEZEAUX.

Faiveley, Domaine Bg r w ★★→★★★★ Eher Erzeugerbetrieb als Weinhändler, der 2007 alles umgekrempelt hat und seitdem fleischig-volle, sehr fruchtbetonte Weine bereitet. Preiswerte CÔTE-CHALONNAISE-Abfüllungen, noch besser angelegt ist Ihr Geld aber für die Spitzenweine aus CHAMBERTIN-CLOS DE BÈZE, CHAMBOLLE-MUSIGNY, CORTON und NUITS-ST-GEORGES. Ehrgeizige Neuerwerbungen an der ganzen Côte d'Or, dazu kommt jetzt noch die Dom. Billaud-Simon in CHABLIS.

Faller, Théo/Domaine Weinbach El w ★★★→★★★★ 1612 von Kapuzinermönchen gegründetes Weingut. Laurence Faller, die 2014 mit nur 47 Jahren an einem Herzinfarkt starb, erzeugte wunderbar komplexe Gewächse.

Oft wurden sie in trockenerem Stil ausgebaut, v. a. aus den GRAND-CRU-Lagen SCHLOSSBERG (RIESLING, v. a. **08 10'**). Insgesamt zeichneten sie sich durch eine herrlich charaktervolle, elegante Art aus, insbesondere die CUVÉE Sainte Catherine Gewurztraminer SÉLECTION DE GRAINS NOBLES (**05 09 10**). Jetzt leiten Laurence' Schwester Catherine und ihr Sohn das Gut.

Faugères Lang r (rs) (w) ★→★★★ 08 09' 10 11 12 13 14 – Führende AC im LANGUEDOC mit Cru-Status, gestützt auf die Individualität des hiesigen Schieferbodens. Warme, würzige Rote von SYRAH, GRENACHE und CARIGNAN plus MOURVÈDRE und CINSAULT, ausschließlich auf Schieferhängen angebaut. Weißweine von Grenache blanc, MARSANNE, ROUSSANNE und Rolle. Viele Investoren von außerhalb bringen Dynamik in die AC. Probieren Sie: Dom. Jean-Michel ALQUIER, Dom. Léon Barral, Dom. Cébène, Ch. Chabert, Ch. Chenaie, Mas d'Alezon, Dom. OLLIER-TAILLEFER, Dom. St Antonin, Dom. La Sarabande, Dom. des Trinités.

Fèvre, William Chablis w ★★★ Besitzt die meisten GRAND-CRU-Lagen in CHABLIS; Bougros und Les Clos sind hervorragend. Es werden keine Kosten gescheut und die Erträge beschränkt, die Preise sind dementsprechend. Erstklassige Quelle für konzentrierte Weine zum Einlagern.

Fiefs Vendéens Lo r rs w ★→★★★ 09 10 13 (14); meist BV – AC in der Vendée nahe Les Sables d'Olonne, deren Spektrum vom Touristenwein bis hin zu seriösen Gewächsen mit Alterungspotenzial reicht. Rebsorten: CHARDON-NAY, CHENIN BLANC, SAUVIGNON BLANC, MELON und Grolleau gris (weiß); CABERNET FRANC, CABERNET SAUVIGNON, GAMAY, Negrette und PINOT NOIR (rot und rosé). Erzeuger: Coirier, Mourat (122 ha), Prieuré-la-Chaume, Dom. St-Nicolas (Ökoanbau). Vielversprechender Jahrgang 2014.

Fitou Lang r ★★ 08 09 10 11 12 13 14 – Kraftvolle Rotweine aus den zerklüfteten Hügeln südlich von Narbonne sowie von weniger wilden Lagen an der Küste. Die älteste AC des MIDI für Tischweine (seit 1948) verlangt 11 Monate Fassausbau, die Weine profitieren außerdem von weiterer Flaschenreife. Halten Sie Ausschau nach: DOMAINES Bergé-Bertrand, Lérys, Maria Fita, de Rolland sowie Ch. de Nouvelles.

Fixin Côte d'Or r (w) ★★★ 99' 02' 03 05' 06 07 08 09' 10' 11 12' 13 14 – Ebenbürtiger, aber unterbewerteter nördlicher Nachbar von GEVREY-CHAMBERTIN. Manchmal prachtvolle Rotweine. Beste Weinberge: CLOS de la Perrière, Clos du Chapître, Clos Napoléon. Erzeuger: Bart, CLAIR, FAIVELEY, Gelin, Guyard, MORTET und das wiederbelebte Gut Manoir de la Perrière.

Fleurie Beauj r ★★★ 11' 12 13' 14 – Der beste BEAUJOLAIS-Cru, mit herrlich duftenden, seidig texturierten, erdbeerfruchtigen Weinen. Rassigere Exemplare kommen von der Hanglage La Madone, reichhaltigere von tieferen Lagen. Empfehlenswerte Erzeuger: Balagny, Chapelle des Bois, Chignard, Clos de la Roilette, Depardon, Després, DUBŒUF, Ch. de Fleurie, Métrat, Sunier, Villa Ponciago und die Genossenschaft.

Fourrier, Jean-Claude Côte d'Or r ★★★★ Unter der Leitung von Jean-Marie Fourrier hat die DOMAINE in GEVREY-CHAMBERTIN Kultstatus erlangt – die Preise sind entsprechend. Tiefgründige und doch saftige Rotweine, v. a. CLOS ST-JACQUES, Combe aux Moines, GRIOTTE-CHAMBERTIN.

Francs – Côtes de Bordeaux Bx r w ★★ 05' 08 09' 10' 12 (14) – Die kleine BORDEAUX-AC nahe CASTILLON, früher Côtes de Francs, ist fest in der Hand der Familie Thienpont (von Ch. PAVIE-MACQUIN). Überwiegend Rotwein, daneben auch einige gute Weiße; beide können schmackhaft und ansprechend sein. Die Roten vertragen ein wenig Alterung. Am besten von den CHÂTEAUX Charmes-Godard, de Francs, Laclaverie, Marsau, Pelan, La Prade und Puygueraud.

Fronsac Bx r ★★→★★★ 03 05' 06 08 09' 10' 11 12 (14) – Unterschätzte hügelige AC westlich von ST-ÉMILION mit einigen der preiswertesten Rotweine

Frankreich

des Bordelais. Spitzen-CHÂTEAUX: DALEM, la Dauphine, Fontenil, La Grave, Haut-Ballet, Haut-Carles, Mayne-Vieil, Moulin Haut Laroque, Richelieu, La Rivière, Rousselle, Tour du Moulin, Les TROIS CROIX, La VIEILLE CURE, Villars. Siehe auch CANON-FRONSAC.

Fronton SWF r rs ★★ 12' 14 – Die AOP ist eine Art »Beaujolais von Toulouse«, denn hier wird fast nur eine einzige Rebsorte angebaut: Négrette (manchmal sortenrein) erbringt Weine mit Veilchen-, Kirsch- und Lakritznoten. Probieren Sie: CHÂTEAUX Baudare, Bellevue-la-Forêt, Bouissel, Boujac, Caze, Plaisance (v. a. Alabets) du Roc sowie die DOMAINES des Pradelles und Viguerie de Belaygues (alle ★★). Die IGP-Weißweine genießen (noch) keinen AOP-Status.

Fuissé, Château Bg w ★★→★★★ Einer der führenden Erzeuger von POUILLY-FUISSÉ mit einigen der besten Terroirs (Les Clos, Combettes). Außerdem einige eher auf den breiteren Markt abzielende Abfüllungen.

Gagnard Côte d'Or r w ★★★→★★★★ Bekannter Clan in CHASSAGNE-MONT-RACHET. Alterungsfähige Weine, v. a. Caillerets und BÂTARD-MONTRACHET von Jean-Noël Gagnard. Das umfassende Angebot von Blain-Gagnard und Fontaine Gagnard schließt auch raren CRIOTS-BÂTARD-MONTRACHET sowie MONTRACHET selbst ein. Die Preise sind bei allen durchweg fair.

Gaillac SWF r rs w; tr s; sch ★→★★ r **11 12** 14; w s **09 10 11'** 12; rs, w tr BV – AOP westlich von Albi um den Fluss Tarn mit Rebsorten, die nur hier vorkommen (Duras, Braucol, Len de l'El, Mauzac). Große, bunte Palette an Weinen: Causse-Marines, Peyres-Roses, Plageoles, de la Ramaye und Stéphane Lucas (alle Ökoanbau, alle ★★★) sowie L'Enclos des Roses, DOMAINES de Brin, d'Escausses, Laubarel, Mayragues (Ökoanbau) du Moulin, Rotier, Sarrabelle, de la Valière, die CHÂTEAUX Bourguet (weißer Süßwein), Larroque, Palvié (rot) (alle ★★). Schnäppchen gibt es bei Mas Pignou sowie den Doms. de la Chanade, Duffau und de Lamothe (alle ★★).

Gauby, Domaine Gérard Rouss r w ★★★ Führender, innovativer Ökoerzeuger im ROUSSILLON, den man im Auge behalten sollte. Weißer IGP CÔTES CATALANES, z. B. Les Calcinaires, und roter CÔTES DU ROUSSILLON-VILLAGES Muntada, außerdem Les Calcinaires VIEILLES VIGNES. Ist auch an Dom. Le Soula beteiligt. Außerdem ein Dessertwein namens La Pain du Sucre. Ein inspirierendes Vorbild für andere Debütanten.

Gers SWF r rs w ★ BV – IGP, in der Regel als CÔTES DE GASCOGNE verkauft und von diesem nicht zu unterscheiden.

Gevrey-Chambertin Côte d'Or r ★★★ **90' 96' 99' 02' 03** 05' **06 07 08 09'** **10' 11** 12' 13 14 – Weinort mit dem großartigen CHAMBERTIN und anderen GRANDS CRUS sowie vielen weiteren feinen Lagen (z. B. PREMIERS CRUS Cazetiers, Combe aux Moines, Combottes, CLOS ST-JACQUES). Saftig fruchtige Weine mit aromatischem Einschlag von mittelweile beständigerer Qualität. Spitzenerzeuger: BACHELET, L. BOILLOT, BURGUET, Damoy, DROUHIN, Drouhin-Laroze, DUGAT, Dugat-Py, Duroché, ESMONIN, FAIVELEY, FOURRIER, Géantet-Pansiot, Harmand-Geoffroy, JADOT, LEROY, MORTET, ROSSIGNOL-TRAPET, Roty, ROUSSEAU, SÉRAFIN und TRAPET.

Gigondas S-Rh r rs ★★→★★★ 78' 89' 90' 95' 98' 99' 00' 01' 03' 04' 05' 06' 07' 08 09' 10' **11** 12' 13' – Erstklassige Rote aus dem südlichen Rhône-Tal. Weinberge auf steinigem Lehm-Sand-Boden, die zu gebirgigen Kalksteinhängen östlich von Avignon ansteigen. Robuste, rauchige, häufig frische Weine von GRENACHE, ergänzt durch SYRAH und MOURVÈDRE, die besten mit schöner, klarer roter Frucht. Fantastischer Jahrgang 2010. Insbesondere mit Blick auf den US-Markt in neuerer Zeit mehr Einsatz von Eichenholz und entsprechend höhere Preise; viele Weine zeigen aber einen unverfälscht lokalen Charakter. Spitzenerzeuger: P. Amadieu, Dom. Boissan,

Dom. Bouïssière (schwungvoll), Brusset, Espiers (fruchtig), Goubert, Gour de Chaulé (fein), Grapillon d'Or, Clos du Joncuas (traditionell, Ökoanbau), Ch. de Montmirail, Moulin de la Gardette, Dom. les Pallières, Famille Perrin, Dom. du Pesquier, Dom. Raspail-Ay, Roubine, Ch. de Saint-Cosme (nobel), Dom. Santa-Duc, Dom. St-Gayan (langlebig). Alkoholstarke Rosés.

Girardin, Vincent Côte d'Or r w ★★→★★★ Erstklassige Domaine in MEURSAULT. Vincent Girardin hat den Betrieb verlassen, der aber, nun im Besitz von BOISSET, mit derselben Kellermannschaft weiterläuft wie zuvor. Saubere, geschliffene Weiße und fachkundig bereitete Rote.

Givry Bg r (w) ★★ 09' 10' 11 12 13 14 – Geheimtipp für die CÔTE CHALONNAISE: köstliche Rotweine mit Alterungspotenzial und besserem Preis-Leistungs-Verhältnis als MERCUREY. Am besten: CLOS Salomon, Faiveley, JOBLOT, F. Lumpp, Masse und THÉNARD. Auch ein wenig Weißwein in nussigem Stil.

Gosset Champ – Im 16. Jh. gegründetes Champagnerhaus, das kürzlich nach Épernay umgezogen ist. Komplexer CHAMPAGNER in weinigem Stil. Sehr rassig ist die sehr gute CUVÉE Elegance oJ, traditionell der Grand Millésime (02 04 08 12'). Gosset Celebris (08 09) ist die feinste Cuvée. Außerdem bemerkenswerter Celebris Rosé (09).

Gouges, Henri Côte d'Or r w ★★★ Grégory Gouges schreibt die Erfolgsgeschichte seiner Familie fort und produziert vollen, fleischigen, langlebigen NUITS-ST-GEORGES aus verschiedenen PREMIER-CRU-Lagen. Empfehlenswert sind Vaucrains, Les St-Georges und Chaignots. Auch interessante Weiße.

Grand cru Offizieller Begriff, der aber in den verschiedenen Anbaugebieten unterschiedliche Bedeutungen hat. In Burgund bezeichnet er eine Spitzenlage mit eigener AC, im Elsass eine der 51 Spitzenlagen innerhalb des AC-Bereichs ALSACE GRAND CRU, für die nun jeweils eigene Vorschriften gelten. In ST-ÉMILION fallen 60 % der – oft mittelmäßigen – Produktion unter die AC St-Émilion Grand cru. Im MÉDOC gibt es fünf Grand-cru-classé-Stufen. In der Champagne werden die besten Gemeinden als Grands crus bezeichnet. An der Loire gibt es jetzt eine Grand-cru-Kategorie für QUARTS DE CHAUME, im Languedoc entsteht momentan ein Cru-System. In der Provence ist der Begriff mit Vorsicht zu genießen.

Grande Champagne SWF – AC für den besten Cognac-Bereich. Hat nichts mit Schaumwein zu tun.

Grande Rue, La Côte d'Or r ★★★ 90' 95 96' 98 02' 03 05' 06 07 08 09' 10' 11 12' 13 14 – Schmaler GRAND-CRU-Streifen, der sich gerade in Bestform zu zeigen beginnt, qualitativ und (selbstredend) preislich allerdings nicht ganz an LA TÂCHE und ROMANÉE-CONTI heranreicht, zwischen denen er liegt. Ein MONOPOLE der Dom. Lamarche.

Grands-Échezeaux Côte d'Or r ★★★★ 90' 93 95 96' 99' 00 02' 03 05' 06 07 08 09' 10' 11 12' 13 14 – GRAND-CRU-Spitzenlage neben CLOS DE VOUGEOT. Die Weine gleichen mit ihrer aromatischen statt gewichteten Art jedoch eher MUSIGNY. Erzeuger: Viz BICHOT (Clos Frantin), DRC, DROUHIN, EUGÉNIE, GROS, Lamarche, Mongeard-MUGNERET.

Grange de Pères, Domaine de la Lang r w ★★★ IGP Pays de l'HERAULT vom Kultweingut, das Laurent Vaillé gleich neben MAS DE DAUMAS GASSAC geschaffen hat; erster Jahrgang 1992. Rotweine von SYRAH, MOURVÈDRE und CABERNET SAUVIGNON, Weißweine von 80 % ROUSSANE plus MARSANNE und CHARDONNAY. Stilvolle Weine mit Alterungspotenzial, die aufzuspüren sich lohnt.

Gratien, Alfred und **Gratien & Meyer** Champ ★★→★★★ BRUT 83' 97 02 04 07 08'; Brut oJ – Großartige Prestige-CUVÉE Paradis Brut und Rosé (Verschnitt aus mehreren Jahrgängen). Exzellentes, unkonventionelles Champagnerhaus und Erzeuger von Loire-Weinen, jetzt in deutschem Besitz.

Feine, sehr trockene, langlebige Schaumweine, die im Eichenfass vergoren werden, u. a. Hauschampagner von The Wine Society. Das Traubengut wird seit vielen Jahren von Spitzen-Crus sorgfältig ausgewählter Winzer bezogen. Partnerfirma in SAUMUR ist Gratien & Meyer.

Graves Bx r w ★→★★ 04 05' 06 08 09' 10' 11 12 (14) – Bereich südlich der Stadt BORDEAUX mit saftig-fruchtigen, leckeren Rotweinen und frischen trockenen Weißen von SAUVIGNON BLANC/SÉMILLON. Preiswert. Spitzen-CHÂTEAUX: d'ARCHAMBEAU, Auney L'Hermitage, Brondelle, CHANTEGRIVE, Clos Floridène, Crabitey, Ferrande, Fougères, Haura, Léhoul, Magneau, Rahoul, Respide, Respide-Médeville, St-Robert (CUVÉE Poncet Deville), Toumilon, Venus, Vieux Château Gaubert und Villa Bel Air. Zum besten Gebiet hat sich PESSAC-LÉOGNAN gemausert.

Graves de Vayres Bx r w ★ BV – Winzige AC innerhalb des Gebiets ENTRE-DEUX-MERS; v. a. Rotwein, der großteils vor Ort konsumiert wird.

Grignan-les-Adhémar S-Rh r (rs) w ★→★★ 10' 12' – AC an der mittleren Rhône. Hohe Qualität findet man nicht allzu oft; die besten Roten sind voll und würzig mit Kräuternoten. Führende Erzeuger: Dom. de Bonetto-Fabrol, Ch. la Décelle (auch weißer CÔTES DU RHÔNE), Dom. de Grangeneuve (am besten, v. a. der VIEILLES VIGNES), Dom. de Montine (stilvolle Rote, gute Weißweine) und Dom. St-Luc.

Griotte-Chambertin Côte d'Or r ★★★★ 90' 95 96' 99' 02' 03 05' 06 07 08 09' 10' 11 12' 13 14 – Kleine GRAND-CRU-Lage neben CHAMBERTIN. Die Weine haben weniger Gewicht, zeigen aber lebhafte Noten von roten Früchten und Alterungspotenzial, v. a. von DUGAT, DROUHIN, FOURRIER, R. Leclerc und Ponsot.

Grivot, Jean Côte d'Or r w ★★★→★★★★ In dieser DOMAINE in VOSNE-ROMANÉE wurden im vergangenen Jahrzehnt enorme Fortschritte erzielt, was sich in den höheren Preisen widerspiegelt. Die erstklassige Auswahl wird von den GRANDS CRUS CLOS DE VOUGEOT, ÉCHEZEAUX und RICHE-BOURG angeführt.

Gros, Domaines Côte d'Or r w ★★★→★★★★ Eine herausragende Winzerfamilie in VOSNE-ROMANÉE: Anne bereitet stilvolle Weine (üppiger RICHE-BOURG), Michel saftig-leckere Rote (CLOS de Réas); weitere Familienmitglieder sind Anne-Françoise (jetzt in BEAUNE; die Qualität ist deutlich gestiegen) und Gros Frère et Sœur (Clos Vougeot Musigni). Fast alle bieten auch recht preiswerten HAUTES-CÔTES DE NUITS an, Anne ist außerdem in CORBIÈRES aktiv.

Gros Plant du Pays Nantais Lo w; (sch) ★→★★ BV – AC mit zunehmender Qualität für Weißweine von Gros Plant (FOLLE BLANCHE), die im Idealfall knackig-zitronenfrisch ausfallen und zu Austern sowie anderen Schalentieren passen. Erzeuger: Basse Ville, de l'Écu, Luneau-Papin, Preuille und Poiron-Dabin. Auch Schaumwein, entweder sortenrein oder verschnitten.

Guigal, E. N-Rh r w ★★→★★★★ Berühmter Erzeuger für CÔTE-RÔTIE-Wein, auch CONDRIEU, CROZES-HERMITAGE, HERMITAGE und ST-JOSEPH; außerdem Handelshaus: Condrieu, Côte Rôtie, Crozes-Hermitage, Hermitage, südliche Rhône. Besitzer von VIDAL-FLEURY (fruchtbetonte Weine von steigender Qualität) und Dom. de Bonserine. Hervorragende tiefgründige, reichhaltige, sehr teure Côte-Rôtie-Weine La Mouline, La Landonne und La Turque, die 42 Monate in neuen Eichenfässern ausgebaut werden, also eher untypisch sind. Alle Roten sind wunderbar dicht. Die Standardweine sind sehr verlässlich, v. a. die unglaublich preiswerten CÔTES-DU-RHÔNE-Weine (rot, rosé, weiß). Die besten Weißen sind Condrieu, Condrieu La Doriane (eichenwürzig) und Hermitage.

Hautes Côtes de Beaune/de Nuits Côte d'Or r w ★★ r 09' 10' 12 13 14 w 12' 13 14' – ACS für die Dörfer in den Bergen hinter der CÔTE DE BEAUNE und der CÔTE DE NUITS. Attraktive, eher leichte Rot- und Weißweine für frühen Genuss. Spitzenerzeuger für Weißwein: Devevey, MÉO-CAMUZET, Montchovet und Thevenot-le-Brun; für Rotwein: Carré, Cornu, Féry, GROS, Jacob, Jouan, Magnien, Mazilly, Naudin-Ferrand und Verdet. Auch eine brauchbare große Genossenschaft bei BEAUNE.

Haut-Médoc Bx r ★★→★★★ 01 02 03 04 05' 06 08 09' 10' 11 12 (14) – Aus dieser AC kommen mineralische, bekömmliche Rotweine von CABERNET SAUVIGNON und MERLOT, die sich je nach Bodenbeschaffenheit unterscheiden: Feinere Gewächse entstehen auf sandigen Kiesböden im Süden, stämmigere Versionen finden sich weiter nördlich auf den schwereren lehmhaltigen Kiesböden. Alle benötigen Flaschenreife. Das Haut-Médoc hat 5 Crus classés: BELGRAVE, CAMENSAC, CANTEMERLE, LA LAGUNE und La TOUR-CARNET. Weitere Spitzen-CHÂTEAUS: d'AGASSAC, BELLE-VUE, CAMBON LA PELOUSE, Charmail, CISSAC, Citran, Clément-Pichon, Coufran, Gironville, LANESSAN, Larose Perganson, Paloumey, SÉNÉJAC, SOCIANDO-MALLET.

Haut-Montravel SWF w; s ★★ 09 10 11' 12 (14) – Die süße Ecke von Montravel: Die feinen Dessertweine von Ch. Puy Servain (★★★) und Ch. Moulin Caresse (★★) sowie von Dom. de Libarde (sehr preiswert; ★★) brauchen sich hinter den besten Erzeugnissen der bekannteren ACS MONBAZILLAC und SAUSSIGNAC nicht zu verstecken.

Haut-Poitou Lo r rs w; sch ★→★★ Am besten nach 3–4 Jahren. AC nördlich von Poitiers mit CABERNET SAUVIGNON, CABERNET FRANC, GAMAY, PINOT NOIR, CHARDONNAY und SAUVIGNON BLANC. Cave du Haut-Poitou war der größte Erzeuger, ist aber bankrottgegangen und wurde vom dynamischen Gut Ampelidae (Frédéric Brochet) übernommen. Erzeugt wird IGP-Wein von 107 ha.

Heidsieck, Charles Champ BRUT Réserve oJ; Brut 05 08 12' – Die legendäre Champagnerfirma ist jetzt nicht mehr so groß wie früher, doch die Weine sind so gut wie eh und je, trotz des frühen Todes des begnadeten Kellermeisters. Der Brut Réserve ist pure toastwürzige Eleganz, der unvergleichliche Blanc des Millénaires (**95'**) immer noch vollkommen. Siehe auch PIPER-HEIDSIECK.

Heidsieck Monopole Champ – Das ehemals glanzvolle Champagnerhaus ist nun Teil der VRANKEN-Gruppe und bietet ordentliche Qualität zum vernünftigen Preis. Bester Wein ist der Gold Top (**07 09**).

Hengst El – GRAND CRU in Wintzenheim, erbringt kraftvolle Weine. Herausragend durch Spitzen-GEWÜRZTRAMINER von ZIND-HUMBRECHT und JOS-MEYER; auch AUXERROIS, CHASSELAS und PINOT NOIR (Letzterer ohne Grand-cru-Status).

Henriot Champ BRUT Souverain oJ (jetzt sehr viel besser); fantastischer BLANC DE BLANCS de CHARDONNAY oJ; Brut 04 06 08'; Brut Rosé 06 09 – Feines Champagnerhaus in Familienbesitz. Neuer, lang gereifter Cuve 38 aus einer Solera (siehe Kapitel »Port, Sherry und Madeira«) von Chardonnay-Weinen, beginnend mit dem Jahrgang 1990, aus GRANDS CRUS. Außergewöhnlich langlebig ist die Prestige-CUVÉE Les Enchanteleurs (**88' 95' 02 04** 08'). Besitzt außerdem BOUCHARD PÈRE ET FILS, FÈVRE und Villa Ponciago (BEAUJOLAIS).

Hermitage N-Rh r w ★★★→★★★★ 61' 66' 78' 83' 85' 88 89' 90' 91' 95' 96 97' 98' 99' 00 01' 03' 04 05' 06' 07' 09' 10' 11' 12' 13' 14 – Robuster, »maskuliner« SYRAH von einem Granithügel am Ostufer der Rhône. Rotweine können über 20 Jahre und länger reifen; die Jahrgänge 2010 und 2012 sind sehr gut ausgefallen. Die faszinierend komplexen Weißweine mit Noten von Nüssen und weißen Früchten (MARSANNE, etwas ROUSSANNE) sollten 6–7 Jahre lagern. Spitzenerzeuger: Belle, Chapoutier, J.-L. Chave (voll, elegant), Colombier, DELAS, Faurie (reintönig), GUIGAL, Habrard (Weißwein), Jaboulet, M. Sorrel, Tardieu-Laurent (Eiche). Gute Weine auch von der Genossenschaft in TAIN (v. a. Epsilon, Gambert de Loche).

Hortus, Domaine de l' Lang r w ★★★ Führender Erzeuger von PIC ST-LOUP; auch stilvoller weißer IGP Val de Montferrand sowie elegante Rotweine der Reihe Bergerie und Grande Réserve (in Eiche ausgebaut). Außerdem roter CLOS du Prieur aus dem Bereich TERRASSES DU LARZAC.

Hospices de Beaune Côte d'Or – Die seit dem Mittelalter bestehende Stiftung veranstaltet im spektakulären Gebäudekomplex des Hôtel-Dieu jeweils am dritten Sonntag im November eine große Wohltätigkeitsauktion (seit 2005 von Christie's durchgeführt). Nun können auch Privatpersonen mitbieten, nicht mehr nur der Handel. Unter Roland Masse sind die Standards einheitlicher geworden, 2015 übernimmt Ludivine Griveau die Leitung. Hier bekommen Sie BEAUNE-CUVÉES, VOLNAY-Weine sowie teure GRANDS CRUS, etwa CORTON oder – seit 2013 – ÉCHEZEAUX (rot) bzw. BÂTARD-MONTRACHET (weiß).

Hudelot Côte d'Or r w ★★★ Winzerfamilie an der CÔTE DE NUITS. Bei Hudelot-Noëllat (VOUGEOT) regt sich neues Leben, doch Hudelot-Baillet (CHAMBOLLE) macht ihm harte Konkurrenz. Im Stil ist Ersterer eher elegant, Letzterer eher wuchtig.

Huet-L'Echansonne Lo w ★★★★ 89' 90' 95' 96' 97' 02' 03' 05' 06 07 08' 09' 10' 11 13 (14) – Weingut in VOUVRAY mit biologisch-dynamischem Anbau im Besitz von Anthony Hwang, dem auch die Kellerei Királyudvar in Tokaji (siehe Abschnitt »Ungarn« im Kapitel »Mittel- und Osteuropa«) gehört. Drei Weine von Einzellagen: Le Haut Lieu, Le Mont, Clos du Bourg. Alle altern hervorragend; Jahrgänge wie 1919, 1921, 1924, 1947, 1959, 1989 und 1990 sind immer noch erhältlich. Auch Pétillant (Perlwein). Maßstäbe setzender CHENIN BLANC. Der Jahrgang 2012 war eine Enttäuschung, doch 2013 ist wieder in der Spur.

Hugel und Fils El r w; s ★★→★★★ Erstklassiger Erzeuger in Riquewihr, dessen Spätlesen berühmt sind: RIESLING VENDAGE TARDIVE (**09**) und SÉLECTION DE GRAINS NOBLES (**09**) sowie feiner GEWÜRZTRAMINER VENDAGE TARDIVE (**07**). Außerdem klassischer trockener Riesling (**10**). Alle Weine glänzen mit elegantem Säurespiel.

IGP (Indication Géographique Protégée) Neue Bezeichnung für VDQS. Die Qualitätseinstufung bleibt gleich, nur der wenig hilfreiche Name ist neu.

Irancy Bg r (rs) ★★ **05' 09' 10** 12 14' – Leichter Rotwein aus der Nähe von CHABLIS, bereitet von PINOT NOIR und der Lokaltraube César. Die besten Lagen sind Palotte und Mazelots, die besten Erzeuger Colinot, DAUVISSAT, Goisot, Renaud und Richoux.

Irouléguy SWF r rs (w) ★→★★★ **10** 11' 12 (14) – AOP im Baskenland mit Rotweinen von TANNAT und CABERNET FRANC und körperreichen Weißen von Petit Courbu. Hinzu kommt eine Flut von Rosés, die für Kapitalfluss sorgen bei Erzeugern wie Ameztia, Arretxea, Mourguy (alle ★★★), Brana, Etchegaraya, Ilarria (alle ★★), Abotia, Bordathio und Gutizia (alle ★). Hervorragende Genossenschaft mit bemerkenswertem weißem Xuri d'Ansa (★★★).

Jaboulet Aîné, Paul N-Rh r rs w – Die 1834 gegründete Weinhandelsfirma in Tain wurde 2006 an einen Schweizer Investor verkauft. Die Weine werden nun in einem geschliffenen, internationalen Stil bereitet, die Preise sind gestiegen. Einst führender Erzeuger von HERMITAGE (v. a. La Chapelle ★★★★, seit den 1990er-Jahren mit wechselnder Qualität, seit 2010 etwas besser), CORNAS St-Pierre, CROZES Thalabert und Roure (reell); besitzt die Dom. de Terre Ferme in CHATEAUNEUF-DU-PAPE, handelt außerdem mit anderen Rhône-Weinen, v. a. CÔTES DU RHÔNE Parallèle 45, CONDRIEU,

VENTOUX (rot; hochwertig und günstig), VACQUEYRAS. Den meist jung zu trinkenden Weißweinen fehlt es an Rhône-typischem Körper; zum Sortiment zählt u. a. der neue, sehr teure La Chapelle.

Jacquart Champ – Champagnermarke im Besitz einer Genossenschaft, die das Sortiment eingeschränkt hat und sich auf das konzentriert, was sie am besten beherrscht: CHARDONNAY aus PREMIER-CRU-Lagen der Côte de Blancs. Feine, für die Gastronomie gedachte Auswahl als BLANC DE BLANCS (02 05 06 07 08 10) und sehr guter Jahrgangsrosé (02 04 06). Der neue Kellermeister kommt in der ganzen Welt herum.

Jacquesson Champ – Eine Perle von einem Champagnerhaus in Dizy mit präzise bereiteten, sehr trockenen Weinen. Herausragend der Einzellagenchampagner Avize Caïn (02 04 05 08'), außerdem Saignée-Rosé Terre Rouge (09 – wird nicht weitergeführt, darum jetzt zugreifen). Hinzu kommen Corne Bautray und Dizy (04 08') sowie die ausgezeichneten nummerierten Cuvées OJ (728 730' 731 732 733 734 735 736 737).

Jadot, Louis Bg r rs w ★★→★★★★ In seinem gesamten Angebot hochklassiges Handelshaus mit bedeutendem Weinbergbesitz an der CÔTE D'OR, in MÂCON und im BEAUJOLAIS (v. a. Dom. Ferret in POUILLY-FUISSÉ sowie Ch. des Jacques und Clos du Grand Carquelin in MOULIN-À-VENT). Der neue Kellermeister behält den Stil bei, verfeinert ihn aber etwas – was auch für die neue, frischere Art der Weißen gilt.

Jasnières Lo w; tr (s) ★★→★★★ 03 05' 07 08' 09' 10' 11 13 (14) – Trockener und halbtrockener CHENIN BLANC aus einer dynamischen 65-ha-AC im Loir-Tal mit Südhängen. Erzeuger: de L'Ange Vin (auch VIN DE FRANCE), Aubert la Chapelle, de BELLIVIÈRE, Breton, le Briseau, Gigou, Janvier, Les Maisons Rouges, de Rycke. 2013 kleine, aber immer noch bessere Ernte als 2012; 2014 verspricht gute Qualität.

Jeanjean Lang ★★ Der Familienbetrieb, der auch die AdVini-Gruppe besitzt, ist eine große Nummer im LANGUEDOC. Zum Portfolio zählen u. a. Mas Neuf (Muscat de Mireval), DOMAINE de Fenouillet (FAUGÈRES), Devois des Agneaux und Mas de Lunes (COTEAUX DU LANGUEDOC) und seit Kurzem Causse d'Arboras (TERRASSES DU LARZAC).

Jobard Côte d'Or r w ★★★ Winzerfamilie in MEURSAULT. Die besten DOMAINES sind Antoine Jobard, bekannt v. a. für seine langlebigen Gewächse Charmes, Genevrières und Poruzots, sowie Rémi Jobard, der unmittelbar ansprechende Meursault-Weine sowie Rote aus Lagen in MONTHÉLIE und VOLNAY erzeugt.

Joblot Bg r w ★★★ Hervorragender Erzeuger in GIVRY mit hohen Standards im Weinberg. Probieren Sie den PREMIER CRU La Servoisine (rot und weiß).

Joseph Perrier Champ – Feines familiengeführtes Champagnerhaus mit guten Lagen für PINOT NOIR und MEUNIER. Süffiger, fruchtiger Stil; am besten ist die Prestige-CUVÉE Joséphine (02 04 08' 12). Außerdem die jetzt trockenere und subtilere Cuvée Royale BRUT OJ und markanter BLANC DE BLANCS (02 04 06 08 13').

Josmeyer El w ★★→★★★ Feine, elegante, langlebige Bioweine im trockenen Stil, z. B. fantastischer RIESLING Grand cru Hengst (08' 10 12 13' 14). Auch von geringeren Sorten sehr gute Weine, v. a. AUXERROIS (10). Ökoanbau mit Köpfchen - rigoros, aber nicht weltfremd.

Juliénas Beauj r ★★★ 09' 11' 12 13 14 – Der erstaunlich unpopuläre Cru erbringt vollen, herzhaften und gleichermaßen fruchtigen wie strukturierten BEAUJOLAIS. Entdecken Sie Aufranc, Burrier, Santé, Michel Tête und Trenel.

Jurançon SWF w; tr s ★→★★★ s 05' 07' 10 11' 12 tr 09 10 11' 12 – Separate AOPS für unterschätzte trockene und süße Weißweine, die sich durch eine seltene Ausgewogenheit von Säure und Süße auszeichnen. Die

Boutiquekellerei Jardins de Babylon (★★★★) im Besitz von DAGUENEAU schlägt sich wacker neben den größeren Erzeugern DOMAINES Cauhapé Lapeyre, Larrédya, de Souch, Thou (alle ★★★), Chx. Jolys, Lapuyade Doms. Bellauc, Bellegarde, Bordenave, Capdevielle, Castéra, Guirardel Nigri, Uroulat, CLOS Benguères (alle ★★). Von der guten und preiswerten Genossenschaft in Gan (★) kommen eine Reihe trockener Weißer sowie einige Weine von einzelnen Domaines.

Kaefferkopf El w; tr (s) ★★★ Die Lage in Ammerschwihr ist der 51. GRAND CRU des ELSASS, von dem nicht nur sortenreine, sondern auch Verschnittweine kommen dürfen – wohl nicht allererste Qualität.

Kientzler, André El w; s ★★→★★★ Kleiner, aber sehr feiner Erzeuger in Ribeauvillé. Sehr guter RIESLING von den GRANDS CRUS Osterberg und Geisberg (**06 08 09 10 11** 12 13') sowie opulenter GEWÜRZTRAMINER vom Grand cru Kirchberg (**05** 09 12). Außerdem gehaltvolle, klassische Süßweine.

Korsika (Vin de Corse) r rs w ★→★★ Frankreichs wilde Insel hat die ACs Ajaccio und PATRIMONIO sowie die besseren Crus Coteaux du Cap Corse, Sartène und Calvi. IGP: Île de Beauté. Leichte, würzige Rotweine von der SCIACARELLO-Traube, strukturiertere Gewächse von NIELLUCCIO, außerdem gute Rosés und würzige Vermentino-Weißweine mit Kräuternote. Auch süßer MUSCAT. Spitzenerzeuger: Abbatucci, Alzipratu, Antoine Arena, Canarelli, Clos d'Alzeto, Clos Capitoro, Clos Poggiale, Fiumicicoli, Gentile, Yves Leccia, Montemagni, Nicrosi, Peraldi, Pieretti, Saperale, Torraccia, Vaccelli. Die Weine sind Originale, die kaum exportiert werden – die Suche lohnt trotzdem.

Kreydenweiss, Marc El w; s ★★→★★★ Feiner, biologisch-dynamisch arbeitender Erzeuger, v. a. von PINOT GRIS (sehr gut aus der GRAND-CRU-Lage Moenchberg), PINOT BLANC und RIESLING. Spitzenwein: Riesling Grand cru Kastelberg (**89 06 08' 10'** 12 13; mind. 20 Jahre haltbar); daneben gute VENDANGE TARDIVE. Der Einsatz neuer Eiche wird jetzt mit mehr Fingerspitzengefühl gehandhabt. Außerdem guter Riesling/Pinot gris Clos du Val d'Eléon. Ist auch im Rhône-Tal tätig (GRENACHE, SYRAH, MOURVÈDRE aus Ökoanbau).

Krug Champ Grande CUVÉE, v. a. die gereifte Grande Cuvée »Equilibre« auf 2002er Basis ★★★★; Vintage **95' 98'** 00 03; Rosé; Clos du Mesnil (**00'** 03); Krug Collection **69' 76' 81** 85 – Champagnerhaus mit enormem Prestige. Gehaltvolle, nussige Weine, die, wenn sie in Eiche vergoren werden, von höchster Qualität sind, aber astronomische Preise haben. Der Clos d'Ambonnay (**95 96 98**) ist etwas für Milliardäre. Der Vintage des Jahrgangs **03** ist eine angenehme Überraschung. Kein Jahrgangschampagner 2012.

Kuentz-Bas El w; s ★→★★★ Elsässische Erzeuger- und Handelsfirma in Husseren-les-Châteaux, v. a. GEWÜRZTRAMINER und PINOT GRIS. Ebenfalls gut sind die VENDANGES TARDIVES (v. a. **05** 09). Feiner, klassisch trockener Riesling (**08 10 11** 12 13).

Labet, Domaine Jura – Einladendes Familiengut mit ausdrucksstarken Weinen, v. a. prachtvoller CHARDONNAY Les Varrons (**11**) und La Bardette (**11**). Außerdem klassischer VIN JAUNE und La Paille Perdue, ein Süßwein von auf Strohmatten getrockneten Trauben. Die junge Generation hat jetzt die Leitung übernommen.

La Croix Belle, Domaine Lang ★★★ Führendes Gut der CÔTES DE THONGUE. Zu den Stars zählen der Cascaillou auf GRENACHE-Basis, No 7 (aus sieben Rebsorten) sowie der Süßwein La Soulenque.

Ladoix Côte d'Or r w ★★ **02' 03 05' 07 08 09' 10' 11** 12 13 14 – Ort am Nordende der CÔTE DE BEAUNE, u. a. mit etwas CORTON und CORTON-CHARLEMAGNE;

Quelle fruchtiger Roter sowie gleichermaßen üppiger wie mineralischer Weißweine, v. a. les Joyeuses (rot) und Gréchons (weiß). Die DOMAINES Chevalier, Loichet, Mallard und Ravaut treiben die Wiederbelebung voran.

Ladoucette, de Lo (r) (rs) w ★★★ 08 09 10 **12 13** (14) – Der größte Einzelerzeuger von POUILLY-FUMÉ, mit CHÂTEAU de Nozet als Firmensitz. Baron de L ist die teure Luxusmarke; ferner die SANCERRE-Weine Comte Lafond und La Poussie (der stark erodierte, potenziell gute Weinberg Bué wird gerade instand gesetzt) sowie Marc Brédif (VOUVRAY) und Albert Pic (CHABLIS).

Lafarge, Michel Côte d'Or r ★★★★ Das klassische VOLNAY-Gut unter Leitung von Frédéric Lafarge, dem Sohn des stets gegenwärtigen Michel, wird biologisch-dynamisch bewirtschaftet. Überragende, langlebige PREMIERS CRUS Clos des Chênes, Caillerets und CLOS du Ch. des Ducs. Außerdem feine BEAUNE-Gewächse, v. a. Grèves, und einige Weiße. Seit 2014 auch in FLEURIE aktiv.

Lafon, Domaine des Comtes Bg r w ★★★→★★★★ Kult-DOMAINE mit großartigen MEURSAULT- und MONTRACHET-Weinen und ebenso hervorragendem rotem VOLNAY (v. a. Santenots). Preiswertere Alternativen bietet die separate Domaine im Mâconnais. Dominique Lafon hat einen eigenen Betrieb in Meursault.

Laguiche, Marquis de Côte d'Or r w ★★★★ Größter Grundbesitzer in Le MONTRACHET. Herrliche Weine, auch feiner PREMIER CRU CHASSAGNE, hervorragend von DROUHIN bereitet.

Lalande de Pomerol Bx r ★★ **01' 04 05' 06** 08 09' **10' 11 12** (14) – Etwas unbeständiger Satellitennachbar von POMEROL; Weine in ähnlichem Stil, aber weniger dicht gewirkt. Halten Sie sich an die Spitzen-CHÂTEAUX: Ame de Musset, Belles-Graves, BERTINEAU ST-VINCENT, Chambrun, Les Cruzelles, La Fleur de Boüard, Garraud, Grand Ormeau, Jean de Gué, Haut-Chaigneau, Les Hauts-Conseillants, Laborderie-Mondésir, Perron (La Fleur), Sabines, La Sergue, Siaurac, TOURNEFEUILLE.

Landron, Domaines Lo w; tr; sch ★★→★★★ 09 10 11 12 13 (14) – Schnauzbärtiger Erzeuger von biologisch-dynamischem MUSCADET DE SÈVRE-ET-MAINE (46 ha): Amphibolite und lagerfähiger Fief du Breil. Außerdem guter Schaumwein (GROS PLANT/PINOT NOIR).

Langlois-Chateau Lo (r) (w); sch ★★★→★★★★ In SAUMUR ansässiger Erzeuger von feinem CRÉMANT de Loire, im Besitz von BOLLINGER. Auch Stillweine, v. a. der alterungsfähige Saumur Blanc VIEILLES VIGNES (05 08).

Languedoc r rs w – Allgemeine Bezeichnung für den Süden Frankreichs (MIDI), oft in Kombination mit dem ROUSSILLON genannt. Jetzt auch der Name einer neuen AC, die die jetzige AC Coteaux du Languedoc erweitert und zusätzlich MINERVOIS, CORBIÈRES und ROUSSILLON umfasst. Die Vorschriften sind dieselben wie für Coteaux du Languedoc; die Übergangsphase für den Namenswechsel wurde bis Mai 2017 verlängert. Die neue AC bildet die Basis der AC-Pyramide im Midi. Das neue Stufensystem für CRUS ist in Kraft, die Arbeit wird weiter fortgesetzt.

Lanson Père et Fils Champ Black Label 0J; Rosé 0J; fantastischer BRUT **02' 04 06 08'** 12 13 – Champagnerhaus im Aufwärtstrend; gehört jetzt zu Lanson-BCC. Langlebig und luxuriös: Noble Cuvée als BLANC DE BLANCS, Rosé und Jahrgangschampagner; sein Geld wirklich wert ist aber der Jahrgangs-BRUT. Einzellagenwein Clos Lanson (**08** 09). Der Extra Age (aus mehreren Jahrgängen) und der Blanc de Blancs sind besonders gut. Da der langjährige Kellermeister Jean-Paul Gandon sich zur Ruhe setzt, stehen Veränderungen an.

Lapierre, Marcel Beauj r ★★★ Als Chef der Kult-DOMAINE erzeugt Mathieu Lapierre weiterhin MORGON ohne Schwefeldioxidzusatz, wie sein verstor-

Frankreich

bener Vater ihn eingeführt hat. Probierenswert ist auch der frische, fruchtig-saftige Raisins Gaulois.

Laroche Chablis w ★★ Großer CHABLIS-Erzeuger und Weinhändler, der auch Beteiligungen in Südfrankreich, Chile und Südafrika hält. Mehrheitseigner ist jetzt die Groupe JEANJEAN. Probieren Sie den GRAND CRU Réserve de l'Obédiencerie (mind. ★★★).

Aufgehende Sterne im Languedoc
Alle Güter wurden ab dem Jahr 2000 gegründet und machen einen guten Eindruck:
Cabardès Cazaban
Cabrières Les Deux Rocs
Corbières Clos Perdus
Faugères Trinités; Cebène
IGP Mas des Dames (auch Coteaux de Languedoc), Senti-Kreyden
La Clape Mas Soleilla
Limoux J. Laurens
Montpeyroux Mas d'Amile, Joncas
Muscat de Mireval La Rencontre
Pézenas Le Conte de Floris, Monplézy, Mas Gabriel, Turner-Pageot
Terrasses du Larzac Pas de l'Escalette, Clos du Serres, La Traversée, Les Vignes Oubliées

---

Latour, Louis Bg r w ★★→★★★ Berühmtes traditionelles Handelshaus in Familienbesitz mit körperreichen Weißweinen von Lagen an der CÔTE D'OR (v. a. CORTON-CHARLEMAGNE), dem Mâconnais und der Ardèche (alle CHARDONNAY). Die Rotweine (alle PINOT NOIR) von der Côte d'Or und den Coteaux du Verdon sind weniger aufregend. Zum Besitz gehört auch Henry Fessy im BEAUJOLAIS.

Latricières-Chambertin Côte d'Or r ★★★ 90' 93 95 96' 99' 02' 03 05' 06 07 08 09' 10' 11 12' 13 14 – GRAND CRU neben CHAMBERTIN. Ähnlich gehaltvoller Wein, aber nicht ganz so intensiv, am besten von BIZE, Drouhin-Laroze, Duband, FAIVELEY, LEROY, Remy, ROSSIGNOL-TRAPET und TRAPET.

Laudun S-Rh r rs w ★→★★ 10' 11' 12' 13 – Führender Ort der CÔTES DU RHÔNE-VILLAGES am Westufer. Exzellente, schneidige Weißweine, fruchtig-pfeffrige, früh trinkreife Rotweine (viel SYRAH), lebhafte Rosés. Weine mit unmittelbar ansprechender Aromatik von der Genossenschaft Laudun CHUSCLAN Vignerons. Dom. Pelaquié ist der beste Erzeuger, besonders mit dem stilvollen Weißen; empfehlenswert sind daneben die CHÂTEAUX de Bord, Courac, Juliette, Marjolet, St-Maurice sowie Dom. Duseigneur (biologisch-dynamisch) und Prieuré St-Pierre.

Laurent-Perrier Champ – Bedeutende Champagnerfirma; die Besitzerfamilie tritt jetzt weniger in Erscheinung. Der BRUT OJ (auf CHARDONNAY-Basis) ist ein idealer Aperitif, der markante Rosé wird mit Schalenkontakt vinifiziert. Feine Jahrgänge: **02 04 06** 08. Gut in Form ist die aus mehreren Jahrgängen bereitete Cuvée Grand Siècle (1999, 2002, 2007), unvergleichlich der Grand Siècle Alexandra Rosé (**06**). Der Ultra Brut ist nicht so prickelnd.

Leflaive, Domaine Bg r w ★★★★ Maßstäbe setzender, biologisch-dynamisch arbeitender Erzeuger von weißem Burgunder in PULIGNY-MONTRACHET mit diversen GRANDS CRUS, u. a. Le MONTRACHET und CHEVALIER-MONTRACHET. Auch legendäre Premiers crus wie Combettes, Folatières und Pucelles. Preiswerter ist der MÂCON Verzé.

Leflaive, Olivier Côte d'Or r w ★★→★★★★ Handelshaus in PULIGNY-MONTRA-CHET, Cousin des zuvor Genannten. Sehr verlässliche Weine, meist weiß, die jung getrunken werden sollten. Oliviers Anteil am Familiengut ist nun als Récolte du Domaine mit im Angebot. Ihm gehört auch das Hotelrestaurant mit Verkostungsraum La Maison d'Olivier.

Leroy, Domaine Côte d'Or r w ★★★★ Lalou Bize Leroy, eine Wegbereiterin des biologisch-dynamischen Anbaus, bietet außerordentliche Qualität von winzigen Erträgen und zudem einen Schatz an älteren Weinen aus dem Handelshaus der Familie, Maison Leroy. Die Dom. d'Auvenay gehört ebenfalls zum Besitz.

Die Erzeugereinträge in diesem Buch werden immer mehr, denn ihre Weine werden besser und besser.

Liger-Belair Côte d'Or r ★★★→★★★★ Zwei Weingüter, die sich in jüngster Zeit mit hoher Qualität wieder etabliert haben: Comte Louis-Michel Liger-Belair erzeugt strahlend ätherische Weine in VOSNE-ROMANÉE, sein Cousin Thibault füllige Rote in NUITS-ST-GEORGES. Ersterer ist jetzt auch in Chile tätig, Letzterer in MOULIN-À-VENT.

Lignier Côte d'Or r w ★★→★★★ Familie in MOREY-ST-DENIS. Bester Erzeuger ist die jetzt von Sohn Laurent geleitete Domaine Hubert Lignier (z. B. CLOS DE LA ROCHE). Klasse bietet auch Virgile Lignier-Michelot, nur die Dom. Georges Lignier ist derzeit nicht in Form.

Limoux Rouss r w ★★ AC für Stillwein, zur Ergänzung der Schaumweinappellationen BLANQUETTE DE LIMOUX und CRÉMANT de Limoux. Die weiße AC Limoux ist Anwärter auf den Status Cru du LANGUEDOC; Ausbau in Eiche ist obligatorisch, die Weine werden von CHARDONNAY, CHENIN BLANC und Mauzac bereitet. Die Weine der roten AC basieren auf MERLOT, plus SYRAH, GRENACHE, beide CABERNET-Sorten und CARIGNAN. Trotz des kühlen Klimas ist PINOT NOIR unverständlicherweise nur für Crémant und IGP-Weine zugelassen. Erzeuger: u. a. DOMAINES Baron d'Arques, de Fourn, Martinolles, de Mouscaillo, Ch. RIVES-BLANQUES und Jean-Louis Denois.

Lirac S-Rh r rs w ★★ 09' 10' 11 12' 13 – Vier Gemeinden auf steinigen Böden nahe TAVEL. Würzige Rote von mittlerer Tiefe (können 5 Jahre und länger reifen); positive Impulse kommen neuerdings von einigen CHÂTEAUNEUF-DU-PAPE-Erzeugern, die für reinere Frucht und mehr Flair sorgen. Empfehlenswert: v. a. DOMAINES Beaumont, Duseigneur (Ökoanbau), Giraud, Joncier, Lafond Roc-Epine, Lorentine (stilvoll), Maby (Fermade), André Méjan, de la Mordorée (der beste), Rocalière, Rocca Maura, R. Sabon, CHÂTEAUX de Bouchassy, Manissy, Mont-Redon, St-Roch, Ségriès sowie Famille Bréchet und Mas Isabelle (handwerkliche Bereitung). Die Weißen sind pure Frische und Körper (halten sich 5 Jahre).

Listrac-Médoc H-Méd r ★★→★★★ 03 05' 06 08 09' 10' 11 12 (14) – Nachbar von MOULIS im südlichen MÉDOC. Die AC für Médoc-Freunde mit klein(er)em Budget hat qualitativ deutlich zugelegt: Die Weine zeichnen sich jetzt durch mehr Frucht, Tiefe und MERLOT aus. Auch etwas Weißwein, als AC BORDEAUX etikettiert. Beste CHÂTEAUX: Cap Léon Veyrin, CLARKE, Ducluzeau, l'Ermitage, FONRÉAUD, Fourcas-Borie, Fourcas DUPRÉ, FOURCAS HOSTEN, MAYNE LALANDE, Reverdi, SARANSOT-DUPRÉ.

Long-Depaquit Chablis w ★★★ CHABLIS-DOMAINE im Besitz von BICHOT mit der Spitzenmarke des Hauses, GRAND CRU La Moutonne.

Lorentz, Gustave El w ★★→★★★ Erzeuger und Händler in Bergheim; v. a. GEWÜRZTRAMINER und RIESLING aus den GRAND-CRU-Lagen Altenberg de Bergheim und Kanzlerberg (06 09). Sowohl die gereiften als auch die jungen, in größerer Menge erzeugten Weine sind fein.

Lot SWF ★→★★ BV – Die IGP im Departement Lot gewinnt zunehmend an Bedeutung für Weine jenseits der AOP-Vorschriften (etwa Weiße von CAHORS-Erzeugern). Die DOMAINES Belmont, Sully und Tour de Belfort (alle ★★) stellen Clos d'Auxonne (★) nicht in den Schatten.

Loupiac Bx w; s ★★ **03' 05' 07 09' 10' 11 13** (14) – AC gegenüber von SAUTERNES am rechten Garonne-Ufer mit leichterem, frischerem Stil. Spitzen-CHÂTEAUX: Clos Jean, Dauphiné-Rondillon, Loupiac-Gaudiet, Noble, de Ricaud, Les Roques.

Luberon S-Rh r rs w ★→★★ **10' 12'** – Angesagter hügeliger Anbaubereich im Anschluss an die südliche Rhône. Das Terroir ist brauchbar, mehr nicht; zu viele technische, seelenlose Weine. Haupttraube ist SYRAH; viele Möchtegernerzeuger. Herausragend ist Ch. de la Canorgue. Außerdem gut: Dom. de la Citadelle, Chx. Clapier, Edem, Fontvert, O. Ravoire, St-Estève de Neri (wird besser), Tardieu Laurent (gehaltvoll, Eichenausbau), Cellier de Marrenon, Val-Joanis, La Vielle Ferme.

Heutzutage lohnt es sich, in wenig bekannten Loire-ACs wie St-Pourçain, Côte Roannaise oder Côte du Forez auf Entdeckungsreise zu gehen.

Lussac St-Émilion Bx r ★★ **03 05' 08 09' 10' 12** (14) – Satellit von ST-ÉMILION mit den leichtesten Weinen. Hauptproduzent ist die Genossenschaft. Spitzen-CHÂTEAUX: Barbe-Blanche, Bel Air, Bellevue, Courlat, la Grenière, de LUSSAC, du LYONNAT, Mayne Blanc, Le Rival, La Rose-Perrière.

Macération carbonique Kohlensäuremaischung. Traditionelle Methode der Gärung von ganzen, unzerquetschten Trauben in einem geschlossenen Tank. Die in den einzelnen Trauben stattfindende Gärung bringt sie zum Aufplatzen. Das Ergebnis ist ein spritziger, sehr fruchtiger, milder Wein, der sich nicht lange lagern lässt. Kohlensäuremaischung ist typisch für die BEAUJOLAIS-Bereitung (allerdings nicht für die Spitzenweine), wird heute aber auch in vielen anderen Gegenden, z. B. im MIDI, angewandt, sogar bei CHÂTEAUNEUF-DU-PAPE.

Macle, Domaine Jura – Der hochgeschätzte VIN JAUNE (AC CHÂTEAU-CHALON) braucht 10 Jahre zur Entfaltung; der 1983er ist noch immer großartig. Außerdem seriöser, preiswerter CHARDONNAY CÔTES DU JURA (12).

Mâcon Bg r (rs) w; BV – Einfache, saftig-fruchtige Rote (von GAMAY) und sehr schlichte Weiße (CHARDONNAY) aus dem Mâconnais.

Mâcon-Villages Bg w ★★→★★★ **12' 13 14'** – Hauptappellation für Weißweine aus dem Mâconnais, es kann aber auch der Name der jeweiligen Ortschaft genannt werden, z. B. Mâcon-Lugny. Die günstigsten Preise bieten die Genossenschaften Lugny, Terres Secretes und Viré, individuelle Qualität die folgenden Erzeuger: Guillot, Guillot-Broux, Guffens-Heynen, LAFON, LEFLAIVE, Maillet und Merlin.

Macvin Jura w; s ★★ AC für einen im Jura beliebten »traditionellen« Aperitif aus MARC und Traubensaft.

Madiran SWF r ★★→★★★ **05' 06 07 08 09' 10' 11 12** (14) – AOP in der Gascogne. Tannat-Trauben bedeuten tanninstrenge Weine, allerdings werden die echten Machos, die 10 Jahre Reifezeit brauchen, jetzt von den früher zugänglicheren Versionen zurückgedrängt. Die DOMAINES Berthoumieu, Capmartin, Damiens, Labranche Laffont, Laffitte-Teston, Laplace, de Maouries sowie Clos Basté (alle ★★★) liefern Ch. Montus und Ch. BOUSCASSÉ einen harten Wettkampf. Ebenfalls gut sind Barréjat, Crampilh, Dou Bernés und Pichard (alle ★★).

Madura, Domaine la Lang ★★★ Der frühere Geschäftsführer von Ch. FIEUZAL in BORDEAUX erzeugt nun auf seinem eigenen Gut in ST-CHINIAN stilvollen Classic und Grand Vin.

Mähler-Besse Bx – Erstklassiger NÉGOCIANT in BORDEAUX mit Unmengen alter Jahrgänge; jetzt im Besitz von BORIE-MANOUX. Die Familie Mähler-Besse hält auch eine Beteiligung an Ch. PALMER.

Mailly-Champagne Champ ★★★ Erstklasse Genossenschaft in der Champagne, das gesamte Lesegut stammt aus GRAND-CRU-Lagen. Die Prestige-CUVÉE des Echansons (02' 04 08' 12') ist ein großer Wein, der sehr alt werden kann. Überaus raffinierter L'Intemporelle (**99** 02 04).

Maire, Henri Jura r rs w ★→★★ Größter Erzeuger und Händler für Jura-Weine mit der Hälfte der gesamten AC. Einige Spitzenetiketten, aber auch viele ganz nette kommerzielle Marken. Ein Besuch macht trotzdem Spaß.

Mann, Albert El r w ★→★★★ Spitzenerzeuger in Wettolsheim mit reichhaltigen, eleganten Weinen. Sehr guter PINOT BLANC, AUXERROIS und PINOT NOIR sowie ein schönes Angebot von GRAND-CRU-Weinen aus den Lagen SCHLOSSBERG, HENGST, Furstentum und Steingrubler (v. a. 08 10). Tadellose, biologisch-dynamisch bewirtschaftete Weinberge.

Maranges Côte d'Or r (w) ★★ **05' 08** 09' 10' **11 12** 13 14 – Südlichste AC der CÔTE DE BEAUNE mit relativ tanninstarken Roten. Weine mit gutem Preis-Leistungs-Verhältnis von den PREMIERS CRUS. Am besten von: BACHELET-Monnot, Chevrot, Contat-Grangé, Moreau.

Marc Trester; auch der daraus bereitete, streng riechende Branntwein (das Gegenstück zum italienischen Grappa).

Marcillac SWF r rs ★★ Die AOP im Department AVEYRON erzeugt Durstlöscher, die man entweder mag oder verabscheut. Die Weine von der Mansois-Traube (FER SERVADOU) brauchen 2–3 Jahre Reifung. Sie besitzen Aromen von Himbeeren, Roten und Schwarzen Johannisbeeren und schmecken wunderbar zu Aufschnitt oder Erdbeeren. Die Genossenschaft (★★; v. a. der Einzellagenwein Dom. de Ladrecht) kann mit den unabhängigen Erzeugern mithalten, z. B. DOMAINES du Cros, Costes, Mioula, Vieux Porche (alle ★★) sowie de l'Albinie, Carles-Gervas und la Carolie (alle ★).

Margaux H-Méd r ★★→★★★★ **98 00' 01 02 04 05' 06 08** 09' 10' 11 12 (14) – Große kommunale AC im südlichen MÉDOC, die für elegante, duftige Weine bekannt ist, tatsächlich aber verschiedene Stile bietet. Spitzen-CHÂTEAUX: BOYD-CANTENAC, BRANE-CANTENAC, DAUZAC, FERRIÈRE, GISCOURS, ISSAN, KIRWAN, MALESCOT ST-EXUPÉRY, MARGAUX, PALMER, RAUZAN-SÉGLA, SIRAN, DU TERTRE. Ein gutes Preis-Leistungs-Verhältnis bieten die Châteaux d'ANGLUDET, Labégorce Zédé und Paveil de Luze.

Marionnet, Henry Lo r w ★★→★★★ **12 13** (14) – Gut im Osten der TOURAINE, dessen Eigentümer sich für lokale Rebsorten und insbesondere für ungepfropfte Reben begeistern. SAUVIGNON BLANC (angeführt vom L'Origine Touraine), GAMAY (v. a. Cépages Oubliés), Provignage (vom im Jahr 1850 gepflanzten Romorantin-Reben) sowie La Pucelle de Romorantin (von einer Neuanpflanzung, die sich auf Bestände von 1850 stützt).

Marmande SWF r rs (w) ★→★★★ r **11' 12** (14) – Ehrgeizige AOP an der Schwelle zur Gascogne. Mit der seltenen Sorte Abouriou befasst sich v. a. die Kult-DOMAINE Elian da Ros (★★★). Ch. de Beaulieu (★★) bevorzugt SYRAH, während Dom. Beyssac, Dom. Bonnet, Dom. Cavenac und Ch. Lassolle (alle ★★) BORDEAUX-Sorten die Hauptrolle spielen. Die Erzeugnisse der Genossenschaften sind immer noch langweilig.

Marque déposée Schutzmarke.

Marsannay Côte d'Or r rs (w) ★★→★★ r **09' 10' 11 12'** 13 **14** – AC ganz im Norden der CÔTE DE NUITS. Unkomplizierte Weine, abgesehen von den reifsten. Die besten Rotweine kommen u. a. von Audoin, Bart, Bouvier, Charlopin, CLAIR, Fournier, Pataille und TRAPET. Bis jetzt noch keine PRE-MIERS CRUS, aber Pläne gibt es schon; Spitzenlagen sind Clos du Roy und Longeroies. Den Rosé sollte man nach ein bis zwei Jahren trinken; die Weißen sind oft langweilig.

Mas, Domaines Paul Lang r rs w ★★ Ein ambitionierter großer Akteur im Süden mit 478 ha eigenem Rebbesitz und 1.285 ha von Vertragswinzern bewirtschafteten Weinbergen bei PÉZENAS sowie LIMOUX. Erzeugt überwiegend IGP-Weine. Innovatives Marketing. Bekannt für die IGP-Reihe Arrogant Frog; auch La Forge, Les Tannes und Les Vignes de Nicole. Die Güter Crès Richard in TERRASSES DU LARZAC und de Martinolles in Limoux gehören ebenfalls zum Besitz. Ein neues Projekt heißt Côté Mas (Pézenas).

Mas Amiel Rouss r w; s ★★★ Nach wie vor innovative, große DOMAINE in MAURY, der etliche Erzeuger nacheifern. Schwerer roter CÔTES DU ROUS-SILLON Carérades, weißer Altaïr, Vin de liqueur Plénitude von der MACCA-BEU-Traube. Jahrgangs- und fassgereifte VINS DOUX NATURELS. Star ist der 15 Jahre alte Prestige. Stéphane DERENONCOURT (Bordeaux) berät.

Mas Bruguière Lang ★★★ Das wegweisende Gut in PIC ST-LOUP ist seit sieben Generationen in Familienbesitz und wird jetzt vom talentierten Xavier Bruguière geleitet. Besonders empfehlenswert: L'ARbousé, La Grenadière und Le Septième.

Mas Cal Demoura Lang r rs w ★★★ Das relativ neue Gut in den TERRASSES DU LARZAC sollte man im Auge behalten. Der Wein wird sehr sorgfältig bereitet – probieren Sie L'Etincelle (weiß), L'Infidèle, Les Combariolles oder Feu Sacré.

Mas de Daumas Gassac Lang r rs w ★★(★) 04 05 06 07 08 09 10 11 12 13 – Einst unerreicht innovatives Gut, das mit seinen Weinen auf CABER-NET-Basis von offenbar einzigartigen Böden im MIDI neue Standards setzte. Inzwischen wird es in qualitativer Hinsicht aber z. B. vom benachbarten Gut GRANGE DES PÈRES übertroffen. Erzeugt außerdem einen herrlich duftenden Weißen von CHARDONNAY, PETIT MANSENG und VIOGNIER, die rote Super-Cuvée Emile Peynaud, den Rosé Frizant und den köstlichen Süßwein Vin de Laurence (MUSCAT und SERCIAL).

Mas Jullien Lang ★★★ Einer der ersten Qualitätserzeuger in den TERRASSES DU LARZAC. Zu den Rebsorten zählen CARIGNAN blanc, Terret blanc und CHENIN BLANC. Das Angebot wurde der Einfachheit halber auf COTEAUX DU LANGUEDOC Les États d'Ame (rot, weiß) und Carlan von Languedoc-Trauben beschränkt.

Massif d'Uchaux S-Rh r ★★ 10' 11 12' 13 – Gute Weinbaugemeinde der CÔTES DU RHÔNE-VILLAGES mit texturierten, klar fruchtbetonten Rotweinen, die nicht leicht an den Mann zu bringen sind, aber im Bestfall schöne Qualität bieten. Beachtenswert: Ch. St-Estève, Doms. La Cabotte (Ökoanbau), Chapoton, Cros de la Mûre (sehr gut, preiswert), de la Guicharde, Renjarde (geschliffene Frucht).

Maury Rouss r; s ★★→★★★ oJ – VIN DOUX NATUREL aus dem ROUSSILLON von GRENACHE noir, blanc und gris, die auf einer Schieferinsel mitten in Kalksteinhügeln wachsen. Seit einiger Zeit erheblich besser geworden, v. a. bei Mas Amiel. Mehrere neue Weingüter, z. B. Dom. of the Bee, ordentliche Genossenschaft. RANCIO-Weine altern wunderbar (der 1928er macht sich immer noch sehr gut). Die roten Tischweine laufen jetzt ebenfalls unter der AC Maury, mit dem Zusatz »SEC«, um sie vom süßen Stil (doux) abzugrenzen.

Mazis- (oder **Mazy-)Chambertin** Côte d'Or r ★★★ 90' 93 95 96' 99' 02' 03 05' 06 07 08 09' 10' 11 12' 13 14 – Der nördlichste GRAND CRU von GEVREY-

CHAMBERTIN; der obere Teil des Hangs ist Spitzenklasse und liefert himmlische Weine. Beste Erzeuger: Bernstein, DUGAT-PY, FAIVELEY, HOSPICES DE BEAUNE, LEROY, Maume und ROUSSEAU.

Mazoyères-Chambertin Côte d'Or – Siehe CHARMES-CHAMBERTIN.

Médoc Bx r ★★→★★★ 03 04 05' 06 08 09' 10' 11 (14) – AC für Rotwein aus dem flacheren nördlichen Teil der Médoc-Halbinsel. Oft mehr Power als Anmut. Es gibt viele Erzeuger, seien Sie also wählerisch. Spitzen-CHÂTEAUX: Fontis, Goulée, Les Grands Chênes, GREYSAC, LOUDENNE, Lousteauneuf, Les ORMES SORBET, PATACHE D'AUX, POITEVIN, Potensac, Ramafort, La Tour de By, La TOUR HAUT CAUSSAN, Tour St Bonnet, Vieux Robin sowie Dom. Rollan de By (Ch. HAUT CONDISSAS) und Clos Manou.

Meffre, Gabriel S-Rh r w ★★ Großes, verlässliches Rhône-Handelshaus, besitzt auch die gute Dom. Longue Toque in GIGONDAS. Neuerdings bessere Frucht und weniger Eicheneinfluss. Übernimmt auch Abfüllung und Vermarktung für kleine CHÂTEAUNEUF-DU-PAPE-Weingüter. Verlässliche Reihe Laurus (in neuer Eiche ausgebaut) von der nördlichen Rhône, v. a. CROZES-HERMITAGE und ST-JOSEPH.

Mellot, Alphonse Lo r rs w ★★→★★★★ 05 06 08' 09' 10' 11 12' 13 (14) – Sehr gutes Angebot an weißen und v. a. roten SANCERRE-Weinen (biologisch-dynamisch): La Moussière (rot und weiß), CUVÉE Edmond, Génération XIX (rot und weiß), dazu mehrere gute Einzellagenweine, u. a. weißer Satellite (Les Monts Damnés). Erzeugt zudem in Les Pénitents (IGP Côtes de La Charité) CHARDONNAY und PINOT NOIR. Alphonse jr. hat jetzt die Leitung inne.

Menetou-Salon Lo r rs w ★★→★★★ 05 08 10 11 12 13 (14) – SANCERRE benachbarte 535-ha-AOP (349 ha für Weiß-, 186 ha für Rotwein) mit frischen, sanften Weinen (SAUVIGNON BLANC) von sanfteren, in Ost-West-Richtung verlaufenden Hügeln. Dazu ein paar gute Rote (PINOT NOIR). Beste Erzeuger: BOURGEOIS, Clément (Dom. de Chatenoy), Philippe Gilbert (biologisch-dynamisch) Jacolin, Henry Pellé, Jean-Max Roger, Teiller, Tour St-Martin.

Méo-Camuzet Côte d'Or r w ★★★★ Sehr gute DOMAINE in VOSNE-ROMANÉE, v. a. mit den Lagen Aux Brûlées und Cros-Parantoux, plus Weine aus den GRAND-CRU-Lagen CORTON, CLOS DE VOUGEOT und RICHEBOURG: gehaltvoller, eichenwürziger Stil, aber mit Klasse. Auch weniger teure Négociant-CUVÉES.

Mérande, Château de Sav – Das Spitzengut erzeugt aus einer großartigen Weinberglage langlebigen roten MONDEUSE (12) mit Noten von Veilchen, Gewürzen, schwarzen Früchten und salzigem Abgang – und das auch noch preiswert.

Mercier et Cie. Champ BRUT oJ; Brut Rosé oJ; DEMI-SEC – Eine der größten Champagnerfirmen in Épernay. In der Hand von MOËT & CHANDON, Absatz vorwiegend in Frankreich. Die Qualität ist nicht weiter bemerkenswert, aber der DEMI-SEC ist gut. Körperreiche CUVÉE Eugène Mercier auf PINOT-NOIR-Basis.

Mercurey Bg r (w) ★★→★★★ 05' 09' 10' 11 12 13 14 – Führender Rotweinort der CÔTE CHALONNAISE; vorwiegend muskulöse Rot- und zunehmend bessere Weißweine zum günstigen Preis. Erzeuger: u. a. Ch. de Chamirey, FAIVELEY, M. Juillot, Juillot-Theulot, Lorenzon, Raquillet, de Suremain.

Mesnil-sur-Oger, Le Champ ★★★★ Eine der besten Côte des Blancs-Villages; strukturierter, mineralischer Chardonnay, der sehr alt werden kann.

Méthode champenoise Champ – Traditionelle, aufwendige Methode der Champagnerbereitung durch Zweitgärung in der Flasche. Außerhalb der Champagne ist nur die Bezeichnung »Méthode traditionnelle« oder »klassische Methode« zulässig.

Meursault Côte d'Or (r) w ★★★→★★★★ 02' 04 05' 06' 07' 08 09' 10'11 12 13 14 – Quelle einiger der besten burgundischen Weißweine: rund und voll aus den PREMIERS CRUS Charmes, Genevrières, Perrières, nerviger aus den höheren Lagen Narvaux, Tesson, Tillets. Erzeuger: u.a. Ampeau, Boisson-Vadot, M. BOUZEREAU, V. Bouzereau, Boyer-Martenot, COCHE-DURY, Ente, Fichet, Javillier, JOBARD, Lafon, Latour-Labille, Martelet de Cherisey, Matrot, Ch. de MEURSAULT, Mikulski, P. Morey, PRIEUR, Roulot. Siehe auch BLAGNY.

Meursault, Château de Côte d'Or r w ★★ Weingut mit 61 ha; Weine aus Lagen in BEAUNE, MEURSAULT, POMMARD und VOLNAY. Das CHÂTEAU selbst ist imposant, die Kellerei für Besucher geöffnet. Neuausrichtung unter dem neuen Eigentümer Olivier Halley (seit 2012).

Midi Umfassende Bezeichnung für den Süden Frankreichs, die das LANGUE-DOC, ROUSSILLON und sogar die PROVENCE beinhaltet. Es gibt extreme Qualitätsunterschiede, doch das Niveau steigt mit jedem Jahrgang. Gute Aussichten, doch natürlich ohne Garantie.

Minervois Lang r (rs) (w) ★★ 07' 08 09 10 11 12 13 14 – Bergiger AC-Bereich, einer der besten im LANGUEDOC. Für den Cru La Livinière ist striktere Traubenselektion und längere Reifung vorgeschrieben – dabei wird es aber sicherlich nicht bleiben. Lebhafte, charaktervolle, aromatische Rotweine, v.a. von den Erzeugern Abbaye de Tholomies, Bonhomme, Borie-de-Maurel, Clos Centeilles, Combe Blanche, Coupe-Roses, Faiteau, de Gourgazaud, la Grave, l'Ostal Cazes, Oupia, Ste-Eulalie, St-Jacques d'Albas, La Tour Boisée und Villerambert-Julien sowie die Genossenschaften de Peyriac und Pouzols. Die neuen Weine von Gros und Tollot (aus Burgund) legen die Messlatte höher.

Miquel, Laurent Lang ★★★ Weinbergbesitz in CORBIÈRES (Les Auzines) und ST-CHINIAN (Cazal Viel); IGP VIOGNIER, jetzt auch wagemutiger ALBARIÑO. Zu den Négociant-Marken zählen Vendanges Nocturnes und Nord Sud.

Mise en bouteille au Château, au Domaine Erzeugerabfüllung. Häufig gebrauchte Angaben wie *dans nos caves* (in eigener Kellerei abgefüllt) oder *dans la région de production* (im Erzeugungsgebiet abgefüllt) haben dagegen nicht viel zu besagen.

Moët & Chandon Champ – Das mit Abstand größte Champagnerhaus, mittlerweile im Besitz von 1.500 ha bester Lagen, bietet eine für solch einen Giganten beeindruckende Qualität. Der BRUT oJ ist sehr viel besser geworden: frischer und weniger süß. Die Kollektion Grand Vintages bietet schöne gereifte Jahrgangsweine (**76 90 92 93**), mal elegant (**06**), mal großartig (**08**). Hat Ableger in ganz Europa sowie in der Neuen Welt. Siehe auch DOM PÉRIGNON.

Monbazillac SWF w; s ★★→★★★ 05' 07' 09 10 11' 12 (14) – Sub-AOP von BERGERAC: Tirecul La Gravière (★★★★) macht den besten Süßweinen der Welt Konkurrenz, unterstützt von L'Ancienne Cure, CLOS des Verdots, La Grande Maison und Les Hauts de Caillavel (alle ★★★) sowie den CHÂTEAUX de Belingard-Chayne, Haut-Theulet, Ladesvignes, Pécoula, la Robertie, Theulet und Ch. de Monbazillac von der Genossenschaft (alle ★★).

Mondeuse Sav r ★★ BV – Rote Traube und Rotwein aus SAVOYEN. Sehr gut ist z.B. La Deuse von Gilles BERLIOZ.

Monopole Weinberglage in der Hand eines einzigen Besitzers.

Montagne St-Émilion Bx r ★★ 03 05' 08 09' 10' 12 (14) – Größter Satellit von ST-ÉMILION, qualitätsorientiert. Spitzen-CHÂTEAUX: Beauséjour, Calon, La Couronne, Croix Beauséjour, Faizeau, La Fleur-Carrère, Haut-Bonneau, Maison Blanche, Roudier, Teyssier, Vieux Château St-André.

Montagny Bg w ★★ 12 13 14 – Ort an der CÔTE CHALONNAISE mit knackigfrischen Weißweinen, vorwiegend in der Hand von Négociants und der

Genossenschaft Cave de BUXY. Mehr Winzer wären vonnöten, der beste ist Aladame.

Montcalmès, Domaine de Lang ★★★ Das Bruder-Schwester-Gespann in den TERRASSES DU LARZAC erzeugt IGP CHARDONNAY und VIOGNIER sowie stilvollen COTEAUX DU LANGUEDOC von SYRAH, GRENACHE und MOURVÈDRE.

Monthélie Côte d'Or r (w) ★★→★★★ 02' 03' 05' 08 09' 10' 11 12 14 – Dorf auf dem Hügel oberhalb von VOLNAY mit etwas rustikaleren Weinen. Die besten Lagen sind Champs Fulliot und Duresses. Beste Erzeuger: BOUCHARD PÈRE ET FILS, Coche-Dury, Darviot-Perrin, Florent Garaudet, LAFON und Ch. de Monthelie (Suremain).

Montille, Domaine de Côte d'Or r w ★★★ Etienne de Montille hat die klassische VOLNAY-DOMAINE mit Zukäufen in BEAUNE, NUITS-ST-GEORGES und dem PREMIER CRU Malconsorts in VOSNE-ROMANÉE vergrößert. Zu den weißen Spitzengewächsen zählt u. a. der PULIGNY-MONTRACHET Caillerets. Etienne betreibt auch Ch. de Puligny und zusammen mit seiner Schwester Alix die kleine Négociant-Firma Deux Montille (Weißweine).

Montlouis Lo w; tr s; sch ★★→★★★ 89' 95' 96' 97' 02' 03' 05' 07 08' 09 10' 11 13 (14) – Schwester-AC von VOUVRAY am südlichen Ufer der Loire, mit CHENIN BLANC als Hauptsorte. 55 % der Produktion entfallen auf Schaumwein. Neuzugänge haben Spannendes zu bieten. 2012, 2013 und 2014 nur geringe Erträge. Spitzenerzeuger: Berger, CHANSON, CHIDAINE, Delecheneau, Flamand-Delétang, Jousset, Les Loges de la Folie, Moyer, Saumon, TAILLE AUX LOUPS, Weisskopf.

Montpeyroux Lang ★★→★★★ Rührige Gemeinde in TERRASSES DU LARZAC mit einer wachsenden Anzahl von talentierten Erzeugern. Strebt Cru-Status an. Achten Sie auf Aupilhac, Chabanon, Villa Dondona und anderen Neulingen; auch gute Genossenschaft.

Montrachet Côte d'Or w ★★★★ 92' 93 95 96' 99 00' 01 02' 04 05' 06 07 08 09' 10 11 12 13 14' – GRAND-CRU-Lage in PULIGNY und CHASSAGNE-MONTRACHET. Der potenziell großartigste weiße Burgunder: monumental, herrlich duftend, intensiv, trocken und doch von üppiger Fülle. Spitzenweine von LAFON, LAGUICHE (DROUHIN), LEFLAIVE, Ramonet und ROMANÉE-CONTI. Geht es bei der Dom. THÉNARD aufwärts?

Montravel SWF r rs w; tr ★★ r 08 09 10 11 12 (14); rs w BV – Unterregion von BERGERAC mit eigener AOP; für die deftigen Rotweine (vorwiegend MERLOT) ist der Ausbau in Eiche vorgeschrieben, z. B. von DOMAINES du Bloy, de Krevel und CHÂTEAUX Jonc Blanc, Laulerie, Masburel, Masmontet, Moulin-Caresse (alle ★★). Diese und weitere Erzeuger bieten zudem traditionelle trockene Weiße und Rosés (★★). Süße Stile gibt es in den Unterbereichen CÔTES DE MONTRAVEL und HAUT-MONTRAVEL.

Montus, Château SWF r w ★★★ 00 01' 02 04 05' 06 08 09' 10 11 (12) – Man hat die Qual der Wahl zwischen Alain BRUMONTS klassisch süßen PACHERENC-DU-VIC-BILH-Abfüllungen (sollten im Alter von 4 Jahren getrunken werden) und dem monumentalen, unter großzügigem Einsatz von Eiche bereiteten, langlebigen MADIRAN (100 % TANNAT).

Moreau Bg r w ★★→★★★ Weitverzweigte Winzerfamilie mit erstklassigem CHABLIS, v. a. von der Domaine Christian Moreau (probieren Sie den CLOS des Hospices) und der DOMAINE Moreau-Naudet. Weitere Mitglieder der Familie findet man an der CÔTE DE BEAUNE; besonders empfehlenswert sind Bernard Moreau (kraftstrotzender CHASSAGNE-MONTRACHET) und David Moreau (SANTENAY).

Morey, Domaines Côte d'Or r w ★★★ Winzerfamilie in CHASSAGNE-MONTRACHET, allen voran Jean-Marc (Chenevottes), Marc (Virondot), Thomas (feiner, mineralischer Baudines), Vincent (Embrazées, fülligerer Stil) und

Michel Morey-Coffinet (La ROMANÉE). Pierre Morey in MEURSAULT hat einen guten Namen für Perrières- und BÂTARD-MONTRACHET-Weine.

Morey-Saint-Denis Côte d'Or r (w) ★★★ 90' 93 96' 99' 02' 03 05' 06 07 08 09' 10' 11 12' 13 14 – Kleiner Ort mit vier GRANDS CRUS zwischen GEVREY-CHAMBERTIN und CHAMBOLLE-MUSIGNY. Häufig übersehener, glorioser Wein: u. a. von Amiot, ARLAUD, Castagnier, Clos des Lambrays, CLOS DE TART, Dujac, Jeanniard, H. LIGNIER, Lignier-Michelot, Perrot-Minot, PONSOT, Remy, ROUMIER, Taupenot-Merme.

Morgon Beauj r ★★★ 09' 10' 11' 12 13 14 – Fester, tanninreicher BEAUJOLAIS-Cru, v. a. von der Côte du Py. Wird im Alter recht fleischig. Les Charmes ist weicher und früher trinkreif. Probierenswert: Burgaud, Desvignes, Foillard, Gaget, Lafont, LAPIERRE, Ch. des Lumières (JADOT), Piron, Ch. de Pizay.

Mortet, Denis Côte d'Or r ★★★→★★★★ Arnaud Mortet hat die kraftvollen, dunklen Weine seines verstorbenen Vaters verfeinert – vom BOURGOGNE Rouge bis hin zum CHAMBERTIN GRAND CRU. Paradepferde sind der En Champs (GEVREY-CHAMBERTIN) sowie die PREMIER-CRU-Gewächse Lavaut St-Jacques und Champeaux.

Moueix, J.-P. et Cie Bx – Das Erzeuger- und Handelshaus mit Hauptsitz in Libourne ist nach dem legendären Gründer benannt, dessen Sohn Christian die Firma leitet, wobei er zunehmend von seinem eigenen Sohn Edouard unterstützt wird. CHÂTEAUS: u. a. BELAIR-MONANGE (wozu seit 2012 MAGDELAINE gehört), HOSANNA, LA FLEUR-PÉTRUS, LATOUR À POMEROL, TROTANOY. Besorgt den Vertrieb für Ch. PETRUS. In Kalifornien besitzt Moueix das Gut Dominus Estate.

Moulin-à-Vent Beauj r ★★★ 99 03 05' 09' 10' 11' 12 13 14 – Der potenziell feinste Cru des Beaujolais, in dem die GAMAY-Traube über sich hinauswächst. Kommt in Gewicht und Fülle der Rhône nahe, kann bei Reifung aber die Wildnoten von PINOT NOIR entwickeln. Zunehmendes Interesse an Einzellagenabfüllungen, u. a. von Ch. du Moulin-à-Vent, Ch. des Jacques (im Besitz von JADOT), Janin (Clos Tremblay), Janodet, LIGER-BELAIR (Les Rouchaux), Merlin (La Rochelle) und Prieur.

Moulis H-Méd r ★★→★★★★ 02 03 04 05' 06 08 09' 10' 11 12 (14) – Kleine, im Landesinneren gelegene AC, Nachbar von LISTRAC-MÉDOC, mit einigen ehrenwerten, oft tanninbetonten, günstigen Weinen. Spitzen-CHÂTEAUS: Anthonic, Biston-Brillette, BRANAS GRAND POUJEAUX, BRILLETTE, CHASSE-SPLEEN, Duplessis, Dutruch Grand Poujeaux, Gressier Grand Poujeaux, MAUCAILLOU, POUJEAUX.

Moutard Champ – Champagnerhaus sehr eigenen Stils in AUBE, das an den alten Reben der Champagne hängt, darunter PINOT BLANC und v. a. die duftige Sorte Arban(n)e. Dank des gegenwärtigen Chefs François Moutard hat sich die Qualität enorm verbessert. Feine CUVÉE des Six Cépages (00 02 04 06 09).

Mouton Cadet Bx – Umsatzstärkste BORDEAUX-Marke (12 Millionen Flaschen, davon 80 % Rotwein), im Besitz des Eigentümers von MOUTON ROTHSCHILD. Daneben auch Weißwein (teils mit Schraubverschluss), Rosé und Réserve der ACS GRAVES, MÉDOC, ST-ÉMILION und SAUTERNES.

Mugneret Côte d'Or r w ★★★ Winzerfamilie in VOSNE-ROMANÉE. Am besten ist Dr. Georges Mugneret-Gibourg (v. a. ÉCHEZEAUX); außerdem Gérard Mugneret, Dominique Mugneret und die zu alter Form zurückfindende Dom. Mongeard-Mugneret.

Mugnier, J.-F. Côte d'Or r w ★★★→★★★★ Überragender Erzeuger von CHAMBOLLE-MUSIGNY Les Amoureuses und Musigny im Ch. de Chambolle. Hier setzt man auf Finesse statt auf Verkaufsschlager. Dieser Stil kommt auch dem Wein vom CLOS de la Maréchale in NUITS-ST-GEORGES zupass (der Weinberg gehört seit 2004 wieder zum Besitz).

Mumm, G. H. & Cie Champ Cordon Rouge oJ; feiner neuer BRUT Sélection (★★; auf 2008er-Grundlage); als (ebenso guter) BLANC DE BLANCS oJ wiedergeborener Mumm de Cramant; Cordon Rouge **02' 04 06'**; Rosé oJ – Bedeutendes Champagnerhaus, im Besitz von Pernod Ricard. Stetig steigende Qualität, v. a. bei der CUVÉE R. Lalou (**99**) und dem ausschließlich aus Traubengut vom GRAND CRU Verzenay bereiteten BLANC DE NOIRS (**02**).

Muré, Clos St-Landelin El r w ★★→★★★ Einer der großen Namen im ELSASS; besonders gut sind der körperreiche Riesling Grand cru Vorbourg und der PINOT GRIS. Die reife, weinige Pinot-noir-Cuvée »V« (**05 09** 10 11 12 13) ist die beste der Region. Der Jahrgang 2009 ist durchweg hervorragend ausgefallen.

Muscadet Lo w ★→★★★ 79 89 **10 12 13** (14) – Beliebter, teils preiswerter und oft köstlicher knochentrockener Wein aus der Gegend von Nantes. Muscadet sollte nie zu säurereich, aber immer erfrischend sein und passt besonders gut zu Fisch und Meeresfrüchten. Die besten stammen aus AC-Zonen (siehe die folgenden Einträge). Halten Sie sich an SUR-LIE-Versionen. Viele Erzeuger haben wirtschaftlich zu kämpfen, und die geringen Erträge 2012, 2013 und 2014 haben die Situation noch verschlimmert.

Muscadet Coteaux de la Loire Lo w ★→★★ **10 12 13** (14) – Kleine, am wenigsten bekannte MUSCADET-Zone (200 ha) östlich von Nantes, am besten SUR LIE; v. a. Guindon, La Pléiade, Ch. du Ponceau, Quarteron, Les Vignerons de la Noëlle.

Muscadet Côtes de Grand Lieu Lo w ★→★★★ **10 12 13** 14' – AOP-Zone für MUSCADET (300 ha) in Atlantiknähe. Am besten SUR LIE, z. B. von Eric Chevalier, Choblet (Dom. des Herbauges; 112 ha), Malidain. 2012, 2013 und 2014 jedes Mal nur kleine Ernte.

Muscadet-Sèvre-et-Maine Lo w ★→★★★ **02 05' 06 09' 10 12 13** 14' – Die größte und beste der MUSCADET-Zonen. Spitzenerzeuger: Brégeon, Bonnet-Huteau, Caillé, Chéreau Carré, Cormerais, Delhommeau, Douillard, Dom. de l'ECU, Gadais, Véronique Günther Chéreau, Dom. de la Haute Fevrie, Huchet, Landron, Luneau-Papin, Métaireau, Olivier, Sauvion. Ausgezeichnetes Preis-Leistungs-Verhältnis, die Weine halten sich teils Jahrzehnte. Die – bislang drei – neu eingeführten *Crus communaux* stehen für längere Hefesatzlagerung, die den Weinen eine zusätzliche Dimension verleiht.

Muscat de Frontignan Lang s ★★ oJ – Kleine AC nahe Sète für VIN DOUX NATUREL von MUSCAT, der wunderbar zu Blauschimmelkäse passt. Auch ungespritete, spät gelesene, in Eiche ausgebaute IGP-Weine. Steigende Qualität. Die besten Erzeuger sind Dom. du Mas Rouge, Ch. la Peyrade und Ch. de Stony. Die nahe gelegenen ACs Muscat de Lunel und Muscat de Mireval erzeugen sehr ähnliche Weine.

Muscat de Rivesaltes Rouss w; s ★★ oJ – AC für üppig süßen, gespriteten MUSCAT (VIN DOUX NATUREL) aus der Nähe von Perpignan. Zunehmender Beliebtheit erfreut sich Muscat Sec (IGP), der die Suche lohnt: am besten von Dom. CAZES, Corneilla, Ch. de Jau, Treloar und der Genossenschaft in Baixas.

Muscat de Saint-Jean de Minervois Lang w; s ★★ Frischer VIN DOUX NATUREL von MUSCAT mit Honignote. Deutliche Qualitätssteigerung in jüngster Zeit, v. a. bei Dom. de Barroubio, CLOS Bagatelle, Clos du Gravillas, Michel Sigé und der örtlichen Genossenschaft.

Musigny Côte d'Or r (w) ★★★★(★) **85' 88' 89' 90' 91 93 95 96' 98 99' 01 02' 03** 05' **06 07 08** 09' 10' 11 12' 13 14 – GRAND CRU in CHAMBOLLE-MUSIGNY. Oft der schönste, wenn auch nicht der kraftvollste aller roten

Burgunder. Beste Erzeuger: DROUHIN, JADOT, LEROY, MUGNIER, PRIEUR, ROUMIER, de VOGÜE, VOUGERAIE.

Nature Ungesüßt, v. a. bei CHAMPAGNER – ohne Dosage. Lecker, wenn von ausgereiften Trauben bereitet, ansonsten eher grobschlächtig.

Négociant-éleveur Händler, der den Ausbau des Weins übernimmt.

Nerthe, Château La S-Rh r w ★★★ 78' 81' 89' 90' 95' 96' 98' 99' 00 01 03 04' 05' 06' **07' 09'** 10' **11** 12 13 – Erzeuger in CHÂTEAUNEUF-DU-PAPE: geschmeidige, geschliffene Weine mit Eichennote, die neuerdings leider mehr dem Mainstream folgen. Spezial-CUVÉES sind der köstliche, intensiv fruchtige Cadettes (rot) und der in Eiche ausgebaute, volle Beauvenir (weiß), den man gut zum Essen trinken kann. Betreibt auch das sehr gute Weingut Prieuré Montézargues (TAVEL), die Dom. de la Renjarde (CÔTES DU RHÔNE; preiswert) sowie das gute Ch. Signac (CHUSCLAN).

Nuits-St-Georges Côte d'Or r w ★★→★★★★ 90' 93 96' 99' 02' 03 **05'** 06' **07 08** 09' 10' **11** 12' 13 14 – Bedeutender Weinbauort mit unterschätzten Weinen, die typischerweise stämmig-tanninbetont ausfallen und Zeit brauchen. Die besten Lagen sind Cailles, Les St-Georges und Vaucrains im Zentrum, außerdem Boudots und Murgers näher bei VOSNE sowie die CLOS des Corvées, des Forêts, de la Maréchale und St-Marc in Prémeaux. Viele Erzeuger und Händler, v. a. Ambroise, Dom. de l'ARLOT, J. Chauvenet, R. CHEVILLON, Confuron, Faiveley, Gavignet, GOUGES, GRIVOT, Lechéneaut, LEROY, Liger-Belair, Machard de Gramont, Michelot, Mugnier, Rion.

Ollier-Taillefer, Domaine Lang ★★★ Rühriges Familiengut in FAUGÈRES mit Allegro (weiß), Les Collines (rot, rosé), Grande Réserve (rot) von alten Reben sowie eichengereiftem rotem Castel Fossibus.

Orléans Lo r rs w ★ BV – Berühmt für ein Essigbereitungsverfahren, aber auch eine AC (13 Gemeinden; 83 ha) für Weißwein (vorwiegend CHARDONNAY), VIN GRIS, Rosé und Rotwein (PINOT NOIR und v. a. MEUNIER) im Umland der Stadt Orléans. Spitzenerzeuger: Clos St-Fiacre, Deneufbourg.

Orléans-Cléry Lo r ★ BV – Separate Mini-AOP (28 ha) im Bereich der AC ORLÉANS für einfachen CABERNET FRANC (der in schlechten Jahren nur schwer reift). Erzeuger: u. a. Clos St-Fiacre, Deneufbourg.

Ostertag, Domaine El – Ein mit Talent und Originalität biologisch-dynamisch bewirtschaftetes Gut im (vorwiegend) RIESLING-Land. Exquisit und subtil ist der Riesling GRAND CRU Muenchberg (12), fein der PINOT NOIR Fronholz.

Pacherenc du Vic-Bilh SWF w; tr s ★★→★★★ AOP für MADIRAN-Weißwein auf Basis von Gros und Petit MANSENG. Die Erzeuger sind dieselben wie in Madiran, außerdem beachtenswert sind Dom. du Crampilh, Ch. de Mascaraàs und Dom. Poujo (alle ★★). Die trockenen Versionen sollte man jung trinken, die süßen einlagern, v. a. wenn der Wein mit Eiche in Berührung kam.

Paillard, Bruno Champ BRUT Première CUVÉE oJ; Rosé Première Cuvée; CHARDONNAY Réserve Privée; Brut **02 04 06 08**; neuer Jahrgangs-BLANC-DE-BLANCS **95 02 04**; grandiose Prestige-Cuvée Nec-Plus-Ultra 95' **02** – Das jüngste der großen Champagnerhäuser. Raffinierter, sehr trockener Stil, v. a. beim lang gereiften Blanc de Blancs Réserve Privée und dem Nec-Plus-Ultra. Bruno Paillard steht Lanson-BCC vor und ist Eigentümer von Ch. Sarrin in der PROVENCE.

Palette Prov r rs w ★★★ Winzige AC bei Aix-en-Provence mit charaktervollen Roten, duftenden Rosés und verlockenden Weißen. Ch. Simone steht für traditionelle, seriöse Weine, innovativer ist Ch. Henri Bonnaud.

Patriarche Bg r w; sch ★→★★ Eines der größeren Handelshäuser für Burgunder mit Sitz in BEAUNE, 2011 vom französischen Weingiganten Groupe Castel übernommen. Hauptmarke ist der Schaumwein Kriter.

Patrimonio Korsika r rs w ★★→★★★ AC in den spektakulären Kalksteinhügeln im Norden KORSIKAS; einige der feinsten Gewächse der Insel
stammen von hier: individuelle Rotweine von der NIELLUCCIO-Traube und
verführerische Weiße, darunter sogar Spätlesen, von Vermentino. Spitzenerzeuger: Antoine Arena, Clos de Bernardi, Gentile, Yves Leccia mit
der Dom. d'E Croce, Montemagni, Pastricciola.

Pauillac H-Méd r ★★★→★★★★ 90' 94 95' 96' 98 00' 01 02 03' 04' 05' 06
08' 09' 10' 11 12 (14) – Kommunale AC im MÉDOC mit drei PREMIER-CRU-
Gütern (Ch. LAFITE, LATOUR, MOUTON ROTHSCHILD), berühmt für kraftvolle,
langlebige Weine – CABERNET SAUVIGNON in Vollendung. Weitere Spitzen-
CHÂTEAUX sind d'ARMAILHAC, CLERC MILON, DUHART-MILON, GRAND-PUY-
LACOSTE, HAUT-BATAILLEY, LYNCH-BAGES, PICHON BARON, PICHON LALANDE
und PONTET-CANET.

Pays d'Oc, IGP Lang r rs w ★ →★★ Die größte IGP-Region (früher VIN DE PAYS
d'Oc), die das gesamte LANGUEDOC-ROUSSILLON umfasst, produziert v. a.
sortenreine Weine. Es gibt 56 verschiedene Trauben. Technisch geht es
weiter rasch voran. Wichtigste Erzeuger: Gérard BERTRAND, JEANJEAN, Paul
MAS, VAL D'ORBIEU; außerdem örtliche Genossenschaften sowie zahlreiche kleinere Güter. Das Qualitätsspektrum ist riesig, die besten Weine
sind innovativ und spannend.

Péncharmant SWF r ★★ 08 09' 10 11' (12) – Sub-AOP von BERGERAC mit eisen-
und manganhaltigem Boden. Wuchtige Weine, die besten müssen altern.
Empfehlenswert: Les Chemins d'Orient, CLOS des Côtes, Dom. du Haut-
Pécharmant, Ch. de Tiregand (alle ★★★) sowie Dom. des Bertranoux,
Ch. de Biran, Ch. Champarel, Ch. Corbiac, Ch. Hugon, Dom. La Métairie,
Ch. du Rooy, Ch. Terre Vieille (alle ★★).

Pélican, Domaine du Jura – Neuer Betrieb von Marquis d'ANGERVILLE (Burgund): 2012 war der erste Jahrgang. Möchte zu den Spitzenerzeugern im
Jura zählen.

Pernand-Vergelesses Côte d'Or r w ★★★ r 99' 02' 03' 05' 06 08 09' 10'
11 12 13 14 – Ort bei ALOXE-CORTON, in dessen Gemarkung sich Teile der
Spitzenlagen CORTON und CORTON-CHARLEMAGNE befinden. Auch Île des
Vergelesses ist ein erstklassiger Weinberg für Rote. Erzeuger: u. a. CHAN-
DON DE BRIAILLES, CHANSON, Delarche, Dubreuil-Fontaine, JADOT, LATOUR,
Rapet, Rollin.

Perrier-Jouët Champ BRUT oJ; Blason de France oJ; Blason de France Rosé oJ;
Brut 02 04 06 08 – Eines der ersten Häuser, die trockenen CHAMPAGNER
(für den britischen Markt) erzeugten; stark mit GRAND CRU CHARDONNAY
und am besten mit guten Jahrgangsweinen, v. a. der Luxusmarke Belle
Epoque (95 02' 04 06 08'; Rosé 04 06) in einer bemalten Flasche. Feiner
neuer BLANC DE BLANCS (auf 2009er-Grundlage).

Pessac-Léognan Bx r w ★★★→★★★★ 96 98 00' 01 02 04 05' 06 08 09'
10' 11 12 (14) – 1987 eingerichtete AC für den besten Teil des nördlichen
GRAVES mit den Weinbergen all der CRU-CLASSÉ-Güter wie HAUT-BAILLY,
HAUT-BRION, LA MISSION HAUT-BRION, PAPE CLÉMENT, Dom. de CHEVALIER
usw. Füllige, mineralische Rote mit hohem MERLOT-Anteil und zugleich
die feinsten trockenen weißen BORDEAUX-Gewächse. Ein gutes Preis-Leistungs-Verhältnis bieten die CHÂTEAUX Cantelys, Haut-Vigneau, Lafont-
Menaut, de ROCHEMORIN und Seguin.

Petit Chablis Chablis w ★ BV – Frischer, einfacher Beinahe-CHABLIS von
etwas außerhalb gelegenen Weinbergen, die nicht auf Kimmeridge-Böden
liegen. Gute Genossenschaft La CHABLISIENNE.

Pfaffenheim El ★→★★★ Achtbare Elsässer Winzergenossenschaft. Reife, ausgewogene Weine aus Lagen mit warmem Klima. Das einst berühmte Haus
Dopff & Irion ist jetzt eine Marke der Genossenschaft.

Frankreich

Pfersigberg El – GRAND CRU in Eguisheim mit zwei Parzellen; sehr aromatische Weine. GEWÜRZTRAMINER gedeiht prächtig (09). Guter RIESLING (v. a. 08 10) von Paul Ginglinger, Bruno SORG und Léon BEYER (Comtes d'Eguisheim).

Philipponnat Champ Rosé oJ; BRUT 99 02; CUVÉE »1522« 02; Clos des Goisses 85' 92 95 96 02 04 08 12' – Kleiner Erzeuger, der für seinen weinigen CHAMPAGNER bekannt ist; gehört jetzt zu Lanson-BCC. Beachtlicher Einzellagenwein Clos des Goisses; kürzlich degorgierter Jahrgang: 90.

Picpoul de Pinet Lang w ★→★★ BV – Der MUSCADET des MIDI. Inzwischen AC und Grand Vin du LANGUEDOC; exklusiv für Weine von der alten Rebsorte PICPOUL. Frisch und leicht salzig, ideal zu Austern, büßt aber als Opfer des modischen Geschmacks z. T. leider seinen zitronenfruchtigen Einschlag ein. Beste Erzeuger: Félines-Jourdan, Mas Autanel und die Genossenschaften Pomerols und Pinet.

Pic St-Loup Lang r (rs) ★★→★★★ 07 08 09 10 11 12 13 14 – Mit die nördlichsten und kühlsten Weinberge des LANGUEDOC, vorwiegend mit SYRAH bestockt. Potenzielle AC, möglicherweise auch Cru du Languedoc. Beste Erzeuger: Cazeneuve, Clos Marie, Lancyre, Lascaux, MAS BRUGUIÈRE, Dom. de l'Hortus, Valflaunès und viele neue Betriebe. Großes Potenzial, einige der besten Weine des MIDI, stilvoll und langlebig. Die Weißen kommen als IGP, AC COTEAUX DU LANGUEDOC oder AC Languedoc auf den Markt.

Pierre-Bise, Château Lo r rs w ★★→★★★★ tr 02 03 04 05' 06 07'; s 08 09 10' 11 13 14' – Wegweisender Familienbetrieb in den COTEAUX DU LAYON; auch Chaume, QUARTS DE CHAUME und SAVENNIÈRES, v. a. Clos de Grand Beaupréau und ROCHE-AUX-MOINES. Sehr gut und gehaltvoll sind auch die CUVÉES Schist (Anjou-GAMAY) und Spilite (ANJOU-VILLAGES) sowie der Anjou Blanc Haut de la Garde. Die junge Generation, René und Christophe, übernimmt jetzt das Ruder.

Pignier Jura r w; s; sch ★★★ Zwei dem biologisch-dynamischen Anbau verpflichtete Brüder erzeugen eine Reihe sehr unterschiedlicher Weine, darunter Poulsard, Trousseau, PINOT NOIR und SAVAGNIN. Außerdem u. a. hervorragender CRÉMANT de Jura und großartiger VIN JAUNE (99' 07).

Pineau des Charentes SWF – Halbtrockener Aperitif aus unvergorenem Saft von Weißweintrauben und Cognac.

Exotische Paarung: Elsässer Pinot gris Grand cru und Hummer aus Cornwall, zubereitet auf Goa-Art – würzige Fusion-Küche.

Pinon, François Lo w; s; sch ★★★ 89 90 95 96 97 02 03 04 05 08 09 10' 11 14 – Hervorragender Ökoerzeuger von unverfälschtem VOUVRAY in Vernou-sur-Brenne. Litt 2012 leider schwer unter Frost und 2013 unter Hagel. Kleine, aber gute Ernte 2014.

Piper-Heidsieck Champ – Die Champagnerfirma ist mit dem neuen Eigentümer jetzt wieder auf dem Weg nach oben. Erheblich besser gewordener BRUT oJ und fruchtiger Brut Rosé Sauvage (04) sowie Brut (02 04 06 09). Sehr gut ist die halbtrockene CUVÉE Sublime – voll, aber ausgewogen. Der Piper-Heidsieck Rare (v. a. 02 08') ist eins der bestgehüteten Geheimnisse der Champagne.

Plageoles, Robert et Bernard SWF r w; sch – Die rebellischen Retro-Stars von GAILLAC verstehen sich als Hüter traditioneller Rebsorten. So erbringt Ondenc den zu Recht berühmten süßen Vin d'Autan (★★★★), Prunelard einen dunklen, fruchtigen Rotwein, Verdanel einen seltenen, eichengereiften trockenen Weißen, Duras einen mächtigen würzigen Roten und Mauzac brillanten trockenen Schaumwein (alle ★★★).

Plan de Dieu S-Rh r ★→★★ 10' 11 12' 13 – AC der CÔTES DU RHÔNE-VIL-LAGES auf einer steinigen, windigen Ebene bei CAIRANNE mit alkoholstarken, robusten, authentischen Weinen (vorwiegend GRENACHE), die gut zu Wildbret passen. Beste Erzeuger: Ch. La Courançonne, Doms. Aphillantes, Arnesque, La Bastide St Vincent, Durieu, Espigouette, Martin, Pasquiers, St-Pierre (gut und traditionell).

Pol Roger Champ BRUT Réserve oJ; Brut 98' 02' 04 06 08'; Rosé 04 06; Blanc de CHARDONNAY 04 06 08' – Champagnerhaus in Familienbesitz in Épernay, das neben den familieneigenen Weinbergen auch Reben in AVIZE hat. Der Brut Réserve oJ, jetzt mit etwas geringerer Dosage, ist überragend. Feiner Pure Brut *(dosage zéro)*, der hervorragend zu Meeresfrüchten passt. Üppige Cuvée Sir Winston Churchill (96' 02' 04 08'). Stets eine erstklassige Wahl.

Pomerol Bx r ★★★→★★★★ 95 96 98' 00' 01 04 05' 06' 08 09' 10' 11 12 (14) – Kleine AC an der Grenze zu ST-ÉMILION mit Lehm-, Kies- und Sandböden. Berühmt für ihren von MERLOT dominierten vollen, geschmeidigen und dennoch langlebigen Stil. Spitzengüter: CLINET, LA CONSEIL-LANTE, L'EGLISE-CLINET, L'ÉVANGILE, LA FLEUR-PÉTRUS, HOSANNA, LAFLEUR, PETRUS, LE PIN, TROTANOY und VIEUX CHÂTEAU CERTAN. Die Preise sind generell hoch, doch es gibt (moderate) Ausnahmen (Clos du Clocher, CLOS RENÉ, La POINTE).

Pommard Côte d'Or r ★★★ 90' 96' 98 99 02' 03 05' 06 07 08 09' 10' 11 12 14 – Nachbar von VOLNAY, aber ganz anders: mächtige Weine mit viel Tannin und mindestens 10 Jahren Lebensdauer. Beste Lagen: Epenots (anmutige Weine) und Rugiens (kraftvoll); beide sollen eventuell zu GRANDS CRUS aufgewertet werden. Erzeuger: Comte ARMAND, J.-M. BOILLOT, COURCEL, HOSPICES DE BEAUNE, Huber-Vedereau, Lejeune, de MONTILLE, Parent, Ch. de Pommard, Pothier-Rieusset, Rebourgeon.

Pommery Champ BRUT oJ immer verlässlich; Rosé oJ; Brut 04 08 09 12' – Historisches Champagnerhaus; die Marke gehört jetzt VRANKEN. Hervorragende Cuvée Louise (02 04 08' 12 13) und geschmeidiger BLANC DE NOIRS Wintertime.

Ponsot Côte d'Or r w ★★→★★★★ Sehr eigenwilliges Spitzenweingut in MOREY-ST-DENIS, das inzwischen über Reben in 12 GRANDS CRUS von CORTON bis CHAMBERTIN verfügt, einschließlich der Filetstücke Clos de la Roche und CLOS ST-DENIS. Auch im Kampf gegen Betrug steht Laurent Ponsot in vorderster Reihe.

Potel, Nicolas Côte d'Or r w ★★→★★★ Handelsmarke im Besitz von Cottin Frères, seit 2009 ohne Beteiligung des Gründers Nicolas Potel selbst, dem jetzt Dom. de Bellene und Maison Roche de Bellene in BEAUNE gehören.

Pouilly-Fuissé Bg w ★★→★★★ 05' 06 07 08 09' 10' 11 12 13 14' – Spitzenappellation des Mâconnais mit kraftvollen, runden und zugleich mineralischen Weißen; die Klassifikation der Terroirs ist noch in Arbeit, wird aber eventuell 2017 abgeschlossen sein. Die Weine aus Fuissé sind am kraftvollsten, die aus Vergisson am mineralischsten. Spitzenerzeuger: Barraud, Ch. de Beauregard, Cornin, Ferret, Forest, Ch. de FUISSÉ, Guerrin, Merlin, Ch. des Rontets, Saumaize, VERGET.

Pouilly-Fumé Lo w ★→★★★ 05' 08 09' 10 12 13 14' – AC gegenüber von SANCERRE am anderen Loire-Ufer. Die besten Weine sind rund und sehr aromatisch und können sich 7–8 Jahre und länger entwickeln. Erzeuger: Bain, BOURGEOIS, Cailbourdin, Chatelain, Didier DAGUENEAU, Serge Dagueneau et Filles, Ch. de Favray, André et Edmond Figeat, Ladoucette, Masson-Blondelet, Jean Pabiot, Jonathan Pabiot, Redde, Tabordet, Ch. de Tracy, Treuillet. Der Jahrgang 2014 erbrachte gute Qualität und Quantität.

Frankreich

Pouilly-Loché Bg w ★★ 12 13 14 – Nicht ganz so bekannte Nachbar-AC von POUILLY-VINZELLES. Gut sind Bret Brothers, Clos des Rocs und Tripoz, große Mengen erzeugt die Genossenschaft.

Pouilly-sur-Loire Lo w ★→★★ BV – Geschichtsträchtiger, aber heute unbedeutender CHASSELAS-Wein aus den gleichen Lagen wie POUILLY-FUMÉ (nur 30 ha). Die Fahne hoch halten Serge Dagueneau et Filles, Gitton, Landrat-Guyollot, Masson-Blondelet, Jonathan Pabiot und Redde.

Pouilly-Vinzelles Bg w ★★ 12 13 14' – Die AC liegt sowohl geografisch als auch qualitativ zwischen POUILLY-LOCHÉ und PUILLY-FUISSÉ; am besten ist die Lage Quarts. Beste Erzeuger: Bret Brothers und Valette. Mengenmäßig größter Erzeuger ist die Genossenschaft Cave des Grands Crus Blancs.

Premier cru In BORDEAUX Lagen 1. Klasse, in Burgund (einschließlich CHABLIS) jedoch Lagen 2. Klasse, hinter GRAND CRU. An der Loire neuerdings Einstufung für Lagen 2. Klasse; bislang gilt sie einzig für COTEAUX DU LAYON Chaume – Florent BAUMARD, der gerichtlich dagegen vorgehen wollte, erlitt 2014 vor dem Conseil d'État eine endgültige Niederlage.

Premières Côtes de Bordeaux Bx w; s ★→★★ 07 09' 10' 11 13 (14) – Geografisch mit CADILLAC – CÔTES DE BORDEAUX identische, aber ausschließlich für Süßwein geltende AC. Üblicherweise eher lieblich (*moelleux*) als im edelfaulen Dessertweinstil (*liquoreux*) ausgebaut. Unterschiedliche Qualität. Beste CHÂTEAUX: Crabitan-Bellevue, Fayau, du Juge, Suau.

Prieur, Domaine Jacques Côte d'Or ★★★ Altes Weingut in MEURSAULT mit einer Reihe hervorragender GRAND-CRU-Lagen, von MONTRACHET bis MUSIGNY. Der Stil zielt eher auf Gewichtigkeit durch späte Lese und Eichenausbau ab als auf Finesse. Es gibt aber Anzeichen, dass wieder mehr Lebendigkeit Einzug hält. Dom. Labruyère in MOULIN-À-VENT und Ch. Rouget in POMEROL gehören ebenfalls dazu.

Prieuré Saint Jean de Bébian Lang ★★★ Wegweisendes Gut in Pézenas, das alle 13 Rebsorten von CHÂTEAUNEUF-DU-PAPE anbaut. Jetzt in russischem Besitz; die Weinbereitung liegt in den Händen der talentierten Australierin Karen Turner.

Primeur Frischer, belebender junger Wein, besonders BEAUJOLAIS, auch VIN DE PAYS. *En-primeur*-Verkauf bezieht sich dagegen auf Wein, der noch im Fass liegt und erst nach der Flaschenabfüllung ausgeliefert wird. Vorsicht: Hier kann man sich die Finger verbrennen.

Producteurs Plaimont SWF – Die womöglich erfolgreichste Genossenschaft in Südwestfrankreich verwendet ausschließlich authentische Gascogner Rebsorten aus drei Appellationen: MADIRAN, ST-MONT und CÔTES DE GASCOGNE. Riesiges Angebot an Weinen aller Farben und Stile (überwiegend ★★), aller Geschmacksrichtungen und aller Preisklassen.

Propriétaire-récoltant Champ – Besitzer und Betriebsleiter; *récoltant* ist vom Verb *récolter* abgeleitet, das »ernten«, »sammeln« bedeutet.

Provence Siehe CÔTES DE PROVENCE, CASSIS, BANDOL, PALETTE, Les BAUX-DE-PROVENCE, BOUCHES-DU-RHÔNE, COTEAUX D'AIX-EN-PROVENCE, COTEAUX VAROIS-EN-PROVENCE. Außerdem AC Pierrevert.

Puisseguin St-Émilion Bx r ★★ 03 05' 08 09' 10' 12 (14) – Einer der vier »Satelliten« von ST-ÉMILION mit festen, soliden Weinen. Spitzen-CHÂTEAUX: Bel Air, Le Bernat, Branda, Clarisse, Durand-Laplague, Fongaban, Guibot La Fourvieille, Haut-Bernat, des LAURETS, La Mauriane, Soleil. Ferner der Genossenschaftswein Roc de Puisseguin.

Puligny-Montrachet Côte d'Or (r) w ★★★→★★★★ 02' 04 05' 06 07 08 09' 10' 11 12 13 14 – Kleinerer Nachbar von CHASSAGNE-MONTRACHET mit potenziell noch feineren, vitaleren, blumigeren und komplexeren Weinen; scheinbare Finesse kann aber auf Überproduktion hindeuten. Beste Lagen: Caillerets, Champ Canet, Combettes, Folatières, die MONTRACHET-

GRANDS-CRUS und Pucelles. Erzeuger: J.-M. Boillot, Bouchard Père et Fils, L. CARILLON, Chartron, DROUHIN, JADOT, Dom. Leflaive, O. LEFLAIVE, Pernot, Ch. de Puligny, Sauzet.

Puyméras S-Rh r w ★ 12' – Achtbarer, unprätentiöser Weinbauort an der südlichen Rhône mit höher gelegenen windigen Weinbergen, geradlinigen, geschmeidigen, pflaumenfruchtigen Roten auf GRENACHE-Basis, ordentlichen Weißen und annehmbarer Genossenschaft. Empfehlenswert sind Cave la Comtadine, Dom. du Faucon Doré (Ökoanbau) und Puy du Maupas.

Pyrénées-Atlantiques SWF BV – IGP-Bezeichnung für Weine, die die AOP-Qualitätsanforderungen im äußersten Südwesten nicht erfüllen. Empfehlenswert sind CHÂTEAU Cabidos (★★★; mit erlesenem süßem weißem PETIT MANSENG) sowie Dom. Moncaut nahe Pau (★★) und die sortenreinen Weine von BRUMONT (★). Ansonsten auf gut Glück.

Quarts de Chaume Lo w; s ★★★→★★★★ 89' 90' 95' 96' 97' 02 03 05' 07' 10' 11' 14' – Winzige Hanglage mit hervorragender Ausrichtung in der Nähe von Layon, ausschließlich für CHENIN BLANC. Die erste GRAND-CRU-AC der Loire, mit strengen Vorschriften, die in Zukunft womöglich noch strikter werden. Die besten Weine besitzen eine reichhaltige Textur. Beste Erzeuger: Baudouin, BAUMARD, Bellerive, Branchereau, FL, Guegniard, Ch. PIERRE-BISE, Pithon-Paillé, Suronde. Die 2012er sollte man meiden.

Quincy Lo w ★→★★ 13 14' – Kleiner AOP-Bereich (224 ha) mit Kiesboden westlich von Bourges im Tal des Cher, der oft von Hagel heimgesucht wird. Zitrusfruchtige SAUVIGNON-BLANC-Weine quasi im SANCERRE-Stil. Erzeuger: Mardon, Portier, Rouzé, Siret-Courtaud, Tatin-Wilk (Doms. Ballandors und Tremblay), Villalin. 2014 gute Qualität und Quantität.

Rancio Rouss – Der originellste, nachhaltigste und köstlichste Stil eines VIN DOUX NATUREL, der an Tawny Port oder alten Oloroso (Sherry) erinnert, wird in BANYULS, MAURY, RIVESALTES und RASTEAU erzeugt. Reift in Holzfässern, die unter Sauerstoff- und Hitzeeinwirkung stehen. Bei Tischweinen wäre der daraus resultierende (stechend-durchdringende) Geschmack ein Fehler.

Rangen El – Der südlichste elsässische GRAND CRU in Thann auf extrem steilen Hängen (im Durchschnitt 90 % Gefälle) mit vulkanischem Boden. Spitzenweine: majestätischer RIESLING von ZIND-HUMBRECHT (CLOS St Urbain 00' 10) und SCHOFFIT (Clos St-Théobald 08 10). Dank der Launen des Klimawandels zeigen die Rangen-Weine des Jahrgangs 2010 besondere Finesse.

Rasteau S-Rh r (rs) (w) br; (tr) s ★★ 09' 10' 11 12' 13 – Robuste Rote von Tonböden, die den hauptsächlich von GRENACHE bereiteten Weinen ihren Stempel aufdrücken. Am besten in heißen Jahren. Erzeuger: Beaurenard (seriös, mit schönem Entfaltungspotenzial), Cave Ortas (gut), Ch. du Trignon, die DOMAINES Beau Mistral, Didier Charavin, Collière, Coteaux des Travers, Escaravailles, Girasols, Gourt de Mautens (talentiert; seit 2010 auch IGP-Weine), Grand Nicolet (charaktervoll), Famille Perrin, Rabasse-Charavin, St-Gayan und Soumade. Der als VIN DOUX NATUREL von Grenache erzeugte Dessertwein ist im Kommen (Doms. Banquettes, Coteaux des Travers, Escaravailles, Trapadis).

Ratafia de Champagne Champ – Süßer Aperitif aus der Champagne: zwei Drittel Traubensaft, ein Drittel Branntwein. Nicht unähnlich dem PINEAU DES CHARENTES.

Rata-Poil Jura – Das neue Ökoweingut in der AC ARBOIS sollte man im Auge behalten: u. a. sortenreiner SAVAGNIN La Pierre und Poulsard von 40 Jahre alten Reben.

Ravanès, Domaine de Lang – Guy und Marc Benin kultivieren BORDEAUX-Reb-
sorten im LANGUEDOC. Roter IGP Coteaux de Murviel (★★★), weißer Le
Prime Verd (100% PETIT VERDOT), außerdem experimenteller Le Renard
Blanc (GRENACHE gris/MACABEO).

Raveneau Chablis w ★★★★ Traditionelle Methoden verhelfen diesem großartigen CHABLIS-Erzeuger zu außerordentlich langlebigen Weinen. Cousin
von DAUVISSAT. Empfehlenswert: Blanchots, Les CLOS, Vaillons.

Rayas, Château S-Rh r w ★★★→★★★★ 78' 79 81' 85 86 88' 89 90' 93
94 95' 96' 98' 99 00 01 03 04' 05' 06' 07' 08 09' 10' 11' 12' 13' – Außer-
gewöhnliches, wunderbares, extrem traditionelles Gut in CHÂTEAUNEUF-
DU-PAPE. Die blassen, subtilen, aromatischen, komplexen Roten (100%
GRENACHE) verraten ihre Qualität im Flüsterton und altern großartig. Der
weiße Rayas (GRENACHE BLANC, CLAIRETTE) hält sich gut und gern 18 und
mehr Jahre. Günstiger Zweitwein: Pignan. Zudem erlesener Ch. Fonsalette
(CÔTES DU RHÔNE), u. a. SYRAH. Alle müssen dekantiert werden, und jeder
ist ein Ereignis. Gut auch Ch. des Tours (VACQUEYRAS) und Dom. des Tours
(VIN DE PAYS de Vaucluse).

Régnié Beauj r ★★ 11' 12 13 14 – Fruchtige, unkomplizierte Weine von sandigen Böden, die für gewöhnlich die leichtesten aller BEAUJOLAIS-Crus
sind. Trotzdem probierenswert: Burgaud, Dupré, de la Plaigne, Rochet-
te, Sunier.

Reuilly Lo r rs w ★→★★★ 05' 08 09' 10 11 13 14' – Kleine AC (186 ha) westlich von Bourges für Weißweine von SAUVIGNON BLANC sowie Rosé und
Vin gris von PINOT NOIR und/oder PINOT GRIS. Auch für Rotweine von Pinot
noir, deren Qualität steigt. Am besten von: Jamain, Claude Lafond, Mar-
dot, Rouze, Sorbe. 2014 gute Qualität und Quantität.

Riceys, Rosé des Champ rs ★★★ BV – Bedeutendste AC in AUBE, ausschließlich für einen beachtenswerten PINOT-NOIR-Rosé. Wichtigste Erzeuger: A. Bonnet, Jacques Defrance, Morize. Großartiger **09**er; nach den
mageren Jahren 2011, 2012 und 2013 ist der Jahrgang 2014 endlich wieder
vielversprechend.

Richebourg Côte d'Or r ★★★★ 90' 93' 95 96' 98 99' 00 02' 03 05' 06 07 08
09' 10' 11 12' 13 14 – GRAND CRU in VOSNE-ROMANÉE. Magischer Burgunder mit unendlicher Geschmackstiefe, unglaublich teuer. Erzeuger: DRC,
GRIVOT, GROS, HUDELOT-Noëllat, LEROY, LIGER-BELAIR, MÉO-CAMUZET.

Rimage Rouss – Zunehmend im Trend liegende, überaus fruchtige VINS
DOUX NATURELS mit Jahrgangsbezeichnung. Jung trinken. Ähneln gutem
Ruby Port.

Rion, Patrice Côte d'Or r ★★★ Hervorragende DOMAINE in NUITS-ST-GEORGES,
v. a. CLOS des Argillières, Clos St-Marc sowie CHAMBOLLE-MUSIGNY. Ebenfalls beachtenswert sind Dom. Daniel Rion in Prémeaux und Dom. Armelle
et Bernard Rion in VOSNE-ROMANÉE.

Rivesaltes Rouss r w br; tr s ★★ Meist oJ oder Solera – Gespriteter Wein
aus der Nähe von Perpignan. Eine gefährdete, aber erhaltenswerte Tra-
dition. Spitzenerzeuger: Dom. CAZES, Dom. des Chênes, Ch. de Jau, Dom.
Sarda-Malet, Dom. des Schistes, Dom. de Rancy, Dom. Vaquer. Die besten
Exemplare sind köstlich und originell, v. a. die fast ewig haltbaren alten
RANCIOS. Siehe auch MUSCAT DE RIVESALTES.

Rives-Blanques, Château Lang w; sch ★★★ Caryl und Jan Panman – sie Irin,
er Holländer – erzeugen BLANQUETTE de LIMOUX und seit neuerer Zeit CRÉ-
MANT. Zu den Stillweinen zählen der Verschnitt Trilogie und der alterungswürdige CHENIN BLANC Dédicace. Außerdem Dessertwein Lagremas d'Aur.

Roche-aux-Moines, La Lo w; s ★★→★★★ 89' 90' 96' 99 02 03 05' 06 07
08' 09 10' 11 12 13 14' – Cru in SAVENNIÈRES, ANJOU, mit strengen Vorschriften, die den Ertrag (30 hl/ha) und den Einsatz von Chemikalien be-

schränken. Komplexer, alterungswürdiger Wein. Erzeuger: u. a. Le Clos de la Bergerie (Joly), Dom. des Forges, FL, Laroche, Laureau, Ch. Pierre-Bise.

Roederer, Louis Champ Aromatischer BRUT Premier 0J; Brut **04 06 07**; BLANC DE BLANCS **08' 09** 13; Brut Saignée Rosé **09** – Der Familienbetrieb ist das Nonplusultra eines Champagnerhauses mit beneidenswertem Weinbergbesitz in Spitzenlagen, viele jetzt biologisch-dynamisch bewirtschaftet. Herrlicher Cristal (vielleicht die großartigste aller Prestige-CUVÉES, z. B. **88' 04** 06) und Cristal Rosé (**96' 02'**). Der 1995er Cristal soll 2015 freigegeben werden. Sehr guter neuer Brut Nature (2006 ausschließlich aus dem Cru Cumières). Eigentümer von DEUTZ (Champagner), DELAS, Ch. de PEZ und Ch. PICHON LALANDE. Siehe auch Roederer Estate im Kapitel »Vereinigte Staaten«, Abschnitt »Kalifornien«.

Rolland, Michel Bx – Allgegenwärtiger, sehr gefragter Berater und MERLOT-Spezialist, der in BORDEAUX und überall auf der Welt tätig ist. Hat den Familienbesitz (BERTINEAU ST-VINCENT, BON PASTEUR) an einen chinesischen Konzern verkauft, ist aber immer noch für die Weinbereitung zuständig.

Rolly Gassmann El w; s ★★★ Bewunderter Erzeuger in Rorschwihr. Sein halbtrockener Stil, v. a. von der Lage Moenchreben, findet seinen schönsten Ausdruck in der gehaltvollen GEWÜRZTRAMINER CUVÉE Yves (**05 07 08 09 11**). Die junge Generation und biologisch-dynamische Methoden sorgen für mehr Finesse.

Romanée, La Côte d'Or r ★★★★ **02' 03** 05' **06 07** 08 09' 10' 11 12' 13 14 – Der kleinste GRAND CRU in VOSNE-ROMANÉE; MONOPOLE von Comte LIGER-BELAIR. Außerordentlich feine, duftende, intensive und verständlicherweise sehr teure Weine.

Romanée-Conti Côte d'Or r ★★★★ **78' 85' 88' 89' 90' 93'** 95 96' **97 98 99' 00 01 02'** 03 05' 06 **07** 09' 10' 11 12' 13 14 – Grand-cru-MONOPOLE in VOSNE-ROMANÉE, erbringt jährlich 450 Kisten des gefeiertsten und teuersten Rotweins der Welt mit im Idealfall unvorstellbaren Geschmacksnuancen, die sich ganz allmählich entfalten. Mindestens 15 Jahre einkellern.

Romanée-Conti, Domaine de la (DRC) Côte d'Or r w ★★★★ Das grandioseste Weingut in Burgund. Der Besitz umfasst die MONOPOLE-Lagen ROMANÉE-CONTI und La TÂCHE sowie größere Teile von ÉCHEZEAUX, GRANDS-ÉCHEZEAUX, RICHEBOURG und ROMANÉE-ST-VIVANT, zudem einen sehr kleinen Teil von Le MONTRACHET. Seit 2009 auch CORTON-Wein. Majestätische Preise. Spitzenjahrgänge brauchen jahrzehntelange Reife.

Romanée-St-Vivant Côte d'Or r ★★★★ **90' 93** 95 96' **99' 02'** 03 05' **06 07 08** 09' 10' 11 12' 13 14 – GRAND CRU in VOSNE-ROMANÉE, etwas tiefer gelegen als ROMANÉE-CONTI. Der Wein hat ein betörendes Bukett und ist eher zart, aber intensiv; etwas früher trinkreif als seine berühmten Nachbarn. Wenn Sie sich DRC oder LEROY nicht leisten können, probieren Sie Weine von ARLOT, CATHIARD, J.J. Confuron, Follin-Arbelet, HUDELOT-Noëllat, LATOUR.

Rosacker El – GRAND CRU in Hunawihr mit Kalk-Lehm-Boden. Von hier kommt mit der langlebigste RIESLING des ELSASS (CLOS STE-HUNE).

Rosé d'Anjou Lo rs ★→★★ BV – Lieblicher bis süßer Rosé (vorwiegend von Grolleau); lassen Sie von billigen Versionen die Finger. Es gibt einige gute Exemplare, z. B. von Mark Angeli, Clau de Nell sowie den DOMAINES de la Bergerie, les Grandes Vignes und des Sablonnettes.

Rosé de Loire Lo rs ★→★★ BV – Der trockenste der ANJOU-Rosés von sechs Rebsorten, v. a. GAMAY und Grolleau. Die große AC deckt theoretisch auch SAUMUR und die TOURAINE ab, wird dort jedoch nur selten verwendet. Beste Erzeuger: u. a. Bablut, Branchereau, CADY, Cave de Saumur, Ogereau, Passavant, Ch. PIERRE-BISE, Richou, Soucherie.

Rosette SWF w; lbl ★★ BV – Die Wiege von BERGERAC, heute eine winzige Sub-AOP für halbtrockene Aperitifweine. Probierenswert, v. a. zu Foie gras oder Pilzgerichten, sind die Weine von Dom. de la Cardinolle, CLOS Romain, Ch. Combrillac, Dom. de Coutancie, Dom. du Grand-Jaure, Ch. Monplaisir, Ch. Puypezat-Rosette, Ch. Spingulèbre (alle ★★).

Rossignol-Trapet Bg r ★★★ Ebenfalls biologisch-dynamisch arbeitende Cousins der Eigentümer von Dom. TRAPET, im Besitz etlicher GRAND-CRU-Lagen, v. a. CHAMBERTIN. Angefangen vom GEVREY VIEILLES VIGNES bietet das gesamte Sortiment ein gutes Preis-Leistungs-Verhältnis. Auch einige Lagen in Beaune (aus Rossignol-Besitz).

Rostaing, René N-Rh r w ★★★ 95' 99' 01' 05' 06' 07' 09' 10' 11 12' 13' 14 – CÔTE-RÔTIE-DOMAINE mit zentral gelegenen alten Weinbergen für drei sehr feine, straff gewirkte Rotweine mit reintöniger Frucht und dezentem Eicheneinsatz, die 5–6 Jahre reifen und dekantiert werden sollten. Verführerischer, erstklassiger Côte Blonde (mit 5 % VIOGNIER), außerdem La Landonne (dunkle Früchte, 15–20 Jahre haltbar). Auch raffinierter, keineswegs protziger Condrieu. Zudem roter und weißer Dom. Puech Noble (LANGUEDOC).

Rouget, Emmanuel Côte d'Or r ★★★★ Erbe des legendären Besitzes von Henri Jayer in ÉCHEZEAUX, NUITS-ST-GEORGES und VOSNE-ROMANÉE. Spitzenwein: Vosne-Romanée Cros Parantoux (erschreckend teuer).

Roulot, Domaine Côte d'Or w ★★★→★★★★ Ausgezeichneter Erzeuger in MEURSAULT mit großartigen PREMIERS CRUS wie Bouchères (seit 2011), Charmes und Perrières, aber auch Spitzen-Villages-Lagen wie Les Luchets (v. a. Tesson Clos de Mon Plaisir).

Roumier, Georges Côte d'Or r ★★★★ Das Musterweingut für BONNES-MARES und andere brillante Chambolle-Weine, bereitet vom fähigen Christophe Roumier. Langlebige, aber auch schon in der Jugend ansprechende Weine, die inzwischen sehr hoch gehandelt werden.

Rousseau, Domaine Armand Côte d'Or r ★★★★ Unvergleichliche DOMAINE in GEVREY-CHAMBERTIN, brillant sind der CLOS ST-JACQUES und die GRAND-CRU-Gewächse. Sämtliche Weine des Sortiments zeichnen sich durch Duft, Balance und Nachhaltigkeit aus. Hat sich nun mit Rebflächen des Ch. de Gevrey-Chambertin vergrößert.

Roussette de Savoie Sav w ★★ BV – Der schmackhafteste unter den frischen Weißweinen aus der Gegend südlich des Genfer Sees.

Roussillon Wichtigste Region des MIDI für traditionellen VIN DOUX NATUREL (z. B. BANYULS, MAURY, RIVESALTES), inzwischen der AC LANGUEDOC eingegliedert. Jüngere Jahrgangsweine (RIMAGE) konkurrieren nun mit gereiftem RANCIO. Zudem feine Tischweine. Siehe auch CÔTES DU ROUSSILLON und -VILLAGES, COLLIOURE, CÔTES CATALANES (IGP) und die neue AC MAURY.

Ruchottes-Chambertin Côte d'Or r ★★★★ 90' 93' 95 96' 99' 00 02' 03 05' 06 07 08 09' 10' 11 12' 13 14 – Winziger GRAND-CRU-Nachbar von CHAMBERTIN; weniger körperreicher, dafür ätherischer, fein gewirkter, langlebiger Wein von großer Finesse. Spitzenerzeuger: MUGNERET-Gibourg, ROUMIER, ROUSSEAU.

Ruinart Champ »R« de Ruinart BRUT oJ; Ruinart Rosé oJ; »R« de Ruinart Brut 02' 04 06 08 – Die älteste Champagnerfirma, im Besitz von Moët-Hennessy. Das bereits hohe Niveau steigt immer weiter: Die Weine sind reichhaltig und elegant. Die Prestige-CUVÉE Dom Ruinart ist einer der beiden besten BLANC-DE-BLANCS-Jahrgangsweine der Champagne (z. B. 88' 95' 02' 04), und auch der Dom Ruinart Rosé (88 96 02') ist etwas ganz Besonderes. Der Blanc de Blancs oJ ist sehr viel besser geworden – das war auch nötig.

Rully Bg r w ★★ r 10' 12 13 14'; w 12 13 14' – Ort an der CÔTE CHALONNAISE. Die Weißweine sind leicht, frisch, schmackhaft, preiswert und ebenso wie die Roten fruchtbetont. Probierenswert: Devevey, DUREUIL-JANTHIAL, FAIVELEY, Jacqueson, Claudie Jobart, Ninot, Rodet.

Sablet S-Rh r (rs) w ★★ 12' 13 – Vergnügliche, aber auch seriöse Weine von steigender Qualität bietet dieser Ort der CÔTES DU RHÔNE-VILLAGES. Beerenfruchtige Rote von sandigen Böden, v. a. von der Genossenschaft CAVE des Vignerons du Gravillas sowie den DOMAINES de Boisson (voll), Espiers (fruchtig), Les Goubert, Pasquiers (voll) und Piaugier. Auch gute, volle Weißweine, sowohl als Aperitif als auch zum Essen.

St-Amour Beauj r ★★ 12 13 14 – Nördlichster Cru im BEAUJOLAIS; leichter, fruchtiger Wein, ein wenig gesichtslos. Wird unverdrossen für den Valentinstag angepriesen. Empfehlenswerte Erzeuger: Janin, Patissier, Revillon.

St-Aubin Côte d'Or r w ★★★ r 05' 09' 10' 11 12 13 14; w 08 09' 10' 11 12 13 14' – An PULIGNY- und CHASSAGNE-MONTRACHET angrenzende Ortschaft; gute Quelle für lebhafte, erfrischende Weißweine. Auch nette Rote. Beste Lagen: En Remilly, Murgers Dent de Chien. Spitzenerzeuger: J.C. Bachelet, COLIN, Colin-Morey, Lamy, Prudhon.

St-Bris Bg w ★ BV – Nachbar von CHABLIS, die einzige AC für SAUVIGNON BLANC in Burgund. Frische, lebhafte Weine von J.H. Goisot, die sich zum Einkellern eignen. Auch interessant: Bersan, de Moor, Simonnet-Febvre.

St-Chinian Lang r ★→★★★ 07' 08 09' 10 11 12 13 – Hügeliges Gebiet im LANGUEDOC mit wachsendem Ansehen. Seit 1982 AC für Rotwein, seit 2005 auch für Weißwein. Enthält die Crus du Languedoc Berlou und Roquebrun. Warme, würzige, südliche Rotweine auf der Basis von SYRAH, GRENACHE und CARIGNAN. Erzeuger: die Genossenschaft in Roquebrun (gut), Dom. Borie la Vitarèle, CLOS Bagatelle, Ch. Coujan, Dom. la Dournie, Dom. des Jougla, Dom. Madura, Mas Champart, Dom. Navarre, Dom. Rimbaud, Ch. de Viranel sowie viele andere ältere und neuere Güter. Ein Abstecher lohnt sich.

Ste-Croix-du-Mont Bx w; s ★★ 03' 05' 07 09' 10' 11 13 (14) – AC für süße Weißweine gegenüber von SAUTERNES auf der anderen Seite der Garonne. Probierenswert von den besten Erzeugern, darunter die CHÂTEAUX Crabitan-Bellevue, Loubens, du Mont, Pavillon und la Rame.

St-Émilion Bx r ★★→★★★★ 98' 00' 01 03 04 05' 08 09' 10' 11 12 (14) – Großer, von MERLOT dominierter Bereich von BORDEAUX am rechten Ufer mit den ACS St-Émilion und St-Émilion Grand cru. St-Émilion PREMIER GRAND CRU CLASSÉ ist die Klassifikation der Spitzengewächse. Warmer, voller, runder Stil; die besten Weine sind fest und sehr langlebig. Es gibt sowohl moderne als auch traditionelle Stile; die Qualität ist unterschiedlich. Spitzen-CHÂTEAUX: ANGÉLUS, AUSONE, CANON, CHEVAL BLANC, CLOS FOURTET, FIGEAC, PAVIE.

St-Estèphe H-Méd r ★★→★★★★ 95' 96' 98 00' 01 02 03 04 05' 06 08 09' 10' 11 12 (14) – Nördlichste kommunale AC im MÉDOC. Solide, strukturierte, auf lange Lagerung ausgelegte Weine von verlässlicher Qualität; das Preisspektrum ist sehr groß. In die Spitzen-CHÂTEAUX – CALON-SÉGUR, COS D'ESTOURNEL und MONTROSE – wurden riesige Summen gesteckt. Daneben gibt es viele gute Châteaux ohne Klassifizierung, etwa CLAUZET, LE CROCK, HAUT-MARBUZET, MEYNEY, ORMES DE PEZ, de PEZ, PHÉLAN SÉGUR.

Ste-Victoire Prov r rs ★★ Unterbereich der CÔTES DE PROVENCE an den Südhängen der Montagne Ste-Victoire. Gute Weine aus einer beeindruckenden Landschaft. Probierenswert sind Mas de Cadenet und Mauvan.

St-Gall, de Champ BRUT oJ; Extra Brut oJ; Brut BLANC DE BLANCS oJ; Brut Rosé oJ; Brut Blanc de Blancs 04 06 08'; CUVÉE Orpale Blanc de Blancs 95 02' 04 08' 09 13 – Markenname der Union Champagne, der von Spitzenwinzern gebildeten Genossenschaft in AVIZE. Feiner und preiswerter Pierre Vaudon oJ auf Pinot-Basis.

St-Georges d'Orques Lang r rs ★★→★★★ Der individuellere Teil der ausgedehnten AOP GRÈS DE MONTPELLIER strebt einen eigenen Cru-Status an. Probierenswert sind Ch. l'Engarran, Dom. Henry und Dom. la Prose.

St-Georges St-Émilion Bx r ★★ 03 05' 08 09' 10' 12 (14) – Winziger »Satellit« von ST-ÉMILION. Normalerweise gute Qualität. Spitzen-CHÂTEAUS: Calon, MACQUIN ST-GEORGES, ST-GEORGES, TOUR DU PAS ST-GEORGES, Vieux Montaiguillon.

St-Gervais S-Rh r (rs) (w) ★ 12' 13 – Ort am Westufer der Rhône mit guten Böden, aber begrenzter Auswahl. Die Genossenschaft ist um steigende Qualität bemüht, eindeutig der beste Wein ist aber der erstklassige, langlebige (10 Jahre und mehr) Rote der Dom. Ste-Anne (fest, mit ausgeprägten MOURVÈDRE-typischen Lakritzaromen); auch guter VIOGNIER.

Eine *Salmanazar*-Flasche Champagner (9 l; entspricht 12 Flaschen) wiegt 20 kg: 10 kg die Flasche, 10 kg der Inhalt.

St-Jacques d'Albas, Château Lang – Seit 2001 bestehendes, rühriges Gut im MINERVOIS. Erzeugt werden u.a. Le Petit St-Jacques und Rosé Ch St-Jacques (beide ★★★) sowie DOMAINE St-Jacques d'Albas (rot), CHÂTEAU St-Jacques d'Albas (rot) und SYRAH-dominierter roter Chapelle.

St-Joseph N-Rh r w ★★ 99' 05' 06' 07' 09' 10' 11' 12' 13' 14 – AC entlang dem Westufer der nördlichen Rhône (65 km) mit Granitböden. Rotweine von SYRAH. Aus der ältesten und besten Zone bei Tournon kommen stilvolle weiche Gewächse mit Noten roter Früchte, weiter nördlich sind die Weine dunkler, pfeffriger, und es wird spürbar mehr Eiche verwendet. Vollständigere Weine als CROZES-HERMITAGE, v.a. von CHAPOUTIER (Les Granits) J.-L. CHAVE, Gonon (Spitzenklasse), B. Gripa und GUIGAL (*lieu-dit* St Joseph); auch: Chèze, Courbis (modern), Coursodon (rassig, modern) Cuilleron, Delas, E. Darnaud, J. & E. Durand (fruchtig), Faury, Gaillard P. Marthouret, Monier-Perréol (Ökoanbau) A. Perret, Nicolas Perrin, Vallet P.-J. Villa, F. Villard. Gute, zum Essen passende Weiße (hauptsächlich Marsanne), v.a. von Barge, Chapoutier (Les Granits), Cuilleron, Faury Gonon (fabelhaft), Gouye (traditionell), B. Gripa, A. Perret, J. Pilon.

St-Julien H-Méd r ★★★→★★★★ 96' 98 00' 01 02 03 04 05' 06 08 09' 10 11 12 (14) – Kleine kommunale AC im mittleren MÉDOC. 11 Weingüter, die in die Klassifizierung von 1855 aufgenommen wurden, besitzen 80% der Rebfläche, u.a. die drei LÉOVILLE-CHÂTEAUX, DUCRU-BEAUCAILLON und GRUAUD LAROSE. Der Inbegriff eines harmonischen, duftenden und schmackhaften Rotweins.

St-Mont SWF r rs w ★★ r 11 12 (14); rs w BV – AOP in Gers. J.-L. Garoussia von der Dom. de Turet (★) spielt nicht nur Saxophon, sondern sorgt gemeinsam mit Ch. de Bergalasse und Dom. des Maouries auch dafür, dass die Appellation kein MONOPOLE der PRODUCTEURS PLAIMONT wird.

St-Nicolas-de-Bourgueil Lo r rs ★→★★★ 96' 05' 06 08 09' 10' 11 12 1 14' – AC (1.050 ha) westlich von BOURGUEIL mit ähnlichen (aber teureren) Weinen von CABERNET FRANC, die meist leicht ausfallen (von Sand-Kiesböden), von Kalkhängen aber Alterungspotenzial besitzen. Probierenswert: Dom. Amirault, Yannick Amirault, Cognard, David, Delanoue Lorieux, Frédéric Mabileau, Laurent Mabileau, Mabileau-Rezé, Taluau Foltzenlogel, Vallée.

St-Péray N-Rh w; sch ★★ 10' 11' 12' 13' 14 – Unterschätzter weißer Rhône-Wein (MARSANNE plus ROUSSANNE), von Weinbergen auf Granit- und Kalksteinhügeln gegenüber von Valence. Auch etwas Schaumwein nach der Méthode champenoise – unbedingt probierenswert (J.-L. Thiers, R. Nodin). Der weiße Stillwein sollte zupackend und rauchig sein. Meiden Sie die fetten Weine von sehr reifer Frucht, die in Eiche ausgebaut werden. Spitzenerzeuger: S. Chaboud, CHAPOUTIER, Clape (reintönig), Colombo (stilvoll), Cuilleron, B. Gripa (sehr gut), R. Nodin, J.-L. Thiers, du Tunnel, Voge (Eiche) sowie die Genossenschaft in TAIN.

St-Pierre-de-Soucy Sav – Aus dem Cru mit steilen Schieferhanglagen kommt ein entschieden frisch-aromatischer Mix aus Jacquère, CHARDONNAY und Mondeuse blanche. Spitzenerzeuger: Domaine des Ardoisières.

St-Pourçain ZF r rs w ★→★★ BV – 600-ha-AC mit 19 Gemeinden. Leichte Rot- und Roséweine von GAMAY und PINOT NOIR (sortenreinen Pinot noir verbieten die Vorschriften albernerweise) sowie weinen von der Lokalsorte Tressalier und/oder CHARDONNAY bzw. SAUVIGNON BLANC. Erzeuger: Dom. de Bellevue, Berioles, Grosbot-Barbara, Laurent, Nebout, Pétillat, Ray und die gute Genossenschaft VIGNERONS de St-Pourçain. 2014 war das Gebiet von Hagel betroffen.

St-Romain Côte d'Or r w ★★ w 10' 11 12 13 14 – Frische, mineralische Weißweine und schnörkellos bereitete Rote von Rebflächen, die sich hinter der CÔTE de BEAUNE verstecken. Probierenswert: Bellene, Buisson, Dom. de Chassorney, Gras, HOSPICES DE BEAUNE.

St-Véran Bg w ★★ 12 13 14' – AC außerhalb von POUILLY-FUISSÉ mit unterschiedlichen Bodenarten, Erzeugerstilen und Ergebnissen. Die besten Weine sind hochwertig (Chagnoleau, Corsin, Merlin) und preiswert (Deux Roches, DUBŒUF, Poncetys).

Salon Champ ★★★★ Der originale BLANC DE BLANCS aus Le MESNIL an der Côte des Blancs. Winzige Produktion. Die langlebigen, ungeheuer kostspieligen Weine genießen ein Ehrfurcht gebietendes Renommee, fallen in Wirklichkeit aber manchmal ungleichmäßig aus. In letzter Zeit sind sie jedoch ganz auf der Höhe (z. B. **88' 96' 97'**), nur der 99er enttäuscht, und was aus dem 02er wird, ist selbst unter Experten umstritten.

Sancerre Lo (r) (rs) w ★→★★★ 05' 08' 10 12 13 14' – Der Maßstab für SAUVIGNON BLANC, wobei Einzellagen zunehmend an Bedeutung gewinnen. Die besten Weine halten sich 10 Jahre und länger. Inzwischen gibt es auch viele schöne Rotweine (PINOT NOIR), während der Rosé selten sein Geld wert ist. Spitzenerzeuger: Boulay, BOURGEOIS, Cotat (wechselhaft), François Crochet, Lucien Crochet, Dezat, Dionysia, Fouassier, Thomas Laballe, Alphonse MELLOT, Joseph Mellot, Pierre Martin, Mollet, Pinard, Pascal et Nicolas Reverdy, Raimbault, Claude Riffault, Roblin, Jean-Max Roger, Thomas, Vacheron, Vatan, Vattan. 2014 brachte gute Qualität und Quantität.

Santenay Côte d'Or r (w) ★★★ 99' 02' 03 05' 06 08 09' 11 12 13 14' – Stämmiger Rotwein aus dem Kurort südlich von CHASSAGNE-MONTRACHET. Von den besten Lagen – La Comme, Les Gravières, CLOS Rousseau, Clos de Tavannes – fällt er saftiger aus. Das Interesse an Weißwein wächst. Gute Erzeuger: Belland, GIRARDIN, Lequin-Colin, Jessiaume, MOREAU, V. MOREY, Muzard, Vincent.

Saumur Lo r rs w; sch ★→★★★ 05' 08 09' 10' 12 13 14' – Übergeordnete AC für leichte bis ernst zu nehmende Weißweine und hauptsächlich unkomplizierte Rote, mit Ausnahme des Bereichs SAUMUR-CHAMPIGNY. Ansonsten angenehme Rosés sowie CRÉMANT und SAUMUR Mousseux aus dem Zentrum der Schaumweinbereitung an der Loire. Die neue AOP Saumur Le-Puy-Notre-Dame für CABERNET-FRANC-Rotweine umfasst ein (allzu) großes Gebiet mit 17 Gemeinden. Erzeuger: BOUVET-LADUBAY, CHAMPS-FLEURIS, Clos Mélaric, CLOS ROUGEARD, Antoine Foucault, René-Hugues Gay, Guiberteau, Paleine, Ch. Parnay, Rocheville, St-Just, Cave des Vignerons de Saumur, Ch. de VILLENEUVE, Ch. Yvonne. 2012 und 2013 waren schwierige Jahrgänge, 2014 lief es besser.

Saumur-Champigny Lo r ★★→★★★ 96' 03 05' 08' **09' 10** 12 13 14' – 9 Gemeinden umfassende AC für beliebte, aromatische CABERNET-FRANC-Rotweine, die nervig ausfallen sollten; gute Jahrgänge halten sich 15–20 Jahre. Beachtenswerte Erzeuger: Bruno Dubois, CHAMPS-FLEURIS, CLOS Cristal, CLOS ROUGEARD, de la Cune, Filliatreau, Hureau, Legrand, Nerleux, Roches Neuves, Rocheville, St-Just, Antoine Sanzay, Ch. de Targé, Vadé, Val Brun, Ch. de Villeneuve, Yvonne sowie die Genossenschaft in SAUMUR.

Saussignac SWF w; s ★★→★★★ 09' 10 11 12' (14) – Sub-AOP von Bergerac, Cousin und Nachbar von MONBAZILLAC, deren Süßweine aber etwas mehr Säure aufweisen. Beste Erzeuger: die DOMAINES Lestevénie, La Maurigne, Les Miaudoux, de Richard und Clos d'Yvigne (alle ★★★) sowie die CHÂTEAUX Le Chabrier, Le Payral, Le Tap (alle ★★).

Sauternes Bx w; s ★★→★★★★ 89' 90' **95 96 97' 98** 99' **01'** 02 03' **05'** 07' **09' 10' 11'** 13 (14) – AC mit 5 Orten (einschließlich BARSAC), in denen aus edelfaulen Trauben Frankreichs beste Süßweine bereitet werden: stark, üppig, goldfarben und viele Jahre haltbar. Zuletzt einige großartige Jahrgänge (ausgenommen 2012). Spitzen-CHÂTEAUX: Clos Haut-Peyraguey, GUIRAUD, LAFAURIE-PEYRAGUEY, RIEUSSEC, SIGALAS RABAUD, SUDUIRAUT, La TOUR BLANCHE, D'YQUEM. Trockene Weine müssen als AC BORDEAUX Blanc etikettiert werden.

Sauzet, Etienne Côte d'Or w ★★★ Führendes Weingut in PULIGNY mit großartigen PREMIERS CRUS (Les Combettes, Folatières) und GRANDS CRUS (BÂTARD-MONTRACHET u. a.). Frische, lebhafte Weine, jetzt auch wieder langlebiger.

Savennières Lo w; tr (s) ★★→★★★ 89' 96' 97' 99 02' 03 05' 07 **08' 09** 10' **11 12 13** 14' – Kleine AC in ANJOU mit langlebigen säurereichen Weißen (CHENIN BLANC) unterschiedlicher Machart und Güte. Empfehlenswerte Erzeuger: Baudouin, BAUMARD, Boudignon, Closel, Ch. d'Epiré, FL, Guigniard, Laureau, Mahé, Mathieu-Tijou, Morgat, Ogereau, Ch. PIERRE-BISE, Pithon-Paillé, Ch. Soucherie. Spitzenlagen: COULÉE-DE-SERRANT, La ROCHE-AUX-MOINES und CLOS du Papillon.

Savigny-lès-Beaune Côte d'Or r (w) ★★★ **99' 02'** 03 05' 08 09' 10' **11** 12 14 – Bedeutender Ort bei BEAUNE mit ähnlich mittelschweren Weinen, die frisch und lebhaft sein sollten, manchmal aber rustikal geraten. Beste Lagen: Dominode, Les Guettes, Lavières, Marconnets, Vergelesses. Erzeuger: Bize, Camus, Chandon de Briailles, CLAIR, DROUHIN, Ecard, Girard, Guyon, LEROY, Pavelot, TOLLOT-BEAUT.

Savoyen (Savoie) r w; sch ★★ BV – Alpiner Bereich mit leichten, trockenen Weinen, ähnlich den Schweizer oder einfacheren Loire-Weinen. Bekannteste Weißweine: APREMONT, CRÉPY und SEYSSEL; interessanter sind die Roussette-Abfüllungen. Auch guter roter Mondeuse.

Schlossberg El – GRAND CRU in Kientzheim, berühmt seit dem 15. Jh. FALLER erzeugt prachtvollen, unwiderstehlichen RIESLING: von überragender Klasse der 2010er, üppig rund der 2011.

Schlumberger, Domaines El w; s ★→★★★ Riesiger, erstklassiger Betrieb in Guebwiller, dem etwa 1 % aller Weinberge im Elsass gehören. Besitzt Lagen in den GRANDS CRUS Kitterlé, Kessler, Saering (rassig; 08' 09 **10' 12** 13) und Spiegel. Reichhaltige Weine. Das Angebot umfasst u. a. seltenen RIESLING, die unverwechselbare CUVÉE Ernest und neuerdings den PINOT GRIS Grand cru Kessler (09' **10' 12** 13 14).

Schoenenbourg El – Der GRAND CRU in Riquewihr liefert sehr volle, erfolgreiche Weine: PINOT GRIS, RIESLING, sehr feine VENDAGE TARDIVE und

SÉLECTION DE GRAINS NOBLES, v. a. von DOPFF AU MOULIN. Auch sehr guter MUSCAT.

Schoenheitz El – Aufstrebendes Weingut im Münstertal. Besonders gut ist der trockene Basis-RIESLING (**09 10' 11 12** 13 14), daneben der hübsche, mit floralen Noten ausgestattete Riesling Linsenberg (**08 10 12**).

Schoffit, Domaine El w ★★★ Der außergewöhnliche Winzer Bernard Schoffit in Colmar erzeugt exzellente VENDANGE-TARDIVE-Weine von vulkanischen Böden: GEWÜRZTRAMINER und PINOT GRIS GRAND CRU RANGEN Clos St-Théobald (**07' 09' 10' 12** 14). Ein Kontrast ist der RIESLING Grand cru Sonnenberg (**08 10'**) von Kalksteinboden. Auch köstlicher CHASSELAS.

Sec Wörtlich: trocken; so bezeichneter CHAMPAGNER ist allerdings eher lieblich (für Sektfrühstück und Hochzeiten besser geeignet als BRUT).

Séguret S-Rh r rs w ★★ **10' 11 12' 13 14** – Klassischer provenzalischer Bilderbuchweinort bei GIGONDAS mit Lagen in der Ebene und auf Hügeln. Einer der besten 18 CÔTES-DU-RHÔNE-VILLAGES. Pfeffrige, recht tiefgründige, mitunter sogar sehr volle Rotweine, vorwiegend von GRENACHE, sowie Weißweine mit deutlicher Frucht. Beste Erzeuger: Ch. La Courançonne (gute Weiße), DOMAINES de l'Amauve (fein), de Cabasse (elegant), J. David (wuchtig), Garancière, Mourchon (stramm), Pourra (mächtig), Soleil Romain.

Sélection de grains nobles El – Von HUGEL geprägter Ausdruck für das elsässische Gegenstück zur deutschen Beerenauslese; wird immer strengeren Bestimmungen unterworfen. *Grains nobles* sind Trauben mit Edelfäule für Süßweine.

Sérafin Côte d'Or r ★★★ Christian Sérafins Weine GEVREY-CHAMBERTIN VIEILLES VIGNES und CHARMES-CHAMBERTIN sind voller Intensität. Der einst so üppige Einsatz neuer Eiche wird unter der Regie der jungen Generation jetzt raffinierter gehandhabt.

Seyssel Sav w; sch ★★ oJ – Delikater Weißwein und sehr angenehmer Schaumwein, z. B. aus Corbonod.

Sichel & Co. Bx r w – Familiengeführtes Handelshaus, eines der renommiertesten in BORDEAUX (eine Spitzenmarke ist Sirius) mit Beteiligungen an Ch. d'ANGLUDET, Ch. PALMER und in CORBIÈRES. Neues, 10 Millionen Euro teures Lager.

Signargues S-Rh →★★★ **12' 13** – Bescheidener Ort der CÔTES DU RHÔNE-VILLAGES am Westufer des Flusses zwischen Avignon und Nîmes. Die fruchtigen Rotweine mit leichten Gewürznoten sollten innerhalb von 4 Jahren getrunken werden. Beachtenswerte Erzeuger: CAVE des Vignerons d'Estézargues (kräftig), La Font du Vent (mit den besten, tiefgründigsten Weinen), Haut-Musiel und Dom. Valériane.

Simone, Château Prov r rs w ★★→★★★ Geschichtsträchtiges Familienweingut unmittelbar südlich von Aix-en-Provence, auf dem Winston Churchill einst die Montagne Ste-Victoire malte. Seit über zwei Jahrhunderten in Familienbesitz. Praktisch ein Synonym für die AC PALETTE. Die alterungswürdigen Weißweine aufzuspüren lohnt sich sehr; außerdem charaktervoller Rosé und wärmende Rotweine. Teilweise seltene Rebsorten wie Castets und Manosquin (beide rot).

Sipp, Louis El w; s ★★→★★★ Erzeuger und Négociant in Ribeauvillé. Sehr guter RIESLING GRAND CRU Kirchberg, erlesener Grand cru Osterberg GEWÜRZTRAMINER VENDANGE TARDIVE (v. a. **07 09'**). Fein in klassischen trockeneren Jahren (**08 10 12** 13 14).

Sipp-Mack El w; s ★★→★★★ Ausgezeichnete DOMAINE in Hunawihr. Großartiger RIESLING vom GRAND CRU ROSACKER (**08 10**) mit besonders feiner Säure und dem Grand cru Osterberg; auch sehr guter PINOT GRIS.

Sorg, Bruno El w ★★→★★★ Erstklassiger kleiner Winzer in Eguisheim mit den GRANDS CRUS Florimont (RIESLING 08 09 10' 11 12 13 14) und PFERSIGBERG (MUSCAT). Tadellose, umweltfreundlich bewirtschaftete Weinberge.

Sur lie »Auf der Hefe.« MUSCADET wird oft direkt vom Fass abgefüllt, um Schwung, Körper und Charakter zu bewahren.

Tâche, La Côte d'Or r ★★★★ 90' 93' 95 96' 98 99' 00 01 02' 03 05' 06 07 09' 10' 11 12' 13 14 – GRAND CRU in VOSNE-ROMANÉE, MONOPOLE von DRC. Eine der besten Lagen der Welt: voller, bukettreicher, luxuriöser Wein (in der Jugend verschlossen).

Ökoerzeuger im Südwesten

Château Richard (Saussignac) Der frühere Geologe Richard Doughty erzeugt Weine aus ökologischem Anbau.

Clos Lapeyre (Jurançon) Jean-Bernard Larrieu bearbeitet sein Land von Hand, teils weil es terrassiert ist und teils wegen seiner biologisch-dynamischen Grundsätze.

Domaine de Souch (Jurançon) Yvonne Hégoburu, einer der Stars des Dokumentarfilms »Mondovino«, jetzt über 80 Jahre alt und von Anfang an Verfechterin des biologisch-dynamischen Anbaus, ist noch immer das Nonplusultra im Jurançon.

Domaine du Cros (Marcillac) Philippe Teulier erweitert seinen Rebbestand, um weiße Vins de France zu erzeugen: süß (SÉMILLON/ PETIT MANSENG) und trocken (SÉMILLON/MUSCAT). Hervorragendes Preis-Leistungs-Verhältnis.

Domaine du Pech (Buzet) Magali Tissot bereitet zusammen mit ihrem Partner Ludovic Bonnelle »natürliche« Weine von so eigentümlicher Art, dass sie den AC-Vorschriften oft nicht entsprechen.

Domaine Mouthes-le-Bihan (Côtes de Duras) Ökoweine gibt es hier seit 1999, womöglich die besten der Appellation.

Domaine Peyres-Roses (Gaillac) Astrid Bonnafont und ihre Söhne arbeiten strikt nach biologisch-dynamischen Prinzipien und erzeugen authentische, gut bereitete, charaktervolle Weine.

Luc de Conti (Bergerac) Fast durchweg Ökoweine.

Nicolas Carmarans (Entraygues et du Fel) Der frühere Betreiber einer Vinothek in Paris ist in seine Geburtsstadt Aveyron zurückgekehrt: erstklassige Resultate.

Taille aux Loups, Domaine de la Lo w; s; sch ★★★ 02' 03' 05' 07' 08' 09 10' 11 12 13 14' – Jacky Blot ist einer der dynamischsten und penibelsten Erzeuger an der Loire: fassvergorener MONTLOUIS und VOUVRAY, großteils trocken ausgebaut, besonders fein von den Einzellagen CLOS Mosny, Clos Michet (beide Montlouis) und Clos de Venise. Außerdem Triple Zéro Montlouis Pétillant und sehr gute Rotweine von der DOMAINE de la Butte in BOURGUEIL. 2012, 2013 und 2014 kleine Ernten.

Tain, Cave de N-Rh ★★→★★★ Hervorragende Genossenschaft der nördlichen Rhône mit 290 Mitgliedern und vielen Weinbergen mit älterem Rebbestand, darunter ein Viertel der Gesamtrebfläche von HERMITAGE. Solider bis sehr guter roter Hermitage, v. a. Epsilon und Gambert de Loche, voller weißer Hermitage Au Cœur des Siècles. Guter ST-JOSEPH (rot und weiß), sonst eher moderne Mainstream-Weine. Zwei gute neue CROZES-Gewächse (rot) von Lagen am Hang und in der Ebene (namens »GN« und »BM«). Günstige Weißweine von MARSANNE und ausgezeichneter VIN DE PAILLE.

Taittinger Champ oJ; Rosé oJ; Brut 04 06 08; Collection Brut **89 90** 95 – Diese Weine sind die Juwelen des jetzt wieder familiengeführten Hauses in Reims, dessen Champagner der Inbegriff des klassischen Aperitifstils sind. Hervorragend der luxuriöse Comtes de Champagne (**95' 99** **02' 04 05** 08); der Comtes de Champagne Rosé brilliert in 06. Auch ein ausgezeichneter Einzellagenwein namens La Marquetterie. (Siehe auch Dom. Carneros im Kapitel »Vereinigte Staaten«, Abschnitt »Kalifornien«.)

Tavel S-Rh rs ★★ BV – Mächtiger, früher relativ dunkler Rosé auf GRENACHE-Basis, passend zu deftiger Mittelmeerküche. Wird heute vielfach im leichteren Provence-Stil ausgebaut und oft als Aperitif getrunken – ein Jammer. Spitzenerzeuger: Dom. Corne-Loup, Ch. Correnson (stilvoll), GUIGAL (gut), Lafond Roc-Epine, Maby, Ch. de Manissy, Dom. de la Mordorée (voll), Moulin-la-Viguerie (Ökoangbau), Prieuré de Montézargues (fein), Rocalière (fein), Trinquevedel (fein), VIDAL-FLEURY.

Tempier, Domaine Prov r rs w ★★★★ Das Gut bereitete der MOURVÈDRE-Traube in der AC BANDOL den Weg. Weine von großartiger Eleganz und Langlebigkeit, deren hervorragende Qualität jetzt allerdings durch etliche andere Erzeuger Konkurrenz erhält.

Terrasses du Larzac Lang r rs w ★★→★★★ Der nördlichste Teil der AC LANGUEDOC, seit 2014 Cru du Languedoc – eine wilde, bergige Region vom Lac du Salagou bis Aniane, einschließlich MONTPEYROUX und St-Saturnin. Die kühlen Temperaturen sorgen für frische, aber wohl kaum homogen zu nennende Weine. Zu den Stars und denen, die es bald sein werden, gehören CLOS des Serres, MAS CAL DEMOURA, Mas de l'Ecriture, Mas Jullien, MONTCALMÈS und Pas de l'Escalette. Unbedingt im Auge behalten.

Thénard, Domaine Bg r w – Großer Erzeuger in der AC GIVRY mit hervorragenden Rotweinen. Die Weißen kommen u. a. von einem bedeutenden Anteil an Le MONTRACHET und werden besser; der Großteil der Produktion geht an Händler wie JADOT.

Thévenet, Jean Bg r w; s ★★★ Erzeuger von gehaltvollem, teilweise edelfaulem CHARDONNAY im Mâconnais, z. B. CUVÉE Levrouté von der Dom. de la Bongran. Auch Dom. Emilian Gillet.

Thézac-Perricard SWF r rs w ★★ 12' (14) – CAHORS benachbarter IGP-Bereich mit Rotweinen von MALBEC und MERLOT. Sandrine Annibals Dom. de Lancement (★★) liegt noch immer klar vor der sehr achtbaren Genossenschaft (★).

Thiénot, Alain Champ BRUT oJ; Rosé Brut oJ; CUVÉE Stanislas **02 04 06** 08' 09 12; füllliger Vigne aux Gamins BLANC DE BLANCS (Einzellagen-AVIZE **02 04**); strahlende CUVÉE Garance CHARDONNAY 07 – Die jetzige neue Generation bringt die Firma voran. Stets steigende Qualität; eindrucksvolle CHAMPAGNER zu vernünftigen Preisen. Auch Eigentümer von CANARD-DUCHÊNE in der Champagne sowie von Ch. Ricaud in LOUPIAC.

Thomas, André et Fils El w ★★★ Sehr feiner Erzeuger in Ammerschwihr mit strikt ökologischem Anbau. Im Keller ein Kunsthandwerker, der sehr guten RIESLING KAEFFERKOPF (**08** 10') und herrlichen GEWÜRZTRAMINER VIEILLES VIGNES (**05 09' 10'** 12) bereitet.

Tollot-Beaut Côte d'Or r ★★★ Verlässlicher Erzeuger mit 20 ha Weinbergbesitz in BEAUNE (u. a. BEAUNE-Grèves und CLOS du Roi), CORTON (Bressandes), SAVIGNY-LÈS-BEAUNE und in seinem Heimatort CHOREY-LÈS-BEAUNE (v. a. Pièce du Chapitre). Eichenwürziger Stil, aber nicht störend.

Touraine Lo r rs w; tr s; sch ★→★★★★ 09' 10 12 13 14' – Riesige Region mit einer Vielzahl von ACS (z. B. VOUVRAY, CHINON, BOURGUEIL) sowie der umfassenden AC Touraine mit unterschiedlicher Qualität: würzige Rotweine (CABERNET FRANC, CÔT, GAMAY, PINOT NOIR), Weiße (SAUVIGNON BLANC),

Rosés und Schaumweine. Oft preiswert. Erzeuger: Bois-Vaudons, Clos Roche Blanche, Corbillières, La Chapinière, Joël Delaunay, de la Garrelière, Gosseaume, Mandard, Jacky Marteau, Marionnet, Morantin, Presle, Puzelat, Petit Thouars, Ricard, Roussely, Tue-Bœuf, Villebois. Sehr groß sind die Village-ACs Touraine-Oisly und insbesondere Touraine-Chenonceaux (27 Gemeinden). Allzu starke Konzentration auf Sauvignon blanc und Herbizide.

Touraine-Amboise Lo r rs w ★→★★ Unterbereich (220 ha) der AC TOURAINE, 60% Rotweine. Die lokale Spezialität namens François 1er (GAMAY/Côt/ CABERNET FRANC) eignet sich für Einsteiger, rote Spitzengewächse werden von Côt und/oder Cabernet franc bereitet, die Weißweine von CHENIN BLANC. Beste Erzeuger: Dom. des Bessons, Closerie de Chanteloup, Dutertre, Frissant, de la Gabillière, La Grange Tiphaine. Cru-Status wird angestrebt.

Touraine Azay-le-Rideau Lo rs w ★→★★ Kleiner Unterbereich der AC TOURAINE mit 60% Rosé (von mindestens 60% Grolleau) sowie trockenen und halbtrockenen Weißweinen auf CHENIN-BLANC-Basis. Erzeuger: de l'Aulée, Grosbois, Nicolas Paget, Pibaleau, de la Roche.

Touraine Mesland Lo r rs w ★→★★ Kleiner Unterbereich (105 ha) der AC TOURAINE mit Weinen derselben Qualität vom Loire-Ufer westlich von Blois.

Touraine Noble-Joué Lo rs ★→★★ BV – Ein großer Name für einen eher unbedeutenden Rosé von drei Pinot-Sorten (NOIR, GRIS, MEUNIER). Die seit 2001 bestehende AC umfasst 28 ha unmittelbar südlich von Tours.

Trapet Père et Fils, Domaine Côte d'Or r ★★★ Alteingesessene DOMAINE in GEVREY-CHAMBERTIN, die mit sinnlichen Weinen aus ökologischem Anbau zu neuem Leben erwacht ist. Aushängeschild ist der CHAMBERTIN GRAND CRU, doch auch die PREMIER-CRU-Gewächse sind sehr gut. Siehe auch Dom. ROSSIGNOL-TRAPET.

Trévallon, Domaine de Prov r w ★★★★ 97 98 99 00' 01 03 04 05 06 07 08 09 10 11 12 13 – Wegweisender Erzeuger in Les BAUX, dessen Weine allerdings als IGP BOUCHES-DU-RHÔNE etikettieren muss, da sie keinen GRENACHE-Anteil enthalten. Nichtsdestotrotz wird er seinem ausgezeichneten Ruf gerecht: Der rote CABERNET SAUVIGNON/SYRAH-Verschnitt ist intensiv und langlebig, außerdem im Barrique ausgebauter Weißwein von MARSANNE und ROUSSANNE mit einem Spritzer CHARDONNAY und jetzt auch GRENACHE blanc. Die Suche nach diesen Weinen lohnt sich wirklich.

Trimbach, F. E. El w ★★★→★★★★ Unnachahmlicher Erzeuger von Elsässer RIESLING von den Kalksteinböden um Ribeauvillé, v. a. der großartige CLOS STE-HUNE (06 08 09 10' 12) und der beinahe ebenso gute (und viel preiswertere) Frédéric Emile (06 08 10 12). Trockene, elegante Weine für die gehobene Küche.

Tursan SWF r rs w ★★ Meist BV – AOP in den Landes. Die achtbare Genossenschaft (★) kann nicht ganz mithalten mit den modernen, untypischen Weinen, die Starkoch Michel Guérard auf seinem CHÂTEAU de Bachen erzeugt. Authentischer sind die Gewächse der DOMAINE de Perchade (★★).

Vacqueyras S-Rh r (rs) w ★★ 05' 06' 07' 09' 10' 11 12' 13 – Herzhafte, pfeffrige Weine auf GRENACHE-Basis; Nachbar von GIGONDAS mit wärmerem Klima in den Weinbergen und früher reifenden Trauben, sodass die Weine gut zu Wild und anderen Gerichten mit ausgeprägter Aromatik passen. Halten sich 10 und mehr Jahre. Empfehlenswert: Arnoux Vieux Clocher, JABOULET; Chx. de Montmirail, des Tours (sehr fein); CLOS des Cazaux (günstig); DOMAINES Amouriers, Archimbaud-Vache, Charbonnière, Couroulu (sehr gut, traditionell), Font de Papier (Ökoanbau), Fourmone (gut in Form), Garrigue (traditionell), Grapillon d'Or, Monardière (sehr gut), Montirius (biologisch-dynamisch), Montvac (fruchtig), Famille Perrin, Roucas

Toumba (Ökoanbau), Sang des Cailloux (sehr gut). Volle Weiße, z. B. von Clos des Cazaux, Sang des Cailloux.

Val de Loire Lo r rs w; BV – Einer der vier regionalen IGP-Bereiche Frankreichs; hieß früher Jardin de la France.

Val d'Orbieu, Vignerons du Lang ★ Einst wegweisender Zusammenschluss diverser Genossenschaften. Das Angebot an AC- und IGP-Weinen ist recht ordentlich, Aushängeschild ist der rote CUVÉE Mythique.

Valençay Lo r rs w ★→★★ AOP (165 ha) in der östlichen TOURAINE. Weine v. a. von SAUVIGNON BLANC (und CHARDONNAY), die Roten sind von CÔT, GAMAY und PINOT NOIR bereitet. Erzeuger: CLOS Delorme, Lafond, Jacky Preys, Sinson, Sébastien Vaillant, VIGNERONS de Valençay.

Valréas S-Rh r (rs) (w) ★★ 10' 11' 12' 13 – Der Ort der CÔTES DU RHÔNE-VILLAGES im Norden der Trüffelregion Vaucluse war früher nichts Besonderes, wird aber immer besser. Hier reifen die Trauben spät, und man findet schwarze Trüffel. Strukturierte, pfeffrige, mitunter alkoholstarke Rotweine (hauptsächlich GRENACHE) und Weiße von zunehmender Qualität. Empfehlenswert: Emmanuel Bouchard (charaktervoll, Ökoanbau), CLOS Bellane (guter Weißwein), Ch. la Décelle, Dom. des Grands Devers, Mas de Sainte Croix, Dom. du Séminaire. Es gibt eine große Genossenschaft.

VDQS Vin Délimité de Qualité Supérieure. Qualitätsstufe unterhalb der AC. Wird nicht mehr verwendet.

Vendange Lese.

Vendange tardive Der Begriff bedeutet »Spätlese«; im Elsass ist es aber eher das Pendant zur deutschen Auslese, in der Regel jedoch mit geringerem Alkoholgehalt.

Venoge, de Champ – Altehrwürdiges Champagnerhaus, wiederbelebt, seit es im Besitz von Lanson-BCC ist. Gute Nischenweine: Cordon Bleu Extra BRUT, Jahrgangs-BLANC-DE-BLANCS (00 04 06 08), CUVÉE 20 Ans und die Prestige-Cuvée Louis XV, ein 10 Jahre alter BLANC DE NOIRS.

Ventoux S-Rh r rs w ★★ 10' 11' 12' 13 14 – Sich um den Mont Ventoux herum ausbreitende AC zwischen der Rhône und der PROVENCE. Einige führende Erzeuger bieten ein gutes Preis-Leistungs-Verhältnis. Saftig-fruchtige, herbe Rotweine (GRENACHE/SYRAH, vom Hauswein bis zu volleren Versionen; Qualität steigend), Rosés und gute Weiße (zunehmend in Eiche ausgebaut). Am besten bei: CLOS des Patris, Ferme St-Pierre (rosé, weiß), Gonnet, La Vieille Ferme (rot; im Besitz von Ch. de BEAUCASTEL), Ch. Unang (gute Weiße), Ch. Valcombe, den Genossenschaften Bédoin, Goult und St-Didier sowie den DOMAINES Anges, Berane, Brusset, Cascavel, Champ-Long, Croix des Pins, Fondrèche (sehr gut), Grand Jacquet, JABOULET (sehr gut), Martinelle, Murmurium, Pesquié (hervorragend), Pigeade, St-Jean du Barroux, Terres de Solence, Verrière, VIDAL-FLEURY.

Verget Bg w ★★→★★★ Jean-Marie Guffens' Handelshaus für Weißweine im Mâconnais ist fast so unverwechselbar wie seine eigene DOMAINE. Bietet jetzt auch sortenreine Weine aus dem Süden.

Vernay, Domaine Georges N-Rh r w ★★→★★★★ 12' 13' 14' – Einer der Spitzenerzeuger in CONDRIEU mit drei stilvollen Weißweinen: Les Terrasses de l'Empire ist ein Aperitif de luxe, Chaillées de l'Enfer zeigt Tiefe und Reichhaltigkeit und Coteau de Vernon erlesenen Stil, der sich mindestens 15 Jahre hält. Die CÔTE-RÔTIE- und ST-JOSEPH-Rotweine setzen auf Eleganz und reintönige Frucht. Außerdem guter roter und weißer VIN DE PAYS.

Veuve Clicquot Champ Yellow Label oJ; White Label Demi-Sec oJ; Vintage Réserve 02 04 06 08 12'; Rosé Réserve 08 12' – Ein historisches Champagnerhaus mit höchstem Ansehen. Körperreicher, gehaltvoller, feiner CHAMPAGNER der verlässlichen Art. Luxusweine: La Grande Dame (98 04; feiner 06 ab 2015), Rich Réserve (02 06) und La Grande Dame Rosé (95

04 06). Seit 2008 teilweise in Eiche vergorene Jahrgangsweine. Seit Kurzem werden in gutem Zustand befindliche alte Jahrgänge der Reihe Cave Privée – in Magnumflaschen – neu herausgebracht (v. a. **82 90**). Ein neues Projekt widmet sich seriösem Rosé von geringeren Erträgen.

Veuve Devaux Champ – Der Spitzen-CHAMPAGNER der mächtigen Genossenschaft Union Auboise in Bar-sur-Seine. Hervorragend sind die gereifte Grande Réserve oJ, der Rosé Œil de Perdrix, die Prestige-CUVÉE »D« (**02' 04**) sowie der Jahrgangs-BRUT (**04 06 09'**).

Vézelay Bg r w ★→★★ Aufstrebender nördlicher Unterbereich der übergeordneten Appellation BOURGOGNE für Rotweine. Die süffigen Weißweine von CHARDONNAY oder der wiederauferstandenen Sorte MELON gelangen als COTEAUX BOURGUIGNONS in den Handel. 1–2 Jahre lagern. Probierenswert: Dom. de la Cadette, La Croix Montjoie, des Faverelles, Elise Villiers.

Vidal-Fleury, J. N-Rh r w; s ★★→★★★ Im Besitz von GUIGAL befindliches Handelshaus für Rhône-Weine und Erzeuger von CÔTE-RÔTIE-Weinen. Erstklassiger, sehr eleganter La Chatillonne (12 % VIOGNIER, kräftige Eichennote, mindestens 5 Jahre lagern), guter CAIRANNE, CÔTES DU RHÔNE (rot, rosé, weiß), TAVEL, VENTOUX und MUSCAT DE BEAUMES-DE-VENISE. Das Angebot ist umfangreich und wird immer besser.

Vieille Ferme, La S-Rh r w ★→★★ Verlässliche und preiswerte Marke für roten VENTOUX und weißen LUBERON der Familie Perrin, die auch Ch. de BEAUCASTEL besitzt. Die Weine fielen in den letzten 3 Jahren etwas leichter aus.

Vieilles Vignes »Alte Reben«, und diese sollten eigentlich die besten Weine hervorbringen, z. B. de VOGÜÉ MUSIGNY Vieilles Vignes. Allerdings ist das genaue Alter nicht festgelegt, deshalb kann die Bezeichnung auch ein Marketingschwindel sein.

Vieux Télégraphe, Domaine du S-Rh r w ★★★ 78' 81' 85 88 89' 90 94' 95' 96' 97 98' 99' 00 01' 03' 04' **05' 06' 07'** 09' 10' 12' – Große DOMAINE allererster Güte, Erzeuger von rauchigem, vielschichtigem, sich nur langsam entwickelndem rotem CHÂTEAUNEUF-DU-PAPE (v. a. La Crau und seit 2011 Pied Long). Außerdem die reichhaltigen Weißweine La Crau und CLOS La Roquète, die auch in geringeren Jahrgängen (z. B. 02 08 11 13) gut und ausgezeichnete Begleiter zum Essen sind. Besitzt zusammen mit der US-Importfirma Kermit Lynch die Dom. Les Pallières in Gigondas, die feine, unaufdringlich komplexe, langsam sich entfaltende Weine erzeugt.

Vigne Weinberg; Rebe.

Vigneron Winzer.

Villeneuve, Château de Lo r w ★★→★★★★ 96 99 03 **05** 06 07 08' **09'** 10' 11 **12 13** (14) – Maßstäbe setzender Erzeuger mit herrlichem SAUMUR Blanc (v. a. Les Cormiers) und SAUMUR-CHAMPIGNY (v. a. VIEILLES VIGNES, Grand CLOS, die nur in guten Jahrgängen erzeugt werden). Derzeit Umstellung auf ökologischen Anbau. 2014 geringe Ernte, aber von hoher Qualität.

Vin de France Ersetzt die Kategorie VIN DE TABLE und gestattet die Angabe von Rebsorte(n) und Jahrgang. Oft handelt es sich um Verschnitte aus mehreren Bereichen unter einem Markennamen. Kann ein Quell unerwarteter Genüsse sein, wenn ein talentierter Weinmacher diese Kategorie zur Umgehung bürokratischer Zwänge nutzt. Ein Beispiel ist der VIOGNIER von Cave Yves Cuilleron (nördliche Rhône).

Vin de paille »Strohwein«, aus auf Strohmatten getrockneten Trauben, daher sehr süß, etwa wie italienischer Passito. Besonders im Jura zu finden. Siehe auch CHAVE und VIN PAILLÉ DE CORRÈZE.

Vin de pays (VdP) Potenziell die dynamischste Kategorie im französischen Weinsystem (mit mehr als 150 Regionen), da sie jede Menge Spielraum bietet. Mit dem Jahrgang 2009 wurde sie in Indication Géographique Protégée (IGP) umbenannt, allerdings haben nicht alle Gebiete die neue Bezeichnung übernommen. Die Namen der einzelnen Zonen sind höchst individuell, etwa CÔTES DE GASCOGNE, CÔTES DE THONGUE, Haute Vallée de l'Orb, Duché d'Uzès. Enorme Vielfalt in Geschmack und Qualität und immer wieder überraschend.

Vin de table Kategorie für Alltagswein, der keinen besonderen Bestimmungen über Trauben und Herkunft unterliegt; heißt jetzt VIN DE FRANCE.

Vin doux naturel (VDN) Rouss – Süßer, mit Weingeist gespriteter Wein; die Süße ist also »natürlich«, nicht aber der Alkoholgehalt. Eine Spezialität des ROUSSILLON; basiert auf GRENACHE noir, gris oder blanc oder MUSCAT. Spitzenweine, v. a. ältere RANCIOS, können herrlichen Genuss bescheren.

Vin gris »Grauer Wein«; er ist blass rötlich und wird aus roten Trauben hergestellt, die vor Einsetzen der Gärung gepresst werden – anders als beim Rosé, der nach kurzer Gärung abgepresst wird. Oder er wird von nicht ganz so hellen weißen Sorten wie z. B. PINOT GRIS bereitet. Œil de Perdrix ist ungefähr dasselbe. In Kalifornien sagt man »blush« dazu.

Vin jaune Jura w ★★★ Spezialität von ARBOIS: Der unnachahmliche gelbe Wein Frankreichs ähnelt Fino Sherry, ist allerdings sehr viel teurer. Nach der Abfüllung (frühestens nach 6 Jahren) genussreif. Am besten ist der CHÂTEAU-CHALON. Eine nicht gänzlich oxidierte Variante ist der vor Ort verkaufte weiße *vin typé*.

Vin Paillé de Corrèze SWF r w – 25 Winzer und die kleine Genossenschaft haben die alte Tradition wiederbelebt, Trauben auf Stroh auszulegen, um daraus einen kräftigen Wein (mit gewöhnungsbedürftigem Geschmack) zu bereiten, der früher angeblich stillenden Müttern empfohlen wurde. Unendlich lang haltbar; probierenswert von Christian Tronche (★).

Vinsobres S-Rh r (rs) (w) ★★ 10' 11 12'13 14 – Für SYRAH bekannte AC mit älteren Weinbergen in Hügellagen und jüngeren auf einem windigen Plateau nahe Nyons. Die besten Rotweine bieten klare rote Frucht und kräftigen Körper, sodass sie gut zu dunklem Fleisch passen. Führende Erzeuger: CAVE la Vinsobraise, Doms. Les Aussellons, Bicarelle, Chaume-Arnaud, Constant-Duquesnoy, Coriançon, Deurre (traditionell), Jaume (modern), Moulin (traditionell), Famille Perrin (günstig), Péquélette (biologisch-dynamisch), Ch. Rouanne.

Viré-Clessé Bg w ★★ 09' 10' 11 12 13 14' – AC im Umkreis der zwei besten Weißweinorte des Mâconnais. Bekannt für einen ausgesprochen üppigen Stil, manchmal auch Spätleseweine. Beachtenswerte Erzeuger: A. Bonhomme, Bret Brothers, Chaland, Gondard-Perrin, LAFON, J.-P. Michel, THÉVENET, Dom. de la Verpaille.

Visan S-Rh r (rs) (w) ★★ 10' 11' 12' 13 – An Qualität zulegende, probierenswerte, eher spät reifende CÔTES DU RHÔNE-VILLAGES-Weine. Die Roten besitzen annehmbare Tiefe nebst klarer Frucht und pfeffriger Würze, einige auch etwas Schmelz. Außerdem ordentliche Weiße. Am besten sind die DOMAINES Coste Chaude (schöne Frucht), Florane, Fourmente (v. a. der Nature; biologisch-dynamisch), des Grands Devers, Montmartel, Philippe Plantevin, Roche-Audran (Ökoanbau), Vignoble Art Mas.

Vogüé, Comte Georges de Côte d'Or r w ★★★★ Weingut in CHAMBOLLE-MUSIGNY mit Kultstatus, dem der Löwenanteil der Lage MUSIGNY gehört. Die angekündigten Jahrgänge aus den 1990ern brauchen noch Zeit.

Volnay Côte d'Or r ★★★→★★★★ **90' 95** 96'**98** 99' 02' **03** 05' **06** 07 09' 10' 11 12 14 – Beste Quelle für Rotweine von der CÔTE DE BEAUNE, außer wenn es hagelt. Können strukturiert und sollten seidig sein. Beste Lagen: Caillerets, Champans, CLOS des Chênes, Clos des Ducs, Santenots, Taillepieds usw. Spitzenerzeuger: d'ANGERVILLE, H. BOILLOT, HOSPICES DE BEAUNE, LAFARGE, LAFON, de MONTILLE, Pousse d'Or, N. Rossignol.

Vosne-Romanée Côte d'Or r ★★★→★★★★ 90' 93' 95 96' 98 99' 02' 03 05'
06 07 08 09' 10' 11 12 13 14 – Der Ort mit den grandiosesten Crus von
Burgund (z. B. ROMANÉE-CONTI, LA TÂCHE) und herausragenden PREMIERS
CRUS wie Brûlées, Malconsorts, Suchots u. a. Gewöhnlichen Wein gibt es
in Vosne kaum (sollte es zumindest nicht geben). Viele gute, wenn auch
teure Erzeuger, u. a. Arnoux-Lachaux, CATHIARD, Clavelier, DRC, EUGÉNIE,
GRIVOT, GROS, Lamarche, LEROY, LIGER-BELAIR, MÉO-CAMUZET, MUGNERET,
ROUGET, Tardy, Vigot.

Vougeot Côte d'Or r w ★★★ 90' 96' 99' 02' 03 05' 06 07 08 09' 10' 11 12' 13
14 – Vorwiegend GRAND-CRU- (u. a. CLOS DE VOUGEOT), aber auch Villages-
und PREMIER-CRU-Weine, einschließlich des außergewöhnlichen weißen
Clos Blanc de Vougeot (MONOPOLE) tragen diesen Namen. Die besten Erzeuger sind HUDELOT-Noëllat und VOUGERAIE.

Vougeraie, Domaine de la Côte d'Or r ★★★→★★★★ Hier sind seit 1999
alle Weinberge der Firma Jean-Claude BOISSET vereinigt. Die Bandbreite
reicht vom BOURGOGNE Rouge bis zu feinen GRANDS CRUS wie CHARMES-
CHAMBERTIN, BONNES-MARES, MUSIGNY sowie dem einzigartigen weißen
CLOS Blanc de VOUGEOT. Inzwischen auch verschiedene erstklassige Weiße, v. a. BÂTARD-MONTRACHET.

Vouvray Lo w; tr s; sch ★★→★★★★★ tr 89 90 96' 02' 03 05' 07 08' 09 10 11 12
13 14; s 89' 90' 95' 96' 97' 03' 05' 08 09' – AC-Gebiet östlich von Tours am
nördlichen Loire-Ufer. Die höheren Lagen sind die besten: gute, verlässliche Stillweine von Spitzenerzeugern. DEMI-SEC ist der klassische Stil,
in guten Jahren jedoch kann Moelleux intensiv süß (und fast ewig haltbar) ausfallen. Schaumwein (60 % der Produktion) von unterschiedlicher
Qualität; empfehlenswert ist Pétillant. Erzeuger: Autran, Bonneau, Brunet,
Carême, Champalou, CLOS Baudoin, Cosme, Dhoye-Deruet, Foreau, Fou-
quet (Dom. des Aubuisières), Ch. Gaudrelle, Huët, Le Clos de la Meslerie,
F. PINON, Dom. de la Taille aux Loups, Vigneau-Chevreau. Falls Sie alte
Jahrgänge wie 1921, 1924, 1947, 1959, 1970 entdecken sollten,
greifen Sie zu. 2014 kleine Ernte, aber von vielversprechender Qualität.

Vranken Champ – Mächtiges Champagnerhaus mit recht guter Qualität.
Die Spitzenmarke heißt Demoiselle. Zum Besitz gehören auch HEIDSIECK
MONOPOLE und POMMERY sowie ausgedehnte Weinberglagen in der Pro-
vence, der Camargue und am Douro (Spanien).

Wolfberger El ★★ Hauptmarke der Genossenschaft von Eguisheim. Sehr
gute Qualität in Anbetracht der Masse, führender CRÉMANT-Erzeuger –
Hightech für ein hohes Niveau.

Y (Aussprache: igrek) Bx 88 94 96 00 02 04 05 06 07 08 09 10 11 12 13
(14) – Jetzt jedes Jahr erzeugter, intensiver trockener Weißwein von
CHÂTEAU d'YQUEM. Jung verführerisch, gereift jedoch interessanter. 2004
wurde er trocken ausgebaut, sonst im klassischen halbtrockenen Stil –
seit 2005 aber klarer und frischer als in der Vergangenheit.

Zind-Humbrecht, Domaine El w; s ★★★★ Führender biologisch-dynamischer Betrieb, umsichtig geführt von Olivier Humbrecht, dem großartigen
Weinmacher und Präsident des SIVCBD (Syndicat International des Vignerons en Culture biologique). Reichhaltige, ausgewogene, elegante Weine
im eher trockenen Stil von sehr geringen Erträgen. Die Spitzengewächse
stammen von den Einzellagen Clos St-Urbain Grand cru Rangen (fantastischer RIESLING 00' 08' 09 10' 12 14) und Clos Jebsal (wunderbarer PINOT
GRIS 08 09 10 12 14) sowie von den GRANDS CRUS HENGST, Brand (Riesling
10' 12 14) und Goldert (MUSCAT 12).

Die Châteaux von Bordeaux

MÉDOC

St-Estèphe

Pauillac

St-Julien

Côtes de
Blaye

Listrac

Margaux

Moulis

Côtes de
Bourg

**Die dunklen Flächen bezeichnen
die Weinbaugebiete**

Gironde

Dronne

Isle

HAUT-
MÉDOC

POMEROL

Fronsac

Lalande de Pomerol

St-Émilion Satellites

Libourne

Côtes de Castillon

ST-ÉMILION

Dordogne

Bordeaux

Premières Côtes de
Bordeaux

Ste-Foy-
Bordeaux

PESSAC-
LÉOGNAN

Garonne

ENTRE-
DEUX-MERS

GRAVES

Loupiac

Cérons

Côtes de Bordeaux/St-Macaire

BARSAC

Ste-Croix-du-Mont

SAUTERNES

Langon

Die folgenden Abkürzungen werden im Text verwendet:

Bar	Barsac	Pes-L	Pessac-Léognan
Bx	Bordeaux	Pom	Pomerol
C de Bx	Côtes de Bordeaux	Saut	Sauternes
H-Méd	Haut-Médoc	St-Ém	St-Émilion
Mar	Margaux	St-Est	St-Estèphe
Méd	Médoc	St-Jul	St-Julien
Pau	Pauillac		

D as Erste, was man von einem selbstbewussten Bordeaux-Erzeuger heutzutage vorgeführt bekommt, ist seine Methode der Traubenselektion.
Denn durch die *triage*, d. h. das Aussortieren weniger hochwertiger Trauben,
unterscheidet sich der leidenschaftlich Wettbewerbsorientierte vom lediglich
eifrigen. Es gibt elektronische, pneumatische, rüttelnde und weiß der Himmel
was noch für Systeme, und alle bieten dem Besucher ein schönes Spektakel.
Das Ergebnis: bessere Weine ohne jeden Einschlag von angefaulten Trauben,
grünen Stielen oder anderen unerwünschten Aromen aus dem Weinberg.

So wären noch vor zwei Jahrzehnten Jahrgänge wie 2011, 2012 und 2013
(insbesondere letzterer) eine erbärmliche Angelegenheit gewesen, doch grö-

ßere Sorgfalt im Weinberg und penibles Aussortieren haben dazu beigetragen, dass annehmbare, oft ansprechende Weine entstanden. Auch 2014 war wieder ein herausforderndes Jahr und wurde nach dem kühlen, feuchten Juli und August am Ende allein durch den prachtvollen Altweibersommer gerettet. Qualität und Quantität sind höher als in den drei Vorjahren, aber um wie viel, wird erst die Zeit erweisen (Vorbilder könnten 1996 und 2006 sein). Einstweilen gibt es aber einen schönen Vorrat an guten Rotweinjahrgängen, die getrunken werden wollen. Die üppigen 2009er sind auf jedem Niveau verführerisch, und in Appellationen wie Castillon, Fronsac, Haut-Médoc und Graves sind auch die 2008er gut zu trinken. Sogar die leichtgewichtigeren 2012er entfalten auf Petit-Château-Niveau einen gewissen Charme.

Aus allen möglichen Gründen ist St-Émilion derzeit im Höhenflug und genau der Bereich, in dem man sich nach handfesten, zufriedenstellenden, modern schmeckenden Weinen umsehen sollte, die preislich nicht überzogen und innerhalb von 2–3 Jahren trinkreif sind. Sie sind vielleicht keine klassischen Bordeaux-Gewächse von Médoc-Zuschnitt und -Frische, passen aber dafür zu unserer Cross-over-Küche und schmecken Rotweinliebhabern auch ohne kulinarisches Beiwerk.

Unter den gereiften Grand-cru-Jahrgängen sollte man jetzt bei 2000, 2001 (vor allem vom rechten Ufer), 2002 (Médoc-Spitzengewächse) sowie 2004 zugreifen und zudem die allerbesten 2007er in Betracht ziehen. Trockener weißer Bordeaux zeigt sich hinsichtlich Qualität und Preis nach wie vor beständig, wobei 2014 ein weiterer »Volltrefferjahrgang« war – zögern Sie also nicht zuzuschlagen.

Und Sauternes setzt (abgesehen von 2012) seine Siegesserie fort, 2014 mit Weinen in frischerem Stil von winzigen Erträgen. Was bleibt, ist die Qual der Wahl: Die Gewächse der Jahrgänge 2011, 2010, 2009, 2007, 2005, 2003 und 2001 sind das Beste, was diese Süßweinappellation zu bieten hat.

Verweise können sich auch auf das Kapitel »Frankreich« beziehen.

A, Domaine de l' r ★★ **02 03 04** 05' 06 **07** 08 09' **10' 11** 12 14 – Das ökologisch bewirtschaftete Gut im Besitz des önologischen Beraters Stéphane DERENONCOURT und seiner Frau ist eines der besten in CASTILLON und spielt in einer höheren Liga als der Rest der AC.

Agassac, d' H-Méd r ★★ **04 05 06 07** 08 09' **10' 11 12** – Renaissanceschloss im südlichen HAUT-MÉDOC. Moderner, zugänglicher Wein. Seit 2014 berät Stéphane DERENONCOURT.

Aiguilhe, d' C de Bx r ★★ **05** 06 **07** 08 **09 10** 11 12 14 – Führendes Gut in CASTILLON – CÔTES DE BORDEAUX auf der Hochebene; ebenso wie CANON-LA-GAFFELIÈRE und LA MONDOTTE im Besitz Stephan von Neippergs. Weine mit Alterungspotenzial, Kraft und Finesse.

Andron Blanquet St-Est r ★★ **98** 00' **01 03 04** 05' 06 08 09' **10'** 11 – Schwester-CHÂTEAU von COS LABORY. Weine von CABERNET SAUVIGNON, MERLOT und 10 % CABERNET FRANC. In der Regel gutes Preis-Leistungs-Verhältnis.

Angélus, L' St-Ém r ★★★★ **90'** 95 96 98' **99** 00' **01 02** 03' **04 05 06 07 08** 09' 10' 11 12 13 14 – Steigende Preise begleiten die Heraufstufung zum PREMIER GRAND CRU CLASSÉ (A) im Jahr 2012. Um den Anlass gebührend zu feiern, wurden die Weine dieses Jahrgangs in schwarze Flaschen mit goldgeprägtem Etikett (21,7 Karat) abgefüllt. Zudem wurde 2013 der Glockenturm spektakulär renoviert. Pionier des modernen ST-ÉMILION-Stils: dunkel, voll, opulent. Zweitwein: Le Carillon de L'Angélus. 2014 erzeugte Eigentümer Hubert de Boüard seinen 30. Jahrgang.

Angludet, d' Mar r ★★★ **98'** 00 02 04 05 06 **08 09'** 10' 11 12 14 – Das Gut im Besitz und unter der Leitung des Négociant SICHEL erzeugt lebhafte, duftende, stilvolle Weine von beständiger Qualität. Stets gutes Preis-Leistungs-Verhältnis. Außerdem Ch. Argadens (BORDEAUX SUPÉRIEUR, rot und weiß).

Archambeau, d' Graves r w; tr (s) ★★ r **05 06 08** 09 10 11 (w) **07 08 09 10 11 12** 13 – Verlässliches Gut in Illats. Guter, fruchtiger trockener Weißwein und fassgereifter Roter mit schönem Bukett sowie Rosé L'Été d'Archambeau. Das aufstrebende Ch. Suau (Cru classé in BARSAC) gehört ebenfalls dazu.

Arche, d' Saut w; s ★★ **96 97' 98 99** 00 **01'** 02 03' **05** 07 **09' 10' 11'** 13 – Verlässliches Cru-classé-Gut am Rand von SAUTERNES. Preiswert. Arche Lafaurie ist eine Spezial-CUVÉE. Übernachtungsmöglichkeit im Klostergebäude aus dem 17. Jh.

Armailhac, d' Pau r ★★★ **96'** 98 **99** 00 01 02 03 04 **05' 06** 07 08 **09'** 10' 11 12 13 14 – Bedeutender 5. Cru, seit 1934 im Besitz der Familie (MOUTON) ROTHSCHILD. Spitzenklasse, finessenreicher als seine Schwester CLERC MILON; 15–20 % CABERNET FRANC. In Bestform, die Preise sind fair.

Arrosée, L' St-Ém r ★★★ **00 01 02 03** 04 05' **06' 07** 08 **09'** 10' 11 12 – Das Weingut wurde 2013 verkauft und ging im benachbarten Ch. QUINTUS auf; bis dahin war es seit 2003 in Bestform. Sanfte, harmonische Weine mit viel CABERNET FRANC und CABERNET SAUVIGNON (40 %).

Aurelius St-Ém r ★★ **05 06 08** 09 10 **11 12** – Spitzen-CUVÉE der fortschrittlichen Genossenschaft ST-ÉMILION. Ertragsbeschränkung; moderner, konzentrierter, eichenbetonter Stil.

Ausone St-Ém r ★★★★ **88 89'** 90 **95** 96' **97 98'** 99 00' 01' 02 03' **04 05' 06'** 07 08 09' 10' 11 12 13 14 – Kleiner, aber legendärer ST-ÉMILION-Premiercru (rund 1.500 Kisten) in allerbester Lage in den Côtes. Reichlich CABERNET FRANC (55 %) im Verschnitt. Langlebige, voluminöse Weine mit Textur und Finesse. Das Zweitetikett Chapelle d'Ausone (500 Kisten) ist ebenfalls hervorragend. Außerdem im Besitz der Familie Vauthier sind die Châteaux de FONBEL und MOULIN ST-GEORGES, 2014 kam Ch. LA CLOTTE hinzu.

Balestard La Tonnelle St-Ém r ★★ **00' 01 03** 04 05 06 08 **09 10** 11 12 14 – Historisches Gut mit Wachturm aus dem 15. Jh. Die Weine werden inzwischen in vollem, modernem Stil bereitet. Ch. CAP DE MOURLIN gehört ebenfalls zum Besitz.

Barde-Haut St-Ém r ★★ **98 00 01 02 03** 05' **06 07** 08 **09** 10 11 12 14 – Im Jahr 2012 zum GRAND CRU CLASSÉ erhobenes Schwestergut von CLOS L'ÉGLISE, HAUT-BERGEY und seit 2014 Haut-Villet (ST-ÉMILION GRAND CRU). Reichhaltiger, opulenter, moderner Stil.

Bastor-Lamontagne Saut w; s ★★ **96' 97' 98** 99 **01' 02 03'** 05 07 09' **10 11** 13 – Großes, nicht klassifiziertes Gut in Preignac, Schwesterbetrieb von Ch. BEAUREGARD. Wird jetzt von der Familie Cathiard (Ch. SMITH HAUT LAFITTE) geleitet, die seit 2014 Miteigentümerin ist. Saubere, harmonische Weine, gutes Preis-Leistungs-Verhältnis. Zweitetikett: Les Remparts de Bastor. Neuer, fruchtiger »SO« für frühen Trinkgenuss.

Batailley Pau r ★★★ **96** 00' **02 03** 04 05' **06 08 09'** 10' 11 12 13 14 – 5.-Cru-Gut im Besitz der Familie Castéja von BORIE-MANOUX. Im vergangenen Jahrzehnt in beständig guter Form, und in Anbetracht dessen vergleichsweise preiswert.

Beaumont H-Méd r ★★ **00' 05' 06** 08 09 **10'** – Großes Gut (rund 42.000 Kisten) im Besitz von Castel und Suntory; schön zugängliche Weine, früh trinkreif. Zweitetikett: Les Tours de Beaumont.

Beauregard Pom r ★★★ **00' 01 02 03** 04 05' **06 08 09'** 10' 12 – Das POMEROL-Gut, das derzeit auf Ökoanbau umstellt, wird seit 2014 von der Mannschaft von SMITH HAUT LAFITTE gemanagt; verlässliche, mittelschwere Weine. Zweitetikett: Benjamin de Beauregard. Schwester-CHÂTEAUX sind Pavillon Beauregard (LALANDE DE POMEROL) und BASTOR-LAMONTAGNE.

Beau-Séjour Bécot St-Ém r ★★★ 90' 95' 96 98' 99 00' 01 02 03 04 05' 06 07 08 09' 10' 11 12 14 – Ausgezeichneter PREMIER GRAND CRU CLASSÉ auf dem Kalksteinplateau. Die Weine verbinden Eleganz mit intensiver Frucht. Gérard Bécot ist 2013 von der Geschäftsführung zurückgetreten; weiterhin aktiv sind sein Bruder Dominique und Tochter Juliette.

Beauséjour Duffau St-Ém r ★★★ 98 99 00 01 02 03 04 05' 06 08 09' 10' 11 12 14 – Kleiner PREMIER GRAND CRU CLASSÉ am Westhang der CÔTES in Besitz der Familie Duffau-Lagarosse. Bringt seit 2009 die Kritiker zum Schnurren: Stéphane DERENONCOURT berät.

Beau-Site St-Est r ★★ 00 03 04 05' 06 08 09 10 11 – CRU-BOURGEOIS-Weingut (2012) im Besitz von BORIE-MANOUX; 70 % CABERNET SAUVIGNON. Geschmeidig-frische, zugängliche Weine.

Belair-Monange St-Ém r ★★★ 90' 95' 96 98 99 00' 01 02 03 04 05' 06 08 09' 10' 11 12 13 14 – Cru-classé-Nachbargut von AUSONE, im Besitz des Négociant J.-P. MOUEIX. 2012 wurde Ch. MAGDELAINE dem Betrieb einverleibt, dessen Größe sich damit verdoppelt hat, während die Produktion halbiert wurde. Feine, duftende, elegante Weine, seit 2008 ausladender und mit reiferer Frucht.

Belgrave H-Méd r ★★ 00' 02' 03 04' 05' 06 07 08 09' 10' 11 12 13 14 – Relativ großer 5. Cru, seit 1979 unter der Leitung von CVBG-DOURTHE (siehe La GARDE, REYSSON). Stilistisch ein moderner Klassiker; jetzt von beständiger Qualität. Zweitetikett: Diane de Belgrave.

Bellefont-Belcier St-Ém r ★★ 00 01 02 03 04 05' 06 07 08' 09' 10' 11 12 – GRAND CRU CLASSÉ in ST-ÉMILION, seit 2012 in chinesischem Besitz. Nachbar von LARCIS-DUCASSE in St-Laurent-des-Combes mit kreisrundem Keller aus dem 19. Jh. Schmeichelnde, frische Weine.

Belle-Vue H-Méd r ★★ 04 05 06 07 08 09 10 11 12 – Beständiger Roter mit gutem Preis-Leistungs-Verhältnis aus dem südlichen HAUT-MÉDOC: dunkel und dicht, aber fest, frisch und kultiviert, mit hohem PETIT-VERDOT-Anteil (21 %). Ch. Gironville gehört ebenfalls dazu.

Das neue Weinmuseum von Bordeaux

Das neue Weinmuseum von BORDEAUX, die *Cité des civilisations du vin*, liegt im Stadtzentrum unweit der Garonne. Das 81 Millionen Euro teure Kulturzentrum öffnet im Mai 2016 seine Pforten; man rechnet mit rund 500.000 Besuchern pro Jahr. Es ist eine Art Kreuzung aus Museum und Themenpark, wo Interessierte mittels digitaler Technologie Weinkultur und -geschichte erfahren können. Damit nicht genug: Über die interaktive Technik hinaus kann man zudem bei Workshops, Verkostungen und in Vinotheken aktiv werden und den Ausblick vom »Turm« des Bauwerks genießen, dessen Form an eine geschwungene Dekantierkaraffe erinnert.

Berliquet St-Ém r ★★ 00' 01 02 04 05' 06 08 09 10 12 14 – Kleiner GRAND CRU CLASSÉ in den Côtes neben CANON LA GAFFELIÈRE und BELAIR-MONANGE, geleitet von Nicolas Thienpont und Stéphane DERENONCOURT. Weine in frischem, elegantem Stil, in Anbetracht des Niveaus preiswert.

Bernadotte H-Méd r ★★ → ★★★ 00' 01 02 03 04 05' 06 07 08 09' 10' 11 – Das CRU-BOURGEOIS-Weingut (2012) im Norden ist seit 2012 im Besitz eines Hongkonger Unternehmens. Leckere Weine im HAUT-MÉDOC-Stil. Die letzten Jahrgänge besitzen mehr Finesse.

Bertineau St-Vincent Bx r ★★ 00' 01 04 05 06 07 08 09 10 12 – Das kleine Gut in LALANDE DE POMEROL gehört seit 2013 einem chinesischen Unternehmer, wird aber von Michel ROLLAND geleitet. Einigermaßen verlässliche Qualität; die Weine werden in Ch. Le BON PASTEUR vinifiziert.

Beychevelle St-Jul r ★★★ **99** 00' 01 02 03 04 **05'** 06 07 08 **09'** 10' 11 12 13 14 – In guter Form befindlicher 4. Cru mit auffälligem Schiffsmotiv auf dem Etikett. Seit 2011 im gemeinsamen Besitz von Castel und Suntory (LAGRANGE). Die Weine sind durchweg eher elegant als kraftvoll. Ab dem Jahrgang 2016 wird die neue, gläserne Kellerei in Betrieb genommen. Zweitetikett: Amiral de Beychevelle.

Biston-Brillette Moulis r ★★ **01** 02 03 04 **05'** 06 08 09 **10'** 11 12 – Familienbetrieb in MOULIS mit ansprechenden, fruchtbetonten Weinen von jeweils 50 % CABERNET SAUVIGNON und MERLOT. Preiswert.

Warum Bordeaux?
Es wird oft gefragt, ob Bordeaux immer noch ein eigenes Kapitel in diesem internationalen Weinführer verdient. Die Antwort ist eindeutig: Bordeaux bleibt die stärkste Antriebskraft in der Welt der feinen Weine. Es ist mit Abstand ihr größter Erzeuger, regt weltweit Diskussionen an, fördert Investitionen und beflügelt Sammler. Und natürlich gibt es kaum ein schöneres Getränk.

Bonalgue Pom r ★★ 00 01 04 05 06 08 09 10 11 12 – Dunkler, reichhaltiger, fleischiger POMEROL. Man bekommt viel fürs Geld. Das Gut ist seit 1926 im Besitz der Familie Bourotte. Schwestergut: Clos du Clocher; Ch. Les Hauts Conseillants in LALANDE DE POMEROL gehört ebenfalls dazu.

Bonnet Bx r w ★★ r **09** 10 11 12; w BV – Im Besitz des 90-jährigen Veteranen André Lurton. Großproduzent; gehört mit zum Besten, was ENTRE-DEUX-MERS und roter Bordeaux (Réserve) zu bieten haben. La LOUVIÈRE, COUHINS-LURTON und ROCHEMORIN sind Stallgefährten. 2014 wurde die Kellermannschaft umstrukturiert.

Bon Pasteur, Le Pom r ★★★ **98' 99** 00 01 02 03 04 **05'** 06 08 **09' 10'** 11 12 13 14 – Kleines Weingut an der Grenze zu ST-ÉMILION, seit 2013 im Besitz eines chinesischen Konzerns, jedoch nach wie vor geleitet von Vorbesitzer Michel Rolland. Reife, opulente, verführerische Weine sind hier garantiert.

Boscq, Le St-Est r ★★ 03 04 **05'** 06 08 **09' 10** 11 12 – Qualitätsorientiertes CRU-BOURGEOIS-Gut (2012) im Besitz von CVBG-DOURTHE. Stets gutes Preis-Leistungs-Verhältnis.

Bourgneuf Pom r ★★ 00 **01'** 03 04 **05'** 06 08 09 10 11 12 – Gut im Besitz der Familie Vayron, Frédérique ist der Kellerchef. Subtile, schmackhafte Weine, seit 2009 tiefgründiger und mit mehr Präzision bereitet. Für POMEROL-Verhältnisse preiswert.

Bouscaut Pes-L r w ★★ r 00 01 02 04 **05'** 06 **07** 08 09 10' 11 12 14; w **02 03 04 05'** 06 07 08 09 10' 11 12 13 14 – Cru-classé-Gut im Besitz von Sophie Lurton. Rotweine auf MERLOT-Basis, süffige Weiße mit Alterungspotenzial. Zweitetikett: Les Chênes de Bouscaut.

Boyd-Cantenac Mar r ★★★ 00 02 03 04 **05'** 06 07 08 **09'** 10' 11 12 – 3. Cru im Ort Cantenac; gegenwärtig in Topform. In den Weinen dominiert CABERNET SAUVIGNON, dazu kommt ein kleiner Teil pfeffriger PETIT VERDOT. Zweitetikett: Jacques Boyd. Siehe auch POUGET.

Branaire-Ducru St-Jul r ★★★ 96 **98** 00' 01 02 03 04 **05'** 06 08 **09'** 10' 11 12 13 14 – 4. Cru gegenüber von Ch. BEYCHEVELLE mit in der AC verstreuten Reblagen. Die Weine besitzen Alterungspotenzial und sind seit Mitte der 1990er von verlässlicher Qualität – und dafür vergleichsweise preiswert. Zweitetikett: Duluc.

Branas Grand Poujeaux r ★★ 05 06 08 **09 10** 11 12 – Kleines Nachbargut von CHASSE-SPLEEN und POUJEAUX, in das seit 2005 viel Geld gesteckt wurde. Feine Weine von reifer Frucht mit geschmeidigen Tanninen. DERE-NONCOURT berät. Der Eigentümer Justin Onclin besitzt Anteile an PRIEURÉ-LICHINE, und Villemaurine (GRAND CRU CLASSÉ) in ST-ÉMILION gehört ihm zur Gänze.

Brane-Cantenac Mar r ★★★ 96 **98** 99 00' 01 **02** 03 04 05' 06 **07 08 09'** 10' 11 12 13 14 – Bedeutender 2. Cru auf dem Plateau von Cantenac, souverän geleitet von Eigentümer Henri Lurton. Dichter, duftender MARGAUX. Ver-suchsweise ökologischer Anbau. Zweitetikett: Baron de Brane.

Brillette Moulis r ★★ **02 03 04** 05 06 08 **09 10** 11 12 – CRU BOURGEOIS (2012) mit Weinen von schöner Tiefe und Frucht aus Lagen mit Kiesboden. Zweit-etikett: Les Hauts de Brillette.

Cabanne, La Pom r ★★ 00 04 05 06' **09 10 11** 12 – Weinberg westlich des POMEROL-Plateaus. Nach einem Brand im Jahr 2010, dem der Wein des Jahrgangs 2008 zum Opfer fiel, wurde das Gut komplett renoviert – allem Anschein nach sorgt dies für steigende Qualität. Zweitetikett: Dom. de Compostelle.

Caillou Saut w; s ★★ **95 96 97 98** 99 01' 02 03' **05'** 07 09' **10' 11'** 13 – Das unauffällige, aber gut geführte 2.-Cru-Gut erzeugt festen, fruchtigen Wein. Spitzenauslesen sind die CUVÉE Reine und die Cuvée du Centenaire. Außerdem trockener weißer Caillou Sec.

Calon-Ségur St-Est r ★★★★ 90' **95** 96' **98 99** 00' 01 02 03' 04 05' 06 07 **08' 09'** 10' 11 12 13 14 – 3. Cru mit großem historischem Renommee, 2012 an eine französische Versicherungsgesellschaft verkauft. Seit 2008 ist das Gut im Höhenflug; derzeit wird es für 20 Millionen Euro renoviert. Der CABERNET-SAUVIGNON-Anteil ist jetzt höher (80 %). Zweitetikett: Marquis de Calon.

Cambon la Pelouse H-Méd r ★★ **04** 05' **06** 07 08 09 **10' 11** 12 – Üppiger, geschmeidiger, leicht zugänglicher Wein von einem CRU-BOURGEOIS-Gut (2012) im südlichen HAUT-MÉDOC. L'Aura de Cambon ist eine CUVÉE aus einer kleinen Parzelle in MARGAUX.

Camensac H-Méd r ★★ **98 01 02 03** 05 06 08 09 10' 11 12 – 5. Cru im nörd-lichen HAUT-MÉDOC im Besitz der Familie Merlaut, der auch CHASSE-SPLEEN gehört; für beide Güter ist dieselbe Kellermannschaft verantwortlich. 2006 setzte mit ausgereifterem, ausdrucksstarkem CABERNET SAUVIGNON die Wende zum Besseren ein. Zweitetikett: La Closerie de Camensac.

Canon St-Ém r ★★★ 98' **99** 00 01 **02 03** 04 05' 06 07 **08' 09'** 10' 11 12 13 14 – Berühmter umfriedeter und kürzlich wieder instand gesetzter PREMIER GRAND CRU CLASSÉ auf dem Plateau. Ebenso wie RAUZAN-SÉGLA im Besitz von Wertheimer. Jetzt in Hochform mit eleganten, langlebigen Weinen. Geschäftsführer ist seit 2015 der frühere Kellerchef von Cheval des Andes (Argentinien). Der Croix Canon (Zweitetikett; hieß bis 2011 CLOS Canon) wird in der neuen Kellerei in der renovierten Chapelle de Mazerat bereitet.

Canon La Gaffelière St-Ém r ★★★ 96 **98' 99** 00' 01 02 03 04 05' **06 08 09'** 10' 11 12 13 14 – Verdientermaßen 2012 zum PREMIER GRAND CRU CLASSÉ geadelt; im selben Besitz wie CLOS DE L'ORATOIRE, La MONDOTTE und d'AIGUILHE in Castillon. Stilvolle, geradlinige, beeindruckende Weine (40 % CABERNET FRANC, 5 % CABERNET SAUVIGNON).

Cantemerle H-Méd r ★★★ **01 02 03** 04 05' **06'** 07 08 09' 10' 11 12 13 14 – Großer Besitz im südlichen HAUT-MÉDOC mit schönem bewaldetem Park. Verdientermaßen als 5. Cru klassifiziert: jetzt beständig feiner Stil. Zweit-etikett: Les Allées de Cantemerle.

Cantenac Brown Mar r ★★→★★★ **98** 99 00 01 02 03 04 05' **06 08 09'** 10' 11 12 – 3. Cru mit CHÂTEAU in Pseudo-Tudorgotik, seit 2005 im Besitz des Unternehmers Simon Halabi. Der Stil des Weins war früher robust, ist jetzt aber sinnlicher und raffinierter. Empfehlenswert ist der 2012er trockene weiße Alto (90 % SAUVIGNON BLANC). Zweitetikett: Brio de Cantenac Brown.

Capbern Gasqueton St-Est r ★★ 00 **02 03** 04 **05 06 08' 09'** 10' 11 12 13 – Das Gut profitiert vom selben neuen Investor und Management wie das Schwester-CHÂTEAU CALON-SÉGUR. Seit 2010 neue Keller. Mit massiven, aber geschliffenen Weinen seit 2008 wieder im Rennen.

Dinieren und übernachten in Bordeaux

Der Tourismus boomt in Bordeaux, und mit ihm kommen neue Projekte. Schauen Sie etwa mal zum Hotel »Mama Shelter« im Philippe-Starck-Design (eröffnet 2013), zur Brasserie »Le Grand Comptoir« mit 270 Plätzen im Bahnhof St-Jean (2013), zum »Coup 2 Foudres«, wo man in meterhohen, von der Küferei Seguin Moreau gefertigten Holzfässern logiert (2013), zum Boutiquehotel mit Restaurant von Bernard Magrez und dem Sternekoch Joël Robuchon (2014) oder zum 81 Millionen Euro teuren Weinmuseum und Kulturzentrum »Cité des civilisations du vin« (Eröffnung Mai 2016).

Cap de Mourlin St-Ém r ★★→★★★ 00 01 03 04 05 **06 08 09** 10 11 12 – Weingut aus dem 16. Jh., im Besitz der Familie Capdemourlin, der auch Ch. BALESTARD LA TONNELLE gehört. Beide Güter erzeugen jetzt kraftvollere, konzentriertere Weine als in der Vergangenheit.

Carbonnieux Pes-L r w ★★★ **98 99** 00 **02** 04 05' 06 **07 08** 09' 10 11 12 – Das historische Gut mit CHÂTEAU aus dem 13. Jh. in Léognan erzeugt gediegene Rot- und Weißweine in beträchtlichen Mengen. Die Weißen mit 65 % SAUVIGNON-BLANC-Anteil (z. B. **02 03 04 05 06 07 08 09** 10 11 12 **13**) halten sich mindestens 10 Jahre. Auch die Roten sind langlebig. Die Châteaux Haut-Vigneau, Lafont Menaut und Le Sartre gehören ebenfalls zum Familienbesitz.

Carles, de Bx r ★★★ **03 04** 05' 06' 07 **08 09** 10 11 12 13 – Gut in FRONSAC mit CHÂTEAU aus dem 15. Jh.; die bedeutendste Cuvée heißt Haut-Carles (★★★). Der Wein wird in dem eigens dafür gebauten Keller nur mithilfe der Schwerkraft bewegt und kann es mit den Spitzengewächsen von ST-ÉMILION aufnehmen.

Carmes Haut-Brion, Les Pes-L r ★★★ 00 01 **02 03** 04 05' 06 07 **08 09'** 10' 11 12' 13 14 – Kleine ummauerte Nachbarlage von HAUT-BRION; der neue Eigentümer (seit 2010) hat beträchtlich investiert – 2015 wird die von Philippe Starck entworfene neue Kellerei den Betrieb aufnehmen. Zweitetikett: Le Clos des Carmes von zugekauftem Rebland in Martillac.

Carruades de Lafite Pau – Das Zweitetikett von Ch. LAFITE: kulitiviert, weich und aromatisch. Der Wein ist früher zugänglich (40 % MERLOT), hat aber Alterungspotenzial. Nach Erreichen des Spitzenwerts 2011 sind die Preise aufgrund nachlassender chinesischer Nachfrage nun wieder gesunken.

Carteau Côtes Daugay St-Ém r ★★ **03 04** 05 08 **09 10** 11 – GRAND-CRU-Gut in ST-ÉMILION mit preiswerten, vollmundigen, geschmeidigen und zugleich frischen Weinen. Vorwiegend MERLOT (70 %).

Certan de May Pom r ★★★ **96 98 00' 01' 04** 05' 06 **08 09'** 10' 11 12 14 – Kleines Gut auf dem POMEROL-Plateau, seit 1925 in Familienbesitz. Solide Weine mit Alterungspotenzial.

Chantegrive Graves r w ★★→★★★ **03 04** 05' 06 07 08 **09' 10' 11** 12 – Das größte Gut der AC GRAVES; von sehr guter Qualität. Die Roten sind voll und mit feiner Eichennote; Cuvée Caroline heißt die wunderbar duftende weiße Spitzenauslese (**04 05' 06 07 08 09 10 11 12 13**).

Chasse-Spleen Moulis r (w) ★★★ **01 02 03 04 05' 06 07 08 09'** 10' 11 14 – Sehr großes Gut (100 ha), erzeugt beständig guten, oft ausgezeichneten, lang reifenden Wein mit klassischer Struktur und schönem Bukett. Zweitetikett: L'Heritage de Chasse-Spleen. Erzeugt auch etwas Weißwein. Siehe auch CAMENSAC und GRESSIER GRAND POUJEAUX.

Chauvin St-Ém r ★★ **03 04 05 06 08 09** 10' 11 12 14 – Das verlässliche GRAND-CRU-CLASSÉ-Gut wurde 2014 von Sylvie Cazes (Ch. LYNCH-BAGES) erworben. Nun stehen Veränderungen an.

Cheval Blanc St-Ém r ★★★★ **89 90' 93 94 95 96' 97 98' 99 00' 01' 02 03 04 05' 06 07** 08 09' 10' 11 12 13 14 – PREMIER GRAND CRU CLASSÉ (A), der Superstar von ST-ÉMILION, in dessen Weine man sich sofort verliebt. Feste, duftende Gewächse mit hohem Anteil an CABERNET FRANC (60 %) und POMEROL-Einschlag. Schmecken auch jung schon köstlich und leben doch eine Generation lang – oder zwei. Im selben Besitz und unter derselben Leitung wie YQUEM, La TOUR DU PIN und QUINAULT L'ENCLOS. Neue, mehrere Millionen teure Kellerei. Zweitetikett: Le Petit Cheval.

> **Wenn Sie ein Fass aufmachen wollen, kaufen Sie ein Fass**
>
> Ein Fass ist ein Fass ist ein Fass? Nein. Im neuen Keller von CHÂTEAU PRIEURÉ-LICHINE gibt es tulpenförmige und aus Beton gegossene, bei CHEVAL BLANC kurvige und Betonbehälter. La GAFFELIÈRE verwendet violette und bordeauxrote, kegelstumpfförmige Edelstahltanks. Und PONTET-CANET in PAUILLAC baut einen Teil seines Wein in Amphoren aus.

Chevalier, Domaine de Pes-L r w ★★★★ **96' 98' 99' 00' 01' 02 03 04' 05' 06 07 08 09'** 10' 11 12 13 14; w **95 96' 97 98' 99 00 01 02 03 04 05' 06 07' 08' 09' 10' 11 12** 13 14 – Ein ganz besonderes Gut in den Kiefernwäldern von Léognan, seit über 30 Jahren im Besitz der Familie Bernard. Reintöniger, dichter, fein texturierter Rotwein. Zweitetikett: Esprit de Chevalier. Der beeindruckende, komplexe, langlebige Weißwein besticht durch Beständigkeit und reift langsam zu vollem Geschmack. 2012 brachten die Bernards zudem einen neuen trockenen weißen BORDEAUX namens Clos des Lunes heraus.

Cissac H-Méd r ★★ **98 00 02 03 04 05 08 09 10** 11 – CRU BOURGEOIS (2012) westlich von PAUILLAC. Feste, von CABERNET SAUVIGNON dominierte Weine, die Zeit brauchen. In letzter Zeit weniger streng. Zweitetikett: Reflets du Ch. Cissac.

Citran H-Méd r ★★ **00 02 03 04 05' 06 08 09 10'** – Großes Gut im südlichen HAUT-MÉDOC mit Verbindungen zu CHASSE-SPLEEN und CAMENSAC. In den 2000er-Jahren moderne, eichenwürzige Weine von reifer Frucht, die neueren Jahrgänge fielen allerdings weniger überzeugend aus. Zweitetikett: Moulins de Citran.

Clarence de Haut-Brion, Le Pes-L r ★★★ **89' 90 95 96' 98 99 00 01 02 03 04 05' 06 07 08 09'** 10' 11 12 14 – Zweitetikett von Ch. HAUT-BRION, hieß bis 2007 Bahans Haut-Brion. Der Verschnitt ändert sich mit jedem Jahrgang erheblich (in der Regel mind. 50 % MERLOT), doch was die geschmeidige Textur und Eleganz anbelangt, folgt er immer dem *grand vin*.

Clarke Listrac r (rs) (w) ★★ **01 02 03 04 05' 06 08 09' 10'** 11 12 – Seit 1973 im Besitz der (Edmond) de Rothschilds, die das Rebland wieder auf Vordermann brachten. Jetzt sehr gute, auf MERLOT basierende Rotweine mit dunkler Frucht und feinen Tanninen. Außerdem ein trockener Weißer: Le Merle Blanc du CHÂTEAU Clarke sowie Rosé. Ch. Malmaison in MOULIS gehört ebenfalls dazu. Auch im Ausland ist die Familie Rothschild engagiert, so etwa mit der guten neuen Marke Rimapere in Neuseeland.

Clauzet St-Est r ★★ **05 06 08 09 10** 11 12 – Das CRU-BOURGEOIS-Gut (2012) ist seit 1997 im Besitz von Baron Maurice Velge, der fortwährend investiert und für Verbesserungen sorgt, sodass die Qualität jetzt beständig ist – und der Preis moderat. Schwesterbetrieb ist Ch. de Côme (Cru bourgeois, 2012).

Clerc Milon Pau r ★★★ 95' 96' 98' 99 00 01 02 03 04 05' **06** 07 08 09' 10' 11 12 13 14 – Seit die Rothschilds (MOUTON) das Gut 1970 erwarben, hat sich der Weinbergbesitz verdreifacht (jetzt 40 ha). Ausladendere und gewichtigere Weine als beim Schwester-CHÂTEAU d'ARMAILHAC; verlässliche Qualität. Neues Kellerteam seit 2009 und umweltfreundliche neue Kellerei seit 2011.

Climens Saut w; s ★★★★ 88' 89 90' 95 96 97' 98 99' 00 01' 02 03' 04 05' **06** 07 09' 10' 11' 12' 13' – Cru classé in BARSAC; erzeugt mit den stilvollsten Wein der Welt: konzentriert, aber mit lebhafter Säure für die Balance, sehr gutes Reifepotenzial. Eigentümerin Bérénice Lurton setzt auf biodynamischen Weinbau. Zweitetikett: Les Cyprès (preiswert).

Clinet Pom r ★★★★ 96 98' 99 00 01 02 03 05' 06 07 08' 09' 10 11 12 – Gut im Besitz der Familie Laborde, geleitet von Ronan Laborde, auf dem Plateau von POMEROL. Ist jetzt wieder so gut und beständig wie in den 1980er-Jahren: Die Weine sind ebenso üppig, besitzen aber mehr Finesse. Fleur de Clinet, 1997 als Zweitetikett eingeführt, ist heute die Marke eines Négociant.

Clos de l'Oratoire St-Ém r ★★ **00' 01 03 04 05' 06 07 08 09 10' 11** 12 – GRAND CRU CLASSÉ auf den Nordosthängen von ST-ÉMILION. Im selben Besitz wie CANON LA GAFFELIÈRE und La MONDOTTE. Geschliffene Weine zum fairen Preis.

Clos des Jacobins St-Ém r ★★→★★★ 98 00 01 02 03 04 05' 06 07 08 09' 10' 11 12 14 – Das Cru-classé-Gut hat in den letzten 10 Jahren enorme Fortschritte gemacht und ist jetzt in Bestform: Weine in kraftvollem, modernem Stil. Der Familie gehört auch Ch. La Commanderie (seit 2012 GRAND CRU CLASSÉ). Hubert de Boüard, Besitzer von Ch. L'ANGÉLUS, berät.

Clos du Marquis St-Jul r ★★→★★★ 00 01 02 03 04 05' 06 07 08 09' 10' 11 12 13 14 – Typischeres und schneller reifendes ST-JULIEN-Gewächs (vorwiegend CABERNET SAUVIGNON) als Stallgefährte von LÉOVILLE-LAS CASES. Galt bis 2007 als das Zweitetikett des Letzteren, stammte aber schon immer aus einer eigenen Lage.

Clos Floridène Graves r w ★★ r 08 09' 10' 11 12; w 01' 04' 05' 07 08' 09 10 11' 12 13 – Eine sichere Sache von einem der berühmtesten Weißweinerzeuger in BORDEAUX, Denis Dubourdieu. SAUVIGNON BLANC/SÉMILLON von Kalksteinböden verleihen dem Wein mineralische Frische. Der Rotwein ist erheblich besser geworden. CANTEGRIL, DOISY-DAËNE und REYNON gehören ebenfalls Dubourdieu.

Clos Fourtet St-Ém r ★★★ 98 99 00 01 02 03 04 05' 06 07 08 09' 10' 11 12 13 14 – Premier cru auf dem Kalksteinplateau am Stadtrand. Klassischstilvoller ST-ÉMILION; beständig in guter Form. Zweitetikett: DOMAINE de Martialis. Ch. POUJEAUX in MOULIS hat denselben Besitzer, ebenso wie die seit 2013 als GRANDS CRUS CLASSÉS eingestuften CHÂTEAUX Côte de Baleau und les Grandes Murailles.

Clos Haut-Peyraguey Saut w; s ★★★ 90' 95' 96 97' 98 99 00 01' 02 03' 04 05' 06 07 09' 10' 11' 12 13 – Weinmagnat Bernard Magrez erwarb das Gut 2012; es ist sein viertes Cru-classé-CHÂTEAU (siehe auch FOMBRAUGE,

Bordeaux

PAPE CLÉMENT, La TOUR CARNET). Elegante, harmonische, langlebige Weine. Zweitetikett: Symphonie. Haut-Bommes gehört auch dazu.

Clos l'Église Pom r ★★★ 00' 01 02 03 04 05' 06 07 08 09' 10 11 12 13 14 – Rebbesitz in guten Lagen auf dem Plateau von POMEROL. Opulenter, eleganter, langlebiger Wein. Zweitetikett: Esprit de l'Église. Die CHÂTEAUX HAUT-BERGEY, Haut-Villet, Branon und BARDE-HAUT gehören derselben Familie.

Clos Puy Arnaud Bx r ★★ 02 03 04 05' 06 08 09' 10 11 12 14 – Das biodynamisch bewirtschaftete Weingut gehört zu den führenden Erzeugern der AC CASTILLON – CÔTES DE BORDEAUX. Charakteristische Weine mit Tiefgang. Der Besitzer, ein Jazzmusiker, hatte früher Verbindungen zu Ch. PAVIE.

Clos René Pom r ★★ 98' 00' 01 04 05' 06 08 09 10 11 12 – Weine mit hohem MERLOT-Anteil und ein wenig würzigem MALBEC von Sand-Lehm-Böden. Nicht so sinnlich und umjubelt wie ein Spitzen-POMEROL, dafür aber preiswerter und ebenfalls nicht gerade kurzlebig.

Clotte, La St-Ém r ★★ 00' 01 02 03 04 05 06 08 09' 10' 11 12 – Kleines GRAND-CRU-CLASSÉ-Gut in den Côtes, seit 2014 Stallgefährte von AUSONE. Feine, duftende, geschmeidige Weine.

Conseillante, La Pom r ★★★★ 89 90' 95' 96' 98' 99 00' 01 02 03 04 05' 06' 07 08 09' 10' 11 12 13 14 – Nachbar von L'ÉVANGILE in POMEROL und seit 145 Jahren in Familienbesitz. Eines der nobelsten und am üppigsten duftenden Pomerol-Gewächse (80 % MERLOT von Lehm-Kies-Böden), im Stil fast wie ein MÉDOC; wird sehr alt. Zweitetikett: Duo de Conseillante.

Corbin St-Ém r ★★ 00' 01 02 04 05 07 08 09' 10' 11 12 – Das GRAND-CRU-CLASSÉ-Gut hat seit POMEROL ist erheblich besser geworden: Weine mit Kraft und Finesse von verlässlicher Qualität zum moderaten Preis. Zweitetikett: Divin de Corbin.

Cos d'Estournel St-Est r ★★★★ 90' 94 95 96' 98' 00 01 02 03 04 05' 06 07 08 09' 10' 11 12 13 14 – Angesagter, großer 2. Cru mit einem exzentrischen pagodenähnlichen *chai* (Fasslager). Hochmoderne Kellerei mit einem durch Schwerkraft betriebenen Umpumpsystem. Kultivierter, schmeichelnder ST-ESTÈPHE, seit 2005 auch – teurer – Weißwein auf SAUVIGNON-BLANC-Basis. Zweitetikett: Les Pagodes de Cos (für manche Märkte auch Ch. MARBUZET). Zum Besitz gehören außerdem das supermoderne MÉDOC-Gut Goulée und (seit 2013) das Champagnerhaus Pressoirs de France sowie Tokaj Hétszőlő.

Cos Labory St-Est r ★★ 95 96' 98' 99 00 02 03 04 05' 06 07 08 09' 10' 11 12 14 – 5. Cru, Nachbar von COS D'ESTOURNEL und LAFON-ROCHET. Die neueren Jahrgänge besitzen mehr Tiefe und Struktur; gutes Preis-Leistungs-Verhältnis. ANDRON BLANQUET ist das Schwestergut.

Coufran H-Méd r ★★ 00 01 02 03 04 05 06 08 09 10' 11 12 – Ch. Coufran und Ch. Verdignan im äußersten Norden des HAUT-MÉDOC haben denselben Besitzer. Coufran bietet hauptsächlich geschmeidige und dennoch alterungsfähige Weine von 85 % MERLOT. Ein weiteres kleines Schwestergut ist SOUDARS.

Couhins-Lurton Pes-L r w ★★→★★★ r 03 04 05 06 08' 09 10' 11 12; w 00 01 02 03 04 05 06 07 08' 09 10' 11 12 13 – Cru-classé-Gut mit feinen Weißweinen von SAUVIGNON BLANC, mineralisch und langlebig. Außerdem geschmeidiger Roter auf MERLOT-Basis. André Lurton besitzt außerdem die CHÂTEAUX La LOUVIÈRE und BONNET.

Couspaude, La St-Ém r ★★★ 00' 01 02 03 04 05 06 07 08 09' 10' 11 12 – Grand cru classé in guter Lage auf dem Plateau nahe der Stadt ST-ÉMI-LION. Moderner Stil, reichhaltig und cremig mit viel Eichenholzwürze. Michel ROLLAND berät.

Coutet Saut w; s ★★★ 89' 90' 95 96 97' 98' 99 01' 02 03' 04 05 07 09' 10' 11' 12 13 – Traditioneller Rivale von Ch. CLIMENS, im Stil aber pikanter. Beständig sehr feine, langlebige Weine. In bestimmten Jahrgängen (89 90 95 97 01) ist CUVÉE Madame eine sehr volle Auslese. Zweitetikett: Chartreuse de Coutet. Außerdem sehr guter fassvergorener trockener weißer Opalie.

Drohnenzone
Geben Sie acht auf Ihren Kopf! Bald könnten Drohnen über die Weinberge in BORDEAUX schwirren: Bernard Magrez hat für seine Cru-classé-CHÂTEAUX (PAPE CLÉMENT, La TOUR CARNET, FOMBRAUGE, CLOS HAUT-PEYRAGUEY) eine gekauft. Sie soll bei der Entdeckung von Rebkrankheiten, der Messung der Traubenreife und der Identifikation düngungsbedürftiger Bereiche helfen sowie Daten liefern, ob Bewässerung nötig ist oder nicht.

Bordeaux

Couvent des Jacobins St-Ém r ★★ 98' 00' 01 03 04 05 06 08 09' 10' 11 12 – GRAND CRU CLASSÉ mit Kellerei in der Stadt. Seit über 100 Jahren in Familienbesitz. Eher leichter Stil. Denis Dubourdieu berät. Zweitetikett: Le Menut des Jacobins.

Crabitey Graves r w ★★ r 05 06 08 09 10 11 12; w 09 10 11 12 13 – Früher ein von Ordensschwestern geleitetes Waisenhaus. Die Weinberge wurden in den 1980er- und 1990er-Jahren neu bestockt. Eigentümer Arnaud de Butler erzeugt jetzt klassisch-harmonischen Rotwein und kleine Mengen eines lebhaften Weißen (SÉMILLON/SAUVIGNON BLANC).

Crock, Le St-Est r ★★ 00' 01 02 03 04 05 06 07 08 09' 10 11 12 – CRU BOURGEOIS (2012) im Besitz der Familie Cuvelier, der auch Ch. LÉOVILLE POY-FERRÉ gehört. Solider, fruchtstrotzender Wein zum moderaten Preis.

Croix, La Pom r ★★ 00 01 04 05 06 07 08 09 10 11 12 – Ökologisch bewirtschaftetes Gut im Besitz des Négociant Janoueix mit Weinen von 40 % CABERNET FRANC und CABERNET SAUVIGNON. La Croix St-Georges und HAUT-SARPE gehören ebenfalls Janoueix.

Croix de Gay, La Pom r ★★★ 98 00' 01' 02 04 05 06 09' 10' 11 12 – Gut auf dem POMEROL-Plateau. Weine in rundem, elegantem Stil, seit vielen Jahren von verlässlicher Qualität. Die Spezial-CUVÉE von ausgewählten Parzellen heißt LA FLEUR DE GAY. Ch. Faizeau (MONTAGNE ST-ÉMILION) hat denselben Besitzer.

Croix du Casse, La Pom r ★★ 00' 01' 04 05 06 08 09 10 11 12 – Gut auf sandigen Kiesböden im Süden von POMEROL; der Schwesterbetrieb Dom. de l'Eglise folgt derselben Philosophie. Seit 2008 wurden Verbesserungen erzielt. Weine von mittlerem Körper, für Pomerol-Verhältnisse preiswert.

Croizet-Bages Pau r ★★→★★★ 96' 98 00' 02 03 04 05 06 07 08 09 10' 11 12 – 5. Cru mit steigender Qualität, es bleibt aber immer noch viel zu tun. Seit Kurzem zeigen die Weine mehr Tiefe, Kraft und Beständigkeit. RAUZAN-GASSIES hat denselben Besitzer.

Cru bourgeois Inzwischen ein jährlich neu vergebenes Zertifikat; 2012 wurden 267 CHÂTEAUX klassifiziert. Unbeständige Qualität.

Cruzelles, Les Bx r ★★ 05 06 08 09 10 11 12 – Großzügiger, voller Wein aus LALANDE DE POMEROL; Spitzenjahrgänge können alt werden. Besitzer und Weinmacher ist Denis Durantou von Ch. L'EGLISE-CLINET.

Dalem Bx r ★★ 04 05' 06 08 09' 10' 11 12 14 – Traditionsgut aus dem 18. Jh. in FRONSAC. Die Weine (vorwiegend MERLOT) zeigen mehr Finesse, seit Brigitte Rullier 2002 die Gutsleitung übernommen hat.

Dassault St-Ém r ★★ 00 01 02 03 04 05' 06 08 09' 10 11 12 – GRAND CRU CLASSÉ mit modernem, fruchtig-saftigem Wein von beständiger Qualität. Seit 1955 im Besitz der Familie Dassault (Flugzeugbauer), der auch La Fleur sowie Faurie de Souchard (GRAND CRU CLASSÉ seit 2014) gehören.

Dauphine, de la Bx r ★★→★★★ 00 01 03 04 05 06' 08 09' 10' 11 12' 14 – Großes Gut in FRONSAC, in den vergangenen 15 Jahren quasi runderneuert: Gebäude und Weinberge wurden instand gesetzt und neue Kellereianlagen gebaut. 2006 wurde das Schwestergut Canon de Brem in die Produktion integriert, 2012 der Besitz durch Landerwerb weiter vergrößert. Für 2015 ist die Zertifizierung als Ökoerzeuger angestrebt. Die Weine zeigen jetzt mehr Substanz und Finesse. Zweitetikett: Delphis.

Dauzac Mar r ★★★★ 95 96 98' 99 00' 01 02 04 05 06 08' 09' 10' 11 12 14 – 5.-Cru-Gut in Labarde mit dichten, vollen, dunklen Weinen. Gehört einer Versicherungsgesellschaft; André Lurton ist nicht mehr dabei, er hat seine Beteiligung 2014 verkauft. Zweitetikett: La Bastide Dauzac.

Desmirail Mar r ★★→★★★ 02 03 04 05 06 07 08 09' 10' 11 12 14 – 3. Cru in Cantenac im Besitz von Denis Lurton. Feiner, delikater Stil. Zweitetikett: Initial de Desmirail.

Destieux St-Ém r ★★ 98 99 00' 01 03' 04 05' 06 07 08 09' 10' 11 12 – Kompaktes GRAND-CRU-CLASSÉ-Gut auf der zweithöchsten Erhebung von ST-ÉMILION in St-Hippolyte. Wuchtiger, kraftvoller Stil; zuverlässig. Ch. La Clémence in POMEROL gehört ebenfalls zum Besitz.

Doisy-Daëne Bar (r) w; tr s ★★★ 89' 90' 95 96 97' 98' 99 01' 02 03 04 05' 06 07 09 10' 11' 12 13 – Gut in Familienbesitz (Dubourdieu), das trockenen Weißwein zum Einkellern und feinen süßen Barsac erzeugt. Die Rebflächen des früheren Ch. Doisy-Dubroca wurden 2014 Doisy-Daëne eingegliedert. L'Extravagant (96 97 01 02 03 04 05 06 07 09 10 11 12 13) ist eine ungeheuer volle und teure CUVÉE.

Doisy-Védrines Saut w; s ★★★ 89' 90 95 96 97' 98 99 01' 03' 04 05 07 09 10' 11' 12 13 – 2. Cru in BARSAC im Besitz der Familie Castéja (der auch das Weinhandelshaus Joanne gehört). Köstliche, stämmige, volle Weine, die gut altern und zudem preiswert sind.

Dôme, Le St-Ém r ★★★ 04 05 06 08 09 10' 11 12 13 14 – Kleinsterzeuger mit reichhaltigem, modernem Wein, der jetzt etwas mehr Frische zeigt als in der Vergangenheit. Zwei Drittel alte CABERNET-FRANC-Reben. Eigentümer ist Jonathan Maltus, der eine Reihe weiterer CHÂTEAUX in ST-ÉMILION (u. a. Teyssier – preiswert, Le Carré, Les Astéries, Vieux Château Mazerat) sowie World's End im kalifornischen Napa Valley besitzt.

Dominique, La St-Ém r ★★★ 95 96 98 99 00' 01 04 05' 06 08 09' 10' 11 12 14 – An CHEVAL BLANC grenzender Cru classé. Bot bis 1996 solide Qualität zu fairen Preisen und geriet dann aus der Spur. Jetzt ist der Wein reichhaltig, kraftvoll und fruchtig. 2013 wurde die 11 Millionen Euro teure neue Kellerei mit Dachrestaurant eingeweiht. Zweitetikett: St-Paul de Dominique.

Ducru-Beaucaillou St-Jul r ★★★★ 95' 96' 98 99 00' 01 02 03 04 05' 06 07 08 09' 10' 11 12 13 14 – Großartiges 2.-Cru-CHÂTEAU in exzellenter Verfassung, wenn man von einem Aussetzer in den späten 1980er-Jahren absieht. Seit 2003 sorgt Besitzer Bruno Borie für zusätzliche Impulse. Virginie Sallette ist die talentierte Weinmacherin. Klassischer, zedernholzduftiger, langlebiger Bordeaux. Croix de Beaucaillou und LALANDE-BORIE sind die Schwesterbetriebe.

Duhart-Milon Rothschild Pau r ★★★ 95 96' 98 00' 01 02 03 04' 05' 06 07 08 09' 10' 11 12 13 14 – 4. Cru, Stallgefährte von LAFITE. Sehr feine Qualität, v. a. in den vergangenen 10 Jahren, und relativ moderate Preise (auf jeden Fall im Vergleich zu CARRUADES). Zweitetikett: Moulin de Duhart.

Durfort-Vivens Mar r ★★★ 95 96 98 99 00 02 03 04 05' 06 08 09' 10' 11 12 13 – Erheblich besser gewordenes, biodynamisch bewirtschaftetes 2.-Cru-Gut in MARGAUX, im Besitz von Gonzague Lurton. Vorwiegend CABERNET SAUVIGNON. Zweitetikett: Vivens. Ehefrau Claire Villars ist Chefin der CHÂTEAUX FERRIÈRE und La GURGUE.

Eglise, Domaine de l' Pom r ★★ 98 00 01 02 03 04 05' 06 07 08 09 10' 11 12 14 – Beachtenswertes kleines Gut auf dem Kies-Ton-Plateau, in neuerer Zeit mit beständig guten, fleischigen Weinen. TROTTE VIEILLE und CROIX DE CASSE gehören ebenfalls dazu.

Eglise-Clinet, L' Pom r ★★★→★★★★ 89' 90' 93' 94 95 96 98' 99 00' 01' 02 03 04 05' 06 07 08 09' 10' 11' 12 13 14 – Das kleine, aber erstklassige Gut zeichnet sich durch enorme Beständigkeit aus. Der Wein ist voll, konzentriert und fleischig – begrenzte Mengen, hohe Preise. Zweitetikett: La Petite Eglise.

Einkaufstipp: Zweitweine

Verlässliche Zweitetiketten von Cru-classé-Gütern sind u. a.: Dame de MONTROSE, Fiefs de LAGRANGE, Tourelles de Longueville (PICHON BARON), Réserve de LÉOVILLE (-BARTON), SEGLA (RAUZAN-), Alter Ego (PALMER), Allées de CANTEMERLE. Sie sollten aber nicht vergessen, dass Sie für den berühmten Namen mitbezahlen – ein CRU BOURGEOIS zum selben Preis aus demselben Jahr ist nicht selten der bessere Wein.

Évangile, l' Pom r ★★★★ 88' 89' 90 95 96 98' 99 00' 01 02 03 04 05' 06 07 08 09' 10' 11 12 13 14 – Nachbar von Ch. La CONSEILLANTE auf dem Plateau von POMEROL. Die vom Eigentümer (LAFITE) ROTHSCHILD getätigten Investitionen haben die Qualität enorm gesteigert, der Wein ist jetzt stets reichhaltig und opulent. Zweitwein: Blason de l'Évangile.

Fargues, de Saut w; s ★★★ 90 95 96 97 98 99' 01 02 03' 04 05' 06 07 09' 10' 11' 13 – Rebland um eine Schlossruine im Besitz der ehemaligen Eigentümer von Ch. d'YQUEM, der Familie Lur Saluces. Reichhaltige, ölige und dennoch ausgewogene Weine von der Qualität eines SAUTERNES Premier cru.

Faugères St-Ém r ★★→★★★ 98 00' 02 03 04 05 06 07 08 09' 10' 11 12 – Kraftvolle, reichhaltige, moderne Weine aus St-Étienne-de-Lisse. 2012 zum GRAND CRU CLASSÉ erhoben, ebenso wie Stallgefährte Ch. Péby Faugères (100 % MERLOT). Imposante, hochmoderne Kellerei. In schweizerischem Besitz; Cap de Faugères (CASTILLON) und Chambrun und LAFAURIE-PEYRAGUEY gehören ebenfalls dazu.

Ferrand, de St-Ém r ★★→★★★ 00 01 03 04 05 06 08 09' 10' 12 – Großes GRAND-CRU-CLASSÉ-Gut in St-Hippolyte im Besitz von Pauline Bich (Bic-Schreibgeräte) und ihrem Mann Philippe Chandon-Moët. Frische, feste, aussdrucksstarke Weine.

Ferrande Graves r (w) ★★ 05 06 08 09 10 11 12 – Beachtliches Gut im Besitz des Getränkekonzerns Castel, der für Investitionen und Verbesserungen gesorgt hat. Zugänglicher, gefälliger Roter und sauberer, frischer Weißer; die Reben wachsen auf Kiesböden.

Ferrière Mar r ★★→★★★ 96' 98 99 00' 02 03 04 05 06 08 09' 10' 12 14 – Kleiner 3. Cru in der Ortschaft MARGAUX. Stellt gerade auf Ökoanbau um. Dunkle, feste Weine mit herrlichem Bukett, die Zeit brauchen. La GURGUE gehört ebenfalls dazu.

Feytit-Clinet Pom r ★★→★★★ **98 99 00 01 03 04 05' 06 07 08 09'** 10' 11 12 13 – Das kleine Gut wird von der Besitzerfamilie Chasseuil geleitet. In den vergangenen 15 Jahren in Bestform: reichhaltiger, voller POMEROL (90 % MERLOT von Kies-Lehm-Boden) mit Alterungspotenzial – hochgepriesen bei (für Pomerol-Verhältnisse) fairen Preisen.

Fieuzal Pes-L r (w) ★★★ r **00 01 06 07 08 09'** 10' 11 12 14; w **05 06 07 08 09' 10' 11 12 13** 14 – Cru classé in PESSAC-LÉOGNAN in irischem Besitz. Die Roten sind seit 2006 in Bestform – Berater ist der Eigentümer von Ch. L'ANGELUS –, die Weißen von verlässlicher Qualität. Seit 2011 neue, nur mit Schwerkraft betriebene Kellerei. Zweitetikett: L'Abeille de Fieuzal (rot und weiß).

Figeac St-Ém r ★★★★ **95' 96 98' 99** 00' 01' 02 03 04 05' 06 07 08 09' 10' 11 12 13 14 – Premier cru; Weinberge mit Kiesböden, die zu einem ungewöhnlich hohen Anteil (70 %) mit CABERNET FRANC sowie CABERNET SAUVIGNON bestockt sind. Volle, aber stets elegante, bestechend langlebige Weine. 2013 wurde das Leitungsteam ausgetauscht: Betriebsleiter, Kellermeister und Geschäftsführer sind neu; Berater ist Michel ROLLAND. Zweitetikett: Petit-Figeac (seit 2012; hieß zuvor Grange Neuve de Figeac).

Filhot Saut w; tr s ★★ 96' 97' 98 99 01' 02 03' 04 05 07 09' 10' 11' 13 – Historisches Gut in SAUTERNES mit prachtvollem CHÂTEAU aus dem 19. Jh. und umfangreichem Weinbergbesitz. Die Weine sind in der Jugend recht schwierig, gewinnen mit dem Alter aber an Komplexität; seit 2009 reintöniger und voller.

Fleur Cardinale St-Ém r ★★ **00 01 02 03 04 05' 06 07 08 09' 10'** 11 12 – Das GRAND-CRU-CLASSÉ-Gut in St-Étienne-de-Lisse ist seit 15 Jahren auf der Überholspur. Die Trauben werden stets sehr spät gelesen. Reifer, öliger, moderner Stil.

Fleur de Boüard, La Bx r ★★→★★★ **04 05 06 07 08 09 10** 11 12 13 14 – Führendes Gut in LALANDE DE POMEROL mit vollen, dunklen, dichten, modernen Weinen. Ausgefallener ist die Spezial-CUVÉE Le Plus, ein sortenreiner MERLOT, der 3 Jahre in neuer Eiche ausgebaut wird. 2011 wurde die neue Hightechkellerei in Betrieb genommen. Hubert de Boüard gehört auch Ch. L'ANGÉLUS in ST-ÉMILION.

Fleur de Gay, La Pom r ★★★ In geringer Menge erzeugte Super-CUVÉE (100 % MERLOT) von Ch. La CROIX DE GAY.

Fleur-Pétrus, La Pom r ★★★★ **90' 95 96 98' 99** 00' 01 02 **03 04 05' 06 08** 09' 10' 11 12 13 14 – Gut im Besitz von J.-P. MOUEIX; der Weinbergbesitz wurde um die Rebflächen von Ch. Guillot (2012 erworben) und 2014 um die Providence-Parzellen ergänzt. In stilistischer Hinsicht ist der Wein feiner als PETRUS oder TROTANOY. Braucht Zeit.

Fombrauge St-Ém r ★★→★★★ **98 99** 00' 01 02 03 04 05 06 08 09' 10' 11 12 – Großes GRAND-CRU-CLASSÉ-Gut im Besitz von Bernard Magrez (siehe CLOS HAUT-PEYRAGUEY, PAPE CLÉMENT, La TOUR CARNET). Gehaltvolle, dunkle, schokoladige Rote in modernem Stil. Magrez-Fombrauge ist eine rote Spezial-CUVÉE und außerdem der Name für den in geringen Mengen erzeugten trockenen weißen BORDEAUX.

Fonbadet Pau r ★★ 00' 01 02 03 04 05' 06 08 09' 10' 12 – CRU BOURGEOIS (2012) in Familienbesitz mit verlässlichem, günstigem Wein, vorwiegend von CABERNET SAUVIGNON (60 %), im typischen PAUILLAC-Stil.

Fonbel, de St-Ém r ★★ **05 06 07 08 09 10 11 12** – Verlässliche Quelle von fruchtig-saftigem, frischem, nicht überteuertem ST-ÉMILION-Wein. Im selben Besitz wie die CHÂTEAUX AUSONE und MOULIN ST-GEORGES.

Fonplégade St-Ém r ★★ **98 00' 01 03 04 05 06' 07 08 09'** 10 12 – GRAND CRU CLASSÉ im Besitz des US-Amerikaners Stephen Adams. Investitionen und Fortschritte führten zu Weinen in modernem, konzentriertem Stil. 2013 als ökologischer Betrieb zertifiziert. Besucherfreundliche Öffnungszeiten: sieben Tage die Woche.

Fonréaud Listrac r ★★ 98 00' 02 03 04 05 06 08 09' 10' 11 12 – Eines der größeren und besseren LISTRAC-Güter mit zufriedenstellenden, leckeren Weinen. Auch sehr guter fassvergorener trockener Weißer in kleinen Mengen: Le Cygne. Siehe auch Ch. LESTAGE. Preiswert.

Fonroque St-Ém r ★★★ 96 98 01 03 04 05 06 08 09' 10' 11 12 – GRAND CRU CLASSÉ auf dem Plateau nördlich von ST-ÉMILION, geleitet von Alain Moueix (siehe MAZEYRES). Der biologisch-dynamische Anbau zahlt sich aus, die Weine zeigen jetzt mehr Charakter, Eleganz und stets Frische. Schwestergut: MOULIN DU CADET.

Fontenil Bx r ★★ 03 04 05 06 08 09' 10' 11 12 14 – Führendes Gut in FRONSAC, im Besitz von Michel ROLLAND. Reife, opulente, aber ausgewogene Weine. Und immer wird mit irgendetwas experimentiert.

Forts de Latour, Les Pau r ★★★→★★★★ 89' 90' 95' 96' 98 99 00' 01 02 03 04' 05' 06 07 08 09' 10' 11 12 13 14 – Das (würdige) Zweitetikett von Ch. LATOUR; authentischer Geschmack in etwas leichterem Format zum 2.-Cru-Preis. Ein *En-primeur*-Verkauf findet nicht mehr statt, die Freigabe der Weine erfolgt nun, wenn sie für trinkreif erachtet werden – der 2006er kam 2014 heraus (ist in Wirklichkeit aber noch nicht so richtig trinkreif).

Fourcas Dupré Listrac r ★★ 98' 00' 01 02 03 04 05 06 08 09 10' 11 12 – Gut geführtes CHÂTEAU mit einigermaßen beständigem Wein im festen LISTRAC-Stil von kiesigen Böden. In der Jugend ist er streng und braucht 4–8 Jahre zur Entfaltung. Zweitetikett: Ch. Bellevue-Laffont.

Fourcas Hosten Listrac r ★★→★★★ 01 02 03 04 05 06 08 09 10' 11 12 – In das große Gut in LISTRAC wurde in den vergangenen 10 Jahren beträchtlich investiert, was zu stetig steigender Qualität, sprich zu mehr Präzision und Finesse führte. Seit 2013 gibt es einen trockenen weißen BORDEAUX (SAUVIGNON BLANC/SÉMILLON).

France, de Pes-L r w ★★ r 00 02 03 04 05 06 08 09 10' 11 12; w 03 04 05 06 07 08 09 10 11 12 13 – Nachbar von Ch. de FIEUZAL mit verlässlichen Weinen in reifem, modernem Stil. Der neue *cuvier* (Fasskeller) wurde 2014 eingeweiht, nachdem der alte durch ein Feuer zerstört worden war. Arnaud Thomassin schmeißt den Laden.

Franc Mayne St-Ém r ★★ 98' 00' 01 03 04 05 06 08 09 10' 12 – Kleiner Cru classé in den Côtes, im selben Besitz wie die CHÂTEAUX de LUSSAC und Vieux Maillet in POMEROL. Investitionen und Renovierung; ein Luxushotel gehört auch dazu. Weine in frischem, fruchtigem Stil – rund, aber mit schöner Struktur.

Gaby, du Bx r ★★ 00' 01' 03 04 05 06 07 08 09 10 12 – Herrliche Südlagen in FRONSAC erbringen von MERLOT dominierte Weine, die gut altern. Dem kanadischen Eigentümer gehört auch Ch. Moya in CASTILLON → CÔTES DE BORDEAUX.

Gaffelière, La St-Ém r ★★★ 89' 90' 95 96 98' 99 00' 01 02 03 04 05' 06 07 08 09' 10' 11 12 13 14 – Premier cru am Fuß der Côtes. Investitionen und Fortschritte seit 2004: Ein Teil der Rebflächen wurde neu bestockt, 2013 ein neuer *cuvier* (Fasskeller) eingeweiht. Elegante, langlebige Weine. 2014 kamen drei CHÂTEAUX zum Besitz hinzu: de Mauzevin, Haut-Badon und Peyrelongue.

Garde, La Pes-L r w ★★ r 01' 02 04 05 06 07 08 09' 10' 11 12; w 04 05 06 07 08 09 10' 11 12 13 – Beachtliches Gut im Besitz der Négociant-Firma CVBG-DOURTHE mit geschmeidigen Roten (CABERNET SAUVIGNON/MERLOT). Außerdem etwas Weißwein (SAUVIGNON BLANC/Sauvignon gris).

Gay, Le Pom r ★★★ 00 01 03 04 05' 06 07 08 09' 10' 11 12 – Schöne Reblagen am nördlichen Rand von POMEROL. Beträchtliche Investitionen; Michel

Bordeaux

ROLLAND berät. Im Stil jetzt sehr reif und pflaumenwürzig. Nach dem Tod von Catherine Péré-Vergé 2013 hat ihr Sohn Henri Parent die Gutsleitung übernommen. Ch. Montviel und Ch. La Violette gehören ebenfalls zum Besitz, außerdem Weinberge in Argentinien.

Gazin Pom r ★★★ 95 96 98' 99 00' 01 02 03 04 05' 06 07 08 09' 10' 11 12 13 14 – Großes Gut (für POMEROL-Verhältnisse) in Familienbesitz, Nachbar von PETRUS. Seit Mitte der 1990er-Jahre sehr gut in Form: generöse, lang alternde Weine. Zweitetikett: L'Hospitalet de Gazin.

Gilette Saut w; s ★★★ 53 55 59 61 67 70 71 75 76 78 79 81 82 83 85 86 88 89 90 – Ungewöhnliches kleines Gut in Preignac – jeweils nur rund 5.000 Flaschen –, das seine üppigen Weine 16–20 Jahre in Betontanks lagert. Weitere Flaschenreifung schadet ihnen keineswegs. CHÂTEAU Les Justices ist das Schwestergut (01 02 03' 05 07 09 10' 11 13).

Giscours Mar r ★★★ 96' 98 99 00' 01 02 03 04 05' 06 07 08' 09' 10' 11 12 14 – Beachtlicher 3. Cru südlich von Cantenac. Die körperreichen, langlebigen MARGAUX-Weine können großartig sein (z. B. 1970). Die 1980er Jahrgänge waren unbeständig, doch seit dem Besitzerwechsel vor gut 20 Jahren geht es wieder steil aufwärts. Zweitetikett: La Sirène de Giscours. Auch ein wenig Rosé (AC BORDEAUX). Die CHÂTEAUX Duthil, Le Haut-Médoc de Giscours und du TERTRE sind Stallgefährten.

Glana, du St-Jul r ★★ 00 02 03 04 05 06 08 09 10' 12 – Sehr großes Gut, das durch den Zukauf des früheren Ch. LAGRANGE noch erweitert wurde. Anspruchslose, robuste, preiswerte Weine. Zweitetikett: Pavillon du Glana. Im selben Besitz wie Ch. Bellegrave (PAUILLAC).

Gloria St-Jul r ★★→★★★ 98 99 00' 01 02 03 04 05' 06 07 08 09' 10' 11 12 14 – Das Gut mit weit verstreuten Cru-classé-Reblagen hat denselben Besitzer wie Ch. ST-PIERRE. In neuerer Zeit hervorragend in Form. Zweitetikett: Peymartin.

Grand Corbin-Despagne St-Ém r ★★→★★★ 95 96 98 99 00' 01 03 04 05 06 08 09' 10' 11 12 13 14 – Das GRAND-CRU-CLASSÉ-Gut, seit 1812 im Besitz der Familie Despagne, ist in Bestform: Die ökologisch angebauten, aromatischen Weine haben nun eine reifere, vollere Note. Preiswert. Zum Besitz gehören auch Ch. Maison Blanche (MONTAGNE ST-ÉMILION) und Ch. Ampélia (CASTILLON). Zweitetikett: Petit Corbin-Despagne.

Grand cru classé Siehe Kasten »Die ST-ÉMILION-Klassifikation«, Seite 158.

Grand Mayne St-Ém r ★★★ 90' 94 95 96 98 99 00' 01' 02 03 04 05' 06 07 08' 09' 10' 11 12 14 – Seit 1934 im Besitz der Familie Nony befindlicher, beeindruckender GRAND CRU CLASSÉ in den westlichen Côtes. Beständige, körperreiche Weine mit schöner Struktur.

Grand-Puy Ducasse Pau r ★★★ 95 96' 98' 99 00 01 02 03 04 05' 06 07 08' 09' 10' 11 12 14 – 5. Cru im Besitz einer Bank, der auch die CHÂTEAUX RAYNE VIGNEAU und MEYNEY gehören. Stete Fortschritte seit 2005; neuer Kellermeister seit 2010. Berater ist der Eigentümer von Ch. ANGÉLUS. Zweitetikett: Prélude à Grand-Puy Ducasse.

Grand-Puy-Lacoste Pau r ★★★ 89' 90' 94 95' 96' 98 99 00' 01 02 03 04 05' 06 07 08' 09' 10' 11 12 13 14 – 5. Cru, berühmt für von CABERNET SAUVIGNON dominierten PAUILLAC zum Einkellern; preiswert. Im selben Besitz wie Ch. HAUT-BATAILLEY. Der Fasskeller wurde kürzlich renoviert; hübsche Garten. Zweitetikett: Lacoste-Borie.

Grave à Pomerol, La Pom r ★★★ 98' 00 01 02 04 05 06 08 09' 10 11 12 – Das kleine Gut am Westhang des POMEROL-Plateaus, seit 1971 im Besitz von Christian MOUEIX, erzeugt zugängliche Weine von mittlerer Fülle. Hieß früher La Grave Trigant de Boisset.

Bordeaux *(side tab)*

Greysac Méd r ★★ 03 04 05' 06 08 09 10' 11 12 – Das Gut wurde 2012 vom Eigentümer der CHÂTEAUX Rollan de By und HAUT CONDISSAS erworben. Weine mit hohem MERLOT-Anteil von beständiger, feiner Qualität.

Gruaud Larose St-Jul r ★★★★ 89' 90' 95' 96' 98 99 00' 01 02 03 04 05' 06 07 08 09' 10' 11 12 14 – Eines der größten und beliebtesten 2.-Cru-Güter. Weicher, reichhaltiger, kraftvoller roter Bordeaux, der sich mindestens 20 Jahre hält. Mehr Finesse seit 2007. Zweitetikett: Sarget de Gruaud-Larose. Osoyoos Larose in Kanada gehört ebenfalls zum Besitz.

Guadet St-Ém ★★ 01 04 05 06 08 09 10 11 12 – Kleines GRAND-CRU-CLASSÉ-Gut mit Felsenkellern in der Rue Guadet in ST-ÉMILION. In den vergangenen 10 Jahren besser in Form. Seit 2010 mit Ökosiegel. Stéphane DERENONCOURT berät.

Guiraud Saut (r) w; (tr) s ★★★ 95 96' 97' 98 99 01' 02 03 04 05' 06 07 09' 10' 11' 13 14 – Sehr großer PREMIER GRAND CRU CLASSÉ, seit 2011 mit Öko-siegel. Besitzer sind der langjährige Geschäftsführer Xavier Planty, der Finanzier Robert Peugeot sowie Olivier Bernard (Dom. de CHEVALIER) und Stephan von Neipperg (La MONDOTTE). Spitzenqualität – höherer SAUVI-GNON-BLANC-Anteil als sonst üblich. Der trockene Weißwein heißt Le G de Château Guiraud, das Zweitetikett Petit Guiraud.

Gurgue, La Mar r ★★ 02 03 04 05' 06 08 09' 10 11 12 – Nachbargut von Ch. MARGAUX mit feinem, nicht übertenertem Wein; steht unter derselben Leitung wie FERRIÈRE und HAUT-BAGES LIBÉRAL. Bestrebungen in Richtung Ökoanbau.

Hanteillan H-Méd r ★★ 00' 02 03 04 05' 06 09' 10 12 – Das große Gut in Cissac im nördlichen HAUT-MÉDOC erzeugt runde, ausgewogene, jung zu trinkende Weine. Stéphane DERENONCOURT berät. Zweitetikett: Ch. Laborde.

Haut-Bages Libéral Pau r ★★★ 96' 98 99 00 01 02 03 04 05' 06 08 09' 10' 11 12 14 – Weniger bekanntes 5.-Cru-Gut (neben LATOUR); gehört zum selben Besitz wie FERRIÈRE und La GURGUE. Die Hälfte des Reblands wird biologisch-dynamisch bewirtschaftet, mit hervorragenden Ergebnissen. In der Regel preiswert.

Haut-Bailly Pes-L r ★★★★ 89' 90' 95 96' 98' 99 00' 01 02 03 04 05' 06 07 08' 09' 10' 11' 12 14 – Das hochrangige Cru-classé-Gut in PESSAC-LÉOGNAN ist im Besitz eines US-amerikanischen Bankers und wird von Véronique Sanders, der Enkelin des früheren Eigentümers, geleitet. Erzeugt wird ausschließlich Rotwein in einem raffinierten, eleganten Stil (Parzelle mit sehr alten Reben). Im Jahr 2012 wurde Ch. Le Pape (Pessac-Léognan) erworben. Zweitetikett: La Parde de Haut-Bailly.

Haut-Batailley Pau r ★★★ 98 99 00 02 03 04 05' 06 07 08 09' 10' 11 12 13 – Der kleinere Teil der geteilten 5.-Cru-Besitzung BATAILLEY. Bevorzugt eine sanftere Art als das Schwester-CHÂTEAU GRAND-PUY-LACOSTE. Die Keller wurden renoviert; Fortschritte in den vergangenen 10 Jahren. Zweitetikett: La Tour l'Aspic.

Haut-Beauséjour St-Est r ★★ 03 04 05 08 09 10 11 – Vom Eigentümer, dem Champagnerhaus ROEDERER, geschaffenes und weiterentwickeltes Gut. Runde, aber strukturierte Weine. Ch. de PEZ gehört ebenfalls zum Besitz.

Haut-Bergeron Saut w; s ★★ 01 02 03 04 05 06 07 09 10 11 13 – Das Gut ist seit fünf Generationen in Familienbesitz und zählt zu den beständigsten nicht klassifizierten SAUTERNES-Erzeugern. 60 Parzellen mit alten Reben, vorwiegend SÉMILLON (90 %). Voller, opulenter, nicht übertenerter Wein.

Haut-Bergey Pes-L r (w) ★★→★★★ r 00 01 02 04 05 06 07 08 09 10 11 12; w 06 07 08 09 10 11 12 13 – Nicht klassifiziertes Gut mit dem Zeug zum Cru classé, in den 1990er-Jahren komplett renoviert. Voller, moderner GRAVES sowie etwas Weißwein (trocken). Ch. BARDE-HAUT, Ch. Branon, CLOS L'ÉGLISE und Ch. Haut-Villet gehören ebenfalls dazu.

Haut-Brion Pes-L r (w) ★★★★ r 85' 86' 88' 89' 90' 93 94 95' 96' 97 98' 99
00' 01 02 03 04 05' 06 08 09' 10' 11' 12 13 14; w 96 98 99 00' 01 02 03 04'
05' 06 07 08' 09 10' 11' 12 13 14 – Der erste Premier cru in der Klassifikation von 1855 und als einziger kein MÉDOC-Gut; seit 1935 im Besitz der US-
amerikanischen Familie Dillon. Überaus harmonische Weine mit wundervoller Textur, beständig hochklassig seit 1975. Probieren kann man sie im
neuen »Clarence Dillon«, Restaurant und Vinothek in Paris. Schwelgeri-
scher trockener Weißwein in kleinen Mengen. Siehe auch Le CLARENCE DE
HAUT-BRION, La MISSION HAUT-BRION, LAVILLE HAUT-BRION und QUINTUS.

**Die erste Erwähnung von Ch. Haut-Brion war womöglich 1521: »Wein von
einem Ort, der als Aubrion bekannt ist«.**

Haut Condissas Méd r ★★★ 04 05 06 07 08 09' 10' 11 12 – MÉDOC-Wein
im Garagenstil mit internationalem Geschmack: reichhaltig, konzentriert,
kräftige Eichennote, v. a. von MERLOT (60 %) und PETIT VERDOT (20 %).
Schwestergut von Rollan de By und GREYSAC.

Haut-Marbuzet St-Est r ★★→★★★ 98 99 00' 01 02 03 04 05' 06 07 08 09'
10' 11 12 – Als der Betrieb 1952 gegründet wurde, gehörten gerade mal
7 ha Weinbergbesitz dazu, jetzt sind es 70 ha. Nicht klassifiziertes Gut auf
4.-Cru-Niveau. Zwei Drittel der Produktion werden direkt ab CHÂTEAU verkauft. Gehaltvolle, üppige Weine, die zu 100 % in neuen BARRIQUES ausgebaut werden. Im selben Besitz sind auch die Châteaux Chambert-Mar-
buzet, Tour de Marbuzet und Layauga-Duboscq. Zweitetikett: MacCarthy.

Haut-Sarpe St-Ém r ★★ 98 00' 01 04 05 06 08 09 10 11 12 – Cru classé mit
elegantem CHÂTEAU und Park; Weine in reichhaltigem, tieffarbigem, modernem Stil (70 % MERLOT). Ebenso wie Ch. la Confession und Ch. La CROIX
im Besitz von Janoueix.

Hosanna Pom r ★★★★ 99 00 01 03 04 05' 06 07 08 09' 10' 11' 12 14 – Ehemals Ch. Certan-Guiraud, bis zum Kauf durch J.-P. MOUEIX und der Umbe-
nennung 1999. Nur die besten Lagen werden bewirtschaftet; die Weine
besitzen Kraft, Komplexität und Klasse. 2013 wurde kein Hosanna erzeugt. Stallgefährte von La FLEUR-PÉTRUS und TROTANOY.

Issan, d' Mar r ★★★ 98 00' 01 02 03 04' 05' 06 07 08 09' 10' 11 12 13 – 3. Cru
mit burgartigem CHÂTEAU. Herrlich duftende Weine, jetzt in Bestform. Seit
2013 gehört das Gut zur Hälfte Christian Thiéblot, dem Eigentümer der
Châteaux LILIAN LADOUYS und PÉDESCLAUX. Zweitetikett: Blason d'Issan.

Jean Faure St-Ém r ★★ 05 06 08 09 10 11 12 14 – Ökologisch bewirtschafteter
GRAND CRU CLASSÉ mit Lehm-, Sand- und Kiesböden; Nachbargut von La
DOMINIQUE. Frisch-eleganter Stil dank 50 % CABERNET FRANC. Der tatkräf-
tige Eigentümer (seit 2004) besitzt auch Mas Amiel in MAURY.

Kirwan Mar r ★★★ 95 96 98 99 00' 01 02 03 04 05' 06 07 08 09 10' 11 12
14 – 3. Cru auf dem Plateau von Cantenac, im Besitz des Handelshauses
Schröder & Schyler. In den 1990er-Jahren waren die Weine dicht gewirkt
und fleischig, jetzt zeigen sie mehr Finesse – dafür sorgt der frühere Kellerchef von Ch. PALMER. Zweitetikett: Les Charmes de Kirwan.

Labégorce Mar r ★★→★★★ 02 03 04 05' 07 08 09 10' 11 12 14 – Beachtliches, nicht klassifiziertes MARGAUX-Gut im Besitz der Familie Perrodo,
in das seit 2006 kräftig investiert wurde; schluckte 2009 das benachbarte Ch. Labégorce Zédé. Schöner Wein in modernem Stil. CH. MARQUIS
D'ALESME gehört ebenfalls dazu.

Lafaurie-Peyraguey Saut w; s ★★★ 83' 85 86' 88' 89' 90' 95 96' 97 98 99
01' 02 03' 04 05' 06 07 09' 10' 11' 13 – Führender Cru classé in Bommes,
wurde 2014 von Silvio Denz (Luxusgüterunternehmen Lalique) erworben,
dem auch die CHÂTEAUX FAUGÈRES und Chambrun gehören. Denz wird ver-

mutlich investieren und das Hauptaugenmerk auf den neuen trockenen Weißen (seit 2014) sowie auf den vollen, harmonischen Süßwein (90 % SÉMILLON) richten. Denis Dubourdieu berät. Zweitetikett: La Chapelle de Lafaurie.

Lafite Rothschild Pau r ★★★★ 85 86' 88' 89' 90' 93 94 95 96' 97 98' 99 00' 01' 02 03' 04' 05' 06 07 08' 09' 10' 11' 12 13 14 – Premier cru mit berühmtem verschwenderischem Duft und Stil, aber niemals schwer, heutzutage allerdings dichter gewirkt und geschmeidiger. Große Jahrgänge brauchen jahrzehntelange Lagerung. Kürzlich getätigte Investitionen umfassten u. a. die Erweiterung der Keller. Joint Ventures in Chile (1988), Kalifornien (1989), Portugal (1992), Argentinien (1999) und neuerdings auch im MIDI, in Italien und sogar in China. Zweitetikett: CARRUADES DE LAFITE. Zum Besitz gehören auch die CHÂTEAUX DUHART-MILON, L'ÉVANGILE und RIEUSSEC.

Lafleur Pom r ★★★★ 86 88' 89' 90' 93 94 95 96 98' 99' 00' 01' 02 03 04' 05' 06' 07 08 09' 10' 11' 12 13 14 – Ausgezeichnetes, allerdings sehr kleines Gut in Familienhand, kultiviert wie ein Garten; liegt PETRUS gegenüber. Elegante, intensive Weine zum Einkellern (50 % CABERNET FRANC) – leider teuer. Zweitwein: Pensées de Lafleur.

Lafleur-Gazin Pom r ★★ 00 01 04 05 06 08 09 10 11 12 – Kleines Gut zwischen den CHÂTEAUX LAFLEUR und GAZIN; im Besitz von J.-P. MOUEIX. POMEROL in leichterem, geschmeidigerem Stil.

Lafon-Rochet St-Est r ★★★ 90' 95 96' 98 99 00' 01 02 03' 04' 05' 06 08 09' 10' 11 12 13 14 – Der 4. Cru, Nachbar von Ch. COS D'ESTOURNEL, wird von einem Neffen Alfred Tesserons (PONTET-CANET) geleitet. Ein hoher MERLOT-Anteil (40 %) sorgt für Opulenz und Textur, während CABERNET SAUVIGNON zur nötigen Struktur für ein langes Leben verhilft. J.-C. Berrouet, der frühere Kellerchef von PETRUS, berät. Zweitetikett: Les Pélerins de Lafon-Rochet.

Lagrange St-Jul r ★★★ 89' 90' 94 95 96 98 99 00' 01 02 03 04 05' 06 08 09' 10' 11 12 13 14 – Seit 1983 im Besitz des japanischen Getränkekonzerns Suntory befindliches großes 3.-Cru-Gut (115 ha), jetzt in bester Verfassung. In Weinberge und Keller wurde kräftig investiert. Auch trockener Weißwein Les Arums de Lagrange. Zweitetikett: Les Fiefs de Lagrange (günstig); Drittetikett: HAUT-MÉDOC de Lagrange.

Lagrange Pom r ★★ 98 00 01 04 05 06 09 10 – Kleine Reblage in POMEROL, zu 95 % mit MERLOT bestockt und seit 1953 im Besitz der in Libourne ansässigen Firma J.-P. MOUEIX. Preiswerter Wein von guter Qualität, spielt aber nicht in derselben Liga wie HOSANNA, La FLEUR-PÉTRUS usw.

Lagune, La H-Méd r ★★★ 95 96' 98 00' 02 03 04 05' 07 08 09' 10' 11 12 – 3. Cru mit sandigen Kiesböden ganz im Süden des MÉDOC. Schwächelte in den 1990er-Jahren, ist aber inzwischen wieder in Form. Schön konturierte Weine, die jetzt mehr Struktur und Tiefe haben. Eigentümer ist Jean-Jacques Frey, dem auch JABOULET-AÎNÉ und Ch. de Corton André in Burgund gehören; seine Tochter Caroline ist die Kellermeisterin. Außerdem CUVÉE Mademoiselle L von einem Weinberg in Cussac-Fort-Médoc.

Lalande-Borie St-Jul r ★★ 01 02 03 04 05 06 07 08 09' 10' 11 12 – Kleiner Bruder des großen DUCRU-BEAUCAILLOU mit Rebflächen auf dem Plateau im Westen der AC ST-JULIEN. Geschmeidige, relativ früh trinkreife Weine.

Lamarque, de H-Méd r ★★ 00' 02 03 04 05' 06 08 09' 10' 11 12 – Prachtvolle mittelalterliche Burg im Kernland des HAUT-MÉDOC, via Fähre über die Gironde erreichbar. Preiswerte, sachkundig bereitete Weine von mittlerer Lebensdauer. Zweitetikett: D de Lamarque. Außerdem etwas Rosé.

Lanessan H-Méd r ★★ 00' 02 03 04 05 08 09 10' 11 12 – Vornehmes Gut südlich von ST-JULIEN. Paz Espejo, ehemals Kellermeister bei Calvet und Cor-

dier-Mestrezat, sorgt in jeder Hinsicht für stetig steigende Qualität. Zweitetikett: Les Calèches de Lanessan.

Langoa Barton St-Jul r ★★★ 95' 96' 98 99 00' 01 02 03 04' 05' 06 07 08
09' 10' 11 12 13 14 – Schwestergut von LÉOVILLE BARTON, 3. Cru, mit dem
Herrenhaus des Barton-Zweigs Anthony Barton aus dem 18. Jh. Beständig
gutes Preis-Leistungs-Verhältnis. Zweitetikett: Réserve de Léoville Barton.

Larcis Ducasse St-Ém r ★★★ 89' 90' 95 96 98 00 02 03 04 05' 06 07 08
09' 10' 11 12 13 14 – Schön gelegenes PREMIER-GRAND-CRU-CLASSÉ-Gut
in Familienbesitz in St-Laurent in den Côtes. In den 1950er- und 1960er-
Jahren großartig, seit 2004 in spektakulärer Form. Spitzenjahrgänge können 40 Jahre und mehr überdauern. Zweitetikett (seit 2010): Murmure de
Larcis Ducasse.

Larmande St-Ém r ★★ 00' 01 03 04 05 06 07 08 09' 10 12 – Sehr großes
GRAND-CRU-CLASSÉ-Gut, wie auch Ch. SOUTARD im Besitz der Versicherung
La Mondiale. Neu bestockt und ausgestattet; liefert jetzt solide, wenn
auch etwas gesichtslose Weine. Zweitetikett: Le Cadet de Larmande.

Laroque St-Ém r ★★→★★★ 98 99 00' 01 03 04 05 06 08 09' 10' 11 12 – Großer GRAND CRU CLASSÉ mit CHÂTEAU aus dem 17. Jh. in St-Christophe-des-
Bardes. Frische, vom Terroir geprägte Weine.

Larose Trintaudon H-Méd r ★★ 04 05 06 07 08 09' 10 11 12 – Größte Rebfläche im MÉDOC: 190 ha, nachhaltig bewirtschaftet. Früher ein leichter,
süffiger Wein, jetzt geschliffen-sanft und modern. Zweitetikett: Larose
St-Laurent. Die dichter gewirkte, raffiniertere Sondercuvée Larose Perganson stammt von separaten Parzellen.

Laroze St-Ém r ★★ 98' 99 00 01 05 06 07 08 09' 10' 12 14 – Seit 1610 in
Familienbesitz befindlicher GRAND CRU CLASSÉ mit großem Rebareal
westlich von ST-ÉMILION. Recht leichte Weine von Sandböden, in der
vergangenen 15 Jahren mit mehr Tiefe; vergleichsweise früh trinkreif und
preiswert. Zweitetikett: La Fleur Laroze.

Larrivet Haut-Brion Pes-L r w ★★★ r 00 01 02 03 04 05' 06 07 08 09 10' 11 12
14; w 05 06 07 08 09 10' 11 12 13 14 – Nicht klassifiziertes Gut in PESSAC-
LÉOGNAN, im Besitz des Andros-Konzerns, zu dem auch der Konfitüren-
hersteller Bonne Maman gehört. Voller, moderner Rotwein; auch sinnlich-
aromatischer fassvergorener Weißer (SAUVIGNON BLANC/SÉMILLON). Chef
ist der frühere Betriebsleiter von MONTROSE; Michel ROLLAND berät. Zweitetikett: Les Demoiselles de Larrivet Haut-Brion.

Lascombes Mar r (rs) ★★★ 98' 99 00 01 02 03 04 05' 06 07 08 09' 10' 11 12
14 – 2.-Cru-Gut im Besitz einer französischen Versicherungsgesellschaft.
Die Weine waren lange nicht zufriedenstellend, sind jetzt aber voll, dun-
kel, konzentriert und modern, besitzen aber trotzdem mitunter den MAR-
GAUX-typischen Duft. Ein wenig Flaschenreifung tut ihnen gut. Michel ROL-
LAND berät. Zweitetikett: Chevalier de Lascombes.

Latour Pau r ★★★★(★) 85 86 88' 89 90' 91 94 95' 96' 97 98 99 00' 01 02
03' 04' 05' 06 07 08 09' 10' 11' 12 13 14 – Der Premier cru gilt als großartigste Verkörperung des roten Bordeaux. Die Weine sind tiefgründig,
intensiv, in guten Jahren fast ewig haltbar, und sogar schwächere Jahrgänge zeigen den unverwechselbaren Geschmack und halten sich viele
Jahre. Der *grand vin* stammt vom biologisch-dynamisch bewirtschafteten Weinberg Enclos (gepflügt wird mit Pferden). Der *En-primeur*-Verkauf
wurde 2012 eingestellt – die Freigabe erfolgt jetzt erst, wenn der Wein
als genussreif erachtet wird (der 2004er im Jahr 2014). Neue Keller bieten
mehr Lagerfläche. Zweitetikett: Les FORTS DE LATOUR; Drittetikett: Pauillac. Selbst diese Weine halten sich 12 Jahre.

Latour à Pomerol Pom r ★★★ 89' 90' 95 96 98' 99 00' 01 02 04 05' 06 07
08 09' 10' 11 12 14 – Gut auf dem Plateau unweit der Kirche von POMEROL

im Besitz von J.-P. MOUEIX. Außerordentlich verlässliche, fleischige, schön strukturierte Weine, die gut altern.

Latour-Martillac Pes-L r w ★★ r 98 00 01 02 03 04 05' 06 08 09' 10' 11 12 14; w 03 04 05 06 07 08 09 10' 11 12 13 14 – Cru classé, seit 1929 im Besitz der Familie Kressmann. Ordentliche Qualität bei den Roten wie bei den Weißen, für dieses Niveau moderate Preise. Zweitetikett: Lagrave-Martillac (rot und weiß).

Laurets, des St-Ém r ★★ 05 06 08 09 10 12 – Großes Gut mit Rebbesitz in PUISSEGUIN ST-ÉMILION und MONTAGNE ST-ÉMILION, gleichmäßig verteilt in den Côtes (40.000 Kisten). Les Laurets ist eine Spezial-CUVÉE. Eigentümer ist seit 2003 Benjamin de Rothschild (Ch. CLARKE).

Laville Saut w; s ★★ 03 04 06 07 09 10 11 13 – In Familienbesitz befindliches Gut in Preignac in der Nähe von BASTOR-LAMONTAGNE. Der Weinmacher lehrt auch an der Önologischen Fakultät der Universität Bordeaux. Die von SÉMILLON (85 %) geprägten edelfaulen Weine sind üppig und voll – preiswerter nicht klassifizierter SAUTERNES.

Laville Haut-Brion Pes-L w ★★★★ 94 95' 96' 98 00' 01 02 03 04' 05' 06 07 08' – Der frühere Name für La MISSION HAUT-BRION Blanc (2009 umbenannt). Jährlich nur 8.000 Flaschen des besten weißen GRAVES (überwiegend SÉMILLON), der sehr gemächlich seine saftige Reife entfaltet. Wunderbar zuverlässig. Zweitetikett: La Clarté de Haut-Brion; für ihn wird auch Lesegut von HAUT-BRION verwendet.

Léoville Barton St-Jul r ★★★★ 88' 89' 90' 94' 95' 96' 98 99 00' 01 02 03' 04 05' 06 07 08' 09' 10' 11 12 13 14 – 2.-Cru-Gut, das kleinste der drei Léoville-CHÂTEAUX, seit über 180 Jahren im Besitz der anglo-irischen Familie Barton (gegenwärtig Anthony Barton, unterstützt von Tochter Lilian und Enkelin Mélanie). Harmonischer, klassischer roter Bordeaux; vorwiegend traditionelle Methoden. Teilt die Keller mit LANGOA BARTON.

Léoville-Las Cases St-Jul r ★★★★ 86' 88 89' 90' 93 94 95' 96' 97 98 99 00' 01 02 03' 04' 05' 06 07 08 09' 10' 11' 12 13 14 – Das größte Léoville-Gut und seit jeher ein »Super-Deuxième-cru«; der *grand vin* stammt vom Kernstück, dem Grand Enclos (LATOUR benachbart). Elegante, komplexe, kraftvolle Weine von ungeheurer Langlebigkeit, manchmal eher PAUILLAC als ST-JULIEN. Zweitetikett: Le Petit Lion; früher hieß er CLOS DU MARQUIS, der jetzt jedoch ein eigenständiger Wein ist.

Léoville Poyferré St-Jul r ★★★★ 86' 88 89' 90' 94 95 96' 98 99 00' 01 02 03 04 05' 06 07 08 09' 10' 11' 12 13 14 – Das dritte Drittel des einst riesigen Guts Léoville. Jetzt auf dem Niveau eines »Super Deuxième cru«, mit dunklen, vollen, würzigen, langlebigen Weinen. Ch. Moulin Riche stammt von einer separaten Parzelle (21 ha). Pavillon de Léoville Poyferré, das Zweitetikett, wird aus Traubengut von jungen Reben beider Besitzungen bereitet.

Lestage Listrac r ★★ 00 02 03 04 05 06 08 09 10 11 12 – Gut mit imposantem CHÂTEAU aus dem 19. Jh., im selben Besitz wie Ch. FONRÉAUD, aber mit mehr MERLOT (56 %). Fester, etwas verschlossener roter Bordeaux. Außerdem Ch. Caroline (MOULIS).

Lilian Ladouys St-Est r ★★ 98 00 02 03 04 05 06 07 08 09' 10' 11 12 – Das in den 1980er-Jahren geschaffene Gut besitzt insgesamt 100 Rebparzellen. Feste, manchmal robuste Weine; die jüngsten Jahrgänge zeigen größere Finesse. Der Eigentümer besitzt auch Ch. PÉDESCLAUX sowie 50 % von Ch. d'ISSAN.

Liversan H-Méd r ★★ 98 00 02 03 04 05 07 08 09 10 12 – Der CRU BOURGEOIS (2012) im nördlichen HAUT-MÉDOC hat denselben Eigentümer wie PATACHE D'AUX. Wein in rundem, aber durchaus strukturiertem Stil. Zweitetikett: Les Charmes de Liversan.

Bordeaux

Loudenne Méd r (w) ★★ r 00' 01 02 03 04 05 06 09' 10' 11 12; w 06 07 08 09 10 11 12 13 – Großes CRU-BOURGEOIS-Gut (2012), früher im Besitz der britischen Weinhandelsfirma Gilbey's, 2013 von Chinesen erworben. Denkmalgeschützte rosafarbene *chartreuse* (Kartause) aus dem 18. Jh. am Flussufer. Reife, runde Rotweine, außerdem ein Weißer von SAUVIGNON BLANC mit Eichenholznote. Nicht zu vergessen der Rosé Pink de Loudenne.

Louvière, La Pes-L r w ★★★ r 00' 01 02 04 05' 06 07 08 09' 10' 11 12; w 01 02 03 04' 05' 06 07 08 09' 10' 11 12 13 – André Lurtons ganzer Stolz: ausgezeichneter Rot- und Weißwein in Cru-classé-Qualität. Die Keller wurden kürzlich modernisiert. Siehe auch BONNET, COUHINS-LURTON und de ROCHEMORIN.

Weißwein-Geheimnisse

Nur neun Prozent der BORDEAUX-Gesamtproduktion entfallen auf trockenen Weißwein, wovon das Gros aus ENTRE-DEUX-MERS stammt. Trockenen weißen Bordeaux der gehobenen Art verbindet man gemeinhin mit PESSAC-LÉOGNAN und GRAVES, aber es gibt auch andernorts verborgene Schätze. Im MÉDOC erzeugen einige Cru-classé-CHÂTEAUX (MARGOT, MOUTON ROTHSCHILD, TALBOT) trockenen Weißen, ebenso wie ein paar Güter in LISTRAC (FONRÉAUD, SARANSOT-DUPRÉ, CLARKE). ST-ÉMILION verfügt über verborgene Quellen (FOMBRAUGE, MONBOUSQUET, VALANDRAUD), und sogar in SAUTERNES wird immer mehr Weißwein trocken ausgebaut (DOISY-DAËNE, GUIRAUD, Clos des Lunes). Das Problem besteht darin, diese Weine überhaupt zu erkennen, denn sie sind alle als – weniger prestigeträchtiger – AC Bordeaux Blanc etikettiert.

Lussac, de St-Ém r ★★ 00 03 04 05 06 07 08 09 10 11 12 – Spitzengut in LUSSAC ST-ÉMILION, in das viel Geld gesteckt wurde; Stallgefährte von FRANC MAYNE und Vieux Maillet (POMEROL). Zweitetikett: Le Libertin de Lussac.

Lynch-Bages Pau r (w) ★★★★ 88' 89' 90' 94 95' 96' 98 99 00' 01 02 03 04' 05' 06 07 08 09' 10' 11 12 13 14 – Seit eh und je beliebtes Weingut, heute ein regelrechter Star, der das übliche 5.-Cru-Niveau weit überstrahlt. Erzeugt vollen, dicht gewirkten Wein mit hohem CABERNET-SAUVIGNON-Anteil. Zweitetikett: Echo de Lynch-Bages. Außerdem ein guter Weißwein, jetzt in frischerem Stil: Blanc de Lynch-Bages. Wie auch Les ORMES DE PEZ, Villa Bel-Air und Dom. de L'Ostal Cazes (MINERVOIS-LA LIVINIÈRE) im Besitz der Familie Cazes: Geschäftsführer ist Jean-Charles; seine Tante Sylvie ist die Eigentümerin von Ch. CHAUVIN.

Lynch-Moussas Pau r ★★ 00' 01 02 03 04 05' 07 08 09 10' 11 12 – 5.-Cru-Gut im Besitz von BORIE-MANOUX. Relativ früh trinkreife Rote von zunehmender Qualität. Der PAUILLAC-Wein spielt die zweite Geige, ist aber dafür preiswert.

Lyonnat St-Ém r ★★ 01 03 04 05 06 08 09 10 12 – Gut in LUSSAC ST-ÉMILION mit in letzter Zeit präziser bereiteten Weinen. Hubert de Boüard, der Eigentümer von Ch. ANGÉLUS, berät.

Macquin St-Georges St-Ém r ★★ 00 01 03 04 05 06 08 09 10 11 – Gleichmäßig guter Erzeuger in ST-GEORGES. Köstlicher, nicht zu schwerer, preiswerter Wein aus einer ST-ÉMILION-Satellitenappellation.

Magdelaine St-Ém r ★★★ 89' 90' 95 96 98' 99 00 01 03 04 05 06 07 08 09 10' 11 – Ging 2012 im Ch. BELAIR-MONANGE auf und existiert nicht länge als eigenständiger Betrieb. Zarte, feine, trügerisch langlebige Weine; ab 2008 mit mehr Dichte und Gewichtigkeit.

Malartic-Lagravière Pes-L r (w) ★★★ r **98 99 00' 01 02 03 04' 05' 06 08 09'** 10' 11 12 14; w **00 01' 02 03 04' 05' 06 07 08 09' 10' 11 12 13** 14 – Cru classé in Léognan. Volle, moderne Rote sowie kleine Mengen von opulentem SAUVIGNON BLANC. Der belgische Eigentümer hat den Besitz umgekrempelt und flächenmäßig verdreifacht. Ch. Gazin Rocquencourt (PESSAC-LÉOGNAN) gehört ebenfalls dazu, außerdem Rebland in Argentinien.

Malescasse H-Méd r ★★ **01 02 03 04 05 06 08 09 10 11 12** – CRU BOURGEOIS (2012) nahe MOULIS. Geschmeidige Weine zu erschwinglichen Preisen. 2013 wurde kein Maelscasse erzeugt. Zweitetikett: La Closerie de Malescasse.

Malescot St-Exupéry Mar r ★★★ **96 98 99 00' 01 02 03 04 05' 06 07 08'** **09'** 10' 11 12 14 – In guter Form befindlicher 3. Cru mit reifem, duftendem, fein strukturiertem MARGAUX. Michel ROLLAND berät. Zweitetikett: La Dame de Malescot.

Malle, de Saut r w; tr s ★★★ w s **89' 90' 95 96' 97' 98 99 01' 02 03'** 05 06 07 09 10' 11' 13 – CHÂTEAU in Preignac, im Besitz der Familie Bournazel. Sehr feiner, mittelschwerer SAUTERNES; auch trockener weißer M. de Malle (GRAVES).

Margaux, Château Mar r (w) ★★★★ **85' 86' 88' 89' 90' 93 94 95' 96' 97 98'** **99 00' 01' 02 03' 04' 05' 06' 07 08** 09' 10' 11' 12 13 14 – Premier cru; der verführerischste und beständigste aller MARGAUX-Weine mit dem legendären Bukett. Corinne Mentzelopoulos besitzt und leitet das Gut. 2014 wurde die neue, von Norman Foster entworfene Kellerei in Betrieb genommen. Zweitetikett: Pavillon Rouge (**00' 01 02 03 04' 05' 06 08 09'** 10' 11 12), Drittetikett: M de Margeaux (der erste Jahrgang war 2009). Der sortenreine SAUVIGNON BLANC Pavillon Blanc (**04' 05 06 07 08 09' 10 11' 12'** **13'**) ist der beste Weißwein des MÉDOC und in den letzten Jahren frischer ausgefallen.

Marojallia Mar r ★★★ **99 00' 01 02 03 04 05' 06 07 08 09' 10** 11 12 – Das Mikro-CHÂTEAU will mit mächtigen, gehaltvollen, für MARGAUX untypischen Weinen (70 % CABERNET SAUVIGNON) hohe Preise erzielen. Die Jahrgänge seit 2011 fielen weniger wuchtig aus. Zweitetikett: CLOS Margalaine.

Marquis d'Alesme Mar r ★★ **98 00 01 04 05 07 08 09' 10'** 11 12 – 3. Cru, 2006 von LABÉGORCE erworben. Neue Hightechkeller (2015). War eine Zeit lang enttäuschend, seit 2009 geht es aber stetig aufwärts.

Marquis de Terme Mar r ★★→★★★ **90' 95 96 98 99 00' 01 02 03 04 05' 06** **07 08** 09' 10' 11 12 14 – 4.-Cru-Gut mit Weinbergbesitz im Umkreis der Ortschaft MARGAUX. Seit 2009 im Aufwind: Der früher eher robuste Wein ist jetzt verführerischer. Zweitetikett: La Couronne de Marquis de Terme.

Maucaillou Moulis r ★★ **01 02 03 04 05 06 08 09 10** 11 12 – Auf Besucher eingerichtetes Weingut in MOULIS in Familienbesitz (Dourthe) mit Museum, Laden, Verkostung etc. Saubere, frische, günstige Wein.

Mayne Lalande Listrac r ★★ **05 08 09 10** 11 12 – Gegründet 1982 von Bernard Lartigue, zählt der Betrieb mit seinen vollen, fein texturierten Weinen heute zu den führenden Gütern in LISTRAC. Der Besitzer von Ch. ANGÉLUS berät.

Mazeyres Pom r ★★ **98' 99 00 01 04 05' 06 08 09** 10 12 – Verlässlicher POMEROL der leichteren Art von einem für die Verhältnisse der AC recht großen Weinbergbesitz. Seit 2012 biologisch-dynamischer Anbau. Das Gut wird vom Eigentümer von Ch. FONROQUE geleitet.

Meyney St-Est r ★★→★★★ **00 01 02 03 04 05' 06 08** 09' 10' 11' 12 – Großer Besitz am Uferhang, hervorragende Reblage neben Ch. MONTROSE. Vor Kurzem wurde kräftig investiert. Besitzer ist die Crédit-Agricole-Tochter

CA Grands Crus, der auch die CHÂTEAUX GRAND-PUY DUCASSE und RAYNE VIGNEAU gehören. Stets robuste, gut strukturierte Weine, die garantiert alt, aber seltsamerweise übersehen werden. Berater ist Hubert de Boüard, Eigentümer von Ch. ANGÉLUS. Zweitetikett: Prieur de Meyney.

Mission Haut-Brion, La Pes-L r ★★★★ 85' 86 88 89' 90' 93 94 95 96 98' 99 00' 01 02 03 04 05' 06 07 08 09' 10' 11' 12 13 14 – 1983 vor der Familie Dillon von HAUT-BRION erworbenes Gut, die die Rebflächen damals neu bestockte. Beständig hochklassiger, vollblütiger Wein mit langer Reifezeit, sogar noch prachtvoller als Haut-Brion. Zweitetikett La Chapelle de La Mission. Außerdem großartiger, von SÉMILLON dominierter Weißwein, der früher LAVILLE HAUT-BRION und hieß und 2009 in La Mission Haut-Brion Blanc (09' 10' 11' 12' 13 14) umbenannt wurde.

Monbousquet St-Ém r (w) ★★★ 00' 01 02 03 04 05' 06 07 08 09' 10' 11 12 – Relativ großer GRAND CRU CLASSÉ auf Kies-Sand-Boden, der vom Eigentümer Gérard Perse gründlich umgekrempelt wurde. Konzentrierte Weine der üppigsten Art mit Eichennote. Seit 1998 zudem seltener, sehr guter Sauvignon blanc/Sauvignon gris (AC BORDEAUX). Perse besitzt auch Ch. PAVIE und Ch. PAVIE-DECESSE.

Monbrison Mar r ★★→★★★ 90 95 96' 98 99 00 01 02 04 05' 06 08 09' 10 11 12 – Kleiner Familienbetrieb in Arsac mit zartem, duftendem MARGAUX (6.500 Kisten).

Mondotte, La St-Ém r ★★★(★) 96' 97 98' 99 00' 01 02 03 04' 05' 06 07 08 09' 10' 11 12 13 14 – Das kleine Gut auf dem Kalksteinplateau wurde 2012 verdientermaßen zum PREMIER GRAND CRU CLASSÉ erhoben. Intensive feste und kraftstrotzende Weine von beständig hoher Qualität. Im selben Besitz wie CANON LA GAFFELIÈRE und CLOS DE L'ORATOIRE.

Zurück zu den Ursprüngen

Wendet sich Bordeaux womöglich wieder der Eleganz zu und kehrt übermäßiger Extraktion den Rücken? Das Zauberwort heute heißt Spezifität – also die Typizität eines Weinbergs, eines Orts – im Gegensatz zur Typizität einer Umkehrosmose-Maschine.

Montrose St-Est r ★★★★ 88 89' 90 93 94 95 96' 98 99 00' 01 02 03' 04 05' 06 07 08 09' 10' 11 12 13 14 – 2. Cru mit Rebbesitz an der Gironde berühmt für wuchtigen, langlebigen, tiefdunklen Rotwein. Die Jahrgänge 1979–1985 (außer 1982) fielen leichter aus. Wurde 2006 von den Brüdern Martin und Olivier Bouygues erworben, die seither viel Geld in das Gut gesteckt haben (u. a. neuer Keller für 800 Fässer). Zweitetikett: La Dame de Montrose.

Moulin du Cadet St-Ém r rs ★★ 96 98 00 01 03 05 08 09 10' 11 12 – Kleiner GRAND CRU CLASSÉ auf dem Kalksteinplateau, Schwester-CHÂTEAU von FONROQUE. Zertifizierter biologisch-dynamischer Anbau. Früher robuste Weine, jetzt mit mehr Duft und Finesse.

Moulinet Pom r ★★ 00 01 04 05 06 08 09 10 11 12 – In POMEROL eines der größeren Güter. Berater ist Stéphane DERENONCOURT. Preiswerte Weine im leichteren Stil.

Moulin Haut Laroque Bx r ★★ 04 05' 06 08 09' 10' 11 12 14 – Führendes Gut in FRONSAC, dessen Ursprünge bis ins 19. Jh. zurückreichen, mit beständiger Qualität: strukturierte Weine mit Alterungspotenzial von MERLOT, CABERNET FRANC und 80 Jahre alten MALBEC-Reben. Preiswert.

Moulin Pey-Labrie Bx r ★★ 00' 01 02 03 04 05' 06 08 09' 10' 11 12 14 – Führendes Gut in CANON-FRONSAC. Die kräftigen, von MERLOT dominierten Weine zeigen Eleganz und Struktur.

Moulin St-Georges St-Ém r ★★★ 00' 01 02 03 04 05' 06 08 09' 10' 11 12 13 – Gut im Besitz derselben Familie wie das nahe gelegene Ch. AUSONE. Dichte, stilvolle und relativ preiswerte Weine.

Mouton Rothschild Pau r (w) ★★★★ 82' 83' 85' 86' 88' 89' 90' 93' 94 95' 96 97 98' 99 00' 01 02 03 04 05' 06' 07 08' 09' 10' 11' 12 13 14 – Nach dem Tod Philippine de Rothschilds 2014 hat nun ihr ältester Sohn, Philippe Sereys de Rothschild, die Gutsleitung übernommen. Der exotischste und sinnlichste der Grands crus von PAUILLAC. Erklimmt seit 2004 weitere Höhen. Seit 2012 neue Keller und Museum für die von renommierten Künstlern gestalteten Etiketten. Der Weißwein heißt Aile d'Argent (SAUVIGNON BLANC/SÉMILLION). Zweitetikett: Le Petit Mouton. Siehe auch Opus One (Kalifornien) und Almaviva (Chile).

Nairac Saut w; s ★★ 95' 96 97' 98 99 01' 02 03' 04 05' 06 07 09' 10 11 13 – Cru classé mit BARSAC-Süßwein der üppigeren Art, seit 2003 in Topform. Das Zweitetikett heißt Esquisse de Nairac: ebenfalls voll, aber in frischerem Stil.

Merlot ist die meistgepflanzte Rebsorte in Bordeaux: 65 % der Rotweinlagen sind mit ihr bestockt.

Nénin Pom r ★★★ 95 96 98 99 00' 01 02 03 04 05 06 07 08 09' 10' 11 12 13 14 – Seit 1997 im Besitz von Ch. LÉOVILLE-LAS CASES. Beträchtliche Investitionen; neue Keller, Erweiterung des Rebbesitzes. Die Arbeit hat sich gelohnt, wie die letzten Jahrgänge zeigen. Der Wein gibt sich etwas zurückhaltend, ist aber dennoch generös, präzise bereitet und auf ein langes Leben ausgelegt. Der günstige Zweitwein heißt Fugue de Nénin.

Olivier Pes-L r w ★★★ r 95 96 00 01 02 04' 05' 06 08 09' 10' 11 12 13 14; w 01 02 03 04' 05' 06 07' 08 09 10' 11 12 13 14 – Cru classé mit schönem Wasserschloss. Investitionen und deren kluge Verwertung haben in den vergangenen Jahren zu grundlegenden Veränderungen geführt. Vorbildlich! Zweitetikett (rot): Le Dauphin d'Olivier.

Ormes de Pez, Les St-Est r ★★→★★★ 96 98 99 00' 01 02 03 04 05 06 07 08 09' 10' 11 12 – Wunderbar beständiges Gut in ST-ESTÈPHE, im Besitz von Ch. LYNCH-BAGES. Die dichten, fleischigen Weine brauchen Zeit.

Ormes Sorbet, Les Méd r ★★ 00' 01 02 03' 04 05 06 08 09' 10' 11 12 – Beständiger, verlässlicher CRU BOURGEOIS (2012) in der AC MÉDOC mit eleganten, leicht eichenwürzigen Weinen, die altern können. Zweitetikett: Ch. de Conques. Im selben Besitz wie Ch. Fontis.

Palmer Mar r ★★★★ 83' 85 86' 88' 89 90 93 94 95 96' 98' 99 00 01' 02 03 04 05 06' 07 08' 09' 10' 11' 12 13 14 – 3. Cru, der den »Super-Deuxième-crus« (und manchmal so manchem Premier cru) ebenbürtig ist. Wein mit Wucht, Delikatesse und viel MERLOT (40%). Das Gut ist in holländischem (MÄHLER-BESSE) und britischem (Familie SICHEL) Besitz. Seit 2014 ausschließlich biologisch-dynamischer Anbau. Kürzlich wurde viel Geld in neue Keller, Gebäude und einen Park gesteckt. Zweitetikett: Alter Ego de Palmer.

Pape Clément Pes-L r (w) ★★★★ r 90' 94 95 96 98' 99 00' 01 02 03 04 05 06 07 08 09' 10' 11 12 13 14; w 02 03 04 05' 07 08 09 10' 11 12 13 14 – Das historische Weingut, seit 1985 im Besitz von Bernard Magrez (siehe FOMBRAUGE, La TOUR CARNET), erzeugt mächtige, eichenwürzige, langlebige, wenngleich für die AC untypische Rotweine. Außerdem gehaltvoller, exotischer Weißer in sehr kleinen Mengen. Akribische Weinbereitung.

Bordeaux

Patache d'Aux Méd r ★★ **03 04 05' 06 07 09 10 11 12** – CRU BOURGEOIS (2012) in Bégadan im nördlichen MÉDOC. Von CABERNET SAUVIGNON geprägter, verlässlicher, günstiger Wein. Siehe auch Ch. LIVERSAN.

Pavie St-Ém r ★★★★ **90' 94 95 96 98 99 00' 01 02 03 04 05' 06 07 08** 09' 10' 11 12 13 14 – 2012 zum PREMIER GRAND CRU CLASSÉ (A) heraufgestufter Besitz mit prachtvollen Reblagen auf dem Plateau und in den südlichen Côtes. Eigentümer Gérard Perse gehören auch das benachbarte Ch. PAVIE-DECESSE und Ch. MONBOUSQUET. Das ist der neue Stil in ST-ÉMILION: intensiv, holzlastig, ausladend-üppig. Die imposante 14-Millionen-Euro-Kellerei wurde 2013 eingeweiht. Zweitetikett: Arômes de Pavie.

Pavie-Decesse St-Ém r ★★ **98' 99 00' 01' 02 03 04 05' 06 07 08** 09' 10' 11 12 14 – Sehr kleiner Cru classé (nur 1.000 Kisten); ebenso kraftvoll und muskulös wie das Schwestergut PAVIE.

Pavie-Macquin St-Ém r ★★★ **89' 90' 94 95 96' 98' 99 00' 01 02 03 04 05' 06 07 08** 09' 10' 11 12 13 14 – PREMIER GRAND CRU CLASSÉ mit Rebland auf dem Kalksteinplateau, Nachbar von TROPLONG MONDOT. Cleveres Management und raffinierte Weinbereitung durch Nicolas Thienpont von Ch. PUYGUERAUD, der von Stéphane DERENONCOURT beraten wird. Kräftige, strukturierte Weine, die Flaschenreife benötigen.

Pédesclaux Pau r ★★ **98' 99 00 02 03 04 05 06 09** 10' 11 12 – Der 5. Cru schöpft sein Potenzial nicht aus, wird aber gerade wieder aufgepäppelt und reorganisiert. Seit 2009 neuer Besitzer (siehe LILIAN LADOUYS), der zusätzliches Rebland erwarb und neue Keller bauen ließ. In den letzten Jahren gutes Preis-Leistungs-Verhältnis. Im Auge behalten.

Petit-Village Pom r ★★★ **98' 99 00' 01 03 04 05 06 07 08 09'** 10' 11 12 13 14 – Das POMEROL-Gut gegenüber von VIEUX CHÂTEAU CERTAN hat qualitativ erheblich zugelegt; die Investitionen machen sich bezahlt. Im selben Besitz (AXA-Versicherung) wie Ch. PICHON BARON. Schmeichelnder, dicht gewirkter Wein mit zunehmend feineren Tanninen. Stéphane DERENONCOURT berät. Zweitetikett: Le Jardin de Petit-Village.

Petrus Pom r ★★★★ **78 79' 81 82' 83 85' 86 88' 89' 90 93' 94 95' 96 97 98' 99 00' 01 02 03 04 05' 06 07** 08 09' 10' 11' 12 13 14 – Das inoffizielle Spitzengewächs von POMEROL: reiner, himmlischer MERLOT. Der Blaulehmboden (mit Spuren von Eisenortstein, frz. *crasse de fer*) erbringt Weine von unvergleichlicher Fülle und Konzentration (2.500 Kisten). Olivier Berrouet hat 2007 die Nachfolge seines Vaters Jean Claude (45 Jahrgänge) als Kellermeister angetreten. Eigentümer ist Jean-François MOUEIX. Neuer Kellereikomplex seit 2012.

Pey La Tour Bx r ★★ **08 09 10 11 12** – In großem Maßstab (200 ha) erzeugter preiswerter, qualitätsorientierter, typischer BORDEAUX SUPÉRIEUR. Spitzenwein ist der Réserve du Château. Im Besitz von DOURTHE.

Peyrabon H-Méd r ★★ **01 02 03 04 05 06** 09' 10 11 12 – Verlässlicher CRU BOURGEOIS (2012), im Besitz des Handelshauses Millésima. La Fleur Peyrabon in PAUILLAC gehört auch dazu.

Pez, de St-Est r ★★★ **98' 00 01 02 03 04 05' 06 07 08 09'** 10' 11 12 13 14 – Altes ST-ESTÈPHE-Gut, dem der Eigentümer ROEDERER (Champagner) zu neuem Glanz verholfen hat. Die Weinbereitung liegt in den Händen des Teams von PICHON LALANDE. Wein in dicht gewirktem, verlässlichem Stil.

Phélan Ségur St-Est r ★★★ **96' 98 99 00' 01 02 03 04 05' 06 07 08 09'** 10' 11 12 14 – Nicht klassifiziertes Spitzengut in ST-ESTÈPHE mit solidem Renommee seit 1988. Weine in geschmeidigem Stil mit langem Abgang. Seit 2011 wird weiter investiert. Michel ROLLAND berät.

Pibran Pau r ★★ **96 99 00' 01 03 04 05' 06 07 08 09'** 10' 11 12 13 14 – Kleiner Besitz, mit PICHON BARON verbunden. Rassiger Wein mit PAUILLAC-Elan.

Pichon Baron Pau r ★★★★ 88' 89' 90' 93 94' 95 96 98 99 00' 01 02 03' 04 05' 06 07 08 09' 10' 11' 12 13 14 – 2012 umbenannt, hieß zuvor Ch. Pichon-Longueville. Wiederbelebter 2. Cru mit beständig kraftvollem PAUILLAC für lange Lagerung. Zweitetiketten: Les Tourelles de Longueville (zugänglich dank höherem MERLOT-Anteil) und seit 2012 Les Griffons de Pichon Baron (mehr CABERNET SAUVIGNON).

Pichon Longueville Comtesse de Lalande (Pichon Lalande) Pau r ★★★★ 85' 86' 88' 89' 90' 94 95 96 98 99 00 01 02 03' 04 05' 06 07 08 09' 10' 11 12 13 14 – 2. Cru neben LATOUR, im Besitz von ROEDERER (seit 2007). Stets Spitzenerzeugnisse: langlebige, MERLOT-betonte Weine von fabelhafter Rasse. In den letzten Jahren mehr CABERNET SAUVIGNON; die Rebfläche wurde neu bestockt. Neuer Kellerchef/Geschäftsführer seit 2012; die mit Schwerkraft betriebene neue Hightechkellerei wurde 2013 eingeweiht. Zweitetikett: Réserve de la Comtesse. Ch. de PEZ und Ch. HAUT-BEAUSÉ-JOUR sind Stallgefährten.

Pin, Le Pom r ★★★★ 85 86' 88 89 90' 94 95 96 97 98' 99 00 01' 02 04 05' 06' 07 08 09' 10' 11 12 14 – Der erste der winzigen Kult-Crus in BORDEAUX (der erste Jahrgang war 1979), lange Zeit in einem Keller von der Größe einer Garage bereitet. Inzwischen gibt es eine neue Kellerei (seit 2011). Sortenreiner MERLOT – er ist fast so üppig wie das Vermögen seiner Genießer, sprich die Preise sind jenseits von Gut und Böse. 2013 wurde kein Le Pin erzeugt. Ein neuer Stallgefährte ist Ch. L'If in ST-ÉMILION (seit 2011).

Plince Pom r ★★ 00' 01 04 05 06 08 09 10 11 12 – Gut mit Reblagen in der Nähe von NÉNIN und La POINTE. Maschinelle Lese. Weine in geschmeidigem, fruchtbetontem Stil.

Pointe, La Pom r ★★ 98' 99 00' 01 04 05 06 07 08 09' 10' 11 12 14 – Der (für POMEROL-Verhältnisse) große, gut geführte Betrieb erzeugt qualitätsorientierten und (seit 2009) preiswerten Wein. Der Besitzer von Ch. ANGÉLUS berät.

Poitevin Méd r ★★ 08 09 10 11 12 – Geschmeidig-eleganter CRU BOURGEOIS (2012) aus dem nördlichen MÉDOC. Bietet seit einigen Jahren verlässliche Qualität.

Ab 2018 müssen sämtliche Pomerol-Weine innerhalb der AC-Grenzen vinifiziert werden.

Pontac Monplaisir Pes-L r (w) ★★ 00 02 04 05' 06 07 08 09 10 12 – Vorwiegend Rotwein erzeugendes Gut in Villenave-d'Ornon. Ansprechender Weißer, passabler, geschmeidiger Roter. Preiswert.

Pontet-Canet Pau r ★★★★ 88 89' 90 94' 95 96' 98 99 00' 01 02' 03 04' 05' 06' 07 08 09' 10' 11 12 13 14 – Der 5. Cru in Familienbesitz mit Zertifikat für biologisch-dynamischen Weinbau ist derzeit sehr en vogue. Im Zuge der umfassenden Verbesserungsmaßnahmen sind die Preise rasant gestiegen. Zweitetikett: Les Hauts de Pontet-Canet (2012 als Vin de France, nicht als AC PAUILLAC etikettiert).

Potensac Méd r ★★ 98 00' 01 02 03 04' 05' 07 08 09' 10' 11 12 13 14 – Renommierter Erzeuger im nördlichen MÉDOC. Gehört der Familie Delon von Ch. LÉOVILLE-LAS CASES und besitzt entsprechende Klasse: feste, kraftstrotzende Weine, für lange Lagerung bereitet. Zweitwein: Chapelle de Potensac.

Pouget Mar r ★★ 00' 01 02 03 04 05' 06 07 08 09' 10' 11 12 – Zu Ch. BOYD-CANTENAC gehörendes, kaum bekanntes 4.-Cru-Gut mit altem Rebbestand. Stämmiger MARGAUX, der Flaschenreife benötigt.

Poujeaux Moulis r ★★ 90' 95' 96' 98 00' 01 03 04 05 06 08 09' 10' 11 12 14 – Im selben Besitz wie CLOS FOURTET und Côte de Baleau in ST-ÉMILION.

Führender Erzeuger in MOULIS. Stéphane DERENONCOURT berät. Volle, robuste Weine mit langer Lebensdauer. Zweitetikett: La Salle de Poujeaux.

Premier grand cru classé St-Ém – Siehe Kasten »Die ST-ÉMILION-Klassifikation«, Seite 158.

Pressac, de St-Ém r★★ 05 06 08 09 10 11 12 – Wieder zum Leben erwecktes Gut in St-Étienne-de-Lisse, das 2012 mit dem GRAND-CRU-CLASSÉ-Status belohnt wurde. Die Weine sind jetzt von verlässlicher Qualität und zudem preiswert.

Preuillac Méd r★★ 05 06 08 09 10 11 12 – Leckerer, strukturierter Wein aus der AC MÉDOC. 2014 von einem chinesischen Investor gekauft, im selben Jahr Ernteeinbußen durch Hagel.

Prieuré-Lichine Mar r★★★ 89' 90' 95 96 98' 99 00' 01 02 03 04 05 06 07 08 09' 10' 11 12 13 14 – 4. Cru im Besitz eines Négociant; von dem verstorbenen Alexis Lichine hochgebracht und gegenwärtig in guter Verfassung. MARGAUX mit schönem Bukett; Stéphane DERENONCOURT berät. Neuer Fasskeller mit Betonbehältern seit 2013. Zweitetikett: Confidences du Prieuré-Lichine. Auch guter weißer BORDEAUX.

Puygueraud Bx r★★ 01' 02 03' 05' 06 08 09 10 11 12 14 – Führendes CHÂTEAU in der kleinen AC FRANCS — CÔTES DE BORDEAUX; vorwiegend MERLOT. In Eiche ausgebaute Weine von überraschender Klasse. Vom selben Eigentümer, der Familie Thienpont (siehe PAVIE-MACQUIN), kommt der preiswerte Weiße Ch. Les Charmes-Godard. Die CUVÉE Spéciale George hat einen Anteil von über 35 % MALBEC.

Quinault l'Enclos St-Ém r★★→★★★ 09 10 11 12 14 – GRAND CRU CLASSÉ in Libourne. 2008 übernahm CHEVAL BLANC das Gut und veränderte den Stil der Weine hin zu mehr Frische und Finesse. Aufgrund von Hagelschäden wurde 2013 kein Quinault l'Enclos erzeugt.

Quintus St-Ém r★★★ 11 12 13 14 – Neuer Name des ehemaligen angesehenen Ch. Tertre Daugay. Ist jetzt im Besitz der Familie Dillon von Ch. HAUT-BRION, die stetig weitere Verbesserungsmaßnahmen durchführt. 2013 wurde das Nachbargut L'ARROSÉE erworben und 2013 mit Quintus zum jetzigen 28-ha-Besitz verschmolzen. Die Preise sind enorm gestiegen. Zweitetikett: Le Dragon de Quintus. Im Auge behalten.

Rabaud-Promis Saut w; s★★→★★★ 96 97' 98 99 01' 02 03' 04 05' 06 07 09' 10 11 12 13 – Cru classé in Familienbesitz in Bommes, teilweise ökologisch bewirtschaftet. Gute Qualität zu fairen Preisen.

Rahoul Graves r w ★★ r 02 04 05 08 09' 10 11 12; w 05 07 08 09 10 11 12 13 – Ausgewogener Rot- und fleischiger, von SÉMILLON dominierter Weißwein. Beständige Fortschritte seit 2007. Gutes Preis-Leistungs-Verhältnis.

Ramage la Bâtisse H-Méd r★★ 04 05' 07 08 09 10 11 12 – CRU BOURGEOIS (2012) im Besitz einer Versicherungsgesellschaft. Wein von einigermaßen beständiger Qualität, fast überall erhältlich. Zweitetikett: L'Enclos de Ramage.

Rauzan-Gassies Mar r★★★ 98 00 01' 02 03 04 05' 06 07 08 09' 10' 11 12 – Das 2.-Cru-Gut konnte seinem Nachbarn RAUZAN-SÉGLA lange Zeit nicht das Wasser reichen, doch jetzt holt es auf. Die junge Generation sorgt für große Fortschritte. Zweitetikett: Gassies.

Rauzan-Ségla Mar r★★★★ 88' 89' 90' 94' 95 96 98 99 00' 01 02 03 04' 05 06 07 08 09' 10' 11 12 13 14 – 2. Cru in MARGAUX, dessen Weine seit Langem für ihr Bukett berühmt sind; im Besitz der Chanel-Mehrheitseigentümer Wertheimer (ebenso wie CANON) und prima in Form. Der frühere Kellermeister von Cheval des Andes (Argentinien) ist jetzt für die Weinbereitung zuständig. Zweitetikett: Ségla (preiswert).

Raymond-Lafon Saut w; s★★★ 88 89' 90' 95 96' 97 98 99' 01' 02 03' 04 05' 06 07' 09' 10' 11' 13 – Nicht klassifiziertes und dennoch hochrangiges

SAUTERNES-Gut, das 1972 vom ehemaligen Leiter von Ch. d'YQUEM gekauft wurde und jetzt von seinen Kindern geführt wird. Volle, komplexe, langlebige Weine.

Rayne Vigneau, de Saut w; s ★★★ 90' 95 96 97 98 99 01' 02 03 05' 07 09' 10' 11' 13 – Sehr großer und sehr viel besser gewordener Premier cru in Bommes, ebenso wie GRAND-PUY DUCASSE im Besitz eines Bankhauses. Zweiteikett: Madame de Rayne. Außerdem trockener Weißer namens Le Sec de Rayne Vigneau (BORDEAUX Blanc).

Respide-Médeville Graves r w ★★ r 04 05' 06 08 09 10 11 12; w 04' 05' 07 08 09 10 11 12 13 – Erstklassige Quelle in GRAVES für elegante Rot- und komplexe Weißweine. Im selben Besitz wie Ch. GILETTE und das Champagnerhaus Gonet-Médeville.

Reynon Bx r w ★★ r 05' 06 07 09' 10 11 12; w 09 10' 11' 12 13 – Führendes Weingut der AC CADILLAC – CÔTES DE BORDEAUX mit seriösem Rotwein und duftendem weißen BORDEAUX von SAUVIGNON BLANC. Siehe auch CLOS FLORIDÈNE. Im Besitz der Familie Dubourdieu.

Reysson H-Méd r ★★ 05 06 08 09' 10' 11 12 – Renoviertes CRU-BOURGEOIS-Gut unter Leitung des Handelshauses CVBG-DOURTHE (siehe BELGRAVE, La GARDE). Weine in vollem, modernem Stil.

Rieussec Saut w; s ★★★★ 83' 85 86' 88' 89' 90' 95 96' 97 98 99 01' 02 03' 04 05' 06 07 09' 10' 11' 13 – Würdiger Nachbar von Ch. d'YQUEM mit Weinbergbesitz in Fargues; Eigentümer sind die (LAFITE) ROTHSCHILDS. Fabelhaft kraftvoller, üppiger Wein; durchschnittlich 6.000 Kisten pro Jahr. Ebenso wie 1977 und 1993 wurde 2012 kein Rieussec erzeugt. Zweitetikett: Carmes de Rieussec. Die trockene Version heißt »R«.

Rivière, de la Bx r ★★ 00' 01 02 03 04 05' 06 08 09' 10 12 – Das größte (60 ha) und eindrucksvollste Gut in FRONSAC mit einem Schloss und Kellern wie aus einer Wagner-Oper. Die ehemals mächtigen, tanninstarken Weine sind inzwischen feiner geworden. Die CUVÉE spéciale Aria stammt von den besten Parzellen. Nach dem tragischen Tod des Eigentümers Ende 2013 ist ungewiss, wie es nun mit dem Gut weitergeht; geplant ist ein Hotel mit Spa.

Roc de Cambes Bx r ★★★ 04 05 06 07 08 09 10 11 12 13 – Unangefochtener Spitzenreiter in den CÔTES DE BOURG, die Weine sind so gut wie die besten ST-ÉMILION-Gewächse: aromatisch-lecker und opulent, allerdings auch teuer. Die Bereitungsmethoden sind dieselben wie auf dem Schwestergut TERTRE RÔTEBŒUF.

Rochemorin, de Pes-L r w ★★→★★★ r 01 02 04 05 06 08 09' 10' 11 12; w 06 07 08 09 10 11 12 13 – Aufwendig wiederbelebtes Weingut in Martillac mit umfangreichem Rebbestand (drei Viertel für Rotwein), im Besitz von André Lurton von Ch. LA LOUVIÈRE. Auch Weißwein auf SAUVIGNON-BLANC-Basis. Moderne Kellerei. Ziemlich beständige Qualität. Außerdem Ch. Coucheroy (rot und weiß).

Rol Valentin St-Ém r ★★★ 00' 01' 02 03 04 05' 06 07 08 09' 10' 11 12 13 14 – Früher ein Gut von *garagiste*-Größe, jetzt mit neuem Eigentümer (seit 2010) und vergrößertem Weinbergbesitz. Volle, moderne, aber ausgewogene Weine. Stéphane DERENONCOURT berät.

Rouget Pom r ★★ 98' 00' 01' 03 04 05' 06 07 08 09' 10' 11 12 13 14 – Aufstrebendes Gut am Nordrand von POMEROL; im selben Besitz wie die DOMAINES Jacques PRIEUR in MEURSAULT und Labruyère in MOULIN-À-VENT. Gehaltvoll-üppige Weine; günstig.

St-Georges St-Ém r ★★ 00' 01 03 04 05' 06 08 09 10 11 – Seit 1891 in Familienbesitz befindliches Gut (derzeitige Chefin ist Hortense Desbois). Der Weinbergbesitz umfasst ein Viertel der AC ST-GEORGES. Guter Wein, wird direkt verkauft. Zweitetikett: Puy St-Georges.

St-Pierre St-Jul r ★★★ 89 90' 95' 96' 98 99 00' 01' 02 03 04 05' 06 07 08 09' 10' 11 12 13 – Früher unterschätztes, kleines 4.-Cru-Gut (17 ha) im Besitz von Jean-Louis Triaud. Stilvoller, verlässlicher, klassischer ST-JULIEN. Siehe auch GLORIA.

Sales, de Pom r ★★ 00' 01' 04 05 06 08 09 10 12 – Größtes Rebenareal von POMEROL, erbringt jährlich 10.000 Kisten. Seit 500 Jahren im Besitz derselben Familie. Weine der leichteren Art, eher prosaisch als poetisch: Halten Sie sich an die Spitzenjahrgänge. Zweitetikett: Ch. Chantalouette.

> **Die St-Émilion-Klassifikation – die derzeitige Version**
>
> Die neueste Klassifikation (2012) umfasst insgesamt 82 CHÂTEAUX: 18 PREMIERS GRANDS CRUS CLASSSÉS und 64 GRANDS CRUS CLASSÉS. Die neue Klassifikation, die von Gesetzes wegen nun eher als Prüfung denn als Konkurrenzkampf angelegt ist, wurde von einer Kommission durchgeführt, die aus sieben von der INAO benannten, sämtlich nicht in BORDEAUX ansässigen Fachleuten bestand. Ch. ANGÉLUS und Ch. PAVIE wurden in den Rang Premier grand cru classé (A) erhoben, während der Kategorie Premier grand cru classé (B) die Châteaux CANON LA GAFFELIÈRE, LARCIS DUCASSE, La MONDOTTE und VALANDRAUD hinzugefügt wurden. Erstmals den Status Grand cru classé erhielten die Châteaux BARDE-HAUT, Le Chatelet, Clos de Sarpe, La Commanderie, Côte de Baleau, FAUGÈRES, de FERRAND, La Fleur Morange, FOMBRAUGE, JEAN FAURE, Clos la Madeleine, Péby Faugères, de PRESSAC, QUINAULT L'ENCLOS, Rochebelle und SANSONNET. Obwohl für die Erzeuger ein motivierender Ansporn, bleibt die (alle zehn Jahre zu überprüfende) Klassifikation für Konsumenten ein unhandliches Richtmaß. Drei enttäuschte Bewerber fechten die Klassifikation vor Gericht an. Falls ihnen Erfolg beschieden ist, könnte sich das 1855 eingeführte Stufensystem ein für alle Mal erledigt haben.

Sansonnet St-Ém r ★★ 00' 01 02 03 04 05' 06 08 09' 10' 11 12 13 14 – Gut auf dem Plateau (Kalk-Lehm-Boden), seit 2009 im Aufwind und 2012 zum GRAND CRU CLASSÉ erhoben. Engagierter Erzeuger mit Weinen im modernen Stil: voll, dunkel und konzentriert.

Saransot-Dupré Listrac r (w) ★★ 00' 01 02 03 04 05 06 09' 10' 11 12 – Kleines Gut mit festen, fleischigen Rotweinen; hoher MERLOT-Anteil, das Besondere ist jedoch PETIT VERDOT. Außerdem wird hier einer der in zunehmendem Maß erzeugten weißen LISTRAC-Weine (von 50 Jahre alten SÉMILLON-Reben) bereitet.

Sénéjac H-Méd r (w) ★★ 00 01 02 03 04 05' 06 08 09' 10' 11 12 – Gut im südlichen HAUT-MÉDOC (Le Pian-Médoc) mit verlässlichen, schön ausgewogenen Weinen, die alt werden können. Gutes Preis-Leistungs-Verhältnis. Im Besitz der Familie Bignon-Cordier von Ch. TALBOT.

Serre, La St-Ém r ★★ 98' 00' 01 02 03 04 05 06 08 09' 10 11 12 – Kleiner Cru classé auf dem Kalksteinplateau. Frische, stilvolle Weine mit jeder Menge Frucht.

Sigalas Rabaud Saut w; s ★★★ 88 89' 90' 95' 96' 97' 98 99 01' 02 03 04 05' 07' 09' 10' 11 12 13 – Der kleine PREMIER CRU CLASSÉ in Familienbesitz gehört jetzt zur Spitzenriege: sehr schöne Weine mit herrlichem Duft. Eric Boissenot berät. Zweitetikett: Le Lieutenant de Sigalas.

Siran Mar r ★★→★★★ 96 98 00' 01 02 03 04 05 06 07 08 09' 10' 11 12 14 – Seit 1859 im Besitz der Familie Miailhe – derzeit hat Edouard die Leitung inne. Denis Dubourdieu berät. Die Weine besitzen Substanz und den klassischen MARGAUX-Duft. Zweitetikett: S de Siran.

Smith Haut Lafitte Pes-L r (rs) (w) ★★★★ r **96 98 99 00'** 01 02 03 04 **05'** 06 07 08 09' 10' 11 12 13 14; w **03 04 05 06 07' 08' 09 10' 11 12 13** 14 – Gefeiertes Cru-classé-Gut in Martillac mit Wellnesshotel (»Les Sources de Caudalie«); zählt regelmäßig zu den Stars von PESSAC-LÉOGNAN. Die Weißen sind voll, reif und süffig, die Roten eichenwürzig und großzügig. 2013 wurde eine neue, klimaneutrale Kellerei für das Zweitetikett Les Hauts de Smith in Betrieb genommen. Außerdem Le Petit Haut Lafitte auf CABERNET-SAUVIGNON-Basis. 2014 wurden Anteile an BEAUREGARD und BASTOR-LAMONTAGNE erworben, verbunden mit der Leitung der beiden CHÂTEAUX.

Sociando-Mallet H-Méd r ★★★ **89'** 90' 94 95 96' 98' **99** 00' 01' 02 03 04 **05'** 06 07 08 09' 10' 11 12 – Prachtvolles Gut (jetzt 85 ha) nördlich von ST-ESTÈPHE. Der Besitzer hat es seit 1969 aus dem Nichts aufgebaut und geht beharrlich seinen eigenen Weg. Schwere, konservative Weine auf Cru-classé-Niveau, die viele Jahre reifen müssen. Zweitetikett: La Demoiselle de Sociando-Mallet. Außerdem Spezial-CUVÉE Jean Gautreau.

Sours, de Bx r rs w ★★ Erzeuger mit gutem Ruf für BORDEAUX-Rosé (BV); 300.000 Flaschen jährlich. Auch guter Weißwein und zunehmend besserer roter Bordeaux. Clos Cantenac in ST-ÉMILION ist im selben Besitz.

Soutard St-Ém r ★★★ **95 96 98' 99** 00' 01 05 06 07 08 09 10 11 12 14 – Potenziell hervorragender GRAND CRU CLASSÉ auf dem Kalksteinplateau, dem 2012 Ch. Cadet-Piola einverleibt wurde; im Besitz derselben Versicherungsgesellschaft wie Ch. LARMANDE. Beträchtliche Investitionen seit 2012, es bleibt aber noch Spielraum für weitere Verbesserungen. Seit 2010 feinerer Stil. Zweitetikett: Les Jardins de Soutard.

Suduiraut Saut w; s ★★★★ 86 88' **89'** 90' 95 96 97' **98 99'** 01' 02 03' 04 **05'** 06 07' 09' 10' 11' 13 – Eines der allerbesten SAUTERNES-Güter. Der Eigentümer, die AXA-Versicherung, hat größere Beständigkeit und köstliche Qualität erreicht. Zweitetiketten: Castelnau de Suduiraut und Les Lions de Suduiraut (frischer und fruchtiger). Der trockene weiße »S« ist sehr vielversprechend. 2012 wurde kein Ch. Suduiraut erzeugt.

Taillefer Pom r ★★ **98' 00'** 01' 02 03 04 05' 06 08 09' 10 11 12 – Das Gut in Familienbesitz wird von Catherine Moueix und ihrer Tochter geleitet. Berater ist Denis Dubourdieu. Die Weine sind zwar von etwas leichterer Art, dafür aber geschliffen und raffiniert.

Talbot St-Jul r (w) ★★★ 90 94 95 96' **98' 99** 00' 01 02 03 04 **05' 08'** 09' 10' 11 12 – Relativ großer 4. Cru (107 ha) im Herzen der AC ST-JULIEN, seit 1917 im Besitz der Familie Cordier. Voller, absolut bezaubernder Wein von verlässlicher Qualität (mit Ausnahme der Jahre 2006 und 2007). Stéphane DERENONCOURT berät. Zweitetikett: Connétable de Talbot. Hervorragender Weißwein namens Caillou Blanc. 2012 wurde das neue Fasslager eingeweiht.

Tertre, du Mar r ★★★ 96' 98' 99 00' 01 03 04' 05' 06 08 09' 10' 11 12 14 – Isoliert gelegener 5. Cru südlich von MARGAUX, seit 1997 in holländischem Besitz (wie auch Ch. GISCOURS) und seit der Jahrtausendwende in Topform. Frische, fruchtige Weine mit herrlichem Duft (20 % CABERNET FRANC). Der Kellermeister war früher bei LATOUR. Neue Technik und umfangreiche Investitionen haben sich ausgezahlt: Der Wein ist jetzt konzentriert und schön strukturiert – und das bei unverändert gutem Preis-Leistungs-Verhältnis.

Tertre Daugay St-Ém – Siehe Ch. QUINTUS.

Tertre Rotebœuf St-Ém r ★★★★ **89'** 90' 93 94 95 96 97 98' **99** 00' 01 02 03' 04 05' 06' 07 08 09' 10' 11 12 13 14 – Kleiner Erzeuger mit Kultstatus: konzentrierter, spektakulärer Wein seit 1979. Enorme Beständigkeit, gepaart mit erschreckend hohen Preisen. Besitzt auch ein Gut in den CÔTES DE BOURG: ROC DE CAMBES mit ST-ÉMILION-Cru-classé-Qualität.

Thieuley Bx r rs w ★★ Das ENTRE-DEUX-MERS-Weingut erzeugt verlässlich guten roten und weißen AC BORDEAUX, fruchtigen CLAIRET sowie die in Eiche ausgebaute CUVÉE Francis Courselle (rot und weiß). Besitzt auch Clos Ste-Anne in der Appellation CADILLAC – CÔTES DE BORDEAUX.

Tour Blanche, La Saut (r) w; s ★★★ 86 88' 89' 90' 95 96 97' 98 99 01' 02 03' 04 05' 06 07 09' 10' 11' 12 13 – Hervorragender PREMIER CRU CLASSÉ in Bommes (SAUTERNES); außerdem Schule für Weinbereitung. Reichhaltige, kraftvolle Weine der eher süßen Art. Zweitetikett: Les Charmilles de Tour Blanche.

Tour Carnet, La H-Méd r ★★ 98 00' 01 02 03 04 05' 06 08 09' 10' 11 12 14 – 4. Cru im nördlichen HAUT-MÉDOC im Besitz von Bernard Magrez (siehe FOMBRAUGE, PAPE CLÉMENT). Volle, konzentrierte Weine in modernem Stil. Michel ROLLAND berät. Zweitetikett: Les Douves du Château La Tour Carnet. Außerdem die Spezial-CUVÉE Servitude Volontaire du Tour Carnet.

Tour de By, La Méd r ★★ 00 01 02 03 04 05' 06 08 09 10 11 12 14 – Großer (109 ha) Familienbetrieb im nördlichen MÉDOC. Stämmige, aber verlässliche Weine mit fruchtiger Note. Eric Boissenot berät. Außerdem Rosé und die Spezial-CUVÉE Héritage Marc Pagès.

Tour de Mons, La Mar r ★★ 98' 00 01 02 04 05' 06 08 09' 10 11 12 – CRU BOURGEOIS (2012) in MARGAUX unter der Leitung von CA Grands Crus (siehe MEYNEY). Die Weine fallen im neuen Jahrtausend besser aus.

Tour du Haut-Moulin H-Méd r ★★ 98 00' 02 03 04 05' 06 08 09 10 11 12 – Verlässliches Gut in Familienbesitz (seit 1870) im nördlichen HAUT-MÉDOC mit intensiven Weinen, die Flaschenreife benötigen.

Tour du Pas St-Georges St-Ém r ★★ 00' 01 03 04 05' 06 08 09' 10 11 12 – Gut in ST-GEORGES ST-ÉMILION im Besitz von Pascal Delbeck (dem früheren Miteigentümer von Ch. BELAIR-MONANGE). Weine in klassischem Stil.

Tour Figeac, La St-Ém r ★★ 98' 00' 01' 02 04 05' 06 07 08 09' 10' 11 12 – GRAND CRU CLASSÉ in FIGEAC, der seine Lagen u. a. mit CHEVAL BLANC teilt. Biologisch-dynamische Methoden (Stéphane DERENONCOURT und seine Frau beraten). Volle, fleischige, harmonische Weine.

Tour Haut-Brion, La Pes-L – Siehe LA MISSION HAUT-BRION.

Tour Haut Caussan, La Méd r ★★ 02 03 04 05' 06 08 09' 10' 11 12 – CRU BOURGEOIS (2012) in Blaignan; verlässlich und günstig. Erzeugt auch CORBIÈRES-Weine.

Tournefeuille Bx r ★★ 00' 01' 02 03 04 05' 06 07 08 09 10' 11 12 – Verlässlicher Erzeuger in LALANDE DE POMEROL am Fluss Barbanne. Ein Anteil von 30 % CABERNET FRANC sorgt für würzige Noten. Stallgefährte ist Ch. Lécouyer (POMEROL).

Tour St-Bonnet, La Méd r ★★ 02 03 04 05 06 08 09' 10 11 12 – CRU BOURGEOIS (2012) in St-Christoly im nördlichen MÉDOC; verlässliche und preiswerte Weine.

Trois Croix, Les Bx r ★★ 05 06 07 08 09 10 11 12 13 14 – Verlässlicher Erzeuger in FRONSAC mit ausgewogenen, feinen und preiswerten Weinen. Das Gut ist im Besitz des früheren Kellerchefs von MOUTON ROTHSCHILD und wird von dessen Sohn und Tochter geleitet.

Tronquoy-Lalande St-Est r ★★ 00' 02 03 04 05 06 07 08 09' 10' 11 12 14 – Seit 2006 im selben Besitz wie Ch. MONTROSE, seitdem wurden Neubestockungen vorgenommen und ein neuer Keller gebaut. Es geht aufwärts: Die Weine sind dunkel, frisch und erfreulich. Zweitetikett: Tronquoy de Ste-Anne.

Troplong Mondot St-Ém r ★★★ 89' 90' 95 96' 98' 99 00' 01' 02 03 04 05' 06 07 08 09' 10 11 12 13 14 – Premier cru auf einer Kuppe auf dem Kalksteinplateau. Weine mit Kraft und Tiefe von zunehmender Eleganz. Zweit-etikett: Mondot. Eigentümerin Christine Valette, die Troplong in die Spit-zenriege brachte, ist 2014 verstorben.

Trotanoy Pom r ★★★★ 89' 90' 93 94 95 96 98' 00' 01 02 03 04' 05' 06 07 08 09' 10' 11 12 13 14 – Gut im Besitz von Jean-Pierre MOUEIX. Erstklas-sige Lage auf dem Plateau mit kiesigen Lehmböden. Seit 1989 großartig in Form: Die Weine vereinen Kraft mit Eleganz. Zweitetikett: L'Espérance de Trotanoy (seit 2009; wird nicht jedes Jahr erzeugt).

Trotte Vieille St-Ém r ★★★ 89' 90 94 95 96 98 99 00' 01 03' 04 05' 06 07 08' 09' 10' 11 12 14 – Premier cru auf dem Kalksteinplateau, im Besitz von BORIE-MANOUX. Deutliche Qualitätssteigerung seit 2000. Weine mit hohem CABERNET-FRANC-Anteil (40–50 %). Denis Dubourdieu berät. Das frühere GRAND-CRU-CLASSÉ-CHÂTEAU Bergat ging 2012 in Trotte Vieille auf. Zweitetikett: La Vieille Dame de Trotte Vieille.

Valandraud St-Ém r ★★★★ 93 94 95' 96 98 99 00' 01' 02 03 04 05' 06 07 08 09' 10' 11 12 13 14 – Der Wein, der 1991 die Garagenwein-Bewegung anstieß, ist heute ein PREMIER GRAND CRU CLASSÉ (8 ha in St-Étienne-de-Lisse). Der Wein war ursprünglich extrem konzentriert und ist seit 1998 komplexer. Eine weitere Auslese heißt Virginie de Valandraud. Außerdem Valandraud Blanc (weiß).

Vieille Cure, La Bx r ★★ 00' 01' 02 03 04 05' 06 08 09' 10' 11 12 13 14 – Füh-rendes Gut in FRONSAC, in US-amerikanischem Besitz. Jean-Luc Thunevin, der Eigentümer von Ch. VALANDRAUD, berät seit 2013. Preiswert.

Vieux Château Certan Pom r ★★★★ 83' 85 86' 88' 89 90' 94 95' 96' 98' 99 00' 01 02 04 05' 06 07 08 09' 10' 11' 12 13 14 – In puncto Qualität oft in die Nähe des PETRUS gerückt, in der Art aber ganz anders (30 % CABER-NET FRANC und 10 % CABERNET SAUVIGNON): elegant, harmonisch, mit herrlichem Duft. Im Durchschnitt 40–50 Jahre alte Reben. Zweitetikett: La Gravette de Certan.

Vieux Château St-André St-Ém r ★★ 05 06 08 09' 10 11 12 – Kleines Wein-gut in MONTAGNE ST-ÉMILION (vorwiegend MERLOT); Besitzer ist der ehe-malige Kellermeister von PETRUS. Verlässliche Qualität und vergleichswei-se preiswert.

Villegeorge, de H-Méd r ★★ 00' 02 04 05 06 08 09' 10 12 – Das kleine Gut im südlichen HAUT-MÉDOC unweit von MARGAUX gehört Marie-Laure Lurton. Weine im klassischen MÉDOC-Stil. Die CHÂTEAUX Duplessis in MOULIS und La Tour de Bessan in Margaux sind Gefährten; nun alle im selben Stall wie LATOUR.

Vray Croix de Gay Pom r ★★ 98' 00' 04 05' 06 08 09' 10' 11 12 – Sehr klei-nes, in der besten Gegend von POMEROL gelegenes Gut. Seit 2005 bestän-digere Qualität. Schwester-CHÂTEAU von Siaurac in LALANDE DE POMEROL und Le Prieuré in ST-ÉMILION. An allen dreien hat der Eigentümer von Ch. LATOUR kürzlich Anteile erworben.

Yquem, d' Saut w; (tr) s ★★★★ 83' 85 86' 88' 89' 90' 93 94 95' 96 97' 98 99' 00 01'02 03' 04 05' 06' 07' 08 09' 10' 11' 13' 14 – Der König der Süßwei-ne: stark, intensiv und üppig, 3 Jahre Fassausbau. Die meisten Jahrgänge sollten mindestens 15 Jahre reifen; einige überdauern auch 100 Jahre und mehr in überirdischer Grandezza. Seit das Gut im Jahr 2000 von LVMH übernommen wurde, hat sich der Stil dezent in Richtung mehr Frische und kürzerer Fasszeit verändert. Berater ist Denis Dubourdieu. Wie in den Jah-ren 1952, 1972 und 1992 wurde auch 2012 kein Yquem erzeugt. Der »Y« (sprich: Igrek) ist ein trocken ausgebauter Weißer. Im selben Besitz und unter derselben Leitung wie Ch. CHEVAL BLANC.

Italien

Die folgenden Abkürzungen werden
im Text verwendet:

Abr	Abruzzen
Ao	Aostatal
Apu	Apulien
Bas	Basilikata
Em-Ro	Emilia-Romagna
F-JV	Friaul–Julisch Venetien
Kal	Kalabrien
Kamp	Kampanien
Lat	Latium
Lig	Ligurien
Lomb	Lombardei
Mar	Marken
Mol	Molise
Piem	Piemont
Sar	Sardinien
Siz	Sizilien
Tosk	Toskana
T-S	Trentino–Südtirol
Umb	Umbrien
Ven	Venetien
DOC(G)	Denominazione di Origine Controllata (e Garantita): Kontrollierte (und garantierte) Herkunftsbezeichnung; DOCG ist die höchste Stufe der DOC; siehe auch Seite 165.
IGT	Indicazione Geografica Tipica
fz	frizzante
Pa	Passito

AOSTA-TAL

Comer See

Lago Maggiore

Mailand

LOMBARDEI

Turin ○

PIEMONT

Genua ○

Po

LIGURIEN

Ligurisches Meer

Es war ein langer Weg, doch jetzt ist Italien endlich bereit, es mit den großen Weinen der Welt aufzunehmen. Bis in die 1950er-Jahre hatte der Qualitätswein in Italien keinen guten Stand, es zählte allein die Produktionsmenge. In den 1960ern machten die italienischen Weine Bekanntschaft mit gesetzlichen Bestimmungen in Form der DOC-Regelungen, und das war, obwohl noch zu viel Wert auf die Menge gelegt wurde, immerhin ein Anfang. In den 1970ern boomten anspruchsvolle »Crus« (in der Toskana etwa unter dem inoffiziellen Titel »Supertoskaner«), häufig im offenen Widerspruch zu den Gesetzen. In den 1980ern ergriffen italienische Erzeuger erste Initiativen, die sich später zur Massenbewegung auswachsen sollten, um die Bedingungen in den Kellereien zu verbessern – sie waren bis dahin weitgehend vernachlässigt worden und mit ihrer primitiven oder nicht vernünftig funktionierenden Ausstattung immer mehr ins Hintertreffen geraten. In den 1990ern begannen die Italiener, die nun an guten Wein glaubten, ihn aber selten hinbekamen, in Anerkennung der althergebrachten Binsenweisheit, dass großer Wein nur aus großartigen Trauben erzeugt werden kann, ernsthaft ihre Weinbergtechniken zu überprüfen und zu korrigieren.

Und damit sind wir im 21. Jahrhundert angelangt, in dem der Begriff »Terroir« und die Abgrenzung einzelner Lagen ins Blickfeld gerückt sind. Wie Burgund sich seiner Grands crus und Premiers crus rühmt und Bordeaux auf seine Crus classés stolz ist, so streben auch Barolo und Barbaresco, Brunello, Vino Nobile und Chianti Classico sowie eine ganze Reihe anderer italienischer Weine nach der offiziellen Bestätigung, dass ihre speziellen Lagen besonders geeignet seien, zumindest potenziell großartigen Wein hervorzubringen. Seit

RENTINO–
ÜDTIROL
  Bozen

  Trient

**FRIAUL-
JULISCH
VENETIEN**

VENETIEN

Gardasee

Verona

  Venedig Triest

Po

ILIA-
MAGNA

Bologna

orenz

OSKANA

na

Tiber

MARKEN

Trasimenischer See

UMBRIEN

Bolsenasee

LATIUM **ABRUZZEN**

  Lago Bracciano

  Rom

MOLISE

Adria

KAMPANIEN

  Neapel

Bari

APULIEN

BASILIKATA Taranto

SARDINIEN

Cagliari

Tyrrhenisches Meer

KALABRIEN

Palermo Reggio

SIZILIEN

**Die dunklen Flächen bezeichnen
die Weinbaugebiete**

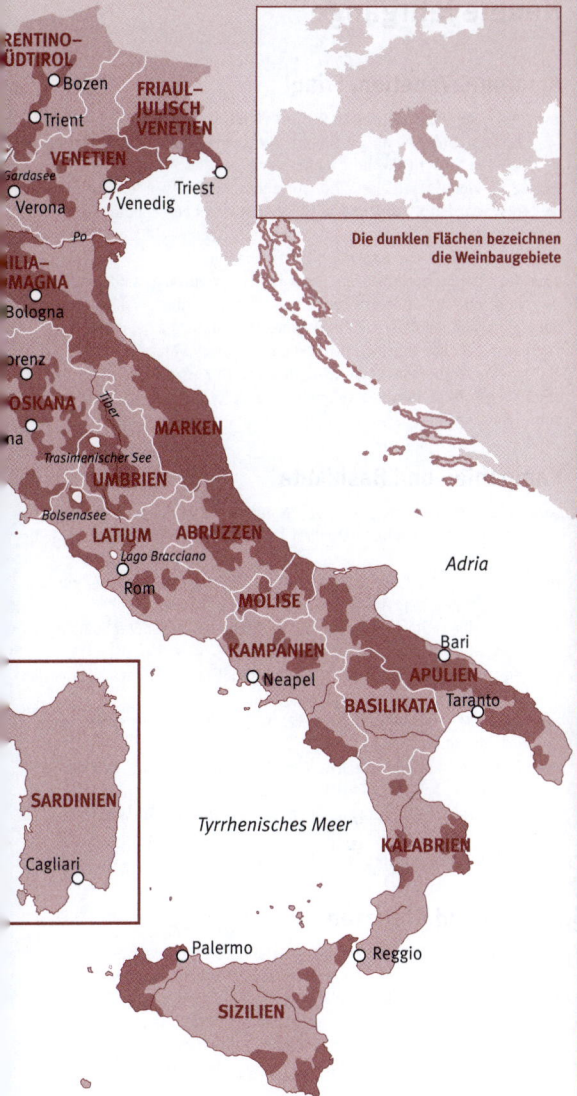

einigen Jahren überlegt man nun schon, wie man die klassischen piemon-
tesischen Gemeinden weiter unterteilen könnte, und vor Kurzem wurde für
Brunello ein überzeugendes Klassifizierungssystem nach dem Vorbild von
Bordeaux vorgeschlagen. Es gibt noch viel zu tun, und viele Probleme, nicht
nur politischer Natur, harren ihrer Lösung. Doch die Lagenabgrenzung ist das
Gebot der Stunde, und wir werden noch viel mehr davon hören.

Neuere Jahrgänge

Amarone, Venetien, Friaul

2014 Auf einen katastrophal kühlen, nassen Sommer folgte ein guter September (Weißweine) und Oktober (Rotweine). Im November regnete es wieder. Nicht denkwürdig für Amarone.

2013 Gute Weißweine. Die Roten, vor allem Passito, wurden durch sporadischen Regen und Hagel im Oktober/November beeinträchtigt.

2012 Die andauernde Hitze und Trockenheit beeinträchtigte Mengen und Qualität. Der Amarone müsste gut ausfallen.

2011 Für Amarone das beste Jahr überhaupt. Die Weißweine sind ausgewogen und konzentriert, einige Rotweine sehr tanninhaltig und alkoholstark.

2010 Kühles Jahr, gut für leichtere Weine. Bald zu trinken beginnen.

2009 Ideale Bedingungen zum Trocknen für Passito: klassische Weine. Gut für Prosecco, Pinot grigio usw. Amarone ab 2015 trinken.

2008 Klassische Weine guter Qualität. Ab 2016 trinken.

2007 Teilweise hervorragende Weine; sorgfältig auswählen.

Kampanien und Basilikata

2014 25 % weniger erzeugt als 2013. Niedrige Temperaturen und Regen im Sommer: wechselhafte Qualität bei Rot- und Weißweinen. Sorgfältig auswählen.

2013 Ausgewogene, duftende Weißweine; die Roten sind weniger gut, v. a. der spät gelesene Aglianico.

2012 Regen im September rettete die Weißweine. Der schöne Spätsommer sorgte für hervorragenden Aglianico.

2011 Konzentrierte, volle Weine; hoher Alkohol- und Tanningehalt bei den Roten. Die Weißen sind ausgewogener.

2010 Leichtere Weißweine mit guten Aromen. Die Rotweine sind durchschnittlich bis gut.

2009 Reife, gesunde, aromatische Weißweine; Rote mit Substanz und Konzentration. Aglianico/Taurasi trinken.

2008 Ein klassischer Jahrgang für Aglianico; ebenfalls gut für Weißweine. Gut zu trinken.

2007 Gute bis ausgezeichnete Qualität. Gut zu trinken.

Marken und Abruzzen

2014 Schwieriger Juli; Ende August und im September war es viel besser. Marken: gute Rot- und Weißweine. In den Abruzzen interessante Weine auf höherem Niveau, vor allem Spätlesen.

2013 Hagel und Fäulnis. Der schöne September rettete die Weißen; die Roten sind besser, als man befürchtet hatte.

2012 Warme Tage und kühle Nächte zur Lesezeit. Später gelesene Sorten sind am besten.

2011 Teilweise allzu konzentrierte, alkohol- und tanninhaltige Rotweine. Die besten dürften sich gut entwickeln.

2010 Ein schwieriges Jahr, aber zum Teil gute Ergebnisse. Jetzt trinken.

2009 Gute bis sehr gute Qualität, v. a. bei den Weißen. Montepulciano d'Abruzzo/Conero jetzt trinken.

2008 Einige ausgezeichnete Weine. Ab jetzt in den nächsten 5 Jahren trinken.

Piemont

2014 Recht kühler, regnerischer Sommer. Im September und Anfang Oktober war es besser; für die spät reifenden Sorten, insbesondere Nebbiolo, besteht Hoffnung.

2013 Glanzhelle, frische Weiße und gute, aber nicht überragende Rote.

2012 Die Qualität ist gut bis sehr gut, die Mengen sind äußerst gering.

2011 Hoher Alkoholgehalt; Risiko übermäßiger Konzentration. Gute Durchschnittsqualität.

2010 Die Qualität ist ungleichmäßig, aber geduldige Winzer bereiteten sehr gute Weine. Gilt jetzt als ein potenzieller Spitzenjahrgang.

2009 Gut bis sehr gut, insbesondere Nebbiolo. Barolo/Barbaresco ab 2014 noch 10 Jahre und länger trinken.

2008 Einige großartige Barbera-Weine; der Nebbiolo ist gut, ausgewogen, nicht spektakulär. Noch 10 Jahre trinken.

2007 Guter bis ausgezeichneter Barolo, Barbaresco und Barbera. Einige klassische Weine. Jetzt noch 10 Jahre und länger trinken.

Ältere gute Jahrgänge: 2006, 2004, 2001, 2000, 1999, 1998, 1997, 1996, 1995, 1990, 1989, 1988. Jahrgänge, die noch lagern können: 2001, 1999, 1996. Jahrgänge, die man austrinken sollte: 2003, 2000, 1997, 1990, 1988.

Was die Abkürzungen bedeuten

Denominazione di Origine Controllata (DOC) Geprüfte Herkunftsangabe; entspricht der französischen AC.

Denominazione di Origine Controllata e Garantita (DOCG) Geprüfte und garantierte Herkunftsangabe; die höchste Qualitätsstufe in Italien.

Indicazione Geografica Tipica (IGT) Geografische Angabe des Typs. Umfassender und weniger reguliert als DOC, vergleichbar mit dem französischen Vin de pays bzw. neuerdings IGP.

Denominazione di Origine Protetta/Indicazione Geografica Protetta (DOP/IGP) P = »geschützt«. Siehe Kapiteleinleitung.

Toskana

2014 Sehr milder Winter; kühler, feuchter Sommer; schöne Spätsaison. Gesteigerte Mengen, aber wechselhafte Qualität, Vorsicht beim Kauf.

2013 Uneinheitliche Reife. Kein überragendes Jahr, aber einige Höhepunkte.

2012 Trockenheit und lang andauernde Hitze, die klassischen Weine aber wurden durch Regen Anfang September gerettet und fallen sehr gut aus.

2011 Einige angenehm fruchtige, aber alkoholstarke klassische Rotweine. Die Weißen sind etwas unausgewogen.

2010 Wechselhaft. Brunello sehr erfolgreich.

2009 Mindestens sehr gute Qualität. Chianti/Brunello ab jetzt noch 2–3 Jahre trinken.

2008 Unterschiedliche Ergebnisse, darunter hervorragende Weine. Ab jetzt noch 5 Jahre trinken.

2007 Ernte hoher Qualität. Ab jetzt noch 10 Jahre trinken.

Ältere gute Jahrgänge: 2006, 2004, 2001, 1999, 1997, 1995, 1990. Jahrgänge, die noch lagern können: 2001, 1999. Jahrgänge, die man austrinken sollte: 2003, 2000, 1997, 1995, 1990.

Aglianico del Vulture Bas DOC(G) r; tr ★→★★★ **06 07 08 10** 11 12 – DOC nach einem Jahr Reife, SUPERIORE nach zwei Jahren, RISERVA nach fünf Jahren. Edler Rotwein von den Hängen des erloschenen Vulkans Monte Vulture. Spitzenerzeuger: Alovini, Basilisco, CANTINA di Venosa, Cantine del Notaio, Donato D'Angelo, Dragone, Elena Fucci, Grifalco, Madonna delle Grazie, Mastrodomenico, Parco dei Monaci, PATERNOSTER, Serra del Prete, Terre degli Svevi.

Alba Piem – Bedeutende Weinstadt im PIEMONT, südöstlich von Turin in den LANGHE, mit Trüffeln, Haselnüssen und den prestigeträchtigsten Weinen des Piemont, wenn nicht Italiens: BAROLO, BARBARESCO, NEBBIOLO D'ALBA, Langhe, ROERO, BARBERA d'Alba, DOGLIANI (Dolcetto).

Albana di Romagna Em-Ro DOCG w; tr lbl s; (sch) ★→★★★ BV – Die erste »weiße« DOCG in Italien – die nur der süße PASSITO rechtfertigt, denn der trockene Wein und der Schaumwein sind unbedeutend. Bertinoro ist die Gemeinde mit den besten Erzeugern, zu denen Raffaella Alessandra Bissoni, Celli, Madonia Giovanna und Fattoria Paradiso zählen. Der Scacco Matto von ZERBINA ist die wohl beste süße Version.

Alberello Auch Gobelet. Traditionelle süditalienische Form der Reberziehung, die jetzt auch in Mittelitalien, namentlich in der Toskana, auf dem Vormarsch ist und sich z. B. in einem Großteil der besten und ältesten Weinberge des angesagten Bereichs ETNA findet.

Allegrini Ven ★★★ Weltberühmter VALPOLICELLA-Erzeuger. Spitzenweine: u. a. La Grola, Palazzo della Torre, La Poja, AMARONE und RECIOTO. Ist auch Eigentümer von Poggio al Tesoro in BOLGHERI und Poggio San Polo in MONTALCINO, TOSKANA.

Altare, Elio Piem ★★★ Führender Erzeuger von modernem NEBBIOLO (BAROLO) und BARBERA: kurze Maischung in Rotofermentern, Ausbau im Barrique. Besonders empfehlenswert sind der Barolo Vigna Bricco Cerretta aus Serralunga und der Einzellagenwein aus La Morra Barolo Arborina; außerdem Arborina (Nebbiolo), Larigi (Barbera) und Langhe Rosso La Villa (Barbera/Nebbiolo).

Alto Adige (Südtirol) DOC r rs w; tr s; sch ★★→★★★ Die weitgehend deutschsprachige Provinz Bozen feiert phänomenale Erfolge mit bergfrischen Weißen; der PINOT BIANCO hat das Zeug zum Weltbesten: Der PINOT NERO ist hervorragend, die anderen Rotweine weniger, mit Ausnahme des etwas anderen Lagrein. Ausgezeichnete Genossenschaften, viele Qualitätserzeuger.

Ama, Castello di Tosk ★★★ Erstklassiges CHIANTI-CLASSICO-Weingut bei Gaiole. Der normale Chianti Classico ist einer der besten – und teuersten – seiner Art. Etwas anders und empfehlenswert sind der Toskana-Bordeaux-Verschnitt Haiku und auch der MERLOT L'Apparita, trotz seines saftigen Preises. Ganz neu ist der Chianti Classico GRAN SELEZIONE San Lorenzo.

Amarone della Valpolicella Ven DOCG r ★★→★★★★ **04 06' 07 08 09** 10 11' 12 (13) – Intensiver, starker Rotwein von gutseigenen rosinierten VALPOLICELLA-Trauben, eine relativ trockene Version des alten RECIOTO DELLA VALPOLICELLA, einer der echten Klassiker Italiens, mit Zusatzbezeichnung CLASSICO, wenn aus dem historischen Gebiet. (Erzeuger siehe Kasten Valpolicella S. 201.) Ältere Jahrgänge sind rar; nach mehr als 20 Jahren neigen sie zum Austrocknen. Siehe auch Kasten S. 198.

Angelini, Tenimenti Tosk – Siehe Bertani Domains (Toskana).

Antinori, Marchesi L. & P. Tosk ★★→★★★★ Immens einflussreiches Florentiner Haus der Familie Antinori unter Leitung von Piero von der futuristischen neuen Kellerei in Bargino, südlich von Florenz. Bekannt für CHIANTI CLASSICO (v. a. Tenute Marchese Antinori und Badia a Passignano, Letzterer nun zum Gran Selezione befördert) sowie Wein aus Umbrien (Castello della Sala) und dem PIEMONT (PRUNOTTO). Die Pioniere TIGNANELLO und SOLAIA gehören zu den wenigen heute noch erfolgreichen SUPERTOSKANERN. Besitzt auch Güter in der toskanischen MAREMMA (Fattoria Aldobrandesca), in MONTEPULCIANO (La Braccesca), in MONTALCINO (Pian delle VIGNE), in BOLGHERI (Guado al Tasso), in der FRANCIACORTA (Montenisa) sowie in APULIEN (Tormaresca). Neu ist ein Weißwein auf RIESLING-Basis von dem Gut Monteloro nördlich von Florenz.

Apulien Italienisch Puglia, der 360 km lange Absatz des italienischen Stiefels. Im Allgemeinen preiswerte, ansprechende (Rot-)Weine von Reben wie NEGROAMARO, PRIMITIVO und Uva di Troia. Die interessantesten Weine kommen von der Halbinsel SALENTO, allen voran die DOCS BRINDISI, COPERTINO und SALICE SALENTINO.

Argiano, Castello di, alias Sesti Tosk – Der Astronom Giuseppe Maria Sesti erzeugt hochklassigen Bio-BRUNELLO und Brunello RISERVA Phenomena. Nicht zu verwechseln mit dem Nachbarn namens Argiano.

Argiolas, Antonio Sar ★★→★★★ Der Spitzenerzeuger auf Sardinien verarbeitet Trauben von der Insel zu den hervorragenden Einzellagenweinen Turriga (★★★), Antonio Argiolas, Korem, Iselis Bianco und VERMENTINO di Sardegna Meri.

Ar.Pe.Pe. Lomb ★★ →★★★ Das ursprünglich 1860 entstandene historische Gut im Veltlin wurde 1984 von der Familie Pelizzati Perego neu gegründet, die auf ihren 13 ha Rebland in dieser atemberaubenden Berglandschaft auf traditionelle Weise rund 70.000 Flaschen Wein verschiedener Stils auf der Basis von Chiavennasca (Nebbiolo) produziert. Die Spitzenweine sind Grumello Buon Consiglio Riserva, Sassella Vigna Regina Riserva und Inferno Fiamme Antiche.

Ascheri ★★→★★★ In einer Kellerei im Städtchen Bra erzeugt der legendäre Matteo Ascheri von Weinbergen in Serralunga und Verduno feinen BAROLO mit einer Mischung aus neuen und alten Methoden. Außerdem hervorragender MOSCATO D'ASTI.

Asti Piem DOCG s; sch ★→★★★ oJ – Piemontesischer Schaumwein von MOSCATO bianco, früher als Asti Spumante bekannt. Jetzt billiger als es ihm guttut; DOCG-Status fragwürdig. Siehe auch MOSCATO D'ASTI, BARBERA. Wenige Spitzenerzeuger: BERA, Cascina Fonda, Caudrina, Vignaioli di Santo Stefano.

Azienda agricola (oder agraria) Ein – großes oder kleines – Weingut, das selbst angebaute Trauben verkeltert.

Azienda Monaci Apu r rs ★★→★★★ Weingut im Besitz der Familie von Severino Garofano, dem führenden Önologen im apulischen SALENTO. Charaktervoller NEGROAMARO-Rotwein (Eloquenzia, I Censi und der herrliche Le Braci von spät gelesenen Trauben) und -Rosé (Girofle) sowie Uva di Troia (Sine Pari) und AGLIANICO (Sine Die).

Badia a Coltibuono Tosk ★★→★★★ Historisches Weingut für CHIANTI CLASSICO. Star ist der von 100 % SANGIOVESE bereitete, im Barrique ausgebaute Sangioveto. Der Chianti Classico Cultus Boni ist ein aufs Wesentliche konzentrierter Verschnitt aus Sangiovese und den einheimischen Sorten Foglia tonda, Malvasia nera und Ciliegiolo.

Banfi (Castello oder **Villa)** Tosk ★→★★★ Kellerei eines großen US-Importeurs in MONTALCINO. Ausgedehnte Weinberge auf niedriger gelegenen Südhängen bei MONTALCINO, in denen auch aus eigenem Versuchsanbau stammende SANGIOVESE-Klone stehen; dazu CABERNET SAUVIGNON, MERLOT, SYRAH, PINOT NERO, CHARDONNAY, SAUVIGNON BLANC und PINOT GRIGIO. Die SUPERTOSKANER-Verschnitte Cum Laude und Summus machen sich meist besser als die etwas zu extraktreichen BRUNELLO-Weine.

Zehn Spitzen-Barberas

Die meisten erstklassigen Barbera-Weine stammen aus den piemontesischen DOC-Bereichen Barbera d'ASTI und Barbera d'ALBA, doch gelegentlich entstehen auch anderswo ausgezeichnete Versionen.
Barbera d'Alba: Boglietti (Vigna dei Romani), CLERICO (Trevigne), PRUNOTTO (Pian Romualdo), Voerzio Gianni (Ciabot della Luna), VOERZIO ROBERTO (Pozzo dell'Annunziata).
Barbera d'Asti: BRAIDA (Bricco dell'Uccellone), COPPO (Pomorosso), CS Vinchio Vaglio (VIGNE Vecchie), Perrone (Mongovone).
Langhe: Altare (Larigi).

Barbaresco Piem DOCG r ★★→★★★★ 01 04 06' 07 08 09 10 11 (12) – Genauso wie sein Bruder BAROLO reinsortig von NEBBIOLO. Ähnlich große aromatische und geschmackliche Komplexität; weniger Kraft, mehr Eleganz. Mindestalterung 26 Monate, davon 19 im Holz; nach 4 Jahren RISERVA. Wie Barolo wird der meiste Barbaresco heutzutage unter einem Einzellagennamen oder mit *menzione geografica* (»geografischer Spezifizierung«), wie es inzwischen ganz unpoetisch heißt, verkauft. Die wichtigsten Weine: siehe Kasten gegenüber.

Barbera Traube und Wein, die es überall in Italien gibt, aber der mengenmäßig wichtigste Rotwein in PIEMONT sowie im lombardischen OLTREPO PAVESE und somit der Mailänder Rotwein schlechthin. DOC sind u. a. Barbera d'Asti, Barbera d'Alba, Barbera del Monferrato und Barbera Oltrepo Pavese. Beste Erzeuger: siehe Kasten oben.

Bardolino Ven DOC(G) r rs ★→★★ BV – Leichter, sommerlicher Rotwein vom Lago di GARDA. Der Bardolino SUPERIORE DOCG hat viel niedrigere Erträge als der Bardolino DOC. Der hellrosa CHIARETTO ist einer der besten Roséweine Italiens. Gute Erzeuger: Albino Piona, Cavalchina, Corte Gardoni, Costadoro, Guerrieri Rizzardi, Le Fraghe, Le VIGNE di San Pietro, ZENATO, Zeni.

Barolo Piem DOCG r ★★★→★★★★ 96' 99' 01' 04' 06' 07' 08 09' 10 (11) (12) – Italiens großartigster Rotwein, reinsortig von NEBBIOLO, aus einer von elf Gemeinden inklusive Barolo selbst. Traditionell wurde er einfach als »Barolo« verkauft und war nicht selten ein Verschnitt aus verschiedenen Lagen oder Gemeinden, doch heute sind die meisten Einzellagenweine (wie die Burgunder-Crus), die hier mit *menzione geografica* betitelt werden. Die besten verbinden Kraft und Eleganz, jede Menge (manchmal raue) Tannine und einen verlockenden floralen Duft mit einem langen, süßen Abgang. Sie müssen bei der Freigabe 38 Monate (5 Jahre für RISERVA) ausgebaut worden sein, davon 18 Monate im Holzfass. (Spitzenerzeuger siehe Kasten S. 170.) Entweder von Traditionalisten (lange Maischestandzeit, große Eichenfässer) oder von Modernisten (kürzere Maischestandzeit, oft Barrique).

Beato Bartolomeo da Breganze Ven ★★ Gut geführte Genossenschaft in den Hügeln Venetiens mit einer der größten Anbauflächen von echtem PINOT

GRIGIO. Auch Still-, Schaum- und Süßweine (TORCOLATO) von der einheimischen Vespaiolo-Traube.

Bellavista Lomb ★★★ Weingut in der FRANCIACORTA mit überzeugendem Schaumwein (Gran Cuvée Franciacorta ist der beste).

Bera, Walter Piem ★★→★★★ Kleines Weingut mit erstklassigem MOSCATO (Moscato d'ASTI, Asti) und feinen Rotweinen (Barbera d'Asti, BARBARESCO, LANGHE NEBBIOLO).

Berlucchi, Guido Lomb ★★ Mit mehr als fünf Millionen Flaschen der größte Hersteller von METODO-CLASSICO-Schaumwein in Italien.

Bertani Ven ★★→★★★ Alteingesessener Erzeuger von VALPOLICELLA und SOAVE mit Weinbergen in verschiedenen Teilen der Provinz Verona. Basisproduktreihen Veronese und Valpantena plus Rückkehr zu aufgegebenen Weinbereitungsstilen, etwa zur traditionellen Maischung auf den Schalen bei Weißweinen, und Rotwein (Secco Original Vintage Edition). Siehe auch BERTANI DOMAINS (Toskana).

Bertani Domains (Toskana) Tosk ★★→★★★ Hieß früher Tenimenti Angelini; nun hat Angelini BERTANI aus Valpolicella übernommen und den toskanischen Betrieb umbenannt. Drei große Kellereien: Val di Suga in MONTALCINO, Trerose in MONTEPULCIANO und San Leonino im CHIANTI CLASSICO.

Bianco di Custoza Ven DOC w; (sch) ★→★★★ BV – Frischer, unkomplizierter Weißwein vom Gardasee, bereitet von GARGANEGA- und Cortese-Trauben. Empfehlenswert von Cavalchina, Le Tende, Le VIGNE di San Pietro, Montresor und Zeni.

Barbaresco-Unterbereiche

BARBARESCO gilt manchen als die Königin an der Seite des Königs BAROLO, wird jedoch häufig auch als Barolos Cousin zweiten Grades abgetan. Es gibt zwar einige Ähnlichkeiten (100 % NEBBIOLO, Böden und Ausrichtung, vergleichbares Klima und Mikroklima), aber auch genügend Unterschiede, die die Trennung in zwei eigenständige Weine rechtfertigen. Innerhalb dieser Parameter gibt es, wie bei Barolo, eine weitere Abgrenzung nach Orten und »geografischen Erwähnungen«, die inoffiziell als Crus oder Unterbereiche bezeichnet werden. Barbaresco kommt aus nur drei bis vier Orten, nämlich Barbaresco, Neive und Treiso (dazu ein kleiner Teil von Alba namens San Rocco Seno d'Elvio) mit 66 geografischen Erwähnungen. Wenn auf dem Etikett eines Barbaresco kein Unterbereich angegeben ist, handelt es sich wahrscheinlich um einen Verschnitt. Empfehlenswert sind die folgenden Unterbereiche (nach Ortschaften geordnet):
Barbaresco: Asili, Faset, Martinenga, Montefico, Montestefano, Ovello, Pora, Rabaja, Rio Sordo, Roncaglie, Ronchi, Trestelle.
Neive: Albesani, Basarin, Bricco di Neive, Currà, Gallina, Rivetti, Serraboella, Starderi.
San Rocco Seno d'Elvio: Montersino, Rocche Massalupo.
Treiso: Bricco di Treiso, Marcarini, Nervo, Pajorè, Rizzi.

Biferno Mol DOC r rs w ★→★★ (r) **10 11** 12 – Gute bis interessante Weine aus der leicht übersehenen, zwischen den Abruzzen und APULIEN eingeklemmten Region Molise. Der Rotwein wird von MONTEPULCIANO-, der Weißwein von TREBBIANO-Trauben erzeugt. Empfehlenswert sind Di Majo Norante (Ramitello) und Borgo di Colloredo (Gironia).

Biondi-Santi Tosk ★★★★ Der verstorbene Franco Biondi-Santi hielt bis zuletzt an den klassischen Traditionen seines berühmten Guts in MONTAL-

CINO fest und bereitete so kompromisslosen BRUNELLO, v. a. RISERVA, dass dieser in Spitzenjahrgängen jahrzehntelang lagern musste, bevor man ihn trinken konnte. Sohn Jacopo wird die Weine wohl benutzerfreundlicher machen, möglicherweise auf Kosten der Eleganz und/oder Komplexität. Kein 2014er Brunello.

Bisol Ven – Hochklassige PROSECCO-Marke.

Boca Piem – Siehe GATTINARA.

Barolo-Top-Ten

»Italiens großartigster Wein« ist für manchen eine Nummer zu groß. Hier sind einige Spitzencrus, anhand derer man beide Teile dieser Behauptung überprüfen kann: BURLOTTO (Monvigliero), Cavallotto (Bricco Boschis Vigna San Giuseppe), CONTERNO FANTINO (SORÍ Ginestra), CONTERNO GIACOMO (Monfortino), MASCARELLO Giuseppe (Monprivato), Rinaldi Giuseppe (Brunate-Le Coste), SANDRONE (Cannubi Boschis), SCAVINO PAOLO (Bric del Fiasc), VIETTI (Lazzarito), VOERZIO ROBERTO (La Serra).

Boglietti, Enzo Piem ★★★ Dynamischer modernistischer Erzeuger in La Morra im BAROLO-Gebiet. Erstklassige Barolos (VIGNA Arione, Case Nere) und hervorragender BARBERA D'ALBA (Vigna dei Romani, Roscaleto).

Bolgheri Tosk DOC r rs w; (s) ★★→★★★★ Das von einer Stadtmauer umgebene Künstlerdorf an der toskanischen Küste steht Pate für eine Gruppe stilvoller und teurer SUPERTOSKANER, die vornehmlich von französischen Sorten erzeugt werden. Klingende Namen: SASSICAIA (ursprünglicher Auslöser des Kults), ANTINORI (Guado al Tasso), FRESCOBALDI (ORNELLAIA), GAJA (CÀ MARCANDA), ALLEGRINI (Poggio al Tesoro), FOLONARI (Campo al Mare) sowie die einheimischen Erzeuger LE MACCHIOLE und MICHELE SATTA. Viele Spitzenerzeuger folgen dem Beispiel von SASSICAIA und geben den IGT-Status zugunsten von BOLGHERI DOC auf.

Bolla Ven ★★ Historischer Veroneser Erzeuger von SOAVE, VALPOLICELLA, AMARONE, RECIOTO. Heute im Besitz der mächtigen GRUPPO ITALIANO VINI.

Borgo del Tiglio F-JV ★★★→★★★★ Nicola Manferrari ist einer der besten Weißweinerzeuger in Italien. Besonders eindrucksvoll sind der COLLIO FRIULANO RONCO della Chiesa und der Studio di Bianco.

Boscarelli, Poderi Tosk ★★★ Kleines Weingut der Genueser Familie Ferrari mit stets hochwertigem VINO NOBILE DI MONTEPULCIANO, Einzellagenwein Nocio dei Boscarelli und RISERVA.

Botte (Plural *botti*) Großes Fass mit 6–250 hl, meist aber zwischen 20 und 50 hl Kapazität, traditionell aus slawonischer, immer öfter jedoch auch aus französischer Eiche. Für Traditionalisten der ideale Behälter für den Ausbau italienischer Weine, in denen kein zu deutlicher Eichenton erwünscht ist.

Brachetto d'Acqui Piem DOCG r; s; (sch) ★★ BV – Süßer roter Schaumwein mit verlockendem Muskataroma. Die Berechtigung des DOCG-Status wird von einigen angezweifelt.

Braida Piem ★★★ Das Weingut des verstorbenen Giacomo Bologna wird nun mit Erfolg von seinen Kindern Giuseppe und Raffaella geführt. Erstklassiger BARBERA D'ASTI (Bricco dell'Uccellone, Bricco della Bigotta, Ai Suma).

Bramaterra Piem – Siehe GATTINARA.

Breganze Ven DOC r w; sch ★→★★★★ r 06 07 08 09 10 11 13; w BV – Großes Anbaugebiet für PINOT GRIGIO; auch guter Vespaiolo (stiller und schä mender Weißwein sowie süßer TORCOLATO), PINOT NERO und CABERNET. Die wichtigsten Erzeuger sind MACULAN und BEATO BARTOLOMEO.

Brezza Piem ★★★ Erztraditionalist Enzo Brezza erzeugt klassischen, praktisch biodynamischen Wein aus den Einzellagen Cannubi, Castellero und Sarmassa. In Spitzenjahrgängen füllt er Bricco Sarmassa vom höchsten Weinberg in Sarmassa ab.

Brigaldara Ven ★★★ Stefano Cesari erzeugt auf seinem Gut eleganten, aber kraftvollen AMARONE, der Zeichen setzt.

Brindisi Apu DOC r rs ★★ r **08 09 10** 11 12 (13); rs BV – Geschmeidiger Rotwein auf NEGROAMARO-Basis mit MONTEPULCIANO; v. a. von VALLONE, Due Palme, Rubino. Die ROSATO-Version gehört manchmal zu Italiens besten.

Brolio, Castello di Tosk ★★→★★★ Das historische Gut ist das größte im CHIANTI-CLASSICO-Gebiet und gedeiht nach einem Tief unter fremder Leitung nun wieder unter der Familie RICASOLI. Sehr guter Chianti Classico und IGT Casalferro.

Brunelli, Gianni Tosk ★★★ Erzeuger von elegantem, ausgefeiltem BRUNELLO DI MONTALCINO. Nicht mit anderen Brunellis zu verwechseln. Inzwischen von Giannis Witwe Laura geführt.

Brunello di Montalcino Tosk DOCG r ★★★→★★★★ 90' 95 97 99' 00 01' 04' 05 06' **07** 09 (10') (11) (12) (13) – Spitzenwein der Toskana, kompakt, aber elegant mit Duft und Struktur, potenziell äußerst langlebig. Mindestens 4 Jahre Reife, 5 Jahre für RISERVA. Initiativen zur Zulassung kleiner Anteile von Cabernet z. B. in dem eigentlich reinsortigen SANGIOVESE wurden abgewehrt, aber es ist weiterhin Wachsamkeit geboten. Siehe auch ROSSO DI MONTALCINO. (Beste Erzeuger: Siehe Kasten unten.)

Bucci Mar ★★★ Fast burgundischer VERDICCHIO, der langsam reift, aber im Alter komplex wird. Der RISERVA Villa Bucci spielt definitv in einer anderen Liga als die meisten anderen Verdicchio-Weine; der rote Pongelli ist weniger interessant.

Die besten Brunellos – Top Ten und der Rest

Jeder der folgenden Erzeuger liefert einen anständigen BRUNELLO DI MONTALCINO; die zehn, die wir für die besten halten, sind mit einem Stern gekennzeichnet.

Pieri Agostina, Altesino, ARGIANO (CASTELLO DI), Baricci, BIONDI-SANTI*, Gianni BRUNELLI*, Camigliano, La Campana, Campogiovanni, Canalicchio di Sopra, Canalicchio di Sotto, Caparzo, CASANOVA DI NERI, CASE BASSE*, CASTELGIOCONDO, Ciacci Piccolomini, COL D'ORCIA, Collemattoni, Corte Pavone, Costanti, Eredi FULIGNI, Il Colle, Il Paradiso di Manfredi, La Fuga, La Gerla, Lambardi, LISINI*, La Magia, La Mannella, Le Potazzine, Marroneto, Mastrojanni*, Oliveto, Salvioni*, Siro Pacenti, Palazzo, Pertimali, Pieve di Santa Restituta, La Poderina, Pian dell'Orino*, Il POGGIONE*, POGGIO ANTICO, Poggio di Sotto*, Salvioni-Cerbaiola*, Uccelliera, Val di Suga, Valdicava.

Burlotto, Commendatore G. B. Piem ★★★ Schön bereitete und klar definierte Weine, allen voran BAROLO Cannubi und Monvigliero; für Letzteren werden die Trauben mit den Füßen gestampft.

Bussola, Tommaso Ven ★★★★ Führender Erzeuger von AMARONE, RECIOTO und RIPASSO in der Region VALPOLICELLA. Ausgezeichneter Amarone VIGNETO Alto und Recioto TB.

Caberlot Siehe CARNASCIALE.

Ca' dei Frati Lomb ★★★ Führender Qualitätserzeuger in der wiederbelebten DOC LUGANA. Der I Frati ist ein guter Wein auf Einstiegsniveau, der Brolettino ein Spitzen-Cru. Der Tre Filer von der einheimischen Turbiana mit SAUVIGNON BLANC und CHARDONNAY ist ein besonders gut gemachter PASSITO.

Ca' del Bosco Lomb ★★★★ Nummer eins der Weingüter in der FRANCIACORTA, das dem großen PINOT-GRIGIO-Erzeuger SANTA MARGHERITA gehört, aber immer noch von Gründer Maurizio Zanella geleitet wird. Hervorragender Schaumwein nach der klassischen Methode, v. a. Annamaria Clementi (der Dom Pérignon Italiens) und Dosage Zéro; daneben auch ausgezeichneter Rotwein Maurizio Zanella im Bordeaux-Stil, burgunderartiger PINOT NERO Pinero und CHARDONNAY.

Caiarossa Tosk ★★★ Der niederländische Besitzer Eric Jelgersma (Château Giscours; siehe Kapitel » Die Châteaux von Bordeaux«) und ein in Australien ausgebildeter französischer Önologe führen dieses internationale Gut nördlich von BOLGHERI. Ausgezeichnet sind Caiarossa Bianco und Rosso sowie die Rotweine Pergolaia und Aria.

Caluso/Erbaluce di Caluso Piem DOCG w ★★ BV – Heller, mineralische Weißwein von der Erbaluce-Traube im Norden des PIEMONT. Der beste Erzeuger ist Orsolani, v. a. La Rustia.

Ca' Marcanda Tosk ★★★★ Angelo Gaias Weingut in BOLGHERI (1996 gegründet). Drei Weine in preislicher Reihenfolge (hoch, höher, am höchsten) Promis, Magari und Ca' Marcanda; hauptsächlich internationale Rebsorten.

Canalicchio di Sopra Tosk ★★★ Die dynamische, terroirbewusste Familie Ripaccioli verarbeitet Trauben zweier Weinberge, von denen einer auf den Hängen von Montosoli liegt, zu herrlich ausgewogenem, komplexem und dennoch angenehm zu trinkendem BRUNELLO (und RISERVA) und ROSSO DI MONTALCINO.

Cantina Kellerei, doch auch Weinbars schmücken sich mit diesem Namen.

Caparra & Siciliani Kal ★→★★ Winzergenossenschaft in Kalabriens bekanntestem Anbaugebiet CIRÒ. Über 200 ha CLASSICO-Rebland, 50 Jahre Erfahrung.

Capezzana, Tenuta di Tosk ★★★ Das Weingut der Familie des kürzlich verstorbenen legendären toskanischen Erzeugers Graf Ugo Contini Bonacossi westlich von Florenz wird nun von seinen Kindern geführt. Guter Barco Reale DOC, ausgezeichneter CARMIGNANO (Villa di Capezzana, Villa di Trefiano) sowie ein sehr guter Rotwein im Bordeaux-Stil namens Ghiaie della Furba und hervorragender VIN SANTO.

Capichera Sar ★★★ Sehr guter, wenn auch teurer Erzeuger von VERMENTINO DI GALLURA, v. a. Vendemmia tardiva. Jetzt auch exzellenter roter Manènghja von CARIGNANO-Trauben. Außerdem: Assaje' (rot) und V (weiß).

Cappellano Piem ★★★ Der verstorbene Teobaldo Cappellano, ein Held des BAROLO, reservierte einen Teil seines Cru Gabutti für wurzelechte NEBBIOLO-Reben (Pie Franco); Sohn Augusto führt den ausgeprägt traditionellen Stil fort. Auch »medizinischer« Barolo Chinato, der von einem Vorfahren erfunden wurde.

Caprai Umb ★★★→★★★★ Der unternehmungslustige, etwas rätselhafte experimentelle Marco Caprai führt das große, erstklassige Gut im umbrischen MONTEFALCO. Wunderbarer DOCG Montefalco Sagrantino (v. a. der 25 Anni); sehr guter DOC ROSSO DI MONTEFALCO.

Carema Piem DOC r ★★→★★★ 06' 07 08 09 10 11 (13) – Kaum bekannter, leichter, intensiver NEBBIOLO von Trauben, die auf niedrigen, aber steilen

Hängen bei Aosta wachsen. Am besten von Luigi Ferrando (v. a. Etichetta Nera) und Produttori Nebbiolo di Carema.

Carignano del Sulcis Sar DOC r rs ★★→★★★ 08 09 10 12 (13) (14) – Milder, aber intensiver Rotwein aus dem Südwesten SARDINIENS. Am besten sind Terre Brune und Rocca Rubia von der CS di SANTADI.

Carmignano Tosk DOCG r ★★★ 02 04 06 07 08 09 10 11 (12) (13) – Feiner Verschnitt aus SANGIOVESE und Bordeaux-Trauben, der im 20. Jh. vom verstorbenen Grafen Bonacossi (Capezzana) erfunden wurde. Am besten von Ambra, CAPEZZANA, Farnete, Piaggia, Le Poggiarelle, Pratesi.

Wer macht wirklich guten Chianti Classico?

Da das Chianti-Classico-Gebiet ziemlich groß ist und sich dort Hunderte von Erzeugern tummeln, ist es gar nicht so einfach, die besten herauszupicken. Die allerbesten sind mit einem Stern gekennzeichnet.

AMA*, ANTINORI, BADIA A COLTIBUONO*, Bibbiano, Le Boncie, Il Borghetto, Bossi, BROLIO, Cacchiano, CAFAGGIO, Capannelle, Capraia, Carobbio, Casaloste, Casa Sola, CASTELLARE, CASTELL'IN VILLA, Le Cinciole, Collelungo, Le Corti, Mannucci Droandi, FELSINA*, Le Filigare, FONTERUTOLI, FONTODI*, ISOLE E OLENA*, Lilliano, Il Molino di Grace, MONSANTO*, Monte Bernardi, Monteraponi*, NITTARDI, NOZZOLE, Palazzino, Paneretta, Petroio-Lenzi, Poggerino, Poggiolino, Poggiopiano, Poggio al Sole, QUERCIABELLA*, RAMPOLLA, Riecine, Rocca di Castagnoli, Rocca di Montegrossi*, RUFFINO, San Fabiano Calcinaia, SAN FELICE, SAN GIUSTO A RENTENNANO*, Savignola Paolina, Selvole, Vecchie Terre di Montefili, Verrazzano, Vicchiomaggio, VIGNAMAGGIO, Villa La Rosa*, Viticcio, VOLPAIA*.

Carnasciale, Il Tosk ★★★ Außergewöhnlicher Rotwein im Bordeaux-Stil von einer spontanen Kreuzung CABERNET x MERLOT, die von Bettina Rogosky und ihrer Familie streng gehütet wird. »Caberlot« wurde vor zig Jahren vom landwirtschaftlichen Berater Remigio Bordini entdeckt. Carnasciale ist der Zweitwein.

Carpenè Malvolti Ven ★★ Historische und immer noch bedeutende Marke für PROSECCO und andere Schaumweine in CONEGLIANO.

Cartizze Ven ★★ Bekannter, häufig zu teurer und zu süßer PROSECCO aus dem angeblich besten Unterbereich von Valdobbiadene.

Casanova di Neri Tosk ★★★ Moderner BRUNELLO DI MONTALCINO, teurer Cerretalto und TENUTA Nova, dazu Pietradonice (CABERNET SAUVIGNON) und sehr guter ROSSO DI MONTALCINO.

Case Basse Tosk ★★★★ Ökomusterknabe und Ego-Freak Gianfranco Soldera tritt allen auf die Füße, wurde Opfer von Vandalismus, trat aus dem Konsortium aus und erzeugt weiterhin lange in Eiche ausgebaute, qualitativ hochwertige Weine (meist biodynamisch) im BRUNELLO-Stil (wenn auch keinen DOCG). Die Flaschen, die gerettet werden konnten, sind rarer und kostbarer als je zuvor.

Castel del Monte Apu DOC r rs w ★→★★ r 08 09 10 11 (13); w rs BV – Trockene, frische, zunehmend anspruchsvolle Weine aus einer DOC in APULIENS Mitte. Von Tormaresca (ANTINORI) stammen der gute Pietrabianca und der ausgezeichnete Bocca di Lupo; sehr gut auch Le More von Santa Lucia. Interessante Rote kommen von Cocevola und Giancarlo Ceci. Siehe auch RIVERA, dessen Il Falcone RISERVA der Kult-Einzellagenwein des Gebiets ist.

Castellare Tosk ★★★ Alteingesessener Spitzenerzeuger in Castellina in CHIANTI mit erstklassigem SANGIOVESE/MALVASIA NERA I Sodi di San Niccolò und zeitgemäßem CHIANTI CLASSICO, v.a. Riserva Il Poggiale. Außerdem Poggio ai Merli (MERLOT) und Coniale (CABERNET SAUVIGNON).

Castell' in Villa Tosk ★★★ Individuelles und traditionalistisches CHIANTI-CLASSICO-Weingut im äußersten Südwesten des Gebiets. Weine großer Klasse, von der Autodidaktin Prinzessin Coralia Pignatelli bereitet.

Castelluccio Em-Ro ★★→★★★ Hochwertiger SANGIOVESE vom Weingut des berühmten Önologen Vittorio Fiore in der Romagna, das nun Sohn Claudio führt. IGT RONCO dei Ciliegi und RONCO delle Ginestre sind die Stars. Der Le More ist ein schmackhafter und relativ preiswerter Romagna DOC.

Cavallotto Piem ★★★ In Castiglione Falletto ansässiger führender BAROLO-Traditionalist mit Weinbergen im Herzen des Anbaugebiets. Herausragender Barolo RISERVA Bricco Boschis Vigna San Giuseppe und Riserva Vignolo, sehr guter LANGHE NEBBIOLO.

Cerasuolo Abr DOC rs ★ Die BV-ROSATO-Version von MONTEPULCIANO D'ABRUZZO, nicht zu verwechseln mit dem roten CERASUOLO DI VITTORIA aus Sizilien. Ist manchmal hervorragend; zum Beispiel Contesa.

Cerasuolo di Vittoria Siz DOCG r ★★ **10 11** 13 – Mittelschwerer Rotwein von Frappato- und Nero-d'Avola-Trauben in Südost-SIZILIEN; interessant v. a. von COS, Nicosia, PLANETA und Valle dell'Acate.

Ceretto Piem ★★→★★★ Führender Erzeuger von BARBARESCO (Bricco Asili) und BAROLO (Bricco Rocche, Brunate, Prapò) sowie von LANGHE Rosso Monsoro (Verschnitt aus französischen Sorten) und Langhe Bianco Blange (ARNEIS).

Chianti Classico Gran Selezione – die Franzosen bleiben

2014 wurde ein neuer Super-CHIANTI-CLASSICO eingeführt in der Hoffnung, unter einer offizielleren Bezeichnung den nach wie vor inoffiziellen und etwas überholten Titel SUPERTOSKANER wiederzubeleben. Die neue Kategorie gilt für spezifische Weine (nach chemischer und organoleptischer Analyse) und soll an der Spitze der Chianti-Classico-Qualitätspyramide stehen, direkt über RISERVA und zwei Ränge über Chianti Classico. Doch sie ist ein klassischer Fall von verpasster Gelegenheit, denn sie hätte den Chianti Classico von den französischen Trauben befreien können: Diese verbessern vielleicht die Qualität (was jedoch umstritten ist), aber sie beeinträchtigen ganz sicher die Authentizität und die Individualität, ohne die kein Wein als wirklich großartig betrachtet werden kann.

Cerro, Fattoria del Tosk ★★★ Weingut im Besitz des Versicherungsgiganten SAI, das sehr guten DOCG VINO NOBILE DI MONTEPULCIANO (v. a. Einzellagenwein Antica Chiusina) erzeugt. SAI gehören auch La Poderina (BRUNELLO DI MONTALCINO), Colpetrone (MONTEFALCO SAGRANTINO) und das 1.000 ha große Weingut Monterufoli im Norden der MAREMMA.

Cesanese del Piglio oder **Piglio** Lat DOCG r ★→★★ Mittelschwerer Rotwein, kann gut eine Zeitlang gelagert werden. Am besten von Petrucca e Vela und Terre del Cesanese. Die Weine Cesanese di Olevano Romano und Cesanese di Affile sind ähnlich.

Chianti Tosk DOCG r ★→★★★★ Seit eh und je der süffige Wein der mittleren Toskana, frisch, fruchtig, leicht adstringierend, angenehm zu trinken, früher mit einem gewissen Anteil an weißen Trauben bereitet. Die Einführung von Unterbereichen, die ungerechtfertigte Beförderung zur DOCG und der

Ausschluss der Weißen komplizierten die Sache unnötig. Hier muss sich etwas Grundlegendes ändern.

Chianti Classico Tosk DOCG r ★★→★★★★ **04 06 07 08 09** 10 11 12 (13) – Das historische Gebiet wurde »Classico«, als die Weinbauregion CHIANTI Anfang des 20. Jhs. auf praktisch die ganze mittlere Toskana ausgeweitet wurde. Es umfasst ganz oder teilweise 9 Gemeinden im hügeligen (250–500 m), felsigen Gelände. Der Wein mit dem schwarzen Hahn ist traditionell ein Verschnitt und es wird weiter darüber debattiert, ob dem SANGIOVESE französische oder einheimische Trauben zugesetzt werden sollen. Siehe auch Kasten gegenüber; Erzeuger siehe S. 173.

Chiaretto Ven – Heller Rosé mit ganz leicht rötlichem Einschlag, v. a. vom Gardasee. Siehe BARDOLINO.

Ciabot Berton Piem ★★★ Kleiner Erzeuger in La Morra mit erstklassigem BAROLO zu bescheidenen Preisen. Zu den Einzellagenweinen zählen der Roggeri und der neue Rochettevino.

Ciliegiolo Tosk – Sortenreiner Rotwein der MAREMMA aus der gleichnamigen Traube, von der SANGIOVESE abstammt. Empfehlenswert von Rascioni e Cecconello sowie Sassotondo.

Cinque Terre Lig DOC w; tr s ★★ Trockene Weißweine auf VERMENTINO-Basis von der ligurischen Steilküste. Die süße Version heißt Sciacchetrà. Empfehlenswerte Erzeuger sind Arrigoni, Bisson und Buranco.

Cirò Kal DOC r (rs w) ★→★★★ Frischer, kräftiger Rotwein von der wichtigsten kalabrischen Traube Gaglioppo oder leichter, fruchtiger Weißwein von GRECO (BV). Spitzenerzeuger: Barone di Bolaro, Caparra & Siciliani, Ippolito, Librandi (Duca San Felice ★★★), San Francesco (Donna Madda und RONCO dei Quattro Venti), Santa Venere.

Classico Bezeichnung für Wein aus einem begrenzten, meist historischen und edleren Bereich innerhalb einer kommerziell ausgeweiteten DOC. Siehe CHIANTI CLASSICO, VALPOLICELLA, SOAVE und zahlreiche andere.

Clerico, Domenico Piem ★★★ BAROLO-Erzeuger der modernistischen Fraktion in Monforte d'ALBA, v. a. mit den Crus Percristina, Ciabot Mentin Ginestra und Pajana. Außerdem guter BARBERA Trevigne und DOLCETTO Visadi in modernem Stil.

Coffele Ven ★★★ Erzeuger mit einigen der besten Lagen im SOAVE-CLASSICO-Gebiet; stahlige, mineralische Weine im klassischen Stil. Probieren Sie den Cru Ca Visco.

Col d'Orcia Tosk ★★★ Das drittgrößte Weingut in MONTALCINO (Besitzer Francesco Marone Cinzano) mit Topqualität. Am besten ist der BRUNELLO RISERVA Poggio al Vento.

Colli = Hügel. Einzahl: *colle*. **Colline** (Einzahl: *collina*) sind kleinere Hügel. Siehe COLLIO, POGGIO.

Colli di Catone Lat ★→★★★ Spitzenerzeuger von FRASCATI und IGT in den römischen Hügeln von Monteporzio Catone. Antonio Pulcini bereitet herausragende gereifte Weine von MALVASIA del Lazio (alias Malvasia puntinata) und GRECHETTO. Empfehlenswert sind die Marken Colle Gaio und Casal Pilozzo.

Colli Euganei Ven DOC r w; tr lbl; (sch) ★→★★ BV – DOC südwestlich von Padua. Rot-, Weiß- und Schaumwein sind gefällig, aber selten mehr als das. Spitzenerzeuger: Ca' Lustra, La Montecchia, Vignalta.

Collio F-JV DOC r w ★★→★★★★ Hügeliges Anbaugebiet an der slowenischen Grenze. Bekannt v. a. für komplexe, manchmal absichtlich oxidierte Weine, die teilweise zusammen mit den Schalen in eingegrabenen irdenen Gefäßen/Amphoren vinifiziert werden. Aus verschiedenen französischen, deutschen und slawischen Sorten entstehen auf diese Weise einige exzellente, einige schauerliche Weine. Zu den vielen guten bis aus-

Barolo-Unterbereiche

Der »Cru« wird in Italien immer wichtiger, auch wenn das Wort selbst, weil es die Franzosen hüten wie einen Schatz, leider nicht auf dem Etikett erscheinen darf, sondern (zumindest in BAROLO and BARBARESCO) durch den prosaischen Ausdruck »geografische Erwähnung« ersetzt wird, was die meisten Winzer inoffiziell als »Unterbereich« (oder eben doch »Cru«) bezeichnen. Zurzeit gibt es für Barolo elf Ortserwähnungen und 170 geografische Erwähnungen. Die vollständige Liste kann man der in der Reihe *Enogea* erschienenen Karte der Barolo-Unterbereiche von Alessandro Masnaghetti entnehmen oder dem sehr guten Buch *Barolo and Barbaresco* von Kerin O'Keefe (2014). Zu den besten zählen Folgende (nach Ortschaften geordnet):

Barolo: Bricco delle Viole, Brunate, Bussia, Cannubi, Cannubi Boschis, Cannubi Muscatel, Cannubi Sann Lorenzo, Cannubi Valletta, Cerequio, La Volta, Le Coste, Ravera, Sarmassa, Zonchetta.

Castiglione Falletto: Bricco Boschhis, Bricco Rocche, Codana, Fiasco, Mariondino, Monprivato, Pira, Rocche di Castiglione, Vignolo, Villero.

Cherasco: Mantoetto.

Diano d'Alba: La Vigna.

Grinzane Cavour: Canova, Castello.

La Morra: Annunziata, Arborina, Bricco Manzoni, Bricco San Biagio, Brunate, Case Nere, Cerequio, Fossati, La Serra, Rocche dell'Annunziata, Rocchettevino, Roggeri, Roncaglie.

Monforte d'Alba: Bussia, Ginestra, Gramolere, Mosconi, Perno, Rocche di Castiglione, San Giovanni.

Novello: Panerole, Ravera.

Roddi: Bricco Ambrogio.

Serralunga d'Alba: Arione, Baudana, Boscareto, Bricco Voghera, Cerretta, Falletto, Fontanafredda, Francia, Gabutti, Lazzarito, Marenca, Ornato, Parafada, Prapò, San Rocco, Serra, Sorano, Vignarionda.

Verduno: Massara, Monvigliero.

---

gezeichneten Erzeugern gehören u. a. BORGO DEL TIGLIO, La Castellada, Castello di Spessa, MARCO FELLUGA, Fiegl, GRAVNER, Renato Keber, Livon, Aldo Polencic, Primosic, Princic, Russiz SUPERIORE, Schiopetto, Tercic, Terpin, Venica & Venica, VILLA RUSSIZ, Zuani.

Colli Piacentini Em-Ro DOC r rs w ★→★★ BV – Leichte, süffige Weine, oft perlend (rot und weiß) von verschiedenen Trauben, darunter BARBERA und BONARDA (r), MALVASIA und Pignoletto (w) sowie mehrere PINOT-Varianten. Ähnlich wie OLTREPÒ PAVESE. Gute Erzeuger: Montesissa, Mossi, Romagnoli, Solenghi, La Stoppa, Torre Fornello, La Tosa. Siehe auch GUTTURNIO.

Colognole Tosk ★★ Das ehemalige Gut Conti Spalletti erzeugt immer hochklassigeren CHIANTI RUFINA und RISERVA del Don aus steilen Südlagen am Monte Giovi.

Colterenzio, Cantina Produttori (Schreckbichl) T-S ★★→★★★ Protagonist unter den Kellereigenossenschaften SÜDTIROLS mit Sitz in Girlan. Die Weißweine (SAUVIGNON Lafoa, CHARDONNAY Altkirch, PINOT BIANCO Weisshaus Praedium) sind trotz des guten Rufs des CABERNET SAUVIGNON Lafoa insgesamt besser als die Rotweine.

Conegliano Valdobbiadene Ven DOCG w; sch ★→★★ BV – Bezeichnungen für Spitzen-PROSECCO, die einzeln oder zusammen verwendet werden können.

Conterno, Aldo Piem ★★★→★★★★ Der verstorbene Spitzenerzeuger in Monforte d'ALBA galt als Traditionalist, v. a. im Hinblick auf seine erstklassigen BAROLO-Weine Granbussia, Cicala und Colonnello. Seine Söhne richten die Kellerei modernistischer aus.

Conterno, Giacomo Piem ★★★★ Kulterzeuger von extrem traditionellem BAROLO mit Kellerei in Monforte d'Alba; Enkel Roberto führt nun das gute Werk fort. Im Angebot sind zwei Barolos vom Weinberg Cascina Francia in Serralunga: Cascina Francia und Monfortino, mit langer Maischestandzeit bereitet und sehr langlebig. Astronomische Preise.

Conterno Fantino Piem ★★★ Zusammenschluss zweier Familien, die in Monforte d'Alba im modernen Stil die ausgezeichneten BAROLOS Sorì Ginestra und VIGNA del Gris erzeugen. Außerdem ein NEBBIOLO-BARBERA-Verschnitt namens Monprà.

Conterno, Paolo Piem ★★→★★★ Die Familie baut seit 1886 NEBBIOLO und BARBERA an; der derzeitige *titolare* Giorgio führt die Tradition fort und erzeugt die mustergültigen BAROLO-Einzellagenweine Ginestra und Riva del Bric sowie den besonders feinen LANGHE Nebbiolo Bric Ginestra.

Contesa Abr ★★→★★★ Auf den Weinbergen des Önologen Rocco Pasetti in Collecorvino bei Pescara entstehen ausgezeichneter roter MONTEPULCIANO D'ABRUZZO, Rosé von CERASUOLO und weißer PECORINO unter dem Namen Contesa. Die Weine der Spitzenreihe haben persische Namen, etwa Sorab.

Contini, Attilio Sar ★→★★★ Berühmter sardischer Erzeuger von VERNACCIA DI ORISTANO. Am besten ist der Jahrgangsverschnitt Antico Gregori.

Conti Zecca Apu ★★→★★★ Gut im SALENTO, dessen 320 ha fast 2 Mio. Flaschen hervorbringen. Die IGT-Salento-Reihe Donna Marzia ist preiswert, ebenso der SALICE SALENTINO Cantalupi. Der bekannteste der vielen Weine ist der NEGROAMARO/CABERNET SAUVIGNON Nero.

Contucci Tosk ★★→★★★ Tausendjähriger Erzeuger von VINO NOBILE im traditionellen Stil. Der alte Keller in MONTEPULCIANO ist jeden Umweg wert.

Copertino Apu DOC r (rs) ★★★ **08 10 11** (12) – Geschmeidiger, saftiger Rotwein von NEGROAMARO-Trauben vom Stiefelabsatz Italiens. Gute Erzeuger: MONACI, CS Copertino.

Coppo Piem ★★→★★★ Spitzenerzeuger von BARBERA d'ASTI (Pomorosso und RISERVA della Famiglia). Ausgezeichnet sind auch der CHARDONNAY Monteriolo und der Schaumwein Riserva del Fondatore.

Cortona Tosk – Toskanische DOC, die an das Gebiet des VINO NOBILE DI MONTEPULCIANO angrenzt. Verschiedene einheimische und internationale rote und weiße Sorten. Gute Weine sind u. a. der MERLOT/CABERNET Desiderio von Avignonesi, einige erstklassige SYRAH-Weine von Luigi d'Alessandro, Il Castagno und La Braccesca.

CS (Cantina Sociale) Genossenschaftskellerei.

Cubi, Valentina Ven ★★→★★★ Valentina Cubis schönes kleines Gut bringt AMARONE mit Individualität und Klasse sowie VALPOLICELLA CLASSICO mit Charme und Komplexität hervor.

Cusumano Siz ★★→★★★ Relativ neuer wichtiger Erzeuger mit 500 ha in verschiedenen Teilen SIZILIENS. Rotweine von NERO D'AVOLA, CABERNET SAUVIGNON, SYRAH; Weißweine von CHARDONNAY, INZOLIA. Gute Qualität, preiswert.

Dal Forno, Romano Ven ★★★ Erzeuger von VALPOLICELLA, AMARONE und RECIOTO sehr hoher Qualität. Die Perfektion ist umso bemerkenswerter, als die Weinberge außerhalb des CLASSICO-Gebiets liegen.

De Bartoli, Marco Siz ★★★ Das Gut ist berühmt für den (trockenen) Vecchio Samperi in der Art eines MARSALA Vergine. Der beste süße Marsala ist der fassgereifte Ventennale, ein Verschnitt aus jungen und sehr alten

Italien

Jahrgängen. Die Söhne des verstorbenen Gründers Marco de Bartoli erzeugen auch einen Spitzensüßwein aus PANTELLERIA mit dem Namen Bukkuram. Ebenfalls ausgezeichnet sind die trockenen Weißweine Grillo und Zibibbo.

Dei Piem ★★→★★★ Die Pianistin Caterina Dei führt dieses aristokratische Gut in MONTEPULCIANO, auf dem sie mit Kunstfertigkeit und Leidenschaft VINO NOBILE erzeugt. Ihr Meisterwerk ist der Bossona.

Di Majo Norante Mol ★★→★★★ Einer der wenigen Qualitätserzeuger in Molise mit sehr gutem Biferno Rosso, Ramitello, Molise Rosso RISERVA Don Luigi und Molise AGLIANICO Contado, dem weißen FALANGHINA-GRECO-Verschnitt Biblos sowie MOSCATO PASSITO Apianae.

DOC, DOCG Qualitätsweinbezeichnung; siehe Kasten Seite 165.

Dogliani Piem DOCG r ★→★★★ **08 09 10 11** 12 – DOLCETTO-DOCG-Weine aus dem PIEMONT; der Rebsortenname wurde vom Etikett genommen, um uns Weinliebhaber zu verwirren. Einige sind jung zu trinken, manche eignen sich für eine nicht allzu lange Lagerung. Gute Erzeuger: Marziano Abbona, Osvaldo Barbaris, Francesco Boschis, Chionetti, Clavesana, Einaudi, Pecchenino.

Donnafugata Siz r w ★★→★★★ Hochklassiges Angebot an sizilianischen Weinen, u. a. die Roten Mille e Una Notte, Sherazade und Tancredi sowie die Weißen Chiarandà und Ligheia. Dazu sehr feiner MOSCATO PASSITO di PANTELLERIA Ben Ryé.

Dorigo ★★→★★★ Angesehene Kellerei in FRIULI COLLI ORIENTALI (wie es jetzt heißt), die lange Zeit hauptsächlich für seinen Bordeaux-artigen Montsclapade bekannt war. Jetzt baut Alessio Dorigo mehr einheimische Trauben an: REFOSCO, Pignolo und Schioppettino (für Rotwein) sowie RIBOLLA GIALLA, VERDUZZO und PICOLIT (für Weißwein). Der Picolit PASSITO ist besonders köstlich.

Duca di Salaparuta Siz ★★ War früher mit der Marke Corvo in jedem Gasthaus der christlichen Welt auf der Weinkarte zu finden und ist jetzt Eigentum des amerikanischen Spirituosenkonzerns Ilva aus Saronno. Zu den anspruchsvolleren Weine zählen der weiße Kados von Grillo-Trauben, die Nero-d'Avola-Weine Passo delle Mule und Triskele sowie der alte Favorit Duca Enrico.

Elba Tosk r w; (sch) ★→★★ BV – Der Weißwein der Insel (aus den Sorten Ansonica und TREBBIANO) passt meist gut zu Fisch. Trockene Rotweine basieren auf SANGIOVESE. Dazu gute weiße (MOSCATO) und rote (Aleatico Passito DOCG) Süßweine. Gute Erzeuger: Acquabona, Sapereta.

Enoteca »Vinothek«; das kann eine Weinhandlung sein oder auch ein Restaurant mit anspruchsvoller Weinkarte. In der Fortezza von Siena gibt es die nationale Enoteca Italiana.

Esino Mar DOC r w ★→★★★ **06 07 08 09 10 11** (12) (13) – Weitere DOC des VERDICCHIO-Gebiets, die im Bianco neben Verdicchio 50 % und im Rosso neben SANGIOVESE/MONTEPULCIANO 40 % andere Trauben zulässt. Die besten Rotweine liefern Monte Schiavo (Adeodato) und Belisario (Colferraio).

Est! Est!! Est!!! Lat DOC w; tr lbl ★ BV – Wenig bemerkenswerter Weißwein aus Montefiascone nördlich von Rom; profitiert von der (wenig wahrscheinlichen) Legende über die Entstehung seines Namens. FALESCO ist der beste Erzeuger.

Etna Siz DOC r rs w ★★→★★★ **06 07 08 09 10 11** 12 (13) (14) – Wein von oft hohen Lagen am Nordhang des Ätna. Im 20. Jh. schrumpften die Rebflächen am Vulkan. Neues Geld aber hat Neuanpflanzungen und einige ausgezeichnete, wenn auch teure Weine ermöglicht, die recht burgunderartig sind, obwohl sie auf den Sorten NERELLO MASCALESE (rot) und

CARRICANTE (weiß) beruhen. Gute Erzeuger: Benanti, Calcagno, Il Cantante, Cottanera, Nicosia (eine preiswerte Version), Passopisciaro, Girolamo Russo, Terre Nere, Barone di Villagrande.

Falanghina Brauchbarer frischer Weißwein mit Zitrusnoten aus der Gegend um Benevento im Hinterland von Neapel, vor allem DOC SANNIO. Der SOAVE des Südens. Der größte Erzeuger ist La GUARDIENSE.

Falchini Tosk ★★→★★★ Erzeuger von gutem DOCG VERNACCIA DI SAN GIMIGNANO (Vigna a Solatio und dem in Eiche gereiften Ab Vinea Doni), dem erstklassigen Bordeaux-Verschnitt Campora und dem Paretaio auf SANGIOVESE-Basis. Riccardo Falchini war ein Meister des feinen SAN GIMIGNANO; seine halb amerikanischen Kinder sind würdige Nachfolger.

Falerno del Massico Kamp DOC r w ★★→★★★ 07 08 09 10 11 (12) (13) – Der Falernum (oder Falerner) war der Yquem des alten Roms. Heute tragen ein eleganter AGLIANICO-Rotwein und ein fruchtiger trockener Weißer von der FALANGHINA-Traube diesen Namen. Die besten Erzeuger: VILLA MATILDE, Amore Perrotta, Felicia, Moio, Trabucco.

Fara Piem – Siehe GATTINARA.

Faro Siz DOC r ★★★ 06′ 07 08 09 10 11 12 (13) (14) – Intensive, harmonische Rotweine von NERELLO MASCALESE und Nerello Cappuccio in den Hügeln im Hinterland von Messina. Salvatore Geraci von Palari, dem größten Erzeuger, hat sie wieder zum Leben erweckt, als ihr letztes Stündlein schon geschlagen schien. Weiterer Erzeuger: Bonavita.

Felluga, Livio F-JV ★★★ Beständig feine Weine des Bereichs FRIULI COLLI ORIENTALI, v. a. die Verschnitte Terre Alte und Illivio sowie Pinot grigio, SAUVIGNON BLANC, FRIULANO, PICOLIT und der MERLOT-REFOSCO-Verschnitt Sossò.

Felsina Tosk ★★★ Giuseppe Mazzocolin steht diesem CHIANTI-CLASSICO-Gut seit über 30 Jahren vor: klassischer RISERVA Rancia und IGT Fontalloro, beides reinsortige SANGIOVESE-Weine. Außerdem guter CHARDONNAY I Sistri. Das Castello di Farnetella mit gutem CHIANTI COLLI Senesi gehört derselben Familie.

Fenocchio Giacomo ★★★ Kleine Kellerei mit Sitz in Monforte d'ALBA. Traditioneller Stil mit minimalen Eingriffen und Ausbau in großen *botti* aus slawonischer Eiche. Einzellagen u. a. Bussia, Villero und Cannubi.

Ferrari T-S sch ★★→★★★ Trientiner Produzent des besten METODO-CLASSICO-Schaumweins außerhalb der FRANCIACORTA. Sein Spitzen-Cru ist Giulio Ferrari; ebenfalls gut sind der Brut RISERVA Lunelli auf CHARDONNAY-Basis und der Extra Brut Perle' Nero auf PINOT-NERO-Basis.

Feudi di San Gregorio Kamp ★★→★★★ Äußerst angesagter Erzeuger in KAMPANIEN mit DOCG TAURASI Piano di Montevergine, FIANO di Avellino Pietracalda und GRECO DI TUFO Cutizzi. Dazu die roten IGT-Weine Serpico (AGLIANICO) und Patrimo (MERLOT) sowie die weißen FALANGHINA und Campanaro (Fiano/Greco).

Florio Siz – Historischer Qualitätserzeuger von MARSALA; Spezialist für Marsala Vergine Secco Baglio Florio. Bester Wein: Terre Arse (»verbranntes Land«).

Folonari Tosk ★★→★★★ Seitdem Ambrogio Folonari und sein Sohn Giovanni sich von dem Riesen RUFFINO getrennt haben, bestreiten sie ihr ansehnliches Angebot allein: Cabreo (CHARDONNAY bzw. SANGIOVESE/CABERNET SAUVIGNON), die NOZZOLE-Weine (u. a. der erstklassige Cabernet Sauvignon Pareto), BRUNELLO DI MONTALCINO La Fuga sowie VINO NOBILE DI MONTEPULCIANO Gracciano Svetoni. Außerdem Weine aus BOLGHERI, MONTECUCCO und FRIULI COLLI ORIENTALI.

Italien

Fontana Candida Lat ★★ Der größte Erzeuger des einst angesagten FRASCA-TI; besonders gut ist der Einzellagenwein Santa Teresa. Teil des riesigen GRUPPO ITALIANO VINI.

Fontanafredda Piem ★★→★★★ Viel besser gewordener großer Erzeuger von Weinen aus dem PIEMONT auf ehemals königlichen Gütern, darunter BAROLO Serralunga und die Barolo-Crus Lazzarito Mirafiore und Vigna La Rosa. Ausgezeichneter LANGHE NEBBIOLO Mirafiore. Außerdem Weine von der DOC ALBA sowie trockene Schaumweine (Contessa Rosa Pas Dosé) und süße Schaumweine (ASTI).

Fonterutoli Tosk ★★★ Historisches CHIANTI-CLASSICO-Gut der Familie Mazzei in Castellina mit Burg und Hightechkellerei im Herzen der toskanischen Hügellandschaft. Bemerkenswert der Castello di Fonterutoli (eichenholzwürziger, dunkler, modischer CHIANTI) und der IGT Siepi (SANGIOVESE/MERLOT). Der Familie gehört auch die TENUTA di Belguardo in der MAREMMA mit gutem MORELLINO DI SCANSANO und IGT-Weinen sowie Zisola (SIZILIEN) mit dem schönen PETIT VERDOT Effe Emme.

Fontodi Tosk ★★★→★★★★ Das herausragende Gut der Familie Manetti in Panzano erzeugt absolut großartigen CHIANTI CLASSICO, auch Vigna del Sorbo (ehemals RISERVA, jetzt Gran Selezione) und erstklassigen 100%igen SANGIOVESE Flaccianello, einen IGT, der Chianti Classico sein könnte und sollte. Die IGT-Weine Case Via PINOT NERO und SYRAH zählen zu den besten Weinen von diesen Trauben in der TOSKANA.

Foradori T-S ★★★ Elisabetta Foradori ist seit 30 Jahren eine Vorreiterin des italienischen Weinbaus, hauptsächlich mit der großen roten Traube des Trentino, dem Teroldego. Inzwischen verkeltert sie Rotweine wie Morei und Sgarzon sowie Weißweine wie den Nosiola Fontanabianca in Amphoren. Das Spitzenprodukt ist weiterhin der Granato auf Teroldego-Basis.

Franciacorta Lomb DOCG (rs) w; sch ★★→★★★★ Italiens wichtigstes Gebiet für erstklassige METODO-CLASSICO-Schaumweine. Spitzenerzeuger: Barone Pizzini, BELLAVISTA, CA' DEL BOSCO, Castellino, Cavalleri, Gatti, Uberti, Villa; ebenfalls sehr gut: Contadi Gastaldi, Monte Rossa, Ricci Curbastri.

Franco, Nino Ven ★★★→★★★★ Die Kellerei von Primo Franco ist nach seinem Großvater benannt. Zu den allerbesten PROSECCOS zählen Rive di San Floriano Brut und Primo Franco Dry. Ausgezeichneter CARTIZZE, köstlicher normaler Prosecco di Valdobbiadene Brut.

Frascati Lat DOC w; tr lbl s; (sch) ★→★★★ BV – Der bekannteste Wein von den Hügeln um Rom ist ständig durch die Ausweitung der Stadtgrenzen bedroht. Er wird von MALVASIA di Candia und/oder TREBBIANO erzeugt und ist meistens enttäuschend neutral. Die guten Weine entstehen von Malvasia del Lazio (alias Malvasia puntinata), die aufgrund ihres niedrigen Ertrags nicht wettbewerbsfähig ist. Zu empfehlen sind Weine von Castel de Paolis, Conte Zandotti, Villa Simone und Santa Teresa von FONTANA CANDIDA sowie Colle Gaio von COLLI DI CATONE, 100 % Malvasia del Lazio, obwohl IGT.

Frascole ★★→★★★ Der nördlichste Erzeugerbetrieb im nördlichsten CHIANTI-Gebiet. Enrico Lippi führt das in die Ausläufer der Apenninen geschmiegte kleine Bio-Gut mit Augenmerk auf Authentizität und Typizität. Der CHIANTI RUFINA ist das Zugpferd, aber der Riserva ist wirklich etwas Besonderes und der Bianco di Toscana ist einer der besten TREBBIANOS überhaupt. Für den VIN SANTO würde man alles geben.

Freisa Piem DOC r; tr lbl s; fz (sch) ★→★★★ Zwei Stile werden erzeugt: einer lebhaft, manchmal perlend, manchmal süßlich, der andere anspruchsvoll, trocken und tanninbetont zum Einkellern (es gelten daher die Jahrgangsempfehlungen für BAROLO). Am besten von Brezza, Cigliuti, CLERI-

CO, ALDO CONTERNO, COPPO, Franco Martinetti, GIUSEPPE MASCARELLO, Parusso, Pecchenino, Pelissero, Sebaste, Trinchero, VAJRA, VOERZIO.

Frescobaldi Tosk ★★→★★★★ Alte Adelsfamilie und führender Pionier für CHIANTI RUFINA auf dem Gut NIPOZZANO (probieren Sie den Montesodi ★★★); außerdem BRUNELLO vom Gut CASTELGIOCONDO in MONTALCINO. Alleineigentümer des Guts LUCE (Montalcino) und von ORNELLAIA (BOL-GHERI). Weinberge auch in der MAREMMA, in Montespertoli und im COLLIO.

Friulano F-JV ★→★★ Auf Druck aus Ungarn hat die EU einen neuen Namen für das erzwungen, was früher Tocai friulano hieß. Frische, pikante, subtil florale Weißweine, am besten aus COLLIO, ISONZO und FRIULI COLLI ORIEN-TALI. Viele gute Erzeuger: BORGO DEL TIGLIO, LIVIO FELLUGA, LIS NERIS, Pier-paolo Pecorari, RONCO del Gelso, Ronco di Gnemiz, Russiz SUPERIORE, SCHIOPETTO, Le VIGNE di Zamò, VILLA RUSSIZ. Der neue Name für den ehe-malige Tocai aus Venetien ist übrigens TAI.

Friuli Colli Orientali DOC r w; tr s ★★★→★★★★ (Früher Colli Orientali del Friuli.) Hügel im Osten von FRIAUL, an der slowenischen Grenze, ähnlich wie COLLIO, aber weniger experimentell und mehr auf Rot- und Süßweine ausgerichtet. Spitzenerzeuger: Meroi, Miani, Moschioni, LIVIO FELLUGA, Rosa Bosco, RONCO del Gnemiz. Süßweine vom VERDUZZO (alias Ramandolo, wenn aus der Umgebung von Nimis: Anna Berra, Giovanni Dri) oder PICOLIT-Trauben (Ronchi di Cialla) sind oft großartig.

Friaul–Julisch Venetien Region im Nordosten. In puncto Wein sind die Hügel an der slowenischen Grenze den weiten Schwemmtälern im Westen über-legen. Die Qualitäts-DOCS sind ISONZO, COLLIO und COLLI ORIENTALI. Un-geachtet einiger guter Rotweine gilt die Region v. a. als Heimat der span-nendsten und vollendetsten Weißweine Italiens.

Frizzante Leicht schäumend, mit einem Druck von bis zu 2,5 bar – etwa MOSCATO D'ASTI, die meisten PROSECCOS, LAMBRUSCO und Co. Im Nord-westen Italiens entstehen viele spritzige Weine, die es nie in die weite Welt hinaus schaffen. Schade eigentlich.

Fuligni Tosk ★★★ Hervorragender Erzeuger von BRUNELLO und ROSSO DI MONTALCINO.

Gaja Piem ★★★★ Altes Familienunternehmen in BARBARESCO unter der Lei-tung von Angelo Gaja, dem überaus präsenten Apostel des italienischen Weins, in dessen Fußstapfen nun Tochter Gaia Gaja tritt. Hohe Qualität, noch höhere Preise. Der Barbaresco ist der einzige Piemonteser DOCG-Wein, den Gaja noch erzeugt, nachdem er die Weine von den Barbare-sco-Einzellagen Sorì Tildìn, Sorì San Lorenzo und Costa Russi sowie den BAROLO Sperss jetzt nur noch als DOC LANGHE produziert, um BARBERA mit NEBBIOLO verschneiden zu können. Außerdem herrlicher CHARDON-NAY (Gaia e Rey) und CABERNET SAUVIGNON Darmagi. Besitzt außerdem Pieve di Santa Restituta in MONTALCINO und Ca' Marcanda in BOLGHERI.

Galardi Kamp ★★★→★★★★ Erzeuger von Terra di Lavoro, einem hoch an-gesehenen Verschnitt von AGLIANICO und Piedirosso im nördlichen KAM-PANIEN.

Garda Ven DOC r rs w ★→★★ r **10 11 12** 13; rs w BV – Übergeordnete DOC für jung zu trinkende Weine aller Farben aus den Provinzen Verona (Vene-tien), Brescia und Mantova (Lombardei). Gute Erzeuger sind Cavalchina und Zeni.

Garofoli Mar ★★→★★★ Spitzenreiter in puncto Qualität in den Marken (bei Ancona), Spezialist für VERDICCHIO (Podium, Macrina, Serra Fiorese) und ROSSO CONERO (Piancarda, Grosso Agontano).

Gattinara Piem DOCG r ★★→★★★★ **04' 06 07 08 09** 10 11 12 (13) – Bekann-tester einer Gruppe nordpiemontesischer DOC(G)-Bereiche auf der Basis von NEBBIOLO, der hier Spanna heißt. Die besten Erzeuger sind Travaglini,

Antoniolo, Bianchi, Nervi, Torraccia del Piantavigna. Ähnliche DOC(G)s in der Umgebung sind Ghemme, Boca, Bramaterra, Colline Novaresi, Costa della Sesia, Fara, Lessona und Sizzano. Mit BAROLO/BARBARESCO in Bestform kann es jedoch keiner aufnehmen.

Gavi Piem DOCG w ★→★★★ BV – Von Cortese-Trauben gekelterter, bestenfalls subtiler, trockener, meistens jedoch eintöniger Weißwein. Ein Großteil kommt aus der Gemeinde Gavi und heißt dann Gavi di Gavi bzw. inzwischen prosaischer Gavi del Comune di Gavi. Am besten von Castellari Bergaglio, Franco Martinetti, Villa Sparina, Toledana, Broglia, Cascina degli Ulivi, Castello di Tassarolo, Chiarlo, La Giustiniana, Podere Saulino.

Ghemme Piem DOCG – Siehe GATTINARA.

Giacosa, Bruno Piem ★★★→★★★★ Das tiefgründige Genie der Weinbereitung, von manchen als der größte Kellermeister Italiens angesehen, erlitt 2006 einen schweren Schlaganfall, bereitet jedoch weiter im traditionellen Stil herrlichen BARBARESCO (Asili, Santo Stefano) und BAROLO (Falletto und Le Rocche del Falletto). Spitzenweine (d. h. RISERVAS) bekommen das berühmte rote Etikett. Erzeugt werden auch hervorragende Rot- (DOLCETTO, NEBBIOLO, BARBERA) und Weißweine (ARNEIS) sowie der erstaunliche Schaumwein Brut METODO CLASSICO.

Grappa Kräftiger Tresterbranntwein (d. h. aus den nach dem Pressen übrig gebliebenen Traubenschalen usw. bereitet). Die Bandbreite reicht von scheußlich bis ausgezeichnet. Entspricht dem französischen Marc.

Grasso, Elio Piem ★★★→★★★★ Erstklassiger BAROLO-Erzeuger (mit den Crus Gavarini VIGNA Chiniera, Ginestra Casa Maté). Auch sehr guter BARBERA d'ALBA Vigna Martina, DOLCETTO d'Alba und CHARDONNAY Educato. Sohn Gianluca hat jetzt definitiv das Ruder übernommen.

Grave del Friuli F-JV DOC r w ★→★★ r **10 11** 12 (13) – Die größte DOC in FRIAUL–JULISCH VENETIEN, v. a. in der Ebene gelegen. Bedeutende Mengen kaum überzeugender Weine. Lobenswerte Ausnahmen sind Borgo Magredo, Di Lenardo, RONCO Cliona, San Simone, Villa Chiopris.

Gravner, Josko F-JV ★★★→★★★★ Der umstrittene Erzeuger im COLLIO maischt Rot- und Weißweine auf den Hülsen in vergrabenen Amphoren, baut sie lange aus und füllt sie unfiltriert ab: Sie werden entweder für ihre Komplexität geliebt oder für ihre Oxidiertheit und die Phenolkomponenten gehasst. Das Angebot umfasst u. a. einen Rosso, den weißen Verschnitt Breg und einen sortenreinen RIBOLLA GIALLA. Die 2006er sind jetzt endlich auf dem Markt.

Greco di Tufo Kamp DOCG w; (sch) ★★→★★★ BV – Einer der besten Weißweine des Südens, Zitrusfrüchte mit Anklängen an Orangenschale, im besten Fall lagerfähig. Spitzenerzeuger: Caggiano, Caputo, Benito Ferrara, FEUDI DI SAN GREGORIO, Maccialupa, Mastroberardino (Nova Serra, Vignadangelo), Vesevo, Villa Raiano.

Grignolino Piem DOC r ★★ BV – Lebhafter, leichter Rotwein aus der Gegend um ASTI. Am besten von BRAIDA, Marchesi Incisa della Rocchetta. Daneben gibt es auch die DOC Grignolino del Monferrato Casalese (Accornero, Bricco Mondalino, La Tenaglia).

Gruppo Italiano Vini (GIV) Zusammenschluss von Genossenschaften und Kellereien mit dem größten Weinbergbesitz Italiens. Zu den angeschlossenen Weingütern gehören Bigi, BOLLA, Ca' Bianca, Calissano, Conti Serristori, FONTANA CANDIDA, Lamberti, Machiavelli, MELINI, Nino Negri, Santi und Vignaioli di San Floriano. Ist mit Investitionen in SIZILIEN und der Basilikata auch Richtung Süden expandiert.

Guardiense, La Kamp ★★ Die dynamische Genossenschaft mit mehr als 1.000 Mitgliedern und 2.000 ha Rebland erzeugt unter der Leitung von

Riccardo Cotarella überdurchschnittliche Weiß- und Rotweine zu unter- durchschnittlichen Preisen. Weltgrößter Erzeuger von FALANGHINA.

Guerrieri Rizzardi ★★→★★★ Alteingesessener, adliger Erzeuger der Weine aus Verona, v. a. Veronese GARDA. Guter BARDOLINO CLASSICO Tacchetto, eleganter AMARONE Villa Rizzardi und Cru Calcarole sowie ROSATO Rosa Rosae. Sehr guter SOAVE Classico Costeggiola.

Gutturnio dei Colli Piacentini Em-Ro DOC r; tr ★→★★ BV – Ein BARBERA-BONARDA-Verschnitt aus den COLLI PIACENTINI, manchmal schäumend. Erzeuger: Castelli del Duca, La Pergola, La Stoppa, La Tosa.

Haas, Franz T-S ★★★ Erzeuger in SÜDTIROL mit sehr gutem PINOT NERO und LAGREIN (Schweizer) sowie roten und weißen IGT-Verschnittweinen, v. a. dem weißen Manna.

Hofstätter T-S ★★★ SÜDTIROLER Spitzenqualitätserzeuger mit Sitz in Tramin; der erstklassige Pinot nero ist wohl der beste in Italien. Besonders emp- fehlenswert ist der Barthenau VIGNA Sant'Urbano. Auch andere typische Südtiroler Weine, v. a. – natürlich! – GEWÜRZTRAMINER.

Indicazione Geografica Tipica (IGT) Immer häufiger als Indicazione Geografi- ca Protetta (IGP) bezeichnet. Siehe Kasten S. 165.

Ischia Kamp DOC (r) w ★→★★ BV – Vor Neapel liegende Insel mit eigenen Rebsorten (z. B. Forastera, Biancolella), deren Weine hauptsächlich von Touristen getrunken werden. Spitzenerzeuger: D'Ambra (Biancolella, Frassitelli, Forastera, Euposia). Gute Weine kommen auch von Il Giardino Mediterraneo und Pietratorcia.

Isole e Olena Tosk ★★★→★★★★ Erstklassiges CHIANTI-CLASSICO-Weingut unter Leitung des scharfsinnigen Paolo de Marchi mit großartigem rotem IGT Cepparello. Sehr gut auch VIN SANTO, CABERNET SAUVIGNON, CHAR-DONNAY und SYRAH. Besitzt auch Sperino in Lessona (siehe GATTINARA).

Isonzo F-JV DOC r w ★★★ Die luftige Kiesebene des Gebiets Friuli Isonzo hat viele DOCS mit sortenreinen Weinen und Verschnitten. Die Stars sind fast alle duftende, strukturierte Weißweine, etwa der Flors d'Uis von VIE DI ROMANS und der Fiore di Campo von LIS NERIS. Gut auch: Borgo Conventi, Pierpaolo Pecorari, RONCO del Gelso.

Jermann, Silvio F-JV ★★→★★★ Das berühmte Gut mit Weinbergen im COL-LIO und in ISONZO erzeugt die hochwertigen weißen Verschnitte Vintage Tunina und Capo Martino (in Eiche ausgebaut) sowie einen CHARDONNAY, der früher »Dreams« hieß.

Kampanien Die ländliche Spielwiese der Römer ist heute wie in der Antike eine der faszinierendsten Anbauregionen in Italien. Die Reben wachsen sowohl an der Küste (und auf Inseln wie ISCHIA und Capri) als auch im – fast durchgängig besseren – bergigen Landesinneren. Charaktervolle wei- ße Sorten, allen voran FALANGHINA, FIANO und GRECO; unter den roten dominiert AGLIANICO. Zu den klassischen DOCS zählen FIANO d'Avellino, GRECO DI TUFO und TAURASI, doch neuere Anbaugebiete wie Sannio oder Benevento machen nun ebenfalls von sich reden. Gute Erzeuger: Caggia- no, CANTINA del Taburno, Caputo, COLLI di Lapio, D'Ambra, De Angelis, Benito Ferrara, Feudi di San Gregorio, GALARDI, LA GUARDIENSE, Mastro- berardino, Molettieri, MONTEVETRANO, Mustilli, Luigi Tecce, Terredora di Paolo, Trabucco, VILLA MATILDE.

Lacrima di Morro d'Alba Mar BV – Leichter Rotwein mit kuriosem Namen, Rosenduft und Muskatnote aus einer kleinen Gemeinde in den Marken – mit dem piemontesischen ALBA oder La Morra hat er nichts zu tun. Gute Erzeuger: Mancinelli, MONTE SCHIAVO.

Lacryma (oder **Lacrima**) **Christi dei Vesuvio** Kamp r rs w; tr (s); (sch) ★ →★★ Weine der DOC Vesuvio auf Grundlage der Trauben Coda di Volpe (weiß) und Piedirosso (rot). Trotz des romantischen Namens kann der Vesuv in puncto Qualität nicht im Entferntesten mit dem Ätna mithalten. Caputo, De Angelis und MASTROBERARDINO erzeugen eher uninspirierte Versionen.

Lageder, Alois T-S ★★→★★★ Spitzenerzeuger in SÜDTIROL. Die faszinierendsten Weine sind sortenreine Einzellagengewächse: Lehenhof (Sauvignon blanc), Benefizium Porer (PINOT GRIGIO), Löwengang (CHARDONNAY), Am Sand (GEWÜRZTRAMINER), Krafuss (PINOT NERO), Lindenberg (LAGREIN) und Cor Römigberg (CABERNET SAUVIGNON). Mit zum Besitz gehört das Gut Cason Hirschprunn mit sehr guten roten und weißen IGT-Verschnitten.

Lago di Corbara Umb r ★★ 08 09 10 11 12 – Relativ neuer DOC-Bereich für Qualitätsrotweine aus der Gegend um ORVIETO. Am besten von BARBERANI (Villa Monticelli) und Decugnano dei Barbi (II).

Lagrein T-S DOC r rs ★★→★★★ 06 07 08 09 11 12 – Pflaumenwürzige Rotweine mit bitterem Abgang von der LAGREIN-Traube. Am besten aus Gries, einem Vorort von Bozen. Spitzenerzeuger: die Genossenschaften Gries, St. Magdalener, Schreckbichl und TERLAN sowie die Güter Gojer, HAAS, HOFSTÄTTER, LAGEDER, Laimburg, Josephus Mayr, Thomas Mayr, MURI-GRIES, NALS MARGREID, Niedermayr, Niedrist, St-Magdalener, TIEFENBRUNNER.

Lambrusco Em-Ro DOC (teilweise) r rs w; tr lbl ★→★★ BV – Perlender Rotwein aus der Nähe von Modena, der in seiner lieblichen Massenversion (ohne DOC) früher sehr beliebt war. Der echte Lambrusco ist dagegen trocken, frisch und lebhaft und passt hervorragend zu den reichhaltigen Spezialitäten der Emilia-Romagna. DOCs: Lambrusco Grasparossa di Castelvetro, Lambrusco Salamino di Santa Croce und Lambrusco di Sorbara. Beste Erzeuger: Albinea Canali, Bellei, Caprari, Casali, Cavicchioli, Graziano, Lini Oreste, Medici Ermete (v. a. Concerto), Rinaldo Rinaldini, Venturini Baldini.

Langhe Piem – Die Hügel in der Mitte des PIEMONT, Heimat von BAROLO, BARBARESCO usw. DOC für mehrere sortenreine Piemonteser Weine sowie die Verschnitte Bianco und Rosso. Erzeuger, die wie GAJA andere Rebsorten in ihren NEBBIOLO einbringen möchten, können dies unter der DOC Langhe Nebbiolo bis zu einem Limit von 15 % tun.

Le Potazzine Tosk ★★★ BRUNELLO und ROSSO DI MONTALCINO von Giuseppe und Gigliola Gorelli; hohe Lagen am südlichen Rand von Montalcino. Die Weine werden immer (noch) besser und ernten überall Bewunderung. Man kann sie im Restaurant der Familie im Zentrum von Montalcino trinken.

Lessona Piem – Siehe GATTINARA. Siehe auch ISOLE E OLENA.

Librandi Kal ★★★ Spitzenerzeuger und Vorreiter bei der Nutzbarmachung kalabresischer Rebsorten. Sehr guter roter CIRÒ (Riserva Duca Sanfelice ★★★), IGT Gravello (CABERNET SAUVIGNON/Gaglioppo), roter Magno Megonio (Magliocco) und weißer IGT Efeso (Mantonico). Weitere autochthone Sorten sind in der Erprobungsphase. Im Auge behalten.

Ligurien ★→★★★ Steile, felsige italienische Küste: Die meisten Weine verkaufen sich mit sattem Gewinn an sonnenhungrige Touristen und kommen daher nicht weit. Die wichtigsten Trauben sind VERMENTINO (weiß) – der beste Erzeuger ist Lambruschi – und DOLCETTO (rot), doch einen SCIACCHETRÀ von den CINQUE TERRE oder einen roten Ormeasco di Pornassio sollte man sich bei Gelegenheit nicht entgehen lassen.

Lisini Tosk ★★★→★★★★ Historisches Weingut mit besonders feinem und lange haltbarem BRUNELLO di Montalcino, v. a. RISERVA Ugolaia.

Lis Neris F-JV ★★★ Spitzenweingut im Bereich ISONZO, bekannt für Weiße, v. a. PINOT GRIGIO (Gris), CHARDONNAY (Jurosa), SAUVIGNON BLANC (Picol), FRIULANO (Fiore di Campo) sowie die Verschnittweine Confini und Lis. Sehr gut sind auch der Lis Neris Rosso (MERLOT/CABERNET SAUVIGNON) und der süße weiße Tal Luc (VERDUZZO/RIESLING).

Locorotondo Apu DOC w; (sch) ★ BV – Durstlöschender trockener Weißwein von den Sorten Verdeca und Bianco d'Alessano.

Luce Tosk ★★★ FRESCOBALDI ist, nachdem der ursprüngliche Partner Mondavi ausbezahlt wurde, inzwischen alleiniger Besitzer dieser Übung in Übertreibung und hohen Preisen. Ein SANGIOVESE-MERLOT-Verschnitt für Oligarchen.

Lugana DOC w; (sch) ★★→★★★ BV – Viel besser gewordener Weißwein vom südlichen Gardasee; Hauptrebe TREBBIANO di Lugana (Verdicchio). Die besten Erzeuger: CA' DEI FRATI, ZENATO. Besonders gute Einzellagenweine (Lugana SUPERIORE): Ottella (Le Creete, Molceo), Selva Capuzza (Selva, Menasasso RISERVA). Guter MONTEFALCO SAGRANTINO.

Lungarotti Umb ★★★ Das führende Haus für TORGIANO-Weine mit Kellern, Hotel und Weinmuseum in der Nähe von Perugia. Spitzenweine sind DOC Rubesco und DOCG RISERVA Villa Monticchio. Erzeugt auch gute IGT-Weine: Sangiorgio (SANGIOVESE/CABERNET SAUVIGNON), Aurente (CHARDONNAY) und Giubilante. Guter MONTEFALCO SAGRANTINO.

Macchiole, Le Tosk ★★★ Eine der wenigen Kellereien in einheimischem Besitz in BOLGHERI. Cinzia Merli führt gemeinsam mit dem Önologen Luca d'Attoma das beachtliche Werk ihres verstorbenen Mannes fort: CABERNET FRANC (Paleo Rosso), MERLOT (Messorio) und SYRAH (Scrio).

Maculan Ven ★★★ Fausto Maculan, Qualitätspionier in Venetien, erzeugt nach wie vor ausgezeichneten CABERNET SAUVIGNON (Fratta, Palazzotto), ist aber wohl hauptsächlich für seinen süßen TORCOLATO (v. a. die RISERVA Acininobili) bekannt.

Malenchini Tosk ★★ Gut einer alten Florentiner Familie (von ihrem Balkon aus kann man den Dom sehen), die anständigen einfachen Chianti und komplexeren CHIANTI COLLI Fiorentini sowie den CABERNET SAUVIGNON/SANGIOVESE-Verschnitt Bruzzico erzeugt.

Malvasia delle Lipari Siz DOC w; s ★★★ Vollmundiger lieblicher Wein von einer der verschiedenen italienischen Rebsorten namens MALVASIA. Lipari ist eine wunderschöne Insel vor der Küste SIZILIENS; eine Reise wert.

Mamete Prevostini Lomb ★★→★★★ Relativ neuer Erzeuger von VALTELLINA. Erstklassige sortenreine NEBBIOLO-DOCG-Weine, hauptsächlich Sassella SUPERIORE, aber auch Inferno und Grumello Superiore. Zwei feine Sforzatos.

Manduria (Primitivo di) Apu DOC r; lbl ★★→★★★ Manduria ist die geistige Heimat von PRIMITIVO alias ZINFANDEL. Man mache sich also auf herzhafte, alkoholstarke, manchmal portweinartige Weine gefasst, die zu würzigen Speisen passen. Gute Erzeuger in Manduria und anderswo: Cantele, de Castris, Gianfranco Fino, Polvanera, Racemi, CS Manduria.

Marchesi di Barolo Piem ★★ Historischer (vielleicht sogar der erste) BAROLO-Erzeuger in der Gemeinde Barolo, der Weine von den Crus Cannubi und Sarmassa erzeugt, aber auch andere Gewächse aus ALBA.

Maremma Tosk – Angesagtes Küstengebiet im Süden der TOSKANA, das größtenteils Anfang des 19. Jhs. durch die Trockenlegung von Malaria-Sumpfland gewonnen wurde. DOC(G)S: MONTEREGIO, MORELLINO DI SCANSANO, PARRINA, Pitigliano, SOVANA (Grosseto). Die IGT Maremma Toscana ist nun zur DOC Maremma Toscana geworden.

Marsala Siz DOC w; s – Der einstmals berühmte gespritete Wein SIZILIENS (★→★★★) wurde 1773 von den Gebrüdern Woodhouse aus Liverpool »erfunden«. Im 20. Jh. verkam er zur Kochzutat; diese Versionen werden aber nicht mehr mit dem DOC-Siegel ausgezeichnet. Verschiedene Stile, von trocken bis sehr süß. Der beste ist der sehr trockene Marsala Vergine, der manchmal einen brauchbaren, wenn auch kaum angesagten Aperitif abgibt. Siehe auch DE BARTOLI.

Marzemino (Trentino) T-S DOC r ★→★★ 10 11 12 – Angenehmer Alltagsrotwein, fruchtig und leicht bitter. Empfehlenswerte Erzeuger: Bossi Fedrigotti, CA' VIT, De Tarczal, Gaierhof, Letrari, Longariva, Simoncelli, E. Spagnoli, Vallarom.

Mascarello Piem – Zwei führende BAROLO-Erzeuger tragen diesen Namen: der verstorbene Bartolo Mascarello in Barolo, dessen Tochter Maria Teresa den sehr traditionellen Weg ihres Vaters weitergeht, und Giuseppe Mascarello in Monchiero, dessen Sohn Mauro großartigen Barolo im ausgeprägt traditionellen Stil von der Spitzenlage Monprivato in Castiglione Falletto bereitet. Andere Mascarellos sollten Sie besser meiden.

Masi Ven ★★→★★★ Der typische und gleichzeitig innovative Erzeuger von Veroneser Weinen wird von Sandro Boscaini geführt, dessen Begeisterung ansteckend ist. VALPOLICELLA, AMARONE, RECIOTO, SOAVE usw., u. a. mit feinem Rosso Veronese Campo Fiorin. Außerdem werden an Amarone erinnernde Weine aus dem Friaul und aus Argentinien produziert. Sehr guter fassgereifter roter IGT Toar von CORVINA und Oseleta sowie Osar (Oseleta). Die besten Amarones sind Costasera und Campolongo di Torbe.

Massa, La Tosk ★★★ Giampaolo Motta ist ein Bordeaux-Liebhaber, der auf seinem schönen Gut in Panzano im CHIANTI CLASSICO (dessen DOCG er den Rücken gekehrt hat) dem französischen Gewächs ähnliche IGT-Weine mit toskanischem Akzent aus CABERNET SAUVIGNON, MERLOT und (immer weniger) SANGIOVESE erzeugt: La Massa und Giorgio Primo.

Massolino Vigna Rionda Piem ★★★ Eines der besten Güter in der BAROLO-Gemeinde Serralunga, bekannt für typisch tanninhaltige Weine. Die Barolos Parafada und Margheria, beide ausgezeichnet, haben eine feste Struktur, aber auch eine fruchtige Süffigkeit. Der Spitzen-Cru heißt RISERVA Vigna Rionda und ist äußerst langlebig.

Mastroberardino Kamp ★★★ Historischer Erzeuger in der gebirgigen kampanischen Provinz Avellino, der in der finsteren Zeit Mitte des 20. Jhs. die Fackel der Qualität für Italiens Süden hochhielt. Taurasi der Spitzenklasse (v. a. Historia Naturalis und Radici) sowie FIANO di Avellino More Maiorum und GRECO DI TUFO Nova Serra.

Matura, Gruppo Gruppe von Agronomen und Önologen unter der Leitung von Alberto Antonini und Attilio Pagli, die Erzeugern nicht nur überall in der TOSKANA, sondern auch im Rest Italiens und der Welt zur Seite steht.

Melini Tosk ★★ Großer Erzeuger von CHIANTI CLASSICO in Poggibonsi; gehört zu GRUPPO ITALIANO VINI. Gute Qualität, guter Preis, v. a. Chianti Classico Selvanella sowie die RISERVA-Weine La Selvanella und Masovecchio.

Metodo classico/tradizionale Italienisch für »Champagnermethode«.

Mezzacorona T-S ★→★★ Sehr große Genossenschaft in der Gemeinde Mezzocorona (sic!) im TRENTINO mit breitem Angebot an guten Weinen, v. a. TEROLDEGO ROTALIANO Nos und Rotari METODO CLASSICO.

Monferrato Piem DOC r rs w; s ★→★★ Hügelland zwischen Po und Apennin; in der Regel eher Alltagsweine als anspruchsvollere Kreszenzen.

Monica di Sardegna Sar DOC r ★→★★ BV – In weiten Teilen SARDINIENS angebaute rote Traube für recht leichten, süffigen Wein.

Monsanto Tosk ★★★ Hoch angesehenes CHIANTI-CLASSICO-Weingut mit Il Poggio RISERVA (dem ersten Chianti Classico aus einer Einzellage), Chianti Classico RISERVA sowie den IGTS Fabrizio Bianchi (CHARDONNAY) und Nemo (CABERNET SAUVIGNON).

Montalcino Tosk – Das kleine, aber äußerst hübsche Hügelstädtchen in der Provinz Siena ist berühmt für seinen konzentrierten, teuren BRUNELLO und den etwas zugänglicheren, günstigeren ROSSO DI MONTALCINO.

Montecarlo Tosk DOC r w ★★ w BV – Weiß- und immer mehr Rotwein aus einem Bereich bei Lucca. Erzeuger: Buonamico, Carmignani, La Torre, Montechiari und Fattoria del Teso.

Montecucco Tosk – Toskanischer DOC-Bereich auf SANGIOVESE-Basis zwischen Monte Amiata und Grosseto, der angesichts des unaufhaltsamen Anstiegs der Grundstückspreise in MONTALCINO immer beliebter wird. Als Montecucco Sangiovese ein DOCG. Empfehlenswert: v. a. CASTELLO DI POTENTINO (Sacromonte, Piropo); außerdem Begnardi, Ciacci Piccolomini, COLLI Massari, Fattoria di Montecucco, Villa Patrizia. Betriebe wie FOLONARI, MASI, Pertimali, Riecine und Talenti haben hier beträchtliche Summen investiert.

Montefalco Sagrantino Umb DOCG r; tr (s) ★★★→★★★★ Enorm tanninhaltige, kraftvolle, langlebige Weine, denen vor Kurzem ein großes Potenzial nachgesagt wurde. Jetzt werden Zweifel wach, denn es ist schwierig, die Phenole zu zähmen, ohne dem Wein seinen Charakter zu nehmen. Die traditionelle bittersüße PASSITO-Version ist der Traube vielleicht angemessener, verkauft sich aber nicht so gut. Gute Erzeuger: Adanti, Antonelli, Paolo Bea, Benincasa, CAPRAI, Colpetrone, LUNGAROTTI, Scacciadiavoli, Tabarrini und Terre de' Trinci.

Montepulciano d'Abruzzo Abr DOC r rs ★★→★★★ (r) **09 10 11 12** 13 – Preiswerter, geschmacksintensiver Rotwein und pikanter, schmackhafter Rosé (CERASUOLO) von Trauben desselben Namens. Die Region östlich von Rom ist von Genossenschaften dominiert; gut sind u. a. Citra, Miglianico, Roxan und Tollo. Exzellente private Erzeuger sind u. a. Cornacchia, CONTESA, Contucci Ponno, Illuminati, Marramiero, Masciarelli, Pepe, La Valentina, VALENTINI, Zaccagnini. Nicht zu verwechseln mit dem toskanischen Städtchen, aus dem der hauptsächlich von SANGIOVESE erzeugte VINO NOBILE DI MONTEPULCIANO kommt.

Monteregio Tosk – DOC nahe Massa Marittima in der MAREMMA. Gute Weine von SANGIOVESE und CABERNET SAUVIGNON (rot) sowie VERMENTINO (weiß) liefern u. a. MORIS FARMS und TENUTA del Fontino. Namhafte Investoren wurden von den relativ niedrigen Grundstückspreisen angelockt, doch die DOC ist nach wie vor unbekannt.

Monte Schiavo Mar ★★→★★★ Mit der Mode gehender mittelgroßer Erzeuger von VERDICCHIO und Rotweinen auf MONTEPULCIANO-Basis verschiedener Qualitätsstufen, gut bis ausgezeichnet. Im Besitz von Pieralisi, dem weltgrößten Hersteller von Maschinen für die Olivenölpressung.

Montescudaio Tosk DOC r w ★★ Bescheidener Bereich zwischen Pisa und Livorno; am besten sind SANGIOVESE oder Verschnitte von Sangiovese und CABERNET SAUVIGNON. Erzeuger: Merlini, Poggio Gagliardo, La Regola und Sorbaiano.

Montevertine Tosk ★★★★ Weingut in Radda. Klassiker im CHIANTI-Stil, aber ohne DOCG. Der IGT Le Pergole Torte ist ein gutes, manchmal sogar ausgezeichnetes Beispiel für lange haltbaren reinen SANGIOVESE.

Montevetrano Kamp ★★★ Angesehene kampanische AZIENDA; die Weinbereitung wird von Berater Riccardo Cotarella überwacht. Hervorragender IGT Montevetrano (CABERNET SAUVIGNON/MERLOT/AGLIANICO).

Morellino di Scansano Tosk DOCG r ★→★★★ **09 10 11** 13 – Der SANGIOVESE-Rotwein aus der MAREMMA war früher relativ leicht und einfach, gewinnt jetzt aber (in manchen Fällen leider) an Gewicht und Substanz, vielleicht um seinen DOCG-Status zu rechtfertigen. Am besten von Belguardo, Mantellasi, MORIS FARMS, Podere 414, Poggio Argentiera, LE PUPILLE, Terre di Talamo und der Genossenschaft Vignaioli del Morellino di Scansano.

Moris Farms Tosk ★★★ Einer der ersten modernen Erzeuger in der toskanischen MAREMMA mit den DOC-Weinen MONTEREGIO und Morellino di Scansano sowie IGT VERMENTINO. Spitzen-Cru ist der jetzt hoch angesehene IGT Avvoltore, ein reichhaltiger Verschnitt aus SANGIOVESE, CABERNET SAUVIGNON und SYRAH. Empfehlenswert ist der einfache Morellino.

Balsamina gefällig?

In Italien wimmelt es nur so von wunderlichen und wunderbaren Rebsorten. Die große Region Emilia-Romagna, zu der ein großer Teil der Poebene sowie die im Norden und Süden daran angrenzenden Hügel und Berge gehören, rühmt sich folgender obskurer einheimischer Trauben, von denen manche sogar uns unbekannt gewesen waren, bevor wir der Region kürzlich einen Besuch abstatteten: Balsamina, Cagnina, Centesimino, Famoso, Fantini, Longanesi, Pagadebit, Pignoletto, Rebola, Ruggine, Spargola, Tarmarina. Ganz zu schweigen von den diversen Lambrusco-Untersorten wie Lambrusco di Sorbara, Lambrusco Salamino (»Würstchen«), Lambrusco Grasparossa, Lambrusco Marani. Und von der farbintensiven Ancellotta und ihren Kompagnons … Die Liste könnte beliebig lange fortgeführt werden.

Moscato d'Asti Piem DOCG w; s; sch ★★→★★★ BV – Die Weine sind ähnlich wie die der DOCG ASTI, doch gewöhnlich von besserem Rebgut gekeltert, außerdem weniger alkoholstark, weniger kohlensäurehaltig, süßer und fruchtiger und meist von kleineren Gütern bereitet. Spitzenerzeuger: L'Armangia, BERA, Braida, Ca' d'Gal, Cascina Fonda, Cascina Pian d'Oro, Caudrina, Il Falchetto, Forteto della Luja, Marchesi di Grésy, Icardi, Isolabella, Manfredi/Patrizi, Marino, La Morandina, Marco Negri, Elio Perrone, Rivetti, Saracco, Scagliola, Vajra, Vietti, Vignaioli di Santo Stefano.

Muri-Gries T-S ★★→★★★ Das Kloster im Bozener Vorort Gries ist ein traditioneller und immer noch erstklassiger Erzeuger von SÜDTIROLER LAGREIN DOC. Empfehlenswert v. a. die Reihe Abtei Muri.

Nals Margreid T-S ★★→★★★ Kleine qualitätsbewusste Winzergenossenschaft mit alpenfrischen Weißweinen (v. a. PINOT BIANCO Sirmian) aus zwei verschiedenen Gemeinden in SÜDTIROL.

Nebbiolo d'Alba Piem DOC r; tr ★★→★★★ **09 10 11 12** 13 (14) – Manchmal ein vollwertiger Ersatz für BAROLO/BARBARESCO; gute Exemplare liefern PIO CESARE, FONTANAFREDDA, GIACOSA, SANDRONE, VAJRA. Mitunter aber auch frisch, ohne Eichenton und süffig, z. B. von Boglietti. Die schlechte Ernte 2014 könnte paradoxerweise einige gute und preiswerte Weine zur Folge haben, die von Barolo/Barbaresco herabgestuft werden.

Nebbiolo delle Langhe Piem ★★ Wie der vorhergehende, aber aus einem größeren Gebiet, den LANGHE. G. Vajra erzeugt ein Paradebeispiel: einen leichten, frischen Baby-BAROLO.

Negrar, Cantina Ven ★★→★★★ Alias CS VALPOLICELLA. Wichtiger Erzeuger von erstklassigem Valpolicella, RIPASSO, AMARONE; die Trauben stammen aus verschiedenen Teilen des CLASSICO-Gebiets. Empfehlenswert ist die Marke Domini Veneti.

Nicolucci Em-Ro ★★→★★★ Die Kellerei besteht seit 1885 in Predappio, im Herzen der Heimat des SANGIOVESE DI ROMAGNA. Pino Nicolucci und sein Sohn erzeugen guten bis ausgezeichneten Wein, hauptsächlich auf Sangiovese-Basis, wie den RISERVA VIGNA del Generale Predappio di Predappio, den leichteren I Mandorli sowie Tre Rocche und Nero di Predappio (SANGIOVESE mit REFOSCO, der hier Terrano heißt).

Nipozzano, Castello di Tosk ★★★ Das FRESCOBALDI-Weingut im Bereich RUFINA östlich von Florenz erzeugt die exzellenten CHIANTI-Rufina-RISERVA-Weine Nipozzano und v. a. Montesodi.

Nittardi Tosk ★★→★★★ Verlässliche Quelle für modernen CHIANTI CLASSICO guter Qualität. Dem deutschen Eigentümer Peter Femfert steht der Önologe Carlo Ferrini zur Seite.

Nozzole Tosk ★★→★★★ Berühmtes Gut im Zentrum des CHIANTI-CLASSICO-Bereichs, nördlich von Greve; im Besitz von Ambrogio und Giovanni FOLONARI. Sehr guter Chianti Classico Nozzole und ausgezeichneter CABERNET SAUVIGNON Pareto.

Nuragus di Cagliari Sar DOC w ★★ BV – Lebhafter, unkomplizierter sardischer Weißwein von der Nuragus-Traube.

Occhio di Pernice Tosk – »Rebhuhnauge«. Eine Art von VIN SANTO, der vorwiegend von dunklen Trauben, insbesondere SANGIOVESE, bereitet wird. Bester Erzeuger ist Avignonesi. Auch eine seltene dunkle Rebsorte, die u. a. im Chianti Rufina anzutreffen ist.

Oddero Piem ★★→★★★ Traditionalistisches Weingut in La Morra mit gutem bis superbem Einzellagen-BAROLO (Brunate, Villero) und -BARBARESCO (Gallina) sowie anderen piemontesischen Weinen.

Oltrepò Pavese Lomb DOC r w; tr s; sch ★→★★★ Multi-DOC mit zahlreichen sortenreinen und verschnittenen Weinen aus der Provinz Pavia, die zum Großteil in Mailand getrunken werden. PINOT NERO und SPUMANTE sind manchmal sehr gut. Gute Erzeuger: u. a. Anteo, Barbacarlo, Casa Re, Castello di Cigognola, CS Casteggio, Frecciarossa, Le Fracce, Monsupello, Mazzolino, Ruiz de Cardenas, Travaglino und die Genossenschaft La Versa.

Ornellaia Tosk ★★→★★★★ 04' 06' 08 10 11 12 – Das angesagte Weingut bei BOLGHERI wurde von Lodovico ANTINORI gegründet, der es an das Konsortium Frescobaldi/Mondavi verkaufte; inzwischen befindet es sich im Alleinbesitz von FRESCOBALDI. Die Spitzenweine, Bolgheri DOC Ornellaia und IGT Masseto (MERLOT), sind im Hinblick auf Rebsorten und Methode an Bordeaux orientiert. Ebenfalls gut sind Bolgheri DOC Le Serre Nuove und IGT Le Volte.

Orsi Vigneto San Vito Em-Ro ★★ Das Gut in den COLLI Bolognesi wird von dem dynamischen jungen Winzer Federico Orsi geführt. Seine Spezialität ist Pignoletto-Schaumwein *sui lieviti* (auf den Schalen vergoren): Zweitgärung in der Flasche, kein Degorgieren. Experimentiert wird auch mit georgischen *quevri* (Amphoren).

Orvieto Umb DOC w; tr lbl s ★→★★★ BV – Der klassische umbrische Weißwein, ein Verschnitt aus mehreren Rebsorten, hauptsächlich Procanico (TREBBIANO) and GRECHETTO. Die auf Tuffsteinböden wachsenden Weine erinnern manchmal an Vouvray in Frankreich. Heute ist *secco* der beliebteste Stil, *amabile* die traditionelle Variante. Süße Exemplare von edelfaulen (*muffa nobile*) Trauben können großartig sein, z. B. der Calcaia von Barberani. Weitere gute Erzeuger: Bigi, Cardeto, Castello della Sala, Decugnano dei Barbi, La Carraia, Palazzone.

Pacenti, Siro Tosk ★★★ BRUNELLO und ROSSO DI MONTALCINO im modernen Stil von einem kleinen, sorgfältig arbeitenden Erzeuger.

Paltrinieri ★★ Alberto Paltrinieri, Spezialist für LAMBRUSCO di Sorbara, führt dieses 15-ha-Familiengut (in der Nachfolge von Mutter und Großvater), als wäre das Endprodukt Jahrgangschampagner. Die verschiedenen Weine sind alle hell mit lebhafter Säure und Spritzigkeit und reifer Frucht, so ziemlich das einzig Wahre und meilenweit entfernt von dem industriellen Gesöff von dazumal.

Pantelleria Siz – Zu SIZILIEN gehörige windige Insel mit schwarzer (vulkanischer) Erde vor der Küste Tunesiens, berühmt für ihre großartigen Süßweine von MOSCATO d'Alessandria. Die PASSITO-Versionen sind besonders dicht und intensiv. Empfehlenswert: Abraxas, Colosi, DE BARTOLI, DONNAFUGATA, Murana.

Passito Tosk, Ven – Einer der ältesten und charakteristischsten italienischen Weinstile von Trauben, die aufgehängt oder auf Gestellen ausgebreitet kurz in der Spätsommersonne (im Süden) bzw. wochen- oder gar monatelang in den luftigen Dachböden des Weinguts getrocknet werden; der Vorgang heißt *appassimento*. Die bekanntesten Vertreter sind VIN SANTO (TOSKANA), VALPOLICELLA/SOAVE und AMARONE/RECIOTO (Venetien). Siehe auch MONTEFALCO, ORVIETO, TORCOLATO, VALLONE.

Pecorino Abr ★★→★★★ Keine Käsesorte, sondern ein komplexer, äußerst angenehm zu trinkender (und langlebiger) trockener Weißwein von einer gerade noch vor dem Aussterben bewahrten Sorte. Gute Erzeuger: CONTESA, Farnese, Franco Pasetti, Illuminati, San Lorenzo, Terre d'Aligi, Tiberio.

Pian dell'Orino ★★★ Die überzeugten Biowinzer Caroline Pobitzer und ihr Mann aus SÜDTIROL führen dieses kleine Gut in MONTALCINO. Der BRUNELLO ist sowohl verführerisch als auch technisch perfekt, der Rosso fast ebenso gut.

Piave Ven DOC r w ★→★★ r **10 11 12**; w BV – Massen-DOC in einer Ebene im Osten Venetiens für preiswerte sortenreine Weine. Die CABERNET-SAUVIGNON-, MERLOT- und Raboso-Rotweine vertragen alle eine gewisse Reifezeit. Überdurchschnittliche Exemplare liefern Molon, Loredan Gasparini und Villa Sandi.

Picolit F-JV DOCG w; lbl s ★★→★★★ **08 09 10** 12 13 – Fast mythischer Süßwein aus FRIULI COLLI ORIENTALI; könnte jedoch diejenigen enttäuschen, die ihn a) auftreiben und b) bezahlen können. Gute Erzeuger: DORIGO, LIVIO FELLUGA, Meroi, Perusini, Specogna, VILLA RUSSIZ und Vinae dell'Abbazia.

Piemont Neben der TOSKANA Italiens bedeutendste Region für Spitzenqualität; in den Ausläufern der Alpen gelegen. Turin ist die Hauptstadt, ASTI und ALBA sind die Weinzentren. Keine IGT-Weine zugelassen; DOC Piemonte ist die niedrigste Herkunftsbezeichnung, die einfache Rote, Weiße, SPUMANTE und FRIZZANTE umfasst. Rebsorten: u. a. NEBBIOLO, BARBERA, BONARDA, Brachetto, Cortese, DOLCETTO, GRIGNOLINO, CHARDONNAY, MOSCATO. Siehe auch BARBARESCO, BAROLO, GATTINARA, ROERO.

Pieropan Ven ★★★ Nino Pieropan ist seit Langem der führende Qualitätserzeuger von SOAVE, der Mann, der einem edlen Wein wieder zu Glaubwürdigkeit verhalf. Der Cru La Rocca ist nach wie vor der ultimative Soave, und der Calvarino, der CLASSICO mit Schraubverschluss, kann gut mithalten.

Pio Cesare Piem ★★→★★★ Erzeugerveteran in ALBA, der BAROLO und BARBARESCO sowohl in modernen, barriquegereiften Versionen anbietet als auch im traditionellen Stil mit Ausbau in großen Fässern. Erzeugt auch Alba-Weine, inklusive Weiße (z. B. GAVI). Besonders gut ist der NEBBIOLO D'ALBA, ein kleiner Barolo zum halben Preis.

Planeta Siz ★★→★★★ Führendes sizilianisches Gut mit sechs Besitzungen in verschiedenen Teilen der Insel, u. a. in Vittoria (CERASUOLO), Noto (NERO D'AVOLA Santa Cecilia) und seit Kurzem auch am Ätna. Weine von einheimischen und importierten Reben. La Segreta ist die Marke für preiswerte Weißweine (Grecanico, CHARDONNAY, VIOGNIER, FIANO) und Rotweine (Nero d'Avola, MERLOT, SYRAH).

Podere Toskanische Bezeichnung für einen kleinen Hof, der ehemals zu einem größeren Gut gehörte.

Poggio Das Wort für »Hügel« im toskanischen Dialekt. **Poggione** bedeutet »großer Hügel«.

Poggio Antico Tosk ★★★ Bewundernswert beständiger, manchmal anspruchsvoller Erzeuger in MONTALCINO. Der normale BRUNELLO wird in der traditionellen BOTTE ausgebaut, Altero ist im Barrique ausgebauter Brunello und der RISERVA ist ein Verschnitt aus beiden.

Poggio di Sotto ★★★★ Kleines Gut in MONTALCINO, aber ein Qualitätsriese der illustren Appellation. Herausragender BRUNELLO und Rosso; traditioneller Charakter mit individueller Note. Der neue Besitzer Claudio Tipa bleibt der alten Linie treu.

Poggione, Tenuta Il Tosk ★★★ Mustergut für feinen BRUNELLO, v. a. in Anbetracht der großen Mengen; auch sehr guter ROSSO DI MONTALCINO.

Poggiopiano Tosk ★★→★★★ Angenehm zu trinkender, aber dennoch anspruchsvoller CHIANTI CLASSICO von der Familie Bartoli aus San Casciano; eine Mischung aus alten und neuen Techniken. Ausgefeilter Chianti Classico und RISERVA La Tradizione. Der Chianti ist sortenreiner SANGIOVESE, aber der SUPERTOSKANER Rosso di Sera enthält bis zu 15 % Colorino-Trauben.

Poggio Scalette Tosk ★★★ Das Gut der Familie des Önologen Vittorio Fiore mit überdurchschnittlichem CHIANTI CLASSICO und dem Bordeaux-Verschnitt Capogatto. Der Stolz des Hauses ist der sortenreine SANGIOVESE Il Carbonaione, der mehrere Jahre Flaschenreife braucht.

Poliziano Tosk ★★★ Federico Carlettis Weingut in MONTEPULCIANO mit hervorragendem VINO NOBILE (v. a. Einzellagenwein Asinone) und gutem IGT Le Stanze (CABERNET SAUVIGNON/MERLOT).

Pomino Tosk DOC r w **r 09 10 11** 12 (13) – Ein Anhängsel von RUFINA mit feinen roten und weißen Verschnitten (v. a. Il Benefizio). FRESCOBALDI ist hier praktisch exklusiv vertreten.

Potentino, Castello di Tosk ★★ Die englische Exzentrikerin Charlotte Horton restauriert eine mittelalterliche Festung auf dem Monte Amiata und erzeugt gleichzeitig sehr guten SANGIOVESE Sacromonte und noch besseren PINOT NERO Piropo und Lyncurio (Rosé).

Prà Ven ★★★ Führender Erzeuger von SOAVE CLASSICO. Empfehlenswert v. a. die Einzellagenweine Monte Grande und Staforte; Letzterer liegt sechs Monate in Stahltanks auf dem (regelmäßig mechanisch aufgerührten) Hefesatz. Jetzt auch ausgezeichnete VALPOLICELLA-Weine namens Morandina und La Formica.

Produttori del Barbaresco Piem ★★★→★★★★ Eine der ersten Genossenschaften in Italien, die manchen als die beste, wenn nicht gar weltbeste gilt. Aldo Vacca und sein Team erzeugen ausgezeichnete traditionellen einfachen BARBARESCO sowie die Crus Asili, Montefico, Montestefano, Ovello, Pora, Rio Sordo.

Prosecco Ven DOC(G) w; sch ★→★★ BV – Italiens beliebtester Perlwein. Die jetzt geltenden Gesetze zum Schutz des Namens haben zur Folge, dass Prosecco keine Rebsorte mehr ist, sondern ein Wein, der in bestimmten DOC/DOCG-Gebieten (IGT ist nicht mehr zugelassen) Venetiens und FRIAUL–JULISCH VENETIENS von der nun in GLERA umbenannten Traube gekeltert wird. Kann Stillwein, SPUMANTE oder FRIZZANTE sein und ist meist Letzteres. Erzeuger siehe S. 192.

Prunotto, Alfredo Piem ★★★→★★★★ Das traditionelle Haus in ALBA wurde in den 1990er-Jahren von ANTINORI modernisiert und wird von Pieros Tochter Albiera geführt. Sehr guter BARBARESCO (Bric Turot), BAROLO (Bussia), NEBBIOLO (Occhetti), BARBERA D'ALBA (Pian Romualdo), Barbera d'Asti (Costamiole) und MONFERRATO Rosso (Mompertone und ein Barbera-SYRAH-Verschnitt).

Querciabella Tosk ★★★★ Erstklassiges CHIANTI-CLASSICO-Gut mit IGT-Einzellagenweinen Camartina (CABERNET SAUVIGNON/SANGIOVESE) und fassvergorenem Batàr (CHARDONNAY/PINOT BIANCO). Zukäufe in Radda und der MAREMMA liefern mehr Trauben für CHIANTI CLASSICO und den neuen, noch nicht überzeugenden Turpino (CABERNET FRANC/SYRAH/MERLOT).

Der beste Prosecco

PROSECCO boomt weiterhin auf dem Markt, zweifellos auch dank einem massiven Anpflanzungsprogramm, der jüngsten Gesetzesänderung, nach der Prosecco keine Traube mehr ist, sondern ein Wein aus einem bestimmten Gebiet (wodurch Imitaten aus aufstrebenden Anbaugebieten in aller Welt der Weg verbaut oder zumindest erschwert wird) und der daraus folgenden merklichen Verbesserung des allgemeinen Qualitätsstandards. Gute Erzeuger: Adami, Biancavigna, Bisol, Bortolin, Canevel, CARPENÈ-MALVOLTI, Case Bianche, Col Salice, Le Colture, Col Vetoraz, Nino Franco, Gregoletto, La Riva dei Frati, Ruggeri, Vignarosa, Zardetto.

Quintarelli, Giuseppe Ven ★★★★ Erztraditionalistischer Erzeuger von feinem VALPOLICELLA, RECIOTO und AMARONE sowie einem guten Bianco Secco, einem Verschnitt aus verschiedenen Trauben, in handwerklicher Qualität. Bepi starb 2012; Tochter Fiorenza und ihre Söhne haben das Steuer übernommen und nichts geändert.

Rampolla, Castello dei Tosk ★★★ Auf CABERNET SAUVIGNON spezialisiertes Weingut in Panzano im CHIANTI-CLASSICO-Gebiet. Spitzenreiter sind die IGT-Weine Sammarco und d'Alceo. Hier entsteht Chianti Classico in internationalem Stil.

Ratti, Renato ★★→★★★ Legendäres BAROLO-Gut, nun mit Renatos Sohn Pietro am Steuer. Moderne Weine mit kurzer Maischezeit, aber viel Substanz, v. a. Barolo Rocche dell'Annunziata und Barolo Conca.

Recioto della Valpolicella Ven DOCG r; lbl; (sch) ★★★→★★★★ Dieser geschichtsträchtigste aller italienischen Weine (der nach Methoden, die vor dem 6. Jh. entwickelt wurden, von PASSITO-Trauben erzeugt wird) ist mit seiner üppigen, süßen Kirsch- und Schokoladenfruchtigkeit einzigartig und potenziell umwerfend.

Recioto di Soave Ven DOCG w; s; (sch) ★★★→★★★★ SOAVE von rosinierten Trauben: süß, fruchtig, leichte Mandelnoten; hoher Säuregehalt, der die Süße in Schach hält. Zu Käse trinken. Hervorragend von Anselmi, COFFELE, Gini, PIEROPAN, Tamellini, häufig auch sehr gut von Ca' Rugate, PASQUA, PRÀ, Suavia und Trabuchi. Wie bei RECIOTO DELLA VALPOLICELLA ist der Jahrgang weniger wichtig als der Herstellungsprozess.

Refosco (dal Peduncolo Rosso) F-JV ★★ **10 11 12 13** – Tanninstarker Rotwein rustikalen Stils. Am besten aus der DOC FRIULI COLLI ORIENTALI von den Erzeugern Moschioni, Le VIGNE di Zamo und Volpe Pasini. Auch gut von LIVIO FELLUGA und Miani, außerdem von Ca' Bolani, Dorigo, Ronchi di Manzano, Venica sowie von Denis Montanara in der DOC Aquileia.

Ribolla F-JV DOC w ★→★★ BV – Säurehaltiger Weißwein mit Charakter, am besten aus dem COLLIO. Spitzenweingüter: Il Carpino, La Castellada, Damijan, Fiegl, GRAVNER, Primosic, Radikon, Tercic.

Ricasoli Tosk – Geschichtsträchtige Familie in der Toskana; Premierminister Bettino Ricasoli erfand im 19. Jh. den Verschnitt für den CHIANTI. Der wichtigste Zweig der Familie lebt im mittelalterlichen Castello di BROLIO. Castello di Cacchiano und Rocca di Montegrossi sind im Besitz anderer Familienmitglieder.

Riecine Tosk ★★★→★★★★ Das kleine, erstklassige Gut in Gaiole in Chianti ist ein Sangiovese-Spezialist; sein Chianti Classico gehört wie auch der IGT Toscana La Gioia zu den besten. Der Brite Sean O'Callaghan ist ein mit allen Wassern gewaschener Kellermeister, der Amerikaner Gary Baumann ist der Eigentümer und John Dunkley der legendäre Gründer.

Rinaldi Giuseppe Piem ★★★ Beppe Rinaldi ist eine erztraditionalistische BAROLO-Persönlichkeit, deren Kellerei am Rand des Ortes Barolo nicht immer ein Muster an Sauberkeit ist. Zu den charaktervollen Barolos zählen die Crus Brunate-Le Coste und Cannubi San Lorenzo-Ravera.

Ripasso Ven – Siehe VALPOLICELLA RIPASSO.

Riserva Über eine vorgeschriebene Zeit meist im (großen oder kleinen) Fass gelagerter Wein.

Rivera Apu ★★ Zuverlässiger Produzent in Andria (DOC CASTEL DEL MONTE), dessen bester Wein der RISERVA Il Falcone ist. Sehr guten Puer Apuliae auf Nero-di-Troia-Basis.

Rivetti, Giorgio (La Spinetta) Piem ★★★ Feiner MOSCATO D'ASTI, hervorragender BARBERA, interessanter IGT Pin sowie eine Reihe von äußerst konzentrierten, in Eiche ausgebauten BARBARESCOS. Besitzt jetzt auch Weinberge in den DOCGS BAROLO und CHIANTI Colline Pisane sowie den traditionellen SPUMANTE-Erzeuger Contratto.

Rizzi Piem ★★→★★★ Unterbereich in Treiso, Gemeinde des BARBARESCO-Gebiets, in dem die Familie Dellapiana 35 ha Rebland besitzt. Spitzencru ist der Barbaresco Pajore. Fondetta und Boito sind ebenfalls gut: Sie wirken leicht, gehen aber in die Tiefe.

Rocca, Bruno Piem ★★★ Bewundernswerter BARBARESCO (Rabajà) und andere ALBA-Weine, auch sehr feiner BARBERA d'ASTI.

Prosecco in Zahlen

In Großbritannien wurden 2014 über 38 Millionen Flaschen PROSECCO SPUMANTE im Wert von 93 Millionen Euro getrunken – ein Anstieg um 63 %. In den USA rann der Gegenwert von 82 Millionen Euro die Kehlen hinunter. Von den drei größten Prosecco-Liebhaberländern verbrauchte nur Deutschland etwas weniger, aber trotzdem gibt es in diesen drei Ländern kaum jemanden, der nicht mindestens ein Glas Prosecco genossen hat.

Rocca Albino ★★★ Führender Erzeuger von elegantem, komplexem BARBARESCO; Spitzencrus VIGNETO Loreto und Brich.

Roero Piem DOCG r ★★→★★★ 06 07 08 09 10 11 (13) – Seriöse, gelegentlich BAROLO-Niveau erreichende NEBBIOLO-Weine aus den Hügeln der LANGHE, von ALBA aus gesehen jenseits des Flusses Tanaro. Gute Erzeuger: Almondo, Buganza, Ca' Rossa, Cascina Chicco, Correggia, Funtanin, Malvirà, Monchiero-Carbone, Morra, Pace, Pioiero, Taliano, Val di Prete. Siehe auch ARNEIS.

Ronco In Nordostitalien, v. a. in FRIAUL–JULISCH VENETIEN, Bezeichnung für eine Hanglage.

Rosato Die allgemeine italienische Bezeichnung für Rosé. Andere Namen für Rosé sind CHIARETTO (um den Gardasee), CERASUOLO (Abruzzen) und Kretzer (SÜDTIROL).

Rosso Conero Mar DOCG r ★★→★★★ 09 11 12 13 – Alias einfach nur Conero. Das kleine Gebiet bringt einige der kräftigsten sortenreinen Roten Italiens aus der MONTEPULCIANO-Traube hervor. Empfehlenswert: Villa Bonomi von Marchetti, Grosso Agontano von GAROFOLI, Dorico von Moroder, Adeodato von MONTE SCHIAVO, Nerone und VIGNETI del Parco von TERRE CORTESI MONCARO sowie Sassi Neri und Visions of J. von Le Terrazze.

Rosso di Montalcino Tosk DOC r ★★→★★★ 10 11 12 13 – DOC für früher reifende Weine von BRUNELLO-Trauben, die aus jüngeren Rebbeständen oder weniger guten Lagen kommen. Könnte 2014 als herabgestufter Brunello gut sein. Vor Kurzem wurde der Vorstoß einiger großer Erzeuger, die »internationale« Trauben im Verschnitt zulassen wollten, abgewehrt. Sie werden es erneut versuchen.

Rosso di Montefalco Umb DOC r ★★→★★★ 09 10 11 12 13 – Verschnitt von SANGIOVESE und Sagrantino, oft mit einem Schuss milderndem MERLOT. Erzeuger siehe MONTEFALCO SAGRANTINO.

Rosso di Montepulciano Tosk DOC r ★ 12 13 – Juniorversion des VINO NOBILE DI MONTEPULCIANO; Erzeuger siehe dort. Im Vergleich zum ROSSO DI MONTALCINO trifft man ihn seltener an, vielleicht wegen der möglichen Verwechslung mit MONTEPULCIANO D'ABRUZZO, mit dem er nichts zu tun hat.

Rosso Piceno Mar DOC r ★ 08 09 10 11 13 – Süffige Verschnitte von MONTEPULCIANO und SANGIOVESE aus der Südhälfte der Marken. Eine SUPERIORE-Version kommt aus der CLASSICO-Zone bei Ascoli; hat sich in den letzten Jahren deutlich verbessert und ist sehr preiswert. Spitzenerzeuger: u. a. Aurora, Boccadigabbia, BUCCI, Fonte della Luna, Montecappone, MONTE SCHIAVO, Saladini Pilastri, TERRE CORTESI MONCARO, Velenosi Ercole, Villamagna.

Ruchè di Castagnole Monferrato Piem DOCG r ★★ BV – Intensiver, blasser Rotwein in typisch piemontesischem Stil: saure Beerenfrucht, scharfe Säure, feste Tannine. Etwas gewöhnungsbedürftig. Guter Erzeuger: Pierfrancesco Gatto.

Ruffino Tosk ★→★★★ Der ehrwürdige Chianti-Betrieb, seit 100 Jahren in den Händen der Familie FOLONARI, geht seit ein paar Jahren eigene Wege. Beide Zweige der Familie sind eifrig dabei, neue Weingüter in der Toskana zu erwerben. Bei der letzten Zählung hatte dieser Zweig – der den Namen Ruffino behalten hat – es auf sieben gebracht, davon drei im CHIANTI CLASSICO (inklusive Santedame mit Spitzenwein Romitorio), eines in MONTALCINO (Greppone Mazzi) und eines in MONTEPULCIANO (Lodola Nuova). Zum Besitz gehört auch Borgo Conventi in FRIAUL.

Rufina Tosk ★★★ Kleiner, aber bedeutender, hügeliger und kühler nördlicher CHIANTI-Unterbereich östlich von Florenz. Die besten Weine stammen von Basciano, TENUTA Bossi, Castello del Trebbio, CASTELLO DI NIPOZZANO (FRESCOBALDI), Colognole, Frascole, Grati/Villa di Vetrice, I Veroni, Lavacchio, Selvapiana, Tenuta Bossi, Travignoli.

Sala, Castello della Umb ★★→★★★ Weingut von ANTINORI in ORVIETO. Spitzenerzeugnis ist der herrliche Cervaro della Sala (CHARDONNAY/GRECHETTO), in Eiche ausgebaut; der Bramito del Cervo ist bescheidener, aber immer noch gut, von denselben Sorten. Der Muffato della Sala war wegweisend in Italien für edelfaule Dessertweine.

Salento Apu – Die flache Halbinsel am Absatz des italienischen Stiefels scheint nicht gerade geeignet für Qualitätstrauben, doch die tiefgründigen Böden, die alten Alberello-Reben und der ständig präsente Wind vom Meer sorgen zusammen für bemerkenswerte Rot- und Roséweine von NEGROAMARO und PRIMITIVO mit ein bisschen Unterstützung von MONTEPULCIANO, MALVASIA nera und der einheimischen Traube Sussumaniello. Siehe auch APULIEN, SALICE SALENTINO.

Salice Salentino Apu DOC r ★★→★★★ **07 08 10** 11 (13) – Der bekannteste der (zu) vielen auf NEGROAMARO basierenden DOC-Weine des SALENTO, erzeugt von alteingesessenen Betrieben wie LEONE DE CASTRIS, CANDIDO, TAURINO, Apollonio und VALLONE. Nach 2 Jahren RISERVA.

Salvioni Tosk ★★★→★★★★ Alias La Cerbaiola. Der kleine, äußerst qualitätsorientierte Betrieb gehört dem unverwüstlichen Giulio Salvioni. BRUNELLO und ROSSO DI MONTALCINO zählen zum Besten, was man bekommen kann, und sind ihren nicht gerade unbedeutenden Preis wert.

Sandrone, Luciano Piem ★★★ Erzeuger von ALBA-Weinen im modernen Stil mit tiefgründigem, konzentriertem BAROLO Cannubi Boschis und Le Vigne. Auch guter DOLCETTO, BARBERA d'Alba, NEBBIOLO D'ALBA.

San Felice Tosk ★★→★★★ Bedeutender historischer Erzeuger in der TOSKANA, im Besitz von Gruppo Allianz und von Leonardo Bellaccini geführt. Feiner CHIANTI CLASSICO und RISERVA Poggio Rosso von einem Gut in Castelnuovo Berardenga. Vitiarium ist ein Versuchsweinberg für seltene Rebsorten, dessen erstes Ergebnis der ausgezeichnete IGT Pugnitello von der gleichnamigen Traube ist. Ebenfalls gut: IGT Vigorello (der allererste SUPERTOSKANER aus dem Jahr 1968) und BRUNELLO DI MONTALCINO Campogiovanni.

San Gimignano Tosk – Das von Touristen überlaufene toskanische Städtchen ist für seine Türme und seinen trockenen weißen VERNACCIA DI SAN GIMIGNANO DOCG berühmt. Letzter ist oft überteuert, überzeugt jedoch gelegentlich als Wein, wenn nicht gar als *vin de terroir*. Es gibt auch einige gute Rote auf SANGIOVESE-Basis unter der DOC San Gimignano. Erzeuger: u. a. Falchini, Cesani, Guiccardini Strozza, Montenidoli, Mormoraia, Il Palagione, Panizzi, Poderi del Paradiso, Pietrafitta, Pietrasereno, La Rampa di Fugnano.

Sangiovese di Romagna Mar DOC r ★★→★★★ Oft gut gemachter, ja sogar erstklassiger sortenreiner Rotwein aus dem mutmaßlichen Geburtsort des SANGIOVESE. Gute Erzeuger sind u. a. Cesari, Drei Donà, NICOLUCCI, Papiano, Paradiso, San Patrignano, Tre Monti, Trere (DOC Emilia-Romagna), Villa Venti (Primo Segno), ZERBINA. Empfehlenswert sind auch die IGT-Weine RONCO delle Ginestre und Ronco dei Ciliegi von CASTELLUCCIO.

San Giusto a Rentennano Tosk ★★★→★★★★ Erstklassiges CHIANTI-CLASSICO-Gut im Besitz von Verwandten der RICASOLIS. Hervorragender IGT Percarlo von SANGIOVESE und ein feiner VIN SANTO namens Vin San Giusto.

San Guido, Tenuta Tosk – Siehe SASSICAIA.

San Leonardo T-S ★★★ Spitzenweingut von Marchesi Guerrieri Gonzaga im TRENTINO; Berater ist Carlo Ferrini. Hauptwein ist der Bordeaux-Verschnitt San Leonardo, der »SASSICAIA des Nordens«. Auch sehr vielversprechender MERLOT Villa Gresti.

Sankt Michael-Eppan (San Michele Appiano) T-S – Spitzengenossenschaft in SÜDTIROL, v. a. für Weißwein. Besonders beachtenswert sind der Schulthauser PINOT BIANCO und die Sanct-Valentin-Auslesen (★★★): CHARDONNAY, PINOT GRIGIO, SAUVIGNON BLANC, CABERNET SAUVIGNON, PINOT NERO, GEWÜRZTRAMINER.

Sannio Kamp DOC r rs w; sch ★→★★★ BV – Wein der Samniten im gebirgigen Landesinneren KAMPANIENS. Heimat des FALANGHINA, aber auch gute sortenreine (Rot- und Weiß-)Weine, etwa FIANO, GRECO, AGLIANICO.

San Patrignano Em-Ro ★★ Drogenentzugseinrichtung mit 100 ha Rebland. Die Weinbereitung wird von Riccardo Cotarella überwacht; Tendenz zu internationalem bzw. Bordeaux-Stil beim Montepirolo und dem Noi, aber auch ausgezeichneter SANGIOVESE (Avi und der bescheidenere Aulente).

Santadi Sar ★★★ Die beste sardische Winzergenossenschaft und eine der besten Italiens, v. a. mit den auf CARIGNANO basierenden Rotweinen TERRE

BRUNE, Grotta Rossa und Rocca Rubia RISERVA (alle DOC CARIGNANO DEL SULCIS). Erzeugt werden auch die Weißen Vermentino Villa Solais und Villa di Chiesa (VERMENTINO/CHARDONNAY).

Sankt Magdalener (Santa Maddalena) T-S DOC r ★→★★ BV – Rotwein in deutsch-österreichischem Stil von Vernatsch (SCHIAVA), der auf sehr steilen Hängen hinter Bozen wächst. Guter Ruf, der Wein könnte (sollte?) jedoch besser sein. Empfehlenswerte Erzeuger: CS Santa Maddalena (Huck am Bach), Gojer, Josephus Mayr, Hans Rottensteiner (Premstallerhof), Heinrich Rottensteiner.

Sant'Antimo Tosk DOC r w; s ★★→★★★ Eine hübsche kleine romanische Abtei stand Pate für diese umfassende DOC für (fast) alles im Montalcino-Gebiet, was nicht der DOCG BRUNELLO DI MONTALCINO oder der DOC ROSSO DI MONTALCINO angehört.

Sardinien Die zweitgrößte Insel des Mittelmeers produziert viele ordentliche und einige ausgezeichnete Weine, z. B. Turriga von ARGIOLAS, VERMENTINO von CAPICHERA, die CANNONAU-RISERVA-Weine von Jerzu und Loi, Vermentino- und Cannonau-Auslesen von Dettori sowie den fantastischen sherryartigen Vernaccia von Contini. Die besten DOCS sind VERMENTINO DI GALLURA (z. B. Canayli von CANTINA GALLURA) und CARIGNANO DEL SULCIS (TERRE BRUNE und Rocca Rubia von SANTADI).

Sassicaia Tosk r ★★★★ 85' 88' 90' 95' 97 98' 99 01' 04' 05 06 07' 08 09 10 11 (12) (13) – Italiens einzige DOC (BOLGHERI), die aus einer Einzellage besteht, ein Verschnitt aus CABERNET SAUVIGNON und CABERNET FRANC von erstklassigen Lagen, den von Marchese Incisa della Rocchetta auf der TENUTA San Guido: eher elegant als üppig, für lange Lagerung gemacht – und oft als Anlageobjekt gekauft –, aber einer der wichtigsten Faktoren für Italiens Spitzenqualitätsimage.

Satta, Michele Tosk ★★★ Praktisch der einzige BOLGHERI-Erzeuger, der mit reinsortigem SANGIOVESE (Cavaliere) Erfolg hat. Daneben gibt es die guten roten Verschnitte Piastraia und I Castagni SUPERIORE (beide DOC Bolgheri).

Scavino, Paolo Piem ★★★ Modernistischer BAROLO-Erzeuger in Castiglione Falletto. Empfehlenswert: v. a. Bric del Fiasc, Cannubi, Carobric und Rocche dell'Annunziata. Guter BARBERA LANGHE Corale.

Schiava T-S DOC r ★ BV – Auf den deutschen und österreichischen Markt beliebter traditioneller, leichter Roter von der nach wie vor am meisten angebauten Rotweintraube in SÜDTIROL, die dort Vernatsch heißt. Schiava-DOC-Weine sind auch Kalterersee (Lago di Caldaro), ST. MAGDALENER und Bozner Leiten (COLLI di Bolzano).

Schreckbichl T-S – Siehe COLTERENZIO.

Schiopetto, Mario F-JV ★★★→★★★★ Inzwischen verstorbener legendärer Pionier des COLLIO-Weins; geräumige moderne Kellerei. Seine Kinder treten mit Erfolg in seine Fußstapfen, auch seitdem sie an die Familie Rotolo von Volpe Pasini verkauft haben. Sehr guter SAUVIGNON BLANC, Pinot bianco, FRIULANO (alle DOC), IGT-Verschnitt Blanc de Rosis usw.

Sciacchetrà Lig – Siehe CINQUE TERRE.

Sella & Mosca Sar ★★ Bedeutendes Erzeuger- und Handelshaus in SARDINIEN. Sehr angenehmer weißer Torbato (v. a. Terre Bianche) sowie leichter, fruchtiger VERMENTINO Cala Viola (BV). Daneben guter roter DOC Alghero Marchese di Villamarina (CABERNET SAUVIGNON) und Tanca Farrà (CANNONAU/Cabernet Sauvignon) sowie der interessante Anghelu Ruju im Port-Stil.

Selvapiana Tosk ★★★ Mit Ausnahme des berühmteren NIPOZZANO der beste CHIANTI-RUFINA-Erzeuger. Am besten die Weine RISERVA

Bucerchiale und IGT Fornace, doch schon der einfache Chianti Rufina ist köstlich. Auch ein feiner roter POMINO namens Petrognano.

Settesoli, CS Siz ★→★★ Die Genossenschaftskellerei mit rund 6.000 ha ist mit ihren verlässlichen und preiswerten einheimischen und internationalen sortenreinen Weinen (Nero d'Avola, SYRAH, MERLOT, CABERNET SAUVIGNON, CHARDONNAY, Grecanico, Grillo, VIOGNIER) und Verschnitten verschiedener Marken, u. a. Mandrarossa, ein Aushängeschild für SIZILIEN.

Sforzato Lomb ★★★ AMARONE-ähnlicher NEBBIOLO von getrockneten Trauben aus dem VALTELLINA im äußersten Norden der Lombardei. Entwickelt sich beim Lagern wundervoll.

Sizilien Die größte Mittelmeerinsel ist eine moderne Quelle für interessante, originelle Weine mit gutem Preis-Leistungs-Verhältnis. Einheimische Trauben (rot: NERO D'AVOLA, NERELLO MASCALESE, Frappato; weiß: INZOLIA, Catarratto, Grecanico, Grillo) und internationale Rebsorten. Die Rebflächen liegen in der Ebene im Westen, auf den Hügeln in der Mitte der Insel und an den Hängen des Ätna. Zu viele gute Kellereien, um sie alle aufzulisten. Eine der wenigen Regionen Italiens, die 2014 guten Erfolg hatten.

Sizzano Piem – Siehe GATTINARA.

Soave Ven DOC w; (s) ★→★★★ BV – Berühmter, immer noch unterschätzter Weißwein aus Verona. Die Weine von den vulkanischen Böden des CLASSICO-Gebiets können intensiv, mineralisch, sehr fein und ziemlich langlebig sein. Soave SUPERIORE ist sogar DOCG, aber die besten Classico-Erzeuger verzichten auf die zusätzliche »Ehre« und bleiben bei ihrer DOC. Süßer RECIOTO kann großartig sein. Spitzenerzeuger: CANTINA del Castello, La Cappuccina, Ca' Rugate, COFFELE, Fattori, Gini, GUERRIERI RIZZARDI, Inama, Montetondo, PIEROPAN, Portinari, PRÀ, Suavia, Tamellini, TEDESCHI.

Solaia Tosk r ★★★★ 85' 90' 95' 97' 99' 01 04 06 07 08 09 10 11 (12) – Potenziell grandioser, wenn auch etwas sehr wuchtiger CABERNET SAUVIGNON/ SANGIOVESE-Verschnitt von ANTINORI, der im Einklang mit höchsten Bordeaux-Anforderungen bereitet wird; bedarf jahrelanger Lagerung.

Sovana Tosk – DOC in der MAREMMA, im Binnenland nahe der Etruskerstadt Pitigliano gelegen. Empfehlenswert: CILIEGIOLO von TENUTA Roccaccia, Pitigliano, Ripa und Sassotondo sowie MALBEC von ANTINORI.

Speri Ven ★★★ Qualitätsfamilienbetrieb in VALPOLICELLA mit Lagen wie dem hervorragenden Monte Sant'Urbano. Unprätentiöser CLASSICO SUPERIORE in traditionellem Stil, AMARONE, RECIOTO. Kein Schnickschnack, nur guter Wein.

Spumante Schaumwein. Der ehemalige ASTI Spumante heißt jetzt nur noch Asti.

Südtirol T-S – Deutschsprachiger Teil der Region TRENTINO–Alto Adige. Siehe ALTO ADIGE.

Superiore Wein mit längerer Fassreife sowie mit 0,5–1 % mehr Alkoholgehalt als normaler DOC-Wein. Bezeichnet manchmal auch einen Teil eines Anbaugebiets, z. B. ROSSO PICENO Superiore.

Supertoskaner Tosk – Weine mit hoher Qualität und hohen Preisen, die in den 1970er- und 1980er-Jahren entwickelt wurden, um die damals geltenden unsinnigen Regelungen zu umgehen, die nun jedoch zunehmend an Bedeutung verlieren. War nie eine offizielle Bezeichnung.

Tasca d'Almerita Siz ★★★ Eine neue Generation der Familie führt nun das historische und immer noch angesehene Gut, das auch in dunklen Jahren die Fahne in SIZILIEN hochhielt. Weinberge in großer Höhe; ausgewogene IGT -Weine unter dem alten Namen Regaleali (rot, rosé, weiß), guter CHARDONNAY und CABERNET SAUVIGNON, aber der Star ist nach wie vor der hauptsächlich von NERO D'AVOLA erzeugte Rosso del Conte.

Taurasi Kamp DOCG r ★★★ **04 06 07 08 09** 10 11 (12) – Die Antwort des Südens auf den BAROLO Nord- und den BRUNELLO Mittelitaliens bedarf großer Sorgfalt und langer Alterung. Es gibt freundlichere Versionen von AGLIANICO, aber keine ist potenziell so komplex, anspruchsvoll und schließlich lohnenswert. Berühmt wurde der Wein durch MASTROBERARDINO, weitere hervorragende Erzeuger sind Caggiano, Caputo, FEUDI DI SAN GREGORIO, Molettieri, Luigi Tecce und Terredora di Paulo.

Tedeschi, Fratelli Ven ★★→★★★ Einer der Anbauer von VALPOLICELLA, die schon Qualität produzierten, als in dem Gebiet noch Mittelmaß die Norm war. Die besten Weine des achtzigjährigen Renzo Tedeschi tragen »Capitel« im Namen: AMARONE Capitel Monte Olmi, RECIOTO Capitel Fontana, RIPASSO Capitel San Rocco.

Tenuta Landwirtschaftliches Gut (siehe unter dem Eigennamen, z. B. SAN GUIDO, TENUTA).

Terlan T-S w ★★→★★★ BV – Die Bezeichnung DOC ALTO ADIGE Terlano (bzw. Terlaner DOC) steht für einen Weißweinverschnitt und 8 sortenreine Weißweine, v. a. PINOT BIANCO und SAUVIGNON BLANC, die sehr frisch und spritzig sein können. Spitzenerzeuger sind die CS Terlan (der Pinot bianco Vorberg altert bemerkenswert gut), LAGEDER, Niedermayr, Niedrist.

Teroldego Rotaliano T-S DOC r rs ★★→★★★ Die beste einheimische Rebsorte des TRENTINO erbringt auf dem flachen Campo Rotaliano wirklich schmackhaften Wein. Spitzenerzeuger ist Foradori. Ebenfalls gut: Dorigati, Endrizzi, die RISERVA Nos von MEZZACORONA sowie Zeni.

Terre Cortesi Moncaro Mar ★★→★★★ Genossenschaftskellerei in den Marken, die es bei sehr bescheidenen Preisen mit dem Besten der Region aufnehmen kann: guter VERDICCHIO DEI CASTELLI DI JESI Le Vele, ROSSO CONERO, RISERVA Nerone und ROSSO PICENO SUPERIORE Campo delle Mura.

Terriccio, Castello del Tosk ★★★ Großes Weingut südlich von Livorno mit vorzüglichem, sehr teurem IGT Lupicaia und sehr gutem IGT Tassinaia im Bordeaux-Stil. Eindrucksvoller IGT Terriccio, ein ungewöhnlicher Verschnitt hauptsächlich von Rhône-Sorten.

Über Nacht getrocknet

Die Schranken zwischen normalem Valpolicella und teurem, von getrockneten Trauben erzeugtem Amarone fallen – oder werden zumindest durchlässig. Das *appassimento*, das Trocknen der Trauben für Amarone, unterzieht die Trauben komplexen biochemischen Veränderungen – doch wenn man Trauben kürzere Zeit trocknet, bekommt man nur, nun ja … halbgetrocknete Trauben. Und die können einfachem Valpolicella schon eine nette Extradosis Konzentration verleihen. Es kommen nun Weine auf den Markt, die ein Mittelding zwischen normalem Valpolicella und Amarone sind, zum Beispiel der Arele von Tommasi. IGT – zumindest vorerst.

Tiefenbrunner T-S ★★→★★★ Erzeuger- und Handelsbetrieb im Schloss Turmhof im südlichen SÜDTIROL. Christoph Tiefenbrunner hat seinen Vater (Kellermeister seit 1943) abgelöst und erzeugt ein breites Spektrum an gebirgsfrischen Weiß- und klar definierten Rotweinen von französischen, deutschen und einheimischen Reben, v.a. den MÜLLER-THURGAU Feldmarschall aus Weingärten auf 1.000 m Höhe und die Linticlarus-Reihe mit CHARDONNAY, LAGREIN und PINOT NERO.

Tignanello Tosk r ★★★★ **04' 06' 07' 08 09** 10 11 (12) (13) – Im Barrique ausgebauter Verschnitt von SANGIOVESE und CABERNET SAUVIGNON, von

ANTINORIS Spitzen-Önologen Giacomo Tachis Anfang der 1970er-Jahre eingeführt und seinerzeit der Wein, mit dem die SUPERTOSKANER groß herauskamen. Heute einer der größten Goldesel der Weinwelt.

Torcolato Ven – Der süße Wein aus BREGANZE in Venetien wird von Vespaiolo-Trauben bereitet, die, wie beim RECIOTO DI SOAVE, monatelang zum Trocknen aufgehängt oder auf Matten ausgelegt wurden. Beste Erzeuger: MACULAN, CS BEATO BARTOLOMEO DA BREGANZE.

Die toskanische Küste

In den letzten Jahren war zu beobachten, wie in großem Stil in einer Gegend Rebflächen angelegt wurden, die sich in der Vergangenheit nicht gerade durch besonders feinen (wenn überhaupt) Wein hervorgetan hatte: an der Küste der Toskana, d. h. in den Provinzen Pisa, Livorno und Grosseto. Zunächst waren es französische Rebsorten wie die CABERNET-Brüder, MERLOT, SYRAH und PETIT VERDOT; jetzt sind Italiener wie SANGIOVESE, CILIEGIOLO und Alicante angesagt. Zu den besten Erzeugern zählen:

Argentiera, Belguardo (Mazzei), CAIAROSSA, CA' MARCANDA (GAJA), CASTELLO DEL TERRICCIO, Colle Massari, Guado al Tasso (ANTINORI), Gualdo del Re, LE MACCHIOLE, LE PUPILLE, Michele SATTA, Montepeloso, MORIS FARMS, ORNELLAIA (FRESCOBALDI), POGGIO al Tesoro (ALLEGRINI), TENUTA SAN GUIDO (SASSICAIA), TUA RITA.

Torgiano Umb DOC r rs w; (sch) ★★ und **Torgiano Rosso Riserva** DOCG r ★★→★★★ 01' 04 06 07 08 09 10 (11) (12) – Guter bis hervorragender Rotwein aus Umbrien, praktisch exklusiv von LUNGAROTTI. Der Rubesco RISERVA Vigna Monticchio aus Jahrgängen wie 1975, 1979, 1985 und 1997 ist überragend und kann viele Jahre lagern.

Toskana Brennpunkt der »Renaissance« des italienischen Weins gegen Ende des 20. Jhs. mit experimentellen Abfüllungen wie den SUPERTOSKANERN und modernisierten Klassikern wie CHIANTI, VINO NOBILE, BRUNELLO. Die Entwicklung von Küstenanbaugebieten wie BOLGHERI und MAREMMA praktisch aus dem Nichts hat den toskanischen Weinbau in den letzten 50 Jahren entscheidend geprägt. Doch die Klassiker kommen nach wie vor aus dem Landesinneren.

Travaglini Piem – Führend in der Welt des nordpiemontesischen NEBBIOLO, mit sehr gutem GATTINARA RISERVA und Gattinara Tre Vigne sowie ziemlich gutem Nebbiolo Coste della Sesia.

Trebbiano d'Abruzzo Abr DOC w ★→★★★★ BV – Für gewöhnlich frischer Wein mit neutralem Geschmack, aber die herausragende Version von VALENTINI gilt weithin als einer der besten italienischen Weißweine.

Trentino T-S DOC r w; tr s ★→★★★ DOC für rund 20 meist nach der Traubensorte benannte Weine; am besten sind CHARDONNAY, PINOT BIANCO, MARZEMINO und TEROLDEGO. Die Hauptstadt der Provinz ist Trento, und das ist auch der Name der DOC für potenziell erstklassige Metodo-Classico-Weine.

Trinoro, Tenuta di Tosk ★★★★ Individualistisches Gut für Rotweine, Pionier in der DOC Val d'Orcia zwischen MONTEPULCIANO und MONTALCINO. Großer Anteil an Bordeaux-Trauben im Flaggschiff-Wein Tenuta di Trinoro sowie im Palazzi, Le Cupole und Magnacosta. Andrea Franchetti besitzt auch Weinberge am Ätna.

Tua Rita Tosk ★★→★★★★ Der erste Erzeuger, der in den 1990er-Jahren das rund 20 km weiter südlich gelegene Suvereto als das »neue BOLGHERI«

etablierte. Der Redigaffi ist vielleicht Italiens großartigster MERLOT; empfehlenswert ist ebenso der Bordeaux-Verschnitt Giusto di Notri. Siehe auch VAL DI CORNIA.

Umani Ronchi Mar ★★→★★★ Führender Erzeuger in den Marken; v. a. Verdicchio (Casal di Serra, Plenio), ROSSO CONERO Cùmaro, IGT-Weine Le Busche (weiß) und Pelago (rot).

Vajra, G. D. Piem ★★★ Die Familie Vajra erzeugt im Ortsteil Vergne (Barolo) makellosen BAROLO, BARBERA, DOLCETTO und FREISA sowie erstaunlich guten RIESLING. Besitzt nun auch das Gut Luigi Caudana in Serralunga.

Valcalepio Lomb DOC r w; sch ★→★★ BV – Weine aus der Gegend um Bergamo, wo die Po-Ebene auf die letzten Ausläufer der Alpen stößt. Hauptsächlich internationale Rebsorten (CABERNET, MERLOT, PINOT BIANCO, CHARDONNAY), aber meist vor Ort getrunken.

Valdadige (Etschtaler) T-S DOC r w; tr lbl ★ Bezeichnung für die einfachen Weine, die an der Etsch (ital. Adige) entstehen, d. h. in SÜDTIROL, im TRENTINO und in Nordvenetien.

Val di Cornia Tosk DOC r rs w ★★→★★★ 06' 07 08 09 10 11 12 – DOC südlich von BOLGHERI. SANGIOVESE, CABERNET SAUVIGNON, MERLOT, SYRAH, MONTEPULCIANO. Erzeuger: Ambrosini, Jacopo Banti, Bulichella, Gualdo del Re, Incontri, Montepeloso, Petra, Russo, San Michele, TENUTA Casa Dei, Terricciola, TUA RITA.

Valentini, Edoardo Abr ★★★→★★★★ Sohn Francesco führt die Tradition lange eingemaischter, nicht filtrierter, nicht geschönter und von Hand abgefüllter MONTEPULCIANO-, CERASUOLO- und TREBBIANO-D'ABRUZZO-Weine fort. Die Qualität und die Verfügbarkeit sind nicht vorhersehbar, potenziell hervorragend. Siehe MONTEPULCIANO D'ABRUZZO, TREBBIANO D'ABRUZZO.

Valle d'Aosta DOC r rs w ★★ DOC für etwa 25 Weine aus dem Aostatal, die geografische oder Rebsortenbezeichnungen tragen. Dazu gehören z. B. Prëmetta, Fumin, Blanc de Morgex, Chambave, Nus MALVOISIE, Arnad Montjovet, Torrette, Donnas, Enfer d'Arvier. Sehr kleine Produktion, die Weine gelangen nur selten ins Ausland, sind aber oft sehr lohnenswert.

Valle Isarco (Eisacktaler) T-S DOC w ★★ BV – DOC in SÜDTIROL für sieben »germanische« sortenreine Weißweine, die entlang des Eisack (ital. Isarco) nordöstlich von Bozen entstehen. Guter GEWÜRZTRAMINER, MÜLLER-THURGAU, RIESLING und SILVANER. Spitzenerzeuger sind CS Eisacktaler, Kloster Neustift, Kuenhof.

Vallone, Agricole Apu ★★→★★★ Großer Winzer der apulischen SALENTO-Halbinsel. Exzellenter und preiswerter BRINDISI Vigna Flaminio (rot und weiß) sowie SALICE SALENTINO Vereto, beide auch als RISERVA; bekannt aber v. a. für seinen Graticciaia, einen Wein aus rosinierten Trauben, der einem AMARONE ähnelt. Der Vigna Castello ist eine erstklassige Ergänzung des Angebots.

Valpolicella Ven DOC r ★→★★★★ Vielfältige Appellation, die vom leichten Durstlöscher mit einer gewissen fruchtigen Wärme über stärkeren SUPERIORE (der manchmal RIPASSO ist, manchmal nicht) bis hin zu AMARONE und RECIOTO mit uraltem Stammbaum alles enthält. Bittere Kirschnoten sind das gemeinsame Geschmacksmerkmal der Zutaten CORVINA und Corvinone (und anderen Trauben). Normaler Valpolicella ist heutzutage schwer aufzutreiben, weil die guten Trauben alle für den trendigen, profitablen Amarone verwendet werden. (Erzeuger siehe Kasten unten.)

Valpolicella Ripasso Ven DOC r ★★→★★★ 09 10 11 12 Auf den Traubenschalen von RECIOTO oder AMARONE erneut vergorener VALPOLICELLA ergibt einen lagernswerteren Wein. Gut bis ausgezeichnet: BUSSOLA, CANTINA NEGRAR, Castellani, DAL FORNO, QUINTARELLI, ZENATO.

Valtellina Lomb DOC/DOCG r ★→★★★ Langes, von Osten nach Westen ver- laufendes Tal (die meisten Alpentäler verlaufen von Norden nach Süden) an der Schweizer Grenze, auf dessen steilen Terrassen seit Jahrtausenden NEBBIOLO (der hier CHIAVENNASCA genannt wird) und verwandte Reben wachsen. Die DOCG Valtellina SUPERIORE ist in fünf Bereiche unterteilt: Sassella, Grumello, Inferno, Valgella und Maroggia. Sowohl die Weine als auch die Landschaft sind einen Abstecher wert. Die besten Erzeuger sind derzeit Fay, Mamete Prevostini, Nera, Nino Negri, Plozza, Rainoldi, Triac- ca. In der DOC Valtellina sind die Anforderungen weniger streng. Sforzato ist der hiesige AMARONE.

Valpolicella – die Besten

Die Geschichte des Valpolicella begann mit den Römern in den süd- lichsten Alpenausläufern oberhalb der Po-Ebene in Verona, und nie war der Wein besser als heute. AMARONE DELLA VALPOLICELLA und RECIOTO DELLA VALPOLICELLA sind nun zur DOCG befördert worden, während der VALPOLICELLA RIPASSO endlich als eigenständiger his- torischer Wein anerkannt wurde. Folgende Betriebe erzeugen gute bis großartige Weine (die Crème de la crème ist mit einem Stern ge- kennzeichnet): Accordini Stefano*, Serego Alighieri, ALLEGRINI*, Begali, BERTANI, BOLLA, Boscaini, Brigaldara, BRUNELLI, BUSSOLA*, Ca' la Bianca, Campagnola, Ca' Rugate, Castellani, Corteforte, Corte Sant'Alda, CS Valpantena, CANTINA Valpolicella, Valentina Cubi, DAL FORNO*, Guerrieri-Rizzardi, MASI, Mazzi*, Nicolis, QUINTARELLI*, Roc- colo Grassi*, Le Ragose, Le Salette, Speri*, TEDESCHI*, Tommasi, Ven- turini, VIVIANI*, ZENATO, Zeni.

Vecchio Samperi Siz – Siehe DE BARTOLI.

Venegazzù Ven ★★★ Einstiger Kult-Bordeaux-Verschnitt von Erzeuger Lore- dan Gasparini im östlichen Venetien. Am prestigeträchtigsten sind die Einzellagenweine der Reihe Capo di Stato (was so viel heißt wie »Staats- oberhaupt«, denn für dieses wurden sie geschaffen).

Verdicchio dei Castelli di Jesi Mar DOC w; (sch) ★★→★★★ BV – Vielsei- tiger Weißwein aus der Gegend um Ancona. Kann leicht und süffig ausfal- len, schäumen oder strukturiert, komplex und langlebig (v. a. als RISERVA DOCG mit mindestens 2 Jahren Reifung). Auch CLASSICO. Besonders be- achtliche Qualität von Accadia, Bonci-Vallerosa, Brunori, BUCCI, Casalfar- neto, Cimarelli, Colonnara, Coroncino, Fazi-Battaglia, Fonte della Luna, GAROFOLI, Laila, Lucangeli Aymerich di Laconi, Mancinelli, Montecappo- ne, MONTE SCHIAVO, Santa Barbara, SARTARELLI, TERRE CORTESI MONCA- RO, UMANI RONCHI.

Verdicchio di Matelica Mar DOC w; (sch) ★★→★★★ BV – Ähnlich wie Jesi (vgl. vorigen Eintrag), kleiner, weiter im Landesinneren und höher gele- gen, daher säurereichere und langlebigere Weine, die in jungen Jahren nicht so ansprechend sind. Der RISERVA ist ebenfalls DOCG. Erzeuger: v. a. Barone Pizzini, Belisario, Bisci, La Monacesca, Pagliano Tre, San Biagio.

Verduno Piem DOC r ★★ (BV) – Dem GRIGNOLINO ähnlicher blasser Rotwein von der Pelaverga-Traube, die ausschließlich in der Gemeinde Verduno im BAROLO-Gebiet angebaut wird. Empfehlenswert: Alessandria, Bel Colle, BURLOTTO und CASTELLO DI VERDUNO.

Verduno, Castello di Piem ★★★ Ein Ehepaar, Franco Bianco mit Weinbergen in Neive und Gabriella Burlotto mit Weinbergen in Verduno, erzeugt sehr guten BARBARESCO Rabajà und BAROLO Monvigliero.

Verduzzo F-JV DOC w; tr lbl s ★★→★★★ Körperreicher Weißwein (DOC FRIULI COLLI ORIENTALI) aus einer indigenen friaulischen Traube. Ramandolo (DOCG) ist der bedeutendste Unterbereich für Süßweine. Spitzenerzeuger: Dario Coos, Dorigo, Giovanni Dri, Meroi.

Vermentino di Gallura Sar DOCG w ★★→★★★ BV – Der beste trockene Weißwein Sardiniens aus dem Nordosten der Insel, kräftiger und intensiver im Geschmack als der VERMENTINO DI SARDEGNA. Spitzenerzeuger: Capichera, CS di Gallura, CS del Vermentino, Depperu.

Vermentino di Sardegna Lig DOC w ★★ BV – Weiter verbreitet, aber weniger intensiv als VERMENTINO DI GALLURA. Vermentino ist eine der besten italienischen Weißweintrauben und wird auch in LIGURIEN und entlang der toskanischen Küste angebaut. Gute Erzeuger: Santadi, Sella & Mosca.

Vernaccia di Oristano Sar DOC w; tr (s); (fz) ★→★★★ Unter Flor gereifte sardische Spezialität, ähnlich leichtem Sherry, ein wenig bitter, körperreich und interessant. Der Jahrgang ist weniger wichtig als der Herstellungsprozess. SUPERIORE mit 15,5 % Alkohol und 3 Jahren Alterung. Köstlich zu Bottarga (gepresstem Fischrogen). Spitzenerzeuger: CONTINI.

Vernaccia di San Gimignano Tosk – Siehe SAN GIMIGNANO.

Vesuvio Siehe LACRYMA CHRISTI.

Vie di Romans F-JV ★★★→★★★★ Gianfranco Gallo hat in wenigen Jahren das Gut seines Vaters im DOC-Bereich ISONZO in FRIAUL zum Spitzenstatus geführt. Exzellenter CHARDONNAY, PINOT GRIGIO Dessimis, SAUVIGNON BLANC Piere und Vieris (in Eiche ausgebaut) sowie der MALVASIA/RIESLING/FRIULANO-Verschnitt Flors di Uis.

Vietti Piem ★★★ Winzerveteran in Castiglione Falletto mit charaktervollen piemontesischen Weinen, u. a. BARBARESCO Masseria, BARBERA d'ALBA Scarrone und Barbera d'ASTI La Crena. Mustergültige Barolos: Lazzarito, Rocche, Brunate, Villero.

Vignalta Ven ★★ Spitzenerzeuger in den COLLI EUGANEI bei Padua (Venetien); sehr guter CABERNET SAUVIGNON COLLI EUGANEI RISERVA und MERLOT/Cabernet Sauvignon Gemola.

Vignamaggio Tosk ★★→★★★ Ausgezeichnetes, sehr schönes historisches CHIANTI-CLASSICO-Gut bei Greve. Leonardo da Vinci malte hier die Mona Lisa. Wie die RISERVA heißt, ist nicht schwer zu erraten.

Vigna oder **vigneto** Einzellage. In der Regel ein Zeichen für bessere Qualität.

Villa Matilde Kamp ★★★ Spitzenweingut in KAMPANIEN mit FALERNO Rosso (Vigna Camarato) und Bianco (Vigna Caracci) sowie Eleusi PASSITO.

Villa Papiano Em-Ro ★★→★★★ 10-ha-Gut von Francesco Bordini, der mehrere passionierte Experimentierer in der Romagna berät. Le Papesse und I Probi sollen jeweils das Weibliche und das Männliche zeigen; der Terra ist ein trockener ALBANA, der in georgischen *quervri* (Amphoren) auf den Schalen vergoren wird.

Villa Russiz F-JV ★★★ Historisches Gut mit DOC-COLLIO-Weinen. Sehr guter SAUVIGNON BLANC und MERLOT (v. a. die Auslesen De la Tour), außerdem PINOT BIANCO, PINOT GRIGIO, FRIULANO und CHARDONNAY.

Vino Nobile di Montepulciano Tosk DOCG r ★★→★★★ 04 06' 07 08 09 10 11 (12) – Traditionsreicher SANGIOVESE (hier Prugnolo gentile genannt) aus der toskanischen Stadt MONTEPULCIANO (nicht zu verwechseln mit der gleichnamigen Rebsorte der Abruzzen). Häufig anspruchsvolle Weine mit adstringierenden Tanninen, doch komplex und nachhaltig von den besten Erzeugern: u. a. Avignonesi, Bindella, BOSCARELLI, La Braccesca, La Calonica, Canneto, Le Casalte, Fattoria del Cerro, CONTUCCI, DEI, Gracciano della Seta, Gracciano Svetoni, Icario, Nottola, Palazzo Vecchio, POLIZIANO, Romeo, Salcheto, Trerose, Valdipiatta, Villa Sant'Anna. Nach 3 Jahren RISERVA.

Vin Santo, Vinsanto oder **Vino Santo** T-S, Tosk DOC w; s ★★→★★★★ Süßwein von PASSITO-Trauben, in der TOSKANA (»Vin Santo«) meist von TREB-
BIANO, MALVASIA und/oder SANGIOVESE, im TRENTINO (»Vino Santo«) von
Nosiola. Toskanische Exemplare sind sehr unterschiedlich, von trocken
und sherryartig bis süß und unglaublich reichhaltig. Viele reifen zwischen
3 und 10 Jahren in kleinen Fässern, den *caratelli*, ohne umgefüllt zu werden. Legendär ist der Vin Santo von Avignonesi, doch es gibt auch andere
hervorragende Erzeuger: CAPEZZANA, Fattoria del Cerro, Corzano & Pater-
no, FELSINA, Frascole, ISOLE E OLENA, Rocca di Montegrossi, San Gervasio,
SAN GIUSTO A RENTENNANO, SELVAPIANA, Villa Sant'Anna, Villa di Vetrice.
Siehe auch OCCHIO DI PERNICE.

Vivaldi-Arunda T-S ★★→★★★ Erstklassiger Südtiroler Schaumwein. Am
besten: Extra Brut RISERVA, Cuvée Marianne.

Viviani Ven ★★★ Claudio Viviani beweist, wie modern ein VALPOLICELLA
oder AMARONE sein kann. Sehr gut der CLASSICO SUPERIORE Campo Morar,
besser der RECIOTO La Mandrella, überragend der Amarone Casa di Bepi
und der Tulipano Nero.

Voerzio, Roberto Piem ★★★→★★★★ Modernistischer BAROLO-Erzeuger
mit ausgezeichneten, sehr teuren Einzellagenweinen: Brunate, Cerequio,
Rocche dell'Annunziata-Torriglione, Sarmassa, La Serra; auch eindrucksvoller BARBERA d'ALBA.

Volpaia, Castello di Tosk ★★→★★★ Das erstklassige CHIANTI-CLASSICO-
Gut in Radda erzeugt die SUPERTOSKANER Coltassala (SANGIOVESE/Mam-
molo) und Balifico (Sangiovese/CABERNET SAUVIGNON).

Zenato Ven ★★ Sehr verlässliches, manchmal bestechendes Weingut für
Weine vom Gardasee; auch VALPOLICELLA, SOAVE, AMARONE und LUGANA.

Zerbina, Fattoria Em-Ro ★★★ Führendes Weingut in der Romagna mit dem
besten süßen DOCG ALBANA (Scacco Matto), sehr gutem SANGIOVESE
(Pietramora) und im Barrique ausgebautem IGT Marzieno.

Zibibbo Siz tr s ★★ Verlockender sizilianischer Tafelwein von MUSCAT
d'Alessandria, der hauptsächlich auf der Insel PANTELLERIA und im äußersten Westen SIZILIENS entsteht. Musterbeispiele für die trockene Version kommen von Ottoventi aus Trapani und DE BARTOLI.

Zonin ★→★★ Einer der größten Eigentümer von Weingütern in Italien, beheimatet in Gambellara (Venetien), aber auch einflussreich im FRIAUL, in der
TOSKANA, in APULIEN, auf SIZILIEN und anderswo auf der Welt.

Zuani Lomb ★★★ Kleines Gut in COLLIO, das Patricia Felluga, der Tochter von
MARCO FELLUGA, gehört. Ausgezeichneter weißer Verschnitt Zuani RISERVA
(in Eiche ausgebaut) und Zuani Vigne (ohne Eiche).

Deutschland

Die folgenden Abkürzungen
werden im Text verwendet:

Bad	Baden
Fran	Franken
Hess-B	Hessische Bergstraße
M	Mosel (einschließlich Saar und Ruwer)
MM	Mittelmosel
MR	Mittelrhein
Na	Nahe
Pfz	Pfalz
Rhg	Rheingau
Rhh	Rheinhessen
Sa-Un	Saale-Unstrut
Würt	Württemberg

**Die dunklen Flächen bezeichnen
die Weinbaugebiete**

Hamburg

Bremen

Elbe

Rhein

Hannover

Berlin

Weser

Leipzig

SAALE-UNSTRUT

SACHS

Erfurt

Dresden

Bonn

AHR **MITTELRHEIN**

Koblenz

RHEINGAU

**MOSEL-
SAAR-RUWER**

Frankfurt

FRANKEN

Main

RHEINHESSEN

Trier

Mannheim

Würzburg

NAHE

**HESSISCHE
BERGSTRASSE**

PFALZ

Nürnberg

WÜRTTEMBERG

Stuttgart

Baden Baden

Donau

BADEN

München

Freiburg

Bodensee

Was hebt einen deutschen Jahrgang über den Durchschnitt hinaus? Klassische Spitzenreiter waren früher die Jahre, die reichlich Spätlesen und Auslesen lieferten, denn diese Exponenten galten als die besten – und auch teuersten – Deutschlands. Der Klimawandel aber wirkt sich auf die im Grenzbereich des Weinbaus angesiedelten deutschen Lagen derzeit radikaler aus als in anderen Ländern. Schon seit einer Generation hat es keinen richtig lausigen Jahrgang ohne reife Trauben mehr gegeben. Dafür sind die Bedingungen ideal geworden für reife trockene Abfüllungen. Und genau die sind im Moment gefragt.

Nun hängen manche Weinliebhaber, insbesondere in Großbritannien, nach wie vor der süßen alten Weinzeit nach. Doch sie haben jetzt zumindest die Wahl zwischen Alt und Neu. Das gibt dem Riesling viel mehr Gelegenheit, bei Tisch zu brillieren.

Um all dem Rechnung zu tragen, haben wir die Jahrgangsliste etwas verändert. Die Beurteilungen für die »klassischen« Erzeugnisse wurden beibehalten, doch zusätzlich sind jetzt auch Jahrgangsbeurteilungen für einzelne Große Gewächse in manchen Einträgen hinzugekommen.

Deutschland ändert sich, keine Frage. Vor nicht allzu langer Zeit galt unter Deutschlands Winzern die Faustregel, nach der ungerade Jahrgänge besser ausfallen als gerade. Beispiele wie 1959, 1971 oder 1983 sollten dies untermauern. Seit einiger Zeit aber ... nun ja. Der 2001er geriet vorzüglich, der 2003er wesentlich besser als zunächst befürchtet. 2005, 2007, 2009, 2011 ... alles solide Jahrgänge. Aber waren sie wirklich besser als 2002, 2004, 2008, 2010 und 2012? 2006 kam reichlich Regen und Botrytis über die Rebgärten. Doch wenn wir zwischen 2013 und 2014 wählen müssten, würden die meisten den 2014er bevorzugen. Und auch 2004 und 2008 haben sich bestens entwickelt. Fazit: Die deutschen Jahrgänge sind heute wesentlich beständiger als früher. Nach wie vor schiebt der Klimawandel die Weine immer weiter in die Komfortzone. Deshalb haben trockene Weine eine größere Bedeutung denn je – sie sind reifer und ausgewogener als jemals zuvor. Sie haben noch keine probiert? Jetzt ist die Zeit dafür.

Neuere Jahrgänge

Mosel

Weine von der Mosel (einschließlich Saar und Ruwer) sind jung so ansprechend, dass ihre Haltbarkeit selten auf die Probe gestellt wird. Aber gut gepflegte Kabinettweine gewinnen bei mindestens 5 Jahren Flaschenlagerung (und oft viel mehr), Spätlesen bei 5–20 Jahren und Auslesen sowie Beerenauslesen bei über 10–30 Jahren. Bei trockenen Erzeugnissen befindet sich die Mosel noch in der Beta-Phase. Als Faustregel gilt, dass Weine von Saar und Ruwer in schwachen Jahren scharf und schlank geraten; in guten Jahren aber, die mehr und mehr zur Normalität werden, kommt ihnen an Eleganz und erregender, stahliger Rasse kein anderer gleich.

2014 Warmer Winter, gutes Frühjahr, nasser Sommer. Sonne im September rettete den Jahrgang, aber etwas Regen im Oktober erforderte sorgfältige Selektion des Leseguts. Klassische Weine von trocken bis Auslese.

2013 Die Hälfte der sonst üblichen Ernte. Premiumgewächse bringen Frische und Eleganz mit, sind aber dünn gesät. Die Mittelmosel schnitt besser ab als Saar und Ruwer.

2012 Klassische Weine von QbA bis Auslese, geringer Ertrag.

2011 Ein brillanter Jahrgang, besonders an Saar und Ruwer. Sensationelle Trockenbeerenauslesen.

2010 Hauptmerkmal der Weine ist der hohe Säuregehalt; einige gute Spät- und Auslesen.

2009 Prachtvolle Spät- und Auslesen von seltener Ausgewogenheit; die besten sollten weiter im Keller reifen.

2008 Kein Jahrgang für Auslesen, doch Kabinette und Spätlesen können fein und elegant sein. Einlagern.

2007 Gute Qualität und Quantität. Jetzt zunehmend reif.

2006 Jede Menge Fäule, nicht durchweg edel. Trinken.

2005 Überaus reife Trauben, die aber mit einem besseren Säurerückgrat ausgestattet sind als etwa 2003. Außergewöhnlich, v. a. an der Saar. Trinken oder noch aufbewahren.

2004 Schöner Jahrgang, jetzt trinken.

2003 Von Hitze geprägter Jahrgang, beträchtliche Qualitätsunterschiede. Die besten Weine könnten sich als so gut erweisen wie die 1959er.

2002 Saftige, lebhafte Kabinett-Weine und Spätlesen, die jetzt trinkreif sind.

2001 Der beste Mosel-Riesling seit 1990. An Saar und Ruwer ebenfalls perfekt ausgewogen, wenn auch weniger aufregend. Viele Spät- und Auslesen, die man jetzt trinken oder noch aufheben kann.

Gute ältere Jahrgänge: 1999, 1997, 1995, 1994, 1993, 1990, 1989, 1988, 1976, 1971, 1969, 1964, 1959, 1953, 1949, 1945, 1937, 1934, 1921.

Nahe/Rheingau/Rheinhessen/Pfalz

Neben den Moselweinen sind die Rheingaugewächse die potenziell langlebigsten aller deutschen Erzeugnisse. Sie entfalten sich über 15 Jahre hinweg und länger, jedoch können Spitzengewächse aus Rheinhessen, der Pfalz oder von der Nahe ebenso lange halten. Moderne trockene Weine wie die Großen Gewächse sollten im Allgemeinen innerhalb von 2–4 Jahren getrunken werden, die besten aber haben zweifellos das Potenzial, auf interessante Weise zu altern. Das gleiche gilt für Rotweine von der Ahr: Dank ihrer Fruchtigkeit sind sie bereits in der Jugend ansprechend, doch die besten unter ihnen entwickeln sich 10 Jahre und länger.

2014 Kompliziert. Regen im Sommer, warmes, nasses Septemberende. Die Fruchtfliege *Drosophila suzukii* setzte den dunklen Trauben zu. Riesling und Spätburgunder fielen in der Regel ordentlich aus, doch war gute Selektion ratsam.

2013 Große Unterschiede: Die besten Weine kommen aus dem südlichen Rheinhessen, Franken und dem Ahrtal. Generell geringe Erträge.

2012 Unterdurchschnittliche Mengen, aber sehr gute, auf jeder Qualitätsstufe klassische Weine.

2011 Die Weine besitzen Frucht und ausgewogene Säure.

2010 Uneinheitliche Qualität, die trockenen Weine sollten jetzt getrunken sein.

2009 Exzellente Weine, v. a. die trockenen. Teilweise musste aufgesäuert werden.

2008 Außerordentlich rassige Rieslinge mit langem Atem.

2007 Die trockenen Weine sind jetzt reif. Trinken.

2006 Sehr viel Edelfäule; Spitzengütern glückten annehmbare, mittelschwere Weine. Jetzt trinken.

2005 Hohe Reifegrade bei exzellenter Säure und reichlich Extrakt. Vorzüglicher Jahrgang. Trinken oder aufheben.

2004 Überall am Rhein reife, gesunde Frucht. Großer Ertrag, manchmal etwas verwässert, aber nicht bei den Spitzengütern.

2003 Reichhaltige Weine im Rheingau; vielen fehlt es an Säure. Die Roten gelangen gut, sofern man den Alkoholgehalt in den Griff bekam. Trinken.

2002 Kaum ein Wein wird es wohl mit den Jahrgangsbesten von 2001 aufnehmen können, dennoch ein guter Jahrgang sowohl für Kabinette und Spätlesen als auch für trockene Weine. Hervorragender Spätburgunder. Trinken.

2001 Ein sehr guter Jahrgang sowohl für klassische Kabinette und Spätlesen als auch für trockene Versionen; herrlich ausgewogen. Trinken oder noch aufheben.

Gute ältere Jahrgänge: 1999, 1998, 1997, 1996, 1993, 1990, 1983, 1976, 1971, 1969, 1967, 1964, 1959, 1953, 1949, 1945, 1937, 1934, 1921.

Adelmann, Weingut Graf Würt ★★→★★★ Das Gut auf der malerisch gelegenen Burg Schaubeck wird jetzt vom jungen Felix Graf Adelmann geleitet. Neu auch der Kellermeister. Reichlich Drive, aber keine Palastrevolution. Sehr guter RIESLING 2013 (GROSSE LAGE Süßmund).

Ahr ★★→★★★★ 97 05 09 11 12 13 14 – Anbaugebiet südlich von Bonn. Spritzige, strukturierte, aber fruchtige SPÄT- und FRÜHBURGUNDER von Schieferböden. Beste Produzenten: Adeneuer, Deutzerhof, Heiner-Kreuzberg, Josten & Klein, KREUZBERG, MEYER-NÄKEL, Nelles, Paul Schumacher, STODDEN und die Winzergenossenschaft Mayschoß-Altenahr.

Aldinger, Weingut Gerhard Würt ★★★ Bedeutendes WÜRTTEMBERGER Weingut. Gert Aldinger und seine Söhne bereiten dicht gefügte LEMBERGER und SPÄTBURGUNDER, komplexen SAUVIGNON BLANC und jetzt auch ungeschönten, nicht filtrierten TROLLINGER ohne Sulfite (Sine).

Alte Reben Eine auf deutschen Etiketten immer häufiger auftauchende Bezeichnung, analog zum französischen *vieilles vignes*. Wie in Frankreich ist kein Mindestalter festgelegt.

Amtliche Prüfungsnummer (A.P.Nr.) Muss auf jedem Etikett eines Qualitätsweins abgedruckt sein. Besonders nützlich zur Unterscheidung von AUSLESEN aus verschiedenen Parzellen desselben Weinbergs.

Jahrgangsangaben im Kapitel Deutschland

Die Jahrgangsangaben bei den Stichwörtern im Kapitel Deutschland erfolgen meist nach einem anderen Schema als sonst in diesem Buch üblich. Wird der Jahrgang eines bestimmten Weins bewertet, entspricht die Angabe dem in diesem Buch ansonsten üblichen Schema (siehe »Zum richtigen Gebrauch« ganz vorne). Für Bereiche, Gemeinden und Erzeuger aber gibt es zwei verschiedene Kategorien:

Fettdruck (z. B. **09**) – Klassischer, reifer Jahrgang mit einem hohen Anteil von Spät- und Auslesen bzw. bei Rotweinen mit schöner phenolischer Reife und einem guten Mostgewicht.

Normaldruck (z. B. 07) – Erfolgreicher, aber nicht außergewöhnlicher Jahrgang.

Deutsche Weißweine, insbesondere Riesling, kann man in der Regel jung trinken, um ihre intensive Fruchtigkeit zu genießen, aber auch 10–20 Jahre lagern, wodurch sie eine größere aromatische Finesse entwickeln.

Assmannshausen Rhg r ★★→★★★★ 97 01 02 05 08 09 10 11 12 13 – Ort im RHEINGAU, v. a. bekannt durch seine nach Cassis duftenden, sehr haltbaren Spätburgunder von Schieferböden. GROSSE LAGE: Höllenberg. Erzeuger: BISCHÖFLICHES WEINGUT, Chat Sauvage, August KESSELER, Robert König, KRONE, Mumm und die HESSISCHEN STAATSWEINGÜTER (2014 noch immer in Topform: der **1953er** Höllenberg NATURREIN).

Auslese Wein von ausgelesenen, besonders reifen Trauben, oft durch Edelfäule verfeinert und entsprechend gehaltvoll im Geschmack. Trockene Auslesen fallen für meinen Geschmack oft zu alkoholstark und plump aus.

Ayl M ★→★★★ Alle Weinberge in Ayl sind seit 1971 unter dem Namen der historisch besten Lage bekannt: Kupp (was viel über das deutsche Weingesetz sagt). Erzeuger: BISCHÖFLICHE WEINGUT, Lauer, Vols.

Bacharach MR ★→★★★ 01 02 04 05 08 09 10 11 12 13 14 – Idyllisches Städtchen mit Fachwerkhäusern, Zentrum der RIESLING-Erzeugung am MITTELRHEIN. GROSSE LAGEN: Hahn, Posten, Wolfshöhle. Erzeuger: Bastian, JOST, KAUER, RATZENBERGER.

Baden Bad r w 90 97 05 08 09 10 11 12 13 14 – Großes Anbaugebiet im Südwesten (15.000 ha), bekannt vor allem für die verschiedenen Burgundertrauben (BLAU- bzw. SPÄT-, GRAU- und WEISSBURGUNDER) mit Enklaven von RIESLING, der in der Regel trocken ausgebaut wird. Viele Winzergenossenschaften. Beste Bereiche: KAISERSTUHL und ORTENAU.

Bassermann-Jordan Pfz ★★★ Weingut an der MITTELHAARDT mit 49 ha hervorragenden Lagen u. a. in DEIDESHEIM, FORST und RUPPERTSBERG. Majestätischer trockener RIESLING und üppige Süßweine.

Becker, Friedrich Pfz ★★→★★★ Gut in der Südpfalz mit überragendem SPÄTBURGUNDER (**07'** 08 09 11 12); besitzt auch einige Weinberge auf der anderen Seite der Grenze im Elsass. Gute Weißweine (RIESLING, WEISSBURGUNDER).

Becker, J. B. Rhg ★★→★★★ 90 92 94 97 01 02 05 08 09 10 11 12 13 – Das beste Weingut in WALLUF, jetzt ökologisch bewirtschaftet: Spezialist für altmodische, fassgereifte (und langlebige) trockene RIESLINGE und SPÄTBURGUNDER. Im Keller lagern bis in die 1990er zurückreichende Jahrgänge (günstig).

Beerenauslese Köstlich süßer Wein aus besonders reifen, einzeln ausgelesenen Beeren, durch Edelfäule verfeinert. Rar und teuer.

Bercher Bad ★★★ Familienbetrieb (25 ha) in Burkheim am KAISERSTUHL. Spezialist für fassgereifte Weine von Burgundersorten aus der GROSSEN LAGE Feuerberg. Der würzige SPÄTBURGUNDER Feuerberg GROSSES GEWÄCHS **12'** sollte gut und gern zehn Jahre halten.

Bergdolt Pfz ★★★ Bioweingut in Neustadt-Duttweiler. Von jeher für WEISSBURGUNDER (von der GROSSEN LAGE Mandelberg 98' 01' 02 04' 05 07 08 **09'** 10 11 12' 13) bekannt, doch liegen der jungen Carolin Bergdolt auch RIESLING und SPÄTBURGUNDER am Herzen.

Bernkastel MM ★→★★★★ 90 94 96 97 01 02 03 05 07 08 09 10 11 12 13 – Erstklassige Weinstadt an der MITTELMOSEL, bekannt für den perfekt abgerundeten, fruchtigen Stil ihrer Weine. GROSSE LAGEN: Doctor und Lay. Spitzenerzeuger: Kerpen, LOOSEN, J. J. PRÜM, Studert-Prüm, THANISCH (beide Güter), WEGELER. Lassen Sie aber die Finger von Weinen aus dem Bereich Bernkastel, die unter dem Namen Kurfürstlay (GROSSLAGE) verkauft werden.

Bischöfliches Weingut Rüdesheim Rhg ★★★ Berühmtes kleines Kirchengut im historischen Kloster Hildegard von Bingens. 8 ha bester Lagen in RÜDESHEIM, ASSMANNSHAUSEN und JOHANNISBERG. Peter Perabo, früher

Kellermeister bei KRONE, ist Spezialist für Spätburgunder, doch auch der RIESLING ist sehr gut.

Bischöfliche Weingüter Trier M ★★ In den 130 ha Spitzenlagen sind der Besitz der Trierer Hohen Domkirche sowie der dreier anderer Stiftungen vereinigt. Die Weine waren lange Zeit äußerst mäßig – wird nun die Wende zum Besseren vollzogen?

Blanc de Noir(s) Immer beliebter werdender weißer oder blassrosa Stillwein von roten Trauben (vorwiegend SPÄTBURGUNDER, TROLLINGER oder SCHWARZRIESLING).

Bocksbeutel Bauchig-flache Weinflasche, v. a. für Weine aus FRANKEN und Nordbaden.

Bereich, Großlage und Große Lage – trau, schau, wem!
Ein »Bereich« bezeichnet nach deutschem Weinrecht einen größeren Abschnitt innerhalb eines Anbaugebiets. Auf einem Etikett, wie z. B. bei »Bernkastel (Bereich)«, ist diese Bezeichnung als Warnsignal zu verstehen: Der Wein ist ein Verschnitt aus beliebigen Lagen innerhalb dieses Bereichs und sollte besser nicht gekauft werden. Das Gleiche gilt für Weine mit der Bezeichnung GROSSLAGE, obwohl diese viel schwerer zu erkennen sind. Wer könnte schon aus dem Stegreif erraten, ob »Forster Mariengarten« eine EINZELLAGE oder eine Großlage ist? (Es ist Letzteres.) Und seit dem Jahrgang 2012 ist es noch ein bisschen verzwickter geworden: Die GROSSEN LAGEN sind hinzugekommen, die man auf keinen Fall mit Großlagen verwechseln sollte. Es handelt sich nämlich ganz im Gegenteil um die besten Weinberge nach der Klassifikation des Winzerverbandes VDP, sozusagen die Grands crus Deutschlands.

Bodensee Bad – Idyllischer Bereich in SÜDBADEN. Trockener MÜLLER-THURGAU von seltener Eleganz; außerdem leichter, aber delikater SPÄTBURGUNDER. Spitzenweinbauorte: Meersburg und Hagnau. Hübsche Urlaubsweine.

Boppard MR ★→★★★ Weinstadt am MITTELRHEIN mit der GROSSEN LAGE Bopparder Hamm, die wie ein Amphitheater geformt ist. Erzeuger: Lorenz, M. Müller, Perll, WEINGART. Unschlagbares Preis-Leistungs-Verhältnis.

Braunberg MM w ★★★→★★★★ 59 71 **83** 90 **93** 94 95 **96** 97 **99** 01 02 04 **05** 07 **08** 09 10 **11** 12 13 14 – Erstklassiger Weinort bei BERNKASTEL mit ausgezeichneten, sehr aromatischen und herrlich rassigen RIESLINGEN. GROSSE LAGEN: Juffer, Juffer-Sonnenuhr. Erzeuger: Fritz Haag, Willi Haag, KESSELSTATT, Paulinshof, RICHTER, SCHLOSS LIESER, THANISCH.

Bremer Ratskeller Traditionsgaststätte und Weinkeller in Bremen, 1405 errichtet und von der UNESCO zum Welterbe ernannt. Der älteste Wein ist ein Fass RÜDESHEIMER Apostelwein von 1653.

Breuer, Georg Rhg ★★★→★★★★ Das Familienweingut in RÜDESHEIM und RAUENTHAL ist für ausgeprägt trockenen RIESLING, SEKT und SPÄTBURGUNDER bekannt. Theresa Breuer behält den klassischen Stil ihres Vaters bei. Eine Rarität ist der Gelbe Orleans (weiß) von einer alten, in den 1990er-Jahren wiederentdeckten lokalen Rebsorte.

Buhl, Reichsrat von Pfz ★★★ Historisches Weingut in der PFALZ mit Weinbergen in DEIDESHEIM, FORST und RUPPERTSBERG, im Besitz der Familie Niederberger, der auch BASSERMANN-JORDAN und DR. DEINHARD/von WINNING gehören. Gutsleiter ist seit 2013 Mathieu Kauffmann, zuvor Kellermeister bei Bollinger (siehe Kapitel »Frankreich«). Allem Anschein nach wird demnächst ein vielversprechender SEKT herauskommen.

Bürgerspital zum Heiligen Geist Fran ★★→★★★ Alter Stiftsbesitz mit traditionell bereiteten Weißen (Silvaner und RIESLING) von besten Lagen in und um WÜRZBURG. In neuerer Zeit nimmt der Riesling eine bedeutende Rolle ein, angeführt vom komplexen Würzburger Stein Hagemann GROSSES GEWÄCHS. Der Weinberg Stein-Harfe ist in Alleinbesitz.

Die deutschen Qualitätsstufen

Die amtlichen Qualitätsstufen sind in aufsteigender Reihenfolge:

1. **Deutscher Wein ohne Herkunftsangabe** (oder schlicht **Wein**; ersetzt die Bezeichnung *Tafelwein*): leichter, meist lieblicher Wein ohne näher festgelegte Eigenart.

2. **Wein mit geschützter geografischer Angabe (g.g.A.)** (ersetzt Landwein): trocken oder halbtrocken, gebietstypisch. Meist nicht zu empfehlen, doch einige erfolgreiche Güter nutzen die Kategorie *Landwein* bzw. g.g.A., um bürokratische Zwänge zu umgehen.

3. **Wein mit geschützter Ursprungsbezeichnung (g.U.**, als traditionelle Begriffe sind auch noch **Qualitäts-** und **Prädikatswein** zugelassen): trocken bis lieblich, Zuckerzusatz vor der Gärung ist möglich, um den Alkoholgehalt zu steigern; stets auf Qualität geprüft und mit ausgeprägtem Charakter, je nach Landschaft und Traubensorte.

4. **Kabinett:** trocken bis lieblich (ungezuckert) mit ausgeprägter, gelegentlich vorzüglicher Eigenart und charakteristischer Leichtigkeit.

5. **Spätlese:** alkoholreicher als Kabinett, meist mit mehr Süße, körperreich. Viele hochklassige Spätlesen sind heutzutage halb- oder ganz trocken.

6. **Auslese:** süßer, oft auch alkoholreicher als Spätlese, vielfach mit an Honig erinnerndem Aroma, intensiv und langlebig. Gelegentlich trocken und schwer.

7. **Beerenauslese:** ziemlich süß und gelegentlich alkoholreich, intensiv im Geschmack, kann superb sein.

8. **Eiswein:** von im Winter am Rebstock gefrorenen Trauben der Qualitätsstufe für Beeren- oder Trockenbeerenauslese, hochkonzentriert, intensiv süß. Manchmal extrem einseitig.

9. **Trockenbeerenauslese:** intensiv süß und aromatisch, oft nicht allzu alkoholreich. Ein außergewöhnlicher, unendlich haltbarer Wein.

Bürklin-Wolf, Dr. Pfz ★★→★★★★ Das historische Weingut besitzt einige der besten Lagen der MITTELHAARDT. 30 ha GROSSE und ERSTE LAGEN in FORST, DEIDESHEIM usw. Die biodynamisch bewirtschafteten (und mit Pferden bestellten) Weinberge liefern trockenen und halbtrockenen RIESLING mit Terroirbezug und langem Atem.

Busch, Clemens M ★★→★★★ Clemens Busch und Sohn Florian erzeugen auf ihrem Biogut kraftvollen, trockenen und eleganten edelsüßen RIESLING aus der Steillage Pünderiche r Marienburg. Die Trauben aus der besten Bereichen Fahrlay, Falkenlay, Rothenpfad und Raffes werden als Lagenweine abgefüllt.

Christmann Pfz ★★★ Bioweingut in Gimmeldingen mit vollem trockenem Riesling und SPÄTBURGUNDER, insbesondere von der GROSSEN LAGE Königsbacher Idig **04 05' 08' 10' 11** 12' 13. Steffen Christmann ist Bundesvorsitzender des VDP.

Clüsserath, Ansgar M ★★★ Die junge Eva Clüsserath-Wittmann (ihr Gatte ist Philipp WITTMANN) erzeugt mineralischen RIESLING aus der TRITTENHEIMER Apotheke; exzellent der 2013er Riesling trocken. Köstlich und von kristalliner Klarheit die KABINETT-Versionen.

Crusius, Dr. Na ★★→★★★ Familienweingut in TRAISEN, NAHE. Lebendige, sehr haltbare RIESLINGE aus den Lagen Bastei (viel Sonne) und Rotenfels in Traisen sowie aus SCHLOSSBÖCKELHEIM.

Deidesheim Pfz ★★→★★★★ 90 97 01 02 04 05 08 09 10 11 12 13 14 – Zentraler Ort der MITTELHAARDT. Überaus aromatische, lebhafte Weine aus GROSSEN LAGEN in sechs Weinbergen: Grainhübel, Hohenmorgen, Kalkofen, Kieselberg, Langenmorgen und Paradiesgarten. Langenmorgen, Paradiesgarten und Grainhübel umfassen auch ERSTE LAGEN. Spitzenerzeuger: BASSERMANN-JORDAN, Biffar, BUHL, BÜRKLIN-WOLF, CHRISTMANN, DEINHARD, MOSBACHER, von WINNING.

Deinhard, Dr. Pfz ★★★ Seit 2008 Teil des neuen Weinguts von WINNING, erzeugt aber nach wie vor Pfälzer RIESLING im klassischen Stil.

Diel, Schlossgut Na ★★★→★★★★ Caroline Diel hat inzwischen von ihrem Vater übernommen. Sie bereitet exquisiten Lagen-Riesling (Burgberg, Goldloch, Dorsheim Pittermännchen, Burg Layen Schlossberg), bemerkenswerte SPÄTLESEN und ernst zu nehmenden Sekt (Cuvée Mo mit mindestens 70-monatiger Lagerung auf der Hefe).

Dönnhoff, Hermann Na ★★★★ 90 94 96 97 99 01 02 03 04 05 07 08 09 10 11 12 13 14 – Bewundernswert beständiges Gut an der NAHE, eines der besten in Deutschland. Cornelius Dönnhoff steht inzwischen auf der Kommandobrücke. Seine Weine fallen vielleicht einen Hauch trockener aus als die seines Vaters Helmut. Weine mit gutem Preis-Leistungs-Verhältnis: Tonschiefer RIESLING und Roxheimer Höllenpfad (mineralisch, elegant). Überragende GROSSE GEWÄCHSE aus NIEDERHAUSEN (Hermannshöhle), Norheim (Dellchen) und SCHLOSSBÖCKELHEIM (Felsenberg); umwerfender EISWEIN aus der Oberhäuser Brücke.

Durbach Bad ★★→★★★★ 09 12 13 14 – Weinbauort in der ORTENAU, bekannt für körperreichen Riesling, hier Klingelberger genannt, vom Granitboden der steilen Lage Plauelrain. Spitzenerzeuger: A. LAIBLE, H. Männle, Gräflich Wolff Metternich'sches Weingut, Schloss Staufenberg.

Egon Müller – Scharzhof M ★★★★ 59 71 76 83 85 88 89 90 93 94 95 96 97 98 99 01 02 03 04 05 06 07 08 09 10 11 12 (13) 14 – Legendärer Erzeuger an der SAAR in WILTINGEN. Sein rassiger SCHARZHOFBERGER RIESLING zählt zu den besten Weinen der Welt: erhaben, lebhaft, unsterblich. Die Kabinette präsentieren sich federleicht, halten sich aber 10 Jahre und länger; die Spätlesen sind wunderbar gehaltvoll, zugleich aber schlank. Ätherische AUSLESEN, allen voran die Goldkapsel. Sichern Sie sich die 2012er: Der Ertrag lag bei lediglich 16 hl/ha, doch der Jahrgang zeigt (gemäß den Aufzeichnungen von Egons Vater) viele Parallelen zum fantastischen Jahrgang 1953.

Einzellage Individuelle Weinberglage. Darf nicht mit GROSSLAGE verwechselt werden.

Eine Flasche ist noch übrig vom ältesten deutschen Wein, einem 1540er Würzburger Stein vom Bürgerspital.

Eiswein Wein aus am Stock gefrorenen Trauben mit stark herabgesetztem Wassergehalt, daher sehr konzentriert und mit mindestens dem Reifegrad der BEERENAUSLESE. Der Alkoholgehalt muss nicht höher sein als 5,5 Vol.-%. Herausragende Jahrgänge für Eiswein waren 1998, 2002, 2004 und 2008. Mit fortschreitendem Klimawandel wird der Eiswein jedoch zunehmend zur bedrohten Art: Der Winter 2013/2014 war in Deutschland fast frostfrei.

Ellwanger Würt ★★→★★★ Jürgen Ellwanger hat eichenfassgereiften Rotweinen in WÜRTTEMBERG den Weg bereitet. Heute erzeugen seine Söhne Jörg und Felix saftigen, aber gut strukturierten LEMBERGER, SPÄTBURGUNDER und ZWEIGELT.

Emrich-Schönleber Na ★★★ Werner Schönleber und Sohn Frank erzeugen klar umrissenen RIESLING aus den klassifizierten Lagen Halenberg und Frühlingsplätzchen in Monzingen. Die trockenen und edelsüßen Weine sind ebenfalls hervorragend.

Erden MM ★★★→★★★★ 90 97 01 03 05 08 09 10 11 12 13 14 – Ort mit Lagen auf roten Schieferböden. Edle AUSLESEN und trockene RIESLINGE von selten ausgewogener und delikater Art. GROSSE LAGEN: Prälat und Treppchen. Weingüter: BREMER RATSKELLER, J. J. CHRISTOFFEL, LOOSEN, Mönchhof, Schmitges, WEINS-PRÜM.

Erste Lage Nach der Klassifikation des VDP an zweithöchster Stelle eingestufte Weinberglage. (Beileibe nicht alle deutschen Winzer sind Mitglied des VDP, doch von den besten die meisten.) Zurzeit etwas zweideutig: Für Jahrgänge vor 2012 wurden Weinberge von herausragender Qualität so bezeichnet; deren Weine tragen das Logo einer Weintraube, vor der eine 1 steht. 2012 wurden die meisten Ersten Lagen in »GROSSE LAGE« umbenannt (Logo: Weintraube plus »GG«), während »Erste Lage« jetzt eine neue Kategorie zwischen den Stufen ORTSWEIN und Große Lage bildet, ähnlich dem Premier cru in Burgund. Die Anbaugebiete Ahr, Mittelrhein, Mosel, Nahe und Rheinhessen werden die Bezeichnung Erste Lage allerdings völlig aufgeben; alle klassifizierten Lagen sind dann durchweg Große Lagen. Alles klar?

Erstes Gewächs Rhg – Wein von einem als Spitzenlage klassifizierten Weinberg; diese Bezeichnung darf nur im RHEINGAU verwendet werden. Die dortigen Mitglieder des VDP verwenden seit 2012 die Bezeichnung GROSSES GEWÄCHS.

Erzeugerabfüllung Vom Erzeuger – bei dem es sich auch um eine Winzergenossenschaft handeln kann – aus eigenem Lesegut gekelterter und selbst abgefüllter Wein. Die strengeren Kriterien unterliegende GUTSABFÜLLUNG ist, wie der Name sagt, Weingütern vorbehalten.

Escherndorf Fran ★★★ 08 09 10 11 12 13 – Weinbauort mit der GROSSEN LAGE Lump (Steillage). Der Name spielt möglicherweise darauf an, dass der Weinberg wegen des Erbrechts und der Verkaufsunwilligkeit vieler Erben in winzige Parzellen, klein wie Lumpen, aufgesplittet ist. Fabelhafter Silvaner und RIESLING, trocken und süß. Weingüter: Michael Fröhlich, HORST SAUER, RAINER SAUER, Egon Schäffer.

Feinherb Nicht genau definierter Begriff für Weine mit 10–20 g/l Restsüße, die man nicht unbedingt immer heraussschmeckt. Wird von mancher Erzeugern als flexiblere Bezeichnung gegenüber HALBTROCKEN favorisiert. Ich entscheide mich oft für feinherbe Weine.

Forst Pfz ★★→★★★★ 90 97 01 05 08 09 11 12 13 14 – Ort in der MITTELHAARDT mit reifen, üppig duftenden, körperreichen und dennoch subtilen Weinen. GROSSE LAGEN: Freundstück, Jesuitengarten, Kirchenstück, Pechstein, Ungeheuer. Spitzenerzeuger: Acham-Magin, BASSERMANN-JORDAN, Reichsrat von BUHL, BÜRKLIN-WOLF, Dr. DEINHARD/von WINNING MOSBACHER, WOLF.

Franken 01 02 04 05 07 08 09 11 12 13 14 – Anbaugebiet mit eigenständiger trockenen Weinen, v. a. Silvaner, meist in BOCKSBEUTEL-Flaschen. Mittelpunkt ist WÜRZBURG. Die besten Weine kommen aus Bürgstadt, Klingenberg, ESCHERNDORF, IPHOFEN und RANDERSACKER.

Franz Keller – Schwarzer Adler Bad ★★→★★★ Ein-Stern-Restaurant in Oberbergen am KAISERSTUHL und Weingut mit burgundisch inspirierten GRAU-, WEISS- und SPÄTBURGUNDERN. Spektakuläre, in den Weinberg hineingebaute neue Kellerei seit 2013.

Franzen, Reinhold M ★★→★★★ Von Europas steilster Weinberglage, dem Bremmer Calmont, und dem nahe gelegenen Neefer Frauenberg an der MOSEL erzeugt der junge Kilian Franzen dicht gewirkte, mineralische RIESLINGE, meist trocken.

Fricke, Eva Rhg ★★→★★★ Die in GEISENHEIM ausgebildete Bremerin Eva Fricke entstammt keiner Winzerfamilie. Trotzdem ist sie binnen Kurzem zum Shootingstar des RHEINGAUS avanciert. Ausdrucksvolle, mineralische RIESLINGE aus KIEDRICH und LORCH.

Fuder Traditionelles deutsches Fass für Gärung und (früher langen) Ausbau mit einem Fassungsvermögen von 600–1800 Litern, je nach Anbaugebiet.

Fürst, Rudolf Fran ★★★→★★★★ 97 99 01 02 05 08 09 10 11 12 13 14 – Familiengut in Bürgstadt mit Weinbergbesitz dort und auf den steilen Terrassen von Klingenberg. Delikater, langlebiger Spätburgunder (einer der besten Deutschlands), dicht gewirkter FRÜHBURGUNDER, klassischer SILVANER, reintöniger CHARDONNAY und nobler RIESLING zum Einlagern. Paul Fürsts Sohn Sebastian bringt seine in Burgund gesammelten Erfahrungen mit ein.

Fürstlich Castell'sches Domänenamt Fran ★→★★★ Historischer Gutsbesitz. Traditionell bereiteter SILVANER, RIESLING und SPÄTBURGUNDER von der hervorragenden Einzellage im Alleinbesitz Casteller Schlossberg (eine GROSSE LAGE).

Gallais, Le M – Das zweite Gut von EGON MÜLLER mit der 4-ha-Lage Braune Kupp (in Alleinbesitz) in WILTINGEN, deren Schieferboden einen höheren Lehmanteil aufweist als der SCHARZHOFBERG. Die AUSLESEN können grandios sein.

Geisenheim Rhg – Das Städtchen im RHEINGAU hat selbst keine erstklassigen Weinberge, ist aber dafür Sitz der wichtigsten Hochschule Deutschlands für Weinbau und Önologie.

Graach MM w ★★★→★★★★ – Kleiner Ort zwischen BERNKASTEL und WEHLEN. GROSSE LAGEN: Domprobst, Himmelreich, Josephshöfer. Spitzenweingüter: Kees-Kieren, KESSELSTATT, LOOSEN, M. MOLITOR, J. J. Prüm, S. A. PRÜM, SCHAEFER, Selbach-Oster, Studert-Prüm, WEGELER, WEINS-PRÜM. Alle sind vom geplanten Bau einer Schnellstraße (B50 neu)bedroht.

Grans-Fassian M ★★★ Feines Gut an der MOSEL mit sehr gutem Ruf für stahlige, alterungsfähige RIESLINGE von Lagen in TRITTENHEIM, PIESPORT, LEIWEN und Drohn. Als Spezialität EISWEIN.

Die beliebte Rebsorte Grauburgunder wird nunmehr verstärkt gepflanzt.

Große Lage Die Spitze der neuen Lagenklassifikation des VDP, gilt jedoch nur für Mitglieder des VDP. (Der Verband selbst benutzt übrigens nur die Schreibweise Grosse Lage, wohl um die internationalen Märkte nicht mit deutscher Orthografie zu verwirren). Darf auf keinen Fall mit der GROSS-LAGE verwechselt werden. Löst als oberste Stufe die ERSTE LAGE ab. Trockene Weine von einer Großen Lage werden als GROSSES GEWÄCHS bezeichnet (siehe unten).

Großer Ring M – Gruppe von Spitzenweingütern (VDP) im Anbaugebiet MOSEL, bei deren jährlicher Auktion im September in TRIER manchmal sogar Weltrekordpreise erzielt werden.

Deutschland

Großes Gewächs Bezeichnung für einen trockenen Spitzenwein aus einer ERSTEN LAGE (bis 2012) bzw. GROSSEN LAGE (ab 2012) nach der Klassifizierung des VDP. Aus Gründen der internationalen Verständlichkeit wird auch die Schreibweise »Grosses Gewächs« verwendet (vom VDP nur so). Siehe auch ERSTES GEWÄCHS.

Großlage Zusammenfassung einer Gruppe zweitrangiger Weinberge mit angeblich ähnlichen Eigenschaften. Keine Qualitätsangabe. Hat rein gar nichts zu tun mit einer GROSSEN LAGE!

Gunderloch Rhh ★★★→★★★★ 90 97 01 05 07 08 09 10 **11 12** 13 14 – Auf dem Weingut in NACKENHEIM erzeugen Johannes Hasselbach (der Kellermeister) und sein Vater Fritz (der Boss) einige der feinsten RIESLINGE des gesamten Rheingebiets, v. a. auf AUSLESE-Niveau und darüber. Der fruchtig-elegante Jean Baptiste Riesling Kabinett passt perfekt zu würzigen Speisen. Beste Lagen: Rothenberg, Pettenthal.

Gutsabfüllung Auf Weingütern (im Unterschied zu Genossenschaften) anstelle von ERZEUGERABFÜLLUNG verwendet.

Haag, Fritz M ★★★★ 90 94 95 96 97 99 01 02 04 05 07 08 09 10 11 12 13 14 – BRAUNEBERGS Spitzenweingut, stets absolut verlässlich. Oliver Haag führt das Werk seines Vaters Wilhelm in einem etwas moderneren Stil fort. Siehe auch SCHLOSS LIESER.

Haag, Willi M ★★→★★★ Familienweingut in BRAUNEBERG, geleitet von Marcus Haag. RIESLING alter Schule, meist süß und voll, aber ausgewogen und preiswert.

Haart, Julian M ★★→★★★ Der talentierte Neffe Theo Haarts (vom Gut REINHOLD HAART) besitzt Lagen in Wintrich und PIESPORT; der erste Jahrgang war 2010. Im Auge behalten.

Haart, Reinhold MM ★★★→★★★★ Das beste Weingut in PIESPORT. Die aromatisch-milden RIESLINGE, SPÄTLESEN, AUSLESEN und höheren PRÄDIKATE sind rassige Mosel-Rieslinge wie aus dem Bilderbuch mit großartigem Alterungspotenzial.

Halbtrocken Mit 9–18 g/l Restsüße. Die Bezeichnung »halbtrocken« auf dem Etikett kommt heutzutage nicht mehr so gut an – FEINHERB klingt besser.

Hattenheim Rhg ★★→★★★★ 97 01 05 08 09 **11 12** 13 14 – Weinort mit den berühmten GROSSEN LAGEN STEINBERG, Nussbrunnen und Wisselbrunnen, Mannberg, Hassel und Schützenhaus. Erzeuger: Barth, Knyphausen, Lang, LANGWERTH, Ress, Schönborn, SPREITZER. Die guten Lagen Nuss- und Wisselbrunnen haben einen Felsuntergrund, auf dem sich Wasser sammelt und der mithin einen guten Schutz gegen Trockenheit bietet.

Heger, Dr. Bad ★★→★★★★ 08 09 11 12 13 14 – Familiengut am KAISERSTUHL mit ernst zu nehmenden trockenen Weinen von steilen Lagen in Achkarren und IHRINGEN. Vor allem GROSSE LAGEN: Häusleboden (SPÄTBURGUNDER), Gras im Ofen und Rappenecker (WEISSBURGUNDER, GRAUBURGUNDER). Vorderer Berg (»v. B.«) bezeichnet die beste Parzelle, die sehr steile Terrassenlage Winklerberg. Weine mit dem Namen Weinhaus Joachim Heger stammen von gepachteten Rebflächen und zugekauften Trauben.

Hermannsberg Na ★★→★★★ Die frühere Staatsdomäne NIEDERHAUSEN wurde 2010 privatisiert und komplett modernisiert. Kraftvoller RIESLING aus als GROSSE LAGE klassifizierten Weinbergen in NIEDERHAUSEN, SCHLOSSBÖCKELHEIM und TRAISEN.

Hessische Bergstraße ★→★★★ 09 11 12 13 14 – Deutschlands kleinstes Anbaugebiet liegt nördlich von Heidelberg. Gefällige RIESLINGE der HESSISCHEN STAATSWEINGÜTER, von Simon-Bürkle und dem Weingut der Stadt Bensheim.

...essische Staatsweingüter Kloster Eberbach Hess-B, Rhg – Besitzungen des Landes Hessen mit umfangreichen Domänen: 220 ha in ASSMANNS-HAUSEN, RÜDESHEIM, RAUENTHAL, HOCHHEIM und an der HESSISCHEN BERG-STRASSE. Domäne STEINBERG mit spektakulärem neuem Keller. Ordent-liche Qualität, doch lohnt es sich, wählerisch zu sein.

> **Hochmoselbrücke**
>
> Es gibt ein Fünkchen Hoffnung – vielleicht wird die 160 m hohe Brü-cke bei Ürizig doch nicht fertiggebaut. Geologen haben der Regierung Verantwortungslosigkeit vorgeworfen, weil die Standsicherheit auf dem Untergrund nicht gewährleistet sei. Diese Brücke war schon im-mer ein wahnsinniges Unterfangen, das die Ökologie einiger der bes-ten deutschen Weinlagen verändert hat, etwa der Wehlener Sonnen-uhr. Wir drücken dem Scheitern die Daumen …

...eyl zu Herrnsheim Rhh ★★→★★★ Das ökologisch bewirtschaftete histo-rische Gut in NIERSTEIN ist nun Teil des Weinguts ST. ANTONY. GROSSE GEWÄCHSE von der in Alleinbesitz befindlichen ERSTEN LAGE Brudersberg können ganz ausgezeichnet sein, insgesamt ist die Qualität jedoch un-einheitlich.

...eymann-Löwenstein M ★★★ Familiengut in WINNINGEN bei Koblenz mit RIESLING von terrassierten Steillagen (14 ha). Die spontan vergorenen Ein-zellagenabfüllungen vom Winninger Uhlen (Blaufüßer Lay, Roth Lay, Lau-bach) offenbaren Individualität und Charakter.

...ochgewächs Selten verwendete Bezeichnung für MOSEL-RIESLING, der strengeren Vorschriften unterliegt als einfacher QbA. Ein angesehener Advokat des Hochgewächses ist Kallfelz in Zell-Merl.

...ochheim Rhg ★★→★★★★ **90 97 01 04 05 08 09** 10 **11 12** 13 14 – Weinstadt im RHEINGAU. Volle, ausgesprochen erdige RIESLINGE aus den GROSSEN LAGEN Domdechaney, Hölle, Kirchenstück und Reichestal. Erzeuger: Dom-dechant Werner, Himmel, Franz Künstler, HESSISCHE STAATSWEINGÜTER, Werner. Hochheimer Wein ist in England so berühmt geworden, dass er dort in der Kurzform »Hock« für Rheinwein überhaupt steht.

...oensbroech, Reichsgraf zu Bad ★★→★★★ Erstklassiges Gut im KRAICH-GAU; die Reben wachsen auf sehr kalkhaltigem Lössboden. Der trockene WEISSBURGUNDER vom Michelfelder Himmelberg ist ein Klassiker.

...övel, von M ★★★ Feines SAAR-Weingut in Oberemmel mit der Lage Hütte (4,8 ha, Alleinbesitz), die filigrane Weine erbringt, dem Hörecker im KAN-ZEMER Altenberg sowie einem Anteil am SCHARZHOFBERG. Der tatkräftige Maximilian bei Kunow stellt jetzt auf Ökoanbau um.

...uber, Bernhard Bad ★★★ Führender Erzeuger im Breisgau mit intensiv fruchtigem SPÄTBURGUNDER, v. a. Alte Reben und Bombacher Sommerhal-de; außerdem CHARDONNAY im burgundischen Stil (Hecklinger Schloss-berg). 2014 verstarb Bernhard Huber. Seither führt sein Sohn Julian die Geschäfte.

...ringen Bad ★→★★★ **08 09 11 12** 13 14 – Der Ort am KAISERSTUHL ist für sei-ne feinen SPÄTBURGUNDER und GRAUBURGUNDER vom Vulkanboden des steilen Winklerbergs bekannt. Unsinnigerweise erlaubt das Weingesetz von 1971 den Vertrieb von auf Lössböden angebauten Weinen unter dem-selben Namen. Spitzenweingüter: Dr. HEGER, Konstanzer, Michel, Stigler.

...mich-Batterieberg MM ★★ Die Wiederauferstehung eines altens Namens. Die neuen Besitzer (seit 2009) erzeugen pikanten trockenen und halbtrockenen RIESLING von den Lagen Steffensberg, Ellergrub und Batterieberg in Enkirch, allerdings keine edelsüßen Weine.

Iphofen Fran ★★→★★★ 90 97 01 04 05 08 09 10 11 12 13 14 – Berühmter Weinort im STEIGERWALD, bekannt für vollen, aromatischen, langlebigen SILVANER. Klassifizierte Lagen: Julius-Echter-Berg, Kronsberg. Weingüter: Arnold, JULIUSSPITAL, RUCK, Vetter, WELTNER, Wirsching.

Die neue EU-Terminologie

Die Umsetzung der neuen EU-Klassifikation für Wein hat in Deutschland dazu geführt, dass der Begriff »Tafelwein« abgeschafft und seit Januar 2012 einfach durch »Wein« ersetzt wurde (im Amtsdeutsch »Deutscher Wein ohne Herkunftsbezeichnung«). »LANDWEIN« wird jetzt als »Wein mit geschützter geografischer Angabe« (g.g.A.) bezeichnet, die Stufen QUALITÄTSWEIN und PRÄDIKATSWEIN wurden zu »Wein mit geschützter Ursprungsbezeichnung« (g.U.) zusammengefasst. Die Prädikate (SPÄTLESE, AUSLESE usw.) können weiterhin an »g.U.« angehängt werden, die Regeln dafür ändern sich nicht. Siehe auch Kasten »Die deutschen Qualitätsstufen«, S. 210.

Johannisberg Rhg ★★→★★★★ 90 97 99 01 04 05 07 08 09 10 11 12 13 14 – Der Weinort im RHEINGAU genießt einen guten Ruf für RIESLINGE mit Beeren- und Honigduft. GROSSE LAGEN: Hölle, Klaus, Schloss Johannisberger. GROSSLAGE: Erntebringer (meiden!). Spitzenerzeuger: JOHANNISHOF, PRINZ VON HESSEN, SCHLOSS JOHANNISBERG.

Johannishof – Eser Rhg ★★→★★★ Familienweingut mit Lagen in JOHANNISBERG und RÜDESHEIM. Die von Johannes Eser bereiteten RIESLINGE zeigen perfekte Ausgewogenheit von reifer Frucht und stahliger Säure.

Josephshöfer M 83 90 02 03 05 08 09 11 12 13 14 – GROSSE LAGE in GRAACH. Alleinbesitz von Reichsgraf von KESSELSTATT. Harmonischer, beerenfruchtiger RIESLING, trocken und süß ausgebaut. Wie die benachbarten Weinberge ist auch diese Lage vom Bau der neuen Schnellstraße (B50 neu) bedroht.

Jost, Toni MR ★★★ Führendes Weingut in BACHARACH mit der Lage Hahn (in Alleinbesitz), jetzt geleitet von Cecilia Jost. Aromatisch-nervige RIESLINGE, seit Kurzem auch Versuche mit SPÄTBURGUNDER. Die Familie besitzt noch ein Gut in WALLUF (RHEINGAU).

Juliusspital Fran ★★★ Alte kirchliche Stiftung in WÜRZBURG mit besten Lagen in ganz FRANKEN. Probieren Sie die trockenen Silvaner (die sehr schön altern), den RIESLING und die weiße Top-Cuvée BT. In der Regel ist der Stil des Hauses eher auf Kraft als auf Eleganz ausgerichtet.

Kabinett Siehe Kasten »Die deutschen Qualitätsstufen«, S. 210. Deutschlands einzigartiger Beitrag zur Weinwelt in der Federgewichtsklasse – die Erzeugung wird mit dem fortschreitenden Klimawandel allerdings immer schwieriger.

Kaiserstuhl Bad r w – Hervorragendes Weinbaugebiet mit ausgesprochen warmem Klima und vulkanischem Boden. Der gute Ruf gründet sich v. a. auf die SPÄTBURGUNDER und GRAUBURGUNDER.

Kanzem M ★★★ 90 97 99 01 04 05 07 08 09 10 11 12 13 14 – Kleiner Ort an der Saar mit dem Altenberg, einer steilen GROSSEN LAGE auf Schiefer und Rot liegendem. Erzeuger: BISCHÖFLICHE WEINGÜTER, OTHEGRAVEN, Van Volxer.

Karlsmühle M ★★★ Gut, in dessen Alleinbesitz die beiden Lorenzhöfer Einzellagen sind. Erzeugt werden klassische RUWER-RIESLINGE.

Karthäuserhof M ★★★★ 90 93 95 97 99 01 04 05 07 08 09 10 11 12 13 14 – Herausragendes Weingut in Eitelsbach mit dem Karthäuserhofberg in Alleinbesitz (RUWER). Leicht zu erkennen an den Flaschen, die nur am Hals ein Etikett tragen. Christoph Tyrell hat nun an einen Cousin übergeben.

Kasel M ★★→★★★ Ort im Ruwertal mit blumigen und schön alternden RIESLING-Weinen. GROSSE LAGEN: Kehrnagel, Nies'chen. Spitzenerzeuger: Beulwitz, BISCHÖFLICHE WEINGÜTER, Karlsmühle, Kesselstatt.

Kauer, Randolf MR ★★→★★★ Familiengut in BACHARACH mit kristallklarem, aromatischem RIESLING aus ökologischem Anbau. Dr. Randolf Kauer ist Professor für Ökologischen Weinbau in GEISENHEIM.

Keller, Weingut Rhh ★★★→★★★★ Überragender, kraftvoller RIESLING GROSSES GEWÄCHS von der Lage Dalsheimer Hubacker und teurer Riesling namens G-Max von einer nicht genannten Einzellage. Jetzt außerdem Riesling aus den NIERSTEINER Lagen Hipping und Pettenthal.

Kesseler, August Rhg ★★→★★★★ Leidenschaftlicher Winzer mit feinem SPÄTBURGUNDER aus Lagen in ASSMANNSHAUSEN und RÜDESHEIM. Außerdem sehr gute klassische RIESLINGE (Rüdesheim, LORCH).

Kesselstatt, Reichsgraf von M ★★→★★★★ 35 ha Spitzenlagen an der MOSEL und ihren beiden Nebenflüssen, darunter ein erklecklicher Anteil am SCHARZHOFBERG. Chefin des Guts ist die qualitätsbesessene Annegret Reh-Gartner. DER JOSEPHSHÖFER in GRAACH ist ein Alleinbesitz.

Kiedrich Rhg w ★★→★★★★ Das Renommee dieses Ortes mit der ERSTEN LAGE Gräfenberg ist untrennbar mit dem Gut von Robert WEIL verknüpft. Weitere Erzeuger (u. a. FRICKE, PRINZ VON HESSEN und Knyphausen) besitzen hier nur kleine Parzellen.

Kloster Eberbach Rhg – Das herrliche Zisterzienserkloster aus dem 12. Jh. bei HATTENHEIM mit dem legendären STEINBERG gehört den Hessischen STAATSWEINGÜTERN.

Knipser Pfz ★★★→★★★★ Das Familiengut in der nördlichen PFALZ ist spezialisiert auf barriquegereiften SPÄTBURGUNDER und geradlinigen Riesling (aus der GROSSEN LAGE Steinbuckel). Die Cuvée X ist ein Bordeaux-Verschnitt.

Koehler-Ruprecht Pfz ★★→★★★ 97 99 01 02 05 07 08 09 10 11 12 – Das Gut in Kallstadt, das lange seinen Ruf auf Bernd Philippi und dessen traditionelle Bereitungsmethoden stützte, bietet v. a. RIESLINGE vom Saumagen. Philippi ist inzwischen gegangen und hat an neue Besitzer übergeben.

Kraichgau Bad – Kleiner Bereich südöstlich von Heidelberg. Spitzenerzeuger: Burg Ravensburg/Heitlinger, HOENSBROECH, Hummel.

Kreuzberg Ahr ★★★ Ludwig Kreuzberg genießt einen guten Ruf für seine mineralischen, nicht übertrieben alkoholstarken, eindeutig aus kühlem Klima stammenden SPÄTBURGUNDER aus dem Ahrtal.

Krone, Weingut Rhg ★★→★★★ 97 99 02 05 06 07 08 09 10 11 12 – Von WEGELER geleitetes Gut in ASSMANNSHAUSEN mit einigen der besten und ältesten SPÄTBURGUNDER-Parzellen in der GROSSEN LAGE Höllenberg. Erlesene Rotweine; die Weißen sind weniger aufregend.

Kühling-Gillot Rhh ★★★ Caroline Gillot und ihr Mann Hans Oliver Spanier (vom Weingut Battenfeld-Spanier) überzeugen mit kraftvollen RIESLINGEN aus OPPENHEIM, NIERSTEIN und NACKENHEIM.

Kühn, Peter Jakob Rhg ★★★ Ausgezeichnetes Weingut in OESTRICH unter der Leitung von P. J. Kühn und Sohn. Durch peniblen Bioweinbau und lange Maischestandzeit entsteht unkonventioneller, aber aufregender RIESLING. Sensationell: die 2013er Lenchen Trockenbeerenauslese.

Kuhn, Philipp Pfz ★★★ Zuverlässiger Erzeuger in Laumersheim. Die trockenen RIESLINGE sind reichhaltig und harmonisch, die fassgereiften SPÄT-

BURGUNDER saftig, komplex und mächtig. Eine Novität ist der volle, fass-vergorene VIOGNIER.

Künstler, Franz Rhg ★★★ **90 97 01 05 08 09 10 11 12** 13 – Überragende trockene RIESLINGE (selbst in schwierigen Jahren wie 2013) von GROSSEN LAGEN in HOCHHEIM und Kostheim sowie nun auch von der anderen Seite des RHEINGAUS in RÜDESHEIM.

Laible, Alexander ★★→★★★ Neues Gut in DURBACH, von Andreas LAIBLES jüngerem Sohn gegründet. Aromatischer trockener RIESLING und WEISS-BURGUNDER. Der 2012er Riesling Tausend Sterne entstand durch Spontangärung und kommt dem Stil eines Naturweins (siehe Kapitel »Technische Weinsprache«) sehr nah.

Laible, Andreas Bad ★★★ Kristallklarer trockener RIESLING von der Lage Plauelrain in DURBACH, dazu SCHEUREBE und GEWÜRZTRAMINER. Vater Andreas ist dabei, an Sohn Andreas Jr. zu übergeben.

Landwein Ist jetzt »Wein mit geschützter geografischer Angabe« (g.g.A.). Siehe Kasten »Die deutschen Qualitätsstufen«, Seite 210.

Langwerth von Simmern, Weingut Rhg ★★→★★★ Berühmtes Weingut in Eltville mit traditionellen Bereitungsmethoden. Spitzenlagen: Baiken, Mannberg (im Alleinbesitz), MARCOBRUNN. Ist jetzt wieder in Form.

Was macht die Kirschessigfliege im Winter?

Für Sie und mich sind sie alle Fruchtfliegen. In einem Weinberg mit reifen Trauben kann man bisweilen ganze Wolken beobachten. 2014 kam jedoch eine neue Art hinzu, *Drosophila suzukii*, ein Schwergewicht aus Asien. Das Problem: Kurz vor der Lese können keine Insektizide mehr ausgebracht werden. Also versuchten die Weinbauern, dem Tier beizukommen, indem sie Fallen mit Essig und Spülmittel aufstellten oder die Trauben mit Kaolin bestäubten. Zum Glück fliegt *Drosophila suzukii* eher auf dunkelhäutige Trauben: RIESLING war weniger betroffen als etwa DORNFELDER.

Lauer, Peter M ★★→★★★ Florian Lauer gibt sich mit seinen Abfüllungen aus einzelnen Parzellen der sehr ausgedehnten Lage AYLER Kupp alle Mühe, die Fehler des Weingesetzes von 1971 zu korrigieren. Am besten: Kern, Schonfels, Stirn.

Leitz, J. Rhg ★★★ Wachsender Familienbetrieb in RÜDESHEIM mit reichhaltigen, aber eleganten trockenen und süßen RIESLINGEN, v. a. aus klassifizierten Lagen im Rüdesheimer Berg.

Liebfrauenstift-Kirchenstück Rhh – Ein umfriedeter Weingarten in der Gemarkung Worms auf Kiesboden bringt blumige, für ihre Ausgewogenheit berühmte RIESLINGE hervor. Empfehlenswerte Erzeuger: Gutzler, Schembs. Hat nichts mit der billigen, faden Imitation Liebfrauenmilch zu tun!

Loewen, Carl M ★★★ Voller RIESLING, trocken und süß, aus LEIWEN (GROSSE LAGE Laurentiuslay), von der Thörnicher Ritsch und vom 1896 bestockten Weinberg Maximin Herrenberg in Longuich. Ausgezeichnet das Preis-Leistungs-Verhältnis beim Basiswein Riesling Varidor.

Loosen, Dr. MM ★★→★★★ **90 97 01 02 04 05 08 09 10 11 12 13** 14 – Der charismatische Ernst Loosen erzeugt traditionelle RIESLINGE von alten Reben in BERNKASTEL, ERDEN, GRAACH, ÜRZIG und WEHLEN. Kult ist der Erdener Prälat AUSLESE. Außerdem Wein von verlässlicher Qualität aus zugekauften Trauben unter dem Etikett Dr. L Riesling. Siehe auch J. L. WOLF in der PFALZ und Château Ste Michelle wird im US-Bundesstaat Washington.

Lorch Rhg ★→★★★ Der Ort im äußersten Westen des RHEINGAUS wird jetzt wegen seiner mineralisch-scharfen Weine wiederentdeckt. Beste Erzeuger: Chat Sauvage, FRICKE, Johanninger, von Kanitz, KESSELER.

Löwenstein, Fürst Fran, Rhg ★★★ Fürstliches Gut mit Besitzungen im RHEINGAU und in FRANKEN, aktuell unter der Führung des vielversprechenden jungen Önologen Bastian Hamdorf. Klassischer RIESLING vom HALLGARTEN, vom Terroir durchdrungene SILVANER und Rieslinge vom ultrasteilen Homburger Kallmuth.

Marcobrunn Rhg – Historische Lage in Erbach. Hinsichtlich des Potenzials eine der deutschen Spitzenlagen. Die heutigen Weine werden aber selten dem Ruf gerecht, den dieser Weinberg in den vergangenen Jahrhunderten genoss.

Markgräflerland Bad – Anbaubereich bei Freiburg, früher im Besitz des Markgrafen von BADEN. Bekannt durch den GUTEDEL, einen unterhaltsamen Begleiter der regionalen Küche.

Maximin Grünhaus M ★★★★ 83 90 97 98 99 01 05 07 08 09 11 12 13 14 – Erstklassiges Weingut in Mertesdorf an der RUWER. Dank der sehr traditionellen Bereitungsmethoden entsteht ein kräuterwürziger, feingliedriger, langlebiger Riesling. Ebenfalls im Sortiment: WEISSBURGUNDER und SPÄTBURGUNDER.

Meyer-Näkel Ahr ★★★→★★★★ Das Vater-und-Tochter-Gespann erzeugt im Ahrtal feine SPÄTBURGUNDER – typische Beispiele für den neuen, in Eiche ausgebauten (aber dennoch mineralischen) Stil.

Mittelhaardt Pfz – Der beste Teil der PFALZ (nördliche Mitte) mit DEIDESHEIM, FORST, RUPPERTSBERG, WACHENHEIM usw.; Hauptstraube: RIESLING.

Mittelmosel Der mittlere und beste Teil der MOSEL mit BERNKASTEL, BRAUNEBERG, GRAACH, PIESPORT, WEHLEN usw. – ein RIESLING-Eldorado.

Mittelrhein Wildromantisches Anbaugebiet am Rhein in der Nähe der bei Touristen sehr beliebten Loreley. Beste Weinbaugemeinden: BACHARACH und BOPPARD. Die delikaten und zugleich stahligen Rieslinge werden unterschätzt und unter Wert verkauft. Zahlreiche gute Lagen liegen brach.

Molitor, Markus MM ★★★ 60 ha beste Weinberglagen, vor allem in ZELTINGEN und an der ganzen MITTELMOSEL. Kraftvoller trockener und majestätisch süßer RIESLING, bejubelter SPÄTBURGUNDER.

Mosbacher, Georg Pfz ★★★ Einige der besten RIESLINGE der Kategorie GROSSES GEWÄCHS in FORST. Die eher finessereichen als massiven Weine reifen traditionsgemäß in großen Eichenfässern.

400.000 Touristen statten der Mittelmosel alljährlich einen Besuch ab. Durchschnittliche Aufenthaltsdauer: 3,5 Tage.

Mosel Das Anbaugebiet hieß früher Mosel-Saar-Ruwer, seit 2007 jedoch werden alle Weine, die aus dem Bereich zwischen Saarburg und Koblenz kommen, als Mosel etikettiert – obwohl sich die weinbaulichen Bedingungen an den Nebenflüssen SAAR und RUWER teils erheblich von denen der MITTELMOSEL unterscheiden. 60 % RIESLING.

Moselland, Winzergenossenschaft M – Die riesige Winzergenossenschaft in BERNKASTEL zählt seit den Zusammenschlüssen mit Genossenschaften an der NAHE und in der PFALZ 3.290 Mitglieder, die insgesamt über 2.400 ha Rebfläche verfügen. Mehr als Mittelklasse kommt allerdings selten dabei heraus.

Müller-Catoir Pfz ★★→★★★ Ältere AUSLESEN, BEERENAUSLESEN und TROCKENBEERENAUSLESEN (83 90 97 98 01) können köstlich sein; empfehlenswert ist auch die Schlössel RIESLANER Trockenbeerenauslese 2011.

Deutschland

Nackenheim Rhh ★→★★★★ Nachbarort von NIERSTEIN mit der GROSSEN LAGE Rothenberg auf Rotschiefer. Berühmt für den vollsten RIESLING im Rheinhessen sowie herrliche TROCKENBEERENAUSLESEN. Spitzenerzeuger: Gunderloch, KÜHLING-GILLOT.

Nahe 01 05 07 08 09 11 12 13 14 – Nebenfluss des Rheins und dynamisches Anbaugebiet mit einer Handvoll Spitzengütern, Dutzenden weniger bekannten Erzeugern und sehr günstigen Preisen. Große Bodenvielfalt: grauer und grüner Schiefer, Vulkangestein, Rotliegend, Kies, Kalk. Die RIESLINGE zeigen fast moselartige Rasse. Eine Spezialität ist EISWEIN.

Nur 22 % der Moselweine sind trocken, 14 % sind halbtrocken, 64 % süß.

Neipperg, Graf von Würt ★★★ Vornehmes Weingut in Schwaigern mit graziösen, reintönigen Rotweinen (LEMBERGER, SPÄTBURGUNDER). Ein Spross der Familie, Stephan von Neipperg, lebt auf Château Canon La Gaffelière in St-Émilion und kümmert sich um die im Besitz der Familie befindlichen Weingüter in Bordeaux.

Niederhausen Na ★★→★★★★ 90 97 01 02 04 05 07 08 09 11 12 13 14 – Weinort im mittleren Nahetal. Komplexe RIESLINGE aus steilen GROSSEN LAGEN: Felsensteyer, Hermannsberg, Hermannshöhle, Kertz, Steinberg. Spitzenerzeuger: CRUSIUS, DÖNNHOFF, Gut HERMANNSBERG, Mathern, von Racknitz, Jakob Schneider.

Nierstein Rhh ★→★★★★ 90 97 01 04 05 07 08 09 11 12 13 14 – Reichhaltiger, aber ausgewogener RIESLING, trocken und süß. GROSSE LAGEN: Brudersberg, Hipping, Ölberg, Orbel und Pettenthal. Empfehlenswerte Weingüter: Gehring, GUNDERLOCH, Guntrum, HEYL ZU HERRNSHEIM, KELLER, KÜHLING-GILLOT, Manz, Schätzel, ST. ANTONY, Strub. Vorsicht vor der Großlage Gutes Domtal, das sind Supermarktweine.

Ockfen M ★★→★★★ Weinbauort mit stämmigem, intensivem SAAR-RIESLING von der GROSSEN LAGE Bockstein. Erzeuger: OTHEGRAVEN, SANKT URBANS-HOF, WAGNER, Zilliken.

Odinstal Pfz ★★→★★★ Das Gut mit dem höchstgelegenen Weinberg (350 m über NN) der PFALZ, 150 m oberhalb von WACHENHEIM. Ökologischer Anbau und Vinifikation unter minimalem Einsatz von Technik ergeben reintönigen RIESLING, SILVANER und GEWÜRZTRAMINER. Die Lese zieht sich oft bis in den November hin.

Oechsle Maßeinheit für den Zuckergehalt des Traubenmosts.

Oestrich Rhg ★★→★★★ Vorbildlich stahliger RIESLING und feine AUSLESEN aus den GROSSEN LAGEN Doosberg, Lenchen und St. Nikolaus (Mittelheim). Spitzenerzeuger: August Eser, KÜHN, Querbach, SPREITZER WEGELER.

Oppenheim Rhh ★→★★★ Stadt südlich von NIERSTEIN mit einer imposanten Kirche aus dem 13. Jh. GROSSE LAGEN: Kreuz, Sackträger. Weingüter Heyden, Kissinger, Kühling-Gillot, Manz.

Ortenau Bad (r) w – Bereich um und südlich von Baden-Baden. Vorwiegend Klingelberger (RIESLING) und SPÄTBURGUNDER von Granitböden. Beste Anbauorte: DURBACH, Neuweier, Waldulm.

Ortswein Zweitunterste Stufe in der Qualitätspyramide des VDP.

Othegraven, Weingut von M ★★★ Feines Gut in KANZEM mit Anteilen an der ausgezeichneten GROSSEN LAGE Kanzemer Altenberg, am OCKFENER Bockstein und am (lange Zeit vergessenen) Wawerner Herrenberg. Sei Fernsehmoderator Günther Jauch den Besitz 2010 übernahm, haben die Weine an Präzision gewonnen – die SPÄTLESE und die AUSLESE Altenberg RIESLING Alte Reben 2012 legen die Messlatte höher.

Pfalz r w **90 01 05** 07 08 **09 11 12** 13 14 – Anbaugebiet mit überwiegend mildem Klima, im Süden ans Elsass, im Norden an RHEINHESSEN grenzend. Aus dem Gebiet MITTELHAARDT kommen körperreiche, zumeist trockene RIESLINGE, während die SÜDLICHE WEINSTRASSE sich mehr für weiße und rote Burgundersorten eignet.

Piesport MM ★→★★★★ **90 92 97 01 02 03 04 05** 07 08 **09 11** 12 13 – Kleiner Ort, im Halbrund umgeben von berühmten GROSSEN LAGEN, v. a. Domherr und Goldtröpfchen, die im Idealfall herrlichen, reichhaltigen, aromatischen RIESLING liefern. Spitzenweingüter: GRANS-FASSIAN, Joh. Haart, JULIAN HAART, REINHOLD HAART, Kurt Hain, KESSELSTATT, ST. URBANS-HOF. Die GROSSLAGE Michelsberg meiden.

Prädikatswein Per Gesetz festgelegte Spitzenkategorie, umfasst alle Qualitätsweine mit Prädikat – vom Kabinett bis zur Trockenbeerenauslese. Siehe auch »Die deutschen Qualitätsstufen«, S. 210.

Prinz von Hessen Rhg ★★★→★★★★ Von dem Traditionsgut in JOHANNISBERG kommen herrlich lebhafte, präzise bereitete Weine. Besonders empfehlenswert sind die SPÄTLESEN und höheren Prädikate sowie reife ältere Jahrgänge.

Prüm, J. J. M ★★★★ 71 76 83 88 89 90 94 95 96 97 98 99 01 02 03 04 05 07 08 09 10 11 12 13 14 – Legendäres Weingut in WEHLEN mit besten Lagen im Ort selbst sowie in BERNKASTEL und GRAACH. Grazile, doch extrem langlebige Weine mit erstaunlicher Finesse und ganz eigenem Charakter. Dr. Manfred Prüm arbeitet jetzt mit seiner Tochter Katharina zusammen.

Prüm, S. A. M ★★→★★★★ Populärer und im Stil weniger traditionell als der WEHLENER Nachbar J. J. PRÜM. Ordentlich bereitete Weine, mitunter von schwankender Qualität.

QbA – Qualitätswein bestimmter Anbaugebiete Die mittlere deutsche Weinqualität. Zugabe von Zucker zum Most vor der Gärung (Chaptalisation) ist erlaubt, es findet aber eine Kontrolle der zulässigen Menge – nach Rebsorte und Anbaugebiet – statt. Die Bezeichnung »Wein mit geschützter Ursprungsbezeichnung« (kurz g.U.) darf seit 1. Januar 2012 verwendet werden. Siehe Kasten »Die neue EU-Terminologie«, S. 216.

QmP – Qualitätswein mit Prädikat Bis Ende 2007 geltende Bezeichnung für die Spitzenkategorie deutscher Qualitätsweine. Heißt jetzt »Wein mit geschützter Ursprungsbezeichnung« (g.U.) oder PRÄDIKATSWEIN.

Randersacker Fran ★★→★★★★ Weinbauort südöstlich von WÜRZBURG mit der GROSSEN LAGE Pfülben. Spitzenerzeuger: BÜRGERSPITAL, JULIUS-SPITAL, SCHMITT'S KINDER, STAATLICHER HOFKELLER, Störrlein & Krenig.

Ratzenberger MR ★★→★★★ Das Gut in BACHARACH erzeugt rassige trockene und halbtrockene RIESLINGE, die besten von den GROSSEN LAGEN Posten und Steeger St. Jost. Auch guter SEKT.

Rauenthal Rhg ★★→★★★★ Früher kamen von hier die teuersten RIESLINGE des RHEINGAUS. Würzige, strenge, aber komplexe Rieslinge von Hanglagen abseits des Rheins. GROSSE LAGEN: Baiken, Rothenberg. Spitzenerzeuger: G. BREUER (mit der Lage Nonnenberg im Alleinbesitz), HESSISCHE STAATSWEINGÜTER, A. Eser, LANGWERTH VON SIMMERN.

Rebholz, Ökonomierat Pfz ★★★→★★★★ Spitzenweingut im Bereich SÜDLICHE WEINSTRASSE, bekannt für knochentrockene, mineralische RIESLINGE, z. B. die GROSSEN GEWÄCHSE Im Sonnenschein, Ganshorn und der legendäre Kastanienbusch **04 05 07' 08' 09** 11' 12 von rotem Schiefer (kein 2013er). Fokussierter CHARDONNAY und straffer SPÄTBURGUNDER zum Einlagern.

Restsüße Unvergorener Traubenzucker, der im Wein verbleibt (oder bei billigen Weinen zugesetzt wird), um ihm Süße zu verleihen. Das reicht von 1 g/l in trockenen Weinen bis zu 300 g/l in TROCKENBEERENAUSLESEN.

Rheingau (r) w **90 97 99 01** 04 **05** 07 **08 09 10 11** 12 13 – Das einzige Anbaugebiet am Rhein mit Südhängen direkt am Fluss. Klassischer, gehaltvoller RIESLING, berühmt für seine stahlige Säure, und kleine Mengen graziler SPÄTBURGUNDER. Daneben ein Zentrum der Sekterzeugung.

Rheinhessen (r) w **05** 07 **08 09 11 12** 13 14 – Deutschlands größtes Anbaugebiet, zwischen Mainz und Worms gelegen, produziert viel Massenware, aber auch hochklassigen RIESLING, u. a. aus NACKENHEIM und NIERSTEIN. In früher kaum bekannten Gebieten ist bei Erzeugern wie KELLER und WITTMANN im Süden und WAGNER-STEMPEL im Westen ein bemerkenswerter Qualitätssprung zu verzeichnen.

Richter, Max Ferd. MM ★★→★★★ Verlässliches Weingut in Mülheim an der MITTELMOSEL; v. a. guter RIESLING KABINETT und SPÄTLESE, voll und aromatisch.

Rings, Weingut Pfz ★★→★★★ Die Gebrüder Steffen und Andreas Rings gehören zu den Jungstars der PFALZ. Bemerkenswerte trockene RIESLINGE insbesondere aus Kallstadt (Steinacker, Saumagen).

Ruck, Johann Fran ★★★Würziger SILVANER, RIESLING, SCHEUREBE und TRAMINER aus IPHOFEN im fränkischen Bereich STEIGERWALD. Neuerdings nicht mehr ganz so knochentrockene Weine.

Rüdesheim Rhg ★★→★★★★ **90 01** 04 **05 08 09 10 11 12** 13 14 – Fremdenverkehrsort am Rhein mit hervorragenden, als GROSSE LAGEN klassifizierten Weinbergen auf Schieferboden. Die vier besten (Kaisersteinfels, Roseneck, Rottland und Schlossberg) tragen die Bezeichnung »Rüdesheimer Berg«. Körperreiche, blumige Weine, auch in weniger guten Jahren oft beachtlich. Beste Erzeuger: Breuer, Chat Sauvage, Corvers-Kauter, HESSISCHE STAATSWEINGÜTER, Johannishof, KESSELER, KÜNSTLER, LEITZ, Ress.

Ruppertsberg Pfz ★★→★★★ Ort in der MITTELHAARDT mit gutem Ruf für eleganten RIESLING. Weingüter: BASSERMANN-JORDAN, Biffar, BUHL, BÜRKLIN-WOLF, CHRISTMANN, Dr. DEINHARD/von WINNING.

Ruwer M **90 97 99 01 02 03** 04 **05 07 08 09 10 11** 12 13 – Bei TRIER in die MOSEL mündender Nebenfluss, berühmt für delikaten, langlebigen edelsüßen RIESLING und süffige leichtere trockene Versionen. Beste Winzer: Beulwitz, Karlsmühle, KARTHÄUSERHOF, KESSELSTATT, MAXIMIN GRÜNHAUS.

Saale-Unstrut 09 11 12 (13) – Nördlich gelegenes Anbaugebiet am Zusammenfluss dieser beiden Flüsse bei Leipzig. Die vorwiegend mit weißen Reben bestockten Weinbergterrassen gehen auf die Zisterzienser zurück. Qualitätsbetriebe: Böhme, Born, Gussek, Kloster Pforta, Lützkendorf, Pawis.

Saar M **90 93 94 97 99** 01 02 04 05 07 08 09 10 11 12 (13) 14 – In Hügel eingebetteter Nebenfluss der MOSEL, kühleres Klima. Erzeugt die brillantesten aller RIESLINGE mit herb-stahligem Charakter. Zu den Anbauorten zählen u. a. AYL, KANZEM, Ockfen, SAARBURG, Serrig und WILTINGEN (SCHARZHOFBERG).

Saarburg M – Kleine Stadt im Saartal mit der GROSSEN LAGE Rausch. Erzeuger: WAGNER, ZILLIKEN.

Sachsen hat mit 81% den höchsten Anteil an trockenen Weinen aller deutschen Anbaugebiete.

Sachsen 03 05 08 **09 11** 12 13 14 – Anbaugebiet im Elbtal um Dresden mit charaktervollen trockenen Weißweinen. Beste Erzeuger: Aust, Vincenz Richter, Schloss Proschwitz, Schloss Wackerbarth, Walter Schuh, Martin Schwarz, ZIMMERLING.

Salm-Salm, Michael Prinz zu Na, Rhh – Besitzer von Schloss Wallhausen an der NAHE (★★→★★★) und Villa Sachsen in RHEINHESSEN (★→★★).

Die RIESLINGE vom ökologisch bewirtschafteten Schloss Wallhausen sind in letzter Zeit deutlich besser geworden.

Salwey Bad ★★ Führender Weinbaubetrieb am KAISERSTUHL in Oberrotweil. Konrad Salwey befürwortet eine frühe Lese, um die Frische zu erhalten. Beste Weine: die beiden GRAUBURGUNDER Henkenberg und Eichberg sowie der SPÄTBURGUNDER Kirchberg Rappen (mit den Stielen vergoren; »Rapp« oder »Rappe« bezeichnet den Traubenkamm).

St. Antony Rhh ★★→★★★ Gut in NIERSTEIN mit hervorragenden Weinberglagen. Verbesserungsmaßnahmen unter dem neuen Eigner (dem auch HEYL ZU HERRNSHEIM gehört).

Fair 'n Green

Eine Gruppe von Erzeugern, die den Einfluss ihrer Arbeit auf die Umwelt mit derartiger Genauigkeit misst – das gibt es wohl nur in Deutschland. Der Zusammenschluss nennt sich Fair'n Green und hat ein komplexes System aus Plus- und Minuspunkten eingeführt, um für jedes Weingut die optimale Lösung zu finden. Untersucht wird zum Beispiel auch, wie sich der zusätzlich verbrauchte Diesel niederschlägt, falls wegen des Bioanbaus mehr Pflanzenschutz nötig ist. Die Liste der Mitglieder ist nach gerade einmal zweijähriger Tätigkeit schon erstaunlich lang und umfasst unter anderem Georg BREUER, Clemens BUSCH, Hermann DÖNNHOFF, Eva FRICKE, Reinhold HAART, HEYMANN-LÖWENSTEIN, KARTHÄUSERHOF, Philipp KUHN, MEYER-NÄKEL, SANKT-URBANSHOF und Jean STODDEN.

Deutschland

St. Urbans-Hof M ★★★ Großes Familiengut mit Sitz in LEIWEN, die Weinberge liegen an MITTELMOSEL und SAAR. Kristallklarer RIESLING von tadelloser Reintönigkeit und Rasse. Fabelhafte 2013er PIESPORTER Goldtröpfchen TROCKENBEERENAUSLESE.

Sauer, Horst Fran ★★★ Eine der Spitzenlagen in FRANKEN ist der ESCHERNDORFER Lump, und Sauer ist mit seinem rassigen, schnörkellosen trockenen Silvaner und RIESLING sowie sensationellen TROCKENBEERENAUSLESEN sein großartigster Interpret.

Sauer, Rainer Fran ★★★ Aufstrebendes Familiengut in ESCHERNDORF: komplexer trockener SILVANER, von lebhaftem KABINETT bis hin zu cremig-körperreichen SPÄTLESEN.

Schaefer, Willi M ★★★ Spitzenweingut (nur 4 ha) in GRAACH. MOSEL-RIESLING vom Feinsten: rein, kristallin und federleicht; lohnend in allen Qualitätsstufen.

Schäfer-Fröhlich Na ★★★ Das Familiengut an der NAHE ist für seine spontan vergorenen RIESLINGE von enormer Intensität bekannt. Vorzügliche Große Gewächse, etwa der Felseneck, Stromberg, Schloßböckelheimer Kupfergrube und Felsenberg. Atemberaubender EISWEIN.

Scharzhofberg M ★★→★★★★ Spitzenlage an der SAAR: Ein seltenes Zusammenspiel von Mikroklima, Boden und menschlicher Klugheit bringt RIESLING in Vollendung hervor. Spitzenerzeuger: BISCHÖFLICHE WEINGÜTER, EGON MÜLLER, von HÖVEL, Kesselstatt, VAN VOLXEM.

Schloßböckelheim Na ★★→★★★★ 97 01 02 04 05 08 09 11 12 13 14 – Ort an der NAHE mit besten Lagen, darunter die GROSSEN LAGEN Felsenberg und Kupfergrube. Fester, anspruchsvoller RIESLING, der gut altert. Spitzenweingüter: CRUSIUS, DÖNNHOFF, HERMANNSBERG, SCHÄFER-FRÖHLICH.

Schloss Johannisberg Rhg ★★→★★★ Historisches, ausschließlich RIESLING erzeugendes Gut im RHEINGAU, im Besitz von Henkell (Oetker-Gruppe). Für gewöhnlich ausgezeichnet sind die SPÄTLESE Grünlack und die AUSLESE Rosalack. Sehr gut die GROSSEN GEWÄCHSE von 2013.

Schloss Lieser MM ★★★ Thomas Haag, Wilhelm Haags älterer Sohn (siehe FRITZ HAAG), erzeugt reintönige, rassige RIESLINGE aus der unterbewerteten Lage Niederberg-Helden sowie aus Parzellen in BRAUNEBERG.

Schloss Proschwitz Sachsen ★★ Wiederaufgebautes Weingut in Meißen. Spitzenklasse in den ostdeutschen Anbaugebieten, besonders mit trockenem Weißburgunder und GRAUBURGUNDER. Ein Riesenerfolg!

Schloss Reinhartshausen Rhg ★★ Das berühmte Gut in Eltville-Erbach gehörte einst der preußischen Königsfamilie und wechselte 2013 wieder einmal den Besitzer – womit auch die Mitgliedschaft im VDP (jedenfalls vorläufig) erlosch.

Sauerkraut ist womöglich gar keine deutsche, sondern eine chinesische Erfindung. Trotzdem schmeckt es mit Riesling vorzüglich.

Schloss Vollrads Rhg ★★ Historisch eines der großartigsten Traditionsweingüter im RHEINGAU, jetzt im Besitz einer Bank. RIESLING in einem eher kommerziellen Stil.

Schmitt's Kinder Fran ★★→★★★ Familienweingut in RANDERSACKER, bekannt für klassischen trockenen SILVANER (großartig der 2013er Pfülben GROSSES GEWÄCHS), fassgereiften SPÄTBURGUNDER und edelsüßen RIESLANER.

Schnaitmann, Weingut Würt ★★★ Exzellente, im Fass ausgebaute WÜRTTEMBERGER Rotweine, u.a. SPÄTBURGUNDER und LEMBERGER aus der GROSSEN LAGE Lämmler. Stellt auf Bioweinbau um.

Schneider, Cornelia und Reinhold Bad ★★★ Familienbetrieb in Endingen am KAISERSTUHL, bekannt für sehr langlebige SPÄTBURGUNDER 00 01 02 05 07 08 09 10 11, die nach Buchstaben unterschieden werden: »R« steht für Vulkanboden, »C« für Löss. Außerdem altmodischer RULÄNDER.

Schneider, Markus Pfz ★★ Shootingstar in Ellerstadt, PFALZ. Umfassendes Angebot an sauber bereiteten Weinen mit modernen Etiketten.

Schoppenwein Wein im offenen Ausschank.

Schwegler, Albrecht Würt ★★★ Der kleine Betrieb ist bekannt für gute, ungewöhnliche rote Verschnitte wie etwa den Granat (MERLOT, ZWEIGELT, LEMBERGER und andere Sorten), die man unbedingt mal probiert haben sollte. Auch origineller halbtrockener KERNER.

Sekt Deutscher Schaumwein, sehr unterschiedlich in der Qualität. Flaschengärung ist nicht vorgeschrieben. Zu den Sektspezialisten zählen Raumland, Schembs, Schloss Vaux, Solter, S. Steinmetz und Wilhelmshof.

Selbach-Oster MM ★★★ Sehr gewissenhaft arbeitender Erzeuger in ZELTINGEN mit einer Reihe exzellenter Lagen; am bekanntesten sind seine PRÄDIKATSWEINE.

Sonnenuhr M – Name mehrerer Weinberge, insbesondere der berühmten GROSSEN LAGEN in WEHLEN und ZELTINGEN (MOSEL); gegenwärtig vom Bau einer Schnellstraße (B50 neu) bedroht.

Spätlese Prädikatsklasse über KABINETT; aus nach der Hauptlese geernteten, vollreifen Trauben. Meist reifer und in der Regel auch süßer als Kabinett. Gute Exemplare halten sich mindestens 7 Jahre. Die VDP-Mitglieder sind dabei, die Bezeichnung »Spätlese trocken« aufzugeben – ein Jammer!

Spreitzer Rhg ★★★→★★★★ Andreas und Bernd Spreitzer erzeugen köstlich rassige, harmonische RIESLINGE, die mit Geduld und Liebe zum Detail in FUDERN vinifiziert werden. Weinberglagen in HATTENHEIM, OESTRICH und Winkel.

Staatlicher Hofkeller Fran ★★ Bayerisches Staatsweingut. 120 ha feinste Frankenweinlagen und prachtvolle Keller unter der herrlichen Barockresidenz in WÜRZBURG. Die Qualität ist ordentlich, aber selten besonders aufregend.

Staatsweingut (auch **Staatliche Weinbaudomäne**) Es gibt sie in BADEN (IHRINGEN, Meersburg) und WÜRTTEMBERG (Weinsberg), im RHEINGAU (HESSISCHE STAATSWEINGÜTER), in RHEINHESSEN (OPPENHEIM), in der PFALZ (Neustadt) und an der MOSEL (TRIER). In den letzten Jahren wurden einige privatisiert, etwa in Marienthal (AHR) und in NIEDERHAUSEN (NAHE).

Steigerwald Fran (r) w – Weinbaubereich im östlichen FRANKEN. Die Weinberge in beträchtlicher Höhe liefern kraftvollen SILVANER und RIESLING. Beste Erzeuger: Castell, Roth, RUCK, WELTNER, WIRSCHING.

Steinberg Rhg ★★★ Berühmter, von einer Mauer umschlossener RIESLING-Weinberg bei HATTENHEIM auf Tonglimmerschiefer, eine Art deutscher Clos de Vougeot. Er wurde vor 700 Jahren von Zisterziensermönchen angelegt und befindet sich im Alleinbesitz der HESSISCHEN STAATSWEIN-GÜTER.

Steinwein Fran – Wein aus WÜRZBURGS bester Lage, dem Stein. Schon Goethe liebte ihn. 2014 dezimierte Hagel wenige Wochen vor der Lese den Ertrag.

Stodden, Jean Ahr ★★★ Nach Gerhard Stoddens Ableben infolge eines Herzinfarkts 2013 setzt Alexander das Werk seines Vaters fort: SPÄTBURGUNDER von der AHR mit burgundischem Einschlag.

Südliche Weinstraße Pfz r w – Bereichsname für die südliche PFALZ. In den letzten 25 Jahren hat sich die Qualität bedeutend verbessert. Beste Erzeuger: FRIEDRICH BECKER, Leiner, Münzberg, REBHOLZ, Siegrist, WEHRHEIM.

Tauberfranken Bad (r) w – Unterbewerteter kühlklimatischer Anbaubereich im nordöstlichen BADEN: SILVANER und RIESLING im fränkischen Stil von Muschelkalkböden. Fröste sind ein Problem. Bester Erzeuger: Schlör.

Thanisch, Witwe Dr. H. MM ★★→★★★ 1636 gegründetes Weingut in BERNKASTEL, berühmt für seinen Anteil an der Lage Doctor. Nach der Trennung der Familie 1988 entstanden zwei Güter mit demselben Namen und ähnlicher Weinqualität. Zu unterscheiden sind sie nur durch den Zusatz »Erben Müller-Burggraef« bzw. »Erben Thanisch«.

Traisen Na ★★★ Kleiner Ort an der NAHE mit den GROSSEN LAGEN Bastei und Rotenfels.

Trier M – Bedeutende Stadt an der MOSEL, etwa auf halbem Weg zwischen SAAR und RUWER gelegen. Inmitten der beeindruckenden Ruinen aus römischer Zeit haben die großen Stiftungsweingüter von der Mosel ihre Keller.

Trittenheim MM ★★→★★★ 01 04 05 07 08 09 11 12 13 14 – Rassige, ansprechende Weine von der MITTELMOSEL. Wechselhafte Qualität in der GROSSEN LAGE Apotheke mit nur wenigen guten Parzellen. Erzeuger: ANSGAR CLÜSSERATH, Ernst Clüsserath, Clüsserath-Weiler, GRANS-FASSIAN, Milz.

Trocken Traditionell die Bezeichnung für einen Wein mit einem Restzuckergehalt von höchstens 9 g/l, heute dürfen es aufgrund neuer EU-Vorschriften 2 g/l mehr sein. Als Faustregel gilt: Je weiter südlich das Anbaugebiet liegt, desto mehr trockene Weine gibt es.

Trockenbeerenauslese Die süßeste und teuerste Kategorie deutscher Weine, von ausgewählten, geschrumpften edelfaulen Trauben bereitet. Ausgesprochene Rarität mit feiner Honigsüße. Die halben Flaschen sind eine gute Idee.

Ürzig MM ★★★★ 71 83 90 93 94 95 96 97 01 02 04 05 07 08 09 10 11 12 13 14 – Ort auf rotem Sandstein und rotem Schiefer, berühmt durch unveredelte alte Stöcke und einzigartigen, würzigen RIESLING. GROSSE LAGE: Würzgarten. Erzeuger: Berres, Christoffel, Erbes, LOOSEN, Mönchhof, Rebenhof, WEINS-PRÜM. Dies ist die Gegend, die vom Bau der überflüssigen, 160 m hohen Hochmoselbrücke bedroht ist.

Van Volxem M ★★→★★★ Das historische SAAR-Weingut wurde 1999 von dem Brauereierben Roman Niewodniczanski wiederbelebt. Aus den sehr geringen Erträgen von Spitzenlagen (SCHARZHOFBERG, KANZEMER Altenberg, Wiltinger Gottesfuß) entstehen vorwiegend trockene und halbtrockene Weine. Seit Kurzem drosselt man den Alkoholgehalt etwas und versucht sich an süßen und edelfaulen Weinen.

VDP – Die Prädikatsweingüter Der richtungsweisende Verband von 200 Spitzenwinzern. Achten Sie auf das Emblem mit dem Adler auf dem Etikett und auf das Traubenlogo, das Weine von GROSSEN LAGEN kennzeichnet. Ein VDP-Wein ist in der Regel eine gute Wahl. Bundesvorsitzender ist Steffen CHRISTMANN.

Vollenweider M ★★★ Der Schweizer Daniel Vollenweider hat seit 2000 der Lage Wolfer Goldgrube bei Traben-Trarbach neues Leben eingehaucht. Exzellenter Riesling, leider nur in sehr geringen Mengen.

Wachenheim Pfz ★★★ Der berühmte Weinbauort verfügt über keine vom VDP als GROSSE LAGE ausgewiesenen Rebflächen. Spitzenerzeuger: Biffar, BÜRKLIN-WOLF, ODINSTAL, Karl Schaefer, WOLF. Urteilen Sie selbst.

Wagner, Dr. M ★★→★★★ Das Weingut mit Rebland in Saarstein und OCKFEN (SAAR) wird von der jungen Geisenheim-Absolventin Christiane Wagner geführt. Ihre RIESLINGE präsentieren sich fruchtig und reintönig.

Wagner-Stempel Rhh ★★★ Weingut im kaum bekannten Siefersheim unweit der Grenze zum Anbaugebiet NAHE mit exzellentem RIESLING, sowohl als GROSSES GEWÄCHS (Heerkretz) wie auch in edelsüßen Versionen.

Walluf Rhg ★★★ Unterschätzter Weinbauort zwischen Wiesbaden und Eltville mit bedeutenden Lagen, darunter die GROSSE LAGE Walkenberg. Erzeuger: J. B. Becker, Jost.

Wegeler MM, Rhg ★★→★★★ Bedeutende Weingüter in Familienbesitz in OESTRICH und BERNKASTEL; außerdem gehört ein Anteil am berühmten Gut KRONE in ASSMANNSHAUSEN zum Besitz. Weine von guter Qualität in ausreichender Menge. Die Marke Geheimrat J bereitete in den 1970er-Jahren trockenem RIESLING den Weg und hält bis heute sehr hohe Standards aufrecht.

Wehlen MM ★★★→★★★★ 90 93 94 95 96 97 98 01 02 03 04 05 07 08 09 10 11 12 13 – Weinbauort mit der legendären Steillage SONNENUHR, deren Schieferböden RIESLING in seiner schönsten Ausdrucksform hervorbringen. Die edelsüßen Versionen von der SPÄTLESE aufwärts halten sich Jahrzehnte. Beste Erzeuger: Kerpen, KESSELSTATT, LOOSEN, MOLITOR, J. J. PRÜM, S. A. PRÜM, RICHTER, SELBACH-OSTER, Studert-Prüm, WEGELER, WEINS-PRÜM. Wie sich der derzeit im Bau befindliche Hochmoselbrücke auf die Weinberge auswirken wird, ist ungewiss.

Wehrheim, Dr. Pfz ★★★ Das familiengeführte, ökologisch arbeitende Spitzengut der SÜDLICHEN WEINSTRASSE erzeugt mineralische, sehr trockene Weine, u. a. WEISSBURGUNDER Muschelkalk, RIESLING und SPÄTBURGUNDER aus der GROSSEN LAGE Kastanienbusch.

Weil, Robert Rhg ★★★→★★★★ 17 37 49 59 75 90 97 01 02 04 05 07 08 09 10 11 12 13 14 – Hervorragendes Weingut in KIEDRICH, im Besitz des japanischen Konzerns Suntory. Ausgezeichnete EISWEINE, BEEREN- und TROCKENBEERENAUSLESEN 2013; bei den Basisweinen ist die Qualität uneinheitlicher. Gräfenberg auf Phyllit ist die beste der drei klassifizierten Lagen.

Weingart MR ★★★ Hervorragendes Weingut in Spay mit Weinbergbesitz in BOPPARD (v. a. Hammer Feuerlay). Kultivierte, mineralische RIESLINGE, mit geringem technischem Aufwand bereitet, ausgezeichnetes Preis-Leis-tungs-Verhältnis.

Weins-Prüm, Dr. MM ★★★ Kleines Weingut in WEHLEN mit vorzüglichem Rebland an der MITTELMOSEL. Bert Selbach, Besitzer und Kellermeister, bereitet seine Weine mit äußerster Gewissenhaftigkeit und favorisiert einen straffen, mineralischen Stil.

Weißherbst Heller, sortenreiner Rosé (oft SPÄTBURGUNDER) von höchst unterschiedlicher Qualität.

Weltner, Paul Fran ★★→★★★ Das Familiengut im STEIGERWALD erzeugt dicht gefügten SILVANER zum Einlagern von der unterschätzten Lage Rödelseer Küchenmeister und angrenzenden Parzellen in IPHOFEN.

Wiltingen M ★★→★★★★ Das Herz des Weinbaus an der SAAR. Der berühmte SCHARZHOFBERG ist die beste einer Reihe GROSSER LAGEN, zu denen auch Braune Kupp, Kupp, Braunfels und Gottesfuß gehören. Spitzenerzeuger: BISCHÖFLICHE WEINGÜTER, LE GALLAIS, EGON MÜLLER, KESSELSTATT, ST. URBANS-HOF, Vols, VAN VOLXEM.

Winning, von Pfz ★★★→★★★★ Gut in DEIDESHEIM, zu dem auch der Traditionserzeuger Dr. DEINHARD gehört. »Von Winning« steht nur auf den Etiketten von Spitzenweinen aus Dr.-Deinhard-Lagen. Riesling von großer Reinheit und schönem Terroircharakter, durch Gärung in neuen FUDERN mit leichter Holznote versehen.

Winningen M ★★→★★★ Stadt an der unteren MOSEL nahe Koblenz; exzellente trockene RIESLINGE und TROCKENBEERENAUSLESEN. GROSSE LAGEN: Röttgen, Uhlen. Spitzenerzeuger: HEYMANN-LÖWENSTEIN, Knebel, Kröber, Richard Richter.

Wirsching, Hans Fran ★★★ Renommiertes Weingut in IPHOFEN. Die Schwestern Andrea und Lena Wirsching setzen die Erzeugung klassisch strukturierter trockener RIESLINGE und Silvaner fort, doch der spontan vergorene Riesling Sister Act schlägt neue Töne an. Anteile an den GROSSEN LAGEN Julius-Echter-Berg und Kronsberg.

Wittmann Rhh ★★★ Philipp Wittmann hat das Bioweingut in die Spitzenriege der deutschen Erzeuger geführt. Kristallklarer, mineralischer trockener RIESLING vom QBA bis zu GROSSEN GEWÄCHSEN (Morstein 04 05 06 07' 08 11 12' 13).

Wöhrwag Würt ★★→★★★ Das etwas außerhalb von Stuttgart gelegene Gut erzeugt saftige Rote, vor allem aber elegante trockene RIESLINGE und brillanten EISWEIN.

Wolf, J. L. Pfz ★★→★★★ Das Gut in WACHENHEIM wurde von Ernst LOOSEN aus BERNKASTEL gepachtet und erzeugt trockene PFÄLZER RIESLINGE (v. a. Forster Pechstein). Eher solide und beständig als umwerfend.

Württemberg r (w) 05 07 08 09 11 12 13 14 – Die Rotweinregion um Stuttgart und Heilbronn produziert traditionell den leichten TROLLINGER. Doch nun ist der Ehrgeiz geweckt – LEMBERGER und SPÄTBURGUNDER können sehr gut sein. RIESLING braucht höhere Lagen.

Würzburg Fran ★★→★★★★ Schöne alte Barockstadt am Main, Mittelpunkt des Weinbaus in FRANKEN: trockener RIESLING und v. a. SILVANER. Klassifizierte Lagen: Innere Leiste, Stein, Stein-Harfe. Weingüter: BÜRGERSPITAL, JULIUSSPITAL, Reiss, STAATLICHER HOFKELLER, Weingut am Stein.

Zell M ★→★★ Der bekannteste Weinort an der unteren MOSEL, bekannt v. a. für die GROSSLAGE Schwarze Katz. Ein deutlich besserer Weinberg sind die Merler Königslay-Terrassen. Spitzenerzeuger: Kallfelz.

Zeltingen MM ★★→★★★ Bedeutender, wenngleich manchmal unterschätzter Ort an der MOSEL unweit von WEHLEN. Voller und zugleich knackiger RIESLING. GROSSE LAGE: SONNENUHR. Spitzenweingüter: M. MOLITOR, J. J. PRÜM, SELBACH-OSTER.

Ziereisen Bad ★★★ 03 04 05 07 08 09 10 11 12 13 14 – Das hervorragen-de Gut in Efringen-Kirchen im MARKGRÄFLERLAND erzeugt vorwiegend Wei-ne von GUTEDEL und Pinot-Sorten. Der gelernte Zimmermann Hans-Peter Ziereisen ist ein Genie – selbst seine einfachen Weine zeigen Klasse. Am besten sind seine SPÄTBURGUNDER von kleinen Parzellen, in deren Namen der badische Dialekt durchscheint: Schulen, Rhini. Selektionen von alten Reben heißen Jaspis. Sensationelle Neuheit: der Gutedel für 120 €, der jeden Euro wert ist.

Zilliken, Forstmeister Geltz M ★★★→★★★★ 93 94 95 96 97 99 01 02 04 05 07 08 09 10 11 12 13 14 – Weingut des Perfektionisten Hans-Joachim Zilliken und seiner Tochter Dorothee an der SAAR. Intensiv mineralischer Riesling vom Saarburger Rausch und dem OCKFENER Bockstein, darun-ter köstliche AUSLESEN und EISWEIN mit exzellenter Lagerfähigkeit. Sehr guter SEKT.

Zimmerling, Klaus Sachsen w ★★★ Das kleine perfektionistische Gut war eine der ersten Neugründungen nach dem Fall der Mauer. Klaus Zimmer-ling arbeitet in der Steillage Königlicher Weinberg in Pillnitz bei Dresden. Der RIESLING, teilweise halbtrocken, kann ganz exquisit sein. Auch guter WEISSBURGUNDER, GRAUBURGUNDER, SCHEUREBE und TRAMINER.

Luxemburg

U m in Luxemburg Wein anzubauen, muss man Optimist sein. Zumindest war das vor der globalen Erwärmung so. Eine alte Chronik beschreibt die Schwierigkeiten zu Beginn des 20. Jahrhunderts: »1900: ein Viertel der nor-malen Ernte. 1901: drei Viertel. 1902: ein Achtel. 1903: drei Viertel. 1904: drei Viertel. 1905: nicht viel. 1906: noch weniger.« Das lag noch nicht einmal an der Reblaus, sondern an Frost, Hagel, Mehltau, Traubenwicklern und Regen zur Weinlese.

Heute ist vieles anders, die luxemburgischen Winzer haben eine Reihe glänzender Jahrgänge erlebt. 2013 jedoch war es wieder nasskalt, ein biss-chen wie in den alten Tagen. Glücklicherweise zeigte sich 2014 erheblich freundlicher und erweist sich sowohl von der Menge als auch von der Qualität her als sehr gut.

Die 1270 ha Reben des Anbaubereichs *Moselle luxembourgeoise* sind gemischt. Es gibt mehr Rivaner (Müller-Thurgau, 27 %), Auxerrois (14 %) und Pinot gris (14 %) als Riesling (12 %). Natürlich sind Luxemburger Gewächse Weine von der Mosel – aber ganz anders als das, was man sich normalerwei-se unter Moselwein vorstellt. Hier an der oberen Mosel gibt es keinen Schie-fer im Boden (sondern vorwiegend Muschelkalk), und qualitativ machen die Pinot-Sorten dem Riesling Konkurrenz, stellen ihn sogar oft genug in den Schatten.

Luxemburgs Spezialität ist Auxerrois; selbst 2013 brachte diese Traube hier brillante Weine hervor: Der Clos du Paradis von Château Pauqué mit Eichennote ist erstaunlich schön stukturiert und frisch, und die Genossen-schaft Vinsmoselle erzeugte zwei exzellente 2013er Auxerrois-Weine: den körperreichen Vieilles Vignes und den Grevenmacher Rosenberg mit salziger Note.

Die meisten Weißweine sind säurebetont mit leichter Restsüße – auf den Etiketten findet man keine Unterscheidung zwischen trocken und halbtro-cken. Ein häufiger Begriff (wenn auch von geringer Aussagekraft) ist »Premier

Grand Cru«. Verlässlicher sind da Winzervereinigungen mit eigener Charta: Domaine et Tradition (sieben Mitglieder) besitzt die größte Glaubwürdigkeit; zwei weitere sind die »Privatwenzer« und Charta Schengen Prestige (gegründet, um auch Erzeuger in den Nachbargebieten von Deutschland und Frankreich aufzunehmen).

Alice Hartmann ★★★ **09** 10 **11** 12 13 – Perfektionistische Erzeugerin in Wormeldange. Komplexer Riesling von Luxemburgs bester Riesling-Lage Koeppchen, einschließlich Selektionen aus einzelnen Parzellen. Delikater PINOT NOIR und verfeinerter Crémant (Grande Cuvée, Rosé Brut). Besitzt auch Weinberge in Burgund (St-Aubin) sowie an der Mittelmosel (Trittenheim) und hat eine kleine Parzelle im Scharzhofberg gepachtet.

Aly Duhr ★★→★★★ Das Familiengut in Ahn ist auf einen etwas süßeren Stil spezialisiert. Sehr guter PINOT GRIS aus Machtum, guter halbtrockener RIESLING aus Ahn und eleganter Riesling Vendage Tardive. Ein guter Essensbegleiter ist der fassgereifte PINOT BLANC.

Château Pauqué ★★★ Sehr gut bereitete Luxemburger Weine im internationalen Stil. Sehr guter CHARDONNAY, seidiger RIESLING Sous la Roche.

Domaines Vinsmoselle ★→★★★ Große Winzergenossenschaft. Das Premiumetikett ist Art & Vin, außerdem Crémant Poll-Fabaire und ein aktiver Kreis junger Winzer (»Jongwënzer«).

Gales ★★→★★★ Verlässlicher Erzeuger in Remich, der die Weinberge von Caves St-Martin mit dem Familiengut vereinigt hat. Am besten von Gales sind Crémant (Héritage Brut) und Weißweine mit dem Etikett Domaine et Tradition. Caves St-Martin hat eine gute Reihe namens De Nos Rochers und produziert Charta Schengen. Der alte, in den Muschelkalk eingegrabene labyrinthische Keller ist sehenswert.

Schumacher-Knepper ★★→★★★ Sehr schöner 2013er Lyra, ein fruchtiger Pinot noir/St. Laurent-Verschnitt.

Sunnen-Hoffmann ★★→★★★ Familiengut für Bioweine in Remerschen mit mustergültigem AUXERROIS, seriös bereitetem RIESLING und straffem, trockenem PINOT GRIS aus der Lage Wintrange Hammelsberg. Brillante 2013er.

Weitere Erzeuger mit ★★→★★★-Niveau: u. a. Château de Schengen, Cep d'Or, Clos de Rochers, Duhr Frères/Clos Mon Vieux Moulin, Fränk Kayl, Paul Legill, Ruppert, Schmit-Fohl, Stronck-Pinnel.

Luxemburg

Spanien und Portugal

**Die dunklen Flächen bezeichnen
die Weinbaugebiete**

Map labels:

El
Rías Baixas · Ribeira Sacra · Ribeiro · Monterrei · Vi
MINHO
Vinho Verde
TRÁS-OS-MO
Douro
Porto
Bairrada · Dão · Mondego · Beira Interior
LISBOA
TEJO
Bucelas
Colares · Carcavelos
Lissabon
Setúbal
Alentejo
PENÍNSULA DE SETÚBAL
ALGARVE
Lagoa · Tavira
Lagos
Portimão · Faro

Die folgenden Abkürzungen werden im Text verwendet:

Spanien			
Bask	Baskenland	Pri	Priorat
Cas-L	Castilla y León	R Ala	Rioja Alavesa
Cas-La M	Castilla-La Mancha	R Alt	Rioja Alta
Cos del S	Costers del Segre	R Baj	Rioja Baja
El B	El Bierzo	Rib del D	Ribera del Duero
Emp	Empordà	Som	Somontano
Gal	Galicien	U-R	Utiel Requeña
Kan	Kanarische Inseln		
Kat	Katalonien	Portugal	
La M	La Mancha	Alen	Alentejo
Madr	Madrid, Vinos de	Bair	Bairrada
Mall	Mallorca	Bei At	Beira Atlântico
Mur	Murcia	Lis	Lisboa
Nav	Navarra	Set	Setúbal
Pen	Penedès		
		Res	Reserva

Spaniens Weinmacher sind derzeit im besten Wortsinn rückwärtsgewandt. Das Land hat sich lange – allzu lange – Zeit auf seine Spitzentraube und seinen roten Verkaufsschlager verlassen: Tempranillo und Rioja. Es begann schon nach Einheitsbrei zu riechen. Jetzt nicht mehr. Die spanischen Erzeuger sind eifrig dabei, alte, verlassene Weinberge wieder herzurichten und traditionelle Weinbau- und Weinbereitungsmethoden wiederzuentdecken. Für einige Erzeuger bedeutet dies die Vergärung in Amphoren, für die meisten jedoch die Rückkehr zu lokalen Rebsorten. Tempranillo blanco, Maturana, Albillo und eine Fülle weiterer Rebsorten beginnen sich mit ihren ganz besonderen Aromen bemerkbar zu machen: Spanien kehrt zu seiner ursprünglichen regionalen Vielfalt zurück und macht seine Weine damit zu einer lohnenden Entdeckung. Die Klassiker sind besser denn je, und darüber hinaus ist Platz für ein paar neue Lieblingsweine.

Portugals Weißweine sind später erwachsen geworden als die Roten, obwohl die Sünden übertriebener Eichenwürze und überreifer Frucht bei den

Spanien

Weißen wesentlich seltener zu beobachten waren. Diese sind frisch, mineralisch und in ihrer Verschiedenheit unwiderstehlich. In der DOC Vinho Verde, in der die Weißweinrevolution ihren Ausgang nahm, pflanzen die Winzer jetzt mehr hochwertige Rebsorten an – Alvarinho, Loureiro und Avesso –, um der künftigen Nachfrage gerecht zu werden. Auch die Trauben für Rotweine werden früher gelesen, weniger stark extrahiert und in älteren, größeren Eichenfässern ausgebaut, was Portugals einzigartige autochthone Sorten und unverwechselbare Terroirs wesentlich deutlicher hervortreten lässt. Wer kannte denn schon die klaren Fruchtnoten der großen Portweinsorten? Jetzt kennen wir sie.

Spanien

Neuere Rioja-Jahrgänge

2014 Die Rückkehr zu alter Form in puncto Qualität und Quantität nach zwei mageren Jahren. Lange Wachstumsperiode, etwas Regen während der Lese.

2013 Kühles, nasses Jahr mit geringer Ernte. Die besten Weine zeigen lebhafte Säure.

2012 Gute Qualität, obwohl der Ertrag zu den niedrigsten der vergangenen 20 Jahre zählte.

2011 Von offizieller Seite als »excelente« deklarierter Jahrgang. Ein warmes Jahr; einige Weine mit marmeladiger Frucht, konzentrierter als 2010.

2010 Ebenfalls »excelente«. In vielerlei Hinsicht perfekt. Die Spitzenweine haben noch viele Jahre vor sich.

2009 Jetzt trinkreif, wird sich aber noch weiter entfalten. Einige Weine sind bemerkenswert tanninherb.

2008 Kühles Jahr; die besten Weine sind frisch und aromatisch, mit etwas niedrigerem Alkoholgehalt.

2007 Schwieriger Jahrgang; keine Weine zum Einlagern.

2006 Die Weine sind eher leicht und duften schön; sollten jetzt getrunken werden.

2005 Ein hervorragender Jahrgang, auf Augenhöhe mit 2004; Weine jetzt trinken oder noch im Keller lassen.

2004 Hervorragender Jahrgang; jetzt trinken, die besten Weine halten sich aber noch mindestens 10 Jahre.

Aalto, Bodegas y Viñedos Rib del D r ★★★★ Mariano García, früher bei VEGA SICILIA und bis vor Kurzem Präsident des CONSEJO REGULADOR, trat an, um den besten TINTO FINO der Region zu erzeugen. Seine mächtigen, dicht gewirkten Weine brauchen Zeit, bis sie sich entfalten. Der Aalto (**01' 04' 12**) ist tiefdunkel und sehr aromatisch; der konzentrierte PS (Pagos Seleccionados, von 200 Parzellen) braucht 10 Jahre Flaschenreife. Zum Familienbesitz zählen auch die Kellereien Astrales (RIBERA DEL DUERO), MAURO (CASTILLA Y LEÓN) und Maurodos (TORO). Garcías Partner Javier Zaccagnini bereitet bei Aalto den Preludio seiner Bodega Sei Solo.

Abadía Retuerta Cas-L r ★★→★★★ Bodega knapp außerhalb von RIBERA DEL DUERO mit Grand Hotel im einstigen Kloster. Weine in modernem Stil, internationale Rebsorten, stetig steigende Qualität. Guter weißer Verschnitt Le Domaine (BV), ein Novum in der Rotweinregion; Einzellagenweine Valdeballón (CABERNET SAUVIGNON) und Pago la Garduña (SYRAH).

Agustí Torelló Mata Kat sch ★★→★★★ Ausschließlich CAVA, erzeugt von traditionellen Rebsorten. Hervorragend sind der Kripta und die GRAN RESERVA Barrica.

Alicante r w; s ★→★★ In dieser Region ist Gutiérrez de la Vega der führende Erzeuger mit seinem hervorragenden MOSCATEL und dem Fondillón, einem gespriteten, in der Solera ausgebauten MONASTRELL-Wein. Er hat jedoch die DO verlassen, da er mit ihren Regeln nicht einverstanden ist. In den trockenen Hügeln gedeihen die Reben für vollen, würzigen Monastrell. Weitere Spitzenerzeuger: Enrique MENDOZA, Bernabé Navarro (Naturwein-Pionier mit in tönernen *tinajas* ausgebauten Weinen), ARTADI, Bruno Prats, Salvador Poveda.

Allende, Finca R Alt r w ★★★★ Vom unverwüstlichen Miguel Ángel de Gregorio geleitete und in jeder Beziehung überragende RIOJA-BODEGA in BRIONES: Von der Kuppel auf dem alten Kaufmannshaus hat man einen herrlichen Blick auf die Weinberge. Der Jahrgang 06' ist von erlesener Eleganz und kann jetzt, aber auch erst in einigen Jahren getrunken werden. Der Calvario von einer Einzellage ist ein kompakter, sehr jugendlicher Wein, der Aurus üppig mit mineralischer Note. Außerdem zwei Weißweine: der kraftvolle Rioja Blanco und der sehr feine Martires, der ebenso wie der Calvario in neuer Eiche ausgebaut wird. Neue Reihe Finca Nueva mit weniger teuren Weinen. Die Finca Coronado in La MANCHA gehört ebenfalls zum Besitz.

Angosto, Bodega el Val r w ★★ Die vielversprechende BODEGA in der wenig profilierten DO VALENCIA wird von der Familie Cambra geleitet. Der Almendros ist ein Verschnitt auf SAUVIGNON-BLANC-Basis, der Angosto wird von GARNACHA, SYRAH und Marselan bereitet.

Artadi, Bodegas y Viñedos Alicante, Nav, R Ala r ★★→★★★★ Bodega mit hervorragendem modernem RIOJA: Der kraftvolle El Pisón (Einzellage) braucht 8–10 Jahre, ebenso der würzig-rauchige Pagos Viejos. Dazu sehr guter und ebenso moderner roter El Sequé (ALICANTE) und roter sowie rosé (BV) Artazuri (NAVARRA). Außerdem preiswerter Viñas de Gain. (Siehe auch Kasten Rioja S. 244.)

Baigorri, Bodegas R Ala r w ★★→★★★ Die Weine sind so spektakulär wie die Architektur: ein gläserner Kubus mit freiem Blick auf die Fässer und Tanks im Untergeschoss. Wuchtiger, moderner RIOJA: Primäraromen von schwarzen Früchten, wuchtige Tannine, üppige Eichenwürze und frischer Abgang. Der Garage räumt alle Preise ab, zugänglicher ist die RESERVA. Restaurant mit schönem Ausblick.

Barón de Ley R Baj r r w ★→★★ Verlässliche, preiswerte Weine, die in einem früheren Benediktinerkloster bereitet werden; schönes Angebot an Weinen/Verschnitten von neueren Rebsorten.

Báscula, La Alicante, Rib del D, Rioja r w; s ★★ Junge Marke mit preiswerten Weinen aus aufstrebenden Bereichen, z. B. ALICANTE, JUMILLA, RIBERA DEL DUERO, RIOJA, Terra Alta und YECLA, geführt von einem südafrikanischen Weinmacher und einem britischen Master of Wine.

Belondrade Cas-L, Rueda w ★★→★★★ In Gestalt von Didier Belondrade und seinem Sohn Jean ist Frankreich nach RUEDA gekommen. Der Belondrade ist ein leckerer VERDEJO mit schöner Textur, der im Eichenfass auf dem Hefesatz gelagert wird. Zweitetikett: Apollonia. Außerdem TEMPRANILLO Clarisa (rot; BV).

Beronia Rioja r rs w ★→★★★ Kompletter Wandel: Eigentümer GONZÁLEZ BYASS hat in Eichenfässer und Kellertechnik investiert. Das Ergebnis ist eine voller Selbstvertrauen wiederbelebte RESERVA und ein guter, jung zu trinkender Rotwein.

Bierzo, El r w ★→★★★ Schieferböden, die knackige, Pinot-noir-artige Mencía und ätherischer GODELLO (weiß) haben junge Weinmacher auf den Plan gerufen. Spitzenerzeuger: Descendientes de J. PALACIOS, DOMINIO DE TARES, Gancedo, Luna Berberide, Peique und Pittacum. Im Auge behalten sollte man den roten Ultreia Saint Jacques von Castro Ventosa.

Binissalem Mall r rs w ★★ Traditionsreiche DO auf MALLORCA, nordöstlich von Palma. Hauptsächlich Rotwein, vorwiegend von der tanninherben Mantonegro-Traube. Am besten: Jaume de Puntiró, Macià Batle, Tianna Negre.

Bodega 1. Kellerei; 2. Weinhandlung; 3. eine Firma, die sich mit der Herstellung, dem Verschnitt bzw. dem Versand von Wein befasst.

Bodegas Benjamin de Rothschild Vega Sicilia Rioja, R Alt r ★★★ Erzeuger mit Verbindungen zu Edmond de Rothschild (Ch. Clarke, Bordeaux), der sich viel Zeit gelassen und seine Reblagen sorgfältig ausgewählt hat. Der Hauptwein heißt Macan (ein traditioneller Spitzname für die Leute aus der Gegend), das Zweitetikett Macan Clásico. Der 2009er, der erste Jahrgang, zeigt reife Frucht, Frische und unverhohlene Eichenwürze. Die Arbeit geht weiter...

Briones R Alt – Kleines Städtchen nahe Haro oben in den Hügeln des RIOJA-Gebiets, die von Kellern durchlöchert sind. Erzeuger: u. a. Finca ALLENDE, Miguel Merino. Das Weinmuseum von Dinastía Vivanco lohnt einen Abstecher.

Calandria, La Nav r ★★ Die Bodega gehört zu einer Handvoll kleiner Erzeuger, die sich GARNACHA von alten Reben verschrieben haben. Der Cientruenos bietet ein fantastisches Preis-Leistungs-Verhältnis, der Tierga ist der Inbegriff von Garnacha.

Calatayud Aragón r rs w ★→★★★ Kleine DO, die gerade mit ihren alten GARNACHA-Reben auf sich aufmerksam macht; bietet Geschmack zum günstigen Preis. Beste Erzeuger: BODEGAS Ateca (siehe Juan GIL), El ESCOCÉS

VOLANTE, Lobban (v. a. der Garnacha El Gordito, bereitet von der Schottin Pamela Geddes) und Virgén de la Sierra (Cruz de Piedra).

Campo de Borja Aragón r rs w ★→★★★ Genau die richtige Quelle für preiswertige, fruchtig-saftige GARNACHA-Weine, z. B. von den BODEGAS Alto Moncayo, Aragonesas oder Borsao.

Campo Viejo Rioja r rs w ★→★★ Markenschwergewicht in RIOJA mit fruchtigsaftigen TEMPRANILLO- und GARNACHA-Weinen sowie preiswerter RESERVA und GRAN RESERVA. Gehört zur Pernod-Ricard-Gruppe, die auch die von Santiago Calatrava entworfene Kellerei Ysios besitzt.

Cañas, Bodegas Luis R Ala r w ★→★★★ Der vielfach preisgekrönte Familienbetrieb bietet vom JOVEN bis hin zu den »Garagenweinen« echte Qualität. Zum Sortiment zählen Klassiker wie die RESERVA Selección de la Familia und Modernes wie der extrem konzentrierte Hiru 3 Racimos oder der Amaren.

Capçanes, Celler de Kat r rs w; s ★→★★ Eine der besten Genossenschaften Spaniens. Sehr faire Preise, ausdrucksstarke Weine aus MONTSANT. Auch ein auf koschere Weine spezialisierter Erzeuger mit dem empfehlenswerten Peraj Ha'abib.

Cariñena Aragón r rs w ★→★★ Die DO trägt denselben Namen wie die Traube. Solide, wenig aufregende, aber preiswerte Weine; bester Erzeuger ist FINCA Aylés.

Casa Castillo Jumilla r ★★→★★★ Bezauberndes Gut hoch oben in JUMILLA. Sehr preiswert ist der MONASTRELL, hervorragend der GARNACHA El Molar und der SYRAH Valtosca, großartig der Einzellagenverschnitt Las Gravas. Der Pie Franco stammt aus einer kleinen Monastrell-Lage, die der jüngsten Reblausplage entging.

Castaño, Bodegas Mur r rs w; s ★→★★ Die Familie Castaño ist der Inbegriff von YECLA und erzeugt feine MONASTRELL-Weine, angefangen von preiswerten Jungspunden bis hin zum exzellenten Casa Cisca. Auch köstlicher süßer roter Dulce.

Castell d'Encus Cos del S r w ★★★ Faszinierendes Projekt von Raül Bobet, früher Technischer Direktor von TORRES, und FERRER BOBET. Erzeugt werden herrlich frische Weine aus Höhenlagen, bei denen Tradition auf Moderne trifft: Die Trauben werden in steinernen *lagares* vergoren, die Kellerei ist mit neuester Technik ausgestattet. RIESLING Ekam, SYRAH Thalarn, Bordeaux-Sorten-Verschnitt Quest. Demnächst soll es auch Weine von CHENIN BLANC, SAUVIGNON BLANC und SÉMILLON geben.

Castilla y León r rs w ★→★★★ Spaniens größte Weinregion bietet viel Erfreuliches, worin man sich schnell verlieren kann, und das oft zu günstigen Preisen: berühmte und unbekannte Erzeuger, berühmte und unbekannte Rebsorten. Zu den entdeckenswerten DOS zählen Arribes (v. a. La Setera Selección Especial, bereitet von TOURIGA-Trauben), BIERZO, CIGALES, Tierra de León, Tierra del Vino de Zamora sowie der Bereich Valles de Benavente (ansprechende Qualität). Rote Sorten: u. a. MENCÍA, Juan García, TINTA DEL PAÍS; weiße Sorte: Doña Blanca. Guter Rosado von intensiver Farbe aus der Prieto-Picudo-Traube.

Castillo Perelada Emp, Pri r rs w; sch ★→★★★ Glamouröses Weingut mit vielfältigem, nicht auf Wein beschränktem Angebot. Temperamentvolle CAVAS, v. a. Gran Claustro, und moderne Rote, z. B. Finca Garbet (SYRAH aus küstennahen Lagen). Zudem seltener, 12 Jahre in der Solera gereifter GARNATXA de l'Empordà. Sehr fein sind der Casa Gran del Siurana und der Gran Cruor, ein Syrah-Verschnitt aus dem PRIORAT.

Catalunya r rs w; sch – Noch keine 20 Jahre bestehende sehr große DO, die ganz Katalonien umfasst: Küste, Berge und alles, was dazwischen liegt. Hier findet man einige der bekanntesten Namen Spaniens, z. B. TORRES.

Die fehlende ausgeprägte Identität bietet pfiffigen Erzeugern die Möglichkeit zu cleveren DO-übergreifenden Verschnitten.

Cava Der nach der traditionellen Methode bereitete spanische Schaumwein wird immer besser. Erzeugt wird er zum Großteil im PENEDÈS, v. a. in und um Sant Sadurní d'Anoia, aber auch in zahlreichen anderen Gegenden, z. B. RIOJA (v. a. Conde de Haro von MUGA). Marktführer sind FREIXENET und CODORNÍU. Spitzenerzeuger: AGUSTÍ TORELLÓ MATA, CASTILLO PERELADA, Colet, GRAMONA, Parxet, Raventós und Recaredo (ökologisch). CHARDONNAY und PINOT NOIR finden häufig Eingang in den Verschnitt, neuerdings wird aber viel geforscht, um die Qualität der lokalen Rebsorten zu heben. Einige Erzeuger haben die DO Cava wegen ihres schlechten Images verlassen, siehe CONCA DEL RIU ANOIA. Die DO will nun eine oberste Kategorie für Weine von Einzellagen einführen namens *paraje calificada*.

Cérvoles Cos del S r w ★★→★★★ Kraftvolle, moderne Weine aus dem Grenzgebiet zum PRIORAT. Der Negre ist jugendlich und zugänglich, der Estrats (CABERNET SAUVIGNON/TEMPRANILLO) ist sehr eichenwürzig und braucht Flaschenreifung. Im Besitz der traditionsreichen Bodega Castell del Remei.

Chacolí/Txakoli Bask (r) (rs) w; s ★→★★★ BV – Der baskische Wein, erzeugt in den DOS Getariako Txakolina und Bizkaiko Txakolina. Die Weinberge sind den kühlen Winden vom Golf von Biskaya ausgesetzt. Daraus erklärt sich die durchdringende knackige Frische des weißen Perlweins, den die Einheimischen in langem Strahl aus der Höhe ins Glas gießen. Spitzenerzeuger: Ameztoi und Txomin Etxaniz. Faszinierend ist die Spätlese Urezti von Itsasmendi, verschwenderisches Edelfäulearoma zeigt der Arima von Gorka Izagirre.

Chivite, Bodegas Julián Nav r r w; s ★★→★★★ Der alteingesessene Familienbetrieb in NAVARRA wurde kürzlich in zwei separate Unternehmen unterteilt. Beliebte Reihe Gran Feudo (BV), v. a. Rosado und Sobre Lías *(sur lie)*. Hervorragende Reihe Colección 125, u. a. mit herausragendem CHARDONNAY und delikatem edelfaulem MOSCATEL Vendimia Tardía (Spätlese). Die PAGO-Weine des schönen Guts Señorío de Arínzano werden immer besser; das Zweitetikett heißt Casona. Beratender Önologe ist seit Langem Denis Dubourdieu. Ebenfalls zum Besitz gehören Viña Salceda in RIOJA (sehr guter Conde de la Salceda) und Baluarte in RUEDA (großartiger VERDEJO).

Cigales Cas-L r rs (w) ★→★★ Die kleine DO zwischen RIBERA DEL DUERO und TORO muss kämpfen, um auf sich aufmerksam zu machen. Empfehlenswert ist der rote und rosé TEMPRANILLO (BV).

Clos Mogador Pri r w ★★★→★★★★ René Barbier war mitverantwortlich für den kometenhaften Wiederaufstieg des PRIORAT. Sein Clos Mogador flößt noch immer Respekt ein; der Manyetes ist ein kraftvoller Verschnitt auf CARIÑENA-Basis. Der würzige, üppig duftende weiße Clos Nelin mit Honignoten war der Wegbereiter des Trends zu GARNACHA-BLANCA-Verschnitten. Barbier ist auch bei Espectacle in MONTSANT engagiert.

Codorníu Raventós Cos del S, Pen, Pri, Rib del D, Rioja r rs w; sch ★→★★★ Neben dem Rivalen FREIXENET die größte CAVA-Firma. Intensive Forschung in der Versuchs-BODEGA führte zu Verbesserungen bei etablierten Marken, z. B. Jaume de Codorníu; außerdem neue Erzeugnisse wie die hervorragenden Einzellagen-Cavas namens Gran Cordoníu. Immer besser werden die Güter Raimat in COSTERS DEL SEGRE (z. B. Verschnitt Ánima, rot und weiß) und Legaris in RIBERA DEL DUERO, während Bilbaínas in RIOJA mit dem beliebten Viña Pomal punktet und demnächst Weine von GARNACHA, GRACIANO und TEMPRANILLO BLANCO herausbringen will. Siehe auch SCALA DEI.

Compañía Vinícola del Norte de España (CVNE) R Ala, R Alt r rs w ★→★★★★
Die familiengeführte RIOJA-BODEGA (gegründet 1879) hat jetzt einige hervorragende Weine zu bieten. Die RESERVA ist verlässlich, echte Qualität offenbaren jedoch die frischen, eleganten Imperial-Gewächse (Reserva und Gran Reserva) aus Rioja Alta und die Reihe Viña Real aus Rioja Alavesa. Die Weine können sehr alt werden – versuchen Sie die einen der Jahrgänge **1962**, **1964** oder **1970** aufzutreiben. CONTINO ist Teil des Unternehmens.

Conca de Barberà Kat r rs w – In der kleinen katalanischen DO, die früher ausschließlich große Unternehmen mit hochwertigem Traubengut versorgte, arbeiten inzwischen einige exzellente Erzeugerbetriebe, darunter Escoda-Sanahuja (biodynamisch). Die TORRES-Spitzenweine Grans Muralles und Milmanda werden beide in dieser DO erzeugt.

Conca del Riu Anoia Kat – DO für nach dem traditionellen Verfahren bereiteten Schaumwein, 2013 von RAVENTÓS I BLANC geschaffen, um strengere Qualitätskontrollen als für CAVA zu gewährleisten. Vorgeschrieben sind ökologische Methoden, eine Mindestreifezeit von 18 Monaten und ausschließlich von lokalen Rebsorten bereitete Weine.

Consejo Regulador Amtliche Organisation für Erhaltung, Kontrolle und Förderung einer Denominación de Origen; jede DO hat ihren eigenen Consejo Regulador. Die Qualität ist so uneinheitlich wie die Weine, die die Organisation vertritt – mal steht Bürokratie, mal unternehmerisches Denken im Vordergrund.

Contino, Viñedos del R Ala r rs w ★★★★ Jesus Madrazo konzentriert sich mit beständigem Erfolg auf die gutseigenen Reblagen in RIOJA. Überragendes Angebot: Die RESERVAS sind sehr langlebig, der GRACIANO und der Viña del Olivo (Einzellage) großartig. Dazu reifer GARNACHA-BLANCA-Verschnitt (weiß) und aromatischer Rosado. Im Besitz von CVNE.

Costers del Segre r rs w; sch ★→★★★ Zwischen CASTELL D'ENCUS in den Bergen und den weiter unten gelegenen Gütern Castell del Remei, CÉRVOLES und Raimat geografisch geteilte DO.

Crianza Die »Kinderstube«, in der sich der Wein entwickelt – Garant für eine gewisse Reifezeit, nicht für Qualität. Neuer oder nicht gealterter Wein ist *sin crianza* oder JOVEN. In der Regel sind Crianza-Weine mindestens 2 Jahre gereift, davon 6–12 Monate im Eichenfass, und dürfen erst ab dem dritten Jahr freigegeben werden. Siehe auch RESERVA.

Cusiné, Tomàs Cos del S r w ★★→★★★ Einer der innovativsten Weinmacher Spaniens, ursprünglich für Castell del Remei und CÉRVOLES tätig. Individuelle, moderne Weine, darunter der TEMPRANILLO-Verschnitt Vilosell und der originelle weiße Auzells, der aus 10 Rebsorten bereitet wird.

Dinastía Vivanco R Alt r w ★★ Große BODEGA in BRIONES in Familienbesitz mit einigen interessanten sortenreinen Weinen. Das Weinmuseum lohnt einen Umweg.

DO (Denominación de Origen), DOP (Denominación de Origen Protegida) Die bisherigen Herkunftsbezeichnungen Denominación de Origen (DO) und Denominación de Origen Calificada (DOCa) sind jetzt zur Denominación de Origen Protegida (DOP) zusammengefasst. Daneben gibt es noch die Kategorie VINO DE PAGO. Die niedrigere Qualitätsstufe Vinos de Calidad Producidos en Regiones Determinadas (VCPRD) wird sukzessive zu Vinos de Calidad de Indicación Geografica (VCIG).

Domaines Lupier Nav r ★★★ Ein junges Paar erzeugt GARNACHA von alten Reben. Zwei Weine: der blumige La Dama und der dicht gewirkte, breitschultrige El Terroir. Ökoanbau.

Dominio de Tares El B r w ★★★ Hervorragender MENCÍA von alten Reben: Cepas Viejas und Tares P3. Außerdem guter GODELLO. Stallgefährten sind

Pazos de Lusco (RÍAS BAIXAS) und Dominio Dostares (CASTILLA Y LEÓN) – der Cumal des letzteren Guts ist ein schönes Beispiel der Lokalrebsorte Prieto Picudo.

Dominio de Valdepusa Cas-La M r w ★★→★★★ Carlos Falcó (Marqués de Griñon) beschreitet mit dem Familiengut bei Toledo seit den 1970er-Jahren voller Selbstvertrauen neue Wege: Er baute als erster Spanier SYRAH und PETIT VERDOT an, führte Tropfbewässerung sowie Weinbergmanagement nach wissenschaftlichen Richtlinien ein und beschäftigte erstklassige Berater. Die Weine sind sehr aromatisch und konzentriert. Valdepusa ist als VINO DE PAGO klassifiziert. Auf seinem Gut El Rincón erzeugt Falcó Weine der DO Vinos de MADRID.

Dulce Süß.

Empordà Kat r rs w; s ★→★★ Kleine, sehr angesagte DO nahe der französischen Grenze, ein Zentrum der Kreativität. Die besten Kellereien sind CASTILLO PERELADA, Celler Marti Fabra, Pere Guardiola und Vinyes dels Aspres. Das eigenwillige junge Weingut Espelt baut stolze 17 Sorten an; probieren Sie den Sauló (GARNACHA/CARIGNAN). Celler Espolla bietet mit dem Solera GRAN RESERVA einen üppigen natürsüßen Wein an.

Escocés Volante, El Aragón r w ★★ Der schottische Master of Wine Norrel Robertson lebt in Calatayud und hat sich auf GARNACHA von alten Reben spezialisiert, die in Höhenlagen auf Schieferboden wachsen, z. B. Es Lo Que Hay, El Puño und La Multa. Außerdem ALBARIÑO Cup & Rings (RÍAS BAIXAS).

Espumoso Schaumwein, der jedoch – anders als CAVA – nicht nach der traditionellen Methode hergestellt wird und daher in der Regel preiswerter ist.

Ferrer Bobet Pri r ★★★ Geschliffene, komplexe Weine von Sergi Ferrer-Salat (Gründer der Vinothek Monvínic in Barcelona) und Raül Bobet (CASTELL D'ENCUS). Schieferböden und alte Reben zeigen sich aufs Schönste im Selecció Especial Vinyes Velles.

Finca Landgut, Weingut, ländliches Anwesen.

Finca Valpiedra Rioja r rs w ★→★★ Die schön gelegene Einzellage an einer Ebro-Schleife erbringt Weine von feiner Qualität. FINCA Antigua in La MANCHA gehört ebenfalls dazu. Siehe auch Familia MARTÍNEZ BUJANDA.

Fondillón Alicante s ★→★★★ Einst legendärer ungespriteter roter Süßwein aus MONASTRELL-Trauben, der lange Zeit in Eichenfässern lagerte, um Seereisen überstehen zu können. Heute wird er mindestens 10 Jahre in Eiche gereift; einige Soleras (siehe Kapitel »Port, Sherry und Madeira«) sind sehr alt. Wird in kleinen Mengen u. a. von Gutiérrez de la Vega und Primitivo Quiles erzeugt.

Freixenet, Cavas Pen rs w; sch ★→★★★ Sehr großer CAVA-Erzeuger, im Besitz der Familie Ferrer. Am bekanntesten für den in schwarzen Mattglasflaschen abgefüllten Cordón Negro und den Standardwein Carta Nevada. Die mit CHARDONNAY und PINOT NOIR aufgepeppte Spitzen-Cava Elyssia ist ein echter Schritt nach vorn. Zur Freixenet-Gruppe gehören auch Castellblanch, Conde de Caralt und Segura Viudas, die Champagnerfirma Henri Abelé, das Bordeaux-Handelshaus Yvon Mau sowie Gloria Ferrer (USA) und Wingara (Australien).

Galicien (r) w – Regenreiche Region in Nordwestspanien, in der einige der besten spanischen Weißweine (siehe MONTERREI, RÍAS BAIXAS, RIBEIRA SACRA, RIBEIRO, VALDEORRAS) und strahlende, knackig-frische Rote entstehen.

Garnachas de España Pri, Rioja, Aragón r ★★ Das Projekt, zu dem sich vier kleine Erzeuger in verschiedenen DOS am Ebro zusammengeschlossen haben, spiegelt das derzeitige begeisterte Interesse an GARNACHA von alten Reben wider. Erzeugt wird u. a. einer der seltenen spanischen Eisweine.

Gil, Juan Jumilla r ★★→★★★ Der alteingesessene Familienbetrieb wurde 2002 von Grund auf reorganisiert mit dem Ziel, in JUMILLA der Beste zu sein. Gute junge MONASTRELL-Weine (z. B. 4 Meses), kraftvolle, langlebige Spitzengewächse Clio und El Nido. Das Unternehmen besitzt auch moderne Kellereien in aufstrebenden DOS, u. a. Shaya (RUEDA), Can Blau (MONTSANT) und Ateca (CALATAYUD).

Gramona Pen r w; s; sch ★★→★★★★★ Der Star unter den CAVA-Kellereien gehört zu den Anführern jener Bewegung, die beweisen will, dass Cava durchaus Charakter besitzt. Erzeugt in fünfter Generation beeindruckende, langlebige Cavas, darunter die GRAN RESERVA Imperial und den III Lustros. Dank Forschung und Versuchsanpflanzungen gibt es zudem die gute, von XAREL-LO dominierte Gran Reserva Celler Batle, Süßweine (einschließlich Eiswein) und den beeindruckenden CHARDONNAY/SAUVIGNON-BLANC-Verschnitt Gra a Gra Blanco DULCE.

Gran Reserva In RIOJA sind mindestens 2 Jahre Fass- und 3 Jahre Flaschenreifung vorgeschrieben. Nach wie vor kann man in ganz Spanien großartige Gran-Reserva-Weine zu Spottpreisen finden.

Hacienda Monasterio, Bodegas Rib del D r ★★→★★★ Kultweinmacher Peter Sisseck (PINGUS) erzeugt in dieser Kellerei in den Bergen, zu der der nebenan gelegene Bauernhof der Familie gehört, Verschnitte von TINTO FINO und CABERNET SAUVIGNON. Sein Ziel ist, Wein in größerer Menge zu erzeugen als den Pingus, sodass mehr Konsumenten in seinen Genuss kommen. Jugendlicher Cosecha (nicht gereift) und komplexe RESERVA-Gewächse, darunter die Reserva Especial mit reichhaltiger, dichter Textur.

Haro R Alt – In der malerischen alten Stadt im Herzen von Rioja Alta sind die großen Namen von RIOJA am und um den Bahnhof versammelt. Besuchen Sie LÓPEZ DE HEREDIA, MUGA, La RIOJA ALTA oder auch den modernen Betrieb RODA.

Izquierdo, Basilio Rioja r w ★★ Der pensionierte Kellerchef von CVNE, VIÑA REAL und CONTINO erzeugt nun mit großem Erfolg Wein unter seinem eigenen Namen. Burgunderartiger GARNACHA BLANCA B de Basilio. Der Rote demonstriert Izquierdos ganze Erfahrung mit der Bereitung von RIOJA-Wein.

Joven (vino) Junger, nicht in Eiche gereifter Wein. Siehe auch CRIANZA.

Jumilla Mur r (rs) (w) ★→★★★ Sehr trockenes Anbaugebiet in den Bergen nördlich von Murcia mit alten MONASTRELL-Reben, die inzwischen von ehrgeizigen Weinmachern wiederentdeckt wurden. Auch TEMPRANILLO, MERLOT, CABERNET SAUVIGNON, SYRAH und PETIT VERDOT spielen eine Rolle. Spitzenerzeuger: Juan GIL, gefolgt von Agapito Rico, CASA CASTILLO, CASTAÑO, Carchelo, Luzón, Valle del Carche und Valtosca.

Juvé y Camps Pen w; sch ★★→★★★ Beständig guter Familienbetrieb mit erstklassiger CAVA. Die RESERVA de la Familia ist der Grundpfeiler, ganz oben stehen die GRAN RESERVA, der Milesimé CHARDONNAY Gran Reserva sowie die Selección XAREL-LO.

Jean León Pen r w ★★→★★★ Bereitete CABERNET SAUVIGNON und CHARDONNAY in Spanien den Weg, seit 1995 im Besitz von TORRES und jetzt unter Mireia Torres wieder auf dem aufsteigenden Ast. Gute, eichenwürzige Chardonnay-Weine, ausdrucksstarker Merlot namens 3055 und eleganter Cabernet Sauvignon Vinya La Scala.

Kanarische Inseln r rs w ★→★★ Es gibt hier stolze 9 DOS, wovon die Lanzarote-DOs am meisten Aufmerksamkeit erringen. Die trockenen Weißweine von LISTÁN (PALOMINO) sowie Marmajuelo sowie die Roten von Listán negro, Negramoll (TINTA NEGRA) und Vijariego bieten erfreulich ursprüngliche Geschmackserlebnisse. Außerdem gute MALVASÍA- und MOSCATEL-Dessertweine, v. a. der gespritete Malvasía El Grifo aus Lanzarote.

La Mancha Cas-La M r rs w ★→★★ Das am wenigsten beeindruckende Anbaugebiet Spaniens, südlich von Madrid gelegen. Dennoch gibt es hervorragende Erzeuger: PESQUERA mit dem El Vínculo, MARTÍNEZ BUJANDA mit dem Finca Antigua und Juan GIL mit dem Volver.

López de Heredia R Alt r rs w ★★→★★★★ Eindrucksvolles »Château«, ein Wahrzeichen von HARO. Die grazilen, im alten Stil bereiteten, langlebigen Weine sind urplötzlich wieder in Mode gekommen. Viña Cubillo heißt die jüngere Reihe mit GARNACHA, dunkler ist Viña Bosconia, delikat und reif der Viña Tondonia (45 64 68 70 81 94 95 96 01 04). Auch die Weißen reifen ausgiebig in Fass und Flasche: Faszinierend sind der Gravonia (**04**) und der Tondonia GRAN RESERVA (**81 87 91 96**). An Pergament erinnert die Farbe der Gran Reserva Rosado (**00**).

Loxarel Pen sch ★★ Ein Original. Der Cent Nou 109 Brut Nature RESERVA ist ein originelles Schmankerl für Liebhaber von Naturweinen: nach der traditionellen Methode bereiteter Schaumwein, die Hefe verbleibt aber komplett in der Flasche, sodass es sich nicht um CAVA handelt. Komplex, trüb, ungeschwefelt und auch nach 109 Monaten noch immer sehr jugendlich.

Madrid, Vinos de r rs w ★→★★★ Jahrzehntelang dienten Madrids GARNACHA-Reben zur Erzeugung schlichter Alltagsweine. Heute sind die alten Reben Bestandteil spannender Qualitätsbestrebungen. Zu den fortschrittlichsten Erzeugern gehört die Bodega Bernabeleva mit Weißwein im burgundischen Stil sowie dem Spitzengewächs Garnacha de Viña Bonita. Weitere gute Erzeuger sind Marañones, Gosálbez-Ortí (geleitet von einem ehemaligen Piloten), Jeromín, Divo, Viñedos de San Martín (Teil der Enate-Gruppe) und El Regajal.

Málaga r w sw ★→★★★ Einst berühmte und von TELMO RODRÍGUEZ wiedererweckte DO: Mit seinem subtilen süßen Molino Real hat er der fast schon dem Untergang geweihten MOSCATEL-Erzeugung neues Leben eingehaucht. Der US-Importeur Jorge Ordoñez hat den außergewöhnlichen Moscatel No 3 Viejas Viñas im Programm; bei Bentomiz findet man in der Reihe Ariyanas eine beeindruckende Auswahl an süßen und halbtrockenen Moscatel-Versionen, zudem Rotweine, z. B. von der lokalen Rebsorte Romé.

Mallorca r w ★→★★★ Die einstigen Touristenweine sind inzwischen sehr viel besser geworden und gelten auf dem Heimatmarkt als chic – zu entsprechenden Preisen, z. B. von 4 Kilos, Án Negra, Biniagual, Binigrau, C'an Vidalet, Hereus de Ribas, Sa Vinya de Can Servera und Son Bordils. Die Roten sind Verschnitte von traditionellen Rebsorten (Mantonegro, Callet, Fogoneu) plus CABERNET SAUVIGNON, SYRAH und MERLOT. Die Weißen (meist CHARDONNAY) holen schnell auf. Die beiden DOS heißen BINISSALEM und PLA I LLEVANT.

Manchuela Cas-La M r w; s ★→★★ Die DO zwischen den Flüssen Júcar und Cabriel, einst Quelle von Fassweinen, nimmt eine vielversprechende Entwicklung mit Weinen von u. a. Bobal, MALBEC und PETIT VERDOT. Dem Pioniergut Finca SANDOVAL sind Alto Landón und Ponce nachgefolgt; Letzterer erzeugt *pie franco*-Weine (von wurzelechten Reben).

Marqués de Cáceres, Bodegas R Alt r rs w ★→★★ Der Erzeuger war in den 1970er-Jahren ein wichtiger Wegbereiter für RIOJA-Weine und führte dort französische Weinbereitungsmethoden ein. Derzeit ist der Glanz aber ein wenig verblasst. Der Stil des Gaudium ist modern, der Stil der GRAN RESERVA klassisch.

Marqués de Murrieta R Alt r rs w ★★★→★★★★ Einer der großen Namen in RIOJA; am berühmtesten ist die prachtvolle, lang gereifte GRAN RESER-

VA Castillo de Ygay. Die neueste Abfüllung einer Gran Reserva Blanco ist vom Jahrgang 1986, von der Gran Reserva Tinto 1975. Das beste Preis-Leistungs-Verhältnis bietet die dichte, hocharomatische Reserva; einen Kontrast stellt der moderne, wengleich deutlich eichenwürzige rote Dalmau dar. Capellanía heißt der frische, mineralische, komplexe Weiße – einer von Riojas besten.

Marqués de Riscal R Ala r (rs) w ★★→★★★ Jeder Marqués in der Abfolge hat etwas ganz Besonderes zu RIOJA beigetragen – nicht nur in Gestalt von Frank Gehrys Hotel mit Titan-Dach. Verlässliche RESERVA, jugendlicher, moderner FINCA Torrea und fein ausgewogene GRAN RESERVA. Das moderne Rioja spiegelt der Barón de Chirel Reserva wider. Marqués de Riscal leistet seit 1972 in RUEDA Pionierarbeit und erzeugt dort lebhaften SAUVIGNON BLANC und VERDEJO (beide BV).

Martínez Bujanda, Familia Cas-La M r rs w ★→★★ Das geschäftstüchtige Unternehmen besitzt eine ganze Reihe von Kellereien und erzeugt zudem Handelsmarkenweine. Am charmantesten ist der RIOJA-Gutswein Finca Valpiedra, der FINCA Antigua kommt aus La MANCHA.

Mas Alta Kat r ★★ Das junge Unternehmen (gegründet 1999) im PRIORAT profitiert von der Beratung durch die französischen Rhône-Spezialisten Michel Tardieu und Philippe Cambie. La Creu Alta ist ein beeindruckender Verschnitt von CARIÑENA, GARNACHA und SYRAH.

Mas Martinet Pri r ★★★ Wegbereiter für PRIORAT-Weine mit exzellentem Clos Martinet und Els Escurçons. Jetzt unter der Leitung der nachfolgenden Generation, die stets offen ist für Neuerungen und die Weine im Weinberg sowie in *tinajas* (großen Tonkrügen) vergärt.

Mauro, Bodegas Cas-L r ★★→★★★ Mariano García (jetzt Teilhaber von AALTO, früher bei VEGA SICILIA) hat das Unternehmen gegründet. Jetzt wird es von seinen Söhnen Eduardo und Alberto geleitet, die das Werk ihres Vaters in Maurodos (TORO), Astrales (RIBERA DEL DUERO) und Paixar (BIERZO) fortsetzen, wobei der Schwerpunkt auf alten Reben liegt.

Mendoza, Enrique Alicante r w; s ★★ Pepe Mendoza ist die Schlüsselfigur beim Wiederaufstieg der DO und der MONASTRELL-Traube. Die Weine sind ebenso ausdrucksstark und individuell wie Mendoza selbst. Lebhafter La Tremenda und intensiver, hocharomatischer Einzellagenwein Las Quebradas. Außerdem honigartiger süßer MOSCATEL. Die Solera für die FONDILLÓN-Erzeugung wird gerade angelegt, doch es wird noch mind. 10 Jahre dauern, bis der erste Wein auf den Markt kommt.

Méntrida Cas-La M r rs ★→★★ Früheres Genossenschaftsgebiet südlich von Madrid, erlangt jetzt Bekanntheit dank Erzeugern wie Arrayán, Canopy und insbesondere Daniel Jiménez-Landi.

Monterrei Gal w ★→★★★ Kleine DO in Ourense, deren bunte Mischung an Rebsorten und Verschnitten und deren Rotweine zeigen, dass GALICIEN mehr zu bieten hat als nur ALBARIÑO. Bester Erzeuger ist Quinta da Muradella.

Montsant Kat r (rs) w ★→★★★ Die das PRIORAT umschließende DO ahmt dessen Weine, aber nicht dessen Preise nach. Feiner GARNACHA BLANCA v. a. von Acústic. Dicht gewirkte, balsamische Rote bieten Celler de CAPÇANES, Can Blau, Espectacle, Joan d'Anguera, Mas Perinet und Venus la Universal.

Muga, Bodegas R Alt r rs w; (sch) ★★★→★★★★ Der alteingesessene Familienbetrieb in HARO erzeugt mit die aromatischsten und ausgewogensten Rotweine von RIOJA. Guter fassvergorener, ein wenig an Burgunder erinnernder VIURA (BV), vorbildlicher trockener Rosado und fein gearbeitete grazile Rote. Am besten sind die herrlich bukettreiche GRAN RESERVA Pra do Enea, der warme, volle Torre Muga (09), der ausdrucksstarke, komplexe Aro und die dichte, reichhaltige, gut strukturierte Selección Especial.

Mustiguillo Val r ★★★ Die BODEGA war die treibende Kraft bei der Wiederentdeckung der ungeliebten indigenen BOBAL-Traube, und ihr Weinberg El Terrerazo ist seit 2010 als VINO DE PAGO klassifiziert. Der Mestizaje ist ein fruchtig-saftiger Junior, während die Finca Terrerazo Raffinesse offenbart. Das Spitzengewächs heißt Quincha Corral. Derzeit arbeitet man an einem Weißen von der Lokalrebsorte Merseguera.

Navarra r rs (w) ★★→★★★ An RIOJA angrenzender Anbaubereich und immer noch in dessen Schatten stehend. Der Fokus auf internationale Rebsorten verschleiert die wahre Identität. Am besten ist ausdrucksvoller GARNACHA von alten Reben, z. B. von La CALANDRIA oder DOMAINES LUPIER. Aufstrebende Erzeuger sind u. a. Pago de Larrainzar und das selbstbewusste Team von Tandem. Beste Erzeuger: Artazu (im Besitz von ARTADI), Julián Chivite, Nekeas, Ochoa, Otazu, Pago de Cirsus und Señorío de Sarría (guter Rosado).

Ochoa Nav r rs w; s; sch ★→★★ Vater Javier Ochoa Martínez hat einen bedeutenden technischen Beitrag zum Aufstieg der DO NAVARRA geleistet. Nun arbeiten seine Töchter daran, der Familien-BODEGA zu neuem Ruhm zu verhelfen. Sehr guter Rosado, feiner süßer MOSCATEL sowie vergnüglicher, an Asti erinnernder süßer Schaumwein.

Ordoñez, Jorge Aus Málaga gebürtiger US-Importeur von spanischen Weinen mit Kellereien im ganzen Land, u. a. in CALATAYUD, JUMILLA und ALICANTE. Erlesene Sammlung von MOSCATEL-Weinen aus MÁLAGA, z. B. trockener Botani mit mineralischer Note.

Palacio de Fefiñanes Gal w ★★★★ Die ätherischste aller ALBARIÑO-Versionen. Der jung zu trinkende Standardwein zählt zu den feinsten überhaupt. Zwei höherwertige Stile sind der fassvergorene »1583« (benannt nach dem Gründungsjahr dieser ältesten Kellerei der DO) sowie der »III« – herrlich duftend, teuer, auf dem Hefesatz gelagert und durchtränkt von Mandarinenaromen.

Palacios, Álvaro Pri r ★★★→★★★★ Nicht zuletzt seiner Persönlichkeit und der Qualität seiner Weine ist es zu verdanken, dass Spaniens Weine heute weltweit einen hervorragenden Ruf genießen. Auch beim Aufstieg des PRIORAT spielte er eine tragende Rolle. Zurzeit entwickelt er Village-Weine nach burgundischem Vorbild und bietet sein Spitzengewächs im *En-primeur*-Verkauf an. Vergleichsweise günstig ist der Einsteigerwein Camins del Priorat, wuchtiger und würziger Les Terrasses. Finca Dofí ist kräftig unterlegt mit CABERNET SAUVIGNON, SYRAH, MERLOT und CARIÑENA. Der superteure L'Ermita von ertragsarmen GARNACHA-Reben zeigt sich kraftvoll und dicht. Palacios ist auch in BIERZO und RIOJA tätig.

Palacios, Descendientes de J. El B r ★★★ Ricardo Pérez Palacios, Álvaro PALACIOS' Neffe, konzentriert sich auf die MENCÍA-Traube, die hier auf biodynamisch bewirtschafteten, steilen Schieferhängen wächst und die er hervorragend zum Ausdruck bringt. Preiswerter, blumiger Pétalos plus Villa de Corullón und Las Lamas, beide ausgezeichnet. Außergewöhnlich ist der in geringer Menge erzeugte La Faraona von einer Einzellage.

Palacios, Rafael Gal w ★★★ Rafael, Álvaro PALACIOS' jüngerer Bruder, leitet dieses Gut in VALDEORRAS. Er hat sich der Sorte GODELLO verschrieben: in Eiche ausgebauter Louro do Bolo mit guter Textur und As Sortes mit Zitrus- und Weinbergpfirsichnoten sowie strahlender Säure – eines der weißen Spitzengewächse Spaniens.

Palacios Remondo R Baj r w ★★→★★★ Auf dem Weingut seiner Familie arbeitet Álvaro PALACIOS daran, der GARNACHA wieder zu ihrem angestammten Recht in RIOJA zu verhelfen; außerdem setzt er sich für die

Einführung eines Village- bzw. Cru-Systems à la Burgund ein. Komplexer, eichenwürziger weißer Plácet, ursprünglich von Álvaros Bruder Ricardo Palacios kreiert. Rote: der rotfruchtige Biowein La Montesa auf Garnacha-Basis und der mächtige Propiedad mit Maulbeeraroma (100 % Garnacha von alten Reben). Vielversprechend!

Pariente, José Rueda w ★★→★★★ Victoria Pariente erzeugt VERDEJO-Weine von funkelnder Klarheit. Die Cuvée Especial wird in eiförmigen Betontanks vergoren und gewinnt an faszinierender Komplexität; außerdem seidige Spätlese Apasionado.

Pazo de Señorans Gal w ★★★ Außerordentlich intensiv duftende ALBARIÑO-Weine von einer BODEGA, die in RÍAS BAIXAS Maßstäbe setzt. Der sehr feine Selección de Añada (**05**) ist der beste Beweis, dass Albariños sehr wohl alt werden können.

Penedès Kat r w; sch ★→★★★★ Hauptsächlich als CAVA-Lieferant bekanntes DO-Anbaugebiet westlich von Barcelona ohne klare Identität – vor allem seit es die allumfassende DO CATALUNYA gibt. Beste Erzeuger: Agustí Torelló Mata, Alemany i Corrio, Can Ràfols dels Caus, GRAMONA, JEAN LEÓN, Parés Baltà und TORRES.

Pérez Pascuas Rib del D r ★★→★★★ Der Familienbetrieb erzeugt klassische RIBERA-DEL-DUERO-Weine von TINTO FINO. Preiswerte RESERVA.

Pesquera Rib del D r ★★→★★★ Der Landwirt und Unternehmer (Traktoren) Alejandro Fernández begründete mit seinem Wein, den er schlicht Tinto Pesquera nannte, das weltweite Ansehen von RIBERA DEL DUERO. Heute sind die Weine allerdings nicht mehr so aufregend wie früher. Mittlerweile sind die Töchter in den Betrieb eingestiegen, aber der Vater mischt immer noch tatkräftig mit. Condado de Haza, Dehesa La Granja (CASTILLA Y LEÓN), und El Vínculo (LA MANCHA) gehören ebenfalls dazu. Die Kellerei mit dem alten steinernen *lagar* lohnt einen Besuch.

Pingus, Dominio de Rib del D r ★★★★ Das kleine, biodynamisch wirtschaftende Weingut bietet beständig vortreffliche Qualität. Der Pingus (so wurde der Däne Peter Sisseck als Kind genannt) wird von alten TINTO-FINO-Reben erzeugt und enthüllt die feineren Nuancen der Traube. Der Flor de Pingus stammt von jüngeren Reben; der weiße, nach Sissecks Frau benannte Amelia ist eine Einzelfass-Selektion. Ein wachsendes Projekt ist der PSI, mit dem Sisseck die benachbarten Winzer zur Hege und Pflege ihrer ältesten Rebstöcke ermuntert.

Pla i Llevant Mall r w ★→★★★ 11 Weinbaubetriebe gibt es in dieser winzigen, quicklebendigen DO auf MALLORCA, die aromatische Weißweine und intensive, würzige Rote hervorbringt. Beste Erzeuger: Toni Gelabert, Jaime Mesquida, Miguel Oliver und Vins Can Majoral. Exportiert wird wenig – machen Sie sich also auf den Weg und genießen Sie die Insel und ihre Weine.

Priorat Kat r w ★★→★★★★ Das Priorat ist erwachsen geworden. Die isolierte Enklave, benannt nach dem alten, unter schroffe Felsen geduckten Kloster, wurde vor einem Vierteljahrhundert von René Barbier (CLOS MOGADOR), Álvaro PALACIOS und anderen wieder zum Leben erweckt. Die Reben wachsen auf *llicorella*-(Schiefer-)Böden in terrassierten Weinbergen, und die Weine zeigen mineralische Reintönigkeit. Nach einer anfänglichen Phase allzu großzügigen Eicheneinsatzes geht man nun zu mehr Eleganz und verbraucherfreundlicheren Preisen über. Palacios hat sich für eine Einführung von »Village«-DOS im Priorat starkgemacht. Weitere Spitzenerzeuger sind Celler del Pont, Cims de Porrera, Clos Erasmus, Clos de l'Obac, Clos i Terrasses, Coma Vella, Combier-Fischer-Gérin, FERRER BOBET, MAS ALTA, Mas Doix, MAS MARTINET, SCALA DEI, Terroir al Limit, TORRES und Val-Lach.

Quinta Sardonia Cas-L r ★★★ Einer der strahlenden Nicht-DO-Sterne, ansässig in Sardon de Duero zwischen ABADÍA RETUERTA und MAURO und ins Leben gerufen von einem früheren Kollegen Peter Sissecks bei PINGUS. Mitglied der Bodega TERRAS GAUDA.

Raventós i Blanc Pen rs w ★★→★★★ Pepe Raventós machte Schlagzeilen, als er sich aus der DO CAVA zurückzog mit der Begründung, deren Qualitätsstandards seien zu niedrig. Seine Alternative ist CONCA DEL RIU ANOIA. Sehr fein ist sein Rosé De Nit, sehr lebhaft und gut strukturiert der Extrem (reduzierter Schwefeldioxidzusatz).

Recaredo Pen w; sch ★★→★★★ Erstklassiger, biodynamisch arbeitender CAVA-Erzeuger; auch sehr gute Stillweine. Paradepferd ist der charaktervolle, mineralische Turó d'en Mota von im Jahr 1940 gepflanzten Reben, der hervorragend altert.

Remelluri, La Granja Nuestra Señora R Ala r w ★★→★★★ Prachtvolles Anwesen in den Bergen. TELMO RODRÍGUEZ ist auf das Familiengut zurückgekehrt, wo er den verführerischen trockenen weißen Remelluri Blanco (BV) kreierte, einen Verschnitt aus sechs Rebsorten. Der Betrieb findet zu alter Form zurück.

Reserva Immer mehr Erzeuger gehen dazu über, die Vorschriften einfach zu ignorieren. Nichtsdestotrotz hat das Wort *Reserva* in Spanien tatsächlich etwas zu besagen – eine Seltenheit in der Weinwelt. In RIOJA muss rote Reserva mindestens 3 Jahre gereift sein, davon 1 Jahr im Eichenfass.

Rías Baixas Gal (r) w ★★→★★★★ Der DO-Bereich am Atlantik stützt sich hauptsächlich auf ALBARIÑO-Weine, die in fünf Unterbereichen erzeugt werden. Beste Erzeuger: Adega dos Eidos, Agro de Bazán, As Laxas, Castro Celta, Fillaboa, Gerardo Méndez, Martin Codax, PALACIO DE FEFIÑANES, Pazo de Barrantes, PAZO DE SEÑORANS, Quinta do Lobelle, TERRAS GAUDA, La Val, Valmiñor, Viña Nora und Zarate. Das Interesse an längerer Hefesatzlagerung und Fassausbau wächst.

Ribeira Sacra Gal r w ★★ Die DO im Nordwesten GALICIENS mit ihren terrassierten Steillagen, die zum Fluss Sil hin abfallen, ist eine Quelle hervorragender Weißweine. Spitzenerzeuger sind Dominio do Bibei und Moure. Sehr vielversprechend sind die Roten von der MENCÍA-Traube, z. B. der herrlich duftende La Lama von Dominio do Bibei.

Ribeiro Gal (r) w ★→★★★ BV – DO im Westen der Provinz Ourense. Die frischen, leichten Weißweine werden von Treixadura, TORRONTÉS, GODELLO, LOUREIRO und Lado bereitet. Die Spitzenerzeuger sind Casal de Armán, Coto de Gomariz, Lagar do Merens und Viña Mein. Eine besondere Spezialität ist der Süßwein Tostado.

Ribera del Duero r rs (w) ★→★★★★ Glamouröse, teure und ambitionierte junge DO (1982 geschaffen). Alles, was von VEGA SICILIA, HACIENDA MONASTERIO, PESQUERA, PINGUS und AALTO kommt, ist selbstverständlich ernst zu nehmen, doch bei 280 BODEGAS kann man kaum Einheitlichkeit erwarten – zu viele Weinberge an ungeeigneten Orten, bestockt mit ungeeigneten Klonen. Die DO könnte auf Weißweine von unzähligen Sorten erweitert werden, dem müssen aber die Regierung und die EU zustimmen. Weitere Spitzenerzeuger: ALIÓN, Astrales, Cillar de Silos, Pago de los Capellanes, PÉREZ PASCUAS. Siehe auch die benachbarten Erzeuger ABADÍA RETUERTA und MAURO. Interessant sind außerdem: Bohórquez, Emilio Moro, O. Fournier, Matarromera, Tomás Postigo, Protos, Sastre und Vallebueno.

Anzahl der Fässer in Rioja: rund 1,3 Millionen. Das hält die Küfer auf Trab.

Rioja r rs w; sch ★→★★★★ Siehe Kasten S. 244.

Spanien

Rioja Alta, Bodegas La R Alt r ★★→★★★★ Eine der großen traditionellen RIOJA-BODEGAS, die sich mit sehr schönen RESERVAS und zwei herausragenden GRAN RESERVAS jetzt wieder in Bestform zeigt. Leicht, charmant und zedernholzwürzig ist der Alberdi, reifer, einen Hauch würziger und dennoch elegant der vor GARNACHA strotzende Ardanza. Weitere Spitzengewächse sind die exzellente, kraftvolle, vanilleduftige Gran Reserva »904« und die feine, vielschichtige, sechs Jahre in Eiche gereifte Gran Reserva »890«. Torre de Oña (Rioja Alta), Lagar de Cervera (RÍAS BAIXAS) und Áster (RIBERA DEL DUERO) gehören ebenfalls zum Besitz.

Rioja: Neues aus dem Hügelland

Es wäre für Rioja so einfach, sich auf seinen Lorbeeren auszuruhen: eine wunderbare Landschaft, schmackhafte traditionelle Küche, historische Städtchen in den Bergen – alles wie geschaffen für den Weintourismus. Dennoch muss man beim Verbraucher noch immer für sich werben. Deshalb dreht sich in Rioja längst nicht mehr alles um Eiche – und schon gar nicht mehr jede Menge davon – und ebenso wenig um die süßen Vanille-und-Kokos-Aromen der amerikanischen Eiche. Auch nicht um schlichten kirschfruchtigen TEMPRANILLO. Und die Weine sind auch keineswegs müde. Stattdessen gibt es hier eine junge Generation mit *garagistes* wie David Sampedro und Olivier Rivière. Es gibt die moderneren Herangehensweisen von Erzeugern wie BODEGAS BENJAMIN DE ROTHSCHILD VEGA SICILIA, BAIGORRI oder Remírez de Ganuza. Es gibt die verlorenen Söhne – TELMO RODRIGUEZ und Álvaro PALACIOS –, die zu ihren Familiengütern zurückgekehrt sind, um sie neu zu beleben. Und schließlich gibt es die gloriosen Klassiker: La RIOJA ALTA, MUGA und LÓPEZ DE HEREDIA. Die neueste Nachricht ist allerdings, dass Juan Carlos López de Lacalle von ARTADI angekündigt hat, der DO Rioja den Rücken zu kehren. Achten Sie auf weitere Spitzenerzeuger, die eine Anerkennung von Lagen oder Tälern in der Art verlangen, wie es in Burgund der Fall ist. Auch beim CAVA findet eine ähnliche Entwicklung statt. Behalten Sie die Region im Auge: Rioja war noch nie interessanter.

Roda, Bodegas R Alt r ★★→★★★ Die moderne BODEGA am Bahnhof von HARO erzeugt seriöse rote RESERVA-Weine von ertragsarmen TEMPRANILLO-Reben, unterstützt durch fortwährende Klonforschung: Roda, Roda I, Cirsión und jugendlicher Sela. Seit einger Zeit versucht man sich mit der Bodegas La Horra wieder in RIBERA-DEL-DUERO-Gewächsen und erzeugen den Corimbo sowie den Corimbo I. Außerdem vorzügliche Olivenöle.

Romeo, Benjamín – Bodega Contador Rioja r w ★★→★★★ Romeo, früher bei ARTADI tätig, ist eine Art RIOJA-Rockstar und fühlt sich mit seiner kleinen Produktion dem Terroir verpflichtet. Voller, erstklassiger weißer Que Bonito Cacareaba. Aushängeschild ist der rote Contador, der »Super«zweitwein« heißt La Cueva del Contador. Sehr konzentriert ist La Viña de Andrés Romeo von einer Einzellage. Weine zum Einkellern.

Rueda Cas-L w ★★→★★★ Spaniens Antwort auf SAUVIGNON BLANC: würziger VERDEJO. Das Gros der Produktion entfällt auf jung zu trinkende Weiße. Ein »Rueda Verdejo« besteht zu 100 % aus autochthonem Verdejo beim »Rueda« kommt z. B. Sauvignon blanc oder VIURA dazu. Die Qualität lässt allerdings oft zu wünschen übrig. Beste Erzeuger: El Albar Lurton Baluarte, Belondrade, MARQUÉS DE RISCAL, Naia, Ossian, José PARIENTE

Palacio de Bornos, Shaya, Sitios de Bodega, Unzu, Veracruz, Viñedos de Nieva und Vinos Sanz.

Sandoval, Finca Cas-La M r ★★→★★★ Mit dem Weinautor Victor de la Serna haben sowohl die DO MANCHUELA als auch die Rebsorten SYRAH, MONASTRELL und BOBAL ihren Meister gefunden. Der Spitzenwein heißt Finca Sandoval, das Zweitetikett Salia.

Scala Dei Pri r ★★★★ Die Weinberge der »Himmelsleiter« ziehen sich an den zerklüfteten Hängen oberhalb des alten Klosters entlang. Einer der Klassiker des PRIORAT, heute von Mitbesitzer CODORNÍU sorgfältig gehegt. Der CABERNET-SAUVIGNON- wird zugunsten des GARNACHA-Anteils verringert, um dem Wein einen Priorat-Stempel aufzudrücken, außerdem experimentiert man mit Beton- und Tonbehältern sowie Vergärung in Eiche. Die Einzellagenweine Sant'Antoni und Mas Deu zeigen sich vielversprechend. 2015 soll ein GARNACHA BLANCA herausgebracht werden.

Sierra Cantabria Rioja r ★★→★★★★ Der Familienbetrieb hat sich auf mit minimalen Eingriffen bereitete Weine (durchweg TEMPRANILLO) von Einzellagen spezialisiert – ein relativ neues Konzept in RIOJA. Der burgundische Ansatz bei der Kellerarbeit mündet in Intensität und Eleganz. Vom Gut Viñedos de Paganos kommen zwei hervorragende Gewächse: der vorzügliche El Puntido und der kraftvolle, gut strukturierte La Nieta. Außerdem zählen Señorío de San Vicente (Rioja) und Teso la Monja (TORO) zum Besitz.

Sierra de Gredos Cas-L r w – Unmittelbar außerhalb der DO Vinos de MADRID gelegener Anbaubereich, in dem kleine Erzeuger mit alten GARNACHA- und Albillo-Reben (eine lokale Weißweinsorte) arbeiten, die auf Granit und Schiefer wachsen.

Somontano r rs w ★→★★★ Kühle DO-Zone in den Ausläufern der Pyrenäen, die allmählich zu einer eigenen Identität findet – erschwert allerdings durch das Vorhandensein so vieler internationaler Rebsorten. Am ehesten zu empfehlen sind MERLOT, GARNACHA, GEWÜRZTRAMINER und CHARDONNAY. Beste Erzeuger: Enate und Viñas del Vero (im Besitz von González Byass; siehe Kapitel »Port, Sherry und Madeira«). Vom hoch gelegenen Gut Secastilla kommen Garnacha von alten Reben und GARNACHA BLANCA.

Suertes del Marqués Kan r w ★→★★ Der Erzeuger hat sich schnell zum Liebling von Sommeliers und Weinhändlern gemausert. Die Weine werden unter den Markennamen Suertes del Marqués und 7 Fuentes verkauft und bringen regionale Rebsorten mitsamt ihrer Herkunftsregion, den Kanarischen Inseln, zur Geltung. Kleine Produktion, von Burgund inspirierte Herangehensweise.

Telmo Rodríguez, Compañía de Vinos r w; s ★★→★★★ Telmo Rodríguez hat sich mit der Wiederbelebung alter Rebbestände und dem Hochhalten alter Traditionen einen Namen gemacht – und viele gute Weine erzeugt. Nun erzeugt er ein breites Sortiment herrlicher DO-Weine aus ganz Spanien, u. a. aus MÁLAGA (Molina Real MOSCATEL-Weine), RIOJA (Lanzaga und Matallana), RUEDA (Basa), TORO (Dehesa Gago, Gago, Pago la Jara) und Valdeorras (GODELLO Gaba do Xil; BV). Ist jetzt auf das Familiengut REMELLURI in Rioja zurückgekehrt, wo er mit seiner Schwester Amaia zusammenarbeitet – die Qualität dürfte steigen.

Terras Gauda Gal w ★★→★★★ Komplexe ALBARIÑO-Verschnitte mit schöner Textur. Außerdem würziger La Mar mit Grapefruitnoten, vorwiegend von der seltenen Sorte Caiño blanco. Im selben Besitz wie Pittacum (BIERZO) und QUINTA SARDONIA (RIBERA DEL DUERO).

Toro Cas-L r ★→★★★ Die kleine DO westlich von Valladolid ist noch dabei, ihre Identität zu finden. Die einst rustikalen Tinta-de-Toro-Weine können heute enorm ausdrucksstark ausfallen. Probieren Sie von Maurodos (siehe MAURO) den dicht gewirkten San Román von alten Reben. Für Glamour sorgen Pintia, das zum VEGA-SICILIA-Portfolio gehört, und Numanthia, im Besitz von LVMH. Ebenfalls empfehlenswert: Elias Mora, Estancia Piedra, Pago la Jara (im Besitz von TELMO RODRÍGUEZ) und Teso la Monja.

Torres Kat, Pri, Rioja r rs w; s ★★→★★★★ Einzigartig erfolgreiches Familienunternehmen mit beständig höchster Qualität. Miguel A. Torres hat die Leitung inzwischen an seinen Sohn Miguel übergeben, die Technische Direktorin ist Tochter Mireia. Aufs Altenteil hat Miguel sich jedoch noch nicht zurückgezogen: Nach wie vor ist er offen für Neues und widmet sich mit Verve dem Umweltschutz. Stets einen guten Griff tut man mit dem CATALUNYA Viña Sol (BV), dem traubigen Viña Esmeralda und dem seidigen süßen MOSCATEL. Paradepferde sind der feine CABERNET SAUVIGNON PENEDÈS Mas la Plana sowie das umwerfende CONCA-DE-BARBERÀ-Duo Milmanda (einer der feinsten CHARDONNAY-Weine Spaniens, erinnern an einen Burgunder) und Grans Muralles, ein Verschnitt von mehreren lokalen Sorten. Auch vom Weingut JEAN LEÓN gibt es einige sehr gute Angebote. Der Celeste aus RIBERA DEL DUERO wird immer besser, ebenso wie der RIOJA (Ibéricos) und der PRIORAT-Wein (Salmos). Torres ist zudem in Chile aktiv. Demnächst soll auch CAVA erzeugt werden.

Txakoli Bask – Siehe CHACOLÍ.

Utiel-Requena r rs (w) ★→★★ »Satelliten«-Anbaugebiet von VALENCIA, das sich mit Hilfe seiner Bobal-Traube einen Namen zu machen beginnt – die Erzeuger bekommen die rustikale Rebsorte immer besser in den Griff. Das kleine Gut Cerrogallina weist den Weg zu Qualität.

Valbuena Rib del D – Siehe VEGA SICILIA.

Valdeorras Gal r w ★→★★★ DO im Nordwesten der Provinz Ourense, die ihre von Genossenschaftskellereien geprägten Anfänge dank der Weißweinsorte GODELLO (BV) allmählich hinter sich lässt. Beste Erzeuger: Godeval, Rafael PALACIOS, A Tapada, TELMO RODRÍGUEZ und Valdesil.

Valdepeñas Cas-La M r (w) ★→★★ Große DO nahe der andalusischen Grenze, bekannt für preiswerte rote RIOJA-ähnliche Weine. Heimat des Marktführers Félix Solís mit seiner allzeit beliebten Marke Viña Albali.

Valencia r rs w; s ★→★★ Großexporteur von Tischwein, daneben eine wichtige Quelle für billigen gespriteten süßen MOSCATEL. Verlässlichster Erzeuger: Murviedro. Interessanter sind die Gebiete landeinwärts mit alten Reben in höheren Lagen und Erzeugern, die nur minimal in die Weinbereitung eingreifen, z. B. der *garagiste* Rafael Cambra, El ANGOSTO, Celler de Roure oder Aranleon.

Vega Sicilia Rib del D r ★★★★ Spaniens perfektionistisches »Erstes Gewächs« und der einzige spanische Wein, der auf dem Zweitauktionsmarkt echten Wert besitzt. Die glamouröse neue Kellerei erleichtert das penible Vorgehen bei der Weinbereitung. Die Weine haben eine kräftige Farbe, einen würzigen Zedernholzduft, einen intensiven, komplexen Geschmack und sind sehr langlebig. Der jugendliche Valbuena – TINTO FINO mit ein wenig MALBEC und MERLOT – reift mind. 5 Jahre im Eichenfass. Das Aushängeschild, der zurückhaltende, elegante Único verbringt 6 Jahre in Eiche; die RESERVA Especial oJ, ein Verschnitt von 3 Jahrgängen, reift bis zu 10 Jahre im Fass. Das Verschnittrezept beider Weine sieht ein wenig CABERNET SAUVIGNON und Merlot vor. Der Alión vom Nachbargut ist die moderne Interpretation eines RIBERA-DEL-DUERO-Weins: in französischer Nevers-Eiche gereifter sortenreiner Tinto fino. 2010 wurde kein Alión auf den Markt gebracht: zu viel Depot. Auch der 2009er Pintia (TORO) weist viel Depot auf. Oremus in Tokaji (Ungarn) gehört ebenfalls zum Besitz. Arbeitet nun an einem Weißwein. Zum neuesten Projekt, Macan in RIOJA, siehe BODEGAS BENJAMIN DE ROTHSCHILD VEGA SICILIA.

Vendimia Weinlese.

Viña Weinberg.

Vino de la Tierra (VdT) Tafelwein zumeist höherer Qualität aus einer bestimmten Region ohne DO-Status. Diese Kategorie bietet große geografische Freiheiten, weshalb viele renommierte Erzeuger unter ihr produzieren. Sie stellen sich damit absichtlich außerhalb ihrer DO, um deren oft starren Regeln zu entkommen und die Rebsorten anzubauen, die sie für richtig halten.

Vino de Pago Der Begriff Pago bezeichnet einen Weinberg oder ein umgrenztes Gebiet und besitzt nun einen gesetzlich verankerten Status, der in etwa dem französischen Grand cru entspricht. Kritiker bemängeln jedoch nach wie vor einen Mangel an objektiver Qualität und allzu unterschiedliche Traditionen. Zu den erstklassigen Erzeugern, denen der Status einstweilen verwehrt bleibt, zählen Calvario (Finca ALLENDE), L'Ermita (Álvaro PALACIOS), PINGUS, Viña del Olivo (CONTINO) und verschiedene Güter von TORRES.

Yecla Mur r (rs) w ★→★★ Es tut sich was in der abgeschiedenen Enklave Yecla: Die gerade mal 11 Erzeuger legen sich für die Wiederbelebung des MONASTRELL-Weins ins Zeug, v. a. CASTAÑO.

Zárate Gal (r) w ★★→★★★ Bodega in Val do Salnés mit elegantem, schön texturiertem ALBARIÑO, der lang auf dem Hefesatz reift. Außerdem RÍAS-BAIXAS-Rotweine von den seltenen Sorten Caiño tinto und Loureiro tinto.

> **Trinken Sie keine Schrankwand**
> So langsam beginnt sogar in Spanien ein Trend weg vom übermäßigen Eichenholzeinsatz. Allein, die Spanier lieben die Eiche, insbesondere die ältere Generation, die nichts lieber mag als Weine, die nach Möbeln schmecken. Das macht es den Erzeugern in ihren Bemühungen, den Holzeinsatz zu reduzieren, nicht leicht, auch wenn einige zumindest von der mächtigen amerikanischen zur subtileren französischen Eiche wechseln. Doch zu viel bleibt nun mal zu viel.

Portugal

Neuere Jahrgänge

2014 Ein milder Sommer sorgte für frische, ausgewogene Weiß- und herrlich intensive Rotweine – vorausgesetzt, die Trauben für Letztere wurden vor der langen Regenperiode gelesen.

2013 Ein großartiger Jahrgang für die (meisten) Weißweine und für die Roten von Trauben, die vor dem Regen gelesen wurden – danach ist die Qualität durchwachsen.

2012 Konzentrierte Weine mit schöner Balance, v. a. bei den Weißen.

2011 Ausgewogener Jahrgang; hervorragende Douro- und Alentejo-Rotweine.

2010 Überall gute Qualität und Quantität. Ein weiteres hervorragendes Jahr für Bairrada.

2009 Insgesamt ein gutes Jahr, in Bairrada und Lisboa sogar exzellent. Mächtige Weine mit viel Alkohol in den Regionen Douro, Tejo und Alentejo.

2008 Beinahe überall vorzüglich, insbesondere in Bairrada und im Alentejo. Intensive Frucht, Ausgewogenheit und schöne Aromen.

2007 Aromatische Weißweine und ausgewogene, konzentrierte Rote mit abgerundeten Tanninen.

Açores Die Atlantikinselgruppe der Azoren besteht aus 9 vulkanischen (häufig verregneten) Inseln und verfügt über 3 DOCS – Pico, Biscoitos, Graciosa – für *licoroso*, d.h. alkoholstarke Spätlese- oder gespritete Weine. Seit 2004 sind als VINHO REGIONAL Açores auch Tischweine zugelassen – vielversprechend von den Sorten VERDELHO, Arinto do Açores and Terrantez do Pico. Empfehlenswerte Erzeuger: Fita Preta Insula, Curral Atlantis und Cancela do Porco.

Adega Keller, Weinkellerei.

Alenquer Lis r w ★★→★★★ **10 11' 12** 13 14 – DOC-Bereich für Rotwein in geschützter Lage, Heimat der besten LISBOA-Rotweine, u.a. vom SYRAH-Pionier MONTE D'OIRO und von CHOCAPALHA.

Alentejo r (w) ★→★★★ **06 07' 08' 09 10** 11' 12 13 – Riesiger Anbaubereich mit warmem Klima in Südportugal, der in 8 regionale Sub-DOCS aufgeteilt ist: Borba, Évora, Granja-Amareleja, Moura, PORTALEGRE, Redondo, Reguengos und Vidigueira. Viele Spitzenerzeuger bringen ihre Weine lieber als VINHO REGIONAL Alentejano heraus. Gehaltvolle, reife Rotweine, v.a. von den Sorten Alicante Bouschet, SYRAH, TRINCADEIRA und TOURIGA NACIONAL. Die Weißweine legen rasch an Qualität zu. Erzeuger wie CARTUXA, dos Coelheiros, ESPORÃO, MALHADINHA NOVA, MOUCHÃO, MOURO und JOÃO PORTUGAL RAMOS bereiten Weine mit Kraft und Stil. Im Auge behalten sollte man auch Dona Maria, Susana ESTEBAN, Explicit, FITAPRETA, do Rocim, SÃO MIGUEL, Terrenus und TIAGO CABAÇO.

Algarve r rs w; sch ★→★★ VINHO-REGIONAL-Bereich an der Südküste. Aufgrund der Massen durstiger Touristen und der Hitze (deretwegen die Tannine mitunter nicht ausreifen) erreichen die Weine nicht das Niveau der hiesigen Sternerestaurants. In den Erzeugnissen des Ökoweinguts Monte da Casteleja kommt aber wenigstens das Terroir zum Ausdruck.

Aliança, Caves Bair r rs w; sch ★★→★★★ Die große Firma mit Hauptsitz in BAIRRADA erzeugt gute Rot- (v.a. QUINTA das Baceladas) und Schaumweine, die zusammen mit Kunst im Aliança Underground Museum präsentiert werden. Hält auch Anteile an Erzeugern in den Regionen Beiras (Casa d'Aguiar), ALENTEJO (Quinta da Terrugem), DÃO (Quinta da Garrida) und DOURO (Quatro Ventos).

Alves de Sousa Douro r w ★★★ Charaktervolle Weine von mehreren QUINTAS, darunter schroffer roter Abandonado und geschliffener roter Quinta da Gaivosa Vinha de Lordelo. Die Roten zeigen generell Frische. Außerdem auf den Schalen vergorene, oxidativ ausgebaute Weißweine; empfehlenswert ist der neue weiße Berço (Avesso/ARINTO). Neue Kellerei ab 2015. Wachsendes Portweinangebot.

Ameal, Quinta do Minho w; s; sch ★★★ Anselmo MENDES bereitet sehr gute Weine von der LOUREIRO-Traube, darunter alterungsfähiger Escolha mit Holznote und »Special Harvest« (Spätlese) sowie schäumender ARINTO ESPUMANTE. Neues Weintourismus-Projekt.

Aphros Minho r rs w; sch ★★★ Biologisch-dynamisch bewirtschaftetes Weingut, dessen Rebland von Pferden und Schafen beweidet wird. Das weiße Spitzengewächs Daphne (100% LOUREIRO, Hülsenmaischung) und der rote Silenius (100% Vinhão, in Eiche ausgebaut) passen hervorragend zum Essen.

Aveleda, Quinta da Minho r rs w ★→★★ BV – Der Betrieb bietet sowohl Weine von gutseigenen Trauben als auch die Reihe Casal García – diese wurde 1939 ins Leben gerufen und ist noch heute die verkaufsstärkste aller VINHO-VERDE-Marken.

Bacalhôa – Vinhos de Portugal Alen, Lis, Set r rs w; s; sch ★★→★★★ Hauptmarke und Firmensitz der Berardo-Gruppe des Milliardärs José Berardo (aus Madeira), zu der auch die denkmalgeschützte QUINTA da

Bacalhôa gehört. Einen Besuch lohnt nicht nur die Kunstsammlung, sondern auch der in Fässern gelagerte köstliche MOSCATEL de SETÚBAL (u. a. seltener Roxo). Modern und gut bereitet sind Serras de Azeitão, Catarina, Cova da Ursa (PENÍNSULA DE SETÚBAL) und TINTO da Ânfora (ALENTEJO).

Bágeiras, Quinta das Bair r w; sch ★★★→★★★★ r Garrafeira **04' 05'** 08' 09 10 – Umwerfender, traditionell bereiteter roter (von der BAGA-Traube) und weißer GARRAFEIRA, auf lange Lebensdauer ausgelegt. Die rote Reserva, der Pai Abel (von jungen Reben) und der elegante neue Avô Fausto werden alle von Baga plus TOURIGA NACIONAL vinifiziert. Auch feiner, handwerklich bereiteter Schaumwein ohne Dosage, der hervorragend altert.

Bairrada r rs w; sch ★→★★★★ **03'** 04 05' 06 07 08' 09' 10' 11 12 13 – Vom Atlantik beeinflusster DOC-Bereich, dessen Stärken traditionell bei Schaumweinen mit Alterungspotenzial und Rotweinen von der BAGA-Traube liegen. Eine neuere Entwicklung ist gespriteter Baga. Zu den erstklassigen Baga-Spezialisten gehören QUINTA das BÁGEIRAS, Casa de Saima, Caves SÃO JOÃO, Luís PATO und Sidónia de Sousa. Im Auge behalten sollte man Quinta de Baixo (jetzt im Besitz von NIEPOORT) und Vadio. Ein Händchen für die französischen Rebsorten haben ALIANÇA, Colinas de São Lourenço (IDEAL DRINKS; v. a. CABERNET SAUVIGNON und PINOT NOIR), CAMPOLARGO und Tiago Teles. Der VINHO-REGIONAL-Bereich heißt Beira Atlântico.

Barca Velha Douro r ★★★★ **82' 83 85 91' 95'** 99 00 04 – Portugals Kultrotwein, 1952 von FERREIRA geschaffen, wird nur in besonders guten Jahren erzeugt und reift dann etliche Jahre, bevor er auf den Markt kommt. Der Barca Velha prägte den Ruf der DOURO-Region für himmlische Weine. Das Zweitetikett, die Reserva Especial Casa Ferreirinha, ist immer ein guter Griff (v. a. **01** 07).

Beira Interior ★→★★ Große DOC zwischen DÃO und der spanischen Grenze. Die alten, bis 700 m hoch gelegenen Weinberge haben enormes Potenzial, insbesondere für die Weißweinsorten Siria und Fonte Cal. Eindrucksvolle Erzeuger sind Beyra sowie die QUINTAS DO CARDO, dos Currais und dos Termos.

Branco Weiß.

Bucelas Lis w ★★ Aus der winzigen DOC kommen würzige, rassige Weine von der ARINTO-Traube (im England des 19. Jhs. »Lisbon Hock« genannt, also etwa »Rheinwein aus Lissabon«). Spitzenerzeuger: Coteaux da Murta und QUINTA da ROMEIRA.

Bussaco Bei At r w ★★★ r **01** 04 **05' 06'** 07 10 – Das Bussaco Palace Hotel lohnt einen Besuch – seine manuelinische Architektur ist ebenso verspielt wie seine Weine streng (das Angebot reicht bis in die 1940er-Jahre zurück). Die Rotweine sind Cuvées von den Sorten BAGA (BAIRRADA) und TOURIGA NACIONAL (DÃO), die Weißen von Encruzado (Dão) sowie MARIA GOMES und Bical (Bairrada). Der »VM« stammt von der Einzellage Vinha da Mata.

Portugals trendigste Rotweintraube ist Baga. Bei Weißweinen ist es Alvarinho.

Cabaço, Tiago Alen – Die begabte Susana ESTEBAN bereitet Cuvées von einheimischen und internationalen Rebsorten, darunter der fruchtige ».beb« (abgeleitet von beber, »trinken«), der als Essensbegleiter konzipierte ».com« (von comer, »essen«) und das kalauernde Aushängeschild ».blog«. Neu ist der Verschnitt Vinhas Velhas (rot und weiß).

Campolargo Bair r w; sch ★→★★★ Das große Gut war ein Wegbereiter für Bordeaux-Rebsorten und PINOT NOIR in Portugal, erzeugt aber auch sehr gute Weine von den indigenen Sorten CERCEAL und ARINTO (beide weiß) sowie Alvarelhão (rot) und den roten Verschnitt Rol de Coisas.

Carcavelos Lis br; s ★★★ Die äußerst lobenswerte lokale Initiative zur Wiederbelebung der köstlichen traditionellen Aperitif- und Dessertweine dieser alten DOC stützt sich auf die neue Marke Villa Oeiras.

Cartuxa, Adega da Alen r w; sch ★★→★★★ Die Keller aus dem 17. Jh. sind ein Touristenmagnet, die Kellerei jedoch ist modern, und die Weinberge werden ökologisch und biologisch-dynamisch bewirtschaftet. Erzeugt werden gute preiswerte Rote namens EA, Reserva Cartuxa sowie das rote Spitzengewächs Pêra Manca (**97 98 01 03 05' 07** 08' 09) und sein weißes Pendant. Neu ist der Scala Coeli Reserva (PETIT VERDOT).

Carvalhais, Quinta dos Dão r rs w; sch ★★→★★★ SOGRAPES wegweisende DÃO-Kellerei, Heimat der Marke Duque de Viseu. Sehr gut sind das Paradepferd Único (von gutseigenen TOURIGA-NACIONAL-Reben) und der Encruzado.

Casal Branco, Quinta do Tejo r w; sch ★→★★★ Großer Betrieb in Familienbesitz. Solide Weine auf Einsteigerniveau, für die hiesige Trauben mit internationalen Sorten verschnitten werden. Am besten ist die Reihe Falcoaria mit dem roten CASTELÃO (von alten Reben), dem FERNÃO PIRES (weiß) sowie dem Alicante Bouschet.

Castro, Álvaro de Dão r w ★★★→★★★★ Die ausgesprochen charaktervollen Weine tragen vorwiegend die Namen der Familien-QUINTAS de Saes und de Pellada. Hervorragend sind die Reservas Pape (rot) und Primus (weiß). Der dichter gewirkte Carrocel (TOURIGA NACIONAL) braucht Zeit zur Entfaltung, wird aber jetzt nach 5 Jahren freigegeben. Neu sind der unkomplizierte Caniças von jungen Touriga-Nacional-Reben und einige Cuvées von im gemischten Satz gepflanzten alten Stöcken.

Chocapalha, Quinta de Lis r rs w ★★ Sehr moderner Erzeuger mit Verschnitten von portugiesischen und internationalen Rebsorten, z. B. dem preiswerten Mar de Lisboa. Sehr gut ist das Aushängeschild CH by Chocapalha (TOURIGA NACIONAL).

Chryseia Douro ★★→★★★ **06 07 08'** 09 11' 12' – Dass das Gemeinschaftsprojekt von Bruno Prats aus Bordeaux und den SYMINGTON FAMILY ESTATES nun bei der QUINTA de Roriz angesiedelt ist, hat die Qualität dieses geschliffenen Rotweins noch weiter erhöht. Post Scriptum (**08 09 10 11' 12**) ist das Zweiteitkett; außerdem preiswerter Prazo de Roriz.

Churchill Estates Douro r rs w ★★→★★★ **07** 08 09' 10 11' 12 – Fruchtiger Weißwein, ROSADO und TOURIGA NACIONAL. Am besten sind die mineralischen, zupackenden Roten von alten Reben der QUINTA da Gricha und die Grande Reserva (rot).

Colares Lis r w ★★ Winziger DOC-Bereich mit wurzelechten Ramisco-Reben auf sandigen Böden, die tanninstarke Rote erbringen; außerdem frische MALVASIA-Weißweine. Casal Santa Maria, Fundação Oriente und Monte Cascas bringen frischen Wind in den von der Genossenschaft Adega Regional de Colares und Viuva Gomes gepflegten traditionellen Stil.

Conceito Douro ★★→★★★ Die junge, talentierte Rita Ferreira Marques sorgt für Stil und Substanz. Die DOURO-Weine mit den originellen Etiketten sind modern in puncto Klarheit und Finesse und traditionell hinsichtlich der Verwendung lokaler Rebsorten, z. B. der ungewöhnliche, an PINOT NOIR erinnernde Bastardo. Marques ist jetzt auch für die Weinbereitung der QUINTA do Fojo zuständig.

Covela, Quinta de Minho r rs w – Nach dem Erwerb durch seine Konkursverwalter ist das Gut in der Nähe des Flusses Douro wieder aus der Versenkung aufgetaucht; Weinmacher ist noch immer Rui Cunha. Star ist der VINHO VERDE von Avesso-Trauben, außerdem guter ARINTO.

Crasto, Quinta do Douro r w ★★→★★★★ r **07' 08** 09' **10** 11' 12 – Familienbetrieb in Cima Corgo, dessen Kronjuwelen zwei sehr alte, gemischt bestockte Parzellen sind. Von diesen kommen Vinha da Ponte (**03 04 07' 10' 12**) und María Theresa (**03' 05' 06** 07 09' 11'). Daneben gibt es preiswerte Reserva sowie den vielleicht besten TINTA RORIZ Portugals. Außerdem guter Portwein. Neu ist der Superior BRANCO von einem 700 m hoch gelegenen Weinberg.

Dão r rs w; sch ★★→★★★ **04 05 06 07'** 08' 09 10 11' 12 – Historische DOC in Mittelportugal. Die Pioniere des modernen Weinbaus, CARVALHAIS, Álvaro CASTRO, DÃO SUL, QUINTA das MAIAS und Quinta dos ROQUES, erzeugen strukturierte, elegante, duftende Rotweine und schön texturierte Weiße. Zu den neueren Betrieben zählen Casa da Passarella, CASA DE MOURAZ und JÚLIA KEMPER WINES. Im Auge behalten sollte man Druida, Antonio Madeira, MOB und NIEPOORT (Quinta da Lomba). Der VINHO-REGIONAL-Bereich heißt Terras do Dão.

Dão Sul Dão r w; sch ★★→★★★★ Wechsel in der Geschäftsleitung haben zu einer Straffung des modernen, aber bunt gewürfelten Angebots geführt: Die QUINTA das Tecedeiras (DOURO) wurde an COVELA verkauft, das Sortiment der Quinta do Encontro (BAIRRADA) gestutzt. Die wichtigsten Marken sind Quinta de CABRIZ, Casa de SANTAR, Quinta do Encontro, Encostas do Douro (Douro), Quinta do Gradil (LISBOA), Quinta dos Grilos, Herdade Monte da Cal (ALENTEJO) und Paco dos Cunhas de Santar (Biowein).

DOC (Denominação de Origem Controlada) Höchste Stufe amtlich anerkannter Weinbaubereiche, unter Aufsicht eines regionalen Ausschusses. Siehe auch VINHO REGIONAL.

Doce (vinho) Süß(wein).

Douro r rs w; s ★★→★★★★ **03' 04' 05' 06 07' 08'** 09' **10** 11' – DOC in der Heimat des Portweins für kraftvolle und zunehmend elegante Tischweine, wobei die besten Roten von schönem Buekttt, Frucht und Mineralität geprägt und die erstklassigen Weißen gut texturiert und komplex sind. Empfehlenswert: BARCA VELHA, CONCEITO, CRASTO, DUAS QUINTAS, Niepoort, PASSADOURO, POEIRA, Vale Dona Maria, VALE MEÃO, VALLADO, WINE & SOUL. Im Auge behalten sollte man Duorum, Maitávora (weiß), Monte Xisto, Muxagat sowie die Quintas do Fojo, do NOVAL und da Touriga. Der Name für den VINHO REGIONAL ist Duriense.

Duas Quintas Douro r w ★★★ r **05 06 07' 08** 09' **10** 11' 12 – Das Streben nach Ausgewogenheit und Finesse des Portweinhändlers Ramos Pinto richtet sich jetzt gänzlich auf Verschnitte von Lesegut aus den beiden QUINTAS dos Bons Ares (600 m) und Ervamoira (110–340 m). Ramos Pinto Collection und Reserva Especial werden nicht mehr erzeugt.

Duorum Douro r ★★→★★★ Gemeinschaftsprojekt von João Portugal RAMOS und José Maria Soares Franco. Neu sind die Rotweine O Leucura Cota 200 und O Leucura Cota 400 aus 200 bzw. 400 m hoch gelegenen Parzellen mit alten Reben, in denen die Verschiedenheit der Terroirs am DOURO zum Ausdruck kommt. Außerdem preiswerte, fruchtbetonte Einsteigerreihe Tons vom neu angelegten Weinberg Castelo Melhor (250 ha). Auch sehr guter Vintage Port.

Esporão, Herdade do Alen r w; s ★★→★★★ **08'** 09 10 11' 12 13 – Das große Gut erzeugt moderne Weine mit hohem Qualitätsstandard. Preiswert und fruchtig sind die Markenweine auf Einsteigerniveau, v. a. Monte Velho; zunehmend Komplexität bieten die Reihe mit sortenreinen Weinen, die Esporão Reservas, die Private Selection, der GARRAFEIRA und der in kleiner Auflage erzeugte Torre (**04' 07'**). Für zusätzliche Frische sorgt das neu erworbene Rebland auf 500 m Höhe in PORTALEGRE. Das DOURO-Gut QUINTA das Murças gehört ebenfalls zum Besitz.

Espumante Schaumwein. Am besten, wenn auch nicht großartig, aus den Anbaugebieten BAIRRADA – v. a. von QUINTA das BÁGEIRAS, Colinas São

Portugal

Lourenço (IDEAL DRINKS) und Kompassus –, DOURO (besonders der Vértice von Caves Transmontanas), Távora-Varosa (Caves MURGANHEIRA) und VINHO VERDE.

Esteban, Susana Alen – Gleichnamiges Projekt der gefeierten spanischen Weinmacherin, die seit 1999 in Portugal tätig ist. Cleverer Verschnitt von Weinen verschiedener Unterbereiche: frische, mineralische Frucht von alten Reben aus Portalegre mit körperreicherem Traubengut aus Estremoz. Das Aushängeschild Procura ist umwerfend, der Aventura preiswert.

Falua Tejo r rs w – João Portugal RAMOS' Gut im Bereich TEJO. Gut bereitet und vorwiegend für den Export bestimmt sind die Verschnitte der Marke Tagus Creek, traditioneller ist der Conde de Vimioso, einschließlich der guten Reserva. Neu ist der gute Alicante Bouschet.

Ferreira Douro r w ★→★★★★ Port-Handelshaus im Besitz von SOGRAPE mit einer schwindelerregenden Auswahl an DOURO-Weinen unter dem Etikett Casa Ferreirinha, von der Einsteigerreihe Estava bis hin zum BARCA VELHA. Die roten Spitzengewächse stammen von der QUINTA de Leda, die weißen Premiumweine (neu ist der Antónia Adelaide Ferreira) und der rosé Vinha Grande von der 650 m hoch gelegenen Quinta do Sairrão.

FitaPreta Alen – Der rastlose Weinmacher António Maçanita punktete mit der offenherzigen, sehr beliebten Schwestermarke Sexy. FitaPreta indes ist ein ernsthafteres Unterfangen, v. a. der Palpite und die spannende Reihe Signature Series: eine kleine Auswahl experimenteller Weine, die unter Rückgriff auf traditionelle Methoden bereitet werden (Hülsenmaischung, Ausbau in Amphoren, Wiederbelebung indigener AÇORES-Sorten).

Fonseca, José Maria da Lis r rs w; tr s; sch ★★→★★★ Historisches Weingut in Familienbesitz; Wegbereiter für gespriteten MOSCATEL de SETÚBAL: Die Kellervorräte wurden mit durchschlagendem Erfolg für den Apoteca, den 20 Jahre alten Alambre und den 20 Jahre alten Roxo genutzt. Sehr beliebt sind die in großen Mengen erzeugten Markenweine LANCERS und PERIQUITA. Unter den Superpremiumgewächsen an erster Stelle stehen die Rotweine FSF und der teilweise in Amphoren vergorene José de Sousa. Beeindruckend ist der neue weiße Hexagon.

Garrafeira Etikettbegriff. Traditionell die »Privat-Reserva« eines Händlers. Die Mindestausbauzeit beträgt 2 Jahre im Fass und 1 Jahr in der Flasche, oft reift der Wein aber viel länger.

Ideal Drinks Bair, Dão, Minho – Gründer Carlos Dias, Designer von Schweizer Uhren und Unternehmer, lässt seine Erfahrungen in Sachen Vermarktung von Luxusgütern in eine Reihe überaus ambitionierter Weine einfließen, die unter Mitwirkung des Önologen Pascal Chatonnet aus Bordeaux entstehen. Bereits jetzt wird hier der beste CABERNET SAUVIGNON Portugals erzeugt sowie stiller und schäumender Rosé mit PINOT-NOIR-Anteil (beide vom Gut Colinas de São Lourenço in BAIRRADA). Außerdem VINHO-VERDE-Weine von der LOUREIRO-Traube (Quinta Paço de Palmeira; kraftvoll) und von ALVARINHO (Quinta de Pedra).

Júlia Kemper Wines Dão r rs w ★★★ Im Jahr 2003 bestockte Júlia Kemper auf dem Familienweingut QUINTA do Cruzeiro 15 ha mit Reben, die sie ökologisch bewirtschaftet (mit Zertifikat) und restaurierte die aus den 1950er-Jahren stammende Kellerei. Sie erzeugt stilvolle Weißweine (Encruzado/MALVASIA Fina) und gute Rote von mit den Füßen gestampften Trauben. Neu ist der frische trockene TOURIGA NACIONAL ROSADO.

Lagoalva, Quinta da Tejo r rs w ★★ Die jungen Weinmacher Diogo Campilho und Pedro Pinhão zielen mit ihren fruchtig-frischen Verschnitten von einheimischen und internationalen Rebsorten (CHARDONNAY, SAUVIGNON BLANC, SYRAH) auf ein junges Publikum ab, übertreiben es allerdings manchmal mit der Eichenwürze. Sehr gut sind der sortenreine Alfrocheiro und der gespritete Hobby Abafado (FERNÃO PIRES).

Lancers rs w; sch ★ José Maria da FONSECAS halbtrockenen, mit Kohlensäure versetzten ROSADO gibt es jetzt auch als weiße, als schäumende (rosé und weiß) und als alkoholarme Version.

Lavradores de Feitoria Douro r w ★★→★★★ Zusammenschluss von 18 Erzeugern, die ungewöhnliche Stärke in Sachen Weißwein beweisen, v. a. beim SAUVIGNON BLANC und dem Meruge, einem sortenreinen Viosinho. Außerdem gute Rotweine, u. a. Três Bagos Reserva, QUINTA da Costa das Aguaneiras und eleganter Meruge (vorwiegend TINTA RORIZ von einem Weinberg mit Nordausrichtung in 400 m Höhe).

Lisboa Großer, hügeliger VINHO-REGIONAL-Bereich um Lissabon mit unterschiedlichen Terroirs und einem Mischmasch lokaler und internationaler Rebsorten. Die bekanntesten DOCs sind ALENQUER (die wegweisenden Boutiquekellereien CHOCAPALHA und MONTE D'OIRO erzeugen Rote von großer Finesse) sowie BUCELAS, CARCAVELOS und COLARES mit traditionellen Weinen. Formvollendete mineralische Weiße gibt es bei Biomanz (Jampal), Casal Figueira (Vital) Casal Sta. Maria (in Colares; sehr guter CHARDONNAY) und Vale da Capucha (Ökowein). Ebenfalls ein Ökoerzeuger ist Quinta da Serradinha im Grenzgebiet zu DÃO und BAIRRADA, der sich auf Encruzado (weiß) und BAGA (rot) konzentriert.

Madeira r w ★→★★★★ Die Atlantikinsel ist berühmt für ihre gespriteten Weine, erzeugt aber auch Tischweine von bescheidenem Anspruch (VINHO REGIONAL Terras Madeirenses und DOC Madeirense); am besten sind die VERDELHO-Gewächse. Empehlenswerte Erzeuger: Primeira Paixão, QUINTA do Moledo und Barbusano.

Maias, Quinta das Dão r w ★★→★★★ Schwestergut der QUINTA dos ROQUES mit Ökoweinen auf Einsteigerniveau und sortenreinen Gewächsen, u. a. Jaen, MALVASIA fina und der einzige VERDELHO aus DÃO, der mehr Charakter zeigt als das etwas protzige Aushängeschild Flor das Maias.

Malhadinha Nova, Herdade da Alen r rs w; s ★★★ **06 07 08'** 09 10' 12 – Familienbetrieb mit schickem Landhaushotel. Einsteigerreihe da Peceguina und Weine auf mittlerem Niveau, die zunehmend sortenrein bereitet werden. Mehr Komplexität und Ausgewogenheit bieten die Premiumverschnitte.

Mateus Rosé r rs (w); sch ★ Der meistverkaufte halbtrockene und mit etwas Kohlensäure versetzte Rosé der Welt ist jetzt auch als weiße, als schäumende (rosé und weiß) oder als trockenere, nicht sprudelnde Version erhältlich. Zur neuen Reihe Expressions gehören ein MARIA GOMES/CHARDONNAY- und drei Rosé-Verschnitte (BAGA/SHIRAZ; Baga/MUSCAT und ARAGONEZ/ZINFANDEL).

Mendes, Anselmo Minho w; s; sch ★★→★★★ Feine ALVARINHO-Weine Contacto, Muros Antigos und Muros de Melgaço sowie neuer Expressões, erstklassiger, eichengereifter Curtimenta und Parcela Única (von einer Einzellage). Daneben guter LOUREIRO. Der seidige, moderne rote VINHO VERDE namens Pardusco ist eine Offenbarung.

Messias, Caves Bair r w ★→★★★ Große Firma mit Sitz in BAIRRADA; Anteile im DOURO-Gebiet (auch Port). Die Rotweine alten Stils sind am besten.

Minho Fluss, der die Nordwestgrenze zu Spanien bildet, und VINHO-REGIONAL-Gebiet. Eine Reihe führender VINHO-VERDE-Erzeuger verwenden bevorzugt die Kategorie VR Minho.

Monte d'Oiro, Quinta do Lis r rs w ★★→★★★ Res **04' 05 06' 07** 08' 09 – Dank anfänglicher Beratung durch und französischer Stecklinge von Maison Chapoutier (siehe Frankreich) werden hier die besten SYRAH-Gewächse Portugals erzeugt (der Syrah 24 stammt von 60 Jahre alten Hermitage-Reben). Außerdem sehr guter VIOGNIER (Madrigal) und TINTA RORIZ (Tempera). Das Bento/Chapoutier-Gemeinschaftsprojekt Ex Aequo, ein Verschnitt von Syrah und TOURIGA NACIONAL, trägt inzwischen das Monte-d'Oiro-Etikett.

Moscatel do Douro Douro – Aus dem hoch gelegenen Anbaubereich Favaios kommt überraschend frischer gespriteter Moscatel Galego (MUSCAT à petit grains), der den Vergleich mit Dessertweinen aus SÉTUBAL nicht zu scheuen braucht. Empfehlenswerte Erzeuger: ADEGA Cooperativa Favaios, NIEPOORT, Poças (siehe Kapitel »Port, Sherry und Madeira«) und PORTAL.

Mouchão, Herdade do Alen r w ★★★ 03' 05' 06 07 08' 09 – Führendes, auf die Alicante-Bouschet-Traube spezialisiertes Traditionsgut, u. a. mit Cuvées älterer Spitzenjahrgänge (Colheitas Antigas) und dem Tonel 3–4 (nur in Spitzenjahrgängen). Außerdem gespriteter *licoroso* und Grappa. Der Ponte das Canas ist ein auffälligerer Verschnitt von Alicante Bouschet und u. a. SHIRAZ. Preiswert ist der Dom Rafael (neue Aufmachung).

Die große Mauer

Würde man die Mauern, die die Weinberge der Azoreninsel Pico umgeben, aneinanderreihen, umspannten sie zweimal die Erde. Diese aus schwarzem Basaltgestein errichteten Mauern schützen die Reben vor den heftigen, salzigen Atlantikwinden. Überhaupt regiert hier Basalt: Die Reben wachsen in den Spalten von Basaltlavafeldern, die nötige Erde wurde von der Nachbarinsel Faial herbeigeschafft. Da überrascht es kaum, dass die Weinbaukultur von Pico als UNESCO-Welterbe ausgewiesen ist.

Mouraz, Casa de Dão ★★ Moderne, aber charaktervolle und preiswerte Weine (v. a. Elfa) mit Ökozertifikat (seit 1996) von einigen in Familienbesitz befindlichen Weinbergen (auf 140–400 m Höhe). Die Weine der Reihe »alr« werden von zugekauften Biotrauben aus den Bereichen DOURO, VINHO VERDE und ALENTEJO bereitet.

Mouro, Quinta do Alen r w ★★★ Imponierende, konzentrierte Rotweine, vorwiegend von Lesegut aus dem ALENTEJO, u. a. mit TOURIGA NACIONAL und CABERNET SAUVIGNON (auch als sortenreine Versionen). In Spitzenjahren (00 02 05 06' 07' 08 09) wird das Nobelgewächs Mouro Gold erzeugt. Voll und aromatisch ist der Vinha do Malhó, gut der Centurion. Außerdem zugänglicher Vinha do Mouro mit dem neuen, preiswerten Weißen.

Murganheira, Caves ★★★ Portugals größter ESPUMANTE-Erzeuger; auch Besitzer von RAPOSEIRA. Schaumwein-Cuvées und sortenreine Versionen von einheimischen sowie französischen Rebsorten. Am besten sind Vintage, Grande Reserva und Czar (rosé).

Muxagat Douro – Sein Großvater kreierte den bahnbrechenden BARCA VELHA, und Mateus Nicolau de Almeida gehört nun zur Avantgarde einer Generation, die am DOURO lebt, Trauben anbaut und Wein bereitet. Die ökologisch bewirtschafteten Weinberge im höher gelegenen Douro Superior und die Weinbereitung mit minimalen Eingriffen sind das Geheimnis der mineralisch-frischen Weißen und nuancenreichen Roten. Außerdem guter trockener ROSADO.

Niepoort Douro r rs w ★★★ → ★★★★ Der Port-Familienbetrieb und Wegbereiter des DOURO-Tischweins entfaltet seine Magie auch andernorts. Außergewöhnliche neue Gewächse mit messerscharfem Fokus auf Terroir und alte Reben, u. a. roter Turris (Duoro), roter Poeirinho (BAIRRADA) und Consiso (DÃO); das nächste Projekt – in Zusammenarbeit mit Susana ES-

TEBAN – heißt Sidecar (PORTALEGRE). Das überragende Kernsortiment an Duoro-Weinen beinhaltet u. a. Redoma (rot, rosé, weiß; weiße Reserva), Tiara (weiß), Coche (weiß) sowie die Roten Vertente, Charme und Batuta. Zur experimentellen Reihe Projectos zählen Docil (VINHO VERDE von der LOUREIRO-Traube) und eine Vielzahl von Spielereien. Die Weinberge der QUINTAS de Baixo (Bairrada) und da Lomba (Dão) zeugen von langjährigem Engagement.

Noval, Quinta do Douro r ★★→★★★ Das Port-Handelshaus im Besitz von AXA erzeugt seit 2004 auch Tischweine in der DOC DOURO (oder VINHO REGIONAL Duriense, wenn SYRAH mit im Spiel ist). Preiswert sind der Cedro und der sortenreine Syrah Labrador (benannt nach dem Hund des Kellermeisters), sehr gut ist der sortenreine TOURIGA NACIONAL.

Palmela Set r w ★→★★★ Auf CASTELÃO konzentrierte DOC. Potenziell langlebige Weine, z. B. von Herdade Pegos Claros und Casa Ermelinda Freitas.

Passadouro, Quinta do Douro r w ★★→★★★ Herrlich konzentrierte rote Gutsweine, v. a. Reserva von alten Reben. Die TOURIGA-NACIONAL- und neuerdings Touriga-Franca-Trauben stammen von der QUINTA do Sibio, die Weißen von Weinbergen mit Granitboden in höheren Lagen. Dazu die preiswerte Einsteigermarke Passa und sehr guter Port.

Pato, Filipa Bair r w; sch ★★★ Wie schon Luís PATO lotet auch seine Tochter Filipa die Grenzen aus und erzeugt seidige BAGA-Weine mit wundervollem Duft: fruchtiger »FP«, in Amphoren gereifter Post Quercus (süffig), »neuer« Territorio Vivo Baga, gespriteter Espirito de Baga sowie Schaumweine. Bei den beiden Premiumgewächsen Nossa Calcario Baga und Nossa Calcario Bical (weiß) steht dank Filipas Philosophie der »ungeschminkten Weine« das Terroir im Rampenlicht.

Pato, Luís Bair r w; s; sch ★★→★★★★ Das Renommee gündet sich auf die wahrhaft alterungswürdigen Baga-Weine von Einzellagen: Vinha Barrio, Vinha Pan, Vinha Barrosa sowie die beiden Cuvees Pé Franco von wurzelechten Reben aus den Einzellagen Quinta do Ribeirinho (Sandboden) und Valadas (Kreide-Ton-Boden; feiner konturiert). Ungeduldige tun mit den Vinhas Velhas auf jeden Fall einen guten Griff; früh trinkreif sind der BAGA Rebel (auf Bical-Schalen vergoren) und der unkonventionelle, auf Baga-Schalen vergorene und daher rote FERNÃO PIRES. Die Weißen sind ebenfalls sehr gut, z. B. Vinhas Velhas, Vinha Formal (von einer Einzellage) und der rassige neue Sercialinho. Ein preiswerter Schaumwein ist der charaktervolle, nur einmal vergorene Maria Gomes Método Antigo.

Pegões, Adega de Set r rs w; s; sch ★→★★ Die dynamische Genossenschaft bietet mit der Marke Stella und dem alkoholarmen weißen Nico schöne, saubere Frucht und mit den Rot- und Weißweinen namens COLHEITA Seleccionada ein fantastisches Preis-Leistungs-Verhältnis.

Península de Setúbal Set – Die etablierten Erzeuger in dem VINHO-REGIONAL-Bereich haben ihre Güter auf den sanften Kreidehügeln der Ortschaft Azeitão oder den mineralreichen Sandböden an den Flüssen Sado und Tejo: z. B. BACALHÔA – VINHOS DE PORTUGAL, José Maria da FONSECA und Casa Eremlinda Freitas. Weiter westlich und südlich haben sich neue Betriebe angesiedelt. Im Auge behalten: Herdade do Cebolal, Herdade da Comporta und Soberanas.

Periquita Spitzname der CASTELÃO-Traube, aber auch der Name der erfolgreichen Marke von José Maria da FONSECA.

Poeira, Quinta do Douro r w ★★★ Das eigene Weingut von Jorge Moreira, Kellerchef der QUINTA de la ROSA. Die Weine von den kühlen, nach Norden ausgerichteten Hängen sind ebenso intensiv und sacht zugleich wie ihr Erzeuger, v. a. der Rote, der jetzt erst nach längerer Flaschenreifung freigegeben wird. Der Weiße ist ein straffer, mineralischer, eichenwürziger

ALVARINHO (VINHO REGIONAL Duriense). Außerdem hochklassiges Zweit-etikett Pó de Poeira (rot).

Portalegre Alen r rs w ★→★★★ Der nördlichste Unterbereich (mit eigener DOC) des ALENTEJO hat Größen wie die Weinpublizisten Richard Mayson (QUINTA do Centro) und João Afonso (Solstício/Equinócio), den Lissabo-ner Starkoch Vitor Claro, den önologischen Berater Rui Reguinga (Terre-nus), Susana ESTEBAN, Herdade do ESPORÃO und jetzt auch NIEPOORT an-gezogen. Erhöht gelegene Weinberge mit Granit- und Schieferböden, alte Reben (teilweise gemischte Bestockung) und viel Regen – all das sorgt für frische, strukturierte, mineralische Weine. Eine Region, die man im Auge behalten sollte.

Quinta Weingut.

Ramos, João Portugal Alen r w – 1990 bestockte Ramos seine ersten 5 ha im Alentejo, heute ist er in fast allen Weinbauregionen Portugals tätig, teils unter eigenem Namen (z. B. VINHO VERDE), teils unter Markennamen (FALUA, DUORUM, Foz de Arouce). Sein Erfolgsrezept? Weine mit großem kommerziellem Potenzial, die dennoch stets ihrer Region verpflichtet und preiswert sind. Die Spitzengewächse wie Marqués de Borba Reserva oder Estremus brauchen keinen Vergleich zu scheuen.

Raposeira Douro sch ★★ Schaumwein mit Flaschengärung; Aushängeschild ist der Velha Reserva (CHARDONNAY/PINOT NOIR), der 4 Jahre auf der Hefe reift.

Real Companhia Velha Douro r rs w; s ★★→★★★ Seit Jorge Moeiras (Quinta do POEIRA) das Ruder übernommen hat, sind die Weine besser fokussiert und terroirbetont – insbesondere der neue Vinhas Velhas QUINTA das Car-valhas (rot und weiß). Der ALVARINHO Delaforce und der CHARDONNAY, GE-WÜRZTRAMINER und SÉMILLON Quinta de Cidrô offenbaren den gekonnten Umgang mit untypischen Rebsorten.

Reis Simões, Horácio dos Set – Kleiner, innovativer Erzeuger von MOSCATEL aus der DOC SETÚBAL, u. a. Spätlese und gespritete Versionen (besonders empfehlenswert sind Moscatel Roxo Single Cask sowie Exzellent). Außer-dem spannender gespriteter Bastardo und altehrwürdiger weißer BOAL.

Romeira, Quinta da w ★★→★★★ Das historische Gut in der DOC BUCELAS soll seine herausragende Stellung auch unter dem neuen Eigentümer Wine Ventures behalten, weshalb Francisco de Sousa Ferreira (früher Technischer Direktor bei SOGRAPE) als Geschäftsführer berufen, der Ex-Kellerchef von Carvalhais, Manuel Vieira, als Berater verpflichtet sowie neues Rebland erworben wurde. Sehr guter ARINTO: Regia Premium, eichenwürziger Morgado Sta. Catherina Reserva, preiswerter Prova Regia (VINHO REGIONAL LISBOA). Neu ist die Reihe Principium mit Verschnitten von französischen und portugiesischen Rebsorten.

Europas westlichster Weinberg ist Casal Santa Maria (DOC Colares), 2006 ange-legt von seinem heute 104-jährigen Eigentümer Bodo Baron von Bruemmer.

Roques, Quinta dos Dão r w; sch ★★→★★★ Sehr gute, langlebige rote Cuvées, v. a. Reserva und GARRAFEIRA, sowie sortenreine Weine, unter denen Encruzado (jetzt mit subtilerer Eichenwürze), TOURIGA NACIONAL und Alfrocheiro Preto besonders empfehlenswert sind. Neue Anpflan-zungen in Jaen zeigen das wachsende Interesse an der spanischen Sorte MENCÍA. Günstig sind die Einsteigerweine der Marke Correio.

Rosa, Quinta de la Douro r rs w ★★★ Nach der Umgestaltung von Kellerei und Gästehaus präsentiert sich das Gut schmuck herausgeputzt. Üppige, aber elegante Rotweine, v. a. Reserva, jetzt auch im Großformat (bis zu

18 l). Daneben preiswerter DouROSA auf Einsteigerniveau und großzügigerer Passagen von der QUINTA das Bandeiras. Auch guter Portwein.

Rosado Rosé. Trotz des Erfolgs des MATEUS ROSÉ eine seltsam unerschlossene Kategorie. IDEAL DRINKS hat mit dem schäumenden trockenen Colinas São Lourenço Principal Tête de Cuvée Rosé neue Maßstäbe gesetzt.

Santar, Casa de Dão r w; sch ★★→★★★ Unter der Leitung von DÃO SUL werden ausgewogene Rote erzeugt sowie schön texturierte, aber frische Encruzado-Weißweine, v. a. das Premiumgewächs Condessa de Santar.

São João, Caves Bair r w; sch ★★→★★★ Der Tradition verpflichteter Familienbetrieb, der sich mit sehr guten Rotweinen im alten Stil einen Namen gemacht hat. Besonders empfehlenswert sind Frei João und Poço de Lobo (beide BAIRRADA) sowie Porta dos Cavalheiros (DÃO); von Letzterem kommen jetzt ältere, seit 1963 eingekellerte Jahrgänge auf den Markt. Unter der neuen Leitung wurde dem Sortiment ein modernerer Anstrich verpasst, u. a. mit guten weißen (ARINTO/CHARDONNAY) und schäumenden Cuvées.

São Miguel, Herdade de Alen r rs w ★★→★★★ Gepflegte, moderne Weine, darunter die Einsteigerreihe Ciconia (Schraubverschluss), Reserva und festerer Montinho (preiswert). Die Marke São Miguel steht für seriöse, schön definierte Gutsweine, v. a. Reserva, und die Reihe Dos Descobridores. Glamouröser ist die Reihe Private Collection.

Setúbal (r) (w) br; (tr) s ★★★ Winziges DOC-Anbaugebiet südlich des Tejo-Flusses. Vorwiegend gespritete Dessertweine, im Bestfall herrlich ausgewogen, hauptsächlich von MOSCATEL, manchmal auch von der seltenen roten Moscatel Roxo bereitet – die besten Versionen glänzen durch Duft und Ausgewogenheit. Die wichtigsten Erzeuger sind BACALHÔA – VINHOS DE PORTUGAL, Horácio dos REIS SIMÕES und José Maria da FONSECA. Beachtung verdienen außerdem António Saramago und Adriano Tiago.

Soalheiro, Quinta de Minho w; sch ★★★ ALVARINHO vom sonnigen, ökologisch bewirtschafteten Weinberg Melgaço: selbst die einfache Version kann man einlagern. Am besten ist der subtile fassvergorene Primeiras Vinhas von alten Reben, mehr Eichenwürze zeigt die Reserva. Außerdem halbtrockener Dócil und der neue Alvarinho/LOUREIRO-Verschnitt »allo«.

Sogrape Minho ★→★★★★ Die größte Weinfirma Portugals hat sowohl MATEUS ROSÉ als auch BARCA VELHA im Portfolio – beides Kronjuwelen, wenngleich aus unterschiedlichen Gründen. Des Weiteren im Angebot sind Weine aus den Bereichen VINHO VERDE (Azevedo, Gazela, Morgadio da Torre), DÃO (CARVALHAIS), ALENTEJO (Herdade do Peso) und DOURO (Barca Velha; außerdem Port von Ferreira, Sandeman und Offley) Zu den zugänglichen, aus Lesegut verschiedener Regionen bereiteten Markenweinen zählen Grão Vasco, Pena de Pato und Callabriga.

Symington Family Estates Douro r w ★★→★★★★ Die Portweinfirma erzeugt seit 2000 auch Tischweine, darunter das Superpremiumgewächs CHRYSEIA, Quinta do Vesúvio (Rote) und Weine der Reihe Altano. Am besten sind der Altano Organically Farmed Red, der TOURIGA NACIONAL Quinta do Ataíde Reserva und der nur in Spitzenjahrgängen erzeugte Block 62.

Tejo r w – Der DOC- und VINHO-REGIONAL-Bereich am gleichnamigen Fluss hat Quantität durch Qualität ersetzt (bessere Böden und Trauben), erzeugt aber immer noch wenig wirklich Aufregendes. Von Encosta do Sobral kommt der zutreffend benannte Different Red von alten Reben, die auf für die Gegend untypischem Schieferboden wachsen. Gute Ergebnisse, sofern die Trauben von alten Reben kommen, lassen sich auch mit der unverwüstlichen FERNÃO PIRES erzielen (Casca Wines, QUINTA de CASAL BRANCO). Solide Erzeuger sind Quinta da Alorna und FALUA. Ambitionierter sind Quinta da LAGOALVA, Pinhal da Torre und Rui Reguinga (Tributo).

Portugal

Tinto Rot.

Trás-os-Montes DOC im bergigen Landesinnern unmittelbar nördlich des Bereichs DOURO; der VINHO REGIONAL heißt Transmontano. Leitstern ist Valle Pradinhos.

Vale Dona Maria, Quinta do Douro r rs w ★★→★★★ 04' 05' 06 07' 08' 09' 10 11' – Sehr gute opulente, aber dennoch elegante Rotweine, z. B. CV und Casa de Casal de Loivos, außerdem schön strukturierter weißer VZ. Ein gutes Preis-Leistungs-Verhältnis bieten die von zugekauftem Traubengut bereiteten Weine der Reihe Van Zellers. Neu sind der Vinha do Rio und der Vinha da Francisca, zwei Gutsweine von Einzellagen. Daneben fruchtiger Rufo auf Einsteigerniveau.

Vale Meão, Quinta do Douro r ★★★→★★★★ Das führende Gut im Bereich DOURO Superior, einst der Traubenlieferant für den BARCA VELHA. Zweitetikett ist der sehr gute Meandro, jetzt auch als weiße Version. Das rote Spitzengewächs ist voll, erfreulich und ausgewogen. Weil der Granitboden den TOURIGA-NACIONAL-Trauben Frische verleiht, fällt der sortenreine F. Olazabal Monte Meão Granito von einer Einzellage eher feingliedrig aus, während der F. Olazabal Monte Meão seine festen Tannine von TINTA RORIZ bezieht.

Vallado Douro r rs w ★★★ Das Familienweingut, das auch Rebland in DOURO Superior (QUINTA do Orgal) besitzt, erzeugt kraftvolle Weiße und beständige Rote. Sehr gute Rotweine auf Einsteigerniveau und ein überzeugendes Angebot an sortenreinen Weinen: Sousão, TOURIGA NACIONAL, MOSCATEL (trocken). Gut strukturiert und mineralisch sind die Reserva und das rote Premiumgewächs Adelaide von alten Reben. Zu den ambitionierten Ports zählen der Adelaide Vintage und der Adelaide Tributa Very Old Tawny.

Vinho Regional Entspricht der französischen Kategorie Vin de pays und bietet mehr Freiraum zum Experimentieren als eine DOC.

Vinho Verde Minho r rs w; sch ★→★★★ Aus der küstennahen DOC ganz im Norden kamen früher lediglich scharfe, perlende Weine, doch nun erlebt sie mit frischen und zugleich konzentrierteren Verschnitten eine Renaissance. Am spannendsten ist der Siegeszug der erstklassigen sortenreinen QUINTA-Weine aus Unterbreichen, v. a. ALVARINHO aus Monção e Melgaço (z. B. Anselmo MENDES sowie die Quintas de Melgaço, da Pedra, do Regueiro, do Reguengo, de SOALHEIRO) und LOUREIRO aus Lima (z. B. Quinta do AMEAL, APHROS, NIEPOORTS Dócil oder Paço de Palmeria) und jetzt auch Avesso (siehe COVELA). Roter Vinho Verde von der Vinhão-Traube ist für den Ausländer gewöhnungsbedürftig, aber durchaus probierenswert (z. B. Aphros). Vinho Verde von Großproduzenten schäumt meist recht stark und muss rasch getrunken werden.

Wine & Soul Douro r w – Zu den intensiven Gewächsen des Weinmacherpaares Sandra Tavares und Jorge Serôdio Borges zählen der fantastische weiße Guru, der elegante QUINTA da Manoella Vinhas Velhas und der dichter gewirkte Pintas aus benachbarten Lagen. Sehr gut sind auch die roten Zweitetiketten: Pintas Character und Manoella. Außerdem umwerfender 5G Very Old Tawny Port aus alten Beständen, die Borges geerbt hat.

Port, Sherry und Madeira

Man muss eine französische Vokabel bemühen, um die neuesten Umtriebe in Jerez zu beschreiben: *négociant*. Equipo Navazos begann damit, als sich die Valdespino- und La-Guita-Weinmacher mit einem Professor für Kriminologie zusammentaten, um Fässer (*Butts*) von überragender Qualität für Sonderabfüllungen auszuwählen. Inzwischen haben sie den Inhalt von rund 50 verschiedenen Fässern auf Flaschen gezogen. Einige weitere Firmen haben es ihnen nachgetan und sich die Rosinen für limitierte Abfüllungen herausgepickt. Jetzt hat Equipo Navazos dasselbe Spiel mit Montilla-Moriles-Fässern begonnen.

Die Portweinerzeuger verlassen sich immer weniger darauf, dass sie mit deklarierten Jahrgängen in die Schlagzeilen kommen. In der Regel wird nur einer von drei Jahrgängen deklariert, und selbst dann ist die Produktion winzig – die Vorräte an 2011er Vintage Port sind praktisch aufgebraucht. Eine Flut von glamourösen (und sehr teuren) Very Old Tawny Ports hat sich auf den Markt ergossen und ihn für Colheitas erschlossen: Diese können, ebenso wie die (schwindenden) Vorräte an reifen Vintage Ports, als »Jubiläums-Ports« beworben werden. Ebenfalls im Kommen sind Magnum-Abfüllungen von Single Quinta Vintage Ports in limitierter Auflage.

In Madeira unternimmt man Anstrengungen, den Reiz der Weine auch Käuferschichten jenseits von Sammlern und Connaisseuren erstklassiger Frasqueira-(Jahrgangs-)Weine nahezubringen. Feine 10-Year-Old Madeiras sind zugänglich und ansprechend.

Die folgenden Abkürzungen werden im Text verwendet:

Mad	Madeira
Man	Manzanilla
Mont-M	Montilla-Moriles

Neuere Port-Jahrgänge

Port-Jahrgänge werden »deklariert«, wenn der Wein außergewöhnlich gut ist und die höchsten Qualitätsstandards des Unternehmens erfüllt. In guten, aber nicht ganz klassischen Jahren verwenden die meisten Erzeuger nun die Namen ihrer Quintas (Güter) für Single-Quinta-Weine, die sehr viel Charakter besitzen, aber weniger Flaschenreife brauchen. Die Jahrgänge, die man nun trinken sollte, sind 1966, 1970, 1977, 1980, 1983, 1985, 1987, 1992, 1994. Allerdings habe ich 2011er Warre zu Schokolade getrunken und war sehr angetan. Versuchen Sie's einfach!

2014 Hervorragendes Lesegut von Reblagen, die vom Regen im September verschont wurden; geringe Produktion.

2013 Ein schwieriger Jahrgang, v. a. für Touriga Nacional, weil mitten in der Lesezeit Regen einsetzte.

2012 Single-Quinta-Jahr. Aufgrund von Dürre sehr geringe Erträge. Die Stars sind Quinta do Noval und Graham dos Malvedos.

2011 Klassischer Jahrgang, großteils deklariert. Tintendunkle Weine von hervorragender Konzentration und Struktur. Die Stars sind Noval Nacional, Taylors Quinta de Vargellas Vinha Velha und Fonseca.

2010 Single-Quinta-Jahr. Heiß, trocken, aber mit höheren Erträgen als 2009. Vesuvio und Dow da Senhora da Ribeira sind die Stars.

2009 Zwiespältiges Jahr. Deklariert von Fladgate, nicht jedoch von Symington oder Sogrape. Spitzenreiter: Taylor, Niepoort, Fonseca, Warre.

2008 Ein Jahr für Single-Quinta-Weine. Geringer Ertrag, kraftvolle Weine. Spitzenreiter: Noval, Vesuvio, Passadouro, Taylor Terra Feita. Sehr gut ist der LBV von Sandeman.

2007 Klassisches Jahr, von den meisten Erzeugern deklariert. Tieffarbige, volle, aber gut ausbalancierte Weine. Taylor und Vesuvio sind die Stars.

2006 Schwierig, nur eine Handvoll Single-Quinta-Weine: Vesuvio, Roriz, Barros Quinta Galeira.

2005 Single-Quinta-Jahr. Stars: Niepoort, Taylor de Vargellas, Dow da Senhora da Ribeira – eine eiserne Faust in einem Samthandschuh.

2004 Single-Quinta-Jahr. Stars: Pintas, Taylor de Vargellas Vinha Velha, Quinta de la Rosa – ausgewogene, elegante Weine.

2003 Klassisches Jahr. Trockener, heißer Sommer. Kraftvoll reife, konzentrierte Weine, durchgehend deklariert. Ab 2020 bis 2030 zu trinken.

2001 Single-Quinta-Jahr. Stars: Noval Nacional, Fonseca do Panascal, do Vale Meão – nasses Jahr, recht geradlinige Weine.

2000 Klassisches Jahr. Ein sehr guter Jahrgang, durchweg deklariert. Volle, ausgewogene Weine für lange Lagerung. Trinkreif ab 2018.

Verweise können sich auch auf das Kapitel »Spanien und Portugal« sowie auf den Kasten »Sherry-Stile« S. 266/267 beziehen.

Alexander Jules Sherry ★★→★★★ Das Handelshaus mit Sitz in den USA bietet Abfüllungen ausgewählter BUTTS. Die Weine des jungen Unternehmens sind derzeit in den USA und Japan erhältlich.

Almacenista Sherry ★→★★★ Erzeuger, wörtlich »Lagerhalter«, der an große Sherry-BODEGAS verkauft, die zusätzliche Qualität und/oder Quantität benötigen. Oft großartige Sherrys. Einer der ersten Anbieter eines überragenden Sortiments war LUSTAU, u. a. mit dem OLOROSO Pata de Gallina.

Álvaro Domecq Sherry ★★→★★★ 1998 auf der Basis von SOLERAS von Pilar Aranda, der ältesten BODEGA in JEREZ, gegründeter Betrieb mit geschliffen-eleganten Weinen. Guter FINO La Janda, exzellente VORS-Reihe »Linea 1730«.

Alvear Mont-M ★★→★★★ Größter Erzeuger in MONTILLA-MORILES mit sehr guten blassen, trockenen FINO-Weinen, v. a. Fino C.B. Daneben sehr guter, üppiger rosinierter PEDRO XIMÉNEZ und seidig-geschmeidiger SOLERA 1927.

Andresen Port ★★→★★★ Familienbetrieb mit hervorragenden fassgereiften Portweinen, v. a. 20-Year-Old TAWNY und Colheita (die Jahrgänge **1900'** und **1910'** werden auf Wunsch immer noch abgefüllt; **80' 92' 97 03'**). Wegbereiter des jetzt so trendigen 10-, 20- und 40-Year-Old WHITE PORT.

Barbadillo, Bodegas Sherry, Man ★→★★★★ BODEGA im prachtvollen ehemaligen Bischofspalast von SANLÚCAR. Das Angebot reicht von verlässlichen bis hin zu einigen der feinsten Weine der Stadt, darunter der Solear MANZANILLA. Barbadillo erzeugte als Erster den Manzanilla EN RAMA, mit viermaliger SACA und unverwechselbaren Etiketten (Vogelmotive). Spitzenreiter ist die Reihe Reliquia, v. a. AMONTILLADO und PALO CORTADO. Die Schatzkammer beherbergt auch einen vorzüglichen, 100 Jahre alten Amontillado. Die außerhalb von JEREZ gelegene Kellerei erzeugt Tischweine wie den in der Gegend beliebten Castillo San Diego von der PALOMINO-Traube.

Barbeito Mad ★★→★★★ Am bekanntesten sind die innovativen Einzelfass-COLHEITAS und die 20-, 30- und 40-Year-Old MALVASIAS. Die spannenden neuen Gewächse stammen von den berühmten alten Lagen Fajã dos Padres (Malvasia FRASQUEIRA 1986) und Ribeiro Real (deren in den 1950er-Jahren gepflanzte TINTA-NEGRA-Reben dem 20-Year-Old VERDELHO und dem 20-Year-Old BOAL sublime Tiefe verleihen).

Barros Almeida Port ★→★★★ Der Schwerpunkt liegt auf fassgereiftem Port: honigsüßer 20-Year-Old TAWNY, COLHEITA (**78' 80'**) und WHITE PORTS, darunter Very Old Dry White sowie Colheita (1935). Im Besitz von Sogevinus (ebenso wie BURMESTER, CALEM und KOPKE).

Barros e Sousa Mad ★★★ Der Familienbetrieb wurde 2013 von PEREIRA D'OLIVEIRA aufgekauft. Die Vorräte sollen abgefüllt und verkauft, die Marke aber nicht fortgeführt werden. Versuchen Sie den seltenen Bastardo Old Reserve oder den 5-Year-Old Listrão aufzutreiben.

Blandy Mad ★★→★★★★ Eltehrwürdiges Familienunternehmen mit dynamischem Geschäftsführer: Chris Blandy hat Weinberge erworben und die Produktion näher an den Hafen verlegt. Die neuen, extern beheizten *estufas* heben die Qualität der einfachen Weine. In der Wine Lodge in Funchal wird dem Besucher die Firmengeschichte präsentiert, einschließlich feiner alter Jahrgänge (BUAL **1920' 1968'**, MALMSEY **1988'**, VERDELHO **1973'**, SERCIAL **1910'**). Sehr guter 20-Year-Old Terrantez sowie COLHEITA-Weine (Bual **1996**, Verdelho und Sercial **1998**).

Borges, H. M. Mad ★→★★★ Die Schwestern Helena und Isabel Borges haben winzige Mengen des feinen 1877er Terrantez (das Gründungsjahr des Betriebs) für eine Auktion abgefüllt. Den sehr guten 30-Year-Old Malvasia gibt es mit Wein ab 1930.

Bual (oder **Boal**) Mad – Klassische Madeira-Rebsorte: rauchige, süße Weine mit spritziger Note, nicht so voll wie MALMSEY. Hervorragend zu Käse und leichteren Desserts.

Burmester Port ★→★★★ Erzeugerbetrieb im Besitz von Sogevinus mit eleganten fassgereiften Ports, v.a. raffinierter 20- und 40-Year-Old TAWNY, COLHEITA-Weine (63' 98) und WHITE PORTS mit Jahrgangsangabe (u. a. feiner 40-Year-Old). Guter Single-Quinta Vintage Port QUINTA do Arnozelo.

Sherry ist trocken

Mit verführerisch klingenden Bezeichnungen wie »Oloroso Dulce« und »Sweet Amontillado« ist es aus und vorbei. Seit 2012 muss alles, was Sherry heißt, trocken sein. Für Stile, die nicht trocken sind, lautet die Bezeichnung entweder »Medium« (5–115 g/l Restsüße) oder »Cream« (115–140 g/l). Achten Sie mal auf Phrasen wie »ein Verschnitt von Oloroso-Sherrys«.

Butt Sherry – Fass mit 600 l Fassungsvermögen aus lang gelagerter amerikanischer Eiche, das nur zu fünf Sechsteln gefüllt wird, damit sich eine FLOR-Schicht bilden kann. In Schottland verwendet man gern gebrauchte Sherry-Fässer, um Whisky den letzten Schliff zu verleihen.

Cálem Port ★→★★★ Erzeuger von Portweinen in recht lebhaftem, fruchtigem Stil im Besitz von Sogevinus. Velhotes ist die Hauptmarke. Sehr gute COLHEITA-Weine, 40-Year-Old TAWNY und 10-Year-Old WHITE PORT.

Canteiro Mad – Die natürliche Fassreifung feinster Madeiras in warmen, feuchten Lagerhäusern. Die Canteiro-Methode bringt subtilere, komplexere Weine hervor als die ESTUFAGEM-Methode.

César Florido Sherry ★→★★ Der Familienbetrieb (einer der ältesten in CHIPIONA, gegründet 1887) hat sich auf MOSCATEL spezialisiert: saftiger Moscatel Pasas, mind. 4 Jahre alt, von rosinierten Trauben.

Chipiona Sherry – Anbaubereich für MOSCATEL-Trauben, den die großen Sherry-Firmen für sich beanspruchen. Einige Erzeuger nehmen Abfüllung und Verkauf aber nun selbst in die Hand. Führender Betrieb ist CÉSAR FLORIDO.

Churchill Port ★★★ Gegründet 1981 von Johnny Graham, dessen Familie im Jahr 1820 GRAHAM gründete. Sehr guter WHITE PORT, ungefilterter LBV sowie VINTAGE PORT (**82 85 91 94** 97 00 03 07' 11'), darunter Einzellagen-Port QUINTA da Gricha (11'; ausschließlich in limitierter Magnumflaschen-Edition – 1.570 Stück – verkauft).

Cockburn Port ★★→★★★ Das historische Portweinhaus wurde 2010 von SYMINGTON FAMILY ESTATES aufgekauft. Der Special RESERVE RUBY wird jetzt länger im Fass gereift, der (lebhaftere) LBV ein Jahr weniger. Daneben sehr guter VINTAGE PORT (**63 67 70 75 83' 91 94** 97 00 03' 07' 11') und Single-QUINTA dos Canais.

Colheita Port, Mad – Portwein oder Madeira mit Jahrgangsangabe, der mindestens 7 (Port) bzw. 5 (Madeira) Jahre im Fass gereift ist. Das Abfülldatum ist auf dem Etikett angegeben.

Cossart Gordon Mad – Marke der MADEIRA WINE COMPANY mit trockenerem Stil als bei BLANDY. Neu ist der MALVASIA Harvest.

Crasto, Quinta do Port – Die alten Reben der Familie Roquette liefern einige der besten Weine der Region sowie einen sehr konzentrierten VINTAGE PORT und ungefilterten LBV.

Croft Port ★★→★★★ Historisches Portweinhaus im Besitz von FLADGATE. Die Trauben werden seit 2003 wieder mit den Füßen gestampft, was dem süßen, fleischigen VINTAGE PORT (**66 70 75 77 82 85 91 94** 00 03' 07 09' 11') mehr Rückgrat verleiht. Leichter sind die Weine unter dem Etikett Quinta da Roêda. Am erfolgreichsten sind Indulgence, Triple Crown, Distinction und Pink, ein neuartiger ROSÉ PORT.

Crusted Portwein in RESERVE-RUBY-Qualität, meist aus verschiedenen Jahrgängen verschnitten, der jung abgefüllt wird und in der Flasche reift, sodass sich ein Depot, die »Kruste«, bildet. Muss dekantiert werden. Gute Versionen von CHURCHILL, DOW, FONSECA, GRAHAM und NIEPOORT.

Delgado Zuleta Sherry, Man ★→★★ Die älteste BODEGA in SANLÚCAR, 1774 gegründet, bietet knackig-zupackende Weine, u. a. 8 Jahre alten La Goya MANZANILLA und Manzanilla PASTRADA EN RAMA XL. Sehr ursprünglich ist der Monteagudo AMONTILLADO Viejo, großartige Intensität zeigt der Amontillado. Außerdem 40 Jahre alter Quo Vadis.

Domecq Sherry – Noch immer ein großer Name in JEREZ, einst Eigentümer von Bristol Cream und Fundador Brandy (jetzt HARVEY), obwohl die SOLERAS wie auch die in der Sherry-Branche tätigen Familienmitglieder im Zuge der Übernahmen schon längst auseinanderissen wurden. Die ausgezeichneten VORS-Weine sind jetzt im Besitz von OSBORNE, La Ina, Botaina, Rio Viejo und Viña 25 sind an LUSTAU übergegangen. ÁLVARO DOMECQ betreibt eine Boutique-BODEGA.

Douro Der Fluss, der in Spanien als Duero entspringt und der Weinbauregion seinen Namen gibt. Diese besteht aus drei Teilen: Baixo (Unterer) Corgo sowie die für Port am besten geeigneten Bereiche Cima (Oberer) Corgo und Douro Superior.

Dow Port ★★★→★★★★ Das historische Portweinhaus gehört zu SYMINGTON FAMILY ESTATES, pflegt beim VINTAGE PORT (**66 70 72 75 77 80 83 85' 91 94** 97 00' 03 07' 11') aber einen trockeneren Stil, vor allem beim Single-QUINTA Bomfim (opulenter als Senhora da Ribeira). Der Zukauf der Quinta da Sabordela erweitert Bomfim um 30 ha; dort wurde eine neue Kellerei mit Besucherzentrum errichtet.

Duorum Port ★★→★★★ Das Duo besteht aus João Portugal RAMOS und José Maria Soares Franco (der frühere Weinmacher von FERREIRA). Sie erzeugen sehr guten, dicht gewirkten, reinfruchtigen VINTAGE PORT (07 11' 12) von 100-jährigen Reben. Vinha de Castelo Melhor, das Zweitetikett, wird aus

Lesegut von alten und jungen Reben aus dem Bereich DOURO Superior verschnitten. Daneben gute Tischweine.

Emilio Hidalgo Sherry ★★★→★★★★ Hervorragende kleine BODEGA in Familienbesitz. Alle Weine außer PX reifen zunächst unter FLOR. Ausgezeichneter, 15 Jahre gereifter FINO La Panesa, intensiver AMONTILLADO Fino El Tresillo, 50 Jahre alter Amontillado Tresillo 1874 und seltener PX Santa Ana 1861. HILDALGO LA GITANA ist ein eigenständiger Erzeugerbetrieb.

Equipo Navazos Sherry ★★★→★★★★ Die Ersten, die Sherry nicht selbst erzeugten, sondern hervorragende Weine aus ausgewählten BUTTS verschiedener BODEGAS abfüllten. Das aus Jesus Barquín und Eduardo Ojeda bestehende Team *(equipo)* spürt hervorragende Sherrys auf und numeriert die Abfüllungen (ab No. 1) einfach durch, z. B. La Bota de MANZANILLA No. 42. Auch MONTILLA-MORILES wird einbezogen (z. B. No. 46). Ihr hohes Niveau hat junge Leute aus der ganzen Welt angelockt, die sich jetzt in JEREZ auf Schatzsuche begeben. Daneben gibt es die eigenständige Manzanilla-EN-RAMA-Reihe I Think. Außerdem Kooperationen mit Perez Barquero (Montilla-Moriles), Colet-Navazos (Schaumwein; Sherry wird für den *liqueur d'expédition* verwendet) und Navazos-Palazzi (Brandy). Faszinierend ist der ungespritete, unter FLOR gereifte Flor Power: eine Hommage an die traditionelle Weinbereitung von Jerez.

Espíritus de Jerez Sherry ★★★→★★★★ Die Boutique-Kollektion des Unternehmers Roberto Amillo aus RIOJA umfasst lediglich vier, allerdings außergewöhnliche Weine. Sie stammen aus feinen alten SOLERAS und werden in Flaschen abgefüllt, die an Parfumflakons erinnern.

Estufagem Mad – Methode, mit der en gros erzeugte Madeiras mind. 3 Monate in Tanks langsam erhitzt werden und dabei den charakteristischen Beigeschmack von verbrannter Erde annehmen. Feinere Resultate werden mit Heizmänteln und niedrigerer Temparatur (45 °C) erzielt, doch ist auch dieses Verfahren erheblich weniger subtil als die CANTEIRO-Methode.

Ferreira Port ★★→★★★★ Altes Portweinhaus, heute im Besitz von SOGRAPE. Nach Ansicht von Weinmacher Luis Sottomayor sind die LBV-Weine inzwischen genauso gut wie die VINTAGE PORTS des vergangenen Jahrzehnts; beide Kategorien sind hier im Aufwind. Sehr guter, würziger TAWNY, einschließlich RESERVA (Don António), sowie 10- und 20-Year-Old Tawnys (QUINTA do Porto und Duque de Bragança).

Fladgate Port – Unabhängiges Familienunternehmen, Eigentümer der führenden Port-Häuser TAYLOR, FONSECA GUIMARAENS, CROFT und jetzt auch KROHN sowie des Luxushotels »The Yeatman« in VILA NOVA DE GAIA.

Flor Das spanische Wort für »Blume« bezeichnet die Schicht aus Saccharomyces-Hefen, die sich auf natürlichem Wege in einem zu fünf Sechsteln gefüllten Fass auf der Oberfläche von FINO- und MANZANILLA-Sherry bildet. Die Flor-Schicht bindet Sauerstoff und weitere Stoffe (ein Vorgang, den man »biologische Reifung« nennt) und bewahrt den Wein vor dem Braunwerden (Oxidation). Traditionell bereitete AMONTILLADOS beginnen als Finos oder Manzanillas, bevor der Flor auf natürliche Weise oder durch die Zugabe von Alkohol abstirbt. In EL PUERTO DE SANTA MARÍA und SANLÚCAR, die näher an der Küste liegen, ist die Flor-Schicht dicker, was die leichtere Art der dortigen Sherrys erklärt. Am dicksten ist sie im Frühjahr und im Herbst.

Fonseca Guimaraens Port ★★★→★★★★ Portweinhaus im Besitz von FLADGATE, 1815 gegründet. Von den Weinen sind zu nennen der sinnliche Bin 27 (mit der Sonderausgabe Waterloo Edition zur 200-Jahrfeier sowohl des Hauses als auch der denkwürdigen Schlacht), der ökologisch erzeugte Terra Prima RESERVE und insbesondere die Fonseca VINTAGE PORTS (**66' 70**

75 77' 80 83 85' 92 94' 97 00' 03' 07 09 11'). In Jahren, in denen kein klassischer Jahrgangs-Port deklariert wird (z. B. 2012), wird das Zweitetikett Guimaraens Vintage Port errzeugt. Außerdem Single-QUINTA do Panascal.

Frasqueira Mad – »Vintage Madeira«, also Madeira eines einzigen Jahrgangs, der erst nach 20-jähriger und oft noch viel längerer Fasslagerung abgefüllt wird – je länger der Wein im Fass liegt, umso konzentrierter (durch Verdunstung) und komplexer (durch Oxidation) wird er. Das Datum der Flaschenabfüllung muss angegeben werden.

Garvey Sherry ★→★★ Der letzte Überrest des Ruiz-Mateos-Imperiums steht nun ebenfalls zum Verkauf. Bekanntestes Erzeugnis ist der FINO San Patricio.

González Byass Sherry ★★★→★★★★ Familienunternehmen (gegründet 1845). Der liebenswürdig-poetische Antonio Flores ist seinem Vater als Kellermeister nachgefolgt. Ausgehend vom berühmtesten aller FINOS, Tío Pepe, hat er ein faszinierendes Portfolio entwickelt: eine EN-RAMA-Abfüllung und die elegante Reihe Palmas – Finos mit Altersangabe (6, 8, 10 und 40 Jahre alt). Begleitet werden sie vom stets geschliffenen AMONTILLADO Viña AB, dem OLOROSO Matúsalem und dem PX Noë. Außerdem gute Weinbrände, Tischweine, u. a. Beronia (RIOJA), Vilarnau (PENEDÈS) und Viñas del Vero (Somontano), sowie Croft Original Pale Cream (keine Offenbarung). Die Finca Moncloa unweit von Cádiz erzeugt nach wie vor Rotweine; der gloriose Tintilla de Rota von der gleichnamigen, sonst als GRACIANO bekannten Traube haucht einem traditionellen gespriteten Süßwein neues Leben ein.

Graham Port ★★★→★★★★ Portweinhaus im Besitz von SYMINGTON FAMILY ESTATES mit erstklassigem Sortiment, vom RESERVE RUBY Six Grapes bis hin zu VINTAGE PORT (**63 66 70' 75 77' 80 83' 85' 91' 94'** 97 00' 03' 07' 11'), einschließlich langlebigem Single-QUINTA dos Malvedos. Zu den spannenden Weinen im limitierter Auflage zählen die Special Old Vines Six Grapes Edition, der Stone Terraces Vintage Port (11'), die COLHEITAS (**52' 82**) und als Krönung der sublime Ne Oublie Very Old TAWNY aus einem der drei Fässer, die A.J. Symington 1882 befüllte.

Guita, La Sherry ★→★★★ Guter Manzanilla. Im Besitz der Grupo Estévez, der auch VALDESPINO gehört.

Der am schwersten zugängliche Weinberg ist Fajã dos Padres in Madeira – man gelangt nur per Boot oder Seilbahn dorthin.

Gutiérrez Colosía Sherry ★→★★★ Eine der wenigen am Fluss verbliebenen BODEGAS in El PUERTO DE SANTA MARÍA. Ehemaliger ALMACENISTA mit herrlichem altem PALO CORTADO.

Harveys Sherry ★→★★★ Einst ein großer Name in Jerez, berühmt für den Bristol Cream. Feine Sammlung von VORS-Sherrys, von denen sich einige in Anbetracht ihres Alters noch recht munter zeigen.

Henriques & Henriques Mad ★★★→★★★★ Madeira-Firma mit 11 ha Weinbergbesitz, u. a. mit der seltenen Terrantez-Rebe bestockt. Einzigartig ist der extratrockene Aperitif Monte Seco. Am besten sind 20 Jahre alter MALVASIA und Terrantez, die 15 Jahre alten Weine (v. a. Sercial, auch Single Harvest Sercial 2001) und die Jahrgangsweine, z. B. VERDELHO (**57**), Terrantez (**54**) und Sercial (**71'**). Neu ist der 6 Monate in gebrauchten BourbonFässern gereifte Fine Rich Single Harvest (**97**) mit Vanillenote.

Herederos de Argüeso Sherry, Man ★★→★★★ Einer der besten Erzeuger in SANLÚCAR mit sehr gutem San León und dicht gewirktem, salzigem San León Reserva sowie jugendlichem Las Medallas. Außerdem beeindruckend lebhafter AMONTILLADO Viejo VORS.

Hidalgo La Gitana Sherry, Man ★★→★★★★ Der 1972 gegründete Familienbetrieb in SANLÚCAR wird von Javier Hidalgo geleitet und ist berühmt für
seinen äußerst grazilen MANZANILLA La Gitana; ausdrucksstärker ist der
La Gitana EN RAMA. Feinster Manzanilla ist der intensive Pasada Pastrana
von einer Einzellage, der fast die Reife eines AMONTILLADO besitzt. Hervorragende VORS-Reihe, darunter Amontillado Napoleon, PALO CORTADO
Wellington und PX Triana.

Jerez de la Frontera Zentrum der Sherry-Region zwischen Cádiz und Sevilla in
Südspanien. Das Wort Sherry ist eine Verballhornung des Namens Jerez,
französisch Xérès. Der DO-Name lautet daher Jerez-Xérès-Sherry.

Justino Mad ★→★★★ Das größte Madeira-Unternehmen ist im Besitz des
Rum-Giganten La Martiniquaise und erzeugt auch die Weine der Marke
Broadbent. Der Stil ist etwas vierschrötig, sehr gut sind aber Terrantez Old
RESERVE (ohne Jahrgangsangabe), Terrantez (78) und MALVASIA (33 64)
sowie die FRASQUEIRA-Weine.

Kopke Port ★→★★★ Das älteste Portweinhaus (gegründet 1638); seine
Stärken liegen bei den würzigen, gut strukturierten COLHEITAS (**35' 57' 64'
80' 87 89 91'**). Außerdem TAWNY und WHITE PORT mit Altersangabe – hervorragend sind die 40-Year-Old-Weine.

Krohn Port ★→★★★ Port-Firma mit außergewöhnlich alten, bis 1863 zurück-
reichenden Lagerbeständen an TAWNY und COLHEITA (**61' 66' 67' 76' 82'
83' 87' 91 97**). Gehört jetzt zu FLADGATE; ein Teil der alten Bestände, z. B.
1863 und 1964, soll an TAYLOR übergehen. Auch VINTAGE PORTS von steigender Qualität (07' 09 11).

LBV (Late Bottled Vintage) Port – Robuster Portwein mit strahlenderer Frucht
aus einem einzigen Jahr, der doppelt so lang wie VINTAGE PORT (etwa
5 Jahre) in Holzfässern gelagert wird. Kommerzielle LBV-Massenerzeug-
nisse sind ab der Freigabe trinkreif und müssen nicht dekantiert werden,
ganz im Gegensatz zu den langlebigen, ungefiltert abgefüllten Versionen,
z. B. von CHURCHILL, FERREIRA, NIEPOORT, QUINTA Nova, Quinta do NOVAL,
SANDEMAN, WARRE.

Leacock Mad – Madeira-Haus mit einer langen FRASQUEIRA-Erfolgsgeschich-
te, das seit dem Kauf durch die MADEIRA WINE COMPANY 1981 aber auf
Masse macht mit Marken, die auf den Mainstream-Kundengeschmack abzielen.

Lustau Sherry ★★★→★★★★ Die BODEGA ist berühmt für ihre Fundgrube
an Sherry-Schätzen und brachte die originale ALMACENISTA-Kollektion heraus. Entdecken Sie die Stile der DO JEREZ mit dem MANZANILLA Papirusa,
dem FINO Puerto oder dem Fino La Ina. Der Emilín ist ein erlesener MOSCA-
TEL, der PX VORS herausragend – trotz Alter und Süße kommt er leichtfüßig
daher. Eine der wenigen Firmen, die Jahrgangs-Sherry herausbringen, z. B.
den tiefgründigen OLOROSO AÑADA (97).

Madeira Vintners Mad – Der Betrieb wurde erst 2012 gegründet, sorgt aber
jetzt schon für Aufsehen mit seiner eigenwilligen Herangehensweise: geplant sind terroirbetonte Weine in kleiner Auflage (die Etiketten sollen
sich auf die Traubenanbauer beziehen, sagt Chef Paulo Mendes), Listrão
(alias PALOMINO Fino) sowie die Anwendung einer Reihe von Bereitungs-
techniken (z. B. Fassvergärung, Hülsenmaischung, Mikrooxidation bei
ESTUFAGEM-Madeiras), die den Weinen innerhalb von 3 Jahren die Komplexität und das Profil 5–10 Jahre alter Gewächse verleihen sollen. Im
Auge behalten.

Madeira Wine Company Mad – Nachdem sie 1913 durch zunächst zwei Firmen als Madeira Wine Association gegründet worden war, schlossen sich
ihr danach alle 26 britischen Madeira-Unternehmen an. Eigentümer von
BLANDY, COSSART GORDON, LEACOCK und Miles; erzeugt über 50 % aller

Sherry-Stile

Amontillado Ein Fino, bei dem der FLOR, die schützende Hefeschicht, die sich im Fass auf der Weinoberfläche bildet, abgestorben ist: Der Wein oxidiert und gewinnt an Komplexität. Von Natur aus trocken. Beispiel: Los Arcos von LUSTAU.

Añada Sherry mit Jahrgangsangabe – entgegengesetzt zur Tradition der SOLERA, die verschiedene Jahrgänge verschneidet. Früher nur private Abfüllungen, jetzt öffentlich anerkannt. Beispiel: süßer Oloroso Añada 1997 von LUSTAU.

Cream Mit Traubenmost, Pedro Ximénez und/oder Moscatel gesüßter Verschnitt – ein mittelsüßes Getränk zum kleinen Preis. Großartige Cream-Versionen gibt es kaum, die meisten sind kommerziell ausgerichtet. Die überragende Ausnahme ist La Bota No. 21 der EQUIPO NAVAZOS.

En rama Manzanilla oder Fino, der un- oder kaum gefiltert und ohne Kaltstabilisierung vom Fass (BUTT) in die Flasche abgefüllt wird und den unverfälschten Charakter eines Sherry zeigt. Ist zwar aromatischer, aber auch empfindlich und daher bei manchen Händlern unbeliebt. Im Zuge des Trends zu naturbelasseneren Weinen ist der Stil wieder in Mode gekommen. Die SACA, der Abstich, findet statt, wenn der Flor am dicksten ist. Im Kühlschrank aufbewahren und rasch austrinken.

Fino Trockener Sherry, gewichtiger als Manzanilla; beide müssen mindestens 2 Jahre lagern. Beispiel: 4 Jahre alter Tío Pepe von GONZÁLEZ BYASS. Ebenso servieren wie Manzanilla. Rasch austrinken, wenn die Flasche erst einmal geöffnet ist. Der Trend geht zu 8–12 Jahre lang gereiften Finos; Beispiele: Antique von REY FERNANDO DE CASTILLA und die Reihe Palmas von GONZÁLEZ BYASS.

Manzanilla Derzeit angesagter blasser, weniger alkoholstarker (15 %) Fino mit einem Aroma von frischen grünen Äpfeln; reift im maritimen Klima von SANLÚCAR DE BARRAMEDA, wo der FLOR eine dickere Schicht bildet und der Wein angeblich eine salzige Note bekommt. Sollte aus einer gekühlten, frisch geöffneten Flasche getrunken werden, am besten zu Tapas (oder Austern). Beispiel: San León Reserva von HEREDEROS DE ARGÜESO.

abgefüllten Madeira-Exporte. Seit die Familie Blandy die Firma führt, hat sich der Fokus nahezu ausschließlich auf die Förderung der Marke Blandy verlagert.

Malmsey (Malvasia Candida) Mad –Die süßeste und vollste der traditionellen Madeira-Traubensorten, jedoch mit der für Madeira charakteristischen eigenartigen Schärfe. Passt hervorragend zu reichhaltigen Obst- und Schokoladendesserts.

Montilla-Moriles ★→★★★ Der andalusische DO-Bereich bei Córdoba erzeugt heute am oberen Ende der Skala herrlich volle, zum Teil lange in SOLERAS gereifte PX-Weine. Spitzenerzeuger: ALVEAR, PÉREZ BARQUERO, BODEGAS TORO ALBALÁ. Wichtiger Lieferant von PX-Trauben für die DO JEREZ.

Niepoort Port ★★★→★★★★ Kleines Portweinhaus in Familienbesitz, das auch großartige Tischweine erzeugt. War in den 1970er- und 1980er-Jahren nicht auf der Höhe, bietet jetzt aber eine verlockende Reihe von VINTAGE PORTS (00' 03 05' 07 09' 11'), darunter der zugängliche Secundum; dazu eine einzigartige, in Glasballons gereifte GARRAFEIRA und der Bioma von einer Einzellage. Ausgezeichnete COLHEITAS und TAWNYS und »VV«: ein Tawny-Verschnitt auf Basis eines Portweins von 1863 (nur 999 Flaschen). Erzeugt jetzt mit EQUIPO NAVAZOS auch Weißwein in JEREZ.

Manzanilla Pasada Gereifter Manzanilla, dessen Florschicht am Absterben ist; sehr trocken und komplex. Beispiel: Einzellagen-Manzanilla Pasada Pastrana von HIDALGO LA GITANA.

Moscatel Aromatisch und ansprechend mit nur etwa halb so viel Zucker wie PX. Beispiele: Emilín von LUSTAU, Toneles von VALDESPINO. Muss anders als PX nicht gespritet werden und darf jetzt »Jerez« genannt werden.

Oloroso Nicht unter FLOR gereift. In der Jugend schwerer und weniger brillant, reift aber zu nussiger Intensität heran. Von Natur aus trocken. Durfte bis vor Kurzem auch mit PX gesüßt und als Oloroso Dulce verkauft werden. Beispiele: Gobernador (trocken) und Old East India (süß), beide von EMILIO HIDALGO. Lagerfähig.

Palo Cortado Ein derzeit sehr beliebter Stil. Traditionellerweise ein Wein, der seinen FLOR verloren hat und im Stil zwischen Amontillado und Oloroso steht – heute oft verschnitten, um diesen Stil zu kreieren. Schwer zu identifizieren, auch wenn ihm eine typische »milchige« Note oder ein Hauch »bitterer Butter« nachgesagt wird. Trocken, voll und komplex – äußerst lohnend. Beispiele: Reliquia von BARBADILLO, Antique von REY FERNANDO DE CASTILLA.

Pedro Ximénez (oder **PX**) Rosinensüßer dunkler Wein von teilweise in der Sonne getrockneten PEDRO-XIMÉNEZ-Trauben. Die Trauben stammen meist aus MONTILLA-MORILES; der Wein selbst wird in der DO JEREZ erzeugt. Konzentriert, ölig, süffig und relativ günstig, lecker zu Eiscreme. Alles in allem der süßeste Wein der Welt. Beispiele: Santa Anna 1861 von EMILIO HIDALGO, VORS von LUSTAU.

VOS/VORS Sherrys (nur Amontillado, Oloroso, Palo Cortado und PX) mit Jahrgangsangabe: einige Schätze der BODEGAS von Jerez. Überragende Qualität zu relativ niedrigen Preisen. Weine, die über 20 Jahre alt sind, heißen VOS (Very Old Sherry/Vinum Optimum Signatum), ab 30 Jahren VORS (Very Old Rare Sherry/Vinum Optimum Rare Signatum). Auch 12 und 15 Jahre alte Exemplare sind erhältlich. Beispiel: VOS Jerez Cortado Wellington von HIDALGO. VORS-Weine dürfen mit PX gesüßt werden – gelegentlich übertreiben es die Erzeuger mit der Zugabe von PX.

Noval, Quinta do Port ★★★→★★★★ Historische Port-QUINTA im Besitz von AXA. Elegant strukturierter VINTAGE PORT (**63' 66 67 70 75 78 82 85 87 91 94'** 95 97' 00' 03' 04 07' 08' 11' 12), der nur einen Bruchteil dessen kostet, was man für den seltenen, verführerischen Nacional von 2,5 ha wurzelechten Reben hinlegen muss. Zweite Vintage-Port-Marke: Silval. Daneben sehr gute TAWNYS mit Altersangabe, COLHEITAS und ungefiltert abgefüllter LBV sowie üppig-schokoladiger Noval Black RESERVE

Die teuersten Trauben auf der Iberischen Halbinsel? Das Lesegut, das für die Portweinerzeugung verkauft wird.

Offley Port ★→★★ Die Haupt-QUINTA (Boa Vista) hat Sogrape 2013 verkauft. In neuerer Zeit fruchtbetonter Vintage Port und TAWNY. Zu den Aperitif- und Cocktailweinen zählen der WHITE PORT Cachuca RESERVE und ROSÉ PORT.

Osborne Sherry ★★→★★★★★ Altehrwürdige, 1772 gegründete BODEGA vor den Toren von EL PUERTO DE SANTA MARÍA. Der FINO Quinta und der reife Fino Coquinero sind typische El-Puerto-Weine. Zu den ausgezeichneten SOLERA-Weinen zählen der AMONTILLADO AOS, der PALO CORTADO PDP, der OLOROSO Seco BC 200 und der PX Solera Vieja. Ist im Besitz einstiger

VORS-Stars von DOMECQ, u.a. Amontillado 51-1a. Erzeugt auch Tischweine in RIOJA, RUEDA, RIBERA DEL DUERO und weithin exportierte Brandys. Das Firmenlogo, der schwarze Stier, gilt mittlerweile als nationales Wahrzeichen.

Passadouro Port – Kraftvoller Single-QUINTA VINTAGE PORT, der von 1992 bis 2000 von NIEPOORT und seitdem von Jorge Serôdio Borges (WINE & SOUL) bereitet wird. Außerdem konzentrierter LBV von mit den Füßen gestampften Trauben und guter RESERVE RUBY.

Was weg ist, ist weg

So heißt es bei Sonderangeboten im Supermarkt. Doch der Spruch trifft auch auf Very Old TAWNY Port zu. Trend hin oder her, alte Lagerweine sind selten und Fässer, deren Inhalt gut genug ist, um einen Solopart zu übernehmen, noch seltener (daher die schwindelerregenden Preise). Manche meinen, es wäre doch besser, wenn man diese Weine »verlängerte« und ihre Magie in erschwinglichere 20- oder 40-Year-Old Tawnys einfließen ließe. Schön und gut, aber mit so was macht man doch keine Schlagzeilen ...!

Paternina, Federico Sherry ★→★★★ Stützt sich auf die Keller von Diéz-Mérito und bietet leichte junge Sherrys sowie eine Reihe feiner VORS-Weine: AMONTILLADO Fino Imperial, OLOROSO Victoria Regina und PX Vieja SOLERA.

Pedro Romero Sherry ★→★★ Führender MANZANILLA-Erzeuger mit empfehlenswertem Aurora im Pasada-Stil. Besitzt sehr alte SOLERAS, u.a. von Gaspar Florido (Pedro Romero erwarb die BODEGA 2007). Der älteste, durchdringend-konzentrierte PALO CORTADO stammt aus der Ánsar-Real-Solera (1820). Beliefert Equipo Navazos.

Pereira d'Oliveira Vinhos Mad ★★→★★★★ Die Madeira-Firma verfügt über einen enormen Vorrat (1,6 Millionen Liter) an seltenem altem FRASQUEIRA, der nur auf Anfrage vom Fass abgefüllt wird (darunter fantastische Jahrgänge aus dem 19. Jh., z.B. Terrantez 1880, SERCIAL 1875). Ebenfalls selten sind der Bastardo 1927 und der MOSCATEL 1875. Die COLHEITAS verbringen mind. 10 Jahre im Fass. Die Verschnitte werden sämtlich nach der ESTUFAGEM-Methode gereift.

Pérez Barquero Mont-M ★→★★★ Einer der Vorreiter bei der Wiederbelebung des PX in MONTILLA-MORILES. Feiner Gran Barquero FINO, AMONTILLADO und OLOROSO, sehr guter PX La Cañada. Beliefert EQUIPO NAVAZOS.

Plá, Pilar – El Maestro Sierra Sherry ★★★ Die kleine, traditionelle Bodega mit exzellenter Qualität wird von Carmen Borrego geleitet, die ihre Mutter Pilar Plá abgelöst hat. Feiner FINO und AMONTILLADO 1830 VORS sowie OLOROSO 1/14 VORS.

Porto Cruz Port – Die größte Portweinmarke, im Besitz von La Martiniquaise. Das protzige, mit Multimedia ausgestattete Besucherzentrum steht im Kontrast zu den umliegenden Lagerhäusern, ebenso wie die in leichterem Stil gehaltenen Ports, die auf eine jüngere und umfangreichere Gemeinde abzielen.

Puerto de Santa María, El Sherry – Eine der drei Städte, die das »Sherry-Dreieck« bilden. Die Produktion geht zurück, zu den verbliebenen BODEGAS gehören der ehemalige ALMACENISTA GUTIÉRREZ COLOSÍA sowie OSBORNE und TERRY. Die Finos aus Puerto werden besonders geschätzt, weil sie leichter sind als die aus JEREZ und weniger »salzig« als die aus SANLÚCAR.

Quinta Port – Portugiesisches Wort für Weingut. Der Begriff »Single-Quinta« bezeichnet VINTAGE PORTS aus Einzellagen im Besitz eines Handelshauses, die in guten, aber nicht außergewöhnlichen Jahren deklariert werden. Da es immer mehr Einzelerzeuger gibt, wächst auch die Zahl der in Spitzenjahrgängen erzeugten Single-Quinta Ports. Zu den angehenden Stars zählen PASSADOURO, Pintas (WINE & SOUL), Romaneira, Alves de SOUSA, Vale Dona Maria und Vale Meão.

Ramos Pinto Port ★★★ Port-Firma im Besitz des Champagnerhauses Louis Roederer. Neujustierungen beim VINTAGE PORT haben zu einer besseren Struktur geführt. Voller Single-QUINTA Vintage Port (Quinta de Ervamoira in DUORO Superior). Die Reihe konzentrierter TAWNYS übernimmt das Single-Quinta-Konzept für 10 Jahre alte (de Ervamoira) und 20 Jahre alte Weine (Quinta do Bom Retiro in Duoro Cima Corgo).

Reserve (oder **Reserva**) Port – Portwein, meist Reserve RUBY, manchmal auch Reserve TAWNY oder Reserve WHITE PORT, der ohne Jahrgangs- oder Altersangabe abgefüllt wird, aber besser ist als die einfachen Ports.

Rey Fernando de Castilla Sherry ★★→★★★ Die vorzügliche BODEGA wird von Jan Pettersen (früher bei OSBORNE) geleitet. Verlässlich ist die Sherry-Serie Classic, fantastisch die oxidativ ausgebaute Reihe Antique. Alle Weine wären als VOS oder VORS qualifiziert, aber Pettersen vermeidet das System lieber. Der faszinierende, komplexe, 8 Jahre alte FINO Antique ist auf die traditionellen, aber unüblichen 17 Vol.-% aufgespritet. Daneben sehr feiner Brandy sowie Essig. Beliefert EQUIPO NAVAZOS.

Rosé Port 2009 offiziell anerkannte, stetig wachsende und inzwischen bei den meisten Port-Häusern vertretene Kategorie, vor allem bei der jüngeren Generation beliebt und initiiert durch den »Pink« von CROFT. Servieren Sie ihn gekühlt, auf Eis oder (wie allgemein üblich) als Cocktail.

Royal Oporto Port ★→★★★ Das Wiedererwachen der Qualität fällt mit dem Arbeitsantritt des Techischen Direktors Jorge Moreira und dem überragenden Jahrgang 2011 zusammen. Besonders empfehlenswert sind der 2011er Real Companhia Velha, der 2011er VINTAGE PORT QUINTA das Carvalhas und der (bis auf das Jahr 1867 zurückgehende) Carvalhas Memórias do Século XIX Very Old TAWNY.

Rozès Port ★★★ Die Port-Firma gehört zum Champagnerhaus Vranken. Das Lesegut für die VINTAGE PORTS (einschließlich LBV) stammt von drei QUINTAS im Bereich DOURO Superior (Grifo, Anibal, Canameira). Der Vintage Port Terras do Grifo (07 09' 11) ist ein Verschnitt aus den Trauben aller drei Quintas, der sehr gute LBV kommt nur von Grifo.

Ruby Port – Die jüngste und billigste Portweinart: einfach, süß und rot; die besten sind als RESERVE etikettiert.

Saca Abstich von Sherry für die Flaschenabfüllung. Die *saca* für EN-RAMA-Sherrys findet üblicherweise im Frühling *(primavera)* und im Herbst *(otoño)* statt, wenn die schützende FLOR-Schicht am dicksten ist.

Sacristía AB Sherry – Das vielversprechende Projekt wurde 2010 von Antonio Barbadillo Mateos, einem Mitglied der Familie BARBADILLO, ins Leben gerufen. Faszinierende Kollektion reifer MANZANILLAS, die beweisen, dass diese Weine alt werden können.

Sánchez Romate Sherry ★★→★★★ 1781 gegründetes Familienunternehmen mit umfangreichem Sherry-Angebot: 8 Jahre alter Fino Perdido, nussiger AMONTILLADO NPU und PALO CORTADO Regente, ausgezeichneter VORS Amontillado und OLOROSO La Sacristía de Romate, üppiger PX Sacristía. Außerdem Brandy der Marke Cardenal Mendoza.

Sandeman Sherry ★→★★ Hat als Portweinhaus einen besseren Ruf denn als Sherry-Erzeuger. Am interessantesten sind die VOS-Weine, z. B. Royal Esmeralda AMONTILLADO oder Royal Ambrosante Corregidor Rich Old OLOROSO.

Sandeman Port Port ★★→★★★ Sehr guter TAWNY mit Altersangabe (v. a. 20- und 40-Year-Old), doch auch der VINTAGE PORT (**63 66** 70 75 77 94 97 00 03 07' 11') ist wieder in Form. Zweitetikett ist der offenherzige Vau Vintage. Außerdem sehr guter LBV. Neu ist der Cask 33 Very Old Tawny mit feiner Honignote (aus einem der rund 40 Fässer, die vom Jahrgang 1963 aufbewahrt werden).

Die Brise einfangen

Es ist nicht nur der Grundwein, der den Stil eines Sherrys bestimmt, sondern auch die Bodega: kühl und feucht ist am besten. Aus heißeren, trockeneren Bodegas kommen reichhaltigere, festere Weine. Am besten liegen Bodegas zur See hin, wo sie der Meeresbrise ausgesetzt sind. Auf der Meerseite werden die Fenster offen gelassen, während auf der anderen Seite die Läden geschlossen werden, um die Sonne auszusperren. Höhere Dächer sorgen für mehr Kühle, nackte Erdböden halten die Feuchtigkeit. Ein Fino von einer Seite einer Bodega kann völlig anders schmecken als einer, der auf der anderen Seite gelagert wurde. Die heißesten, trockensten Bodegas sind alten Amontillados und Olorosos vorbehalten.

Sanlúcar de Barrameda Sherry, Man – Die dritte Stadt des »Sherry-Dreiecks« (neben JEREZ und EL PUERTO DE SANTA MARÍA) liegt an der Mündung des Guadalquivir. Die Feuchtigkeit in den tief gelegenen Kellern begünstigt das FLOR-Wachstum, und die Meeresluft verleiht dem MANZANILLA, wie man sagt, eine gewisse Salzigkeit. Letztere lässt sich zwar mit analytischen Mitteln nicht nachweisen, ist aber zweifellos vorhanden. In Sanlúcars BODEGAS unter Flor gereifte Weine dürfen die DO Manzanilla-Sanlúcar de Barrameda in Anspruch nehmen.

Sercial Mad – Traditionelle Rebsorte für den gleichnamigen trockensten Wein Madeiras – ein überaus feiner Aperitif und sehr gut auch zu Räucherlachshäppchen oder Sushi. Siehe Kapitel »Rebsorten«.

Silva, C. da Port ★★→★★★ Port-Firma, deren beste Erzeugnisse die überaus raffinierte Reihe Dalva Golden White COLHEITA (**52' 63 71'**) und Colheita TAWNY sind.

Smith Woodhouse Port ★★★ Die 1784 gegründete kleine Port-Firma ist im Besitz VON SYMINGTON FAMILY ESTATES. Guter ungefilterter LBV und einige sehr feine, ungewöhnlich trockene VINTAGE PORTS (**66 70 75 77' 80 83 85 91 94** 97 00' 03 07 11'). Quinta da Madalena ist ein Single-QUINTA Vintage Port.

Solera Sherry, Mad – Beim Ausbau von Sherry und – wenngleich inzwischen nicht mehr so häufig – von Madeira angewandtes System. Es besteht darin, dass Fässer (BUTTS) mit reiferem Wein nach und nach mit etwas jüngerem Wein derselben Sorte aus der Stufe vorher *(criadera)* aufgefüllt werden. Dies erhält die Vitalität des FLORS, garantiert Einheitlichkeit und sorgt für Frische bei den reifen Weinen. Die Mindestreifezeit für FINO und MANZANILLA beträgt 2 Jahre in der Solera.

Sousa, Alves de Port – Der langjährige Traubenlieferant für TAYLOR'S erzeugt seit einiger Zeit DOURO-Tischweine und nun auch Port von den familieneigenen QUINTAS, darunter Alves de Sousa (09' 11'), ein Verschnitt von Lesegut aus Baixo Corgo und Cima Corgo, und den Single-Quinta VINTAGE PORT Quinta da Gaivosa (03 08 12) von Trauben aus Baixo Corgo. Außerdem guter 20-Year-Old TAWNY und WHITE PORT Caldas.

Tawny Port – Portweinstil, bei dem die Lagerung in Holzfässern eine Rolle spielt – daher die bräunliche *(tawny)* Farbe. Tawnys sind trinkreif, wenn sie auf den Markt kommen. Weine mit Altersangabe (10-, 20-, 30-, 40-Year-Old) und RESERVES besitzen deutlich mehr Komplexität. Die mindestens 30 Jahre alten und oft noch viel älteren COLHEITAS und Very Old Tawny Ports (siehe GRAHAM, NIEPOORT, TAYLOR, VALLADO, WINE & SOUL) kosten erheblich mehr als VINTAGE PORTS.

Taylor, Fladgate & Yeatman (Taylor's) Port ★★→★★★★ Historisches Portweinhaus und FLADGATES Kronjuwel mit imposanten VINTAGE PORTS (**66 70 75 77' 80 83 85** 92' 94 97 00' 03' 07' 09' 11'). Zu diesen zählen auch Single-QUINTA-Weine (Quintas Vargellas und Terra Feita), darunter der seltene Vargellas Vinha Velha von über 70 Jahre alten Reben. Marktführer bei TAWNY, u. a. sehr gute Versionen mit Altersangabe. Dank des Erwerbs von KROHN und dessen Lagerbeständen gab es einen Nachfolger (1863) für den Very Old Tawny Scion; der COLHEITA 1964 ist der erste einer Reihe von 50 Jahre alten Ports.

Toro Albalá Mont-M ★→★★★ Hier dreht sich alles um die Rebsorte PEDRO XIMÉNEZ (PX), und neben den jungen Weinen gibt es auch einige altehrwürdige, wie etwa den lebhaften AMONTILLADO Viejísimo und die prachtvolle, sirupartige Gran Reserva Don PX.

Sie mögen Sherry? Dann werden Sie Sherry-Essig lieben. Unverzichtbar für eine authentische Gazpacho.

Tradición Sherry ★★→★★★★ Die 1998 gegründete BODEGA mit noblem Stammbaum hatte sich anfangs ausschließlich auf VOS- und VORS-Weine konzentriert, inzwischen gibt es aber auch delikaten FINO. Beständig gut sind der ganz leicht salzige AMONTILLADO und der sehr ausgewogene PX. Außerdem Vinos de Añada (Jahrgangs-Sherrys), z. B. hervorragender OLOROSO 1970, 1975.

Valdespino Sherry ★★→★★★★ Die berühmte BODEGA in JEREZ erzeugt FINO Inocente aus der erstklassigen Einzellage Macharnudo (die EN-RAMA-Version wird von EQUIPO NAVAZOS abgefüllt). Grandiose trockene AMONTILLADOS Tío Diego und Coliseo; außerdem lebhafter OLOROSO Solera 1842 VOS und bemerkenswerter 80 Jahre alter MOSCATEL Toneles (der beste in Jerez). Gehört zur Grupo Estévez, die auch Marqués del Real Tesoro und La GUITA besitzt.

Vallado, Quinta da Douro – Das Gut in Familienbesitz war bis jetzt vor allem für seine DOURO-Tischweine bekannt, doch der Adelaide Tributa Very Old TAWNY Port (aus der Zeit vor der Reblausplage) hat bewiesen, dass man es auch mit der Portweinerzeugung ernst nimmt. Guter 10-, 20-, 30- und 40-Year-Old Tawny sowie VINTAGE PORT (09 11' 12).

Verdelho Mad – Madeira-Traube für die gleichnamigen halbtrockenen Weine; pikant, aber ohne die strenge Säure der SERCIAL-Traube. Guter Aperitif oder Begleiter zu Paté. Zunehmend auch für Tischweine beliebt.

Vesuvio, Quinta do Port ★★★★ Der Single-QUINTA-Port NOVAL kann mit den besten VINTAGE PORTS mithalten (**92 94 95' 96' 97 98' 99** 00' 01 03' 04 05' 06 07' 08' 09 10 11' 12). Der einzige Portwein von SYMINGTON FAMILY ESTATES, für den die Trauben noch mit menschlichen Füßen (statt von Robotern) gestampft werden. Der Capela da Quinta Vesuvio (07' 11') stammt von einer weiter unten in Flussnähe gelegenen Parzelle.

Vila Nova de Gaia Port – Stadt am Ufer des DOURO gegenüber von Porto, in der die größten Portweinfirmen traditionell ihre Lagerhäuser *(lodges)* haben. Allerdings wandern die Port-Häuser zunehmend aus dem Zentrum ab, um anderswo moderne Gebäude zu beziehen.

Port, Sherry und Madeira

Vintage Port Die besten Weine, die nur in besonders guten, »klassischen« Jahren von den einzelnen Portweinhäusern zwischen dem 1. Januar und dem 30. September des zweiten Jahres nach der Lese »deklariert« werden. Nach 2-jähriger Fasslagerung füllt man sie ungefiltert ab und lässt sie dann sehr langsam in der Flasche reifen. Dabei bilden sie Ablagerungen und sollten daher immer dekantiert werden. Moderne Vintage Ports sind früher zugänglich (und jung ein Genuss), die besten halten sich jedoch über 50 Jahre. Auch Single-QUINTA Vintage Ports sind früher trinkreif; die besten können aber 30 Jahre und mehr überdauern.

Warre Port ★★★→★★★★ Die älteste britische Portweinfirma überhaupt (gegründet 1670), heute im Besitz von SYMINGTON FAMILY ESTATES, erzeugt sehr gute, volle, langlebige VINTAGE PORTS (**63 66 70' 75 77' 80' 83 85 91 94** 97 00' 03 07' 09' 11'). Im eleganten Single-QUINTA und TAWNY Otima (10- und 20-Year-Old) spiegeln sich die erhöhte Lage und das kühle Klima der QUINTA da Cavadinha wider. Außerdem sehr guter Vintage Character (Warrior) und ungefiltert abgefüllter LBV.

White Port Von weißen Trauben hergestellter Port. Die Stile reichen von trocken *(dry)* bis süß *(lagrima)*, meist wird weißer Portwein aber halbtrocken und als Verschnitt mehrerer Jahrgänge bereitet und pur oder mit Tonic Water und frischer Minze als Aperitif getrunken. Wachsende Nischen sind White Port mit Altersangabe (10-, 20-, 30- oder 40-Year-Old), z.B. von ANDRESEN, KOPKE oder QUINTA de Santa Eufemia, sowie die seltenen weißen COLHEITAS, etwa der Dalva Golden White von C. da SILVA.

Williams & Humbert Sherry ★→★★★★ Die bis vor Kurzem für ihre Handelsmarken bekannte BODEGA wird jetzt besser, z.B. mit dem FINO EN RAMA 2006. Zu den Verkaufsschlagern zählen Dry Sack und die AMONTILLADOS der Marke Winter's Tale. Sehr gut sind die lang gereiften Weine, etwa der PALO CORTADO Dos Cortados, der süße OLOROSO As You Like It und der VOS Don Guido PX.

Ximénez-Spínola Sherry – Der kleine Erzeuger in JEREZ hat sich auf feine PEDRO-XIMÉNEZ-Weine spezilisiert.

Schweiz

Die folgenden Abkürzungen
werden im Text verwendet:

AG	Aargau
BE	Bern
BL	Basel-Land
BS	Basel-Stadt
FR	Freiburg (Fribourg)
GE	Genf (Genève)
GR	Graubünden
NE	Neuenburg (Neuchâtel)
SG	St. Gallen
SH	Schaffhausen
TG	Thurgau
TI	Tessin (Ticino)
VD	Waadt (Vaud)
VS	Wallis (Valais)
ZH	Zürich

**Die dunklen Flächen bezeichnen
die Weinbaugebiete**

Schweiz

Das schweizerische Bankgeheimnis mag vor der Auflösung stehen, doch ihr anderes Geheimnis hüten die Schweizer mit einer Leidenschaft wie eh und je: das ihrer Weinberge. Überall im Land trifft man Winzer an, die schwindelerregend steile Rebhänge und nicht selten extreme Wetterbedingungen mit Sorgfalt, Intelligenz und Perfektionismus meistern. Die Weinberge werden wie Gärten gepflegt, dazu kommen weiße Berggipfel vor blauem Himmel, grasende Kühe, wunderschöne Seen und plätschernde Bäche – für den Weintouristen ist die Schweiz ein Paradies.

Leider spiegeln die Schweizer Weine, die außerhalb des Landes erhältlich sind, das Schweizer Potenzial in keiner Weise wider. Die besten Tropfen schaffen es kaum jemals über die Grenze. Kein Wunder, kann doch der Schweizer Weinbau noch nicht einmal die Hälfte des Durstes seiner Landsleute stillen. 99 Prozent der gesamten Jahresproduktion von 100 Mio. Litern werden im Land getrunken, die anderen 150 Mio. Liter importiert. Der durchschnittliche Schweizer Weinliebhaber verfügt über eine Menge Sachverstand, denn die besten lokalen Weine werden ganz einfach zu Hause getrunken.

Neuere Jahrgänge

2014 Der trockene, sonnige September rettete die Ernte; ein Jahrgang klassisch strukturierter Weine.

2013 Bis zu 50 % weniger Ertrag als sonst. In der Ostschweiz hervorragend, Weine von großartiger Frische und Reintönigkeit.

2012 Ein Jahrgang für gute Kellermeister – schwierig mit Hagel und Regen.

2011 Sehr guter Jahrgang nach einem ungewöhnlich warmen, langen Herbst.

2010 Klassischer Jahrgang mit sehr eleganten Weinen; geringere Mengen als 2009.

2009 Einer der besten Jahrgänge der letzten Jahre.

Ältere gute Jahrgänge: 2005 (alle Weine), 2000 (v. a. Pinot noir, Walliser Rotweine), 1999 (Dézaley), 1997 (Dézaley), 1990 (alle).

Aargau (AG) – Weinbaukanton südöstlich von Basel. Auf 400 ha stehen vorwiegend Blauburgunder (PINOT NOIR) und MÜLLER-THURGAU. Gute Erzeuger: u. a. Weinbaugenossenschaft Döttingen, Haefliger, Hartmann, LITWAN, Meier (zum Sternen).

Aigle VD (r) w ★★ Eine der bekanntesten Weinbaugemeinden für CHASSELAS. Der Les Murailles von BADOUX ist berühmt, kann jedoch sehr leicht sein. Empfehlenswert: Terroir du Crosex Grillé.

AOC Das Äquivalent zur französischen Appellation Contrôlée, das jedoch nicht wie in Frankreich auf nationaler Ebene festgelegt wird, sondern jeder Kanton hat seine eigenen Regeln. Insgesamt gibt es 85 AOCs.

Der kleinste registrierte Rebflächenbesitz der Welt ist Les Amis de Farinet im Wallis. Hier stehen gerade mal drei Rebstöcke.

Bachtobel, Schlossgut TG ★★★ Ausgefeilter PINOT NOIR von Hängen bei Weinfelden. Die Abfüllungen eines jeden Jahrgangs werden von 1 bis 4 nummeriert (je höher die Zahl, desto besser der Wein und desto länger die Fassreife).

Badoux, Henri VD ★★ Großer Erzeuger, dessen CHASSELAS AIGLE les Murailles (mit der traditionellen Eidechse auf dem Etikett) die beliebteste Schweizer Weinmarke ist, die aber selten überzeugen kann.

Baumann, Ruedi SH ★★★ 00' 03 05' 08 09 10 11 12 13 14 – Führender Erzeuger in Oberhallau mit beerenduftigem, lagerfähigem PINOT NOIR, v. a. -R-, ann mee (gekeltert von Beatrice Baumann) und Zwaa (in Zusammenarbeit mit dem nahe gelegenen Gut Bad Osterfingen).

Bern (BE) – Bundesstadt der Schweiz und Kanton. Weinorte am Bielersee (La Neuveville, Ligerz, Schafis, Schernelz und Twann) und am Thunersee (Spiez). 240 ha, hauptsächlich CHASSELAS, PINOT NOIR. Spitzenwinzer: Andrey, Johanniterkeller, Schlössli, Steiner.

Besse, Gérald et Patricia VS ★★★ Führendes Familiengut im WALLIS, vorwiegend mit Lagen auf steilen Terrassen. Weine: u. a. eleganter FENDANT (Les Bans), GAMAY von Granitböden, kraftvoller Ermitage von alten Reben (MARSANNE).

Bovard, Louis VD ★★ →★★★★ Wenn CHASSELAS PINOT NOIR wäre, wäre dieses Familienweingut die DRC (siehe Kapitel Frankreich) der Schweiz. Der DÉZALEY La Médinette (**99' 00 03 05' 06 07** 09 11 12') ist ein Wein wie aus dem Bilderbuch, er hält sich 10 Jahre und länger. Ein neuer Kellermeister ist jetzt an Bord, aber der *grand seigneur* Louis-Philippe Bovard ist deswegen noch lange nicht untätig.

Bündner Herrschaft GR r rs w ★★→★★★ 05' 09' 10 11 12 13 14 – BLAU-
BURGUNDER mit ausgepräger Frucht und Struktur (milder Südwind und
kühles Klima dank der nahen Berge). Individualistische Winzer und nur
vier Gemeinden: FLÄSCH, Jenins, Maienfeld, MALANS.

Calamin VD w ★★★ GRAND CRU des LAVAUX mit nur 16 ha, Nachbar von
EPESSES und DÉZALEY, erzeugt einen herberen CHASSELAS-Stil. Erzeuger:
u. a. Dizerens, DUBOUX, Testuz.

Chablais VD (r) w ★★→★★★ Weinbaugebiet am oberen Ende des Genfer
Sees; Spitzengemeinden: AIGLE, YVORNE, v. a. bekannt für CHASSELAS. Der
Name leitet sich aus lat. *caput lacis*, Kopf des Sees, ab.

Chanton, Josef-Marie und Mario VS ★★★ Großartige Walliser Spezialitäten; Weinberge bis in 800 m Höhe: HEIDA, Lafnetscha, Himbertscha,
Eyholzer Roter, Plantscher, Resi und Gwäss. Auch guter BLAUBURGUNDER.

Eine kurze Geschichte des Schweizer Weins

Weinbau gibt es in der Schweiz seit den Römern. Archäologen fanden
Rebmesser, Pfähle und Rebholz, die wohl 1.700 Jahre alt sind. Im Jahr
515 gründete der burgundische König Sigismund die Abtei St. Mau-
rice im WALLIS, in deren Besitzungen auch Rebflächen erwähnt wur-
den. Die Burgunder förderten den Weinbau nicht nur rund um den
Murtensee (FRIBOURG), sondern in der ganzen Schweiz, einschließ-
lich GRAUBÜNDEN. Um das Jahr 1000 waren in allen Teilen des Landes
Rebflächen angelegt. Die Schweizer Winzer waren schon zu dieser
Zeit als sehr sorgfältige, hart arbeitende Menschen bekannt: Ein
Dekret aus dem Jahr 802 oder 803 verbot in der BÜNDNER HERR-
SCHAFT die Arbeit in den Weinbergen am Sonntag.

Schweiz

Chappaz VS r w; s ★★★→★★★★ Das kleine Gut in Fully im WALLIS ist
berühmt für großartige Süßweine (GRAIN NOBLE CONFIDENCIEL) von der
lokalen Petite ARVINE (**00 02 03 06' 09**) und Ermitage (MARSANNE). Schwer
aufzutreiben.

Côte, La VD (r) w ★→★★★ Größtes Gebiet im WAADTLAND und AOC (2.000
ha) westlich von Lausanne; hauptsächlich CHASSELAS in sehr leichtem
und kommerziellem Stil. Die Spitzenerzeuger (z. B. CRUCHON, DOMAINE LA
COLOMBE) verwenden biodynamische Methoden für mehr Tiefe und Charakter. Die bekanntesten Gemeinden sind Mont-sur-Rolle, FÉCHY, Morges.

Cruchon, Henri VD ★★→★★★ Biodynamisch arbeitender Winzer mit 36 ha
in La CÔTE, sehr beständig, bekannt für CHASSELAS und eine Reihe anderer Sorten (Altesse, CHARDONNAY, SAUVIGNON BLANC, GAMAY, Gamaret,
Servagnin alias PINOT NOIR). Spitzencru ist der ausgefeilte, lagernswerte
PINOT NOIR Raissennaz.

Dézaley VD (r) w ★★★ 90' 97 99 00 03 05' 09' 10 11 12 13 14 – Berühmter
GRAND CRU des LAVAUX, der steil zum Genfer See hin abfällt, 50 ha, im
12. Jh. von Zisterziensermönchen urbar gemacht. Mächtige CHASSE-
LAS-Weine, die sich mit der Reifung schön entwickeln. Am besten sind
Louis Bovard, DUBOUX, Fonjallaz, Monachon, Testuz, Ville de Lausanne.
In Georges Wengers Restaurant in Le Noirmont können Sie alte Jahrgänge
(bis 1976) probieren.

Dôle VS ★★ Traditioneller Rotweinverschnitt aus PINOT NOIR mit etwas
GAMAY. Die Antwort des WALLIS auf den Burgunder Passetoutgrains, aber
leichter, weniger tanninhaltig und fruchtiger. Empfehlenswert: BESSE,
Gilliard, PROVINS, MERCIER. Der rötliche Dôle Blanche wird aus sofort nach
der Lese gepresstem Traubengut hergestellt.

Domaine la Colombe VD ★★→★★★ Biodynamischer Familienbetrieb mit 15 ha in FÉCHY, La CÔTE. Raymond Paccots CHASSELAS ist weder dünn noch schwer, aber sehr fein, mit gutem Alterungspotenzial (z. B. La Brez).

Duboux, Blaise VD (r) w ★★★ 5-ha-Familienbetrieb im LAVAUX. Herausragender DÉZALEY *vieilles vignes* Haut de Pierre (sehr reichhaltiger, aber immer noch mineralischer Stil), CALAMIN Cuvée Vincent. Außerdem Plant Robert, ein örtlicher Klon von GAMAY.

Weinregionen der Schweiz

Die Schweiz ist grob in sechs Weinregionen unterteilt: WALLIS (Valais), WAADT (Vaud), TESSIN (Ticino), Drei-Seen-Land (Neuenburger-, Murten- und Bielersee) und die Deutschschweiz, zu der ZÜRICH, SCHAFFHAUSEN, GRAUBÜNDEN, AARGAU, St. Gallen, der Thurgau und einige kleinere Weinbaukantone gehören. Und trotz des Rufs der Schweiz, hauptsächlich ein Weißweinland zu sein, sind 60 % der Weine rot, insbesondere von PINOT NOIR.

Epesses VD (r) w ★→★★★ 09 10 11' 12 13 14 – Bekannte AOC in LAVAUX mit 130 ha rund um den GRAND CRU CALAMIN: robuste, körperreiche Weißweine. Erzeuger: u. a. BOVARD, Luc Massy, DUBOUX, Fonjallaz.

Féchy VD ★→★★★ BV – Berühmte, aber nicht sehr zuverlässige AOC in La CÔTE, v. a. CHASSELAS. Weinliebhabern, die Féchy-Weine bevorzugen, sagt man Féchytismus nach.

Federweisser Ostschweizer Bezeichnung für hellen Rosé- oder sogar Blanc de Noirs von BLAUBURGUNDER – analog zum Weißherbst in Deutschland, wo die Bezeichnung Federweißer für gärenden Traubenmost (Sauser) verwendet wird.

Fendant VS w ★→★★★ WALLISER Appellation für körperreichen CHASSELAS; die ideale Begleitung zu Käsefondue oder Raclette. Empfehlenswert: BESSE, Domaine Cornulus, PROVINS, GERMANIER, SIMON MAYE. Der Name ist abgeleitet von franz. »se fendre« (springen, platzen), da die reifen Beeren des lokalen Chasselas-Klons aufplatzen, wenn man sie zwischen den Fingerspitzen zerdrückt.

Fläsch GR ★★★→★★★★★ Kleiner Weinort, bekannt für seine Schieferböden, die den mineralischsten und strengsten PINOT NOIR in der BÜNDNER HERRSCHAFT hervorbringen. Viele empfehlenswerte Güter, v. a. Mitglieder der Familien Adank, Hermann und Marugg. GANTENBEIN ragt besonders hervor, auch für CHARDONNAY.

flétri/mi-flétri Spät gelesenes Traubengut, aus dem süßer bzw. leicht süßer Wein gekeltert wird, v. a. bei Walliser Spezialitäten üblich.

Fribourg (Freiburg FR) – 115 ha am Ufer des Murtensees (Mont Vully): kraftvoller CHASSELAS, eleganter TRAMINER, runder PINOT NOIR. Empfehlenswert: Château de Praz, Cru de l'Hôpital, Derron.

Fromm, Georg Weingut GR ★★★ 05' 08 09' 10 11 12 **13** 14 – Spitzenerzeuger in MALANS, 4 ha, bekannt für duftenden, subtilen PINOT NOIR verschiedener Einzellagen: Selfi, Fidler, Schöpfi. Ist auch in Neuseeland unter dem Etikett Wheeler & Fromm aktiv.

Gantenbein, Daniel und Martha GR ★★★★ 05 08 09' 10' 11 12 **13'** 14 – Die (zumindest im Ausland) bekanntesten Winzer der Schweiz mit Sitz in FLÄSCH erzeugen erstklassigen PINOT NOIR von Klonen, die von der Dom. de la Romanée-Conti (siehe Frankreich) bezogen wurden, und Riesling von Klonen, die vom Weingut Dr. Loosen (siehe Deutschland) stammen.

Herausragender CHARDONNAY in äußerst limitierten Mengen. 2013 brachte nur 30 % des sonst üblichen Ertrags.

Genève (Genf GE) – Stadt und Weinbaukanton mit 1.400 ha; am weitesten vom See entfernt. Anspruchsvolle Erzeuger bevorzugen internationale Sorten und PINOT NOIR, anstelle von GAMAY und CHASSELAS, z. B. Domaine des Balisiers, Domaine Grand'Cour, Novelle, Les Hutins. Die meisten Weinberge am Genfer See gehören zum Kanton WAADT.

Germanier, Jean-René VS r w; s ★★→★★★ Bedeutendes Gut im WALLIS, bekannt v. a. für den verlässlichen FENDANT Les Terrasses, den eleganten SYRAH Cayas und den AMIGNE von Schieferböden aus Vétroz, in süßer (Mitis) und trockener Version.

Glacier, Vin du (Gletscherwein) VS – Fast schon legendärer, aus der seltenen Sorte Rèze gekelterter oxidativer und in (Lärchen)Holz ausgebauter Walliser Weißwein aus dem Val d'Anniviers. Im Weinkeller des Rathauses von Grimentz kann man ihn probieren. Wenn Sie Sherry mögen, sollten Sie Gletscherwein nicht verpassen.

Grain Noble ConfidenCiel VS – Qualitätsbezeichnung für ursprüngliche Süßweine, deren Trauben am Rebstock gereift sind. Empfehlenswert: Domaine du Mont d'Or, CHAPPAZ, Philippe Darioli, Dorsaz (beide Güter), GERMANIER, PROVINS.

Grands Crus Valais VS, VD — Uneinheitlich verwendete Bezeichnung; einige WALLISER Gemeinden (z. B. SALGESCH für PINOT NOIR) haben eigene Regelungen. Im WAADTLAND darf »Premier Grand Cru« für eine Vielzahl von Gutsabfüllungen verwendet werden. Die Schweiz besitzt nur zwei Grands Crus im Sinne einer Weinbergklassifikation: CALAMIN und DÉZALEY.

Graubünden (Grisons GR) – Hauptsächlich deutschsprachiger (und rätoromanischer) Bergkanton mit einem kleineren italienischsprachigen Teil südlich der Alpen (Misox; v. a. MERLOT). BLAUBURGUNDER ist der Protagonist, der CHARDONNAY ist sehr gut, auch MÜLLER-THURGAU. Siehe BÜNDNER HERRSCHAFT. Die besten Erzeuger in anderen Gebieten: Cicero, Manfred Meier, von TSCHARNER.

Grünenfelder, Irene GR r (w) ★★★ Die Produktion im Weingut Eichholz in Jenins in der BÜNDNER HERRSCHAFT ist sehr limitiert. Feiner PINOT NOIR und aromatischer SAUVIGNON BLANC.

Huber, Daniel ★★→★★★★ Deutschschweizer im TESSIN mit Vorreiterrolle; erzeugt subtile Rotweine aus womöglich historischen Lagen, die er 1981 als Brachland erworben und wieder urbar gemacht hat. Verlässlicher MERLOT Fustoquattro, Premiumetikett ist der Montagna Magica (**03 05'07 08** 09).

Johannisberg VS – Synonym für SILVANER im WALLIS, oft halbtrocken oder süß ausgebaut. Schmeckt großartig zu Fondue. Exzellent von der Domaine du Mont d'Or.

Lavaux VD (r) w ★★→★★★★ Das beste Gebiet am Genfer See, mit reichhaltigen, mineralischen CHASSELAS-Weinen. Die 30 km steilen, nach Süden ausgerichteten Weinbergterrassen östlich von Lausanne sind UNESCO-Welterbe. Zwei GRANDS CRUS (DÉZALEY, CALAMIN) und diverse Gemeinde-AOCS.

Litwan, Tom AG ★★★ Neuer Erzeuger, der in Burgund studiert hat. Feiner, detailreicher PINOT NOIR Auf der Mauer und Chalofe (»Kalkbrennofen«).

Malans GR – Gemeinde in der BÜNDNER HERRSCHAFT. Spitzenerzeuger des hiesigen PINOT NOIR sind u. a. Donatsch, FROMM, Liesch, Studach, Wegelin. Aus der spät reifenden Lokalsorte Completer werden charakteristische, phenolische Weißweine bereitet, die den Mönchen früher als Trunk zum Abendgebet dienten, dem Completorium. Adolf Boner ist hier der Gralshüter.

Schweiz

Maye, Simon et Fils VS r w ★★★ Perfektionistischer Betrieb in St-Pierre-de-Clages mit 12 ha, die über 50 Parzellen verteilt sind. Kompakter SYRAH *vieilles vignes* (**00 02** 07' **08** 09), würziger, kraftvoller Païen (HEIDA), konzentrierter PINOT NOIR. FENDANT und DÔLE ebenfalls sehr gut.

Mémoire des Vins Suisses Verband von 50 führenden Erzeugern mit dem Ziel, einen Bestand an Schweizer Weinikonen aufzubauen, um deren Alterungspotenzial nachzuweisen. Die ältesten Weine sind von 1999; jedes Jahr wird eine öffentliche Verkostung durchgeführt.

Schweizer Armee

Die am meisten unterschätzten Schweizer Weine sind die von lokalen Rebsorten. Bemerkenswerte, weil indigene Sorten sind: Completer (BÜNDNER HERRSCHAFT), Räuschling (ZÜRICH), Petite Arvine, AMIGNE, HEIDA, HUMAGNE BLANCHE (Wallis) für Weiße, Bondola (TESSIN), CORNALIN, Durize, Humagne rouge (Wallis) für Rote. In VISPERTERMINEN hat sich jüngst eine Gruppe von Weinliebhabern unter Führung des Ampelographen José Vouillamoz zusammengetan, um einen alten Weinberg zu retten, der mit einem Dutzend alter Sorten bestockt ist, darunter Gouais blanc – ein Elternteil einer Vielzahl von europäischen Rebsorten.

Mercier, Anne Catherine et Denis VS ★★★ Die Winzer in SIERRE erzeugen auf nur 6 ha einen der gefragtesten CORNALIN-Weine (**99 02 05' 09'** 10 11 12 13) sowie SYRAH.

Möhr-Niggli GR ★★→★★★ Junges Paar, das fruchtbetonten, eleganten PINOT NOIR (Premiumetikett Pilgrim) in Maienfeld in der BÜNDNER HERRSCHAFT erzeugt.

Morges VD (r) w ★→★★ Große AOC im WAADTLAND an den Ufern des Genfer Sees, v. a. CHASSELAS, dazu fruchtige Rotweine.

Neuchâtel (Neuenburg NE) r rs w ★→★★★★ 595 ha im Umland der Stadt und des Sees. CHASSELAS normalerweise sehr leicht (10–11 %) und etwas perlend (meist *sur lie* bereitet). Der PINOT NOIR von einem örtlichen Klon (Cortaillod) kann exquisit sein; auch guter OEIL DE PERDRIX, PINOT GRIS, CHARDONNAY. Erzeuger: u. a. Château d'Auvernier, La Maison Carrée, Porret, Tatasciore. Wurde 2013 von schwerem Hagelschlag getroffen.

Non Filtré NE – SPEZIALITÄT aus NEUCHÂTEL: nicht filtrierter CHASSELAS, der durch Frische besticht.

Œil de Perdrix NE – Blasser Rosé von PINOT NOIR, angeblich von der Farbe eines Rebhuhnauges. Ursprünglich aus NEUCHÂTEL, jetzt auch anderswo anzutreffen.

Pircher, Urs ZH ★★★→★★★★ **05' 08 09'** 10 11 12 **13** – Spitzenerzeuger in Eglisau an einem steilen Südhang über dem Rhein. Der Stadtberger Barrique von alten Schweizer Klonen ist einer der komplexesten und alterungswürdigsten PINOT-NOIR-Weine der Schweiz. Die Weißen bestechen durch Reintönigkeit und Eleganz, z. B. der 2013er PINOT GRIS.

Provins Valais VS ★→★★★ Riesige Winzergenossenschaft und der größte Erzeuger: mehr als 4.000 Mitglieder, 1.500 ha. Gut sind die in Eiche ausgebauten Weine der Reihe Maître de Chai; außerdem auch verlässliche Qualität auf Einstiegsniveau. Jetzt gibt es auch einen Blanc de Noirs (PINOT NOIR/GAMAY) und den anspruchsvollen Bordeaux-Verschnitt Electus (unter dem Etikett Valais Mundi).

Rouvinez Vins VS r w ★→★★★ Gut aufgestellter Erzeuger in SIERRE, am bekanntesten für die Cuvées La Trémaille (w) und Le Tourmentin (r). Unter der Ägide von Familie Rouvinez stehen auch drei weitere Betriebe im WALLIS: Orsat, Imesch, Charles Bonvin.

St. Jodern Kellerei VS ★★→★★★ Die 1978 gegründete Genossenschaft in VISPERTERMINEN ist bekannt für ihren HEIDA Veritas von wurzelechten alten Reben, der auf einzigartige wie wunderbare Weise das alpine Terroir widerspiegelt.

St-Saphorin VD (r) w ★★→★★★ **09 10 11'** 12 13 14 – Berühmte CHASSELAS-AOC des LAVAUX für Weißweine, die leichter sind als DÉZALEY, aber oft die gleiche mineralische Feinheit besitzen. Empfehlenswert: Les Manchettes von Pierre Monachon.

Salgesch VS ★★→★★★ Deutschsprachige Weinbaugemeinde im WALLIS, BLAUBURGUNDER-Stützpunkt auf kalkhaltigen Böden. Seit 1988 Grand-Cru-Regelungen (in Bezug auf Erträge und Mostgewicht). Keine Weinbergklassifikation. Erzeuger: u.a. A&D Mathier, Albert Mathier, Cave du Rhodan.

Schaffhausen (SH) ★→★★★ Nahe dem Rheinfall gelegene Hauptstadt des gleichnamigen Ostschweizer Weinbaukantons, 482 ha. Angebaut werden BLAUBURGUNDER, MÜLLER-THURGAU und Spezialitäten. Die bekannteste Gemeinde ist Hallau, doch Vorsicht ist geboten. Spitzenerzeuger: BAUMANN, Bad Osterfingen, Markus Ruch, Stamm. GVS ist eine gute Winzergenossenschaft.

Schenk S.A. VD ★→★★★ Weltweit agierende große Weinfirma mit Hauptsitz in Rolle (WAADT), 1893 gegründet. Klassische Weine (v.a. aus der Waadt und dem WALLIS). Einer der ganzen wenigen Erzeuger mit beträchtlichem Export.

Schloss Salenegg GR ★★★ Historisches Gut in Maienfeld in der BÜNDNER HERRSCHAFT, bekannt für feingliedrigen, ausgefeilten PINOT NOIR.

Schwarzenbach Weinbau ZH r w ★★★ Führender Familienbetrieb am Zürichsee, bekannt v.a. für frische Weißweine, die gut zu Süßwasserfisch passen: die örtliche Spezialität Räuschling, MÜLLER-THURGAU. Außerdem ausgezeichneter PINOT NOIR.

Sierre VS r w ★★→★★★ Sonnenstadt mit reichhaltigen, üppigen Weinen des WALLIS. Die bekanntesten Namen sind Imesch, MERCIER, ROUVINEZ, Maurice Zufferey.

Sion VS r w ★★→★★★ Hauptstadt des WALLIS und Mittelpunkt seines Weinbaus; Standort großer Erzeuger: Charles Bonvin Fils, PROVINS VALAIS, Robert Gilliard, Varone.

Der Weinverbrauch in der Schweiz liegt bei 34 Litern pro Person und Jahr. 1988 waren es 50 Liter.

Spezialitäten Rebsorten, die mengenmäßig nur geringfügig vorkommen, bringen mit die qualitativ besten Weine der Schweiz, etwa Räuschling, GEWÜRZTRAMINER und PINOT GRIS in der Deutschschweiz oder lokale Sorten (wie JOHANNISBERG, SYRAH) im Wallis.

Stucky, Werner TI ★★★→★★★★ Der 1981 aus der Deutschschweiz ins TESSIN eingewanderte Winzer machte aus dem leichten, fruchtigen MERLOT del Ticino einen dichten, in Eiche ausgebauten Wein. Heute erzeugt er den Temenos (Completer/SAUVIGNON BLANC), den Tracce di Sassi (Merlot) und den Conte di Luna (Merlot/CABERNET SAUVIGNON). Eine von Stuckys besten Lagen ist nur per Seilbahn erreichbar.

Tessin (Ticino TI) ★★→★★★ **05' 08** 09' 10 11 12 (13) – Italienischsprachige Südschweiz. Angebaut wird v.a. MERLOT; die besten Weine sind gut strukturiert und stilistisch alles andere als »international«, z.B. von Gialdi, Huber, Kaufmann, Klausener, Kopp von der Crone Visini, STUCKY, Tamborini, VINATTIERI, ZÜNDEL. Empfehlenswert ist auch die Azienda Mondò in Sementina, die auf die alte Bondola-Traube spezialisiert ist.

Tscharner, Gian-Battista von r w ★★→★★★★ Familienbetrieb auf Schloss Reichenau in GRAUBÜNDEN, bekannt für tanninbetonten BLAUBURGUNDER mit Alterungspotenzial, z. B. Jeninser Tscharnergut von alten Reben (11'). Der Jeninser Blauburgunder Mariafeld (90') ist immer noch frisch mit herrlichem Beerenaroma.

Waadt (Vaud VD) – Für seine konservative Einstellung bekannter Weinbaukanton mit den Anbaugebieten CHABLAIS, La CÔTE und LAVAUX sowie kleinen Außenposten am Murtensee und Neuenburgersee. Bedeutende große Erzeuger: Hammel, Bolle, Obrist, SCHENK. CHASSELAS gibt den Ton an – aber nur gute Terroirs rechtfertigen die Treue der Winzer.

Wallis (Valais VS) – Größter Weinbaukanton der Schweiz im trockenen, sonnigen oberen Rhône-Tal. Viele einheimische Sorten (z. B. die weißen AMIGNE, HUMAGNE blanche, Petite ARVINE und die roten CORNALIN, Humagne rouge), breites Spektrum an Böden (Granit, Schiefer, Kalk); die Stile reichen von trockenem CHASSELAS (FENDANT) bis zu fassgereiftem Rot- und Süßwein. MARSANNE und SYRAH ergeben sehr gute Weine. Spitzenerzeuger: BESSE, CHANTON, CHAPPAZ, Domaine Cornulus, Darioli, Dorsaz, Didier Joris, SIMON MAYE, MERCIER, Domaine du Mont d'Or, PROVINS VALAIS, La Rodeline, La Romaine, ROUVINEZ, GERMANIER, ST. JODERN KELLEREI, Maurice Zufferey.

Der höchste Weinberg der Schweiz liegt auf 1.100 Metern.

Vinattieri Ticinesi TI ★★→★★★★ 09' 10 11' 12 (13) – Luigi Zanini junior und senior erzeugen MERLOT in deutlich internationem Stil, kraftvoll und sehr eichenbetont. Spitzenwein: Castello Luigi.

Vispertermirnen VS w ★→★★★ Weinbaugebiet im Oberwallis, bekannt v. a. für HEIDA. Besitzt mit den Rieben einen der höchsten Weinberge Europas auf über 1.000 m Höhe, den man aus dem Zug nach Zermatt oder Saas-Fee sehen kann. Empfehlenswert: CHANTON, ST. JODERN KELLEREI.

Yvorne VD (r) w ★★→★★★ Spitzen-AOC des CHABLAIS für reichhaltigen CHASSELAS. Die besten Rebflächen liegen auf dem Geröll einer 1584 niedergegangenen Lawine. Empfehlenswert: Commune d'Yvorne, Château Maison Blanche, Domaine de l'Ovaille.

Zündel, Christian TI r w ★★★→★★★★ 02 05' 09 10 11 12 13 – Deutschschweizer Geologe im TESSIN. Reintöniger, lagernswerter MERLOT/CABERNET SAUVIGNON Orizzonte. Seit Neuestem liegt der Fokus auf wunderbarem kühlklimatischem CHARDONNAY.

Zürich (ZH) – Größter Weinbaukanton in der Ostschweiz mit 610 ha. Angebaut werden v. a. BLAUBURGUNDER und MÜLLER-THURGAU; Räuschling ist eine örtliche Spezialität. Die besten Erzeuger sind Gehring, Lüthi, PIRCHER, SCHWARZENBACH, Zahner.

Österreich

Die folgenden Abkürzungen
werden im Text verwendet:

Bgl	Burgenland
Carn	Carnuntum
M-Bgl	Mittelburgenland
NÖ	Niederösterreich
N'see	Neusiedlersee
N'see-Hü	Neusiedlersee-Hügelland
SO-Stm	Südoststeiermark
S-Stm	Südsteiermark
Stm	Steiermark
S-Bgl	Südburgenland
Therm	Thermenregion
W-Stm	Weststeiermark

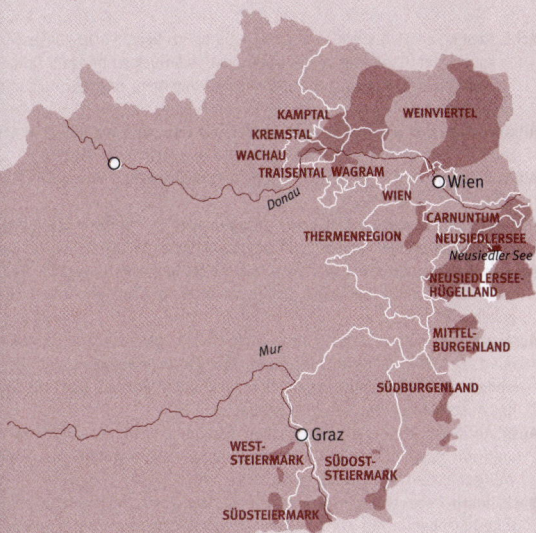

**Die dunklen Flächen bezeichnen
die Weinbaugebiete**

KAMPTAL
KREMSTAL
WACHAU
TRAISENTAL WAGRAM
Donau
WIEN
Wien
CARNUNTUM
THERMENREGION
NEUSIEDLERSEE
Neusiedler See
NEUSIEDLERSEE-HÜGELLAND
MITTEL-BURGENLAND
Mur
SÜDBURGENLAND
WEST-STEIERMARK
Graz
SÜDOST-STEIERMARK
SÜDSTEIERMARK
WEINVIERTEL

Österreich ist zwar nur ein winziger Akteur in der Welt des Weins, schlägt sich aber trotz seines Leichtgewichts gut, was die Qualität betrifft. Viele kleine Winzer bringen individuelle, handgearbeitete, von ihrer Lage bestimmte Weine hervor. Österreichs ausgeprägtes Kontinentalklima mit warmen Sommern, einem langen Herbst und kühlen Nächten ermöglicht die ideale Kombination von üppiger Frucht und lebendiger Säure. Das gilt für rassige Alltagsweine ebenso wie für Reserve- und edle Süßweine. Und der Qualitätsanspruch steigt stetig: Das Land zählt nun bereits neun DACs, in denen strenge Standards herrschen. Der erste DAC war 2001 das Weinviertel, der bisher letzte 2013 der Wiener Gemischte Satz. Niederösterreich, das sich entlang der Donau und ihrer Nebenflüsse erstreckt, ist Weißweinland und die Heimat der österreichischen Paradetraube Grüner Veltliner sowie von Rieslingen, die zur Weltklasse zählen. Die Steiermark im Südosten des Landes steht für Sauvignon blanc, während Rotweinsorten wie Blaufränkisch, Zweigelt und St. Laurent im pannonischen Klima des östlichen Burgenlands gedeihen.

Neuere Jahrgänge

2014 Gewissenhafte Auslese war erforderlich: schwieriger August, nasser September, einige Hagelschäden. Qualität auf Kosten von Quantität.

2013 Ein heißer, trockener Sommer, Regen im September. Sehr gut für Süßweine.

2012 Kleinere Ernte als 2011; Qualität zufriedenstellend oder besser.

2011 Einer der besten Jahrgänge seit Menschengedenken.

2010 Lese von Hand und peinlich genaues Arbeiten waren erforderlich; die Erträge lagen bis zu 45 % unter dem üblichen Niveau.

2009 Ungleichmäßig, mit einigen herausragenden Weiß- (Niederösterreich, Steiermark) und Rotweinen (Neusiedlersee, Burgenland).

2008 Das kühlste Jahr seit 2004. Einige herausragende Ergebnisse.

2007 Gut in der Steiermark und im Burgenland für Blaufränkisch, Zweigelt und Pinot noir.

Achs, Paul N'see r (w) ★★★ 10 11 12 13 – Guter Erzeuger in GOLS, besessen davon, den Charakter seiner Lagen zum Ausdruck zu bringen. Durchweg Qualität, v. a. der BLAUFRÄNKISCH Ungerberg und der elegante PINOT NOIR.

Allram Kamptal w ★★★ 10 11 12 13 Ehrgeiziger Erzeuger von GRÜNEM VELTLINER und RIESLING, v. a. aus den Lagen Heiligenstein und Gaisberg.

Alphart Therm w ★★→★★★ Traditionelles, verlässliches Weingut. Guter ROTGIPFLER/ZIERFANDLER.

Alzinger Wachau w ★★★◦ 05 06 07 08 09 10 11 12 13 – Spitzengut mit ausdrucksvollem, lagerfähigem RIESLING und GRÜNEN VELTLINER.

Arndofer Kamptal r w ★★★ Kreatives, talentiertes junges Erzeugerpaar. Topweine unter dem Label Leidenschaft, darunter ein spannender, in Eiche gereifter RIESLING.

Ausbruch Prädikatswein mit hohem Zuckergehalt: das Mostgewicht muss mind. 27° KMW, umgerechnet etwa 138,6° Oechsle betragen. Wird entweder von edelfaulen oder getrockneten Trauben erzeugt. Die Tradition des Ausbruchs wird v. a. in RUST gepflegt.

Ausg'steckt Ein frischer grüner Buschen (Strauß von Zweigen) wird außen angebracht, wenn ein HEURIGER oder BUSCHENSCHANK geöffnet ist – die Weinschenke ist also »ausg'steckt«.

Beck, Judith N'see r w ★★→★★★ Aufstrebende biologisch-dynamisch arbeitende Erzeugerin mit gut bereiteten roten Verschnitten (basierend auf BLAUFRÄNKISCH oder ZWEIGELT) und St. Laurent.

Braunstein, Birgit N'see r w ★★★ 11 12 – Talentierte Erzeugerin von BLAUFRÄNKISCH LEITHABERG und Felsenstein, PINOT NOIR sowie ST. LAURENT.

Bründlmayer, Willi Kamptal r w; s; w ★★★★ 05 06 07 08 09 10 11' 12 13 – Weingut von Weltklasse mit herausragendem RIESLING und GRÜNEN VELTLINER, v. a. Riesling Heiligenstein Alte Reben und Grüner Veltliner Käferberg. Beeindruckender Schaumwein nach der traditionellen Methode, v. a. der Extra Brut.

Burgenland r (w) – Bundesland und Weinbauregion im Osten Österreichs an der ungarischen Grenze. Das warme Klima eignet sich für BLAUFRÄNKISCH wie aus dem Bilderbuch, insbesondere im MITTELBURGENLAND und SÜDBURGENLAND. Um den flachen NEUSIEDLER SEE herrschen auch ideale Bedingungen für edelfaule Süßweine.

Carnuntum NÖ r w – Dynamisches Weinbaugebiet südöstlich von WIEN, das mittlerweile mit guten Rotweinen, oft auf ST.-LAURENT-Basis, aufwartet. Beste Erzeuger: G. Markowitsch, MUHR-VAN DER NIEPOORT, Netzl, TRAPL.

Christ Wien r w ★★★ Innovativer Erzeuger in WIEN, der die Bewegung für den GEMISCHTEN SATZ fördert. Erzeugt auch interessante rote Verschnitte.

Districtus Austriae Controllatus (DAC) Appellationssystem für gebietstypische Qualitätsweine. Der erste DAC wurde 2001 im Weinviertel eingerichtet und markierte den Anfang einer steilen Qualitätskurve nach oben. Derzeit gibt es neun DACs: EISENBERG, KAMPTAL, KREMSTAL, LEITHABERG, MITTELBURGENLAND, NEUSIEDLERSEE, TRAISENTAL, WEINVIERTEL und Wiener GEMISCHTEN SATZ. Die meisten DACs unterscheiden zwischen Klassik- und Reserve-Weinen und schreiben neben Sortenreinheit auch die Dauer der Reife vor.

Domäne Wachau Wachau w ★★→★★★ Exzellente Genossenschaft (ehemals Freie Weingärtner), die ein Drittel aller Weine der WACHAU und durchweg Qualität erzeugen. Rebflächen in den besten Lagen, z. B. Achleiten, Kellerberg. Großartige Verkostungsräume.

Ebner-Ebenauer Weinviertel w ★★★ Eindrucksvoller, dynamischer Newcomer, insbesondere für GRÜNEN VELTLINER und CHARDONNAY. Hervorragender Blanc de Blancs *méthode traditionelle*.

Ehmoser Wagram r w ★★★ Kleiner, individueller Erzeuger mit gutem GRÜNEN VELTLINER.

Eichinger, Birgit Kamptal ★★★ Spitzenerzeugerin von RIESLING und herzhaftem GRÜNEN VELTLINER aus den Einzellagen Gaisberg, Heiligenstein und Lamm.

Eisenberg S-Bgl – Kleiner DAC (seit 2009); eleganter BLAUFRÄNKISCH von Schieferböden.

Erste Lage In diese Spitzenkategorie nach der Weinbergklassifikation des ÖTW gehören derzeit etwa 62 Lagen im KAMPTAL, KREMSTAL, TRAISENTAL und WAGRAM.

Esterhazy Bgl r (w) ★★ Das Fürstenschloss in Eisenstadt (BURGENLAND) steht unter einer ehrgeizigen neuen Leitung.

Federspiel Wachau – Mittlere Kategorie der VINEA WACHAU mit einem Alkoholgehalt von mind. 11,5 % bis maximal 12,5 %. Elegante Weine, die eher Tiefe als Kraft zeigen und perfekte Essensbegleiter sind. Nach der Beuteattrappe für zur Jagd abgerichtete Falken benannt.

Feiler-Artinger N'see r w; s ★★★→★★★★ 03 04 05 06 07 08 09 10 11 12 13 – Überragender Weinbaubetrieb in RUST mit Spitzendessertweinen (AUSBRUCH), die oftmals sehr günstig sind. Auch elegante Rote. Wunderschönes Barockgebäude.

Forstreiter Kremstal w ★→★★ Beständiger Erzeuger im KREMSTAL, besonders gut ist der RIESLING.

Gemischter Satz Wien – Ein Verschnitt von weißen Traubensorten, die im selben Weinberg wachsen und gemeinsam vinifiziert werden. Eine jahrhundertealte europäische Tradition, die überlebt hat und nun neu begründet wird. Seit 2013 DAC in WIEN. Keine Sorte darf zu mehr als 50 % enthalten sein. Historisch gesehen eine Methode, die das Frostrisiko minimiert, da es auf verschiedene Sorten verteilt ist. Empfehlenswert z. B. von CHRIST und WIENINGER.

Gesellmann M-Bgl r w (s) ★★★ Berühmt für den BLAUFRÄNKISCH Hochberg und rote Verschnitte.

Geyerhof Kremstal r w ★★ Pionier bei Bioweinen; eleganter RIESLING und individueller GRÜNER VELTLINER.

Gols N'see r w – Weinbaugemeinde am Nordufer des NEUSIEDLER SEES. Beste Erzeuger: BECK, G. HEINRICH, NITTNAUS, PITTNAUER, PREISINGER.

Gritsch – Mauritiushof Wachau w ★★ Immer wieder unterschätzter Erzeuger, v. a. mit Riesling von der Lage 1000-Eimerberg und feinem Gelbem MUSKATELLER.

Groiss, Ingrid Weinviertel w ★★ Qualitätsbewusste Newcomerin mit ausdrucksstarkem, überzeugendem GRÜNEN VELTLINER.

Gross S-Stm ★★★ Perfektionistischer Erzeuger in der SÜDSTEIERMARK; konzentriert sich auf Weine mit Regionalcharakter, v. a. SAUVIGNON BLANC.

Große Lage Stm – Oberste Klassifikationsstufe in der STEIERMARK, aber nicht an der Donau (siehe ERSTE LAGE). Vgl. die gleichen Begriffe im Kapitel Deutschland.

Gsellmann & Hans N'see r w ★★ Das Bioweingut in GOLS ist bekannt für rote Verschnitte, außerdem guter trockener PINOT BLANC.

Gumpoldskirchen Therm – Berühmter Ort für HEURIGEN südlich von WIEN und Zentrum des Weinbaugebiets THERMENREGION. Unverwechselbare Weißweine von den Trauben ZIERFANDLER und ROTGIPFLER.

Gut Oggau N'see r w ★★→★★★ Innovative Winzer (biodynamisch) mit authentischen Weinen.

Frauenpower

Es mag in der heutigen Zeit überholt erscheinen, einen besonderen Blick auf Frauen in der Weinwelt zu werfen, doch Österreich ist in gesellschaftlicher Hinsicht immer noch sehr konservativ. Der Zusammenschluss »11 Frauen und ihre Weine« ist eine Hochburg an Qualität und Innovation. Zu den fähigen und entschlossenen Winzerinnen zählen u. a. BECK, BRAUNSTEIN, EICHINGER, GEYERHOF und SCHRÖCK.

Haider N'see s ★★★ 13 Rebsorten wachsen hier auf 13 ha. Am bekanntesten für seine Trockenbeerenauslesen.

Heinrich, Gernot N'see r w; tr s ★★★ 06 07 08 09 10 11 12 13 – Fähiger Erzeuger in GOLS und Mitglied der PANNOBILE-Winzervereinigung. Hervorragende rote Einzellagenweine wie Salzberg und Alter Berg.

Heinrich, Johann M-Bgl r w ★★★ 05 06 08 09 11 12 13 – Führender Erzeuger im MITTELBURGENLAND; sehr guter BLAUFRÄNKISCH Goldberg Reserve.

Heuriger Steht erstens für den Wein der letzten Ernte, zweitens für eine Weinschenke, in der die Winzer einer alten Verordnung zufolge ihre eigenen Weine ausschenken und dazu rustikale Speisen anbieten dürfen. Eine wienerische Institution.

Hiedler Kamptal w; s ★★★ Beständig guter Winzer mit konzentrierten Weinen von steil terrassierten Lagen.

Hirsch Kamptal w ★★★ 05 06 09 11 12 13 – Großartiger Ökoerzeuger mit Tendenz zur Biodynamie; v. a. feine Weine aus den Lagen Heiligenstein Lamm und Gaisberg. Hinreißender RIESLING.

Hirtzberger, Franz Wachau w ★★★★ 05 06 07 08 10 11' 12 13 – Herausragender Erzeuger in SPITZ, im engsten Teil der WACHAU. Ungeheuer aus drucksstarker, mineralischer Riesling und GRÜNER VELTLINER, v. a. von den Lagen Honivogl und Singerriedel.

Huber, Markus Traisental w – Junger, qualitätsbewusster Erzeuger, dessen Weine mit ihrer eleganten Leichtigkeit das TRAISENTAL unverfälscht zum Ausdruck bringen.

Illmitz N'see s – Durch Beeren- und Trockenbeerenauslesen bekannte Marktgemeinde im SEEWINKEL. Beste Erzeuger: KRACHER, Opitz.

Jäger Wachau w ★★★ Erzeugt herausragenden GRÜNEN VELTLINER in den Kategorien FEDERSPIEL und SMARAGD.

Jamek, Josef Wachau w ★★→★★★ Traditionsweingut mit alteingesessenem Restaurant. RIESLING und GRÜNER VELTLINER von Einzellagen der WACHAU: Klaus, Achleiten, Hochrain.

Johanneshof Reinisch Therm r w ★★→★★★ Talentierter Erzeuger von Rotweinen, v. a. PINOT NOIR und ST. LAURENT; auch Weiße von ZIERFANDLER und ROTGIPFLER. Am besten aus den Einzellagen Spiegel, Satzing und Holzspur.

Jurtschitsch Kamptal w ★★★ Großer, aber zuverlässiger Betrieb im KAMPTAL mit Tatkraft und Innovationsfreude. Auch sehr gute Schaumweine.

Kamptal NÖ (r) w – Weinbaugebiet entlang dem Fluss Kamp nördlich der WACHAU, im Stil ausladender. Wichtigste Lagen: Heiligenstein, Käferberg, Lamm. Beste Erzeuger: Brandl, BRÜNDLMAYER, EICHINGER, HIEDLER, HIRSCH, JURTSCHITSCH, LOIMER, SCHLOSS GOBELSBURG. Das Kamptal ist DAC für GRÜNEN VELTLINER und RIESLING.

Kerschbaum, Paul M-Bgl r ★★★ **05 06 07 08 09** 11 12 – Rasch expandierender Spezialist für individualistische und oft faszinierende BLAUFRÄNKISCH-Weine.

Klassifizierte Lage Zweitbeste Kategorie (156 Weinberge) im Klassifikationssystem des ÖTW. Siehe auch ERSTE LAGE.

Klosterneuburg Wagram r w – Wichtigste Weinstadt im Donauland, Sitz der österreichischen Weinforschungsanstalt und der bereits 1860 gegründeten Weinbauschule. Bester Erzeuger: Stift Klosterneuburg.

KMW Abkürzung für »Klosterneuburger Mostwaage«, in Österreich gebräuchliche Maßeinheit für den Zuckeranteil im Most. 1 Grad KMW entspricht etwa 4,86 Grad Oechsle (siehe Deutschland).

Knoll, Emmerich Wachau w ★★★★ **83 86' 88 90 99' 01 03 04 05 06 07** 08 09 10 11 12 – Hervorragender traditioneller Betrieb in Loiben. *Feiner, duftender, lagerfähiger Riesling von Weltklasse und komplexer Grüner Veltliner* von den Einzellagen Loibenberg und Schütt.

Kollwentz N'see r w ★★★★ **05 06 07 08 09** 10 11 12 – Hervorragender Erzeuger mit breitem Angebot.

Kracher N'see s ★★★★ **01 02 03 04 05 06 07** 08 09 **10** 11 12 – Weltberühmter Betrieb in ILLMITZ, dessen Spezialität edelfaule süße Beeren- und Trockenbeerenauslesen sind, mit und ohne Eichenausbau.

Kremstal (r) w – Weinbaugebiet und DAC für GRÜNEN VELTLINER und RIESLING. Beste Erzeuger: Buchegger, Malat, MOSER, NIGL, SALOMON-UNDHOF, WEINGUT STADT KREMS.

Krutzler S-Bgl r ★★★ **06 07 08 09** 11' 12 13 – Ausgezeichnetes Familiengut (5. Generation) im SÜDBURGENLAND. Körperreiche, samtige BLAUFRÄNKISCH-Weine, zuverlässig auf allen Qualitätsstufen. Bemerkenswert ist der Perwolff.

Lagler Wachau w ★★★ In Spitz ansässiger Erzeuger von klar umrissenem RIESLING und GRÜNEM VELTLINER. Einer der wenigen, die Neuburger SMARAGD produzieren.

Laurenz V. ★★★ Von Laurenz Maria Moser V. geschaffene internationale Marke für GRÜNEN VELTLINER. Die Trauben stammen aus dem KAMPTAL, dem KREMSTAL und dem WEINVIERTEL; den unterschiedlichen Stilen wird mit Namen wie z. B. Charming, Singing oder Forbidden Rechnung getragen.

Leithaberg Bgl – DAC am Nordufer des NEUSIEDLER SEES. Das Leithagebirge besteht überwiegend aus Kalkstein und Glimmerschiefer.

Lenikus Wien w ★★ Newcomer aus WIEN mit ambitionierten Weinen. Halten Sie Ausschau nach dem GEMISCHTEN SATZ Bisamberg.

Lenz Moser Kremstal ★→★★ Der größte Erzeuger im Land (2.700 ha) mit Basis bei Krems.

Loimer, Fred Kamptal w ★★★ **05 06 07** 09 11 12 13 – Biodynamisch arbeitender Erzeuger, der nie stehen und stets entdeckungsfreudig bleibt, mit feinem GRÜNEN VELTLINER und RIESLING (Steinmassl, Heilgenstein).

Mantlerhof Kremstal w ★★→★★★ Erzeuger, dessen Weine ihre Herkunft von Lössböden sehr gut zum Ausdruck bringen.

Mayer am Pfarrplatz Wien (r) w ★★ Der etablierte Erzeugerbetrieb mit Heurigenwirtschaft ist neuerdings deutlich besser geworden, v. a. der GEMISCHTE SATZ Nussberg. Auch feiner PINOT NOIR.

Mittelburgenland r – Weinbaugebiet an der ungarischen Grenze, das strukturierten, lagerfähigen BLAUFRÄNKISCH (auch DAC) hervorbringt. Erzeuger: GSELLMANN, J. HEINRICH, KERSCHBAUM, WENINGER.

Moric N'see ★★★ 05 06 09 10 11 12 – Elegante, tiefgründige Weine von alten BLAUFRÄNKISCH-Reben in Lutzmannsburg und Neckenmarkt.

Morillon Traditioneller Name für CHARDONNAY in der südlichen STEIERMARK.

Muhr-van der Niepoort Carn r w ★★★ In der Tat, der Portweinerzeuger Dirk Niepoort ist beteiligt. Umwerfend stilvolle Rotweine, v. a. der BLAUFRÄNKISCH Spitzerberg. Bemerkenswert sind auch der Blaufränkische Samt & Seide und der SYRAH Sydhang.

Neumayer Traisental w ★★★ Spitzengut mit kraftvollem, sehr prägnantem trockenem GRÜNEM VELTLINER und RIESLING.

Neumeister SO-Stm ★★★ 08 09 11 12 13 – Modernistischer, minutiös arbeitender Erzeuger; v. a. feiner SAUVIGNON BLANC von den Lagen Klausen und Moarfeitl.

Neusiedler See Bgl – Flacher See im BURGENLAND an der ungarischen Grenze, der größte Steppensee Europas und ein wichtiges Naturreservat. Das Kleinklima des Sees begünstigt das Auftreten von Edelfäule. Der DAC NEUSIEDLERSEE gilt für ZWEIGELT.

Neusiedlersee-Hügelland r w; tr s – Weinbaugebiet westlich des NEUSIEDLER SEES um RUST am Seeufer sowie Eisenstadt an den Ausläufern des Leithagebirges (siehe LEITHABERG DAC). Beste Erzeuger: BRAUNSTEIN, FEILER-ARTINGER, KOLLWENTZ, MORIC, PRIELER, SCHRÖCK, TRIEBAUMER.

Niederösterreich Die Region im Nordosten stellt etwa 58 % der Rebfläche Österreichs und ist dreigeteilt: die Gebiete an der Donau (KAMPTAL, KREMSTAL, TRAISENTAL, WACHAU), das ausgedehnte WEINVIERTEL (Nordosten) und der Süden (CARNUNTUM, THERMENREGION).

Nigl Kremstal w ★★★★ Hervorragender Erzeuger in Senftenberg im KREMSTAL mit himmlischem Riesling.

Nikolaihof Wachau ★★★ 05 06 07 08 09 10 11 12 13 – Der Pionier für biodynamischen Weinbau erzeugt Weine mit Alterungspotenzial, die jung oft noch recht verschlossen sind. Hervorragender RIESLING Steiner Hund.

In Niederösterreich haben Fässer aus Akazienholz Tradition: lokal, billig, schön aromatisch. Immer noch ein wenig in Gebrauch.

Nittnaus, Anita und Hans N'see r w; s ★★★ Biodynamischer Betrieb mit eleganten Weinen; alterungswürdiger BLAUFRÄNKISCH Kalk & Schiefer, LEITHABERG DAC. Auch sehr gute rote PANNOBILE-Verschnitte (Comondor) und vorzügliche Trockenbeerenauslese.

Österreichische Traditionsweingüter (ÖTW) Kamptal, Kremstal, Traisental, Wagram – Mit der Klassifikation der ERSTEN LAGEN an der Donau befasste Vereinigung. Hat derzeit 26 Mitglieder, doch keines aus der WACHAU.

Ott, Bernhard NÖ w ★★★ Spezialist für GRÜNEN VELTLINER in WAGRAM, ausdrucksstark und herzhaft, v. a. Fass 4, Spiegel, Stein und Rosenberg.

Pannobile N'see – Zusammenschluss von neun Winzern im Anbaugebiet NEUSIEDLERSEE mit dem Zentrum GOLS; namengebend war das milde pannonische Klima. Die Weine dürfen nur aus einheimischem Rebgut erzeugt werden (ZWEIGELT, BLAUFRÄNKISCH, ST. LAURENT für Rote, WEISSBURGUNDER, GRAUBURGUNDER, CHARDONNAY und NEUBURGER für Weiße). Mitglieder: ACHS, BECK, GSELLMANN, G. HEINRICH, Leitner, NITTNAUS, PITTNAUER, PREISINGER, Renner.

Pfaffl Weinviertel r w ★★★ **07 08** 09 11 12 – Großes Gut mit 75 ha. Tolle RESERVE-Weine aus dem WEINVIERTEL DAC, v. a. der Hommage. Daneben köstliche, leicht zugängliche Weine auf Einsteigerniveau.

Pichler, Franz Xaver Wachau w ★★★★ **05 06 07 08** 09 11 12 13 – Großer Erzeuger von intensivem Riesling mit Kultstatus (Unendlich, Loibenberg) und GRÜNEM VELTLINER (v. a. Kellerberg).

Pichler, Rudi Wachau w ★★★★ **05 06 09 10** 11 12 13 – Ausdrucksstarker RIESLING und GRÜNER VELTLINER von Spitzenlagen (Achleiten, Steinriegl, Hochrain).

Pichler-Krutzler Wachau w ★★★ Die Vermählung zweier berühmter Namen; außerordentlich reintöniger, spannender RIESLING, v. a. aus der Lage Wunderburg.

Pittnauer, Gerhard N'see r ★★★ Bioerzeuger und Rotweinspezialist im Weinbaugebiet NEUSIEDLERSEE, einer der besten in Österreich für ST. LAURENT; auch die Einstiegscuvée Pitti ist gut.

Polz, Erich und Walter S-Stm ★★→★★★ **08 09 10** 11 12 13 – Sehr guter großer Weinbaubetrieb mit 70 ha; beste Lage: Hochgrassnitzberg für SAUVIGNON BLANC und CHARDONNAY.

Prager, Franz Wachau w ★★★★ **05 06 07 08** 09 11 12 – RIESLING und GRÜNER VELTLINER von makelloser Eleganz und mineralischer Struktur aus den Spitzenlagen Wachstum Bodenstein, Achleiten, Klaus, Steinriegl.

Preisinger, Claus N'see r ★★★ Begabter junger Erzeuger, biodynamisch. Mitglied von PANNOBILE.

Prieler N'see r w ★★★ Beständig guter Erzeuger im Gebiet NEUSIEDLERSEE. Besonders gut ist der BLAUFRÄNKISCH Goldberg; beachtenswert ist auch der PINOT BLANC.

Proidl, Weingut Kremstal w ★★★ Sehr individualistischer Winzer mit expressivem RIESLING und GRÜNEM VELTLINER. Halten Sie Ausschau nach älteren Abfüllungen wie dem Riesling von 2006.

Reserve Attribut für DAC- und andere Qualitätsweine mit mind. 13% Alkohol und längerer Fassreifung.

Ried Österreichischer Ausdruck für Lage.

Rust Bgl r w; tr s – Historisches Städtchen, ein Kleinod am Ufer des NEUSIEDLER LER SEES mit wunderschöner Architektur aus dem 17. Jahrhundert. Oft sind Storchennester auf den Kaminen zu sehen. Berühmt für den Ruster AUSBRUCH. Beste Erzeuger: FEILER-ARTINGER, SCHRÖCK, E. TRIEBAUMER.

Sabathi, Hannes S-Stm w ★★★ Junges, außerordentlich professionell arbeitendes Gut. Feine Weiße von Einzellagen, v. a. der SAUVIGON BLANC Merveilleux.

Salomon-Undhof Kremstal w ★★★ Beständig gute Weine; oft hervorragender, alterungswürdiger RIESLING aus der Lage Kögl.

Sattlerhof S-Stm w ★★★ **07 08 09 10** 11' 12 – Kristalliner, präziser SAUVIGNON BLANC und MORILLON von sehr steilen Lagen.

Schiefer, Uwe S-Bgl r ★★★ Ehemaliger *garagiste* mit komplexem BLAUFRÄNKISCH von mineralischer Eleganz.

Schilcher W-Stm – Durststillender Rosé aus der einheimischen Rebsorte Blauer Wildbacher, eine Spezialität der WESTSTEIERMARK. Probierenswert: Domäne Müller, Schilcherei Jöbstl, Reiterer.

Schilfwein (Strohwein) Süßer Wein aus Trauben, die auf Schilfmatten vom NEUSIEDLER SEE getrocknet werden.

Schloss Gobelsburg Kamptal r w; tr s ★★★★ **06 07 08 09 10** 11 12 13 – Angesehenes Weingut im Besitz des Zisterzienserklosters Zwettl, unter der Leitung von Star-Kellermeister Michael Moosbrugger. Durch die Bank lohnende Weine, darunter exzellenter RIESLING und GRÜNER VELTLINER von Einzellagen; auch guter Schaumwein.

Schloss Halbturn N'see r w; s ★★★ **06 09 11 12** – Ambitioniertes Gut mit internationaler Interpretation österreichischer Rebsorten.

Schlumberger sch – Größter österreichischer Schaumweinerzeuger.

Schmelz, Johann Wachau w ★★★ Sehr guter, unterschätzter Erzeuger mit herausragendem RIESLING Dürnsteiner Freiheit und GRÜNEM VELTLINER Pichl Point.

Schröck, Heidi N'see (r) w; s ★★★ Sehr sorgfältige Erzeugerin in RUST mit AUSBRUCH von großer Reinheit und Konzentration.

Schuster, Rosi N'see r ★★★ **09** 11 12 – Verfeinerter BLAUFRÄNKISCH und saftiger, komplexer ST. LAURENT.

Seewinkel N'see – Teil des Weinbaugebiets NEUSIEDLERSEE um ILLMITZ; ideale Voraussetzungen für Botrytis-Weine.

Smaragd Wachau – Höchste Kategorie der VINEA WACHAU, die Weine müssen einen Alkoholgehalt von mind. 12,5 % haben, erreichen aber oft bis zu 14 %. Sie sind trocken, reichhaltig, lagerfähig und ausdrucksstark, wie eine gehaltvolle, trockene Spätlese. Benannt nach der hier heimischen gleichnamigen Eidechse.

Was zählt in Wiens Weingärten zu den größten Schädlingen? Menschen – Radfahrer, Touristen –, die alles annagen.

Spätrot-Rotgipfler Therm – Verschnitt von ROTGIPFLER und Spätrot (= ein Synonym für ZIERFANDLER). Aromatische, gewichtige Weißweine, typisch für GUMPOLDSKIRCHEN. Siehe auch Kapitel »Rebsorten«.

Spitz an der Donau Wachau w – Malerischer Weinbauort im engsten und kühlsten Teil der WACHAU. Berühmt für die Lagen Singerriedel und 1000-Eimerberg. Erzeuger: HIRTZBERGER, LAGLER.

Stadlmann Therm r w; s ★★→★★★ Auf üppige ZIERFANDLER- und ROTGIPFLER-Weine spezialisierter Erzeuger. Kontrapunkt dazu ist der überaus feingliedrige Gelbe MUSKATELLER.

Steinfeder Wachau – Leichteste Kategorie der VINEA WACHAU für zarte, trockene Weine mit einem Alkoholgehalt von max. 11,5 %. Benannt nach dem Steinfedergras (*Stipa pennata*), das hier wächst.

Stift Goettweig ★★→★★★ Barockes Benediktinerkloster bei Krems. Feine Einzellagenweine, v. a. Silberbichl und Gottschelle.

Steiermark Südlichste Weinbauregion Österreichs, bekannt für aromatische, frische trockene Weißweine, v. a. SAUVIGNON BLANC. Siehe SÜDSTEIERMARK, SÜDOSTSTEIERMARK und WESTSTEIERMARK.

Südburgenland r w – Kleines Weinbaugebiet im Osten mit sehr gutem BLAUFRÄNKISCH. Beste Erzeuger: KRUTZLER, SCHIEFER, WACHTER-WIESLER.

Südoststeiermark (r) w – Weinbaugebiet in der STEIERMARK mit exzellenten Lagen. Beste Erzeuger: NEUMEISTER, Ploder-Rosenberg, Winkler-Hermaden.

Südsteiermark w – Bestes Weinbaugebiet der STEIERMARK nahe der slowenischen Grenze mit kühlklimatischen Weißweinen (SAUVIGNON BLANC, MUSKATELLER) von steilen Hängen. Beste Erzeuger: GROSS, POLZ, SABATHI, SATTLERHOF, TEMENT, WOHLMUTH. Halten Sie Ausschau nach MORILLON-Weinen.

Tegernseerhof Wachau w ★★ Aufsteigender Erzeuger von sehr interessantem RIESLING und GRÜNEM VELTLINER.

Tement, Manfred S-Stm w ★★★ **96 97 01 02' 03' 04 05 07 08 09'** 10 11 12 13 – Spitzenerzeuger mit präzisen, geschliffenen Weißen, v. a. SAUVIGNON BLANC und MORILLON von der Lage Zieregg.

Thermenregion NÖ r w – Weinbaugebiet östlich von WIEN mit heißen Quellen, in dem einheimische (z. B. ZIERFANDLER, ROTGIPFLER) sowie renommierte rote Sorten (ST. LAURENT, PINOT NOIR) wachsen. Erzeuger: ALPHART, Reinisch, STADLMANN.

Tinhof, Erwin Bgl r w ★★★ Akribischer Erzeuger von eleganten Roten, v. a. BLAUFRÄNKISCH Gloriette und ST. LAURENT Feuersteig. Zeigt auch Experimentierfreude, etwa beim sherryähnlichen, gereiften Süßwein namens Aperitiv.

Traisental NÖ – Kleiner Bezirk südlich von Krems an der Donau. Leichtere Weißweine als in der WACHAU. Spitzenerzeuger: HUBER, NEUMAYER.

Trapl, Johannes Carn r ★★ Anspruchsvoller Erzeuger von elegantem, ausbalanciertem BLAUFRÄNKISCH mit floralen Noten, v. a. Spitzerberg. Beachtenswert ist auch der SYRAH.

Triebaumer, Ernst N'see r (w); (s) ★★★★ 05 06 07 08 09 10 11' 12 – Spitzenerzeuger in RUST, ein Pionier in Bezug auf Qualität und biologisch-dynamischen Weinbau. Vorzüglicher BLAUFRÄNKISCH (u. a. der legendäre Mariental). Auch sehr guter AUSBRUCH.

Umathum, Josef N'see r w; tr s ★★★ Biodynamischer Erzeuger der Spitzenklasse mit wunderbaren Roten, u. a. PINOT NOIR und BLAUFRÄNKISCH, v. a. aus der Lage Kirschgarten. Der Rosé Rosa ist umwerfend.

Velich N'see w; s ★★★ Erzeuger mit Kultstatus mit kraftvollem, cremigem CHARDONNAY Tiglat und einigen der besten Süßweinen im SEEWINKEL.

Veyder-Malberg Wachau ★★★ Der 2008 gegründete Erzeugerbetrieb bewirtschaftet einige der arbeitsintensivsten Lagen der WACHAU und bereitet von Hand Weine von großartiger Reinheit und Finesse.

Vinea Wachau 1983 gegründete Winzervereinigung in der WACHAU. Hat keine Lagenklassifikation, aber eine strenge Qualitätscharta und definiert die drei Kategorien für trockene Weine: STEINFEDER, FEDERSPIEL und SMARAGD.

Wachau NÖ – Weltweit renommierte Weinbauregion an der Donau, Heimat einiger der mineralischsten und langlebigsten RIESLINGE und GRÜNEN VELTLINER Österreichs. Spitzenerzeuger: ALZINGER, Donabaum, DOMÄNE WACHAU, HIRTZBERGER, Högl, JAMEK, KNOLL, NIKOLAIHOF, F. PICHLER, R. PICHLER, PICHLER-KRUTZLER, PRAGER, SCHMELZ, TEGERNSEERHOF, VEYDER-MALBERG.

Wachter-Wiesler, Weingut S-Bgl r ★★★ Christoph Wachter, erst Mitte 20, ist mit seinem fruchtbetonten, dichten, leicht eichenholzwürzigen BLAUFRÄNKISCH schon ein Star des EISENBERG DAC.

Wagram NÖ (r) w – Weinregion westlich von WIEN, zu der auch KLOSTERNEUBURG gehört. Hauptsächlich GRÜNER VELTLINER von Lössböden. Spitzenerzeuger: EHMOSER, Fritsch, Stift Klosterneuburg, Leth, OTT.

Weingut Stadt Krems w ★★★ Beständiger Erzeuger von klar strukturierten Weinen, v. a. RIESLING aus der Lage Steiner Grillenparz und GRÜNER VELTLINER aus dem Kremser Wachtberg.

Weinviertel (r) w – Mit 13.356 ha die größte österreichische Weinregion, zwischen der Donau und der tschechischen Grenze gelegen; auch gleichnamiger DAC. Vorbei ist die Zeit, wo es nur einfache Weiße gab: Hier wird GRÜNER VELTLINER in all seinen unzähligen Stilen erzeugt. Empfehlenswert: EBNER-EBENAUER, Graf Hardegg, GROISS, PFAFFL.

Weninger, Franz M-Bgl r (w) ★★★★ 05 06 07 08 09 11' 12 – Spitzengut in Horitschon mit feinen Rotweinen, v. a. Blaufränkisch von ton- und eisenhaltigen Böden (Weingarten Dürrau). Auch in Ungarn vertreten: Weninger-Gere.

Weststeiermark Kleines Weinbaugebiet mit der Spezialität SCHILCHER. Am besten von Domäne Müller, Klug, Lukas, Reiterer, Strohmeier.

Wien (r) w – Weinbaugebiet mit 612 ha innerhalb der Stadtgrenzen. Lange Tradition, jetzt wieder mit gestärktem Qualitätsbewusstsein. Seit 2013 auch DAC GEMISCHTER SATZ für vor Ort berühmte weiße Verschnitte. Der HEURIGEN-Besuch ist ein Muss. Beste Erzeuger: Christ, WIENINGER, Zahel.

Wien ist weltweit die einzige Hauptstadt, die ernstzunehmende eigene Rebflächen vorweisen kann: 612 ha.

Wieninger, Fritz Wien r w; s ★★★→★★★★ 07 08 09 11 12 13 – Führender Erzeuger mit HEURIGEM: CHARDONNAY, RIESLING, PINOT NOIR, guter GEMISCHTER SATZ. Beste Lagen: Nussberg, Rosengartl.

Winzer Krems Kremstal w – Qualitätsbewusste Genossenschaft, der 1.050 Weinbauern mit insgesamt 1.000 ha angehören. Guter RIESLING und GRÜNER VELTLINER.

Wohlmuth S-Stm w ★★★ Vorzüglicher Erzeuger von SAUVIGNON BLANC, v. a. aus den Einzellagen Edelschuh und Steinriegl.

England und Wales

Das Jahr 2014 hatte für den englischen Wein entscheidende Bedeutung. Die Rekordernte von reifen, gesunden Trauben war schon eine großartige Neuigkeit, mindestens ebenso wichtig aber war eine Reihe von Verkostungen, die die Presse davon überzeugen konnte, dass die Schaumweine einiger Dutzend mittlerweile etablierter Erzeuger im Süden Englands ernst zu nehmen sind. Die Qualität der Weine muss den Vergleich mit gutem Champagner nicht mehr scheuen, obwohl alle einen dezidiert englischen Stil aufweisen: strahlend, säuerlich, erfrischend und belebend und mit einem Geschmack wie aus dem Obstgarten. Kommen idealerweise vier bis fünf Jahre Flaschenreife dazu, werden sie noch attraktiver. Vorbei ist es mit dem Getränk für Exzentriker und aussichtslose Wetten.

Englischer Stillwein ist zwar ebenfalls im Aufwind, doch die Schaumweine schreiben Geschichte: Nach dem verhältnismäßig kleinen Ertrag 2011 und der trostlosen Ernte von 2012 konnten die Jahrgänge 2013 und 2014 sowohl den Händlern als auch den Winzern wieder Vertrauen geben – in diesen beiden Jahren wurde so viel Wein produziert wie in den vorangegangenen vier oder fünf Jahrgängen zusammen. 2014 war geradezu umwerfend in Bezug auf Qualität und Quantität, und nicht nur die Schaum-, sondern auch die Stillweine werden vorzüglich sein. Nach wie vor schreiben wir in der Überschrift dieses Kapitels »und Wales« dazu, eine Höflichkeitsbezeugung gegenüber dem Nachbarn. Tatsächlich aber liegt gerade mal ein Erzeuger aus Wales im Rennen. In Zukunft werden wir nur noch »England« schreiben.

Bluebell Estates Ost-Sussex ★ Etablierter großer Schaumweinerzeuger, der sowohl mit SEYVAL BLANC als auch mit Champagnersorten arbeitet. Am besten: Hindleap Classic Cuvée (**10**); auch Blanc de Blancs und Rosé (**10**) sind sehr gut. In der Nähe der Touristenattraktion Bluebell Railway (historische Dampflokbahn).

Bolney Wine Estate West-Sussex ★★→★★★ Der 1972 gegründete Betrieb wird nun von der zweiten Generation geführt und erzeugt guten Schaum- und Stillwein. Am besten: Blanc de Blancs (**10**) mit vierjähriger Flaschenreife und Cuvée Rosé (**10**). Gute Besuchereinrichtungen.

Breaky Bottom Ost-Sussex ★★→★★★ Pioniergut, das jüngst sein 40-jähriges Bestehen mit demselben Besitzer/Kellermeister gefeiert hat. Am besten sind die Cuvée Princess Colonna (08) und die auf SEYVAL BLANC basierende Cuvée Koizumi Yakumo (**10**), die nach einem entfernten Verwandten benannt wurde. Lohnt einen Besuch, wenn Sie eine Querfeldeinfahrt nicht scheuen.

Camel Valley Cornwall ★★★ Einer der größten Produzenten in UK und der einzige in Cornwall, mit Dutzenden von Auszeichnungen. Die besten Weine sind der PINOT NOIR Rosé Brut (**12**) und der Cornwall Brut (**12**).

Chapel Down Kent ★★★ Große Expansionspläne und erfolgreiches Aktien-Crowdfunding lassen den Betrieb zu einem der größten Produzenten des Landes werden. Am besten sind der Blanc de Blancs (**09**) auf CHARDONNAY-Basis und der Three Graces (**09**) aus Champagnersorten. Der Brut oJ, jetzt hauptsächlich von Champagnersorten, bietet viel für sein Geld. Großartige Besuchereinrichtungen. Macht auch gutes Bier.

Coates & Seely Hampshire – Relativ neuer Anbieter, Seely ist der Weinchef von AXA. Feine Qualität, schlanker Stil. Bester Wein ist derzeit der Brut Reserve oJ.

Court Garden Ost-Sussex – Newcomer mit einem Blanc de Blancs (**10**), der auf Chardonnay basiert. Probierenswert sind auch der Blanc de Noirs und die Cuvée Classic.

Davenport Ost-Sussex – Ökoerzeuger für Still- und Schaumwein. Am besten: Limney Estate (**09**) aus PINOT NOIR und AUXERROIS; auch der Jahrgang danach (**10**) ist sehr gut.

Furleigh Estate Dorset ★★ Der neue Betrieb an der Südküste arbeitet mit den drei klassischen Champagnersorten. Im Auge behalten.

Gusbourne Kent ★★★ Bedeutender Betrieb mit Champagnersorten, der Rebflächen in Kent und West-Sussex besitzt. Gehört langsam zu den Top Five der Erzeuger in UK. Beste Weine: Brut Reserve (**10**) und Blanc de Blancs (**10**). Stillweine von CHARDONNAY bzw. PINOT NOIR sind ebenfalls sehr gut. Geplant ist eine neue Kellerei.

Kreide oder nicht?

Die Champagne brüstet sich mit ihren Kreidehügeln, doch Englands South Downs bestehen aus dem gleichen Kreideformation, die unterhalb des Ärmelkanals verläuft und in Sussex wieder auftaucht – doch die meisten englischen Reben wachsen nicht auf Kreide. Die meisten stehen auf grünem Sandstein, tonigem Lehm, sandiger Erde und altem Schiefer … Wie wichtig sind Kreideböden für Schaumweine? Mit der Zeit werden Antworten kommen: Südengland ist eines der großen Terroir-Experimente.

Hambledon Vineyard Hampshire – Englands ältestes kommerzielles Weingut wurde mit massiven Investitionen in den Weinbergen wiederbelebt und verfügt nun über alle Champagnersorten. Eindrucksvolle Kellerei, die nach dem Schwerkraftprinzip arbeitet. Aktueller Wein ist die Classic Cuvée oJ. Hambledon gilt als Wiege des Crickets.

Hattingley Valley Hampshire – Eindrucksvoller neuer Erzeuger mit an Südhängen gelegenen Rebflächen und gut ausgestatteter Kellerei. Am besten: Classic Cuvée und Rosé (beide **11**). Keltert auch für verschiedene andere Betriebe.

Henners Ost-Sussex – Neuling mit sehr guten Weinen von vielversprechenden Rebflächen. Die ersten Abfüllungen wurden gut angenommen. Am besten sind der auf PINOT-Sorten basierende Brut (**10**) und der Rosé (**11**).

Großbritanniens nördlichste Reben: 20 Rebstöcke Black Hamburg stehen im Folientunnel auf der schottischen Isle of Lewis. Scheint ein abstinenter Winzer zu sein.

Herbert Hall Kent – Einer der wenigen Ökowinzer, bereitet guten Schaumwein (ziemlich trockene Tropfen sind sehr säurereich) aus Champagnersorten. Am besten ist der Brut (**11**).

Hush Heath Estate Kent ★★★ Einer der besten UK-Erzeuger mit beeindruckendem Weinbergsbesitz. Balfour Brut wird überwiegend aus Champagnersorten bereitet, das Etikett 1503 ist neu. Am besten ist der Rosé (**10 11**). Auch guter Cider. Ist einen Besuch wert.

Jenkyn Place Hampshire – Einige gute Weine aus guten Lagen. Am besten sind der feine Brut mit Toastnote (**09**) und der fruchtige Brut Rosé (**09**).

Laithwaite's Berkshire ★★→★★★ Größter Online-Weinhändler in UK mit Beteiligungen im Schaumweinsektor. Vertreibt die Marke South Ridge (w rs) von RIDGEVIEW sowie sehr kleine Mengen der erstklassigen Etiketten

Theale und WYFOLD. Hat jetzt Rebflächen in Marlow und in Windsor Great Park. Wird immer mehr zur bestimmenden Kraft.

Langham Dorset – Neuer Erzeuger, der einen beeindruckenden Start mit Champagnersorten hingelegt hat. Am besten: Classic Cuvée (**10**), Rosé (**11**) und der auf PINOT MEUNIER basierende Blanc de Noirs (**11**).

Meonhill Hampshire – Nur mit Rebflächen in England wurde dieser Betrieb von Erzeugern aus der französischen Champagne gestartet; ist jetzt Teil von HAMBLEDON VINEYARDS. Am besten: Grande Reserve Cuvée oJ, ein Verschnitt der Jahrgänge 2009, 2008 und 2001.

Nyetimber West-Sussex ★★★ Einer der ersten, besten und bekanntesten englischen Erzeuger: fein schmeckende Weine von 150 ha Rebfläche, die vergrößert werden soll. Am besten: Classic Cuvée mit Röstnoten und Rosé (beide **09**) sowie der exzellente (wenngleich sehr teure) Tillington (**09**).

400 Schafe grasen zwischen den Reben des Weinguts Nyetimber. Eine Speisen-Wein-Kombination?

Plumpton College Ost-Sussex ★ Das einzige Wein-College Großbritanniens, jetzt mit wachsendem Einfluss und eigenen Weinen. Bester Schaumwein: Dean Brut oJ und Rosé oJ.

Redfold West-Sussex – Neuer Erzeuger mit Champagnersorten, ganz in der Nähe des ursprünglichen Standorts von NYETIMBER. Wird unter dem Etikett Ambriel vermarktet. Am besten ist die Classic Cuvée (**10**).

Ridgeview Ost-Sussex ★★★★ Noch immer Großbritanniens bester Betrieb, was Beständigkeit, Auswahl und Preis-Leistungs-Verhältnis angeht, wenngleich von anderen herausgefordert. Die Cuvées tragen Londoner Namen. Am besten sind der mit langem Abgang gesegnete sortenreine CHARDONNAY Grosvenor (**10**) und der ungemein fruchtige Victoria Rosé. Ist auch Vertragskellerei für andere Winzer. Gründer Mike Roberts starb 2014, seine Kinder führen den Betrieb fort.

Sharpham Devon – Erzeuger von Stillwein, der jetzt auch guten Schaumwein bereitet. Am besten: Sparkling Pink (**10**) auf Basis von PINOT NOIR und PINOT BLANC und Sparkling Blanc (**10**), der auf PINOT GRIS, Pinot noir und PINOT MEUNIER basiert. Stellt auch exzellenten Käse her.

Wiston West-Sussex ★★→★★★ Relativ neuer Erzeuger, der jetzt auch sehr guten (sehr trockenen) Schaumwein unter eigenem Namen und für andere produziert. Arbeitet mit allen Champagnersorten und mit der traditionellen vertikalen Coquard-Korbpresse der Champagne. Am besten sind der Rosé (**11**) und der Blanc de Blancs oJ.

Wyfold ★★★ Winzige Rebfläche (1 ha) mit Champagnersorten auf 120 m Höhe ü.d.M. in Chilterns; gehört z. T. der umtriebigen Familie LAITHWAITE. Der erste Jahrgang (2009) hat Preise geholt. Am besten: Wyfold Brut (**10**).

England und Wales

Mittel- und Südosteuropa

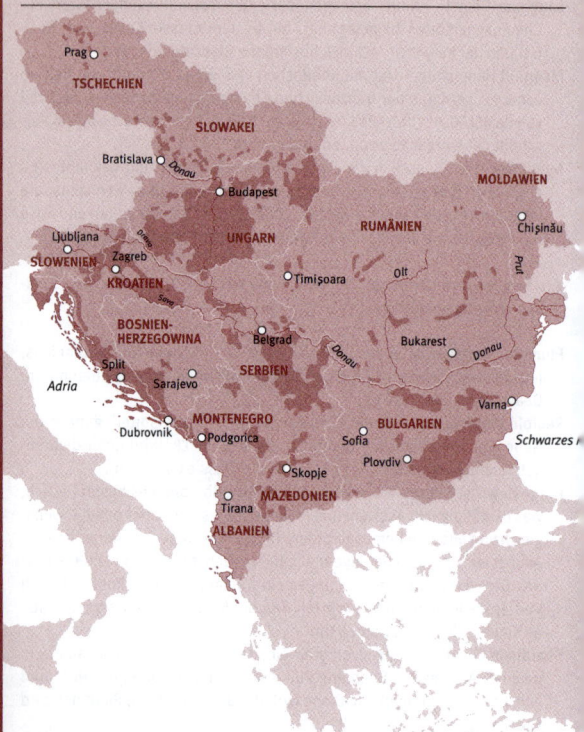

PragO
TSCHECHIEN

SLOWAKEI

Bratislava O _Donau_
O Budapest

MOLDAWIEN

O Chişinău

O Ljubljana
Drava
SLOWENIEN Zagreb O
UNGARN
RUMÄNIEN

Sava
KROATIEN
O Timişoara
Olt
Prut

**BOSNIEN-
HERZEGOWINA**
O Belgrad
Donau
Bukarest O
Donau

Split O
SERBIEN

Adria Sarajevo O
Varna O

MONTENEGRO
BULGARIEN
Dubrovnik O O Podgorica
Sofia O
Schwarzes
Plovdiv O

O Skopje
MAZEDONIEN
Tirana O
ALBANIEN

Die folgenden Abkürzungen
werden im Text verwendet:

Ungarn
Bal   Balaton
N-Pan   Nordpannonien
NU   Nordungarn
S-Pan   Südpannonien
Tok   Tokaj
Bulgarien
Don   Donauebene
Thrak   Thrakische Ebene
Slowenien
Pod   Podravje
Pos   Posavje
Prim   Primorska
Kroatien
Dalm   Dalmatien
Tschechische Republik
Bö   Böhmen
Mäh   Mähren
Rumänien
Dob   Dobrogea
             (Dobrudscha)
Mold   Moldau
Munt   Muntenien und
             Oltenien

**Die dunklen Flächen bezeichnen
die Weinbaugebiete**

Ungarn

Wein, und zwar guter Wein, ist Teil des ungarischen Erbguts. Der Tokajer (süßer wie trockener) setzt seinen Vormarsch in den Weinkarten der Welt fort – über 20 % der Restaurants mit Michelin-Stern in den USA und in Großbritannien führen inzwischen Weine aus Ungarns einzigem Anbaugebiet mit Weltgeltung. Die Qualität soll nun mit einer Reihe neuer Vorschriften weiter verbessert werden – und mit neuen Marketingmaßnahmen. Doch es gibt mehr als nur Tokaji. Nach und nach bekommt Ungarn die längst überfällige Aufmerksamkeit für eine breite Weinpalette, die von preisgünstigen, aber verlässlichen Weißen bis zu seriösen trockenen Weiß- und Rotweinen reicht.

Árvay Tok w; tr s ★★ Familienkellerei mit 17 ha in TOKAJ seit 2009. Langlebige trockene Weiße.

Aszú Tok – Von Botrytis befallene und geschrumpfte Trauben sowie der süße Wein, der in TOKAJ daraus gekeltert wird. Seit 2014 ist die gesetzlich vorgschriebene Mindestsüße 120 g/l Restzucker, was 5 PUTTONYOS entspricht. Die Erzeuger können die Weine als 5 oder 6 Puttonyos etikettieren, müssen das aber nicht mehr tun. Die Süßegrade 3 und 4 Puttonyos sind nicht nicht länger erlaubt (solche Weine konnten wunderbar ausgewogen sein, die meisten waren es aber leider nicht). Der Begriff kann zu Marketingzwecken auf dem Etikett erscheinen, sofern die Weine die neuen höheren Ansprüche erfüllen. Gute Aszú-Jahrgänge waren 05 06 07 08 09 (11) (13). 2014 gab es nur geringe Mengen, doch die Erzeuger sprechen von guter Qualität.

Aszú Essencia Tok – Auf Etiketten von vor 2010 noch zu finden, seitdem aber nicht mehr erlaubt. War die zweitsüßeste Kategorie des TOKAJERS (7 PUTTONYOS und mehr). Nicht mit ESSENCIA/ESZENCIA verwechseln.

Badacsony Bal ★★→★★★ Anbaugebiet auf vulkanischen Hängen am Nordufer des BALATON; volle, reichhaltige Weißweine. Empfehlenswert: Szeremley (alterungswürdiger KÉKNYELŰ 09' **06** und SZÜRKEBARÁT), Villa Sandahl (v. a. mit 12 Rake & Scoop und Multiplexor RIESLING), Villa Tolnay (v. a. WELSCHRIESLING 12) und Laposa (Bazalt Cuvée 12).

Balaton Der Plattensee, wie der Balaton auf Deutsch genannt wird, ist Europas größter Süßwassersee. Die Bezirke der Weinregion Balaton im Norden heißen BADACSONY, Balatonfüred-Csopak (bekannt v. a. für Weißwein, v. a. von Béla és Bandi, Feind, Figula und Jasdi mit eindrucksvollem Siralomvágó OLASZRIZLING), Balatonmelléke (Dr. Bussay) und SOMLÓ. Im Süden liegt BALATONBOGLÁR.

Balatonboglár Bal r w; tr ★★→★★★ Name eines Weinbaubezirks am Südufer des BALATON, aber auch eine bedeutende Kellerei im Besitz von TÖRLEY. Gute Erzeuger sind Garamvári, IKON, KONYÁRI, Légli Otto, Légli Géza, Budjosó, Pócz, Varga.

Barta Tok w; tr s ★★★ 10 11 12 (13) – Vom höchstgelegenen Weinberg in TOKAJ erzeugt Weinmacher Attila Hommona eindrucksvollere Weine (v. a. Öleg Király FURMINT). Auch sehr guter süßer SZAMORODNI.

Béres Tok w; tr s ★★ Gute ASZÚ-Weine (**06 07** 08') und trockene Weine: Lőcse FURMINT (09) und Diókút HÁRSLEVELŰ (09).

Bikavér NU r ★→★★★ **07 08 09'** 11' – Wörtlich »Stierblut«. Geschützte Ursprungsbezeichnung für Weine aus EGER und SZEKSZÁRD. Egri Bikavér ist ein Verschnitt aus drei speziell dafür zugelassenen Rebsorten, von denen keine zu mehr als 50 % enthalten sein darf; KÉKFRANKOS stellt den Hauptanteil, und der Wein muss mindestens 6 Monate in Eiche reifen. Für Supérior sind mindestens fünf Sorten, 12 Monate Fassausbau und 30–50 % Kékfrankos vorgeschrieben, außerdem sind nur bestimmte Lagen zugelassen und die Erträge müssen beschränkt sein. Spitzenerzeuger für Egri Bikavér: Bolyki, DEMETER, Gróf Buttler, GÁL TIBOR, ST. ANDREA, Thummerer. In Szekszárd empfehlenswert: Eszterbauer Tüke (v. a. **og** 11'), HEIMANN, Meszáros, TAKLER, Sebestyén.

Bock, József S-Pan r ★★→★★★ 09' 11 12 – Der führende Familienbetrieb in VILLÁNY erzeugt volle, körperreiche Rote. Empfehlenswert: Bock Cuvée (09'), Capella Cuvée (07), SYRAH (11), KÉKFRANKOS Reserve (12).

Bussay, Dr. Bal w ★★ 11 12 – Viel zu früh ist dieser revolutionäre Ezeuger und Arzt in Balatonmelléke im August 2014 mit 57 Jahren gestorben. Intensiver TRAMINI, PINOT GRIS und OLASZRIZLING.

Bor heißt Wein: *vörös* ist rot, *fehér* weiß, *édes* süß, *száraz* trocken, und *válogatás* heißt Auslese.

Csányi S-Pan r ★→★★ 09 11 (12) – Ehrgeizige große Kellerei in VILLÁNY. Achten Sie auf Look for Kővilla Cuvée (09), Borklub Bora Cuvée (09) und Chateau Teleki MERLOT (11).

Weinfrauen in Tokaj

Frauen spielen eine bedeutende Rolle in Tokaj, v. a. im Vergleich zum Rest des Landes, und die Weine, die sie erzeugen, gehören z. T. zu den spannendsten in Tokaj. Sie haben eine Vereinigung gegründet, und schon macht das Wort vom neuen Gesicht Tokajs die Runde. Marta Wille-Baumkauf (Pendits), Natália Demkó (Holdvölgy), Stéphanie Berecz (Kikelet), Sarolta Bárdos (Tokaj Nobilis), Judit Bodó (Bott Pince), Angelika Árvay (Árvay), Melinda Béres (Béres), Gräfin Maria Degenfeld (Degenfeld), Erszébet Prácser (Erszébet), Katinka Kékessy (Patricius) und die Präsidentin Edit Kulcsár (Demetervin) sind nur einige der weiblichen Überflieger der Region. Bei Royal Tokaji ist Fruzsina Ostvath Kellermeisterin, Stéphanie Berecz berät.

Degenfeld, Gróf Tok w; tr s ★★→★★★ Großer Erzeuger in TOKAJ mit angeschlossenem Luxushotel. Die Süßweine sind am besten: 6 PUTTONYOS (08), Andante (11) und auch der hübsche halbtrockene MUSCAT Blanc (BV).

Demeter, Zoltán Tok w; tr s ★★★→★★★★ 11 12 – Elegante, intensive trockene Weine, v. a. Veres, Kakas und Lapis (alle FURMINT), auch exzellenter Szerelmi HÁRSLEVELŰ (09). Sehr gut ist auch der Spätlesewein Eszter.

Dereszla Tok w; tr s ★★★ 07' 08' 09 10 11 12 – Im Besitz der Familie d'Aulan aus der Champagne. Exzellenter ASZÚ und unter Flor gereifter trockener SZAMORODNI Experience. Probieren Sie auch den Kabar und den sehr guten FURMINT Lapis.

Districtus Hungaricus Controllatus (DHC) Begriff für Weine mit geschützter Ursprungsbezeichnung (g.U.), symbolisiert durch eine Krokusblüte auf dem Etikett und der Aufschrift DHC.

Disznókő Tok w; tr s ★★→★★★★ 06 07' 08' 09 – Bedeutendes TOKAJER-Weingut im Besitz der französischen AXA-Versicherung. Feiner, expressiver ASZÚ; Spitzenwein ist der Kapi. Außerdem Spätlese mit gutem Preis-Leistungs-Verhältnis.

Dobogó Tok (r) w; tr s ★★★ 06' 07' 08 09 11 (12) – Tadelloses kleines Gut in TOKAJ. Maßstäbe setzender ASZÚ und Spätlese Mylitta, köstlicher Mylitta

Álma, spannender trockener FURMINT (v. a. Betsek DŰLŐ) und wegweisender Pinot noir Izabella Utca.

Dűlő Einzellage, Weinberg mit eigenem Namen.

Duna Die große Tiefebene mit den Bezirken Hajós-Baja (zu empfehlen: Sümegi, Koch), Csongrád (Somodi) und Kunság (Frittmann mit ordentlichem Cserszegi Fűszeres, KADARKA und Generosa).

Eger NU r w; tr s ★→★★★ Erstklassige Rotweinregion Nordungarns und seine barocke Hauptstadt. Egri BIKAVÉR ist der bekannteste Wein. CABERNET FRANC, PINOT NOIR und SYRAH gewinnen immer mehr an Bedeutung; für Debrői HÁRSLEVELŰ wurde eine DHC geschaffen. Spitzenerzeuger: Bolyki, Gróf Buttler, DEMETER, Gál Tibor, Kaló Imre, KOVÁCS NIMRÓD, Pók Tamás, ST. ANDREA, Thummerer.

Egri Csillag NU »Stern von Eger«. Trockener Weißweinverschnitt, der sich am BIKAVÉR orientiert. Mindestens vier Rebsorten sind vertreten, wenigstens 50 % müssen lokale Trauben aus den Karpaten sein.

Essencia (oder **Eszenzia**) Tok ★★★★ Sirupartiger, üppiger Vorlaufmost aus ASZÚ-Trauben. Wird nur selten abgefüllt und meist nur teelöffelweise verkauft. Der Zuckergehalt muss mindestens 450 g/l betragen (kann aber auch bei 800 g/l liegen), der Alkoholgehalt ist in der Regel deutlich unter 5 %. Sogar wundertätige/aphrodisische Kräfte werden dem Essencia nachgesagt.

Etyek-Buda N-Pan – Dynamische Weinregion, bekannt für ausdrucksstarke, frische Weißweine und feine Schaumweine, v. a. CHARDONNAY, Sauvignon blanc und PINOT GRIGIO, vielversprechend für PINOT NOIR. Führende Erzeuger: Etyeki Kúria (v. a. Pinot noir, SAUVIGNON BLANC), Nyakas (mit der Marke Budai), György Villa (Premiumweine von Törley), Haraszthy, Rókusfalvy, Kertész.

Gál Tibor NU r w ★★ Verbesserte Weine vom Sohn des verstorbenen Tibor Gál, der es als Kellermeister bei Ornellaia (siehe Italien) zu Ruhm gebracht hatte. Empfehlenswert: EGRI CSILLAG (BV), PINOT NOIR (09), BIKAVÉR Supérior (09).

Gere, Attila S-Pan r (rs) ★★★ 06' 07' 08 09' 11 – Der Vorzeigebetrieb in VILLÁNY erzeugt einige der besten Rotweine des Landes, v. a. reichhaltigen MERLOT Solus, intensive Cuvée Kopár und die Fass-Selektion Attila. Günstig und gut lagerfähig ist der Cabernet Sauvignon.

Heimann S-Pan r ★★→★★★ 07 08 09' 11 12 (13) – Eindrucksvolle Familienkellerei in SZEKSZÁRD v. a. mit großartigem Barbár und Franciscus Cuvée. Sehr guter KADARKA (die Kellerei sammelt seltene Kadarka-Klone) und KÉKFRANKOS-Auslese (Válogatás).

Hétszőlő Tok w; tr s ★★ Das historische Weingut in TOKAJ wurde 2009 von Michel Rebier, dem Eigentümer von Cos d'Estournel (Bordeaux), gekauft. Für leichtere Tokajer-Stile bekannt.

Hilltop Neszmély N-Pan r rs w; tr ★★ 09 11 12 13 – Kellerei in Neszmély; sorgfältig bereitete sortenreine Weiß- und Roséweine (BV) mit gutem Preis-Leistungs-Verhältnis. Auch sehr gut: die Reihe ART und die Lagen-Selektionen der Premium-Reihe.

Homonna Tok w; tr ★★★ 09' 11 12 – Feine, elegante FURMINT-Weine, v. a. von den Lagen Határi und Rány (neu).

Ikon r w ★★ Ungarns »Kellerei des Jahres« 2013, südlich des BALATON gelegen. Preisgünstige, gut bereitete Weine vom Hauptanteilseigner Janos KONYÁRI aus Weinbergen, die ehemals zur Abtei Tihany gehört hatten.

Kikelet Tok w; tr s ★★★ Eine aus der begeisternden Gruppe der führenden Weinmacherinnen in TOKAJ. Wunderbarer Váti Furmint (12) und feiner, reiner SZAMORODNI (08).

Királyudvar Tok w; tr s; sch ★★★ **06' 07'** 08 – Ökologisch arbeitende TOKA-JER-Kellerei in den alten königlichen Gewölben in Tarcal; gehört Anthony Hwang (siehe auch »Huet-L'Echansonne« im Kapitel Frankreich). Exzellent sind der FURMINT Sec (11 12), die Cuvée Ilona (Spätlese), der Flaggschiff-Wein ASZÚ Lapis 6 PUTTONYOS sowie seit 2008 der Schaumwein Henye Peszgő.

Konyári Bal r rs w; tr ★★→★★★ **09'** 11 (12) (13) – Vater-Sohn-Gespann, das in BALATONBOGLÁR hochklassige Gutsweine bereitet: v. a. fruchtigen Rosé (BV), beständigen Loliense (rot und weiß), exzellenten Szárhegy (weiß). Rote Spitzenweine: Jánoshegy KÉKFRANKOS, Páva, Sessio.

Kovács Nimród NU r rs w; tr ★★ **09** 11' – Kellerei in EGER; beeindruckt mit exzellentem KÉKFRANKOS (11), Grand Bleu (09), leckerem Rosé (BV) und reichhaltigem CHARDONNAY Battonage.

Kreinbacher Bal w; tr ★★ **09** 10 – Bioweinerzeuger mit Schwerpunkt auf lokale Trauben. Empfehlenswert: Juhfark, HÁRSLEVELŰ Selection.

Mád Tok – Bedeutende historische Stadt im Herzen der Region TOKAJ mit Spitzenlagen wie Betsek, Nyulászó, St. Tamás. Gute Erzeuger: Alana-Tokaj, BARTA, OROSZ GABOR, Demetervin (guter trockener FURMINT 12, süßer Elvezet 12), Lenkey, Holdvölgy (v. a. SZAMORODNI 08, Meditation Furmint 09), KIKELET, ROYAL TOKAJI, SZEPSY, SZENT TAMÁS, Tokaj Classic.

Malatinszky S-Pan r rs w; tr ★★★ **06' 07 08 09'** 11 – Seit 2012 zertifiziert ökologisch. Exzellenter ungefilterter Kúria CABERNET FRANC und CABERNET SAUVIGNON, roter Kövesföld und Pinot bleu. Lecker sind auch Le Sommelier rosé (BV) und Serena (weiß).

Mátra NU ★→★★ Gute Region für frische Weißweine und Rosés mit vernünftigem Preis-Leistungs-Verhältnis. Bessere Erzeuger: Benedek, Gábor Karner (beachtlicher KÉKFRANKOS), NAG Szőke Mátyás, Borpalota (mit dem Etikett Fríz) und NAGYRÉDE.

Mézes Mály Tok – Spitzenweinberg der Region TOKAJ in Tarcal. Gute Erzeuger: ROYAL TOKAJI und das kleine, aber exzellente Balassa.

Mór N-Pan w ★→★★ Die kleine Region ist bekannt für den feurigen Ezerjó; vielversprechend auch für CHARDONNAY, TRAMINI und RIESLING. Erzeuger: Maurus.

Nagyréde NU (r) rs w ★ Preisgünstige kommerzielle Sortenweine (BV) unter den Marken Nagyréde, Mátra Hill und Spice Trail.

Oremus Tok w; tr s ★★→★★★★ **05 06' 07** 08 09 11 12 – Hervorragende Kellerei in Tolcsva, bekannt für den historischen TOKAJER-Weinberg der Gründerfamilie Rákóczi, heute im Besitz des spanischen Erzeugers Vega Sicilia. Erstklassiger ASZÚ und sehr guter trockener FURMINT Mandolás.

Orosz Gábor Tok w; tr s ★★ **06 07** 08 09 11 – Kleiner Erzeuger in Mád mit guten Lagen. Beste Weine: Király HÁRSLEVELŰ, Betsek FURMINT, 6-PUTTONYOS-ASZÚ. Zweitetikett: Bodvin.

Pajzos-Megyer Tok w; tr s ★★→★★★ **06' 07** 08 09 11 (12) – Zwei gemeinsam betriebene TOKAJER-Güter. Megyer liefert im kühleren Norden der Region v. a. trockenen FURMINT sowie trockenen und süßen MUSCAT. Von Pajzos kommen reichhaltigere, lagerfähige Süßweine.

Pannonhalma N-Pan r rs w; tr ★★→★★★ **12** 13 – Die 800 Jahre alte Abtei Pannonhalma ist der einzige nennenswerte Erzeuger der Weinregion. Stilvolle, aromatische Weißweine, v. a. RIESLING, TRAMINI und SAUVIGNON BLANC. Preiswerter Tricollis, schöner Spitzenwein Hemina (weiß) und verbesserter PINOT NOIR.

Patricius Tok w; tr s ★★ **06' 07 08** 09 11 12 – Verlässlicher, günstiger trockener FURMINT, spät gelesener Katinka und 6-PUTTONYOS-ASZÚ.

Pécs S-Pan (r) w ★→★★ Weinbaugebiet nahe der gleichnamigen Stadt. Bekannt für Weiße, auch von der lokalen CIRFANDL-Traube. Beeindruckend auch der Ebner PINOT NOIR.

Pendits Tok w; tr s ★★ 02 03 05 06 – Einziges Demeter-zertifiziertes Bioweingut Ungarns. Üppiger, lagerfähiger ASZÚ, hübscher trockener MUSCAT (BV).

Puttonyos (Butten) Traditionelle Angabe für Süßegehalt und Qualität des TOKAJI ASZÚ. Nernnung auf dem Etikett seit 2013 nicht mehr zwingend erfoderlich, aber als Option erlaubt. Historisch war ein Puttony eine Trage bzw. Butte von 25 kg ASZÚ-Trauben. Die Zahl der einem 136-Liter-Fass Grundwein oder gärendem Most hinzugegebenen Butten bestimmte am Ende des Süßegrad des Weins.

Royal Tokaji Wine Co. Tok tr s ★★→★★★★ 05 06 07' 08' 09 – Bahnbrechendes Gemeinschaftsunternehmen in MÁD, das 1990 die Renaissance des TOKAJERS eingeläutet hat (ich selbst bin Mitbegründer). Vorwiegend Lagen erster Klasse. 6-PUTTONYOS-Einzellagenabfüllungen: v. a. MÉZESMÁLY, Betsek, Szent Tamás und Nyulászó (auch 5 Puttonyos). Seit 2011 auch komplexer trockener FURMINT, Furmint DŰLŐ-Válogatás und üppiger, preisgünstiger Late Harvest (in den USA: Mád Cuvée). Vielversprechender neuer beratender Weinmacher.

St. Andrea NU r w; tr ★★★ 06' 07 08 09' 11 12 – Spitzenerzeuger in EGER und Wegbereiter für modernen, hochklassigen BIKAVÉR (Merengő, Hangács, Áldás). Außerdem exzellente Weißweinverschnitte (Napbor, Örökké), Biowein Boldogságos sowie sehr guter PINOT NOIR.

Sauska S-Pan, Tok r rs w ★★→★★★★ 07 08 09' 11' 12 – Tadellose Kellerei in VILLÁNY. Sehr guter KADARKA, KÉKFRANKOS und CABERNET FRANC sowie umwerfender MERLOT (11) und eindrucksvolle rote Verschnitte, v. a. Cuvée 7 und Cuvée 5. Der Ableger Sauska-Tokaj konzentriert sich auf sehr gute trockene Weiße, v. a. Cuvée 105, FURMINT Birsalmás und Medve Furmint.

Somló Bal w ★★→★★★ 09 11 (12) – Dramatischer Vulkanhügel, berühmt für ausgeprägt mineralische Weiße: v. a. Juhfark (»Schafschwanz«), OLASZRIZLING, FURMINT und HÁRSLEVELŰ. In der Region produzieren kleine Erzeuger langlebige, intensive Weine, v. a. Fekete Bela, Györgykovács, Hollóvár, Royal Somló, Spiegelberg, Somlói Apátsági. Auch die größeren Betriebe Tornai (v. a. die Reihe Top Selection und der Grofi HÁRSLEVELŰ) sowie KREINBACHER sind sehr gut.

Sopron N-Pan r ★★→★★★ Dynamischer Bezirk nahe der der österreichischen Grenze am Fertő-See. KÉKFRANKOS ist die wichtigste Traube, dazu kommen CABERNET SAUVIGNON, SYRAH und PINOT NOIR. Spitzenerzeuger ist der ökologisch arbeitende Weninger; beachtenswert sind auch die sehr charaktervollen Weine von Ráspi (v. a. der Electus ZWEIGELT). Im Auge behalten: Pfneiszl, Luka, Taschner.

Szamorodni Tok – Wörtlich »wie er gewachsen ist«. Bezeichnung für einen TOKAJER, der aus ganzen Trauben ohne separate ASZÚ-Auslese produziert wurde, leider eine Kategorie im Niedergang. Kann trocken oder süß (*édes*) sein, je nachdem, wie viele Aszú-Trauben hineingeraten. Die besten trockenen Versionen sind unter Flor gereift; Erzeuger: Tinon, DERESZLA, Karádi-Berger. Gute Süßweine von KIKELET, SZEPSY, Höldvolgy.

Szekszárd S-Pan r ★★→★★★ Aus dem Bereich in Südungarn kommen reife, reichhaltige Rote von KÉKFRANKOS, CABERNET SAUVIGNON, CABERNET FRANC und MERLOT. Auch KADARKA und BIKAVÉR erfahren gerade eine Wiederbelebung. Erzeuger: v. a. Dúszi (Rosé in allen Stilen), Eszterbauer (v. a. Tüke Bikavér, Nagyapám KADARKA), HEIMANN, Mészáros, Sebestyén, Szent Gaál, Takler, Remete-Bor (Kadarka), Vesztergombi (Csaba Cuvée, Turul) und Vida (sehr guter Hidaspetre Kékfrankos).

Szent Tamás Tok w; s ★★★ 11 12' – An der neuen Kellerei in MÁD ist István SZEPSY Junior beteiligt. Sehr guter FURMINT Szent Tamás, exzellenter Percze Furmint und Late Harvest 3909. Auch Name einer Spitzenlage (DŰLŐ).

Szepsy, István Tok w; tr s ★★★★ 05 06 07' 08' 09 10 11' 12 – Brillanter, Maßstäbe setzender TOKAJI-Erzeuger in MÁD. Hervorragende, alterungswürdige trockene FURMINT-Weine, v. a. von den Einzellagen (DŰLŐ) Urágya, Urbán, SZENT TAMÁS und Betsek. Seht guter süßer SZAMORODNI (09) und großartiger ASZÚ (05 06 07).

Szeremley Bal w; tr s ★★→★★★ 09 11' 12 – Pioniergut in BADACSONY. Intensiver mineralischer RIESLING, Szürkebarát (alias PINOT GRIS), KÉKNYELŰ, ansprechender süßer Zeus.

Takler S-Pan r ★★ 09' 11' 12 – Bedeutender Familienbetrieb in SZEKSZÁRD, der sehr reife, geschmeidige Rotweine bereitet. Am besten sind die Reserve-Auslesen von CABERNET FRANC, KÉKFRANKOS, SYRAH und BIKÁVER. Guter neuer Kékfrankos Görögszó von einer Einzellage (11) und süffiger Rosé (BV).

Tinon, Samuel Tok s ★★→★★★ 00 01 04 05 07 – Der Mann aus dem Sauternais lebt seit 1991 in TOKAJ. Sehr guter, unverwechselbarer Tokaji ASZÚ, bereitet mit langer Maischestandzeit und Fassausbau. Trockener Határi Dry Furmint. Ausgezeichnet auch der unter Flor gereifte Szamorodni.

Tokaj/Tokaji (Tokajer) Tok ★★→★★★★ Nach der Stadt und Weinregion Tokaj wurde der berühmte süße Likörwein Ungarns benannt: Tokaji auf Ungarisch, Tokajer auf Deutsch. Aufgrund der neuen Vorschriften von 2014 müssen nun alle Tokajer innerhalb der Region abgefüllt werden, um für den Status einer geschützten Ursprungsbezeichnung qualifiziert zu sein. Neben den Erzeugern mit eigenem Eintrag sind die folgenden zu empfehlen: Bott Pince, Balassa, Füleky, Holdvölgy, Erzsébet, Demetervin, Karádi-Berger.

Tokaj Kereskedőház Tok w; tr s ★→★★ Das auch Crown Estates genannte und immer noch in Staatseigentum befindliche Gut will die bisherige schwache Qualität hinter sich lassen und mausert sich zu einem der großen Investitionsprojekte in Tokaj. Große neue Kellerei, neuer Kellermeister (Karoly Áts, früher bei ROYAL TOKAJI) und eine neue Strategie, um durch engere Zusammenarbeit mit den Weinbauern bessere Trauben zu bekommen. Die älteren Bestände werden nach einem Gerichtsverfahren in den USA überprüft. Im Auge behalten.

Tokaj Nobilis Tok w; tr s ★★★ Großartiger kleiner Erzeuger unter Leitung von Sarolta Bárdos, die zu den inspiriertesten Weinmacherinnen in TOKAJ gehört. Herrlicher ASZÚ (07) sowie trockener Barakonyi HÁRSLEVELŰ und FURMINT.

Tolna S-Pan – Der wichtigste Betrieb des Gebiets ist Tűzkő (★★) im Besitz von Antinori (Italien). Guter TRAMINI, CHARDONNAY und roter Talentum.

Törley r rs w; tr ★→★★ Große innovative Firma; wichtiger Markenname ist Chapel Hill. Gut bereitete, preisgünstige sortenreine Weine (BV) von intenationalen Rebsorten (PINOT GRIS, CHARDONNAY, PINOT NOIR) sowie von den lokalen Trauben IRSAI OLIVÉR, Zenit und Zefir. Großer Erzeuger von Schaumwein (v. a. mit den Marken Törley, Gala und Hungaria), sehr gut sind der François President Rosé Brut (10) und der Chardonnay Brut (0J) nach dem klassischen Verfahren. Spitzenauslesen unter dem Etikett György-Villa (v. a. JUHFARK, SYRAH).

Villány S-Pan – Ungarns südlichste Weinbauregion und bestes Gebiet für Rotwein. Bekannt für ernsthafte, reife Weine von Bordeaux-Sorten (v. a. CABERNET FRANC) sowie Verschnitte. Probieren Sie auch die saftigen Weine der lokalen Trauben Kékfrankos und PORTUGIESER. Von kühleren Lagen kommt seit Kurzem auch guter SYRAH und PINOT NOIR. Hohe Qualität u. a. von Bock, CSÁNYI, ATTILA GERE, Tamás & Zsolt Gere, Kiss Gabor, Heumann, Malatinszky, Sauska, Tiffán, Vylyan, WENINGER-GERE, Wunderlich.

Vincent, Chateau Bal sch ★★ Erstklassiger ungarischer Erzeuger von Schaumwein mit Flaschengärung (v. a. Evolution Rosé 07, Fantazia Brut Natur 05). Auch Eigentümer des Guts Garamvári mit gutem IRSAI OLIVÉR (BV), SAUVIGNON BLANC und sehr gutem Sinai CABERNET SAUVIGNON.

Vylyan S-Pan r ★★→★★★ **07** 08 09' – Stilvoller Gombás PINOT NOIR. Auch CABERNET FRANC, SYRAH und die exzellente Einzellagenselektion MERLOT Pillangó sind einen Versuch wert. Das rote Aushängeschild ist die Cuvée Duennium (CABERNET FRANC, CABERNET SAUVIGNON, Merlot, ZWEIGELT).

Weninger NU r ★★→★★★ **08 09** 11 12 – Maßstäbe setzender Erzeuger in SOPRON, geleitet von dem Österreicher Franz Weninger jr. Biologisch-dynamisch seit 2006. Der Spern Steiner Kékfrankos von einer Einzellage gehört zu den Besten des Landes. Eindrucksvoll auch SYRAH, PINOT NOIR und der rote Verschnitt Frettner.

Weninger & Gere S-Pan r rs ★★→★★★ **08 09** – Gemeinschaftsunternehmen des Österreichers Franz Weninger sen. mit Attila GERE. Ausgezeichnet der CABERNET FRANC Selection, günstig die Cuvée Phoenix und der frische Rosé (BV).

Bulgarien

Nicht nur mit neuen Rebsorten experimentieren die Kellermeister hier, sie beleben auch schon fast vergessene neu. Immer mehr Interesse gilt Bioweinen und jungen Weinen im Beaujolais-Nouveau-Stil. Die bulgarische Weinszene ist lebendig und expandiert, erforscht neue Märkte und probiert neue Verschnitte aus. Der Inlandsmarkt für hochklassige Weine wächst, ein paar davon werden nun auch exportiert.

Assenovgrad Thrak r ★→★★ Spezialist und größter Erzeuger für die einheimischen Sorten MAVRUD und RUBIN.

Bessa Valley Thrak r ★★★ Die Kellerei nahe Pazardjik wurde von Graf Stephan von Neipperg (vom Bordeaux-Château Canon-la-Gaffelière) und Karl-Heinz Hauptmann gegründet. Weine: Syrah by Enira (**09**), BV by Enira (**09**), Enira Reserva (**08**). Körperreich, weich. Der einzige in Großbritannien erhältliche bulgarische Qualitätswein.

Black Sea Gold Thrak (Pomorie) (r) w ★ Die jüngst erfolgten Investitionen haben die Qualität in dieser Kellerei an der Küste verbessert. Empfehlenswert: Villa Ponte CABERNET SAUVIGNON und SYRAH (09) sowie Arte Ante Cabernet Sauvignon (08).

Borovitsa Don r w ★★→★★★ Altes Weingut mit spezifischem Terroir nahe der Donau. Empfehlenswert: der komplexe Dux (**06**) mit ausgewogener Frucht und Eichennote. Auch der Les Amis CHARDONNAY (**08**) und der PINOT NOIR Cuvée Enrique (**09**) sind einen Versuch wert. Interessanter Verschnitt der alten Sorte Evmolpia mit Merlot. Der Sensum (**10**) wurde mehrfach zu Bulgariens Wein des Jahres gewählt.

Boyar, Domaine Thrak ★★→★★★ Großer Exporteur mit der großen Kellerei Blueridge und der Boutiquekellerei Korten. Gute, verlässliche Alltagsweine. Neue Reihen sind Deja Vu (u. a. hervorragender samtig-weicher MERLOT) und Elements (achten Sie auf den SAUVIGNON BLANC mit Blumen- und Stachelbeernoten – ein wunderbarer Sommerwein). Qualitätsweine mit Alterungspotenzial sind Korten Merlot (12), CABERNET SAUVIGNON (12) und SYRAH (12). Der Next Twenty Years Caladoc (**10**) ist ein schön abgerundeter Neuling im Angebot.

Mittel- und Südosteuropa

Castra Ruba Thrak r ★★ Michel Rolland aus Bordeaux berät das erfolgreiche junge Team. Preisgekrönter Castra Ruba (**09**). Der Via Diagonalis (09) sollte gut altern. Ein mächtiger, weicher, körperreicher Rotwein trägt den kuriosen Namen Motley Cock Red (**09**).

Chateau de Val Don r ★★ Kleiner Erzeuger von markanten Weinen: Grand Claret Reserve (**11**) und Cuvée Trophy (**13**).

Bulgariens Beste
Diese Weine sollten Sie sich merken:
Borovitsa: Sensum (10)
Midalidare: Grand Vintage Malbec (12)
Minkov Brothers: Le Photographe Syrah (13)
Terra Tangra: Roto (09)

Damianitza Thrak r (w) ★★ Spezialist für die MELNIK-Traube im Struma-Tal. Weine: Uniqato Melnik (10), eleganter No Man's Land Kometa (**11**) und ReDark (**09**). Nach den reinsortigen Weinen Volcano VIOGNIER und Volcano SYRAH (13) lohnt es sich, die Augen offen zu halten.

Dragomir Thrak r ★★ Boutiqueerzeuger. Empfehlenswert: CABERNET SAUVIGNON und MERLOT Reserva (11), Pitos Merlot, Cabernet Sauvignon und Rubin (10) sowie Karizma Cabernet Sauvignon, Merlot und SYRAH (10).

Ivo Varbanov Thrak r (w) ★★ Konzertpianist, der feine Weine von einem ökologisch bewirtschafteten Weinberg bereitet: u. a. Marselan Late Harvest (11) und einen VIOGNIER/Tamyanka-Verschnitt (13).

Katarzyna Thrak r w ★★★ Die Kellerei im Süden mit ihrem eindrucksvollen Le Voyage SYRAH/CABERNET FRANC (11) sollte man im Auge behalten. Außerdem stilvoller CABERNET SAUVIGNON/MERLOT Question Mark (12) und der weiche, aromatische Katarzyna Estate Chopin Concerto Cabernet Sauvignon/Syrah (11). Zu empfehlen auch der MALBEC Grand Vintage (12).

Levent Don (r) w ★★ Kleiner Erzeugerbetrieb in Russe mit guten, frischen Weißweinen, v. a. Levent Family Selection (**12**). Auch Grand Selection CHARDONNAY (**13**) und Grand Selection CABERNET SAUVIGNON (12). Im Levent SAUVIGON BLANC (13) steckt der Geschmack des Sommers.

Logodaj Thrak r w ★→★★ Kellerei im Struma-Tal mit Hypnose Reserve (Einzellagen-MERLOT 10). Nach dem Nobile MELNIK (12) lohnt es sich, Ausschau zu halten; außerdem stilvoller Incantesimo SYRAH (12).

Midalidare Estate Thrak r w ★★ Eindrucksvolle Boutiquekellerei, v. a. mit den Einzellagenweinen Grand Vintage MALBEC (12), Mogilovo Village (11). Eleganter SAUVIGNON BLANC/SÉMILLON (**13**). Frisch und aromatisch präsentiert sich der Synergy Sauvigon blanc/PINOT GRIS (**13**).

Minkov Brothers Thrak r w ★★→★★★ International preisgekrönter Le Photographe Syrah (13). Der Oak Tree (**11**) zeigt sich subtil, komplex, ausgewogen, der Le Photographe Rheinriesling (11) erfrischend und aromatisch mit langem Abgang.

Miroglio, Edoardo Thrak r w ★★ Weingut in Elenovo in italienischem Besitz. Weine: Soli Invicto (10); Elenovo CABERNET SAUVIGNON Reserve (09). Der Miroglio Brut Metodo Classico (**08**) (und der Rosé **09**) gilt als Bulgariens bester Schaumwein: zu allen Gelegenheiten passend, trocken, sanft perlend. Der rote Soli Red (10) ist ein weicher Verschnitt aus Cabernet Sauvignon, CABERNET FRANC und der einheimischen MELNIK-Traube.

Preslav Thrak (r) w ★→★★ Besonders zu empfehlen: Rubaiyat CHARDONNAY (13). Der SAUVIGNON BLANC (13) ist stachelbeerfrisch.

Strymon Thrak r ★→★★ Kellerei im warmen Südwesten. Weicher MERLOT Reserve (**10**), vielversprechender Rosé CABERNET SAUVIGNON, SYRAH (**13**).

Terra Tangra Thrak r w ★★ Betrieb im Spitzenregion Sakar-Gebirge. Sehr empfehlenswerter Roto (**09**), komplexer roter Verschnitt (CABERNET SAUVIGNON/MERLOT/CABERNET FRANC/SYRAH/MAVRUD). Gute Weine in der Reihe Yatrus: u. a. SAUVIGNON BLANC (**13**), Cabernet franc/MALBEC (**12**).

Varna Wine Cellar Don (r) w ★→★★ Kellerei an der Küste; gut für preisgünstigen, vielversprechenden SAUVIGNON BLANC (**13**) und RIESLING/Varnenski MISKET (**14**).

Yamantievi Thrak r w ★→★★ Marble Land CHARDONNAY (09). Zu empfehlen auch SYRAH Reserve (**10**) und VIOGNIER (**12**).

Zagreus Thrak r w ★★ Bioweine von ökologisch bewirtschafteten Lagen. Der Vinica MAVRUD (11) ist exotisch, pfeffrig, ungewöhnlich und unbedingt empfehlenswert, der Noble Mavrud ein guter Dessertwein. Fruchtige, frische, jung zu trinkende Tropfen in der Reihe St. Dimitar.

Slowenien

S lowenien zeigt in diesem Teil Europas immer noch, wo es qualitativ langgeht, mit Weinen, die die verschiedenen Terroirs des kleinen Landes gut widerspiegeln. Der Osten tut sich mit vibrierend-lebhaften Weißen hervor, die den heutigen Geschmack genau treffen, während im Westen körperreiche, komplexe Weiß- und Rotweine entstehen. Wirtschaftlich gesehen sind die Zeiten allerdings immer noch hart.

Batič Prim w; s ★→★★ 09 11 12 – Erzeuger in VIPAVA, berühmt für »Naturweine« (siehe Kapitel »Technische Weinsprache S. 43). Bestseller ist der Zaria Rosé.

Bjana Prim sch ★★ Sehr guter PENINA nach der traditionellen Methode aus BRDA, v. a. der oJ, die Cuvée Prestige (08) und der Brut Rosé.

Blažič Prim w ★★→★★★ **06** 08 11 12 (13) – Erzeuger in BRDA mit langlebigem, komplexem REBULA, SAUVIGNONASSE und, in besonders guten Jahren, dem Weißweinverschnitt Blaž Belo.

Brda (Goriška) Prim – Erstklassiger Bezirk in der Region PRIMORSKA; viele führende Erzeuger: u. a. BJANA, BLAŽIČ, EDI SIMČIČ, Dolfo (v. a. schäumender Spirito 10, SIVI PINOT, Skocaj), Erzetič, JAKONČIČ, Dusan KRISTANČIČ, MOVIA, Prinčič, SIMČIČ MARJAN, ŠČUREK, Vinska klet Goriška Brda, ZANUT. Orange Weine (mit Maischegärung bereitete Weiße) von Kabaj und Klinec.

Burja Prim r w ★★→★★★ 11 13 – Projekt in VIPAVA, konzentriert sich auf die lokalen Trauben Zelen und MALVAZIJA. Der Bela Burja ist der traditionelle Verschnitt im modernen Gewand, der Burja Noir einer der besten PINOT-NOIR-Weine des Landes.

Conrad Fürst Pod w ★★ 11 12 – Restauriertes historisches Familienweingut nahe Jeruzalem. Empfehlenswert: FURMINT, Pod Stolpom.

Čotar Prim r w ★★ 05 06 08 09 11 – Pionier für langlebige »Naturweine« (siehe Kapitel »Technische Weinsprache S. 43) in KRAS, v. a. weißer Vitovska, MALVAZIJA, SAUVIGNON BLANC, TERAN und roter Verschnitt Terra Rossa.

Cviček Pos – Traditioneller alkoholarmer, scharfer, hellroter Verschnitt aus POSAVJE; basiert auf der lokalen Žametovka-Traube. Empfehlenswert: Bajnof.

Dveri-Pax Pod r w; s ★★→★★★ 11' 12' 13 – Kellerei nahe Maribor im Besitz von Benediktinern. Frische, mineralische, preisgünstige Weißweine in der Reihe Benedict (v. a. SAUVIGNON BLANC, FURMINT und RIESLING). Sehr gut auch die Einzellagenauslesen Admund: Furmint Ilovci, Riesling »M«, Chardonnay Vajgen. Auch großartiger süßer ŠIPON Strohwein.

Edi Simčič Prim r w ★★★→★★★★ **08 09** 10 11 12 (13) – Perfektionist in BRDA; ein Superstar für Rotweine mit dem Duet Lex (**06** 07 09) und der Fassauslese Kolos (**04** 06 09). Exzellente Weiße: SIVI PINOT, REBULA, MALVAZIJA, Triton Lex. Ausgezeichneter Einzellagen-CHARDONNAY Kozana.

Guerila Prim r w ★★ Biodynamisch arbeitender Erzeuger in VIPAVA mit Maßstäbe setzendem Wein der Lokalsorten PINELA und Zelen (BV).

Sloweniens Qualitätsweine

Um als Qualitätswein anerkannt zu werden, müssen alle Weine eine Verkostungsprüfung bestehen. *Vrhunsko vino z zaščitenim geografskim poreklom* oder *Vrhunsko vino ZGP* ist der Ausdruck für Qualitätsweine mit geschützter Ursprungsangabe (g.U.), der allerdings wegen der Kosten für die zusätzlichen Weinbergprüfungen nicht häufig verwendet wird. *Kakovostno vino ZGP* ist gebräuchlicher für Qualitätsweine. Weine mit geschützter geografischer Angabe (g.g.A.) heißen *Deželno vino PGO* (Priznano geografsko oznako). Für Qualitätssüßweine sind folgende Begriffe in Gebrauch: *Pozna Trgatev* (Spätlese), *Izbor* (Auslese), *Jagodni Izbor* (Beerenauslese), *Suhi Jagodni Izbor* (Trockenbeerenauslese). (Zur Definition der Qualitätsprädikate siehe auch den Kasten im Kapitel Deutschland, S. 210.) *Ledeno vino* ist Eiswein, *Slamno vino* Strohwein von halbgetrockneten Trauben und PENINA ein natürlicher Schaumwein.

Heaps Good Wine Pod r w ★★ Vielversprechender Neuling. Der Neuseeländer Nick Gee und seine Frau Marija erzeugen ansprechenden, fruchtbetonten PINOT NOIR und MODRA FRANKINJA; auch reichhaltiger PINOT GRIS aus der ŠTAJERSKA.

Istenič Pos sch ★→★★ Verlässlicher PENINA. Der einfachste ist der No.1, am besten sind der Gourmet Rosé und der Prestige.

Istrien Küstenbezirk, der sich jenseits der Grenze in Kroatien fortsetzt. Hauptrebsorten sind REFOŠK und MALVAZIJA. Beste Erzeuger: Bordon (E. Vin Rosé, Malvazija), Korenika & Moškon (PINOT GRIS, roter Kortinca), Rojac (Renero, Stari d'Or), Pucer z Vrha (Malvazija), SANTOMAS (Refošk Kocinski 09), VINAKOPER.

Jakončič Prim r w; sch ★★★ **09 10** 11 12 – Sehr guter Erzeuger in BRDA mit elegantem Stil, v.a. Bela Carolina (REBULA/CHARDONNAY), PENINA und roter Rdeča Carolina.

Joannes Pod r w; sch ★★ 09 10 11 12 13 – RIESLING-Spezialist bei Maribor, gut alternde Weine. Auch frischer, leichter PINOT NOIR und hübscher Gelber MUSKATELLER (BV).

Klet Brda Prim r w ★→★★★ 09 11 12 13 – Zukunftsorientierte große Kellerei in BRDA. Gute, verlässliche Weißweine (BV), v.a. Quercus SIVI PINOT, PINOT BLANC und REBULA. Die Premiumreihe mit Eichennote heißt Bagueri, Krasno Belo ist der sehr gute Verschnitt ohne Holzeinfluss. Exzellenter A+ (rot und weiß), aber nur in den besten Jahrgängen.

Kogl Pod r w; sch ★★ 11 12 13 – Auf einem Hügel nahe Ormož gelegenes kleines Weingut, dessen Geschichte bis 1542 zurückreicht. Wichtigstes Etikett ist Mea Culpa (v.a. AUXERROIS, SAUVIGNON BLANC und Gelber MUSKATELLER). Auch ansprechndner PINOT NOIR Rubellus (12) und Magna Domenica (11).

Kras Prim – Kleiner, aber berühmter Bezirk mit Terra-Rossa-Böden in der Region PRIMORSKA. Am bekanntesten ist der TERAN und MALVAZIJA. Achten Sie auf den stark verbesserten Erzeuger Vinakras.

Kristančič Dusan Prim r w ★★ 11 12 13 – Familienweingut in BRDA. Ordentlicher CHARDONNAY, CABERNET SAUVIGNON und MERLOT. Die Spitzenmarke heißt Pavo.

Kupljen Pod r w ★★ 11 12 13 – Pionier bei der Bereitung von zuverlässigen trockenem Qualitätswein nahe Jeruzalem. Guter RENSKI RIZLING, SIVI PINOT, FURMINT und PINOT NOIR. Am besten ist der White Star of Stiria.

Ljutomer Ormož Pod – Berühmter Unterbereich in PODRAVJE, bekannt für frische Weiße und hervorragende Süßweine. Beste Erzeuger: PRA-VINO, CONRAD FÜRST, HEAPS GOOD WINE, P & F, KOGL, Krainz, KUPLJEN, VERUS.

Marof Pod r w ★★→★★★ 12' 13 – Hochinteressante Kellerei in Prekmurje. Klassische Weine (BV): sehr guter LAŠKI RIZLING Bodonci, RENSKI RIZLING. Der fassvergorene Breg ist hervorragend, v. a. der CHARDONNAY (12) und der SAUVIGNON BLANC (12).

Movia Prim r w; sch ★★★→★★★★ 05 06 07 08 09 11 – Sehr bekanntes biodynamisches Gut unter der Führung des charismatischen Ales Kristančič. Exzellenter, langlebiger weißer Veliko Belo und roter Veliko Rdeče. Die Schaumweine Puro (weiß 03, rosé 05) sind der Hit, doch am orangefarbenen Lunar scheiden sich die Geister.

P & F Pod r w; sch ★★ 11 12 13 – Der frühere Staatsbetrieb mit Kellerei und Weinbergen ist in die Hände der ursprünglichen Besitzerfamilie Puklavec zurückgegangen und wurde in P&F (Puklavec & Friends) umbenannt. Erzeugt jetzt preiswerte, verlässlich frische aromatische Weißweine in der Reihe P & F. Die Gomila-Auslesen mit dem goldenen Etikett sind exzellent, v. a. der FURMINT und der SAUVIGNON BLANC. Die Weine für die lokalen Märkte sind als Jeruzalem Ormož etikettiert.

Penina Bezeichnung für Qualitätsschaumwein (Tankgärung oder traditionelle Methode). Empfehlenswert: RADGONSKE GORICE (der größte), ISTENIČ, BJANA, MOVIA, Vino Gaube (Gaudium Rosé Brut, CHARDONNAY), Dolfo (Spirito).

Podravje Weinregion im Nordosten. Bekannt für frische trockene Weiße; oft besseres Preis-Leistungs-Verhältnis als im Westen. Zunehmend bessere Rotweine von PINOT NOIR und MODRA FRANKINJA.

Posavje Weinregion im Südosten. Die besten Weine sind süß, v. a. von PRUS und Šturm – Eiswein und edelfauler MUSCAT).

PRA-VinO (Čurin-Prapotnik) Pod w; s 06' 07 09 11 12 – War in den 1970er-Jahren der Vorreiter der privaten Weinerzeugung, jetzt haben der Sohn und der Enkel übernommen. Süßweine von Weltklasse (★★★★), u. a. fantastischer Eiswein (ledeno vino) und edelfaule Gewächse von ŠIPON, LAŠKI RIZLING und RIESLING. Die trockeneren Stile werden besser.

Primorska Im Südwesten gelegene Region (auch Primorje genannt), die sich vom slowenischen Istrien bis BRDA erstreckt.

Prus Pos w; s – Der kleine Familienbetrieb produziert umwerfende ★★★★-Süßweine (06 09 11), v. a. Eis- und edelfaule Weine von Rumeni MUŠKAT, RIESLING und SAUVIGNON BLANC.

Pullus Pod r w ★★→★★★ 11 12 13 – Sehr gute, knackige, moderne Weißweine aus der Kellerei in Ptuj, v. a. Pullus SAUVIGNON BLANC und RIESLING. Exzellente Weine mit dem Etikett »G« (beachtlicher Sauvignon blanc) und wundertbarer süßer RENSKI RIZLING (09).

Radgonske Gorice Pod ★ Erzeuger der slowenischen Schaumwein-Bestseller Srebrna (silberner) PENINA, Zlata (goldener) Penina (nach der klassischen Methode) und des beliebten halbtrockenen TRAMINEC mit schwarzem Etikett.

Refošk Der Rotwein, den man in Istrien trinken sollte; sollte angenehm tanninstark sein, fruchtig und kräftig.

Santomas Prim r w ★★→★★★ 06 09 10 12 – Das Weingut in ISTRIEN produziert einige der besten Refošk- und REFOŠK/CABERNET-SAUVIGNON-Weine des Landes, v. a. den Antonius von 60 Jahre alten Reben und den Verschnitt Mezzoforte.

Ščurek Prim r w; s ★★→★★★ 09 10 11' 12 13 – Guter, verlässlicher Erzeuger in BRDA mit sortenreinen Weinen (BV) von BELI PINOT, CHARDONNAY, REBULA und CABERNET FRANC. Die besten Weine beruhen auf lokalen Sorten, v. a. Stara Brajda (rot und weiß), Pikolit, Up.

Simičič, Marjan Prim r w; s ★★★→★★★★ 09 10 11 12 13 – Beeindruckende Weißweine, v. a. SIVI PINOT, SAUVIGNONASSE, REBULA, CHARDONNAY und SAUVIGNON BLANC Selekcija. Die Teodor-Verschnitte sind immer sehr gut. Eleganter MODRI PINOT. Bemerkenswerte Reihe von Einzellagenweinen namens Opoka, v. a. Sauvignon blanc und MERLOT. Der süße Leonardo ist großartig.

Štajerska Slovenija Pod – »Slowenische Steiermark«; seit 2006 ein wichtiger Weinbaubezirk im Osten. Erzeuger: Gaube (v. a. CHARDONNAY Kaspar), Frešer, Kušter, VALDHUBER, Miro Vino (v. a. ŠIPON).

Steyer Pod w; s; sch ★★ 10 11 12 (13) – Spezialist für TRAMINER in ŠTAJERSKA: trocken, Schaumwein, mit Eichenausbau, süß.

Šipon: Slowenischer Name für Furmint, der im Exportgeschäft aber kaum verwendet wird, da Ungarn nun trockenen Furmint auf den Markt bringt.

Sutor Prim r w ★★★ 09' 10 11' – Ausgezeichneter Erzeuger in VIPAVA. Der CHARDONNAY ist einer der besten des Landes und altert ausgezeichnet. Sehr gut auch der SAUVIGNON BLANC, fein der MALVAZIJA, elegant der Rote auf MERLOT-Basis und hochinteressant der neue Weißweinverschnitt (11).

Tilia Prim r w ★★ 11 12 13 – Winzerehepaar aus VIPAVA. In der süffigen Reihe Sunshine lohnen sich v. a. der SAUVIGNON BLANC und der PINOT GRIS; in der Premiumreihe Golden Tilia v. a. der feine PINOT NOIR.

Valdhuber Pod r w ★ 12 13 – Pionier für trockene Weine in PODRAVJE. Erfrischende, geradlinige Weiße.

Verus Pod r w ★★★ 11' 12' 13 – Feine, fokussierte, mineralische Weiße, v. a. sehr guter FURMINT, knackiger SAUVIGNON BLANC, aromatischer PINOT GRIS und verfeinerter RIESLING. Auch purer, saftiger PINOT NOIR (12).

Vinakoper Prim r w ★→★★ 11 12 13 – Neuerdings verbesserter großer Erzeuger in ISTRIEN. Preiswerte Reihe Capris (MALVAZIJA BV, REFOŠK, Muskat) sowie auf Premiumniveau der Capo d'Istria REFOŠK.

Vipava Prim – Aus dem für seine kühlen Brisen bekannten Tal in der Region PRIMORSKA kommen einige der besten Weine Sloweniens. Auch Name eines ehemaligen großen staatlichen Kellereibetriebs, Vipava 1894, der einen neuen Kellermeister hat (empfehlenswert: Prestige MALVAZIJA 13, PINELA 13, sehr schöner süßer Pikolit 09). Sonstige Erzeuger: BATIČ, BURJA, GUERILA, Štokelj (v. a. der Pinela), Mlečnik, SUTOR, TILIA.

Zanut Prim r w ★★ 06 08 11 12 – Familienkellerei in BRDA mit exzellentem SAUVIGNONASSE, intensivem SAUVIGNON BLANC und, in Spitzenjahrgängen, MERLOT Brjač von einer Einzellage.

Zlati Grič Pod w; sch ★ Weinberg mit Golfplatz nahe Maribor. Ordentliches, aber großteils uninspiriertes Angebot – eine Ausnahme ist der fantastisch elegante PINOT NOIR (12).

Kroatien

Kroatien ist nun ein vollwertiges Mitglied der EU, doch seine Weine bleiben unbekannt – ausgenommen bei den Touristen, die sich über die unerwartete Qualität begeistern (aber über die stolzen Preise oft wundern). Touristen sind also immer noch die wichtigsten Weinbotschafter des Landes; gleichzeitig arbeitet man an einem Projekt namens Vina Mosaica, das Kroatien ein neues Profil mit vier leichter verständlichen Regionen geben soll: Istrien & Kvarner, kroatisches Hochland, Slawonien & Donau, Dalmatien.

Agrokor r rs w ★→★★★ 09 10 11 12 13 – Besitzer etlicher Kellereien mit über 30 % Marktanteil. Beste Marken: Vina Laguna Festigia (sehr guter MALVAZIJA, MERLOT, CABERNET SAUVIGNON, Rosé und roter Verschnitt Castello) und Vina Belje (v. a. Goldberg GRAŠEVINA und Premium-CHARDONNAY).

Arman, Franc r w ★★ 11 12 13 – Familienkellerei in der sechsten Generation. Sehr gute, präzise Weiße, v. a. CHARDONNAY und klassischer MALVAZIJA, auch Teran Barrique (09).

Babić Seltener Roter von steinigen Terrassen an der Küste bei Šibenik. Im Bestfall fast wie ein Burgunder.

Badel 1862 r w ★★ 08 09 10 11 12 13 – Gruppe von Kellereien; die besten Weine sind der Korlat SYRAH und die Cuvée von der Kellerei Benkovac. Preisgünstige Reihe Duravar, v. a. SAUVIGNON BLANC und GRAŠEVINA. Guter PLAVAC und Ivan Dolac von PZ Svirče.

Benvenuti r w ★★ Familienbetrieb in ISTRIEN. Guter MALVAZIJA, sehr guter TERAN (11), süßer Corona Grande (13).

BIBICh Dalm w ★★ 10 12 – Angesehener Erzeuger, bekannt für Weine der lokalen Weißweinsorte Debit (w), v. a. Lučica von einer Einzellage und süßer Ambra.

Bodren w; s ★★→★★★ 09 10 **11** – Exzellente Süß- und Eisweine, u. a. von CHARDONNAY, TRAMINER, RIESLING, und der Verschnitt Triptych.

Bolfan w; tr ★★ 11 12 13 – Erzeuger bei Zagreb mit 20 ha Rebland, der Bio- und »Naturweine« (siehe Kapitel »Technische Weinsprache S. 43) produziert. Am besten sind der RIESLING und der PINOT NOIR Rosé.

Vrhunsko vino: Wein von Premiumqualität, *Kvalitetno Vino:* Qualitätswein, *Stolno Vino:* Tafelwein, *Suho:* trocken, *Polsuho:* halbtrocken.

Bura-Mrgudič Dalm r ★★→★★★ 09 10 (11) – Erstklassiger DINGAČ, einer der besten des Landes. Auch Benmosché Dingač.

Capo r w ★★ 10 11 12' 13 – Neuer qualitätsorientierter Erzeuger in ISTRIEN. Empfehlenswert: SAUVIGNON BLANC Sagittarius, CABERNET FRANC Aries, PINOT NOIR Gemini.

Cattunar r w; tr ★★ 11 12 13 – Familiengut auf einem Hügel. Sehr gut ist der MALVAZIJA, v. a. der reichhaltige Collina (13).

Coronica r w ★★ 09 11 12 – Beachtliche Kellerei in ISTRIEN, v. a. mit fassgereiftem Gran MALVAZIJA und dem Maßstäbe setzenden Gran TERAN.

Dalmatien (Dalmacija) Die Felsküste der kroatischen Adria mit ihrer wunderbaren Inselwelt südlich von Zadar. Idyllisches Klima.

Dingač Dalm 08 09' 10 11 – War 1961 die erste Qualitätsbezeichnung und ist heute eine geschützte Ursprungsbezeichnung auf der Halbinsel Pelješac im südlichen Dalmatien. Robuster, körperreicher PLAVAC MALI. Empfehlenswerte Erzeuger: BURA-MRGUDIČ, Kiridžija, Lučič, Matuško, Madirazza, Milicic, SAINTS HILLS, Vinarija Dingač (Genossenschaft mit 300 ha; sehr guter Dingač und Postup).

Mittel- und Südosteuropa

Enjingi, Ivan w; s ★★ Wegweisender Erzeuger in Slawonien. Sehr gute süße edelfaule und trockene Weißweine, v. a. GRAŠEVINA (Barriqueausbau) und Venje.

Galić r w ★★ 09 11 12 13 – Vielversprechender neuer Erzeuger in SLAWONIEN, vor allem mit GRAŠEVINA und rotem Verschnitt Crno 9.

Gerzinić r rs w ★★ 11 12 13 – Brüder, die sehr guten TERAN, MALVAZIJA, Rosé und SYRAH erzeugen.

Grgić Dalm r w ★★→★★★ 07 08 – Der legendäre Erzeuger aus dem Napa Valley (USA) ist zu seinen kroatischen Wurzeln zurückgekehrt und produziert jetzt auf der Halbinsel Pelješac PLAVAC MALI und fülligen POŠIP.

Hvar Wunderschöne Insel mit den ältesten kontinuierlich kultivierten Weinbergen der Welt (unter UNESCO-Schutz). Bekannt für PLAVAC MALI, einschließlich der Lage Ivan Dolac. Gute Erzeuger: Carić, Plančič, ZLATAN OTOK, PZ Svirče, TOMIČ.

Iločki Podrumi r w ★★ 11 12 13 – Nun in Familienbesitz, angeblich Europas zweitälteste Kellerei, gegründet 1450. Probieren Sie den Premium-GRAŠEVINA, den TRAMINAC und die Reihe Principovac.

Istrien Halbinsel in der nördlichen Adria. MALVAZIJA dominiert; gut auch für CABERNET SAUVIGNON, MERLOT und TERAN. Erzeuger: v. a. ARMAN FRANC, BENVENUTI, CATTUNAR, Clai (orangefarbene Weine, v. a. Sveti Jakov), CAPO, CORONICA, Cossetto (Malvazija Rustica, Mozaik), Degrassi (MUSCAT, Terre Bianche), GERZINIČ, Kabola (v. a. Malvazija Amfora), KOZLOVIČ, MATOŠEVIČ, MENEGHETTI, Peršurič (die besten Schaumweine Kroatiens, v. a. Misal Millenium Brut) Pilato (Malvazija, PINOT BLANC) RADOVAN, Ritoša, ROXANICH, SAINTS HILLS, TRAPAN.

Korta Katarina Dalm r w ★★★ 08 **09** 11 12 – Moderne Interpretationen der traditionellen Stile von Korcula. Exzellenter POŠIP und PLAVAC MALI, v. a. Reuben's Reserve.

Kozlovič w ★★→★★★ 09 11 12 13 – Maßstäbe setzender MALVAZIJA in allen Spielarten, v. a. der aufregende, komplexe Santa Lucia (**06**), der Akacia und der süße Sorbus (12). Auch vielversprechender Santa Lucia Crni.

Krauthaker, Vlado r w; s ★★★ 08 10 **11** 12 (13) – Spitzenerzeuger in KUTJEVO, v. a. CHARDONNAY Rosenberg, GRAŠEVINA Mitrovac und süßer Graševina Izborna Berba. Vielversprechender PINOT NOIR Selekcija (11).

Kutjevo Name einer Stadt in SLAWONIEN und der dort ansässigen ★→★★ Kutjevo Cellars – bekannt für guten GRAŠEVINA, v. a. Turkovič (12).

Maraština Synonym für den an der Küste verbreiteten MALVAZIJA; oft angenehm erfrischend.

Matoševič r w ★★ 11 12 13 – Mustergültiger MALVAZIJA, v. a. Alba Antiqua (09). Auch sehr guter roter und weißer Grimalda.

Meneghetti r w ★★ 09 10 11 – Geschmeidige Verschnitte (rot und weiß) sowie feiner, präziser MALVAZIJA.

Miloš, Frano Dalm r; s ★★ 06 09 – Machte sich einen Namen mit dem kraftvollen Stagnum, zugänglicher ist jedoch der PLAVAC.

Postup Dalm – Berühmte Weinberglage nordwestlich von DINGAČ. Körperreiche, füllige Rotweine von PLAVAC MALI. Bekannte Erzeuger sind Donja Banda, Miličič, Mrgudič Marija und Vinarija Dingač.

Prošek Dalm – Verwechslungen sind möglich: Derzeit laufen Verhandlungen mit dem italienischen Prosecco-*Consorzio*, um Kroatien weiterhin der Verkauf seines traditionellen Süßweins im Passito-Stil aus DALMATIEN zu erlauben. Gute Versionen sind der Hectorovich von TOMIČ, erzeugt aus den Sorten Bogdanuša, Maraština und Prč, sowie der STINA (PLAVAC MALI und POŠIP).

Radovan r w ★★→★★★ 09 11 12 – Tadellose Weißweine sowie großartige CABERNET SAUVIGNON und MERLOT.

Roxanich r w ★★→★★★ 07 08 – Naturweinerzeuger mit kraftvollen, verführerischen bernsteinfarbenen Weinen (MALVAZIJA Antica, Ines U Bijelom) und beeindruckend komplexen Roten, v. a. TERAN Ré, Superistrian Cuvée und MERLOT.

Saints Hills Dalm r w ★★→★★★ 08 09 10 11 – Drei Weinberge und zwei Kellereien; Michel Rolland berät. Sehr guter Nevina MALVAZIJA/CHARDONNAY aus ISTRIEN, üppig-fruchtiger PLAVAC MALI St. Roko, ernst zu nehmender DINGAČ.

Slawonien Region in Nordkroatien; berühmt für ihr Eichenholz und für Weißweine, v. a. von GRAŠEVINA. Inzwischen gibt es auch gute Rote, v. a. PINOT NOIR. Erzeuger: u. a. Adzič, Bartolovič, Belje, ENJINGI, GALIČ, KRAUTHAKER, Mihalj, Zdjelarevič.

Stina Dalm r w ★★ 10 11 12 13 – Von den sehr steilen Weinbergen auf der Insel Brač kommen sehr guter POŠIP und PLAVAC MALI, v. a. mit dem Etikett Majstor. Auch guter Crljenak, Opol Rosé und seltener Vugava.

Suha Punta Dalm r w ★★→★★★ 09' (11) (12) – Die kleine, aufregende Kellerei bei Primošten erzeugt von steinigen Lagen an der Küste den besten Babič des Landes. Professor Leo Gracin ist Miteigentümer.

> ### Sturm im Teran-Glas
> Und noch ein Kandidat für Verwechslungen: In Slowenien ist TERAN eine geschützte Ursprungsbezeichnung (für REFOŠK aus Kras). Erzeuger von Weinen aus der Rebsorte Teran im kroatischen ISTRIEN weigern sich allerdings, ihre Flaschen umzuetikettieren, selbst wenn sie auf die andere Seite der Grenze liefern.

Tomac r w; sch ★★ Weingut bei Zagreb mit 200-jähriger Geschichte. Berühmt für Schaumwein und die wegweisenden Amfora-Weine.

Tomić Dalm r w ★★ 08 09 10 11 – Charakterkopf auf der Insel HVAR mit neuem, ökologisch bewirtschaftetem PLAVAC-MALI-Weinberg. Gute Rote, v. a. Plavac Barrique; auch PROŠEK Hectorovich.

Trapan, Bruno r w ★★ 11 12 13 – Probieren Sie den MALVAZIJA, u. a. mit dem gereiften Uroboros und dem frischen Ponente (BV).

Zlatan Otok Dalm r w ★★→★★★ 09 10 – Familienweingut auf der Insel HVAR; Weinberge auch in Šibenik und Makarska. Berühmt für mächtige Rotweine, insbesondere den Zlatan PLAVAC Grand Cru. Interessant sind auch die leichter zugänglichen Plavac Šibenik, BABIČ und der exzellente POŠIP (12 13).

Bosnien-Herzegowina, Mazedonien, Serbien, Montenegro

Das wachsende Interesse an Qualitätsweinen lässt neue Kellereien entstehen, doch wie viele davon rentabel sind, muss sich noch herausstellen. Auch einige der Großproduzenten versuchen, sich aus ihrer Abhängigkeit von Fassweinexporten und billigen Massenmarken zu lösen.

Bosnien-Herzegowina hat inzwischen 29 Kellereien auf seinen neuen Weinstraßen. Die Produktion basiert hauptsächlich auf den lokalen Sorten Žilavka (weiß) und der roten, pflaumenfruchtigen Blatina (Erzeuger: Hercegovina Produkt, Vilinka, Andrija, Crnjac & Zadro, Vukoje und Tvrdoš).

Mittel- und Südosteuropa

Mazedonien (das aufgrund der anhaltenden Namensstreitigkeiten mit Griechenland auch FYROM = Former Yugoslav Republic of Macedonia genannt wird) ist inzwischen sehr bemüht, die Qualität zu steigern und die Abhängigkeit von billigen Massenexporten zu verringern. Erstaunlicherweise führen hier die größeren Erzeuger den Qualitätstrend an. Der Gigant Tikveš leistet sich einen in Frankreich ausgebildeten Kellermeister und verschiedene wissenschaftliche Forschungsprojekte. Beeindruckend sind die Einzellagenweine Bela Voda und Barovo (rot 11 12, weiß 13'), gut ist die Reihe Special Selection (v. a. Vranec, Grenache blanc, Temjanika). Stobi verwendet nur Trauben von den 600 ha eigener Lagen und überzeugt mit Vranec Veritas, Žilavka, CHARDONNAY, verfeinertem Petit Verdot und schönem SYRAH. Château Kamnik ist die führende Boutiquekellerei mit gutem CARMENÈRE, Syrah Ten Barrels (10 13), Vranec Terroir (v. a. eindrucksvoller 12), Temjanika Premium. Weitere interessante Kellereien: Skovin (Markov Manastir Vranec, Temjanika), Ezimit (Plavac mali, Vranec), Popova Kula (Stanušina Rosé), Popov (MALVASIA, PINOT GRIS, Cuvée).

Serbien hat einige wunderbare Terroirs und Weinberglagen, die aber erst neuerdings durch das Erscheinen neuer, qualitätsorientierter Erzeuger ihr Potenzial zu zeigen beginnen. Aleksandrović beeindruckt mit Trijumf Gold und Trijumf Barrique, dem Trijumf Noir auf PINOT-NOIR-Basis und dem Rodoslav. Der CABERNET SAUVIGNON Reserve von Radovanović ist exzellent, Ivanović hat die lokale Prokupac-Traube auf ein neues Niveau gehoben, während Budimir die Prokupac erfolgreich auch in Verschnitten verwendet, etwa im alterungswürdigen Svb Rosa (07) und dem Triada. Außerdem empfehlenswert: Aleksic, Janko, Kiš, Kovačević, Matalj, Temet, Zvonko Bogdan.

Montenegro hat nun den Status eines EU-Kandidaten. Seine 4.500 ha Weinberge teilen sich auf in das Küstengebiet und in das Becken des Skutari-Sees (Skadarsko jezero). Die Firma 13. Jul Plantaže ist ein Großproduzent mit 2.310 ha in einem der größten Weinberge Europas, doch mit beständig guten Weinen (z. B. Procorde Vranac, Vranac Barrique). Halten Sie auch Ausschau nach dem respektablen Vranac aus der winzigen Kellerei Sjekloča.

Tschechische Republik

Die Tschechische Republik ist in zwei Weinregionen aufgeteilt: Böhmen und das zwanzigmal so große Mähren. Führende Kraft auf dem Markt ist die gigantische Bohemia Sekt Group: Ihr gehört nicht nur der größte Schaumweinkeller nahe der Bierstadt Pilsen (Böhmen), sondern auch Víno Mikulov, Habánské Sklepy, Château Bzenec und die Kellerei Pavlov (alle in Mähren). Weitere Erzeuger sind Vinselekt Michlovský, Znovín Znojmo, Vinné Sklepy Valtice (Château Valtice) und Templářské Sklepy (Templerkeller), die einzige Genossenschaft des Landes (alle in Mähren).

Baloun, Radomil Mäh – Einer der ersten Erzeuger, die 1990 privatisiert wurden. Investiert jetzt mit eigenem (nicht EU-) Geld, um zwei marode ehemalige Genossenschaften stilvoll zu modernisieren.

Dobrá Vinice Mäh – Vom slowenischen Erzeuger Aleš Kristančič inspirierter Einzelgänger. Mit Sicherheit die besten Weißweine des Landes.

Dufek, Josef Mäh – Preisgekrönte, dynamische, moderne Familienkellerei mit jahrhundertealter Tradition, die mehr als 30 Rebsorten ökologisch anbaut.

Dva Duby Mäh – Überzeugter »Terroirist« mit gerade einmal 4 ha im Frankovka- (BLAUFRÄNKISCH-) Land Dolní Kounice, die nach den Prinzipien von Maria Thun bewirtschaftet werden.

Lobkowicz, Bettina Bö – Hervorragender PINOT NOIR und Schaumweine nach der klassischen Methode: RIESLING, Pinot noir Blanc de Noirs, Cuvée CHARDONNAY/PINOT BLANC/PINOT GRIS.

Stapleton & Springer Mäh – Gemeinschaftsunternehmen von Jaroslav Springer und dem ehemaligen US-Botschafter Craig Stapleton, zusammen mit Bruder Benjamin. Nur vier Sorten, Schwerpunkt auf PINOT NOIR.

Tanzberg Mäh – Guter WELSCHRIESLING und PINOT NOIR aus dem Pálava-Hügelland. Auch preisgekrönte Schaumweine.

Valihrach, Josef Mäh – Der dreimalige Kellermeister des Jahres ist auf Weine spezialisiert, die lagern müssen.

Žernoseky Bö – Bester RIESLING, PINOT BLANC und MUSCAT von einem großartigen Terroir im Elbtal.

Kleiner Tschechischkurs
Jakostní víno = Qualitätswein; *Jakostní víno s přívlastkem* = Qualitätswein mit Prädikat (vgl. Kapitel Deutschland S. 210). *Pozdní sběr* = Spätlese.

Slowakische Republik

Die sechs Weinregionen des Landes heißen Malokarpatská (Kleine Karpaten), Juhoslovenská (Südslowakei), Nitrianska (Nitra), Stredoslovenská (Zentralslowakei), Východoslovenská (Ostslowakei) und die kleinste, Tokajská (Tokaj), ganz im Osten, angrenzend an den berühmteren ungarischen Bruder. Sie liegen in den Ausläufern des Tatra-Gebirges und an den Grenzen im Süden und Osten.

Klassische zentraleuropäische Sorten dominieren neben internationalen Trauben. Wie in der Tschechischen Republik ist von Krise hier nicht viel zu spüren. Viel Geld fließt in schicke neue Kellereien wie Elesko (Modra, Kleine Karpaten), ein im östlichen Mitteleuropa konkurrenzlos großer Betrieb mit Restaurant, Kunstgalerie (Warhol-Originale) und viel ausländischem Geld. Weitere bemerkenswerte Erzeuger sind: Château Béla (Mužla, Südslowakei), an dem Egon Müller vom Scharzhof (Mosel) beteiligt ist, Karpatská Perla (Šenkvice), Víno Matyšák (Pezinok), Víno Pavelka (Pezinok), Víno Rariga (Modra), Malík & Sons (Modra), Château Modra (alle Kleine Karpaten), Juraj Zápražný (Veľký Krtíš, Zentralslowakei) und J.J. Ostrožovič (Veľká Tŕňa, Tokaj). Größter Weinerzeuger des Landes ist ist Vinárske závody Topoľčianky, größter Sektproduzent JE Hubert.

Rumänien

Rumänien ist immer noch der zwölftgrößte Weinerzeuger weltweit und der sechstgrößte Europas, doch in den letzten Jahren hat ein erstarkter Inlandsmarkt die Exporte begrenzt. Viele neue, mit EU-Geldern angelegte Weinberge (und etliche große Namen aus dem Ausland) sollten die Qualität steigern, doch wurden in der Praxis viele Reben angepflanzt, ohne die dafür erforderlichen Kellereikapazitäten zu haben oder ohne realistische Idee, wie die Produktion zu vermarkten sei. Insolvenzen und eine Konsolidierung zeichnen sich ab. Eine Menge kleiner Güter ist aufgetaucht, die der alten Garde ordentlich Dampf macht, und die besten Exporteure haben mit preisgünstigen kommerziellen Weinen Erfolg: nicht nur mit Pinot noir und Pinot grigio, sondern auch mit lokalen Sorten wie Fetească neagră und Tămâioasă.

Alira Estate Dob r ★★ 10 11 12 – Premiumweingut im Besitz desselben Teams, das auch den bulgarischen Erzeuger Bessa Valley führt. Verschafft sich jetzt einen Ruf für reichhaltige Rotweine, u.a. Alira Tribun (Verschnitt), Alira und die Reihe Grand Vin.

Avincis Munt r w ★→★★ 11' 12 (13) – Fortschrittlicher wiederbelebter Familienbetrieb mit talentiertem jungem elsässischem Kellermeister in DRĂGĂŞANI. Probieren Sie die rote Cuvee Andréi, den MERLOT und den PINOT GRIS/FETEASCĂ REGALĂ.

Banat Weinregion im Westen. Hauptproduzent ist CRAMELE RECAŞ, interessant auch das Gut PETRO VASELO in italienischem Besitz.

Budureasca Munt r w ★→★★ 11 12 – 300-ha-Gut in DEALU MARE mit britischem Kellermeister. Beständige Qualität bei den Etiketten Budureasca (Mittelklasse, v.a. SHIRAZ, FETEASCĂ NEAGRĂ) und Origini (Spitzenmarke, v.a. CABERNET SAUVIGNON).

DOC

Denumire de Origine Controlată ist der rumänische Ausdruck für geschützte Ursprungsbezeichnung (g.U.). Unterkategorien sind etwa DOC-CMD für Weine aus vollreif gelesenen Trauben, DOC-CT für Spätlesen und DOC-CIB für Weine von edelfaulen Trauben. *Vin cu Indicatie Geografica* ist das Äquivalent zur IGP (g.g.A.).

Cotnari Mold – DOC-Region in der Moldau, seit Jahrhunderten bekannt für Süßweine. Inzwischen meist liebliche bis süße Weine von den Sorten GRASĂ, FETEASCĂ ALBĂ und TĂMÂIOASĂ, dazu trockener Frâncusă. Auch Name der Cotnari Winery (★) mit 1.200 ha Rebland. Sammlerweine, v.a. süße Versionen können langlebig und eindrucksvoll sein.

Crama Girboiu Mold r w ★ Sich steigernder Betrieb mit 200 ha Rebland in Vrancea mit Weißweinen der Marke Livia (BV) und dem Spitzenetikett Bacanta.

Crama Oprisor Munt r w ★★→★★★ 11 12 13 – Sehr guter Erzeuger im äußersten Südwesten, jetzt im Besitz des deutschen Guts Reh-Kendermann. Spannende Reihe La Cetate; empfehlenswert auch die Etiketten Caloian, Maiastru und Smerenie. Val Duna ist die kommerzielle Exportmarke.

Cramele Recaş Banat r w ★★→★★★ 11 12 13 – Progressives britisch-rumänisches Gut im BANAT. Sehr gutes Preis-Leistungs-Verhältnis bei den Sortenweinen unter den Etiketten I heart, Frunza, Castel Huniade und Terra Dacica. Exzellent sind die Premiumweine, v.a. Solo Quinta, Sole und Cuvée Überland. Aufregende Rotweine namens Selene, v.a. der FETEASCĂ NEAGRĂ, der anfangs mit Unterstützung von Alesso Planeta (siehe Italien) erzeugt wurde.

Crişana und Maramures Region im Nordwesten; Standort der stark verbesserten Erzeuger Wine Princess (v.a. die Reihe Stone Wine 11) und Nachbil.

Davino Munt r w ★★★ 07 09' 10 11 12 13 – Spitzenerzeuger mit 68 ha in DEALU MARE. Sehr gut der Domaine Ceptura weiß und rot, der Purpura Valahica und der Alba Valachia aus lokalen Sorten. Gut das neue Etikett Iacob im mittleren Segment. Der rote Flamboyant ist exzellent (**09**), der rote Rezerva (**07**) setzt neue Qualitätsmaßstäbe für Rumänien.

Dealu Mare / Dealul Mare Munt – »Der große Berg«. Historisches Qualitätsweinbaugebiet und DOC an Südhängen in MUNTENIEN. Heimat vielversprechender neuer Boutiquekellereien: Lacerta, Rotenberg (MERLOT, v.a. Menestrel, Notorius), Crama Basilescu (Merlot, FETEASCĂ NEAGRĂ).

Dobrogea (Dobrudscha) Sonnige, trockene Schwarzmeerregion. Enthält die DOCs MURFATLAR, Babadag und Sarica Niculitel. Historisch berühmt für süßen Spätlese-CHARDONNAY, heute auch für körperreiche Rote.

Domeniile Ostrov Dob r w ★ 20 Mio. Euro wurden hier in 2.000 ha Rebland in der DOBROGEA investiert. Kommerzieller CABERNET SAUVIGNON und MUSCAT OTTONEL (beide BV).

Domeniile Sahateni Munt r w ★→★★ 09 11 12 13 – Weingut mit 70 ha in DEALU MARE. Empfehlenswert: roter Artisan und trockener Artisan TĂMÂIOASĂ.

Domeniul Coroanei Segarcea Munt r w ★★ 11 12 13 – Historische Krondomäne. Am besten sind die Weißweine, u. a. von FETEASCĂ ALBĂ und TĂMÂIOASĂ (auch guter lieblicher Rosé). Dazu ordentlicher CHARDONNAY, CABERNET SAUVIGNON (in der Reihe Minima Moralia) und PINOT NOIR.

Drăgăşani Munt – Dynamische Weinregion am Fluss Olt. Angeführt hat die Wiederbelebung PRINCE ŞTIRBEY, jetzt sind auch AVINCIS, Negrini, Isarescu, Via Sandu und neuerdings auch Bauer dabei. Gut für aromatische frische Weißweine, v. a. die lokale Crâmposie selectionată, TĂMÂIOASĂ und frischer SAUVIGNON BLANC. Unverwechselbare Rotweine aus lokalen Trauben: Novac, Negru de Drăgăşani.

Halewood Romania Munt r rs w ★→★★ 11 12 13 – Die Kellermeisterin hat das Qualitätsniveau in diesem Unternehmen in britischem Besitz eindrucksvoll gehoben. Beste Weine: die Hyperion-Rotweine, Kronos PINOT NOIR und Theia CHARDONNAY. Auch sehr gut sind die Einzellagenweine La Catina Pinot noir, FETEASCĂ NEAGRĂ und Scurta VIOGNIER/TĂMÂIOASĂ. La Umbra ist eine zuverlässige Marke für Weine mit gutem Preis-Leistungs-Verhältnis aus DEALU MARE, Paris Street für Weine aus SIEBENBÜRGEN.

Jidvei Siebenbürgen w ★→★★ Rumäniens größter Weinbaubetrieb mit 2.460 ha in der Unterregion Jidvei in SIEBENBÜRGEN. Neue Kellerei seit 2014. Am besten ist die Reihe Owner's Choice von Berater Marc Dworkin (auch bei Bessa Valley in Bulgarien), v. a. FETEASCĂ ALBĂ Maria, Mysterium TRAMINER/SAUVIGNON BLANC und CHARDONNAY Ana.

Lacerta Munt r w ★★ 10 11 12 13 – Auf Qualität ausgerichtetes Gut in DEALU MARE, das nach einer lokalen Eidechsenart benannt ist. Empfehlenswert: rote Cuvée IX und weiße Cuvée X, MERLOT Rezerva.

Liliac Siebenbürgen rs w ★★ 13 – Sehr guter Erzeuger in SIEBENBÜRGEN; der Name bedeutet »Fledermaus«. Anmutige frische Weißweine, v. a. FETEASCĂ REGALĂ, FETEASCĂ ALBĂ, SAUVIGNON BLANC und köstlich süßer Nectar. Ausgezeichneter PINOT NOIR Rosé (13).

Moldau (Moldova) Die größte Weinregion des Landes liegt nordöstlich der Karpaten an der Grenze zu Moldawien und umfasst u. a. die DOC-Gebiete Bohotin, COTNARI, Huşi, Iaşi, Odobeşti, Coteşti, Nicoreşti.

Muntenien und Oltenien Große Weinregion im Süden mit den DOC-Gebieten DEALU MARE, Dealurile Olteniei, DRĂGĂŞANI, Pietroasa, Sâmbureşti, Ştefăneşti und Vânju Mare.

Murfatlar Winery Dob r w ★→★★ Bedeutender Produzent für den Inlandsmarkt mit 3.000 ha in der Region Murfatlar; am besten ist die Marke Trei Hectare. Von der Boutiquekellerei M1 Crama Atelier mit dem Kellermeister Răzvan Macici (Nederburg, siehe Südafrika), kommen die Marken Arezan, Leat 6500 und Sable Noble.

Petro Vaselo Banat r w ★→★★ 11 12 13 – Vielversprechendes neues italienisches Gut im BANAT. Ordentlicher Schaumwein Bendis, roter Roşu und weißer Alb, Melgris FETEASCĂ NEAGRĂ.

Prince Ştirbey Munt r rs w ★★→★★★ 11 12 13 – Pioniergut in DRĂGĂŞANI. Sehr gute trockene Weißweine, v. a. von der lokalen Crâmposie selectionată, SAUVIGNON BLANC, FETEASCĂ REGALĂ und TĂMÂIOASĂ ROMÂNEASCĂ.

Empfehlenswerte lokale rote Sorten (Novac und Negru de Drăgăşani); guter Schaumwein mit Flaschengärung.

Senator Mold r w ★ Großerzeuger mit 850 ha in vier Regionen. Die Reihe Monser bringt rumänische Trauben, Omnia ist die Bio-Marke, Varius setzt auf internationale Sorten.

S.E.R.V.E. Munt r w; tr ★★→★★★ **09'** 10 11 12 13 – Der Erzeugerbetrieb in DEALU MARE wurde von dem verstorbenen korsischen Grafen Guy de Poix gegründet. Gut sind die Weißweine und Rosés mit dem Etikett Vinul Cavalerului, exzellent die Reihe Terra Romana. Cuvée Charlotte ist der Maßstab für rote Qualitätsweine aus Rumänien.

Siebenbürgen Kühle Hochebene in der Mitte Rumäniens. Meist Weißweine mit guter Säure von FETEASCĂ ALBĂ, FETEASCĂ REGALĂ, MUSCAT, TRAMINER und RIESLING ITALICO.

Viile Metamorfosis Munt r w ★★ **09** 12 13 – Zu Antinori gehörendes Weingut in DEALU MARE mit italienischem Kellermeister. Spitzenwein: Cantvs Primvs CABERNET SAUVIGNON (**09**) und neuer FETEASCĂ NEAGRĂ (12). Sehr gut auch der Viile Metamorfosis Weißweinverschnitt (BV) sowie Rosé und MERLOT.

Villa Vinea Siebenbürgen r w ★★ Junger Erzeugerbetrieb in SIEBENBÜRGEN in italienischem Besitz. Gute Weiße, v. a. GEWÜRZTRAMINER, SAUVIGNON BLANC, FETEASCĂ REGALĂ.

Vinarte Munt r w ★★ **09** 10 11 12 13 – Sehr gute Investition unter italienischer Führung, zu der drei Weingüter gehören: Villa Zorilor in DEALU MARE, Castel Bolovanu in DRĂGĂŞANI und Terase Danubiane in Vânju Mare. Beste Weine: Soare CABERNET SAUVIGNON und Prince Matei MERLOT. Sehr günstig ist die Reihe Castel Starmina, v. a. die Weißen (BV) und der Negru de Drăgăşani.

Vincon Vrancea Mold r w; tr s ★ Auf den Inlandsmarkt konzentrierter Großerzeuger mit 1.500 ha in Vrancea.

Malta

Nur insgesamt 15 Kellereien befinden sich auf Malta und Gozo, und viele der Weinbauern sind Feierabendwinzer. Weinbau ist nicht unbedingt Big Business hier. Ein Großteil der Alltagsweine wird aus importierten italienischen Trauben auf der Insel erzeugt. Wenn Sie etwas suchen, das auf Malta gewachsen ist, dann achten Sie auf die lokalen Sorten Gellewza und Girgentina, erstere rot, letzere weiß, die neuerdings in Mode sind. Beide ergeben recht leichte Weine – Gellewza ist eher rosé als rot – und auch ganz hübsche rosé Schaumweine. Sie werden häufig verschnitten, Gellewza etwa mit Syrah, Girgentina mit Chardonnay. Marsovin experimentiert mit einem Gellewza im Amarone-Stil. Weitere größere Erzeuger sind Delicata und Meridiana.

Griechenland

D ie Wirtschaftskrise und die anhaltende Rezession in Griechenland hat bei den Griechen einen ganz neuen Blick auf Werte ausgelöst, insbesondere bei der Jugend. Die junge Generation ist nicht mehr so erpicht darauf, nach Athen oder Thessaloniki zu gehen, wie das noch vor zehn Jahren der Fall war. Verbundenheit mit dem Land und die Fortführung eines Familienbetriebs in irgendeiner Ecke Griechenlands erscheint vielen heute erstrebenswerter, als in einer winzigen Wohnung in Athen zu hausen und für einen Multi zu arbeiten. Das bringt im ganzen Land frische Kräfte in die Weinindustrie und wird griechische Weine binnen weiterer zehn Jahre noch spannender machen.

Die folgenden Abkürzungen werden im Text verwendet:

Äg	Ägäische Inseln
Ion	Ionische Inseln
Mak	Makedonien
Pelop	Peloponnes
Thess	Thessalien

Griechische Appellationen

Im Einklang mit den anderen EU-Staaten ändert Griechenland seine Etikettbegriffe. Die Qualitätskategorien OPAP und OPE werden in der neuen Bezeichnung POP (geschützte Ursprungsbezeichnung) zusammengefasst. Die bisher als TO bekannten Regionalweine heißen nun PGE (geschützte geografische Angabe). Die unterste Stufe der Tafelweine (EO) wird abgeschafft. Das Tempo, mit dem sich die neuen Begriffe durchgesetzt haben, hat alle erstaunt, vor allem die Griechen selbst.

Alpha Estate Mak ★★★ Eindrucksvolles, hochgelobtes Weingut im kühlen Amindeo. Exzellenter Verschnitt von MERLOT/SYRAH/XINOMAVRO, pikanter SAUVIGNON BLANC, exotischer MALAGOUSIA und ungefilterter Xinomavro im Stil der Neuen Welt von alten wurzelechten Reben – eine der schönsten Erscheinungsformen dieser Sorte.

Amyntaion Mak POP – In Griechenlands kühlster Appellation dominiert XINOMAVRO. Frische, aber dichte Rote und hervorragende Rosés, sowohl still als auch schäumend. Der weiße Schaumwein hat keinen POP-Status, kann aber großartig sein.

Antonopoulos Pelop ★★★ In Patras ansässiger Erzeuger: erstklassiger MANTINIA, frischer Adoli Ghis (weiß), Anax CHARDONNAY im Burgunderstil und Nea Dris auf CABERNET-SAUVIGNON-Basis (fantastische Jahrgänge **04** 06).

Argyros Äg ★★★ Spitzenerzeuger auf SANTORINI mit beispielhaftem VINSANTO, der 20 Jahre im Fass reift (★★★★). Außerdem aufregender weißer KTIMA, der 10 Jahre haltbar ist. Der weiße Vareli hat heute eine elegantere Eichennote. Beim seltenen roten MAVROTRAGANO lohnt sich eine Reifung von 15 und mehr Jahren.

Avantis Mittelgriechenland ★★★ Boutiquekellerei in Evia, auch mit Weinbergen in Boötien. Im Angebot sind dichter SYRAH, Aghios Chronos Syrah/VIOGNIER, pikanter SAUVIGNON BLANC, reichhaltiger MALAGOUSIA. Spitzenwein ist der Syrah Collection im Rhône-Stil von einer Einzellage (**03 04 05 06 07** 08 09).

Biblia Chora Mak ★★★ Vereint Spitzenklasse mit wirtschaftlichem Erfolg. Pikanter SAUVIGNON BLANC/ASSYRTIKO. Der Ovilos CABERNET SAUVIGNON und der Areti AGIORGITIKO sind umwerfend. Der weiße Ovilos (Assyrtiko/Sémillon) könnte erstklassigem weißem Bordeaux, der dreimal so teuer ist, Konkurrenz machen.

Boutari, J. & Sohn ★→★★★ Erzeuger mit langer Tradition und mehreren Kellereien. Ausgezeichnetes Preis-Leistungs-Verhältnis, v. a. für den Jahrzehnte haltbaren Grande Reserve Naoussa. Auch sehr beliebter MOSCHOFILERO. Spitzenweine sind außerdem: SANTORINI Kalisti Reserve (Eichennote) und kräuterwürziger roter Filiria aus GOUMENISSA.

Carras, Domaine Mak ★→★★ Pionier in Sithonia, Chalkidike, Nordgriechenland, mit eigener POP (Côtes de Meliton). Weine: Chateau Carras (**01 03 04 05 06** 07 08), anspruchsvoller SYRAH und blumiger MALAGOUSIA; das beste Preis-Leistungs-Verhältnis aber hat vielleicht der rote Limnio.

Driopi Pelop ★★★ **06 07 08 09** 10 11 – Betrieb von TSELEPOS in NEMEA. Seriöse Weine (v. a. der Reserve von einer Einzellage) in außerordentlich kräftigem Stil. Der Driopi Rosé erinnert an Tavel.

Economou Kreta ★★★ Einer der großen Wein-Kunsthandwerker Griechenlands bereitet die brillanten, esoterischen Sitia-Rotweine. Stilitisch wie ein Burgunder, aber im Wesen griechisch.

Gaia Äg, Pelop ★★★ Spitzenerzeuger in NEMEA und auf SANTORINI. Lustige Etiketten in der Reihe Notios. AGIORGITIKO im Neue-Welt-Stil. Zum Nachdenken anregender, erstklassiger trockener weißer Thalassitis Santorini und revolutionärer, mit Wildhefen vergorener Assyrtiko. Spitzenwein: Gaia Estate (**99 00 01 03 04 05 06** 07 08 09 10). Außerdem umwerfender roter »S« (Agiorgitiko mit einem Schuss SYRAH).

Gentilini Ion ★→★★★ Erzeuger reizvoller Weißweine auf Kefallonia, u. a. stahliger Robola. Sehr gut sind auch der trockene MAVRODAPHNE (rot) und der seriöse SYRAH. Die Robola-Auslese namens Rhombus definiert die Sorte neu, ist aber nicht als Appellationswein zugelassen, da die Vorschriften Schraubverschlüsse verbieten. Den seltenen roten Eclipse aufzuspüren ist die Mühe wert.

Gerovassiliou Mak ★★★ Perfektionistisches kleines Weingut bei Thessaloniki: Maßstäbe setzender ASSYRTIKO/MALAGOUSIA und Malagousia der Spitzenklasse. Außerdem komplexer roter Avaton (**03 04 05 06** 07 08 09 10) von seltenen autochthonen Sorten und SYRAH (**01 02 03 04 05** 06 07 08 09). Viele halten Gerovassiliou für den führenden Erzeuger in Sachen Qualität.

Goumenissa Mak POP ★→★★ Appellation für eichenholzwürzige Rotweine von XINOMAVRO und Negoska, leichter als NAOUSSA. Erzeuger: v. a. Aidarinis (Einzellagenweine ★★★), BOUTARI (v. a. der Filiria) und Chatzyvaritis (seidige Weine ★★★).

Hatzidakis Äg ★★★ Erzeuger der Spitzenklasse, der mit geringem Technikaufwand die Appellation SANTORINI neu definiert. Erstaunliches Angebot, z. T. recht experimentell anmutend. Der Nihteri, der Mylos und der Louros ASSYRTIKO können jahrzehntelang altern. Trockene Alltagsweißweine werden Sie hier aber nicht finden.

Helios Pelop – Neuer gemeinsamer Name für die Weine von Semeli, Nassiakos und Oreinos Helios. Erstklassiger Nassiakos MANTINIA, komplexer NEMEA Grande Reserve.

Karydas Mak ★★★ Kleines Familiengut mit großartigem Weinberg in NAOUSSA, das klassischen, kompakten, aber immer verfeinerten und edlen XINOMAVRO erzeugt. Hält sich ein Jahrzehnt lang, wenn Sie denn so lange warten mögen.

Katogi-Strofilia ★★→★★★ Erzeuger mit Weinbergen und Kellereien in Attika, auf dem Peloponnes und im Epirus. Katogi war der erste griechische Kultwein überhaupt. Spitzenweine: KTIMA Averoff (aus dem ursprüng lichen Katogi-CABERNET-SAUVIGNON-Weinberg) und die Reihe Rossiu di Munte aus Höhenlagen von über 1.000 m. Charmanter Strofilia (weiß).

Katsaros Thess ★★★ 03 04 **05** 06 07 08 – Kleiner Erzeuger am Olymp. Der KTIMA (CABERNET SAUVIGNON/MERLOT) ist lange haltbar; außerdem esoterischer CHARDONNAY und breitschultriger Merlot.

Kefallonia Ion – Große Insel im Ionschen Meer mit drei Appellationen: mineralischer ROBOLA (weiß), seltener MUSCAT (weiß, süß) und exzellenter MAVRODAPHNE (rot, süß). Ein Besuch ist Pflicht.

Kir-Yianni Mak ★★→★★★ Weinberge in NAOUSSA und Amindeo. Lebhafte, charmante Weißweine Samaropetra und Tesseris Limnes; der Schaumwein Akakis ist eine Freude. Trendsetter sind auch die alterungswürdigen Roten Ramnista, Diaporos und Blue Fox (★★★★).

Ktima Gut, Domaine; im weiteren Sinne auch für Gutsweine gebraucht.

Lazaridi, Domaine Costa Attika, Mak ★★★ Rebflächen und Kellereien in Drama und Attika (unter dem Etikett Oenotria Land). Beliebte Weine unter dem Namen Amethystos. Spitzengewächs ist der erstaunliche Cava Amethystos CABERNET SAUVIGNON (**97 98 99 00 01 02 03** 04 06), dicht gefolgt vom Oenotria Land Cabernet Sauvignon/AGIORGITIKO. Michel Rolland berät.

Xinomavro-Weine aus den 1960ern sind immer noch wohlauf und munter. Legen Sie sich jetzt einen Vorrat an den 2012ern an.

Lazaridi, Nico Mak ★→★★★ Kellereien in Drama und Kavala. Guter Château Nico Lazaridi (weiß, rosé und rot). Der Spitzenwein Magiko Vouno (CABERNET SAUVIGNON) genießt in Griechenland Kultstatus.

Lyrarakis Kreta ★★→★★★ Erzeuger in Heraklion mit köstlichem Angebot. Die Weißweine von den seltenen einheimischen Trauben Plyto und Dafni haben diese Sorten praktisch vor dem Aussterben bewahrt (die Einzellagenabfüllungen sind hervorragend, weitere Sorten werden folgen). Außerdem tiefgründiger, komplexer Rotweinverschnitt (SYRAH/Kotsifali).

Manoussakis Kreta ★★★ Eindrucksvolles Gut mit Verschnitten, die vom Rhône-Stil inspiriert sind. Köstlich das Sortiment der Marke Nostos, angeführt von den lagerfähigen ROUSSANNE- und SYRAH-Weinen.

Mantinia Pelop POP w – Hoch gelegene, kühle Appellation für frischen, knackigen, herrlich charmanten Moschofilero, manchmal auch als Schaumwein. Wenig Alkohol, dafür viel Säure und Intensität – eher deutsch als griechisch im Stil.

Mercouri Pelop ★★★ Eines der schönsten Familienweingüter Europas. Sehr guter roter KTIMA, köstlicher RODITIS, lagerfähiger roter Cava, erstklassiger roter REFOSCO, umwerfender süßer MALVASIA Belvedere und exzellenter süßer MAVRODAPHNE Hortais.

Monemvasia-Malvasia Die jüngste POP, seit 2010 zugelassen, in der die Rebsorten Monemvasia, ASSYRTIKO und Kydonitsa zur Neuerschaffung der legendären sonnengetrockneten süßen Weißweine des Mittelalters verwendet werden – das Original des Malmsey. Spannender erster Jahrgang bei Tsimpidis (Monemvasia Winery).

Naoussa Mak POP – Region für raffinierten, ausgezeichneten XINOMAVRO der Spitzenklasse. Die besten Exemplare stehen qualitativ und stilistisch auf einer Stufe mit italienischem Barolo und Barbaresco, manche sind sogar noch langlebiger.

Nemea Pelop POP – Ursprung erstklassiger Weine von der AGIORGITIKO-Traube. Riesiges Qualitätspotenzial; die Stile reichen von frisch über klassisch bis exotisch. Siehe auch GAIA, SKOURAS, NEMEION, Papaioannou, HELIOS, DRIOPI und Mitravelas.

Griechenland

Nemeion Pelop ★★★ KTIMA in NEMEA mit hohen Preisen (v. a. für den roten Igemon), aber auch entsprechenden Weinen. Im Besitz von Vassilou (Attika).

Palyvos Pelop ★★→★★★ Exzellenter Erzeuger in NEMEA mit modernen, ausladenden Rotweine. Der aus mehreren Jahrgängen gekelterte rote Noima ist sehr teuer, aber auch richtig gut.

Papaïoannou Pelop ★★★ Papaïoannou nimmt in NEMEA eine Rolle ein wie Jayer in Burgund. Hochklassige Rote, vollaromatische Weiße. Mustergültige Nemea-Weine: außerordentlich günstiger KTIMA, Palea Klimata von alten Reben, Microklima von einer winzigen Einzellage und als Spitzenwein der Terroir, absolut kompromisslos in neuem Holz ausgebaut.

Pavlidis Mak ★★★ Ehrgeiziger Erzeuger in Drama. Gefeierter ASSYRTIKO/SAUVIGNON BLANC. Ein Schwerpunkt liegt auf sortenreinen Weinen, u. a. hochklassigem Assyrtiko, SYRAH und TEMPRANILLO. Der rote KTIMA (AGIORGITIKO/Syrah) ist umwerfend. Wirklich erstklassige Weine.

Peza Kreta – POP bei Heraklion mit Vilana (weiß) und Mandilaria/Kotsifali (rot). Erreicht nicht sein eigentliches Potenzial, da viele Erzeuger andere Sorten wie Vidiano bevorzugen.

Rapsani Thess ★★★ Historischer POP-Wein vom Olymp. Durch TSANTALIS in den 1990er-Jahren berühmt geworden, doch nun interpretieren neue Erzeuger wie Dougos den Stil anders. Trauben: XINOMAVRO, Stavroto und Krasato.

Retsina ist wahrscheinlich der perfekte Begleiter zu Seeigeln – wenn man Seeigel mag.

Retsina Wurde lange Zeit für den Nagel zum Sarg des griechischen Weins gehalten, doch neue Retsinas (z. B. von GAIA oder Kechris) zeigen, dass dieser Weißwein mit Zusatz von Harz der Aleppokiefer eine gute Alternative zu Fino Sherry sein könnte.

Samos Äg POP – Die Ägäisinsel ist berühmt für ihren süßen, goldenen MUSCAT. Am besten sind der gespritete Anthemis und der Nectar aus sonnengetrockneten Trauben. Seltene alte Abfüllungen haben rundum ★★★★-Status, nur nicht im Preis – etwa der seltene Nectar der Jahrgänge 75 oder 80.

Santo Äg ★★→★★★ Erfolgreiche Genossenschaft auf SANTORINI mit gutem Angebot lebhafter Weine, inkl. einer erstaunlichen Grande Reserve und reichhaltigen, aber dennoch frischen VINSANTOS. Sehr günstig sind der einfache ASSYRTIKO und der Nykteri.

Santorini Äg ★★★ Vulkaninsel mit dramatischer Landschaft nördlich von KRETA und POP für trockene und süße Weißweine. Üppiger VINSANTO, mineralischer, sehr trockener Assyrtiko. Spitzenerzeuger: ARGYROS, GAIA, HATZIDAKIS, SIGALAS, SANTO. Wo sonst bekommt man trockene ★★★★-Weißweine, die 20 Jahre altern können, so billig? Ein Exportschlager. Auch die Rotweine von der MAVROTRAGANO-Traube (nicht Teil der POP) können großartig sein.

Sigalas Äg ★★★ Spitzenerzeuger auf SANTORINI mit stilvollem VINSANTO und exzellentem rotem MAVROTRAGANO (**08** 09 10), der an Mourvèdre erinnert. Die trockenen Weißen Nychteri und Kavalieros sind nicht von dieser Welt.

Skouras Pelop ★★→★★★ Innovatives, unglaublich beständiges Weingut. Der mineralische, mit Wildhefen vergorene Salto MOSCHOFILERO wirft ein ganz neues Licht auf die Rebsorte. Rote Spitzenweine: Grande Cuvée NEMEA von einer Hochlage, Megas Oenos und der in einer Solera gereifte Labyrinth. Sehr stilvoll sind der SYRAH Fleva und der VIOGNIER Eclectique, der an einen Condrieu erinnert.

Thimiopoulos Mak ★★★★ NAOUSSA der neuen Generation mit spektakulärem Exporterfolg, verkauft unter dem Namen Ghi kai Ouranos (Erde und Himmel).

Tsantalis Mak ★→★★★ Alteingesessener Erzeuger in Makedonien, Thrakien und anderen Gebieten. Guter roter Metoxi, RAPSANI Reserve, Grande Reserve, preisgünstiger Biowein von CABERNET SAUVIGNON. Ganz oben stehen die Weine vom Kloster Athos, etwa der exzellente Avaton und der Kultwein Kormilitsa Gold.

Tselepos Pelop ★★★ Spitzenerzeuger in MANTINIA; Griechenlands bester GEWÜRZTRAMINER und bester MERLOT (Kokkinomylos ★★★★). Außerdem CHARDONNAY mit Eichennote, sehr guter Schaumwein Amalia und erstaunlicher Avlotopi CABERNET SAUVIGNON von einer Einzellage. Siehe auch DRIOPI.

Vinsanto Äg – Süßwein von der Insel SANTORINI, für den sonnengetrocknete ASSYRTIKO- und Aidani-Trauben verwendet werden. Im Stil irgendwo zwischen Madeira und Recioto angesiedelt. Verdient eine lange Reifezeit, sowohl im Fass als auch in der Flasche. Die besten Vinsantos sind ★★★★ und praktisch unsterblich.

Zitsa POP im gebirgigen Epirus. Delikate Weine von der Debina-Traube (still oder schäumend). Am besten von Glinavos und Zoinos.

Östlicher Mittelmeerraum und Nordafrika

Östlicher Mittelmeerraum

Diese sehr dynamische Weinregion schenkte der Welt die Kultur des Weins, und nun, nach 2.000 Jahren der Stagnation, erwacht sie zu neuem Leben. Tragischerweise verhindern Politik, Unfrieden und religiöse Intoleranz, dass die enormen Qualitätsverbesserungen richtig gewürdigt werden. Doch es ist nicht mehr zu übersehen, dass Israel, der Libanon und die Türkei heute richtig gute Weine produzieren und Zypern kräftig aufholt.

Zypern

Die Aussichten für die Weinindustrie Zyperns sind überraschend positiv, auch wenn die Wirtschaft immer noch an den Folgen des Bankenkrachs zu leiden hat. Es scheint, als hätte die Wirtschaftskrise die Verbraucher dazu gebracht, heimische Weine zu trinken, um die eigenen Erzeuger zu unterstützen. Dass die Qualität besser denn je ist, hilft zweifellos, obwohl billige Importe und die Forderungen der All-inclusive-Hotels nach immer niedrigeren Preisen zweifellos Herausforderungen bleiben.

Aes Ambelis w r br ★→★★ 13 (14) – Verlässliche, ansprechende Weißweine auf XYNISTERI-Basis und Rosé. Sehr gute moderne Version des COMMANDARIA.

Argyrides (Vasa) r w ★★ 09 10 11 12 13 (14) – Tadelloses Pionierweingut mit exzellentem MARATHEFTIKO und MOURVÈDRE. Auch sehr guter VIOGNIER und Rotweinverschnitt Agyrides. VLASSIDES berät.

Ayia Mavri w; s ★→★★ 10 12 13 – Am besten sind die Süßweine von spät gelesenen und halb getrockneten MUSCAT-Trauben, die trockenen Weine hinken hinterher.

Constantinou r w ★→★★ Der Autodidakt in der Region Lemesos beeindruckt mit dem Ayioklima XYNISTERI (BV) und SHIRAZ.

Commandaria

Die Existenz des vielleicht ältesten ununterbrochen produzierten Weins ist zurück bis 800 v. Chr belegt. Der reichhaltige, dunkle, süße Wein aus sonnengetrockneten XYNISTERI- und MAVRO-Trauben wird in 14 Weinbaugemeinden mit geschützter Ursprungsbezeichnung in den Troodos-Bergen bereitet. Traditionelle Beispiele: St. Barnabas (SODAP), St. John (KEO) und Centurion (ETKO). Auch moderne Versionen tauchen auf, v. a. das Projekt Anama, AES AMBELIS, KYPEROUNDA und TSIAKKAS.

ETKO r w br ★→★★ Ehemaliger Großproduzent, der sich jetzt in seiner Kellerei Olympus auf bessere Qualität konzentriert. Der neue Kellermeister hat seit 2013 eine positive Wendung eingeleitet, v. a. beim roten Lefkada. Bekannt für die COMMANDARIA-Weine St. Nicholas und den großartigen Centurion 1991.

Hadjiantonas r w ★→★★ 11 12 – Familienkellerei im Besitz eines Piloten; ordentlicher CHARDONNAY, XYNISTERI, Rosé und SHIRAZ.

KEO ★ Zweitgrößter Erzeugerbetrieb, produziert jetzt nur noch in der Kellerei Mallia in den Hügeln. Am besten ist die Reihe Ktima Keo. Der wiederentdeckte Yiannoudi ist recht vielversprechend. Klassischer St. John ★★-Commandaria.

Kyperounda r w ★★→★★★ **11'** 12 13 (14) – Hat mit die höchsten Weinberge Europas auf 1450 m. Der Petritis setzt Maßstäbe für XYNISTERI. Auch exzellenter CHARDONNAY, v. a. der neue Epos von eigenen Lagen. Auch gute Rote: SHIRAZ, Andessitis und der Rote der Spitzenmarke Epos (**09**). Einen Versuch wert ist der COMMANDARIA (05).

Makkas r w ★→★★ 11 12 13 – Garagenkellerei in der Region Paphos im Besitz eines ehemaligen Ökonomen. Guter MARATHEFTIKO, SHIRAZ und leckere rote und weiße Verschnitte auf Einsteigerniveau.

Zypern gehört zu den nur drei Ländern weltweit, die niemals von der Reblausplage betroffen waren.

SODAP r rs w ★→★★ 12 13 (14) – Die Genossenschaft im Besitz ihrer Winzer ist der größte Erzeuger Zyperns. Hochmoderne Kellerei in den Hügeln bei Paphos. Süffig und günstig sind die Weißweine und lebhaften Rosés (alle BV). Empfehlenswerte Marken: Kamanterena, Island Vines und Stroumbeli.

> **Regionen auf Zypern**
> Lemesos, Paphos, Larnaca und Lefkosia haben den Regionalwein-Status (geschützte geografische Angabe). Zu den geschützten Ursprungsbezeichnungen gehören COMMANDARIA, Laona-Akamas, Pitsilia, Vouni-Panayias/Ambelitis und die Weindörfer des Bezirks Lemesos (Limassol). Allerdings werden nur 2 % der Weine Zyperns als g.U. erzeugt.

Tsiakkas r rs w br ★★ 13 14 – Ehemaliger Banker, der zum Winzer wurde. Ausdrucksstarke frische Weißweine, v. a. SAUVIGNON BLANC und XYNISTERI, sowie lebhafter Rosé von Reben aus Hochlagen. Auch roter Vamvakada (alias MARATHEFTIKO) und neuer, moderner COMMANDARIA.

Vasilikon r w ★★ Familienkellerei im Besitz von drei Brüdern. Guter XYNISTERI (BV) und ordentliche Rote: Ayios Onoufrios (12) und Methy (11).

Vlassides r w ★★→★★★ 11 12' 13' (14) – Vlassides, der in Davis (Kalifornien) studiert hat, bereitet einige der besten Weine der Insel: mustergültiger SHIRAZ, sehr guter weißer Lefkos (XYNISTERI/SAUVIGNON BLANC), CABERNET SAUVIGNON und der exzellente, lagerfähige Rotwein Private Collection (09).

Vouni Panayia w rs r ★→★★ 13 (14) – Pionier bei lokalen Sorten. Empfehlenswert: Promara, Spourtiko und Yiannoudi.

Yiannoudi ist eine wiederentdeckte Rotweinrebe, die im Weinberg eines Mannes namens Yiannis (kleiner Johann) gefunden wurde.

Zambartas r rs w ★★→★★★ **11' 12** 13' (14) – Ausgezeichnete Familienkellerei mit intensivem Rosé (CABERNET FRANC/LEFKADA), sehr gutem roten SHIRAZ/Lefkada, exzellentem MARATHEFTIKO und pikantem XYNISTERI. Vielversprechende Versuche mit der Lokalsorte Yiannoudi.

Israel

Israelische Weine waren schon immer in einer Art Neue-Welt-Stil bereitet. Neuerdings jedoch kommt ein mehr europäischer Ansatz zur Geltung. Verschnitte nach Art der südlichen Rhône und Mittelmeersorten werden zunehmend populär, gleichzeitig haben sich die frischen Weißweine deutlich verbessert. Natürlich sind viele – wenn auch nicht alle – israelischen Weine koscher, was auf dem weltweiten Markt ein hervorragendes Verkaufsargument ist.

Die folgenden Abkürzungen werden im Text verwendet:

Gal	Galiläa	**O-Gal**	Obergaliläa
Golan	Golanhöhen	**Sam**	Samson
Jud	Judäisches Bergland	**Shom**	Shomrom

Abaya Gal r – Winziger Erzeuger, der aufs Terroir setzt. Der Moon-A ist ein Geschmacks-Potpourri.

Adir O-Gal r ★★ Mächtige, reichhaltige Rotweine, u. a. pfeffriger SHIRAZ.

Amphorae Gal r w ★→★★ Wunderschöne Kellerei. Neuer Prestigewein Velours.

Barkan-Segal Gal, Sam r w ★→★★ Im Besitz von Israels größter Brauerei, die auch der größte Weinexporteur des Landes ist. Barkan und Segal werden getrennt vermarktet. Guter Segal Argaman.

Bar Maor Shom r ★★ Wilde, ungezähmte Rotweine. Der Red Moon ist strahlend fruchtig und verführerisch.

Binyamina Gal, Sam r w ★→★★ Neues junges Kellerteam. Köstlicher süßer GEWÜRZTRAMINER.

Bravdo Sam r w ★→★★ Mächtiger CHARDONNAY, würziger SHIRAZ und guter Verschnitt Coupage auf CABERNET-FRANC-Basis.

Carmel Gal, Shom r w; sch ★★→★★★ Israels historische Weinkellerei wurde von einem (Lafite) Rothschild gegründet. Eleganter Limited Edition im Bordeaux-Stil (**05 07'** 08' 09 10), preisgekrönter SHIRAZ von der Lage Kayoumi. Komplexer Verschnitt im mediterranen Stil.

Château Golan Golan r (w) ★★→★★★ Roter und weißer Geshem, sehr gute Verschnitte von Mittelmeersorten.

Clos de Gat Jud r w ★★★★ Erstklassiges Weingut mit Qualität, Stil und Individualität. Kraftvoller Sycra SYRAH (**04 06** 07' 09), seltener MERLOT und buttriger CHARDONNAY, alle großartig. Preisgünstig sind der Harel Syrah und der frische weiße Chanson auf Einsteigerniveau.

Cremisan Jud r w – Sehr guter palästinensischer Wein aus den einheimischen Sorten Hamdani und Jandali.

Dalton O-Gal r w ★→★★ Purer, mineralischer Einzellagen-SÉMILLON. Aushängeschild ist der volle Matatia.

Domaine du Castel Jud r w ★★★ Der Familienbetrieb in den Bergen bei Jerusalem hat für Israel Standards in Bezug auf Stil und Qualität gesetzt. Charaktervoller, geschmeidiger Grand Vin (**06' 07** 08' 09' 10 11). Das Zweitetikett Petit Castel ist äußerst preisgünstig. Der »C« ist ein CHARDONNAY. Sehr guter Rosé.

Flam Jud, Gal r (w) ★★★→★★★★ Die Gründer sind Brüder und Kellermeister der zweiten Generation. Wunderbar elegant zeigt sich der Bordeaux-Verschnitt Noble (08' 09 10'). Erdiger SYRAH/CABERNET SAUVIGNON. Frischer, duftiger Weißer und Rosé.

Galiläa Qualitätsanbaugebiet im Norden; v. a. das höher gelegene Obergaliläa hat viel Potenzial.

Galil Mountain O-Gal r w ★→★★ Am besten ist der VIOGNIER. Im Besitz von YARDEN.

Golanhöhen Hochplateau mit vulkanischen Tuff- und Basaltböden.

Judäisches Bergland Qualitätsweinbauregion, die zu den Jerusalemer Bergen hin ansteigt.

Koscher Nach den Anforderungen der jüdischen Ernährungsregeln hergestellt. Kein Hinweis auf Qualität. Die Weine können sehr gut sein.

Lewinsohn Gal r w ★★★ »Garagenwein«-Qualitätserzeuger in einer Garage! Exquisiter, schlanker CHARDONNAY. Der Rote ist ein extraktreicher mediterraner Verschnitt aus SYRAH, CARIGNAN und PETITE SIRAH.

Margalit Gal, Shom r ★★★ Israels erster Kultwein. Am besten ist der Bordeaux-Verschnitt Enigma (08' 09 10' 11) mit gutem Alterungspotenzial. Die Eigentümer sind Vater und Sohn.

Negev Wüstenregion im Süden des Landes.

Pelter Golan r w; (sch) ★★→★★★ Frische Weiße mit guter Säure. Neue KOSCHERE Marke Matar.

Recanati Gal r w ★★→★★★ Preisgekrönter Special Reserve (07 08' 09' 11), komplexer CARIGNAN, extraktreicher PETITE SIRAH und reifer, würziger Marselan. Sehr guter Prestige-Weißwein sowie Yasmin auf Einsteigerniveau.

Samson Zentrales Weinbaugebiet, das von der Tiefebene westlich der Hügel von Judäa bis zur Küstenregion südöstlich von Tel Aviv reicht.

Sea Horse Jud r (w) ★★ Künstlerischer Ansatz. Der James ist ein feiner CHENIN BLANC von alten Reben.

Shomron Anbaubereich mit Weinbergen hauptsächlich um den Berg Carmel und Zichron Yaakov.

In Tel Kabri in Galiläa wurde ein über 3.000 Jahre alter bronzezeitlicher Weinkeller entdeckt.

Shvo O-Gal r w ★★→★★★ Winzer und Kellermeister, der möglichst wenig eingreift. Äußerst rustikaler Rotwein aus Mittelmeersorten, charaktervoller Rosé und mineralischer CHENIN BLANC.

Sphera Jud w ★★ Nur Weißwein: komplexer White Signature (CHARDONNAY/SÉMILLON/RIESLING), ausdrucksstarker First Page (PINOT GRIS/Riesling/Sémillon), kristallklarer SAUVIGNON BLANC.

Tabor Gal r w; sch ★★ Sehr gute Weißweine: Adama SAUVIGNON BLANC, ROUSSANNE, CHARDONNAY Har auf Einsteigerniveau. Auch preisgünstiger MERLOT und Verschnitt Sufa.

Teperberg Jud, Sam r w; sch ★→★★ Israels größte Familienkellerei. Schöne Sortentypizität beim CABERNET FRANC.

Tishbi Jud, Shom r w; sch – Familie von altgedienten Traubenbauern.

Tulip Gal r (w) ★→★★ Opulenter Black Tulip. Maia ist ein spannendes neues Projekt.

Tzora Jud r w ★★★ Kellerei mit Sinn fürs Terroir und talentiertem Kellermeister. Der Shoresh ist ein mineralischer SAUVIGNON BLANC, während der Prestigewein Misty Hills ein komplexer Verschnitt aus CABERNET SAUVIGNON und SYRAH ist (07 09 10' 11). Die Rotweine aus dem Judäischen Bergland sind sehr günstig.

Vitkin Jud r w ★★ Die kleine Kellerei hat sich auf seltenere Sorten spezialisiert. Sehr guter CARIGNAN.

Yarden Golan r w; sch ★★★ Wegbereitende Kellerei, die die Technologie der Neuen Welt nach Israel geholt hat. Das Weinangebot reicht vom seltenen Prestigewein Katzrin (03 04' 07 08') bis zur Massenmarke Hermon Red. Exzellenter Jahrgangs-Blanc-de-Blancs und Brut Rosé. Üppiger Dessertwein Heights Wine.

Yatir Jud, Negev r (w) ★★★→★★★★ Kellerei in der Wüste mit Weinbergen im Wald auf 900 m Höhe. Samtiger, konzentrierter roter Yatir Forest (**05' 06 07** 08' 09 10 11), kantiger SYRAH, kraftvoller PETIT VERDOT. Im Besitz von CARMEL.

Libanon

Die Bekaa-Ebene war immer das Zentrum der Weinbautätigkeit, doch neue Kellereien mit Unternehmungsgeist legen jetzt auch anderswo Weinberge an: im Batroun (Norden), im Libanongebirge (Westen) und in Jezzine (Süden). Die Weine werden unterschätzt. Es gibt im Libanon erheblich mehr als nur das Aushängeschild Chateau Musar.

Chateau Belle-Vue r (w) ★★★ Schicker Verschnitt von Bordeaux-Sorten Le Château sowie SYRAH.

Château Ka r w ★→★★ Der Cadet de Ka mit Kirsch- und Beerenaromen hat ein großartiges Preis-Leistungs-Verhältnis.

Château Kefraya r w ★★→★★★ Großartiger, reifer, konzentrierter, würziger Comte de M (**07 08** 09'), leichter, fruchtig-süffiger Les Bretèches und köstlicher gespriteter Dessertwein Nectar.

Chateau Ksara r w ★★ 1857 gegründetes Gut. Das beste Preis-Leistungs-Verhältnis hat die fruchtige, mundfüllende Reserve du Couvent. Interessanter Le Souverain (CABERNET SAUVIGNON und Arinarnoa), gut ausgewogener CHARDONNAY.

Château Marsyas r (w) ★★ Knackiger CHARDONNAY und SAUVIGNON BLANC, dunkler, kraftvoller Roter. Auch Eigentümer des komplexen, mineralischen Domaine Bargylus ★★★ aus Syrien. Stéphane Derenoncourt berät.

Chateau Musar r w ★★★→★★★★★ Ikonischer Wein des östlichen Mittelmeerraums; der legendäre Serge Hochar starb Ende 2014. CABERNET SAUVIGNON/CINSAULT/CARIGNAN (**96 97 99 00'** 01' 02 03 04 05' 06 07). Einzigartiger, unverwechselbarer Stil, am besten nach 15–20 Jahren in der Flasche. Der Weißwein von den autochthonen Sorten Obaideh und Merwah ist ein Unikum, das unbegrenzt altern kann. Von konventioneller Seite wurde der Stil des Hauses oft kritisiert, doch in einer globalisierten Welt des Immergleichen ist er ein Segen. Der unterbewertete rote Hochar gibt sich moderner und fruchtbetonter.

Clos St-Thomas r w ★★ Gut ausgewogene, reife, pflaumenfruchtige Rotweine mit weichen Tanninen.

Domaine de Baal r (w) ★★ Rauchiger Roter und floraler Weißer aus ökologischem Weinbau.

Domaine des Tourelles r w ★★→★★★ Straßenfeger-SYRAH, hervorragender Marquis de Beys. Duftender Weißwein. Vielleicht die libanesische Kellerei, die sich am schnellsten verbessert.

Domaine Wardy r w ★→★★ Tiefgründiger, reichhaltiger roter Verschnitt Private Selection mit Eichennote.

IXSIR r w ★★ Schöne Kellerei mit modernen Weinen im Neue-Welt-Stil unter den Etiketten Atitudes, Grand Rèserve und El Ixsir (Prestigewein).

Karam r w ★→★★ Ehemaliger Pilot, der zugängliche, fruchtige Weine in Jezzine erzeugt. Duftender Cloud Nine.

Massaya r w ★★→★★★★ Ein sehr gutes Preis-Leistungs-Verhältnis zeigen die Classic-Weine auf Einsteigerniveau. Der rote Silver Selection ist ein komplexer Verschnitt im Rhône-Stil – ein Wein voll Sonne und Gewürzen. Der Prestigewein Gold Reserve von CABERNET SAUVIGNON, MOURVÈDRE und SYRAH steckt voller Frucht-, Kräuter- und Gewürznoten.

Türkei

Wer in der Türkei eine Weinkellerei besitzt, muss ein Heiliger sein. In diesem Land Wein auf den Markt zu bringen ist praktisch verboten. Dabei gibt es wirklich interessanten türkischen Wein und einheimische Sorten, die an einem der Geburtsorte der Weinrebe wachsen. Achten Sie auf Boğazkere, Öküzgözü und Narince. Kellereien, die in Qualität investieren, verdienen Unterstützung.

Büyülübag r (w) ★★ Eine der neuen kleinen Qualitätskellereien. Guter CABERNET SAUVIGNON.

Corvus r w ★★→★★★ Boutiquekellerei auf der Insel Bozcaada. Kraftvoller Corpus.

Doluca r w ★→★★ Verschnitte und klassische Sortenweine unter dem Etikett Karma. Guter CABERNET SAUVIGNON/ÖKÜZGÖZÜ und NARINCE/CHARDONNAY.

Kavaklidere r w; sch ★→★★★ Spezialist für lokale Trauben. Am besten ist der ÖKÜZGÖZÜ vom Gut Pendore. Günstiger Yakut auf Einsteigerniveau. Stéphane Derenoncourt berät.

Kayra r w ★→★★ Guter Imperial: CABERNET SAUVIGNON, SHIRAZ. Rustikaler Buzbag von ÖKÜZGÖZÜ- und BOĞAZKERE-Trauben. Kalifornischer Kellermeister.

Pamukkale r w ★→★★ Der Anfora MERLOT ist weich und vollaromatisch.

Sarafin r w ★→★★ Pionier für klassische Rebsorten in der Türkei; im Besitz von DOLUCA.

Sevilen r w ★→★★ Spezialist für internationale Sorten. Tiefgründiger SYRAH, aromatischer SAUVIGNON BLANC.

Vinkara r w ★ Charmanter NARINCE sowie kirsch- und beerenfruchtiger Kalecik Karasi.

Nordafrika

Castel Frères r rs ★ Erzeuger in Marokko; preisgünstige Marken wie Bonassia, Sahari, Halana und Larroque.

Celliers de Meknès, Les r rs w ★→★★ Praktisch Monopolist in Marokko. Bester Wein: Château Roslane.

Domaine Neferis r rs w ★→★★ Tunesisches Gemeinschaftsunternehmen mit Calatrasi (Italien). Bester Wein: Selian CARIGNAN.

Kahina ★★ Von Bernard Magrez (Bordeaux) gelegentlich erzeugter GRENACHE/SYRAH-Verschnitt aus Marokko.

Lumière ★★ Marokkanisches Joint Venture des Schauspielers Gérard Depardieu mit Bernard Magrez.

Thalvin r rs w ★★ Frische Weißweine aus Marokko. Der SYRAH Tandem (★★★) – Syrocco in den USA – mit Rosinennote wird zusammen mit Alain Graillot (Rhône) erzeugt.

Val d'Argan r rs w ★→★★ Betrieb nahe Essaouira (Marokko). Günstig ist der Mogador, am besten der Orients.

Vignerons de Carthage r rs w ★ Am besten von der tunesischen Genossenschaft UCCV ist die Rotweinreihe Magon Magnus.

Vin Gris ★ Blasser rosé Durstlöscher in Marokko. Am bekanntesten ist die Marke Castel Boulaouane.

Volubilia r rs w ★→★★ Erzeuger des besten delikaten rosé VIN GRIS in Marokko.

Asien und die ehemalige Sowjetunion

Asien

China

Chinas Großer Sprung nach vorn in Sachen Trauben hatte zum Ergebnis, dass das Land mittlerweile die viertgrößte Rebfläche der Welt besitzt und fünftgrößter Traubenproduzent ist, allerdings sind vieles davon Tafeltrauben. Der Großteil der ca. 680.000 ha Rebfläche liegt nahe dem Jangtse-Fluss, von der Provinz Xinjiang im äußersten Nordwesten (ca. 22 % der Pflanzungen) über Ningxia und Shanxi im nördlichen Zentrum bis zu den Küstenprovinzen Liaoning und Hebei im Osten. Die Jahresproduktion beträgt etwa 13,2 Millionen hl.

CABERNET SAUVIGNON nimmt etwa 60 % der Gesamtfläche ein und ist somit die meistgepflanzte Sorte, gefolgt von MERLOT, CHARDONNAY, Cabernet Gernischt (CARMENÈRE) und SYRAH. Es gibt auch etwas RIESLING, WELSCHRIESLING, UGNI BLANC, SÉMILLION, PINOT NOIR, PETIT VERDOT, GAMAY, neuerdings auch Marselan, PETIT MANSENG und VIDAL. Zu den größten Herausforderungen gehören die harten Winter, wenn die Temperaturen bis zu – 20 °C erreichen. Die Reben müssen dann eingegraben werden, um überleben zu können. In der Küstenregion von Shandong, wo Château Lafite ein Joint Venture hat, behindern feuchtes Wetter und Taifune im Sommer die Reifung. Neuere Weinberge in großer Höhe (zwischen 2.200 und 2.700 m) in der südlichen Provinz Yunnan (an der Grenze zu Vietnam, Laos und Myanmar) scheinen für das Gemeinschaftsunternehmen von Moët-Hennessy mit der Kellerei Shangri-la günstigere Bedingungen zu bieten, auch wenn der Wein noch nicht freigegeben ist. Gute Weine erzeugen Jia Bei Lan, Silver Heights, Domaine Helan Mountain (Pernod Ricard) und die Domaine Chandon von Moët-Hennessy. Sha Po Tou, am Fuß der Xiangshan-Berge in Ningxia gelegen, tut sich mit einem reinsortigen Cabernet Gernischt von 19 Jahre alten Reben hervor.

Trinken die Chinesen denn all den Wein? Derzeit verbrauchen die 1,3 Milliarden Menschen in China nur wenig mehr als einen Liter pro Kopf und Jahr. Diese Zahl gilt allerdings nur für den Wein, der im Land versteuert wurde und lässt außen vor, was heimlich ins Land geschmuggelt wird.

2016 soll China bereits der weltgrößte Weinkonsument sein.

Indien

Die 114.400 ha Rebland Indiens liefern hauptsächlich Tafeltrauben; für Wein stehen insgesamt nur ca. 1.850 ha zur Verfügung, bestockt meist mit SAUVIGNON BLANC, CHENIN BLANC und VIOGNIER bei den Weißen sowie SHIRAZ, CABERNET SAUVIGNON, MERLOT und GRENACHE bei den Roten. Dazu kommen ein bisschen CHARDONNAY und auch etwas TEMPRANILLO, ZINFANDEL sowie SANGIOVESE. Die Weinberge liegen hauptsächlich in den Bundesstaaten Maharashtra (Hauptstadt: Mumbai), Karnataka (Hauptstadt: Bangalore) und Andhra Pradesh (Hauptstadt: Hyderabad). Sauvignon blanc liefert beständig die eindrucksvollsten Weine; die besten kommen von den Erzeugern Sula und Grover (v. a. Zampa Art Collection). SYRAH oder Shiraz hat gutes, wenn auch nicht voll realisiertes Potenzial, während die Domaine Chandon von Moët-Hennessy weiße und rosé Schaumweine produziert.

Japan

Auch wenn von der Nordinsel Hokkaido bis zur Insel Kyushu im Süden Trauben angebaut werden, bleibt die Präfektur Yamanashi auf Honshu doch das Herz des japanischen Weinbaus: etwa 40 % der geschätzten 19.000 ha Rebfläche Japans konzentrieren sich hier. Hier in Yamanashi fanden Mitte der 1870er-Jahre auch die ersten japanischen Versuche statt, Wein zu erzeugen. Am meisten angebaut werden die Hybridrebe MUSCAT Bailey für leichte Rotweine und die autochthone Koshu für prickelnde, säurereiche Weiße. Die meisten kleinen bis mittelgroßen Erzeugerbetriebe produzieren sowohl Wein als auch Tafeltrauben. Es dominieren jedoch große Unternehmen, die auch gleichzeitig die bedeutendsten Bierbrauer des Landes sind: Sapporo, Kirin und Suntory. Das wahrscheinlich größte Problem für das Land der aufgehenden Sonne besteht darin, dass die Sonne sich nicht lange genug zeigt. Stattdessen dauert die Taifunsaison von Mai bis Oktober und hat ihren Höhepunkt zwischen Juli und September – Monate, die für die Traubenreifung extrem wichtig sind. Aufgrund der Klimabedingungen beruhen drei Viertel der Abfüllungen zum Teil auf importiertem Fasswein und Konzentrat. Die ehrgeizigsten Erzeuger sind kleinere Familienunternehmen, die ausschließlich selbst angebaute Trauben verwenden. Zu den Spitzenerzeugern gehören Grace Wine, Aruga Branca und Lumière.

Die ehemalige Sowjetunion

Die politische Lage hat eine ungewisse Zukunft für den Weinbau auf der Krim hervorgebracht, auf der einige der besten Weinberge aus den Zeiten des Zarenreichs und der Sowjetunion liegen. Weitere für den Weinbau geeignete Gebiete erstrecken sich rund ums Schwarze Meer und in den Tälern des Kaukasus. Das Kontinentalklima setzt den Reben hart zu, manche müssen im Winter eingegraben werden. Große Unternehmen dominieren, doch es gibt auch eine neue Welle kleiner lokaler Erzeuger. Russland, die Ukraine und Moldawien bevorzugen internationale Sorten, während Georgien und Armenien weiter auf ihre sonderbaren und machmal großartigen autochthonen Trauben setzen.

Armenien

Das Land wetteifert mit Georgien darum, wo der Weinbau seinen Ursprung hatte (die älteste Kellerei stammt von vor 6.100 Jahren), und versucht sich als Quelle für authentische Weine zu profilieren. Es gibt bis zu 50 autochthone Sorten, die rote Areni ist potenziell großartig. Internationale Berater wie Michel Rolland (Tierras de Armenia), Alberto Antonini (Zorah Karasi), Emilio del Medico (ArmAs) und Paul Hobbs sind bereits an der Arbeit.

Georgien

Es gibt insgesamt nur 70 Erzeugerbetriebe in Georgien, doch praktisch jede Familie bereitet Wein. Die 48.000 ha Rebfläche werden also gut genutzt. Das einzigartige weinbauliche Erbe überspannt mehr als 7.000 Jahre und umfasst Trauben, Produktionstechniken und Weinstile. Es gibt etwa 500 autochthone Rebsorten, doch die rote Saperavi (Weine von einfach und lieblich bis robust und tanninstark) und die weiße Rkatsiteli (lebhaft, erfrischend) werden am häufigsten angebaut. Traditionelle *kwevris* (Amphoren), die jetzt sogar zum UNESCO-Welterbe zählen, sind ein Symbol für die georgische Weinerzeugung und das bevorzugte Mittel für neue Experimente. Die meisten Weine allerdings, einschließlich riesige Mengen ordentlicher Schaumweine, entstehen mit moderner Kellereitechnik. Zu den führenden großen und kleinen Erzeugern gehören GWS, Tbilvino, Badagoni, Marani (TWC), Kindzmarauli Marani, Ch. Mukhrani, Pheasant's Tears und Schuchmann.

Probieren Sie *kwevri*-Weine mit einem modernen Dreh von Tbilvino, Marani (TWC), Khareba.

Moldawien

Schon unter der Zarenherrschaft wurden hier feine Weine bereitet, und zu Zeiten der UdSSR war jede zweite Flasche moldawischen Ursprungs. Inzwischen versuchen die Erzeuger, in die EU und die USA zu exportieren. Es gibt vier geografische Bereiche; europäische Trauben werden schon länger angebaut, zusammen mit den Lokalsorten Rara neagră, Plavai, Galbenă, Djiharda, Bătuta neagră und FETEASCA ALBĂ. Die historischen Rotweinverschnitte Roșu de Purcari (CABERNET SAUVIGNON/MERLOT/MALBEC) und Negru de Purcari (Cabernet Sauvignon/Rara neagră/SAPERAVI) werden von von der führenden moldawischen Kellerei Vinăria Purcari wiederbelebt. Weitere Qualitätserzeuger sind u. a. Acorex Wine Holding, Vinăria Bostavan, Château Vartely, Dionysos Mereni, DK Intertrade, Lion Gri, Asconi, Cricova (Schaumwein).

Russland

Derzeit kann jeder in Russland abgefüllte Wein, egal, ob er aus importierter Fassware oder aus einheimischen Trauben bereitet wurde, als russischer Wein verkauft werden – eine Verbrauchertäuschung. Die meisten Rebflächen und Kellereien liegen im Südwesten; größter Produzent ist die Region Krasnodar. Europäische weiße und rote Rebsorten sind weit verbreitet, indigene Trauben wie die roten Krasnostop und Tsimliansky sind Kandidaten für russische Authentizität. Lefkadia hat sich mit der Hilfe des Beraters Patrick Leon als Anführer für Spitzenqualität etabliert. Weitere beachtenswerte Erzeugern sind Château le Grand Vostock, Fanagoria, Kuban Vino, Gai-Kodzor, Tsimlianskiye Vina und Abrau-Durso (Schaumweine durch Tank- oder Flaschengärung).

Ukraine

Wein wird rund ums Schwarze Meer angebaut sowie an der Grenze zu Ungarn. Die natürlichen Bedingungen sind günstig, die Produktion hingegen meist industriell. Die Krim hat das beste Qualitätspotenzial, neue Weine von kleinen Erzeugern, etwa Pavel Shvets, bestätigen das. Historisch wurden die besten (oftmals exzellenten) ukrainischen Weine nach dem Vorbild von Sherry, Port, Madeira und Champagner produziert. Nicht außer Acht lassen sollte man die guten gespriteten Weine von historischen Erzeugern wie Massandra, Koktebel, Magarach und Solnechnaya Dolina. Für Schaumweine nach der traditionellen Methode sind Novy Svet und Artyomovsk Winery zu empfehlen. Im Auge behalten sollte man auch Veles (Kolonist) und Guliev Wines.

Vereinigte Staaten

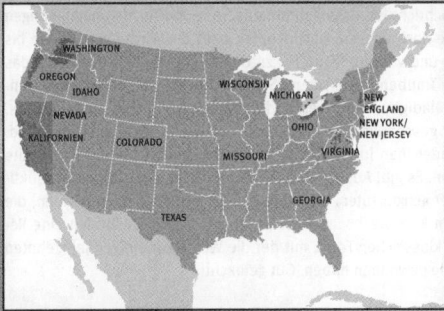

WASHINGTON
OREGON
IDAHO
NEVADA
KALIFORNIEN
COLORADO
WISCONSIN
MICHIGAN
OHIO
MISSOURI
VIRGINIA
NEW ENGLAND
NEW YORK/ NEW JERSEY
GEORGIA
TEXAS

**Die dunklen Flächen bezeichnen
die Weinbaugebiete**

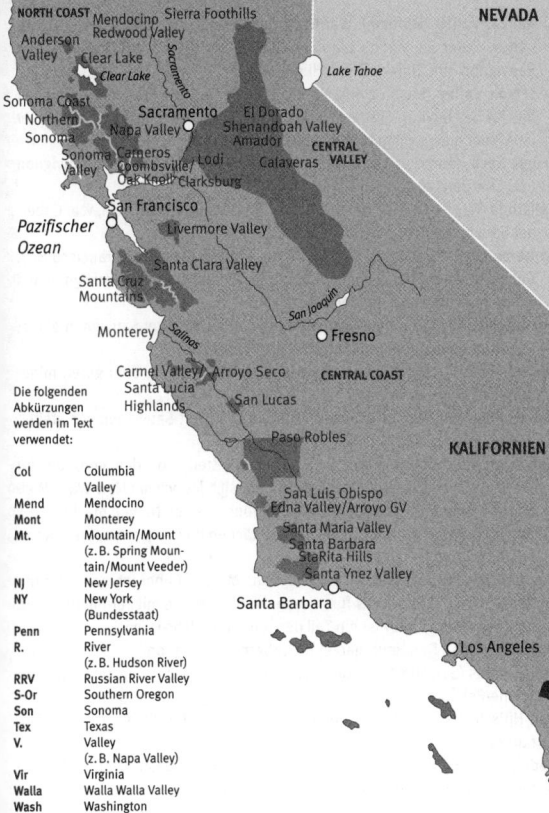

NORTH COAST Mendocino Sierra Foothills
Anderson Redwood Valley
Valley Clear Lake
Clear Lake
Sonoma Coast
Northern Sacramento
Sonoma Sacramento
Sonoma Carneros
Valley Coombsville/ Lodi
Oak Knoll Clarksburg
San Francisco
El Dorado
Shenandoah Valley
Amador
Calaveras

NEVADA

Lake Tahoe

CENTRAL VALLEY

*Pazifischer
Ozean*

Livermore Valley

Santa Clara Valley

Santa Cruz
Mountains

Monterey Salinas

San Joaquin

Fresno

Carmel Valley/ Arroyo Seco
Santa Lucia San Lucas
Highlands

CENTRAL COAST

Paso Robles

KALIFORNIEN

San Luis Obispo
Edna Valley/Arroyo GV
Santa Maria Valley
Santa Barbara
StaRita Hills
Santa Ynez Valley

Santa Barbara

Los Angeles

Die folgenden
Abkürzungen
werden im Text
verwendet:

Col	Columbia Valley
Mend	Mendocino
Mont	Monterey
Mt.	Mountain/Mount (z. B. Spring Mountain/Mount Veeder)
NJ	New Jersey
NY	New York (Bundesstaat)
Penn	Pennsylvania
R.	River (z. B. Hudson River)
RRV	Russian River Valley
S-Or	Southern Oregon
Son	Sonoma
Tex	Texas
V.	Valley (z. B. Napa Valley)
Vir	Virginia
Walla	Walla Walla Valley
Wash	Washington

Kalifornien

Die gute Nachricht ist, dass Kaliforniens Serie von Ausnahmejahrgängen anhält. Die noch bessere Nachricht ist, dass die Winzer vom Süden bis in den Norden und von der Küste bis zu den Sierra Foothills genau auf das hören, was die Trauben ihnen sagen. Sie wenden sich von den hochkonzentrierten, marmeladigen Weinen ab und bereiten zunehmend ausgewogene, (oft) elegante, geschmeidigere Weine, die in vielen Fällen lagerfähig sind. Heutzutage findet man in Kalifornien fast jede Rebsorte – und man sollte genau hinsehen. Es gibt Ausnahmen: Erzeuger in Napa, die auf die Produktion sogenannter »Luxusgüter« abzielen, anstatt sich Weinen zu widmen, die nicht rasch den Kurs wechseln. Aber ansonsten erlebt Kalifornien eine Renaissance der klassischen Form, mit der die Weine vor einigen Jahrzehnten so viele Freunde gewonnen haben. Gut gemacht!

Bedeutende Weinbaugebiete in Kalifornien

Es gibt über 100 American Viticultural Areas (AVAs) in Kalifornien. Nachfolgend sind die wichtigsten aufgeführt.

Alexander Valley (Sonoma). Warmer Anbaubereich im oberen Russian River Valley. Guter Sauvignon blanc von Lagen in Flussnähe sowie Cabernet Sauvignon und Zinfandel von Hügellagen.

Anderson Valley (Mendocino). Winde und Nebel vom Pazifik durchziehen das Tal des Navarro-Flusses landeinwärts. Guter Riesling, Gewürztraminer und Pinot noir; sehr guter Zinfandel von den Hanglagen am Ufer.

Arroyo Seco (Monterey). AVA mit warmem Klima. Guter Cabernet Sauvignon und Chardonnay.

Calistoga (Napa). AVA am Nordende des Napa Valley für Rotwein, v. a. Cabernet Sauvignon.

Carneros (Napa, Sonoma). Kühle AVA am Nordende der San Francisco Bay. Guter Pinot noir, Chardonnay; Merlot, Syrah und Cabernet Sauvignon aus wärmeren Lagen. Sehr guter Schaumwein.

Dry Creek Valley (Sonoma). Überragender Zinfandel; guter Sauvignon blanc; Cabernet Sauvignon und Zinfandel aus Hanglagen.

Edna Valley (San Luis Obispo). Kühle Winde vom Pazifik. Sehr guter, mineralischer Chardonnay.

Howell Mountain (Napa). Klassischer Napa-Cabernet-Sauvignon von steilen Hanglagen.

Livermore Valley (Alameda). Historischer, großteils von den Vororten der Stadt Livermore geschluckter Bereich, der sich jedoch mit New-Wave-Weinen von Cabernet Sauvignon und Chardonnay einen Namen macht.

Mount Veeder (Napa). Hoch gelegene Rebflächen für Chardonnay und Cabernet Sauvignon.

Napa Valley (Napa). Cabernet Sauvignon, Merlot, Cabernet franc. Halten Sie sich an die Sub-AVAs für aussagekräftige Weine mit Terroircharakter. Achtung: Napa Valley ist ein Teil des Anbaubereichs Napa.

Oakville (Napa). Das Hauptgebiet für Cabernet Sauvignon.

Paso Robles (San Luis Obispo). Hervorragend sind Weine von Zinfandel und Rhône-Rebsorten.

Red Hills (Lake County). Vielversprechender Cabernet Sauvignon und Zinfandel.

Redwood Valley (Mendocino). Warmer Bereich im Landesinneren. Guter Zinfandel, Cabernet Sauvignon, Sauvignon blanc.

Russian River Valley (Sonoma). AVA am Pazifik, oft bis mittags in Nebel gehüllt. Pinot noir, Zinfandel und Cabernet Sauvignon auf höheren Hanglagen.

Rutherford (Napa). Hervorragender Cabernet Sauvignon, v. a. aus Hanglagen.

Saint Helena (Napa). Schön ausgewogener Cabernet Sauvignon; sehr guter Sauvignon blanc.

Santa Lucia Highlands (Monterey). Höher gelegene AVA mit guten Weinen von Pinot noir, Syrah und Rhône-Sorten.

Santa Maria Valley (Santa Barbara). Kühler Bereich an der Küste. Guter Pinot noir, Chardonnay und Viognier.

Sta Rita Hills (Santa Barbara). Exzellenter Pinot noir.

Santa Ynez (Santa Barbara). Am besten sind Weine von Rhône-Rebsorten, Chardonnay und Sauvignon blanc.

Sierra Foothills Zinfandel, Sauvignon blanc und Weine von Rhône-Rebsorten geraten am besten.

Sonoma Coast (Sonoma). Sehr kühles Klima. Kantiger Pinot noir.

Sonoma Valley (Sonoma). Guter Chardonnay, sehr guter Zinfandel; hervorragender Cabernet Sauvignon aus der Sub-AVA Sonoma Mountain. Achtung: Sonoma Valley ist ein Teil des größeren Anbaubereichs Sonoma.

Spring Mountain (Napa). Grandioser Cabernet Sauvignon; sehr guter Sauvignon blanc.

Stags Leap (Napa). Klassischer Cabernet Sauvignon; sehr guter Merlot.

Neuere Jahrgänge

Kalifornien ist zu groß und zu unterschiedlich, als dass allgemeine Übersichten genau sein könnten. Unter diesem Vorbehalt können die folgenden Einschätzungen als grobe Richtschnur dienen.

2014 Trotz des dritten trockenen Jahres in Folge scheint die Qualität nicht zu leiden. Kurze Wachstumsperiode, mildes Wetter zur Lese. Die Mengen betrugen fast 10 % weniger als bei der großen Ernte 2013.

2013 Wieder große Erntemengen mit exzellenten Aussichten für Qualität.

2012 Cabernet Sauvignon sieht großartig aus. Sehr vielsprechend für die meisten Sorten.

2011 Abermals ein schwieriges Jahr mit unterdurchschnittlichem Ertrag. Wer später las, meldete sehr gute Qualität, v. a. bei Cabernet Sauvignon und Pinot noir.

2010 Ein kaltes und nasses Jahr. Einige Abfüllungen sind jedoch hervorragend, v. a. von Rhône-Rebsorten und Zinfandel.

2009 Rot- und Weißweine zeigen schöne Ausgewogenheit und gutes Alterungspotenzial. Exzellenter Napa Cabernet Sauvignon.

2008 Durchwachsene Qualität. Der Säuregehalt ist niedrig, in manchen Gebieten reiften die Trauben nicht voll aus.

2007 Regen, daher gemischte Resultate, v. a. bei Cabernet Sauvignon.

2006 Cabernet Sauvignon wird mit der Zeit immer besser. Durchweg überdurchschnittlich.

2005 Cabernet Sauvignon in der Jugend besonders gut, verblasst aber rasch.

Abreu Vineyards Napa V. ★★★→★★★★ 05 07 09 10 11 12 (13) – Geschmeidige Weine auf CABERNET-SAUVIGNON-Basis aus ausgewählten Lagen. Die Spitzenlage ist Madrona mit kraftvollem Auftakt und langem, vielschichtigem Abgang. Kann bis zu 15 Jahre in den Keller.

Acacia Carneros ★★★ Stets gute, mitunter sogar hervorragende CHARDON-NAY- und PINOT-NOIR-Weine aus Einzellagen in Carneros (Napa V.). Zudem klassischer SYRAH voller Rauch und Frucht.

Acorn Vineyards RRV ★★→★★★ Der Newcomer hat ein Händchen für ZIN-FANDEL, v. a. mit den seidigen, verführerischen Abfüllungen namens Heritage Vines Alegría Vineyard. Auch guter CABERNET FRANC.

Alante St Helena ★★★ Überragender CABERNET SAUVIGNON in kleinen Mengen von einer Einzellage: schön strukturiert, mit vielschichtigem Abgang und Alterungspotenzial.

Alban Vineyards Edna V. ★★★ Einer der frühen Rhône Rangers und noch immer an der Spitze des Felds. Spitzen-VIOGNIER und -GRENACHE, herrlicher SYRAH Reva Estate, der lange lagern kann.

Alma Rosa Sta Rita Hills ★★★ Richard Sanford, Meister der PINOT-NOIR-Traube an der Central Coast, hat Neuland betreten mit ökologisch bewirtschafteten Weinbergen und seinem den Gaumen umschmeichelnden Pinot noir, der jetzt besser ist denn je. Auch sehr guter Vin gris von Pinot noir und PINOT GRIS. Der CHARDONNAY ist großartig.

Altamura Vineyards Napa V. ★★★ 01 03 04 05 06 07 08 09 10 (11) (12) (13) – Auf lange Lebensdauer angelegter CABERNET SAUVIGNON. Haben Sie Geduld, und er wird Ihnen schöne Tiefe und lang anhaltende, nachklingende Aromen offenbaren.

2003 gab es 1.870 Kellereien in Kalifornien; heute sind es 4.100.

Amador Foothills Winery Sierra Foothills ★★→★★★ Der Einzellagen-ZINFAN-DEL ist ein Muss, der SAUVIGNON BLANC zeigt sich strahlend mineralisch. Die neuen Eigentümer versprechen, den Qualitätsstandard zu halten.

Andrew Murray Santa Barbara ★★→★★★ Auf diesem Gut dreht sich alles um Rhône-Trauben, und ein Renner jagt den nächsten – allen voran der SYRAH, doch auch den VIOGNIER und den ROUSSANNE sollte man nicht links liegen lassen.

Anthem Napa V. ★★★ 10 11 12 – Der Newcomer steht in den Startlöchern, um einer der besten in Napa zu werden; er produziert kleine Mengen CABERNET SAUVIGNON und MERLOT von Spitzenlagen. Achten Sie v. a. auf den großartigen Beckstoffer Vineyard Las Piedras. Intensiver, reichhaltiger Merlot Mount Veeder.

Antica Napa V. ★★★ 09 10 11 12 – Es hat einige Jahre gedauert, bis die Napa-Weinberge Piero Antinoris (siehe Kapitel »Italien«) dem gewünschten Zustand entsprachen, aber jetzt erfüllen die Weine endlich die Erwartungen: heller, ausgewogener CABERNET SAUVIGNON und runder, spritziger CHAR-DONNAY. Der lebhafte Rosé ist eine willkommene Zugabe.

Araujo Napa V. ★★★★ 01 02 03 04 05 06 08 09 10 11 12 13 – Wuchtiger, langlebiger CABERNET SAUVIGNON aus dem historischen Weinberg Eisele. Erfrischender SAUVIGNON BLANC, in manchen Jahren sehr guter VIOGNIER. Jetzt im Besitz von Artemis, das heißt der Familie Pinault von Ch. Latour (Bordeaux).

Au Bon Climat Santa Barbara ★★★→★★★★ Jim Clendenen ist seit Jahrzehnten einer der besten seines Fachs und eine der treibenden Kräfte bei der Prägung eines speziellen Central-Coast-Stils für toastwürzigen, burgunderartigen CHARDONNAY und reichhaltigen PINOT NOIR. Ungewöhnliche Abfüllungen unter dem Namen Clendenen Family.

Babcock Vineyards Santa Ynez ★★★ Der Taktgeber an der Central Coast. Hervorragender PINOT NOIR sowie sehr guter CHARDONNAY und SAUVIGNON BLANC aus Reblagen mit kühlem Klima. Die beste Wahl sind die in kleinen

Mengen produzierten Terroir Wines, der herrliche Chardonnay und der großartige Pinot noir aus der AVA Santa Rita Hills.

Balletto RRV ★★★ Hervorragender Guts-CHARDONNAY und -PINOT-NOIR. Der köstliche Pinot gris nimmt diese Traube ernst. Guter SYRAH von gutseigenen Reben.

Barnett Vineyards Napa V. ★★★ Der Carneros CHARDONNAY vom Weinberg Sangiacomo ist eine cremige Leckerei, genauso wie der würzige PINOT NOIR Tina Maria aus dem Russian River Valley. Ebenfalls empfehlenswert sind der MERLOT Spring Mountain und der markante Rattlesnake Vineyard vom Spring Mountain.

Beaulieu Vineyard Napa V. ★→★★★ 07 09 10 11 12 – Man möchte sich bei dem historischen Gut wehmütig für die schönen Erinnerungen bedanken, doch der CABERNET SAUVIGNON Georges de Latour Private Reserve behauptet sich noch. Die Weine der unteren Preisklasse mit dem Namen Beaulieu Coastal Estate gehen gut die Kehle runter.

Beckman Vineyards Santa Ynez ★★→★★★ Herausragende reinsortige Rhône-Weine, v.a. Le Bec Blanc and Cuvée Le Bec, sowie Rhône-Verschnitte, die von Jahrgang zu Jahrgang verschieden sind. Sehr guter SYRAH vom Purisimia Mountain Vineyard im Santa Ynez V. und sehr guter GRENACHE Rosé.

Bella Son ★★→★★★09 10 11 12 13 – Schwerpunkt ist ZINFANDEL von verschiedenen Reblagen in Sonoma, v.a. der The Belle Canyon mit der typisch brombeerfruchtigen Art des Dry Creek V. Kraftvoller Widerpart ist der Lily Hill Estate aus dem Dry Creek V. Jetzt auch exzellenter PINOT NOIR und kraftvoller SYRAH.

Drei von fünf in den USA verkauften Weinen stammen aus Kalifornien.

Benovia RRV ★★★ Hervorragender PINOT NOIR vom Cohn Vineyard, guter GRENACHE vom Sonoma Mt. und, der Beste, seidiger Russian River V. CHARDONNAY.

Benziger Family Winery Son V. ★★→★★★ Pionier der Biodynamie im Weinbau. Tribute heißt der neue Verschnitt auf CABERNET-SAUVIGNON-Basis, der komplex und das Zeug für eine lange Lagerung hat. Auch sehr gute Gutsabfüllungen von Cabernet Sauvignon, MERLOT und SAUVIGNON BLANC.

Beringer Blass Napa ★→★★★ Cabernet Sauvignon 01 05 07 09 10 11 12 13 – Die CABERNET SAUVIGNON Reserves aus Einzellagen des 1876 gegründeten Erzeugerbetriebs sind wuchtig, altern aber auch wunderbar. Sehr gut ist der samtige, kraftvolle MERLOT Howell Mt.; Gutes zum kleinen Preis bietet die Reihe Founder's Estate.

Bernardus Mont ★★→★★★ 07 08 09 10 11 12 13 – Der Verschnitt Marinus aus roten Bordeaux-Sorten ist großartig: Schon jung schmeckt er köstlich, man kann ihn aber auch ein paar Jahre einlagern. Der vor kurzem hinzugekommene PINOT NOIR Ingrid's Vineyard aus der AVA Carmel Valley ist sehr gut. Außerdem guter SAUVIGNON BLANC und CHARDONNAY.

Blair Vineyards Mont ★★★ Kleine Mengen von PINOT NOIR mit Lagennamen und ein sehr guter Bordeaux-Verschnitt sind die Glanzlichter. Dazu ungewöhnlich komplexer PINOT GRIS aus Arroyo Seco.

Bodegas Paso Robles Paso Robles ★★→★★★ Ein köstliches Glas voll Spanien von der Central Coast ist z.B. der Doña Blanca, ein charmanter GARNACHA BLANCA/MALVASIA. Der TEMPRANILLO/MOURVÈDRE Vaca Negra ist einfach lecker. Der ALBARIÑO ist ein willkommener Neuzugang.

Boeger Central V. ★→★★ Die preiswerten und süffigen Weine machen sich gut auf einer Picknickdecke, sind aber auch auf einem festlich gedeck-

Vereinigte Staaten

ten Tisch nicht fehl am Platz. Am besten sind die Rotweine, v. a. BARBERA und ZINFANDEL.

Bogle Vineyards Central V. ★→★★★ Beständig gute, manchmal sogar sehr gute und zudem erschwingliche Weine für den Alltagsgenuss, allen voran der Old Vine ZINFANDEL. Favorit ist derzeit der Phantom, ein herrlicher Verschnitt von Zinfandel, MOURVÈDRE und PETITE SIRAH aus Lodi und den Sierra Foothills.

Bokisch Lodi ★★→★★★ Herausragender Wein von spanischen Rebsorten mit kalifornischem Akzent. Ein sehr guter TEMPRANILLO führt die Riege an (warum wird diese Rebe in Kalifornien nicht mehr angebaut?), gefolgt von großartigem GARNACHA und ALBARIÑO.

Bonny Doon Mont ★★★→★★★★ Le Cigare Volant **08 09** 10 11 12 13 – Seit Randall Grahm, ein Verfechter der Terroirphilosophie, seine preiswerten Massenweinmarken verkauft hat, um sich ganz auf biodynamisch bewirtschaftete Einzellagen zu konzentrieren, ist die Qualität sprunghaft gestiegen. Das Aushängeschild Le Cigare Volant hat ★★★★-Niveau erreicht, und der Vin Gris de Cigare zählt zu den kalifornischen Spitzenrosés. Der vor kurzem hinzugekommene Contra, ein preiswerter Verschnitt aus CARIGNANE und MOURVÈDRE, ist wirklich lecker.

Bonterra Siehe FETZER.

Chardonnay im neuen Gewand

Beim kalifornischen Chardonnay hat sich über die jetzten drei bis vier Jahrgänge ein hochwillkommener Wandel vollzogen, zugunsten eines nuancierteren Ansatzes, weg vom aufdringlich buttrigen Eichenstil. Dieser neue Stil hat mehr straffe Säure und eine erfrischende Mineralität, sodass man gern ein zweites Glas nimmt.

Bouchaine Carneros ★★★ Der Pionier in Carneros hält mit seinem Guts-PINOT-NOIR und -CHARDONNAY den Qualitätsstandard hoch. Der jüngst hinzugekommene Sonoma Coast SYRAH ist exzellent; auch sehr guter RIESLING aus Carneros und eine ausgezeichnete seltene PINOT-MEUNIER-Abfüllung.

Bronco Wine Company Gegründet von Fred Franzia, dem Neffen des verstorbenen Ernest GALLO. Für seine berühmte Marke Charles Shaw (Spitzname »Two Buck Chuck«) bezieht Franzia preiswertes Traubenmaterial aus dem Central Valley; daneben führt er Dutzende weitere Reihen wie Napa Creek und Napa Ridge. Auf die Qualität kommt es nicht so an: Was Franzia verkauft, ist Wein als populäres Getränk.

Buehler Napa ★★★ **05 07 09** 10 11 12 13 – Ein unterschätztes Kleinod in Napa: Buehler erzeugt beständig ausgewogenen CABERNET SAUVIGNON in einem schönen brombeerfruchtigen Stil mit guter Struktur. Hervorragend ist auch der ZINFANDEL (von Trauben aus dem Napa V.), sehr gut der CHARDONNAY (Russian River V.).

Burbank Ranch Paso Robles ★★→★★★ Der neue Erzeuger an der Central Coast steigt auf mit super MOURVÈDRE und exzellentem ARNEIS: ein guter Anfang.

Burgess Cellars Howell Mt. ★★★ Cabernet Sauvignon **05 07 09** 10 11 12 13 – Kraftvoller, langlebiger CABERNET SAUVIGNON aus Trauben vom Howell Mountain. Den guten SYRAH sollte man nicht links liegen lassen.

Cain Cellars Spring Mt. ★★★→★★★★ **05 07 09 10** 11 12 13 – Der Cain Five, ein geschmeidiger, vielschichtiger Verschnitt der fünf Bordeaux-Rebsorten vom Spring Mt., ist der Klassenprimus: beständig gut und langlebig.

Den Cain Concept und den Cain Cuvée, beide auf CABERNET-SAUVIGNON-Basis, sollte man auf jeden Fall probieren.

Cakebread Napa V. ★★★→★★★★ 05 06 07 09 10 11 12 13 – Der Wein, an dem jeder Napa-CABERNET-SAUVIGNON sich messen lassen muss, ist zum Einlagern gemacht, schmeckt aber bereits nach 4 oder 5 Jahren Flaschenreife köstlich. Der SAUVIGNON BLANC zählt zu den besten Kaliforniens, der CHARDONNAY ist sehr gut.

Calera ★★★★ 07 08 09 10 11 12 13 – Josh Jensen, der sich in seiner Zeit in Oxford in PINOT NOIR verliebt hat, bietet ein ausgezeichnetes Sortiment an sortenreinen Weinen, v.a. Reed und Selleck. Nicht verpassen sollte man die CHARDONNAY-Riege, den intensiven, blumigen VIOGNIER und den in den USA seltenen ALIGOTÉ.

Carter Cellars Napa V. ★★★ 07 09 10 11 12 13 – Hier dreht sich alles um Einzellagen-CABERNET-SAUVIGNON, angeführt vom ausgezeichneten To Kalon. Außerdem verschiedene Bordeaux-Verschnitte, die manchmal sehr gut ausfallen.

Cass Paso Robles ★★→★★★ Ein weiterer auf Rhône-Sorten spezialisierter Erzeuger der Central Coast, der seine Sache richtig gut macht. Der herrliche SYRAH zeigt satte Schokoladen- und Kaffeenoten und einen langen Abgang; wunderbarer VIOGNIER, großartiger ROUSSANNE und MARSANNE.

Castoro Cellars Paso Robles ★★★ Der ROUSSANE ist ein super Auftakt. Dann gehen Sie über zum schönen SYRAH und dem herrlichen ZINFANDEL-Verschnitt namens Zinfusion.

Chardonnay ist nach wie vor der beliebteste kalifornische Wein; sein Anteil am Umsatz im US-Handel beträgt 20 %.

Caymus Napa V. ★★★→★★★★ 01 05 06 07 09 10 11 12 13 – Der CABERNET SAUVIGNON Special Selection ist eine Napa-Ikone und regelmäßig einer der beeindruckendsten in Kalifornien: ein voller, intensiver Wein, der langsam reift. Auch mit der Napa-Standardabfüllung zieht man keine Niete. Zudem sehr guter CHARDONNAY der Marke Mer Soleil von Trauben aus Monterey sowie ein guter SAUVIGNON BLANC und MERLOT unter dem Namen Emmolo. Conundrum, ein Zweiteitikett, bietet feine Qualität zum erschwinglichen Preis.

Ceja Vineyards Napa ★★→★★★ 07 09 10 11 12 13 – Das Angebot umfasst stylishen CABERNET SAUVIGNON aus dem Napa Valley, sehr guten CHARDONNAY aus Carneros sowie SYRAH aus Sonoma Coast und den roten Verschnitt Vino de Casa.

Cesar Toxqui Cellars Mend ★★★ Toxqui kam mit 16 Jahren aus Mexiko in den Norden und hatte seinen ersten Job bei FETZER Vineyards. Er erzeugt ausgezeichneten PINOT NOIR und sehr guten ZINFANDEL von ökologisch angebauten Trauben aus dem Lake und dem Mendocino County. Der Verschnitt Ruthless Red ist ein guter Auftakt.

Chalone Mont ★★★ Historisches Weingut am Monterey Mt. mit intensivem, reichhaltigem PINOT NOIR und mineralischem CHARDONNAY. Mit sehr gutem Guts-GRENACHE und -SYRAH wurde der Burgunderrahmen gesprengt. Empfehlenswert ist der Pinot-noir-Lagenverschnitt von der Central Coast im klassischen, zugänglichen Stil.

Chamisal Vineyards Edna V. ★★★ Chamisal erzeugt seit 40 Jahren ausgezeichneten CHARDONNAY und PINOT NOIR an der Central Coast. Die jüngsten Abfüllungen sind noch besser, v.a. der Chardonnay ohne Eichennote und der sehr gute SYRAH.

Chappellet Napa V. ★★★→★★★★ 03 05 06 07 08 09 10 11 12 13 – Pionier (gegründet 1969) am Pritchard Hill, St Helena. Der CABERNET SAUVIGNON aus der Reihe Signature wird wirklich alt. Sehr guter CHARDONNAY, CABER-NET FRANC und MERLOT sowie guter CHENIN BLANC. Zu Chappellet gehört Sonoma-Loeb mit sehr gutem Chardonnay, VIOGNIER und PINOT NOIR aus Carneros und dem Russian River V.

Charles Krug Napa V. ★★→★★★ Die historisch bedeutende Kellerei erlebt ein Comeback, v. a. mit geschmeidigem CABERNET SAUVIGNON und gutem SAUVIGNON BLANC.

Château Montelena Napa V. ★★★→★★★★ Cabernet Sauvignon 01 03 05 06 07 09 10 11 12 13; Chardonnay 09 10 11 12 13 – Ausgewogener, ge-schmeidiger CABERNET SAUVIGNON, den man entweder jung trinken oder aber mindestens ein Jahrzehnt einlagern sollte. Der CHARDONNAY ist her-vorragend, ebenso wie der geschmeidige, köstliche Guts-ZINFANDEL.

Chateau St. Jean Son V. ★★→★★★ 05 06 07 09 10 11 12 13 – Trumpfkarte ist hier der Cinq Cépages, ein Verschnitt aus den fünf roten Bordeaux-Sorten; außerdem sehr guter Guts-MERLOT, guter SAUVIGNON BLANC und CHARDONNAY.

Chimney Rock Stags Leap ★★★ 03 05 07 09 10 11 12 13 – Unterschätzter Erzeuger von ausgewogenem, langlebigem CABERNET SAUVIGNON.

Claiborne & Churchill Edna V. ★★→★★★ Etliche Abfüllungen von RIESLING und anderen aromatischen Weißen im Elsässer Stil. Auch der PINOT NOIR ist einen Versuch wert.

Der Weintourismus in Kalifornien setzt jährlich 1,8 Mrd. Dollar um.

Clark-Clauden Howell Mt. ★★★ 05 07 09 10 11 12 13 – Der CABERNET SAUVI-GNON Reserve Eternity bekommt Bestnoten für seine prägnante Frucht und die vielfältigen, lang anhaltenden Aromen. Außerdem sehr guter SAU-VIGNON BLANC Wild Irish. Stark unterschätzter Erzeuger.

Clayhouse Paso Robles ★★→★★★ Der PETITE SIRAH von alten Reben lässt einen wieder Vertrauen fassen zu dieser Rebsorte. Er hat einfach alles: be-zaubernde Noten von dunkler Kirsche, Schokolade und schwarzem Pfef-fer sowie einen langen Abgang. Empfehlenswert ist die Adobe-Reihe, zu der eine sehr gute weiße Cuvée und ein geschmeidiger ZINFANDEL zählen.

Cliff Lede Stags Leap ★★★ 07 09 10 11 12 13 – Großartiger CABERNET SAU-VIGNON aus der AVA Stags Leap von mineralisch schlanker Art, zum Ein-kellern gemacht. Auch die Cabernet-Sauvignon-Reihe Appellation aus Howell Mt., Diamond Mt. und Oakville ist sehr gut. 10–15 Jahre haltbar.

Clos du Val Napa V. ★★★ 05 07 09 10 11 12 13 – Stets exzellente CABER-NET-SAUVIGNON-Gewächse in nie übertriebenem Stil, die unter Wert gehan-delt werden. Der CHARDONNAY ist ein Genuss, der Verschnitt Ariadne von SÉMILLON und SAUVIGNON BLANC ein Charmeur.

Clos Pegase Napa V. ★★★ Hinguck-Kellerei mit hervorragendem MERLOT aus einem Weinberg in Carneros. Auch guter CABERNET SAUVIGNON.

Cobb Wines Son Coast ★★★ Die Geschichte – und zwar eine gute – ist hier der PINOT NOIR von ausgewählten Lagen an der Sonoma Coast: verhalten, ausgewogen, herrlich.

Conn Creek Napa V. ★★★→★★★★ 03 05 06 07 09 10 11 12 13 – CABERNET SAUVIGNON mit schöner Struktur von Trauben aus verschiedenen AVAs im Napa V. Gute Kandidaten für den Keller, v. a. die Abfüllug aus Rutherford.

Constellation ★→★★★ Mit mehr als 90 Mio. Kisten im Jahr das größ-te Weinunternehmen der Welt mit Kellereien in Kalifornien, New York, Washington, Kanada, Chile, Australien und Neuseeland. Früher bediente man v. a. das untere Marktsegment, jetzt will man höher hinaus, u. a. mit ROBERT MONDAVI, FRANCISCAN VINEYARD, Estancia, Mt. Veeder, RAVENS-WOOD und Simi.

Continuum Napa V. ★★★ Hier macht Tim Mondavi das, was er schon immer wollte, nämlich einen einzelnen Wein aus Bordeaux-Sorten. Die ersten Resultate sind mehr als vielversprechend, v. a. der 2011er ist geschmeidig und erfreulich.

Corison Napa V. ★★★★ 95 96 97 99 00 01 02 05 **06 07** 09 10 11 12 13 – Cathy Corison ist eine Art Nationalheiligtum. Während viel zu viele im Napa V. dem Ruf der (viele Dollars verheißenden) Sirenen folgen und muskelbepackte Extraktbomben produzieren – die hohe Bewertungen erzielen, aber geringen Genuss bedeuten –, erzeugt Corison weiterhin geschmeidigen, hocharomatischen, langlebigen Cabernet Sauvignon. An der Spitze steht der üppig-samtige Kronos Vineyard.

Cornerstone Cellars Howell Mt. ★★★ 03 05 07 09 10 11 12 13 – Eindrucksvoller CABERNET SAUVIGNON vom Howell Mt. mit Fokus auf Harmonie und Balance; sehr guter Cabernet Sauvignon vom Talboden; spritziger SAUVIGNON BLANC.

Cosentino North Coast ★★→★★★ Preiswerter CABERNET SAUVIGNON und CHARDONNAY aus dem Napa V. Eindrucksvoller CABERNET FRANC aus der Lage Lodi.

Cuvaison Carneros ★★★ 05 07 08 09 10 11 12 13 – Die Bestnoten gehen an PINOT NOIR und CHARDONNAY vom Gut in Carneros. Daneben guter SYRAH und ausgezeichneter CABERNET SAUVIGNON vom Mt. Veeder.

Dashe Cellars Dry Creek V. ★★→★★★ ZINFANDEL aus dem Dry Creek V. steht hier im Fokus, einschließlich einiger Einzellagenabfüllungen, die den klassischen brombeerfruchtigen Dry-Creek-Stil zeigen.

David Bruce Santa Cruz Mt. ★★★ Chardonnay 09 10 11 12 13 – Auf dem legendären Gut in den Bergen dreht sich alles um ausgezeichneten, seidigen PINOT NOIR und kraftvollen, lange nachschmeckenden Chardonnay.

Davis Bynum RRV ★★★ PINOT-NOIR-Spezialist mit einer Reihe sehr guter Einzellagenweine von ausgewählten Klonen aus dem Russian River V. sowie schlankem und zugleich seidigem CHARDONNAY.

Dehlinger RRV ★★★ Reihe hervorragender PINOT-NOIR-Weine von gutseigenen Lagen. Auch sehr guter CHARDONNAY und SYRAH.

Diamond Creek Napa V. ★★★★ 99 00 01 03 06 07 09 10 11 12 13 – Herbe CABERNET-SAUVIGNON-Weine namens Gravelly Meadow, Volcanic Hill und Red Block Terrace aus Berglagen am Diamond Mt. Die Weine entfalten sich im Alter wunderbar. Eines der Juwelen Napas, das in neuerer Zeit neben einigen auffälliger glitzernden Cabernet-Sauvignon-Kultweinen gern mal übersehen wurde.

Domaine Carneros Carneros ★★★→★★★★ Taittinger-Niederlassung in Kalifornien mit stets guten Schaumweinen, v. a. Jahrgangs-Blanc-de-Blancs Le Rêve; auch der Rosé-Schaumwein OJ ist sehr gut. The Famous Gate PINOT-NOIR führt die Riege der hervorragenden Pinot noir- und CHARDONNAY-Weine an.

Domaine Chandon Napa V. ★★→★★★ Schäumendes Spitzengewächs ist der Reserve Étoile OJ; außerdem gibt es einen sehr guten Roséschaumwein und Stillweine, u. a. guten PINOT NOIR aus Carneros.

Dominus Estate Napa V. ★★★★ 97 99 01 02 05 06 07 08 09 10 11 12 13 – Christian Moueix aus Pomerol erzeugt in dieser sehenswerten Kellerei den elegant-strengen Dominus, einen der großen Schätze des Napa V. Drängen Sie ihn nicht, denn er belohnt längeres Einkellern großzügig mit geschmeidigen Schichten intensiver Aromen und einem langen, den Gaumen einhüllenden Abgang.

Donkey & Goat Ka ★★★ Gehört zu der kleinen Riege handwerklich arbeitender Kellereien im urbanen Umfeld (hier: in Berkeley), die überall in den USA wie Pilze aus dem Boden schießen und ihr Lesegut aus ausgewähl-

Vereinigte Staaten

ten Lagen beziehen. Derzeitiger Lieblingswein ist der köstliche GRENACHE aus der AVA El Dorado in den Sierra Foothills sowie SYRAH und CARIGNANE aus Mendocino.

Dry Creek Vineyard Dry Creek V. ★★★→★★★ Spielte eine führende Rolle beim Projekt »The Zinfandel Heritage Vineyard«, das mit dem Aufspüren seltener alter Rebstöcke dem Zinfandel-Erbe Kaliforniens gewidmet war. Sehr beeindruckendes Sortiment von Einzellagenabfüllungen; sehr guter SAUVIGNON BLANC und CHENIN BLANC.

Duckhorn Vineyards Napa V. ★★★→★★★★ **05 06 07** 08 09 10 11 12 13 – Bekannt für dunkle, tanninstarke, pflaumenartig reife Einzellagen-MERLOTS (v. a. Three Palms) und eine Abfüllung vom Howell Mt. auf CABERNET-SAU-VIGNON-Basis. Außerdem robuster PINOT NOIR Golden Eye aus einer Kellerei im Anderson V. Zur Reihe Migration sind nun exzellenter CHARDONNAY und Pinot noir aus dem Russian River V. hinzugekommen.

Dunn Vineyards Howell Mt. ★★★★ **91 95 97 99 01 03** 06 07 09 10 11 12 13 – Randy Dunn erzeugt aus Lagen am Howell Mt. prachtvollen, intensiven Cabernet Sauvignon. Die Weine entfalten sich im Alter herrlich; Abfüllungen aus der Talsohle sind etwas zurückhaltender und nicht für langes Einlagern gemacht. Einer der wenigen Weinmacher im Napa V., die dem Massenwahn widerstehen, marmeladige, übertrieben üppige Weine zu bereiten, nur um sich bei den Kritikern lieb Kind zu machen.

Dutton-Goldfield RRV ★★★→★★★★ Außergewöhnlicher PINOT NOIR und CHARDONNAY mit schönem Terroircharakter aus Lagen in den AVAs Sonoma Coast und Russian River V. Die Weine sind moderne Klassiker Kaliforniens. Auch die limitierte ZINFANDEL-Abfüllung ist ein Gläschen oder zwei wert.

Eine kalifornische Rarität: Tannat wurde erst 2002 offiziell anerkannt und wird in Kalifornien auf rund 80 ha angebaut.

Edmunds St. John Ka ★★★ Steve Edmunds durchforstet seit Jahrzehnten die kalifornischen Weinberge und kauft auch manchmal unkonventionelle Traubensorten, aus denen er sehr gute Weine macht – wie jüngst den köstlichen El Dorado Bone-Jolly GAMAY Noir Rosé. Empfehlenswert ist auch der Heart of Gold, ein VERMENTINO/GRENACHE BLANC aus den Sierra Foothills.

Edna Valley Vineyard Edna V. ★★★ Beginnen Sie mit dem anmutigen, sortentypischen SAUVIGNON BLANC und lassen Sie den knackigen CHAR-DONNAY mit großzügigen Tropenfruchtaromen folgen. Zum Finale dann der eindrucksvolle SYRAH oder ein guter CABERNET SAUVIGNON.

Elizabeth Spencer North Coast ★★★ Hervorragender CABERNET SAUVIGNON mit gutem Reifepotenzial aus Rutherford. Sehr guter CHARDONNAY vom Russian River V., schöner CHENIN BLANC aus Mendocino und ein herrlicher PINOT NOIR von Hanglagen an der Sonoma Coast runden das Angebot ab.

Elyse Vineyards Napa V. ★★★ **05 08** 09 10 11 12 13 – An der Spitze des interessanten Angebots steht Einzellagen-CABERNET-SAUVIGNON (in kleinen Mengen) mit strahlender Frucht, vielschichtiger Aromatik und hervorragendem Alterungspotenzial. Außerdem sehr guter ZINFANDEL von alten Reben. Der SYRAH führt die Riege der Abfüllungen von Rhône-Rebsorten an.

Farella Coombsville ★★★ Handwerklicher Erzeuger mit Weinbergen in der kühlen AVA Coomb in Napa. Exzellent sind der SAUVIGNON BLANC La Luce, der MERLOT mit Kirschnoten und der elegante CABERNET SAUVIGNON.

Fetzer Vineyards North Coast ★★→★★★ Fetzer, ein Pionier in Sachen ökologischer Anbau, erzeugt beständig guten Wein – von preiswerten Tropfen (Sundial, Valley Oaks) bis hin zu großartigen Reserve-Abfüllungen. Zum

Unternehmen gehört auch Bonterra Vineyards (ein reiner Ökobetrieb), wo Roussanne und Marsanne die Stars sind.

Ficklin Vineyards Madera ★★★ Hier geht es nicht nur um Süßwein, sondern es gibt auch eindrucksvolle Weine von iberischen Sorten, u. a. einen köstlichen TOURIGA nacional Rosé und sehr guten TEMPRANILLO.

Firestone Santa Ynez ★★→★★★ Verlässlicher Erzeuger an der Central Coast mit herrlichem SAUVIGNON BLANC und brauchbarem halbtrockenem Riesling. Außerdem guter Rosé. Paradepferd ist der rote MERITAGE-Verschnitt The Ambassador.

Flora Springs Wine Co. Napa V. ★★★ Cabernet Sauvignon **05 06 07 09** 10 11 12 13 – Ein bisweilen übersehenes Napa-Juwel. Besonders empfehlenswert ist die Reihe Signature mit dem Trilogy, einem verblüffenden Kleinod auf Basis von CABERNET SAUVIGNON aus Hanglagen, dem Soliloquy, einem sehr guten SAUVIGNON BLANC aus der AVA Oakville, sowie feinem CHARDONNAY.

Flowers Vineyard & Winery Son Coast ★★★ Die ersten CHARDONNAY-Reben des Sonoma-Coast-Pioniers wurden 1991 angepflanzt, heute wird das Gut ökologisch bewirtschaftet und hat sich für seine intensiven PINOT-NOIR- und Chardonnay-Weine einen guten Ruf erworben.

Foppiano Son ★★→★★★ Eine der großen alten Familien im kalifornischen Weingeschäft, der Betrieb wurde bereits 1896 gegründet. Er erzeugt jahraus, jahrein ausgezeichneten ZINFANDEL und ist auch mit seinem fest gefügten PETITE SIRAH (auch bekannt als *Petty Sir*) führend. Außerdem ansprechender CABERNET SAUVIGNON, lebhafter SAUVIGNON BLANC und guter Rosé-Gutswein.

Forman Vineyard Napa V. ★★★★ **00 01 03** 05 07 09 10 11 12 13 – Ric Forman, ein überzeugter (manche würden auch sagen: fanatischer) Anhänger der Terroirphilosophie, erzeugt elegante, langlebige Weine auf Basis von CABERNET SAUVIGNON aus Hanglagen sowie sehr guten CHARDONNAY mit einem Gruß an Chablis.

Franciscan Vineyard Napa V. ★★→★★★ Der rote Bordeaux-Verschnitt Magnificat ist stets hervorragend, und auch der CHARDONNAY ist ziemlich gut. Gehört jetzt zu Constellation.

Frank Family Vineyards Rutherford ★★★ Fantastischer CABERNET SAUVIGNON, der alle Register zieht. Er ist schon früh trinkreif, wird aber von 10 oder mehr Jahren im Keller profitieren, v. a. der Reserve. Ein Traum ist der dunkle, schwerblütige Winton Hill Cabernet Sauvignon. Auch guter SANGIOVESE.

Freeman Son Coast ★★★ Spezialist für PINOT NOIR und CHARDONNAY aus kühlen Lagen in den AVAs Sonoma Coast und Russian River Valley – Burgund lässt grüßen. Der Chardonnay Ryo Fu (auf Japanisch »kühle Brise«) ist fantastisch.

Freemark Abbey Napa V. ★★★→★★★★ **01 03 05 07** 09 10 11 12 13 – Oft unterbewerteter klassischer Erzeuger von stilvollem, lagerfähigem Cabernet Sauvignon. Besonders empfehlenswert sind die Einzellagenabfüllungen Sycamore und Bosché.

Freestone Son Coast ★★★ Intensiver, aber ausgewogener CHARDONNAY und PINOT NOIR aus küstennahen Lagen mit schöner Struktur und langem Abgang, der insbesondere für den Chardonnay gilt.

Frog's Leap Rutherford ★★★★ Cabernet Sauvignon **01 02 03** 05 07 09 10 11 12 13 – Alles beginnt im Weinberg, sagt John Williams, ein führender Kopf der Ökobewegung, und genauso meint er es auch. Sein CABERNET SAUVIGNON ist geschmeidig, ausgewogen und zum Einlagern geeignet; außerdem erzeugt er CHARDONNAY mit Röstnote, würzigen ZINFANDEL und schlanken, mineralischen Sauvignon blanc, alle drei exzellent.

Gallo Sonoma Son ★→★★★ Der küstennahe Außenbetrieb des Central-Valley-Giganten bezieht sein Traubenmaterial aus verschiedenen Weinbergen in Sonoma. Der CABERNET SAUVIGNON kann sehr gut ausfallen, ebenso der Einzellagen-CHARDONNAY. Die Spitzenreihe von Weinmacherin Gina Gallo hat beständig ★★★-Niveau.

Gallo, E. & J. ★→★★ Über Kaliforniens größte Kellerei machen Weinsnobs sich gern mal lustig, und doch hat Gallo womöglich mehr für die Erweiterung des amerikanischen Geschmacks getan als irgendein anderes Unternehmen. Gallos Hearty Burgundy war in den 1960er-Jahren ein bahnbrechender Wein. Es gibt immer noch billige Tropfen, aber auch eine Reihe sortenreiner Regionalweine wie Anapauma, Marcellina, Turning Leaf usw. – alle zwar von bescheidener Qualität, aber verlässlich und erschwinglich.

Mit Drohnen (1,3 kg schweren unbemannten Flugzeugen) wird die Gesundheit der Weinberge überprüft – und in einem kalifornischen Hotel Champagner auf der Privatterrasse serviert.

Gary Farrell RRV ★★★ Ausgezeichnete PINOT-NOIR- und CHARDONNAY-Weine aus Lagen mit kühlem Klima. Der Rocholi Vineyard CHARDONNAY ist großartig. Der stilvolle ZINFANDEL und der herrliche SYRAH verdienen ebenfalls Beachtung.

Gloria Ferrer Carneros ★★→★★★ Guter Schaumwein; nun auch würziger CHARDONNAY und strahlend-seidiger PINOT NOIR. Die Schaumweine gehen mittlerweile eher in Richtung lieblich, nicht zuletzt mit dem Va de Vi, einem Verschnitt von Pinot nor, Chardonnay und MOSCATO. Köstliche Royal Cuvée. Gehört zum spanischen Cava-Riesen Freixenet.

Grace Family Vineyard Napa V. ★★★★ 03 05 06 07 09 10 11 12 13 – Überwältigender CABERNET SAUVIGNON, für lange Lagerung gemacht. Der hohe Preis ist mitunter tatsächlich gerechtfertigt – eine der wenigen Ausnahmen unter den Kultweinen.

Grgich Hills Cellars Napa V. ★★★ 05 07 08 09 10 11 12 13 – Der ganz hervorragende CABERNET SAUVIGNON wird jetzt von biodynamisch angebauter Trauben bereitet. Außerdem geschmeidiger CHARDONNAY mit Alterungspotenzial, SAUVIGNON BLANC (Fumé blanc) und guter rustikaler ZINFANDEL

Groth Vineyards Oakville ★★★★ 99 00 01 05 06 07 09 10 11 12 13 – De CABERNET-SAUVIGNON-Gutswein bietet geschmeidige, gut eingebundene Aromen und ausreichend Struktur für ein langes Leben. Straffer gewirkt ist der Cabernet Sauvignon Reserve. Außerdem exzellenter CHARDONNAY und SAUVIGNON BLANC.

Hall Napa V. ★★★ 07 08 09 10 11 12 13 – Der Napa CABERNET SAUVIGNON Kathryn Hall Signature ist hervorragend, mit mundfüllenden vielschichtigen Aromen und gutem Reifepotenzial. Köstlicher, mineralischer SAUVIGNON BLANC.

Handley Cellars Anderson V. ★★★ Neuer Schwerpunkt hier ist PINOT NOIR mit fünf Abfüllungen, u. a. hervorragender Estate Reserve und ein seidenweicher Einsteiger-Pinot-noir aus Mendocino, der perfekte Picknickwein Auch sehr guter RIESLING sowie feiner Schaumwein in limitierter Menge.

Hanna Winery Son ★★★ Klassischer Sonoma-Erzeuger mit ausgezeichnetem SAUVIGNON BLANC und PINOT NOIR aus dem Russian River V. sowie hervorragendem CABERNET SAUVIGNON und MERLOT aus Lagen im Alexander V. Der neue Rosé auf Merlot-Basis ist ein Schmankerl.

Hanzell Son V. ★★★★ Seit 1957 bestehender, handwerklich arbeitender Betrieb mit überragendem CHARDONNAY und Pinot noir mit Terroircharakter

Beide profitieren von einigen Jahren Kellerreifung. Einer der besten Erzeuger Kaliforniens.

Harlan Estate Napa V. ★★★★ **06 07** 09 10 11 12 13 – Konzentrierter, geschmeidiger CABERNET SAUVIGNON mit Kultstatus von einem perfektionistischen Weingut, das Spitzenpreise fordert.

HdV Wines Carneros ★★★ Feiner, komplexer Chardonnay mit mineralischem Biss vom Gut des Winzers Larry Hyde in Zusammenarbeit mit Aubert de Villaine von der Domaine de la Romanée-Conti (siehe Kapitel »Frankreich«). Ebenfalls aus der Lage Hyde Vineyards kommen sehr guter CABERNET SAUVIGNON und SYRAH.

Heitz Cellar Napa V. ★★★→★★★★ **01 03 05 07** 09 10 11 12 13 – Hier wird die Geschichte Napas lebendig, und dazu gibt es noch guten Wein, u. a. mit der Ikone Martha's Vineyard CABERNET SAUVIGNON. Konkurrenz kommt von den jüngsten Abfüllungen des Trailside Vineyard Cabernet Sauvignon mit seiner lebendigen, ausgewogenen Frucht. Zurückhaltender, eleganter CHARDONNAY.

Der durchschnittliche Ladenpreis für kalifornischen Wein liegt bei $ 6,13 pro Flasche. In Oregon sind es $ 15,32.

Heller Estate Mont ★★★ Der vielschichtige, geschmeidige Cabernet Sauvignon ist sehr gut, was auch für die zauberhaften CHENIN-BLANC- und PINOT-NOIR-Weine gilt. Sehr guter MERLOT Rosé, feine RIESLING-Spätlese.

Hess Collection, The Napa V. ★★★ Der CABERNET SAUVIGNON von gutseigenen Reblagen am Mt. Veeder markiert ein neues Qualitätsniveau, v. a. der ausgefallene 19 Block Cuvée, ein Verkaufshit mit angenehmem Auftreten. Sehr gut ist auch der SAUVIGNON BLANC aus dem Lake County. Die neue Reihe namens Artezin ist auf Rebsorten von Einzellagen spezialisiert, u. a. erstaunlichen MOURVÈDRE. Sehr sehenswerte Kunstgalerie.

Honig Napa V. ★★★ **07 08 09** 10 11 12 13 – Beständige Qualität, v. a. beim CABERNET SAUVIGNON Ruth, der sich reichhaltig und vollaromatisch zeigt und gut altern sollte. Auch köstlicher SAUVIGNON BLANC.

Inglenook Oakville ★★★★ Als Francis Ford Coppola sagte, er wolle Inglenook wieder zu früherem Glanz führen, ging es ihm nicht nur um einen neuen Anstrich. Der Rubicon, jetzt unter dem Inglenook-Etikett, markiert eine Rückkehr zum klassischen Napa CABERNET SAUVIGNON – ausgewogen, elegant und der großen Tradition treu. Besonders empfehlenswert ist die Cask-Reihe.

Iron Horse Vineyards Son ★★★ Der jahrgangslose Premiumschaumwein Joy ist eine Schau. Er wird in Magnumflaschen abgefüllt, 10–15 Jahre auf der Hefe gelagert und verbindet Eleganz mit Kraft. Auch der Wedding Cuvée räumt Preise ab. Außerdem sehr guter CHARDONNAY und PINOT NOIR; besonders empfehlenswert sind der Corral Vineyard Chardonnay und der erfrischende Chardonnay ohne Eichennote.

Ironstone Sierra Foothills ★★→★★★ Die Kellerei in den Sierra Foothills zeigt mehr als nur ein hübsches Gesicht. Der Old-Vine ZINFANDEL gehört zu den besten des Staats; der CABERNET FRANC ist sehr gut, ebenso wie der bezaubernde Obsession, ein halbtrockener Verschnitt auf der Basis der Hybridsorte Symphony; macht Spaß und ist ausgefallen.

Jordan Alexander V. ★★★★ Cabernet Sauvignon **98 99 00 01 02** 05 07 09 10 11 12 13 – Das Vorzeigegut im Alexander V. erzeugt beständig ausgewogene und elegante Weine. Der CABERNET SAUVIGNON ist eine Hommage an Bordeaux und ebenso langlebig. Der köstliche, mineralische CHARDONNAY wird nach Burgunderart bereitet.

Vereinigte Staaten

Jorian Hill Santa Ynez ★★★ Großartige, von der Rhône inspirierte Weine aus ökologisch bewirtschafteten Weinbergen. Brillanter VIOGNIER, hervorragender roter Rhône-Verschnitt BEEspoke, sehr guter SYRAH und ein erfrischender Rosé.

Joseph Phelps Napa V. ★★★★ Insignia **99 00 01 03 05** 06 07 08 09 10 11 12 13 – Phelps' langlebiger CABERNET SAUVIGNON, ein »Premier Cru« aus Napa, zählt immer zu den Besten, v. a. Insignia und Backus. Sehr gut ist auch der CHARDONNAY Ovation.

Joseph Swan Son ★★★ Alteingesessener Erzeuger im Russian River V. mit intensivem ZINFANDEL von alten Reben und PINOT NOIR aus Einzellagen. Auch die (oft übersehenen) Weine von Rhône-Sorten sind sehr gut, v. a. der ROUSSANNE/MARSANNE-Verschnitt aus der Lage Saralee's Vineyard. Neu im Angebot ist ein guter Rosé.

J. Vineyards Son ★★★ Hervorragender Schaumweinerzeuger; besonders empfehlenswert sind der cremige Brut, der würzige Brut Rosé und ein üppiger spät degorgierter Jahrgangswein. Dazu kommen guter PINOT NOIR, CHARDONNAY, erfrischender VIOGNIER und lebhafter Vin gris.

Kathryn Kennedy Santa Cruz Mt. ★★★ **01 03 05 07** 08 09 10 11 12 13 – CABERNET-SAUVIGNON-Spezialist in den kühlen Santa Cruz Mountains. Die verlässlichen, alterungswürdigen, zurückhaltenden Weine wurden mit Bordeaux vom Linken Ufer verglichen. Junge Weine sollten dekantiert oder ein Jahrzehnt in den Keller gelegt werden.

> **Lake County im Fokus**
> Mit hoch gelegenen Weinbergen und einem komplexen System vulkanischer Böden macht das Lake County an der kalifornischen North Coast von sich reden. Er ist schon seit einiger Zeit als erstklassiges Anbaugebiet für ZINFANDEL und SAUVIGNON BLANC bekannt, doch in den letzten Jahren hat er sich auch als Top-Lieferant für Rhône-Sorten und spanische Reben wie ALBARIÑO und TEMPRANILLO etabliert.

Kendall-Jackson ★★ Legendärer, marktorientierter CHARDONNAY und CABERNET SAUVIGNON. Noch beachtenswerter durch die Entwicklung einer Vielzahl von Kellereien unter dem Dach von Jackson Family Wines mit einem internationalen Repertoire aus Australien, Chile, Frankreich und Italien sowie den in Kalifornien selbst und in Oregon erzeugten Marken.

Kent Rasmussen Winery Carneros ★★★ Seit mehr als einem Vierteljahrhundert werden hier hervorragende Carneros-Weine erzeugt. Besonders empfehlenswert sind der mineralische CHARDONNAY und der PINOT NOIR mit einer den Mund ausfüllenden Üppigkeit. Das Alternativlabel für limitierte Abfüllungen von Weinen guter Qualität zu Schnäppchenpreisen heißt Ramsay.

Kenwood Vineyards Son ★★→★★★ Jack London Cabernet Sauvignon **03 05** 07 08 09 10 11 12 13 – Beständig gute Qualität zu fairen Preisen. Die Krönung ist der CABERNET SAUVIGNON Jack London; auch der Cabernet Sauvignon Artist Series ist sehr gut. Außerdem verschiedene sehr gute ZINFANDEL-Abfüllungen sowie ein köstlich süffiger SAUVIGNON BLANC. Jetzt im Besitz von Pernod Ricard.

Kistler Vineyards RRV ★★★ Der Spezialist für CHARDONNAY und PINOT NOIR aus Weinbergen mit kühlem Klima im Sonoma County erzeugt Jahr für Jahr mehr als ein Dutzend Weine mit Lagenbezeichnung. Die Nachfrage ist sehr groß.

Konsgaard Napa ★★★★ Umwerfender CHARDONNAY aus der Lage Judge Vineyard, die auch im Herzen Burgunds liegen könnte. Stets einer der besten Erzeuger in Kalifornien.

Korbel Ka ★★ Größter Erzeuger der USA von massentauglichem Schaumwein nach der klassischen Methode; besonderer Nachdruck wird auf Fruchtnoten gelegt. Seit Kurzem gibt es auch eine Bioversion und einen guten Brut Rosé.

Kosta Browne Son ★★★ Intensiver Einzellagen-PINOT-NOIR mit burgundischem Touch von der Sonoma Coast, aus den Santa Lucia Highlands und dem Russian River V. Auch sehr guter CHARDONNAY.

Kunde Estate Son V. ★★★ Hier hat schon das zweite Jahrhundert der Weinbereitung begonnen, fest verankert im historischen Weinberg in Sonoma. Die sicherste Wahl ist hier der Zinfandel Estate Reserve Century Vine, ein außergewöhnlicher Wein von 125 Jahre alten Reben. Außerdem ein sehr guter CABERNET SAUVIGNON.

La Jota Howell Mt. ★★★ 01 03 04 05 07 09 10 11 12 13 – Geschmeidiger, alterungswürdiger CABERNET SAUVIGNON und MERLOT; der CABERNET FRANC von alten Reben ist schön mineralisch und hat einen langen, runden Abgang. Alle Weine kommen aus Lagen am Howell Mt.

Lamborn Family Vineyards Howell Mt. ★★★→★★★★ 03 04 06 07 08 09 10 11 12 13 – Heidi Barrett, Weinmacherin mit Superstar-Status, erzeugt intensiven, langlebigen CABERNET SAUVIGNON und mächtigen, hocharomatischen ZINFANDEL von gutseigenen Reben. Der neue Rosé Mary Hana ist wirklich lecker.

Lang & Reed Napa ★★★ Der CABERNET-FRANC-Spezialist bietet einen North-Coast-Verschnitt auf Eingangsniveau und eine herrliche Abfüllung aus dem Napa V. Einer der besten »New-Wave«-Cabernet-francs.

Lange Twins Lodi ★★ Vom gefälligen SAUVIGNON BLANC nimmt man gern noch ein Glas, vom köstlichen CABERNET SAUVIGNON/ZINFANDEL-Verschnitt Caricature eine ganze Flasche.

Larkmead Napa V. ★★★→★★★★ 10 11 – Das wiederbelebte alte Gut mit Weinbergen aus dem späten 19. Jahrhundert bietet geschmeidigen, ausgewogenen, hervorragenden Cabernet Sauvignon sowie köstlichen, strahlenden SAUVIGNON BLANC. Ein Genuss ist der neu auf den Markt gekommene Tocai FRIULANO.

La Rochelle Santa Lucia Highlands ★★→★★★ Kleine Mengen PINOT NOIR heißt hier das Motto; am besten ist die Einzellagenabfüllung Sleepy Hollow. Auch sehr guter Soborantes Vineyard und schwungvoller Pinot noir Rosé.

Laurel Glen Son V. ★★★★ 01 03 05 06 09 10 11 12 13 – Der geschmeidige, alterungswürdige CABERNET SAUVIGNON von einer Hügellage am Sonoma Mt. ist drei Jahrzehnte immer nahe der Spitze gewesen. Gründer Patrick Campbell hat die Kellerei 2011 verkauft, aber keine Sorge: Alle Anzeichen deuten darauf hin, dass die neuen Besitzer entschlossen sind, das Niveau zu halten.

Lava Cap Sierra Foothills ★★→★★★ Pionier der Sierra Foothills mit solidem Angebot: u. a. exzellenter ZINFANDEL, sehr guter SYRAH, ansprechender GRENACHE und guter CHARDONAY Battonage.

Lohr, J. Ka ★★→★★★ Einer der unterbewerteten Schätze Kaliforniens. Die Weine werden von Jahr zu Jahr besser. Die Gesture-Reihe ist eine Hommage an die Rhône mit hervorragendem SYRAH, VIOGNIER und saftigem GRENACHE Rosé. Exzellenter CABERNET SAUVIGNON und erstklassige MERITAGE-Rotweine. Ausgezeichneter PINOT NOIR aus Arroyo Seco. Preiswerteres bietet die gute Cypress-Reihe.

Vereinigte Staaten

Lone Madrone Paso Robles ★★→★★★ Am besten ist hier der anspruchsvolle und exzellente NEBBIOLO mit einigem Alterungspotenzial. Der CABERNET SAUVIGNON aus der AVA York Mt. ist gut, ebenso der Point West Red, ein Rhône-Verschnitt.

Long Meadow Napa V. ★★★→★★★★★ **09** 10 11 12 13 – Die Besucher strömen in Scharen in die Napa-Kellerei: Der geschmeidige, langlebige CABERNET SAUVIGNON, hat ★★★★-Niveau erreicht. Auch lebhafter SAUVIGNON BLANC im Graves-Stil und süffiger Ranch House Red. Ökologischer Anbau.

Louis M. Martini Napa ★★→★★★ **05 06 07** 09 10 11 12 13 – Dem Napa-Kleinod ist seit dem Erwerb durch GALLO 2002 ein fulminantes Comeback gelungen. Gallo beschloss, sich nicht einzumischen, und ließ Mike Martini freie Hand beim großartigen CABERNET SAUVIGNON und ZINFANDEL von Reblagen, die seit Jahrzehnten in Familienbesitz befanden. Besonders empfehlenswert sind die Cabernet-Sauvignon-Abfüllungen aus der Lage Monte Rosso und dem Alexander V. Der Cabernet Sauvignon aus dem Sonoma County ist ein Alltagsgenuss.

L'Uvaggio Lodi ★★★ Der Spezialist für italienische Rebsorten bietet ausgezeichneten BARBERA; auch VERMENTINO und ein herrlicher Rosé. Der MOSCATO Secco ist ein sehr guter Aperitif. Der neue PRIMITIVO ist Spitze. Hier können Sie nichts falsch machen.

Newcomer

Viele außergewöhnliche neue kalifornische Weine harren Ihrer Korkenzieher. Zu den besten Newcomern gehören Brecon aus Paso Robles, v.a. CABERNET FRANC und ALBARIÑO, sowie der PINOT NOIR von St Rose aus dem Russian River V. Sojurn bietet einen sehr guten Pinot noir von der Sonoma Coast, von der Moore Family sind der ZINFANDEL und der CABERNET SAUVIGNON Black Dog aus dem Lake County probierenswert, und das zu Jackson Family Wines gehörige Cenyth in Sonoma debütiert mit einem eleganten Bordeaux-Verschnitt.

McIntire Vineyards Santa Lucia Highlands ★★→★★★ Die Familie McIntire, die sich lange Zeit auf den Traubenanbau beschränkte, erzeugt nun ihre eigenen Weine – und das mit Erfolg. Der PINOT NOIR zeigt üppige Kirschfrucht, gestützt von schöner Säure. Der strahlende CHARDONNAY punktet mit tiefgründiger Mineralität. Der jahrgangslose Schaumwein L'Homme Qui Ris ist sehr gut.

MacPhail Son Coast ★★★ Mardikian, der gutseigene PINOT NOIR, ist ausgezeichnet. Intensiver, straff gewirkter Pinot noir, guter CHARDONNAY und ein erfrischender rosé Pinot noir von der Sonoma Coast.

MacRostie Son Coast ★★★ Hervorragender PINOT NOIR und CHARDONNAY von der Sonoma Coast und aus dem Russian River V. Köstlicher Pinot-noir-Rosé.

Malk Family Vineyards Stags Leap ★★★ **06 07** 08 09 10 11 12 13 – Eleganter, geschmeidiger CABERNET SAUVIGNON, ein hervorragendes Beispiel für einen typischen Stags-Leap-Wein. Altert gut, besorgen Sie sich also gleich ein paar Kisten.

Marimar Torres Estate RRV ★★★→★★★★★ Mehrere Abfüllungen von CHARDONNAY und PINOT NOIR aus der gutseigenen Lage Don Miguel im Green V. Der Chardonnay ist komplex und kann bis zu 10 Jahre alt werden. Der nicht in Eiche ausgebaute Chardonnay Acero zeigt sehr schön die Fruchtigkeit, die in der Chardonnay-Traube steckt. Der Pinot noir aus der Lage Doña Margarita in Pazifiknähe ist intensiver und reichhaltig. Auch guter

SYRAH/TEMPRANILLO-Verschnitt und würzige ALBARIÑO/Chardonnay-Cuvée. Alle Weinberge jetzt ökologisch bewirtschaftet.

Markham Napa V. ★★★ Hervorragender CABERNET SAUVIGNON und MERLOT, beide zurückhaltend und ausgewogen, können weggelegt werden. Auch sehr guter PINOT NOIR.

Mayacamas Vineyards Mt. Veeder ★★★ Seit über 40 Jahren haben Bob Travers und seine Frau Elinor von ihrem Weinberg am Mt. Veeder hervorragenden Cabernet Sauvignon erzeugt, der Jahrzehnte alt werden kann. 2013 hat Charles Banks, früher Partner beim Kultwein Screaming Eagle, Mayacamas gekauft; die Fans sind gespannt, wie es weitergeht.

Meritage Der Ausdruck bezeichnet einen Verschnitt von roten oder weißen Bordeaux-Sorten. Geprägt wurde er in Kalifornien, hat sich aber inzwischen weiter ausgebreitet. Meritage ist ein geschütztes Markenzeichen und darf nur von Mitgliedern der Meritage Alliance verwendet werden. Sollte sich auf *heritage* (»Erbe«, »Überlieferung«) reimen, tut es aber oft nicht.

Merriam Vineyards Son ★★→★★★ Der neue Erzeuger im Russian River V. bringt einen sehr guten CABERNET FRANC von gutseigenen Reben heraus, der alle Töne trifft. Sehr gut und straff gebaut ist auch der CABERNET SAUVIGNON aus der AVA Rockpile; außerdem guter SAUVIGNON BLANC.

Merry Edwards RRV ★★★★ Eine Ehrenbezeugung an Burgund mit kalifornischem Einschlag: Der abgerundete Einzellagen-PINOT-NOIR zeigt vielschichtige Aromen und einen Hauch dunkler Gewürze. Außerdem gibt's einen hübschen SAUVIGNON BLANC. Merry Edwards, die 2013 in die Vintners Hall of Fame aufgenommen wurde, ist ein Nationalheiligtum.

Merryvale Napa V. ★★★ CABERNET SAUVIGNON und MERLOT der Marke Merryvale-Beckstoffer sind hervorragend. Die Profile-Reihe bietet einen üppigen und dabei ausgewogenen CABERNET SAUVIGNON, dem der Silhouette, ein voller CHARDONNAY, zur Seite steht. Außerdem guter MERLOT und sehr guter PINOT NOIR. Fruchtbetonte Weine unter dem Etikett Starmont.

Mettler Family Wines Lodi ★★★ Die Familie Mettler erzeugt seit fünf Generationen Wein. Es gibt nur ZINFANDEL, CABERNET SAUVIGNON und PETITE SIRAH, die aber richtig: geschmeidige, ausgewogene Weine, eine wahre Freude.

Miraflores Sierra Foothills ★★★ Sehr guter SYRAH und ZINFANDEL aus dem El Dorado County mit zauberhafter strahlender Frucht. Der VIOGNIER ist einer der besten in Kalifornien, auch der PINOT GRIGIO ist sehr gut und wunderbar sortentypisch, erstklassig ist der BARBERA-Rosé.

Miura Ka ★★→★★★ Master-Sommelier Emmanuel Kemiji erzeugt eine Reihe von Einzellagenweinen; besonders empfehlenswert ist der PINOT NOIR Williams Ranch aus dem Anderson V. Ebenfalls sehr gut ist die Cuvée Kemiji, ein Verschnitt auf CABERNET-SAUVIGNON-Basis.

Morgan Santa Lucia Highlands ★★★ Erstklassiger PINOT NOIR und CHARDONNAY aus dem ökologisch bewirtschafteten gutseigenen Weinberg Double L, v. a. der nicht in Eiche ausgebaute Chardonnay Metallico. Der neue Riesling ist ein Genuss, der Côtes du Crow's ist ein bezaubernder Verschnitt nach Rhône-Art.

Mount Brave Mt. Veeder ★★★ 07 08 09 10 11 12 13 – Der MALBEC ist ein Superstar, der CABERNET SAUVIGNON mit weichen Tanninen, aber guter Balance im runden Abgang, ist großartig. Auch guter MERLOT.

Mumm Napa Valley Napa V. ★★★ Stilvolle Schaumweine, v. a. köstlicher Blanc de Noirs und voller, komplexer DVX von einer Einzellage, dem ein paar Jahre in der Flasche gut bekommen; zudem ein sehr guter Brut Rosé.

Nalle Son ★★★ Doug Nalle erzeugt ausgewogene, köstliche ZINFANDEL-Weine, die bereits jung Freude bereiten, aber reifen können. Der PINOT NOIR ist ebenfalls exzellent, der CHARDONNAY im unteren Segment sehr gut.

Navarro Vineyards Anderson V. ★★★ Sehr guter RIESLING und GEWÜRZTRAMI-NER vom Kühlklimapionier. Die Starrolle kommt PINOT NOIR zu, der in zwei Stilen bereitet wird: als Hommage an Burgund von gutseigenen Trauben aus dem Anderson V. und als flotte, fruchtig-saftige Abfüllung von zuge-kauftem Rebgut.

Newton Vineyards Spring Mt. ★★→★★★★ **03 05** 06 07 09 10 11 12 13 – Der Spitzenwein The Puzzle ist ein geschmeidiger, subtiler Bordeaux-Verschnitt mit stets ★★★★. Schönes Alterungspotenzial. Die Reihe Red Label bietet vergnüglichen, fruchtbetonten Genuss, v. a. mit dem roten Bordeaux-Verschnitt.

Niebaum-Coppola Estate Siehe INGLENOOK.

Wasserstopp

Nach drei Dürrejahren in Kalifornien drehen immer mehr Winzer die Hähne zu und kehren zu den Anbaumethoden zurück, die bis zur Ein-führung der Tropfbewässerung in den 1970er-Jahren üblich waren. Fürsprecher des bewässerungslosen Weinbaus behaupten, dass sie nicht nur Wasser sparen, sondern auch Weine mit mehr Tiefe und Komplexität produzieren, als bewässerte Reben je hervorbringen könnten – ganz nach dem Vorbild der klassischen kalifornischen Cabernet-Weine der 1950er- und 1960er-Jahre.

Oakville Ranch Oakville ★★★ Das Gut am Silverado Trail, ein bisweilen übersehenes Kleinod, erzeugt beständig guten CABERNET SAUVIGNON, cremigen CHARDONNAY und großartigen CABERNET FRANC.

Ojai Santa Barbara ★★★ Adam Tolmach, ehemals Teilhaber von AU BON CLIMAT, bietet ein umfangreiches Sortiment sehr guter Weine von PINOT NOIR, CHARDONNAY und Rhône-Rebsorten. Der Rosé auf SYRAH-Basis ist köstlich.

Opus One Oakville ★★★ **05 07 09** 10 11 12 13 – Das Mondavi-Rothschild-Unternehmen hat gloriose und manchmal auch nicht ganz so gelungene Weine hervorgebracht. Gegenwärtig hervorragend in Form, was insbeson-dere für den 2009er gilt, den man schon jetzt trinken kann, aber besser noch ein paar Jährchen in Ruhe lassen sollte.

Ovid Oakville ★★★ Elegantes neues Gut in den Hügeln auf dem Pritchard Hill, St Helena. Strahlende, geschmeidige Bordeaux-Verschnitte sind die Stars, aber auch der SYRAH ist hervorragend. Bioanbau.

Pahlmeyer Napa V. ★★★ Der Pièce de Résistance ist ein prachtvoller, geschmeidiger Bordeaux-Verschnitt. Die MERLOT-Weine sind meist noch einen Tick besser und haben Alterungspotenzial. CHARDONNAY und PINOT NOIR von der Sonoma Coast sind sehr gut.

Patz & Hall North Coast ★★★ Exzellente Reihe mit Einzellagen-PINOT-NOIR- und -CHARDONNAY. Spitze sind die Abfüllungen von der Sonoma Coast. Der Pisoni Vineyard Pinot noir aus den Santa Lucia Highlands ist sehr gut, genauso wie der Pinot noir und der Chardonnay vom Hudson Vineyard in Carneros.

Paul Hobbs North Coast ★★★ Etwas verwirrende Reihe diverser Einzellagen-weine (CHARDONNAY, PINOT NOIR und CABERNET SAUVIGNON) sowie ein einziger, einsamer SYRAH. Allen gemeinsam sind Tiefe und Intensität, die manchmal fast ans Marmeladenartige grenzt. Sämtliche Weine sind pro-bierenswert.

Pedroncelli Son ★★ Veteran im Dry Creek V. mit strahlendem, sehr süffigem ZINFANDEL, CABERNET SAUVIGNON und einem kompakten CHARDONNAY.

Peju Napa V. ★★★ Hat was von einer Vorzeigekellerei, die wahre Qualität steckt aber in den Flaschen, v. a. beim ausgewogenen, geschmeidigen CABERNET SAUVIGNON.

Periano Lodi ★★→★★★ Hervorragender ZINFANDEL, sehr guter VIOGNIER und CHARDONNAY, guter TEMPRANILLO, ausgezeichneter MALBEC, sämtlich preiswert.

Peter Michael Winery Mont, Son ★★★ Die Triebfeder ist das Einzellagenkonzept mit einem Dutzend exzellenter CHARDONNAY-Abfüllungen. Der PINOT NOIR Ma Danseuse und der rote Bordeaux-Verschnitt Les Pavots sind herausragend. Hinter all dem steckt ein englisches Vermögen.

Philip Togni Vineyards Spring Mt. ★★★★ **97 99 00** 03 05 07 09 10 11 12 13 – Der Pionier am Spring Mt. bereitet gutseigenen CABERNET SAUVIGNON, der jahrzehntelang reifen kann. Erschwinglicher, weicher im Stil und früher trinkreif ist der Cabernet Sauvignon Tanbark Hill.

Pine Ridge Napa V. ★★★ **01 03 04** 05 06 07 09 10 11 12 13 – Hervorragender CABERNET SAUVIGNON aus verschiedenen Lagen im Napa V. Die Abfüllung aus Stags Leap ist seidig, bezaubernd. Der nur in den besten Jahren erzeugte Epitome kann großartig sein. Guter CHARDONNAY, lebhafter Rosé.

Quady Winery Central V. ★★→★★★ Eine Seltenheit in Kalifornien: Dessertweine aus der AVA Madera, u. a. der viel gepriesene Essensia mit Orangennote und der Elysium mit Rosenblütenaroma. Der »Portwein« heißt Starboard.

Quintessa Rutherford ★★★ Der geschmeidige rote Verschnitt des biodynamisch bewirtschafteten Weinguts von Agustin Huneeus in Rutherford zeigt ausgewogene Frucht à la Bordeaux und reift schön.

Qupé Santa Barbara ★★★ Ein brilliantes Angebot an Weinen von Rhône-Sorten, v. a. MARSANNE. Auch sehr guter CHARDONNAY vom Weinberg Bien Nacido. Die Verdad-Reihe feiert spanische Rebsorten mit verschiedenen Einzellagen-TEMPRANILLOS und -ALBARIÑOS. Alle ausgezeichnet.

Rafanelli, A. Dry Creek V. ★★★ Die Familie Rafanelli erzeugt seit vier Generationen ZINFANDEL, und das machen sie richtig: Die klassischen, intensiven Weine mit strahlender Brombeerfrucht sind langlebig, aber wen kümmert's, wo sie doch in jungen Jahren schon so köstlich sind? Außerdem guter CABERNET SAUVIGNON.

Ravenswood Siehe CONSTELLATION.

Raymond Vineyards and Cellar Napa V. ★★★ **01 03 05** 07 09 10 11 12 13 – Verhaltener CABERNET SAUVIGNON mit Alterungspotenzial. Guter CHARDONNAY, lebhafter PINOT NOIR Rosé.

Ridge North Coast, Santa Cruz Mt. ★★★★ CABERNET SAUVIGNON **99 00 01 03 05** 07 08 09 10 11 12 13 – Gutsgründer Paul Draper ist eine der Schlüsselfiguren des modernen kalifornischen Weinbaus. Der geschmeidige, harmonische Gutswein Montebello Cabernet Sauvignon ist grandios. Ausgezeichneter Einzellagen-ZINFANDEL aus Sonoma, dem Napa V., den Sierra Foothills und Paso Robles. Auch den hervorragenden Chardonnay sollte man nicht links liegen lassen.

Robert Keenan Wines Napa V. ★★★ Oft übersehener Erzeuger von geschmeidigem CABERNET SAUVIGNON, MERLOT und CHARDONNAY von gutseigenen Reben am Spring Mt., aber auch vom Talboden. Der Reserve Cabernet Sauvignon ist durchweg ★★★★-Qualität.

Robert Mondavi ★★→★★★ **11** 12 13 Kehrt mit klassischem Napa-CABERNET-SAUVIGNON, v. a. dem To Kalon, zur alten Form zurück. Sehr guter SAUVIGNON BLANC.

Rochioli Vineyards & Winery Son ★★★ Exzellenter PINOT-NOIR-Gutswein, neuer Pinot noir Rosé, brillanter CHARDONNAY, sehr guter SAUVIGNON BLANC.

Roederer Estate Anderson V. ★★★★ Einer der besten Schaumweine Kaliforniens und außerdem der zweifellos beste Rosé. Im Besitz der Champagnerfirma Roederer. Zurückhaltung und geschmeidige Eleganz kennzeichnen den Stil des Hauses, v. a. bei der Luxuscuvée L'Ermitage.

Roger Craig Wines Napa V. ★★★ 01 03 05 07 09 10 11 12 13 – Der CABER-NET-SAUVIGNON-Spezialist konzentriert sich auf kraftvolle, komplexe Weine vom Mt. Veeder, Howell Mt. und Spring Mt. Der ZINFANDEL vom Howell Mt. ist sehr gut. Guter CHARDONNAY aus Sonoma.

Rosa d'Oro Lake ★★→★★★ Die alteingesessenen Winzer im Lake County geben ein gelungenes Debüt mit italienischen Rebsorten aus hohen Lagen. Der kraftvolle AGLIANICO ist exzellent; ansprechender BARBERA.

Saddleback Cellars Napa V. ★★★→★★★★ 01 05 06 07 08 10 11 12 13 – Kellermeister und Besitzer Nils Venge, eine Legende im Napa V., erzeugt üppigen ZINFANDEL und langlebigen CABERNET SAUVIGNON sowie guten SAU-VIGNON BLANC.

St. Clement Napa V. ★★★ 99 00 01 03 05 06 07 09 10 11 12 13 – Die CABER-NET-SAUVIGNON-Abfüllungen von Einzellagen zeigen gebändigte Kraft und tiefgründige Aromen, genau wie der Oroppas, im Verschnitt aus verschiedenen Reblagen. Zwei ausgezeichnete CHARDONNAYS aus Carneros und Abbott's Vineyard sowie sehr guter MERLOT und SAUVIGNON BLANC.

St. Francis Son ★★→★★★ Fruchtbetonte Weine, meist aus dem Sonoma County, v. a. sehr guter CHARDONNAY, VIOGNIER, CABERNET SAUVIGNON und hervorragender ZINFANDEL von alten Reben.

Saintsbury Carneros ★★★ Sehr guter PINOT NOIR und CHARDONNAY aus Carneros mit Terroircharakter. Die Weine sind bei aller Intensität ausgewogen.

St. Supéry Napa ★★→★★★ Der SAUVIGNON BLANC ist einer der besten Kaliforniens. Daneben kraftvoller, seidiger MERLOT sowie hervorragender CABERNET SAUVIGNON und CHARDONNAY vom Dollarhide Estate Vineyard.

Santa Cruz Mountain Vineyard Santa Cruz Mt. ★★★ Herrlicher alterungswürdiger Einzellagen-PINOT-NOIR von Trauben aus Berglagen; sehr guter CABERNET SAUVIGNON und GRENACHE. Die ungewöhnliche Durif-Abfüllung ist probierenswert.

Sbragia Family Wines North Coast ★★★ Ed Sbragia, ehemals Kellermeister bei BERINGER und nun selbstständig, findet gute Weinberge in Napa und Sonoma für hervorragenden CHARDONNAY, ZINFANDEL und CABERNET SAU-VIGNON, v. a. die Abfüllung vom Monte Rosso Vineyard.

Scharffenberger Mend – Sehr guter und erschwinglicher Brut Rosé oJ. Der neue Eigentümer hat der Qualität wieder Aufwind gegeben. Mal sehen, was daraus wird.

Schramsberg Napa V. ★★★★ J. Schram, die cremige Luxuscuvée, hat man schon als den Krug-Champagner Kaliforniens bezeichnet. Der Blanc de Noirs ist ausgezeichnet, ebenso der Brut, und die Reserve ist gehaltvoll und intensiv. Das Zweitetikett Mirabelle ist sehr ansprechend. Außerdem sehr guter roter Stillwein J. Davies (CABERNET SAUVIGNON) von gutseigenen Reblagen in den Bergen. Zeitlos hohe Qualität.

Screaming Eagle Napa V. – Kleine Mengen eines Kult-CABERNET-SAUVIGNON zu astronomischen Preisen für Leute, die so etwas mögen und sich leisten können.

Seghesio Son ★★★ Etliche Lagen-Abfüllungen von grandiosem ZINFANDEL. Sehr guter BARBERA, Sangiovese und schöner ARNEIS – eine Seltenheit in Kalifornien.

Selene Napa V. ★★★ Mia Klein erzeugt kleine Mengen großartiger sortenreiner Weine von Bordeaux-Trauben. Ausgezeichneter CABERNET SAUVIGNON, feiner SAUVIGNON BLANC. Es gibt sogar einen Rosé, hurra!

Sequoia Grove Napa V. ★★★ Durchweg ausgezeichnete CABERNET-SAU-VIGNON-Abfüllungen von Einzellagen: intensiv und konzentriert, dabei jedoch ausgewogen und langlebig. Auch der CHARDONNAY ist sehr gut.

Ser Mont ★★★ Nicole Walsh, langjährige Partnerin von Randall Grahm, hat diese Kellerei auf Standing-Ovations-Niveau gebracht. Der CHARDONNAY ist großartig, mit intensivem mineralischem Charakter; der PINOT NOIR bietet strahlende Frucht und ist gut gebaut.

Shafer Vineyards Napa V. ★★★→★★★★ Cabernet Sauvignon **01 02 03** 05 07 09 10 11 12 13 – Intensiver, kraftvoller CABERNET SAUVIGNON aus Stags Leap, v. a. Hillside Select, sehr guter MERLOT und feiner CHARDONNAY von Trauben aus Carneros.

Sierra Vista Sierra Foothills ★★★ Da ist mehr als nur ein Hauch von Rhône in den Sierra Foothills, u. a. hervorragender MOURVÈDRE und GRENACHE. Interessant auch der Old-Vine Own-Root CHARDONNAY ohne Eichennote.

Silverado Vineyards Carneros, Stags Leap ★★★ Kellerei der Familie Disney. Der exzellente CABERNET SAUVIGNON Solo zeigt stolz das Terroir der AVA Stags Leap; außerdem feiner CHARDONNAY und SAUVIGNON BLANC. Der SANGIOVESE Rosé ist bezaubernd.

Silver Oak Alexander V., Napa V. ★★★ **09 00 01 02** 03 05 07 09 10 11 12 13 – Die beiden Kellereien, die eine im Napa und die andere im Alexander V., erzeugen ausschließlich CABERNET SAUVIGNON. Die Napa-Weine sind Klassiker dieser Sorte, die Gewächse aus dem Alexander V. sind geschmeidig und können jünger getrunken werden.

Sinskey Vineyards Carneros ★★★ Hervorragender MERLOT sowie Einzellagen-CABERNET-SAUVIGNON, -CHARDONNAY und -PINOT-NOIR. Interessant ist der Abraxas, ein roter und weißer Vin-de-Terroir-Verschnitt von Trauben aus Carneros.

Smith-Madrone Spring Mt. ★★★ Ein Purist, der ausgezeichneten RIESLING von strahlend blumig-mineralischer Art erzeugt. Außerdem sehr guter, kraftvoller CABERNET SAUVIGNON aus einem hoch gelegenen Weinberg und guter CHARDONNAY. Keine künstliche Bewässerung.

Sonoma-Cutrer Vineyards Son ★★★ Exzellenter CHARDONNAY und PINOT NOIR aus Lagen mit kühlem Klima im Russian River V. und an der Sonoma Coast. Der Chardonnay Founders Reserve hat Alterungspotenzial.

Spottswoode St Helena ★★★★ **97 00** 01 03 05 06 07 09 10 11 12 13 – Ein Kandidat für Ihre Bestenliste der kalifornischen »Premiers crus«. Der ausgezeichnete Cabernet Sauvignon ist unwiderstehlich und zudem langlebig. Weiterer Pluspunkt: der strahlende SAUVIGNON BLANC.

Spring Mountain Vineyard Spring Mt. ★★★→★★★★ 01 03 **04 05** 07 08 09 10 11 12 13 – Der konzentrierte CABERNET-SAUVIGNON-Verschnitt Signature Elivette mit vielschichtiger Aromatik besitzt Alterungspotenzial. Sehr gut sind auch der Cabernet-Sauvignon-Gutswein, der SAUVIGNON BLANC und der SYRAH.

Staglin Family Vineyard Rutherford ★★★★ **03** 05 07 09 10 11 12 13 – Ein philanthropisches Unternehmen. Der elegante CABERNET SAUVIGNON lässt sich gut einlagern. Der CHARDONNAY-Gutswein ist komplex und mineralisch; außerdem guter SANGIOVESE.

Stag's Leap Wine Cellars Stags Leap ★★★★ **00** 01 03 05 07 09 10 11 12 13 – Hochgelobt für seidige, verführerische Weine von CABERNET SAUVIGNON (SLV, Fay sowie Spitzengewächs Cask 23) und MERLOT. Darüber wird der gute CHARDONNAY häufig übersehen. Auch nachdem der Gründer Warren Winiarski an Chateau Ste. Michelle (Washington) und Marchese Antinori (Italien) verkauft hat, ist die Qualität mustergültig geblieben.

Sterling Napa V. ★★→★★★ Die sehenswerte Kellerei aus den 1970ern war ein Wegbereiter für ernst zu nehmendem MERLOT; außerdem guter CHARDONNAY und CABERNET SAUVIGNON.

Stony Hill Spring Mt. ★★★★ Chardonnay **97 99 00 01 03** 05 06 07 09 10 11 12 13 – Legendärer und wegweisender Erzeuger von unglaublich langlebigem CHARDONNAY in anmutigem, geschmeidigem Stil. Neuerdings gibt es auch einen zurückhaltend-ausgewogenen CABERNET SAUVIGNON. Guter RIESLING und GEWÜRZTRAMINER.

Sutter Home Siehe TRINCHERO FAMILY ESTATES.

Tablas Creek Paso Robles ★★★ Heiliger Boden für Rhône-Freunde: Die Weinberge sind großteils mit Stecklingen aus Châteauneuf-du-Pape bepflanzt, da es sich hier um ein Joint Venture der Besitzer von Beaucastel (Frankreich) und des Importeurs Robert Haas handelt. Der Côtes de Tablas ist – rot wie weiß – verblüffend gut, ebenso der Tablas Creek Esprit.

Talbott, R. Mont, Santa Lucia Highlands ★★★ Geschmeidig-charmanter CHARDONNAY und PINOT NOIR aus Einzellagen in Monterey. Besonders empfehlenswert sind der Chardonnay Sleepy Hollow aus den Santa Lucia Highlands und der gutseigene Pinot noir Kali Hart.

Terra Valentine Spring Mt. ★★→★★★ Eleganter Guts-CABERNET-SAUVIGNON mit runden Aromen, sehr guter RIESLING und Viognier sowie ausgezeichneter CABERNET FRANC.

Thomas Fogarty Santa Cruz Mt. ★★★ Die Einzellagenabfüllungen von CHARDONNAY und PINOT NOIR sind Spitzenweine, besonders gut ist der Guts-Chardonnay, er hat Alterungspotenzial.

Trefethen Family Vineyards Oakville ★★★ **03 04** 05 07 08 10 11 12 13 – Historischer Familienbetrieb in Napa. Herrlicher lagerfähiger halbtrockener RIESLING. Der CABERNET SAUVIGNON Reserve hält sich. Der CHARDONNAY kann hervorragend ausfallen, v. a. der Harmony Reserve.

Trinchero Family Estates Ka ★→★★★ Der alteingesessene Napa-Valley-Erzeuger (man erinnere sich des White ZINFANDEL von Sutter Home) hat nun eine verwirrende Anzahl von Marken im Angebot, doch allen anderen überlegen ist der erschwingliche, sehr gefällige CABERNET SAUVIGNON der Marke Napa Wine Company.

Truchard Carneros ★★★ Großartige TEMPRANILLO- und ROUSSANNE-Abfüllungen. Außerdem herber, zitronenfruchtiger CHARDONNAY und aromatischer MERLOT. CABERNET SAUVIGNON und SYRAH sind ebenfalls sehr gut. Alle Trauben stammen aus Carneros.

Tudal St Helena ★★★ **01 03 05** 07 09 10 11 12 13 – Wunderbar ausgewogener und eleganter CABERNET SAUVIGNON. Am besten und äußerst lagernswert ist die Reihe Cerruti Cellars Founders.

Turnbull Napa V. ★★★ **05 06** 07 09 10 11 12 13 – Der CABERNET SAUVIGNON ist ein Napa-Klassiker: kraftvoll und doch geschmeidig und ausgewogen. Die Abfüllung vom Pierra Vineyard sollte man für mindestens zehn Jahre einlagern. Dazu hervorragender Fortuna MERLOT und sehr guter VIOGNIER.

Viader Estate Howell Mt. ★★★★ **00 01 03** 05 06 07 08 09 10 11 12 13 – Das Gut am Howell Mt. erzeugt langlebige, kraftvolle Verschnitte auf CABERNET-SAUVIGNON-Basis. Der V. ist ein wunderbarer Bordeaux-Verschnitt auf PETIT-VERDOT-Basis. Sehr guter CABERNET FRANC. Empfehlenswert sind auch die in kleinen Mengen erzeugten Abfüllungen der Reihe Dare, u. a. SYRAH und TEMPRANILLO.

Vina Robles San Luis Obispo ★★→★★★ Guter CABERNET SAUVIGNON und SAUVIGNON BLANC; die supergünstigen Alltagsweine Vina Robles Red und White punkten mit strahlender Frucht und angenehmer Säure.

Volker Eisele Family Estate Napa V. ★★★→★★★★ **99 00 01 03** 05 07 09 10 11 12 13 – Geschmeidige, üppige Verschnitte auf Basis von CABERNET

SAUVIGNON; besonders empfehlenswert ist der Terzetto. Neu im Sortiment ist der sortenreine Cabernet Sauvignon Alexander; Gemini heißt der hübsche, lebhafte SAUVIGNON BLANC/SÉMILLON-Verschnitt. Sämtliche Weine stammen aus ökologischem Anbau.

Wente Vineyards Ka ★★→★★★ Nach ein paar faden Jahrzehnten ist die historische Kellerei wieder in Form und bietet guten CHARDONNAY sowie herausragenden SAUVIGNON BLANC von auf Kiesböden wachsenden Trauben.

Whitehall Lane Rutherford ★★★ **05 07** 09 10 11 12 13 – Kraftvoller und doch eleganter CABERNET SAUVIGNON. Daneben sehr guter SAUVIGNON BLANC.

Wine Group, The Central V. ★ Der nach Produktionsvolumen drittgrößte Weinerzeuger der Welt bietet diverse Alltagstropfen wie z. B. Glen Ellen sowie den Schlauchwein Franzia.

Y Rousseau North Coast ★★★ Ein jetzt in Napa ansässiger Gascogner bietet einen wunderbaren COLOMBARD von alten Reben aus dem Russian River V. Die (in Kalifornien) rare TANNAT-Abfüllung ist großartig. Auch guter CABERNET SAUVIGNON vom Mt. Veeder.

Zaca Mesa Santa Barbara ★★★ Ausrichtung auf Rhône-Sorten mit guten Ergebnissen. Der SYRAH Reserve Mesa ist herausragend; ebenfalls empfehlenswert ist der Z Three, ein köstlicher roter Rhône-Verschnitt, und auch den ROUSSANNE sollte man probieren.

Der pazifische Nordwesten

Der pazifischen Nordwesten entwickelt sich immer besser und wandelt sich mehr und mehr vom Hinterhof der Weinwelt zur globalen Prominenz. In Oregon werden kleine Mengen produziert, vor allem hochwertiger Pinot noir; Washington bringt sofort zugänglichen, preiswerten Cabernet und fast alles andere hervor. Beide ziehen die Aufmerksamkeit der Verbraucher auf sich und internationale Investoren an. Der besondere Reiz besteht unter anderem darin, dass die nördlichen Breiten während der Saison mehr Sonne abbekommen, aber niedrigere Nachttemperaturen haben als Kalifornien, was den Weinen einen frischeren Geschmack und eine höhere Tauglichkeit als Begleiter zum Essen beschert.

Es gibt einiges zu entdecken. Neue Klimazonen werden erforscht, neue AVAs ins Leben gerufen und neue Rebsorten angepflanzt. Und last but not least kostet es hier weniger, einen Weinberg anzulegen und eine Kellerei zu errichten, als in weiten Teilen Kaliforniens – zumindest derzeit noch. Durch den massiven Geldzufluss aus Burgund, British Columbia und Kalifornien (ganz zu schweigen von all den betuchten Romantikern, die sich ein Stück Weinbauprestige kaufen) ist die Region ins Rampenlicht gerückt und wird wohl nicht mehr lange ein Geheimtipp bleiben. Nichtsdestotrotz ist hier nach wie vor Qualität die Maxime, egal ob für 10 oder für 100 Dollar.

Bedeutende Weinbaugebiete

Columbia Valley Sehr große AVA im mittleren und östlichen Washington sowie einem Eckchen in Oregon. Hochwertiger CABERNET SAUVIGNON, MERLOT, SYRAH, RIESLING und CHARDONNAY. Die wichtigsten Unterbereiche sind die AVAs Red Mountain, Walla Walla und Yakima Valley.

Columbia Gorge Diverse AVAs, die sich über Oregon und Washington erstrecken und in denen Trauben für kühle und für warme Lagen zur Reife kommen.

Snake River Valley Die einzige AVA in Idaho erstreckt sich bis ins östliche Oregon.

vereinigte staaten

Southern Oregon Der Bereich mit warmem Klima umfasst die AVAs Rogue, Applegate Valley und Umpqua Valley. TEMPRANILLO, Syrah und VIOGNIER sind sehr gut; es wird viel experimentiert.

Willamette Valley In Oregon die Heimat von PINOT NOIR, PINOT GRIS sowie sehr gutem Chardonnay und trockenem Riesling aus kühlem Klima. Bedeutende Unterbereiche sind u.a. Dundee Hills, Chehalem Mountains, Yamhill-Carlton und Eola-Amity Hills.

Walla Walla Valley Sub-AVA des Columbia Valley mit eigener Identität und Reben in Washington und Oregon. Heimat bedeutender Boutiquemarken und Premiumetiketten mit Schwerpunkt auf hochwertigem Cabernet Sauvignon, Merlot und Syrah.

Neuere Jahrgänge

2014 Einer der wärmsten und ertragreichsten der letzten Jahrgänge. Konzentrierte Aromen in Washington und Oregon.

2013 Knackige Weiße und ausgewogene Rote in Washington; der Pinot noir aus Oregon ist besser, als viele Erzeuger erwartet haben.

2012 Bedeutender Jahrgang in Oregon, absolute Spitze in Washington.

2011 Klassischer kühlklimatischer Oregon Pinot noir. In Washington Weine, die sich zum Einkellern eignen.

2010 Sehr kühl, deshalb weniger alkoholstarke Weine mit guter Säure und frischem Sortencharakter.

2009 Konzentrierte Weine in Washington; die Weine aus Oregon sind reif und ansprechend.

2008 In Oregon üppige Weine, wie sie allgemein beliebt sind; in Washington schlankere und komplexere Rote sowie knackige Weiße.

Oregon

Abacela S Oregon ★★★ Der Spezialist für spanische Rebsorten ist stets führend bei TEMPRANILLO und ALBARIÑO und erzeugt außerdem sehr guten SYRAH und VIOGNIER. Paramour heißt die ausgezeichnete Cuvée im Rioja-Stil.

Adelsheim Vineyard Wil ★★★ 09 10' 11 12' (13) – Pionier und führender Erzeuger mit erstklassigem PINOT NOIR, sehr gutem CHARDONNAY Reserve und vergnüglichem AUXERROIS.

Anam Cara Cellars Wil ★★★ 09 10' **11** 12' (13) – Der Familienbetrieb erzeugt PINOT NOIR voller Anmut und Tiefe, v.a. Nicholas Estate. Ebenfalls hervorragend ist der Dry RIESLING; der neue CHARDONNAY ist vielversprechend.

Antica Terra Wil ★★★→★★★★★ **09** 10 11' 12' – Maggie Harrison hat der kalifornischen Kellerei Sine Qua Non den Rücken gekehrt, um im Willamette V. PINOT NOIR zu bereiten, der für seine Anhänger schon Kult ist. Neuerdings auch hochgelobter CHARDONNAY in kleinen Mengen.

Archery Summit Wil ★★★ 09' **10** 11 12' – Eindrucksvoller PINOT NOIR von gutseigenen Lagen in den AVAs Dundee Hills und Ribbon Ridge. Zu den neuen Weißweinen gehört auch ein in Beton vergorener PINOT GRIS.

Argyle Wil ★★→★★★★ **09 10 11** 12' – Vielseitiger Erzeuger von verlässlich exzellentem und nicht überteuertem PINOT NOIR, CHARDONNAY, trockenem und süßem RIESLING sowie sehr gutem Schaumwein in diversen Stilrichtungen. Brian Croser aus Australien ist beteiligt.

Beaux Frères Wil ★★★→★★★★★ 09' **10** 11' 12' – Von dem angesehenen biodynamisch arbeitenden Weingut kommen zunehmend raffinierte und für Sammler interessante PINOT-NOIR-Weine. Der Weinkritiker Robert M. Parker Jr. besitzt Anteile.

Bergström Wines Wil ★★★ 09' 10 11' 12' – Josh Bergströms elegante PINOT-NOIR-Weine vom biodynamischen Gut sind echte Leckereien. Auch der CHARDONNAY wird immer brillanter, v. a. die in geringen Mengen erzeugte Abfüllung Sigrid.

Bethel Heights Wil ★★→★★★ 10 11' 12' (13) – Der in zweiter Generation bestehende Familienbetrieb ist in Oregon Legende. Er erzeugt würzigen, kultivierten PINOT NOIR, sehr guten Chardonnay, PINOT GRIS und PINOT BLANC.

Brandborg Vineyard & Winery S Oregon ★★→★★★ 10 11 12' – Der PINOT-NOIR-Spezialist im Umpqua V. (u. a. überaus komplexer Ferris Wheel Estate) erzeugt außerdem geschmeidigen PINOT GRIS sowie sehr guten GEWÜRZTRAMINER und SYRAH.

Brick House Wil ★★★ 08 09' 10 11 12' – Der führende biodynamische Betrieb erzeugt erdigen, kraftvollen PINOT NOIR (v. a. Cuvée du Tonnelier) sowie stilvollen CHARDONNAY. Der sortenreine GAMAY noir ist eine vergnügliche Entdeckung.

Broadley Vineyards Wil ★★★ 08 09' 10' 11' 12 – Familienbetrieb mit charaktervollem PINOT NOIR von älteren gutseigenen Reben sowie Lesegut aus ausgewählten Lagen. Der einfache Willamette V. Pinot noir ist ein echtes Schnäppchen, Claudia's Choice das Paradepferd am anderen Ende der Preisskala.

Brooks Winery Wil ★★★ 09 10 11' 12' (13) – Führender biodynamisch arbeitender Erzeuger und Riesling-Champion mit pikanten trockenen und ausgewogenen süßen RIESLING-Weinen, die überall Ovationen ernten. Auch großartiger PINOT NOIR, v. a. der Gutwein Rasteban.

Chehalem Wil ★★★ 09 10 11' 12' (13) – Erzeuger von wahren PINOT-NOIR-Kraftpaketen und ähnlich mächtigen RIESLING-, CHARDONNAY- und PINOT-GRIS-Weinen. Den Pinot noir Ridgecrest kann man einlagern, der nicht in Eiche ausgebaute Chardonnay Inox ist ein Schnäppchen.

Cowhorn S Oregon ★★★ 10 11 12' – Der SYRAH des Ökopuristen in der AVA Applegate V. haut einen wirklich vom Hocker; ebenfalls sensationell ist die weiße Cuvée Spiral 36. Eine Kultkellerei im Werden.

Cristom Wil ★★★ 09' 10 11' 12' – Steve Doerner erzeugt PINOT-NOIR-Weine, die stets zu den besten in Oregon gehören: Der Jessie's Vineyard zeigt frische Würzigkeit, der Sommers Reserve Anklänge an Trüffel.

Dobbes Family Estate Wil ★★→★★★ 09 10' 11' 12' – Der bedeutende Weinmacher Joe Dobbes erzeugt hervorragenden PINOT NOIR aus dem Willamette V. (am besten ist die Abfüllung Meyer Vineyard) sowie SYRAH und GRENACHE BLANC von Reben im südlichen Oregon. Das Zweitetikett Wine by Joe bietet preiswerten Pinot noir und PINOT GRIS.

Domaine Drouhin Oregon Wil ★★★→★★★★ 09 10 11' 12' – Der Neue-Welt-Ableger der burgundischen Maison Joseph Drouhin erzeugt beständig hervorragenden PINOT NOIR und mineralischen CHARDONNAY. Der in französischer Eiche gereifte Pinot noir Laurène ist verblüffend. Durch den Ankauf des Guts Roserock in den Eola-Amity Hills kommen weitere 50 ha Pinot noir und Chardonnay dazu.

Domaine Serene Wil ★★★ 09 10 11 12' – Der erstklassige PINOT NOIR ruft bei Weinkritikern regelmäßig Begeisterungsstürme hervor; der in kleiner Auflage erzeugte CHARDONNAY ist ganz besonders lecker.

Elk Cove Vineyards Wil ★★→★★★ 10 11 12' 13 – Der Weinmacher in zweiter Generation bietet Weine mit ausgezeichnetem Preis-Leistungs-Verhältnis. Stets an der Spitze stehen PINOT GRIS und RIESLING, während die sieben PINOT-NOIR-Gutsweine eine schöne Auswahl an Willamette-Valley-Terroirs darstellen.

Erath Vineyards Wil ★★→★★★ 09 10 11 12' Eine der ersten Kellereien in Oregon, jetzt im Besitz von Ste Michelle Wine Estates in Washington (siehe dort). Verlässliche, eher preiswerte Weine der Pinot-Familie, wobei die PINOT-NOIR-Einzellagengewächse fabelhaft, aber selten sind.

Evening Land Wil ★★★→★★★★ 11 12' – Prestigeerzeuger. PINOT NOIR und CHARDONNAY Seven Springs Summum machen sich rar, gehören jedoch zu den besten beiderseits des Atlantiks. Die Reihe La Source ist ebenfalls großartig und ein kleines bisschen erschwinglicher.

Eyrie Vineyards Wil ★★★→★★★★ 09' 10 11' 12 – Prophet David Lett setzte die ersten PINOT-NOIR-Rebstöcke im Willamette Valley – heute führt Sohn Jason sein Werk mit grandiosem Pinot noir im anmutigen klassischen, lagerfähigen Oregon-Stil fort. Außerdem erzeugt er sehr guten CHARDONNAY und PINOT GRIS.

Gran Moraine Yamhill-Carlton ★★★ 12' – Die ersten zwei PINOT-NOIR-Weine des Oregon-Guts des kalifornischen Unternehmens Jackson Family Wines sind großartig, v. a. der geschmeidige, elegante Estate Reserve. Eine der besten neuen Kellereien im Nordwesten.

Hyland Estates Wil ★★★ 09 10 11 12' – Der Veteran Laurent Montalieu macht aus der Frucht uralter PINOT-NOIR-Reben im Willamette V. saftige, geschliffene Weine. Auch hochklassiger RIESLING, CHARDONNAY und GEWÜRZTRAMINER.

Ken Wright Cellars Wil ★★★ 09' 10 11' 12' – Beliebter Erzeuger großartiger PINOT-NOIR-Gewächse aus Einzellagen, die die Bandbreite der Willamette-Valley-Terroirs zum Ausdruck bringen. Der Canary Hill ist charmant und offenherzig, der Freedom Hill dicht und straff, der Guadalupe ausgewogen und ausdrucksstark.

Die Legende vom 45. Breitengrad

Die Kellereien im Nordwesten halten seit Langem ihre geografische Ähnlichkeit mit Burgund und Bordeaux hoch, als wäre das allein schon Legitimation genug. Vor allem in Oregon pocht man darauf, dass der 45. Breitengrad das Willamette Valley direkt mit Burgund verbindet, und schrieb das sogar auf so manches Etikett. Doch das stimmt so nicht. Dundee, Oregon, im Herzen des Pinot-Anbaugebiets im Willamette Valley liegt fast auf demselben Breitengrad wie Margaux – in Bordeaux. Ellensburg, Washington, mitten im Columbia Valley, liegt auf demselben Breitengrad wie Beaune – in Burgund. Wenn ausschließlich die geografische Breite eine Weinbauregion prägen würde (was nicht der Fall ist), dann müsste im Willamette Valley CABERNET SAUVIGNON und im Columbia Valley PINOT NOIR angebaut werden.

King Estate Or ★★→★★★ 10 11 12' – Die Kellerei ist eine der größten in Oregon und bietet u. a. kraftvollen PINOT GRIS (eine Spezialität) und PINOT NOIR. Die Weine sind auf allen Preisstufen ihr Geld wert. Die Marke NxNW wurde für Washingtoner Weine geschaffen.

Lange Estate Winery Wil ★★★ 09' 10' 11 12' – Zwei-Generationen-Familienbetrieb mit köstlichem PINOT NOIR (der Lange Estate ist üppig), fassgereiftem PINOT GRIS Reserve und CHARDONNAY, der sich einen Namen macht.

Matello Wil ★★★ 11' 12' (13) – Handwerklich arbeitende Kellerei mit wachsender Bedeutung, um nicht zu sagen angehendem Starruhm. Die PINOT-NOIR-Weine Lazarus und Souris sind ganz ausgezeichnet, ebenso der kräftige PINOT GRIS und CHARDONNAY.

Phelps Creek Vineyards Or ★★→★★★ 10 11 12' – In puncto Qualität führender Erzeuger der AVA Columbia Gorge mit sehr gutem CHARDONNAY (mit und ohne Eichennote). Der PINOT NOIR zeigt den typisch fruchtigen Charakter von Columbia Gorge. Kellermeisterin Alexandrine Roy ist auch für die Domaine Marc Roy in Burgund zuständig.

Es rockt zwischen Oregon und Washington

Trauben kennen keine Grenzen, Marketingstrategien schon. »The Rocks District of Milton-Freewater« heißt eine neue AVA auf der Oregoner Seite des Walla Walla Valley, die aus Feldern mit großen basalthaltigen Steinen (*rocks*) besteht, was ein ziemliches Alleinstellungsmerkmal ist. Das wäre ja auch gut und schön, kämen ihre Kultweine nicht aus einigen wenigen Boutiquekellereien in – Washington. Damit aber die prestigeträchtige AVA-Bezeichnung »The Rocks« verwendet werden darf, müssen nicht nur 85 % der Trauben aus der AVA stammen, auch der Wein muss den gesamten Herstellungsprozess in dem Bundesstaat durchlaufen, zu dem die AVA gehört – also in Oregon. Das hierin liegende Konfliktpotenzial hat die zuständigen Bundesbehörden veranlasst, über eine Änderung der Etikettierungsregeln für Weine aus mehreren Bundesstaaten nachzudenken – auch das eine gute Entwicklung!

Ponzi Vineyards Wil ★★★→★★★★ 09' 10' 11 12' (13) – Der legendäre PINOT-NOIR-Spezialist, jetzt in der zweiten Generation, erzeugt ausgezeichnete Weine. Ein Hammer ist der Pinot noir Aurora, stets ein Spitzenreiter der CHARDONNAY Reserve. Auch den brillanten ARNEIS sollte man sich nicht entgehen lassen.

Quady North S Oregon ★★→★★★ Der einflussreiche Kellermeister Herb Quady aus South Oregon bereitet köstlichen CABERNET FRANC aus kühleren Lagen der AVA Rogue V. sowie faszinierende VIOGNIER-Versionen und konzentrierte SYRAH-Gewächse.

Rex Hill Wil ★★★ 10 11' 12 – Biodynamischer Anbau und handwerkliche Bereitungsmethoden bringen ausgezeichneten PINOT-NOIR-Gutswein und beachtlichen CHARDONNAY hervor. Die A to Z Wineworks, vom gleichen Eigentümer, produzieren auf einem populären Preisniveau.

Scott Paul Wines Wil ★★★ 09' 10 11' 12 – Hier wird ausschließlich PINOT NOIR erzeugt, und der Schwerpunkt liegt auf Eleganz, Anmut und raffinierter, von Burgund inspirierter Art. Der Le Paulée ist bereits zugänglich, wenn er auf den Markt kommt, den Audrey kann man gut einlagern.

Sokol Blosser Wil ★★★ 10 11 12' – Erzeugerbetrieb in zweiter Generation mit hübschem PINOT NOIR und PINOT GRIS aus der AVA Dundee Hills sowie dem preiswerten, vergnüglichen weißen Verschnitt Evolution.

Soter Vineyards Wil ★★★★ 09' 10 11' 12' – Der legendäre Weinmacher Tony Soter übersiedelte dem PINOT NOIR zuliebe von Kalifornien nach Oregon. Der Gutswein Mineral Springs Vineyard Pinot noir ist herrlich, doch auch die fantastischen Schaumweine sollte man probieren – vielleicht die besten im Nordwesten.

Spangler Vineyards S Oregon ★★★ Sehr gute Rotweine aus warmem Klima, v. a. der CABERNET SAUVIGNON Reserve und der PETITE SIRAH. Stets erstklassig ist der VIOGNIER.

Stoller Family Estate Wil ★★★ 09' 10 11 12' – Die sehr schön ausgewogenen PINOT-NOIR-Weine zeigen beispielhaft die Eleganz der AVA Dundee Hills; der Cathy's Reserve ist außergewöhnlich. Außerdem sehr guter CHARDONNAY Reserve.

Teutonic Wine Company Or ★★★ 10 **11** 12' – Bilderstürmerischer, köstlicher, von der Mosel inspirierter RIESLING, frische weiße Verschnitte und PINOT NOIR im deutschen Stil. Wirklich brillante Aufsteiger.

Trisaetum Wil ★★★ **10** 11 12' 13' – Der Eigentümer, Künstler und Kellermeister James Frey erzeugt großartigen RIESLING und PINOT NOIR von gutseigenen Reben aus kühlen Lagen an der Coast Range. Ein neuer Spitzenerzeuger für beide Trauben im Nordwesten.

Willamette Valley Vineyards Wil ★★→★★★ **10** 11 12' – Die beliebte Kellerei erzeugt exzellente Gutweine von PINOT NOIR und CHARDONNAY; auch sehr guter preiswerter RIESLING.

Washington/Idaho

Andrew Will Wash ★★★→★★★★★ 08 **09'** 10 11' 12 – Chris Camarda bereitet von Trauben aus hervorragenden Lagen im Columbia Valley umwerfende rote Verschnitte. Der Sorella zeigt mächtige Frucht, strukturierter ist der Ciel du Cheval.

Betz Family Winery Wash ★★★→★★★★★ 06 **07'** 08 09' 10 11 12' – Bob Betz, seines Zeichens Master of Wine, erzeugt von Lesegut aus Spitzenlagen im Columbia V. Weine im Rhône-Stil. Sein SYRAH La Serenne ist außergewöhnlich, das Kraftpaket La Côte Patriarche stammt von den ältesten Syrah-Reben des Bundesstaats.

Brian Carter Cellars Wash ★★★ **09 10 11'** 12' – Hier werden ausschließlich – meisterhaft bereitete – Verschnitte erzeugt. Probieren Sie den unkonventionellen Trentenaire auf PETIT-VERDOT-Basis, den Rhône-Verschnitt Byzance oder den aromatischen weißen Oriana.

Cadence Wash ★★★ Unwiderstehliche Verschnitte im Bordeaux-Stil, z.B. der kraftvolle Coda von Lesegut aus der AVA Red Mountain und der würzige, von CABERNET FRANC dominierte Bel Canto.

Cayuse Walla ★★★→★★★★★ **06' 07 08 09'** 10 11 – Die biodynamisch arbeitende Kultkellerei bietet fesselnden Syrah (v. a. den Cailloux) und verblüffenden GRENACHE – allerdings muss man auf der Vertriebsliste stehen, um etwas davon abzubekommen.

Fast alle Reben in Washington sind wurzelecht; Rebläuse gibt es hier praktisch nicht.

Charles Smith Wines Walla ★★→★★★★ Dem Händler und Weinmacher Charles Smith mangelt es nicht an Respekt, Publicity und Nachfrage. Er bietet (allzu?) kraftvolle und manchmal kostspielige Rotweine (zu den Favoriten zählt der SYRAH Royal City), aber auch den nicht teuren und sehr guten RIESLING Kung Fu Girl.

Chateau Ste Michelle Wash ★★→★★★★ Die Premiummarke der größten Weinfirma im Nordwesten bietet Weine aller Preisklassen und Stilrichtungen, angefangen von sehr guten Alltagstropfen (ausgezeichneter Columbia V. Dry RIESLING) bis hin zu Raritäten im Stil von Trockenbeerenauslesen (Eroica Single Berry Select). Preiswert ist die Reihe Columbia V., Spitzengewächse tragen das Etikett Ethos Reserve.

Chinook Wines Col ★★★ 08 **09'** 10 11 12' – Das Ehepaar Clay Mackey und Kay Simon (er für die Reben, sie für die Bereitung zuständig) bereitet seit Langem ebenso feinen wie preisgünstigen CABERNET FRANC (der Rosé ist köstlich), MERLOT, CHARDONNAY und SAUVIGNON BLANC.

Cinder Wines Snake R.V., Idaho ★★★ Die bahnbrechende Kellerei in Idaho erzeugt wundervollen VIOGNIER in kleiner Auflage sowie einen einzigartigen MOURVÈDRE/TEMPRANILLO-Verschnitt und sehr guten SYRAH.

Coiled Snake R.V. ★★★ Eigentümer und Kellermeister Leslie Preston ist einer der Trendsetter in Idaho. Der RIESLING Coiled Dry ist schlicht perfekt, der SYRAH Sidewinder einfach lecker.

Col Solare Col ★★★→★★★★ 07 08 09' 10 11' – Gemeinschaftsprojekt von CHATEAU STE MICHELLE und Antinori (Toskana). Die rote Cuvée Col Solare fällt Jahr für Jahr komplex und langlebig aus. Der Verschnitt Shining Hill von derselben Kellerei ist weniger teuer und auch zugänglicher.

Columbia Crest Col ★★→★★★ Washingtons größte Kellerei bietet unter den Etiketten Grand Estates, H3 und Reserve Unmengen sehr guter, erschwinglicher Weine. Die Reserve-Abfüllungen sind prima, v. a. der rote Walter Clore; die H3-Weine stammen sämtlich aus der AVA Horse Heaven Hills: saftig und äußerst preiswert.

Côte Bonneville Yakima V. ★★★ 07 08 09' 10 11 12' – Kerry Shiels verkeltert die Frucht des gutseigenen DuBrul Vineyard auf steilem Basaltgrund für preisgekrönte tiefgründige, schlanke CABERNET-SAUVIGNON-Verschnitte, allen voran der Carriage House. Übersehen Sie aber nicht den RIESLING und den CHARDONNAY.

DeLille Cellars Wash ★★★→★★★★ 08 09 10' 11 12' – Raffinierter Erzeuger alterungswürdiger Rotweine. Eindringlich ist der CABERNET SAUVIGNON Harrison Hill vom zweitältesten Weinberg in Washington, stets ausgezeichnet sind die Verschnitte unter dem Etikett Chaleur Estate. Aushängeschild ist der Grand Ciel.

Doubleback Walla ★★★ 07 08 09 10' 11 – Vom Footballstar Drew Bledsoe gegründeter Betrieb. Der Flaggschiffwein, ein CABERNET-SAUVIGNON-Verschnitt (bereitet von Chris FIGGINS), ist eine schöne Verkörperung der Aromen von Walla Walla.

Dusted Valley Vintners Walla ★★★ 10 11 12' – Ein rasch aufgehender Stern mit eindrucksvollen Weinen. Berühmt ist der Stained Tooth SYRAH, doch auch den schönen Old Vine CHARDONNAY (alte Reben) sowie alle anderen sortenreinen Gewächse sollte man probieren.

Efeste Wash ★★★ 09 10 11' – Der brillante Boutiqueerzeuger bereitet leckeren RIESLING und rassigen CHARDONNAY von der kühlklimatischen Lage Evergreen Vineyard sowie sehr gute SYRAH-Weine.

Fidélitas Col ★★★ 08' 09 10 11' – Charlie Hoppes erzeugt gehobene Weine im Bordeaux-Stil, u. a. den üppigen roten Verschnitt Optu und den Ciel du Cheval Vineyard CABERNET SAUVIGNON, in dem sich die Kraft der Trauben aus der AVA Red Mountain offenbart.

FIGGINS Walla ★★★ Chris Figgins wuchs im LEONETTI CELLAR auf, den sein Vater betreibt, doch hat er sich mit rotem Verschnitt und RIESLING vom Figgins Estate eine eigene Identität aufgebaut. Der neue Toil PINOT NOIR (aus Oregon) ist ein Vorgeschmack auf künftige Dinge.

Gramercy Cellars Walla ★★★ 09' 10 11 12 – Der frühere Meister-Sommelier und jetzige Weinmacher Greg Harrington kreiert sinnliche SYRAH-Weine. Sehr gut kommen auch die Neuzugänge im Sortiment an: ein erdiger TEMPRANILLO und ein kräuterwürziger CABERNET SAUVIGNON.

Hedges Family Estate Red Mt., Wash ★★★ Respektable Familienkellerei für geschliffene, verlässliche Weine, v. a. der rote Gutsverschnitt und der DLD SYRAH.

Hogue Cellars, The Col ★★→★★★ Die Reihe Hogue bietet stilvolle sortenreine Weine zu sehr moderaten Preisen. Schärfer konturiert sind die als »Genesis« und »Reserve« etikettierten Gewächse, die in geringeren Mengen erzeugt werden.

Januik Wash ★★★ 10 11' 12 – Handwerklich bereitete Weine von einem erfahrenen Weinmacher, z. B. ausgezeichneter Cold Creek CHARDONNAY und feinnerviger, einnehmender Champoux Vineyard CABERNET SAUVIGNON.

Koenig Winery Snake R.V., Idaho ★★→★★★ Verlässlicher SYRAH, MERLOT und CHARDONNAY. Der CSPV ist ein ungewöhnlicher Verschnitt von CABER-NET SAUVIGNON und PETIT VERDOT.

L'Ecole No 41 Walla ★★★ **10 11** 12' – Hier ist einfach alles gut, seien es nun die roten Verschnitte Apogee und Perigee (aus jeweils unterschiedlichen Lagen), weil sie gar so verlockend sind, oder sei's der kultige SÉMILLON, weil er ein so bemerkenswert strahlender, aromatischer Weißer ist.

Leonetti Cellar Walla ★★★★ **06 07'** 08 09 10 11' – Wegen ihrer eleganten, raffinierten und für Sammler interessanten CABERNET-SAUVIGNON-, MER-LOT- und SANGIOVESE-Weine legendäre Kellerei mit Kultstatus.

Long Shadows Walla ★★★→★★★★ Allen Shoups einzigartige Unterneh-mung versammelt sieben Spitzenkellermeister aus aller Welt in Wash-ington, damit jeder seinen ureigenen sortenreinen Wein von Trauben aus dem Columbia Valley bereitet. Darunter der üppige MERLOT Pedes-tal von Michel Rolland und der raffinierte CABERNET SAUVIGNON Feather des Kaliforniers Randy Dunn – und die übrigen Kreationen sind ähnlich beeindruckend.

Maison Bleue Col ★★★ **10 11** 12' – Neuere, aufsehenerregende Boutiquekel-lerei mit dem besonders empfehlenswerten Upland Vineyard GRENACHE sowie auf den Punkt bereitetem MARSANNE und VIOGNIER. Ist manchmal schwer aufzutreiben, lohnt aber jede Mühe.

Maryhill Winery Wash ★★→★★★ Beliebter Erzeuger in der AVA Columbia Gorge mit riesigem Angebot. Der ZINFANDEL Reserve und der CABERNET FRANC Reserve sind immer sehr gut, ebenso der RIESLING.

Milbrandt Vineyards Col ★★ Gut bereitete, preiswerte sortenreine Weine mit zuverlässiger Qualität aus den AVAs Wahluke Slope und Ancient Lakes.

Northstar Walla ★★★→★★★★ **06 07'** 08 09 10' – Weinmacher »Merf« Mer-feld ist MERLOT-Experte: Der jüngst herausgekommene Premier Merlot ist einfach umwerfend, der Walla Walla Valley Merlot heißblütig-sinnlich.

Pacific Rim Wash ★★→★★★ Der RIESLING-Spezialist erzeugt Unmengen an leckeren, preiswerten, aber durchaus beredten Weinen in den Versionen Dry und Organic (Ökoanbau). In puncto Tiefgründigkeit sind die Einzel-lagen-Rieslinge, auch aus biodynamischem Anbau, unschlagbar.

Pepper Bridge Walla ★★★ **06' 07** 08 09 10' 11' – Die gutseigenen Lagen im Pepper Bridge Vineyard und Seven Hills Vineyard liefern mit die bes-ten Weine Washingtons. Der CABERNET SAUVIGNON von Kellermeister Jean François Pellet ist sinnlich und voll, der MERLOT würzig und aromatisch.

Quilceda Creek Wash ★★★★ **01 02' 03' 04' 05' 06** 07 09 10 11' – Außerge-wöhnlicher, oft mit 100 Punkten bewerteter Cabernet Sauvignon und Ver-schnitte von einem der meistgepriesenen Erzeuger in Nordamerika: dicht, intensiv und sagenhaft langlebig. Glücklich, wer ihn auftreiben kann.

Reynvaan Family Vineyards Walla ★★★ **07 08** 09 10' – Der SYRAH und die Weißweine im Rhône-Stil des Familienbetriebs im Walla Walla V. erfreuen sich einer großen Anhängerschaft und überragender Noten von Kritikern. Warteliste-Kellerei mit wunderbaren Weinen.

Ste Chapelle Snake R.V. ★★ Die älteste und größte Kellerei Idahos erzeugt süffigen RIESLING, preiswerten Schaumwein sowie Eisweine.

Sawtooth Winery Snake R.V. ★★→★★★ **10 11** 12' Kellermeisterin Meredith Smith steigert die Qualität in diesem Vorzeigebetrieb in Idaho, wovon v. a. der elegante, magere TEMPRANILLO und der straffe, schmackhafte SYRAH zeugen.

Seven Hills Winery Walla ★★★ **09 10** 11 12' – Der gute Ruf gründet sich v. a. auf die seidigen CABERNET-SAUVIGNON-Weine (der Ciel du Cheval Vineyard ist eine lagernswerte Köstlichkeit), doch auch der VIOGNIER ist ein Vergnügen.

Sparkman Cellars Wash ★★★ 07' 08' 09 10 11 12' – Bemerkenswert gut gemachte Weine, erstaunlich unterschiedliche Trauben und Stile. Am besten sind der CABERNET SAUVIGNON Rainmaker und der neue Cabernet Sauvignon Evermore Old Vines. Ebenfalls empfehlenswert der würzige SYRAH Ruckus.

Spring Valley Vineyard Walla ★★★ Merlot 06' 07 08 09 10' 11' – Beim SYRAH Nina Lee läuft einem das Wasser im Munde zusammen, so gut ist er; der MERLOT-Verschnitt Uriah ist tiefgründig-raffiniert und die rote Cuvée Frederick zeigt sich weltmännisch-geschliffen. Großartiges Angebot.

Syncline Wash ★★★ James Mantone bereitet von Lesegut aus den AVAs Columbia Gorge und Columbia V. exzellente Weine. Der Subduction Red ist etwas für Genießer, der GRENACHE BLANC einfach klasse.

Waterbrook Walla ★→★★ Großer Erzeugerbetrieb mit gutem Preis-Leistungs-Verhältnis; viele Stilrichtungen auf den verschiedensten Preisstufen.

Woodward Canyon Walla ★★★→★★★★ CABERNET SAUVIGNON 02 03 04' 06 07 09 10 11 12' – Der Old Vines Cabernet Sauvignon (alte Reben) ist edel und komplex, der rote Reserve-Verschnitt Charbonneau fabelhaft und lagerfähig und der Estate BARBERA eine seidige Überraschung.

Nordosten, Südosten und das Landesinnere

Die Allgemeinheit hat noch nicht davon Kenntnis genommen, wie fieberhaft in den USA insgesamt angepflanzt und vinifiziert wird, insbesondere in den östlichen Bundesstaaten, deren Winzer bis vor Kurzem dachten, international anerkannter guter Wein übersteige ihre Fähigkeiten: das falsche Klima, falsche Böden … Doch inzwischen wissen wir, dass nichts von alldem zutrifft. Es begann im Bundesstaat New York bei den Finger Lakes, breitete sich nach Long Island aus und nach Virginia, und nun sprießt und gedeiht es von Maine bis nach Georgia. Verschiedene Klimabedingungen und Terroirs bereiten verschiedene Probleme, aber alle sind dran, und einige machen ihre Sache wirklich gut.

Neuere Jahrgänge

In einigen Anbaugebieten führten extreme Kälte und starker Regen zu Ertragseinbußen, aber insgesamt war 2014 im Osten der USA einer der besten Jahrgänge überhaupt – einem Winzer aus Long Island zufolge »einer, von dem man nur träumen oder in Büchern lesen kann«. Die 2014er Weine dürften elegant werden, mit üppigen, reifen Aromen und einem Alkoholgehalt von 14 % oder darunter.

21 Brix NY ★★★ 13 14 – Am Ufer des Lake Erie; junge Kellerei, die sich für ihren exzellenten RIESLING, GEWÜRZTRAMINER und Eiswein schon einen Ruf erworben hat.

Alba NJ ★ Guter CHARDONNAY, RIESLING und GEWÜRZTRAMINER und die größte PINOT-NOIR-Anpflanzung an der Ostküste.

Anthony Road Finger Lakes, NY ★★★ 10 13 14 – Hervorragendes Gut mit einigen der besten trockenen und halbtrockenen RIESLINGE der USA; außerdem feiner GEWÜRZTAMINER, PINOT GRIS und ein CABERNET FRANC/LEMBERGER-Verschnitt.

Barboursville Virginia ★★★ 10 12' 13 14 – Legendäres Gut in Virginia, 1976 von der Familie Zonin (Italien) auf einem Anwesen gegründet, das schon

Vereinigte Staaten

Thomas Jefferson kannte. Eines der besten im Osten mit einem saftigen Verschnitt im Bordeaux-Stil namens Octagon, exzellentem CABERNET FRANC und hervorragenden Weinen von italienischen Rebsorten wie VERMENTINO und NEBBIOLO. Hochinteressant der reichhaltige Malvaxia Passito. Dazu ein elegantes Hotel und Restaurant im toskanischen Stil.

Bedell Long Island, NY ★★★ **10 11** 13 14 – Erstklassige Kellerei auf LONG ISLAND. Der einflussreiche Kellermeister bereitet markanten CHARDONNAY, GEWÜRZTRAMINER und MERLOT sowie großartigen SYRAH, CABERNET FRANC und hervorragende Verschnitte. Stilvolle Art-Series-Etiketten, hübscher Garten.

Boxwood Virginia ★★★ 12 13 14 – Stilvolles Gut, spezialisiert auf Spitzen-Rotweinverschnitte auf CABERNET-Basis im Bordeaux-Stil.

Breaux Virginia ★ 12 13 14 – Das Weingut liegt eine Autostunde von Washington D.C. entfernt auf einem Hügel. Guter SAUVIGNON BLANC, VIOGNIER, MERLOT und CABERNET SAUVIGNON.

Casa Larga Finger Lakes, NY ★ 12 14 – Guter Familienbetrieb mit beachtlichem RIESLING, GEWÜRZTRAMINER, PINOT NOIR und VIDAL-Eiswein.

Channing Daughters Long Island, NY ★★★ 10 **12** 13 14 – Der kreative Erzeuger im Bereich South Fork bietet sehr guten Tocai FRIULANO, PINOT GRIGIO und eine Reihe italienisch anmutender Rosés; außerdem guter PETIT VERDOT und CABERNET SAUVIGNON sowie großartige Verschnitte.

Chester Gap Virginia ★★ 12 13 14 – Hoch gelegene Weinberge, außergewöhnlicher PETIT MANSENG und VIOGNIER, guter ROUSSANNE, MERLOT, CABERNET FRANC und PETIT VERDOT.

Chrysalis Virginia ★★★ **10** 12 13 14 – Maßstäbe setzender VIOGNIER und einheimischer Norton sowie sehr guter PETIT MANSENG, ALBARIÑO, TANNAT und PETIT VERDOT.

Delaplane Virginia ★★★ **10** 12 13 14 – Überwältigender Blick über die Berge, gut gebaute Weine, u. a. CHARDONNAY, VIOGNIER, TANNAT, CABERNET FRANC, William Gap und weitere leckere rote Verschnitte im Bordeaux-Stil.

Finger Lakes NY – Idyllisches Weinbaugebiet im Staat New York mit tiefen Gletscherrandseen, deren Wassermassen dafür sorgen, dass die Reben in strengen Wintern nicht erfrieren. Das Gros der insgesamt 125 Erzeugerbetriebe konzentriert sich rund um die vier größten Seen. Bekannt ist der Bereich v. a. für RIESLING. Spitzenkellereien: u. a. ANTHONY ROAD, FOX RUN, Dr. Konstantin FRANK, HEART AND HANDS, HERMANN J. WIEMER, LAMOREAUX LANDING, Ravines, MCGREGOR, Red Tail Ridge, KING FERRY, Silver Thread und Swedish Hill. Im Kommen: KEMMETER WINES.

Fox Run Finger Lakes, NY ★★★ **10** 12' 13 14 – Bemerkenswerter RIESLING, guter CHARDONNAY, üppiger GEWÜRZTRAMINER, Rosé und PINOT NOIR. Nettes Café mit Blick über den Lake Seneca.

Frank, Dr. Konstantin (Vinifera Wine Cellars) Finger Lakes, NY ★★★★ **10** 12 13 14 – Pionier-Gut (1961) und das erste, das *Vinifera*-Reben pflanzte. Einer der besten Riesling-Erzeuger in den USA; sehr guter GEWÜRZTRAMINER, CHARDONNAY; bewundernswerter RKATSITELI und PINOT NOIR. Fein ist auch der Schaumwein Château Frank.

Georgia Über 15 Kellereien. Empfehlenswert sind Wolf Mt., Frogtown, Three Sisters, Habersham Vineyards und Tiger Mt. In Atlanta erzeugt Château Élan – Konferenzzentrum, Resort und Kellerei in einem – Weine auf Grundlage der einheimischen Muscadine-Traube.

Glen Manor Vineyards Virginia ★★★ 10 12 13 14 – Weinberge an steilen Hängen der Blue Ridge Mountains; beachtlicher SAUVIGNON BLANC und eindrucksvoller roter Verschnitt im Bordeaux-Stil.

Grace Estate Virginia ★ Neues Gut mit kleinen Mengen von VIOGNIER, CHARDONNAY, CABERNET FRANC, TANNAT, Verschnitten im Bordeaux-Stil u. a.

Hamptons, The (auch **South Fork**) Long Island, NY – Küstennahe Region mit drei Erzeugern: CHANNING DAUGHTERS, Duckwalk und WÖLFFER ESTATE.

Heart & Hands Finger Lakes, NY ★★★ 12 13 14 – Kleines Gut am Ufer des Cayuga Lake; klassischer RIESLING und PINOT NOIR aus kühlem Klima.

Hermann J. Wiemer Finger Lakes, NY ★★→★★ **12** 13 14 – Eines der besten Weingüter im Osten, 1976 von einem deutschen Kellermeister gegründet. Großartiger RIESLING, beachtlicher CHARDONNAY und GEWÜRZTRAMINER sowie feine Schaumweine und Dessertweine.

Horton Virginia ★★ 12 13 14 – Pionier (1991 gegründet). Flaggschiffwein VIO-GNIER und voller, körperreicher TANNAT.

Iberische Rebsorten wie Albariño und Touriga sind auf dem Weg nach Maryland und Virginia.

Hudson River Region NY – Weinbaugebiet am Ufer des malerischen Hudson River, eineinhalb Autostunden nördlich von Manhattan. Älteste Weinregion in den USA mit derzeit 42 Erzeugerbetrieben.

Kemmeter Wines Finger Lakes, NY ★★★ Neues Unternehmen mit talentiertem deutschen Kellermeister, der früher bei ANTHONY ROAD gearbeitet hat. Schwerpunkt auf RIESLING.

King Family Vineyards Virginia ★★ **12** 13 14 – Anspruchsvoller, lagernswerter MERITAGE, guter CHARDONNAY, VIOGNIER und CABERNET FRANC sowie ein vollmundiger PETIT-MANSENG-Süßwein im *Vin-de-paille*-Stil.

King Ferry/Treleaven Wines Finger Lakes, NY ★★ 12 13 14 – Beachtlicher trockener, halbtrockener und süßer RIESLING sowie CHARDONNAY, CABERNET FRANC und MERITAGE.

Lake Erie NY, Ohio, Penn – AVA-Bereich, der sich über drei Bundesstaaten erstreckt. Hervorragende Erzeuger: 21 BRIX und Mazza Chautauqua Cellars. Empfehlenswert sind RIESLING, PINOT GRIS, CHARDONNAY, Eiswein und der hochwertige Weinbrand.

Lamoreaux Landing Finger Lakes, NY ★★★★ 10 12 13 14 – Griechisch anmutendes Gebäude mit Blick auf den Lake Seneca. Exzellenter Chardonnay, Einzellagen-RIESLING, GEWÜRZTRAMINER, CABERNET FRANC und Eiswein.

Linden Virginia ★★★★ 11 **12'** 14 – Das Gut, eine Autostunde westlich von Washington D.C., ist eines der führenden in VIRGINIA. Zu den beachtlichen Weinen am Hochlagen zählt der lebhafte SAUVIGNON BLANC. Außerdem schmackhafter PETIT VERDOT, elegante, komplexe rote Verschnitte im Bordeaux-Stil und saftiger Spätlese-PETIT-MANSENG.

Long Island NY – Weinbaugebiet vor den Toren von New York City, einer der ersten Weinbaubereiche des amerikanischen Ostens (die erste Kellerei wurde 1973 gegründet). 53 Erzeugerbetriebe verteilen sich auf zwei AVAs: Long Island/NORTH FORK – hier befinden sich die meisten Kellereien – und Long Island/THE HAMPTONS (alias The South Fork). Führende Erzeuger: u. a. BEDELL, CHANNING DAUGHTERS, MACARI, PAUMANOK, SHINN ESTATE, SPARKLING POINTE und WÖLFFER.

Macari Long Island, NY ★★★ 09 10 12 14 – Einer der besten Erzeuger auf LONG ISLAND mit saftigem CHARDONNAY, sehr gutem SAUVIGNON BLANC, hervorragendem CABERNET FRANC, samtigem MERLOT und feinen Roten im Bordeaux-Stil.

McCall Long Island, NY ★★★ **12** 14 – Einer der wenigen PINOT-NOIR-Erzeuger auf LONG ISLAND. Außerdem exzellenter CHARDONNAY, MERLOT und rote Verschnitte im Bordeaux-Stil.

McGregor ★★ 12 13 14 – Renommierte, 1980 gegründete Kellerei an den FINGER LAKES. Guter CABERNET FRANC, CABERNET SAUVIGNON, PINOT NOIR, RIESLING.

Martha Clara Long Island, NY ★ 12 13 14 – Guter CHARDONNAY, MERLOT und rote Verschnitte im Bordeaux-Stil.

Maryland Die 64 Kellereien des Bundesstaats produzieren erstaunlich feine Weine, vom PINOT GRIGIO bis zu Rotweinen im Bordeaux-Stil. Black Ankle, Knob Hall, Slack, Sugarloaf, Big Cork und Bordeleau sind beeindruckend. Auch Rotweine wie der CABERNET FRANC von Elk Run sind weiterhin attraktiv.

Michael Shaps/Virginia Wineworks Virginia ★★★ 10 12 13 14 – Hervorragender VIOGNIER, komplexer CHARDONNAY, dunkler, aromatischer PETIT VERDOT, CABERNET FRANC, MERLOT, feiner MERITAGE und der portweinartige Raisin d'Etre auf CABERNET-Basis. Außerdem ein vielseitiger Verschnitt aus PETIT MANSENG, RIESLING, Chardonnay und Viognier.

Michigan Mittlerweile gibt es hier 110 Erzeugerbetriebe. Bel Lago, Black Star, Boathouse, Bowers Harbor, Brys, Chateau Fontaine, Chateau Grand Traverse, Fenn Valley, Tabor Hill, L. Mawby und St Julian führen das Feld an mit RIESLING, GEWÜRZTRAMINER und PINOT GRIS sowie sehr gutem CABERNET FRANC und Verschnitten. Ebenfalls beachtenswert: Chateau Chantal, 45 North, Lawton Ridge, Left Foot Charley, 2 Lads, Verterra, Hawthorne und Laurentide. Aufstrebende Erzeuger sind 12 Corners und WaterFire.

Millbrook Hudson R., NY ★★ 12 13 14 – Das wichtigste Gut im Hudson Valley mit ordentlichem RIESLING, CHARDONNAY, FRIULANO und CABERNET FRANC.

Missouri Die University of Missouri hat eine neue Versuchskellerei eingerichtet, um Bereitungsmethoden und Rebsorten unter hiesigen Bedingungen zu testen. Bislang schneiden SEYVAL BLANC, VIDAL, Vignoles (trocken und süß) sowie Chambourcin am besten ab. Stone Hill in Hermann erzeugt sehr guten Chardonel (eine winterharte Hybride von Seyval blanc und CHARDONNAY) und Norton sowie guten Seyval blanc und Vidal. Der Hermannhof erregt Aufsehen mit Vignoles, Chardonel und Norton. Außerdem: St. James mit Vignoles, Seyval blanc und Norton; Mount Pleasant in Augusta mit einem vollen Wein im Port-Stil und Norton; Adam Puchta mit Weinen im Port-Stil, Norton, Vignoles und Vidal; Augusta Winery mit Chambourcin, Chardonel und Eiswein; Les Bourgeois mit SYRAH, Norton und Chardonel; Montelle mit sehr gutem Cynthiana und Chambourcin.

New Jersey Die führenden Kellereien in dem kleinen Bundesstaat sind Cape May, Unionville und ALBA. Dank sehr geringer Winterschäden und einer ungewöhnlich warmen, trockenen Anbausaison könnte 2014 nach Ansicht der Winzer der beste Jahrgang überhaupt sein, v. a. für PINOT NOIR, CHARDONNAY und RIESLING.

New York Im Staat New York geht es mit der Weinqualität, der Rebfläche und der Zahl der Kellereien in erstaunlichem Tempo voran. In den letzen fünf Jahren ist die Zahl der Erzeugerbetriebe um 141 auf jetzt 375 gestiegen. Es gibt fünf offizielle AVAs: LONG ISLAND, NORTH FORK und THE HAMPTONS), HUDSON RIVER, FINGER LAKES (inkl. Cayuga und Seneca Lakes), Niagara Escarpment und LAKE ERIE. Wenn die Stadt New York nur die lokalen Produkte zur Kenntnis nähme.

North Carolina In dem südlichen Staat gibt es mittlerweile 150 Kellereien, darunter Biltmore, Childress, Duplin (Muscadine) Grandfather, Hanover Park, Iron Gate, Laurel Gray, McRitchie, Old North State, Ragapple Lassie Raffaldini, RayLen und Shelton. Die erfolgreichsten Rebsorten sind CHARDONNAY, VIOGNIER, CABERNET FRANC und die einheimische Muscadine.

North Fork Long Island, NY – Noble Sommer-Spielwiese für Manhattaner auf den ehemaligen Kartoffelfeldern wurden in den 1980er-Jahren die ersten Rebflächen von Long Island angelegt. Spitzenerzeuger: u. a. BEDELL CHANNING DAUGHTERS, MACARI, PAUMANOK, SHINN ESTATE, SPARKLING POINTE, WÖLFFER.

Ohio 215 Kellereien und fünf AVA-Bereiche. Teils beachtlicher PINOT GRIS, RIESLING, PINOT NOIR und Eiswein, in Süd-Ohio auch CABERNET FRANC. Spitzenerzeuger: Debonné, Ferrante, Firelands, Harpersfield, M Cellars, Kinkead Ridge, Markko, Paper Moon, St Joseph und Valley Vineyards.

Paumanok Long Island, NY ★★★ 10 12 13 14 – Ehrwürdiges (1982 gegründetes) Gut auf LONG ISLAND mit exzellentem RIESLING, CHARDONNAY, CABERNET SAUVIGNON, MERLOT und Spätlese. Außergewöhnlich guter CHENIN BLANC.

Pennsylvania Von den 170 Kellereien sind Spitzenerzeuger: Allegro (Bordeaux-Verschnitt), Blair (PINOT NOIR, CHARDONNAY), Briar Valley (RIESLING, CABERNET FRANC), Galen Glen (GRÜNER VELTLINER, ZWEIGELT), Galer (rote Bordeaux-Verschnitte), Karamoor (Cabernet franc und rote Verschnitte), Manatawny Creek (Chardonnay, GEWÜRZTRAMINER, PINOT GRIGIO, Cabernet franc, MERITAGE), Nimble Hill (Riesling, Gewürztraminer), Penns Wood (Chardonnay, Pinot grigio, Merlot, Cabernet-Sorten), Pinnacle Ridge (Bordeaux-Verschnitt, Chardonnay), Waltz (Chardonnay, Cabernet-Sorten) sowie Va La (italienische Rebsorten).

In Pennsylvania kann man Wein am Automaten kaufen – und ein Alkoholtestgerät gleich dazu.

Pollack Virginia ★★★ 12 13 14 – Exzellenter CHARDONNAY, PINOT GRIS, CABERNET FRANC, MERLOT und VIOGNIER.

Ravines Wine Cellars Finger Lakes, NY ★★★ 10 12' 13 14 – Außergewöhnlich gute trockene Rieslinge mit und ohne Lagenbezeichnung sowie CABERNET FRANC, PINOT NOIR und MERITAGE.

RDV Virginia ★★★ 12 13' 14 – 2011 eröffnet und bereits einer der besten Erzeuger im Osten. Anspruchsvolle, intensive, komplexe von Bordeaux inspirierte rote Verschnitte.

Red Tail Ridge Finger Lakes, NY ★★★ 12 13 14 – Höchste Qualität. U. a. trockener und süßer RIESLING, CHARDONNAY, BLAUFRÄNKISCH, PINOT NOIR.

Shinn Estate Long Island, NY ★★★ 10 12 13 14 – Guter CHARDONNAY, SAUVIGNON BLANC, Verschnitte im Bordeaux-Stil, Schnaps und Grappa. Schönes kleines Restaurant.

Silver Thread Finger Lakes, NY ★ 13 14 – Auf RIESLING spezialisiert; guter GEWÜRZTRAMINER, CHARDONNAY und PINOT NOIR.

Sparkling Pointe Long Island, NY ★★→★★★ Großartige Schaumweine, manche reif und vollmundig, andere jugendlich und lebhaft.

Sunset Hills Virginia ★★ 10 13 14 – Schöne Kellerei in renovierter Scheune; guter CHARDONNAY, VIOGNIER und CABERNET SAUVIGNON sowie ein herausragender roter Verschnitt im Bordeaux-Stil.

Swedish Hill Finger Lakes, NY ★★★ 13 14 – Legendäres Gut im Bereich FINGER LAKES (seit 1969); beständig guter CHARDONNAY, RIESLING, Schaumwein, Vidal, Spätlese-Vignoles und CABERNET FRANC.

Unionville Vineyards NJ ★ 12 14 – Einst die größte Pfirsichplantage in den USA; ausgezeichneter CHARDONNAY, RIESLING und feiner Rotwein im Bordeaux-Stil.

Veritas Virginia ★★ 10 12 13 14 – Guter Schaumwein, CHARDONNAY, VIOGNIER, CABERNET FRANC, MERLOT, PETIT VERDOT und ein roter Verschnitt im Bordeaux-Stil.

Villa Appalaccia Virginia ★★ 12 13 14 – Die Kellerei am malerischen Blue Ridge Parkway erzeugt Weine mit italienischem Einschlag, u. a. PRIMITIVO, SANGIOVESE, AGLIANICO, MALVASIA, TREBBIANO und CABERNET FRANC.

Virginia Schnell wachsend, mit 275 Erzeugerbetrieben. Viele der besten Weine haben den Markt im nahen Washington D.C. erobert. Empfehlenswert

sind VIOGNIER, PETIT MANSENG, PETIT VERDOT, CABERNET FRANC und TAN-
NAT.

Wisconsin Der beste Erzeuger ist Wollersheim Winery; der Prairie Fumé
(SEYVAL BLANC) und der Prairie Blush (Foch) sind allseits beliebt.

Wölffer Estate Long Island, NY ★★★ 12' 13 14 – Hochklassige Kellerei in
South Fork mit feinem CHARDONNAY, ausgezeichnetem Rosé, lobenswer-
tem CABERNET SAUVIGNON und gutem MERLOT, bereitet vom deutschstäm-
migen Kellermeister Christian Wölffer.

Der Südwesten

Was macht man, wenn man mehr Kunden als Wein hat? Immer mehr Kellereien fordern größere Mengen von Trauben an, doch weil die Winzer
nicht von einem Tag auf den anderen ihre Produktion hochfahren können,
werden Trauben von der West Coast zugekauft und untergemischt. Nicht alle
machen das, doch immerhin so viele, dass es sinnvoll ist nachzufragen. Für
den Verbraucher hat dieses rasante Wachstum den Vorteil, dass unter den
besten Kellereien im Südwesten in harter Wettbewerb herrscht und sie extrem gute Weine produzieren. Leider bekommt man diese Weine oft nur in
der Kellerei selbst. Warum? Nun, wenn sie eine 20-Dollar-Flasche verkauft,
nimmt sie 20 Dollar ein, wenn sie dieselbe Flasche hingegen über den Handel
vertreibt, erhält sie rund 7 Dollar. Also nichts wie hin!

Arizona Erzeuger: **Arizona Stronghold** (★★): Vorzüglicher CHARDONNAY und
sehr guter roter Verschnitt namens Nachise. **Bitter Creek**: Ein sehr guter
roter Verschnitt namens The Fool. **Caduceus Cellars** (★): Im Besitz von
Maynard James Keenan, Sänger der Metal-Band Tool – erstklassige Rotweine Sancha, Anubis, Nagual de la Naga und sehr guter Rosé. **Callaghan
Vineyards** (★★): Einer der besten Erzeuger Arizonas; empfehlenswert v. a.
die roten Verschnitte Back Lot, Caitlin's und Claire's. **Dos Cabezas**: Empfehlenswert sind der weiße Meskeoli sowie die roten Verschnitte La Mon-
taña und Aguileon. **Keeling Schaefer Vineyards** (★): VIOGNIER Best Friends,
SYRAH Three Sisters und der rote Verschnitt Partners. **Lawrence Dunham
Vineyards**: Guter Viognier und sehr guter PETITE SIRAH. **Page Springs** (★):
Weiße und Rote im Rhône-Stil, die exzellenten roten Verschnitte El Ser-
rano und Ecips, sehr guter ZINFANDEL Dragoon Vineyard Rockpile Clone
und Rosé La Flor Rosa. **Pillsbury Wine Company** (★): Filmregisseur
Sam Pillsbury erzeugt exzellenten Chardonnay und Petite Sirah. **Sand-
Reckoner Vineyards**: Sehr guter MALVASIA, guter roter Verschnitt »7«.
Sonoita Vineyards: Beliebter COLOMBARD, sehr guter Rosé Sonora Rossa.

Becker Vineyards Tex ★★★ Ausgezeichnete Auswahl interessanter Weine,
v. a. die CABERNET-SAUVIGNON-Gewächse Canada Family und Newsom sowie VIOGNIER, MALBEC Reserve und Rosé Provencal.

Bending Branch Tex ★ Die junge Kellerei produziert bereits eine Reihe exzellenter Weine, u. a. PICPOUL blanc, PETITE SIRAH, TANNAT und den CABERNET
SAUVIGNON Newsom Vineyards.

Brennan Vineyards Tex ★★ Ausgezeichneter VIOGNIER, ein weißer Rhône-
Verschnitt namens Lily, TEMPRANILLO sowie sehr guter CABERNET SAUVI-
GNON und SYRAH.

Brushy Creek Vineyards Tex – Der Eigentümer ist ein Atomphysiker, der das
Experiment liebt. Das Angebot wechselt von Jahr zu Jahr, doch die sortenreinen Weine von Rhône-Trauben sind immer gut.

CapRock Tex ★★→★★★ Vielfach preisgekrönte Kellerei in den High Plains
mit bemerkenswertem MERLOT und Roussanne.

Colorado Erzeuger: **Bookcliff (★★):** Exzellenter MALBEC und Bordeaux-Verschnitt namens Ensemble, sehr guter SYRAH und RIESLING. **Boulder Creek (★★):** Ausgezeichneter CABERNET SAUVIGON, Syrah, sehr guter Rosé namens Dry Rose. **Canyon Wind:** Exzellenter PETIT VERDOT und Merlot. **Creekside (★):** Exzellenter Syrah, sehr guter CHARDONNAY. **Grande River:** SAUVIGNON BLANC, CABERNET FRANC, Petit Verdot, Malbec. **Guy Drew (★★★):** Exzellenter VIOGNIER, trockener RIESLING vom Russell Vineyard, ohne Eiche ausgebauter Chardonnay, Metate, Cabernet franc. **Infinite Monkey Theorem (★):** Exzellenter roter Verschnitt namens 100th Monkey, sehr guter Petit Verdot und Viognier/ROUSSANNE Blind Watchmaker White, gute Reihe von Weinen in Dosen. **Jack Rabbit Hill:** Bio-Wein, PINOT GRIS, M&N. **Plum Creek (★):** Großartiger Riesling, sehr guter Cabernet Sauvignon und Merlot. **St Kathryn Cellars:** Riesenauswahl an Obstweinen guter Qualität, v. a. Pfirsichwein. **Two Rivers (★):** Exzellenter Syrah, sehr guter Chardonnay. **Whitewater Hill Vineyards:** Außergewöhnlich guter Cabernet franc. **Winery at Holy Cross (★):** Exzellenter Cabernet franc, sehr guter Syrah, Merlot.

American Viticultural Areas (AVAs)

Die bundesstaatlichen Bestimmungen in Bezug auf geschützte Herkunftsbezeichnungen in den USA wurden 1977 festgelegt. Es gibt zwei Kategorien. Die erste richtet sich schlicht nach den politischen Grenzen und gilt für AVAs, die einen ganzen Bundesstaat umfassen, z. B. Kalifornien, Washington, Oregon usw. Auch einzelne Counties können AVA-Status erhalten, wie etwa Santa Barbara oder Sonoma. In diesem Fall müssen die Weine ausschließlich von Trauben aus dem betreffenden County bereitet werden. Die zweite Kategorie gilt geografischen Bereichen innerhalb eines Bundesstaats, beispielsweise Napa Valley in Kalifornien oder Willamette Valley in Oregon. Diese AVAs sollten theoretisch auf einer Ähnlichkeit der Böden, Wetterbedingungen etc. basieren. In der Praxis schließen sie jedoch eher alles Mögliche ein als bestimmte Aspekte aus. Innerhalb dieser Art von AVAs sind weitere Subappellationen möglich. Beispielsweise umfasst die AVA Napa Valley Unterbereiche wie die AVAs Rutherford, Stags Leap und andere. Auch für diese geografischen AVAs gilt, dass nur Trauben aus dem jeweiligen Bereich verwendet werden dürfen. Ein Erzeuger, der die entsprechenden Vorgaben erfüllt, hat die Wahl, ob er für seine Weine eine »politische« AVA wie etwa Napa oder eine »geografische« AVA wie Napa Valley verwendet.

Dotson Cervantes Tex ★★ Hervorragender Dessertwein Gotas de Oro.

Duchman Tex ★★★ Einer der besten Erzeuger in Texas: nahezu perfekter VERMENTINO und TEMPRANILLO sowie erfrischender Bianco.

Fall Creek Vineyards Tex ★★★ Eine der ältesten Kellereien in Texas mit hinreißendem Salt Lick TEMPRANILLO, dem stets ausgezeichneten Bordeaux-Verschnitt Meritus, sehr gutem Reserve CHARDONNAY und fabelhaftem halbtrockenem CHENIN BLANC.

Haak Winery Tex ★★ Guter trockener Blanc du Bois und außergewöhnlich gute Madeira-Kopien.

Inwood Estates Tex ★★★ Außergewöhnlicher TEMPRANILLO und sehr guter PALOMINO/CHARDONNAY-Verschnitt von einem kleinen, aber hervorragenden Erzeuger.

Vereinigte Staaten

Llano Estacado Tex ★★→★★★ Eine der ältesten und größten Kellereien in Texas, erzeugt exzellenten MALBEC sowie sehr guten weißen Viviana und roten Viviano.

Lost Oak Tex ★ Sehr guter VIOGNIER und TEMPRANILLO, guter MERLOT.

McPherson Cellars Tex ★★★ Mit die besten Weine von Rhône-Trauben in Texas, alle mit Preisen ausgezeichnet. Köstlicher Rosé Les Copains, exzellenter ROUSSANNE Reserve.

Messina Hof Wine Cellars Tex ★ Erzeugt über 60 verschiedene Weine. Exzellenter RIESLING, v. a. als Spätlese, und sehr gute Weine im Port-Stil unter dem Etikett Papa Paolo.

Nevada Erzeuger: **Churchill Vineyards:** Guter SÉMILLON/CHARDONNAY. **Pahrump Valley Winery:** Sehr guter PRIMITIVO und TEMPRANILLO.

New Mexico Erzeuger: **Black Mesa (★★):** Coyote, PINOT NOIR, Woodnymph RIESLING. **Casa Rondeña:** 1629, Verschnitt aus SYRAH, CABERNET SAUVIGNON, TEMPRANILLO. **Gruet (★★★):** Ausgezeichnete Schaumweine, v. a. Blanc de Noirs, sowie hervorragender CHARDONNAY und Pinot noir. **Heart of the Desert:** Sehr guter Syrah, GEWÜRZTRAMINER. **Luna Rossa (★):** Sehr guter SHIRAZ, TEMPRANILLO. **Noisy Water (★→★★):** Exzellenter Cabernet Sauvignon und sehr guter Shiraz. **Ponderosa Valley (★):** Sehr guter Chardonnay und halbtrockener Jemez Red. **Southwest Wines (★★):** Empfehlenswert v. a. St Clair MALVASIA bianca sowie die Schaumweine DH Lescombes Brut und St Clair Bellissimo.

Oklahoma Erzeuger: **Chapel Creek (★):** Sehr guter MUSCAT, RIESLING, TEMPRANILLO und Norton. **Clauren Ridge:** Sehr guter SYRAH und VIOGNIER. **Redbud Ridge (★):** Syrah. **Stable Ridge:** Sehr guter CHARDONNAY Bedlam. **Summerside Vineyard (★):** Sehr guter Cream »Sherry«. **The Range Vineyard:** Guter Weißweinverschnitt namens Jackwagon.

Pedernales Cellars Tex ★★★ Preisgekrönter VIOGNIER Reserve, exzellenter TEMPRANILLO, VIOGNIER und GARNACHA Dry Rosé. Der MERLOT ist das Schnäppchen des Sortiments.

Spicewood Vineyards Tex ★★→★★★ Ungewöhnlicher, an Sancerre erinnernder SAUVIGNON BLANC und sehr guter SÉMILLON.

William Chris Wines Tex ★ Gilt allgemein als einer der Besten in Texas. Einen guten Griff tut man mit dem CABERNET SAUVIGNON GHV sowie den roten Verschnitten Emotion und Enchante.

Kanada

In den letzten zehn Jahren hat der kanadische Wein einen beispiellosen Sprung nach vorn gemacht, und da die jungen Kellermeister jetzt auch tatsächlich das Terroir ihrer Weinberge berücksichtigen, sieht die Zukunft sogar noch rosiger aus. Bei der letzten Zählung gab es im ganzen Land über 700 offiziell registrierte Kellereien, und viele siedeln sich nun außerhalb der traditionellen Anbaugebiete Niagara Peninsula und Okanagan Valley an. Obwohl Kanada früher für Eiswein berühmt war, ist der moderne kanadische Wein – im Einklang mit dem kühlen Klima – meist trocken und frisch. Mehr Transparenz, weniger Eiche, ein besserer Säuregehalt und ausgeprägtere mineralische Noten sowie verschiedene Verschnitte und Rebsorten – all das deutet auf einen Innovationsschub im kanadischen Weinbau hin. In Ontario geben Chardonnay, Riesling, Pinot noir und Cabernet franc den Ton an, während in British Columbia Riesling, Pinot gris, Chardonnay, Pinot noir, Syrah und rote Verschnitte die Hauptrolle spielen. Der kanadische Schaumwein ist ein weiterer Lichtblick; Nova Scotia bringt einige sehr feine Tropfen hervor.

Die folgenden Abkürzungen werden im Text verwendet:

Niag   Niagara Peninsula
Okanagan V.   Okanagan Valley

Ontario

Es gibt vier Ursprungsbezeichnungen (Appellations of Origin), alle am Ontario- oder Erie-See: Niagara Peninsula, Lake Erie North Shore, Pelee Island und Prince Edward County. Die Niagara Peninsula ist in zehn Weinbaubereiche unterteilt.

Bachelder Niag r w ★★★ 11 12' 13 – Der Montrealer Thomas Bachelder, früher bei LE CLOS JORDANNE, kauft Trauben aus ausgewählten Lagen in Niagara an und erzeugt davon reinen, vom Terroir bestimmten CHARDONNAY und PINOT NOIR. Im Auge behalten.

Cave Spring Niag r w; s; sch ★★★ 10' 11 12' 13 – Kellermeister Angelo Pavans RIESLINGE, v. a. mit den Etiketten CSV (alte Reben) und Estate, sind manchmal überirdisch gut. Auch eleganter CHARDONNAY von alten Reben und eine außergewöhnliche Spätlese.

Château des Charmes Niag r w; s ★★ 10' 11 12' 13 – Die 114 ha große Farm der Familie Bosc gehört zur Gruppe Sustainable Winegrowing Ontario. RIESLING von extrem trocken bis Eiswein, Schaumwein sowie der rote Verschnitt Equuleus als Flaggschiff.

Creekside Niag r w ★★★ 10 11 12' 13 – Erzeuger mit gutem Ruf für Broken Press SYRAH, rote Verschnitte, CHARDONNAY und exzellenten SAUVIGNON BLANC. Außerdem interessante Biowein-Einzelfassabfüllungen namens Undercurrent.

Flat Rock Niag r w ★★ 11 12' 13 14 – 32 ha am Twenty Mile Bench erbringen modernen, spritzigen, frischen RIESLING mit Schraubverschluss, PINOT NOIR und CHARDONNAY. Die beste Wahl sind der Einzellagen-Riesling Nadja's und der Chardonnay Rusty Shed.

Henry of Pelham Niag r w; s; sch ★★ 10' 11 12' 13 14 – Die Brüder Paul, Matt und Daniel Speck erzeugen CHARDONNAY und RIESLING. Großartig sind der Schaumwein Cuvée Catherine Brut, der Speck Family Reserve (SFR), der eigenwillige Baco noir und der Riesling-Eiswein.

Hidden Bench Niag r w ★★★★ 10' 11 12' 13 14 – Weniger ist mehr bei dem handwerklich arbeitenden Erzeugerbetrieb im Gebiet Beamsville Bench (40 ha). Hervorragend sind RIESLING, PINOT NOIR und CHARDONNAY Felseck sowie der Weißweinverschnitt Nuit Blanche.

Inniskillin Niag r w; s ★★ 11 12' 13 14 – Kanadas Eiswein-Pionier entwickelt sich mit Weinmacher Bruce Nicholson weiter. Schmackhafter RIESLING Reserve, PINOT GRIS, PINOT NOIR, hervorragender CABERNET FRANC sowie wunderbare Eisweine von Riesling und VIDAL.

Le Clos Jordanne Niag r w ★★★ 09 10' 11' 12' 13 – Der aus dem Burgund stammende Sebastien Jacquey bereitet eleganten CHARDONNAY und PINOT NOIR aus ökologischem Anbau unter den drei Etiketten Village Reserve, Single Vineyard und Le Grand Clos (aus einzelnen Parzellen).

Malivoire Niag ★★★ 11 12' 13 14 – Shiraz Mottiar erzeugt umweltfreundliche Weine aus vier Weinbergen im Niagara Escarpment. Exzellenter GAMAY und CHARDONNAY der Reihe Tête de Cuvée sowie leckerer PINOT NOIR und GEWÜRZTRAMINER.

Norman Hardie r w ★★★★ 10' 11' 12' 13 14 – Gefeierter Pionier im Prince Edward County, der in Handarbeit CHARDONNAY und PINOT NOIR im burgundischen Stil sowie sehr guten RIESLING bereitet. Empfehlenswert sind Chardonnay und Pinot noir Cuvée L. in den besten Jahrgängen.

Pearl Morissette Niag r w ★★ 10' 11 12' 13 14 – François Morissette (Kellermeister/Miteigentümer), der bei Frédéric Mugnier (siehe Frankreich) gelernt hat, bereitet in *foudres* gereiften RIESLING; dazu CHARDONNAY, CABERNET FRANC und PINOT NOIR.

Ravine Vineyard Niag r w ★★★ 10' 11 12' 13 14 – Die ökologisch bewirtschaftete 14-ha-Lage David's Bench liegt seit etwa 1869 am alten Bett des Niagara River. Spitze sind CHARDONNAY Reserve und CABERNET FRANC; Sand und Gravel heißen die Etiketten für sofortigen Genuss.

Stratus Niag r w ★★★ 10' 11 12' 13 14 – Bilderstürmer Jean-Laurent Groux verarbeitet Trauben von 25 ha am Niagara Lakeshore in der LEED-zertifizierten, also umweltfreundlichen Kellerei, in der rote und weiße Verschnitte den Ton angeben. Außerdem sehr guter RIESLING und SYRAH.

Tawse Niag r w ★★★★ 10' 11 12' 13 14 – Das Vorzeigegut für umweltfreundlichen Weinbau produziert hervorragenden CHARDONNAY, RIESLING, hochklassigen PINOT NOIR, CABERNET FRANC und MERLOT. Die Weinberge sind ökologisch und biologisch-dynamisch zertifiziert.

13th Street Niag r w; sch ★★ 07' 10' 11 12' 13 – Weinmacher Jean-Pierre Colas erzeugt von Kritikern hochgelobten GAMAY, CHARDONNAY-Schaumwein, RIESLING, SAUVIGNON BLANC und SYRAH. Die besten heißen Old Vines, Reserve und Essence.

Vineland Niag r w; s ★★★ 10' 11 12' 13 14 – Gut am Niagara Escarpment mit erstklassigem Restaurant und einer Auswahl an sehr feinem RIESLING und Eiswein. Ebenfalls empfehlenswert sind SAUVIGNON BLANC Reserve, CABERNET FRANC und Meritage.

British Columbia

In British Columbia sind fünf Ursprungsbezeichnungen (Appellations of Origin) ausgewiesen: Okanagan Valley, Similkameen Valley, Fraser Valley, Vancouver Island und Gulf Islands.

Blue Mountain Okanagan V. r w; sch ★★★★ 11 12 13 (14') – Matt und Christy Mavety bringen den Schwung der nächsten Generation in das großartige Schaumweinprogramm: alterungswürdiger PINOT NOIR, CHARDONNAY und PINOT GRIS. Hervorragender Pinot noir Reserve.

Burrowing Owl Okanagan V. r w ★★ 11 12 13 (14') – Das Weingut, ein Pionier in South Okanagan, erzeugt exzellenten CABERNET FRANC sowie sehr guten PINOT GRIS und SYRAH am Black Sage Bench. Auch hochgelobtes Boutiquehotel mit Restaurant.

CedarCreek Estate Winery Okanagan V. r w ★★★ 11 12' 13 (14') – Herrlich aromatischer, alkoholarmer RIESLING, GEWÜRZTRAMINER und EHRENFELSER. Erstklassiger PINOT NOIR und CHARDONNAY. Spitzen-Einzellagenweine unter dem Namen Platinum.

Church and State Wines Okanagan V. r w ★★ 11 12' 13 (14') – Die stilvolle Kellerei Coyote Bowl in South Okanagan erzeugt die köstlichen Verschnitte Tre Bella (Rhône-Weißwein) und Quintessential (roter Bordeaux) sowie ausgezeichneten CHARDONNAY, VIOGNIER und SYRAH.

Hester Creek Okanagan V. r w ★★ 11 12 13 (14') – Elektrisierender TREBBIANO von 40 Jahre alten Reben; Flaggschiff-Wein ist der rote Verschnitt The Judge. Dazu aromatischer PINOT GRIS, PINOT BLANC und CABERNET FRANC. Gästevilla und Restaurant.

Mission Hill Okanagan V. r w ★★★ 10 11 12' 13 (14') – Sehr gute Reihe Reserve (sortenreine Weine), v.a. RIESLING, und die erstklassige Legacy Series mit den Weinen Oculus, Perpetua, Quatrain und Compendium. Vorbildliches Besucherzentrum und Terrassenrestaurant.

Nk'Mip Cellars Okanagan V. r w ★★★ 11 12' 13 (14') – PINOT BLANC, RIESLING und PINOT NOIR verlässlicher Qualität; am besten sind der Pinot noir Qwam Qwmt und der SYRAH. Teil einer von Ureinwohnern betriebenen millionenschweren Ferienanlage mit sehenswertem Desert Cultural Centre.

Osoyoos Larose Okanagan V. r ★★★ 07 08 09' 10 11 12' 13 – Die Groupe Taillan mit Sitz in Bordeaux betreibt diese Maßstäbe setzende, 33 ha große Einzellage. Spitzenweine sind Le Grand Vin mit Alterungspotenzial und der früher trinkreife Pétales d'Osoyoos.

Painted Rock Okanagan V. r w ★★★ 11 12' 13 (14') – Alain Sutre aus Bordeaux ist als önologischer Berater sowohl für den 24-ha-Weinberg (einen Steilhang in Skaha Bench) als auch für die Weinbereitung zuständig. Sehr guter SYRAH und CHARDONNAY; Aushängeschild ist der rote Verschnitt Icon.

Pentâge Winery Okanagan V. r w ★★ 12' 13 (14') – Kleiner Erzeuger (5.000 Kisten) in Skaha Bench mit feinem VIOGNIER, PINOT GRIS, GEWÜRZTRAMINER und Verschnitten (rot und weiß) im Rhône-Stil.

Quails' Gate Okanagan V. r w ★★ 12' 13 (14') – Kellermeisterin Nikki Callaway hat das Familiengut verändert und setzt jetzt auf eine Mischung aus Frucht und Komplexität. Exzellenter PINOT NOIR, CHARDONNAY, aromatischer RIESLING, CHENIN BLANC. Der Old Vines Foch (von alten Reben) genießt Kultstatus.

Red Rooster Okanagan V. r w ★★ 11 12' 13 (14') – Frische, aromatische Weine sind das Markenzeichen dieses Erzeugers in Naramata Bench. CHARDONNAY, PINOT GRIS, RIESLING und MERLOT sind außerordentlich preiswert. Auch beeindruckender Chardonnay Reserve.

Road 13 Okanagan V. r w ★★★ 11 12' 13 (14') – Weinmacher J. M. Bouchard konzentriert sich ganz auf lagenspezifische Weine und den selektiven Einsatz von Eiche. Die Premiummarke Jackpot wird angeführt von CHENIN BLANC, VIOGNIER, SYRAH und PINOT NOIR.

Stag's Hollow Okanagan V. ★★★ 12' 13 (14') – Kellermeister Dwight Sick versucht sich an neuen Höhen in Okanagan Falls in der Talmitte und erzeugt köstlichen VIOGNIER, GRENACHE, PINOT NOIR, SYRAH.

Tantalus Okanagan V. r w ★★★ 10 11 12' 13 (14') – Die »Neuen Pioniere« konzentrieren sich auf eine kleine Reihe vom Terroir bestimmter Weine von PINOT NOIR, RIESLING und CHARDONNAY aus den ältesten (seit 1927) kontinuierlich bewirtschafteten Weinbergen Kanadas.

Kanada

Mexiko

Die spanischen Konquistadoren, die im 16. Jahrhundert Mexiko überrannten, schätzten ihre tägliche Ration Wein, weshalb sie bald Reben aus Spanien mitbrachten und damit dem mexikanischen Weinbau den Weg ebneten. Die erste Kellerei, Hacienda San Lorenzo, wurde 1597 gegründet. Sie heißt inzwischen Casa Madero und ist im Valle de Parras in Zentralmexiko immer noch in Betrieb. Nach offiziellen Angaben beträgt die Rebfläche Mexikos 55.000 ha, doch die meisten Trauben aus dem Zentrum des Landes gehen in die Weinbrandproduktion. Qualitätsweine werden in den Küstentälern im Norden der Halbinsel Baja California erzeugt, vor allem im Guadalupe-Tal südöstlich von Tijuana. Hier kann es tagsüber zwar bis zu 38° C heiß werden, aber kühlende Winde vom Pazifik drücken die Temperatur nach Sonnenuntergang um bis zu 16° C. In den letzten Jahrzehnten ist die Anzahl der Boutiquekellereien sprunghaft gestiegen; einige bringen gute Qualität hervor.

Adobe Guadalupe ★★→★★★ Hugh Acosta, der Starkellermeister aus Baja California, berät hier. Die Weine – Verschnitte von Bordeaux-Sorten und andere – tragen die Namen von Engeln. Sehr gute Qualität, ausgewogen, geschmacksintensiv. Auch ein Restaurant mit Pension gehört dazu.

Bibayoff, Vinos ★★→★★★ Die Reben in Hanglangen werden im Trockenanbau bewirtschaftet, um den salzigen Geschmack zu vermeiden, den manche Baja-Weine aufgrund von kontaminiertem Bewässerungswasser aufweisen. Hervorragender ZINFANDEL, sehr guter Zinfandel/CABERNET-SAUVIGNON-Verschnitt, schwungvoller CHENIN BLANC.

Bodegas Santo Tomas ★★→★★★ Die älteste Kellerei der Baja California, gegründet 1888, hat eine beachtliche Bandbreite an Weinen. Am besten sind TEMPRANILLO, CABERNET SAUVIGNON und SAUVIGNON BLANC.

Casa de Piedra ★★→★★★ Handwerklicher Erzeuger mit sehr gutem CABERNET SAUVIGNON/TEMPRANILLO-Verschnitt Vino de Piedra, dem CHARDONNAY Piedra del Sol und drei Schaumweinen von durchschittlicher Qualität.

Château Camou ★★→★★★ Am besten ist der Gran Vino Tinto, ein samtiger, ausgewogener Verschnitt auf CABERNET-SAUVIGNON-Basis. Der Gran Vino Tinto ZINFANDEL drückt seine Traubensorte auf kraftvolle Weise aus.

L. A. Cetto ★→★★★ Die größte Kellerei der Baja, gegründet 1928, bietet von einfachen Zechweinen bis hin zu komplexerem CABERNET SAUVIGNON ein breites Weinangebot. Der ZINFANDEL aus Trockenanbau ist ein Gedicht. Die Spitzenmarke heißt Don Luis, mit sehr gutem Cabernet-Sauvignon-Verschnitt und blumigem VIOGNIER. Zum Besucherzentrum gehört auch eine Stierkampfarena. Da dürften sie in Napa ganz schön neidisch sein.

Monte Xanic ★★→★★★ Das 1987 gegründete Gut hat sich einen Ruf für beste Qualität erworben. Exzellenter CABERNET SAUVIGNON mit intensiven Aromen und einem langen Abgang; auch sehr guter MERLOT. Der CHENIN BLANC mit einem Schuss COLOMBARD gibt einen schönen Aperitif ab.

Rognato ★★→★★★ Kleine neue Kellerei mit exzellentem CABERNET SAUVIGNON und dem großartigen Rotweinverschnitt Tramonte. Die Weine haben ein gutes Alterungspotenzial.

Tres Mujeres ★★→★★★ Ein gutes Beispiel für die neue Welle handwerklich arbeitender Erzeuger auf der Baja. Exzellenter TEMPRANILLO, sehr guter GRENACHE/CABERNET-SAUVIGNON-Verschnitt La Mezcla del Rancho.

Viñas de Garza ★★→★★★ Feiner Bordeaux-Verschnitt Tinto del Rancho Morgorcito, hervorragender CABERNET SAUVIGNON und MERLOT. Auch sehr guter TEMPRANILLO und ZINFANDEL.

Vinisterra ★★ Neuer Erzeuger mit Weinen im Rhône-Stil. Am besten ist der intensiv aromatische SYRAH/MOURVÈDRE-Verschnitt Pedegal.

Südamerika

CHILE
JUJUY
Antofagasta

Salta
SALTA ○ Salta
Cafayate Valley

FORMOSA

TUCUMAN
CHACO

CATAMARCA

SANTIAGO
DEL ESTERO   SANTA FE

COQUIMBO   La Rioja ○ La Rioja
Elqui   LA RIOJA   *Salado*   *Paraná*
a Serena
Limarí   SAN JUAN   CÓRDOBA
Choapa   San Juan
San Juan ○   ○ Córdoba   ○ Santa Fe
araíso Aconcagua   ENTRE
           Mendoza   RÍOS
sablanca ○ Santiago ○ Mendoza
an Antonio Maipo   Luján
eyda   Rapel (inkl. Chacapoal/Colchagua) ARGENTINIEN
           San Rafael   Valle de Uco   Buenos Aires ○
Curicó
Maule   MENDOZA
                        BUENOS AIRES
Itata   LA PAMPA
Bío Bío
Malleco   *Colorado*
        NEUQUEN   *Negro*   Südatlantischer Ozean

        RÍO NEGRO ○ Viedma

        PATAGONIEN
                               Die folgenden Abkürzungen
                               werden im Text verwendet:
        Rawson ○
                               Aco   Aconcagua
        Chubut   Cach   Cachapoal
                               Casa   Casablanca
        CHUBUT   Cata   Catamarca
                               Col   Colchagua
                               Cur   Curicó
                               Elq   Elqui
                               Ley   Leyda
                               Lim   Limarí
                               Mai   Maipo
                               Mau   Maule
                               Men   Mendoza
                               Neuq   Neuquén
                               Pat   Patagonien
                               Rap   Rapel
                               Río N   Río Negro
                               Sal   Salta
                               San A   San Antonio
                               San J   San Juan

Südamerika

Jahrgänge in Südamerika

Auch wenn im Vergleich zu Europa alles noch ziemlich gleichmäßig ist, zeigen sich auch in Südamerika die Jahrgänge immer deutlicher, insbesondere in den extremeren Regionen. Lebhafte Frucht mit schöner Konzentration war schon immer ein großer Genussfaktor südamerikanischer Weine, der dafür sorgt, dass schon die jüngsten Jahrgänge wunderbar trinkreif sind. Nur Spitzenrotweine sollten 4–6 Jahre lagern, um auf den Höhepunkt zu kommen.

Chile

Die Karte der Weinbaugebiete Chiles ist weiter im Wandel. Neue Weinberge nahe der Pazifikküste, die sich von der Atacama-Wüste nach Süden bis Itata erstrecken, bringen nun frischen, rassigen Sauvignon blanc, mineralisch-scharfen Chardonnay, leichten, saftigen Pinot noir sowie Syrah im aromatischen Stil der nördlichen Rhône hervor. In den Zentraltälern entstehen weiterhin die traditionellen reifen, runden Weine, die gefallen möchten, doch auch neue Mittelmeersorten wie Grenache und Mourvèdre tauchen auf einmal auf. Hier ist auch die chilenische Renaissance alter Reben mit Carignan und Malbec zu Hause, und sogar die rustikale País bekommt eine neue Chance. Im Osten Chiles klettern die Reben immer höher die Hänge der Anden hinauf – die Winzer hoffen, dass die Höhenlage dem chilenischen Wein ein ganz neues Rückgrat verleiht. Die Erzeuger erinnern sich wieder daran, dass Chiles Weine schon vor der Invasion von Eiche und hohen Alkoholgraden eine Persönlichkeit hatten, und lassen den Boden sprechen.

Aconcagua Region mit traditionell mächtigen Rotweinen; neue Anpflanzungen an der Küste wirken am frischesten. SYRAH hat das Zeug zum Star.

Almaviva Mai ★★★★ Joint Venture von CONCHA Y TORO und Baron Philippe de Rothschild. Hübscher Verschnitt im Bordeaux-Stil (v. a. CABERNET SAUVIGNON) zu einem ebenso hübschen Preis.

Altaïr Rap ★★★ Komplexer, präzise gearbeiteter Rotweinverschnitt; neuere Jahrgänge sind nicht mehr so eichenholzlastig. Das Zweitetikett Sideral ist leichter zugänglich. Pascal Chatonnet aus Bordeaux berät.

Antiyal Mai ★★→★★★ Elegante Garagenweine vom Biospezialisten Álvaro Espinoza. Komplexe rote Verschnitte von CARMENÈRE, CABERNET SAUVIGNON, SYRAH und PETIT VERDOT sowie reinsortiger Carmenère von einer Einzellage.

Apaltagua ★★→★★★ Breite, jüngst diversifizierte Angebotspalette von der Küste und aus dem Valle Central. Guter CARMENÈRE und PINOT NOIR, preisgünstiger RIESLING.

Aquitania, Viña Mai ★★★ Exzellenter CHARDONNAY und PINOT NOIR in der Reihe Sol de Sol. Das chilenisch-französische Joint Venture erzeugt außerdem sehr guten gereiften CABERNET SAUVIGNON Lazuli aus Quebrada de Macul sowie geringe Mengen Schaumwein.

Arboleda, Viña Aco ★★ Der zu ERRÁZURIZ/CALITERRA gehörende Betrieb besitzt Weinberge von der Küste ACONCAGUAS bis in die Anden. Frischer SAUVIGNON BLANC, reichhaltiger CHARDONNAY, konzentrierte Rote.

Aristos Cach, Mai ★★★ Die Chilenen François Massoc und Pedro Parra haben sich mit dem burgundischen Erzeuger Liger-Belair (siehe Frankreich) zusammengetan, um Cachapoal mit drei großartigen Weinen neu zu erfinden: dem reichhaltigen, mineralischen Duquesa CHARDONNAY, dem erstklassigen Duque CABERNET SAUVIGNON und dem Barón (CABERNET SAUVIGNON/MERLOT/SYRAH).

Bío-Bío Die historische Region in Südchile gelangt zu neuem Ruhm – kühl genug für interessanten RIESLING, GEWÜRZTRAMINER, PINOT NOIR und CHARDONNAY. Auch für Schaumweine vielversprechend.

Botalcura Cur ★★ Der Franzose Philippe Debrus erzeugt mächtige Rotweine, inkl. NEBBIOLO. Probieren Sie den jungen, preisgünstigen Porfía Gran Reserva MALBEC.

Caliboro Mau ★★ Francesco Marone Cinzano ist die Seele des raffinierten Verschnitts Erasmo (CABERNET SAUVIGNON/CABERNET FRANC/MERLOT), und des seltenen Torontel (aus der MUSCAT-Familie) Late Harvest.

Caliterra Casa, Col, Cur, Ley ★→★★ Der Schwesterbetrieb von ERRÁZURIZ konzentriert sich auf ökologischen und nachhaltigen Anbau. Preisgünstige Weiße und einfache, aber saftige Rote. Probieren Sie den roten Flaggschiffwein Cenit.

Cabernet mit Klängen

Musikverrückt kann man den Kellermeister Juan Ledesma nennen, der nun seit drei Jahrgängen »musikalische« Weine in Maule und Itata erzeugt, indem er Lautsprecher in die Fässer versenkt. Leute, die den Wein verkostet haben, behaupten, dass es etwas bewirkt, und Skeptiker können sich bald ein eigenes Urteil bilden, denn die Weine sollen dieses Jahr auf den Markt kommen.

Calyptra Cach ★★★ Der Frankochilene François Massoc bereitet exzellenten Zahir CABERNET SAUVIGNON, CHARDONNAY Gran Reserva und komplexen, fassgereiften SAUVINGON BLANC. Ein Spitzenerzeuger in Cachapoal.

Carmen, Viña Casa, Col, Elq, Mai ★★→★★★ Wegbereiter des ökologischen Weinbaus mit Augenmerk auf CARMENÈRE. Erzeugt auch reifen, frischen Special Reserve CHARDONNAY aus CASABLANCA sowie sehr guten PETITE SIRAH und MERLOT. Spitze ist der CABERNET SAUVIGNON Gold Reserve.

Casablanca Wegweisende kühlklimatische Region, jetzt wieder stark nachgefragt. Die meisten Erzeuger möchten einen Casablanca in ihrem Portfolio haben, v. a. CHARDONNAY, SAUVIGNON BLANC, PINOT NOIR und SYRAH.

Casa Marín San A ★★★ Einzellagenspezialist mit Weinbergen, die nur 4 km von der Küste entfernt sind. Sehr guter RIESLING, GEWÜRZTRAMINER, PINOT GRIS und SAUVIGNON BLANC. Die Weißweine sind am bekanntesten, den exzellenten Miramar SYRAH sollten Sie aber nicht verpassen.

Casas del Bosque Casa, Mai ★★→★★★ In Chile ansässiger Neuseeländer mit exzellentem SAUVIGNON BLANC und SYRAH (beide Gran Reserva) aus einem der kühlsten Gebiete Casablancas. Auch sehr guter CHARDONNAY.

Casa Silva Col, Südchile ★★→★★★ Traditionelle Familienkellerei in Colchagua mit mächtigen (sehr guter CARMENÈRE) und frischen Weißen aus dem küstennahen Paredones. Interessanter PINOT NOIR und CHARDONNAY aus Chiles südlichstem Weinbaugebiet Lago Ranco. Auch der Sauvignon gris aus Colchagua ist zu empfehlen.

Clos des Fous Cach, Casa, Südchile ★★→★★★ Terroirspezialist; Weinbereitung mit minimalen Eingriffen. Exzellenter Verschnitt auf CABERNET SAUVIGNON/CARIGNAN-Basis; außerdem PINOT NOIR.

Clos Ouvert Mau ★★ Der Franzose Louis Antoine Luyt erzeugt »Naturweine« mit Fokus auf in Chile ungewöhnlicheren Sorten wie PAÍS, CARIGNAN und CINSAULT.

Concha y Toro Valle Central ★→★★★★ Chiles Anführer in puncto Menge, Kategorien und Anerkennung; es würde Monate dauern, das gesamte Angebot durchzuprobieren. Sehr zu empfehlen ist die Reihe Terrunyo für her-

vorragenden SAUVIGNON BLANC, sehr guten RIESLING, CABERNET SAUVI-
GNON, CARMENÈRE und SYRAH. Klassisch sind der Cabernet Sauvignon
Marques de Casa Concha (Puente Alto) und der Don Melchor (MAIPO). Au-
ßerdem der Kultwein Carmín de Peumo (Carmenère), subtiler CHARDONNAY
Amelia (CASABLANCA), bemerkenswerter Maycas Chardonnay und PINOT
NOIR (LIMARÍ), und der MALBEC der Serie Riberas (Colchagua). Dazu kom-
men noch sortenreine Weine und Verschnitte unter den Marken Trio und
Casillero del Diablo. Siehe auch ALMAVIVA und TRIVENTO (Argentinien).

Cono Sur Casa, Col, Bío Bío ★★→★★★ Spezialist für PINOT NOIR, der in
jeder Preiskategorie Qualität fürs Geld liefert (probieren Sie den 20 Barrels und den Spitzenwein Ocio). Auch sehr guter CABERNET SAUVIGNON,
RIESLING und Spätlese-Riesling. Neben dem Ocio Pinot noir ist auch der
neue Silencio Cabernet Sauvignon Spitzenklasse. Günstige Alltagsweine
bieten die Reihen Single Vineyard und Bicicleta.

Cousiño Macul Mai ★★→★★★ Historisches Weingut in Santiago mit verlässlichem MERLOT Antiguas Reserva und schwungvollem Sauvignon gris.
Der Spitzenwein Lota ist immer noch einer der besten Verschnitte Chiles.

De Martino Cach, Casa, Elq, Mai, Mau, Itata ★★→★★★ Pionier für Weinbereitung mit minimalen Eingriffen, der Amphoren statt neuer Eiche verwendet. Exzellenter SYRAH von über 2.000 m hohen Lagen in ELQUI; sehr
guter MUSCAT und CINSAULT von alten Reben, die in geringerer Höhe in
Itata wachsen. Die Reihe Legado präsentiert klassischen CABERNET SAU-
VIGNON, CHARDONNAY, CARMENÈRE, SYRAH, MERLOT und SAUVIGNON BLANC
von erstklassigen Einzellagen im ganzen Land.

Elqui Extreme, trockene Region in Nordchile, die unten (350 m) von Meeresbrisen und oben (2.200 m; die höchsten des Landes) von der Höhenlage
gekühlt werden. Brillanter SYRAH, sehr guter SAUVIGNON BLANC, interessanter PX (besser bekannt als Grundstoff für Pisco). Unglaubliche Sicht
auf den Sternenhimmel.

Emiliana Casa, Rap, Bío Bío ★→★★★ Spezialist für biologisch-dynamischen
Weinbau in Zusammenarbeit mit Álvaro Espinoza (siehe ANTIYAL). Die
komplexen, SYRAH-schweren Weine »G« und Coyam weisen schon beinahe Wildheit im mediterranen Stil auf. Erschwingliche Komplexität bieten die preiswerteren, aber sehr guten Reihen Adobe und Novas.

Errázuriz Aco, Casa ★★→★★★ Pionier in der Küstenregion von ACONCA-
GUA, erzeugt jetzt eindrucksvolle Weine mit Spontangärung (PINOT NOIR,
SAUVIGNON BLANC, CHARDONNAY, SYRAH). Reichhaltige, duftende Spitzen-
gewächse (Don Maximiliano, KAI), gute Verschnitte auf GRENACHE-Basis.
Siehe auch ARBOLEDA, CALITERRA, SEÑA, VIÑEDO CHADWICK.

Falernia, Viña Elq ★★→★★ Die unerschockenen italienischen Cousins
waren die ersten kommerziell arbeitenden Erzeuger in ELQUI. Exzellenter
SYRAH im Rhône-Stil, kräuterwürziger SAUVIGNON BLANC, komplexe Rote,
ungewöhnlicher PX. Zu den Marken zählen Alta Tierra und Mayu.

Fournier, Bodegas O. Ley, Mau ★★→★★★ Kleines Unternehmen in spanischem Besitz mit alten Weinbergen in Maule, die vom Río Maule gekühlt
werden. Sehr gute rote Verschnitte und CARIGNAN aus Maule, exzellenter
SAUVIGNON BLANC aus Leyda.

Garcés Silva, Viña San A ★★→★★★ Der Markenname dieses keine Kosten
scheuenden Unternehmens lautet Amayna. Weine im vollen, reifen Stil,
denen für eine optimale Ausgewogenheit etwas Alkohol entzogen wird.
Der SAUVIGNON BLANC ist besonders gut.

García & Schwaderer Casa, Mau ★★ Junges Kellermeisterehepaar, das spannenden Casa (PINOT NOIR, SAUVIGNON BLANC, SYRAH) und aromatischen
CARIGNAN aus MAULE erzeugt. Mitglied der Bewegung unabhängiger Winzer (MOVI).

Hacienda Araucano Casa, Rap ★★→★★★ Der chilenische Außenposten von François Lurton aus Bordeaux. Der Gran Lurton ist ein eleganter CABERNET SAUVIGNON, der Alka ein Spitzen-CARMENÈRE und der Humo Blanco ein exzellenter PINOT NOIR. Auch sehr guter SAUVIGNON BLANC und rote Verschnitte.

Haras de Pirque Mai ★★→★★★ Weingut in Pirque. Topwein ist der SYRAH Character; außerdem rauchiger SAUVIGNON BLANC, stilvoller CHARDONNAY und dicht gewirkter CABERNET SAUVIGNON/MERLOT. Der kompakte Albis (Cabernet Sauvignon/CARMENÈRE) wird gemeinsam mit Antinori (siehe Italien) erzeugt.

Itata Hügelige Region im Süden, die gerade wiederentdeckt wird. Hier stehen einige der ältesten Reben des amerikanischen Kontinents. Gut für CINSAULT, PAÍS, MUSCAT.

Lapostolle Cach, Casa, Col ★★→★★★★ Umwerfendes Biogut in Colchagua im Besitz der Familie Marnier-Lapostolle (Grand Marnier). Reichhaltige Rotweine, v. a. der üppige Clos Apalta auf CARMENÈRE-Basis, resolute Weiße (CHARDONNAY, SAUVIGNON BLANC). Die neue Reihe Collection (SYRAH, CARMENÈRE) bietet frischere Interpretationen von Lesegut aus dem ganzen Land. Auch leckerer Pisco aus ELQUI.

Leyda, Viña Col, Mai, San A ★★→★★★ Dieses Gut brachte das gleichnamige Weinbaugebiet ins Rampenlicht. Pikante, konzentrierte Weißweine aus der Küstenregion (CHARDONNAY, SAUVIGNON BLANC, Sauvignon gris), würziger SYRAH, saftiger PINOT NOIR (auch lebhafter Rosé), guter Schaumwein. Probieren Sie die Reihe Lot.

Limarí Zwischen Kakteen breitet sich diese junge, sehr trockene Küstenregion aus; der Kalksteinboden verleiht den Weinen etwas Besonderes. Probieren Sie CHARDONNAY, SAUVIGNON BLANC, SYRAH.

Loma Larga Casa ★★→★★★ Chilenischer Spitzen-MALBEC, wegen des pazifischen Einflusses ganz anders als argentinische Versionen. Dazu eindrucksvoller CABERNET FRANC (auch Rosé) und SYRAH.

Maipo Renommiertes historisches Weinbaugebiet, aus dem einige der besten und einige der schlimmsten Weine Chiles stammen. Die Weinberge breiten sich weiter in die Hügel aus. Exzellenter CABERNET SAUVIGNON aus Pirque und Puente Alto.

Matetic Casa, San A ★★★ Julio Bastías steht nun am Ruder dieses Bioweinguts zwischen CASABLANCA und SAN ANTONIO. Großartiger SYRAH, sehr guter SAUVIGNON BLANC und PINOT NOIR. Verlässliche Qualität.

Maule Eines der ersten und ausgedehntesten Weinbaugebiete am Südende des Valle Central. Am besten für CARIGNAN und PAÍS von alten Reben. Achten Sie auf die Unterbereiche Loncomilla und Cauquenes.

Maycas del Limarí Lim ★★→★★★ Marcelo Papa, Kellermeister bei CONCHA Y TORO, verfolgt hier mit Leidenschaft ein Projekt der Firma. Straffe, mineralische, frische Weine von der Küste (sehr guter SAUVIGNON BLANC, CHARDONNAY, PINOT NOIR und SYRAH).

Montes Casa, Col, Cur, Ley ★★→★★★★ Feng Shui im Weinberg, Engel in der Kellerei: Die intensiven, komplexen Rotweine (Alpha CABERNET SAUVIGNON, Folly Syrah, Purple Angel CARMENÈRE) werden ergänzt von frischen Weinen von der Küste, etwa der guten Reihe Outer Limits (SAUVIGNON BLANC, PINOT NOIR) aus Zapallar und CINSAULT aus Itata.

MontGras Col, Ley, Mai ★★→★★★ Schöne Weine in limitierter Auflage, darunter SYRAH und rosé ZINFANDEL. Hochklassige Aushängeschilder sind der CABERNET SAUVIGNON Ninquén und der Syrah Antu Ninquén. Preiswerter Biowein Soleus, exzellenter Amaral SAUVIGNON BLANC und CHARDONNAY aus LEYDA.

Montsecano ★★★ Fünf Chilenen und der Franzose André Ostertag erzeugen biologisch-dynamischen PINOT NOIR von kühlen Hochlagen – nicht viel, aber vom Feinsten.

Morandé Casa, Mai, Mau ★★→★★★ Großer Erzeuger mit eindrucksvollem Angebot. Überspringen Sie die Klassiker und probieren Sie gleich den Limited Edition CARIGNAN, den Vigno, den Gran Reserva (v. a. PINOT NOIR) und den 30 Monate auf dem Hefesatz lagernden Schaumwein Brut Nature oJ (CHARDONNAY, PINOT NOIR).

Pipeño – junger, fruchtiger País, Standardgetränk bis in die 80er – liegt in den Bars von Santiago jetzt wieder im Trend.

Neyen Rap ★★★ Projekt des aus Bordeaux stammenden Patrick Valette in Apalta, erzeugt einen intensiven Verschnitt von alten Reben (CARMENÈRE/ CABERNET SAUVIGNON). Im Besitz von VERAMONTE.

Odfjell Mai, Mau ★→★★★ Der französische Kellermeister Arnaud Hereu erzeugt sehr gute rote Verschnitte und sortenreine Weine, u. a. den exzellenten CARIGNAN aus MAULE.

> **Itata: Geht's bald los?**
> Interessiert an alten Reben (manche bis zu 200 Jahre), kühlen Bedingungen mit reichlich Wasser und vergessenen Rebsorten? Dann ist ITATA tief im Süden etwas für Sie. Dort gibt es vor allem kleine Erzeuger, doch nachdem TORRES vergangenes Jahr 230 ha gekauft hat, werden die Schwergewichte schon noch kommen.

Pérez Cruz, Viña Mai ★★★ Interessanter PETIT VERDOT Chaski, COT Edición Limitada und ausgewogener, klassischer CABERNET SAUVIGNON Waiki.

Polkura Col ★★ Unabhängiger Erzeuger, der sich auf SYRAH aus Marchigue konzentriert; auch reichhaltiger MALBEC.

Quebrada de Macul, Viña Mai ★★→★★★ Ehrgeiziger Erzeuger mit gutem CHARDONNAY und exzellentem Domus Aurea: einer der elegantesten und klassischsten CABERNET-SAUVIGNON-Weine Chiles.

Rapel Große Weinbauregion im Valle Central mit langer Tradition, bekannt v. a. für die Täler Colchagua und Cachapoal: dralle Rotweine, gut v. a. von CARMENÈRE und SYRAH. Neue Pflanzungen entstehen näher an der kühleren Küste und höher in den Anden.

RE Mai ★★★ Pablo Morandé Junior arbeitet mit Tonamphoren und erzeugt Naturweine, unkonventionelle Verschnitte und orangefarbene Weine – unorthodox und aufregend für Chile.

Ribera del Lago Mau – Erstaunlicher junger SAUVIGNON BLANC von Tonböden sowie PINOT NOIR Laberinto.

San Antonio An CASABLANCA anschließende große Küstenregion. Meeresbrisen und trockene Bedingungen schaffen gute Voraussetzungen für exzellente Weiße; auch sehr guter PINOT NOIR und SYRAH. Leyda ist ein Unterbereich.

San Pedro Cur ★→★★★ Großer Erzeuger mit Sitz in Curicó. 35 South (oder 35 Sur) und Castillo de Molina sind erschwingliche Alltagsweine. Am besten sind die Rotweine »1865 Limited Edition«, der SYRAH aus ELQUI und der elegante Cabo de Hornos. Im selben Besitz wie ALTAÏR, Viña Mar, Missiones de Rengo, Santa Helena und TARAPACÁ.

Santa Carolina, Viña ★★→★★★ Große Marke mit langer Tradition und ein paar Ausflügen ins Unerforschte. Probieren Sie die Reihe Specialties, v. a.

MOURVÈDRE, CARIGNAN. Spitzengewächse sind der teure, aber exzellente Herencia (CARMENÈRE) und der VSC.

Santa Rita Mai ★★→★★★★ Große historische Bodega in MAIPO mit umfangreichem Angebot aus allen Teilen des Landes. Empfehlenswert: neuer Bougainville PETITE SIRAH, Casa Real Cabernet Sauvignon für klassische Fülle, Pehuén CARMENÈRE, Triple C (CABERNET SAUVIGNON/CABERNET FRANC/Carmenère), die Reihe Floresta und günstiger Medalla Real CHARDONNAY.

Seña Aco ★★★★ Ursprünglich gemeinsam mit ROBERT MONDAVI ins Leben gerufenes Projekt, jetzt aber im Alleinbesitz der Familie Chadwick von ERRÁZURIZ. Der Seña, ein Verschnitt im Bordeaux-Stil von einer Hanglage in ACONCAGUA, zählt zu Chiles besten Weinen.

Syrah ist einer der heißesten Trends in Chile mit einer Steigerung von fast 30 % in den letzten fünf Jahren.

Tabalí ★★→★★★★ Kellermeister Felipe Müller hat mit dieser Reihe Einzellagenweine von Kalksteinböden in Limarí vorgemacht, wie man einen verfeinerten kühlklimatischen Stil bereitet. Exzellenter CHARDONNAY, SAUVIGNON BLANC, PINOT NOIR.

Tarapacá, Viña Casa, Ley, Mai ★★ Immer besser werdende, alteingesessene Kellerei, im Besitz der VSPT-Gruppe. Spitzenweine: Tara Pakay (CABERNET SAUVIGNON/SYRAH), Etiqueta Negra Gran Reserva (Cabernet Sauvignon).

Torres, Miguel Cur ★★→★★★★ Der spanische Erzeuger Miguel Torres hat dieser Region in den 1980er-Jahren den Weg bereitet und ist, neben anderen Bemühungen, auch gerade dabei, die lange übersehene Sorte PAÍS zu rehabilitieren. Frische Weiße aus Itata, gute Rote von Einzellagen (v. a. der grandiose CABERNET SAUVIGNON Manso de Velasco), País im Beaujolais-Stil (Reserva de Pueblo) und hübscher rosé Schaumwein País Estelado.

Undurraga Casa, Ley, Lim, Mai ★★ Seit Rafael Urrejola, einer der jüngsten Chefkellermeister Chiles, die Reihe TH (Terroir Hunter) bereitet, hat Undurraga sein bis dahin dröges Image abschütteln können. Probieren Sie auch den Spitzen-CABERNET-SAUVIGNON und die vielen Partyschaumweine.

Von den Bergen zur Küste
Das chilenische Appellationssystem ist dreigeteilt: Costa (Küste), Entre Valles (Valle Central) und Andes (Anden). Die Klimazonen von Ost nach West (statt von Nord nach Süd) zu klassifizieren ist sinnvoll, da Weine aus dem Gebiet Andes von der Höhenlage beeinflusst sind, Entre Valles ein wärmeres Kontinentalklima hat und Costa einem kühlen maritimen Einfluss unterliegt.

Südamerika

Valdivieso Cur, San A ★→★★★ Großer Erzeuger, der mit seinen Reihen Reserva und Single Vineyard (v. a. CABERNET FRANC und MALBEC) von Spitzenterroirs in ganz Chile zu beeindrucken weiß – besonders gut ist der Chardonnay aus Leyda. Außerdem roter Verschnitt Caballo Loco oJ und herrlicher Éclat auf CARIGNAN-Basis.

Vascos, Los Rap ★→★★★ Unternehmen im Besitz von Lafite-Rothschild, das sich sehr bemüht, seine Weine im Bordeaux-Stil zu verbessern. Spitzenreiter: Le Dix und Grande Réserve.

Ventisquero, Viña Casa, Col, Mai ★→★★★ Ehrgeizige, nach einem Gletscher benannte Kellerei; die neuesten Weine sind in der Reihe Tara herausgekommen und stammen von den nördlichsten Weinbergen Chiles in der Region Atacama. Exzellenter Kalfu Sumpai SYRAH aus Leyda, probierenswert auch der Enclave CABERNET SAUVIGNON (MAIPO).

> **Riesling im Kommen**
>
> Chilenischer RIESLING war bisher kein Schmuckstück, doch seit er in kühleren Gebieten gepflanzt wird, zeigt er sich weniger schüchtern als scharfzüngig. Beispielhafter Riesling kommt aus Weinbergen an der Küste und aus südlichen Regionen wie Bío Bío. Probieren Sie CASA MARÍN, Terrunyo (CONCHA Y TORO), CONO SUR, Lafken, MATETIC, Meli.

Veramonte Casa, Col ★★ Reife, aber elegante Rotweine aus Colchagua (Spitze ist der Verschnitt Primus); frischere Stile aus CASABLANCA mit dem Ritual PINOT NOIR und der Reserva SAUVIGNON BLANC ganz vorn.

Weinbergarbeiter in Chile müssen mit einer Sonnencreme mit Faktor 30 versorgt werden – gesetzlich vorgeschrieben.

Villard Casa, Mai ★★ Der französischstämmige Thierry Villard bereitet raffinierte Weine: gute Rote aus MAIPO, v. a. PINOT NOIR und MERLOT, CABERNET SAUVIGNON aus Equis und Weißweine aus CASABLANCA.

Viñedo Chadwick Mai ★★★→★★★★ Stilvoller CABERNET SAUVIGNON, der mit jedem Jahrgang besser wird, von Weinbergen im Besitz von Eduardo Chadwick, dem Präsidenten von ERRÁZURIZ.

Viu Manent Casa, Col ★★ MALBEC-Spezialist (völlig anders als der argentinische Malbec) mit noch ein paar weiteren Trümpfen. Toller El Incidente auf CARMENÈRE-Basis, pikanter SAUVIGNON BLANC aus Casablanca.

Argentinien

Argentinien hat einen guten Lauf gehabt. Originalität, Einfachheit (Malbec natürlich, Dummi!) und Kraft haben seine Weine erkennbar und einprägsam gemacht – wenn nicht sogar subtil. Malbec scheint unaufhaltsam zu sein, von Norden nach Süden taucht er überall im Land auf. Aber es sind noch ein paar andere Pferde im Rennen: Cabernet Sauvignon und Bonarda waren dem Malbec lange auf den Fersen, doch ist nun es tatsächlich Cabernet franc, der mit seinem verführerisch würzigen Charakter und seinem eindrucksvollen Körper einen Hype ausgelöst hat. Und auch Petit Verdot. Und dann gibt es ja auch noch die Weißen, in erster Linie mächtigen Chardonnay, würzige Torrontés und tropenfruchtigen Sauvignon blanc. Wohin sind die Trendsetter unterwegs? Hauptsächlich die Berge hinauf – niedrigerer Temperatur und vor allem der kostbaren kühlen Nächte wegen, aber auch, um nach Möglichkeit weniger Alkohol zu bekommen.

Achaval Ferrer Men ★★★ MALBEC-Spezialist mit Einzellagenweinen von alten Reben: Altamira (Valle de Uco), Bella Vista (Luján de Cuyo) und Mirador (Maipú).

Aleanna Men ★★→★★★★ Eigenständiges Projekt von Alejandro Vigil, Kellermeister bei CATENA, und Adrianna Catena. Geboten wird konzentrierter MALBEC, BONARDA, CHARDONNAY und exzellenter Einzellagen-CABERNET FRANC unter den Etiketten Enemigo und Gran Enemigo.

Alicia, Viña ★★★ Teilweise im Besitz der Familie von Luigi Bosca. Kleine Produktion, u. a. mit dem verführerischen Weißweinverschnitt Tiara (RIESLING/ ALBARIÑO/SAVAGNIN) und rassigem NEBBIOLO.

Alta Vista Men ★→★★★ Kellerei in französischem Besitz, die erste, die sich auf Einzellagenweine konzentrierte. Sehr guter MALBEC, TORRONTÉS, Schaumwein und ausgezeichneter Verschnitt Alto (Malbec/CABERNET SAUVIGNON).

Altocedro Men ★★→★★★ Kleiner Rotweinerzeuger in La Consulta (Valle de Uco). Karim Mussi bereitet exzellenten TEMPRANILLO, sehr guten MALBEC und Verschnitte.

Altos las Hormigas Men ★★★ Terroirexperten aus Italien und Chile haben sich zusammengetan, um hervorragende Einzellagen-MALBECS in der Reihe »Appellation« zu erzeugen, außerdem günstiger BONARDA und neuer Bonarda-Schaumwein.

Anita, Finca La Men ★★→★★★ Hochklassige Rotweine, v. a. der Varúa CABERNET SAUVIGNON. Guter SYRAH, MALBEC und MERLOT, verführerische Weiße (FRIULANO, SEMILLON).

Antucura Men ★★→★★★ PAÍS mit Michel Rolland (siehe Frankreich): Boutiqueprojekt, das sich auf Bordeaux-Sorten und ausladende Verschnitte konzentriert. Jüngere Weine in der Reihe Barrandica.

Atamisque Men ★→★★★ Projekt in französischem Besitz mit einem großen Gut im Valle de Uco. Rotweine mit ausgezeichnetem Preis-Leistungs-Verhältnis (v. a. Verschnitte), sehr guter CHARDONNAY, PINOT NOIR und VIOGNIER in der Reihe Catalpa, gut auch die Reihe Serbal.

Benegas Men ★★→★★★ Erzeuger im Alte-Welt-Stil in einer historischen Bodega in MENDOZA, der erstklassigen CABERNET FRANC und unter dem Etikett Benegas Lynch Meritage (Verschnitt von Bordeaux-Sorten) von alten Reben erzeugt. Interessanter SANGIOVESE.

Bressia Men ★★→★★★ Ausgezeichnete rote Verschnitte Profundo, Conjuro und seit Neuestem auch Última Hoja. Sehr gute Reihe Monteagrelo und Lágrima Canela (CHARDONNAY/SÉMILLON). Sylvestra ist eine neue Reihe für Alltagsweine.

Callia San J ★→★★ Gute und preisgünstige Weine auf SYRAH-Basis aus der heißen Region San Juan.

Canale, Bodegas Humberto Rio N ★→★★★ Eine der ältesten Kellereien in Patagonien mit traditionellen Rebsorten und sehr gutem RIESLING von alten Reben.

Carmelo Patti Men ★★ Der Garagen-Kellermeister Carmelo erzeugt seit über 20 Jahren guten CABERNET SAUVIGNON und MALBEC.

Caro Men ★★★★ Der Name bedeutet »teuer« auf Spanisch, was passt: Gemeinschaftsunternehmen von CATENA mit den Rothschilds von Lafite (Frankreich): ernsthafter, hochklassiger Caro und jüngerer Amancaya.

Casa Bianchi Men ★→★★ Sehr traditionelle Kellerei und Schaumweinerzeuger in San Rafael; günstig. Achten Sie auf die Marke Leo, ein Gemeinschaftsunternehmen mit der Stiftung von Lionel Messi.

Casarena Men ★★→★★★ In Luján de Cuyo ansässiger Erzeuger mit gutem Einzellagen-MALBEC und -CABERNET-FRANC; günstige Rotweine. Auch nach der traditionellen Methode hergestellter Cidre.

Catena Zapata, Bodega Men ★★→★★★★★ Eine der größten und bekanntesten Kellereien; vor 20 Jahren der Vorreiter für Premium-MALBEC. Die Auswahl reicht von der Einsteigermarke Alamos bis zum hochklassigen Catena Alta. Zwei hervorragende (und teure) CHARDONNAYS aus Gualtallary (White Stones und White Bones). Die Flaggschiffweine, ein Spitzen-Malbec (Argentino) und ein Verschnitt (Nicolas Catena Zapata), geben immer noch den Ton an.

Chacra Rio N ★★★ Großartiger Pinot noir von alten Reben und aus einer winzigen Bodega im Besitz des Sassicaia-Erzeugers Incisa della Rocchetta (Italien). Der Spitzenwein Treinta y Dos kommt aus einem 1932 angelegten Weinberg; außerdem saftiger und dennoch leichter MERLOT Mainqué.

Clos de los Siete Men ★★ Verlässlicher Verschnitt von MALBEC, MERLOT, SYRAH und CABERNET SAUVIGNON aus Vistaflores (Valle de Uco); Michel Rolland aus Bordeaux überwacht die Weinbereitung (siehe auch DIAMANDES, MONTEVIEJO).

Cobos, Viña Men ★★★ Der *flying winemaker* Paul Hobbs bereitet konzentrierte Weine mit Marchiori & Barraud (beachten Sie auch deren eigene Marke). Hobbs' CABERNET SAUVIGNON ragt heraus (Spitzen-Volturno, Premium-Bramare, Einsteiger-Felino). Lassen Sie sich den sehr guten MALBEC aus dem alten Weinberg Marchiori nicht entgehen.

Colomé, Bodega Sal ★★→★★★ Seriöse Weine von sehr hohen Lagen: auf bis zu 3.100 m im Valle Calchaquí. Intensive Rotweine auf MALBEC-Basis aus biologisch-dynamischem Anbau, lebhafter TORRONTÉS, rauchiger TANNAT. Im Besitz der kalifornischen Hess Collection.

Decero, Finca Men ★★→★★★ Üppig, aber modern. Halten Sie sich an den PETIT VERDOT und den Verschnitt Amano.

DiamAndes Men ★★ Eine der Kellereien von CLOS DE LOS SIETE, im Besitz der Familie Bonnie vom Bordeaux-Château Malartic-Lagravière. Erzeugt solide, fleischige Gran Reserva (MALBEC/CABERNET SAUVIGNON), lebhaften VIOGNIER, CHARDONNAY und jungen Malbec.

Dominio del Plata Men ★★→★★★ Susana Balbo ist die Königin des TORRONTÉS, doch probieren Sie auch die sehr guten CABERNET-SAUVIGNON-Weine Ben Marco und Susana Balbo sowie den Nosotros MALBEC. Günstiger Crios auf Einsteigerniveau.

Doña Paula Men ★→★★★ Zuverlässige, gut bereitete Weine aus SANTA RITA (siehe Chile). Überraschender RIESLING, sehr gute Einzellagen-MALBECs (Reihe Parcel), ansprechende Verschnitte, neuer schäumender SAUVIGNON BLANC.

Etchart Sal ★★ Traditioneller Erzeuger mit Weinbergen in Hochlagen. Großartiger TORRONTÉS, guter Rotweinverschnitt Arnaldo B. Probieren Sie den Torrontés Cosecha Tardía (Spätlese).

Fabre Montmayou Men, Rio N ★★→★★★ Das 1990 gegründete Unternehmen in französischem Besitz kaufte alte Weinberge in Luján de Cuyo und RÍO NEGRO (Infinitus). Gute Zweitmarke Phebus; außerdem gibt es die preiswerten Viñalba-Weine, MALBEC der Spitzenklasse, CABERNET SAUVIGNON und Grand Vin.

Fin del Mundo, Bodega del Neuq ★→★★ Großproduzent in Neuquén. Günstige Einsteigerreihen Postales, Ventus, Newen. Spitzenwein ist der Special Blend; probieren Sie auch die Einzellagengewächse der Reihe Fin (v. a. CABERNET FRANC).

Flichman, Finca Men ★★→★★★ Traditionskellerei im Besitz von Sogrape (siehe Portugal). Beeindruckender SYRAH; probieren Sie die Verschnitte Dedicado und Paisaje. Spitzen-MALBEC Parcela 26 aus dem Valle de Uco.

Fournier, O. Men ★→★★★ Avantgardistische Bodega im Valle de Uco TEMPRANILLO-Spezialist (exzellenter Verschnitt Alfa Crux); probieren Sie das sehr gute Einstiegssortiment Urban Uco und den B. Crux (v. a. SAUVIGNON BLANC). Fantastisches Kellereirestaurant. In spanischem Besitz, siehe auch Chile.

Kaikén Men ★★→★★★ Im Besitz von Aurelio MONTES (siehe Chile). Das Angebot wird vom Mai MALBEC angeführt, gefolgt vom Ultra (CABERNET SAUVIGNON und Malbec) und dem Verschnitt Corte.

Luca/Tikal/Tahuan/Alma Negra Men ★★→★★★ Familie von Boutique-kellereien mit echter Klasse im Besitz von Nicolas CATENAS Kindern Laura (Luca) und Ernesto (Tikal/Tahuan/Alma Negra). Exzellente rote Verschnitte, sehr gute Schaumweine, raffinierter PINOT NOIR.

Luigi Bosca Men ★★→★★★ Großer Traditionserzeuger mit breitem Sortiment. Probieren Sie den erstklassigen Icono (MALBEC/CABERNET SAUVIGNON), und die als gemischter Satz (»field blends«) erzeugten Verschnitte Finca los Nobles von alten Reben; auch sehr guter Gran PINOT NOIR und RIESLING. Ein Klassiker ist die Reihe Finca La Linda.

Manos Negras ★★ Aufs Terroir bedachter Erzeuger, der lagenspezifische Weine in Argentinien und Chile erzeugt. Sehr guter MALBEC, PINOT NOIR und TORRONTÉS. Die Marken TeHo und ZaHa gehören ebenfalls dazu.

Marcelo Pelleriti Men ★★→★★★ Die eigene Marke des Kellermeisters von MONTEVIEJO. Konzentrierter MALBEC, schön texturierter Torrontés. Unter dem Etikett Abremundos gibt es blumige Malbec/CABERNET-FRANC-Verschnitte.

Masi Tupungato Men ★★→★★★ Masi aus dem Valpolicella (siehe Italien) zieht es in den Süden. Passo Doble ist ein feiner Verschnitt von MALBEC, CORVINA und MERLOT im Ripasso-Stil, Corbec wird der sogar noch bessere Corvina/Malbec genannt, der einem Amarone sehr nahe kommt.

Matias Riccitelli Men ★★→★★★ Die Boutiquekellerei erzeugt geradlinigen Einzellagen-MALBEC und günstige Sortenweine in der Reihe The Apple Doesn't Fall Far From The Tree.

Mendel Men ★★★ Der bewunderte Weinmacher Roberto de la Motta bereitet Spitzen-MALBECS (Finca Remota) und den attraktiven Verschnitt Unus. Erstklassiger SÉMILLON von 70 Jahre alten Reben und guter Lunta (Malbec, TORRONTÉS, TEMPRANILLO).

Mendoza Hier entstehen drei Viertel von Argentiniens Wein. Die Region teilt sich auf ins wärmere historische Maipú, das traditionelle Luján de Cuyo und das hoch gelegene Valle de Uco (einschließlich Gualtallary, Altamira und La Consulta).

Michel Torino Sal ★★ Großer Erzeuger in Cafayate mit langer Geschichte. Gute Tafelweine und feinere Gewächse der Marke El Esteco (probieren Sie den Fincas Notables CABERNET SAUVIGNON).

Moët-Hennessy Argentina Men ★→★★ Ursprünglich eine rein ausländische Investition für Schaumwein in Argentinien. Chandon ist ein Partysekt; es gibt aber auch den Baron B nach der traditionellen Methode. Siehe auch TERRAZAS DE LOS ANDES.

Monteviejo Men ★★→★★★★ Vorzeigekellerei von CLOS DE LOS SIETE. Großartiger, in kleinen Mengen bereiteter La Violeta, Lindaflor MALBEC, sehr guter Lindaflor CHARDONNAY. Sehr preisgünstig ist die Reihe Petite Fleur.

Moras, Finca Las San J ★→★★ Großer Erzeuger in San Juan mit sehr gutem SYRAH und preisgünstigen Einsteigerweinen. Ganz oben steht der Verschnitt Mora Negra (MALBEC/BONARDA).

Nieto Senetiner, Bodegas Men ★→★★ Breites Angebot mit gutem Preis-Leitungs-Verhältnis in der Reihe Nieto und konzentrierteren Weinen in der Reihe Cadus. Erstklassiger BONARDA und gute Schaumweine.

Noemia ★★★→★★★★ Hervorragender, vom Terroir geprägter MALBEC von alten Reben in Patagonien. Dazu kommen die Weine J. Alberto, A Lisa (auch Rosé) und ein stilvoller Bordeaux-Verschnitt namens »2« (CABERNET SAUVIGNON/MERLOT).

Norton, Bodega Men ★→★★★ Traditionskellerei, klassisch in Stil und Beständigkeit. Preisgünstige Einsteigerweine, exzellente Einzellagen-MALBECS in der Reihe Lote, ausgezeichneter Verschnitt Gernot Langes. Jede Menge sehr guter Schaumweine.

Südamerika

Passionate Wine Men ★★→★★★ Frischere Stile aufgrund früherer Lese in der sonst sehr reifen Mendoza-Welt. Scharfer Agua de Roca SAUVIGNON BLANC, lebhafter PINOT NOIR, frischer BONARDA.

Peñaflor Men ★→★★★ Argentiniens größter Weinkonzern mit FINCA LAS MORAS, Andean Vineyards (SAN JUAN), MICHEL TORINO (SALTA), Santa Ana und TRAPICHE (MENDOZA).

Piatelli Sal ★→★★ Zwei Betriebe in Cafayate und MENDOZA. Probieren Sie den TORRONTÉS mit Eichennote und die modernen Roten.

Piedra Negra Men ★→★★★ Die Kellerei in Mendoza des französischen Erzeugers François Lurton bringt preisgünstige Weine von Klasse hervor. Spitzenwein ist der Piedra Negra MALBEC. Probieren Sie auch die aromatischen Weißweine Corte FRIULANO und PINOT GRIGIO.

> #### Wenn Reben Kreide fressen
> Kreide ist gerade der Renner in Mendoza. Terroirstudien und zig Probebohrungen haben die argentinischen Erzeuger zu der Überzeugung gelangen lassen, dass der beste Boden für Malbec kalkhaltig ist. Man findet ihn v. a. im Valle de Uco, und die entsprechenden Weine sind oft elegant und geradlinig. Sie werden bald sehr teuer sein.

Poesia Men ★★→★★★ Im selben Besitz wie Clos L'Église in Bordeaux. Spezialisiert auf Rotweine: stilvoller und mundfüllender Poesia (CABERNET SAUVIGNON/MALBEC), dazu feiner Clos des Andes (Malbec) und saftiger Pasodoble (Malbec/SYRAH/Cabernet Sauvignon).

Porvenir de Cafayate, El Sal ★★→★★★ Junges Weingut in Cafayate mit saftigen, eichenholzwürzigen sortenreinen Weinen unter dem Namen Laborum, u.a. feiner, fester TANNAT. Auch gute Verschnitte namens Amauta und eleganter TORRONTÉS. *Flying winemaker* Paul Hobbs berät.

Pulenta Estate Men ★★→★★★ Die Pulenta-Brüder, Kellermeister in der dritten Generation, haben eine Schwäche für schnelle Autos. Exzellente CABERNET FRANC, super Gran Corte und bald auch Einzellagen-MALBEC. Sehr günstige Einsteigermarke La Flor.

Renacer Men ★★→★★★ Chilenische Kellerei (mit einem SAUVIGNON BLANC aus CASABLANCA). Der Flaggschiffwein Renacer ist vorwiegend MALBEC, sehr guter Punto Final (Malbec, CABERNET SAUVIGNON). Probieren Sie auch den Enamore im Amarone-Stil (siehe Italien).

Riglos Men ★★★ Probieren Sie den Gran Corte (MALBEC/CABERNET SAUVIGNON/CABERNET FRANC) sowie Cabernet franc, Cabernet Sauvignon und Malbec der Reihe Gran. Sehr guter SAUVIGNON BLANC Quinto.

Riojana, La R ★→★★ Großer Fairtrade-Erzeuger. Spitzengewächs ist der Malbec Raza Limited Edition, aber auch die anderen Weine bieten gute Qualität zu angemessenen Preisen, v. a. der TORRONTÉS.

Río Negro Der beste PINOT NOIR aus Patagonien. Auch MALBEC, SAUVIGNON BLANC, SÉMILLON und MERLOT. Dinosaurierfossilien gibt's ebenfalls zu bewundern.

Ruca Malén Men ★★→★★★ Spitzenverschnitt ist der Don Raúl (MALBEC CABERNET SAUVIGNON/PETIT VERDOT), Kinién heißt die gute zweite Reihe. Probieren Sie auch den Petit Verdot der Reihe Ruca Malén. Das Kellereirestaurant darf man nicht verpassen, wenn man in Mendoza ist.

Salentein, Bodegas Men ★★→★★★ So hübsch die Kellerei ist, so attraktiv sind die Weine. Probieren Sie den neuen Spitzenverschnitt Gran Uco (MALBEC/CABERNET SAUVIGNON), die Reihe Single Vineyard (ehemal-

Primus) oder den sehr guten Verschnitt Numina. Die Einsteigermarke El Portillo bietet mit das beste Preis-Leistungs-Verhältnis in Argentinien.

Salta Extreme Höhenlagen, extreme Sonneneinstrahlung. Die Unterregion Cafayate (v. a. das Valle Calchaquí) ist berühmt für TORRONTÉS. Intensive Rote.

San Juan Die 160 km nördlich von Mendoza gelegene Weinbauregion ist die zweitgrößte Argentiniens. Hauptsächlich SYRAH, BONARDA, VIOGNIER.

San Pedro de Yacochuya Sal ★★★ In Cafayate ansässiges Gemeinschaftsunternehmen von Michel Rolland (siehe Frankreich) und der Familie ETCHART. Reifer, duftender TORRONTÉS und dichter MALBEC SPY, dazu kraftvoller Yacochuya (Malbec von sehr alten Reben).

Schroeder, Familia Neuq ★★ Sehr gute Reihe Saurus Select, v. a. PINOT NOIR und duftender MALBEC. Der Spitzenwein heißt Familia Schroeder (Pinot noir/Malbec). Auch interessanter CABERNET SAUVIGNON und Schaumwein.

Sophenia, Finca Men ★★→★★★ Großes Gut in Tupungato; die Ersten, die mit ihren Pflanzungen so hoch hinauf gingen. Viele Rebsorten, immer frische Weine. Sehr gute Reihe Synthesis, exzellenter SAUVIGNON BLANC und nun auch Schaumwein.

Tapiz Men ★★ Schwungvoller SAUVIGNON BLANC (aus La Rioja) und sehr gute Rotweine, allen voran der MALBEC Black Tears. Die Betreiber züchten auch Lamas.

Terrazas de los Andes Men ★★→★★★ Die Stillwein-Schwester des Chandon (MOËT-HENNESSY). Ausgezeichnete Einzellagen in Perdriel, Las Compuertas und Altamira. Auch aromatischer TORRONTÉS (SALTA), buttriger CHARDONNAY. Als Joint Venture mit Ch. Cheval Blanc (Bordeaux) wird der köstliche Verschnitt Cheval des Andes erzeugt.

Toso, Pascual Men ★★→★★★ Der Kalifornier Paul Hobbs steht an der Spitze eines Teams, das preislich angemessene und sehr schmackhafte Weine erzeugt, allen voran den reifen, aber fein strukturierten Magdalena Toso (hauptsächlich MALBEC) und Finca Pedregal (Malbec/CABERNET SAUVIGNON) von einer Einzellage.

Präkolumbische Technik: Die Bewässerungskanäle in Mendoza wurden vom Volk der Huarpe gebaut, vor 1500.

Trapiche Men ★→★★★ Mit die breiteste Angebotspalette des Landes. Probieren Sie die MALBEC-Einzellagenweine, den Las Palmas CABERNET SAUVIGNON und die Verschnitte der Marken Iscay und Extravaganza.

Trivento Men ★→★★ Im Besitz des chilenischen Weingiganten CONCHA Y TORO. Der Eolo MALBEC ist das hochpreisige Aushängeschild, ausgesprochen günstig sind dagegen der Golden Malbec, der SYRAH und der CHARDONNAY.

Val de Flores Men ★★★ Der alte, biologisch-dynamisch bewirtschaftete MALBEC-Weinberg gehört Michel Rolland. Dunkle, elegante, erdige Weine mit festen Tanninen; zum Einkellern. Auch die Reihe Mariflor ist probierenswert (sortenreine Weine und exzellenter Verschnitt Camille).

Viña Vida Men ★★→★★★ Schöne Lagen in Vistaflores, u. a. auch eine Parzelle in Form eines Kornkreises auf der Suche nach dem perfekten MALBEC. Roberto de la Mota berät.

Zorzal Men ★★★ Die drei Brüder Michelini, allesamt Kellermeister, erzeugen frische, schwungvolle Weine aus Gualtallary. Die exzellente Reihe Eggo verzichtet ganz auf neue Eiche und baut nur in Zement-»Eiern« aus (empfehlenswert: SAUVIGNON BLANC, PINOT NOIR, neu herausgekommener CABERNET FRANC).

Zuccardi Men ★→★★★ Die Familienkellerei profitiert von der kombinierten Energie des Vater-Sohn-Kellermeistergespanns. Exzellente Einzellagenweine der Marke Alluvional, Verschnitt Zeta, sehr gutes Etikett »Q« (probieren Sie den TEMPRANILLO) sowie experimentelle Reihe Textual (inkl. Ancellotta, Caladoc). Die Einsteigerweine Santa Julia sind immer noch günstig. Die neue Kellerei im Valle de Uco wird bald eröffnen.

Malbec-Stile

Malbec findet man in vielen Stilen. SALTA und Catamarca verleihen den Weinen Struktur und Kraft; RÍO NEGRO und NEUQUÉN mehr Eleganz. Dort ist auch oft ein Schuss PINOT NOIR im Verschnitt. Mendoza ist immer noch die wichtigste Region, doch das hoch gelegene Valle de Uco ermöglicht mehr Frische als Luján de Cuyo oder andere Teile Mendozas.

Brasilien

Südamerikas größtes Land, Brasilien, besitzt riesige Rebflächen, doch erst sein einigen Jahren beginnen sich die Kellereien auf Qualitätstrauben von *Vitis vinifera* und alterungswürdige Weine zu besinnen. Die beste Weinbauregion liegt im Südzipfel des Landes in der Serra Gaúcha – ein hügeliges Gebiet mit kühleren Temperaturen und einem Boom bei Bordeaux-Sorten sowie einer wilden Mischung anderer europäischer Trauben (Touriga Nacional, Alicante Bouschet, Barbera, Gewürztraminer, Malvasia). Weitere Gebiete sind u. a. Campanha, Serra do Sudeste, Planalto Catarinense und das Vale do São Francisco. Am besten in Brasilien sind die Schaumweine.

Casa Valduga ★→★★★ Einer der ältesten Erzeuger Brasiliens. Sehr gute Schaumweine nach der traditionellen Methode und erstklassiger MERLOT Storia.

Cave Geisse ★★ Schaumweinspezialist: Der Chilene Mario Geisse erzeugt Brut Nature und Blanc de Noirs.

Miolo ★→★★★ Pionier und großer Erzeuger, stark bei portugiesischen Trauben wie TINTA RORIZ und TOURIGA NACIONAL. Empfehlenswert: Castas Portuguesas. Michel Rolland berät. Eleganter Schaumwein.

Pizzato Vinhas ★→★★★ Erzeuger von Still- und Schaumweinen. Sehr guter Einzellagen-MERLOT DNA 99 aus dem Vale dos Vinhedos. Unter dem Etikett Fausto junge Sortenweine, die Reihe Pizzato hat mehr Tiefe, v. a. der Concentus.

Quinta da Neve ★★ Sehr aromatischer PINOT NOIR aus der kühlsten Region in Santa Catarina.

Salton Großproduzent, wechselhafte Qualität. Die Reihe Intenso bietet guten CABERNET FRANC, TEROLDEGO und Marselan.

Valmarino Vinicola ★★ Erstaunlich guter CABERNET FRANC. Probieren Sie den Valmarino aus Serra Gaúcha. Auch Schaumwein.

Uruguay

D ie Weine dieses kleinen Landes haben international viele Bewunderer. Die Roten werden von der übermächtigen Sorte Tannat dominiert: dunkle, tanninbetonte Weine mit voller Frucht. Eine neue Welle leichterer Rotweine wie Pinot noir kommt gerade auf, und frischer Albariño und Sauvignon blanc aus küstennahen Lagen ergänzen den doch recht üppigen Chardonnay.

Alto de la Ballena ★→★★ Kleiner Familienbetrieb in Küstennähe mit säurebetonten frischen Roten (CABERNET FRANC) und schön alternden Weißen.

Bouza ★→★★★ Boutiquekellerei mit köstlichen Weinen, klassischen Autos und einem exzellenten Restaurant. Probieren Sie den TANNAT Parcela Unica (A6, B6), den Verschnitt Monte Vide Eu (Tannat/MERLOT/TEMPRANILLO) und den ALBARIÑO mit Pfirsichnote.

Garzon ★★→★★★ Der italienische Star Alberto Antonini berät in diesem kleinen Projekt nördlich von Punta del Este. Zu empfehlen sind TANNAT, SAUVIGNON BLANC und der frische ALBARIÑO.

Juanico Establecimiento ★→★★★ Größter Erzeuger Uruguays mit dem ältesten Keller. Günstige Weine in allen Preislagen. Probieren Sie den Spitzenrotwein Preludio Familia Deicas (TANNAT/CABERNET SAUVIGNON/CABERNET FRANC/MERLOT/PETIT VERDOT/Marselan) und den cremigen weißen Preludio Blanc (VIOGNIER, CHARDONNAY).

Pisano ★→★★ Traditionelle Kellerei mit sehr guten Rot- und Weißweinen, v. a. die Reihe Río de los Pájaros.

Andere Länder in Südamerika

Bolivien

Bolivien nimmt für sich in Anspruch, die höchstgelegen Weinberge der Welt zu haben – ein erstaunlicher Weinproduzent, doch mit kontinuierlichem Wachstm auf bescheidenem Niveau. Das Tarija-Tal ist die wichtigste Region; hier gibt es robuste Bordeaux-Sorten (Cabernet Sauvignon, Merlot, Malbec), fruchtige Weiße (Torrontés, Chenin blanc) und interessante Riesling. Empfehlenswerte Erzeuger: Kohlberg, Aranjuez, Campos de Solana, La Conception, Casa Grande (Schaumwein), Magnus, Uvairenda.

Peru

Zwar baut Peru Reben für Wein an (z. B. Tacama Blanco de Blancos, Don Manuel, Gran Blanco Fina Reserva, junger MALBEC/MERLOT von Intipalka und Vista Alegre Pinot blanc), doch der wirkliche Star, der aus Perus Trauben entsteht, bleibt der berühmte Weinbrand Pisco.

Südamerika

Australien

Die dunklen Flächen bezeichnen
die Weinbaugebiete

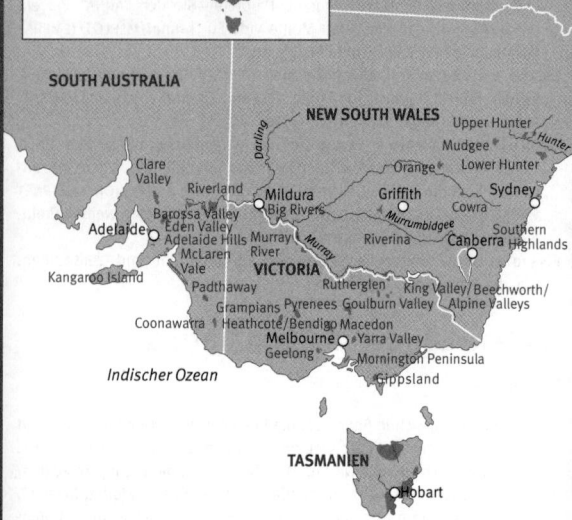

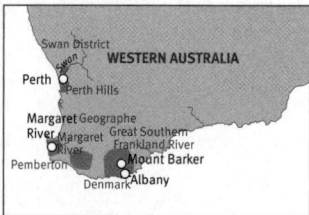

SOUTH AUSTRALIA

NEW SOUTH WALES

Darling

Upper Hunter
Mudgee
Lower Hunter
Orange
Griffith
Sydney
Cowra
Clare Valley
Riverland
Mildura
Big Rivers
Murrumbidgee
Southern Highlands
Barossa Valley
Adelaide
Eden Valley
Adelaide Hills
Riverina
Canberra
Kangaroo Island
McLaren Vale
Murray River
Murray
VICTORIA
Padthaway
Rutherglen
King Valley/Beechworth/
Grampians
Pyrenees
Goulburn Valley
Alpine Valleys
Coonawarra
Heathcote/Bendigo
Macedon
Melbourne
Yarra Valley
Geelong
Mornington Peninsula
Indischer Ozean
Gippsland

TASMANIEN

Hobart

WESTERN AUSTRALIA

Swan District
Perth
Swan
Perth Hills
Margaret River
Geographe
Great Southern-
Frankland River
Margaret River
Pemberton
Mount Barker
Denmark
Albany

Die folgenden Abkürzungen werden
im Text verwendet:

Mt.	Mount (z. B. Mount Barker)
NSW	New South Wales
N-Tas	Nordtasmanien
NO-Vic	Nordostvictoria
Qld	Queensland
R.	River (z. B. Frankland River)
SO-Australien	Südostaustralien
SA	South Australia
S-Tas	Südtasmanien
Tas	Tasmanien
V.	Valley (z. B. Alpine Valley)
Vic	Victoria
WA	Western Australia

Weinbauern fahren ihre Traktoren nicht gerne bergauf. Das ist der Grund, warum immer erst die Talböden mit Reben bepflanzt werden. Tatsächlich bestimmten eher die Traktoren als die Winzer über einen Großteil des australischen Weinbaus: Der Abstand zwischen den Rebzeilen richtet sich weniger nach dem für die Pflanzen idealen Maß als danach, wie gut der Traktor manövrieren kann. Ungeachtet aller akademischer Debatten über ideale Pflanzdichte und Laubmanagement stehen deshalb die Rebzeilen in Australien – mit Ausnahmen natürlich – viel zu weit auseinander. Wenn Australien die Weinwelt erobern wollte, brauchte es alles, was es anbauen kann.

Dass nun ein Wechsel zu schicken italienischen Traktoren stattfindet, die schlanker in der Hüfte und mit Airconditon, Soundsystemen und Satellitennavi ausgerüstet sind, gibt uns eine kleine Vorstellung davon, was da draußen gerade stattfindet. Es ist nur ein Detail, spiegelt aber den Gesinnungswandel in Australien wider. Es war nicht nur einfach Masse, was die Welt wollte, es war Stil, Engagement und natürlich auch Qualität fürs Geld.

Viele, wenn nicht alle Weinregionen Australiens zerbrechen sich immer noch den Kopf über die entscheidende Frage: Auf welche Rebsorten sollten wir uns konzentrieren, welche gedeihen hier am besten – und was werden die Supermärkte nächstes Jahr haben wollen? Existenzangst ist es vielleicht noch nicht, aber schon nahe dran. Viele der besten australischen Weine kommen inzwischen von grünen Hügellagen anstatt aus braunen, ausgetrockneten Tälern. Der Marsch in Richtung »kühlklimatischer Weinbau« begann hier ernsthaft erst Anfang der 1980er-Jahre, und wie es beim Wandel oft so ist, tröpfelt er eher dahin als in einer überschäumenden Flut alles mit sich zu reißen. Kurz: Australien ist dabei, sich neu zu definieren, wobei die warmen/heißen Regionen nicht ersetzt, sondern ergänzt werden. In diesem unterregulierten, ja fast regellosen Weinland wuchert eine Vielfalt von Stilen und Weintypen. Und wir können wählen: den Vollgaswein oder den fein austarierten.

Neuere Jahrgänge
New South Wales (NSW)

2014 Großteils ein heißer, trockener Jahrgang, durch Frühlingsfröste beeinträchtigt. Der Hunter Shiraz wird außergewöhnlich gut. Canberra Riesling und Shiraz ebenfalls auf der Höhe.

2013 Kurze, heftige Saison. Reichhaltige Rot- und Weißweine. Hunter Semillon und Canberra Riesling sind besonders gut.

2012 Ein nasses, kaltes Jahr. Der Semillon könnte noch einen Trumpf aus dem Ärmel schütteln und vielleicht auch der Cabernet Sauvignon, aber insgesamt war es enttäuschend.

2011 Das Hunter Valley wurde von den Überschwemmungen der südlicheren Gebiete verschont, aber es war trotzdem ein kühles, feuchtes Jahr.

2010 Regelmäßiger heftiger Regen sorgte in den meisten Gegenden für einen schwierigen Jahrgang. Leichtere Rote, gute Weißweine.

2009 Allgemein ausgezeichneter Jahrgang, noch besser für Rot- als für Weißweine. Insgesamt ein erfolgreiches Jahr.

Victoria (Vic)

2014 Frostschäden en masse, aber ein großer Rotweinjahrgang in den meisten Regionen.

2013 Nach einem feuchten Winter folgte ein warmer, trockener Sommer. Rundherum und überall eine gute Saison.

2012 Entpuppte sich als besserer Jahrgang als zunächst gedacht. Rot- und Weißweine sehr gut bis hervorragend.

2011 Nass; viele Probleme durch Krankheiten in den Weinbergen. Insgesamt besser für Weiß- als für Rotweine.

2010 Gemäßigtes Jahr. Sowohl Weiß- als auch Rotweine aus den meisten Gegenden sollten gut sein.

2009 Buschbrände (und dadurch verursachte Rauchnoten in den Trauben), extreme Hitze und Dürre. Am schlimmsten traf es das Yarra Valley. Trotzdem gibt es die eine oder andere positive Überraschung.

South Australia (SA)

2014 Heißes, ertragsarmes Jahr; üppige Rot- und Weißweine.

2013 Aufgrund von Wasserproblemen waren die Erträge sehr niedrig. Durchwachsener Jahrgang.

2012 Die Erträge waren niedrig, aber es war insgesamt ein hervorragendes Jahr. Großartig für Riesling; der Cabernet Sauvignon sollte hervorstechen.

2011 Kühl und nass. Magere Weißweine, kräuterwürzige Rotweine. Einige interessante Ergebnisse.

2010 Ausgezeichnetes Jahr, Clare und Eden Valley Riesling sind sehr gut. Shiraz in allen wichtigen Gebieten der Beste seit 2005. Coonawarra Cabernet Sauvignon in Topform.

2009 Heiß. In Adelaide Hills gute Rote und Weiße; exzellente Rote in Coonawarra. Shiraz-Weine aus dem McLaren Vale und dem Barossa Valley sind insgesamt gut.

Western Australia (WA)

2014 Die Glückssträhne hält an; es wird schon fast langweilig. Wieder ein tadelloses Jahr.

2013 Cabernet Sauvignon und Chardonnay sehr stark. Etwas Regen, aber erneut meinten es die Götter gut.

2012 Die Trockenheit hielt an und somit auch die Serie wunderschöner, warmer Jahrgänge.

2011 Warm, trocken, frühe Lese. Besonders guter Cabernet Sauvignon. Zarte Weißweine weniger erfolgreich. Westaustraliens Serie guter Jahrgänge hält an.

2010 Rote allgemein besser als Weiße. Manche bekamen späten Regen ab, aber größtenteils sehr gut.

2009 Besonders gutes Jahr für Margaret River (rot und weiß) und Pemberton (weiß).

Accolade Wines Name der Weine/Kellereien, die früher zu HARDYS und CONSTELLATION gehörten. Schlummert seit Langem vor sich hin, doch die Worte »feine Weine« kann man jetzt wieder in den Mund nehmen. Zumindest geflüstert.

Adelaide Hills SA – Beste Region für SAUVIGNON BLANC; kühle Lagen auf 450 m Höhe am Mt. Lofty. CHARDONNAY und SHIRAZ sind jetzt die Spitzenweine. ASHTON HILL, MIKE PRESS, SHAW & SMITH und S. C. PANNELL legen sich richtig ins Zeug.

Alkoomi Mt. Barker, WA r w Cabernet Sauvignon **01' 02' 05'** 07' 08'; Riesling **04' 05' 07'** 10' 11' 12' **13** – Veteran mit feinem RIESLING und rustikalen, langlebigen Rotweinen.

All Saints Estate Rutherglen, Vic br ★★ Betrieb mit Tradition für großartige gespritete Weine.

Alpine Valleys Vic – Ähnliche Topografie und Rebsorten wie im KING VALLEY. Die besten Erzeuger sind MAYFORD, Ringer Reef und Billy Button. Aromatische Weißweine, aber TEMPRANILLO ist der Aufsteiger der Region.

Andevine Hunter V., NSW r w ★★★ Die ersten freigegebenen Weine (SHIRAZ, SEMILLON, CHARDONNAY) von Reben im guten Alter sind hervorragend geraten. Es ist lange her, dass ein Neuling hier einen derart aufregenden Start hingelegt hat.

Andrew Thomas Hunter V., NSW r w ★★★ Charismatischer Erzeuger mit SEMILLON von alten Reben und seidigem SHIRAZ mit üppiger Eichennote.

Angove SA r w (br) ★★ Familienbetrieb im MURRAY VALLEY, hat auch ein paar Bioweine im Angebot. Die preiswerteren Weine (rot und weiß) sind sehr lohnend und stellen oft die ambitionierten Superpremiumgewächse in den Schatten.

Annie's Lane Clare V., SA r w – Im Besitz von TWE. Gute Weine mit großer Aromenfülle. Das Flaggschiff Copper Trail kann ausgezeichnet sein, v. a. RIESLING und SHIRAZ. Nicht die ganz große Leuchte.

Arrivo Adelaide Hills, SA r ★ Tanninreicher, minziger NEBBIOLO mit langer Maischestandzeit. Trockener, komplexer, sexy Rosé. Winzige Mengen.

Ashton Hills Adelaide Hills, SA r w; (sch) ★★★ Pinot noir **04' 05'** 10' 12 **13'** – Star der Adelaide Hills. Der überaus umsichtige Stephen George bereitet überzeugenden PINOT NOIR von über 30 Jahre alten Reben.

Bailey's NO-Vic r w br ★★★ Voller SHIRAZ sowie vortreffliche MUSCAT- (★★★★) und TOPAQUE-Dessertweine. Im Besitz von TWE. Die Weinberge werden jetzt ökologisch bewirtschaftet. PETIT VERDOT bereichert das Angebot. Hat plötzlich eine ganz neue Leichtfüßigkeit.

Balgownie Estate Bendigo, Vic, Yarra V., Vic r w ★→★★ Mittelschwerer, schön ausgewogener, minziger CABERNET SAUVIGNON aus BENDIGO. Ableger im YARRA VALLEY, darunter Treffer und Fehlschüsse.

Balnaves of Coonawarra SA r w ★★★ Hier wird seit 1975 Wein angebaut und seit 1996 selbst vinifiziert. Massiver CHARDONNAY, sehr guter würziger SHIRAZ mit mittlerem Körper. Flaggschiff ist der volle CABERNET SAUVIGNON Tally.

Bannockburn Vic r w ★★★ Chardonnay **06' 08'** 10' **11**; Pinot noir **05' 08'** 10' **12** – Intensiver, komplexer CHARDONNAY und würziger PINOT NOIR. Aufgepeppter SAUVIGNON BLANC. In Siegerform.

Banrock Station Riverland, SA r w – 1.600 ha großer Besitz am Murray River, davon 243 ha Rebland; im Besitz von ACCOLADE. Hat sich mal für preisgünstige Weine eingesetzt.

Barossa Valley SA – Die spirituelle Heimat jenes australischen Rotweins, der einen erschlägt. Lokale Spezialitäten: SHIRAZ, MOURVÈDRE, CABERNET SAUVIGNON und GRENACHE von sehr alten Reben. Erfindet sich immer wieder neu, massive Aromen aber bleiben das Markenzeichen.

Bass Phillip Gippsland, Vic r ★★★ Pinot noir **04'** 10' 11 **12'** – Kompletter Außenseiter mit kleinen Mengen von nicht immer beständigem, aber manchmal herausragendem PINOT NOIR in drei Qualitätsstufen. Es gibt australischen Pinot noir, und dann gibt es Bass Phillip.

Bay of Fires N-Tas r w; sch ★★★ Der Außenposten des ACCOLADE-Imperiums am Pipers River; stilvolle Tischweine und erstklassige Schaumwein-Cuvée Arras. Zunehmend komplexer PINOT NOIR. Wird viel zu wenig beworben.

Beechworth Vic – Raues, felsiges Hochland im Landesinneren. CHARDONNAY und SHIRAZ sind die leistungsfähigsten Reben; dazu NEBBIOLO und SANGIOVESE in winzigen Mengen. CASTAGNA, GIACONDA und Sorrenberg heißen die wichtigsten Erzeuger.

Bendigo Vic – Heiße Region im Zentrum von VICTORIA mit Dutzenden kleiner Weinberge. BALGOWNIE ESTATE ist der Platzhirsch, aber es gibt auch eine Menge anderer fähiger Erzeuger. Reichhaltige Rotweine.

Best's Grampians, Vic r w ★★★ Shiraz 04' 05' 09' 10' 11' 12 13' – Konservativer Familienbetrieb mit sehr guten, mittelschweren Rotweinen. Der Thomson Family SHIRAZ von 120-jährigen Rebstöcken ist überragend. Kein Shiraz im Angebot, von dem so mancher Jungspund nicht noch etwas lernen könnte.

Bindi Macedon, Vic r w ★★★→★★★★ Pinot noir 04' 06' 10' 12 13 – Überaus gewissenhafter, terroirbewusster Erzeuger von herausragendem, langlebigem PINOT NOIR und CHARDONNAY.

Blue Pyrenees Pyrenees, Vic r w; sch ★ 180 ha gut entwickeltes Rebland. Die Qualität des CABERNET SAUVIGNON wird etwas besser.

Boireann Granite Belt Qld r ★★ Beständig der beste Rotweinerzeuger in Queensland (mit sehr geringen Mengen). SHIRAZ/VIOGNIER ist der Spitzenreiter, aber schwer aufzutreiben.

Brand's of Coonawarra Coonawarra, SA r w ★ Im Besitz von MCWILLIAM'S. Hüter von 100 Jahre alten Reben. Hat mit der Qualität am oberen Ende zu kämpfen, aber die Hauptlinie mit CABERNET SAUVIGNON, SHIRAZ und CHARDONNAY liefert gute, fruchtige, eichenbetonte Weine. Supermarktspezialist.

Brash Higgins McLaren Vale, SA ★★★ Brad Hickey hat Englisch und Botanik studiert und schon als Brauer, Bäcker und Sommelier gearbeitet. Jetzt erzeugt er radikale Versionen von roten und weißen MCLAREN-VALE-Weinen.

Bremerton Langhorne Creek, SA r w ★★ Seidiger CABERNET SAUVIGNON und SHIRAZ mit großer Aromenfülle. Gedeiht, seit die Willson-Schwestern den Familienbetrieb übernommen haben.

Brokenwood Hunter V., NSW r w ★★★ ILR Reserve Semillon 03' 05' 06'; Graveyard Shiraz 98' 00'06' 07' 09' 11 – Der SEMILLON, der SHIRAZ und der Semillon/SAUVIGNON BLANC Cricket Pitch treiben die Umsatzzahlen in die Höhe. Galionsfigur des HUNTER VALLEY.

Brookland Valley Margaret R., WA r w ★★ Kellerei mit großem Ausstoß an sehr gutem SAUVIGNON BLANC, CHARDONNAY und CABERNET SAUVIGNON. Äußerst preiswert sind der SEMILLON/Sauvignon blanc Budget Verse 1 und der Cabernet Sauvignon/MERLOT (v. a. 12). Gehört ACCOLADE.

Brown Brothers King V., Vic r w br; tr s; sch ★★ Noble Riesling 02' 04' 05' 08 – Familienunternehmen; reiche Auswahl an gefälligen Stilen und Sorten, mit Schwerpunkt auf Süßwein. Erwarb unlängst ausgedehnte PINOT-NOIR- und andere Rebflächen in Tasmanien, deren Weine jetzt unter dem Etikett TAMAR RIDGE/Devil's Corner angeboten werden.

By Farr/Farr Rising Vic r w ★★★★ 08' 09' 10' 11' 12' – Die eigenen Marken bzw. die Kellerei von Gary Farr und Sohn Nick nach ihrem Weggang von BANNOCKBURN. Ihre CHARDONNAY- und PINOT-NOIR-Weine können kleine Meisterwerke sein. Hauptsächlich Nick zeichnet jetzt verantwortlich. Qualitativ ganz oben in Down Under.

Campbells Rutherglen, Vic r (w) br ★★ Weiche, reife Rotweine (v. a. Bobbie Burns SHIRAZ); außerdem herausragender Merchant Prince Rare MUSCAT und Isabella Rare TOPAQUE (★★★★).

Canberra District NSW – Sowohl qualitativ als auch mengenmäßig auf dem Weg nach oben; Lagenauswahl ist wichtig; kühles Klima. CLONAKILLA ist der bekannteste Erzeuger, COLLECTOR, CAPITAL, RAVENSWORTH, EDEN ROAD und Mount Majura sind die neuen Stars.

Capel Vale WA r w ★ Große Vielfalt an Sorten und Preisen. Wechselhafte Qualität, aber wenn sie stimmt, sind die Weine sehr gut.

Cape Mentelle Margaret R., WA r w ★★★★ Cabernet Sauvignon 01' **07'** 08' **10' 11' 12' 13'** – In hervorragender Form. Der robuste CABERNET SAUVIGNON hat jetzt einen eleganteren (und weniger alkoholstarken) Stil, der CHAR-DONNAY ist sehr gut. Ferner ZINFANDEL und sehr populärer SAUVIGNON BLANC/SEMILLON. SHIRAZ im Aufwind. Im Besitz der französischen LVMH-Gruppe.

Capital Wines Canberra, NSW r w ★★ Der gutseigene Weinberg Kyeema bringt seit langer Zeit mit die besten Weine der Region hervor. SHIRAZ (exzellent: 13') und RIESLING sind die Spitzenreiter, außerdem sehr guter MERLOT.

Casella Riverina, NSW r w ★ Der [yellow tail] ist das Ein und Alles des Unternehmens. Rot- und Weißweine des unteren Preisniveaus, ziemlich auf der süßen Seite, die sich in den USA seit nunmehr zehn Jahren wie verrückt verkaufen.

Castagna Beechworth, Vic r ★★★★ Syrah **02' 04' 05' 06' 08' 10' 12'** – Julian Castagna, Filmemacher, Koch und Winzer, ist Anführer der australischen Biobewegung. Ausgezeichnet sind SHIRAZ/VIOGNIER und SANGIOVESE/Shiraz von gutseigenen Trauben. In der Reihe Adam's Rib erscheinen die Weine von zugekauftem Rebgut. Auch Weine von neuen (nicht zum Gut gehörigen) Winzern sind jetzt mit im Angebot.

Chalkers Crossing Hilltops, NSW r w ★ Weine aus relativ kühlen Gebieten, v. a. SHIRAZ, werden von der in Frankreich ausgebildeten Céline Rousseau bereitet, der hohe Alkoholgehalt tut ihnen aber nicht gut.

Chambers' Rosewood NO-Vic (r) (w) br ★★★ Gilt neben MORRIS als der beste Erzeuger von sehr süßem TOPAQUE und Muscat. Die Tischweine sind weitaus weniger erfolgreich.

Chapel Hill McLaren Vale, SA r (w) ★★→★★★ Führender Erzeuger des MCLAREN VALE. SHIRAZ und CABERNET SAUVIGNON geben den Takt an, aber auch TEMPRANILLO und v. a. GRENACHE sind sehr gut. Das Angebot wurde in den letzten Jahren beträchtlich erweitert.

Charles Melton Wines Barossa V., SA r w; (sch) ★★★ Kleines Weingut mit kräftigen, reifen Rotweinen, besonders Nine Popes, ein Verschnitt aus GRENACHE und SHIRAZ von alten Reben. Geht die Dinge ruhig an.

Chatto Tas r ★★★ Das heimliche Projekt von Jim Chatto (Kellermeister bei MOUNT PLEASANT) im Süden. Kleine Mengen PINOT NOIR mit ganz wunderbaren Frucht- und Gewürznoten. Herrlich saftig.

Clarendon Hills McLaren Vale, SA r ★★ Die ganze Palette an Rotweinen (hoher Alkoholgehalt, intensive Frucht) von Trauben, die in den Hügeln oberhalb des MCLAREN VALE wachsen. Von der ehemaligen Prominenz ist nicht viel übrig.

Clare Valley SA – Kleiner, hübscher Bereich mit erstklassigen Lagen, rund 145 km nördlich von Adelaide. Am besten mit dem Rad zu erkunden, wie manche finden. Australiens berühmteste RIESLING-Region; auch eukalyptusduftiger SHIRAZ und erdiger, tanninbetonter CABERNET SAUVIGNON. Wegweisende Erzeuger: TIM ADAMS, GROSSET, Kirrihill, Kilikanoon, MOUNT HORROCKS, WENDOUREE.

Clonakilla Canberra, NSW r w ★★★★ Shiraz 01' **03' 05'** 06' **07'** 08 **09' 10' 12 13'** – Zu Recht der Anführer der SHIRAZ-VIOGNIER-Truppe. Auch RIESLING und Viognier sind ausgezeichnet. Hat Canberra auf die Weltkarte des Weins gebracht.

Coldstream Hills Yarra V., Vic r w; (sch) ★★★ Pinot noir **04' 06' 10' 12 13'**; Chardonnay 05' **06' 08'** 10' 11' **12' 13'** – 1985 von dem Publizisten James Halliday gegründet. Köstlicher PINOT NOIR, jung zu trinken, Reserve zum Altern. Außerdem sehr guter CHARDONNAY (v. a. Reserve). Die neuen Einzellagenweine machen das Angebot noch interessanter. Im Besitz von TWE.

Collector Wines Canberra, NSW r ★★★ Reserve Shiraz 06' 07' 08' 09' 12 – Wie der Name schon sagt: Diese Weine sind Sammlerstücke. Der Reserve SHIRAZ ist vielschichtig, würzig, duftend und komplex.

Constellation Wines Australia (CWA) Siehe ACCOLADE WINES.

Coonawarra SA – Südlichster Bereich von South Australia. Hier entsteht mit der (in Qualität und Preis) beste australische CABERNET SAUVIGNON. Erfolge auch mit CHARDONNAY und SHIRAZ. WYNNS ist der wichtigste Erzeuger des Bereichs, BALNAVES, MAJELLA, KATNOOK, BRAND'S OF COONAWARRA, LINDEMAN'S, YALUMBA und Rymill geben mit den Ton an. Beeindruckende rote Erde auf einem alten Kalksteinsockel.

Coriole McLaren Vale, SA r w ★★ Lloyd Reserve Shiraz 98' 02' 04' 06' 09 10' – Im Auge behalten, v. a. den SANGIOVESE und den Lloyd Reserve SHIRAZ von alten Reben. Interessanter FIANO, SAGRANTINO, NERO D'AVOLA. Erwacht wieder zum Leben.

Craiglee Macedon, Vic r w ★★★ Shiraz 00' 02' 06' 08' 10 12 – Nicht wegzudenkender Betrieb, von der nördlichen Rhône inspiriert. Duftiger, pfeffriger SHIRAZ und alterungswürdiger CHARDONNAY. Neuzugang ist der Shiraz/VIOGNIER.

Crawford River Heathcote, Vic w ★★★ In dieser sehr kühlen Region entstehen beständig einige der besten australischen RIESLINGE.

Cullen Wines Margaret R., WA r w ★★★ Cabernet Sauvignon/Merlot 98' 04' 05' 07' 09' 11 12; Chardonnay 04' 08' 09' 10' 11 12 – Vanya Cullen bereitet gehaltvollen, aber subtilen SEMILLON/SAUVIGNON BLANC, vortrefflichen CHARDONNAY und eleganten, sehnigen CABERNET SAUVIGNON/MERLOT. Biologisch-dynamische Bewirtschaftung.

Cumulus Orange, NSW r w ★ Bei Weitem der größte Weinbergbesitzer und Erzeuger in Orange. Qualität durchwachsen.

Curly Flat Macedon, Vic r w ★★★ Pinot noir 05' 06' 07' 11 12 – Robuster, aber duftender PINOT NOIR (besonders eindrucksvoll) zweier Preis-/Qualitätsniveaus und vollmundiger CHARDONNAY, beide langlebig.

Dalwhinnie Pyrenees, Vic r w ★★ Shiraz 04' 05' 06' 07' 08' 10'; Chardonnay 05' 06' 07' 10' – Reichhaltiger CHARDONNAY, CABERNET SAUVIGNON und SHIRAZ. Tolle Lage.

d'Arenberg McLaren Vale, SA r w (br); (s); (sch) ★★★ Prachtvoller SHIRAZ und GRENACHE. Viele andere Sorten und verrückte Namen (z. B. SAGRANTINO The Cenosilicaphobic Cat). Der Elton John der australischen Kellereien.

Deakin Estate Vic r w ★ Große Mengen sortenreiner Tischweine. Außerordentlich alkoholschwacher MOSCATO. Würziger SHIRAZ, CABERNET SAUVIGNON. Beachtliche Weine am unteren Ende der Preisskala.

De Bortoli Griffith, NSW, Yarra V., Vic r w (br); tr s ★★→★★★★ Weingut in einem Bewässerungsbereich und führender Erzeuger im YARRA VALLEY. Ausgezeichneter PINOT NOIR aus kühlen Lagen, dazu SHIRAZ, CHARDONNAY und SAUVIGNON BLANC sowie sehr guter süßer edelfauler Noble Semillon im Sauternes-Stil. Hier, am Standort im Yarra Valley, sprühen die Funken.

Devil's Lair Margaret R., WA r w ★★ Opulenter CHARDONNAY und CABERNET SAUVIGNON/MERLOT. Das Zweitetikett Fifth Leg hält sich schon sehr lange. Mit dem neuen 9th Chamber Chardonnay soll etwas Schwung in die Bude kommen. Im Besitz von TWE.

Domaine A S-Tas r w ★★★ Die Schweizer Besitzer und Kellermeister Peter und Ruth Althaus sind Perfektionisten. Sehr guter eichenfassgereifter SAUVIGNON BLANC. Polarisierender CABERNET SAUVIGNON aus kühlem Klima. Charismatisch, sagen wir mal.

Domaine Chandon Yarra V., Vic (r) (w); sch ★★ Schaum- und Tischweine von in kühlen Gegenden angebauten Trauben. Im Besitz von Moët & Chandon (siehe Frankreich). In Großbritannien mit der Marke Green Point bekannt. Seit Langem erwartet man etwas Spannendes, aber leider gibt es nichts zu vermelden.

Domenica Beechworth, Vic ★★ Auffälliger neuer Erzeuger mit gut eingewachsenen Weinbergen. Überschwänglicher, würziger SHIRAZ. MARSANNE mit schöner Textur.

Eden Road r w ★★★★ Tatkräftiger Erzeuger, der Weine der Bereiche Hilltops, TUMBARUMBA und CANBERRA DISTRICT produziert. Exzellenter SHIRAZ, CHARDONNAY und CABERNET SAUVIGNON. Legt die Messlatte immer höher.

Eden Valley SA – Hügelige Gegend, in der u. a. HENSCHKE, TORZI MATTHEWS, Radford, Chris Ringland und PEWSEY VALE zu Hause sind. Rassiger RIESLING, (duftender, lebhafter) SHIRAZ und CABERNET SAUVIGNON von Spitzenqualität.

Elderton Barossa V., SA r w (br); (sch) ★★ Alte Reben; reichhaltiger, eichenholzwürziger CABERNET SAUVIGNON und SHIRAZ. Deckt alle Weinreihen ab. Teilweise biologischer/biologisch-dynamischer Anbau. Bleibt aktiv.

Eldridge Estate Mornington Peninsula, Vic r w ★★ Weinmacher David Lloyd ist ein penibler Experimentierer. Sein PINOT NOIR, GAMAY und CHARDONNAY sind den Aufwand aber wert.

Epis Macedon, Vic r w ★★★ Kann ein ehemaliger Footballspieler feinen PINOT NOIR erzeugen? Nicht sehr wahrscheinlich, doch Alec Epis hat den Beweis geliefert. Langlebiger Pinot noir, eleganter CHARDONNAY. Kaltes Klima.

Evans & Tate Margaret R., WA r w ★★ Seit 2007 im Besitz von MCWILLIAM'S. Die Qualität ist besser denn je. SHIRAZ, CABERNET SAUVIGNON und CHARDONNAY. Preiswert.

Faber Vineyards Swan V., WA r ★★★ Reserve Shiraz **07'** 08' 09' 10 **11'** – John Griffiths ist der Guru der westaustralischen Weinbereitung. Seine Gutsweine zeigten, was beim Swan Valley SHIRAZ möglich ist. Sehr gut auch der CHARDONNAY und CABERNET SAUVIGNON aus zugekauften Trauben.

Ferngrove Vineyards Great Southern, WA r w ★ Der Weinbaubetrieb des Rinderzüchters Murray Burton mit 223 ha Rebland. Guter RIESLING, MALBEC und CABERNET SAUVIGNON.

Flametree Margaret R., WA r w ★★★ Außergewöhnlicher CABERNET SAUVIGNON; würziger, verführerischer SHIRAZ. Gelegentlich gibt es einen fesselnden CHARDONNAY.

Fraser Gallop Estate Margaret R., WA r w ★★★ Frisches Blut am MARGARET RIVER; konzentrierter CABERNET SAUVIGNON, CHARDONNAY und SEMILLON/ SAUVIGNON BLANC mit Holzeinfluss. Ein Überflieger.

Freycinet Tas r w; (sch) ★★★ Pinot noir **05'** 08' 09' **10'** 11 **12'** – Weinbaubetrieb an der tasmanischen Ostküste mit kompaktem PINOT NOIR, gutem CHARDONNAY und ausgezeichnetem Schaumwein Radenti.

Frogmore Creek Tas r w ★★ Halbtrockener RIESLING, langlebiger CHARDONNAY, PINOT NOIR mit Waldbodennoten. Der Inbegriff australischer Weine aus kühlen Lagen.

Geelong Vic – Bereich westlich von Melbourne mit kühl-trockenem Klima. Am besten von: BANNOCKBURN, Bellarine Estate, BY FARR, LETHBRIDGE, Clyde Park.

Gemtree Vineyards McLaren Vale, SA r (w) ★★ Herzerwärmender SHIRAZ sowie TEMPRANILLO und andere Exoten; allen gemein ist die Qualität. Vorwiegend Bioweinbau.

Australien

Geoff Merrill McLaren Vale, SA r w ★ Rühriger Erzeuger der Marken Geoff Merrill und Mount Hurtle. Derzeit nicht übermäßig ambitioniert.

Giaconda Beechworth, Vic r w ★★★★ Shiraz 04' 06' **08'** 10'; Chardonnay **02' 05'** 06' **08' 10' 11 12** – Mitte der 1980er-Jahre stieg Rick Kinzbrunner einen steilen, trockenen, felsigen Hügel hinauf und kam als (lebende) Weinmacherlegende wieder herunter. Ist wahrscheinlich Australiens bester CHARDONNAY-Erzeuger. Ausgezeichneter SHIRAZ.

Giant Steps/Innocent Bystander Yarra V., Vic ★★★ Munterer Erzeuger, der vergnügt und flippig wirkt, aber ernsthaft arbeitet und Einfluss hat. Erstklassige Einzellagenweine von CHARDONNAY und PINOT NOIR. Die Jahrgänge 12 und 13 sind echte Höhepunkte.

Glaetzer-Dixon Tas r w ★★★ Der GLAETZER-Clan ist in Australien bekannt für seinen kuscheligen SHIRAZ aus warmem Klima. Dann stellte Nick Glaetzer mit seiner Unternehmung im kühlen TASMANIEN alles auf den Kopf: RIESLING im europäischen Stil, Rhône-artiger Shiraz und fleischiger PINOT NOIR. Ein Star mit Ausrufezeichen.

Glaetzer Wines Barossa V., SA r ★★ Überaus reichhaltiger, ungefilterter, sehr reifer SHIRAZ von alten Reben, allen voran die Ikone Amon-Ra. Sehr gute Beispiele für einen alkoholstarken Stil.

Der Ausbruch der Vogelgrippe in New South Wales brachte eine unerwartete Knappheit hervor: Eiweiß für die Schönung von Wein.

Goulburn Valley Vic – Die alte Region im gemäßigten Klima von Central Victoria bringt körperreiche, saftige Tischweine hervor. Am besten sind MARSANNE, CABERNET SAUVIGNON und SHIRAZ. Die Kellereien TAHBILK und MITCHELTON sind die Standbeine. Auch unter dem Namen Nagambie Lakes bekannt.

Grampians Vic – Früher als Great Western bezeichnete Region mit gemäßigtem Klima im Nordwesten Victorias. Erstklassiger würziger SHIRAZ und Shiraz-Schaumwein. Heimat von BEST'S, MOUNT LANGI, SEPPELT und The Story.

Granite Belt Qld – Hoch gelegene und (relativ) kühle Weinbauregion an der Grenze zwischen Queensland und NSW, die man dort nicht erwarten würde. Würziger SHIRAZ und voller SEMILLON.

Grant Burge Barossa V., SA r w (br); (s); (sch) ★★ Zarte Rot- und Weißweine von Lesegut aus großem, eigenem Weinbergbesitz. Eine Übernahme dürfte kurz bevorstehen.

Great Southern WA – Abgelegene kühle Gegend. Die offiziellen Unterregionen heißen Albany, Denmark, Frankland River, Mt. Barker und Porongurup. Erstklassiger RIESLING, SHIRAZ und CABERNET SAUVIGNON.

Greenstone Vineyard Heathcote, Vic r ★★ Gemeinschaftsunternehmen von David Gleave MW (London), Alberto Antonini (Italien) und dem australischen Winzer Mark Walpole: sehr guter SHIRAZ, guter SANGIOVESE.

Grosset Clare V., SA r w ★★★ Gaia **99'** 04' **05' 12'**; Riesling **02' 05'** 10' **12' 13 14'** – Penibler Kellermeister. Führender australischer RIESLING, herrlicher CHARDONNAY und sehr guter CABERNET SAUVIGNON/MERLOT namens Gaia. Der PINOT NOIR wird besser.

Hanging Rock Macedon, Vic r w; sch ★★ Heathcote Shiraz **00' 01' 02'** 04' 06' **08'** – Reüssierte mit SHIRAZ-Schaumwein aus MACEDON und HEATHCOTE, doch jetzt ist es ruhig um ihn geworden.

Harcourt Valley Vineyards Bendigo, Vic r ★★ Hat in den letzten Jahren einen gehörigen Sprung zurück ins Leben gemacht. Kompakter, sirupartiger, verführerischer SHIRAZ, MALBEC, CABERNET SAUVIGNON, denen amerikanische Eiche zur Seite steht.

Hardys r w; (s); sch ★★★ Eileen Shiraz 04' 06' 10'; Eileen Chardonnay 02' 04' 06' 08' 10' 12 13 – Historischer Betrieb, jetzt im Besitz von ACCOLADE. Exzellenter CHARDONNAY, der SHIRAZ kommt auch langsam dahin. Der neue Eileen PINOT NOIR ist vielversprechend.

Heathcote Vic – In der 500 Millionen Jahre alten Kambriumerde des Gebiets steckt ein großartiges Potenzial für die Erzeugung erstklassiger Rotweine, v. a. SHIRAZ. Fängt jetzt endlich an, Gas zu geben.

Heggies Eden V., SA r w; tr (s) ★ Weinberg in 500 m Höhe, im Besitz von S. Smith & Sons. Erzeugt sehr guten RIESLING und VIOGNIER. Der CHARDON-NAY kann überrraschen.

Henschke Eden V., SA r w ★★★★ Shiraz 90' 91' 96' 04' 06' 09 12'; Cabernet Sauvignon 86' 88 90' 96' 02' 04' 06' 09' – Herausragender, 150 Jahre alter Familienbetrieb, bekannt für köstlichen Hill of Grace (SHIRAZ), sehr guten CABERNET SAUVIGNON, Rotweinverschnitte und gute Weiße. Schwindelerregende Preise.

Hewitson SO-Australien r (w) ★★★ Old Garden Mourvèdre 98' 99' 02' 05' 09' 10 – Dean Hewitson spürt Parzellen mit alten Reben auf und bereitet SHIRAZ und eine sortenreine Abfüllung von den »ältesten MOURVÈDRE-Reben der Erde«. Grundsolide.

Hollick Coonawarra, SA r w; (sch) ★ Guter CABERNET SAUVIGNON, SHIRAZ. Wurde kürzlich an einen ausländischen Investor verkauft.

Houghton Swan V., WA r w ★★ Einst legendärer Weinbaubetrieb in Western Australia, Teil von ACCOLADE. Der preisgünstige Weißweinverschnitt wurde einst als nationaler Klassiker angesehen. Sehr guter CABERNET SAUVIGNON, SHIRAZ usw. aus MARGARET RIVER und GREAT SOUTHERN. Muss noch mehr aus sich herausgehen.

Howard Park WA r w ★★→★★★★ Cabernet Sauvignon 99' 01' 05' 07' 09' 10' 11'; Riesling 04' 08' 11' 12' 13' – Duftender RIESLING, CHARDONNAY und erdiger CABERNET SAUVIGNON. Das Zweitetikett MadFish hat ein grandioses Preis-Leistungs-Verhältnis. Blühendes Weinangebot, jetzt mit stärkerem Akzent auf PINOT NOIR.

Hunter Valley NSW – Der große Name in NSW; subtropisches Kohlebergbaurevier, 160 km nördlich von Sydney. Mittelschwerer, erdiger SHIRAZ und vornehmer SEMILLON mit 30 Jahren Haltbarkeit. Klassische terroirbetonte Stile. Aushängeschilder sind: BROKENWOOD, Mount Pleasant, ANDREW THOMAS und TYRRELL'S.

Jacob's Creek (Orlando) Barossa V., SA r w (br); (s); sch ★★ Pionierbetrieb, jetzt im Besitz von Pernod Ricard. Konzentriert sich inzwischen fast ausschließlich auf verschiedene Reihen der uninspirierten Jacob's-Creek-Weine, die alle Rebsorten und Preislagen abdecken.

Jamsheed Pyrenees, Yarra V., Vic ★★★ Aufregender Erzeuger, v. a. mit SHIRAZ aus dem YARRA VALLEY, aus GRAMPIANS, PYRENEES und BEECHWORTH. Komplexe, schmackhafte Gewächse.

Jasper Hill Heathcote, Vic r w ★★★ Shiraz 02' 04' 06' 08' 09' 10' – Emily's Paddock SHIRAZ/CABERNET FRANC und Georgia's Paddock Shiraz aus trockenen Lagen sind intensiv, straff und langlebig. Biologisch-dynamisch.

Jim Barry Clare V., SA r w ★★★ Auf hervorragenden Anbauflächen entstehen sehr guter RIESLING, McCrae Wood SHIRAZ und der reichhaltige, eichenholzbetonte The Armagh Shiraz, der richtig teuer ist.

John Duval Wines Barossa V., SA r ★★★ John Duval, ehemaliger Chefkellermeister von PENFOLDS (und Grange), erzeugt wahrhaft köstliche Rotweine im Rhône-Stil, voller Intensität und Charakter.

Kaesler Barossa V., SA r (w) ★★ Guter Wein (in erhabenem, vollem Stil) von alten Reben, aber mit schwankender Qualität und häufig grenzwertigem Alkoholgehalt.

Australien

Katnook Estate Coonawarra, SA r w; (s); (sch) ★★★ Odyssey Cabernet Sauvignon **99' 00' 04' 08' 09** – Teure SHIRAZ-Weinikonen sind Odyssey und Prodigy. Konzentriert fruchtig und eichenbetont.

Kilikanoon Clare V., SA r w ★★★ RIESLING und SHIRAZ haben in den letzten Jahren ausgezeichnete Erfolge erzielt. Köstlich saftig und wunderbar bereitet. Stilistisch gesehen das ganz große Business.

King Valley Vic – Die unterschiedlichen Höhenlagen zwischen 155 und 860 m wirken sich stark auf die angebauten Rebsorten und den jeweiligen Weinstil aus. Rund 25 Marken, qualitativ an der Spitze stehen Chrismont, Dal Zotto und PIZZINI.

Kirrihill Clare V., SA r w ★★ Sehr guter CABERNET SAUVIGNON, SHIRAZ und RIESLING zu oft sensationell günstigen Preisen.

Knappstein Wines Clare V., SA r w ★★★ Der Löwe ist erwacht. Zuverlässiger RIESLING, CABERNET SAUVIGNON/MERLOT, SHIRAZ und Cabernet Sauvignon; im Besitz von LION NATHAN. Neu sind der mittelschwere, duftende Shiraz/MALBEC und der mit Hülsenmaischung bereitete Riesling, die dem Angebot Charme verleihen und Aufmerksamkeit sichern.

Kooyong Mornington Peninsula, Vic r w ★★★★ PINOT NOIR und harmonischer, strukturierter großartiger Chardonnay. Charmanter PINOT GRIS; Einzellagenweine. Zählen eindeutig zu den feinsten Gewächsen Australiens.

Lake Breeze Langhorne Creek, SA r (w) ★★ Erzeuger von saftig-weichen, leckeren, preiswerten Weinen von SHIRAZ und CABERNET SAUVIGNON. Spitzengewächse sind nicht dabei, aber ans mittlere Qualitätsniveau reichen sie schon heran.

Lake's Folly Hunter V., NSW r w ★★★ Cabernet Sauvignon **01' 05'**; Chardonnay **05' 07' 09'** – Gegründet von Max Lake, dem Pionier des HUNTER VALLEY CABERNET SAUVIGNON. Der CHARDONNAY ist oft besser als der Cabernet-Sauvignon-Verschnitt.

Langmeil Barossa V., SA r w ★★ Das Gut besitzt neben anderen alten Weinbergen auch die älteste mit SHIRAZ bestockte Parzelle der Welt (angelegt 1843), von der häufig ein opulenter Vollgas-Shiraz bereitet wird.

Larry Cherubino Wines Frankland R., WA r w ★★★★ Intensiver SAUVIGNON BLANC, RIESLING, würziger Shiraz und Hochglanz-CABERNET-SAUVIGNON. Ehrgeizige Marke, die jetzt ihre Versprechen aus der Anfangszeit voll einlöst.

Leasingham Clare V., SA r w ★★ Ehemals bedeutende Marke mit sehr gutem RIESLING, SHIRAZ, CABERNET SAUVIGNON und Cabernet Sauvignon/MALBEC-Verschnitt. Nur noch ein Schatten ihrer selbst. Die Marke gehört ACCOLADE;.

Leeuwin Estate Margaret R., WA r w ★★★★ Chardonnay **02' 04' 05' 06' 08' 10' 11'** – CHARDONNAY-Erzeuger mit Kultstatus. Körperreicher, alterungswürdiger Art Series Chardonnay; SAUVIGNON BLANC und RIESLING können da nicht mithalten. Der Cabernet Sauvignon kann sehr gut sein.

Leo Buring Barossa V., SA w ★★ **02' 05' 06' 08' 13'** – Im Besitz von TWE. Ausschließlich RIESLING; Leonay heißt die Spitzenmarke, die herrlich langlebig ist. Aus der Marke ist aber ziemlich die Luft raus.

Lethbridge Vic r w ★★★ Stilvoller kleiner Erzeuger von CHARDONNAY, SHIRAZ, PINOT NOIR und RIESLING. Ein heller Stern am australischen Firmament.

Limestone Coast Zone SA – Wichtige Anbauzone, zu der auch Bordertown, COONAWARRA, Mount Benson, Mount Gambier, PADTHAWAY, Robe und WRATTONBULLY gehören.

Lindeman's r w ★★ Im Besitz von TWE. Die preiswerte Reihe Bin ist jetzt Produktionsschwerpunkt. Weit entfernt vom früheren Ruhm. Die Trio-Rotweine aus COONAWARRA sind aber immer noch sehr gut.

Lion Nathan Neuseeländisches Brauereiunternehmen, dem KNAPPSTEIN, PETALUMA, ST HALLETT, STONIER und TATACHILLA gehören. Licht und Schatten.

Macedon und **Sunbury** Vic – Benachbarte Regionen. Macedon liegt höher als das nahe dem Melbourner Flughafen gelegene Sunbury. Qualität findet man bei Erzeugern wie BINDI, CRAIGLEE, CURLY FLAT, EPIS, Granite Hills und HANGING ROCK.

Mac Forbes Yarra V., Vic ★★★ Besinnlich stimmende Einzellagenweine, hauptsächlich PINOT NOIR und RIESLING. Erwirbt sich langsam, aber sicher ein beneidenswertes Renommee.

Main Ridge Estate Mornington Peninsula, Vic r w ★★★ Winziger Betrieb mit reichhaltigem, langlebigem CHARDONNAY und PINOT NOIR. Altmeister der MORNINGTON PENINSULA.

Majella Coonawarra, SA r (w) ★★★ Opulenter und enorm beliebter SHIRAZ und CABERNET SAUVIGNON von hoher Qualität. Ungemein beständig.

Margaret River WA – Anbaugebiet mit gemäßigtem Klima an der Küste, südlich von Perth. Kraftvoller CHARDONNAY, strukturierter CABERNET SAUVIGNON, würziger SHIRAZ. Erzeuger: CULLEN, DEVIL'S LAIR, FLAMETREE, FRASER GALLOP, LEEUWIN, MOSS WOOD, VOYAGER ESTATE und viele andere. Großartige Touristenregion (und ein Surferparadies).

Marius McLaren Vale, SA r ★★★ Sortenreiner SHIRAZ und Verschnitte von einer Konzentration/Qualität, dass einem die Augen übergehen. Mehr Finesse als Schnickschnack.

Mayford NO-Vic, Vic r w ★★★ Winziges Gut in einem versteckten, in Privatbesitz befindlichen Tal. Hat dem Bereich ALPINE VALLEYS Bedeutung verschafft. SHIRAZ, CHARDONNAY und TEMPRANILLO, der Star der Show.

McLaren Vale SA – Historische maritime Region am Stadtrand von Adelaide. Enorm geschmacksintensive Rotweine, wie geschaffen für den US-Markt. Erzeuger wie CHAPEL HILL, CORIOLE, GEMTREE, WIRRA WIRRA, Inkwell, BRASH HIGGINS, S. C. PANNELL, MARIUS und eine wachsende Zahl anderer zeigen neben Geschmack jedoch auch Eleganz.

McWilliam's SO-Australien r w (br); (s) ★★★ In Familienbesitz. Hanwood, EVANS & TATE, BRAND'S OF COONAWARRA und Mount Pleasant sind die Säulen, auf denen das auch noch andere Etiketten umfassende Angebot steht. Konzentriert sich immer mehr auf den Heimatstaat NSW.

Meerea Park Hunter V., NSW r w ★★ Die Brüder Garth und Rhys Eather haben sich 25 Jahre Zeit gelassen, um dann über Nacht Erfolg zu haben. Alterungswürdiger SEMILLON und SHIRAZ.

Mike Press Wines Adelaide Hills, SA r w ★★ Winzige Produktion, winzige Preise. SHIRAZ, CABERNET SAUVIGNON, CHARDONNAY, SAUVIGNON BLANC. Liebling der Schnäppchenjäger.

Mitchelton Goulburn V., Vic r w; (s) ★★★ Treuer Erzeuger von RIESLING, SHIRAZ und CABERNET SAUVIGNON; Spezialität: Marsanne und ROUSSANNE. Erreicht selten große Höhen, geht aber mit frischer Energie ans Werk.

Mitolo r ★★ SHIRAZ und CABERNET SAUVIGNON von hoher Qualität. Im Stil etwas hochtrabende, aber (oft) unwiderstehliche Weine.

Moorilla Estate Tas r w; (sch) ★★★ Betrieb nahe Hobart am Derwent River, erzeugt sehr guten RIESLING und CHARDONNAY; außerdem PINOT NOIR. Erstklassiges Restaurant und eine außergewöhnliche Kunstgalerie. Die Weinqualität steigt beständig.

Moorooduc Estate Mornington Peninsula, Vic r w ★★★★ Seit Langem ein Erzeuger von stilvollem, kultiviertem CHARDONNAY und PINOT NOIR; keinerlei Anzeichen von Ermüdungserscheinungen.

Moppity Vineyards Hilltops, NSW r w ★★★ Macht sich einen Namen mit seinem SHIRAZ/VIOGNIER und CABERNET SAUVIGNON (Hilltops) sowie dem

CHARDONNAY (TUMBARUMBA). Kernige, tanninstarke, intensiv würzige Rotweine. Schießt Tore aus allen Positionen.

Mornington Peninsula Vic – Spannende kühle Küstengegend, 40 km südöstlich von Melbourne. Zahlreiche erstklassige Boutiquekellereien; PINOT NOIR, CHARDONNAY, PINOT GRIS. Spielwiese für alle, die Wein, Surfen, Strand und Essen mögen.

Morris NO-Vic (r) (w) br ★★★★ Erzeuger in RUTHERGLEN mit den besten MUSCAT- und Tokay/TOPAQUE-Dessertweinen Australiens.

Moss Wood Margaret R., WA r w ★★★ Cabernet Sauvignon 01' 04' 05' 10 – Erzeugt von seinen 11,7 ha die opulentesten Weine im Gebiet MARGARET RIVER. SEMILLON, CHARDONNAY und wunderbar weicher Cabernet Sauvignon. Eichenbetont.

Mount Horrocks Clare V., SA r w ★★ Feiner trockener RIESLING und süßer Cordon Cut Riesling. Der Chardonnay ist der beste der Gegend. SHIRAZ und CABERNET SAUVIGNON gut in Form.

Mount Langi Ghiran Grampians, Vic r w ★★★★ Shiraz 04' 05' 08' 09' 10 12' – Reichhaltiger, pfeffriger, Rhône-ähnlicher SHIRAZ. Auch sehr guter Shiraz-Schaumwein und hervorragender Cliff Edge Shiraz. Kühlklimastar in spektakulärer Lage.

Mount Mary Yarra V., Vic r w ★★★ Pinot noir 05' 10' 12'; Quintet 98' 00' 04' 10' 12' – Der verstorbene Dr. Middleton erzeugte sehr kleine Mengen charmanten CHARDONNAY, lebhaften PINOT NOIR und eleganten CABERNET-SAUVIGNON-Verschnitt. Alle altern makellos. Die neue Ära ist sicher keine Verschlechterung.

Mudgee NSW – Weinbaugebiet nordwestlich von Sydney. Ansehnliche Rote, feine SEMILLON- und vollmundige CHARDONNAY-Weine. Hat Mühe, den Anschluss zu halten.

Murray Valley SA, Vic, NSW – Riesige bewässerte Weinbauregion, die sich jetzt als ein vom Klimawandel geschütteltes Krisengebiet erweist.

Ngeringa Adelaide Hills, SA r w ★★ Duftender PINOT NOIR und NEBBIOLO, dazu Rhône-ähnlicher SHIRAZ und schmackhafter Rosé. Erweitert stetig seine Grenzen. Biologisch-dynamischer Anbau.

Ninth Island Tas – Siehe PIPERS BROOK (Kreglinger).

Ochota Barrels Barossa V., SA r w ★★★ Don-Quichotte-Erzeuger mit GRENACHE und SHIRAZ von (hauptsächlich) alten Reben aus dem MCLAREN VALE und BAROSSA. Australiens Sommeliers lieben ihn.

O'Leary Walker Wines Clare V., SA r w ★★★ Zurückhaltender Auftritt, aber ausgezeichnete Qualität. CLARE VALLEY RIESLING und CABERNET SAUVIGNON sind die Spitzenreiter. Der MCLAREN VALE SHIRAZ ist eichenlastig, aber gut.

Die Erzeuger in Orange ärgern sich über »orange« Weine (Weißweine mit Hülsenmaischung). Krieg der Südfrüchte?

Orange NSW – Hoch gelegene Weinbauregion mit kühlem Klima. Lebhafter SHIRAZ (wenn reif), am besten aber für (intensive) aromatische Weiße und CHARDONNAY geeignet.

Padthaway SA – Großes Anbaugebiet, das als Ableger von COONAWARRA entwickelt wurde. Sehr guter SHIRAZ und CABERNET SAUVIGNON. Die Salzigkeit ist ein Problem. Weniger bedeutend als noch vor einem Jahrzehnt.

Pannell, S.C. McLaren Vale, SA r ★★★ Ausgezeichneter SHIRAZ (oft als Syrah etikettiert) und (v. a.) Weine auf GRENACHE-Basis. Den NEBBIOLO sollte man im Auge behalten. Beständig auf dem Weg nach oben. Fürchtet sich nicht vor Ganztraubenvergärung.

Paringa Estate Mornington Peninsula, Vic r w ★★★ Erzeuger von spektakulärem PINOT NOIR und SHIRAZ. Fleischige, fruchtige, auffällige Stile. Der Chardonnay hat nicht dieselbe Klasse, doch die Roten sind unwiderstehlich.

Paxton McLaren Vale, SA r ★★ Australiens bekanntester Winzer, der ökologisch arbeitet. Große biologisch-dynamisch bewirtschaftete Weinberge. Reifer, aber eleganter SHIRAZ und GRENACHE. Äußerst einflussreich.

Das große Riesling-Spiel

Reiner, trockener Riesling aus dem Clare Valley und Eden Valley hat die australische Riesling-Landschaft 30 Jahre lang dominiert, und tatsächlich wird seine Qualität enorm unterschätzt – außer von jenen, die Bescheid wissen. Glücklicherweise hält das die Preise niedrig. Doch derzeit kommt Bewegung in die Sache, es wird mehr mit Stilen und Regionen experimentiert. Wildhefen, teilweise Schalenkontakt in alter, neutraler Eiche, kleinere Einzelposten, unterschiedliche Zuckerwerte usw. – alles wird ausprobiert. Tasmanien, der Süden und die Berge Victorias und Great Southern mischen inzwischen alle kräftig mit im großen Riesling-Spiel.

Pemberton WA – Region zwischen MARGARET RIVER und GREAT SOUTHERN; die anfängliche Begeisterung für PINOT NOIR ist inzwischen auf RIESLING, CHARDONNAY und SHIRAZ übergegangen.

Penfolds r w (br); (sch) ★★★★ Grange 55' **60' 62' 63' 66' 71' 76' 86' 90' 96' 98'** 99' 02' **04'** 05' 06' 08' **10'**; Cabernet Sauvignon (Bin 707) **91' 96' 98' 02' 04'** 06' 10' 12' – Ursprünglich Adelaide, heute im ganzen Bundesstaat South Australia vertreten. Australiens bester Erzeuger von Rotweinen aus warmem Klima. Der Yattarna CHARDONNAY und der Bin Chardonnay sind jetzt in puncto Qualität mit den Roten vergleichbar. Schwindelerregende Preise.

Penley Estate Coonawarra, SA r w ★ Voller, gut texturierter, fruchtiger, eichenholzwürziger CABERNET SAUVIGNON; auch ein SHIRAZ/Cabernet Sauvignon sowie CHARDONNAY. Hoher Alkoholgehalt.

Petaluma Adelaide Hills, SA r w; sch ★★★ Coonawarra Cabernet Sauvignon **90' 91' 98' 99' 04' 05'** 07' 08'; Riesling **02' 07' 11' 12' 13'**; Chardonnay **07' 12'** – Betrieb, der seinen einstigen Besitzer und Kreativkopf Brian Croser zu vermissen scheint. Wurde 2002 von LION NATHAN gekauft. Gut, aber jetzt eher zurückhaltend.

Peter Lehmann Wines Barossa V., SA r w (br); (s); (sch) ★★★ Preisgünstige Weine, oft in beträchtlichen Mengen. Luxuriöser, reizvoller SHIRAZ Stonewell, daneben viele andere Marken (rot und weiß). Peter Lehmann starb 2013, die Firma wurde 2014 an CASELLA (yellow tail) verkauft.

Pewsey Vale Adelaide Hills, SA w ★★ Exzellenter RIESLING – zwei Standardversionen sowie The Contours (flaschengereift) von einem wunderschön angelegten Weinberg.

Piano Piano Beechworth, Vic w – Weinberg gleich neben GIACONDA. Kraftvoller CHARDONNAY. Lernt gerade laufen.

Pierro Margaret R., WA r w ★★ Chardonnay **06' 08' 09' 11' 12'** – Erzeuger von teurem, säurebetontem SEMILLON/SAUVIGNON BLANC und draufgängerischem CHARDONNAY.

Pipers Brook Tas r w; sch ★★ Riesling **06'** 07' **09' 13'**; Chardonnay **05'** 08' **09'** – Pionier in einer kühlen Region mit gutem RIESLING sowie zurückhaltendem Chardonnay und Schaumweinen aus dem Tamar Valley. Zweitmarke: Ninth Island. Im Besitz der belgischen Familie Kreglinger.

Pirramimma McLaren Vale, SA r w ★ Der jahrhundertealte Familienbetrieb mit großem Weinbergbesitz geht nun (endlich) auch mit der Zeit.

Pizzini King V., Vic r ★★ Nebbiolo 02' 05' 10 – Führender Erzeuger in Australien für Weine von italienischen Sorten. Produziert werden NEBBIOLO, SANGIOVESE und Verschnitte. Treibende Kraft im KING VALLEY.

Plantagenet Mt. Barker, WA r w; (sch) ★★★ Große Sortenauswahl, v. a. voller CHARDONNAY, SHIRAZ und lebendiger, kraftvoller, alterungswürdiger CABERNET SAUVIGNON. 40 Jahre jung.

Primo Estate SA r w; tr (s) ★★★ Zu den vielen erfolgreichen Weinen Joe Grillis zählen ein reichhaltiger MCLAREN VALE SHIRAZ, ein pikanter COLOMBARD und der kräftige CABERNET SAUVIGNON/MERLOT Joseph.

Punch Yarra V., Vic r w ★★★ Die Familie Lance führte jahrzehntelang das Gut Diamond Valley, und als sie es verkaufte, behielt sie den dicht bepflanzten PINOT-NOIR-Weinberg. Er bringt präzise, sehr bestimmte, langlebige Weine hervor.

Pyrenees Vic – Region in Central Victoria mit reichhaltigen, oft minzeduftigen Rotweinen. BLUE PYRENEES, DALWHINNIE, Dog Rock, TALTARNI und Mount Avoca sind die führenden Erzeuger.

Richmond Grove Barossa V., SA r w – Guter RIESLING zu Schleuderpreisen, sonst kaum etwas. Im Besitz von JACOB'S CREEK.

Riverina NSW – Massenweinbauzone mit Bewässerung um Griffith.

Robert Oatley Wines Mudgee, NSW r w ★ Robert Oatley schuf das ROSEMOUNT ESTATE; jetzt ist sein Ehrgeiz neu entflammt. Gute Reihe Finisterre.

Rockford Barossa V., SA r w; sch ★→★★★ Kleiner Erzeuger mit Weinen von alten, ertragsarmen Weinbergen. Die Rotweine sind am besten. Außerdem Schaumwein Black SHIRAZ mit Kultstatus.

Rosemount Estate r w ★★ Produziert enorme Mengen. Stagnierte fast ein Jahrzehnt lang, doch gibt es Anzeichen, dass er wieder in Form kommt. Vorwiegend GRENACHE und SHIRAZ.

Ruggabellus Barossa V., SA r ★★★ Erregt Aufsehen. Peppigere, saftigere Versionen von BAROSSA-Weinen. Alte Eiche, minimale Schwefelung, wilde Hefen, ohne Entrappung. Verschnitte von GRENACHE, SHIRAZ, MATARO, CINSAULT.

Rutherglen und **Glenrowan** Vic – Zwei von vier Regionen im Nordosten von Victoria; eine Zone, die zu Recht berühmt ist für ihre kräftigen Rotweine und die herrlichen gespriteten Dessertweine.

Saltram Barossa V., SA r w ★★★ Mamre Brook (SHIRAZ, CABERNET SAUVIGNON) mit hervorragender Preisgestaltung und (selten aufzufindender) No. 1 Shiraz sind die Spitzenweine. Im Besitz von TWE. Die Reihe »1859« ist einen Versuch wert.

Samuel's Gorge McLaren Vale, SA r ★★ Justin McNamee mit seiner wilden Haarpracht erzeugt SHIRAZ- und TEMPRANILLO-Weine mit Charakter und Terroirbewusstsein.

Savaterre Beechworth, Vic r w ★★★ Pinot noir 04' 06' 08' 10' 12 – Feiner Erzeuger von körperreichem CHARDONNAY und fleischigem PINOT NOIR; jetzt auch SHIRAZ von sehr dicht gepflanzten Reben.

Seppelt Grampians, Vic r w br; sch ★★★ St. Peter's Shiraz 96' 97' 02' 04' 06' 08' 10' – Der historische Betrieb ist im Besitz von TWE. Beeindruckende Bandbreite von regionentypischen RIESLING-, CHARDONNAY- und SHIRAZ-Weinen.

Seppeltsfield Barossa V., SA r br ★★★ Vom National Trust als nationales Erbe geführte Kellerei, 2007 von KILLKANOON erworben. Die Bestände an gespriteten Weinen gehen bis aufs Jahr 1878 zurück. Die Tischweine sind zunehmend vielversprechend.

Sevenhill Clare V., SA r w (br) ★ Seit 1851 im Besitz der Jesuitical Manresa Society. Beständig guter, warmer SHIRAZ; auch RIESLING.

Seville Estate Yarra V., Vic r w ★★★ Shiraz 04' 05' 06' 10' 12' – Ausgezeichneter CHARDONNAY, würziger SHIRAZ und feiner PINOT NOIR. Ein Pionier des YARRA VALLEY.

Shadowfax Vic r w ★★ Stilvolle Kellerei, Teil des historischen Werribee Park. Sehr guter CHARDONNAY, PINOT NOIR und SHIRAZ. Nichts zum Jubeln, aber auch nicht schlecht.

Shaw & Smith Adelaide Hills, SA (r) w ★★★ Gegründet von Martin Shaw und dem ersten australischen Master of Wine, Michael Hill-Smith. Knackiger, harmonischer Sauvignon blanc, komplexer, fassvergorener CHARDONNAY M3, beide werden vom Shiraz aber noch getoppt. PINOT NOIR wird immer besser.

Shelmerdine Vineyards Heathcote, Vic r w ★★ Elegante Weine von Gütern im YARRA VALLEY und in HEATHCOTE. PINOT NOIR, SAUVIGNON BLANC, SHIRAZ und CHARDONNAY können alle sehr gut sein.

Southern NSW Zone NSW – Der südliche Bereich von New South Wales umfasst u. a. CANBERRA, Gundagai, Hilltops und TUMBARUMBA.

Spinifex Barossa V., SA r w ★★★ Wunderbare Boutiquekellerei in Barossa: komplexer SHIRAZ und GRENACHE-Verschnitte, nichts Übertriebenes.

Stanton & Killeen Rutherglen, Vic r br ★★ Der frühe Tod von Chris Killeen im Jahr 2007 war ein schwerer Schlag, doch seine Kinder setzen die Tradition in gutem Stil fort. Der Star bleibt der gespritete Jahrgangswein.

Stefano Lubiana S-Tas r w; sch ★★★ Herrliche Weinberge am Ufer des Derwent River, 20 Minuten von Hobart entfernt. Ausgezeichneter PINOT NOIR, Schaumwein, MERLOT und CHARDONNAY.

Stella Bella Margaret R., WA r w ★★★ Wahnsinnsweine: CABERNET SAUVIGNON, SEMILLON/SAUVIGNON BLANC, CHARDONNAY, SHIRAZ und SANGIOVESE/Cabernet Sauvignon. Robust und charaktervoll.

St Hallett Barossa V., SA r w ★★★ Old Block 99' 02' 04' 06' 08' 10' – Old Block SHIRAZ ist der Spitzenwein dieses Erzeugers. Das übrige Programm zeichnet sich durch eine weiche, stilvolle Art aus. Im Besitz von LION NATHAN. Munter und unternehmungslustig.

Stoney Rise Tas r w ★★★ Einst war Joe Holyman Wicket-Keeper der tasmanischen Cricketmannschaft; er hält den Rekord der meisten gefangenen Bälle bei seinem Debüt. Jetzt kümmert er sich selbst um alle Bereiche der Weinbereitung für seinen herausragenden PINOT NOIR und CHARDONNAY.

Stonier Wines Mornington Peninsula, Vic r w ★★ Pinot noir 04' 06' 09' 12 13'; Chardonnay 07' 08' 12 13' – Beständig gut; Reserve-Abfüllungen mit bemerkenswerter Eleganz. Im Besitz von LION NATHAN.

Sunbury Vic – Siehe MACEDON und SUNBURY.

Swan Valley WA – 20 Minuten nördlich von Perth gelegener Geburtsort des Weins im Westen. Das heiße Klima bringt starke Tischweine mit niedrigem Säuregehalt hervor. Führender Erzeuger ist FABER VINEYARDS.

Tahbilk Goulburn V., Vic r w ★★★ Shiraz 76' 02' 04' 06' 10; Marsanne 01' 06' 08' 13 14' – Historischer Familienbesitz mit lagerfähigen Rotweinen; außerdem einer der besten Marsanne-Weine Australiens von alten Reben. Der CABERNET SAUVIGNON Reserve kann herausragend sein und ist dennoch preiswert. Seltener 1860 Vines SHIRAZ.

Taltarni Pyrenees, Vic r w; sch ★★ SHIRAZ und CABERNET SAUVIGNON präsentieren sich in der besten Form seit Jahren. Langlebige Weine, aber man braucht keinen Presslufthammer mehr, um das Tannin vom Zahnfleisch zu lösen.

Tamar Ridge N-Tas r w; (sch) – Mit über 230 ha Rebland gehört dieser Betrieb zu den ganz Großen in TASMANIEN. 2010 von BROWN BROTHERS erworben. Wenig aufregende erste Abfüllungen.

Tapanappa SA r ★★★ Gemeinschaftsprojekt in WRATTONBULLY von Brian Croser, Bollinger und J.-M. Cazes aus Pauillac (Frankreich). Herrlicher CABERNET-SAUVIGNON-Verschnitt, SHIRAZ, MERLOT. Erstaunlicher Pinot noir von der Fleurieu Peninsula.

Tar & Roses Heathcote, Vic r w ★★ Erschwinglicher SHIRAZ, TEMPRANILLO und SANGIOVESE, tadellos aufbereitet und präsentiert. Eine moderne Erfolgsgeschichte.

TarraWarra Yarra V., Vic r w ★★★ Reserve Pinot noir **04' 06' 10' 12'**; Reserve Chardonnay **02'** 04' 05' **06' 08' 10'** 11 **12'** – Hat von stämmig und eigenwillig auf elegant und lang anhaltend umgestellt. Der Reserve ist viel besser als der normale Wein. Wunderschönes Weingut.

Tasmanien Kühle Inselregion mit hervorragendem Ruf. Herausragende Schaumweine, PINOT NOIR und RIESLING. Dazu CHARDONNAY, SAUVIGNON BLANC und PINOT GRIS, die sehr gut sind.

Das Imperium schlägt zurück

Weine aus dem Bundesstaat South Australia dominierten seit gut 40 Jahren die wichtigste australische Weinauszeichnung – die Jimmy Watson Trophy –, doch nach sechs Jahren ohne Prämierung in Folge fragte man sich, ob ein südaustralischer Wein jemals wieder gewinnen könne. Rotweine aus warmem Klima waren out; kühlklimatische Verrückte hielten die Schlüssel zur Anstalt in den Händen. Dann kam S. C. PANNELL. Sein Ad Hills Syrah aus South Australia, teilweise mit Ganztraubenvergärung bereitet, war ein überzeugender Sieger des Wettbewerbs 2014 und rückte (in den Augen einiger) die Verhältnisse beim australischen Wein wieder zurecht.

Tatachilla McLaren Vale, SA r w – Bedeutende Produktion von Weiß- und Rotwein. 2002 von LION NATHAN gekauft. Braucht Mund-zu-Mund-Beatmung.

Taylors Wines Clare V., SA r w ★★ Großer Produzent, vor allem von RIESLING, SHIRAZ und CABERNET SAUVIGNON. Exportiert die Weine erfolgreich unter dem Namen Wakefield Wines.

Ten Minutes by Tractor Mornington Peninsula, Vic r w ★★★ Verrückter Name und clevere Etiketten, dafür umso bessere Weine. Chardonnay und Pinot noir sind beide ausgezeichnet und werden sich lange halten. Klasse!

Teusner Barossa V., SA r ★★★ Alte Reben, kluge Weinbereitung, reine Fruchtaromen. Anführer des Trends gegen zu viel Holzeinfluss, der sich im BAROSSA VALLEY breitmacht. Nur die Trauben zählen.

Tim Adams Clare V., SA ★★ Stets verlässlicher RIESLING, CABERNET SAUVIGNON/MALBEC-Verschnitt, SHIRAZ und neuerdings TEMPRANILLO.

Tolpuddle Tas ★★★ SHAW & SMITH haben 2011 diesen ausgezeichneten, 1988 angelegten Weinberg im Coal River Valley gekauft. Schlanker (zu schlanker?), komplexer PINOT NOIR und CHARDONNAY mit langem Abgang.

Topaque Vic – Der legendäre süße Tokay aus RUTHERGLEN verdankt seinen unbeholfenen neuen Namen der EU, die den ungarischen Tokajer schützen möchte.

Torbreck Barossa V., SA r (w) ★★★ Die stilvollste der in den USA angehimmelten Kultkellereien mit Schwerpunkt auf alten Reben von Rhône-Sorten, angeführt von SHIRAZ. Voll, süß, alkoholstark. Dave Powell hat nach erbittert geführten Grabenkämpfen das Gut 2013 verlassen.

Torzi Matthews Eden V., SA r ★★ Aromatischer, stilvoller SHIRAZ. Hervorragendes Preis-Leistungs-Verhältnis. Der Torzi Schist Rock Shiraz lässt sich nach ein, zwei Gläsern nicht mehr so leicht aussprechen, aber dieses Opfer ist er wert.

TWE (Treasury Wine Estates) Australischer Weinmoloch, eine Fusion der Weinkonzerne Beringer Blass und Southcorp, mit Dutzenden bekannter Marken, u. a. BAILEYS, COLDSTREAM HILLS, DEVIL'S LAIR, LINDEMANS, PENFOLDS, SALTRAM, WYNNS.

Trentham Estate Vic (r) w ★ »Boutiquekellerei« in Familienbesitz am Ufer des Murray River mit 60.000 Kisten Wein zu vernünftigen Preisen.

Tumbarumba NSW – Region mit kühlem Klima in den australischen Alpen in New South Wales; die Weinberge liegen in 500–800 m Höhe. Der Star ist CHARDONNAY.

Turkey Flat Barossa V., SA r rs ★★★ Spitzenerzeuger von glanzhellem Rosé, GRENACHE und SHIRAZ aus dem Herzen eines 150 Jahre alten Weinbergs. Alkoholgehalt und Verwendung von Eichenfässern begrenzt. Neue Einzellagenweine. Alt, aber modern – auf gute Weise.

Two Hands Barossa V., SA r ★★ Prall-verschwenderische SHIRAZ-Weine aus PADTHAWAY, MCLAREN VALE, Langhorne Creek, BAROSSA VALLEY und HEATHCOTE. Alles drin, was so dazugehört.

Tyrrell's Hunter V., NSW r w ★★★★ Semillon **01' 05'** 08' **09'** 10' 11' **13**; Vat 47 Chardonnay **04' 07' 09'** 10' **12 13'** – Hier entsteht Australiens großartigster SEMILLON. Zum Vat 1 hat sich eine Reihe von Einzellagenweinen oder Weinen aus Unterbereichen gesellt. Auch der Vat 47, der erste CHARDONNAY Australiens, trotzt weiterhin den klimatischen Widrigkeiten. Hervorragend sind auch der 4 Acres SHIRAZ von alten Reben und der Vat 9 Shiraz.

Vasse Felix Margaret R., WA r w ★★★★ Cabernet Sauvignon **99' 01 04' 07' 08' 09' 10 11** – Zusammen mit CULLEN ein Pionier aus MARGARET RIVER. Eleganter, mittelschwerer Cabernet Sauvignon mit bemerkenswerter Ausgewogenheit. Insgesamt im Aufwind; der komplexe CHARDONNAY sorgt für Aufsehen. Kehrt zu seinen Wurzeln der Gutsweinerzeugung zurück.

Voyager Estate Margaret R., WA r w ★★★ Beträchtliche Mengen von reichhaltigem, kräftigem Wein (hauptsächlich) aus eigenem Anbau: SEMILLON, SAUVIGNON BLANC, CHARDONNAY und CABERNET SAUVIGNON/MERLOT. Stets verlässlich.

Wantirna Estate Yarra V., Vic r w ★★★★ Pionier der Region, der keine Anzeichen von Ermüdung zeigt. CHARDONNAY, PINOT NOIR und die Bordeaux-Verschnitte sind alle exzellent. Die Produktion ist winzig, gerade mal so viel, wie sie für richtig halten.

Wendouree Clare V., SA r ★★★ Hochgeschätzter Erzeuger kraftvoller, tanninreicher, konzentrierter Rotweine (in kleinen Mengen) auf der Basis von SHIRAZ, CABERNET SAUVIGNON, MOURVÈDRE und MALBEC. Hat vor Kurzem auf Schraubverschlüsse umgestellt. Kaufen Sie für die nächste Generation ein (oder ausschließlich für sich selbst).

West Cape Howe Denmark, WA r w ★★ Hat als Winzling 2009 den Riesen Goundrey Winery (7.700 Tonnen, 237 ha Rebland) übernommen. Sehr guter SHIRAZ sowie CABERNET-SAUVIGNON-Verschnitte.

Westend Estate Riverina, NSW r w ★ Boomender Familienbetrieb, der schmackhafte Schnäppchen erzeugt, v.a. Private Bin SHIRAZ/Durif. Die Neuzugänge aus kühlem Klima sind ziemlich preiswert.

Willow Creek Mornington Peninsula, Vic r w ★★ Guter Erzeuger v. a. von eindrucksvollem CHARDONNAY und PINOT NOIR.

Wirra Wirra McLaren Vale, SA r w; (s); (sch) ★★★ RSW Shiraz 02' 04' 05' 06' 10' 12'; Cabernet Sauvignon 04' 05' 06' 09' 10' 12' – Hochwertige Weine in peppigem neuem Design. Der RSW SHIRAZ hat im Vergleich zum CABERNET SAUVIGNON knapp die Nase vorn, beide sind aber großartig. Der Cabernet Sauvignon Angelus kommt jetzt unter dem Namen Dead Ringer auf den Exportmarkt.

Wolf Blass Barossa V., SA r w (br); (s); (sch) ★★★ Cabernet-Sauvignon-Verschnitt Black Label 96' 02' 04' 05 06' 10' – Im Besitz von TWE. Nicht mehr der Toperzeuger, der er einmal war, aber immer noch ein großer Name. Die Spitzenweine sind zu teuer, aber in Ordnung.

Woodlands Margaret R., WA r (w) ★★★ Mit über 35 Jahre alten CABERNET-SAUVIGNON-Reben bestockte 7 ha Weinberge, die zu den besten Lagen des Gebiets zählen; außerdem jüngere, aber trotzdem sehr gute Anpflanzungen anderer roter Bordeaux-Sorten. Breit ausladende Rotweine.

Wrattonbully SA – Seit 30 Jahren wichtiges Anbaugebiet an der LIMESTONE COAST. Durch TAPANAPPA und Peppertree ist der Anspruch gestiegen.

Wynns Coonawarra, SA r w ★★★★ Shiraz 98' 99' 04' 05' 06' 10' 12 13'; Cabernet Sauvignon 91' 94' 96' 98' 00' 02' 04' 05' 06' 10' 12 – COONAWARRA-Klassiker im Besitz von TWE. RIESLING, CHARDONNAY, SHIRAZ und Cabernet Sauvignon sind alle sehr gut, v. a. der Black Label CABERNET SAUVIGNON und der John Riddoch Cabernet Sauvignon. Die neuen Einzellagenabfüllungen sorgen für zusätzlichen Glanz. In der Form seines (langen) Lebens.

Yabby Lake Mornington Peninsula, Vic r w ★★★ Gemeinschaftsprojekt des Filmmagnaten Robert Kirby mit Larry McKenna und Tod Dexter. Mit Kellermeister Tom Carson ist die Qualität sprunghaft gestiegen. CHARDONNAY und PINOT NOIR aus Einzellagen können sensationell sein.

Yalumba Barossa V., SA r w; sch ★★★ 163 Jahre junger Familienbetrieb. Volles Spektrum erstklassiger Weine, von preiswerten Abfüllungen bis zu Spitzen-Einzellagengewächsen. Hervorragend in Form. Die Y Series auf Einstiegsniveau ist preiswert.

Yarra Valley Vic – Historisches Weinbaugebiet nordöstlich von Melbourne. Der Schwerpunkt verlagert sich auf den sehr erfolgreichen PINOT NOIR, CHARDONNAY, SHIRAZ und Schaumweine. Trügerisch guter CABERNET SAUVIGNON.

Yarra Yering Yarra V., Vic r w ★★★★ Dry Red 93' 94 97' 99' 00' 04' 05' 06' 08' 09' 10 12' – Boutiquekellerei in Lilydale. Kraftvoller PINOT NOIR, tiefgründiger, kräuterwürziger CABERNET SAUVIGNON (Dry Red No. 1) und SHIRAZ (Dry Red No. 2). Üppige, gewagte Geschmacksnoten in Rot- und Weißweinen. Der viel bewunderte Gründer Baily Carrodus starb 2008; im Jahr darauf von KAESLER erworben.

Yellow Tail NSW – Siehe CASELLA.

Yeringberg Yarra V., Vic r w ★★★★ Cabernet Sauvignon 00' 04 05' 06' 08' 10' 12'; Marsanne/Roussanne 02' 04 06' 09' 12 13' – Traumhaftes historisches Weingut, noch immer im Besitz der Gründerfamilie. MARSANNE, ROUSSANNE, CHARDONNAY, PINOT NOIR und CABERNET SAUVIGNON in kleinen Mengen und hoher Qualität.

Yering Station/Yarrabank Yarra V., Vic r w; sch ★★ Nach 80-jähriger Pause wurde der erste Weinberg Victorias in den 1990er-Jahren wieder mit Reben bestockt. Yering Station steht v. a. für exzellente Reserve-Weine von CHARDONNAY, PINOT NOIR, SHIRAZ und VIOGNIER, Yarrabank für die sehr guten Schaumweine aus dem Joint Venture mit Champagne Devaux.

Zema Estate Coonawarra, SA r ★ Eine der letzten Bastionen in COONAWARRA, in denen der Rebschnitt noch von Hand erfolgt. Kraftvolle, geradlinige Rotweine.

Neuseeland

Die dunklen Flächen bezeichnen die Weinbaugebiete

Northland
Auckland
Auckland · Waiheke Island
Waikato
Bay of Plenty
Gisborne
Hawke's Bay
Wairarapa und Martinborough
Nelson
Nelson · Wellington
Marlborough · Blenheim
Tasmansee
Waipara
Canterbury · Christchurch
North Otago und Waitaki Valley
Central Otago
Dunedin
Pazifik

Die folgenden Abkürzungen werden im Text verwendet:

Auck	Auckland	**Hend**	Henderson (Auckland)
Cant	Canterbury	**Marlb**	Marlborough
C-Ot	Central Otago	**Martinb**	Martinborough
Gis	Gisborne	**Nel**	Nelson
Hawk	Hawke's Bay	**Waiheke**	Waiheke Island

Neuseeland gehört inzwischen zu den 15 größten Weinproduzenten der Welt. Der Jahrgang 2014 übertraf sogar noch das Rekordjahr 2013 mit einem Ertrag, der für zusätzliche 84 Millionen Flaschen Wein gut ist. Hinzu kommt die gute Nachricht, dass die Australier ganz vernarrt sind in den neuseeländischen Sauvignon blanc – insbesondere Oyster Bay – und dass die Doppelinsel zum zweitgrößten Weinlieferanten Großbritanniens in der Kategorie über 7 britische Pfund (rund 10 Euro) pro Flasche aufgestiegen ist, übertroffen nur durch Frankreich. Leider stammt über die Hälfte der Produktion des Landes von einer einzigen Rebsorte aus einer einzigen Region: Marlborough Sauvignon blanc. Immerhin erlangen die etwa 1.000 Pinot-noir-Weine auf dem Markt inzwischen ebenfalls internationale Beachtung. Chinesische Firmen investieren in Rebland, und alteingesessene Erzeuger werden von reichen amerikanischen, australischen und japanischen Aufkäufern geschluckt. Auch Chardonnay, Pinot gris, Merlot und Riesling werden in größerem Umfang angebaut, die Rebflächen für Syrah wachsen, und auch das Interesse an Trauben, die nicht aus Frankreich stammen, wächst, insbesondere an Grünem Veltliner, Arneis, Albariño und Verdelho.

Neuere Jahrgänge

2014 Riesiger Ertrag, noch viel größer als der bisherige Rekord. Regen im April störte die Lese in Marlborough, Nelson und Canterbury. Die Winzer der Hawke's Bay sind in Hochstimmung; in Marlborough schlugen sich die am besten, die früh ernteten.

2013 Rekorderte und reife Trauben, die Frische und Säure bewahrten. Besonders gut auf der Nordinsel und in Marlborough.

2012 Rassiger Marlborough Sauvignon blanc. Am besten ging es den Weißweinen an der Hawke's Bay. In Central Otago rundherum fein.

2011 Die Regionen in der Mitte des Landes, einschließlich Marlborough, kamen am besten davon; anderswo wurden Weinbau- und Weinbereitungskompetenz auf eine harte Probe gestellt.

Akarua C-Ot r (rs) (w); (sch) ★★★ Sehr renommierter Erzeuger mit beständig hervorragendem, duftendem, vollem Bannockburn PINOT NOIR (**12** 13); sehr guter, jung zu trinkender Rua. Auch intensiver RIESLING und duftender, körperreicher PINOT GRIS. Lebhafte Schaumweine oJ und Rosé.

Allan Scott Marlb (r) (rs) w; sch ★★ Mittelgroßer Betrieb. Sehr guter RIESLING und SAUVIGNON BLANC mit Aromen von tropischen Früchten. Neu ist der charmante PINOT NOIR Rosé mit Erdbeer- und Gewürznoten. Seit einiger Zeit liegt der Schwerpunkt auf Bio- und Schaumweinen.

Alpha Domus Hawk r w ★★ Sehr guter CHARDONNAY und pfirsichfruchtiger, leicht cremiger, nussiger VIOGNIER. Konzentrierte Rotweine im Bordeaux-Stil, v. a. der saftige The Navigator (**10'**) auf MERLOT-Basis und der bemerkenswert dunkle, volle CABERNET SAUVIGNON namens The Aviator (**10'**). Die Spitzenreihe heißt AD (herrliche Noble Selection von SEMILLON **11'**). Unter dem Namen The Pilot gibt es Alltagsweine.

Amisfield C-Ot r (rs) (w) ★★→★★★ Fleischiger, weicher PINOT GRIS, dichter, mineralischer RIESLING (trocken und süß, inkl. der sehr intensive, rassige Lowburn Terrace im Spätlese-Stil; **11'**), lebhafter, reifer SAUVIGNON BLANC, hochklassiger Pinot Rosé und dunkler, reichhaltiger PINOT NOIR (der RKV Reserve ist das Rolls-Royce-Modell). Die Weine auf niedrigerer Stufe heißen Lake Hayes.

Ara Marlb r (rs) w ★★ Großer Weinberg im Waihopai Valley; alle Weine von gutseigenen Trauben. Beständig gut unter Kellermeister Jeff Clarke (ehemals Montana) seit 2011. Gewichtiger, reifer trockener SAUVIGNON BLANC, fleischiger halbtrockener PINIT GRIS, blumiger, fruchtiger PINOT NOIR (**12**). Spitzenreihe: Resolute, gefolgt von Select Block, Single Estate und Pathway. Gute Qualität fürs Geld.

Astrolabe Marlb (r) w ★★ Reichhaltiger, harmonischer SAUVIGNON BLANC Voyage (generös und komplex präsentiert sich der eichenfassgereifte Sauvignon blanc Taihoa). Ebenfalls gut: körperreicher PINOT GRIS, generöser trockener CHENIN BLANC, mäßig komplexer CHARDONNAY und kraftvoller, fester PINOT NOIR.

Ata Rangi Martinb r (rs) (w) ★★★→★★★★ Klein und höchst renommiert. Verführerisch duftender, kraftvoller, langlebiger Pinot noir (**09' 10 11** 12), der zu den besten Neuseelands gehört (die ältesten Reben wurden 1980 gepflanzt). Außerdem köstlicher Crimson PINOT NOIR von jungen Reben (**13**). Bemerkenswert reichhaltig und komplex der Craighall CHARDONNAY (13') von 1983 gepflanzten Reben; halbtrockener Lismore PINOT GRIS (**12**).

Auckland Größte Stadt Neuseelands (im Norden; warm und wolkenreich) mit 1 % der Gesamtrebfläche. Nahe gelegene Weinbaugebiete sind Henderson, Kumeu/Huapai/Waimauku (beide schon länger etabliert) sowie Matakana, Clevedon und Waiheke Island (in den 1980er-Jahren entstanden).

Stilvolle, vollmundige Rotweine von MERLOT/CABERNET SAUVIGNON in trockenen Jahrgängen (10' 13'), außerdem muskulöser, pfeffriger SYRAH, der qualitativ HAWKE'S BAY Konkurrenz macht, und reichhaltiger, unterschätzter CHARDONNAY.

Auntsfield Marlb r w ★★ Ausgezeichnete Weine vom ersten Weinberg der Region, der 1873 angelegt und 1999 neu bepflanzt wurde. Gehaltvoller, teilweise fassvergorener SAUVIGNON BLANC mit Aromen von tropischen Früchten, fülliger, reichhaltiger CHARDONNAY und stämmiger, kompakter PINOT NOIR (12) – der Heritage (10') ist besonders üppig und kraftvoll.

Awatere Valley Marlb – Wichtiger Unterbereich mit sehr wenigen Kellereien, aber ausgedehnten Rebanlagen (mehr als Hawke's Bay). Wegbereiter war 1986 VAVASOUR; der wichtigste Erzeuger ist YEALANDS. Etwas kühler und trockener als das WAIRAU VALLEY, mit rassigem, kräuterwürzigem (»Tomatenstängel«) SAUVIGNON BLANC, dichtem, lebhaftem RIESLING und PINOT GRIS sowie duftendem PINOT NOIR, der oft eine leicht vegetabile Note zeigt.

Babich Hend r w ★★→★★★ Großer Familienbetrieb (1916), jetzt in der dritten Generation. Weinberge in HAWKE'S BAY und MARLBOROUGH. Sehr feiner, alterungswürdiger Einzellagen-CHARDONNAY Irongate (10' 11 13') und sehr eleganter CABERNET SAUVIGNON/MERLOT/CABERNET FRANC Irongate (09' 10'). Der reife, trockene Marlborough SAUVIGNON BLANC verkauft sich sehr gut. Winemakers Reserve ist die mittlere Qualitätsstufe (besonders gut der in Eiche ausgebaute Sauvignon blanc). Ökologisch angebauter Sauvignon blanc und GRÜNER VELTLINER (Headwaters Block).

Ein Jahrhundert Babich
Nicht alle Erzeuger der Neuen Welt sind neu. 1910 verließ Josip (»Joe«) BABICH im Alter von 14 Jahren Kroatien, um zu seinen Brüdern zu stoßen, die im *gumfields* ganz im Norden Neuseelands schufteten, um Kauriharz zu gewinnen. Sein erster Wein wurde 1916 erzeugt: Herzlichen Glückwunsch zum Hundertsten!

Bell Hill Cant r w ★★★ Sehr kleines, hoch gelegenes Gut auf Kalkstein, familiär mit GIESEN verbunden. Seltener, aber umwerfend reichhaltiger CHARDONNAY (11') und herrlich duftender, kraftvoller, samtiger PINOT NOIR (10' 11). Zweitmarke: Old Weka Pass.

Blackenbrook Nel r w ★★ Kleine Kellerei mit hervorragenden aromatischen Weißweinen, v. a. duftendem, vollem GEWÜRZTRAMINER (14) im Elsässer Stil, PINOT GRIS (14') und (seltener) halbtrockenem MUSCAT (14). Dazu ausdrucksstarker SAUVIGNON BLANC (14) und äußerst vielversprechender MONTEPULCIANO. Zweitetikett: St Jacques.

Borthwick Wairarapa r w ★★ Erzeuger in Gladstone mit der Marke Paddy Borthwick. Lebhafter, tropenfruchtiger SAUVIGNON BLANC (14), reichhaltiger, eher trockener RIESLING, pfirsichduftiger, toastwürziger CHARDONNAY, fülliger trockener PINOT GRIS (13) und duftender, geschmeidiger PINOT NOIR.

Brancott Estate Marlb r (rs) w ★→★★★ Markenname von PERNOD RICARD NEW ZEALAND, der weltweit an die Stelle von »Montana« getreten ist. Spitzenweine: Letter Series (z. B. SAUVIGNON BLANC »B« Brancott 13). Verkaufsschlager: lebhafter, auf reife Weise kräuterwürziger MARLBOROUGH SAUVIGNON BLANC (14) und floraler, unkomplizierter PINOT NOIR South Island. Mittelklassereihe: Special Reserve (voller Sauvignon blanc und PINOT GRIS). Unter dem Etikett Living Land wird Biowein vertrieben, Flight steht für einfache, alkoholarme Weine. Chosen Rows ist ein klassischer, kompakter, langlebiger Sauvignon blanc (**10'**). Supergünstig der Hawke's Bay MERLOT (**13'**).

Brightwater Nel (r) w ★★ Eindrucksvolle, preisgünstige Weißweine, v. a. gewichtiger, knackiger, geschmacksintensiver SAUVIGNON BLANC, frischer, halbtrockener RIESLING, lebhafter, zitrusfruchtiger CHARDONNAY mit zarter Eichennote und reichhaltiger, zart-süßer PINOT GRIS. Der PINOT NOIR wird immer besser (**12**). Spitzenweine: Lord Rutherford.

Cable Bay Waiheke r (rs) w ★★ Der Betrieb mit Sitz in Waiheke wurde vor Kurzem umstrukturiert. Sehr ausgefeilter CHARDONNAY (**13'**), robuster, komplexer VIOGNIER und mächtiger, aber stilvoller SYRAH. Dazu subtiler, fein strukturierter MARLBOROUGH SAUVIGNON BLANC. Drittetikett: Selection. Hervorragender Reserve Chardonnay (**13'**).

Canterbury Fünftgrößte Weinbauregion Neuseelands. Fast alle Anbauflächen liegen im relativ warmen, geschützten nördlichen Waipara. Den größten Erfolg hat der aromatische, lebhafte RIESLING (seit Mitte der 1980er-Jahre), später kam auch dunkler, reichhaltiger PINOT NOIR dazu. Neuerdings guter GEWÜRZTRAMINER und PINOT GRIS im Elsässer Stil. SAUVIGNON BLANC wird ebenfalls verbreitet angebaut.

Carrick C-Ot r w ★★★ Kellerei in Bannockburn mit intensivem RIESLING (trockener und halbtrockener CENTRAL OTAGO sowie lieblicher Josephine), festem, elegantem CHARDONNAY (v. a. EBM **12**) und dicht gefügtem PINOT NOIR, der viele Jahre vor sich hat. Köstlich der jung zu trinkende Pinot noir Unravelled (**13'**).

Central Otago r **10' 12** 13' 14; w **10' 12 13'** 14 – Kühle, regenarme, hoch gelegene Region im Landesinneren (nun die drittgrößte des Landes) im Süden der Südinsel. Die meisten Reben stehen im Cromwell Basin. Aromatischer, knackiger RIESLING und PINOT GRIS; der PINOT NOIR (75 % der Anbaufläche) mit ausgeprägtem Duft und lebhafter Fruchtigkeit hat jung schon Charme, Spitzenweine reifen aber 5 Jahre und mehr. Sehr guter Pinot noir Rosé und Schaumwein nach der traditionellen Methode.

Chard Farm C-Ot r w ★★ Innovatives Weingut mit üppigem, öligem PINOT GRIS und duftendem, mittelschwerem, geschmeidigem PINOT NOIR: Der River Run ist floral und anmutig, die Einzellagenweine The Tiger (**12**) und The Viper (**12**) haben mehr Komplexität. Leichter, weicher Pinot noir Rabbit Ranch.

Church Road Hawk r (rs) w ★★→★★★ Kellerei im Besitz von PERNOD RICARD NEW ZEALAND mit historischen Wurzeln in Hawke's Bay. Voller, fassgereifter CHARDONNAY (**13'**); reifer, teilweise in Eiche ausgebauter SAUVIGNON BLANC; gewichtiger, leicht lieblicher PINOT GRIS nach Elsässer Art; dunkler, vollmundiger MERLOT/CABERNET SAUVIGNON (preiswert). Beeindruckende Grand-Reserve-Reihe und ausgezeichneter, teurer roter TOM (**07' 09'**) im Bordeaux-Stil. Die neue Reihe McDonald – zwischen Standard und Grand Reserve angesiedelt – bietet bemerkenswerte Qualität zu günstigen Preisen (inkl. SYRAH **12**).

Churton Marlb r w ★★ Von der etwas höheren Lage im Waihopai Valley kommt geschmeidiger, knochentrockener SAUVIGNON BLANC (**13'**), außerdem stämmiger, cremiger VIOGNIER und duftender, harmonischer PINOT NOIR (**10'**11 12), v. a. The Abyss von den ältesten Reben und mit größerer Tiefe (**10'**). Süßer, stahliger, überzeugender PETIT MANSENG (**13'**).

Clearview Hawk r (rs) w ★★→★★★ Der Weinberg an der Küste (auch Trauben aus dem Landesinneren werden verwendet) ist bekannt für hedonistischen CHARDONNAY Reserve mit kräftiger Eichennote (**13'**), eindrucksvollen, in Eiche vergorenen SAUVIGNON BLANC Reserve, dunklen, vollen CABERNET FRANC Reserve, Enigma (auf MERLOT-Basis) und CABERNET SAU-

VIGNON/Cabernet franc-Verschnitt Old Olive Block. Zweite Riege: Beachhead, Cape Kidnappers.

Clifford Bay Marlb r w ★→★★ Gute, erschwingliche Weine von Foley Family Wines: Am besten sind der SAUVIGNON BLANC mit frischen, rassigen Stachelbeer- und Limettennoten sowie der duftende, lebhafte PINOT GRIS.

Clos Henri Marlb r w ★★→★★★ Von Henri Bourgeois aus Sancerre gegründet. Gewichtiger, schön abgerundeter SAUVIGNON BLANC von steinigem Boden, der zu den besten Neuseelands zählt, und robuster, reifer, fester PINOT NOIR von Lehmböden (12'). Bei der Zweitmarke Bel Echo ist das Trauben-Boden-Verhältnis umgekehrt. Drittmarke: preisgünstiger Petit Clos (von jungen Reben). Eigenwillige, sehr zufriedenstellende Weine zum angemessenen Preis.

Cloudy Bay Marlb r w; sch ★★★ In großen Mengen, aber stets erstklassiger SAUVIGNON BLANC (gewichtig, trocken, feine Textur; seit 2010 z.T. im Fass ausgebaut) – Neuseelands berühmtester Wein (14'). Der CHARDONNAY (12) ist robust, komplex und frisch, der PINOT NOIR (10' 11) reichhaltig und geschmeidig; beide sind hervorragend. Außerdem toastwürziger, voller, eleganter Jahrgangsschaumwein Pelorus und Schaumwein auf Chardonnay-Basis oJ. Jeweils ihren eigenen ausgeprägten Charakter haben GEWÜRZTRAMINER, Late Harvest RIESLING, fassgereifter halbtrockener Riesling und Te Koko (in Eiche gereifter Sauvignon blanc). Baut sein Engagement in Central Otago beim Te Wahi PINOT NOIR aus. Im Besitz von LVMH.

Constellation New Zealand Auck r (rs) w ★→★★ Neuseelands größte Weinfirma, vormals Nobilo Wine Group und jetzt im Besitz von Constellation Brands mit Hauptsitz in den USA. Am stärksten mit soliden Weinen der unteren Preisschiene. Der SAUVIGNON BLANC Nobilo aus MARLBOROUGH (frisch, reif, tropisch) ist ein Bestseller in den USA. Siehe auch KIM CRAWFORD, Monkey Bay, SELAKS.

Coopers Creek Auck r w ★★→★★★ Innovativer mittelgroßer Erzeuger mit einem guten Angebot preiswerter Weine aus vier Regionen. Exzellenter, geschmacksintensiver CHARDONNAY Swamp Reserve (13'), guter SAUVIGNON BLANC, RIESLING, MERLOT, dazu außerordentlich günstiger VIOGNIER. Die Reihe SV (Select Vineyard) deckt den mittleren Qualitätsbereich ab. Produzierte Neuseelands ersten ARNEIS (2006), GRÜNEN VELTLINER (2008) und ALBARIÑO (2011).

Craggy Range Hawk r w ★★★ Sehr bekannte Kellerei mit großen Rebflächen in HAWKE'S BAY und MARTINBOROUGH. Stilvoller CHARDONNAY (13') und PINOT NOIR, ausgezeichneter, reichhaltiger MERLOT und SYRAH der mittleren Qualitätsstufe aus GIMBLETT GRAVELS, außerdem dicht gewirkter Sophia (MERLOT), The Quarry (CABERNET SAUVIGNON) und umwerfender SYRAH Le Sol (09' 10' 11). Die meisten neuen Rotweine sind geschmeidiger, ausgefeilter (der Te Kahu, ein Verschnitt auf Merlot-Basis, ist sehr preisgünstig).

Delegat's Auck r w ★★ Sehr großes börsennotiertes Unternehmen (2 Mio. Kisten/Jahr), das immer noch von der Familie Delegat kontrolliert wird. Weinberge in HAWKE'S BAY und MARLBOROUGH. Enorm erfolgreich ist die Marke OYSTER BAY. Ab 2012 wurde die Reihe aufpoliert: straffer, knackiger, zitroniger CHARDONNAY, vollmundiger, grasiger SAUVIGNON BLANC und lebhaft fruchtiger, geschmeidiger MERLOT.

Destiny Bay Waiheke r ★★→★★★ Amerikanische Auswanderer erzeugen Rotweine im Bordeaux-Stil: brombeerfruchtig und seidig. Flaggschiff ist der gehaltvolle, tiefe, saftige Magna Praemia (08'), hauptsächlich von CABERNET SAUVIGNON. Mittlere Qualitätsstufe: Mystae (09). Jüngst gab's ein paar Enttäuschungen. Kann erstklassig sein, ist aber auch sehr teuer.

Deutz Auck sch ★★★ Der Name für kultivierte Schaumweine, die in MARLBO-ROUGH von PERNOD RICARD NEW ZEALAND produziert werden, kommt vom französischen Champagnerhaus. Der sehr beliebte Wein oJ ist lebhaft mit Zitrus- und Hefenoten (mindestens zwei Jahre auf dem Hefesatz), während sich der Jahrgangs-Blanc-de-Blancs fein duftend, lebhaft und eindringlich zeigt (10). Der Rosé ist knackig frisch, mit Toast- und Erdbeernoten. Besondere Klasse hat der Prestige, vorwiegend CHARDONNAY (**10'** 11).

Dog Point Marlb r w ★★★ Winzer Ivan Sutherland und Kellermeister James Healy (beide früher bei CLOUDY BAY) erzeugen komplexen, mineralischen eichenfassgereiften SAUVIGNON BLANC (Section 94), CHARDONNAY (sehr elegant, zitrusfruchtig, alterungswürdig) und vollen, fein gefügten PINOT NOIR (**10'** 11 12'), einen der großartigsten der Region. Auch größere Mengen von gewichtigem, trockenem Sauvignon blanc (**14**) ohne Holznote.

Dry River Martinb r w ★★★ Kleiner Pionierbetrieb, jetzt in US-Besitz. Guter Ruf für sehr eleganten, langlebigen CHARDONNAY, RIESLING (**13'**), PINOT GRIS (Neuseelands erster herausragender Pinot gris; **13'**) und GEWÜRZTRAMINER (**13'**), weiße Spätlesen sowie floralen, süßfruchtigen, sich langsam entwickelnden PINOT NOIR (**09' 10** 11) und dicht gefügten, eleganten SYRAH (**11**).

Elephant Hill Hawk r (rs) w ★★ In deutschem Besitz; Rebflächen und stilvolle Kellerei in Te Awanga an der Küste, bezieht aber auch Trauben aus dem Landesinneren. Raffinierte Weine: duftender, öliger, reichhaltiger VIOGNIER (**13'**), reichhaltiger CHARDONNAY und dunkler, floraler, konzentrierter SYRAH (13').

Escarpment Martinb r (w) ★★★ Bestens bekannt für deftigen, komplexen, dichten PINOT NOIR, bereitet von Larry McKenna, der früher bei MARTIN-BOROUGH VINEYARD tätig war. Spitzenetikett: Kupe (**10'** 11). Rotweine von alten Reben aus Einzellagen; besonders gut: Kiwa (12') und Te Rehua (12'). Der MARTINBOROUGH Pinot noir ist ein regionaler Verschnitt (**10'** 11). Einfachere Weine unter der Marke The Edge.

Esk Valley Hawk r rs w ★★→★★★ Im Besitz von VILLA MARIA. Renommierte Rotweine auf MERLOT-Basis, v. a. der Verschnitt Winemakers Reserve (11 **10' 09'**); Merlot/CABERNET SAUVIGNON/MALBEC (**13'**) mit hervorragendem Preis-Leistungs-Verhältnis. Schöner trockener Rosé sowie körperreicher, buttriger CHARDONNAY mit Pfirsichnoten, knackiger, recht trockener CHENIN BLANC und VERDELHO. Flaggschiffrotwein: The Terraces, ein kraftvoller, würziger Einzellagenverschnitt von MALBEC, Merlot und CABERNET FRANC (**09' 06'**).

Felton Road C-Ot r w ★★★ Starkellerei in Bannockburn. Mächtiger, gleichwohl anmutiger PINOT NOIR Block 3 und 5 (**10', 11**, 12' 13') aus dem Weinberg The Elms; leichter, intensiver RIESLING (trocken und halbtrocken) der Extraklasse; voller, zitroniger, langlebiger CHARDONNAY, v. a. Block 2 (**12'**); Spitzenetikett ist der tiefgründige, harmonische Bannockburn Pinot noir (**12' 13'**), ein Verschnitt aus Trauben der drei Weinberge. Andere sehr feine Pinot-noir-Weine von Einzellagen: Cornish Point (13'), Calvert (13').

Forrest Marlb r (rs) w ★★ Mittelgroße Kellerei. Guter SAUVIGNON BLANC (körperreich, reif, trocken) und RIESLING (halbtrocken), fantastischer edelfauler Riesling und reichhaltiger Cornerstone (ein Verschnitt im Bordeaux-Stil) vom Newton Forrest Estate in HAWKE'S BAY. Ausgezeichnete Vorzeigereihe mit Namen John Forrest Collection. Beliebte alkoholarme (9 %) Weine (Riesling und Sauvignon blanc) unter dem Label The Doctors'. Die beeindruckende Reihe aus Otago heißt Tatty Bogler.

Framingham Marlb (r) w ★★ Im Besitz von Sogrape (Portugal). Besonders stark bei aromatischen Weißweinen: intensiver, würziger RIESLING (v. a.

der reichhaltige Classic) von älteren Reben sowie duftender, üppiger PINOT GRIS und GEWÜRZTRAMINER. Außerdem feiner SAUVIGNON BLANC und duftiger, seidiger PINOT NOIR. Die Weine der Reihe F-Series sind selten, aber voller Persönlichkeit.

Fromm Marlb r w ★★★ Hervorragender PINOT NOIR, darunter der dichte, fest strukturierte Fromm Vineyard (**09' 10'** 12) und v. a. der aromatischere, geschmeidige Clayvin Vineyard von einer Hügellage (**10' 11** 12'). Außerdem sehr stilvoller, zitrusfrischer CHARDONNAY Clayvin (**11'**) und RIESLING Dry. Auch die früher zu genießenden Weine der Reihe La Strada sind sehr gut. Clayvin Vineyard ist zwar an GIESEN verpachtet, doch Fromm bezieht weiterhin Traubengut von dort. Exzellent trockener Rosé (**14**).

Gibbston Valley C-Ot r (rs) w ★★→★★★ Pionierkellerei mit beliebtem Restaurant in Gibbston; die meisten Weinberge liegen in Bendigo. Hervorragender Ruf für PINOT NOIR, v. a. für den reichhaltigen Verschnitt aus CENTRAL OTAGO (**13'**) und den üppig fruchtigen Reserve (**09' 12'** 13'). Aromatischer, seidiger Le Maitre (13') von eigenen Reben. Rassiger halbtrockener RIESLING (13') und duftender, körperreicher PINOT GRIS. Der Gold River Pinot noir zeigt jung seinen Charme.

Giesen Cant (r) w ★★ Großer Familienbetrieb, der immer stärker auf Qualität setzt. Hauptsächlich reifer, würziger MARLBOROUGH SAUVIGNON BLANC. Qualität fürs Geld bietet der generöse, mittelsüße RIESLING. Dazu kommen der mächtige Sauvignon blanc The Brothers und der gewichtige fassvergorene Sauvignon blanc The August. Immer besser werdender PINOT NOIR (v. a. The Brothers) und Einzellagenabfüllungen. Hat kürzlich die berühmte Lage Clayvin Vineyard gepachtet.

Gimblett Gravels Hawk – Weinbaugebiet (800 ha bepflanzt) mit meist gut wasserableitenden, wenig fruchtbaren Böden; bekannt für volle Rote im Bordeaux-Stil (typischerweise auf MERLOT-Basis, auf steinigen Böden allerdings bevorzugt CABERNET SAUVIGNON) und blumigen, lebhaften Syrah. Die besten davon sind Weltklasse. Auch kraftvoller, langlebiger CHARDONNAY und VIOGNIER. Die Erzeuger geben immer häufiger Gimblett Gravels anstatt HAWKE'S BAY als Ursprungsgebiet an.

Gimblett Gravels definiert sich ausschließlich über den Bodentyp, was weltweit erstaunlich selten vorkommt.

Gisborne r **10' 13'** 14 w **13' 14'** – Neuseelands viertgrößte Weinregion an der Ostküste der Nordinsel. In den letzten fünf Jahren ist die Rebfläche geschrumpft, jetzt aber stabil. Reichlich Sonne, häufig aber auch regnerisch, sowie fruchtbare Böden. Besondere Stärke ist CHARDONNAY (herrlich duftige und in der Jugend weiche Weine; die besten entwickeln sich gut weiter). Ausgezeichnet sind GEWÜRZTRAMINER und VIOGNIER; MERLOT und PINOT GRIS etwas wechselhafter. Interesse an (regenresistentem) ALBARIÑO. Starkellerei: MILLTON.

Gladstone Vineyard Wairarapa r w ★★ Tropischer SAUVIGNON BLANC (inkl. fassvergorenem Sophie's Choice) gewichtiger, weicher PINOT GRIS, guter halbtrockener RIESLING, hochklassiger VIOGNIER und sehr anmutiger PINOT NOIR unter der Spitzenmarke Gladstone (13'). 12,000 Miles ist eine Marke im unteren Preissegment.

Grasshopper Rock C-Ot r ★★→★★★ Gutseigene Weinberge in Alexandra, feinster Rotwein des Unterbereichs (**10' 11 12'**): anmutig, harmonisch, mit ausgeprägtem Kirscharoma und Noten von getrockneten Kräutern. Außerordentlich alterungswürdig; großartiges Preis-Leistungs-Verhältnis.

Greenhough Nel r w ★★→★★★ Einer der Toperzeuger der Region mit tadellosem RIESLING, SAUVIGNON BLANC, CHARDONNAY und PINOT NOIR. Die

Spitzenmarke heißt Hope Vineyard: komplexer Bio-Chardonnay, fleischiger PINOT BLANC von alten Reben (der beste Neuseelands; **12'**) und Pinot noir mit Pilznoten (**10'** 11).

Greystone Waipara (r) w ★★★ Spitzenbetrieb mit bemerkenswert duftenden, vollaromatischen Weißweinen: RIESLING (13), GEWÜRZTRAMINER (**13'**), PINOT GRIS (13). Rasch besser werdender CHARDONNAY (**13'**), SAUVIGNON BLANC und PINOT NOIR (**12**). Hat 2011 MUDDY WATER gekauft.

Greywacke Marlb r w ★★→★★★ Charakteristische Weine von Kevin Judd (ehemals CLOUDY BAY). Stämmiger, eindringlicher SAUVIGNON BLANC (**14'**), gewichtiger, komplexer CHARDONNAY (**12'**), fleischiger PINOT GRIS (**13'**), zart süßer RIESLING (**13**) und seidiger, vollmundiger PINOT NOIR (**11** 12). Der fassgereifte Wild Sauvignon (**12'**) hat eine ausgeprägte Persönlichkeit.

Grove Mill Marlb r w ★★ Attraktive Weißweine, v. a. ausdrucksstarker, reifer SAUVIGNON BLANC, duftender, voller GEWÜRZTRAMINER (**13'**) und leicht süßer RIESLING. Preiswerte Weine der unteren Klasse tragen das Etikett Sanctuary. Gehört mittlerweile zu Foley Family Wines.

Hans Herzog Marlb r w ★★★ Der warme, steinige Weinberg in Rapaura liefert kraftvollen, langlebigen MERLOT/CABERNET SAUVIGNON (der großartigste der Region; **05'**), MONTEPULCIANO (**11**) PINOT NOIR (**10**), stämmigen trockenen VIOGNIER und PINOT GRIS sowie fülligen, in Eiche ausgebauten SAUVIGNON BLANC. Sehr seltener NEBBIOLO (**11**). Wird in Europa und den USA unter dem Namen Hans verkauft.

Hawke's Bay r **09' 10'** 13' 14' w **10' 13'** 14 – Das zweitgrößte Anbaugebiet Neuseelands mit einer langen Weinbautradition; sonniges, warmes Klima. Die besten Böden finden sich in Gimblett Gravels. In guten Jahren entstehen hier reichhaltige, erstklassige Weine auf MERLOT- und CABERNET-SAUVIGNON-Basis; SYRAH (blumig mit lebhaften Noten von Pflaumen und schwarzem Pfeffer) ist der rasant aufsteigende Star der Region. Auch kraftvoller CHARDONNAY mit Pfirsichnoten, reifer, abgerundeter SAUVIGNON BLANC (passt zur Eiche) und Neuseelands bester VIOGNIER. PINOT GRIS im Elsässer Stil kommt aus höher gelegenen Bezirken im Landesinneren. Die erhöhten, kühleren Lagen im Zentrum der Region eignen sich für PINOT NOIR.

Highfield Marlb r w; sch ★★ Leichter, intensiver RIESLING (13), zitrusfrischer, zum Essen passender CHARDONNAY (13), makelloser, rassiger SAUVIGNON BLANC und generöser, saftiger PINOT NOIR (**11**). Der Schaumwein Elstree fiel in jüngster Zeit unterschiedlich aus. Zweitmarke: Paua. Vom Turm im toskanischen Stil hat man einen wunderbaren Blick.

Huia Marlb (r) w; (sch) ★★ Ausgesprochen befriedigender Öko-SAUVIGNON-BLANC (**14'**), fleischiger trockener PINOT GRIS, mächtiger, herzhafter PINOT NOIR (**10'** 12), komplexer Brut (**09'**). Im unteren Preissegment, aber nicht schlecht ist die Reihe Hunky Dory.

Hunter's Marlb (r) (rs) w; (sch) ★★→★★★ Mittelgroßes Pionierweingut mit klassischem trockenem, tropenfruchtigem SAUVIGNON BLANC (**14**). Kaho Roa heißt der reife, in Eiche ausgebaute Sauvignon blanc (**13**). Der CHARDONNAY ist lebhaft, mit zartem Eicheneinfluss. Exzellenter Schaumwein MiruMiru. RIESLING, GEWÜRZTRAMINER und PINOT GRIS lohnen alle einen Versuch und bieten viel fürs Geld. Der PINOT NOIR ist unkompliziert und süffig. Zweitetikett: Stoneburn.

Invivo Auck r w ★★ Schnell expandierender junger Erzeuger mit kräftigem, mineralischem MARLBOROUGH SAUVIGNON BLANC mit Nesselnote (**14**) und körperreichem halbtrockenem Marlborough PINOT GRIS (**14**). Aus Central Otago kommen prägnanter halbtrockener RIESLING (**14**), erstklassiger CHARDONNAY (**13'**) und gewichtiger, voller PINOT NOIR (**12'**).

Jackson Estate Marlb r w ★★ Der gewichtige, üppige SAUVIGNON BLANC Stich ist stets hervorragend (**13**). Außerdem sehr attraktiver CHARDONNAY (**12**) mit Zitrus-, Pfirsich- und Nussnoten sowie lebhafter, vollfruchtiger Homestead PINOT NOIR (13). Gutes Preis-Leistungs-Verhältnis.

Johanneshof Marlb (r) w; sch ★★ Kleine Kellerei mit gutem Ruf für überaus duftigen, zart süßen, weichen GEWÜRZTRAMINER (einer der feinsten in Neuseeland; 13). Außerdem lebhafter, frischer trockener Schaumwein Emmi, sehr guter RIESLING und PINOT GRIS. Der Maybern PINOT NOIR aus kühler, nasser Lage ist oft nicht so aufregend, doch der duftige, komplexe, süffige Jahrgang 13' ist der bisher beste.

Jules Taylor Marlb (r) (rs) w ★★ Gekonnt bereitete Weine aus Marlborough und Gisborne. Reichhaltiger, zitrusfrischer, cremiger Marlborough CHARDONNAY, stämmiger trockener Marlborough PINOT GRIS, intensiver Marlborough SAUVIGNON BLANC mit Klasse, lebhafter trockener Gisborne Rosé (**14**) und graziöser, geschmeidiger Marlborough PINOT NOIR (**13**).

Julicher Martinb r (rs) (w) ★★ Kleiner Erzeuger mit lebhaft fruchtigem CHARDONNAY mit leichter Biskuitnote, köstlichem trockenem Rosé (**13**) und markantem, herzhaftem PINOT NOIR (**10' 11**). Der 99 Rows (**12**) ist der Pinot noir der zweiten Riege. Sehr preiswert.

Kim Crawford Hawk ★★ Die Marke ist im Besitz von CONSTELLATION NEW ZEALAND. Leicht zugängliche Weine, darunter duftender, schmackhafter MARLBOROUGH SAUVIGNON BLANC (trotz 1 Mio. Kisten/Jahr gute Qualität), frisch-fruchtiger Hawke's Bay MERLOT, leichter Marlborough PINOT NOIR. Die Reihe mit wenig Alkohol heißt First Pick.

Kumeu River Auck (r) w ★★★ Der volle, komplexe Estate CHARDONNAY (**10' 11** 12) stammt aus unterschiedlichen Lagen. Der Einzellagen-Chardonnay Mate's Vineyard (der Weinberg wurde 1990 angelegt) ist noch üppiger (**10' 11** 12). Aufsteigender Stern ist der Einzellagen-Chardonnay Hunting Hill (**10' 11** 12): bemerkenswert ausgefeilt und engmaschig gefügt. Sehr günstig ist der Chardonnay der niedriger platzierten Reihe Village. Außerdem gewichtiger, blumiger PINOT GRIS und robuster, eleganter PINOT NOIR.

Lake Chalice Marlb (r) (rs) w ★★ Mittelgroßer Erzeuger mit lebhaftem, cremigem CHARDONNAY, sehr fruchtigem trockenem PINOT GRIS, eindringlichem, leicht lieblichem RIESLING und knackigem, auf reife Weise kräuterwürzigem SAUVIGNON BLANC (v. a. The Raptor: intensiv und schwungvoll). Solider PINOT NOIR. Unteres Preissegment: The Nest.

Lawson's Dry Hills Marlb (r) (rs) w ★★→★★★ Weine mit gutem Preis-Leistungs-Verhältnis. Am bekanntesten für prägnanten SAUVIGNON BLANC mit leichter Eichennote (**14**) und exotisch duftenden, robusten GEWÜRZTRAMINER (**12**). Trockener, toastwürziger, flaschengereifter RIESLING und CHARDONNAY. Der PINOT NOIR wird immer besser. Spitzenreihe: The Pioneer. In der neuen Reserve-Reihe gibt es gewichtigen, vollen Sauvignon blanc (**14'**).

Lindauer Auck ★→★★ Die enorm beliebte Schaumweinmarke im unteren Preissegment (v. a. der Lindauer Brut oJ mit Flaschengärung) ist im Besitz des Getränkekonzerns Lion Nathan. Die neuesten Abfüllungen bieten einfachen Trinkgenuss: lebhafte Weine mit einem Hauch Komplexität; die Rosé-Version ist besonders preisgünstig.

Lowburn Ferry C-Ot r ★★ Spezialist für PINOT NOIR. Flaggschiff ist The Ferryman Reserve (wunderbar kräftig und samtig; **13'**). Außerdem Home Block (fleischig, reichhaltig, seidig; **10' 12** 13) und Skeleton Creek (nicht ausschließlich gutseigenen Trauben, aber konzentriert und komplex; **13**).

Mahi Marlb r w ★★ Stilvolle, komplexe Weine: süßfruchtiger SAUVIGNON BLANC mit feinem Gefüge (z. T. in Eiche ausgebaut); gewichtiger, lebhafter CHARDONNAY mit leichter Holznote; gewichtiger, weicher trockener PINOT GRIS; vollmundiger PINOT NOIR mit Pilznote (**12**).

Man O' War Auck r w ★★★ Das größte Gut auf Waiheke Island. Knackiger, straffer, eindringlicher CHARDONNAY, beeindruckender, reichhaltiger halbtrockener PINOT GRIS (**13'**) von Reben, die auf der Nachbarinsel Ponui wachsen. Dichte Rotweine im Bordeaux-Stil, v.a. Ironclad (**10'** 11), und kraftvoller, würziger, fester SYRAH Dreadnought (**10' 11** 12').

Marisco Marlb r w ★★ Schnell wachsender Betrieb im Waihopai Valley im Besitz von Brent Marris, früher bei WITHER HILLS, mit den beiden Marken The Ned und (seit Kurzem) Marisco The King's Series. Eindrucksvoller, reifer, voller SAUVIGNON BLANC Marisco The King's Favour (**13'**), frischer, schwungvoller Sauvignon blanc The Ned (**13'**). Auch guter CHARDONNAY, PINOT GRIS, PINOT NOIR.

Die neuseeländische Royal Navy hat Alkohol an Bord verboten: Zu viel … ähm … unangemessenes Betragen.

Marlborough r **10' 12 13'** 14; w **13' 14** – Neuseelands größtes Weinbaugebiet (65 % der Rebfläche) an der Spitze der Südinsel; die ersten Reben der modernen Zeit wurden 1973 gepflanzt. Warme, sonnige Tage und kalte Nächte sorgen für aromatische, frische Weißweine. Intensiver SAUVIGNON BLANC mit variantenreichem Bukett: von pikanten, an grüne Paprikaschoten erinnernden Noten bis zu reifen Tropenfrüchten (Spitzenweine haben oft eine leichte Eichennote). Frischer halbtrockener RIESLING (neue Welle von lieblichen Weinen mit niedrigem Alkoholgehalt), mit der beste PINOT GRIS und GEWÜRZTRAMINER in Neuseeland. Der CHARDONNAY ist schlanker als in HAWKE'S BAY, kann aber gut reifen. Erstklassige Schaumweine, edelfauler Riesling. Der PINOT NOIR wird unterschätzt, die besten Exemplare (von nach Norden ausgerichteten Hügellagen mit Lehmboden) gehören zum Feinsten, was Neuseeland zu bieten hat. Die Aufmerksamkeit richtet sich jetzt auch auf GRÜNEN VELTLINER.

Martinborough Wairarapa r **10' 13'** 14; w **13** 14 – Kleiner, renommierter Bezirk im Süden WAIRARAPAS (am Fuß der Nordinsel). Im Sommer warm, im Herbst trocken; kieshaltige Böden. Erfolg mit mehreren weißen Traubensorten (v.a. SAUVIGNON BLANC und PINOT GRIS werden großflächig angebaut). Berühmt wurde das Gebiet jedoch Mitte/Ende der 1980er-Jahre durch seinen robusten, vollen und langlebigen PINOT NOIR. Es gibt hier einen höheren Anteil älterer Reben als in anderen Regionen.

Martinborough Vineyard Martinb r (rs) (w) ★★★ Wegweisende Kellerei; berühmt ist der würzige, komplexe PINOT NOIR (**10'**) mit Nuss- und Kirschnoten. Außerdem reichhaltiger CHARDONNAY mit Biskuitnote, intensiver RIESLING (trocken und lieblich) und voller, halbtrockener PINOT GRIS. Weitere Marken sind Burnt Spur mit Einzellagengewächsen und Te Tera mit jung zu trinkenden Weinen (u.a. sehr preiswerter Pinot noir). Wurde nach finanziellen Problemen 2014 von Foley Family Wines gekauft.

Matawhero Gis r (rs) w ★★ Der einstige Spitzenerzeuger von GEWÜRZTRAMINER in den 1980er-Jahren hat den Besitzer gewechselt. Im Angebot sind jetzt ein guter, fruchtbetonter CHARDONNAY ohne Eichennote, Gewürztraminer (saftig, weich), pflaumenfruchtiger MERLOT, vielversprechender ALBARIÑO, ARNEIS und GRÜNER VELTLINER. Topreihe: Church House.

Matua Valley Auck r w ★→★★★ Produzierte 1974 den ersten SAUVIGNON BLANC Neuseelands (mit Traubengut aus Auckland). Jetzt im Besitz von Treasury Wine Estates (TWE) mit Anbauflächen in vier Regionen. Die meisten sind angenehm zu trinken und zugänglich. Luxusreihe mit Einzellagenweinen, u.a. erstklassiger HAWKE'S BAY ALBARIÑO (**14**), kraftvoller, komplexer Hawke's Bay CHARDONNAY (**13'**), dunkler, dichter MERLOT (**13'**) und SYRAH (**13'**).

Mills Reef Bay of Plenty r w ★★→★★★ Eindrucksvolle Weine aus Lesegut von eigenen Lagen in GIMBLETT GRAVELS und anderem Traubengut aus HAWKE'S BAY. Das Spitzensortiment Elspeth umfasst reichhaltigen CHARDONNAY (13), kraftvolle Rotweine im Bordeaux-Stil und SYRAH (die letzten Jahrgänge sind ausgefeilter und geschmeidiger). Die roten Reserve-Weine können recht preiswert sein, v. a. der dunkle, duftende, reichhaltige Reserve MERLOT/MALBEC (**13'**).

Millton Gis r (rs) w ★★→★★★★ Der v. a. für Weißwein beste Erzeuger in Gisborne produziert biologisch (zertifiziert). Umwerfend reichhaltig, komplex und charaktervoll präsentiert sich das Sortiment Clos de Ste. Anne (CHARDONNAY, CHENIN BLANC, VIOGNIER, SYRAH, PINOT NOIR) von einer hoch gelegenen Einzellage. Der langlebige, in Eiche ausgebaute Chenin blanc (mit ausgeprägten Honignoten in feuchteren Jahren) ist der feinste Neuseelands (**14'**). Einfachere Weine werden in der Reihe Crazy by Nature angeboten.

Misha's C-Ot r w ★★ Großes Gut in Bendigo. Stets erstklassiger GEWÜRZTRAMINER (**13**), PINOT GRIS (**13**), RIESLING (trockener Lyric **13'** und halbtrockener Limelight **13'**), raffinierter, teilweise in Eiche ausgebauter SAUVIGNON BLANC (**13'**) und herzhafter, komplexer PINOT NOIR (**10'**) – der Verismo liegt länger im Eichenfass (**10'**).

Mission Hawk r (rs) w ★★ Mit Abstand ältester Weinbaubetrieb Neuseelands, erste Rebpflanzungen 1851, erste Weinverkäufe in den 1890ern – und noch immer im Besitz der Catholic Society of Mary. Ordentliche sortenreine Weine: der fruchtbetonte SYRAH und der PINOT NOIR (aus MARTINBOROUGH) sind besonders preiswert. Die Reserve-Reihe umfasst u. a. exzellenten MERLOT (**13'**), CABERNET SAUVIGNON (13'), Syrah (**13'**) und CHARDONNAY (**13'**). Die Spitzenweine laufen unter dem Namen Jewelstone (Chardonnay **13'** und CABERNET/Merlot **09'** mit Klasse). 2012 Ankauf von ausgedehntem Rebland im AWATERE VALLEY (prägnanter, knackiger MARLBOROUGH SAUVIGNON BLANC).

Mondillo C-Ot r w ★★ Aufgehender Stern in Bendigo mit duftendem, zitrusfruchtigem, leicht süßem RIESLING (13), klasse Nina Late Harvest Riesling (**12'** 14) und kraftvollem, süßfruchtigem, geschmeidigem PINOT NOIR (**12' 13'**).

Mount Riley Marlb r (rs) w ★★ Mittelgroßer Familienbetrieb. Ausdrucksstarker, preiswerter SAUVIGNON BLANC, fein gefügter PINOT GRIS, jung zu trinkender, guter CHARDONNAY, zugänglicher PINOT NOIR. Die Spitzenweine heißen Seventeen Valley: eleganter, komplexer Chardonnay (**11** 13), fleischiger, fassvergorener Sauvignon blanc (**12**), frischer, schmackhafter Pinot noir (13).

Mt Difficulty C-Ot r (rs) w ★★→★★★ Qualitätserzeuger im warmen Bannockburn. Kraftvoller, konzentrierter PINOT NOIR: der Roaring Meg ist leichter, der Verschnitt Cromwell Basin für baldigen Genuss bestimmt, außerdem dichter, nachhaltiger Pipeclay Terrace von einer Einzellage. Weißweine mit Klasse: RIESLING, PINOT GRIS und vielversprechender CHENIN BLANC (**12**).

Muddy Water Waipara r w ★★→★★★ Der kleine, hochklassige Erzeuger gehört jetzt zu GREYSTONE. Ökologisch angebauter James Hardwick RIESLING (gewichtig, halbtrocken, einer der besten Neuseelands; **13'**), mineralischer CHARDONNAY und schmackhafter, bemerkenswert komplexer PINOT NOIR (v. a. Slowhand von den ältesten, ertragsarmen Reben; **12'**).

Mud House Cant r w ★★→★★★ Die große Kellerei mit Sitz in MARLBOROUGH, die Weine von der Südinsel (inkl. WAIPARA und CENTRAL OTAGO) erzeugt, wurde 2013 vom australischen Unternehmen Accolade Wines übernommen. Zu den Marken zählen Mud House, WAIPARA HILLS und Hay Maker

Neuseeland

(die untere Stufe). Regionale Verschnitte sind z. B. der schwungvolle Marlborough SAUVIGNON BLANC (erstklassig und preiswert **14**), der duftende, ölige Marlborough PINOT GRIS (**14**) und der lebhafte, sehr aromatische halbtrockene RIESLING (**14**). Exzellente Estate-Weine (von Einzellagen) und die Reihe Single Vineyard (aus Trauben von Vertragswinzern).

Nautilus Marlb r w; sch ★★→★★★ Mittelgroße, sehr verlässliche Händlergruppe in Neuseeland im Besitz von S. Smith & Sons (Australien). Spitzengewächse sind u. a. der straffe trockene SAUVIGNON BLANC (**14**), der hochklassige CHARDONNAY (komplex, subtil **13'**), der stämmige, herzhafte PINOT NOIR (12), der PINOT GRIS im elsässischen Stil und der intensive Schaumwein oJ mit Hefenote, einer von Neuseelands feinsten (mindestens 3 Jahre auf dem Hefesatz). Mittlere Qualitätsstufe: Opawa (fruchtbetont). Unterste Stufe: Twin Islands.

Nelson r **10 13** 14; w **13 14** – Kleinere Region westlich von MARLBOROUGH mit etwas feuchterem, aber ebenso sonnigem Klima. Anbauflächen auf Lehmböden in den Upper-Moutere-Hügeln (körperreiche Weine) und der schlammigen WAIMEA-Ebene (aromatischer). Die Stärke liegt bei aromatischen Weißweinen, v. a. RIESLING, SAUVIGNON BLANC, PINOT GRIS und GEWÜRZTRAMINER. Auch guter (manchmal herausragender) CHARDONNAY und PINOT NOIR. Wird zu oft unterschätzt.

Neudorf Nel r (rs) w ★★★→★★★★ Kleine Kellerei mit verdientermaßen gutem Ruf. Der kraftvolle, mineralische Moutere Chardonnay (**10'** 11 12 13') gehört zu den besten Neuseelands; großartig auch der schmackhafte Moutere PINOT NOIR (**12'**). SAUVIGNON BLANC, kraftvoller halbtrockener PINOT GRIS (**13'**) und RIESLING (trocken und lieblich) sind ebenfalls erstklassig. Charmanter trockener Pinot Rosé.

Ngatarawa Hawk r w ★★ Mittelgroße Kellerei im Besitz der Familie Corban. Beliebte Reihe Stables Reserve, u. a. mit mundfüllendem, lebhaft fruchtigem Hawke's Bay CHARDONNAY, stämmigem, festem Hawke's Bay MERLOT/CABERNET und großzügig-geschmeidigem Hawke's Bay SYRAH (**13**). Spitzenweine unter dem Etikett Alwyn, die zweite Reihe heißt Glazebrook.

No. 1 Family Estate Marlb sch ★★ Familienbetrieb des Pioniers Daniel Le Brun (ehemals Champagne). Hat keine Eigentumsrechte mehr an der Marke Daniel Le Brun. Spezialist für häufig sehr guten Schaumwein, empfehlenswert v. a. der straff gewobene Blanc de Blancs oJ mit Zitrus- und Hefenoten und die Cuvée No 1.

Nobilo Marlb – Siehe CONSTELLATION NEW ZEALAND.

Obsidian Waiheke r w ★★→★★★ Von der Lage Onetangi kommen stillvoller Bordeaux-Verschnitt (The Obsidian **10'**) sowie VIOGNIER, CHARDONNAY (**13'**), SYRAH und TEMPRANILLO unter der Spitzenmarke Obsidian Reserve (vormals Obsidian). Eine Stufe darunter gibt es unter dem Etikett Weeping Sands preisgünstige Rotweine aus Waiheke (inkl. MERLOT, Syrah, MONTEPULCIANO und Tempranillo).

Oyster Bay Marlb r w; sch ★★ Die Marke von DELEGAT'S ist ein Triumph des Marketings. Lebhafte Weine mit einem Hauch von Klasse aus MARLBOROUGH und HAWKE'S BAY: Der Marlborough SAUVIGNON BLANC ist ein riesiger Verkaufsschlager (Passionsfrucht- und Limettennoten), dazu kommen zitroniger Marlborough CHARDONNAY mit zarter Eichennote (sehr beliebt in den USA), trockener Hawke's Bay PINOT GRIS mit mittlerem Körper, geschmeidiger Marlborough PINOT NOIR mit Erdbeernoten, duftender, weicher Hawke's Bay MERLOT und süffige Schaumweine.

Palliser Martinb r w ★★→★★★ Eine der größten und besten Kellereien des Bereichs. Ausgezeichneter, lebhafter SAUVIGNON BLANC mit Noten tropischer Früchte (**13'**), CHARDONNAY (**13'**), RIESLING (**13**), PINOT GRIS (**13**), Schaumwein (der beste von MARTINBOROUGH) und duftender, voller, harmonischer PINOT NOIR (**10 13'**). Spitzenweine: Palliser Estate; untere Stufe: Pencarrow (äußerst preiswert, Löwenanteil der Produktion).

Pask Hawk r w ★★ Mittelgroße Kellerei mit ausgedehnten Rebflächen in GIMBLETT GRAVELS. Vollaromatischer CABERNET SAUVIGNON, MERLOT und SYRAH mit gutem Preis-Leistungs-Verhältnis, aber zuweilen mit grünen Noten. Sehr guter CHARDONNAY. Zur Spitzenreihe Declaration gehört auch fleischiger, reichhaltiger, toastwürziger Chardonnay (13). Untere Stufe: Roys Hill.

Passage Rock Waiheke r w ★★ Kraftvoller, opulenter SYRAH, v. a. Reserve (der meistausgezeichnete Wein auf Waiheke; **10' 12**); aber auch der normale Syrah ist dicht und sehr gut für sein Geld (**10' 12**). Gute Rotweine im Bordeaux-Stil, solide Weißweine, v. a. der mächtige, cremige Reserve VIOGNIER (**13'**).

Pegasus Bay Waipara r w ★★★ Pionier-Familienbetrieb mit hervorragendem Sortiment: straffer, sich langsam entwickelnder, komplexer Chardonnay (**11**), ein SAUVIGNON BLANC/SEMILLON-Verschnitt, reichhaltiger, schwungvoller, mittelschwerer RIESLING (Verkaufsschlager; **12'**) und üppiger, seidiger PINOT NOIR (**10' 11** 12), v. a. der Prima Donna (**10' 11 12'**) von ausgereiften Trauben. Zweitmarke: Main Divide; preisgünstige Tropfen, v. a. PINOT GRIS.

Peregrine C-Ot r w ★★ Knackige, konzentrierte Weißweine, v. a. RIESLING (trocken und leicht lieblicher Rastaburn) und fleischiger, voller, sehr schön ausgewogener CHARDONNAY (**13'**). Auch duftender, seidiger PINOT NOIR (**09' 11** 12). Der Pinot noir Saddleback hat ein gutes Preis-Leistungs-Verhältnis.

Pernod Ricard New Zealand Auck r rs w ★→★★★ Neuseelands drittgrößter Erzeuger, früher Montana. Zu den Änderungen, die seit 2010 in Gang gesetzt wurden, gehören der Rückzug aus GISBORNE und die Aufgabe der Marke Montana zugunsten von BRANCOTT ESTATE. Kellereien in AUCKLAND, HAWKE'S BAY und MARLBOROUGH. Ausgedehnte Rebflächen in Teilbesitz liefern Marlborough-Weißweine, u. a. den knackigen, schwungvollen Verkaufsschlager Brancott Estate SAUVIGNON BLANC (**14**). Die Stärken liegen beim Schaumwein, v. a. DEUTZ Marlborough Cuvée. Erstklassige, sehr preisgünstige Rotweine unter dem Namen CHURCH ROAD und Qualitäts-CHARDONNAY. Eine weitere wichtige Marke ist STONELEIGH (tropenfruchtiger Sauvignon blanc).

Pinot noir macht weniger als 10 % der neuseeländischen Weinproduktion aus, stellt aber 25 % aller Weine (nicht in Bezug aufs Volumen).

Pisa Range C-Ot r (w) ★★→★★★ Kleines Weingut mit kraftvollem, reichhaltigem PINOT NOIR Black Poplar (**10'** 12) und sehr gutem Pinot noir von jungen Reben (**13**) namens Run 245. Auch frischer trockener PINOT GRIS und reichhaltiger trockener RIESLING (**13'**).

Puriri Hills Auck r rs ★★→★★★ Erstklassige, seidige, verführerische Rotweine auf MERLOT-Basis aus Clevedon (**08' 10'**). Die Reserve-Weine sind besonders reichhaltig und ausladend, mit kräftigerer Note aus neuem Eichenholz. Spitzenetikett ist der unglaublich üppige, komplexe Pope (**10'**).

Pyramid Valley Cant r w ★★→★★★ Von der sehr kleinen, hoch gelegenen Rebfläche auf Kalksteinboden in Waikari kommt floraler, zunehmend generöser PINOT NOIR (Angel Flower, Earth Smoke **10' 12**) und beeindruckend körperreicher CHARDONNAY (**12**), beide von gutseigenen Trauben. Erstklassige Weine der Reihe Growers Collection aus anderen Regionen – nicht jedermanns Sache, aber mit ganz eigener Persönlichkeit.

Quartz Reef C-Ot r w; sch ★★→★★★ Kleiner Bio-Qualitätserzeuger mit knackig trockenem PINOT GRIS (**13**), stämmigem, würzigem PINOT NOIR (**10' 13'**) – Bendigo Estate ist besonders konzentriert (**10' 12**) – und intensivem, rassigem Schaumwein mit Hefenote (besonders gut der Jahrgangsschaumwein **09**).

Rippon Vineyard C-Ot r w ★★→★★★ Herrlich am Ufer des Lake Wanaka gelegener Pionierbetrieb mit faszinierenden Weinen. Duftender, konzentrierter Rippon PINOT NOIR von ausgewachsenen Reben (**10' 12'**) und Pinot noir Jeunesse von jüngeren Reben (**12'**). Kraftvoll und komplex ist der Tinker's Field Pinot noir (von den ältesten Reben; **10'**). Außerdem Weißweine, die sich langsam entwickeln, v. a. herausragender, stahliger, mineralischer RIESLING (**10' 11' 12'** 13).

Riesling-Stars

»Jesus trank Riesling« steht auf den T-Shirts vieler neuseeländischer Weinmacher, die sich in diese Traube verliebt haben – leider ziehen jedoch nur wenige Konsumenten des Landes mit. Riesling gedeiht prächtig in der Kühle der Südinsel und liefert duftende, lebhaft fruchtige Weine von echter Klasse, die von leicht bis vollmundig, von sehr trocken bis üppig süß reichen (eine Bandbreite an Stilen, die den schleppenden Verkauf teilweise erklärt). Zu den klassischen Etiketten zählen Dry River Craighall Vineyard, Felton Road Bannockburn, Neudorf Moutere, Pegasus Bay, Rippon Vineyard Mature Vine und Valli Old Vine.

Rockburn C-Ot r (rs) w ★★ Frischer, lebhafter, leicht süßer PINOT GRIS, sehr guter lieblicher RIESLING (**13'**) und SAUVIGNON BLANC. Der duftende, reichhaltige PINOT NOIR (**10' 12'**) aus Cromwell-Basin- (Hauptanteil) und Gibbston-Traubengut ist am besten. Zweitetikett: Devil's Staircase.

Sacred Hill Hawk r w ★★→★★★★ Mittelgroßer Erzeuger, z. T. in chinesischem Besitz. Gefeierter CHARDONNAY Riflemans (**10' 13'**), ein muskulöser, aber ausgefeilter Wein von einer erhöhten Lage im Landesinneren. Kraftvoller, dunkler, langlebiger MERLOT Brokenstone (**09' 10' 11**), CABERNET SAUVIGNON/Merlot Helmsman (**09' 10' 11**) und SYRAH Deerstalkers (**09' 10' 12**) aus GIMBLETT GRAVELS. Schwungvoller MARLBOROUGH SAUVIGNON BLANC. Halo: mittlere Qualitätsstufe. Weitere Marken: Gunn Estate, Wild South (preiswerte Marlborough-Weine).

Saint Clair Marlb r (rs) w ★★→★★★★ Der größte Familienbetrieb der Region. Hoch angesehen für zupackenden SAUVIGNON BLANC aus dem unteren Wairau Valley – v. a. der unschlagbar günstige regionale Verschnitt (**14**) und der erstaunlich reichhaltige, leicht salzige, mineralische Wairau Reserve (**14**). Zugänglicher RIESLING, PINOT GRIS, CHARDONNAY, MERLOT und PINOT NOIR. Spitzensortiment sind die Reserve-Weine, gefolgt von der hochklassigen, sehr vielfältigen zweiten Reihe namens Pioneer Block (darunter mehrere Pinot-noir- und Sauvignon-blanc-Weine), außerdem gute, preiswerte regionale Verschnitte und die Reihe Vicar's Choice, die das untere Preissegment abdeckt. Investiert nun auch in Hawke's Bay im Rotweinbereich.

Seifried Estate Nel (r) w ★★ Die größte Kellerei der Region ist in Familienbesitz und seit Langem angesehen für guten halbtrockenen RIESLING (**14'**) und GEWÜRZTRAMINER (**14'**); jetzt auch zu moderaten Preisen. Oft exzellenter SAUVIGNON BLANC (**14'**) und CHARDONNAY (**13'**) außerdem GRÜNER VELTLINER mit Pfirsich- und würzigen Noten. Am besten: Winemakers

Collection. Die dritte Riege heißt Old Coach Road. Die Weißweine sind viel besser als die Roten.

Selaks Marlb r w ★→★★ Alter Betrieb kroatischen Ursprungs, jetzt eine Marke von CONSTELLATION NEW ZEALAND. Solide und leicht zugänglich sind die Weine der Reihe Premium Selection. Gute Reserve-Weine aus HAWKE'S BAY: CHARDONNAY, MERLOT/CABERNET, SYRAH. Die Spitzenreihe Founders wurde kürzlich wiederbelebt: v. a. guter SAUVIGNON BLANC (**14'**) und Chardonnay (**13'**).

Seresin Marlb r w ★★→★★★ Mittelgroßer Erzeuger mit exzellenter Qualität und Fokus auf Bioweine. Der feine, raffinierte, alterungswürdige SAUVIGNON BLANC (teilweise fassvergoren; **13'**) ist einer der besten Neuseelands; auch sehr straffer, reichhaltiger Sauvignon blanc Reserve von den ältesten Reben (**11'**). Ausgezeichneter CHARDONNAY, PINOT GRIS, PINOT NOIR und RIESLING. Zweitmarke: Momo (gutes Preis-Leistungs-Verhältnis). Alles in allem komplexe Weine mit feinem Gefüge.

Sileni Hawk r (rs) w ★★ Große Kellerei. Spitzenweine: kraftvoller, reichhaltiger EV (Exceptional Vintage) CHARDONNAY (**10' 13'**), SYRAH (**13'**). Mittlerer Qualitätsbereich: u. a. üppiger, buttriger The Lodge Chardonnay (**13'**), The Triangle MERLOT (**10'**) und The Plateau PINOT NOIR (**13'**); es folgt die Reihe Cellar Selection (guter, zugänglicher Merlot und trockener PINOT GRIS). Dazu reichhaltiger, weicher MARLBOROUGH SAUVIGNON BLANC (v. a. The Straits).

Spy Valley Marlb r (rs) w ★★→★★★ Sehr erfolgreiche Firma mit ausgedehnten Rebflächen. Die geschmacksintensiven aromatischen Weißweine (RIESLING **13'**, GEWÜRZTRAMINER **13'**, PINOT GRIS **13'** 14) sind außergewöhnlich günstig; auch sehr eindrucksvoller SAUVIGNON BLANC (**14**), CHARDONNAY (**13'**) und PINOT NOIR (**13'**). Gefälliger trockener Pinot noir Rosé (**14**). Erstklassig ist die Spitzenauslese Envoy: u. a. ein voller, subtiler Chardonnay (**12**), ein Pinot gris im elsässischen Stil, ein Riesling wie von der Mosel und der kraftvolle, konzentrierte Outpost Pinot noir (**12'**). Zweitmarke: Satellite.

Staete Landt Marlb r w ★★ Weingut in Rapaura (Wairau Valley) mit verfeinertem CHARDONNAY (rund, Biskuitnoten **11**), Spitzen-SAUVIGNON BLANC Annabel (saftig, voll, tropische Frucht **13'**) und PINOT GRIS (cremig, komplex, trocken). Auch anmutiger PINOT NOIR (**12**). Sehr vielversprechend sind VIOGNIER (**13'**) und SYRAH (**11'**). Zweitmarke: Map Maker (günstig).

Stonecroft Hawk r w ★★ Kleine Kellerei, die als erste in Neuseeland einen ernst zu nehmenden SYRAH erzeugte (1989): Reserve (**10'** 13'). Der Serine Syrah ist leichter. Hervorragender Old Vine CHARDONNAY (**12**) und sehr reichhaltiger Old Vine GEWÜRZTRAMINER (**14'**). Einwandfreier SAUVIGNON BLANC und der einzige Zinfandel Neuseelands (mittlerer Körper; 13).

Stoneleigh Marlb r (rs) w ★★ Im Besitz von PERNOD RICARD NEW ZEALAND. Hauptsächlich Rebgut aus warmen Rapaura-Weingärten. Gute, in großen Mengen produzierte Weißweine aus MARLBOROUGH, u. a. schwungvoller, tropenfruchtiger SAUVIGNON BLANC (**14**), generöser, blumiger, leicht lieblicher PINOT GRIS (**14**), körperreicher, kräftiger Riesling (**13**), dazu rasch besser werdender, saftiger PINOT NOIR. Mittlerer Qualitätsbereich: Latitude (u. a. saftiger Sauvignon blanc mit süßen Fruchtnoten). Spitzenweine: Rapaura Series, darunter duftender, voller, pfirsichfruchtiger, toastwürziger Chardonnay (**13**), stämmiger, voller Pinot gris (**14'**), generöser, seidiger Pinot noir (**13'**).

Stonyridge Waiheke r w ★★★→★★★★ Boutiquekellerei, berühmt für ihren außergewöhnlichen roten Larose auf CABERNET-SAUVIGNON-Basis (**08'** 09 10' 12): einer der großartigsten Rotweine Neuseelands, der hervorragend reift. Der kleine Bruder des Larose heißt Airfield. Daneben kraftvoller, dichter Pilgrim im Rhône-Stil (12) und unglaublich vollgepackter MALBEC Luna Negra (**10'** 12).

Te Awa Hawk r w ★★ Gut in GIMBLETT GRAVELS, berühmt für Rotweine auf MERLOT-Basis. Wurde 2012 von VILLA MARIA gekauft und beherbergt jetzt dessen neue Kellerei in Hawke's Bay. Die nach der Übernahme freigegebenen Weine (CHARDONNAY, PINOT GRIS, SYRAH, MERLOT/MALBEC) gehören großteils zur Reihe Left Field (gute Qualität für kleines Geld).

Te Kairanga Martinb r w ★★ Eine der größten Kellereien des Gebiets, doch mit bewegter Vergangenheit. Wurde 2011 vom Amerikaner Bill Foley gekauft (ihm gehören auch VAVASOUR und GROVE MILL). Sehr guter CHARDONNAY (**13'**), PINOT GRIS (**13**), SAUVIGNON BLANC (**13**), PINOT NOIR (**13**); exzellenter RIESLING (13'). Runholder heißt die mittlere Qualitätsstufe. Die Reserve-Weine tragen den Namen John Martin: gewichtiger, reichhaltiger Chardonnay (**13'**), dichter, geschmeidiger Pinot noir (13').

Te Mania Nel ★★ Guter kleiner Erzeuger mit gutem Preis-Leistungs-Verhältnis: frischer, lebhafter CHARDONNAY, GEWÜRZTRAMINER (**13'**), PINOT GRIS (**13'**), RIESLING und rassiger SAUVIGNON BLANC (Biowein) sowie großzügiger, blumiger, geschmeidiger Reserve-PINOT-NOIR (13) aus ökologischem Anbau.

Te Mata Hawk r w ★★★→★★★★ Renommierte Kellerei (erster Jahrgang 1895), die seit 1974 von der Familie Buck betrieben wird. Von seltener Klasse und Langlebigkeit ist der Coleraine (CABERNET SAUVIGNON/MERLOT/CABERNET FRANC **98' 00 02 04 05' 06'** 07' 08 09' 10' 11 13'); der preiswertere Cabernet/Merlot Awatea (**09' 10'** 13') ist ebenfalls hochklassig, aber zugänglicher. Der Bullnose Syrah (**09' 10'** 13') gehört zu den besten in Neuseeland. Reichhaltiger, eleganter CHARDONNAY Elston (**10' 11** 13'). Die Reihe Estate Vineyards (früher Woodthorpe) bietet jung zu trinkende Weine (sehr guter Chardonnay, SAUVIGNON BLANC, GAMAY noir, Merlot/Cabernet Sauvignon **13'** sowie Syrah).

Terra Sancta C-Ot r (rs) (w) ★★ Das erste Gut in Bannockburn, 1991 unter dem Namen Olssens gegründet. Sehr preisgünstiger, generöser, jung zu trinkender PINOT NOIR Mysterious Diggings (**13**). Die mittlere Qualitätsstufe deckt der Pinot noir Bannockburn (**12'**) ab; von den ältesten Reben stammt der dichte, vollmundige Slapjack Block. Auch hervorragender RIESLING und schöner, lebhafter Pinot noir Rosé (**14'**).

Te Whare Ra Marlb r w ★★ Etikettname: TWR. Die 1979 angelegten Rebflächen sind die ältesten der Region. Am bekanntesten für herrlich duftenden, würzigen GEWÜRZTRAMINER. Auch reichhaltiger, lebhafter SAUVIGNON BLANC (**13**), RIESLING (trockener »D« und mittelsüßer »M« **13'**), PINOT GRIS (**13**) und PINOT NOIR (**12**).

Te Whau Waiheke ★★→★★★★ Winziges, angesehenes Gut am Meer mit Restaurant. Erstklassiger, komplexer CHARDONNAY (**13'**); gehaltvoller Verschnitt auf CABERNET-SAUVIGNON-Basis The Point (**08' 10'** 12). Kraftvoller, dicht gefügter SYRAH (**10** 12).

Tiki Marlb (r) w ★★ Die Familie McKean besitzt ausgedehnte Rebflächen in MARLBOROUGH und Waipara. Schwungvoller, lebhafter SAUVIGNON BLANC (**14**) und gewichtiger eindringlicher Single Vineyard Sauvignon blanc (**13'**); fleischiger, weicher PINOT GRIS, fruchtiger, süffiger PINOT NOIR. Zweitetikett: Maui.

Tohu r w ★★ Unternehmen in Maori-Besitz mit ausgedehnten Rebflächen in MARLBOROUGH und NELSON. Rassiger SAUVIGNON BLANC (**14**) und reichhaltiger, abgerundeter, in Eiche ausgebauter Mugwi Reserve Sauvignon blanc (**13'**); dazu gehaltvoller trockener RIESLING, cremiger CHARDONNAY ohne Eichennote und zunehmend komplexer werdender PINOT NOIR (**13'**).

Trinity Hill Hawk r (rs) w ★★→★★★ Innovative Kellerei mit sehr gutem Ruf, 2014 an den Amerikaner Charles Banks (ehemals Screaming Eagle) verkauft. Der Bordeaux-Verschnitt The Gimblett ist reichhaltig, sublim und preiswert (**09' 10** 13). Dazu Gimblett Gravels CHARDONNAY (**13'**), außergewöhnlicher, sehr blumiger und dichter Homage SYRAH (**09' 10'**) und eindrucksvoller, pflaumenfruchtiger TEMPRANILLO. Der duftende, weiche VIOGNIER gehört zu Neuseelands besten. Die einfachere Reihe mit weißen Etiketten hat ein gutes Preis-Leistungs-Verhältnis.

Two Paddocks C-Ot r (w) ★★ Der Schauspieler Sam Neill erzeugt leichten, rassigen, trockenen RIESLING (**13'**) und mehrere PINOT-NOIR-Weine, u. a. First Paddock (vegetabiler, von einer kühlen, höher gelegenen Einzellage in Gibbston; **11**) und Last Chance (reifer, aus dem wärmeren Alexandra; **12'**). Mit dem Kauf der Lage Desert Heart in Bannockburn kommt ein weiterer dazu. Den Regionalverschnitt Picnic by Two Paddocks sollten Sie jung trinken (**13'**).

Two Rivers Marlb r w ★★ Erzeuger des SAUVIGNON BLANC Convergence – tiefgründige, trockene Weine aus dem WAIRAU VALLEY und dem AWATERE VALLEY (**14**). Sehr guter CHARDONNAY (mundfüllend, reichhaltig, cremig), PINOT GRIS, RIESLING (**14**) und PINOT NOIR, v. a. der köstliche junge Tributary mit sehr schöner Tiefe und Komplexität (**13'**).

Valli C-Ot ★★→★★★ Großartiger PINOT NOIR von Einzellagen (v.a. aus Gibbston **11' 12** und Bannockburn **11' 12**) und beeindruckend intensiver Old Vine RIESLING (**13'**) von 1981 gepflanzten Reben. Neu ist der leichte, rassige, etwas süßere Waitaki Riesling (**13'**).

Vavasour Marlb r w ★★→★★★ Pflanzte 1986 die ersten Reben im AWATERE VALLEY. Voller, cremiger CHARDONNAY (**11**); am bekanntesten für lebhaften, reinen SAUVIGNON BLANC mit Nesselnote (**13'**). Außerdem vielversprechender PINOT NOIR und PINOT GRIS. Über den Besitzer Foley Family Wines mit GROVE MILL und TE KAIRANGA verbunden.

Vidal Hawk r w ★★→★★★ 1905 gegründet und seit 1976 im Besitz von VILLA MARIA. Gefeierter CHARDONNAY-Erzeuger, v.a. die Spitzenreihe Legacy (duftend, rauchig, straff, langer Abgang **10' 11 12 13'**) und der exzellente Reserve Chardonnay (**13'**) im mittleren Bereich. Der Legacy CABERNET SAUVIGNON/MERLOT ist intensiv und komplex (**09' 10**). Untere Stufe: White Series. Eindrucksvoller SYRAH (v. a. Legacy **09' 10' 11**).

Villa Maria Auck r w ★★→★★★ Die größte Kellerei Neuseelands, vollständig in Familienbesitz und 1961 mit dem ersten Jahrgang herausgekommen, wird von Sir George Fistonich geführt. Zur Firma gehören auch VIDAL, ESK VALLEY und TE AWA. Beachtliche Erfolge bei Wettbewerben, insbesondere mit Hawke's Bay CHARDONNAY und Marlborough PINOT NOIR. Die Spitzenweine laufen unter der Bezeichnung Reserve (ausgeprägter Regionalcharakter) und Single Vineyard (hebt die einzelnen Lagen hervor). Zur (oft exzellenten) Mittelklasse gehört Cellar Selection (mit weniger Eichenholzeinfluss), und auch die Weine der dritten Marke Private Bin können sehr gut und preiswert sein (v.a. SAUVIGNON BLANC, aber auch GEWÜRZTRAMINER, PINOT GRIS, VIOGNIER und Pinot noir). Kleine Mengen von gutem ARNEIS, VERDELHO und GRENACHE.

Vinoptima Gis w ★★→★★★ Kleiner Spezialist für GEWÜRZTRAMINER im Besitz von Nick Nobilo (ehemals NOBILO Wines). Die Spitzenjahrgänge (**06' 08**) sind kostspielig, aber kraftvoll und voller Individualität. Zweitetikett: Bond Road (**09**). Der denkwürdige, goldene, ölige Noble Gewurztraminer (**07'**) ist Neuseelands teuerster Wein.

Waimea Nel r (rs) w ★★ Einer der größten und besten Weißweinerzeuger der Region. Schwungvoller SAUVIGNON BLANC (**14'**), reichhaltiger, abgerundeter PINOT GRIS (**13'**), GEWÜRZTRAMINER (**13'**), lebhafter VIOGNIER (**13'**). Sehr guter RIESLING (der Classic ist in einem mittelsüßen Stil mit Honignote gehalten; **13**), gewichtiger, reichhaltiger CHARDONNAY (**13'**), duftender trockener GRÜNER VELTLINER. Körperreicher, saftiger, geschmeidiger PINOT NOIR (**13'**). Zweite Garde: Spinyback.

Waipara Hills Cant r w ★★ Eine Marke von MUD HOUSE. Reifer MARLBOROUGH SAUVIGNON BLANC mit Noten von Passionsfrucht und Limette (**14'**). Zur Spitzenreihe Equinox aus Waipara gehören u. a. der in Eiche ausgebaute, generöse SAUVIGNON BLANC (**13'**), der fleischige, eher trockene PINOT GRIS (**13'**), der straffe, elegante CHARDONNAY (13'), der sehr blumige, geschmeidige PINOT NOIR (**12**) und der duftende, volle RIESLING (13').

Waipara Springs Cant r w ★★ Kleiner Erzeuger mit gehaltvollem, rassigem lieblichem RIESLING (**13'**) und gutem, jung zu trinkendem PINOT NOIR (**13'**). Beeindruckende Spitzenreihe Premo, u. a. sehr reichhaltiger Riesling (**13'**) und duftender, stämmiger, konzentrierter Pinot noir (**10' 12**) von den ältesten Pinot-noir-Reben des Gebiets.

Wairarapa Neuseelands sechstgrößte Weinregion (nicht zu verwechseln mit Waipara, Canterbury). Siehe MARTINBOROUGH. Umfasst auch den Unterbereich Gladstone im Norden (etwas höher gelegen, kühler, feuchter). Das trockenste und kühlste Anbaugebiet auf der Nordinsel, mit besonderer Stärke bei Weißweinen (SAUVIGNON BLANC und PINOT GRIS werden am häufigsten angepflanzt) und v. a. PINOT NOIR (körperreich, warm, herzhaft, von vergleichsweise alten Reben). Viel wird in die nahe gelegene Hauptstadt Wellington verkauft.

Wairau River Marlb r (rs) w ★★ Gute Weißweine: reifer, tropenfruchtiger SAUVIGNON BLANC (**14**), körperreicher, abgerundeter PINOT GRIS (**14**), leicht lieblicher Summer RIESLING (14), kräftiger, schwungvoller ALBARIÑO (**14**). Spitzenweine unter dem Etikett Reserve (eleganter, subtiler VIOGNIER, gewichtiger, voller PINOT NOIR **12**).

Wairau Valley Marlb – Größte Unterregion in MARLBOROUGH (die ersten Reben wurden 1873 gepflanzt, die moderne Ära begann 1973). Drei bedeutende Seitentäler im Süden: Brancott, Omaka und Waihopai. SAUVIGNON BLANC gedeiht auf steinigen Ebenen mit Silt-Untergrund, PINOT NOIR auf tonigen Nordhängen. Nur noch begrenzter Spielraum für weitere Pflanzungen.

Was tun mit alten Weinfässern? Das Paper Rain Project macht Skateboards daraus. Liegt doch auf der Hand!

Waitaki Valley C-Ot – Sich langsam ausdehnende Unterregion in North Otago mit kühlem Klima und Frostgefahr. Sehr vielversprechender PINOT NOIR (kann aber grüne Noten aufweisen), knackiger, lebhafter, rassiger PINOT GRIS und RIESLING. Mehrere Erzeuger, aber nur eine Kellerei.

Whitehaven Marlb r (rs) w ★★ Mittelgroßer Erzeuger. Der geschmacksintensive, harmonische SAUVIGNON BLANC (**13**) ist am preiswertesten und ein Bestseller in den USA. Reichhaltiger, weicher GEWÜRZTRAMINER (**13**) zitrusfrischer, leicht buttriger CHARDONNAY (**13**), eher trockener PINOT GRIS mit öliger Textur (**13**), kräftiger Riesling mit Zitronen- und Limettennoten (13), stämmiger, herzhafter PINOT NOIR (**12**). Gallo (siehe Kalifornien) ist Miteigentümer. Spitzenreihe: Greg.

Wither Hills Marlb r w ★★ Früher klein und fein, jetzt ein großer Erzeuger im Besitz von Lion Nathan (Australien). Zum Angebot zählen ein beliebter SAUVIGNON BLANC mit Stachelbeer- und Limettennoten, ein generöser CHARDONNAY mit leichter Holznote sowie ein duftender, weich texturierter PINOT NOIR.

Wooing Tree C–Ot r (rs) w ★★ Einzellagenweine mit Schwerpunkt auf Roten. Mächtiger, dunkler PINOT NOIR (**12** 13'), der Beetle Juice mit weniger neuer Eiche (**13**). Zu den weniger »seriösen« Weinen, alle von Pinot noir, zählen der köstliche Rosé (**14'**), der Blondie (weiß ausgebaut; **14**) und der Tickled Pink (süß, leicht, Himbeer-/Pflaumenaroma; **14**).

Woollaston Nel r (rs) w ★★ Kleines Bioweingut. In der Spitzenreihe Mahana (nur manchmal von Trauben aus Mahana bereitet) finden sich ein konzentrierter, trockener PINOT GRIS (**12**), ein vollmundiger, duftender trockener RIESLING (**13'**), ein reichhaltiger, in Eiche ausgebauter SAUVIGNON BLANC (**12**) und ein muskulöser, dichter, herzhafter PINOT NOIR (**12**). Preisgünstige untere Riege namens Nelson.

Yealands Marlb r (rs) w ★★ Ausgedehnter Weinbergbesitz, Neuseelands größte »Einzellage« im AWATERE VALLEY. Rasant ansteigende Produktion, teilweise von gutseigenen Trauben, der Hauptanteil aus MARLBOROUGH. Die meisten Weine sind nicht biologisch erzeugt, doch wird viel Wert auf Nachhaltigkeit gelegt. Zur Estate-Reihe gehören schwungvoller, grasiger, reiner SAUVIGNON BLANC (**14**), raffinierter halbtrockener RIESLING, sehr vielversprechender trockener GRÜNER VELTLINER mit Zitronen- und Gewürznoten (**14**), blumiger, geschmeidiger, generöser PINOT NOIR (**13'**). Hochklassig sind die Sauvignon-blanc-Weine der Reihe Single Block, Preiswerteres gibt es in der Reihe Peter Yealands.

Südafrika

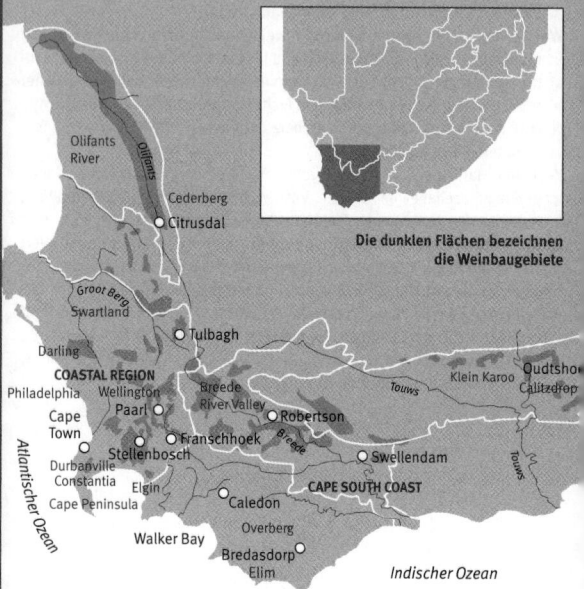

Die dunklen Flächen bezeichnen
die Weinbaugebiete

Die folgenden Abkürzungen werden im Text verwendet:

Coast	Coastal Region	**Rob**	Robertson
Con	Constantia	**Stel**	Stellenbosch
Fran	Franschhoek	**Swart**	Swartland
Hem	Hemel-en-Aarde	**W-Cape**	Western Cape

Ernüchternd. Umstritten. Polarisierend. Der legendäre Weinwettbeweb SAA Shield, bei dem vor 20 Jahren unter der Schirmherrschaft der nationalen Fluggesellschaft South African Airways Südafrika gegen Australien in Kapstadt antrat, war von allem etwas. Seit Südafrikas Übergang zur Demokratie war gerade mal ein Jahr vergangen. Je einhundert ausgewählte Weine aus jedem Land wurden blind verkostet, um »die relative Qualität und das Preis-Leistungs-Verhältnis einzuschätzen«. Trotz des sensationellen Siegs eines lokalen Syrah (des 94er Stellenzicht) über den legendären Penfold's Grange und trotz ersten Plätzen für Südafrika in drei der elf Kategorien erschütterte der überwältigende Gesamtsieg der Australier – 78 zu 21 Punkte – die immer noch hauptsächlich selbstbezogene heimische Weinindustrie. Kritiker mäkelten, die ganze Veranstaltung sei unklug gewesen oder habe zumindest zum falschen Zeitpunkt stattgefunden, doch Befürworter lobten sie als wegweisendes Ereignis, das der dringend nötigen Selbstüberprüfung und Wiedereingliederung Südafrikas in die größere Weinwelt nur helfen könne.

Zwei Jahrzehnte später hat sich die südafrikanische Weinwelt verändert: Eine neue, jüngere Generation arbeitet mit ausländischen Investoren Hand in Hand zusammen, Winzer aus Übersee bereiten Boutiqueweine in bester südafrikanischer Erde, einheimische Erzeuger wirken als Mentoren für Weinbauanfänger in den Nachbarländern, die jährlichen Weinexporte haben sich um sage und schreibe 370 % gesteigert, und Südafrika genießt den Ruf, eines der spannendsten und dynamischsten Weinbauländer der Welt zu sein. Befreit von den Einschränkungen aus der Zeit der Isolation, wurden neue Weinbaugebiete erschlossen (und etablierte wiederbelebt), exotische Rebsorten gepflanzt (und vergessene neu entdeckt) und unorthodoxe Produktionstechniken zusammen mit innovativen Weinstilen begeistert aufgenommen – selbst so abseitige Dinge wie Wein-Bier-Hybriden. Welche Rolle die SAA Shield bei alledem gespielt hat, darüber lässt sich immer noch streiten. Weniger umstritten dürfte sein, dass das Team SA, würde es noch einmal antreten, garantiert zuversichtlich wäre, diesmal ein ganz anderes Ergebnis zu erzielen.

Neuere Jahrgänge

2014 Herausfordernder Jahrgang, für den Urteilsvermögen und ein gutes Timing nötig war; eher leichte, elegante Weine.

2013 Rekordernte, sowohl mengenmäßig als auch qualitativ, dabei erfreulicherweise mäßiger Alkoholgehalt.

2012 Guter bis sehr guter Jahrgang für Rote wie Weiße mit geringeren Alkoholgraden.

2011 Uneinheitlicher Jahrgang. Man sollte sich in puncto Einkauf und Lagerung vom Renommee des Erzeugers leiten lassen.

2010 Bunt gemischter Jahrgang, wobei später reifende (rote und weiße) Sorten in der Regel am besten abgeschnitten haben.

2009 Südafrikas 350. Jahrgang und einer seiner besten. Die Weißweine sind großartig, die meisten Roten ebenfalls.

Die meisten trockenen Weißweine sollten innerhalb von zwei bis drei Jahren getrunken werden.

A. A. Badenhorst Family Wines Swart r (rs) w; (sch) ★★→★★★ »Markenerweiterungen« wie kunsthandwerkliches Bier und die neue, auf CHENIN BLANC basierende Cocktailzutat Caperitif verkörpern die seriöse und dennoch verspielte und experimentierfreudige Herangehensweise der Cousins Hein und Adi Badenhorst, die vornehmlich Rebsorten aus dem Mittelmeerraum und Chenin blanc für ihre Weine der Marken A. A Badenhorst und Secateurs verarbeiten.

Alheit Vineyards W-Cape w ★★★→★★★★ Chris Alheit und seine Frau Suzaan sind junge Spezialisten für alte Reben mit Basis in HEMEL-EN-AARDE und ausgezeichnetem Ruf. Sie erzeugen den CHENIN BLANC/SÉMILLON Cartology mit Trauben aus mehreren Regionen, verschiedene Einzellagenweine und einen *field-blend* (gemischten Satz) vom Heimathof in Hemelrand.

Anthonij Rupert Wines W-Cape r (rs) w (br); (sch) ★→★★★ Das Weinangebot ist nach dem verstorbenen Bruder des Eigentümers Johann Rupert benannt; imposante Kellerei nahe FRANSCHHOEK. Aushängeschild ist die Reihe Anthonij Rupert, Terroirerkundungen finden unter dem Namen Cape of Good Hope statt. L'Ormarins heißen die Schaumweine nach der MÉTHODE CAP CLASSIQUE, dazu Wein im Port-Stil, gute Essensbegleiter in der italienisch inspirierten Serie Terra del Capo und stilvolle Alltagstropfen namens Protea.

Anwilka W-Cape r ★★★ Der auf Rotwein spezialisierte Bruder von KLEIN CONSTANTIA ist jetzt teilweise in Bordeaux-Besitz. Spitzenetikett ist der SHIRAZ/CABERNET SAUVIGNON Anwilka (**05 06** 07 **08** 09' 10 11 12). Petit Frère ist ein ähnlicher Verschnitt, aber mit leichterer Eichennote.

Ashbourne Siehe HAMILTON RUSSELL.

Ataraxia Wines W-Cape r w ★★★ Hoch bewerteter CHARDONNAY, SAUVIGNON BLANC und roter Serenity (ohne Rebsortenangabe) von Kevin Grant (früher HAMILTON RUSSELL), die er aus der Frucht eigener Rebflächen in HEMEL-EN-AARDE sowie aus zugekauften Trauben aus WALKER BAY bereitet.

Avondale Paarl r rs w; sch ★★→★★★ Der Ökopionier in Familienbesitz erzeugt mit ökologischen, biologisch-dynamischen und wissenschaftlichen Methoden eindrucksvolle Rotweine im Bordeaux- und Rhône-Stil, dazu Rosé, einen weißen Verschnitt, CHENIN BLANC und Schaumwein MÉTHODE CAP CLASSIQUE.

Axe Hill Calitzdorp r br; s ★→★★★ Bekannter Spezialist für Wein im Port-Stil, u. a. auf TOURIGA NACIONAL basierender Cape Vintage (**01 02' 03' 04 05' 06** 07 08 09 11' 12 13). Seit Kurzem auch ungespriteter SHIRAZ und Verschnitte von Portweintrauben.

Bamboes Bay Winziger WARD (6 ha) in der Region OLIFANTS RIVER. Fryer's Cove, die erste und einzige Kellerei, erzeugt drei erfrischende SAUVIGNON-BLANC-Weine und seltenen PINOT NOIR von der Westküste.

Bayten Siehe BUITENVERWACHTING.

Beaumont Wines Bot River r (rs) w (br); (s) ★→★★★ Der historische Familienbetrieb (mit einer 200 Jahre alten Wassermühle, die noch in Betrieb ist) erzeugt ausdrucksvollen CHENIN BLANC, PINOTAGE, reinsortigen und verschnittenen MOURVÈDRE sowie den roten Verschnitt Ariane im Bordeaux-Stil.

Bellingham W-Cape r (rs) w ★→★★★ Etablierte Marke der Firma DGB mit der Reihe Bernard (voller Persönlichkeit) und den in größerem Umfang erzeugten, leicht zugänglichen Reihen Insignia, Ancient Earth und The Tree.

Beyerskloof W-Cape r (rs) (w) (br) ★→★★★ Südafrikas PINOTAGE-Champion, nahe STELLENBOSCH: Acht Versionen mit dieser Sorte sind im Angebot, darunter der reinsortige Diesel (**06** 07' 08' 09 10 11 12), mehrere CAPE BLENDS und Wein im Port-Stil. Auch klassischer CABERNET SAUVIGNON/ MERLOT namens Field Blend (**00 01 02 03' 04 05** 07 **08** 09).

Black Economic Empowerment (BEE) Die Organisation setzt sich für eine höhere Beteiligung vormals benachteiligter Bevölkerungsgruppen in der Weinbaubranche ein. Seit New Beginnings und Fairvalley Ende der 1990er-Jahre den Betrieb aufnahmen, ist die Zahl der ganz oder teilweise im Besitz von Schwarzen befindlichen Kellereien gestiegen, darunter jetzt auch große Firmen wie KWV.

Boekenhoutskloof Winery W-Cape r (rs) w; s ★★→★★★★ Beständig hervorragender Erzeuger mit Kellereien in FRANSCHHOEK, STELLENBOSCH und SWARTLAND. Würziger SYRAH (**01' 02' 03 04' 05 06'**07 **08** 09' 10 11 12' 13), intensiver CABERNET SAUVIGNON (**01' 02' 03 04' 05 06'**07' **08'** 09' 10 11' 12 13). Auch feiner Sémillon und roter The Chocolate Block im Mittelmeerstil, dazu SHIRAZ Porseleinberg (Biowein) sowie die preiswerten Marken Porcupine Ridge, Wolftrap und Helderberg Wijnmakerij.

Bon Courage Estate Rob r (rs) w (br); s (lbl); sch ★→★★★ Familienbetrieb mit umfassendem Angebot aus eigenem Aanbau, angeführt von den Inkará-Rotweinen und einem stilvollen Trio von Schaumweinen MÉTHODE CAP CLASSIQUE brut, dazu aromatischer RIESLING und MUSCAT-Dessertweine.

Boplaas Family Vineyards W-Cape r w br; (sch) ★→★★★ Das Familienunternehmen in sechster Generation in CALITZDORP ist vorwiegend für Weine im Port-Stil bekannt, v. a. Vintage Reserve (**99' 01 03 04' 05'06'** 07' 08 09' 10 11) und Cape Tawny. Neuerdings verlagert sich der Schwerpunkt mehr auf ungespritete Weine von Port-Trauben und kühlere Gebiete wie z. B. Upper Langkloof.

Boschendal Wines W-Cape r (rs) w; (s); sch ★→★★★ Berühmtes altes Weingut bei FRANSCHHOEK, im Besitz von DGB. Visitenkarten sind SHIRAZ, SAUVIGNON BLANC, der Bordeaux-Shiraz-Verschnitt Grand Reserve sowie der nach der MÉTHODE CAP CLASSIQUE erzeugte Schaumwein. Die ELGIN-Reihe widmet sich Weinen aus kühlen Lagen.

Botanica Wines W-Cape r rs w ★★→★★★ Auf Anhieb eingesetzter Starkult um CHENIN BLANC von 50 Jahre alten Buschreben an der Westküste, bereitet von der amerikanischen Eigentümerin der Marke, Ginny Povall. Wird jetzt ergänzt von einem eleganten PINOT NOIR, Rotweinen im Bordeaux-Stil und Rosé aus STELLENBOSCH und HEMEL-EN-AARDE.

Bot River Siehe WALKER BAY.

Bouchard Finlayson Cape South Coast r w ★★→★★★★ Ausgezeichneter Erzeuger von PINOT NOIR in Hermanus mit Galpin Peak (**01 02' 03 04 05 07 08 09** 10 11 12 13) und der Fassauswahl Tête de Cuvée (**99 01' 03' 05' 07** 09 10 12). Außerdem eindrucksvoller CHARDONNAY, SAUVIGNON BLANC und exotischer roter Hannibal.

Breedekloof Großer DISTRICT (12.870 ha) im Binnenland in der REGION Breede River Valley, der hauptsächlich Massenwein hervorbringt. Löbliche Ausnahmen sind die Erzeuger Bergsig, Deetlefs, Du Preez, Merwida, Opstal und Silkbush (in US-Besitz); die Kellerei Du Toitskloof ist ein Musterbeispiel für preiswerte Weine guter Qualität.

Buitenverwachting W-Cape r (rs) w; s; (sch) ★★→★★★ Erstklassige Weinberge, Kellerei und Restaurant in Familienbesitz in CONSTANTIA. Mustergültiger SAUVIGNON BLANC, CABERNET FRANC, roter Bordeaux-Verschnitt Christine (**00 01' 02 03 04 06** 07 **08** 09' 10 11 12 13) und VIOGNIER. Heißt im Exportgeschäft »Bayten«.

Calitzdorp DISTRICT in der REGION KLEIN KAROO, klimatisch dem Douro-Tal ähnlich und folgerichtig für Weine im Port-Stil bekannt. Die besten Erzeuger sind AXE HILL, BOPLAAS, DE KRANS, Peter Bayly und Lieben/Quinta do Sul. Die neueren ungespriteten »Calitzdorp Blends« aus Port-Trauben und die sortenreinen Abfüllungen zeigen Potenzial.

Cape Agulhas Siehe ELIM.

Cape Blend »Kap-Verschnitt«. Meist ein Rotweinverschnitt mit einem Anteil PINOTAGE. Bemerkenswerte Versionen von ASHBOURNE, BEAUMONT, BEYERSKLOOF, GRANGEHURST, KAAPZICHT, MEINERT, SPIER und WARWICK.

Cape Chamonix Wine Farm Fran r w; (sch) ★★→★★★★ Die neueren Jahrgänge bestätigen die Qualität der vom Weinmacher selbst bewirtschafteten Reblagen. Charakteristischer PINOT NOIR, PINOTAGE, CHARDONNAY, SAUVIGNON BLANC, Bordeaux-Verschnitte (rot und weiß) und neuer CABERNET FRANC. Alle zum Einkellern.

Cape Peninsula Jüngst umbenannter maritimer DISTRICT (hieß früher »Cape Point«), der dabei auch auf die ganze Kaphalbinsel erweitert wurde. 454 ha, v.a. SAUVIGNON BLANC, CABERNET SAUVIGNON, MERLOT, SHIRAZ. Hout Bay und Constantia sind WARDS innerhalb dieses Districts.

Cape Point Siehe CAPE PENINSULA.

Cape Point Vineyards W-Cape (r) w ★★→★★★ Spannender und verlässlicher Erzeuger von komplexen, alterungswürdigen SAUVIGNON BLANC/SÉMILLON-Verschnitten, CHARDONNAY, SAUVIGNON BLANC, gelegentlich edelfaulem Dessertwein und neuem CABERNET SAUVIGNON. Preiswert ist die Marke Splattered Toad.

Cape South Coast Kühlklimatische »Super-REGION« mit den DISTRICTS CAPE AGULHAS, ELGIN, Overberg, Plettenberg Bay, Swellendam und WALKER BAY sowie den unabhängigen WARDS Herbertsdale, Napier and Stilbaai East.

Cape Winemakers Guild (CWG) Der unabhängige Verband mit gegenwärtig 46 Mitgliedern, dem man nur auf Einladung beitreten kann, veranstaltet

Südafrika

alljährlich eine Maßstäbe setzende Auktion für limitierte Spitzenabfüllungen und leistet über eine Stiftung mit Stipendien und Mentoren Aufbauhilfe für Erfolg versprechende Winzer.

Cederberg Hoch gelegener eigenständiger WARD (kaum 70 ha) in den rauen Cederberg Mountains. Vornehmlich SHIRAZ und SAUVIGNON BLANC. Driehoek und CEDERBERG PRIVATE CELLAR sind die einzigen Erzeuger.

Cederberg Private Cellar Cederberg, Elim r (rs) w; (sch) ★★→★★★ Der Familie Nieuwoudt gehören mit die höchten (CEDERBERG) und am weitesten südlich gelegenen (ELIM) Weinberge Südafrikas. Elegante Intensität mit SHIRAZ, CABERNET SAUVIGNON, SAUVIGNON BLANC, SÉMILLON, CHENIN BLANC, der seltenen Bukettraube und PINOT NOIR unter den Etiketten Five Generations (Spitzenreihe), Ghost Corner und Cederberg.

Central Orange River Eigenständiger »Mega-WARD« (ca. 11.000 ha) in der GEOGRAPHICAL UNIT Northern Cape. Heiß, trocken, bewässerungsbedürftig; hauptsächlich Weiße und gespritete Weine. Der größte Erzeugerbetrieb ist Orange River Cellars.

Chamonix Siehe CAPE CHAMONIX WINE FARM.

Coastal Große REGION (ca. 30.000 ha), die die küstennahen DISTRICTS CAPE PENINSULA, DARLING, Tygerberg, STELLENBOSCH und SWARTLAND umfasst, seltsamerweise aber auch die landeinwärts gelegenen Districts FRANSCHHOEK, PAARL, TULBAGH und WELLINGTON.

Colmant Cap Classique & Champagne W-Cape sch ★★★ Spannender Schaumweinspezialist in FRANSCHHOEK. Brut Reserve, Brut Rosé, Brut CHARDONNAY und der neuere Sec Reserve: alle nach der MÉTHODE CAP CLASSIQUE bereitet, ohne Jahrgangsangabe, preiswert und exzellent.

Constantia Kühler, landschaftlicher schöner WARD am Constantiaberg. Das ursprüngliche Anbaugebiet Südafrikas für feine Weine wurde in den letzten Jahren von GROOT und KLEIN CONSTANTIA, Beau Constantia, BUITENVERWACHTING, Constantia Glen, CONSTANTIA UITSIG, Eagles' Nest STEENBERG, Silvermist und anderen wieder zum Leben erweckt.

Constantia Uitsig Con r w br; sch ★★→★★★ Erstklassige Weinberge mit neuen, sehr ehrgeizigen Eigentümern. Besuchereinrichtungen und eine Kellerei sind in Planung (vinifiziert wurde bisher beim Nachbarn STEENBERG). Hauptsächlich Weiße und MÉTHODE-CAP-CLASSIQUE-Schaumweine, durchweg sorgfältig bereitet.

Creation Wines Walker Bay r w ★★→★★★ Erzeugerbetrieb in Familienbesitz mit eleganten, modernen Weinen, v. a. von Bordeaux-, Rhône- und burgundischen Sorten (sortenrein und im Verschnitt). Das abwechslungsreiche Angebot für Besucher lohnt eine Reise dorthin.

Crystallum W-Cape r w ★★★ Der auf Burgundertrauben spezialisierte Peter-Allan Finlayson bereitet hier ein erstklassiges Quartett von PINOT-NOIR- und zwei CHARDONNAY-Weinen aus Trauben von kühlen Lagen in HEMEL-EN-AARDE und Overberg. Außerdem duftender SHIRAZ/MOURVÈDRE unter der Marke Paradismus.

Dalla Cia Wine & Spirit Company W-Cape r w ★★→★★★ Familienpatriarch Giorgio Dalla Cia erzeugt CABERNET SAUVIGNON, PINOT NOIR, den roten Bordeaux-Verschnitt Giorgio, CHARDONNAY, SAUVIGNON BLANC und den teuren neuen »Supertoskaner« Teano. Außerdem berät er ausgewählte Klienten wie 4G Wines (STELLENBOSCH).

Danie de Wet Siehe DE WETSHOF.

Darling DISTRICT rund um die gleichnamige Stadt an der Westküste, dessen beste Lagen sich in dem hügeligen WARD Groenekloof befinden. Cloof, Darling Cellars, Groote Post, Ormonde und Lanner Hill füllen selbst ab; ein Großteil des übrigen Leseguts fließt in Fremdmarken.

David & Nadia Sadie Swart r w ★★★→★★★★ Das Ehepaar David und Nadia Sadie folgt den Prinzipen natürlicher Weinbereitung der Gruppe Swartland Independent und erzeugt die außergewöhnlichen Verschnitte Elpidios und Aristargos im Rhône-Stil sowie sortenreinen Grenache noir und CHENIN BLANC, zum Großteil von alten Reben.

De Krans W-Cape r (rs) w br; (s) ★★★→★★★ Der Betrieb der Familie Nel in CALITZDORP ist bekannt für Weine im Port-Stil, v. a. Vintage Reserve (**01 02 03' 04' 05' 06'** 07 08' 09' 10' 11' 12' 13) und gespritete MUSCAT-Weine. Interessiert sich immer mehr für ungespritete Weine von Port-Trauben, verschnitten und solo.

Delaire Graff Sunrise: So heißt ein über 118 Karat schwerer gelber Diamant, viel prosaischer aber auch ein Schaumwein auf Chenin-blanc-Basis.

Delaire Graff Estate W-Cape r (rs) w (br); (s); (sch) ★★→★★★★ Hoch gelegene Weinberge, dazu eine Kellerei und ein Luxusresort im Besitz des Diamantenhändlers Laurence Graff nahe STELLENBOSCH. Zum vielfältigen Angebot gehört nun auch ein trendiger Schaumwein MÉTHODE CAP CLASSIQUE auf CHENIN-BLANC-Basis.

Delheim Wines Coast r (rs) w; (lbl) s ★★→★★★ Ökologisch ausgerichteter Familienbetrieb in den Ausläufern des Simonsbergs nahe STELLENBOSCH. Vera Cruz SHIRAZ und neuer PINOTAGE; CABERNET SAUVIGNON Grand Reserve mit Kellerpotenzial (**00 01 03 04' 05 06**07' **08** 09 13) sowie funkelnder edelfauler RIESLING Edelspatz.

DeMorgenzon W-Cape r (rs) w; (sch) ★★→★★★★ Hylton und Wendy Appelbaums Weingut ist nicht das, was man sich unter einem Durchschnittsbetrieb in STELLENBOSCH vorstellt – so beschallen sie etwa ihre Reben rund um die Uhr mit Barockmusik. Der Fokus liegt auf Sorten und Verschnitten im Bordeaux- und Rhône-Stil sowie CHARDONNAY und CHENIN BLANC (inkl. neuer Schaumwein MÉTHODE CAP CLASSIQUE). Kellermeister Carl van der Merwe leistet hier ganze Arbeit.

De Toren Private Cellar Stel ★★→★★★★ Stets aromatischer roter Bordeaux-Verschnitt Fusion V (**02 03' 04 05' 06'** 07 **08** 09' 10 11 12 13) und der auf MERLOT basierende, früher trinkreife Verschnitt »Z« sowie der leichtere rote La Jeunesse Délicate. Die neueren, in limitierte Menge herausgegebenen Weine Book XVII (roter Bordeaux-Veschnitt) und Black Lion (SHIRAZ) gehören zu den teuersten Südafrikas.

De Trafford Wines Stel r w; s ★★→★★★★ Die Boutiquekellerei von David Trafford hat Erfolgsgeschichte geschrieben mit mächtigen und doch harmonischen Weinen: Bordeaux/SHIRAZ-Verschnitt Elevation 393 (**01 03'** 04 05 06 07 **08** 09 10 11), CABERNET SAUVIGNON (**01 03' 04 05 06** 07 **08** 09 10 11 12), Shiraz und Strohwein von CHENIN BLANC. Charakter zeigen die Sijnn-Weine (rot, weiß, rosé) aus dem maritimen WARD Malgas, die jetzt auch dort vinifiziert werden

De Wetshof Estate Rob r w; s; sch ★→★★★ Der bekannte CHARDONNAY-Pionier erzeugt neun Versionen: mit und ohne Eiche, sortenrein und im Verschnitt, still und schäumend in den Reihen De Wetshof, Danie de Wet und Limelight.

DGB W-Cape – Etablierter Erzeuger und Großhändler mit Sitz in Wellington; zu den hauseigenen Marken gehören BELLINGHAM, BOSCHENDAL, Brampton und Douglas Green.

Diemersdal Estate W-Cape r (rs) w ★★→★★★ Das Familiengut wird jetzt von der jüngeren Generation geführt, die sich v. a. mit SAUVIGNON BLANC, roten Verschnitten, PINOTAGE, CHARDONNAY und dem ersten kommerziell erzeugten GRÜNEN VELTLINER Südafrikas hervortut. Wachsender Beliebtheit erfreut sich die Marke Sauvignon.com mit gleichnamiger Website. Beteiligung am Westküsten-Joint-Venture Sir Lambert.

Diemersfontein Wines Wellington r w ★★→★★★ Familiengut mit Restaurant und Gästehaus, v.a. bekannt für seine kraftstrotzenden Weine in der Reihe Carpe Diem: MALBEC, CHENIN BLANC und VIOGNIER. Der Diemersfontein PINOTAGE mit seiner Espressonote hat den viel kopierten »Kaffeestil« hervorgebracht. Die BLACK-ECONOMIC-EMPOWERMENT-Marke heißt Thokozani.

Distell W-Cape – Das größte Getränkeunternehmen Südafrikas mit Sitz in STELLENBOSCH nennt unzählige Marken in allen Stilen und Qualitätsstufen sein Eigen. Ist auch an den BLACK-ECONOMIC-EMPOWERMENT-Marken Earthbound, DURBANVILLE HILLS, dem CAPE-AGULHAS-Weingut Lomond und über die Firma Lusan Premium Wine an vielen Spitzenkellereien von Stellenbosch beteiligt.

District Siehe GEOGRAPHICAL UNIT.

Durbanville Der kühle, hügelige WARD in der Nähe von Kapstadt ist für pikanten SAUVIGNON BLANC und MERLOT bekannt. Heimat von DURBANVILLE HILLS und vieler Familienbetriebe sowie einer wachsenden Zahl von »Garagenwein«-Erzeugern.

Durbanville Hills Durbanville r (rs) w; (s) ★→★★★ Erzeugerbetrieb im kühleren Küstengebiet mit Restaurant und Verkostungsraum; Eigentümer sind DISTELL, örtliche Winzer und ein Mitarbeiter-Trust. Am besten sind die Reihen Vineyard Selection und Rhinofields.

Edgebaston W-Cape r w ★★→★★★ Kellerei der (von GLEN CARLOU bekannten) Familie Finlayson in der Nähe von STELLENBOSCH mit sehr gutem CABERNET SAUVIGNON GS (05' 06 07 08 10 11 12 13), PINOT NOIR, SHIRAZ und CHARDONNAY, außerdem erstklassige, jung zu trinkende Weine sowie die hübsch präsentierte neue Reihe Camino Africana (von alten Reben).

Eikendal Vineyards W-Cape r w ★→★★★ Etablierter Betrieb in der Nähe von STELLENBOSCH in Schweizer Hand. Hat durch Kellermeister und Winzer Nico Grobler neuen Schwung bekommen. Die traditionellen Weine des Guts (roter Bordeaux-Verschnitt Classique, MERLOT, CHARDONNAY) haben zu ihrer einstigen Stärke zurückgefunden, neue Wege werden u.a. mit dem mehrsortigen roten Charisma eingeschlagen.

Elgin Kühlklimatischer DISTRICT der REGION CAPE SOUTH COAST, erntet Anerkennung für seine Weine von SAUVIGNON BLANC, CHARDONNAY, PINOT NOIR, MERLOT und Bordeaux-Verschnitte. Vorwiegend Boutiquekellereien in Familienbesitz, u.a. der Bioweinerzeuger Elgin Ridge, der hervorragende Richard Kershaw und das aufstrebende Gut Spioenkop.

Elim Von Meerwinden gekühlter WARD im südlichsten DISTRICT Südafrikas, Cape Agulhas, mit aromatischem SAUVIGNON BLANC, weißen Verschnitten und SHIRAZ. Liefert auch Trauben an große Erzeuger wie FLAGSTONE und CEDERBERG.

Ernie Els Wines W-Cape r (rs) (w) ★★→★★★★ Weinbaubetrieb in STELLENBOSCH des südafrikanischen Golfstars Ernie Els. Paradepferd ist der superteure rote Ernie Els Signature im Bordeaux-Stil (01 02' 03 04' 05 06 07' 08 09' 10 11 12 13). Früher trinkreife Weine in der Reihe Big Easy.

Estate Wine Amtliche Bezeichnung für Weine, die auf »für die Produktion von Estate Wine registrierten geografischen Einheiten« angebaut, bereitet und abgefüllt sein müssen. Keine Qualitätsbezeichnung.

Fable Mountain Vineyards W-Cape, Tulbagh r w ★★★→★★★★ Biologisch-dynamisch arbeitender Erzeuger in TULBAGH, Ableger von MULDERBOSCH, im Besitz der kalifornischen Terroir Capital. Überragender SHIRAZ (sortenrein und verschnitten) sowie strukturierter weißer Verschnitt Jackal Bird.

Fairtrade Das internationale Fairtrade-Netzwerk, das sich für nachhaltige Entwicklung und ein faires Einkommen der Erzeuger einsetzt, gewinnt in Südafrika immer mehr Anhänger, darunter große Firmen wie Origin, Stellar, Van Loveren.

Fairview Coast r (rs) w; (lbl) (s) ★→★★★★ Der dynamische und innovative Eigentümer Charles Back produziert eine bunte Mischung an preiswerten sortenreinen, verschnittenen, Einzellagen- und terroirspezifischen Weinen, u. a. Fairview, Spice Route, Goats do Roam, La Capra und Leeuwenjacht. Besitzt auch Anteile an Six Hats (FAIRTRADE) und Land's End.

FirstCape Vineyards W-Cape r rs w; sch; BV – Insgesamt die meistverkaufte südafrikanische Weinmarke in Großbritannien. Joint Venture von fünf örtlichen Genossenschaften und dem britischen Weinhandelsunternehmen Brand Phoenix mit Weinen auf Einstiegsniveau in über einem Dutzend Reihen, darunter einige mit Trauben von außerhalb Südafrikas.

Flagstone Winery W-Cape r w (br) ★→★★★ Premiumkellerei in Somerset West im Besitz (über Accolade Wines) der australischen CHAMP Private Equity. Ist mit den Marken Fish Hoek (mittleres Niveau) und KUMALA (Einstiegsniveau) verschwistert. Am besten: die Reihen Flagstone und Time Manner Place.

Fleur du Cap W-Cape r w; s ★→★★★ Spitzenmarke von DISTELL, u. a. die sehr gute Reihe Unfiltered Collection sowie edelfauler Chenin blanc und roter Bordeaux-Verschnitt Laszlo aus der Bergkelder Selection, beide immer großartig.

Franschhoek Valley Von französischen Hugenotten begründeter hochklassiger DISTRICT in der COASTAL REGION, bestockt vorwiegend mit CABERNET SAUVIGNON, CHARDONNAY, SAUVIGNON BLANC und SHIRAZ. Charaktervolle Angebote haben u. a. Allée Bleue, Black Elephant, GlenWood, Holden Manz, Maison, Môreson.

Geographical Unit (GU) Geografisch größter Bereich innerhalb des WINE-OF-ORIGIN-Klassifikationssystems. Derzeit gibt es fünf GUs: Eastern, Northern und Western Cape, KwaZulu-Natal und Limpopo. Die anderen Bezeichnungen lauten (in absteigender Größe des Gebiets): Region, District und Ward.

Glen Carlou Coast r w; (s); (sch) ★→★★★ Spitzenkellerei mit eigenen Lagen, Kunstgalerie und Restaurant nahe PAARL; im Besitz von Donald Hess. Feiner roter Bordeaux-Verschnitt Grand Classique und CHARDONNAY, auch ein paar TANNAT-Abfüllungen.

Glenelly Estate Stel r w ★★→★★★ Die Weinberge und die Kellerei gehören der einstigen Besitzerin des Bordeaux-Châteaus Pichon Lalande, May-Eliane de Lencquesaing. Eindrucksvolle Flaggschiffgewächse: Lady May (v. a. CABERNET SAUVIGNON) sowie das Duo Grand Vin (Bordeaux/SHIRAZ und CHARDONNAY). Die Glass Collection ist früher trinkreif.

Graham Beck Wines W-Cape r (rs) w; (s); sch ★→★★★ Erstklassiger Erzeuger mit mehr als 25 Weinen, darunter ausgezeichnete Schaumweine sowie sortenreine und verschnittene Rote und Weiße, allen voran die herrliche Cuvée Clive (MÉTHODE CAP CLASSIQUE), der CABERNET SAUVIGNON/SHIRAZ Ad Honorem und der SAUVIGNON BLANC Pheasants' Run.

Grangehurst Stel r rs ★★→★★★ Kleiner, auf Rotwein und Rosé spezialisierter erstklassiger Betrieb mit sehr gutem CAPE BLEND Nikela (98 99 00 01 02 03' 05 06 07 08) und PINOTAGE (97 98 99 01 02 03' 05 06 07 08).

Groot Constantia Estate Con r (rs) w (br); s; (sch) ★★→★★★ Historisches Gut und Touristenmekka in Südafrikas ursprünglicher Qualitätsweinregion – mit entsprechend ernsthaften Gewächsen wie z. B. dem Grand Constance, der die Tradition der MUSCAT-Dessertweine von Weltklasseformat aufrechterhält.

Guardian Peak Siehe RUST EN VREDE ESTATE.

Hamilton Russell Vineyards Hem V. r w ★★→★★★★ Pionier des kühlklimatischen Weinbaus und beständiger Burgunderspezialist in Hermanus, der sich jetzt für biologisch-dynamischen Anbau interessiert. Eleganter PINOT NOIR (01' 03' 04 05 06 07 08 09' 10 11 12') und außergewöhnlicher Chardonnay. Unter den Etiketten Southern Right und Ashbourne auch ausgezeichneter SAUVIGNON BLANC, PINOTAGE und Weißweinverschnitte.

Hartenberg Estate Stel r w ★★→★★★★ Zuverlässiger Spitzenerzeuger mit herausragendem SHIRAZ-Quintett. Extrovertierter The Stork von einer Einzellage (03 04' 05' 06 07 08 09' 10 11), saftiger Gravel Hill, stets ernst zu nehmender Shiraz (01 02 03 04' 05 06 07 08 09 10 11) und neu auf Einsteigerniveau der Doorkeeper. Außerdem feiner MERLOT, CHARDONNAY und RIESLING.

Haskell Vineyards Stel r w; (s) ★★★ Die Weinberge und die Kellerei nahe STELLENBOSCH sind in amerikanischem Besitz; begeisterte Kritiken gibt es für die beiden SYRAH-Weine Pillars und Aeon, die roten Verschnitte und den CHARDONNAY. Die Schwestermarke Dombeya wird immer besser.

Hemel-en-Aarde Trio von kühlklimatischen WARDS (Hemel-en-Aarde Valley, Upper Hemel-en-Aarde Valley, Hemel-en-Aarde Ridge) im DISTRICT WALKER BAY, die einige ausgezeichnete Weine von PINOT NOIR, CHARDONNAY und SAUVIGNON BLANC hervorbringen. Spitzenerzeuger: ALHEIT, ATARAXIA, BOUCHARD FINLAYSON, CREATION, CRYSTALLUM, HAMILTON RUSSELL, NEWTON JOHNSON.

Hermanuspietersfontein Wynkelder W-Cape r (rs) w ★★→★★★ Führender Spezialist für SAUVIGNON BLANC und rote Bordeaux-Verschnitte, der die faktischen und historischen Verbindungen zum Seebad Hermanus kreativ vermarktet.

Iona Vineyards Elgin r (rs) w ★→★★★ Pionierbetrieb in ELGIN, teilweise im Besitz der Belegschaft. Die hohen Lagen werden derzeit auf biologisch-dynamischen Anbau umgestellt. Gefeierter CHARDONNAY und SAUVIGNON BLANC. Neueren Datums sind Rotweine im Bordeaux/Rhône-Stil und ein PINOT NOIR. Für Einstiegsweine stehen die Marken Sophie und Mr P.

J. C. le Roux, The House of W-Cape sch ★★ Südafrikas größter auf Schaumwein spezialisierter Erzeuger in Stellenbosch, im Besitz von DISTELL. Die besten Etiketten sind PINOT NOIR, Scintilla (CHARDONNAY/Pinot noir) und Brut (oJ) – alle MÉTHODE CAP CLASSIQUE.

Jean Daneel Wines W-Cape r w (br); (sch) ★★→★★★ Familienbetrieb in Napier. Hervorragend ist die Reihe Signature, v.a. der Red (Bordeaux/SHIRAZ, CHENIN BLANC und der neue SAUVIGNON BLANC. Weine der jungen heimischen Lagen unter dem Etikett Le Grand Jardin.

Jordan Wine Estate W-Cape r (rs) w; (s) ★★→★★★★ Die Familienkellerei nahe Stellenbosch bietet Beständigkeit, Qualität und ein gutes Preis-Leistungs-Verhältnis, von den Reihen Bradgate und Chameleon auf Einstiegsniveau bis hin zu makellosen Abfüllungen, die auf den Auktionen der CAPE WINEMAKERS GUILD versteigert werden. Aushängeschild ist der CHARDONNAY Nine Yards; außerdem gibt es den Bordeaux-Verschnitt Cobblers Hill (00 01 03 04' 05' 06 07 08 09 10 11 12) sowie CABERNET SAUVIGNON, MERLOT, SAUVIGNON BLANC (mit und ohne Eiche) und den edelfaulen RIESLING-Dessertwein Mellifera.

Kaapzicht Wine Estate Stel r w (br); (s) ★★→★★★ Familienbetrieb mit international anerkannter Spitzenreihe Steytler: CAPE BLEND Vision (01' 02' 03' 04 05' 06 07 08 10 12), PINOTAGE und roter Bordeaux-Verschnitt Pentagon. Großartiger neuer CHENIN BLANC The 1947 von alten Reben unter dem Etikett Kaapzicht.

Kanonkop Estate Stel r (rs) ★★→★★★★ Großes regionales Renommee seit drei Jahrzehnten, v. a. mit PINOTAGE (**01 02 03' 04 05 06** 07 **08** 09' 10' 11 12 13), dem Bordeaux-Verschnitt Paul Sauer (**01 02 03 04' 05 06'** 07 **08** 09 10 11 12) und CABERNET SAUVIGNON. Das Zweitetikett heißt Kadette (Rotwein, trockener Rosé und neuerdings Pinotage).

Ken Forrester Wines W-Cape r (rs) w; (lbl) s ★→★★★ Gemeinschaftsprojekt des Weinhändlers und Gastronomen Ken Forrester und des Winzers Martin MEINERT in STELLENBOSCH mit dem Ziel, für die Rotweine im mediterranen Stil ebenso viel internationale Anerkennung zu erlangen wie für den CHENIN BLANC (trocken, halbtrocken, edelfaul). Ungemein süffige und preiswerte Weine bietet die Reihe Petit.

Klein Constantia Estate W-Cape r (rs) w; s; sch ★★→★★★★ Historisches Gut mit Kultstatus, wiederbelebt durch ausländische Eigentümer. Der (nicht edelfaule) Vin de Constance zum Einkellern (**00' 01 02' 04 05 06' 07'** 08 09) ist eine überzeugende Wiedergeburt des legendären Constantia-MUSCAT-Dessertweins aus dem 18. Jh. Außerdem feiner Estate Red, neuer Metis SAUVIGNON BLANC (zusammen mit Pascal Jolivet von der Loire), MÉTHODE-CAP-CLASSIQUE-Schaumwein und die früher trinkreife Reihe KC, die jetzt auch einen PINOT NOIR beinhaltet. Das Geschwistergut ist ANWILKA in STELLENBOSCH.

Kleine Zalze Wines W-Cape r (rs) w; (sch) ★→★★★ Starerzeuger in STELLENBOSCH mit brillantem CABERNET SAUVIGNON, SHIRAZ, CHENIN BLANC und SAUVIGNON BLANC unter den Etiketten Family Reserve und Vineyard Selection. Sehr leckere und erschwingliche Weine bieten die Reihen Cellar Selection, Foot of Africa und Zalze.

Klein Karoo Die großteils halbwüstenartige REGION ist bekannt für gespritete Weine, v. a. im Port-Stil, im DISTRICT CALITZDORP. Guter PINOT NOIR, SHIRAZ und SAUVIGNON BLANC aus den höher gelegenen WARDS Outeniqua, Tradouw, Tradouw Highlands und Upper Langkloof.

Krone, The House of W-Cape (w); sch ★★→★★★ Elegante, klassische Schaumweine nach der MÉTHODE CAP CLASSIQUE, u. a. der neue halbsüße Night Nectar, der im wiederbelebten Gut Twee Jonge Gezellen in TULBAGH bereitet wird. Auch nicht schäumender PINOT NOIR/CHARDONNAY.

Kumala W-Cape r (rs) w; (lbl) ★ BV – Die sehr erfolgreiche Exportmarke auf Einstiegsniveau gehört wie ihre Geschwister FLAGSTONE (Premiumgewächse) und Fish Hoek (mittleres Niveau) zu der in Sydney ansässigen CHAMP Private Equity.

KwaZulu-Natal Provinz und GEOGRAPHICAL UNIT an der Ostküste des Landes mit Regen im Sommer und subtropischem oder tropischem Klima in den Küstengebieten. Auf dem kühleren, hügeligen zentralen Midlands-Plateau ist eine Qualitätsweinproduktion im Entstehen; führender Erzeuger ist Abdington Estate.

KWV W-Cape r (rs) w (br); (s); sch ★→★★★ Die ehemalige nationale Winzergenossenschaft und Aufsichtsbehörde ist heute eine teilweise im Besitz von schwarzen Südafrikanern befindliche börsennotierte Gesellschaft mit Sitz in PAARL. Umfangreiches Angebot an Rot-, Weiß- und Schaumweinen, Weinen im Port-Stil sowie gespriteten Dessertweinen in den Reihen Mentors, Cathedral Cellar, KWV Reserve, Laborie und Roodeberg. Bonne Esperance, Café Culture (»Kaffee«-PINOTAGE, still und schäumend) und Pearly Bay sind süffige Weine, die auf den Massengeschmack zielen.

Lamberts Bay 22 ha großer WARD an der Westküste, nah am Atlantik gelegen. Prägnanter SAUVIGNON BLANC und pfeffriger SHIRAZ von Sir Lambert, einem lokalen Gemeinschaftsprojekt mit DIEMERSDAL.

Lammershoek Winery Swart r (rs) w ★★→★★★ Ökologisch angebaute und traditionell bereitete Verschnitte im Rhône-Stil und CHENIN BLANC, die die

Großzügigkeit und Gaumenfreude von SWARTLAND-Weinen modellhaft verkörpern. Das LAM-Quartett von jüngeren Reben ist ganz hervorragend.

MCC Siehe MÉTHODE CAP CLASSIQUE.

Meerlust Estate Stel r w ★★★★ Renommierte Weinberge und Kellerei in Familienbesitz. Eleganz und Zurückhaltung prägen das Aushängeschild Rubicon (**99 00 01' 03' 04 05 06** 07' **08** 09' 10), einen der ersten Bordeaux-Verschnitte Südafrikas. Auch hervorragender MERLOT, CABERNET SAUVIGNON, CHARDONNAY und PINOT NOIR.

Meinert Wines Elgin, Stel r (rs) w ★→★★★ Der bedächtige Erzeuger und Berater/Mitwirkende Martin Meinert ist v. a. für den feinen CAPE BLEND Synchronicity bekannt. Neuer ELGIN PINOT NOIR in der Reihe Family Collection.

Méthode Cap Classique (MCC) EU-kompatible Bezeichnung für Schaumweine mit Flaschengärung, eine der größten Erfolgsgeschichten Südafrikas. Inzwischen gibt es 200 Etiketten, Tendenz steigend. Der allgemeine Wiederaufstieg des CHENIN BLANC hat einen Miniboom von Schaumweinen im Crémant-de-Loire-Stil hervorgebracht. Empfehlenswerte Erzeuger: KEN FORRESTER, DELAIRE GRAFF, DEMORGENZON, Old Vines Cellars.

Morgenster Estate Stel r (rs) w ★★→★★★ Erstklassiger Betrieb mit Wein- und Olivenanbau nahe Somerset West, in italienischem Besitz; Pierre Lurton (vom Bordeaux-Château Cheval Blanc) berät. Traditioneller Morgenster (**00 01 03 04 05' 06' 08** 09 10 11), Zweitetikett ist Lourens River Valley (beides Rote im Bordeaux-Stil), außerdem ein neuerer weißer Verschnitt im Bordeaux-Stil. Die Italian Collection umfasst Verschnitte von SANGIOVESE und NEBBIOLO. Neuere Weine von jungen Reben in der Reihe NU Series 1.

Motte, La W-Cape r w; (s); (sch) ★★★ Vorzeigekellerei mit Verkostungsraum der Familie Koegelenberg-Rupert in FRANSCHHOEK. Bioweinbau bringt Sorten und Verschnitte im klassischen Bordeaux- und Rhône-Stil hervor, dazu CHARDONNAY, SAUVIGNON BLANC und Schaumwein nach der MÉTHODE CAP CLASSIQUE.

Mulderbosch Vineyards W-Cape r rs w; (s) ★★→★★★ Kellerei in STELLENBOSCH, im Besitz der kalifornischen Investmentgesellschaft Terroir Capital. Wiedererwachtes Interesse an CHENIN BLANC, dazu trockener sowie edelsüßer SAUVIGNON BLANC, CHARDONNAY und saftiger CABERNET SAUVIGNON Rosé. Co-Eigner Charles Banks, Kellermeister Adam Mason und der renommierte Koch Peter Tempelhoff arbeiten für die eigenständige Marke Yardstick zusammen, die gute Essensbegleiter hervorbringt.

Mullineux & Leeu Family Wines Swart r w; s ★★★→★★★★ Das gefeierte Erzeugerehepaar Chris und Andrea Mullineux ist auf schöne, sorgfältig bereitete (rote und weiße) Verschnitte im Rhône-Stil, SYRAH und Chenin blanc spezialisiert. Vor Kurzem wurde der indische Geschäftsmann Analjit Singh als Investor gewonnen. Neue Abfüllung von extrem seltenem Sémillon gris für die Auktion der CAPE WINEMAKERS GUILD.

Mvemve Raats Stel r ★★★ Mzokhona Mvemve, Südafrikas erster schwarzer Kellermeister mit Universitätsabschluss, und Bruwer Raats (siehe RAATS FAMILY WINES) erzeugen den gefeierten roten Bordeaux-Verschnitt MR De Compostella.

Nederburg Wines W-Cape r (rs) w; lbl s; (sch) ★→★★★★ Eine der größten (2,8 Mio. Kisten) und bekanntesten Marken Südafrikas, im Besitz von DISTELL und mit Sitz in PAARL. Außergewöhnlicher Ingenuity Italian Blend (**05 06** 07' **08** 09 10 11) und White Blend, ausgezeichnete Reihen Manor House, Heritage Heroes und II Centuries. Daneben preiswerte Still- und Schaumweine für den Alltagsgebrauch. In kleinen Mengen werden die für die jährlich stattfindende Nederburg Auction vorgesehenen Weine der Reihe Private Bin erzeugt, darunter der edelfaule CHENIN BLANC Edelkeur (02 03' 04' 05 06 07' 08 09' 10' 11 12' 13).

Neil Ellis Wines W-Cape r w ★★→★★★★ Der altgediente, in Stellenbosch ansässige Kellermeister Neil Ellis und sein Sohn Warren, Winzer und Weinmacher, verarbeiten ausgesuchte Trauben aus kühleren Parzellen, um ihren Weinen die spezifische Lagencharakteristik mitzugeben: erstklassiger CABERNET SAUVIGNON Vineyard Selection (99 00' 01 03 04' 05 06 07 09 10' 11), roter Verschnitt Rodanos im Rhône-Stil und sensationeller Grenache noir von alten Reben.

Platteland Pop

Die anhaltende Faszination in Südafrika für traditionelle Rebsorten und Techniken hat eine kleine, aber wachsende Zahl von Kellereien hervorgebracht, die Schaumwein im Stil der *méthode ancestrale/rurale* erzeugen (die natürliche Gärung wird im Tank eingeleitet und in der Flasche vollendet). Erste Exemplare von Erzeugern wie A. A. BADENHORST (Verschnitt von MUSCAT/CHENIN BLANC/VERDELHO), Scali (Chenin blanc) und Vondeling (CHARDONNAY) sind vielversprechend, stellen Sie sich also auf mehr davon ein – und auf eine Explosion von Experimenten.

Newton Johnson Vineyards Cape South Coast r (rs) w ★→★★★★ Renommierte Kellerei mit Restaurant im malerischen Upper HEMEL-EN-AARDE Valley. Herausragender Pinot noir, Chardonnay, SAUVIGNON BLANC und rote Verschnitte im Rhône-Stil von eigenem und zugekauftem Lesegut. Hübscher edelfauler CHENIN BLANC L'illa. Einstiegsreihe Felicité.

Olifants River REGION an der Westküste (10.000 ha), deren Weinberge über warme, trockene Talböden verteilt sind und sich für den ökologischen Anbau eignen. Außerdem kühlere Lagen für feine Weine im gebirgigen WARD Piekenierskloof sowie, näher am Atlantik, in BAMBOES BAY und Koekenaap.

Outeniqua Siehe KLEIN KAROO.

Paarl Stadt und abgegrenzter DISTRICT, gut 50 km nordöstlich von Kapstadt. Unterschiedliche Weinstile und Philosophien; am besten geraten Weine von roten und weißen Rebsorten aus dem Mittelmeerraum sowie CABERNET SAUVIGNON und PINOTAGE. Etablierte und gewichtige Erzeuger sind u. a. KWV, FAIRVIEW, NEDERBURG und VILAFONTÉ; im Aufschwung befinden sich Babylonstoren, Painted Wolf und Vondeling.

Paul Cluver Estate Wines Elgin r w; lbl s ★★→★★★★ Das Gut im Besitz der Familie Cluver hält das Niveau in ELGIN hoch. Überzeugender PINOT NOIR, eleganter CHARDONNAY sowie stets fantastischer Gewürztraminer und umwerfender RIESLING (edelfaul: 03' 04 05' 06' 07 08' 09 10 11' 12, außerdem zwei trockenere Versionen).

Raats Family Wines Coast r w ★★→★★★ CABERNET FRANC, reinfruchtiger CHENIN BLANC (mit und ohne Eichenholznote) und neuerer Bordeaux-Verschnitt Red Jasper – alle erzeugt von Bruwer Raats in STELLENBOSCH, der auch Partner des Boutiquebetriebs MVEMVE RAATS ist.

Region Siehe GEOGRAPHICAL UNIT.

Reyneke Wines W-Cape r w ★★→★★★ Führender ökologisch und biologisch-dynamisch arbeitender Erzeuger nahe Stellenbosch mit dem bekannten Twitter-Handle »Vine Hugger«. Glänzender Reserve Red (SHIRAZ), CHENIN BLANC und Reserve White (SAUVIGNON BLANC).

Südafrika

Riche Wines, Le Stel r (w) ★★★ Der angesehene Kellermeister Etienne Le Riche und seine Familie bereiten in der Boutiquekellerei feine Weine auf der Basis von CABERNET SAUVIGNON sowie eleganten CHARDONNAY.

Rijk's Coast r w ★★→★★★ Pionierkellerei in TULBAGH mit den Etiketten Reserve, Private Cellar und Touch of Oak, fokussiert auf SHIRAZ, PINOTAGE und CHENIN BLANC, sortenrein und verschnitten.

Robertson Valley Im Landesinneren gelegener DISTRICT (ca. 14.000 ha) mit geringen Niederschlägen, Kalksteinboden und günstigem Klima für ökologischen Weinbau. Schon immer guter CHARDONNAY und Dessertweine (v. a. MUSCAT), neuerdings auch SAUVIGNON BLANC, SHIRAZ und CABERNET SAUVIGNON. Die wichtigsten Kellereien sind BON COURAGE, DE WETSHOF, GRAHAM BECK, ROBERTSON WINERY, Rooiberg, SPRINGFIELD; auch viele Familienbetriebe, u. a. Vierkoppen, ein neuer Betrieb in britischem Besitz.

Robertson Winery Rob r (rs) w (br); lbl s; (sch) ★→★★ Kellerei mit durchweg beständiger Qualität und gutem Preis-Leistungs-Verhältnis in ihrem umfangreichen Angebot. Am besten ist der SHIRAZ No. 1 Constitution Road, sehr gut auch die Reihe Vineyard Selection.

Plettenberg Bay: sich ausdehnendes Weinbaugebiet, aber auch Ort der größten High-School-Abschlussfeier Südafrikas.

Rupert & Rothschild Vignerons W-Cape r w ★★★ Spitzenlagen und Kellerei bei PAARL im Besitz der Familie Rupert und Baron Benjamin de Rothschild. Stets beeindruckender roter Bordeaux-Verschnitt Baron Edmond (**98 00 01 03' 04 05 07 08** 09 10' 11 12) und anmutiger CHARDONNAY Baroness Nadine.

Rustenberg Wines W-Cape r w; (s) ★→★★★★ Berühmter Familienbetrieb bei STELLENBOSCH. Flaggschiff ist der CABERNET SAUVIGNON Peter Barlow (**99' 01' 03 04 05 06** 07 08 09 10 11 12). Dazu herausragender Bordeaux-Verschnitt John X. Merriman, schmackhafter SYRAH, Einzellagen-CHARDONNAY Five Soldiers und seltener reinsortiger ROUSSANNE.

Rust en Vrede Estate Stel r w; s ★★→★★★★ Besitzer Jean Engelbrecht erzeugt kraftvolle, hochpreisige Weine, u. a. rote Sortenweine und Verschnitte der Marke Rust en Vrede. Cirrus SYRAH ist ein Gemeinschaftsunternehmen mit Silver Oaks aus Kalifornien, STELLENBOSCH Reserve eine Hommage an die Stadt Stellenbosch und ihre Bewohner. Außerdem Donkiesbaai CHENIN BLANC (trocken und als *vin de paille*) und PINOT NOIR sowie sehr gute Weine unter dem Etikett Guardian Peak.

Sadie Family Wines Stel, Swart, Olifants River r w ★★★→★★★★★ Der ökologisch angebaute und traditionell bereitete SHIRAZ/MOURVÈDRE Columella (**01 02' 03 04 05' 06** 07' 08 09' 10' 11 12 13) setzt Maßstäbe in Südafrika. Außerdem komplexer, verführerischer Weißweinverschnitt Palladius und die bahnbrechende Reihe Old Vines, die das südafrikanische Weinerbe feiert. Der hoch angesehene Eben Sadie erzeugt in Zusammenarbeit mit Cornel Spies, seines Zeichens Cape Wine Master, auch den roten und weißen Sequillo.

Saronsberg Cellar W-Cape r (rs) w; (s); (sch) ★→★★★ Mit Kunst geschmückte Sehenswürdigkeit in TULBAGH; das Gut erzeugt preisgekrönte rote Bordeaux-Verschnitte, sortenreine und Verschnittweine von weißen und roten Rhône-Trauben sowie neuerdings Schaumwein nach der MÉTHODE CAP CLASSIQUE unter den Namen Saronsberg und Provenance.

Saxenburg Wine Farm Stel r (rs) w; (sch) ★★→★★★ Weinberge, Kellerei und Restaurant in Schweizer Besitz. Rotweine mit harmonischer Eichennote, SAUVIGNON BLANC und CHARDONNAY in der hochklassigen Private Collection. Neuer SHIRAZ-Zechwein Drunken Fowl. Flaggschiffwein ist der außerordentlich teure Shiraz Select (00 01 02 03' 05' 06' 07' 09).

Secateurs Siehe A. A. BADENHORST FAMILY.

Sequillo Siehe SADIE FAMILY WINES.

Shannon Vineyards Elgin r w; (s) ★★★ Vorbildlicher MERLOT, PINOT NOIR, SAUVIGNON BLANC, SÉMILLON sowie als Rarität ein edelfauler Pinot noir. Die Brüder James und Stuart Downes sind für die Reben, die Kellerei NEWTON JOHNSON ist für die Vinifikation zuständig.

Sijnn Siehe DE TRAFFORD WINES.

Simonsig Landgoed W-Cape r w (br); (lbl s); sch ★→★★★ Die Kellerei der Familie Malan bei STELLENBOSCH wird für ihre Beständigkeit, die angemessenen Preise und die hohen Standards innerhalb des breiten Angebots bewundert. Ganz oben stehen der SYRAH Merindol (01 02' 03 04 05 06 07 08 10' 11 12) und der PINOTAGE Red Hill (01 02 03' 04 05 06 07' 08 09 10 11 12). War vor über 40 Jahren die erste Kellerei, die mit dem Kaapse Vonkel einen flaschenvergorenen Schaumwein bereitete, und ist hier immer noch führend.

Solms-Delta W-Cape r (rs) w (br); (sch) ★→★★★ Weine, die auf höchst angenehme Weise anders sind, von einem teilweise im Besitz der Mitarbeiter befindlichen historischen Gut in FRANSCHHOEK: SHIRAZ im Amarone-Stil, eleganter trockener Rosé, aromatischer weißer Verschnitt und ein perlender SHIRAZ.

Southern Right Siehe HAMILTON RUSSELL.

Spice Route Winery Siehe FAIRVIEW.

Spier W-Cape r w (br); (sch) ★→★★★ Große, vielfach ausgezeichnete Kellerei und Touristenmagnet bei STELLENBOSCH. Aushängeschild ist der tiefgründige CAPE BLEND Frans K. Smit (04 05' 06' 07 08 09 10 11); die Marken Spier und Savanha, die beide auch hochwertige Weine umfassen, zeugen von überaus sorgfältigem Anbau. Die ausdrucksvollen Weine der beiden Serien 21 Gables und Creative Block sind probierenswert.

Springfield Estate Rob r w ★★→★★★ Kultkellermeister Abrie Bruwer bereitet traditionell Doppelpacks von CABERNET SAUVIGNON, CHARDONNAY und SAUVIGNON BLANC plus einen Bordeaux-Verschnitt und einen neuen PINOT NOIR. Alle strotzen nur so vor Klasse und Persönlichkeit.

Stark-Condé Wines Elgin, Stel r w ★★→★★★★ Akribisch arbeitende Boutiquekellerei des Weinmachers José Condé im alpinen Jonkershoek in STELLENBOSCH. Großartiger CABERNET SAUVIGNON und SYRAH in den Reihen Three Pines und Stark-Condé; jung zu trinkende Weine aus ELGIN und Overberg in der Postcard Series.

Steenberg Vineyards W-Cape r (rs) w; sch ★→★★★★ Spitzenkellerei mit Weinbergen und schicken Verkostungsräumen in CONSTANTIA, bekannt für SAUVIGNON BLANC, Sauvignon blanc/SÉMILLON-Verschnitte und Schaumwein nach der MÉTHODE CAP CLASSIQUE. Auch feine Rotweine, darunter ein rarer sortenreiner NEBBIOLO.

Stellenbosch Universitätsstadt, abgegrenztes Weinbaugebiet (ca. 13.000 ha) und Herz des Weinbaus am Kap – sozusagen das Napa Südafrikas. Viele Spitzenweingüter, besonders für Rotwein, liegen verstreut in den zur Region gehörenden Tälern und Vorgebirgen. Zahlreiche Weinverkostungs- und Unterkunftsmöglichkeiten sowie feine Restaurants.

Stellenbosch Vineyards W-Cape r (rs) w; (sch) ★→★★ Große Kellerei mit eindrucksvollem neuem Flagship Petit Verdot, der hochklassigen Reihe Credo und Alltagsweinen in den Reihen Arniston Bay, Versus, Welmoed und Four Secrets.

Swartland Der DISTRICT mit vorwiegend warmem Klima in der COASTAL REGION ist derzeit in Mode und umfasst den neuen maritimen WARD St Helena

Bay. Auf ca. 11.000 ha stehen meist ertragsarme, unbewässerte Buschreben, die konzentrierte, herzhafte, aber frische Weine hervorbringen. Erzeuger: A. A. BADENHORST, DAVID & NADIA SADIE, LAMMERSHOEK, MULLI-
NEUX, SADIE FAMILY und Porseleinberg, das BOEKENHOUTSKLOOF gehört.
Immer öfter auch Traubenlieferant für Weine, die anderswo erzeugt werden, mit einigen herausragenen Ergebnissen.

Thelema Mountain Vineyards W-Cape r (rs) w; (lbl); (sch) ★→★★★★ Der
Pionier des modernen südafrikanischen Wein-Revivals mit Sitz in Stellenbosch gehört immer noch zur ersten Riege mit Cabernet Sauvignon (**oo'
03 04 05 06** 07 **08** 09 10), The Mint CABERNET SAUVIGNON (**05** 06' 07 **08**
09 10 11) und anderen Weinen. Die Reihe Sutherland (Trauben aus ELGIN)
erweitern das Angebot (z. B. um einen neuen CHARDONNAY-Schaumwein
MÉTHODE CAP CLASSIQUE.

Tokara W-Cape r (rs) w; (s) ★★→★★★★ Wein, Essen und Kunst auf höchstem Niveau bei STELLENBOSCH. Weinberge auch in ELGIN und WALKER
BAY. Großartige, unverwechselbare Verschnitte (rot und weiß) namens
Director's Reserve, vielversprechender neuer GRENACHE sowie reintöniger, eleganter CHARDONNAY und SAUVIGNON BLANC. Die nach dem Kellermeister Miles Mossop benannten Abfüllungen sind ebenfalls großartig.

Tulbagh DISTRICT im Landesinneren, der ursprünglich mit Weiß- und Schaumwein assoziiert wurde, nun aber auch für fleischige Rotweine, einige süßere Gewächse und Bioweinbau bekannt ist. Ca. 1.100 ha. Erzeuger: FABLE,
KRONE, Lemberg, RIJK'S, SARONSBERG und Waverley Hills Organic.

Twee Jonge Gezellen Siehe KRONE.

Vergelegen Wines W-Cape r w; (sch) ★★★→★★★★ Historisches Guts-
haus, makellose Weinberge und Weine sowie ein stilvoller Kellereiverkauf
in Somerset West; im Besitz einer angloamerikanischen Aktiengesell-
schaft und neuerdings beraten von erstrangigen französischen Fach-
leuten. Kraftvoller CABERNET SAUVIGNON V (**01'** 03 04 05 06 07 08 09' 11),
opulenter Red G.V.B im Bordeaux-Stil, mineralischer Sauvignon blanc/
Sémillon White G.V.B, reinsortiger SÉMILLON.

Vilafonté Paarl r ★★★ Die beiden gefeierten Kalifornier Zelma Long (ehemals Kellermeisterin bei Simi) und Phil Freese (früher bei Mondavi für die
Reben zuständig) haben sich mit Mike Ratcliffe vom WARWICK ESTATE zusammengetan. Zwei ausgezeichnete Bordeaux-Verschnitte: der fest strukturierte Series C und der fleischigere Series M.

Villiera Wines W-Cape r w; (s); sch ★★→★★★★ Weinberge und Kellerei bei
STELLENBOSCH der Familie Grier mit exzellentem Preis-Qualitäts-Ver-
hältnis. Die Sahnestücke: roter Bordeaux-Verschnitt Monro, Bush Vine
SAUVIGNON BLANC, CHENIN BLANC aus der Reihe Traditional und fünf
Schaumweine nach der MÉTHODE CAP CLASSIQUE (einschließlich des
alkoholarmen Starlight). Betreibt auch die kleine Domaine Grier in der
Nähe von Perpignan (Frankreich).

Walker Bay Kleiner (975 ha), aber hoch angesehener DISTRICT mit maritimem
Klima. Die Unterbereiche heißen HEMEL-EN-AARDE, Bot River, Sunday's
Glen und Stanford Foothills. Hier sind einige der größten Namen Süd-
afrikas beheimatet, dazu Juwelen wie La Vierge, Restless River, Seven
Springs, Springfontein, Sumaridge und der Neuling Storm Wines. PINOT
NOIR, SHIRAZ, CHARDONNAY und SAUVIGNON BLANC ragen heraus.

Ward Das geografisch kleinste der WINE-OF-ORIGIN-Gebiete. Siehe auch GEO-
GRAPHICAL UNIT.

Warwick Estate W-Cape r w ★★★ Das besucherfreundliche Gut der Familie
Ratcliffe am Rand von STELLENBOSCH bietet den sehr feinen Bordeaux-Verschnitt Trilogy, die Fassauslese CABERNET SAUVIGNON Blue Lady, duftenden Cabernet franc und opulenten CHARDONNAY (mit und ohne Holznote).

Waterford Estate W-Cape r w; (s) ★→★★★ Erstklassiger Familienbetrieb bei STELLENBOSCH mit preisgekröntem Kellereiverkauf. Pikanter SHIRAZ Kevin Arnold (**01 02' 03 0405 06** 07 **08** 09 10), eleganter CABERNET SAUVIGNON (**01 02 03' 04 05 06** 07 **08** 09 10 11) und das höchst komplexe Flaggschiff The Jem auf Basis von Cabernet Sauvignon.

Waterkloof Stel r (rs) w ★→★★★ Weinberge und architektonisch spektakuläre Kellerei mit Restaurant in der Nähe von Somerset West, im Besitz des britischen Winzers Paul Boutinot. Spitzenmarken sind Waterkloof, Circle of Life, Circumstance und Seriously Cool (neu); ein gutes Preis-Leistungs-Verhältnis haben die Reihen False Bay und Peacock Ridge.

Wellington An PAARL grenzender DISTRICT mit warmem Klima. Erlangt zunehmend Anerkennung für PINOTAGE, SHIRAZ, stämmige rote Verschnitte und CHENIN BLANC. Empfehlenswert: Bosman/De Bos, DIEMERSFONTEIN, Doolhof, Jacaranda, Lazanou, Mont du Toit, Nabygelegen, Napier, Val du Charron, Welbedacht.

Wine of Origin (WO) Das südafrikanische Gegenstück zum französischen Appellationssystem, jedoch ohne dessen Beschränkungen im Hinblick auf Ertrag usw. Bescheinigt werden mit diesem Siegel der Jahrgang, die Rebsorte(n) und das Herkunftsgebiet des Weins. Die optionale *sustainability*-Zertifizierung garantiert zusätzlich eine nachhaltige, umweltbewusste Produktion von der Rebe bis ins Glas. Siehe auch GEO-GRAPHICAL UNIT.

Winery of Good Hope, The W-Cape r w; (s) ★★→★★★ Glänzender Betrieb in STELLENBOSCH, so vielseitig wie seine australisch-französisch-südafrikanisch-britischen Eigentümer. Kreativer, aber durchaus zusammenpassender Mix von Stilen, Einflüssen, Rebsorten und Terroirs in den Reihen Winery of Good Hope, Radford Dale, Vinum und Land of Hope.

Worcester In diesem DISTRICT wird vorwiegend Massenwein von Genossenschaften erzeugt; Ausnahmen sind u.a. Arendskloof/New Cape/Eagle's Cliff, Alvi's Drift, Conradie Family, Leipzig.

Dank

Die hier vorliegende Sammlung ausführlicher Empfehlungen stammt teilweise aus meinen eigenen Aufzeichnungen, hauptsächlich aber von vielen guten Freunden. Ohne die großzügige Hilfe und Unterstützung unzähliger Winzer, Kellermeister, Händler und Weinkenner hätte ich sie nie zusammenstellen können. Ganz besonders danken möchte ich den nachstehend Genannten für ihre Recherchen in den Gebieten, in denen sie echte Experten sind:

Sarah Ahmed
Helena Baker
Amanda Barnes
Nicolas Belfrage MW
Jim Budd
Poh Tiong Chn
Michael Cooper
Cole Danehower
Michael Edwards
Sarah Jane Evans MW
Rosemary George MW

Caroline Gilby MW
Anthony Gismondi
Annie Kay
Anne Krebiehl MW
James Lawther MW
Konstantinos
    Lazarakis MW
John Livingstone-
    Learmonth
Wes Marshall
Campbell Mattinson

Adam Montefiore
Jasper Morris MW
Margaret Rand
Ulrich Sautter
Eleonora Scholes
Stephen Skelton MW
Paul Strang
Marguerite Thomas
Larry Walker
Gal Zohar
Philip van Zyl

Bildnachweis

Alamy Christian Mueringer 441; Per Karlsson, BKWine 449; Thierry Grun 454–455. **Cephas** Herbert Lehmann 450–451; Kevin Argue 453; Mick Rock 446. **Corbis** Viel/SoFood 456. © **Maximin Grünhaus Schloss-kellerei C. von Schubert** 445. **Octopus Publishing Group** Adrian Pope 5. **Shutterstock** LaineM 442–443.

Liebe Leserin und lieber Leser,

wir freuen uns, dass Sie sich für ein HALLWAG-Buch entschieden haben. Mit Ihrem Kauf setzen Sie auf die Qualität, Kompetenz und Aktualität unserer Bücher. Dafür sagen wir Danke! Ihre Meinung ist uns wichtig, daher senden Sie uns bitte Ihre Anregungen, Kritik oder Lob zu unseren Büchern. Haben Sie Fragen oder benötigen Sie weiteren Rat zum Thema? Wir freuen uns auf Ihre Nachricht!

GRÄFE UND UNZER Verlag
Leserservice
Postfach 86 03 13
81630 München

Wir sind für Sie da!
Montag – Donnerstag: 8.00 – 18.00 Uhr
Freitag: 8.00 – 16.00 Uhr

Tel.: 00800 / 72 37 33 33 (gebührenfrei in D, A, CH)
Fax: 00800 / 50 12 05 44 (gebührenfrei in D, A, CH)

E-Mail: leserservice@graefe-und-unzer.de

Belebt den
Weingenuss.

Das Wasser. Seit 1742.

HELSYNKI

fachingen.de

Sie suchen ein
echt italienisches Restaurant?
Dann achten Sie auf dieses Logo!

Echter Italiener

EchterItaliener.de

Sind Sie sicher, dass Ihr Lieblingsitaliener
auch ein echter Italiener ist?
Schauen Sie in unserer App nach,
wenn nicht, fragen Sie ihn!

www.echteritaliener.de

Kurzweilige Lektüre und genussvolle Verkostung

Lassen Sie sich auf ein paar inspirierende Stunden mit Ina Finn ein: Unsere Weinexpertin führt Sie unkompliziert und verständlich durch die Verkostung eines kleinen Weinpakets und gibt Ihnen alles Wissenswerte rund ums Thema Wein an die Hand.

Besuchen Sie die Autorin auf ihrer Webseite oder direkt in ihrem Raum für Wein, der Villa Verde in Hamburg.

Riesling

Warum Riesling? Weil die Sorte schlicht allen anderen Weißweintrauben den Rang abläuft. Nicht in puncto Anbauflächen oder Ruhm oder Nutzen – in den beiden letztgenannten Disziplinen gebührt wohl dem Chardonnay der Sieg. Chardonnay kann auf jeder Qualitätsebene Ordentliches erbringen und hat auch schon so manchem langweiligen Verschnitt Beine gemacht, doch fehlt selbst seinen prestigeträchtigsten Weinen jenes Faszinosum, das großartigen Rieslingen innewohnt. Chardonnay ist ein Geschöpf des Kellers. Auch ohne gutes Terroir im Rücken lässt er sich vom Kellermeister so hintrimmen, dass er am Ende je nach Wunsch mehr Textur, Cremigkeit oder etwa Frische aufbietet.

Riesling ist da eigensinniger. Für billige Weine hat die Sorte kein wirkliches Talent. Sie ist wählerisch, wenn es um den Standort geht. Und selten vermag sie in Cuvées zu glänzen. Aber: Man mache sie im Weinberg glücklich und bastele im Keller nicht allzu sehr an ihr herum, und sie wird in klaren, reinen Tönen ihre Herkunft besingen – ob als hinreißender Sopran, mit expressiver Altstimme oder sogar als leidenschaftlicher Tenor (lediglich Basstöne sind selten zu vernehmen). Zudem gewinnt keine andere Weißweinsorte durch Flaschenreifung derart an Ausdruck hinzu.

Dreht sich also beim Riesling alles ums Terroir? Weitgehend ja. Er liefert ein detailliertes Abbild des Ortes, an dem er gewachsen ist – mit Morgen- oder Abendsonne, bei sommerlicher Trockenheit oder Niederschlagsreichtum im Frühjahr. Man muss nur einmal an ihm schnuppern und nippen, um zu erkennen, ob er einer der kühlen Höhenlagen entstammt, wie sie sich vor allem in Deutschland finden, oder näher am Äquator gereift ist (denn auch aus Australien kommen großartige Rieslinge). Trotzdem geht es um noch mehr als nur um Terroir und Geografie. Riesling mag es spannungsreich. Er ist ein Drahtseilkünstler, der in großen Höhen dynamisch waghalsige Pirouetten dreht, und dabei neigt er durchaus auch einmal zur Extravaganz.

Ob er sich aber extravagant oder doch eher zurückhaltend gibt: Riesling ist stets ein Grenzgänger. Weinmacher, die lieber auf dem Teppich bleiben, sollten sich ein anderes Objekt suchen. Vielleicht Pinot grigio. Denn Riesling will fliegen.

Eine deutsche Traube?
Die Geschichte des Rieslings

Rheinriesling heißt er in Österreich, Riesling renano in Italien, Ryzlink rýnský in der Tschechischen und der Slowakischen Republik, Rajnai Rizling in Ungarn, Renski Riesling in Slowenien. Seit vielen Jahren sehen ganz viele den Riesling als Gewächs vom Rhein an.

Die früheste bisher bekannte Erwähnung von Riesling datiert aus dem Jahr 1435 und bezieht sich auf den Rheingau westlich von Frankfurt; im Elsass findet er sich erstmals 1477 erwähnt. Nachdem es geraume Zeit gedauert haben dürfte, bis ein neuer Sämling unter den vielen anderen in einem Weinberg auffiel, dann vermehrt wurde und genügend Aufmerksamkeit erzielte, um einen eigenen Namen zu erhalten und in anderen Lagen angepflanzt zu werden, muss der Riesling damals schon eine ganze Weile präsent gewesen sein. Allem Anschein nach erblickte er im Rheingau das Licht der Weinwelt, und vermutlich haben die Zisterziensermönche des dortigen Klosters Eberbach zu diesem Durchbruch beigetragen, indem sie ab 1392 darauf bestanden, weiße statt der bis dahin vorherrschenden roten Rebsorten anzupflanzen. Seit 1720/21 räumte man dem Riesling in manchen Lagen – vor allem von Schloss Johannisberg, ebenfalls eine der Größen im Rheingau – sogar die Alleinherrschaft ein. Im späteren 18. Jahrhundert kultivierten die dominierenden Kirchengüter an der Mosel dann nichts anderes mehr.

Riesling ist einer der großen deutschen Exportschlager. Fast genauso lang ist er das Aushängeschild des Elsass. Irgendwann erreichte er Österreich und breitete sich von dort über das ganze Kaiserreich Österreich-Ungarn aus.

Die Loreley ist nicht weit entfernt: Oberwesel am Mittelrhein

Im Westen aber konnte er, außer auf einigen Hektar in Spanien (namentlich bei Torres), nicht Fuß fassen.

Das änderte sich, als die Neue Welt ins Weingeschehen eingriff. Riesling gehörte zu den ersten in Australien angepflanzten Rebsorten und war dort bis 1992 die verbreitetste Weißweinsorte. In den 1960er-Jahren war er in Kalifornien allgegenwärtig, während er inzwischen in der Region Finger Lakes im Bundesstaat New York in den Fokus gerückt ist. Auch in Kanada, Neuseeland und Südafrika trifft man ihn an.

Überall gilt Riesling schon immer gewissermaßen als typisch deutsch. Als die Geschmacksrichtungen von deutschem Wein im Trend lagen, war das von Vorteil; als der deutsche Wein in den Siebziger- und Achtzigerjahren des 20. Jahrhunderts seinen Niedergang erlebte, geriet auch der Riesling in diesen Sog. Darum fiel er in Kalifornien in Ungnade (was allerdings langfristig wohl ohnehin geschehen wäre, da Kalifornien nur wenige Lagen hat, die für Riesling kühl genug sind); darum wird er erst seit relativ kurzer Zeit in Australien wieder ernst genommen.

In der Weinwelt einen Ruf wiederherzustellen, kann schwer sein. Österreich und das Elsass haben viel Zeit und Mühe investiert, um ihre Weine vom »teutonischen« Image des Rieslings zu distanzieren, und weltweit haben Marketingabteilungen still und leise von den Etiketten der Riesling-Weine die früher dafür so typischen gotischen Lettern verbannt. Doch die Assoziation war so fest in den Köpfen verankert, dass jetzt erst die Folgegeneration zu einem frischen Blick auf den Riesling imstande ist.

Das ideale Riesling-Klima
Kühl, kühler, am kühlsten

Eine Traube, die warmes Klima nicht mag, aber natürlich trotzdem zur Reife gelangen muss – schwierig! Zu viel Wärme, und sie reift übereilt zu fadem Geschmack heran. Zu wenig, und sie bleibt roh und grün, erfüllt von beißender Säure. Kalifornien fällt in die Kategorie »zu warm«; Deutschland war über weite Strecken der 1950er- und 1960er-Jahre fast schon zu kalt.

Damals gossen deutsche Winzer in manchen Jahren Wasser in die Gärbehälter, um die Säure der nicht einmal ansatzweise reifen Trauben zu verdünnen. Bis in die späten 1980er-Jahre waren katastrophale Jahrgänge in Deutschland gang und gäbe. Infolge des Klimawandels findet der deutsche Riesling nun eine Wellnesszone vor. Wie lange das so bleibt, sei dahingestellt. Derzeit jedoch geht es ihm prächtig.

Was genau sind diese Wohlfühlfaktoren? Nun, die Mosel markiert ungefähr die nördliche Grenze der für Riesling tauglichen Wachstumsregionen. Mit Winterkälte kommt die Traube ziemlich gut zurecht, aber sie braucht viel Sonne und Schutz. Hänge – und davon gibt es an der Mosel reichlich – bekommen mehr Sonne als ebenes Gelände. Wenn sich ein Hang dann noch zu einem Fluss hin absenkt, der zusätzlich das Licht reflektiert, umso besser. Pflanzt man die Reben allerdings zu weit unten, versinken sie im Flussnebel, und weit oberhalb von 200 m ist es zu kalt. Im Rheingau und in der Pfalz ist es etwas wärmer, trotzdem sind auch dort die besten, sonnigsten Standorte gerade gut genug.

Genauso verfügt die Region Finger Lakes (US-Bundesstaat New York) über ein kühles Klima, gemäßigt durch steile Hänge und tiefes Wasser. Die Seen lassen die Reben im Frühjahr später austreiben und wärmen sie im Herbst. Ohne sie wären die Bedingungen selbst für Riesling zu rau.

Am entgegengesetzten Ende der Temperaturskala liegt das australische Clare Valley. Manche Teile des zerklüfteten Geländes sind für Riesling zu warm, deshalb sucht Jeffrey Grosset in bis zu 460 m Höhe kühlere Plätze. Außerdem gewährleistet, wie er ausführt, der klare Himmel im Durchschnitt neun Sonnenstunden pro Tag und lässt andererseits die Temperatur nachts extrem fallen, wodurch die Säure erhalten bleibt.

Das Elsass bietet dem Riesling ein goldrichtiges Klima. Doch selbst dort erweist sich Riesling hinsichtlich perfekter Reifung als heikelste Traube – so urteilt jedenfalls Olivier Humbrecht von Zind-Humbrecht. Nach seiner Einschätzung ist es nirgends im Elsass zu warm, wichtig ist nur, dass die Riesling-Reben weder zu hoch noch zu niedrig am Hang stehen, die Ausrichtung muss stimmen, und der Boden muss karg sein.

Für Österreich gilt das Gleiche: Grundsätzlich ist das Klima perfekt, aber wieder muss das Terroir passen. In der Wachau sowie im Kamptal und Kremstal mag der Riesling, rein geografisch gesehen, an die Grenzen seiner Reifungsmöglichkeiten stoßen (die Täler verengen sich plötzlich, der Talboden steigt an, und schon ist es zu kalt für den Rebbau). Dennoch können dort Weine mit Körper und Gewicht entstehen, sofern sie in halsbrecherisch steilen und steinigen Lagen reifen. Riesling macht es sich eben gern schwer.

Steil ragt die Lage Abtsberg über der Kellerei auf.

RIESLING DER EXTREME:
Maximin Grünhauser Abtsberg Spätlese 2003, Ruwer, Deutschland
Extrem langer Name, extrem kühles Klima. Wenn Sie bisher dachten,
an der Mosel sei es kalt, dann fahren Sie mal an die Ruwer. Dieses
Seitental der Mosel ist schmal und zugig, und damit Riesling überhaupt
reifen kann, braucht es eine so sonnige Südlage wie den Abtsberg
(ein Hang mit 70 % Gefälle auf Blauschiefer, der sich leicht erwärmt).
Seit 1.000 Jahren wachsen dort Reben.
     Auch der Jahrgang 2003 war extrem. Und zwar extrem heiß!
Fast überall in Europa entstanden vierschrötige, klotzige Weine, doch
die Ruwer-Gewächse bestachen mit überragender Reife und straffer
Säure. Ein wenig Restsüße gleicht die Säure in diesem Wein aus, der
sich noch lange Jahre halten wird. Ich habe ihn unlängst mit Fasan
à la Normande (zubereitet mit Äpfeln und Crème fraîche) genossen.
Eine wundervolle Kombination!

Die perfekte Lage
Ein Spiegel des Terroirs

Der Begriff »Terroir« meint nicht nur den Boden, sondern ebenso die Ausrichtung zur Sonne, die Höhenlage, das Klima und sogar das Wirken des Winzers. Bei Riesling ist die Bodenart wahrscheinlich der unwichtigste der genannten Faktoren.

Ach ja? Ist es denn nicht so, dass deutsche Winzer den Noten Schwarzer Johannisbeeren von Piesport (Ton) die Stahligkeit von Traben-Trarbach (Blauschiefer) gegenüberstellen? Wird die üppig-weinige Art elsässischer Rieslinge nicht den vornehmlich kreidigen Tonböden zugeschrieben, die sich so deutlich vom deutschen Schiefer unterschieden? Schmeckt nicht Jeffrey Grossets Springvale, gewachsen auf rotem Lehm über Kalkstein über Schiefer im australischen Clare Valley, anders als sein Pendant vom Polish Hill mit seinem Bodenaufbau aus Tonschiefer und Tonmergel über Schiefer?

Ganz richtig, Riesling bildet sein Terroir getreulich ab. Doch ob er gedeiht, hängt vom Klima, der Ausrichtung und der Höhenlage ab. Solange der Grund nur karg und steinig ist, scheint der Bodentyp ziemlich unwichtig zu sein. Das ist einer der Gründe für den Variantenreichtum bei großen Rieslingen. Eine Traube, die auf Löss, Gneiß, Kies, Mergel, Schiefer, Sandstein, Granit oder Feuerstein unterschiedlich reagiert, hat eine Menge auszusagen.

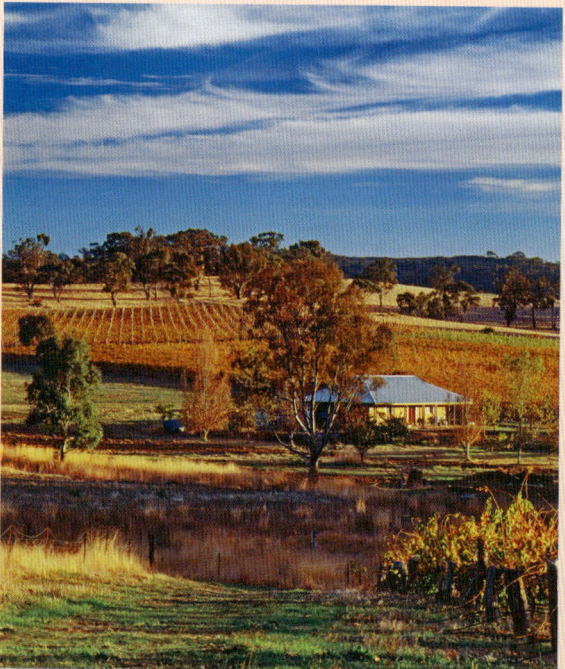

Ich behaupte hier nicht, dass Reben tatsächlich Schiefer oder Feuerstein aus dem Boden aufsaugen, in die Trauben leiten und damit letztlich auf den Wein übertragen. So läuft es nicht bei Pflanzen. Wie sie dem Boden Nährstoffe abgewinnen, ist eine komplizierte Angelegenheit, aber gewiss kommen dabei keine »Schieferaromen« (was immer das sei) in den Wein. Fest steht, dass verschiedene Böden Nährstoffe in unterschiedlichen Anteilen enthalten und dass diese im Zusammenwirken mit den jeweiligen Drainageeigenschaften des Bodens unterschiedliche Geschmackseindrücke in den Weinen hervorrufen. Wenn wir in manchen Rieslingen eine bestimmte rauchige Note ausmachen und daraufhin bemerken »Oh, Schiefer«, liegen wir im Prinzip richtig. Was wir aber tatsächlich registrieren, ist nicht der Schiefer selbst, sondern jener Geschmack, der sich ergibt, wenn Wasser durch Schieferboden sickert und dabei die in ihm enthaltenen Mikronährstoffe mitnimmt. Es ist auch der Geschmack von Morgen- oder Abendsonne, die die Trauben auf bestimmte Art reifen lässt. Es sind eben die einen der in den Trauben enthaltenen Aromavorstufen, die nach vorn drängen, und nicht die anderen.

Im Endeffekt schmecken wir die Drainage, den mehr oder weniger schnellen Ab- bzw. Durchlauf des Wassers, die sich daraus ergebende Bodentemperatur und schließlich die resultierende Reife der Trauben. Daraus entsteht für uns der Eindruck von Weinen, die die geschmeidige Festigkeit von Stahlgewebe, die Klarheit von Kristall, die üppige Art geräucherter Sahne und die Textur von nassem Fels besitzen. Dies bringen wir mit einem bestimmten Weinberg und einem bestimmten Jahrgang in Verbindung. Und hierfür liefert uns Riesling ein präziseres Bild als jeder andere Wein.

TERROIR RIESLING:
Grosset Springvale 2014 und Polish Hill 2014, Clare Valley, Australien

Jeffrey Grosset ist Australiens namhaftester Riesling-Erzeuger. Er konnte durchsetzen, dass die Etikettenbezeichnung »Riesling« nur für Weine von dieser Traube und nicht generell für Weißwein verwendet werden darf. Nun demonstriert er mit zwei Gewächsen aus dem Clare Valley, wie präzise Riesling seine jeweilige Lage spiegelt: Der Springvale erscheint kraftvoll und fest, eher aromatisch und blumig, der Polish Hill dagegen verhalten, steinig bis kreidig, aber doch mit etwas Schmelz. In beiden Weinen überwiegt eine reine Mineralik das eigentlich für Clare-Rieslinge charakteristische Limettenaroma. Mit 450 m ü. d. M. ist Springvale die höchste und kühlste Lage im Clare-District Watervale. Der Oberboden bildet hier nur eine dünne Schicht. Auf dem Polish Hill haben es die Reben noch schwerer und liefern noch einmal kleinere Trauben und Beeren. Grosset selbst spricht von »hartem Gestein« (Polish Hill) und »weichem Gestein« (Springvale). Wir anderen können da nur rätseln.

Ganz einfach

Sollte ich diesen Abschnitt als erbitterte Schlacht aufziehen, als apokalyptische Auseinandersetzung von jener Art, die ganze Familien heillos entzweit, Eltern gegen ihre eigenen Kinder, Bruder gegen Bruder kämpfen lässt? Ich könnte es schon versuchen, aber eigentlich ... die Wirklichkeit sieht anders aus, recht langweilig im Grunde: Über die Bereitung von Riesling besteht allgemein Einvernehmen. Neue Eiche, also etwa Barriques, bringt es absolut nicht. (Ein, zwei Ausnahmen mag es geben.) Auch Verschneiden ist nichts für Riesling. Er gehört zu jenen relativ seltenen Sorten, die sich völlig selbst genügen. Man setze ihm etwas hinzu, und sein wahres Wesen verschwindet.

Umgekehrt kann es durchaus sein, dass Riesling anderen Sorten in einem Verschnitt auf die Sprünge hilft. So kann etwa ein Zusatz von Riesling Gewürztraminer oder Muscat jene gewisse Rassigkeit verleihen, die diesen Sorten im Grunde fehlt; auch Pinot blanc profitiert mitunter von einer solchen Unterstützung. Dann zeigt sich Riesling von seiner generösen Seite und reicht einem Bedürftigen huldvoll die helfende Hand.

Meinungsunterschiede bestehen höchstens darüber, ob man Eiche – genauer: große, alte Eichenfässer – oder aber Stahltanks verwenden sollte. In Deutschland, im Elsass und in Österreich greift man seit jeher für die Gärung wie für den Ausbau gern auf große, alte Eichenfässer (oft auch *Fuder* genannt) zurück. Sie waren gebräuchlich, bevor die Edelstahltanks aufkamen. Warum also daran rütteln? Andere Länder, in denen eine solche Tradition nicht besteht, nutzen mit größter Selbstverständlichkeit Edelstahl. Und auch in Deutschland, im Elsass und in Österreich ist Stahl heutzutage nicht mehr unüblich. Beide Stile miteinander zu vergleichen, kann sehr reizvoll sein.

Eiche gibt Weinen einen gewissen runden Schliff. Zudem erweist sich, wie manche Winzer behaupten, die sanfte Oxidation, die in Fudern stattfindet, als nützlich für einen zur Reduktion neigenden Wein. Vor dem Einsetzen der Klimaerwärmung wurde Wein nirgends jung abgefüllt, denn gewöhnlich hatte

STAHL UND HOLZ:
Domaine Weinbach Schlossberg Vendange Tardive 2004 und Schlossberg 2012, Kientzheim, Elsass
Bevorzugt nutzt die Domaine Weinbach Gärbehälter aus Stahl für ihre Spätlesen und große, alte *foudres* für trockenere Weine (bei denen die Säure markanter hervortritt). Die Vendange Tardive von der Spitzenlage Schlossberg besticht durch Honignoten, Eleganz, ein geradliniges, filigranes und blitzsauberes Profil, würzige und mineralische Anklänge sowie nicht zuletzt durch brillante Frucht. Deutlich jünger dagegen der trockene 2012er: Zitrusaromen und weiße Blumen ohne Ende, dazu dieselbe einnehmende Mineralik. Genießen Sie die reife Spätlese zu Wild mit einer fruchtigen Sauce, den jungen, trockenen Schlossberg hingegen zu gebratenem Fisch.

Große, alte Fuder in der Domaine Weinbach

Große, alte Fuder in der Domaine Weinbach

er dann noch zu viel Säure. Diese ließ sich durch Ausbau in großen Eichenfässern, vielleicht sogar über fünf bis zehn Jahre, besänftigen. In den 1980er-
und 90er-Jahren aber wurde Zeit zunehmend gleichbedeutend mit Geld.
Folglich verheizten die meisten Winzer ihre Fuder und wechselten zu Edelstahl,
der ihren Weinen die vom damaligen Zeitgeist geforderte knackige Art verlieh.
Inzwischen verwenden viele Erzeuger beides – je nach Lage, angestrebtem
Weinstil und Jahrgang. Geht es ihnen um die Betonung lebhafter Frische, greifen sie zu Stahl; für eine eher gehaltvolle, runde Art wählen sie Holz.

Zu einem kleinen Politikum immerhin entwickelte sich in Australien
der Schraubverschluss. Im Jahr 2000 waren es einige Riesling-Produzenten
des Clare Valley leid, dass das Problem der korkigen, d. h. durch TCA ver-
dorbenen Weine nicht in den Griff zu bekommen war. Diese Stücke von
Baumrinde sollten nicht immer wieder ihre ganze Arbeit ruinierten, zumal
Korkengeschmack bei Riesling besonders deutlich in Erscheinung tritt.
Also gingen sie zu Schraubverschlüssen über – die erste Massenbewegung
weg vom Kork. Und siehe da, es zeigte sich, dass Schraubverschlüsse bei
aromatischen Sorten wie Riesling hervorragende Dienste leisten: Die pulsie-
rende Frische der Weine blieb voll und ganz erhalten.

Heute tonangebend

Dass Riesling trocken sein kann, überrascht heute nur noch jene Zeitgenossen, deren Erinnerung von den fast ausnahmslos süßen deutschen Weinen früherer Tage geprägt ist. Als sich die ambitionierte deutsche Winzerschaft nach dem (nicht von ihr verschuldeten) wirtschaftlichen Kollaps erholte, sagte sie sich von der Süße los. Eine Abkehr von süß oder zumindest lieblich aber bedeutet nicht nur, der Gärung einfach ihren Lauf zu lassen. Balance ist das Ziel, und das ist schwerer zu erreichen.

Balance bei Weißwein bedeutet, eine Ausgewogenheit zwischen Säure, Alkohol, Gewicht (technisch gesehen: Gesamtextrakt, also die Summe der nichtflüchtigen Inhaltsstoffe) und Süße zu erreichen. Ein Wein mit wenig Alkohol und Extrakt, aber viel Säure (etwa ein Mosel-Riesling) braucht zum Ausgleich Zucker. Wird der Zucker komplett vergoren, ergibt sich ein hoher Alkoholgehalt; wenn aber kein warmer Sommer vorausging, in dem sich eine reife Säure und viel Extrakt entwickeln konnten, erweist sich der Wein am Ende als unausgewogen.

In den südlicheren Gefilden Deutschlands – etwa im Rheingau, in der Pfalz oder an der Nahe – entstehen wundervoll trockene Rieslinge mit ordentlichem Extraktgehalt und ansehnlicher Reife. Desgleichen in weiten Teilen Österreichs: Dort sträuben sich im Kamptal viele Erzeuger so vehement gegen jeden Hauch von Restsüße in ihren Rieslingen, dass sie die Trauben ziemlich früh lesen, um auf diese Weise ganz rein und kristallklar strukturierte Weine zu erzeugen. Nach australischem Verständnis sollte ein Riesling knochentrocken sein; wer dort auf eine eher liebliche Richtung setzt, gilt immer noch als leicht exzentrisch. Von den beiden wichtigsten Regionen sind Clare-Rieslinge eher von Säure geprägt, die aus dem Eden Valley von Mineralik. In den USA favorisiert Oregon trockene Rieslinge, während der Nachbarstaat Washington süßere Versionen erzeugt.

Die sanft geschwungene Hanglage Heiligenstein, Österreich

Trockener Riesling muss wirklich ausgezeichnet sein, denn jede Schwäche – sei dies mangelnde Reife, ein grüner Einschlag, jeder Missgriff im Weinberg oder in der Kellerei – tritt gnadenlos zutage. Erzeuger trockener Rieslinge schwören, dass nur diese die Qualitäten einer exzellenten Lage unverfälscht zum Ausdruck bringen. Wer beispielsweise in Österreich die in den blanken Fels gehauenen Riesling-Terrassen sieht, versteht sofort – während der Blick in die obersten Etagen wandert, die man nur noch, bepackt mit dem nötigen Equipment, zu Fuß erreichen kann –, warum die Winzer jeden einzelnen Aspekt ihres Weinbergs, den sie x-mal hinaufgestiefelt sind, herausgestellt wissen wollen. Dabei kommen sie in den Genuss wärmerer Sommer als ihre Kollegen an der Mosel. So gesehen, verwundert es nicht, dass auch die Mosel-Winzer jedem Meter ihres Geländes vollauf Rechnung tragen wollen.

RIESLING DER EXTREME:
Bründlmayer Heiligenstein Riesling 2013,
Kamptal, Österreich
Beim Kamptal-Riesling spielt die Textur eine größere Rolle als die Frucht. Dies ist ein Exemplar eines großen österreichischen Jahrgangs und eines der renommiertesten Erzeuger des Landes: salzig getönte Mineralik, konzentriert und dennoch leichtfüßig, detailgenau wie eine Darstellung von Dürer. Die Reben sind 50–95 Jahre alt und liefern Weine voller Tiefe und Kraft. Heiligenstein, die berühmteste Lage des Kamptals, ist unter den umgebenden Hügeln geologisch eine Ausnahmeerscheinung und bringt Rieslinge hervor, die seidig und straff zugleich anmuten.

Süßer Riesling
Der Verführer lebt

Trockener Riesling, beworben mit Attributen wie »mineralisch« und »salzig«, kann uns allzu leicht blind machen für das sinnliche Vergnügen, das ein süßer Riesling bieten kann. Der eine oder andere deutsche Winzer hätte ihn gern komplett verbannt; manche österreichischen und auch viele australische Erzeuger machen einen großen Bogen um ihn. In Großbritannien hingegen hat deutscher Riesling in der süßen Variante noch immer seine Anhänger, während sich die trockenen Versionen auf dem dortigen Markt bisher nie wirklich etablieren konnten.

Wobei mit »süß« hier nicht zwangläufig sehr süß heißen soll; alle Weine zwischen feinherb und edelsüß fallen darunter. In jedem Fall bringt ein guter Riesling genug Säure auf, um eine mehr oder weniger süße Darbietung zu einer belebenden sinnlichen Erfahrung zu machen.

Riesling mit spürbarer Süße – in Deutschland sagt man gern »fruchtig« für Erzeugnisse der Kategorien »Kabinett« oder »Spätlese« – verdankt seinen Geschmack der Tatsache, dass der Gärprozess zum Erliegen kam, bevor der gesamte Zucker umgewandelt wurde. Es wird keine Süße hinzugefügt. Ein deutscher Riesling mit Restzucker kann einen erstaunlich niedrigen Alkoholgehalt aufweisen (bei einem Mosel Kabinett beträgt dieser möglicherweise nur 8 %). So fein ein solcher Tropfen auch sein mag, besitzt er doch genug Konzentration, um bis zu zehn Jahre reifen zu können. Und dank seiner Geschmacksintensität passt er zu bestimmten Speisen außerordentlich gut.

Spätlesen sind reifer und etwas gewichtiger, Auslesen offenbaren vielleicht einen Hauch von Edelfäule, bei Beerenauslesen ist Letztere deutlich ausgeprägt. Die Säure ist noch konzentrierter, und die Aprikosen- und Konfitürenoten von *Botrytis cinerea* überlagern allmählich die für Riesling typischen Aromen. Trockenbeerenauslesen können mit ihren beinahe bitteren Kaffeenoten den Gaumen fast überstrapazieren. Ganz anders wieder Eiswein: Er ist frei von Edelfäule – theoretisch. Denn wenn die Trauben bis in den Januar hinein am Stock belassen werden, ist ein gewisser Fäulnisbefall meist nicht auszuschließen.

In Australien haben sich ein, zwei Erzeuger an Kabinett-Weine herangewagt. Im selben Geschmacksspektrum bewegen sich gewöhnlich die Riesling-Versionen aus Washington State; auch die straffen, eleganten Weine der Finger Lakes im Staat New York offenbaren gern einen Hauch Süße. Einige österreichische Winzer – insbesondere in der Wachau, wo die Trauben spät reifen – lassen etwas Restsüße und auch ein wenig Edelfäule zu. Wirklich süße Rieslinge, seien sie das Ergebnis von Edelfäule oder auch einfach der Trocknung der Beeren am Stock, findet man in Australien und im US-Bundesstaat New York, in Österreich und, als Icewine (Eiswein), in Kanada. Sie sind aber keineswegs alltäglich, sondern selten und von exzellenter Qualität.

Und was ist mit dem Elsass? Die Etiketten dort geben keine verlässliche Auskunft, ob der Flascheninhalt süß oder trocken ist. Klar, bei einer Vendange Tardive (Spätlese) kann man von einem süßen Wein ausgehen, und eine Sélection des Grains Nobles, gewonnen von edelfaulen Trauben, ist natur-

Gefrorene Riesling-Trauben für die Eisweinbereitung

gemäß noch süßer. Ansonsten aber keltern viele Winzer Weine mit Restzucker und erwarten von ihren Stammkunden, dass sie sich selbst daran
erinnern, welche Produkte süß und welche trocken sind. Wir, die anderen
Interessenten, verzweifeln daran. Ohne Frage hat dieses System mit Schuld
am mangelnden Verkaufserfolg elsässischer Weine im Ausland.

RIESLING DER EXTREME:
Inniskillen Icewine 2012, Niagara, Ontario, Kanada

Die Gletscher mögen schon vor 13.000 Jahren abgeschmolzen sein,
aber im Winter wird es hier immer noch ziemlich kalt. 2012 kam der
richtige Frost zwar erst Ende Januar, aber dann fielen die Temperaturen
auf die –10 °C, die für den Inniskillen genau richtig sind. Er hat nur
9,5 Vol.-% Alkohol, aber einen Restzuckergehalt von stattlichen 266 g/l,
ausgeglichen durch eine entsprechende Säure. Intensive Gewürz-
und Zitrusnoten (Mandarine und Zitrone, dazu Aprikose und Pfirsich)
am Gaumen. Nicht eben subtil, sondern ein sinnliches Kraftpaket.

Dieses Jahr? Nächstes Jahr?

Seinen Erzeugern verlangt der Riesling teils extreme Klettertouren in steilem, steinigem Gelände ab. Den Verbrauchern gegenüber zeigt er sich entschieden umgänglicher. Daran ist auch der Klimawandel nicht unbeteiligt. Früher brauchte deutscher Riesling eine ganze Weile, um Genussreife zu erlangen; bei Kabinett-Weinen waren es immerhin 2–3 Jahre, bei Spätlesen 5–6 Jahre.

Heutzutage sind Weine von reiferen Trauben früher trinkfertig. Es spricht nichts dagegen, einen Kabinett gleich nach seiner Freigabe zu entkorken. Bei Spitzengewächsen müssen Sie auf eine Art elektrischen Schlag gefasst sein, aber das können Sie ja halten, wie Sie wollen. Im Lauf der Flaschenreifung verändert und entwickelt sich der Wein. Nach drei oder vier Jahren mag ein Kabinett-Riesling mehr zu bieten haben als gleich am Anfang, was aber auch davon abhängt, welchen Stil man bevorzugt. Auslesen wiederum brauchen mitunter so lange zum »Erwachsenwerden«, dass die meisten von uns noch niemals ein voll ausgereiftes Exemplar gekostet haben. Drei Jahrzehnte, manchmal auch vier sind eine gute Lagerungsdauer. Danach sind Auslesen nicht mehr süß. Wie sie indes sind, lässt sich nicht exakt beschreiben.

Österreicher beispielsweise trinken Riesling liebend gern jung und bringen die Erzeuger damit zur Verzweiflung. Diese sähen es gern, wenn ihre Abnehmer einige Flaschen für einen späteren Zeitpunkt beiseitelegen würden. Österreichischer Riesling altert vorzüglich, wobei er seine salzige Mineralik bewahrt und den für Riesling typischen Honighauch hinzugewinnt. Etwa zwischen dem dritten und siebten Jahr durchläuft er eine Flaute, um

Riesling: in Würde eingestaubt

dann, üppig und kraftvoll, eine lange Entwicklungsreise anzutreten. Riesling verlangt keine Eile.

Warum ist Riesling derart alterungsfähig? Erzeuger beantworten diese Frage achselzuckend mit der knappen Bemerkung: »So ist es eben.« Früher oder später wird irgendein Wissenschaftler mit einer Theorie daherkommen und sich dabei vermutlich auf die besondere Ausgewogenheit von Säure und Extrakt berufen. Es ist aber nicht allein die Säure, die einen Wein gut altern lässt – man denke hier an säurearme Gewächse wie Gewürztraminer. Gewiss ist es nicht der Alkohol. Auch ein Kabinett mit lediglich 8 Vol.-% widersteht gut dem Zahn der Zeit. Es ist auch nicht der Zucker, denn trockene Weine haben ebenfalls ein gutes Lagerungspotenzial (wobei zugegebenermaßen manche süßen Exemplare unsterblich zu sein scheinen und mit wachsendem Alter eine geheimnisvolle Cremigkeit entwickeln). Und es ist auch nicht auf Deutschland beschränkt, auch Rieslinge aus dem Elsass, aus Australien und von den Finger Lakes können locker ein Jahrzehnt und mehr altern.

Dann wäre da noch der Petrolfaktor. Wirkliche Petrolnoten (also Benzin) gelten heutzutage als Fehler, Honig ist dagegen in Ordnung. Sagen wir also Honig. Jedenfalls entwickeln Rieslinge im Verlauf ihrer Reifung einen einzigartigen Duft. Weine aus kühlem Klima können Jahre brauchen, bis sich in ihnen dieser faszinierend facettenreiche Duftkomplex herausschält, bei den meisten Exemplaren aus wärmeren Gebieten ist er von vornherein vorhanden: Es ist einer der unverwechselbarsten Sortendüfte überhaupt.

Riesling zum Essen

Wenn Sie meinen, dass es bei Tisch die erste Pflicht eines Weins ist, rot zu sein, dann hatten Sie noch keinen Riesling zum Essen. Und wenn Sie glauben, dass Weißwein vor allem etwas Spritziges zum Süffeln ist, dann können Sie sich ja auch mit Sauvignon blanc oder Pinot gris vergnügen – viel Spaß damit. Doch wenn Ihnen Geschmack wichtig ist, wenn der Unterschied zwischen braunem und weißem Krebsfleisch, zwischen Krebs und Hummer, Wittling und Barbe, Fasan und Rebhuhn Ihnen etwas bedeutet, dann wird Ihnen schnell aufgehen, wozu Riesling fähig ist.

Aromen können bekanntlich kontrastieren oder sich ergänzen, mit oder gegen den Strich gehen. Manche meinen, dass man zu einem Wein, in dem man vielleicht eine leichte Erdbeernote erspürt, dann auch Erdbeeren isst. Nach dieser Logik spülen Sie am Ende Bananen mit Beaujolais weg. Nein, ein Pfirsich braucht keinen Wein mit Pfirsichnote, eher überhaupt keinen.

Gewisse natürliche Affinitäten will ich nicht bestreiten. Rotweine mit ihren Tanninen verlangen eiweißreiches, fleischiges Essen. Austern mögen säurebetonte Weiße mit genug Körper, um ihrem intensiven Geschmack standzuhalten. Seine erfrischende Reinheit und die Erinnerung an die Traube, die man stets durchschmeckt, sind die große Stärke von Riesling. »Fruchtig« trifft es nicht ganz, denn auch ein mächtiger alter Riesling trägt immer noch den frischen Biss seiner ursprünglichen Frucht im Aromenspektrum.

Warum mögen wir Preiselbeeren zu Wild, Sauce Béarnaise zu Rindfleisch, Sauce tartare zu Seezunge, Chutney zu so vielem? Unser Gaumen ist dankbar für die kontrastierende Frische oder Säure der Frucht. Das ist des Rieslings Botschaft, deshalb ist es so zauberhaft, einen Mosel zum Hummer zu trinken, einen üppigen Riesling aus Deidesheim oder Forst zu Schinken oder Wild, einen schmissigen Victoria-Riesling zu den Meeresfrüchten des südlichen Ozeans. Es kann ja anschließend trotzdem ein Steak mit einem warmen, samtigen Roten folgen. Das ist doch das Großartige am Wein, dass er uns beides geben kann. Letzthin trank ich eine 20-jährige Mosel-Auslese zu Stilton. Es war ein Glücksfall für beide.

MESSERSPITZEN – KOCHEN IST ABENTEUER!

Der kulinarische Blog mit außergewöhnlichen Foodreportagen und heißen Rezepten.